国家发展和改革委员会　编

“十一五”中国服务业发展报告

主　编　胡祖才

机械工业出版社

图书在版编目（CIP）数据

“十一五”中国服务业发展报告／胡祖才主编；国家发展和改革委员会编．—北京：机械工业出版社，2013.12
ISBN 978-7-111-45181-5

Ⅰ.①十…　Ⅱ.①胡…②国…　Ⅲ.①服务业—经济发展—研究报告—中国—2006～2010　Ⅳ.①F719

中国版本图书馆 CIP 数据核字（2013）第 302642 号

“十一五”中国服务业发展报告

责任编辑／牛江蓉
出版发行／机械工业出版社
地　　址／北京市百万庄大街 22 号
邮　　编／100037
印　　刷／北京兴华昌盛印刷有限公司印刷·机械工业出版社发行

210mm×285mm　16 开　　34 印张　990 千字
2014 年 2 月第 1 版·第 1 次印刷

定价：260.00 元

“十一五”中国服务业发展报告编审人员

主编	胡祖才				
副主编	鲁　昕	曹健林	杨学山	姜　力	赵大程
	张少春	贠小苏	吴晓青	齐　骥	翁孟勇
	陈东福	余欣荣	姜增伟	欧阳坚	陈啸宏
	黄丹华	孙毅彪	解学智	刘玉亭	刘平均
	张海涛	蒋建国	阎庆民	姚　刚	李克穆
	李　强	甘绍宁	王志发	王　宏	王渝次
	邓先宏	刘扶民			
编委	陈　斌	綦成元	何炳光	王宝伟	曹长庆
	毕雪融	孙　波	吴显亭	王金波	何锦日
	李宝卿	梁铁成	隋忠诚	周　波	郑栅洁
	张超超	许克振	胡衡华	章远新	杨庆育
	米东生	张守成	袁进琳	姜　周	康　涛
	朱培吉	朱新祥	洪继元	管理年	王吉科
	程泽业	冯任飞	胡建阳	曹大卫	韩立华
	周　亚	徐　莹	黄　勇	施　平	孟　芊
	王文轩	郭　伟	刘兆麟	杨世芳	李彦平
	王　平	曲木史哈		张应伟	王喜良
	王念东	蔡少林	陈春明	王景雄	沈左权
	王永轩	孙德忠	楼剑刚	潘力方	刘岐涛
	吴　优	张淑俊			
编审组成员	夏　农	陈　锋	胡世辉	郭建兵	冯亚平
	杜　春	曾晓安	鞠建华	刘志全	江小群
	蔡玉贺	韩树青	张　辉	王德生	刘玉珠
	王玉洵	白　英	张皖生	丛　明	王树燕
	田世宏	段　炼	孟　冬	范卫平	陈恩堂
	王文颖	龚亚麟	张吉林	杨少俊	祁　斌
	房永斌	翁立新	金京华	吴水平	张　莉

	王越超	苗子簃	范立满	何　睿	杨学利
	肖兴民	王　靖	张瑞丽	谭爕良	许书林
	谌　兵	孙亚平	刘蕲冈	杜中华	黄华东
	罗陈娟	高佃恭	李卫红	杨　旭	张传胜
	赵小华	杨天峰	崔　飚	雷　宁	李　韧
	王善根	温梅莲	姜东明		
编辑工作人员	向明灿	李志农	尹洪涛	马　静	杨向斌
	曲富国	杨文财	谢海霞	张化天	南　昌
	马　骥	赵长江	刘明国	陈泽亚	王　娜
	庄　宁	牛少锋	张丽萍	张秀清	陈　征
	赵　践	王海东	姬二明	聂　鑫	冀素琛
	安　枫	刘金钟	刘菊芳	潘肖澎	王国梽
	胡美军	马险峰	高大宏	沈　君	禄建恒
	王晓春	袁　媛	景　乐	袁培红	郭少峰
	于清华	华建强	王美君	章新洲	何海滨
	陈　巍	张长星	杜棉擎	符永岸	郭一蓓
	曹志明	唐志军	付雪峰	刘恩让	田耀峰
	张　炜	骆跃飞	曹　伟	姜长云	邱　灵
	洪群联	卫　勇	陈妍君	宋志明	潘　军
	邱国军	刘智荣	徐　彬	王静波	薛　元
	王一军	刘健钧	支玉强	才立新	李际平
	皮建华	马　莉	窦宏秀	刘彦飞	方实义

序　言

党中央、国务院高度重视服务业发展。“十一五”时期出台了一系列政策措施，服务业实现了较快发展，质量和水平不断提高。为全面、客观、准确地反映“十一五”时期我国服务业的发展实际，加强学习宣传，方便工作查阅，根据《国务院办公厅转报发展改革委关于落实全国人大常委会对加快发展服务业工作情况报告审议意见报告的函》（国办函〔2011〕47号）的要求，由国家发展和改革委员会会同有关部门和地方编辑出版《“十一五”中国服务业发展报告》（以下简称《服务业报告》）。

《服务业报告》主要由三个部分组成。第一部分是服务业政策文件篇，收集了“十一五”期间国务院印发的服务业发展相关政策文件。第二部分是服务业行业发展报告，由38个服务业有关部门根据自身职责，分别负责组织撰写。行业管理部门着重总结了本行业“十一五”期间发展情况，分析了存在的主要问题，提出了“十二五”时期的发展要求和政策措施；综合性部门着重总结了“十一五”期间政策措施出台和落实情况，分析了存在的主要问题，提出了“十二五”时期的政策措施取向和工作要求。第三部分是地区服务业发展报告，由37个省（区、市）、计划单列市和新疆生产建设兵团发展改革委分别负责组织撰写，各地着重总结了“十一五”期间本地服务业的发展情况和主要工作，提出了“十二五”时期服务业发展目标和任务要求。

《服务业报告》是第一部反映我国服务业在五年规划中发展情况的报告，具有权威性高、覆盖面广、指导性和实用性强等特点。希望《服务业报告》能够为促进我国服务业加快发展起到积极作用；为从事服务业工作的同志，提供全面了解我国服务业发展现状、方向目标、主要任务和政策措施的有效途径；也希望通过《服务业报告》引起社会各界人士关心和支持服务业发展，共同创造有利于服务业加快发展的良好环境，推动我国经济增长向依靠第一、第二、第三产业协同带动转变。

《服务业报告》由国家发展和改革委员会产业协调司负责组织编写。在撰写、编辑和出版过程中，得到了国务院有关部门和地方发展改革委员会的大力支持，宏观经济研究院产业所服务业研究室的同志们能够始终以认真负责的态度开展审核、校对工作，在此表示诚挚的谢意。

胡祖才

二〇一三年十月

目　录

第一部分　服务业政策文件

第二部分　服务业行业发展报告

第三部分 地区服务业发展报告

第一部分

服务业政策文件

国务院关于加快发展服务业的若干意见

国发〔2007〕7号

各省、自治区、直辖市人民政府，国务院各部委、各直属机构：

根据“十一五”规划纲要确定的服务业发展总体方向和基本思路，为加快发展服务业，现提出以下意见：

一、充分认识加快发展服务业的重大意义

服务业是国民经济的重要组成部分，服务业的发展水平是衡量现代社会经济发达程度的重要标志。我国正处于全面建设小康社会和工业化、城镇化、市场化、国际化加速发展时期，已初步具备支撑经济又好又快发展的诸多条件。加快发展服务业，提高服务业在三次产业结构中的比重，尽快使服务业成为国民经济的主导产业，是推进经济结构调整、加快转变经济增长方式的必由之路，是有效缓解能源资源短缺的瓶颈制约、提高资源利用效率的迫切需要，是适应对外开放新形势、实现综合国力整体跃升的有效途径。加快发展服务业，形成较为完备的服务业体系，提供满足人民群众物质文化生活需要的丰富产品，并成为吸纳城乡新增就业的主要渠道，也是解决民生问题、促进社会和谐、全面建设小康社会的内在要求。为此，必须从贯彻落实科学发展观和构建社会主义和谐社会战略思想的高度，把加快发展服务业作为一项重大而长期的战略任务抓紧抓好。

党中央、国务院历来重视服务业发展，制定了一系列鼓励和支持发展的政策措施，取得了明显成效。特别是党的十六大以来，服务业规模继续扩大，结构和质量得到改善，服务领域改革开放不断深化，在促进经济平稳较快发展、扩大就业等方面发挥了重要作用。但是，当前在服务业发展中还存在不容忽视的问题，特别是一些地方过于看重发展工业尤其是重工业，对发展服务业重视不够。我国服务业总体上供给不足，结构不合理，服务水平低，竞争力不强，对国民经济发展的贡献率不高，与经济社会加快发展、产业结构调整升级不相适应，与全面建设小康社会和构建社会主义和谐社会的要求不相适应，与经济全球化和全面对外开放的新形势不相适应。各地区、各部门要进一步提高认识，切实把思想统一到中央的决策和部署上来，转变发展观念，拓宽发展思路，着力解决存在的问题，加快把服务业提高到一个新的水平，推动经济社会走上科学发展的轨道，促进国民经济又好又快发展。

二、加快发展服务业的总体要求和主要目标

当前和今后一个时期，发展服务业的总体要求是：以邓小平理论和“三个代表”重要思想为指导，全面贯彻落实科学发展观和构建社会主义和谐社会的重要战略思想，将发展服务业作为加快推进产业结构调整、转变经济增长方式、提高国民经济整体素质、实现全面协调可持续发展的重要途径，坚持以人为本、普惠公平，进一步完善覆盖城乡、功能合理的公共服务体系和机制，不断提高公共服务的供给能力和水平；坚持市场化、产业化、社会化的方向，促进服务业拓宽领域、增强功能、优化

结构；坚持统筹协调、分类指导，发挥比较优势，合理规划布局，构建充满活力、特色明显、优势互补的服务业发展格局；坚持创新发展，扩大对外开放，吸收发达国家的先进经验、技术和管理方式，提高服务业国际竞争力，实现服务业又好又快发展。

根据“十一五”规划纲要，“十一五”时期服务业发展的主要目标是：到2010年，服务业增加值占国内生产总值的比重比2005年提高3个百分点，服务业从业人员占全社会从业人员的比重比2005年提高4个百分点，服务贸易总额达到4000亿美元；有条件的大中城市形成以服务经济为主的产业结构，服务业增加值增长速度超过国内生产总值和第二产业增长速度。到2020年，基本实现经济结构向以服务经济为主的转变，服务业增加值占国内生产总值的比重超过50%，服务业结构显著优化，就业容量显著增加，公共服务均等化程度显著提高，市场竞争力显著增强，总体发展水平基本与全面建设小康社会的要求相适应。

三、大力优化服务业发展结构

适应新型工业化和居民消费结构升级的新形势，重点发展现代服务业，规范提升传统服务业，充分发挥服务业吸纳就业的作用，优化行业结构，提升技术结构，改善组织结构，全面提高服务业发展水平。

大力发展面向生产的服务业，促进现代制造业与服务业有机融合、互动发展。细化深化专业分工，鼓励生产制造企业改造现有业务流程，推进业务外包，加强核心竞争力，同时加快从生产加工环节向自主研发、品牌营销等服务环节延伸，降低资源消耗，提高产品的附加值。优先发展运输业，提升物流的专业化、社会化服务水平，大力发展第三方物流；积极发展信息服务业，加快发展软件业，坚持以信息化带动工业化，完善信息基础设施，积极推进“三网”融合，发展增值和互联网业务，推进电子商务和电子政务；有序发展金融服务业，健全金融市场体系，加快产品、服务和管理创新；大力发展科技服务业，充分发挥科技对服务业发展的支撑和引领作用，鼓励发展专业化的科技研发、技术推广、工业设计和节能服务业；规范发展法律咨询、会计审计、工程咨询、认证认可、信用评估、广告会展等商务服务业；提升改造商贸流通业，推广连锁经营、特许经营等现代经营方式和新型业态。通过发展服务业实现物尽其用、货畅其流、人尽其才，降低社会交易成本，提高资源配置效率，加快走上新型工业化发展道路。

大力发展面向民生的服务业，积极拓展新型服务领域，不断培育形成服务业新的增长点。围绕城镇化和人口老龄化的要求，大力发展市政公用事业、房地产和物业服务、社区服务、家政服务和社会化养老等服务业。围绕构建和谐社会的要求，大力发展教育、医疗卫生、新闻出版、邮政、电信、广播影视等服务事业，以农村和欠发达地区为重点，加强公共服务体系建设，优化城乡区域服务业结构，逐步实现公共服务的均等化。围绕小康社会建设目标和消费结构转型升级的要求，大力发展旅游、文化、体育和休闲娱乐等服务业，优化服务消费结构，丰富人民群众精神文化生活。服务业是今后我国扩大就业的主要渠道，要着重发展就业容量大的服务业，鼓励其他服务业更多吸纳就业，充分挖掘服务业安置就业的巨大潜力。

大力培育服务业市场主体，优化服务业组织结构。鼓励服务业企业增强自主创新能力，通过技术进步提高整体素质和竞争力，不断进行管理创新、服务创新、产品创新。依托有竞争力的企业，通过兼并、联合、重组、上市等方式，促进规模化、品牌化、网络化经营，形成一批拥有自主知识产权和知名品牌、具有较强竞争力的大型服务企业或企业集团。鼓励和引导非公有制经济发展服务业，积极扶持中小服务企业发展，发挥其在自主创业、吸纳就业等方面的优势。

四、科学调整服务业发展布局

在实现普遍服务和满足基本需求的前提下，依托比较优势和区域经济发展的实际，科学合理规划，形成充满活力、适应市场、各具特色、优势互补的服务业发展格局。

城市要充分发挥人才、物流、信息、资金等相对集中的优势，加快结构调整步伐，提高服务业的质量和水平。直辖市、计划单列市、省会城市和其他有条件的大中城市要加快形成以服务经济为主的产业结构。发达地区特别是珠江三角洲、长江三角洲、环渤海地区要依托工业化进程较快、居民收入和消费水平较高的优势，大力发展现代服务业，促进服务业升级换代，提高服务业质量，推动经济增长主要由服务业增长带动。中西部地区要改变只有工业发展后才能发展服务业的观念，积极发展具有比较优势的服务业和传统服务业，承接东部地区转移产业，使服务业发展尽快上一个新台阶，不断提高服务业对经济增长的贡献率。

各地区要按照国家规划、城镇化发展趋势和工业布局，引导交通、信息、研发、设计、商务服务等辐射集聚效应较强的服务行业，依托城市群、中心城市，培育形成主体功能突出的国家和区域服务业中心。进一步完善铁路、公路、民航、水运等交通基础设施，优先发展城市公共交通，形成便捷、通畅、高效、安全的综合运输体系，加快建设上海、天津、大连等国际航运中心和主要港口。加强交通运输枢纽建设和集疏运的衔接配套，在经济发达地区和交通枢纽城市强化物流基础设施整合，形成区域性物流中心。选择辐射功能强、服务范围广的特大城市和大城市建立国家或区域性金融中心。依托产业集聚规模大、装备水平高、科研实力强的地区，加快培育建成功能互补、支撑作用大的研发设计、财务管理、信息咨询等公共服务平台，充分发挥国家软件产业基地的作用，建设一批工业设计、研发服务中心，不断形成带动能力强、辐射范围广的新增长极。

立足于用好现有服务资源，打破行政分割和地区封锁，充分发挥市场机制的作用，鼓励部门之间、地区之间、区域之间开展多种形式的合作，促进服务业资源整合，发挥组合优势，深化分工合作，在更大范围、更广领域、更高层次上实现资源优化配置。防止不切实际攀比，避免盲目投资和重复建设。

五、积极发展农村服务业

贯彻统筹城乡发展的基本方略，大力发展面向农村的服务业，不断繁荣农村经济，增加农民收入，提高农民生活水平，为发展现代农业、扎实推进社会主义新农村建设服务。

围绕农业生产的产前、产中、产后服务，加快构建和完善以生产销售服务、科技服务、信息服务和金融服务为主体的农村社会化服务体系。加大对农业产业化的扶持力度，积极开展种子统供、重大病虫害统防统治等生产性服务。完善农副产品流通体系，发展各类流通中介组织，培育一批大型涉农商贸企业集团，切实解决农副产品销售难的问题。加快实施“万村千乡”市场工程。加强农业科技体系建设，健全农业技术推广、农产品检测与认证、动物防疫和植物保护等农业技术支持体系，推进农业科技创新，加快实施科技入户工程。加快农业信息服务体系建设，逐步形成连接国内外市场、覆盖生产和消费的信息网络。加强农村金融体系建设，充分发挥农村商业金融、合作金融、政策性金融和其他金融组织的作用，发展多渠道、多形式的农业保险，增强对“三农”的金融服务。加快农机社会化服务体系建设，推进农机服务市场化、专业化、产业化。大力发展各类农民专业合作组织，支持其开展市场营销、信息服务、技术培训、农产品加工储藏和农资采购经营。

改善农村基础条件，加快发展农村生活服务业，提高农民生活质量。推进农村水利、交通、渔港、邮政、电信、电力、广播影视、医疗卫生、计划生育和教育等基础设施建设，加快实施农村饮水安全工程，大力发展农村沼气，推进生物质能、太阳能和风能等可再生能源开发利用，改善农民生产生活条件。大力发展园艺业、特种养殖业、乡村旅游业等特色产业，鼓励发展劳务经济，增加农民收入。积极推进农村社区建设，加快发展农村文化、医疗卫生、社会保障、计划生育等事业，实施农民体育健身工程，扩大出版物、广播影视在农村的覆盖面，提高公共服务均等化水平，丰富农民物质文化生活。加强农村基础教育、职业教育和继续教育，搞好农民和农民工培训，提高农民素质，结合城镇化建设，积极推进农村富余劳动力实现转移就业。

六、着力提高服务业对外开放水平

坚定不移地推进服务领域对外开放，着力提高利用外资的质量和水平。按照加入世贸组织服务贸易领域开放的各项承诺，鼓励外商投资服务业。正确处理好服务业开放与培育壮大国内产业的关系，完善服务业吸收外资法律法规，通过引入国外先进经验和完善企业治理结构，培育一批具有国际竞争力的服务企业。加强金融市场基础性制度建设，增强银行、证券、保险等行业的抗风险能力，维护国家金融安全。

把大力发展服务贸易作为转变外贸增长方式、提升对外开放水平的重要内容。把承接国际服务外包作为扩大服务贸易的重点，发挥我国人力资源丰富的优势，积极承接信息管理、数据处理、财会核算、技术研发、工业设计等国际服务外包业务。具备条件的沿海地区和城市要根据自身优势，研究制定鼓励承接服务外包的扶持政策，加快培育一批具备国际资质的服务外包企业，形成一批外包产业基地。建立支持国内企业“走出去”的服务平台，提供市场调研、法律咨询、信息、金融和管理等服务。扶持出口导向型服务企业发展，发展壮大国际运输，继续大力发展旅游、对外承包工程和劳务输出等具有比较优势的服务贸易，积极参与国际竞争，扩大互利合作和共同发展。

七、加快推进服务领域改革

进一步推进服务领域各项改革。按照国有经济布局战略性调整的要求，将服务业国有资本集中在重要公共产品和服务领域。深化电信、铁路、民航等服务行业改革，放宽市场准入，引入竞争机制，推进国有资产重组，实现投资主体多元化。积极推进国有服务企业改革，对竞争性领域的国有服务企业实行股份制改造，建立现代企业制度，促使其成为真正的市场竞争主体。明确教育、文化、广播电视、社会保障、医疗卫生、体育等社会事业的公共服务职能和公益性质，对能够实行市场经营的服务，要动员社会力量增加市场供给。按照政企分开、政事分开、事业企业分开、营利性机构与非营利性机构分开的原则，加快事业单位改革，将营利性事业单位改制为企业，并尽快建立现代企业制度。继续推进政府机关和企事业单位的后勤服务、配套服务改革，推动由内部自我服务为主向主要由社会提供服务转变。

建立公开、平等、规范的服务业准入制度。鼓励社会资金投入服务业，大力发展非公有制服务企业，提高非公有制经济在服务业中的比重。凡是法律法规没有明令禁入的服务领域，都要向社会资本开放；凡是向外资开放的领域，都要向内资开放。进一步打破市场分割和地区封锁，推进全国统一开放、竞争有序的市场体系建设，各地区凡是对本地企业开放的服务业领域，应全部向外地企业开放。

八、加大投入和政策扶持力度

加大政策扶持力度，推动服务业加快发展。依据国家产业政策完善和细化服务业发展指导目录，从财税、信贷、土地和价格等方面进一步完善促进服务业发展政策体系。对农村流通基础设施建设和物流企业，以及被认定为高新技术企业的软件研发、产品技术研发及工业设计、信息技术研发、信息技术外包和技术性业务流程外包的服务企业，实行财税优惠。进一步推进服务价格体制改革，完善价格政策，对列入国家鼓励类的服务业逐步实现与工业用电、用水、用气、用热基本同价。调整城市用地结构，合理确定服务业用地的比例，对列入国家鼓励类的服务业在供地安排上给予倾斜。要根据实际情况，对一般性服务行业在注册资本、工商登记等方面降低门槛，对采用连锁经营的服务企业实行企业总部统一办理工商注册登记和经营审批手续。

拓宽投融资渠道，加大对服务业的投入力度。国家财政预算安排资金，重点支持服务业关键领域、薄弱环节发展和提高自主创新能力。积极调整政府投资结构，国家继续安排服务业发展引导资金，逐步扩大规模，引导社会资金加大对服务业的投入。地方政府也要相应安排资金，支持服务业发展。引导和鼓励金融机构对符合国家产业政策的服务企业予以信贷支持，在控制风险的前提下，加快开发适应服务企业需要的金融产品。积极支持符合条件的服务企业进入境内外资本市场融资，通过股票上市、发行企业债券等多渠道筹措资金。鼓励各类创业风险投资机构和信用担保机构对发展前景好、吸纳就业多以及运用新技术、新业态的中小服务企业开展业务。

九、不断优化服务业发展环境

加快推进服务业标准化，建立健全服务业标准体系，扩大服务标准覆盖范围。抓紧制订和修订物流、金融、邮政、电信、运输、旅游、体育、商贸、餐饮等行业服务标准。对新兴服务行业，鼓励龙头企业、地方和行业协会先行制订服务标准。对暂不能实行标准化的服务行业，广泛推行服务承诺、服务公约、服务规范等制度。

积极营造有利于扩大服务消费的社会氛围。规范服务市场秩序，建立公开、平等、规范的行业监管制度，坚决查处侵犯知识产权行为，保护自主创新，维护消费者合法权益。加强行政事业性收费管理和监督检查，取消各种不合理的收费项目，对合理合法的收费项目及标准按照规定公示并接受社会监督。落实职工年休假制度，倡导职工利用休假进行健康有益的服务消费。加快信用体系建设，引导城乡居民对信息、旅游、教育、文化等采取灵活多样的信用消费方式，规范发展租赁服务，拓宽消费领域。鼓励有条件的城镇加快户籍管理制度改革，逐步放宽进入城镇就业和定居的条件，增加有效需求。

发展人才服务业，完善人才资源配置体系，为加快发展服务业提供人才保障。充分发挥高等院校、科研院所、职业学校及有关社会机构的作用，推进国际交流合作，抓紧培训一批适应市场需求的技能型人才，培养一批熟悉国际规则的开放型人才，造就一批具有创新能力的科研型人才，扶持一批具有国际竞争力的人才服务机构。鼓励各类就业服务机构发展，完善就业服务网络，加强农村剩余劳动力转移、城市下岗职工再就业、高校毕业生就业等服务体系建设，为加快服务业发展提供高素质的劳动力队伍。

十、加强对服务业发展工作的组织领导

加快发展服务业是一项紧迫、艰巨、长期的重要任务，既要坚持发挥市场在资源配置中的基础性作用，又要加强政府宏观调控和政策引导。国务院成立全国服务业发展领导小组，指导和协调服务业发展和改革中的重大问题，提出促进加快服务业发展的方针政策，部署涉及全局的重大任务。全国服务业发展领导小组办公室设在发展改革委，负责日常工作。国务院有关部门和单位要按照全国服务业发展领导小组的统一部署，加强协调配合，积极开展工作。各省级人民政府也应建立相应领导机制，加强对服务业工作的领导，推动本地服务业加快发展。

加强公共服务既是加快发展服务业的重要组成部分，又是推动各项服务业加快发展的重要保障，同时也是转变政府职能、建设和谐社会的内在要求。要进一步明确中央、地方在提供公共服务、发展社会事业方面的责权范围，强化各级人民政府在教育、文化、医疗卫生、人口和计划生育、社会保障等方面的公共服务职能，不断加大财政投入，扩大服务供给，提高公共服务的覆盖面和社会满意水平，同时为各类服务业的发展提供强有力的支撑。

尽快建立科学、统一、全面、协调的服务业统计调查制度和信息管理制度，完善服务业统计调查方法和指标体系，充实服务业统计力量，增加经费投入。充分发挥各部门和行业协会的作用，促进服务行业统计信息交流，建立健全共享机制，提高统计数据的准确性和及时性，为国家宏观调控和制定规划、政策提供依据。各地区要逐步将服务业重要指标纳入本地经济社会发展的考核体系，针对不同地区、不同类别服务业的具体要求，实行分类考核，确保责任到位，任务落实，抓出实绩，取得成效。

各地区、各部门要根据本意见要求，按照各自的职责范围，抓紧制定加快发展服务业的配套实施

方案和具体政策措施。发展改革委要会同有关部门和单位对落实本意见的情况进行监督检查，及时向国务院报告。

国务院
二〇〇七年三月十九日

国务院办公厅关于加快发展服务业若干政策措施的实施意见

国办发〔2008〕11号

各省、自治区、直辖市人民政府，国务院各部委、各直属机构：

为贯彻党中央、国务院关于加快服务业发展的要求和部署，落实《国务院关于加快发展服务业的若干意见》（国发〔2007〕7号）提出的政策措施，促进“十一五”时期服务业发展主要目标的实现和任务的完成，经国务院同意，现提出以下意见：

一、加强规划和产业政策引导

（一）*抓紧制订或修订服务业发展规划。*各地区要根据国家服务业发展主要目标，积极并实事求是地制订本地区服务业发展规划，提出发展目标、发展重点和保障措施。经济较发达的地区可以适当提高发展目标，有条件的大中城市要加快形成以服务经济为主的产业结构。各有关部门要抓紧制订或修订相关行业规划和专项规划，完善服务业发展规划体系。各地区、各有关部门都要把服务业发展任务分解落实到年度工作计划中。发展改革委要会同有关部门抓紧研究制订服务业发展考核体系，在条件具备时，定期公布全国和分地区服务业发展水平、结构等主要指标。

（二）*尽快研究完善产业政策。*发展改革委要会同有关部门依据国家产业结构调整的有关规定，抓紧细化、完善服务业发展指导目录，明确行业发展重点及支持方向；要根据服务业跨度大、领域广的实际，分门别类地调整和完善相关产业政策，认真清理限制产业分工、业务外包等影响服务业发展的不合理规定，逐步形成有利于服务业发展的产业政策体系。各地区要立足现有基础和比较优势，制订并细化本地区服务业发展指导目录，突出本地特色，并制定相应政策措施。

二、深化服务领域改革

（三）*进一步放宽服务领域市场准入。*工商行政管理部门对一般性服务业企业降低注册资本最低限额，除法律、行政法规和依法设立的行政许可另有规定的外，一律降低到3万元人民币，并研究在营业场所、投资人资格、业务范围等方面适当放宽条件。对法律、行政法规和国务院决定未做规定的服务企业登记前置许可项目，各级工商行政管理机关一律停止执行。加大铁路、电信等垄断行业改革力度，进一步推进投资主体多元化，引入竞争机制。继续稳妥推进市政公用事业市场化改革，城市供水供热供气、公共交通、污水处理、垃圾处理等可以通过特许经营等方式委托企业经营。认真做好在全国范围内调整和放宽农村地区银行业金融机构市场准入政策的落实工作。教育、文化、广播电视、社会保障、医疗卫生、体育、建设等部门对本领域能够实行市场化经营的服务，抓紧研究提出放宽市场准入、鼓励社会力量增加供给的具体措施。

（四）加快推进国有服务企业改革。国资委要会同有关部门积极推动国有服务企业股份制改革和战略性重组，将服务业国有资本集中在重要公共产品和服务领域，鼓励中央服务企业和地方国有服务企业通过股权并购、股权置换、相互参股等方式进行重组，鼓励非公有制企业参与国有服务企业的改革、改组、改造。继续深化银行业改革，重点推进中国农业银行股份制改革和国家开发银行改革，强化中国农业银行、中国农业发展银行和中国邮政储蓄银行为“三农”服务的功能。

（五）推进生产经营性事业单位转企改制和政府机关、事业单位后勤服务社会化改革。主要从事生产经营活动的事业单位要转制为企业，条件成熟的尽快建立现代企业制度。中央编办会同财政部、人事部等部门抓紧制定和完善促进生产经营性事业单位转企改制的配套政策措施。各有关部门和单位要继续深化后勤体制改革，加快推进后勤管理职能和服务职能分开，实现后勤管理科学化、保障法制化、服务社会化。创新后勤服务社会化形式，引进竞争机制，逐步形成统一、开放、有序的后勤服务市场体系。对后勤服务机构改革后新进入的工作人员，应实行聘用制等新的用人机制。

三、提高服务领域对外开放水平

（六）稳步推进服务领域对外开放。发展改革委要会同有关部门认真落实新修订的《外商投资产业指导目录》，在优化结构、提高质量基础上扩大服务业利用外资规模。商务部要会同有关部门抓紧制订服务贸易中长期发展规划，推动有条件的地区和城市加快形成若干服务业外包中心；在中央外贸发展基金中安排专项资金，重点支持服务外包基地城市公共平台建设及企业发展。各类金融机构对符合条件的服务贸易给予货物贸易同等便利，改进服务贸易企业外汇管理，保证合理用汇。交通部要会同有关部门抓紧研究解决中资船舶悬挂方便旗经营问题，发展壮大国际航运船队。加快建设上海、天津、大连等国际航运中心，鼓励在其保税港区进行服务业对外开放创新试点。

（七）积极支持服务企业“走出去”。各有关部门要研究采取具体措施，为服务企业“走出去”和服务出口创造良好环境。对软件和服务外包等出口开辟进出境通关“绿色通道”，对中医药、中餐、汉语教育、文化、体育、对外承包工程等领域企业和专业人才“走出去”提供帮助，简化出入境手续，并纳入国家有关专项资金扶持范围。在严格控制风险的基础上，积极支持国内有条件的金融企业开展跨国经营，为我国企业参与国际市场竞争提供金融服务。同时，要鼓励贸易、咨询、法律服务、知识产权服务、人力资源等企业积极为服务业“走出去”提供服务。

四、大力培育服务领域领军企业和知名品牌

（八）积极创新服务业组织结构。各地区、各有关部门要鼓励服务业规模化、网络化、品牌化经营，促进形成一批拥有自主知识产权和知名品牌、具有较强竞争力的服务业龙头企业。发展改革委等部门要支持设立专业化产业投资基金，主要从事服务业领域企业兼并重组，优化服务业企业结构。商务部等有关部门要加强商业网点规划调控，鼓励发展连锁经营、特许经营、电子商务、物流配送、专卖店、专业店等现代流通组织形式。除有特殊规定外，服务企业设立连锁经营门店可持总部出具的连锁经营相关文件和登记材料，直接到门店所在地工商行政管理机关申请办理登记和核准经营范围手续。鼓励软件和信息服务等现代服务业专业协会发展。

（九）加快实施品牌战略。大力支持企业开展自主品牌建设，鼓励企业注册和使用自主商标。鼓励流通企业与生产企业合作，实现服务品牌带动产品品牌推广、产品品牌带动服务品牌提升的良性互动发展。培育发展知名品牌，符合国家有关规定的，商务部等部门应将其纳入中央外贸发展基金等国家有关专项资金扶持范围。扶持中华老字号企业发展，在城市改造中，涉及中华老字号店铺原址动迁

的，应在原地妥善安置或在适宜其发展的商圈内安置，并严格按国家有关规定给予补偿。

（十）鼓励服务领域技术创新。科技部要会同有关部门认真落实国家中长期科学和技术发展规划纲要，抓好现代服务业共性技术研究开发与应用示范重大项目。充分发挥国家相关产业化基地的作用，建立一批研发设计、信息咨询、产品测试等公共服务平台，建设一批技术研发中心和中介服务机构。财政部、发展改革委要研究提出具体意见，对服务领域重大技术引进项目及相关的技术改造提供贷款贴息支持，对引进项目的消化吸收再创新活动提供研发资助，在政府采购中优先支持采用国内自主开发的软件等信息服务，进一步扩大创业风险投资试点范围。探索开展知识产权质押融资，引导和鼓励社会资本投入知识产权交易活动，符合规定的可以享受创业投资机构的有关优惠政策。

五、加大服务领域资金投入力度

（十一）加大公共服务投入力度。进一步明确政府公共服务责任，健全公共财政体制，把更多财政资金投向公共服务领域，提高公共服务的覆盖面和社会满意水平。中央财政要继续增加社会保障、医疗卫生、教育、节能减排、住房保障等方面的支出，重点提高对农村、欠发达地区和城市中低收入居民的公共服务水平，支持医药卫生体制等重大改革。国家财政新增教育、卫生、文化等事业经费和固定资产投资主要用于农村，中央财政转移支付资金重点用于中西部地区，尽快使中西部地区基础设施和教育、卫生、文化等公共服务设施得到改善。调动地方发展服务业的积极性，中央和省级财政要通过转移支付等对服务经济发展较快但财政困难的地方给予支持。

（十二）加大财政对服务业发展的支持力度。中央财政和中央预算内投资继续安排服务业发展专项资金和服务业发展引导资金，并根据财政状况及服务业发展需要逐步增加，重点支持服务业关键领域、薄弱环节和提高自主创新能力，建立和完善农村服务体系。整合服务领域的财政扶持资金，综合运用贷款贴息、经费补助和奖励等多种方式支持服务业发展。中央预算内投资要加大对规划内重点服务业项目的投入，同等情况下优先支持服务业项目。地方政府也要根据需要安排服务业发展专项资金和引导资金，有条件的地方要扩大资金规模，支持服务业发展。

（十三）加大金融对服务业发展的支持力度。人民银行、金融监管机构等要引导和鼓励各类金融机构开发适应服务企业需要的金融产品，积极支持符合条件的服务业企业通过银行贷款、发行股票债券等多渠道筹措资金。逐步将收费权质押贷款范围扩大到供水、供热、环保等城市基础设施项目。修订和完善有关股票、债券发行的基本规则以及信息披露制度要充分考虑服务企业的特点。符合条件的服务企业集团设立财务公司等非银行金融机构可以优先得到批准。有关部门要进一步推动中小企业信用担保体系建设，积极搭建中小企业融资平台，国家中小企业发展专项资金和地方扶持中小企业发展资金要给予重点资助或贷款贴息补助。

六、优化服务业发展的政策环境

（十四）进一步扩大税收优惠政策。认真落实新的企业所得税法及其实施条例有关规定。支持服务企业产品研发，企业实际发生的研究开发费用可按有关政策规定享受所得税抵扣优惠。加快推进在苏州工业园区开展鼓励技术先进型服务企业发展所得税、营业税政策试点，积极扩大软件开发、信息技术、知识产权服务、工程咨询、技术推广、服务外包、现代物流等鼓励类生产性服务业发展的税收优惠政策试点。对企业从事农林牧渔服务业项目的所得免征、减征企业所得税；对科研单位和大专院校开展农业生产技术服务取得的收入，以及提供农业产前、产中、产后相关服务的企业，实行税收优惠政策；对农产品连锁经营试点实行企业所得税、增值税优惠政策。加大对自主创新、节能减排、资源节约利用等方面服务业的税收优惠力度。在服务业领域开展实行综合与分类相结合的个人所得税制度试点。对吸收就业多、资源消耗和污染排放低等服务类企业，按照其吸收就业人员数量给予补贴或所得税优惠。研究制订社区服务、家政服务、实物租赁、维修服务、便利连锁经营、废旧物资回收利用、中华老字号经营等服务业和出口文化教育产品等领域的税收优惠政策。财政部、税务总局要会同有关部门抓紧研究制订具体办法并组织实施。

（十五）实行有利于服务业发展的土地管理政策。各地区制订城市总体规划要充分考虑服务业发展的需要，中心城市要逐步迁出或关闭市区污染大、占地多等不适应城市功能定位的工业企业，退出的土地优先用于发展服务业。城市建设新居住区内，规划确定的商业、服务设施用地，不得改作他用。国土资源管理部门要加强和改进土地规划计划调控，年度土地供应要适当增加服务业发展用地。加强对服务业用地出让合同或划拨决定书的履约管理，保证政府供应的土地能够及时转化为服务业项目供地。积极支持以划拨方式取得土地的单位利用工业厂房、仓储用房、传统商业街等存量房产、土地资源兴办信息服务、研发设计、创意产业等现代服务业，土地用途和使用权人可暂不变更。

（十六）完善服务业价格、收费等政策。价格管理部门要进一步减少服务价格政府定价和指导价，完善价格形成机制，建立公开、透明的定价制度。除国家另有规定外，各地区要结合销售电价调整，于2008年底前基本实现商业用电价格与一般工业用电价格并轨，对列入国家鼓励类的服务业用水价格基本实现与工业用水价格同价。清理各类收费，取消和制止不合理收费项目。加强行政事业性收费、政府性基金的管理，各地区、各有关部门对有关收费项目及标准要按照规定公示并接受社会监督。除法律、行政法规或者国务院另有明确规定外，履行或代行政府职能，安装和维护与政府部门联网办理业务的计算机软件，不得收取任何费用。规范行业协会、商会收费行为。各地区要对从事农村客运服务以及岛屿、库区、湖区等乡镇渡口和客运经营等方便农民出行的运输行业，比照城市公交客运政策，给予政策支持。

（十七）加强服务业从业人员社会保障工作。劳动保障等部门要加快将服务业个体工商户、灵活就业人员、农民工纳入社会保险覆盖范围。尽快修订《失业保险条例》，完善失业保险制度，扩大参保范围。针对服务行业就业形式多样、流动性较强、农民工居多等特点，加快推进服务业企业参加医疗、工伤保险工作，切实维护服务业企业从业人员的社会保障权益。鼓励和引导企业为职工建立企业年金和补充医疗保险计划。规范企业年金管理方式，2008年年底前，将原行业或企业自行管理的企业年金业务，逐步移交给有资质的运营机构受托管理。

七、加强服务业基础工作

（十八）大力培养服务业人才。教育、科技、人事和劳动保障等部门要积极引导高等院校完善并加强与现代服务业发展相适应的学科专业建设，支持高等院校、职业院校、科研院所与有条件的服务业企业建立实习实训基地，鼓励建立服务人才培养基地，对国内外相关外包服务培训机构以独资或与高校、企业合作的形式成立培训机构给予审批便利。人事和劳动保障等部门要按照服务业发展需要，不断调整完善和规范职业资格和职称制度，尽快设置相应的服务业职业资格和职称。人事和劳动保障部门要鼓励各类就业服务机构发展，加快建设覆盖城乡的公共就业服务体系。

（十九）健全服务业标准体系和社会信用体系。质检总局要会同有关部门抓紧制订和修订物流、电信、邮政、快递、运输、旅游、体育、商贸、餐饮、社区服务等服务标准，继续推进国家级服务业标准化试点，鼓励和支持行业协会、服务企业积极参与标准化工作。人民银行、工商总局等有关部门要加快社会信用体系建设，推动政府部门依法共享公开的政府信息，并在就业、社会保障、市场监管、政府采购等公共服务中使用信用信息。

（二十）加强服务业统计工作。完善服务业统计联席会议制度，加强和协调各部门及行业协会的服务业统计工作。统计局要会同有关部门加快建立科学、统一、全面、协调的服务业统计调查制度和信息管理制度，完善服务业统计调查方法和指标体系，建立政府统计和行业统计互为补充的服务业统计调查体系，健全服务业信息发布制度。结合开展第二次全国经济普查，重点摸清我国服务业发展状况，为国家制定规划和政策提供依据。中央财政安排专项经费支持服务业统计，地方财政也要增加投入。

（二十一）加强服务业法制建设。法制办要会同有关部门积极推动制定和修订促进服务业发展法律、行政法规的相关工作，为服务业发展提供法制保障。

八、狠抓工作落实和督促检查

（二十二）抓紧制定具体配套政策措施。国务院各有关部门要按照国发〔2007〕7号文件和本意见要求，对已经明确的政策抓好落实，对需要制定具体配套政策措施的要抓紧研究制定，成熟一项，出台一项。要加强协调配合，及时研究解决服务业发展中出现的突出问题和矛盾，不断调整完善相关政策，推进服务业改革和发展。各地区也要抓紧制定出台相关配套政策措施。

（二十三）加强工作落实和督促检查。各地区、各部门要把发展服务业作为贯彻落实科学发展观、促进经济又好又快发展的重要工作任务，切实把中央确定的各项方针政策落到实处。全国服务业发展领导小组办公室要充分发挥总体协调作用，做好服务业发展目标落实与考核、政策措施制定等督促检查工作，及时向国务院报告工作进展情况。

国务院办公厅
二〇〇八年三月十三日

国务院关于加快发展服务业工作情况的报告

——2010年12月22日在第十一届全国人民代表大会常务委员会第十八次会议上

国家发展和改革委员会主任　张　平

全国人民代表大会常务委员会：

我受国务院委托，向全国人大常委会报告“十一五”以来加快发展服务业工作情况，请予审议。

一、加快发展服务业的有关工作

党中央、国务院高度重视服务业发展。胡锦涛总书记在党的十七大报告中指出，要发展现代服务业，提高服务业比重和水平。温家宝总理在2010年政府工作报告中要求，进一步提高服务业发展水平和在国民经济中的比重，大力发展面向生产和面向民生的服务业，积极拓展新型服务领域，加快构建和完善农村生产生活服务体系。李克强副总理在2010年8月召开的服务业发展改革工作座谈会上强调，加快发展服务业是加快经济发展方式转变和经济结构调整的重大任务，要通过深化改革推动服务业发展。

“十一五”以来，国务院印发了《关于加快发展服务业的若干意见》（国发〔2007〕7号，以下简称《若干意见》），国务院办公厅印发了《关于加快发展服务业若干政策措施的实施意见》（国办发

〔2008〕11号，以下简称《实施意见》)，明确了服务业发展的方向、目标、主要任务和政策措施；国务院召开全国服务业工作会议，对服务业工作做出了部署安排；制定出台了指导和推进物流业、旅游业、文化产业、体育产业、服务外包、社区服务、家庭服务等服务业加快发展的一系列政策措施。国务院适时向全国人大常委会报送了相关法律草案，按程序制定和修改了相关行政法规，进一步为服务业发展提供法制保障。

(一) 国务院有关部门加快发展服务业的主要工作

根据国务院关于服务业工作的总体部署和要求，各有关部门按照职能分工积极开展工作：出台了相关服务行业发展的指导意见；制定了财税、金融、土地、工商、价格等方面的支持措施；加强和改进了市场准入、人才服务、品牌培育、服务业标准、服务认证示范和服务业统计等方面工作；在全国范围开展了服务业综合改革试点；积极推进服务业标准化试点；大力发展高技术服务业，建设高技术服务业基地；实施现代服务业科技行动，推动现代服务业科技创新。为加强服务业工作的协调，在一些领域建立了跨部门的工作协调机制，如发展家庭服务业促进就业部际联席会议、服务业统计部际联席会议等。服务业发展环境得到进一步改善。

(二) 各地区加快发展服务业的有关工作

各地区普遍重视并加强了服务业工作。一是突出规划指导，全国共有19个省（区、市）和4个计划单列市政府制定了“十一五”服务业发展规划。目前许多地区正在抓紧研究制定“十二五”服务业发展规划。二是加大政策支持力度，全国有25个省（区、市）和3个计划单列市党委或政府制定印发了加快发展服务业的政策文件。三是促进生产性服务业集聚发展，上海、江苏、浙江、山东、河南、湖北等地和广州、杭州等城市制定了相关政策措施，推进生产性服务业集聚区建设。四是加快重大项目建设，天津、浙江、山东、河南等地通过编制服务业重大项目计划，建立项目审批绿色通道和项目推进协调机制，促进重大项目建设。五是加强人才培训和基础工作，河南、江苏、杭州等地安排专项资金，对服务业重点企业和管理部门人员开展“量身定做”培训；湖南、广西、青岛等地利用部分服务业发展引导资金开展服务业重点课题研究等。六是加强组织协调，全国有24个省（区、市）和5个计划单列市建立了由当地政府主要负责同志担任组长、有关厅（局）负责同志参加的服务业发展领导协调小组；天津、辽宁、吉林、江苏、浙江、山东、河南等地和宁波、青岛等城市制定并实施了服务业发展考核制度；杭州市建立了服务业月度三级协调例会制度，协调解决服务业发展有关问题。

二、服务业发展的基本现状

“十一五”以来，我国服务业呈现较快发展态势，规模总量不断扩大，就业贡献越来越大，质量水平逐步提高，改革开放进一步深化，我国服务业发展进入了一个新的阶段。

(一) 服务业规模不断扩大

“十一五”前四年，我国服务业增加值年增长率一直高于同期国内生产总值增长率，服务业增加值占国内生产总值比重稳步提高。2009年我国实现服务业增加值14.8万亿元，比“十五”末的2005年增加7.3万亿元，增长近1倍，“十一五”前四年平均增长12.4%，高于国内生产总值年均增速1个百分点。今年前三季度，服务业增加值增长9.5%，比去年同期加快0.4个百分点。“十一五”以来，我国服务业吸纳就业能力进一步增强。2009年服务业就业人数2.7亿人，比2005年增加了2832万人，年均增加708万人。在应对国际金融危机中，服务业吸纳就业作用十分突出，2009年吸纳转移就业人员和新就业人员合计886万人。

(二) 服务业主要行业和新兴领域发展较快

“十一五”前四年，我国服务业各主要行业均实现了较快发展。金融业、批发和零售业、住宿和餐饮业、交通运输仓储和邮政业等4个门类的增加值年均增速分别为21%、16.9%、9.3%和8.2%。

今年前三季度，批发和零售业、住宿和餐饮业、交通运输仓储和邮政业等3个门类继续保持了快速增长，增速比去年同期分别提高3.3个、5.3个和7.8个百分点。"十一五"以来，文化、旅游等产业实现了高速增长，在经济社会发展中的地位和作用更加突出；信息等高新技术和现代管理理念的广泛应用，推动了电信增值、动漫网游、电子商务等一批新兴服务业态快速发展；检验检测、合同能源管理、环境服务、地理信息等一批适应市场需求的新兴服务产业蓬勃发展。

（三）一些经济发达地区服务业呈现明显加快发展态势

"十一五"以来，上海、北京、深圳、厦门、杭州、南京、济南、苏州等城市服务业增加值占地区生产总值比重明显上升，其中，上海市2009年达到59.4%，比2005年提高了8.9个百分点。江苏、浙江、福建、广东等省服务业增加值占地区生产总值比重也实现了较大幅度上升，2009年比2005年分别提高了4.2个、3.1个、2.8个和2.8个百分点。

（四）服务业企业不断发展壮大

"十一五"以来，我国服务业企业规模不断扩大，形成了一批知名企业和著名品牌，竞争力不断增强。中国企业联合会公布的我国服务业企业500强中，2006年入围门槛为年营业收入5.9亿元，2010年入围门槛上升到年营业收入9.9亿元，提高了0.7倍。

（五）服务业改革开放进一步深化

"十一五"以来，服务业改革迈出了新步伐。金融机构和资本市场改革继续深化，铁路投融资体制改革取得新的进展，国有文化新闻出版体制机制改革取得积极成效，医药卫生体制改革迈出实质性步伐，完善社会保障制度以及服务业税收、价格、收费等方面改革的逐步推进，外商投资服务业领域的法规体系不断完善，都对破解体制机制约束、加快服务业发展产生了积极推动作用。"十一五"以来，我国服务业实际利用外资规模创历史新高，2008年达到538.7亿美元。虽然受国际金融危机影响，2009年服务业实际利用外资有所下降，但今年以来，服务业实际利用外资再呈快速增长势头，1-8月同比增长36.8%，增幅创下新高。我国和东盟自由贸易区建设、内地与港澳关于建立更紧密经贸关系的安排（CEPA）、设立海关特殊监管区域等举措，为提高我国服务业开放质量和水平，加强对外交流合作，开辟了新的渠道。服务外包快速发展，今年9月底，全国服务外包企业从业人员205万人，其中大学以上学历人员占72%。"十一五"以来，累计承接服务外包合同执行金额326亿美元，其中国际服务外包合同执行金额占75%。

三、服务业发展的主要问题

"十一五"以来，我国服务业虽然实现了较快发展，取得了明显成效，但总体发展仍然滞后，还难以很好地适应经济社会发展的需要。主要表现在：一是服务业增加值占国内生产总值比重偏低。二是结构仍不合理。三是服务业固定资产投资占比徘徊下降。四是国际竞争力依然不强。五是服务业供给能力和水平还难以满足我国消费结构升级需要。

我国服务业发展滞后固然有经济发展所处阶段的客观因素，但也反映出了发展方式粗放、结构调整缓慢、体制改革滞后、政策支持不够、工作薄弱等深层次的原因。

四、加快发展服务业的措施

"十二五"时期我国仍处于发展的重要战略机遇期。国际金融危机影响深远，在转变发展方式、调整产业结构的要求更高、任务更重的形势下，加快发展服务业的紧迫性显得更加突出。《中共中央关于制定国民经济和社会发展第十二个五年规划的建议》明确提出，要加快发展服务业，把推动服务业大发展作为产业结构优化升级的战略重点，营造有利于服务业发展的政策和体制环境。在新的形势下，加快发展服务业要以市场化、产业化、社会化、国际化为方向，以改革创新为动力，进一步研究制定有效措施，大力发展生产性服务业和生活性服务业，积极发展旅游业，拓展服务业新领域，发展新业态，培育新热点，推进规模化、品牌化、网络化经营，推动特大城市形成以服务经济为主的产业结构，实现我国服务业发展提速、比重提高、水平提升。

（一）继续深入贯彻落实《若干意见》和《实施意见》文件精神

根据当前新的形势，重点就加强服务业规划和产业政策引导、深化服务业改革、提高服务业对外开放水平、大力培育服务业领军企业和知名品牌、加大服务业资金投入力度、优化服务业发展政策环境、加强服务业基础工作等方面，进一步做好贯彻落实。一是各地区要根据国家服务业发展总体要求，认真研究制订本地区加快发展服务业的政策措施，加强对服务业发展的协调和指导。二是有关部门要及时清理不适应服务业发展要求的各项规定，创造加快发展服务业的良好环境。三是近年来已经出台促进服务业加快发展配套政策措施的部门，要根据当前的新情况、新问题，对政策措施进一步调整完善，增强针对性和有效性。尚未出台的部门，要抓紧研究制定相关配套政策措施。

（二）谋划好“十二五”服务业发展

根据国务院统一部署，“十二五”规划《纲要》正在研究制定中，加快发展服务业是重要的内容之一。有关部门还正在抓紧研究制定着力于发展提速、比重提高、水平提升的《“十二五”现代服务业发展规划》和涉及服务业重点行业、重点领域的专项规划，通过进一步细化落实服务业发展的目标任务和保障措施，促进“十二五”时期服务业加快发展，努力形成更具宏观性、战略性、指导性和操作性的服务业加快发展的规划蓝图。

（三）研究制定加快发展服务业的新举措

加强产业政策指导，尽快修订完善《产业结构调整指导目录》，明确鼓励发展的服务业重点；进一步研究综合运用财税、金融、土地、价格等经济政策，对鼓励发展的服务行业特别是生产性服务业予以重点支持。选择服务业中的重点领域，研究进一步促进其发展的税收优惠政策。结合增值税立法和“扩围”改革，完善生产性服务业税收政策。扩大服务业引导资金规模，加强服务业基础研究投入。加大金融对服务业发展支持力度，创新金融产品和服务方式，发展新型农村金融机构。多方面拓宽加快服务业发展的融资渠道，支持符合条件的服务业企业上市融资和发行债券。完善价格政策，对列入国家鼓励类的服务业，尽快实现与工业用电、用水、用气、用热基本同价。引导和扶持服务业企业采用先进的质量管理方法，推动培育一批服务业优势品牌。支持家庭服务业发展，增加对家庭服务业的投入，建设公益性信息服务平台，加强从业人员职业培训。拓展服务业国际交流合作渠道，办好中国国际服务业大会暨交易会。探索建立我国大中城市服务业交流合作平台和工作机制。完善农村生产生活服务体系。

（四）进一步推进服务业改革开放

建立公平、规范、透明的市场准入标准。进一步深化垄断行业改革，加快投资主体多元化。明确教育、文化、卫生、体育、社会服务等社会事业的公共服务职能和公益性质，对能够实行市场化经营的服务，要充分发挥市场机制，动员社会力量增加市场供给。扎实推进服务业综合改革试点，创新发展模式，积极探索加快发展服务业的有效途径。大力推进家庭服务业市场化、产业化、社会化，形成多层次、多形式共同发展的家庭服务市场和经营机构。大力发展多种所有制服务企业，健全现代服务业企业制度，探索适合新型服务业态发展的市场管理办法，为各类企业创造公平的发展环境。分类推进事业单位改革，逐步将主要从事生产经营活动的事业单位转制为企业。研究制定加快推进行业协会改革发展的实施意见。积极推进服务业标准化试点，推广试点经验。进一步完善服务业对外开放的法律法规体系。大力发展服务贸易，努力扩大服务出口。积极发展服务外包产业，提高国内服务外包企业的承接能力。提高服务业利用外资质量和水平，引导外资更多地投向现代物流、软件设计开发服务、商务服务、工程设计、农业技术服务等生产性服务业。适应经济全球化发展趋势，积极稳妥推进教育、医疗卫生、文化、体育、电信、金融等领域对外开放。积极创造良好环境，引导服务业企业走出去，充分利用国际国内两个市场和两种资源。

（五）加强服务业组织领导和基础工作

进一步研究制订有效措施，加强对服务业发展的统筹协调和指导。积极推广建立服务业发展领导协调小组和月度协调例会制度等各种行之有效的经验。加强服务业组织机构和人员队伍建设。加大服务业人才培养力度，加快发展人力资源服务业。提升服务行业知识产权创造、运用、保护和管理能力。加快诚信体系建设。完善服务业标准体系，加大条码代码、检验检测、服务业认证认可的工作力度，建立促进新兴产业发展的技术基础和公共服务平台。尽快建立科学、统一、全面、协调的服务业统计调查制度和信息管理制度。

委员长、各位副委员长、秘书长、各位委员，全国人大常委会听取和审议关于加快发展服务业情况的报告，加强对服务业工作的监督和指导，充分体现了对服务业工作的重视、关心和支持，必将有力地促进我国服务业进一步加快发展。我们将按照全国人大常委会的审议意见，认真研究提出改进工作的措施，切实推动我国服务业实现全面加快发展。

国务院办公厅转报发展改革委关于落实全国人大常委会对加快发展服务业工作情况报告审议意见报告的函

国办函〔2011〕47 号

全国人大常委会办公厅：

你厅《关于请研究处理＜国务院关于加快发展服务业工作情况的报告＞审议意见的函》（常办秘字〔2011〕3 号）收悉。发展改革委会同有关部门就十一届全国人大常委会第十八次会议《对加快发展服务业工作情况报告的意见和建议》进行了认真研究，制定了改进工作的意见，并报来《关于落实十一届全国人大常委会第十八次会议对加快发展服务业工作情况报告审议意见的报告》。现转去。

二〇一一年六月七日

关于落实十一届全国人大常委会第十八次会议对加快发展服务业工作情况报告审议意见的报告

国务院办公厅转全国人大常委会办公厅：

根据全国人大常委会办公厅《关于请研究处理<国务院关于加快发展服务业工作情况的报告>审议意见的函》（常办秘字〔2011〕3号）和国务院办公厅的要求，发展改革委会同中央编办、教育部、科技部、工业和信息化部、监察部、民政部、财政部、人力资源和社会保障部、国土资源部、住房和城乡建设部、交通运输部、铁道部、农业部、商务部、文化部、卫生部、人民银行、国资委、税务总局、工商总局、质检总局、广电总局、统计局、知识产权局、旅游局、国管局、法制办、银监会、证监会、保监会、民航局、全国妇联等部门和单位，对十一届全国人大常委会第十八次会议《对加快发展服务业工作情况报告的意见和建议》进行了认真学习，研究提出了下一步加强和改进服务业工作的措施。现报告如下：

一、关于编制好“十二五”服务业有关专项规划问题

“十二五”时期是我国服务业加快发展的重要时期，服务业发展提速、比重提高、水平提升将成为重要的阶段特征。要充分认识加快发展服务业对于促进我国发展方式转变和产业结构优化升级的重大意义，切实把握“十二五”时期服务业大发展、大提速和上水平的历史机遇，编制好具有宏观性、战略性、指导性和操作性的服务业大发展规划蓝图。

经全国人民代表大会批准的“十二五”规划纲要明确了“十二五”时期我国服务业发展的方向目标、主要任务和保障措施。按照国务院统一部署，发展改革委正在会同有关部门抓紧研究起草《“十二五”现代服务业发展规划》；有关部门按照职能分工，正在研究起草服务业相关重点行业、重点领域的国家级专项规划，进一步细化落实“十二五”规划纲要提出的加快发展服务业的总体要求。

《“十二五”现代服务业发展规划》将是我国服务业第一部规划，也是“十二五”重点专项规划。《“十二五”现代服务业发展规划》拟将推动服务业大发展作为产业结构优化升级的战略重点，加快发展生产性服务业，大力发展生活性服务业，拓展服务业新领域，发展新业态，培育新热点，推进服务业规模化、品牌化、网络化经营，不断提高服务业比重和水平，推动特大城市形成以服务经济为主的产业结构，探索适合新型服务业态发展的市场管理办法，营造有利于服务业发展的政策和体制环境。按照进度要求，《“十二五”现代服务业发展规划》将于2011年上半年报国务院审批，服务业其他国家级专项规划将在2012年上半年前报国务院审批。许多地方政府也正在抓紧研究编制当地“十二五”服务业发展规划。

二、关于深化服务业改革开放问题

服务业涉及范围广，行业属性差异大，不合理的体制机制约束多，深化改革开放任务艰巨。“十二

五"时期，要扩大服务业开放领域，以开放促改革；要建立完善服务业公开、平等、规范的准入制度，以竞争促发展。

(一) 关于服务业开放

"十二五"时期，我国将继续鼓励外商投资现代物流、软件开发、工程设计、信息咨询和科技服务等服务业，鼓励外商投资参与承接境外服务外包。继续支持和鼓励有条件的服务企业充分利用一产、二产企业"走出去"的实际成果，在境外积极开展投资合作。大力发展服务贸易，进一步巩固建筑、运输、旅游等行业优势，积极推进中医药、文化艺术、广播影视、新闻出版、教育等具有我国特色的服务出口。培育发展通讯、金融、保险、计算机和信息服务、出版、传媒、咨询等现代服务贸易，不断提高承接国际服务外包的能力和水平。深化中国—东盟自由贸易区、《关于建立更紧密经贸关系的安排》(CEPA) 及其补充协议、《海峡两岸经济合作框架协议》(ECFA) 等框架下的服务贸易交流与合作，加强与亚太经合组织成员国的服务贸易交流，研究建立与美国、日本等国的服务贸易交流与合作机制。以办好中国国际服务业大会暨交易会为契机，加快服务业国际化步伐，进一步提升国际交流合作质量和水平。

(二) 关于国家服务业综合改革试点

"十二五"规划纲要明确提出，"推进国家服务业综合改革试点，探索有利于服务业加快发展的体制机制和有效途径"。国家服务业综合改革试点是推进服务业加快发展的重要举措，重点是促进服务业体制突破和机制完善，推动发展方式转变、结构调整和扩大内需，培育新的经济增长点，通过积极探索创新，为全国服务业发展不断提供经验。

目前，全国已有37个国家服务业综合改革试点区域，包括大中城市、城市主城区、自治州、县和产业园区等多种类型。各试点区域均根据试点工作总体要求，结合当地实际，研究制定了服务业提速发展的试点方案。总体来看，试点方案目标任务重点突出，探索创新各具特色，发展模式不拘一格。目前试点区域正在全力推进试点工作，服务业发展初步呈现良好态势。为深入贯彻落实李克强副总理在2010年8月26日召开的服务业发展改革工作座谈会上对国家服务业综合改革试点提出的要求，发展改革委将会同有关部门积极工作，建立健全有效的工作体系和工作机制，及时研究解决试点中发现的主要矛盾和共性问题，适时总结推广成功经验，确保试点取得实效，达到预期目的。

(三) 关于有关服务行业改革

按照国务院要求，目前发展改革委正在会同有关部门研究起草《重点领域改革规划 (2011－2015年)》。规划将对垄断行业和非公经济发展、行政体制、财税金融体制、社会体制、收入分配和社会保障体制、统筹城乡发展等方面的改革任务进行总体部署，并对服务行业改革提出明确要求。规划的出台和实施，将对深化服务业改革、改善服务业发展环境、促进服务业健康发展起到十分重要的积极作用。

1. 教育。在《国家中长期教育改革和发展规划纲要 (2010－2020年)》和教育改革试点总体方案已明确将办学体制和管理体制改革作为重要内容，有关部门正在积极贯彻落实。同时，教育部正在积极与有关部门沟通、协调和配合，尽快制定出台《关于进一步促进民办教育发展的若干意见》和《民办教育专项规划》，完善民办教育发展政策，推进深化办学体制改革试点，创新民办教育发展体制机制，为民间资本进入教育领域营造公平、规范、透明的政策环境。

2. 文化。"十二五"规划纲要明确提出，加快发展文化产业，鼓励和支持非公有制经济以多种形式进入文化产业领域，逐步形成以公有制为主体、多种所有制共同发展的产业格局。

文化部将进一步放宽文化市场主体准入，降低门槛，鼓励民营资本从事文艺表演团体、演出经纪、艺术品经营等业务活动，简化文化市场审批手续；在政策措施中体现国有资本和民间资本一视同仁，鼓励多元资金支持文化产业发展；大力拓展民营文化企业投融资渠道，为民间资本投资文化产业和民营文化企业发展提供多层次、多渠道、多样化的金融服务。

广电总局组织起草的电影产业促进法（草案）已送法制办审查，目前正在进行修改完善。该草案进一步降低电影摄制、发行、放映等业务的市场准入门槛，放开对民间资本投资电影业务的限制。

3. 卫生。“十二五”规划纲要明确提出，“鼓励和引导社会资本举办医疗机构，放宽社会资本和外资举办医疗机构的准入范围，形成多元办医格局”。根据《国务院办公厅转发发展改革委卫生部等部门关于进一步鼓励和引导社会资本举办医疗机构的意见的通知》（国办发〔2010〕58 号）精神和要求，卫生部等部门将研究出台鼓励社会资本举办医疗机构的具体政策，修订《中外合资合作医疗机构管理暂行办法》和《护理院基本标准》，加强护理院准入管理，鼓励护理服务业发展。

4. 电信和信息技术服务。工业和信息化部会同有关部门将继续落实深化电信体制改革相关配套政策措施，维护市场竞争秩序，及时解决市场竞争发展中的问题。推动基础电信企业在国内上市，吸引民间资本投资电信基础设施和电信服务。努力降低增值电信服务准入门槛，制定扶持中小增值电信企业发展政策。结合信息技术服务标准化工作，进一步优化评定方法和程序，取消企业从业年限和业绩等要求，降低入门资质评定条件。

5. 交通运输。交通运输部将营造鼓励社会资本投入交通运输领域的良好氛围，进一步搭建更广泛的交通运输建设融资平台，同时规范交通运输投融资行为，保护投资者正当权益。民航局将加大改革力度，放宽市场准入，鼓励和支持民间资本投入航空运输业，进一步制定、完善航空市场准入相关实施细则，统一、规范各经营项目的准入和运行标准，做到标准公开、流程透明和公平公正，形成统一开放、竞争有序的航空运输市场。

铁道部将积极推进铁路投融资体制改革，发挥市场配置资源的基础性作用，鼓励民间投资建设与运营铁路，努力构建投资主体多元化、资金来源多渠道和融资方式多样化的铁路投融资体制新格局。规范推进合资建路，依法维护各方股东的合法权益。继续研究落实开放市场准入的具体细节，进一步建立公开、平等、规范的行业准入制度。

（四）关于事业单位、国有企业和机关后勤服务改革

1. 事业单位改革。按照党中央、国务院关于分类推进事业单位改革的部署，中央编办正会同有关部门组织实施事业单位改革。总体思路是：按照政事分开、事企分开和管办分离的原则，对事业单位分三类进行改革。承担行政职能的，逐步将其行政职能划归行政机构或转为行政机构；从事生产经营活动的，逐步转为企业；从事公益服务的，强化公益属性，整合资源，完善法人治理结构，加强政府监管。从事生产经营活动的事业单位在转企过程中，要按照现代企业制度要求，深化改革，促进服务产业发展。

2. 国有企业改革。《国务院办公厅转发国资委关于推进国有资本调整和国有企业重组指导意见的通知》（国办发〔2006〕97 号）明确提出，“围绕突出主业，积极推进企业非主业资产重组。要通过多种途径，使部分企业非主业资产向主业突出的企业集中，促进企业之间非主业资产的合理流动”。通过几年来努力，部分中央企业内部资源配置不合理的问题得到一定程度的改善。国资委将进一步加强中央企业内部资源整合力度，稳步有序推进中央企业非主业分离重组工作。

3. 机关后勤服务改革。机关后勤服务社会化改革的目标任务是，改革服务环节内部消化的封闭式自我服务体系，扩大竞争范围，提高服务外包率和产值，促进实现机关后勤服务提供主体、提供方式多元化；进一步理顺政企、政事关系，加大机关后勤服务经营单位改革力度，培育合格的市场主体，增强服务经营单位自我发展能力；推动有条件的部门向社区开放机关后勤服务设施，促进资源共享，为落实便民、惠民措施提供支持。国管局会同有关部门将继续深化机关后勤体制改革，清理规范机关后勤服务项目，推动机关后勤服务经营单位转企改制，增强机关后勤服务资源综合利用能力，提高机关后勤服务外包水平，加强机关后勤服务调查统计核算等工作。

三、关于有关服务行业发展问题

“十二五”时期，我国人均国内生产总值和城乡居民收入将向更高水平迈进，进一步带动产业结构和消费结构持续升级，服务业市场需求潜力巨大。同时，随着工业化、信息化、城镇化、市场化、国际化深入发展，服务业发展的物质基础和客观条件也将进一步改善。要充分利用各种有利条件，加快解决主要矛盾和问题，全力推进服务业各行业跨越式发展。

（一）高技术服务业

“十二五”时期，加快发展高技术服务业要坚持“分类指导、市场驱动、创新发展、开放合作”的原则，以高技术的延伸服务和支持科技创新的专业化服务为重点，通过加强政府引导，推动体制机制创新，培育市场需求，拓展服务领域，不断提升高技术服务业的比重和水平。

发展改革委正在会同有关部门正在研究起草加快发展高技术服务业的指导意见，近期将报国务院审定。该指导意见拟明确信息技术、电子商务、数字内容、生物技术、研发设计、检验检测、知识产权、科技成果转化等8个重点领域的高技术服务发展思路和重点，提出了针对性的保障措施。

科技部将结合制定“十二五”现代服务业科技发展专项规划等工作，加强对全国现代服务业科技工作的指导，启动现代服务业示范城市和高新区现代服务业示范园区工作，并在“十二五”科技支撑计划中支持一批服务业发展的重大项目，重点支持生产性服务业。

工业和信息化部将编制软件和信息服务业“十二五”发展规划，进一步推动软件和信息服务业发展，组织开展信息技术服务领域标准化工作，促进工业设计服务、物流信息化及电子商务加快发展。

质检总局今年发布了《关于推进检验检测公共技术服务平台建设的指导意见》（国质检科〔2011〕37号），提出了建设检验检测公共技术服务平台的目标、原则和重点任务，下一步将抓好组织实施。在推动建立提供技术服务的公共检验检测平台方面，重点发展特种设备安全与节能服务；组织实施国门生物安全工程，服务现代物流业发展；加大对电子信息产品等现代服务业相关产品的监督抽查工作力度，支持和服务信息产业等服务行业的健康发展。

知识产权局将研究制定《知识产权“十二五”发展规划》和《专利工作“十二五”规划》，研究出台加快发展知识产权服务业的指导意见，努力提升产业知识产权运用能力，鼓励发展知识产权投融资服务，推进专利代理服务管理，加强知识产权服务人才培养。

（二）旅游业

国家将进一步加大扶持力度，加快把旅游业培育成为国民经济战略性支柱产业和人民群众更加满意的服务产业。我委、旅游局会同有关部门将进一步抓好《国务院关于加快发展旅游业的意见》、《国务院关于推进海南国际旅游岛建设发展的若干意见》的贯彻落实，抓紧研究起草《旅游法》、《国民旅游休闲纲要》，加强旅游基础设施建设，提高旅游标准化水平，扎实推进旅游人才队伍建设，重点打造一批自然生态环境良好、文化科普教育功能较强、基础设施较为完善、在国内外具有较强吸引力和竞争力的精品景区。

（三）农业和农村服务业

农业部将着力解决农业农村服务业关键环节、重点领域存在的突出问题，切实加强服务产品供给，扩大服务覆盖范围，强化服务能力，提高服务水平和质量。通过加强服务手段建设和人才培养，充分运用现代经营理念、经营方式和信息技术，改造提升传统服务业，培育发展农业农村现代服务业。围绕推进现代农业建设，科学规划农业农村服务业发展布局，明确不同区域、不同行业的主要任务，采取有效措施，形成适应不同需求层次的服务供给能力，促进区域间和行业间农业农村服务业协调发展。

（四）商业、餐饮等服务业

商务部正在会同有关部门正在研究起草《国内贸易发展规划（2011－2015年）》，将明确“十二五”时期商业、餐饮等服务业发展的方向目标、主要任务和政策措施。进一步完善保护与促进老字号企业发展的政策体系，加强对传统商业网店、商业街区等文化遗产的保护，促进老字号企业在弘扬传统特色基础上创新发展，做精自主品牌。深入实施早餐示范、菜市场改造等便民服务工程，进一步提升为城市居民提供便利化和规范化服务的水平。大力推进流通领域重点工程和基础设施建设，完善农村与农产品流通服务网络。

（五）家政、养老、社区等服务业

《国务院办公厅关于发展家庭服务业的指导意见》（国办发〔2010〕43号）明确提出，“重点发展家政服务、养老服务、社区照料服务和病患陪护服务等业态，满足家庭的基本生活需求”。

人力资源和社会保障部会同民政部、商务部等有关部门组织制定了《关于贯彻落实〈国务院办公厅关于发展家庭服务业的指导意见〉的分工方案》（人社部函〔2010〕296号），部署了下一步发展家庭服务业的有关工作。2011年工作重点包括：一是搞好统筹规划；二是加强就业服务，落实就业政策；三是落实各项扶持政策；四是抓好家庭服务从业人员培训工作；五是加强对家庭服务从业人员的权益维护；六是大力推进家政服务业态发展；七是积极推动养老服务、社区照料服务和病患陪护服务业态发展；八是推动一批中小企业做专做精，扶持一批有实力的企业做大做强；九是建设公益性信息服务平台。

发展改革委正在会同有关部门研究制定优先发展社会养老服务的政策意见，从规范准入与退出机制、改善市场环境、加大优惠扶持、加强监督管理等方面，推动养老服务业发展。

民政部正在会同发展改革委等有关部门研究起草《“十二五”社会养老服务体系建设规划》，统筹加强各类老年养护机构和社区日间照料设施建设，推动养老服务体系向专业化、标准化、信息化方向发展。同时，研究起草《“十二五”城乡社区服务体系建设规划》，推动建立统筹协调的社区服务体系，合理规划和配置社区服务设施，壮大社区服务队伍，完善社区服务体制机制。

商务部正在抓紧研究制定《家庭服务业管理暂行办法》，以家政服务网络中心建设为核心，以培育规范家政服务企业和实施家政服务工程为支撑，进一步健全家政服务体系，促进家政服务企业规模化、连锁化发展，提升家政服务业市场化、社会化和产业化发展水平。

法制办已积极推进列入《国务院2011年立法工作计划》的志愿服务条例、慈善法、老年人权益保障法的制定、修订工作，为家政服务、养老服务、社区服务等服务业的健康发展奠定法制基础和制度保障。

（六）服务业人才培养培训和人力资源服务

发展改革委、教育部、人力资源社会保障部等有关部门将进一步贯彻落实《国家中长期人才发展规划纲要（2010－2020年）》、《国家中长期教育改革和发展规划纲要（2010－2020年）》以及《国务院关于加强职业培训促进就业的意见》（国发〔2010〕36号）精神和要求，根据各类服务业发展需要，加强人才培养和职业培训，逐步形成一支职业化、专业化、适应不同服务业需要的人才队伍，为服务业发展提供人才支撑。积极调整教育结构和专业设置，加快发展面向市场和符合职业资格标准要求的服务业专业教育，大力发展服务业职业教育，研究制定加强基层服务业人才教育的财政资助政策，加强服务业教育师资队伍建设。不断完善服务业人才管理使用的政策措施，对服务业人才在职称晋升、业务培训、工资待遇等方面给予适当倾斜。

人力资源社会保障部将研究制定促进人力资源服务业发展的意见，明确“十二五”时期人力资源服务业发展的主要目标与举措，完善政策体系。积极推进人力资源服务机构改革，实施促进人力资源服务业发展的重大项目，健全人力资源市场服务体系，优化人力资源服务行业结构。

全国妇联将发展家庭服务业作为服务妇女民生、促进妇女就业的一项重要内容，多措并举，积极引导下岗失业妇女、农村妇女富余劳动力实现创业就业。按照发展家庭服务业促进就业部际联席会议的部署，全国妇联将着力做好以下工作：一是大力宣传《国务院关于发展家庭服务业的指导意见》（国办发〔2010〕43号），提高从业人员对政策的知晓率；二是新建一批巾帼家政培训基地；三是大力开展家政服务经理人和业务骨干培训。

四、关于财政、税收、金融、土地和价格政策问题

《国务院关于加快发展服务业工作情况的报告》（在十一届全国人大常委会第十八次会议上）分析了制约服务业发展的深层次原因，其中，经济政策支持力度不够是重要原因之一。目前，有关部门正在进一步研究制定“十二五”时期支持服务业加快发展的财政、税收、金融、土地、价格等经济政策，以形成“政策洼地”效应，有效引导社会资源向服务业合理集聚。

（一）财政

财政部将按照“十二五”时期加快发展服务业的总体要求，进一步研究完善政府采购促进服务业发展的政策措施。继续拓展政府采购服务新领域，扩大政府采购服务产品范围，推动基本公共服务提供方式改革。研究落实支持服务外包产业和中小企业发展的措施，支持我国服务业发展。

（二）税收

目前，除娱乐业适用5%－20%的税率外，其他营业税应税行为的适用税率仅为3%和5%，税率较低，同时国家对大部分公益性服务免征营业税。下一步，财政部、税务总局将结合在一些生产性服务业领域推行增值税改革试点，进一步研究支持服务业发展的政策措施，创造有利于服务业发展的税收政策环境。积极研究对个体工商户提高增值税、营业税起征点的实施方案，进一步支持小企业发展。

发展改革委将积极配合财税主管部门，对完善支持服务业发展的税收制度和政策体系作进一步深入研究，稳步推进改革，力争“十二五”时期在服务业的关键领域实现税制的率先改革。

（三）金融

人民银行将围绕推动服务业大发展这一战略重点，重点做好以下工作：一是加强信贷政策指导，进一步落实已出台的加快发展服务业的金融支持政策措施；二是积极推进金融产品和服务方式创新，进一步拓宽服务企业融资渠道；三是加快推进金融改革，提高金融支持服务业发展的能力；四是扎实推进金融服务现代化，努力为服务业加快发展提供良好的金融基础设施平台；五是改进和加强外汇管理，促进服务外包产业加快发展。

银监会在“十二五”时期将继续把完善银行体系、拓宽融资渠道、创新服务方式、提高服务效率、做好中小企业和“三农”金融服务作为银行业支持服务业发展的工作内容。进一步落实《关于银行业金融机构支持服务业加快发展的指导意见》（银监发〔2008〕8号），从解决制约服务业发展问题入手，推进银行业金融机构建设，督促和指导银行业金融机构加大服务业支持力度。创新非银行金融机构支持服务业发展的融资工具。

证监会将进一步强化资本市场支持现代服务业的优势，建立健全层次丰富、结构合理、功能完善的资本市场体系，充分发挥资本市场优化资源配置的功能。大力开展中小企业培育和服务工作，积极支持符合条件的服务企业进入资本市场上市融资，扩大上市服务企业债券发行规模。完善中小板和创业板，加快场外市场建设，促进服务业健康发展。

保监会将按照拓宽领域、增强功能、优化结构、改善服务的要求，大力加强保险市场体系建设，支持中小保险机构发展，研究建立保险新产品保护机制，鼓励中小保险公司开展产品和渠道创新，继续拓展保险资金运用渠道，加大保险资金对服务企业发展的支持力度。

发展改革委将进一步推动促进创业投资、股权投资发展和制度建设，推动建立国家创业投资引导基金。配合有关部门做好服务企业上市募集资金投向的审核工作，积极支持符合条件的服务企业发行企业债券，显著增加服务企业债券融资规模。

（四）服务业专项资金

中央财政高度重视支持服务业发展。财政部从2007年起设立了促进服务业发展专项资金，2011年资金规模增加到39亿元，除继续支持再生资源回收利用、家政服务体系建设等服务业重点领域外，还将加大对生产性服务业等现代服务业发展的支持力度。

发展改革委2011年服务业发展引导资金增加到10亿元，主要用于引导服务业关键领域、薄弱环节和新兴产业发展。

（五）土地

国土资源部围绕土地政策支持服务业发展，将主要做好以下两方面工作：一是加强土地利用计划调控，指导地方在安排年度土地利用计划指标时对服务业发展用地进行适当倾斜，保障服务业发展用地合理需求；二是积极支持以划拨方式取得土地的单位利用工业厂房、仓储用房等存量房产、土地资源兴办商务服务、信息服务、研发设计、创意产业等生产性服务业。

（六）价格

在用水价格方面，发展改革委会同住房城乡建设部将逐步把现行城市供水价格分类简化为居民生活用水、非居民生活用水和特种用水三类，除洗车、洗浴等列入特种用水外，其他服务业用水与工业用水均划入非居民用水，实现服务业用水与工业用水同价。目前全国36个大中城市中，天津、南京、宁波、福州、厦门等城市已经实现服务业用水与工业用水同价，杭州、济南、青岛、拉萨和西宁等城市服务业用水价格低于工业用水价格。从污水处理费看，全国35个大中城市（拉萨未开征）中，北京、天津、上海、广州等26个城市已经实现服务业和工业同价。

在用电价格方面，发展改革委将结合全国销售电价的调整，继续推进服务业用电与工业用电同价工作。目前全国实现工商业用电同价的省份已达到19个，还有10个省份进一步缩小了工商业用电价差。

在用气价格方面，发展改革委将进一步做好鼓励类服务业用气与工业用气同价工作，力争“十二五”期间全面实现鼓励类服务业用气与工业用气同价。

五、关于营造服务业发展环境和有关基础工作问题

企业是市场主体，实现服务业大发展根本上要依靠服务企业的大发展。充分发挥市场机制作用、营造服务业发展良好环境是服务企业大发展的必要基础和前提条件，今后要进一步强化政府服务功能，增强服务能力，创新工作方式，夯实工作基础，为推动服务业大发展提供有力支撑。

（一）行政审批

按照党中央、国务院部署和要求，监察部会同有关部门将以减少和规范行政审批为重点，以制约和监督行政审批权力为核心，以推动政府职能转变为目标，继续深入推进行政审批制度改革。一是切实抓好《国务院关于第五批取消和下放管理层级行政审批项目的决定》（国发〔2010〕21号）；二是继续清理、取消和调整行政审批项目；三是进一步规范行政审批行为；四是推进行政审批制度改革相关机制和制度建设；五是加强对行政审批制度改革工作的协调和指导。

（二）工商管理

工商总局将按照有关规定，大力培育服务业市场主体，进一步放宽服务领域市场准入，强化市场监管，规范市场秩序，为服务业发展创造良好的市场环境。简化分支机构登记程序，提高工作效率。对提交材料齐全的企业，准予当场登记。大力推进电子政务和网上年检，为市场主体提供公开、透明、便捷、高效的服务环境。

（三）服务业标准

质检总局将着力健全并完善重点突出、结构合理、层次分明、科学适用的服务业标准体系，基本

覆盖服务业重点领域，初步建立满足服务业标准化工作需要的保障体系，进一步提高服务业标准化总体水平。当前要围绕“建立健全服务业标准体系”和“推进国家级标准化试点”，重点做好以下几方面工作：一是完善标准体系框架，进一步落实《全国服务业标准2009年—2013年发展规划》，加强工作队伍建设，继续完善工作机制；二是加快重要服务领域标准的制定和修订，稳步推进重点服务行业的标准化试点；三是积极开展重要服务领域和新兴服务行业标准及标准化工作的研究，跟踪研究重点服务领域国际标准；四是拓展服务业标准化工作领域，支持服务业全面发展。

（四）诚信体系

工商总局将进一步加强市场主体信用体系建设。一是充分利用企业登记管理信息，深度发掘信息资源的效用，及时反映服务业市场主体变化情况，为政府、企业和社会各界提供信息服务。二是以企业经济户口数据库为基础，以“金信工程”为依托，按照守信激励、失信警示和严重失信淘汰等标准，采取不同的监管措施，加强对服务企业的准入行为、经营行为和退出市场行为的全过程监管；加强服务企业信用信息披露，公开企业身份记录，公开违法行为记录，充分发挥社会监督作用。

质检总局将进一步加强质量诚信体系建设、金融诚信体系建设以及商务诚信体系建设的组织机构代码应用等工作。

（五）服务业统计和宣传

统计局在“十二五”时期将建立科学、统一、全面、协调的服务业统计调查制度和信息管理制度，完善服务业统计调查方法和指标体系，提高统计数据的准确性和及时性。当前着重做好以下工作：一是大力推进服务业统计的改革创新，建立健全以《国民经济行业分类》为基础的服务业相关产业分类标准，建立全面反映服务业发展规模、结构、效益和水平的服务业统计指标体系；二是着力提高服务业统计能力建设，建立覆盖服务业全部法人单位和产业活动单位的基本信息系统，推行服务企业一套表制度，建立服务业统计调查数据全国联网直报系统；三是不断提高服务业统计数据生产过程的透明度，建立健全服务业统计信息定期公布和对外提供机制，及时编辑出版适合不同需要的服务业统计资料。

发展改革委拟会同有关部门和地方编辑出版《“十一五”中国服务业发展报告》，加强服务业信息发布和宣传工作。

（六）组织领导

进一步加强服务业组织领导，强化对服务业发展的统筹规划和综合协调，贯彻落实好“十二五”规划纲要提出的服务业发展各项要求，做好有关专项规划编制工作。根据“十二五”服务业发展实际，进一步研究制定促进服务业加快发展的方针政策，部署涉及全局的重大任务，及时协调解决服务业发展改革中存在的重大问题。积极推广有关地方建立服务业发展领导协调小组、月度协调例会制度和开展服务业发展情况考核等行之有效的经验。进一步加强服务业组织机构、综合性研究机构和人员队伍建设。

发展改革委
二〇一一年五月十日

第二部分

服务业行业发展报告

第一篇　生产性服务业发展报告

第一章　金融服务业发展报告

金融业是服务业的重要组成部分。在党中央、国务院的正确领导下，“十一五”时期，金融系统以科学发展观为指导，认真贯彻落实党中央、国务院关于深化金融体制改革的决策部署，坚持服务实体经济，坚持资源配置市场化导向，坚持求真务实推动金融改革创新，金融业整体实力进一步增强，金融服务业占 GDP 的比重快速增长。

一、“十一五”发展情况

“十一五”时期，中国金融业实现了历史性飞跃，金融宏观调控体系不断完善，金融改革迈出重大步伐，金融市场功能进一步发挥，金融服务水平显著提升，金融业整体实力持续增长，有力支持和促进了国民经济持续健康发展。

（一）金融宏观调控体系不断完善

“十一五”时期，中国人民银行（以下简称“人民银行”）按照党中央、国务院的统一部署，认真履行央行职责，始终坚持以科学发展观为指导，针对不同时期经济金融运行特点，综合运用多种货币政策工具，合理把握货币政策的方向、力度和节奏，既有效保持了币值稳定，又促进了国民经济平稳较快发展。“十一五”头两年，面对国内经济运行由偏快转为过热、价格由结构性上涨演变为明显通货膨胀的风险，人民银行及时将货币政策由“稳健”转到“适度从紧”再到“从紧”，至 2008 年上半年先后 18 次上调存款准备金率，8 次上调存贷款基准利率。2008 年下半年，美国次贷危机急剧恶化为国际金融危机，人民银行按照党中央、国务院的统一部署，及时将货币政策从“从紧”转向“适度宽松”，先后 4 次下调存款准备金率，5 次下调存贷款基准利率。2010 年，随着内需对经济增长的拉动作用显著增强，人民银行又根据新形势、新情况先后 6 次上调存款准备金率，2 次上调存贷款基准利率，灵活开展公开市场操作，引导货币条件从应对危机状态稳步向常态回归。同时，人民银行不断加强和完善宏观信贷政策指导，积极促进信贷政策与产业政策的协调配合，促进信贷结构优化调整，引导信贷资源更多地流向实体经济，特别是“三农”和中小企业，支持欠发达地区、民生领域、国家重大基础设施建设和续建项目、节能减排、服务业、战略性新兴产业等领域发展，有效促进经济发展方式转变和结构调整。五年来，金融宏观调控更加依靠市场化机制，金融宏观调控的科学性和有效性进一步提高，较好地处理了金融支持经济发展、控制通货膨胀与防范金融风险的关系，有力促进了经济平稳较快发展。

（二）金融体系综合竞争能力和抗风险能力显著提升

“十一五”期间，我国金融企业改革成效显著。大型商业银行股份制改革基本完成，中国银行、中国建设银行、中国工商银行、中国农业银行和交通银行先后完成财务重组和股份制改革，并在香港联交所和上海证券交易所成功上市；政策性金融机构和股份制商业银行改革平稳推进，国家开发银行商业化改革不断深化，中国进出口银行和中国出口信用保险公司改革平稳推进，中国农业发展银行改革工作全面启动；一批股份制商业银行先后在境内A股市场和香港H股市场成功上市。9家证券公司完成重组，28家高风险证券公司得到妥善处置，证券公司长期积累的风险得到妥善解决，为资本市场持续、健康、稳定发展奠定了基础。中国再保险集团公司完成股份制改造，部分保险公司引进战略投资者、上市等工作取得积极进展。金融业综合经营试点稳步推进，金融机构跨业投资步伐加快，金融控股公司逐步形成，成效初步显现。同时，为有效防范跨行业、跨市场、跨境金融风险，人民银行会同有关部门积极推动建立健全金融监管协调机制；加快存款保险制度建设工作进程，推动建立健全以存款保险、证券投资者保护和保险保障为主的投资者保护制度；启动中国首次金融部门评估规划（FSAP）工作，强化对银行业、证券业、保险业系统性风险的监测评估；及时化解系统性金融风险，维护金融体系的平稳健康运行。

通过不断深化改革，中国金融机构资产规模快速增长，抗风险能力大幅提升，服务国民经济、服务社会的效率和能力不断增强。截至2010年年末，银行、证券、保险业金融机构总资产达到101.4万亿元，较2005年年末累计增长156.8%。其中，银行业金融机构总资产达到94.3万亿元，比2005年年末增长151.6%，平均资本充足率12.2%，商业银行拨备覆盖率217.7%，整体实力显著增强；证券业机构总资产达2.1万亿元，比2005年年末增长3.4倍；期货业机构总资产304.1亿元，比2005年年末增长3.4倍，资本实力明显增强；保险业机构总资产达到5.1万亿元，比2005年年末增长2.3倍，机构体系不断完善。

（三）金融市场的广度和深度日益拓展

"十一五"时期，人民银行会同相关部门积极稳妥推动建立健全多层次、多功能的金融市场体系。债券市场建设取得了长足进步，形成以银行间场外市场为主、交易所场内市场为辅，场内外市场并存、分工合作、互通互联的债券市场体系；涌现了适应市场需求的短期融资券、中期票据、中小企业集合票据、地方政府债、汇金债等创新产品。债券市场参与主体不断丰富，基础制度不断完善，市场运行机制不断健全，债券发行管理不断优化，市场化定价程度逐步提高，信息披露制度对相关主体的约束力持续强化。同业拆借市场和票据市场迅速发展，为金融机构加强流动性管理，满足企业日益增长的融资需求，提高社会资金的使用效益创造了良好环境。外汇市场产品日益丰富，交易系统不断完善，初步构建了由柜台零售市场和银行间批发市场组成，多种交易方式并存，覆盖即期、远期和掉期等各类基础外汇产品、价格联动、分层有序的外汇市场体系。同时，黄金市场产品逐渐增多，参与主体持续扩大，服务体系日趋完善。外汇市场和黄金市场的加快发展，对完善和丰富金融市场体系、满足社会日益增长的投资需求起到了积极作用。目前，我国金融市场产品种类不断创新、市场规模快速增长、市场结构持续优化、基础设施建设稳步加强，有力支持了国民经济平稳持续较快发展。

（四）坚持市场化基本取向，深化金融体制改革

"十一五"时期，人民银行按照党中央、国务院的总体部署，稳步推动人民币汇率形成机制和利率市场化改革，人民币国际地位明显提升。"十一五"以来，人民银行稳步推进利率市场化改革，进一步扩大金融机构的自主定价权，构建货币市场基准利率，建立健全金融机构风险定价机制，完善中央银行利率调控体系。进一步完善人民币汇率形成机制，2005年7月实施人民币汇率形成机制改革，实行以市场供求为基础、参考一篮子货币进行调节、有管理的浮动汇率制度。加快外汇管理体制改革，取消经常项目外汇账户限额管理，进一步简化结售汇审核程序，逐步放宽资本管制，取消对境外投资购汇额度的限制，实行合格境外机构投资者（QFII）制度和合格境内机构投资者（QDII）制度，促进资本双向流动，贸易投资便利化程度大幅提高。积极开展跨境贸易人民币结算和人民币跨境投融资试

点，合理拓宽境外人民币资金回流渠道，引导人民币资金实现良性跨境循环，有力促进了贸易和投资便利化，推动了金融业的改革发展。

（五）现代化支付体系基本建成，支付服务的专业化、市场化程度不断提高

“十一五”时期，人民银行以构建安全、高效、便捷、经济的现代化支付体系为目标，相继建成大额支付系统、小额支付系统、全国支票影像交换系统、境内外币支持系统、电子商业汇票系统和网上支付跨行清算系统，为境内金融机构和金融市场参与者提供了低成本、高效率的公共清算平台。商业银行和相关金融市场参与者相继完成内部支付系统的现代化改造，大力推动非现金支付工具的普及应用，银行卡实现了全国联网通用，人民币卡在境外受理和发行不断扩大，支票可以在全国通用，票据电子化、网络支付、移动支付等新兴电子支付方式得到蓬勃发展，为广大企事业单位生产经营和百姓居家服务提供了便利的、多样化的支付结算工具。截至2010年年末，全国金融机构累计发行银行卡24.15亿张，较“十一五”初期增长150.1%。同时，人民银行大力推进支付服务市场相关制度建设，强化对非金融机构支付服务的监督管理，规范和指导各类支付服务主体通过业务创新不断丰富支付方式、提高支付服务效率。此外，人民银行还加强了银行结算账户管理，建立健全了银行结算账户管理法规制度，建成运行了银行结算账户管理系统、联网核查公民身份信息系统，规范了银行账户的开立和使用，银行账户实名制取得重大进展，为维护金融秩序，构建社会诚信体系、促进和谐社会和廉政社会的建设，保护金融消费者合法权益发挥了积极作用。

（六）征信市场快速健康发展，社会信用环境不断改善

“十一五”以来，征信市场基础设施建设不断完善。2006年，由人民银行集中力量组织建设的全国统一的企业和个人信用信息基础数据库正式建成并实现全国联网运行，为改善我国金融生态环境，提高信贷市场效率，提供了重要的基础支撑。截至2010年年末，个人信用信息基础数据库已经收录了7.77亿自然人的信息，其中2.25亿人有信贷记录；企业信用信息基础数据库收录有1691万户企业及其他组织的信息，个人和企业征信系统累计总查询量分别达到8.12亿次和1.52亿次。“十一五”期间，人民银行着力推动了中小企业和农村信用体系建设，建立运行了应收账款质押登记公示系统，开展了农户信用档案建设工作，为解决中小企业融资难和农户贷款难问题发挥了积极作用。同时，鼓励和指导征信机构发展，推动建立了资本市场评级、信贷市场评级、个人征信、企业征信业务为主，信用保险、信用担保、商业保理等其他业务多元化发展的征信市场格局。据不完全统计，截至“十一五”末，全国从事资本市场评级业务的机构有8家，从事信贷评级业务的机构有74家，从事个人征信业务的机构有3家，从事企业征信业务的机构有数百家。

（七）货币发行管理进一步加强，现金供应及时充足

中国是现金使用大国，人民币现钞需求量居世界第一位。人民银行作为人民币发行的银行，始终坚持“总量满足、结构合理、票面整洁、持有者放心”的工作目标，积极做好货币发行和反假币工作，努力让社会公众用到满意、放心的钱。“十一五”时期，建立了对商业银行现金收支分析报告考核制度，科学管理发行基金，实施跨行政区就近调拨发行基金，推进人民币产品异地入库，建立了人民币流通状况监测体系，在全国建立了25000多个监测网点，根据流通中人民币状况，对商业银行实施券别搭配投放，在现金投放量高速增长的情况下，从总量和结构两方面保证了现金供应；加强人民币管理，加大现金收付业务检查力度，督促商业银行不断提高现金服务水平，维护人民币流通秩序；加强现金质量管理，推动生产工艺改进；加强钞票处理中心建设和规范化管理，钞票处理机械化水平进一步提高，对回笼券的清分处理力度不断加大，提高了现金票面整洁度。在2008年北京奥运会、2010年上海世界博览会等重大活动期间，全力做好现金服务工作；妥善处置汶川地震、拉萨3·14事件、乌鲁木齐7·5事件的现金供应应急工作，确保了现金供应。全面开展反假货币工作，重点加强农村反假货币工作，配合公安机关开展假币案件侦查，取得明显成效。

（八）国库现代化体系不断完善，服务国计民生水平不断提升

“十一五”时期，人民银行依法履行经理国库职责，推动建立了以国库会计核算系统、国库会计核算数据集中系统、财税库银横向联网系统和国库管理信息系统为技术支撑的现代国库管理体系，实现了国库业务的电子化、网络化、统一化和规范化。其中，财税库银横向联网系统的建成和运行，极大地简化了纳税缴库程序，使得纳税人足不出户即可完成税款的申报、缴纳，为纳税人提供了更加便捷、优质的纳税服务，有效降低了税收征缴成本。依法履行国库监管职能，建立了相对完善的国库内控制度框架和对外监督管理体系，确保了国库资金安全完整，较好完成了国家和人民赋予的“把好关、守好库”的神圣使命。五年来，人民银行积极开展国库服务创新，全面推进国库集中收付制度改革，努力扩大国库集中支付涉农、救灾补贴等财政补助资金范围，实现民生工程、基础设施、生态环境建设和灾后重建所需资金直达最终收款人，确保各项财政支出资金及时安全拨付到位，提高了各级政府的公信力，受到老百姓的普遍欢迎。

（九）反洗钱工作力度不断加大，工作成效显著

“十一五”时期，在反洗钱工作部际联席会议各成员单位的密切配合和共同努力下，我国第一部关于反洗钱工作的专门法律《中华人民共和国反洗钱法》正式颁布实施。为贯彻落实《反洗钱法》，人民银行积极推动反洗钱法律制度体系建设，牵头建立了可疑交易情报会商制度、金融监管部门反洗钱工作协调机制，依法开展银行、证券期货、保险领域反洗钱监管工作，不断扩大可疑资金监测分析范围，积极开展反洗钱现场检查，协助公安等有关部门破获了多起洗钱犯罪案件，在国家反腐败、禁毒、反恐、维稳、打黑除恶等重大斗争中发挥了重大作用。

（十）金融统计标准化工作有效推进

“十一五”时期，人民银行陆续发布了《金融机构编码规范》等一系列规章，从宏观层面统一了金融部门、金融工具统计分类，规范了统计编码，进一步夯实了标准化统计的基础；建立金融统计监测管理数据系统，统计数据的时效性明显提高；建立了内容丰富的专项统计制度，进一步完善了金融统计体系；建立宏观经济环比监测分析指标体系，引入社会融资规模这一新的统计范畴，更全面地反映了实体经济通过金融媒介所获得的融资，进一步加强了对宏观经济形势的监测分析和预测工作。

（十一）农村金融服务水平逐步改善

“十一五”期间，在国务院的统一领导下，人民银行继续深入推进农村金融体制改革，采取专项票据、专项借款方式，共计安排资金支持1718亿元，推进农村信用社改革。综合运用支农再贷款、差别存款准备金率、涉农票据等货币政策工具，增加支农资金来源。2010年年末，全国支农再贷款余额达723亿元，农村信用社法定存款准备金率比大型商业银行低6个百分点。积极发挥信贷政策窗口指导作用，鼓励和引导金融机构大力推进农村金融产品和服务方式创新，加大对“三农”的信贷投入，改善农村金融服务。积极推动农村金融组织创新，探索发展小额贷款公司、新型农村金融机构，提高了农村金融市场竞争程度和运行效率，填补了农村金融服务空白，对提升农村金融服务水平发挥了积极作用。农村支付服务环境建设成效显著，农民工银行卡特色服务、POS助农取款服务等，为涉农、惠农资金及时到账提供了便利；支持、协调农村地区金融机构加入人民银行跨行支付清算系统，切实改善了农村地区支付服务环境。

在多种措施的综合作用下，金融机构涉农贷款增速明显加快。截至2010年年末，全口径涉农贷款余额为11.8万亿元，同比增长28.9%，比同期各项贷款增速高9.2个百分点。2010年新增涉农贷款2.6万亿元，占各项贷款新增额的31.5%，占比同比提高9.1个百分点。

二、金融支持服务业发展情况

金融是现代经济的核心。“十一五”期间，人民银行在深化金融改革开放，加快金融业创新发展

的工作中，始终关注和支持经济发展方式转变与经济结构调整，认真贯彻落实党中央、国务院关于加快发展服务业的决策，积极推进信贷结构优化调整，引导金融机构创新金融产品和服务模式，充分发挥金融在支持服务业发展，促进经济发展方式转变等方面的促进作用。

（一）认真贯彻落实国务院文件精神，建立健全金融支持服务业加快发展的工作机制

《国务院关于加快发展服务业的若干意见》（国发〔2007〕7号）发布以后，人民银行深入学习领会文件精神，并认真贯彻落实，及时成立了由行内十几个司局组成的人民银行支持加快发展服务业工作小组，加强工作协调和信息沟通交流，积极督导落实人民银行支持服务业加快发展相关工作。同时，人民银行还与国家发展改革委、银监会、证监会和保监会等部门联合成立了金融支持服务业加快发展协调小组，注重加强跨部门信息沟通交流和业务协作。

（二）加强信贷政策指导，鼓励和引导金融机构加大对服务业发展的支持力度

1. 及时出台金融支持服务业加快发展的专门政策文件，并抓好督导落实

先后出台了《中国人民银行 中国银行业监督管理委员会 中国证券监督管理委员会 中国保险监督管理委员会关于金融支持服务业加快发展的若干意见》（银发〔2008〕90号）、《中国人民银行 商务部 银监会 证监会 保监会 外汇局关于金融支持服务外包产业发展的若干意见》（银发〔2009〕284号）等文件，积极督促和引导金融机构进一步调整和优化信贷结构，支持服务业加快发展，促进经济结构调整和经济发展方式转变。

2. 加大对文化产业振兴和发展繁荣的金融支持

在深入调研的基础上，2010年3月，人民银行会同中央宣传部等部门出台《中央宣传部 中国人民银行 财政部 文化部 广电总局 新闻出版总署 银监会 证监会 保监会关于金融支持文化产业振兴和发展繁荣的指导意见》（银发〔2010〕94号），鼓励和引导金融机构认真落实金融支持文化产业发展振兴的政策措施，进一步改进和提升对我国文化产业的金融服务。截至2010年年末，文化、体育和娱乐业类贷款余额1009亿元，较2010年年初增加227亿元。

3. 积极研究制订金融支持旅游业发展的政策措施

组织召开金融支持旅游业发展专题座谈会，牵头成立由银监会、证监会和保监会参加的金融支持旅游业政策措施文件起草小组，研究制订金融支持旅游业发展的政策措施。

4. 积极支持物流业调整振兴和加快发展

2009年12月，人民银行联合相关部门出台《中国人民银行 银监会 证监会 保监会关于进一步做好金融服务 支持重点产业调整振兴和抑制部分行业产能过剩的指导意见》（银发〔2009〕386号），提出要发展适合物流企业融资、结算特点的物流保理和联网结算等业务，进一步完善服务贸易外汇管理，支持物流等现代服务业的对外开放等系列措施。

5. 及时制定出台金融支持服务外包产业发展的政策措施

《国务院办公厅关于促进服务外包产业发展问题的复函》（国办函〔2009〕9号）印发后，人民银行会同商务部等部门共同印发《关于金融支持服务外包产业发展的若干意见》，要求金融机构积极发展符合服务外包产业需求特点的信贷创新产品，加大对产业转移和产业升级的支持力度，不断深化延伸对服务外包产业配套服务的信贷支持，重点做好20个示范城市服务外包产业发展的金融服务工作。

（三）注重加强支持服务业发展的政策解释宣传工作

在系统梳理近年来金融支持服务业加快发展相关政策的基础上，编纂出版了加快发展服务业的有关知识问答，认真筛选了农村服务业、房地产业、物流业、旅游业、服务贸易等13个方面的重要政策文件，汇编成《金融支持服务业加快发展重要政策文件选编》，同时加强相关政策宣传工作。

三、“十二五”发展思路

“十二五”时期是我国全面建设小康社会的关键时期，是深化改革开放、加快转变经济发展方式

的攻坚时期。中国人民银行将全面贯彻党的十七大以来各届全会、中央经济工作会议和全国金融工作会议精神，以科学发展观统领全局，坚持用改革和发展的方法解决前进中的问题，以推动金融业科学发展为主题，以金融促进加快转变经济发展方式为主线，坚持金融服务实体经济，坚持市场配置金融资源的改革导向，进一步增强金融宏观调控的针对性、灵活性和前瞻性，处理好保持经济平稳较快发展、调整经济结构、管理通胀预期的关系，进一步深化金融改革，加快金融市场发展，加强和改进外汇管理，着力提高金融服务和管理水平，有效防范系统性金融风险，促进经济平稳较快发展和物价总水平基本稳定。“十二五”时期，我国金融服务业的发展方向：一是继续加大金融改革力度，提高金融业自身的综合竞争能力；二是扎实推进金融服务现代化发展；三是着力发挥金融市场的投融资功能，优化金融资源配置；四是积极推进金融产品和服务方式创新，扎实做好对服务业发展的金融支持工作。

（中国人民银行供稿）

第二章　银行业发展报告

“十一五”以来，在党中央、国务院的正确领导下，在有关各方的大力支持下，我国银行业坚持以邓小平理论和“三个代表”重要思想为指导，深入贯彻落实科学发展观，始终坚持改革的胸襟和开放的视角，始终突出风险管控底线和勇于创新的气魄，始终强调服务优先和积极履行社会责任，自觉执行中央各项重大战略部署，努力解决改革发展中面临的突出问题，前瞻有效地应对国际金融危机的严重冲击和各种复杂局面。经过不懈努力，我国银行业整体面貌发生了翻天覆地的变化，服务实体经济的水平显著提升，满足广大人民差异化、多样化金融需求的能力明显提高，为促进国民经济全面协调可持续发展做出了积极贡献。

一、“十一五”发展情况

（一）银行业服务经济发展的水平显著提升

银监会一直坚持科学运用审慎监管工具和市场化手段，引导银行业在支持实体经济平稳健康发展与有效防控风险之间寻找符合客观规律的平衡点，在满足广大人民日益丰富的金融需求与加快自身发展方式转变之间探索良性互动机制，推动银行业优化社会资源合理配置，更好发挥其在现代经济中的核心作用。

1. 积极支持结构调整，助推发展方式转变

“十一五”期间，在银监会的指导和督促下，银行业按照国家转变经济发展方式的要求，较为科学地把握信贷投放节奏，不断优化信贷结构，信贷投放基本做到了与中央政策同步或适度超前，有效地贯彻落实了国家宏观调控政策。尤其是2007年以来，银行业在积极应对国际金融危机的冲击中，有力地支持了我国经济率先企稳回升，并推动保持良好的发展势头。

2006年和2007年，银行业高度重视产能过剩和产业结构调整问题，密切关注电力、煤炭、石油、钢铁、房地产、汽车和运输等七大行业出现的新变化和新问题，适时采取了前瞻性和针对性措施。如对涉及违规建成、在建项目及落后产能的企业，涉及环境、土地、投资审批、安全、能耗等重大违法违规的企业实行了严格科学的准入把关控制和审慎有序的信贷退出政策。

2008 年，深入贯彻“有保有压”政策，结合国家宏观政策导向，明确以下领域为重点“保”的对象：有技术、有市场、有前景、有竞争力的企业，国家重点建设和重点基础设施建设，中小企业，技术改造、兼并重组领域，生态环境和循环经济建设，农村基础设施建设和农村医疗卫生体系及中小学校舍建设，城市低收入居民的廉租房、经济适用房建设，灾后重建等。同时，严格制定了“压”的策略：严格把握行业准入标准、淘汰和限制类产业目录、环境评价标准、能耗审查等政策界限；从严控制对高耗能、高排放、资源性和产能过剩行业及劣质企业的贷款，防止低水平重复建设。如对公司治理结构不完善、投资扩张过度、经营管理混乱且“两头在外”的劣质、高风险企业，要求建立科学的信贷评价方法，从严放贷，防控风险。

2009 年起，根据银监会颁布的《固定资产贷款管理暂行办法》《流动资金贷款管理暂行办法》《个人贷款管理暂行办法》和《项目融资业务指引》（简称“三个办法、一个指引”），实现了我国贷款规则的革命性、制度性变革，在提高信贷精细化管理水平，确保信贷资金进入实体经济等方面进行了积极努力。同时，根据国家产业调整和振兴规划，及时调整对部分行业的信贷政策，引导信贷资源集中支持行业骨干、核心企业，大力支持实施西部大开发战略，并对钢铁、有色金属行业等实行严格的名单式管理。当年，基础设施建设和与民生密切相关行业的中长期贷款增幅明显高于全部贷款平均水平；主要中资银行对钢铁、电解铝、平板玻璃等行业的贷款增速均大大低于贷款平均增速，其中五家国有大型银行对钢铁等产能过剩行业共计退出客户 4118 个，退出贷款 1371.9 亿元。

2010 年，继续严格落实国家产业政策和环保政策的市场准入要求，继续加强对国家重点行业和重点领域的信贷支持，不断加大对高新技术产业、文化产业等领域，以及农产品生产、加工和流通环节的信贷支持力度，加大工矿棚户区、保障性住房的支持力度，并严格控制对“两高一剩”行业的新增授信。

特别值得一提的是，这些年来银行业按照国务院和银监会相关要求，深入贯彻“绿色信贷”的经营理念，明确节能减排的具体要求，绿色信贷长效机制已初步建立。如：实行授信审批“环保”一票否决制，将环境安全因素落实到信贷资金贷前、贷中和贷后管理的各个环节；推出一系列绿色信贷产品，重点支持核电、大中型水电等清洁型能源行业，优先支持节能工程，有选择地支持风电、太阳能发电等项目。再如在银行内部管理中，积极践行绿色办公理念，不断推进技术改造、引入先进设备，实现水、电和能源的高效利用与充分节约。

2. 提高薄弱环节服务水平，促进民生改善

“十一五”期间，我国银行业不断更新服务理念，提升服务水平，基本实现了三大转变：从以产品为中心的营销模式向注重客户个性化需求的营销模式转变，“因您而变”成为多家银行产品和服务创新的理念，产品创新周期也由 28 个月缩短为 7 个月；从片面强调利润、短期行为明显，向注重为客户提供增值服务和保护客户利益的转变；从以对公业务为主，转变为注重满足不同所有制和不同行业客户的需求。同时，我国银行业金融创新能力和服务水平有了相当程度的提高，目前已广泛推出了企业现金管理服务和多币种、多期限个人理财产品，开办了银行卡、电子银行、个人住房抵押贷款、小额质押贷款等服务，不仅改善了银行的收入结构、客户结构、资产负债结构和盈利模式，并推动提高了服务小企业、“三农”等薄弱环节和重点领域的能力。

（1）全力支持小微企业发展。“十一五”期间，特别是国际金融危机爆发后，银监会积极鼓励银行业通过信贷手段支持小企业持续稳健经营。①明确了银行业支持小企业必须坚持商业可持续原则。②要求银行业全面落实利率风险定价、独立核算、高效贷款审批、激励约束机制、专业人员培训、违约信息通报“六项机制”，以及单列信贷计划、单独配置人力资源与财务资源、单独客户认定与信贷评审、单独会计核算“四单原则”。③从 2008 年开始，要求小企业信贷增长必须满足“两个不低于”的目标，即小企业贷款增速不低于全部贷款平均增速和增量不低于上年。同时，及时出台了一系列差异化、正向激励性监管政策，鼓励银行业加大小微企业金融支持力度。此外，推动财税等相关部门和各级地方政府出台了一系列支持银行业服务小微企业的扶持性政策措施。

在监管引领下，银行业小企业金融服务体制机制建设取得了突破性进展。①小企业金融服务专营机构建设成效显著。截至2010年年末，全国共有包括国家开发银行、五大国有商业银行和12家全国性股份制商业银行在内的109家银行设立了小企业金融服务专营机构。小企业金融服务专营机构的“引擎”作用初步显现，主要银行业金融机构小企业金融服务专营机构的新增贷款已超过全行新增小企业贷款的60%。②小企业金融服务特色模式日益健全和完善。其主要包括：研发和推广新型融资服务手段、信贷产品及抵（质）押方式，如部分银行业金融机构尝试推出知识产权质押，仓单、提单质押，应收账款质押，存货抵押，出口退税税单质押等多种担保模式；健全完善小企业信贷风险管理专业化体制机制，如一些银行开发了以“三品三表”（产品、人品、押品，水表、电表、海关报表）为代表的非财务因素分析为主的风险评估工具；开发小企业融资特色产品，如“速贷通”“商贷通”文化创意企业贷款、专业市场贷款等众多小企业融资特色产品已经拥有了较为响亮的品牌。③中小银行，特别是城市商业银行将服务重点转向小微企业。经过多年努力，已经打造出浙江泰隆商业银行、浙江台州商业银行、包商银行等一批立足区域市场，以小企业金融业务为特色和重心的银行。部分银行小企业贷款占其全部贷款余额的比重已达80%以上，尤其是在微型企业信贷领域的成绩，得到了世界银行等国际组织专家的高度评价。此外，还逐步形成小企业、融资性担保机构与银行之间“风险共担，利益共享”的良好局面。截至2010年年末，全国为中小企业融资提供服务的担保机构有5547家，筹集担保资金3389亿元，当年为中小企业担保额达1.1万亿元。

经过多方共同努力，截至2010年年末，银行业金融机构小企业贷款余额达到7.27万亿元，是2008年的1.7倍，较2010年年初新增1.84万亿元，与上年同期相比多增4771亿元，增速比各项贷款平均增速高10.37个百分点。小企业贷款余额呈现占比高、增速快、着重向微型企业倾斜的特点。中西部地区的小企业贷款实现较快增长，小企业贷款资源地域分布不均衡的状况得到改善。新增小企业贷款在优化经济结构、增加就业人数等方面发挥了重要作用。

（2）提升农村金融服务水平。“十一五”期间，银监会始终按照党中央国务院关于新形势下推进农村改革发展的根本要求，紧密结合当前我国“三农”发展的阶段性特点，采取了一系列针对性政策措施，督促指导银行业金融机构按照商业原则不断加大信贷投入、持续改善“三农”金融服务，着力支持农业增产、农民增收和农村经济发展。如：会同人民银行建立《涉农贷款专项统计制度》，对银行业金融机构涉农贷款进行定期监测通报，重点加强对农业和粮食大省银行业金融机构的督促指导，确保每年涉农信贷投放目标的实现；特别提出银行业金融机构涉农信贷投放“两个不低于”（涉农贷款增量不低于上年，贷款增速不低于各项贷款增速）、农村中小金融机构“三个高于”（涉农贷款增速高于全部贷款增速，涉农贷款增量和在各项贷款中的比重高于上年）的目标要求；制定印发《关于鼓励县域法人金融机构将新增存款一定比例用于当地贷款的考核办法（试行）》，对达标机构优先批准其新设分支机构和开办新业务。

在银监会的科学指导和大力督促下，我国银行业积极行动，涉农金融服务取得了长足进步。①适应“三农”特点的农村金融组织体系初步建立。目前已初步建立起了适应“三农”特点的，以公有制为主体、多种所有制广泛参与的，多层次、广覆盖、可持续的农村金融组织体系。农业发展银行政策性支农作用显著增强，逐步形成了以粮棉油收购信贷为主体，以农业产业化信贷、农业和农村中长期信贷为两翼的“一体两翼”业务发展格局。网点遍布城乡的邮政储蓄银行于2006年年底正式成立，涉农信贷业务持续增加，邮储资金回流农村的机制基本形成。农村信用社改革进一步深化，管理体制基本理顺，支农主力军地位进一步巩固。农业银行等大型商业银行经营理念和服务方式逐渐转变，积极向县域延伸服务网点，信贷投入力度不断加大。村镇银行、贷款公司、农村资金互助社等三类新型农村金融机构培育试点工作有序推进。新型农村金融机构扎根县域经济，83.9%的资金投向了“三农”和小企业，其中：小企业贷款余额303亿元，占比50%；农户贷款余额203亿元，占比34%。②农村金融服务创新全面推进。农村小额信用贷款得到了大力发展和普遍推广。截至2010年年末，全国农村合作金融机构农户贷款余额2.6万亿元，比2005年年末增加1.8万亿元。其中：农户小额信用贷款余额3111亿元，比2005年年末增加1515亿元；农户联保贷款余额3033亿元，比2005年年末增加2167亿元。在全国范围内推进农村金融产品和服务方式创新，探索低成本、可复制、易推广的金融产品和服务方式取得了积极进展，特别是各政策性银行和商业银行在农村地区的业务代理等合作迅速发展。截至2010年年末，农村合作金融机构委托及代理业务总规模达7225亿元。多层次的农业担保体系得以建立。各地出现了银行、保险公司、农业产业化龙头企业、农民专业合作社、农户等在内的共同体担保模式，以及林权抵押贷款、存货质押贷款、应收账款质押贷款、仓单质押贷款、动产浮动质押贷款等多种新的抵质押贷款品种，部分省（区、市）还探索开展了农村土地使用权质押贷款业务。银行业参与和建设由农业产业化龙头企业、农民专业合作社、农户、银行、保险公司、担保公司等共同参加的农村信用共同体，联合增信功能大为增强。如部分银行业金融机构将涉农保险投保情况作为授信要素，在确认借款人参保类别和参保比例后确定相应的贷款优惠条件，通过保单质押拓宽借款人抵质押物范围。③对农村各类市场主体的金融服务水平不断提高。围绕发展现代农业和建设社会主义新农村，银行业金融机构努力做到“既贷点又贷链”，积极支持各类农村市场主体的生产发展。在支持分散农户发展方面，对农村小额贷款的发放对象、额度、利率、期限等要素进行全方位拓展。截至2010年年末，银行业金融机构农户贷款余额达2.6万亿元，比2007年年末增长一倍，全国1/3的农户获得过银行业金融机构的贷款，每年得到贷款的农户数在6500万户左右，受惠农民超过3亿人。在支持农村小企业发展方面，把农户信用贷款和联保贷款机制引入农村小企业领域。在支持农民专业组织方面，切实把近年来蓬勃发展起来的各类农民专业合作社纳入支持重点，构建金融机构与农民专业合作社的互动合作机制。截至2010年年末，城乡各类组织涉农贷款8283亿元，比2007年年末增加2594亿元。其中农村各类组织涉农贷款6416亿元，比2007年年末增加1961亿元。在支持农业产业化龙头企业方面，引导银行业金融机构通过跨地区、跨行业的银（社）团贷款方式，重点加大对外联国内外市场、内联基地农户的农业产业化龙头企业的金融支持。同时，还联合共青团中央，积极支持农村青年创业和农民工返乡创业，帮助解决农村青年创业资金短缺难题。截至2010年年末，银行业金融机构共向31.6万名农村创业青年发放创业小额贷款141.4亿元，带动农村群众就业77.7万人。此外，乡镇基础金融服务覆盖工作也取得实质性突破。截至2010年年末，原有708个金融服务空白乡镇基础金融服务缺失问题总体解决，全国所有乡镇实现金融服务全覆盖；同时，全国金融机构空白乡镇从2009年6月末的2945个减少到2312个。随着银行业涉农金融服务的不断改善，涉农贷款总量持续保持大幅增长态势。截至2010年年末，银行业金融机构涉农贷款余额11.77万亿元，比2007年年末（涉农贷款统计制度2007年建立）增加5.65万亿元，增长92.3%。

（3）全力支持抗灾救灾和灾区恢复重建。2008年雨雪冰冻灾害、汶川特大地震，2010年玉树地震、舟曲特大泥石流灾害发生后，银监会立即采取各类紧急应对措施，组织全系统及各银行业金融机构全面投入抗灾救灾、维护灾区金融秩序以及灾后重建工作。①银监会及时成立抗震救灾工作领导小组，深入灾区指导救灾工作，集中抓好银行恢复营业和安全防范，确保灾区银行业的稳定运行。②及时出台一系列政策措施，指导各地做好灾后金融服务和风险防范工作，全力支持灾后恢复重建。通过制定印发《关于全力做好地震灾区金融服务的紧急通知》《关于做好抗震救灾金融服务有关工作的紧急通知》《关于农村中小金融机构做好防灾救灾保障金融服务的通知》等文件，指导各地做好灾害防范、灾害应对、灾后金融服务、灾后重建信贷支持以及金融风险防范等各项工作。针对农户恢复重建贷款风险，印发《关于加强地震灾区农户恢复重建贷款风险管理的通知》，指导灾区银行业金融机构切实采取有效措施严控信贷风险，确保可持续发展。③要求银行业金融机构根据国家灾区重建规划总体要求，做好灾区金融网点布局和重建规划，合理布设灾区金融机构基层网点，扩大灾区金融服务覆盖面，恢复并提高灾区金融机构服务功能。在有效控制风险的前提下，鼓励银行业金融机构到灾区设立分支机构、开展金融产品和服务方式创新。

银行业积极响应中央号召，扎实深入落实银监会要求，圆满完成了地震灾区符合条件农户农房重建贷款发放工作，还积极为应对地震、泥石流、干旱、洪涝、雨雪冰冻等自然灾害及灾后重建提供了有效金融支持。①及时、低成本提供支持救灾和灾后重建必须的各项服务项目。在较短时间内恢复极重灾区银行临时网点营业，为抗灾救灾提供及时必需的资金结算服务。迅速开辟救灾专款快速通道，免收相关手续费，延长营业时间，节假日提供对公结算服务，确保赈灾款汇划业务及时办理。迅速抢救废墟中被困现金和重要空白凭证，增加守押力量，在临时营业网点安装电子监控、报警等技防设施，确保灾区金融安全。全面完成灾区灾前存、贷款的认定工作，维护存款人的合法权益，核实因灾损失贷款，为贷款核销工作奠定基础。②积极加大灾区恢复重建信贷支持力度。对灾前已经发放、灾后不能按时偿还的各类企业和个人贷款，积极落实银监会"四不"政策，即"不催收催缴、不罚息、不作为不良记录、不影响其获得灾区其他救灾信贷支持"。在风险可控前提下，允许开通绿色通道，简化审批手续，合并贷款流程，加快灾区项目贷款发放，帮助灾区尽快恢复生产。

3. 保护存款人和金融消费者利益，践行以人为本宗旨

银监会始终将保护存款人和金融消费者的合法权益作为自身监管工作的重要组成部分。针对金融消费者保护，已经搭建了监管部门、行业协会和金融消费者积极配合协作的"三位一体"组织框架，摸索出了涵盖监管督导与处罚、行业自律与引导、银行业金融机构践行合约义务与履行社会责任、普及金融知识与提升维权意识，以及严厉打击金融违法犯罪行为等齐头并进、合作互动的中国特色金融消费者保护模式，使得我国金融消费者保护水平有了重大飞跃。

（1）积极探索符合我国金融消费者保护实际的行为监管模式。银监会成立以来，一直坚持风险为本的审慎监管与保护金融消费者为本的行为监管"两手抓、两手硬"。①及时出台相关制度规范。针对个贷、理财、电子银行、银行卡等创新业务，出台《商业银行金融创新指引》《个人理财业务管理暂行办法》《关于进一步加强商业银行代理保险业务合规销售与风险管理的通知》《关于做好网上银行风险管理和服务的通知》《关于进一步规范信用卡业务的通知》《关于商业银行开展代理销售基金和保险产品相关业务风险提示的通知》等一系列规章，严格规范银行业金融机构的经营行为。针对媒体和社会公众关注的商业银行服务收费问题，及时印发《关于加强商业银行服务收费管理工作的通知》，要求各银行严格遵守各项监管要求，对现有服务项目进行梳理，停止不合规、不合理的收费项目，整改存在瑕疵的收费行为。针对敏感风险点和重点风险领域，及时通过官方网站发布《关于春节期间银行卡安全用卡的风险提示》《关于防范以贷款名义骗取银行账户信息的风险提示》和《关于保障金融消费者银行卡资金安全的风险提示》等多个风险提示。②多管齐下，加强金融消费者教育。在中央国家机关中，银监会首个设立"消费者公众服务教育区"和"公众教育服务网站"，不断为金融消费者提供网上银行和个人理财等金融知识，发布金融消费活动信息和风险提示，形成帮助消费者了解金融知识、增强金融风险意识的网络平台。开展"安全用卡宣传月"、公众理财教育系列展览、金融知识讲座，进行金融知识宣传普及，提高消费者主动识别和防范风险、维护自身合法权益的能力。连续五年开展"送金融知识下乡"活动，建立"送金融知识下乡"活动宣传服务站780个，组建金融志愿者宣传服务队1万多支，开展金融知识宣传、培训和金融产品推广活动超过6万场，接受农民群众咨询近3千万人次，发放金融知识书籍、光碟、宣传材料约4千余万份。通过中央电视台《新闻联播》《焦点访谈》等节目开展金融消费者教育活动，提升公众对复杂金融产品的认知能力。与团中央合作，让高校学生亲身体验参与金融服务。截至2010年年末，银监会及银行业金融机构共成立110个"青年就业创业见习基地"，为近3000名未就业青年提供见习机会。③对违规行为实施了严肃惩戒。"十一五"期间，银监会通过各类现场检查，共处罚违规银行业金融机构9864个，取消高级管理人员任职资格633人。

（2）积极加强行业自律。中国银行业协会从加强制度建设、行为规范和信息披露等方面入手，引导银行业金融机构加强金融消费者合法权益的保护。近年来，先后颁布了《中国银行业公平对待消费者自律公约》《中国银行业文明服务公约》《银行业从业人员职业操守》《中国银行业零售业务规范》《中国银行业柜面服务规范》等一揽子公约。同时，通过建设和完善金融消费者再投诉处理机制，开展调查研究、明查暗访、同业通报等方式，加强行业督导，严肃处理侵害消费者利益的行为。

（3）银行业金融机构不断健全和完善金融消费者保护体制机制。①不断健全和完善投诉处理体制机制。银行业金融机构作为处理金融消费者投诉的第一责任人，设置专业部门和专业处理机制，建立多种方便快捷的投诉举报渠道等，实行处理情况定期报告和检查回顾，力争投诉处理及时到位、公开透明。如针对银行“排队难”投诉增多的情况，近年来，不少银行通过增设自助机具，多设营业窗口，延长上班时间，实施错时服务等多种方式，努力解决银行排队问题，北京等问题突出地区已经将窗口排队时间压缩至15分钟以内。②积极履行社会责任。各银行业金融机构结合自身发展实际，积极推动建立企业社会责任管理体系，制定企业社会责任工作行动计划，设立和指定专门的组织机构落实企业社会责任工作，探索实现企业社会责任管理的制度化与日常化。在机构设置上，五家国有大型银行分别设立了社会责任主管部门。在经营管理上，商业银行将企业社会责任要求嵌入业务条线的政策、程序和流程中，特别是在信贷领域。在日常营运中，注意培养员工的社会责任意识。③全力以赴做好重大活动的金融服务工作。在银监会的积极引导和督促下，银行业金融机构全方位参与北京奥运会、上海世博会、广州亚运会金融服务工作，重点做好外币兑换、网点服务、无障碍金融服务等基础金融服务工作；加强信用卡机具管理、改善业务受理环境，满足境内外持卡人的业务需求；加大系统投入、防范科技风险，确保信息系统安全、高效运行；做好安全保卫工作、开展应急演练，保障商业银行服务工作有序开展；建立明确的责任追究制度和问题处理机制，确保各项工作有效运行。上海世博会期间，根据消费满意度调查，消费者对银行业服务满意度居全市窗口服务行业第一位。广州亚运会期间实现了“零事故、零风险和零投诉”的目标。

（二）银行业实现科学稳健发展

银行业在为实体经济可持续发展提供有力支持的同时，自身体制机制改革也取得了历史性突破，实现了科学稳健发展目标。

1. 银行业体系和功能不断健全

“十一五”末，我国已经基本形成以国有商业银行为主导，多种类型银行业金融机构有序竞争、共同发展，协同为国民经济提供多层次、全方位金融服务，适应我国经济社会发展需要的银行业体系。截至2010年年末，我国银行业金融机构共有法人机构3769家，营业网点19.6万个，从业人员299.1万人。具体包括：2家政策性银行及国家开发银行、邮政储蓄银行，5家大型商业银行，12家股份制商业银行，147家城市商业银行，85家农村商业银行，223家农村合作银行，2646家农村信用社，4家金融资产管理公司，40家外资法人金融机构，63家信托公司，107家企业集团财务公司，17家金融租赁公司，4家货币经纪公司，13家汽车金融公司，4家消费金融公司，349家村镇银行，9家贷款公司和37家农村资金互助社。

随着我国银行业体系的健全和发展，我国银行业的对外开放水平也有了重要提升。一方面，我国积极履行加入WTO的金融开放承诺，按时取消了对外资银行经营人民币业务的地域、客户限制及其在华经营的非审慎性限制。截至2010年年末，有45个国家和地区的185家银行在华设立216家代表处，有14个国家和地区的银行在华设立37家外商独资银行、2家合资银行，另有25个国家和地区的74家外国银行在华设立90家分行。在华外资银行本外币资产总额1.74万亿元，占银行业金融机构总资产的1.83%。另一方面，中资银行业金融机构积极参与国际竞争，综合考虑自身发展战略、优势、并表管理能力等因素，通过设立机构、兼并收购等方式稳妥实施“走出去”战略，国际竞争力和影响力不断提高。截至2010年年末，五家国有大型银行共有87家一级境外营业性机构。其中：分行51家，子行18家，子公司18家；共收购（或参股）10家境外机构；5家股份制商业银行和2家城市商业银行在境外设立分行、代表处或开展境外收购。

2. 体制机制改革顺利推进

"十一五"期间，我国银行业体制机制改革取得了重大突破，这为我国银行业科学可持续发展奠定了坚实基础。这些突破主要表现在以下方面。

(1) 各类机构体制改革均取得突破性进展。在银监会"抓两头、带中间"改革战略（紧紧抓住国有大型银行和农村信用社改革这两头，同时积极推动其他银行业金融机构科学发展）推动下，我国银行业体制改革取得明显成效。国家开发银行股份有限公司于2008年正式成立，商业化转型稳步推进；进出口银行改革正式启动，中国农业发展银行改革已完成初步调研。2006年中国银行、中国工商银行率先在境内外成功上市，2007年交通银行、中国建设银行相继回归A股，2010年中国农业银行完成上市，国有大型商业银行股份制改造全面完成，打造资本充足、内控严密、运营安全、服务和效益良好、具有国际竞争力的现代化股份制商业银行的阶段性目标顺利实现。股份制商业银行积极推进发展方式转变，科学管理水平和意识显著提高，风险管理日渐向国际先进水平靠近。城市商业银行、城市信用社全部完成高风险机构处置工作，特色化发展、差异化竞争格局逐步形成，综合竞争力明显提升，部分城市商业银行已经树立起较好的特色品牌。农村信用社历史风险得到有效化解，补充资本、提高资产质量等方面取得阶段性成果。非银行金融机构种类由原来的信托、财务、租赁公司3类发展到信托、财务、租赁、汽车金融、货币经纪、消费金融公司共6类机构，并且基本步入可持续发展轨道。经国务院批准，信达资产管理股份有限公司已正式挂牌，其他资产管理公司商业化转型也正在稳步推进。

(2) 公司治理水平迈上新台阶。①健全了"三会一层"的公司治理组织架构，初步建立了相互制衡的决策机制和科学的管理程序。针对出资人缺位和越位等重点问题，狠抓银行股东和董事的资质及责任监管：坚持强调股东特别是控股股东远离破产原则；坚持强调控股股东必须有长期持股承诺、持续注资责任和能力，将缺乏持续注资能力的申请人和炒家等挡在"门外"；坚持强调董事会的"诚信义务"和"看管责任"，不尽职尽责者须承担相应法律和经济责任。②科学设定战略目标、发展规划和经营理念的自觉性明显增强。坚持强调股东、存款人和其他利益相关者利益统筹兼顾，坚持强调资源优势与市场特点紧密结合，坚持强调当期审慎经营与长期科学发展有机协调，已成为银行业金融机构确定价值准则、发展目标、中长期规划和年度经营计划的基本原则。③激励约束机制明显改观。银行业金融机构逐步将合规性指标纳入激励约束机制，并通过陆续引入关键绩效指标（KPI）考核、平衡记分卡指标体系等现代化考核激励方法，建立起了职位能上能下、人员能进能出、收入能高能低的人力资源管理体制，使"干好干坏一个样"现象发生了根本性变化。④透明度建设成效显著。全部银行业金融机构都已经严格按照审慎要求编制会计财务报表并经外部审计，彻底解决了"两本账"问题。基于全面风险管理的数据基础设施建设进展明显，信息披露的制度和技术保障更加坚实。目前，银行业信息披露整体上已经能够做到规范及时、全面客观，其中上市银行的总体信息披露已达到了国际良好水平。

(3) 内部管理机制建设取得新突破。①初步形成了前、中、后台高效协调、有效制衡的组织架构。大中型商业银行已基本建立了前台营销服务高效、中台风险控制严密、后台保障支持有力的组织架构。部分银行还积极探索实施项目积分考核机制，着力打造前中后科学履职、主动协调的良好局面。②基本实现业务标准化、模块化和流程化。银行业金融机构已能系统制订规章制度，内部管理规制交叉重叠、相互矛盾、遗漏空白等问题大为缓解。其中，部分银行对信用卡、对公信贷、小企业信贷、零售网点服务、住房贷款业务等主要业务条线，已经开始实施标准化的流程管理模式。③初步建立了成本和风险横贯型的约束机制。已初步构建全面风险管理制度框架，有关制度规则除覆盖信用风险、市场风险、操作风险三大传统风险之外，更延伸到流动性风险、声誉风险、国别风险、战略风险、法律风险和IT风险等领域。资本与风险和信贷增长科学挂钩的机制已基本形成，经济资本（EC）、经济增加值（EVA）、经风险调整后的资本回报率（RAROC），以及内部资金转移定价（FTP）等资本与风险相匹配的管理理念和技术工具，在资本配置、风险覆盖和激励约束等方面发挥了较好作用。风险管理技术实现质的飞跃，已从关注单一客户的风险转向关注组合风险、控制行业集中度风险，从简单定性判断风险转向定量与定性判断相结合。

3. **银行业历史风险基本得到有效化解**

在党中央、国务院的大力支持下，银监会与有关部门一道，通过放权地方、科学推动民间资本合理进入银行业等方式，充分调动有关各方处置风险的积极性，有效化解历史风险，维护了金融和社会稳定。具体情况如下：①国有商业银行通过剥离等方式，顺利完成历史风险处置。根据国务院同意的各行股改方案，国有大型银行在股改上市时共计剥离不良贷款19216亿元，其中工商银行7050亿元，农业银行8157亿元，中国银行2720亿元，建设银行1289亿元，为国有商业银行改革发展奠定了坚实基础。②农村信用社利用专项票据大力推进风险处置。截至2010年年末，全国已有2407家农村信用社已经成功申请发行专项票据1700亿元左右，其中2340家机构已成功兑付专项票据1640.7亿元，分别占应兑付机构和额度的97.2%和96.8%。17省（区、市）已全面完成辖内专项票据兑付工作。顺利平稳完成40家高风险农村信用社撤销工作。加快农信社改革和整合步伐，截至2010年年末，我国银行业法人机构已经减少到3746家，比2005年减少24307家。③中小银行通过成功引进战略投资者、促进综合改革重组、资产置换、注资、自身积累消化等方式，圆满完成风险处置。其中，广东发展银行、深圳发展银行、光大银行等曾经的高风险股份制商业银行不仅成功处置历史风险，还实现了经营管理水平大幅提升。144家城市商业银行共完成了2355亿元的不良资产处置，同时获得地方注资近220亿元。城市信用社通过改制为城市商业银行、其他商业银行吸收重组、改制为农村信用社、经国务院批准关闭和市场退出等方式，全部完成治理整顿工作，使历经十年的城市信用社风险处置画上了圆满的“句号”。④非银行金融机构风险处置有序开展。对金新信托、伊斯兰信托等5家信托公司和新世纪金融租赁、新疆金融租赁等3家租赁公司实行停业整顿，撤销了南京国投，逐步化解停业整顿信托公司风险。此外，还处置了26个省（区、市）的448个农村信用联社违规委托证券公司、信托公司投资债券255.8亿元，使得相关机构和当地社会稳定风险得到化解。此外，推动完善呆账核销政策取得了重大突破。“十一五”期间，主要商业银行合计核销了3098亿元不良贷款。其中，仅2008年，商业银行就核呆502亿元，政策性银行核呆182亿元，农村信用社核呆199亿元，取得了历史性突破。

随着体制机制改革的不断深入推进，到“十一五”结束，我国银行业多项指标均处于历史最好水平。①规模效益同比大幅提高。截至2010年年末，全国银行业金融机构本外币资产总额95.3万亿元、所有者权益5.8万亿元，比2005年年末分别增长1.5倍、2.5倍。相比资产规模扩张速度，银行业经营效益增长得更快。2010年累计实现净利润8991亿元，是2005年的3.5倍，在资本充足率不断提高的情况下，平均资本利润率（ROE）比2005年提高1.9个百分点，达到17.5%，达到国际良好银行水平。②资产质量和风险抵御能力大幅提升。截至2010年年末，商业银行五级分类不良贷款余额和不良贷款率分别为4336亿元和1.13%，分别比2005年年末减少8798亿元和下降7.48个百分点，达到国际先进水平。商业银行资本充足率为12.16%，较2005年年末提高7.25个百分点，核心资本占比超过80%，资本质量处于全球较好水平。281家商业银行资本充足率全部达标。商业银行杠杆率在全球标准中处于安全区间。拨备覆盖率为217.7%，较2005年年末提高192.3个百分点。拨备余额达到1.3万亿元，应对潜在损失的能力进一步增强。③国际形象明显改善。经过股份制改革和境内外上市，工行、建行、中行、农行均跻身全球银行总市值前10位；最盈利银行排行榜单上工行位列榜首、建行第二、中行第七。2010年度英国《银行家》杂志全球前1000家银行排名中，中国有84家银行入围，比2005年多59家，上榜数量仅次于美国、日本，位列世界第三。我国银行业国际评级也明显提升，整体处于风险抵御能力较强的历史最好时期。同时，我国大型商业银行已经成为备受全球投资者追捧的重点投资对象。

（三）银行业监管能力建设取得长足进步

“十一五”期间，在党中央国务院的正确领导下，银监会始终积极践行科学发展观，不断提高监管有效性，为银行业“十一五”改革发展提供了坚强保障。

1. 坚持将以人为本作为监管理念的核心

根据我国银行业发展的实际情况，结合国际最佳实践，银监会成立伊始就明确提出了“管法人、管风险、管内控、提高透明度”的监管理念，重点确立了以人为本的监管目标，即：通过审慎有效的监管，保护广大存款人和消费者的利益；通过审慎有效的监管，增进市场投资者的信心；通过宣传教育工作和相关信息的披露，增进公众对现代银行业金融产品及服务的了解和相应风险的识别；努力减少银行业金融犯罪，维护金融稳定。这四个目标充分体现了监管服务人民，监管为了人民的宗旨。

2. 坚持与时俱进补充完善审慎监管框架

银监会十分注重借鉴国际监管改革成果，与时俱进地补充完善我国银行业监管标准和监管规则体系，摸索和归纳客观科学的监管原则，初步形成了涵盖信用风险、市场风险、操作风险、流动性风险等主要风险的审慎监管规则体系。同时，银监会始终坚持充分履行防范单体机构金融风险和系统性金融风险的双重职责，全力保护存款人和金融消费者权益，加快对宏观审慎监管方法的研究和实施。一方面，持续加强对系统重要性银行的监管，严防单体风险。及时制定和完善并表监管制度，积极开展系统重要性银行并表管理的现场检查和非现场监管工作，探索构建系统重要性银行的监管政策框架。另一方面，不断增强对系统性风险的分析监测和预警防范能力。向银行业金融机构按季度通报国际国内宏观经济金融形势、提示产业重大调整和相关风险状况。定期开展银行业风险同质同类分析和监管评级，注重防范和有效隔离风险跨境、跨业和跨市场传递，指导银行业作好压力测试工作。加快风险监测预警系统的建设、定期出台银行业预警分析报告。

3. 始终注重加强逆周期监管能力建设

针对一些审慎监管指标，始终强调逆周期动态差异化调整。针对一些投机活跃的领域可能给商业银行稳健运行带来的风险，始终注意从源头控制信贷的杠杆率和集中度。针对商业银行经营管理的短期行为的亲周期性，始终重视高管薪酬制度的科学性和合理性。针对理财产品开发和销售过程中的行为特点，将金融消费者权益保护放在突出位置，提出“买者自负”和“卖者有责”的风险提示，坚持要求各家商业银行必须在售前、售中和售后实现持续披露风险信息，避免误导性销售。

4. 始终注重强化事前监管与持续监管

坚持关注银行体系与非银行体系间的控股和防火墙建设，严防风险传递。注重加强信贷的前瞻性管理，特别是针对贷前尽职调查和贷时审查及贷后检查的顽症，推出了“三个办法、一个指引”，并对“三查”作了明确要求。高度重视国别风险管理，推动银行业金融机构将国别风险纳入全面风险管理体系，提高防范风险跨境传染的能力。

5. 坚持科学合理推进新监管标准实施

在坚持科学运用已实践证明行之有效的存贷比、贷款集中度、不良资产率、拨备覆盖率等一系列“简单、实用、有效”的监管指标的同时，及时更新了资本、拨备、流动性和杠杆率等审慎监管工具和对系统重要性银行的监管指标，在宏观审慎与微观审慎监管有机结合的基础上，形成了一套符合我国银行业实际的审慎监管“工具箱”。从战略高度制定提高我国银行业监管有效性的中长期规划，推进巴塞尔协议Ⅱ与巴塞尔协议Ⅲ新监管标准同步实施，并根据各类银行业金融机构的不同实际，在统一设定了适用于各类银行业金融机构的最低监管标准的同时，适当提高了系统重要性银行监管标准，对不同机构设置了差异化的过渡期安排，以确保各类银行业金融机构向新监管标准平稳过渡。

二、存在的主要问题

从国际上看，在此轮危机中，世界经济失衡和国际金融体系存在的严重缺陷还远未根本解决；发达经济体普遍实施量化宽松货币政策，国际主要货币维持低水平利率，伴随着美元的快速贬值，全球美元套利交易迅速膨胀，可能催生新一轮全球性资产泡沫；国际热钱规模变大，行踪无定，极易对国内市场造成冲击。

从国内看，我国产业结构不合理、部分行业产能过剩的问题在外需萎缩的情况下更加凸显，淘汰落后产能和兼并重组又面临就业压力大、体制机制不健全等制约。一些领域重复建设、产能过剩问题日益凸显，给相应跟进的信贷资金造成隐患。

从银行业看，信用风险不容忽视，贷款集中度风险日趋突出。操作风险依然严峻，不同金融机构、不同地区的案件治理水平参差不齐，部分地区、部分机构仍是案件高发，同质同类案件频发。市场风险管理水平不足。流动性风险管理难度加大。银行业战略规划薄弱、竞争同质化、考核机制和经营模式不科学等问题尚未得到根本改观，创新能力和风险定价能力不足，盈利模式单一，金融服务、人员素质、IT 管理等基础建设相对滞后。

从监管看，监管协调机制有待改进，监管法规有待完善、执行力有待加强，监管方式和手段有待不断提高，风险纠正和处置机制有待完善。

三、“十二五”发展思路

“十二五”时期，我国银行业发展的总体思路是，以党的十七大精神和科学发展观为统领，坚持银行业发展与经济社会发展良性互动，以改革促发展，在体制机制创新中深化改革，以发展促转变，在转变中谋划发展，全面增强风险防范和管理能力，审慎开展金融创新，着力提升金融服务水平，努力实现科学、平稳、协调、可持续发展，切实维护银行业安全稳健运行，进一步增强银行业服务实体经济稳健发展、促进社会和谐稳定的核心功能。战略目标是：坚持积极推进各类银行业金融机构纵深稳健发展、分层错位竞争，以促进银行业金融机构专业化、特色化和品牌发展为主，着力构建功能健全、服务高效、竞争有序、效益良好、安全稳健的现代化银行业体系；坚持科学统筹银行业发展速度、效益和质量，以提高银行业发展质量为主，着力推进银行业加快转变发展方式；坚持提升银行业全面风险管理和并表风险管理能力，以有效防范系统性区域性风险为主，着力提高我国银行业安全稳健运行水平；坚持全面提高银行业服务能力和水平，以支持薄弱环节和重点领域为主，着力提高银行业服务实体经济、满足广大人民群众日益多元化金融需求的能力。主要任务是：科学制定并与时俱进地调整完善发展规划，增强对银行业改革发展工作的顶层设计和战略统筹；全面深化改革，提升银行业核心竞争力；科学审慎创新，努力培育竞争新优势；深化对外开放，提高对外开放的质量和水平；加强透明度建设，充分发挥市场约束作用。在监管方面：加强监管能力建设，提高监管有效性；加强人才队伍建设，特别是风险管理和监管队伍的建设，为银行业发展提供支持保障。“十二五”时期将采取的监管政策措施是：健全具有中国特色的银行业监管法规框架；持续改进监管方法；推动银行业金融机构科学制定发展战略；持续提高全面风险管控能力；推动银行业不断提升金融服务水平；持续推动市场基础设施建设。

附件：“十一五”银行业政策文件

国务院文件

《中华人民共和国外资银行管理条例》（国务院令第 478 号，2006 年 11 月 11 日）

中国银行业监督管理委员会及相关部门文件

1.《中国银行业监督管理委员会行政许可实施程序规定》（中国银行业监督管理委员会令 2006 年第 1 号，2006 年 1 月 12 日）

2.《中国银行业监督管理委员会中资商业银行行政许可事项实施办法》（中国银行业监督管理委员会令 2006 年第 2 号，2006 年 1 月 12 日）

3.《中国银行业监督管理委员会外资金融机构行政许可事项实施办法》（中国银行业监督管理委员会令2006年第4号，2006年1月12日）

4.《电子银行业务管理办法》（中国银行业监督管理委员会令2006年第5号，2006年1月26日）

5.《中华人民共和国外资银行管理条例实施细则》（中国银行业监督管理委员会令2006年第6号，2006年11月24日）

6.《中国银行业监督管理委员会关于修改〈企业集团财务公司管理办法〉的决定》（中国银行业监督管理委员会令2006年第8号，2006年12月28日）

7.《金融租赁公司管理办法》（中国银行业监督管理委员会令2007年第1号，2007年1月23日）

8.《信托公司管理办法》（中国银行业监督管理委员会令2007年第2号，2007年1月23日）

9.《个人定期存单质押贷款办法》（中国银行业监督管理委员会令2007年第4号，2007年7月3日）

10.《中国银行业监督管理委员会关于修改〈中国银行业监督管理委员会行政处罚办法〉的决定》（中国银行业监督管理委员会令2007年第5号，2007年7月3日）

11.《商业银行内部控制指引》（中国银行业监督管理委员会令2007年第6号，2007年7月3日）

12.《商业银行信息披露办法》（中国银行业监督管理委员会令2007年第7号，2007年7月3日）

13.《中国银行业监督管理委员会关于修改〈金融许可证管理办法〉的决定》（中国银行业监督管理委员会令2007年第8号，2007年7月3日）

14.《单位定期存单质押贷款管理规定》（中国银行业监督管理委员会令2007年第9号，2007年7月3日）

15.《中国银行业监督管理委员会关于修改〈金融机构衍生产品交易业务管理暂行办法〉的决定》（中国银行业监督管理委员会令2007年第10号，2007年7月3日）

16.《中国银行业监督管理委员会关于修改〈商业银行资本充足率管理办法〉的决定》（中国银行业监督管理委员会令2007年第11号，2007年7月3日）

17.《中国银行业监督管理委员会非银行金融机构行政许可事项实施办法》（中国银行业监督管理委员会令2007年第13号，2007年8月3日）

18.《汽车金融公司管理办法》（中国银行业监督管理委员会令2008年第1号，2008年1月24日）

19.《中国银行业监督管理委员会农村中小金融机构行政许可事项实施办法》（中国银行业监督管理委员会令2008年第3号，2008年6月27日）

20.《中国银行业监督管理委员会关于修改〈信托公司集合资金信托计划管理办法〉的决定》（中国银行业监督管理委员会令2009年第1号，2009年2月4日）

21.《固定资产贷款管理暂行办法》（中国银行业监督管理委员会令2009年第2号，2009年7月23日）

22.《消费金融公司试点管理办法》（中国银行业监督管理委员会令2009年第3号，2009年7月22日）

23.《流动资金贷款管理暂行办法》（中国银行业监督管理委员会令2010年第1号，2010年2月12日）

24.《个人贷款管理暂行办法》（中国银行业监督管理委员会令2010年第2号，2010年2月12日）

25.《融资性担保公司管理暂行办法》（中国银行业监督管理委员会 国家发展和改革委员会 工业和信息化部 财政部 商务部 中国人民银行 国家工商行政管理总局令2010年第3号，2010年3月8日）

26.《中国银行业监督管理委员会关于修改〈商业银行集团客户授信业务风险管理指引〉的决定》（中国银行业监督管理委员会令2010年第4号，2010年6月4日）

27.《信托公司净资本管理办法》（中国银行业监督管理委员会令2010年第5号，2010年8月24日）

28.《融资性担保公司董事监事高级管理人员任职资格管理暂行办法》（中国银行业监督管理委员会令2010年第6号，2010年9月27日）

29.《中国银行业监督管理委员会关于进一步加强外汇风险管理的通知》（银监发〔2006〕16号，2006年2月28日）

30.《中国银行业监督管理委员会关于印发〈国有商业银行公司治理及相关监管指引〉的通知》（银监发〔2006〕22号，2006年4月18日）

31.《国家发展和改革委员会 财政部 建设部 中国人民银行 中国银行业监督管理委员会关于加强宏观调控 整顿和规范各类打捆贷款的通知》（银监发〔2006〕27号，2006年4月25日）

32.《中国银行业监督管理委员会办公厅关于商业银行开展代客境外理财业务有关问题的通知》（银监办发〔2006〕164号，2006年6月21日）

33.《中国银行业监督管理委员会关于印发〈银行业金融机构内部审计指引〉的通知》（银监发〔2006〕51号，2006年6月27日）

34.《中国银行业监督管理委员会关于印发〈商业银行合规风险管理指引〉的通知》（银监发〔2006〕76号，2006年10月20日）

35.《中国银行业监督管理委员会关于印发〈商业银行金融创新指引〉的通知》（银监发〔2006〕87号，2006年12月5日）

36.《中国银行业监督管理委员会关于商业银行改善和加强对高新技术企业金融服务的指导意见》（银监发〔2006〕94号，2006年12月28日）

37.《中国银行业监督管理委员会关于印发〈支持国家重大科技项目政策性金融政策实施细则〉的通知》（银监发〔2006〕95号，2006年12月28日）

38.《中国银行业监督管理委员会关于印发〈信托公司治理指引〉的通知》（银监发〔2007〕4号，2007年1月22日）

39.《中国银行业监督管理委员会关于印发〈村镇银行管理暂行规定〉的通知》（银监发〔2007〕5号，2007年1月22日）

40.《中国银行业监督管理委员会关于印发〈农村资金互助社管理暂行规定〉的通知》（银监发〔2007〕7号，2007年1月22日）

41.《中国银行业监督管理委员会关于印发〈中国银行业实施新资本协议指导意见〉的通知》（银监发〔2007〕24号，2007年2月28日）

42.《中国银行业监督管理委员会关于印发〈商业银行操作风险管理指引〉的通知》（银监发〔2007〕42号，2007年5月14日）

43.《中国银行业监督管理委员会关于印发〈银行开展小企业授信工作指导意见〉的通知》（银监发〔2007〕53号，2007年6月29日）

44.《中国银行业监督管理委员会关于印发〈贷款风险分类指引〉的通知》（银监发〔2007〕54号，2007年7月3日）

45.《中国银行业监督管理委员会关于印发〈小企业贷款风险分类办法（试行）〉的通知》（银监发〔2007〕63号，2007年7月20日）

46.《中国银行业监督管理委员会关于印发〈金融机构间货币经纪和交易行为指引〉的通知》（银监发〔2007〕72号，2007年8月30日）

47.《中国银行业监督管理委员会关于印发〈节能减排授信工作指导意见〉的通知》（银监发〔2007〕83号，2007年11月23日）

48.《中国银行业监督管理委员会关于印发〈商业银行压力测试指引〉的通知》（银监发〔2007〕91号，2007年12月25日）

49.《中国银行业监督管理委员会关于印发〈银行并表监管指引（试行）〉的通知》（银监发〔2008〕5号，2008年2月4日）

50.《中国银行业监督管理委员会办公厅关于商业银行从事境内黄金期货交易有关问题的通知》（银监办发〔2008〕35号，2008年3月7日）

51.《中国银行业监督管理委员会关于银行业金融机构支持服务业加快发展的指导意见》（银监发〔2008〕8号，2008年3月12日）

52.《中国银行业监督管理委员会 中国人民银行关于小额贷款公司试点的指导意见》（银监发〔2008〕23号，2008年5月4日）

53.《中国银行业监督管理委员会关于印发〈信托公司私人股权投资信托业务操作指引〉的通知》（银监发〔2008〕45号，2008年6月25日）

54.《中国银行业监督管理委员会关于印发〈商业助学贷款管理办法〉的通知》（银监发〔2008〕49号，2008年7月11日）

55.《中国银行业监督管理委员会关于印发第一批新资本协议实施监管指引的通知》（银监发〔2008〕67号，2008年9月18日）

56.《中国银行业监督管理委员会关于银行建立小企业金融服务专营机构的指导意见》（银监发〔2008〕82号，2008年12月1日）

57.《中国银行业监督管理委员会关于印发〈商业银行并购贷款风险管理指引〉的通知》（银监发〔2008〕84号，2008年12月6日）

58.《中国银行业监督管理委员会关于当前调整部分信贷监管政策促进经济稳健发展的通知》（银监发〔2009〕3号，2009年1月10日）

59.《中国银行业监督管理委员会办公厅关于进一步完善中小商业银行公司治理的指导意见》（银监办发〔2009〕15号，2009年1月19日）

60.《中国银行业监督管理委员会办公厅关于进一步规范银行代理保险业务管理的通知》（银监办发〔2009〕47号，2009年2月18日）

61.《中国银行业监督管理委员会关于印发〈商业银行信息科技风险管理指引〉的通知》（银监发〔2009〕19号，2009年3月3日）

62.《中国银行业监督管理委员会办公厅关于加强商业银行债券投资风险管理的通知》（银监办发〔2009〕129号，2009年3月26日）

63.《中国银行业监督管理委员会办公厅印发〈关于中小商业银行分支机构市场准入政策的调整意见（试行）〉的通知》（银监办发〔2009〕143号，2009年4月16日）

64.《中国银行业监督管理委员会关于印发〈中国农业银行三农金融事业部制改革与监管指引〉的通知》（银监发〔2009〕35号，2009年4月23日）

65.《中国银行业监督管理委员会关于印发〈小额贷款公司改制设立村镇银行暂行规定〉的通知》（银监发〔2009〕48号，2009年6月9日）

66.《中国银行业监督管理委员会关于上市商业银行在证券交易所参与债券交易试点有关事宜的通知》（银监发〔2009〕62号，2009年6月18日）

67.《中国银行业监督管理委员会关于印发〈项目融资业务指引〉的通知》（银监发〔2009〕71号，2009年7月18日）

68.《中国银行业监督管理委员会关于印发〈贷款公司管理规定〉的通知》（银监发〔2009〕76号，2009年8月11日）

69.《中国银行业监督管理委员会办公厅关于印发〈加强外资转制法人银行公司治理指导意见的〉通知》（银监办发〔2009〕276号，2009年8月11日）

70.《中国银行业监督管理委员会关于印发〈商业银行声誉风险管理指引〉的通知》（银监发〔2009〕82号，2009年8月25日）

71.《中国银行业监督管理委员会关于印发〈商业银行流动性风险管理指引〉的通知》（银监发〔2009〕87号，2009年9月28日）

72.《中国银行业监督管理委员会关于印发〈商业银行资本充足率信息披露指引〉的通知》（银监发〔2009〕97号，2009年11月7日）

73.《中国银行业监督管理委员会关于印发〈商业银行投资保险公司股权试点管理办法〉的通知》（银监发〔2009〕98号，2009年11月5日）

74.《中国银行业监督管理委员会关于上市商业银行在证券交易所参与债券交易试点业务范围的通知》（银监发〔2009〕102号，2009年11月5日）

75.《中国银行业监督管理委员会关于印发〈商业银行账户利率风险管理指引〉的通知》（银监发〔2009〕106号，2009年11月25日）

76.《中国银行业监督管理委员会办公厅关于认真做好金融机构空白乡镇服务工作的指导意见》（银监办发〔2009〕387号，2009年11月28日）

77.《中国银行业监督管理委员会关于印发〈商业银行资本充足率监督检查指引〉的通知》（银监发〔2009〕109号，2009年12月4日）

78.《中国银行业监督管理委员会关于进一步规范银信合作有关事项的通知》（银监发〔2009〕111号，2009年12月14日）

79.《中国银行业监督管理委员会关于规范信贷资产转让及信贷资产类理财业务有关事项的通知》（银监发〔2009〕113号，2009年12月23日）

80.《中国银行业监督管理委员会关于印发〈商业银行资产证券化风险暴露监管资本计量指引〉的通知》（银监发〔2009〕116号，2009年12月23日）

81.《中国银行业监督管理委员会办公厅关于进一步加强商业银行流动性风险监管的通知》（银监办发〔2010〕52号，2010年2月12日）

82.《中国银行业监督管理委员会关于印发〈商业银行市场风险资本计量内部模型法监管指引〉的通知》（银监发〔2010〕13号，2010年2月27日）

83.《中国银行业监督管理委员会关于印发〈商业银行稳健薪酬监管指引〉的通知》（银监发〔2010〕14号，2010年2月21日）

84.《中国银行业监督管理委员会关于加快发展新型农村金融机构有关事宜的通知》（银监发〔2010〕27号，2010年4月20日）

85.《中国银行业监督管理委员会办公厅关于印发〈商业银行数据中心监管指引〉的通知》（银监办发〔2010〕114号，2010年4月20日）

86.《中国银行业监督管理委员会关于规范银行业金融机构搭桥贷款业务的通知》（银监发〔2010〕35号，2010年5月17日）

87.《中国银行业监督管理委员会关于印发〈银行业金融机构外包风险管理指引〉的通知》（银监发〔2010〕44号，2010年6月4日）

88.《中国银行业监督管理委员会关于印发〈银行业金融机构国别风险管理指引〉的通知》（银监发〔2010〕45号，2010年6月8日）

89.《中国银行业监督管理委员会关于印发〈关于高风险农村信用社并购重组的指导意见〉的通知》（银监发〔2010〕71号，2010年9月1日）

90.《中国银行业监督管理委员会关于规范银信理财合作业务有关事项的通知》（银监发〔2010〕72号，2010年8月12日）

91.《中国银行业监督管理委员会关于印发〈银行业金融机构外部审计监管指引〉的通知》（银监发〔2010〕73号，2010年8月11日）

（中国银行业监督管理委员会供稿）

第三章 证券业发展报告

一、“十一五”发展情况

（一）资本市场的改革发展情况

资本市场的改革发展是证券业领域服务业健康发展的前提和基础。2006年，修订后的《公司法》《证券法》正式实施，进一步完善了市场法律体系，健全了资本市场运行机制，为资本市场在“十一五”期间的发展做出了一系列全局性、长远性的制度安排。

“十一五”时期，是我国资本市场贯彻科学发展观，实现重大发展突破和转折性变化的五年，党的十七大及2004年发布的《国务院关于推进资本市场改革开放和稳定发展的若干意见》，使资本市场发展在理论上、认识上、政策措施上取得了重大突破。“十一五”以来，按照党中央、国务院大力发展资本市场的决策部署，证监会形成了尽快恢复市场信心，调整市场发展政策，加强市场基础性制度建设的工作思路，一些长期影响市场发展的历史遗留问题和深层次矛盾得以解决或取得重要进展，主要包括：①积极开展股权分置改革，破除影响市场发展的重大制度障碍，形成全流通的市场环境；②全面提高上市公司质量，推动上市公司清欠及规范运作，夯实资本市场发展基石；③深入开展证券公司综合治理，在稳妥化解风险的基础上推动行业创新发展；④大力发展机构投资者，有效改善了市场投资者结构；⑤完善资本市场法制建设，着力改进市场监管；⑥不断完善多层次资本市场体系，满足多元化投融资需求；⑦稳步推动期货市场发展，增强服务实体经济能力；⑧积极扩展国际交流合作，稳步推进对外开放。

2008年以来，面对国际金融危机严重冲击和全流通环境下出现的新情况和新问题，证监会按照中央应对国际金融危机、促进经济平稳较快发展的一揽子计划，准确把握市场发展的新形势、新变化和新机遇，出台了一系列有针对性的改革发展措施，促进资本市场稳定健康发展，促进经济“转方式、调结构”。重点包括：①稳步推出股指期货和融资融券，使市场有了做空机制和信用交易机制，丰富了资本市场的风险管理工具；②分两批深化新股发行体制改革，使市场买卖双方通过市场博弈，形成市场化的发行价格；③平稳推出创业板，完善了我国金融支持科技发展的机制；④积极扩大直接融资，2010年的融资总额和发行家数均创历史新高；⑤大力推动市场化并购重组。贯彻落实《国务院关于促进企业兼并重组的意见》，证监会制定形成了完善资本市场并购重组的十项工作安排，2010年共核准上市公司重组事项44项，涉及金额1862亿元。

“十一五”期间，我国资本市场已经成长为全球市值第二大股票市场和交易量第一大商品期货市场。我国证券化率由17.5%跃升至约66.7%，市价总值由3.24万亿元增长至26.54万亿元，增长7.2倍（见图3-1），排名由全球第十三位跃居第二位。五年来，投资者开户数增长1.1倍，证券投资基金总份额增长4.1倍，期货市场年成交手数和成交金额分别增长9.7倍和23倍。伴随着资本市场的发展壮大，我国资本市场运行的质量和效率有效提升，服务实体经济的能力得到了显著增强，在服务经济社会发展全局方面实现了重大突破，同时为我国应对国际金融危机等外部冲击、促进经济平稳较快发展提供了重要支撑。

总体而言，“十一五”以来，面对国际金融危机的严重冲击及复杂的国际经济金融环境，资本市场的基础性制度建设全面加强，改革创新日趋深化，市场功能不断发挥，整体结构和质量明显改善，初步具备了在更高层面服务国民经济全局的条件和能力，为证券业领域服务业的发展营造了良好的环境。

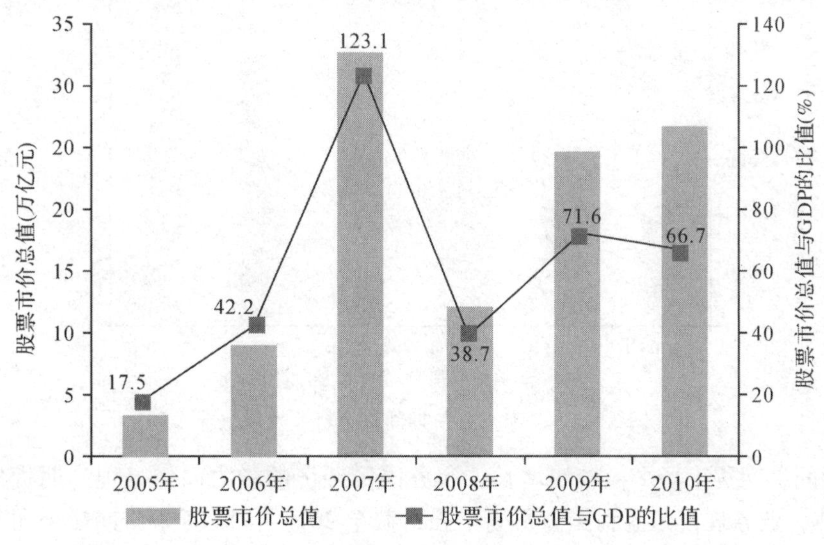

图 3－1　“十一五”期间股票市价总值及其与 GDP 的比值变化

（二）证券服务业发展情况

“十一五”时期，在资本市场不断发展壮大的背景下，证券公司、基金管理公司、期货公司等证券期货经营机构获得了较大发展。各类机构的数量增加、规模扩大，运营、管理更加规范，专业化程度和执业水平显著提高。

2006 年以来，证券公司扭转了 2002—2005 年连续 4 年整体亏损的局面。截至 2010 年年底，我国境内共有证券公司 106 家，总资产 19665 亿元，比“十一五”初期增长 6. 1 倍，净资产 5664 亿元，净资本 4319 亿元；2010 年全行业累计营业收入 1911 亿元，比“十一五”初期增长 15. 6 倍，累计净利润 776 亿元（见图 3－2）。

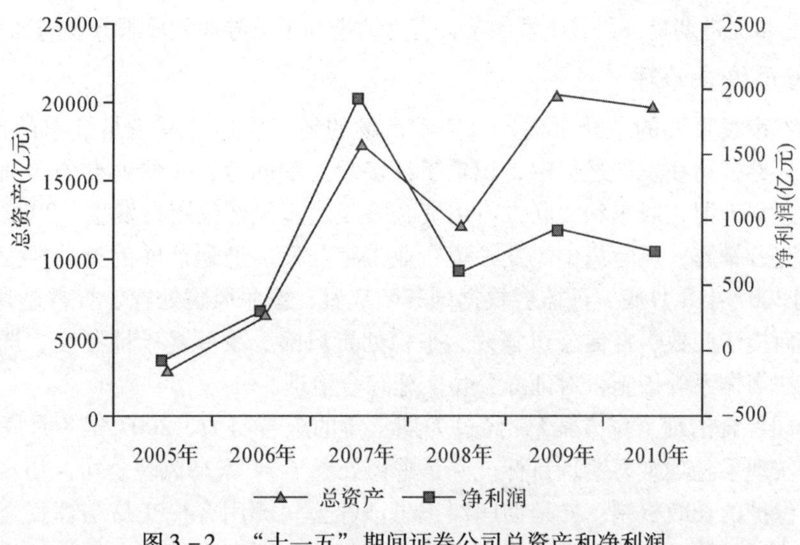

图 3－2　“十一五”期间证券公司总资产和净利润

“十一五”以来，证监会把大力发展机构投资者作为改革和发展中国资本市场的重要战略内容。近年来，中国资本市场不断发展壮大，机构投资者的力量也迅速壮大。全国基金管理公司数量由 53 家增加至 63 家，基金资产净值总额由 4691 亿元跃升到 2.52 万亿元，证券投资基金数量由 218 只增加到 704 只（见图 3－3）。2010 年年底，证券投资基金持股市值为 1.79 万亿元，占沪深流通市值的 9.4%。

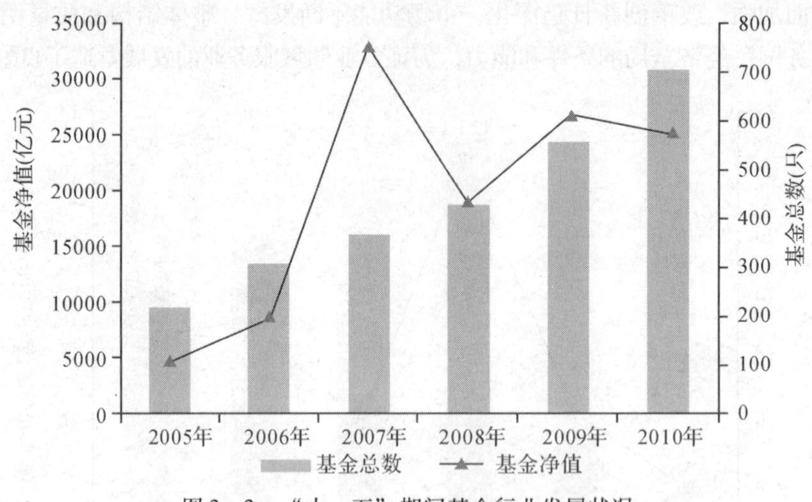

图 3－3 “十一五”期间基金行业发展状况

“十一五”期间，期货市场平稳较快增长，服务国民经济的能力已经显现。期货公司作为提供市场中介服务的主体，业务规模与盈利能力不断增强，截至 2010 年 12 月末，期货公司吸收的客户保证金为 1618.14 亿元，是 2006 年的 8 倍。2010 年的期货成交量 31.3 亿手，成交总额 309 万亿元，分别是 2006 年的 7 倍和 14.7 倍。2010 年，全国有期货公司 164 家，其中 163 家正常经营，总资产 304.07 亿元，净资产 270.12 亿元，净资本 251.26 亿元，比 2006 年分别增长 9.4%、295% 和 431.2%。2010 年期货公司利润总额 34.19 亿元，比“十一五”初期增长近 14 倍。

二、采取的主要措施

“新兴加转轨”是我国资本市场的基本特征。由于建立初期的经济社会环境和市场制度设计上的局限，资本市场在快速发展的同时也积累了一些深层次的问题和结构性的矛盾。这些问题与矛盾制约了市场功能的有效发挥，阻碍了证券业领域服务业的发展。“十一五”期间，证监会推行了一系列旨在加强市场基础性制度建设和发挥市场功能的政策措施，包括完成深入开展证券公司综合治理，大力开展基金业市场化改革，稳步促进期货公司健康发展等，有力地推动了证券业领域服务业的进一步发展。

（一）证券公司综合治理

证券公司是资本市场重要的中介机构，对资本市场的健康发展具有举足轻重的作用。由于体制、机制上存在缺陷，证券公司在发展过程中，积累了许多矛盾和问题，一些证券公司随意挪用客户交易结算资金和证券、违规理财，股东和关联方占用资金等违法违规现象屡有发生。2004 年前后，证券公司长期积累的问题充分暴露，风险集中爆发，全行业生存与发展遭遇严峻的挑战。为从根本上解决问题，2004 年 8 月到 2007 年 8 月底，证监会根据国务院部署，按照风险处置、日常监管和推进行业发展三管齐下，采取全面摸清底数、督促公司整改、平稳处置风险、改革基础性制度、严格责任追究、推动创新发展、完善法规体系等措施，对证券公司实施综合治理。

根据《证券公司综合治理工作方案》，经过为期三年的艰苦努力，2007 年 8 月底证券公司综合治理工作圆满结束，实现了各项主要治理目标。一是平稳处置了 31 家高风险公司，初步建立了证券公司市场退出和投资者保护的长效机制；二是彻底纠正了证券公司挪用客户交易结算资金、保本保底委托理财等违法违规行为，化解了长期积累的巨大风险；三是依法严厉查处违法违规的机构和责任人，严肃了市场纪律；四是健全了股东和高管人员准入制度，建立了从业人员诚信记录，强化了对股东和高管人员行为的约束；五是集中改革完善了客户交易结算资金存管、国债回购等制度，增强了客户资产安全性，基本实现了公司风险与社会风险的有效隔离；六是积极稳健地推进了证券公司的业务发展和有序创新；七是全面实施了以净资本为核心的风险监控制度，进一步健全了法律体系和监管机制。

通过综合治理，证券公司历史遗留风险彻底化解，财务状况显著改善，合规经营意识和风险管理能力明显增强。从2006年起，证券行业扭转了连续4年亏损的局面，盈利能力显著增强。证券公司监管法规制度逐步完善，基础性制度的改革取得实质进展，日常监管、市场退出和投资者保护的长效机制初步形成。监管队伍得到了全面锻炼，监管的有效性、针对性明显增强，监管权威大大提高。

综合治理结束后，2008—2010年，证监会着力巩固证券公司综合治理成果，进一步强化监管，狠抓基础性制度的建设和落实，沉着冷静地应对复杂多变的市场环境，推动证券公司规范稳健经营，圆满完成了证券账户规范工作，完善了证券公司监管制度建设，推动证券公司积极开展创新业务，确保了证券行业在市场大幅波动下的健康稳定运行。

1. 圆满完成证券账户规范工作

账户规范工作是关系证券市场健康发展的基础性工作之一。在证券市场不断探索、发展的过程中，账户方面累积和遗留了一些问题，存在着相当数量的不合格和休眠账户。

2008年，证监会完成了账户规范工作。在账户规范过程中，全行业克服了当时市场交投十分活跃、新投资者大量入市、日常工作异常繁重等困难，在较短的时间内平稳有序地完成了1.2亿个账户的清理规范工作，另库存放了2023万个休眠账户，规范了849万个不合格账户，剩余11万户不合格证券账户已在交易结算系统实施集中中止交易，实现了正常交易的账户均为合格账户的目标；同时，督促证券公司完善账户管理制度，建立资金账户与证券账户的信息比对机制，加强账户资料与信息的持续管理，严防新增不合格账户，推动建立账户管理的长效机制。

2. 完善证券公司监管制度建设

通过认真总结全行业过去的惨痛教训，充分借鉴证券公司监管的国际经验，经过全行业、监管部门多年来的不断探索和实践，初步形成了一整套适合我国证券行业实际、行业认可度高的主要监管制度和措施。

（1）以风险管理能力为基础的分类监管制度。2009年5月，证监会发布《证券公司分类监管规定》。根据该规定，证监会以证券公司风险管理能力为基础，结合公司市场竞争力和持续合规状况来确定证券公司的类别。类别共分5大类11个级别。2009年，证监会首次完成证券公司分类评价工作。2010年，证监会首次公开披露证券公司分类评价结果。

（2）以净资本为核心的风险预警和监管制度。2006年7月，证监会发布《证券公司风险控制指标管理办法》。确立净资本、风险资本准备等一系列风险控制指标，规定相应的预警和监管标准，将证券公司经营风险控制在净资本覆盖范围内，通过风险资本准备比例的调整，间接调节证券公司业务规模上限，同时起到风险提示作用。

（3）以自我约束为主导的内部合规管理制度。2008年7月，证监会发布《证券公司合规管理试行规定》。明确证券公司合规管理的责任主体和基本框架，要求公司根据自身情况健全内部合规制度、设立合规组织体系，实施与合规管理实际状况密切互动的监管措施，激励证券公司加强自我管理。

（4）以第三方存管为特征的客户资产安全监管制度。包括客户交易结算资金由商业银行存管、证券资产由结算公司集中存管、委托理财资产第三方独立存管，从制度上维护客户资产安全，防止证券公司风险扩散为客户风险。

（5）以公开透明为标准的信息报送与披露制度。要求证券公司定期向监管部门报送公司日常信息和年报信息。日常信息报送包括监管报表及其他日常信息。监管报表主要反映证券公司财务、业务、管控等各项信息。要求证券公司公示基本信息、披露年度报告，以增强透明度，接受社会监督。对公司披露的信息进行严格审查，发现信息不真实、不准确或不完整的予以严肃处理。

（6）以适当性服务为重点的投资者保护制度。要求证券公司准确了解客户，如实披露信息，充分揭示风险，坚持诚信营销，建立客户分类和金融产品风险评估制度，向客户提供适当的产品和持续服务，使之与客户的风险认知和承受能力相适应。设立投资者保护基金，按政策收购被处置证券公司的客户债权。

（7）以风险可控为原则的创新监管制度。只要与法律法规不冲突，风险可测、可控、可承受，证券公司均可根据市场需要、客户需求和自身能力，探索新业务、新产品。创新方案需经监管部门和业内专家评价，按“先试点、后推开”、内控与监管同步落实的原则进行，保障创新与风控的均衡。

（8）以扶优限劣为目标的外部激励约束机制。证券公司净资本等风险控制指标不符合标准，因违法违规行为被采取监管措施、行政处罚或刑事处罚，或者其他评价指标存在问题的，将会在分类评价中被扣分，进而影响到分类评价的结果。分类评价低的公司，要多缴纳证券投资者保护基金，调高风险资本准备计算比例，分类结果还作为申请增加业务种类、新设营业网点、发行上市、开展创新业务等事项的审慎性条件。

3. 推动证券公司积极开展创新业务

除了传统业务之外，几年来证监会不断推动证券公司积极开展创新业务。到目前为止，证券公司可以从事的主要创新业务包括：

（1）直接投资业务。2007 年 9 月经证监会核准，中信证券、中金公司 2 家证券公司获得直接投资业务试点资格。2009 年 5 月，证监会出台《证券公司直接投资业务试点指引》。截至 2010 年 6 月底，累计已有 29 家证券公司具备直接投资业务资格。

（2）融资融券业务。2006 年 6 月，证监会出台《证券公司融资融券业务试点管理办法》。2010 年 1 月，证监会发布《关于开展证券公司融资融券业务试点工作的指导意见》。截至 2010 年 6 月底，已核准 11 家证券公司融资融券业务资格。

（3）IB 业务。2007 年 4 月，证监会出台《证券公司为期货公司提供中间介绍业务试行办法》。据此，证券公司可以申请从事为期货公司提供中间介绍业务，简称 IB 业务。截至 2010 年 6 月底，共有 49 家证券公司取得 IB 业务资格。

证券公司综合治理的成功经验表明：化解风险和制度建设必须同步推进，加强行业监管与鼓励创新发展要有机结合；证券市场深化改革要标本兼治，重在治本；风险处置要确保行业、市场和社会稳定；保持证券行业的长期健康发展，必须完善证券公司运行与监管基础建设。

（二）基金业市场化改革

市场化是中国基金业近年来改革最为显著的特征，也是行业得以健康发展的重要经验。基金业的市场化改革，使得机构投资者的力量迅速壮大，改善了资本市场长期以来以散户为主的投资者格局。具体而言，基金业的市场化改革主要体现在三个方面：一是机构审批，二是业务发展，三是产品审核。

1. 机构审批的市场化

2004 年《基金法》《行政许可法》及相关配套法规实施后，机构审批的准入标准和审批程序更加明晰，符合法律法规规定条件的机构都可以申请设立基金管理公司。在超常规发展机构投资者的思路指导下，基金管理公司设立审批机制日益市场化，越来越多的机构加入到基金管理行业中来，“十一五”期间，基金公司从 53 家增长到 63 家，为行业发展贡献力量。

2. 业务发展的市场化

“十一五”以来，基金管理公司的业务发展顺应市场需求，坚持在探索中求发展，在发展中求创新，不论是开展非公募资产管理业务、保本基金业务、投资咨询业务，还是开展境外投资及资产管理业务，都得到了快速发展，提升了行业的整体竞争力。

（1）非公募资产管理业务。基金管理公司在稳步做好公募基金业务的基础上，积极探索特定客户资产管理业务，逐步拓宽了业务范围。2008 年 1 月 1 日起实施的《基金管理公司特定客户资产管理业务试点办法》，标志着基金管理公司专户理财业务正式开闸。而2009年6月1日实施的《关于基金公司开展特定多个客户资产管理业务的规定》，则标志着专户理财正式开启了“一对多”业务时代。截至2010年6月底，我国共有35家基金管理公司取得专户理财资格，管理特定客户资产规模达882亿元。

（2）保本基金业务。《关于保本基金的指导意见》明确了保本基金的具体要求，规定了担保机构担保的条件，规范了担保流程，为保本基金的规范发展打下了坚实的基础。

（3）投资咨询业务。为了更好地发挥基金管理公司专家理财作用，适当扩大基金管理公司的经营范围，自2006年监管部门开始允许基金管理公司向合格的境外机构投资者（QFII）、境内保险公司及其他机构等特定对象提供投资顾问服务。截至2010年6月底，已有19家基金管理公司为QFII提供投资顾问服务。

（4）境外投资及资产管理业务。为了鼓励公司“走出去”，积累国际化投资经验，2007年证监会允许有条件的基金管理公司进行境外投资。截至2010年6月底，有31家基金管理公司获得境内机构投资者（QDII）业务资格，17只QDII基金资产规模达到674亿元。2008年4月，证监会发布了《关于证券投资基金管理公司在香港设立机构的规定》，允许具备条件的基金管理公司到香港地区及其他与我国签署了监管合作备忘录的国家和地区设立或参股资产管理机构，开展海外资产管理业务。截至2010年6月底，已有9家基金管理公司获批到香港设立独资或者合资子公司，开始管理境外基金。基金管理公司初步熟悉了海外证券市场的业务规则及监管环境，积累了宝贵的海外投资经验，促进了行业人才队伍的建设。

（5）产品和业务创新。证监会贯彻落实创新基金的绿色审核通道制度，完善了支持产品创新的具体措施。截至2010年年底，共有9只产品被认定为创新产品，部分创新产品在募集过程中由于认购踊跃，实行了比例配售，有效满足了投资者的理财需求；出台了《证券投资基金参与股指期货交易指引》，起草了《证券投资基金股指期货投资会计核算业务细则》，明确了基金参与股指期货的主要投资、风险控制政策和核算办法，为基金在严格防范风险的基础上有序参与股指期货交易提供了依据和指导；积极研究基金参与融资融券业务规则，为产品创新创造了条件；深入讨论跨市场和跨境交易所交易基金（ETF）的操作方案，业务规则正在加紧修改完善过程中；稳步推进房地产投资基金（REITs）研究工作，提出了发展保障性住房REITs产品、推动商业REITs试点工作的建议。

3. 产品审核的市场化

（1）简化行政许可程序，提高行政许可效率。“十一五”期间，随着基金行业的发展，基金审核程序不断简化，基金产品审核效率日益提高，具体有：①简化基金产品评审会程序。取消了货币市场基金、债券基金等固定收益类基金和指数基金的产品评审会程序，简化了成熟产品和合格境内机构投资者（QDII）产品的评审程序。②减少基金募集申请材料，缩短了基金公司的产品准备周期。③对特定资产管理合同实行备案程序。考虑到专户理财业务属于私募性质的业务，对特定资产管理合同实行了备案程序，并在收到备案材料后的10个工作日内完成备案手续。

经过五年的基金产品审核实践，上述措施减少了基金审核的工作环节，减轻了基金产品募集申请的工作量。从实施效果来看，基金产品的审核效率也大幅度提高。

（2）实施分类审核，顺应行业市场化的发展需求。在证券投资基金试点初期，投资人对证券投资基金的运作模式、基金管理人的专家理财方式并不了解，为确保试点成功，证监会对公募基金实施了严格的审批制度，对基金公司和托管银行的主体资格、基金合同、基金发行、规模节奏等多方面内容进行审批，为基金行业的平稳起步和规范发展奠定了坚实基础。随着基金行业的不断发展壮大，过去这种严格审核的工作思路也带来了一些问题，一定程度上限制了基金产品的发行数量，不利于基金管理公司根据市场时机推出符合投资人需求的基金产品，不利于创造充分竞争的市场化环境。

为适应行业不断发展变化的要求，在简化审核、放松管制的指导思想下，经过多年的实践和探索，证监会于2010年1月1日起全面实施基金产品分类审核制度，按照公募基金和特定资产管理计划、境内基金和 QDII 基金、创新产品和普通产品、固定收益类基金和偏股型基金的分类方式，分别受理基金管理公司的申请材料，分别审核。基金管理公司可以结合市场情况和自身能力同时申报多类产品和多只基金，并选择合适的市场时机募集基金产品。这一制度的实施，顺应了市场化的需求，证监会在受理基金的数量、批复基金的数量上也比以往有了较大幅度的提高。

(3) 加大政务公开力度，强化社会和舆论监督。政务公开、让权力在阳光下运行，是依法行政的重要保障。①证监会将基金产品审核流程、产品审核条件及产品申请材料清单等内容通过互联网、受理处向全社会公示，让每一个基金发行申请人都了解审核流程和审核条件，力争创造公平的竞争环境。②除了《基金法》《证券投资基金运作管理办法》等法律和行政法规，还将日常审核中的一些操作细节和注意细节形成审核标准，下发给全部基金管理公司和托管银行，尽可能使基金产品审核工作"阳光化"。③2010 年 7 月 1 日以来，开始对基金募集申请受理及审核情况实行每周公示一次的制度，公示的内容包括基金产品的受理情况、反馈意见情况、审核情况及核准情况等。通过公示，充分保证了业界的知情权、参与权和救济权。此外，业界还可以及时了解基金产品的审核进度，提前做好新基金的募集准备工作，避免出现公司利用各种渠道和方式获取审批信息的现象。对于监管机关而言，这种方法也加强了外部监督力量，促使审核人员按照相应审核标准和流程进行审核。

总的来说，"十一五"以来，通过基金业市场化改革，以基金为代表的机构投资者的迅速发展，使得资本市场的主流投资模式发生了重大变化，从投机和坐庄盛行转向重视公司的基本面分析和长期投资。

(三) 稳步促进期货公司健康发展

"十一五"以来，期货市场平稳较快增长，服务国民经济的能力已经显现。2010 年 4 月 8 日，股指期货的正式启动，迈出了我国金融期货事业发展的第一步。期货公司作为提供市场中介服务的主体，业务规模与盈利能力不断增强，资本实力与抗风险能力不断提高，结构不断优化，合规意识、合规水平明显增强。

1. 不断深化期货公司的监管工作

证监会以深化中介定位、服务国民经济为目标，坚持依法抓监管、提前防风险，持续加强行业监管和风险防范。①建立期货市场统一开户制度。2009 年发布了《期货市场客户开户管理规定》，对期货市场实行统一开户制度，该制度提高了期货市场开户环节的运行效率，促进期货市场严格落实实名制和市场准入制度的同时，有利于期货市场客户资料的集中统一管理，从而为分析市场交易行为、监测监控市场风险和防范市场操纵奠定良好的基础。②加强制度建设，不断健全保证金安全存管制度和以净资本为核心的期货公司监管体系。结合期货市场和行业发展变化情况，证监会还加强对现行期货公司净资本监管制度的评估，密切关注境外和国内相关行业净资本制度调整情况，及时评估现行制度的适当性，要使制度在有效防范风险的同时，提高市场效率，适应并支持市场的快速发展。③扶优限劣，深入实施期货公司分类监管。2009 年证监会发布了《期货公司分类监管规定（试行）》，分类结果不仅作为日后对不同类别的期货公司采取区别对待监管政策的依据，还将作为期货公司申请增加业务种类、新设营业网点等事项的审慎性条件，促进了期货公司规范健康发展，提升了期货行业服务国民经济能力。④落实法人治理和内控制度，强化证券公司为期货公司提供中间介绍业务的规范和监管，贯彻落实股指期货投资者适当性制度。⑤积极研究拓展期货公司业务范围，提升期货公司中介服务能力，稳步推动行业创新发展和对外开放，加快推进期货公司投资咨询业务试点工作，研究推动期货公司客户资产管理业务试点，稳妥推进期货行业创新发展。

2. 逐步优化期货公司结构

截至 2010 年 6 月，全国 163 家正常经营的期货公司，共设立期货营业部 975 家，同时有 49 家证券公司获得为期货公司提供中间介绍业务资格。经过多年发展，期货公司结构不断优化。①期货公司数量逐步减少，股东结构逐步优化。针对过去期货公司数量多，质量不高等问题，证监会通过年检等措施，依法注销了一批违规违法和财务状况差、潜在风险大的公司。2007 年《期货交易管理条例》颁布以来，通过兼并重组和风险处置，期货公司数量由2006年的183家减少到目前的163家，期货行业结构逐步优化。同时，越来越多运作较规范、资本实力较强的证券公司、上市公司和信托公司等机构参股控股期货公司，期货公司股东结构逐步优化。②优质公司能力不断增强。在政策引导和市场竞争中，期货公司已分出层次，一批资本实力强、抗风险能力强、有特色的期货公司脱颖而出。期货公司根据自身的股东背景、区域资源、人才资源，逐步探索自身的发展定位和竞争优势，发挥专业优势，服务国民经济的能力逐步增强。③对外开放不断推进。随着国家经济及资本市场对外开放的扩大，目前有3家香港服务提供者（荷兰银行、东方汇理金融香港有限公司和摩根大通）参股境内期货公司，建立了合资期货公司。同时，国内期货公司积极参与国际市场，有6家国内期货公司在香港设立子公司。

3. 提升期货公司合规运作水平

守法合规经营是期货公司生存发展之本。只有合规经营，才能取信于客户、取信于市场、取信于社会，从而赢得良好的经营环境，实现公司的持续发展。“十一五”期间，证监会持续加强日常监管，通过非现场监管强化净资本监控，通过现场监管抓重点环节，同时规范营业部设立审批工作，促进行业协调发展，着力加强信息技术建设，指导中国期货业协会组织开展全国期货公司信息技术检查评级工作，做好期货经营机构突发网络与信息安全情况通报，研究期货公司灾难备份建设策略；通过法规建设、制度完善等，结合期货市场形势和行业特点，不断改进和完善监管工作，期货公司的守法合规意识和自我约束能力不断提高，合规运作水平不断提升，夯实了期货行业持续规范健康发展的基础。

三、存在的主要问题

“十一五”期间，我国证券业领域服务业快速发展，对国民经济的支持作用不断强化，在服务建设自主创新国家、促进发展方式转变中发挥着越来越重要的作用。近年来，随着证券期货公司综合治理、基金业市场化改革等一系列市场化改革的推进，证券业领域服务业各项制度更加完善，运行机制发生了深刻的变化。但是，目前我国资本市场仍然处于“新兴加转轨”阶段，整体发展水平和质量还亟待提高，尚难满足新形势下国民经济发展的要求，与成熟市场及处于类似经济发展阶段的其他新兴市场相比，也存在明显差别。

（一）证券期货公司综合竞争力较弱

经过近几年的综合治理，中国的证券期货公司进入快速发展时期。“十一五”以来，证券期货行业保持了较快增长。但是，与国际大型金融服务机构相比，中国期货证券公司的规模仍然普遍偏小，核心竞争力仍然有待提高。

1. 整体规模偏小

截至2010年年底，中国共有证券公司106家，证券公司总资产19665亿元，净资产5664亿元，净资本4319亿元。2010年全年累计营业收入1911亿元，累计净利润776亿元，与国际大型投资银行相比，证券公司的整体规模仍然过小。目前中国全部证券公司管理资产总额尚不及一些国际大型投资银行的管理资产规模。

截至2010年年末，全行业正常经营的期货公司有163家，净资产270.12亿元，净资本251.26亿元，净利润仅34.19亿元，与银行、证券、基金、保险等金融机构相比，在资本实力、业务规模、抗风险能力等方面还存在较大差距。

2. 盈利模式同质

中国证券公司现有经纪业务在盈利中占比过高，并购重组、财务顾问、资产证券化等业务至今还处于缓慢发展的起步阶段。大部分证券公司经营模式单一，盈利模式同质化程度过高，对客户和产品服务也缺乏分层和多样化服务。

当前，期货公司只有期货经纪业务，尚未开展资产管理、投资咨询等中介业务，其中中介服务能力与实体经济发展需求存在着相当大的差距，远不能满足企业对专业化中介服务的实际需求。

3. 行业集中度不足

目前，中国证券期货行业仍处于高度分散、规模偏小的竞争状况。在国际成熟市场上，证券期货公司都经历了一个由小型化、分散化逐步向大型化、全能化发展演变的过程。据统计，美国大型证券期货公司经过并购重组后数量大幅减少，前十大证券期货公司资本总额占全行业资本总额的比例由20世纪70年代初的1/3上升到21世纪初的3/4。在日本，证券期货公司数由1949年的1127家减少到1997年的232家，至今仅存约10家大型证券期货公司，全国80%以上的证券交易是通过前几大证券期货公司进行的。

4. 证券期货公司治理结构和内部控制机制不完善

证券期货公司的股权结构不合理，普遍存在两种极端情况。相当一部分证券期货公司股权结构单一，“一股独大”，大股东控制管理层的现象较为突出；另一些证券期货公司股权结构又过于分散，单个股东持股比例均较小，股东会、董事会对管理层的约束作用不足，容易产生内部人控制的问题。

证券期货公司治理结构尚不完善。部分证券期货公司的股东会、董事会和监事会形同虚设，没有充分发挥应有的作用；部分证券期货公司存在着较为严重的内部人控制问题。

一些证券期货公司内部控制制度流于形式，疏于执行。一些公司的部门之间没有形成有效的相互监督和制约关系，一些公司的总部对分支机构也缺乏严格、有效的管理。

大部分证券期货公司尚未建立股权激励机制。缺乏有效的激励约束机制，使得一些公司管理层行为短期化，也使得以人力资本为核心的证券期货行业整体竞争力较弱。

5. 整体创新能力不足

目前，证券期货公司在产品创新、业务创新、组织创新等方面受到较多限制，整体创新能力不足。一方面证券公司创新活动受到一些体制和市场环境的制约，创新过程较长、不确定性因素较多，在一定程度上影响了公司创新的动力和投入；另一方面，部分证券公司在创新活动中未能有效控制可能产生的风险，也在一定程度上增加了创新活动的成本。

（二）投资者结构不合理，机构投资者规模偏小

长期以来，中国资本市场一直以中小投资者为主。“十一五”以来，随着机构投资者特别是证券投资基金的快速发展，投资者结构有所改善，但是总体而言，中国资本市场的投资者结构不合理，机构投资者整体规模偏小，发展不平衡。

1. 投资者交易较为频繁

与境外成熟市场相比，目前中国股票市场投资者平均换手率偏高（见图3-4）。从投资行为分析，

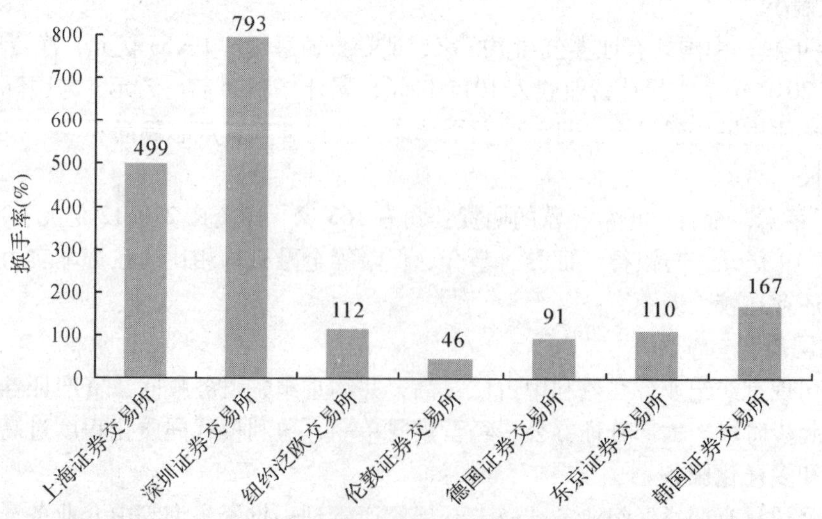

图3-4 股票市场换手率国际比较

与机构投资者相比，个人投资者尤其是中小个人投资者更偏向于持有和交易小盘股、低价股、绩差股和高市盈率股，持股时间较短、交易较为频繁。研究表明，当股票价格或者成交量出现大幅波动时，个人投资者比机构投资者更敏感，价值投资、长期投资的理念仍然有待进一步加强。

2. 机构投资者整体规模偏小

近几年机构投资者获得了很大发展，初步形成了以证券投资基金为主体的机构投资者队伍，其在市场上的作用不断增强。但是，保险资金、养老金在股票市场的投资规模仍然较小。

与境外成熟市场同类型机构投资者相比较，目前中国股票市场上的各类机构投资者持股期限普遍较短，交易比较频繁，短期投资特征比较明显。同时，现有各类机构投资者在投资理念、投资标的等方面显示出较大的同质性，不利于市场的长期健康发展。

3. 证券投资基金产品不够丰富、业务创新不足

过去几年中，基金市场取得了快速发展，成绩显著。但是与成熟市场相比，中国基金行业规模仍然较小。

证券投资基金管理公司现有经营模式单一、产品不够丰富。近几年，基金市场规模迅速增长，但是资产管理结构和产品结构不均衡。基金市场以零售客户市场为主，机构客户市场发展滞后。大多数基金管理公司只能从事公募基金管理，只有少数公司参与机构理财市场，如全国社保基金和企业年金管理。与境外成熟市场的机构理财规模相比，中国机构理财市场发展比较滞后。基金产品以股票基金、混合基金等高风险品种为主，债券基金和货币市场基金等低风险品种所占份额很小，产品结构不均衡，品种尚不够丰富。

现有证券投资基金管理公司股东结构不够合理、长期激励约束机制不到位等问题是制约基金业进一步发展的主要障碍之一。近几年基金业规模的快速扩张对专业人才提出了巨大需求，基金业人才瓶颈问题日益突出。

4. 各种类型的集合型投资计划监管规则不统一

集合型投资计划产品的监管机构多，监管规则复杂。虽然不同集合型投资计划产品本质相同，而且相互之间存在较强的可替代性，但是监管机构各不相同，相应的监管规则和监管方式也存在较大差异（见表3-1）。这种不统一加大了监管成本，降低了市场效率，也不利于该市场的长期发展。

表3-1　集合型投资计划产品的监管现状

集合投资产品	发行机构	监管机构	监管法律法规	产品审批方式
证券投资基金	基金管理公司	中国证监会	《证券投资基金法》	核准制
证券公司集合理财计划	证券公司	中国证监会	《证券法》	核准制
商业银行理财产品	商业银行	中国银监会	《商业银行个人理财业务管理暂行办法》	备案制
信托产品	信托投资公司	中国银监会	《关于进一步规范集合资金信托业务有关问题的通知》	备案制
投资连结保险	保险公司	中国保监会	《投资连结保险管理暂行办法》	核准制

资料来源：中国证监会、中国银监会、中国保监会。

5. 非公募型投资基金发展不规范

当前，我国股权投资基金行业正在进入一个快速发展的新阶段。股权分置改革消除了股权投资领域最大的制度性障碍，创业板的成功推出又为股权投资机构提供了良好的市场化退出通道。但是，由于发展的时间短、速度快，缺乏必要的行业规范，股权投资基金市场也出现了一些潜在的风险隐患，不利于我国股权投资行业的长期健康发展。

此外，中国二级市场非公募基金的发展长期处于灰色地带。随着股票市场的不断活跃，二级市场非公募基金的规模发展很快，对市场的影响日益增强。但是，部分基金在运作模式、内部控制、风险管理、资金托管等方面有待进一步完善。

四、“十二五”发展思路

“十二五”时期，伴随中国资本市场发展进入相对成熟阶段，证券业领域服务业的发展也将进入新的时期。证券公司、基金管理公司、期货公司等机构更加规范化和国际化，治理结构更加完善，激励机制更加健全，管理、服务和风险控制水平有较大提高。大批了解国际运作、服务于中国经济需求的专业人才成长起来。资本市场运行的良性格局基本形成。“十二五”时期，我国证券行业发展的主要方向：一是增强证券期货经营机构竞争力，促进创新发展和完善内部合规与风险控制；二是大力发展资产管理行业，发展多元化机构投资者队伍；三是中国资本市场将出现具有国际竞争力的证券期货经营机构，金融服务水平全面提高。

附件：“十一五”证券业政策文件

国务院文件

1.《期货交易管理条例》（国务院令第489号，2007年3月6日）

2.《证券公司监督管理条例》（国务院令第522号，2008年4月23日）

3.《证券公司风险处置条例》（国务院令第523号，2008年4月23日）

中国证券监督管理委员会及相关部门文件

1.《证券登记结算管理办法》（中国证券监督管理委员会令第29号，2006年4月7日）

2.《上市公司证券发行管理办法》（中国证券监督管理委员会令第30号，2006年5月6日）

3.《首次公开发行股票并上市管理办法》（中国证券监督管理委员会令第32号，2006年5月17日）

4.《证券公司风险控制指标管理办法》（中国证券监督管理委员会令第34号，2006年7月20日）

5.《上市公司收购管理办法》（中国证券监督管理委员会令第35号，2006年7月31日）

6.《合格境外机构投资者境内证券投资管理办法》（中国证券监督管理委员会 中国人民银行 国家外汇管理局令第36号，2006年8月24日）

7.《证券发行与承销管理办法》（中国证券监督管理委员会第37号，2006年9月17日）

8.《证券公司董事、监事和高级管理人员任职资格监管办法》（中国证券监督管理委员会令第39号，2006年11月30日）

9.《期货公司管理办法》（中国证券监督管理委员会令第43号，2007年4月9日）

10.《期货投资者保障基金管理暂行办法》（中国证券监督管理委员会 财政部令第38号，2007年4月19日）

11.《期货从业人员管理办法》（中国证券监督管理委员会令第48号，2007年7月4日）

12.《公司债券发行试点办法》（中国证券监督管理委员会令第49号，2007年8月14日）

13.《合格境内机构投资者境外证券投资管理试行办法》（中国证券监督管理委员会令第46号，2007年6月18日）

14.《基金管理公司特定客户资产管理业务试点办法》（中国证券监督管理委员会令第51号，2007年11月29日）

15.《上市公司重大资产重组管理办法》（中国证券监督管理委员会令第53号，2008年4月16日）

16.《证券发行上市保荐业务管理办法》（中国证券监督管理委员会令第58号，2008年10月17日）

17.《首次公开发行股票并在创业板上市管理暂行办法》（中国证券监督管理委员会令第61号，2009年3月31日）

18.《证券期货业反洗钱工作实施办法》（中国证券监督管理委员会令第68号，2010年9月1日）

19.《中国证券监督管理委员会关于发布〈证券投资基金管理公司治理准则（试行）〉的通知》（证监基金字〔2006〕122号，2006年6月15日）

20.《中国证券监督管理委员会关于发布〈证券公司融资融券业务试点管理办法〉的通知》（证监发〔2006〕69号，2006年6月30日）

21.《中国证券监督管理委员会关于发布〈证券公司为期货公司提供中间介绍业务试行办法〉的通知》（证监发〔2007〕56号，2007年4月20日）

22.《中国证券监督管理委员会关于发布〈上市公司非公开发行股票实施细则〉的通知》（证监发行字〔2007〕302号，2007年9月17日）

23.《财政部 中国证券监督管理委员会 审计署 中国银行业监督管理委员会 中国保险业监督管理委员会关于印发〈企业内部控制基本规范〉的通知》（财会〔2008〕7号，2008年5月22日）

24.《证券公司合规管理试行规定》（中国证券监督管理委员会公告〔2008〕30号，2008年7月14日）

25.《证券经纪人管理暂行规定》（中国证券监督管理委员会公告〔2009〕2号，2009年3月13日）

26.《证券公司分类监管规定》（中国证券监督管理委员会公告〔2009〕12号，2009年5月26日）

27.《中国证券监督管理委员会关于进一步改革和完善新股发行体制的指导意见》（中国证券监督管理委员会公告〔2009〕13号，2009年6月10日）

28.《创业板市场投资者适当性管理暂行规定》（中国证券监督管理委员会公告〔2009〕14号，2009年6月30日）

29.《中国证券监督管理委员会关于期货公司分类监管规定（试行）的通知》（中国证券监督管理委员会公告〔2009〕22号，2009年8月17日）

30.《中国证券监督管理委员会关于开展证券公司融资融券业务试点工作的指导意见》（中国证券监督管理委员会公告〔2010〕3号，2010年1月22日）

31.《中国证券监督管理委员会关于建立股指期货投资者适当性制度的规定（试行）》（中国证券监督管理委员会公告〔2010〕4号，2010年2月5日）

32.《中国证券监督管理委员会关于深化新股发行体制改革的指导意见》（证中国证券监督管理委员会〔2010〕26号，2010年10月11日）

（中国证券监督管理委员会供稿）

第四章　保险业发展报告

“十一五”时期是我国保险业发展历史上不平凡的五年。在党中央、国务院的正确领导下，保险业深入落实科学发展观，有效应对国际金融危机冲击，在全球保险业总体增长放缓的背景下，保持了持续健康较快发展的良好势头，行业面貌发生了历史性的新变化。

一、“十一五”发展情况

（一）保险业整体实力明显增强，行业实现跨越发展

“十一五”期间，保险业在复杂的环境下保持较快增长，市场在建设中逐步走向成熟，行业在调整中不断发展壮大。①市场规模不断扩大。“十一五”时期保费收入年均增长24%，2010年保费收入达到1.45万亿元，保险业总资产达到5.05万亿元。我国已经成为全球最重要的新兴保险大国。②市场主体快速成长。2010年年底，已有保险公司146家，比2005年增加53家。在“十一五”初期，只有3家保险公司资产过千亿元，经过几年的发展，目前已有7家保险公司资产超过千亿元、2家超过5千亿元、1家超过万亿元，保险公司在金融市场和国际保险市场的影响力和竞争力不断提升。③市场体系更加健全。不同业务类型、多种组织形式的市场主体日趋丰富，专业化分工与合作的市场格局初步奠定，基本形成了种类丰富、保障全面、结构合理的产品体系，原保险、再保险、保险中介、保险资产管理协调发展，适度竞争、充满活力的现代保险市场体系基本形成。④盈利能力得到增强。转变行业发展方式取得积极进展，保险公司更加注重业务质量和内涵价值，实现了经营效益和投资收益的稳定增长。五年来保险机构共实现投资收益7201.2亿元，年均投资收益率超过6%。保险公司利润总额从2005年年底的不到1亿元增长到2010年年底的576.7亿元。

（二）保险业体制机制不断创新，改革开放深入推进

“十一五”期间，始终坚持用改革的办法解决行业发展中的问题，稳步推进保险业改革开放，为行业发展提供了不懈的动力。①公司改革不断深化。中国人保、中国再保股份制改革顺利完成，出口信保改革有序推进。中国人寿和中国平安回归A股，太平洋保险成功发行A股和H股，中国人保正在抓紧上市工作。公司改革从转变组织形式向变革管理体制、转换经营机制纵深推进，公司治理更加完善，公司管理和运行机制更加科学。②资金运用改革走向深入。集中化、专业化、规范化的资产管理体制更加健全，以拓宽投资渠道为主要内容的资金运用改革不断突破，提升了保险资产管理水平，促进了承保和资金运用两个轮子协调运转，为行业“十一五”时期发展提供了有力支撑。目前，保险资金运用渠道已基本全面放开，保险资产管理公司已经成为金融业中投资领域最为广阔的金融机构。③对外开放稳步扩大。国内发展与对外开放统筹协调，开放的深度、广度和质量不断提高，全面开放的保险业逐步融入国际保险市场发展进程。截至2010年年底，共有来自16个国家和地区的52家外资保险公司在华设立了营业性机构，外资保险公司占我国保险市场的份额为4.37%；我国在海外设立了37个保险机构。

（三）保险市场运行安全稳健，风险得到有效防范

过去五年，保险市场面对的风险因素十分复杂，特别是经历了百年一遇的国际金融危机的冲击。全行业牢固树立风险意识，健全风险防范机制，既有效化解了存量风险，又较好地防范了增量风险。①防范了国际金融风险的跨境传递。面对突如其来的国际金融危机，及时采取行动，密切跟踪风险状况，建立监管季度例会制度，完善风险预警和监测机制，加强对关键风险点的应急处置，增强公众对保险市场的信心。在全球保险业总体陷入低迷、业务增长缓慢的情况下，我国保险业没有出现大的波动，保持了持续较快发展的良好势头。②解决了一些影响行业发展的突出问题。通过提高保险公司的盈利能力，个别公司历史遗留的利差损风险逐步得到化解。通过增强偿付能力监管和公司资本管理的有效性，一些公司的偿付能力不达标的情况得到改善。2010年年底，偿付能力充足的保险公司占公司总数的95%。③化解了一些保险公司的风险隐患。近年来，保险业在快速发展的同时，总体上保持了风险可控的态势。但由于行业基础比较薄弱、投资主体日益多元化、公司治理不规范等多种原因，个

别保险公司存在较大风险隐患。坚持“一司一策”的原则，牢牢把住股权、控制权等关键环节，充分调动行业内外各类资源，综合运用市场、法律、行政等手段，努力克服利益关系复杂、监管手段有限等困难，利用市场机制，开展综合治理，及时有效地处置了有关公司的风险，保持了市场体系平稳健康运行。

（四）现代保险监管体系基本确立，监管能力稳步提升

“十一五”期间，监管机构立足国情和行业实际，吸收借鉴国际经验，大力推进监管理念和监管实践创新，夯实了现代保险监管的基础，为实现科学、依法、有效监管迈出坚定步伐。①构建了中国特色的现代保险监管框架。借鉴国际保险监督官协会核心监管原则，引入保险公司治理监管制度，形成了偿付能力、公司治理和市场行为监管三支柱的现代保险监管框架。②建立了比较系统的保险监管法规体系。完成《保险法》第二次修订。在一些监管空白领域制定了新制度，对一些现行制度进行了修订完善，形成了以《保险法》为核心、以行政法规和部门规章为主体、以规范性文件为补充，基本覆盖保险经营和保险监管主要领域的制度体系。③创新了行之有效的监管方式方法。建设了全覆盖、标准化的保险统计数据体系，开发了门类比较齐全的现场和非现场监管信息系统，信息技术手段在监管中得到广泛应用。以风险监管为核心，建立并不断完善分类监管制度，形成上下联动、协调一致的分类监管工作机制。④开展了较为深入的国际监管合作。承办国际保险监督官协会第13届年会，举办中美、中欧保险监管对话，发起建立亚洲保险监管合作机制，召开首次保险监管国际联席会议，广泛开展双边和多边监管交流与合作。积极参与国际保险监管规则的制订，代表亚洲国家当选国际保险监督官协会审计委员会成员，提高了我国在国际保险监管领域的话语权。

（五）保险业服务经济社会发展取得重大突破

“十一五”期间，保险业不断探索服务经济社会发展的新领域和新途径，在服务全局中赢得了发展空间，在创新发展中提升了服务能力。①保险保障能力和损失补偿能力大幅提高。“十一五”期间，各项保险赔款和给付支出累计达1.26万亿元，是“十五”时期的2.95倍。面对南方雨雪冰冻灾害、汶川地震等重大自然灾害和突发事件，保险业全力以赴，较好地发挥了经济补偿和社会风险管理功能，促进了受灾群众生产生活秩序的稳定和灾后重建。②服务社会风险管理的能力持续提升。与公众利益密切相关的责任保险快速发展，在参与社会管理和维护社会稳定方面发挥了积极作用。建立了我国第一个法定保险制度，推动实施机动车交通事故责任强制保险制度，将保险与交通管理结合起来，引入保险机制保护道路交通事故受害人利益。大力推动医疗、教育、环保以及旅游等领域的责任保险发展，在化解医患事故纠纷、分担环境污染责任风险等方面发挥了积极作用。积极参与北京奥运会、上海世博会、广州亚运会等重大活动的风险保障活动。③服务民生取得新突破。财政、税收各项政策支持的农业保险从无到有、从小到大，农业保险保费收入从2005年的7亿元增加到2010年的136亿元，主要粮油棉作物承保面积覆盖率达到33%，对稳定农业生产和农民增收作出了积极贡献。努力开拓参与多层次社会保障体系建设的新途径，加大商业养老和健康保险产品服务创新力度，大力拓展企业年金市场，规范保险机构开展健康保障委托管理服务，涌现出“湛江模式”等一批具有推广价值的典型做法。到2010年年底，保险业共为人民群众未来医疗和养老积累准备金2.8万亿元。

二、采取的主要措施

（一）与时俱进地更新发展理念

坚持解放思想、实事求是，打破传统思维的束缚，以思想理念的创新推动保险实践的发展，拓宽了行业发展的视野和空间。针对行业发展中存在的“就保险论保险”“就监管论监管”的思维定式，积极倡导“想全局、干本行，干好本行、服务全局”，大力推进“抓监管、促发展”，促进了行业思想观念的深刻转变，全行业的全局观念和发展意识明显增强。针对行业发展实际，提出了保险业发展初

级阶段理论和保险功能理论，明晰了行业发展的阶段定位，丰富了保险功能的理论内涵，为保险业改革发展提供了科学指导，促进各项保险工作更加体现时代性、把握规律性、富于创造性。针对行业发展较为粗放的问题，提出了加快转变保险业发展方式，通过政策引导、窗口指导等方式，发挥市场主体的自我能动性，推动行业走集约化内涵式的科学发展之路。

（二）坚持不懈地推进改革创新

近年来保险业的发展实践，始终体现着改革创新的精神。改革创新是这一时期保险业发展的重要时代特征。抓住机遇坚定地推进保险公司改革，在金融行业较早完成国有公司股份制改造和上市，解决了束缚保险业发展的体制机制性障碍，释放出促进保险业又好又快发展的充沛活力。不断巩固保险公司改制上市成果，大力推进以完善公司治理和改善经营管理为重点的体制机制改革，促进保险公司逐步建立起现代企业制度，增强了保险公司的核心竞争力。将改革与创新结合起来，坚持走创新发展的道路，努力建设创新型行业，在保险经营、保险服务、保险监管等各个领域推进了一系列开创性工作，为保险业发展注入了不竭动力。

（三）确立了市场的基础性地位

近年来保险业发展的一个基本趋势，就是坚持市场化导向，注重发挥市场配置资源的基础性作用，这符合市场经济条件下发展商业保险的一般规律。注重培育市场主体，通过公开、透明、规范的市场准入程序，广泛吸引劳动、知识、技术、管理和资本等各类社会资源参与到保险业中来，促进多种类型保险市场主体的发展，活跃了市场竞争，扩大了市场容量。注重优化市场要素结构，加大保险产品服务创新力度，规范发展保险销售渠道，推进保险供给与保险需求的均衡发展，调动各种市场要素和参与者的积极性，在不同要素相互作用下增强市场发展活力。注重完善市场运行机制，完善保险产品的价格形成机制，规范保险经营行为，健全市场竞争机制，促进保险市场在自我调节中实现良性发展。

（四）建立健全了促进行业长期持续发展的制度体系

近年来，根据保险业发展初级阶段的实际，把制度建设作为行业发展的根本性、全局性和长期性工作，坚持建制度、定规则、抓执行，不断健全保险监管和保险经营的制度体系。针对保险业务的各个领域、保险经营的各个环节、保险监管的各个方面，制定和完善全方位、多层次的制度规定，确保市场运行有章可循。强化各项制度的执行，完善问责和惩处机制，加大对违法违规行为的查处力度，发挥靠制度管人、靠制度管事的效力。完备的制度体系和有效的制度约束，成为规范保险市场运行和促进市场健康发展的有力保障，也对未来保险业发展起到打基础、利长远的积极作用。

（五）培养和锻炼了朝气蓬勃的人才队伍

近年来行业的快速发展，为一大批投身保险事业的人才创造了成长进步的条件，搭建了施展才华的舞台，提供了实现人生价值的空间。大力实施人才兴业战略，把培养和造就高素质人才作为保险业发展的根本大计，加强对人才的引进、培养和使用，涵盖经营管理、市场营销、精算法律、保险监管各领域的专业人才队伍不断壮大。事业的发展造就了人才，人才的发展成就了事业。一支专业齐备、勤奋敬业的保险人才队伍快速成长，众多业务精通、工作出色的同志在工作锻炼中脱颖而出，为保险业更大的发展提供了有力的人才保障和智力支持。

三、"十二五"发展思路

"十二五"时期，我国保险业发展的总体目标是，初步建成一个市场体系完善、服务领域广泛、经营诚信规范、风险防范有效、综合竞争力较强，发展速度、质量和效益相统一，与国民经济社会发展水平和人民群众生产生活需求相适应的现代保险业。具体目标是：①实现平稳较快发展。2015 年，全国保险保费收入争取达到 3 万亿元。保险深度达到 5%，保险密度达到 2100 元/人。保险业总资产争取达到 10 万亿元。②综合竞争能力明显增强。行业总资产在金融业总资产的占比明显提升，经营管理水平显著改善，自主创新能力进一步提高，在金融业中形成具有特色的比较优势。大型保险集团竞争力和国际影响力稳步提升，中小型保险公司稳健发展，专业性保险公司初步形成差异化竞争优势，形成主体多元、竞争有序、充满活力的市场格局。承保领域进一步扩大，产品种类、服务形式丰富多样。③功能作用得以充分发挥。承保金额在国民财富中的比重、保险赔付在全社会灾害事故损失中的比重等反映保险对经济社会贡献度的指标显著提高，逐步向中等发达国家水平靠近。保险作为风险管理工具的应用更为广泛，保险业在服务我国经济社会发展和保障改善民生中发挥的作用越来越重要，成为现代金融体系的重要支柱，成为国家灾害救助体系和社会保障体系的重要组成部分。④风险防范能力显著提升。保险业资本补充机制逐步完善，资本实力明显增强，偿付能力整体充足，系统性风险得到有效防范。保险机构治理结构和内控机制进一步完善，全面覆盖、全程管理、全员参与的全面风险管理体系有效建立，在防范风险中充分发挥主体作用。以偿付能力、公司治理和市场行为监管为支柱的现代保险监管体系不断完善，动态偿付能力监管体系进一步健全，市场退出机制基本建立，保险保障基金参与风险处置的重要作用充分发挥。保险业风险识别、防范和预警机制进一步完善，风险处置机制基本形成。⑤社会公信力显著增强。社会公众对保险的认可度和满意度显著提高，保险业逐步成为受社会尊重和信赖的金融服务行业。保险信用体系初步建立，诚信文化体系和惩戒失信机制日益完善，保险消费投诉处理和保护制度进一步健全，形成科学有效的保险纠纷调处机制和权益保障机制，销售误导和理赔难等问题得到有效遏制，消费者利益得到有效保护。保险企业和从业人员诚信意识显著增强，诚信理念贯穿到企业经营的各个环节，体现在从业人员的具体执业行为，诚信文化与企业文化深入融合，服务更加标准、更加规范、更加优质。“十二五”时期保险业的主要任务是：①加快推进市场化改革，大力提升保险行业综合竞争能力；②充分发挥保险功能作用，大力提升保险行业服务能力；③建立健全风险防范体系，大力提升保险行业抵御风险能力；④不断夯实发展基础，大力提升保险行业可持续发展能力。

（中国保险监督管理委员会供稿）

第五章　交通运输业发展报告

“十一五”时期是我国发展史上极不平凡的五年，也是交通运输业改革发展取得历史性成就、大力促进现代服务业发展的五年。在党中央、国务院的正确领导下，交通运输行业深入贯彻落实科学发展观，积极应对国际金融危机冲击，基础设施保障能力明显增强，运输服务水平明显提升，安全监管和应急处置能力明显加强，超额完成“十一五”规划确定的目标任务，交通运输面貌发生了新的历史性变化，为保持全国经济平稳较快增长、改善民生、增加就业、提高综合国力作出了重要贡献。

一、“十一五”发展情况

（一）深入贯彻落实科学发展观，积极探索交通运输科学发展新理念新思路新举措

“十一五”期间，交通运输工作深入贯彻落实科学发展观，认真落实党的十六大、十七大和历次全会精神，正确把握交通运输发展阶段性特征，深刻认识交通运输保障和改善民生工作的长期性、复杂性和艰巨性，努力把交通运输各项工作纳入科学发展轨道。在发展视野上，坚持以“四个审视”谋

划交通运输发展，即站在世界交通运输发展趋势、发展规律的角度审视中国交通运输发展水平，站在我国国民经济发展全局的角度审视交通运输适应能力，站在人民群众对交通运输需求的角度审视交通运输服务水平，站在行业以外的角度审视交通运输存在的问题，不断增强贯彻落实科学发展观的自觉性和坚定性，努力实现交通运输由传统产业向现代产业转变。在发展理念上，坚持以做好"三个服务"作为交通运输工作的重要指导原则，即不断提高服务经济社会发展全局、服务新农村建设、服务群众安全便捷出行的能力和水平。在发展战略上，坚持推进现代交通运输业发展，不断探索做好"五个努力"的途径。在发展决策上，切实反映群众意愿，加强调查研究，坚持问政于民、问需于民、问计于民，准确掌握群众所思、所忧、所盼，让群众更多参与到与他们自身利益相关的决策过程中来。在发展方式上，着力推进"三个转变"，不断提高发展的全面性、协调性和可持续性。在发展动力上，坚持推进"四个创新"，即创新发展理念、体制机制、行业科技和管理方式，不断破解影响和制约交通运输科学发展的突出问题，推动交通运输走创新驱动发展之路。在发展实践上，切实把民生工作放到交通运输更加突出的位置，着力提高适应经济社会发展能力、统筹规划和协调发展能力、公共服务和组织保障能力，真正做到"交通运输发展为了人民、交通运输发展依靠人民、交通运输发展成果由人民共享"。

（二）加强规划，提高发展规划编制水平

1. 制定了较为完整的交通发展规划体系

制定和完善公路水路交通发展规划，确保规划的连续性、前瞻性、综合性、指导性和实践性。国务院批准实施了《国家高速公路网规划》《农村公路建设规划》《全国沿海港口布局规划》《全国内河航道与港口布局规划》《国家水上安全监管和救助系统布局规划》等规划，共同构成了覆盖国家高速公路、农村公路、沿海港口、内河航道与港口、水上安全监管和人命救助等方面的较为完整的交通长远发展规划体系。根据建立综合运输体系、发挥各种运输方式综合效率的新要求，重新审视现有规划中不利于发挥综合优势的地方，进行适当调整和完善，做到"宜路则路、宜水则水、宜空则空"，使各种运输方式有效衔接配合。

2. 启动并完成了"十二五"规划编制工作

面对新的形势和要求，立足于"十二五"时期经济社会发展的基本要求，及早谋划，合理布局，交通运输部从2007年下半年开始着手交通运输"十二五"发展规划编制的准备工作，对23个"十二五"规划重大课题开展研究，为规划编制奠定了良好的基础。2009年8月，交通运输部正式启动交通运输行业"十二五"规划编制工作，通过编制工作进一步理清了交通运输发展思路，明确了主要发展任务。

3. 整合了区域交通发展规划

为支持区域经济合作，指导和协调未来区域公路、水路交通建设，根据国务院领导的指示精神，交通运输部积极推进区域交通运输一体化的规划和建设工作。配合国家发展和改革委员会开展了长三角、珠三角、中部崛起、西部开发等区域规划编制工作；积极参与编制了江苏沿海地区、辽宁沿海经济带、黄河三角洲等发展规划；参与了新疆、宁夏、云南沿边，西藏、青海等其他藏区，广西和甘肃等地区经济社会发展问题研究，提出了加快区域交通发展的思路及相关支持措施。目前，交通运输部已和各相关省、区、市合作编制完成并印发了西部开发、东北振兴、中部崛起、长三角、泛珠三角、环渤海、京津冀、海峡西岸等区域公路水路交通发展规划、纲要、指导意见，以及交通科技、教育、信息化、公路运输枢纽等专项规划；与沿江七省二市共同签署了《"十一五"时期长江黄金水道建设总体推进方案》，以长江黄金水道建设为重点的内河水运建设取得新的开端。

（三）交通运输服务能力和水平取得了长足进步

1. 公路建设使道路运输在综合运输体系中发挥了基础作用

2010年，全国公路总里程达到400.8万公里，比五年前新增63.9万公里；高速公路"十一五"

累计完成投资22159亿元，由“十五”期末的4.1万公里发展到7.4万公里，新增3.3万公里，居世界第二位。总规模约3.5万公里的“五纵七横”12条国道主干线提前13年全部建成，8条西部开发省际公路通道基本贯通，初步形成了横连东西、纵贯南北、通江达海、连结周边的公路骨架网络。杭州湾跨海大桥、苏通长江大桥、舟山连岛工程、秦岭终南山隧道、上海崇明隧桥工程和厦门翔安海底隧道等一批施工难度大、科技含量高的重大工程相继建成，全国公路桥梁隧道建设自主创新能力迅速提高，建设技术水平跻身世界先进行列。按照中央部署要求，部省联手推进农村公路建设，加大对中西部地区和老少边穷地区的倾斜力度，农村公路建设车购税投资总规模是“十五”时期的3.2倍；农村公路网规模大幅度增长，通达深度显著提高，全国农村公路里程达350.7万公里，实现全国99.2%的建制村通公路，96%的乡镇通沥青路，交通运输业服务“三农”的能力显著增强。交通运输已成为西部大开发成效明显、基础先导作业显著、人民群众满意的重点领域之一。公路建设使道路运输在综合运输体系中更好地发挥了基础作用。2010年，全国全年道路货运量、货物周转量、客运量、旅客周转量分别完成244.8亿吨、43389.7亿吨公里、305.3亿人、15020.8亿人公里，在综合运输体系中所占的比重分别为75.7%、31.3%、93.4%和53.7%；公路服务范围进一步扩大，2010年全国公路货运平均运距增加到177公里，拥有公共汽电车45.8万标台，运送乘客超过725.8亿人次。

2. 港口和内河航道建设有效保障了重要货物运输

2010年，全国内河港口生产用泊位达到26181个，万吨级及以上泊位318个。沿海港口“十一五”期间建成深水泊位661个，达到1774个，新增通过能力30亿吨，达到55.1亿吨，基本建成煤、油、矿、箱、粮五大专业化运输系统。为适应改革开放后外贸运输迅猛发展的新形势，全面推进环渤海、长江三角洲、东南沿海、珠江三角洲和西南沿海五个港口群建设，以集装箱、煤炭、矿石、石油、粮食和客运为重点，构筑起了水路客货港口运输系统，使我国港口成为了对外开放的主要门户、综合交通运输体系的重要枢纽、现代物流系统的基础平台。长江黄金水道等内河水运建设取得重大进展，以长江干线、西江航运干线、京杭运河、长江三角洲和珠江三角洲高等级航道为重点，加强内河港口和航道建设，成功实施了长江口12.5米深水航道治理三期工程，并延伸至太仓、中游航道整治等工程。“十一五”期间，新增及改善内河航道4181公里，全国内河航道通航里程达12.4万公里，其中三级以上航道9500公里，较“十五”期末增长40%，占航道总里程的7.7%，初步形成了国家高等级航道网络。2010年，全国港口完成货物吞吐量89.32亿吨，“十一五”期间年均增长13.0%，全年完成集装箱吞吐量1.46亿TEU，港口完成了全国90%以上的外贸货物运输量。

3. 不断拓展交通服务领域，积极促进现代物流发展

交通运输是现代物流的重要组成部分和关键环节。据统计，物流企业约82%的业务是运输和装卸业务，交通运输费用占全社会物流总费用的比例超过50%以上。交通运输部通过各种政策的实施促进运输装备大型化、专业化、高级化、标准化，运输组织结构持续向集约化、规模化发展，研究支持公路货运枢纽（物流园区）的投资政策。通过资金投入手段，充分发挥中央投入在体现政府发展导向，调动地方政府、企业的积极性，引导和支持交通运输行业货运枢纽场站的建设与发展等方面的作用。拓展和延伸港口、运输场站服务功能，支持运输站场向物流站场，特别是物流园区转型。上海、天津等国际航运中心和保税港区建设稳步推进，港口装卸仓储逐步拓展到现代物流、航运服务等领域，运输综合服务能力和水平显著提升。加快构建农村物流配送服务体系，促进农村邮政物流发展。通过开展省级交通运输行业物流公共信息平台系统建设的试点工作，推动物流公共信息共享平台建设，促进物流信息资源共享。

4. 积极支持交通运输服务企业做大做强

交通运输部不断深化改革、采取具体措施，为交通运输服务企业做大做强、“走出去”和服务出口创造良好环境。交通运输部门按照统筹区域和城乡协调发展的要求，加快推进区域交通、城乡交通一体化，统筹规划，合理布局，整合资源，进一步打破交通运输区域分割、城乡分割的状况，初步建成安全、通畅、便捷、经济、可靠、和谐的交通运输服务体系。强化交通运输市场监管，建立了覆盖全国100个重点城市道路旅客运输的动态监测机制。颁布《汽车运价规则》和《道路运输价格管理规定》，促进了道路运输健康发展。实施中资方便旗船舶特案免税回国登记政策，推进国轮船队建设。健全国内航运企业经营资质动态监管，整顿规范国际班轮运输等运输市场。建立渤海湾客滚运价、国际集装箱班轮运价、无船承运人运价报备制度。

（四）交通运输业发展的法律政策环境不断优化

1. 推进综合交通运输法律框架体系的建立

将公路、水路、民航、邮政的法律和行政法规项目统一纳入交通运输法规体系统筹考虑，强化"立、改、废"工作，逐步形成门类齐全、分工合理、上下有序、内外协调的综合交通运输法规体系。配合国务院法制办开展了《公路保护条例》《水路运输管理条例》《城市公共交通条例》《航道法》的审核修改工作，在交通运输立法的重点领域取得重大进展；出台了《船员条例》《防治船舶污染海洋环境管理条例》等法规规章，制订、修订了《农村公路建设管理办法》《公路、水路交通实施〈中华人民共和国节约能源法〉办法》《道路运输车辆燃料消耗检测和管理办法》《公路交通重大突发事件应急预案》《水路交通突发事件应急预案》等一批交通运输改革和发展急需的部门规章；较好组织完成了法规清理工作，"十一五"以来废止了规章79件，促进了交通运输法规整体的和谐发展。

2. 深化交通行政审批制度改革

深化交通行政审批制度改革，梳理行政审批事项和依据，开展行政审批清理工作，取消40项行政审批项目。探索应用电子政务，优化办事流程，提高工作效率，部审批的行政许可项目70%实现网上办理。实施交通行政执法禁令，规范行政处罚自由裁量权，开展行政执法评议考核，推行行政执法责任制。实施交通行政复议工作规则、责任追究管理办法和人员资格管理办法，认真办理行政复议案件。

3. 完善成品油价格、税费改革等配套政策

成品油价格和税费改革是国家规范税费体系、完善价格机制、促进节能减排的重要决策，也是依法筹措交通基础设施维护和建设资金、规范交通税费制度的重大改革。其中，逐步有序取消政府还贷二级公路收费对公路交通可持续发展将产生深远影响。按照国务院的统一部署，到2010年年底有17个省市取消了政府还贷二级公路收费，撤销站点1430个，占全国同类站点的74%。全国安置改革涉及人员过半，山东、海南、云南、宁夏四省区全部完成人员安置工作。会同财政部印发了《取消政府还贷二级公路收费中央补助资金管理办法》，每年安排260亿元中央专项补助资金用于债务偿还。制定了中央燃油税增量资金分配办法和城乡道路客运、岛际和农村水路客运成品油价格补助专项资金管理办法。完成了相关法规规章的修订工作。

（五）支持系统不断完善，促进了现代交通运输业的发展

1. 交通运输应急和安全保障能力得到进一步加强

道路运输应急体系在抗击南方低温雨雪冰冻灾害、汶川和玉树地震、舟曲泥石流等重特大自然灾害中抢通保运，为抢险救灾作出了重要贡献。圆满完成北京奥运会、残奥会、国庆60周年庆祝活动、上海世博会和广州亚运会、亚残运会等重大活动的运输和安全保障任务。及时跟踪重点物资运行情况，加强铁矿石疏港和"迎峰度夏""迎峰度冬"期间煤炭运输管理，积累了煤电油气运保障工作经验，重点物资紧急运输保障能力明显增强。在2008年抗击雨雪冰冻灾害、煤电油气运紧张期间，建立了港口、航运、航道、海事等部门和港航企业的联动机制，实施了优先保障电煤运输的多项措施，为电力恢复正常供应提供了有力的运输保障。修订发布了《国家海上搜救应急预案》《公路交通重大突发事件应急预案》《水路交通突发事件应急预案》等，构建了部、省、市、县应急组织体系。

2. 交通运输安全监管与救助能力稳步提升

加强对保障车辆的动态监控和适时调度，组织建设危险品运输和长途客车的GPS联网联控系统。

道路运输重特大事故逐年下降，严重超载超限得到有效遏制。水上交通安全形势稳中趋好，水上搜救能力不断增强，救助打捞关键装备建设取得重大进展，海事卫星地面站改扩建工程基本完工，立体救助体系基本形成。海上搜救成绩突出，进一步完善了国家海上搜救部际联席会议制度，建立健全“专群结合、军地结合”的具有中国特色的海上搜救机制。“十一五”期间，全国各级海上搜救中心共组织、协调搜救行动9447次，组织、协调各类船舶35275艘次、飞机1212架次，在我国搜救责任区范围内成功搜救102547名遇险人员，搜救成功率96.3%，平均每天救助56人。运输船舶水上交通事故件数、沉船艘数、死亡失踪人数分别较“十五”期末下降37.8%、36.3%和31.3%。

3. 积极开展低碳交通运输体系建设

“十一五”期间，交通运输部坚持典型示范引路，先后推出了三批共60个节能减排示范项目，组织开展了“车、船、路、港”千家企业低碳交通专项行动、“宇通杯”机动车驾驶员节能技能竞赛活动，组织召开了全国交通运输行业节能减排视频工作会议、资源节约型和环境友好型港口建设现场经验交流会等专题会议。公共交通出行、绿色出行理念不断深化落实，“绿色汽修”建设全面开启。各级政府不断加大对城市公共交通的财政投入，城市公共交通和慢行交通系统得到长足发展，为绿色出行奠定了良好的物质基础。2010年，全国城市公共汽（电）车标准运营车辆数共计45.8万标台，运营线网里程达63.4万公里；城市轨道交通和快速公交跨越式发展，全国轨道交通运营线路达到53条，线路总里程1471公里，共有10个城市建成运营20条快速公交线路，总营运里程超过400公里。积极运用税收等政策鼓励节能环保型交通运输工具的制造，在提高行驶效率和原动机高性能化的基础上，对车用替代燃料的推广开展了一系列促进行动，并取得了显著的成效。交通运输部积极探索城市低碳交通运输体系建设试点工作，通过低碳交通基础设施、低碳交通运输装备、优化运输组织模式、低碳公众出行信息服务等，建立城市低碳交通重大关键技术的开发和示范的长效机制等六项重点工作，形成低碳型交通基础设施理念和方法、提高替代燃料在营运车船中的应用程度、探索建立低碳运输组织及操作模式、推进交通运输智能化进程、探索公众低碳出行引导方法、提升节能减排管理能力。大力推广应用不停车收费（ETC）、物流公共信息平台、公众交通出行服务系统、无线射频识别技术（RFID）、全球导航卫星系统（GNSS）、地理信息系统（GIS）、智能交通系统（ITS）、电子数据交换（EDI）等现代通信和信息技术。开通了“交通节能网”，及时宣传推广国内外节能减排技术和经验。

4. 鼓励行业技术创新，科研投入显著增加

“十一五”以来，交通运输行业深入实施“科教兴交”战略，坚持科技工作面向交通运输发展主战场，认真落实国家中长期科学和技术发展规划纲要，抓好行业共性技术研究开发与应用示范重大项目。围绕交通基础设施建设与维护、安全保障和环境保护等领域关键技术问题，加大科技投入，强化科技管理，推进产学研相结合，科技成果转化率和科技进步贡献率不断提高，交通行业科技进步的体制机制基本形成，建立一批研发设计、信息咨询等交通运输公共服务平台，建设一批技术研发中心和中介服务机构。“十一五”期间，全行业科研投入120亿元，比“十五”增长了近一倍，取得了一大批重大技术创新成果，部分成果达到国际领先水平。获得国家级科技奖励30余项，自主创新能力与水平明显提高，行业科技进步贡献率达到50%，科技发展效能显著提升。沙漠、冻土、膨胀土、盐渍土等特殊地质条件下的筑路技术取得新突破，长大桥隧建设、深水筑港、河口航道治理等技术跻身世界先进行列。电子政务、公众出行信息服务、道路水路运政信息化、高速公路不停车收费、港口物流管理、集装箱电子标签等方面的应用管理技术研究取得新进展，智能交通和物流信息化实现研究试验向集成应用转变。

二、存在的主要问题

在取得长足发展的同时，我国交通运输业也积累了一些深层次的矛盾和问题，还面临着世情国情深刻变化带来新的挑战和考验。交通运输发展不平衡、不协调，区域和城乡之间的发展差距还比较大；

基础设施总量还不能完全适应和满足经济社会发展的需求，提高交通运输基础设施供给能力的任务还很繁重；拓展运输服务领域、提高服务质量水平与适应经济结构调整、顺应人民群众出行的期盼还有差距；交通运输行业自主创新能力还不强、信息化水平还不高，制约了管理水平、服务水平的整体提升；资源环境等对交通运输建设和发展的约束强化，走低碳、绿色、可持续发展之路刻不容缓；重特大自然灾害和突发性事件频发，交通运输安全保障和应急处置体系亟待进一步加强。需要深刻认识加快转变交通运输发展方式的紧迫性、复杂性和艰巨性，切实增强机遇意识、忧患意识、责任意识，把科学发展作为解决各种矛盾和问题的关键、基础和“总钥匙”，更加注重以人为本，更加注重全面协调可持续发展，更加注重统筹兼顾，更加注重保障和改善民生。在新的历史起点上，科学谋划、统筹安排，推动“十二五”交通运输沿着科学发展的轨道继续前进，不断提高“三个服务”的能力和水平。

三、“十二五”发展思路

“十二五”时期，我国交通运输业要以科学发展为主题、转变交通发展方式为主线、以交通运输结构调整为主攻方向、以科技进步和创新为重要支撑、以保障和改善民生为根本出发点和落脚点、以建设资源节约型环境友好型交通运输行业为着力点、以改革开放为强大动力，积极推进现代交通运输业的发展。到 2015 年，基础设施网络更趋完善，结构更加合理，交通运输供给能力明显增强，运输装备进一步改善，运输组织不断优化，运输效率和服务水平明显提升，创新能力不断增强，科技进步和信息化水平不断提高，行业监管能力明显加强，以低碳为特征的交通运输体系建设取得成效，资源节约型、环境友好型行业建设取得明显进展，交通安全监管体系逐步完善，应急反应能力进一步加强，安全保障能力明显提高。便捷、安全、经济、高效的综合运输体系初步形成，基本适应国民经济和社会发展的需要。我国交通运输业的主要任务是：一是稳步推进基础设施建设；二是加快推进结构调整；三是着力推进科技创新和信息化建设；四是不断推进基本公共服务均等化；五是深入推进交通运输改革开放。“十二五”时期，交通运输部还将调整物流企业登记管理、车辆登记管理、税收管理、海关监管等相关政策，进一步促进甩挂运输、集装箱多式联运等的发展。同时，以服务质量为导向，改革道路客运线路审批方式和农村客运线路管理方式，适度扩大农村客运经营自主权。消除政策障碍，理顺城乡客运票制票价，逐步统一“公交化”的农村客运与城市公交在票价、税费、补贴等方面的政策，实现服务标准的有效衔接。借鉴国际上航运经纪人发展经验，加快航运经纪人管理制度建设，创造有利于我国航运经纪人发展的环境。出台有关政策，提高交通安全与应急保障能力，构建资源节约、环境友好的绿色交通运输体系，推进交通科技创新与信息化建设，加快交通运输转型。进一步完善政策法规体系，推进体制机制创新。

附件：“十一五”交通运输业政策文件

国务院文件

1.《中华人民共和国船员条例》（国务院令 2007 年第 494 号，2007 年 4 月 14 日）
2.《防治船舶污染海洋环境管理条例》（国务院令 2009 年第 561 号，2009 年 9 月 9 日）

交通运输部及相关部门文件

1.《机动车驾驶员培训管理规定》（交通部令 2006 年第 2 号，2006 年 1 月 12 日）
2.《农村公路建设管理办法》（交通部令 2006 年第 3 号，2006 年 1 月 27 日）
3.《公路工程施工监理招标投标管理办法》（交通部令 2006 年第 5 号，2006 年 3 月 25 日）
4.《公路建设监督管理办法》（交通部令 2006 年第 6 号，2006 年 6 月 8 日）
5.《公路工程施工招标投标管理办法》（交通部令 2006 年第 7 号，2006 年 6 月 23 日）
6.《老旧船舶管理规定》（交通部令 2006 年第 8 号，2006 年 7 月 5 日）

7.《道路运输从业人员管理规定》（交通部令 2006 年第 9 号，2006 年 11 月 23 日）

8.《交通法规制定程序规定》（交通部令 2006 年第 11 号，2006 年 11 月 23 日）

9.《航道建设管理规定》（交通部令 2007 年第 3 号，2007 年 4 月 11 日）

10.《港口建设管理规定》（交通部令 2007 年第 5 号，2007 年 4 月 24 日）

11.《中华人民共和国航运公司安全与防污染管理规定》（交通部令 2007 年第 6 号，2007 年 5 月 23 日）

12.《中华人民共和国港口设施安保规则》（交通部令 2007 年第 10 号，2007 年 12 月 17 日）

13.《港口规划管理规定》（交通部令 2007 年第 11 号，2007 年 12 月 17 日）

14.《航道工程竣工验收管理办法》（交通部令 2008 年第 1 号，2008 年 1 月 7 日）

15.《国内水路运输经营资质管理规定》（交通运输部令 2008 年第 2 号，2008 年 5 月 26 日）

16.《道路货物运输及站场管理规定》（交通运输部令 2008 年第 9 号，2008 年 7 月 8 日）

17.《道路旅客运输及客运站管理规定》（交通运输部令 2008 年第 10 号，2008 年 7 月 8 日）

18.《收费公路权益转让办法》（交通运输部 国家发展和改革委员会 财政部令 2008 第 11 号，2008 年 8 月 20 日）

19.《关于修改〈国内船舶管理业规定〉的决定》（交通运输部令 2009 年第 1 号，2009 年 1 月 5 日）

20.《关于修改〈道路货物运输及站场管理规定〉的决定》（交通运输部令 2009 年第 3 号，2009 年 4 月 20 日）

21.《关于修改〈道路旅客运输客运站管理规定〉的决定》（交通运输部令 2009 年第 4 号，2009 年 4 月 20 日）

22.《关于修改〈中华人民共和国水路运输服务业管理规定〉的决定》（交通运输部令 2009 年第 5 号，2009 年 4 月 20 日）

23.《关于修改〈水路运输管理条例实施细则〉的决定》（交通运输部令 2009 年第 6 号，2009 年 6 月 4 日）

24.《关于修改〈中华人民共和国公路管理条例实施细则〉的决定》（交通运输部令 2009 年第 8 号，2009 年 6 月 13 日）

25.《关于修改〈中华人民共和国航道管理条例实施细则〉的决定》（交通运输部令 2009 年第 9 号，2009 年 6 月 23 日）

26.《道路运输车辆燃料消耗量检测和监督管理办法》（交通运输部令 2009 年第 11 号，2009 年 6 月 26 日）

27.《港口经营管理规定》（交通运输部令 2009 年第 13 号，2009 年 11 月 6 日）

28.《老旧运输船舶管理规定》（交通运输部令 2009 年第 14 号，2009 年 11 月 30 日）

29.《中华人民共和国船舶油污损害民事责任保险实施办法》（交通运输部令 2010 年第 3 号，2010 年 8 月 19 日）

30.《中华人民共和国船舶识别号管理规定》（交通运输部令 2010 年第 4 号，2010 年 9 月 1 日）

31.《关于修改〈道路危险货物运输管理规定〉的决定》（交通运输部令 2010 年第 5 号，2010 年 10 月 27 日）

32.《放射性物品道路运输管理规定》（交通运输部令 2010 年第 6 号，2010 年 10 月 27 日）

33.《中华人民共和国船舶及其有关作业活动污染海洋环境防治管理规定》（交通运输部令 2010 年第 7 号，2010 年 11 月 16 日）

34.《全国关于开展“五纵六横”鲜活农产品流通“绿色通道”的公告》（交公路发〔2006〕373 号，2006 年 1 月 12 日）

35.《交通部 公安部 国家发展和改革委员会 中共中央宣传部 国家质量监督检验检疫总局 国家安全生产监督管理总局 国家工商行政管理总局 国务院法制办公室 国务院纠正行业不正之风办公室关于印发〈2006 年全国治超工作要点〉的通知》(交公路发〔2006〕76 号，2006 年 3 月 1 日)

36.《交通部 国家发展和改革委员会 财政部关于进一步做好农村公路管理养护体制改革的通知》(交公路发〔2006〕400 号，2006 年 7 月 28 日)

37.《交通部关于交通行业全面贯彻落实国务院关于加强节能工作的决定的指导意见》(交体法发〔2006〕592 号，2006 年 10 月 25 日)

38.《交通部 上海市人民政府 江苏省人民政府 安徽省人民政府 江西省人民政府 湖北省人民政府 湖南省人民政府 重庆市人民政府 四川省人民政府 云南省人民政府关于印发〈“十一五”时期长江黄金水道建设总体推进方案〉的通知》(交水发〔2006〕650 号，2006 年 11 月 21 日)

39.《交通部关于进一步规范收费公路管理工作的通知》(交公路发〔2006〕654 号，2006 年 11 月 27 日)

40.《交通部关于印发〈2007 年农村公路工作若干意见〉的通知》(交公路发〔2007〕135 号，2007 年 3 月 30 日)

41.《交通部关于进一步加强交通行业节能减排工作的意见》(交体法发〔2007〕242 号，2007 年 5 月 18 日)

42.《交通部关于在交通行业开展节能减排示范活动的通知》(交体法发〔2007〕289 号，2007 年 6 月 7 日)

43.《交通部关于实施中资国际航运船舶特案免税登记政策的公告》(交通部公告 2007 年第 18 号，2007 年 6 月 12 日)

44.《财政部 交通部关于印发〈海（水）上搜救奖励专项资金管理暂行办法〉的通知》(财建〔2007〕465 号，2007 年 8 月 29 日)

45.《交通部关于进一步加强交通基础设施领域社会资金财务管理的指导意见》(交财发〔2007〕502 号，2007 年 9 月 17 日)

46.《交通部关于公布〈收费公路联网收费技术要求〉的公告》(交通部公告 2007 年第 35 号，2007 年 10 月 19 日)

47.《交通部关于进一步加强民族地区交通工作的若干意见》(交规划发〔2007〕560 号，2007 年 10 月 16 日)

48.《交通部关于印发〈理货人员从业资格管理办法〉等三个办法的通知》《理货人员从业资格考试实施办法》《理货人员从业资格考核认定办法》(交水发〔2007〕575 号，2007 年 10 月 25 日)

49.《交通部关于港口节能减排工作的指导意见》(交水发〔2007〕747 号，2007 年 12 月 25 日)

50.《交通部关于加快发展现代交通业的若干意见》(交科教发〔2007〕761 号，2007 年 12 月 29 日)

51.《交通部关于在春节前启动鲜活农产品运输应急机制的紧急通知》(交公路明电发〔2008〕4 号，2008 年 1 月 25 日)

52.《交通部关于确保重点物资运输的紧急通知》(交水明电 2008〕0102 号，2008 年 1 月 25 日)

53.《交通部办公厅关于印发〈农村公路建设质量年活动总体方案〉的通知》(厅公路字〔2008〕52 号，2008 年 3 月 10 日)

54.《交通运输部关于印发〈2008 年农村公路工作若干意见〉的通知》(交公路发〔2008〕144 号，2008 年 3 月 27 日)

55.《交通运输部关于加强航运枢纽建设和运行管理的意见》(交水发〔2008〕82 号，2008 年 5 月 15 日)

56.《交通运输部关于深入开展交通行业节能减排示范活动的通知》（交体法发〔2008〕98号，2008年5月27日）

57.《交通运输部 农业部关于建立海上搜救联动机制的通知》（交搜救发〔2008〕169号，2008年7月3日）

58.《交通运输部关于交通运输行业深入开展节能减排工作的意见》（交体法发2008第333号，2008年9月28日）

59.《关于印发交通运输部党组开展深入学习实践科学发展观活动实施方案的通知》（交党发2008第29号，2008年10月13日）

60.《交通运输部关于促进当前水运业平稳较快发展的通知》（交水发〔2008〕500号，2008年12月8日）

61.《交通运输部关于贯彻落实〈国务院办公厅关于进一步加强管理促进出租车行业健康发展的通知〉的通知》（交公路发［2008］504号，2008年12月12日）

62.《交通运输部关于印发〈水运工程建设市场信用信息管理办法（试行）〉的通知》（交水发〔2008〕510号，2008年12月13日）

63.《财政部 国家发展和改革委员会 交通运输部 监察部 审计署印发〈关于公布取消公路养路费等涉及交通和车辆收费项目〉的通知》（财综〔2008〕84号，2008年12月22日）

64.《交通运输部办公厅关于发布〈交通行业服务标准体系表〉的通知》（厅科教字〔2008〕169号，2008年12月17日）

65.《关于加强收费公路权益转让工作廉政建设的意见》（交监察发〔2008〕552号，2008年12月26日）

66.《交通运输部关于印发〈资源节约型、环境友好型公路水路交通发展政策〉的通知》（交科教发〔2009〕80号，2009年1月26日）

67.《交通运输部关于印发〈关于进一步促进公路水路交通运输业平稳较快发展的指导意见〉的通知》（交政法发〔2009〕220号，2009年5月11日）

68.《交通运输部 国家发展和改革委员会关于印发〈汽车运价规则〉和〈道路运输价格管理规定〉的通知》（交运发〔2009〕275号，2009年6月8日）

69.《交通运输部关于国际集装箱班轮运价备案实施办法的公告》（交通运输部公告2009年第20号，2009年6月11日）

70.《交通运输部 上海市人民政府 江苏省人民政府 安徽省人民政府 江西省人民政府 湖北省人民政府 湖南省人民政府 重庆市人民政府 四川省人民政府 云南省人民政府关于关于合力推进长江黄金水道建设的若干意见》（交水发〔2009〕319号，2009年6月25日）

71.《交通运输部关于外国籍邮轮在华特许开展多点挂靠业务的公告》（交通运输部公告2009年第44号，2009年10月26日）

72.《财政部 交通运输部关于印发〈农村老旧渡船更新专项奖励资金管理办法〉的通知》（财建〔2009〕837号，2009年11月23日）

73.《交通运输部 财政部 上海市人民政府 江苏省人民政府 安徽省人民政府 江西省人民政府 湖北省人民政府 湖南省人民政府 重庆市人民政府 四川省人民政府 云南省人民政府关于发布〈推进长江干线船型标准化实施方案〉的公告》（交通运输部公告2009年第24号，2009年7月20日）

74.《国务院安全生产委员会办公室关于进一步加强农村安全工作的通知》（安委办〔2009〕19号，2009年9月8日）

75.《交通运输部 国家发展和改革委员会 公安部 海关总署 中国保险监督管理委员会关于促进甩挂运输发展的通知》（交运发〔2009〕808号，2009年12月31日）

76.《财政部 交通运输部关于印发〈城乡道路客运成品油价格补助专项资金管理暂行办法〉和〈岛际和农村水路客运成品油价格补助专项资金管理办法〉的通知》(财建〔2009〕1008号,2009年12月31日)

77.《公路工程竣(交)工验收办法实施细则》(交公路发〔2010〕65号,2010年1月27日)

78.《交通运输部办公厅关于对重点危桥治理实行挂牌督办的通知》(厅公路字〔2010〕23号,2010年2月2日)

79.《交通运输部关于印发〈公路网规划编制办法〉的通知》(交规划发〔2010〕112号,2010年3月1日)

80.《交通运输部关于做好2010年农村公路工作的若干意见》(交公路发〔2010〕119号,2010年3月5日)

81.《交通运输部关于发布〈船舶交易管理规定〉的通知》(交水发〔2010〕120号,2010年3月5日)

82.《财政部 交通运输部关于印发〈长江干线船型标准化补贴资金管理办法〉的通知》(财建〔2010〕46号,2010年3月10日)

83.《交通运输部 公安部 国家安全生产监督管理总局关于进一步加强和改进道路客运安全工作的通知》(交运发〔2010〕210号,2010年4月23日)

84.《交通运输部关于印发〈水运工程工法管理办法(试行)〉的通知》(交水发〔2010〕245号,2010年5月24日)

85.《交通运输部关于印发〈2010年全国干线公路养护管理检查方案〉的通知》(交公路发〔2010〕311号,2010年7月7日)

86.《交通运输部关于加快公路建设市场信用体系建设的通知》(交公路发〔2010〕380号,2010年8月9日)

87.《交通运输部关于进一步加强道路客运运力调控推进行业节能减排工作的通知》(交运发〔2010〕390号,2010年8月13日)

88.《交通运输部基本建设项目竣工财务决算编审规定》(交财发〔2010〕477号,2010年9月13日)

89.《交通运输部关于公布〈无船承运业务经营者运价备案实施办法〉的公告》(交通运输部公告2010年第40号,2010年9月15日)

90.《交通运输部关于试行无船承运业务经营者保证金责任保险的通知》(交水发〔2010〕533号,2010年9月28日)

91.《交通运输部 国家发展和改革委员会关于印发〈甩挂运输试点工作实施方案〉的通知》(交运发〔2010〕562号,2010年10月18日)

92.《交通运输部关于加快推进交通电子口岸建设的指导意见》(交水发〔2010〕670号,2010年11月15日)

93.《交通运输部 国家发展和改革委员 财政部关于进一步完善鲜活农产品运输绿色通道政策的紧急通知》(交公路发〔2010〕715号,2010年11月26日)

94.《交通运输部关于印发〈航道养护管理规定〉的通知》(交水发〔2010〕756号,2010年12月21日)

(交通运输部供稿)

第六章 铁路运输业发展报告

交通运输是经济社会发展的重要基础，发挥着先导和支撑作用。铁路作为国民经济大动脉、国家重要基础设施和大众化交通工具，在经济社会发展中的地位和作用至关重要。

一、“十一五”发展情况

“十一五”是我国铁路发展的重要时期。五年来，铁路部门以科学发展观为指导，深入贯彻落实党中央、国务院关于加快发展铁路的决策部署，加快实施中长期铁路网规划，铁路建设取得重要进展，技术创新取得显著成效，客货运量保持快速增长，对经济社会发展的运输保障作用明显提升。铁路“十一五”规划各项目标任务全面完成。

（一）路网建设

“十一五”以来，一批高速铁路、区际干线、煤运通道和西部铁路建成投产，大大缩短区域时空距离，促进区域和城镇化一体化发展，优化了综合交通运输结构，为公众绿色出行提供了便利条件，对经济社会发展做出了积极贡献。到2010年年底，全国铁路营业里程达到9.1万公里，比2000年的7.5万公里增加了1.6万公里，铁路网规模居世界第二位；复线和电气化铁路里程分别为3.7万公里和4.2万公里，比2000年分别增加了1.1万公里和2.2万公里，复线率和电气化率分别达到41%、46%，比2005年分别提高7.1、19.3个百分点。同时，中国快速铁路网规模达到2万公里，其中新建高速铁路4674公里，路网规模和运输质量大幅提升。

1. 客运专线

截至2010年年底，“四纵四横”为骨架的快速铁路，长三角、珠三角、环渤海等地区城际铁路全面开工建设，建成运营了北京至天津、武汉至广州、郑州至西安、石家庄至太原、宁波至福州至厦门、上海至杭州等高速铁路。2011年6月30日，全长1318公里的北京至上海高速铁路建成运营。抓紧实施在建的北京至石家庄至武汉、哈尔滨至大连、天津至秦皇岛、杭州至长沙至昆明、蚌埠至合肥至福州、大同至西安至成都、贵阳至广州、兰州至乌鲁木齐第二双线等客运专线及快速铁路。围绕环渤海、珠三角、长三角等城市密集地区发展城际轨道交通，建成投产了上海至南京、南昌至九江、海南东环、长春至吉林等城际铁路，加快实施在建的南京至杭州、南京至安庆、广州至东莞至深圳、长沙至株洲至湘潭、郑州至开封、武汉至黄石等城际铁路。上述项目大多将在“十二五”期间建成投产，届时将大大缩短城市间时空距离，省会等中心城市与邻近城市将形成1~2小时交通圈。京沪高速铁路建成运营，大大缩短了中部地区和环渤海、长三角地区的时空距离；京广高速铁路全线贯通，密切了中部地区和华北、中南及珠三角地区的联系；哈大、津秦高速铁路建成运营，进一步强化了东北地区与关内的联系；陇海、沪昆、沪汉蓉、贵广等多条东西向快速通道基本贯通，形成了连接东西大能力快捷通道；京合福、大西、西成快速通道全线贯通，形成了连接华北、东南及西南地区快速大能力通道；兰新第二双线、兰渝等快速铁路建成，强化了西北与西南、中西部地区的联系。环渤海、长三角、珠三角、中原、武汉等城市密集地区初步形成了城际轨道交通主骨架，实现了公交化轨道交通运输，有效满足了地区大容量客运需求，构建了节能环保的综合运输体系，促进了区域经济社会发展及城镇化进程。

2. **区际干线和煤运通道**

为增强区域经济联系，在加快推进客运专线、有效释放既有线能力的同时，加快推进区际干线和煤运通道建设。2005年以来，建成投产了青藏铁路、太原至中卫（银川）、宜昌至万州、大秦铁路扩能工程、包西通道等区际干线和煤运通道；完成了武汉至安康至重庆、株洲至六盘水等铁路复线，以及京沪、京九、浙赣、津沈、洛张、胶济、沪杭、石德、兰新线武嘉段、陇海线连云港至郑州等铁路的电气化改造，大大提高了路网能力和质量；京沪铁路、胶济铁路、陇海铁路郑西段、京广铁路武广段等部分主要繁忙干线实现客货分线运输，既有线货运能力大幅增加。京广铁路武广段比武广高铁开通前增加33对货物列车，日均增运4000车，实现春运期间抢运重点物资，有力保障了湖广地区电煤和生活用品运输。大秦铁路2010年运量达到4.05亿吨，侯月线运量达到1.8亿吨，有力保证了"三西"煤炭运输。太中银铁路的开通运营，形成了一条连接东西部及资源富集地区的现代化铁路大通道，填补了路网空白。截至2010年年底，牵引定数5000吨以上的重载运输线路超过23000公里。同时，正在加快推进向塘至莆田（福州）、衡阳至南宁铁路扩能，山西中南部通道、张家口至唐山、黄陵至韩城至侯马及宁西铁路复线、邯长邯济复线、石长复线、漯阜复线、新荷兖日电化改造等煤运通道建设。这些项目将在"十二五"期间建成投产，届时全路煤炭运输能力可达到30亿吨以上，京广线以东地区铁路基本实现电化成网，形成连接东中西部的新的区际大能力通道，为区域经济又好又快发展提供强有力的运力支撑。

3. **开发性新线**

结合地方经济发展和路网完善需要，建成投产了精伊霍铁路、奎屯至北屯铁路、喀什至和田铁路、临策铁路、铜陵至九江等铁路，开工建设了赣州至龙岩扩能、赣州至韶关、娄底至邵阳、衡阳至茶陵至吉安、阜阳至六安、宿州至淮安等铁路项目，进一步扩大路网覆盖面、提升路网质量，增强地区对外客货交流，促进产业梯度转移，以及沿线旅游资源、矿产资源开发，提高区域发展承载能力，适应区域经济协调发展需要。

4. **枢纽工程**

结合客运专线、区际干线等建设，对北京、上海、武汉、广州、郑州、重庆、成都、天津、南昌、合肥等枢纽进行改造，系统形成能力。建成投产了北京南站、上海南站、上海虹桥、广州南站等一批现代化客站，开工建设了哈尔滨、郑州、合肥、南昌、太原等大型客站，形成与其他交通方式无缝衔接的综合交通枢纽。同时，建成投产了上海芦潮港、武汉、郑州、昆明、成都、重庆等集装箱中心站，以及武汉北、新丰镇、贵阳北等编组站等工程，开工建设了合肥枢纽南环线、南昌枢纽西环线、太原枢纽西南环线等枢纽项目及一批港口支线，形成现代化综合客运中心、物流中心，充分发挥中心城市辐射功能和带动作用。

（二）运输服务

把人民群众是否满意作为检验铁路工作的根本标尺，把人民群众对铁路运输的期盼作为努力方向。深化内涵扩大再生产，统筹利用新线和既有线资源。优化列车开行方案，增开动车组列车和普速旅客列车，优化客车运行时间及停站，调整部分列车等级、运行区段和径路，创新售票方式，提高客运能力和服务水平，旅客日发送人数连创新高；加强路网干线和重点区域货运组织，优化运输产品结构，加快实施战略装车点建设、路企直通运输和大客户战略，有效提升区域间和重点物资运输能力。

2005年以来，在加快推进路网建设的同时，连续实施了既有铁路提速调图，一批高速铁路、城际铁路、区际铁路及现代化客货运枢纽的陆续建成投产，大量开行动车组、重载列车，运输能力和服务质量显著提高。在客运方面，稳步推进客运信息化建设，支持互联网、电话等多种渠道售票，满足银行卡、储值卡等多种支付方式，逐步推广电子客票，大力推广联程、往返、异地票发售。改进服务方式和内容，规范服务标准和服务流程，推行无干扰服务和自助式服务，充分体现对旅客的人文关怀；借助电视、广播、短信、微博等多种渠道和方式及时向社会发布旅行信息，较好地满足了社会各界获取客票余额、列车运行时刻、票价等方面信息的需求。在货运方面，在有条件地区开行客车化高品质的行邮、行包专列和大宗直达列车，增加大宗直达货物列车开行数量，开行小编组、高频次、快速度的精品城际和集装箱班列，积极拓展铁水联运市场；适应现代物流业发展要求，积极实施“大客户”战略，加快推进“集中受理、优化装车”货运组织创新工作，通过铁路货运客户服务系统，实行网上受理货物运输及接取、装卸、配送等业务，实行“一站式”办理、“一条龙”服务，实现由“站到站”到“门到门”服务的拓展，最大限度便民利民。

从2005年到2010年，全国铁路旅客发送量由11.6亿人增至16.8亿人，增长45.3%；货物发送量由26.8亿吨增至36.3亿吨，增长35.3%；总换算周转量由26788亿吨公里增至36406亿吨公里，增长35.9%。2011年7月1日铁路调整运行图，开行旅客列车达到2128.5对，增加图定列车195对，客座总能力达到401.3万，增加35.1万，客运能力增长9.6%，货运能力增长6%。按照结构合理、速度匹配原则，满足旅客对不同速度等级、不同票价的选择，适应不同客流出行需要，实施混合运行的列车开行新模式，在时速300~350公里的高速铁路上，同时开行时速300公里和时速250公里的动车组列车；在时速200~250公里线路的部分区段上，同时开行时速200~250公里的动车组和时速160公里的提速客车；在时速200公里及以下线路上，开行普通客车和货物列车。随着铁路能力的扩充和服务质量的不断提升，铁路运输需求将得到有效满足，市场份额稳步提升。

（三）发展创新

1. 发展规划

随着资源节约型、环境友好型社会建设的深入推进，环保出行理念日益受到国家及各级政府高度重视，鼓励和支持铁路、地铁等大容量集约型绿色公共交通工具的发展，倡导绿色出行，得到全社会的广泛认可。近年来，中国政府高度重视铁路发展，将铁路发展作为国家可持续发展的重要组成部分。2004年1月国务院批准实施了《中长期铁路网规划》，充分体现了国家对铁路发展的高度重视；国家“十一五”规划纲要明确提出“加快发展铁路”的战略要求；2007年11月国务院批复《综合交通网中长期发展规划》，提出“五纵五横”综合运输大通道，确定到2020年铁路网总规模达到12万公里以上，突出了铁路运输的骨干作用和“优先发展铁路”的具体要求；2008年根据国民经济发展新形势、新需求，及时调整了中长期铁路网规划，确定了铁路网新的发展目标；2011年颁布实施的国家“十二五”规划纲要，确定“基本建成国家快速铁路网”、“发展高速铁路”的目标。在国家主体功能区规划、西部大开发规划、促进中部地区崛起规划、珠三角地区改革发展规划等区域和行业发展规划，也都提出了加快发展铁路的具体要求。这一系列前瞻性、战略性决策，是我国实施可持续发展战略的重要组成部分，充分体现了政府的发展理念和决心，为我国铁路近年实现快速发展创造了良好环境条件。各级地方政府参与支持铁路建设，成立了铁路建设领导小组和铁路办公室，积极推进铁路建设规划协调、征地拆迁及环境营造等工作。社会各界和人民群众就加快铁路建设、提高运输能力和服务质量等纷纷建言献策，形成全社会关心支持和参与铁路建设的新局面，是推动铁路又好又快发展的重要保证。

2. 技术创新

坚持原始创新、集成创新、引进消化吸收再创新相结合，在较短时间内实现了关键领域跨越发展。通过京津、武广、京沪等高速铁路建设和运营，逐步掌握了高速铁路建造和装备制造等领域核心技术，初步形成了高速铁路技术标准体系。在引进消化吸收时速200~250公里高速列车、大功率机车技术基础上，自主研制生产并批量投入运营时速300~350公里的高速列车及大功率交流传动机车。在世界范围内首次研发适应青藏高原环境的青藏客车并投入运营。中国铁路在高速铁路、高原铁路、重载运输和机车车辆等方面的技术创新取得重要突破。铁路信息化在运输经营等领域的作用更加突出。

3. 投融资体制改革

按照政府主导、多元化投资、市场化运作的思路，深入推进铁路投融资体制改革。建立部省、路地合作共建机制，地方政府及其他投资人参与铁路建设资本金投资比例约30%。大秦铁路公司和广深铁路公司发行A股融资，太原铁路局运输主业资产整体改制上市，建设债券发行规模不断扩大，融资能力不断增强。开放铁路建设市场，推进工程建设标准化管理，不断提高铁路建设管理水平。进一步完善铁路局直管站段体制，开展运输生产力布局调整，运力资源配置得到优化。加快实施铁路公检法管理体制改革。扩大铁路对外交流合作，提升我国铁路行业国际影响力。

（四）节能减排

随着铁路的快速发展，铁路运输能力和客货运量进一步增长，促进了低碳绿色交通体系的建立。铁路规划建设中，全面贯彻落实节约集约用地和环境保护政策，在加快以客运专线（城际铁路）、区际干线、煤运通道为重点铁路建设的同时，大力发展电气化铁路，提高电力牵引比重，采用先进设计和施工技术，节约土地资源和保护生态环境，有效减少交通运输能源消耗、单位运输量土地占用及对环境的影响，优化运输结构、降低社会运输成本、保护生态环境、促进“两型”社会建设，实现社会、经济与环境效益的统一。

1. 节能降耗取得成效

2009年国家铁路单位运输收入综合能耗0.52吨标准煤/万元，较2005年下降36%，化学需氧量（COD）和二氧化硫（SO_2）排放量分别为2214吨和40160吨，较2005年分别下降19%和14%，提前完成运输收入单耗下降20%、COD总量控制下降10%、SO_2总量控制下降10%的目标。2006—2010年，铁路总换算周转量由28577亿吨公里上升到36406亿吨公里，年均增长6.2%，国家铁路单位运输工作量综合能耗年均降低5.3%；水消耗由2005年的4.7亿吨下降到2010年的3.1亿吨，年均降幅为7.8%；COD排放量由2006年的2590吨下降到2010年的2169吨，年均降幅为3.3%，SO_2排放量由2006年的4.2万吨下降到2010年的3.9万吨，年均降幅为1.5%。根据铁路总换算周转量与能耗变动的比较情况，5年来铁路运量大幅增长，而能源消耗、水消耗及排放量均明显下降。

2. 发展电气化和重载铁路

按照发展低碳经济、构建绿色交通的要求，大力发展电气化铁路。电气化铁路里程和比重快速增长，从2005年的2万公里增加到2010年4.2万公里，占全国营业里程的比重由26.7%增加到46.6%；电气化铁路承担的工作量比重也不断提高，2010年年末电力牵引完成工作量已达到68%，大量减少了碳排放。繁忙干线普遍开行5000~6000吨重载列车，大秦铁路实现年运量4亿吨目标。电气化和重载铁路的发展，有效改善了铁路行业的能源消费结构。提高使用清洁能源电能的比重，降低对石油的依赖，对推动整个交通行业节能降耗、提升整个社会的环保质量，发挥了积极作用。

3. 依靠科技进步综合提高能效

2005年以来，铁路加快机车车辆更新换代，加大节电、节油、少排放的装备比重，通过科技创新和运输装备现代化，走低碳经济发展道路，大力提高能源资源利用效率。在全行业加强推广内燃机车和空调发电车节油技术、机车向客车供电技术，加强电力机车节电和提高电气化铁路供用电效率，推广利用太阳能、地热等新能源和可再生能源，选用低噪声车辆及轨道结构，铁路沿线设置声屏障、绿化林带屏障、敏感点功能置换等，铁路牵引动力结构和用能结构发生根本性变化。

4. 发挥节地环保优势建设绿色交通

铁路运输具有节能、节地、环保等绿色比较优势，发展铁路与城市轨道交通，可以有效减少土地占用和有害气体排放，实现交通运输绿色低碳化发展。同时铁路工程设计建设尽量绕避人文环境敏感区，妥善处理建设与保护的关系，高度重视铁路沿线土地保护、生态恢复工程和绿色通道建设。高速铁路多处采用高架桥，在节约用地、环境保护上优势更加明显。青藏铁路克服了工地气温低、高原缺氧、永久冻土等困难，解决了地震、生态环境保护、野生动物迁徙等难题，实现了青藏铁路工程建设与高原生态环境保护“双赢”。2008年“青藏铁路工程”荣获国家科技进步特等奖和环境友好工程奖。

“十一五”时期，加快了铁路现代化进程，实现了铁路快速发展，对经济社会发展作出了积极贡献。同时，铁路发展与经济社会发展要求还存在一定差距，面临新的挑战，还未根本缓解铁路“瓶颈”制约，有待进一步优化完善路网布局和技术结构，科学有序推进铁路建设，进一步扩大运输能力，发挥铁路在综合运输体系中的骨干作用。

二、面临的形势

“十二五”时期是我国全面建设小康社会的关键时期，是深入贯彻落实科学发展观、构建社会主义和谐社会的重要时期。我国经济将继续保持平稳较快增长，以科学发展为主题、加快转变经济发展方式为主线，进一步加快推进经济结构调整，促进工业化、城镇化及区域协调发展，大力发展循环经济、绿色经济、低碳经济，加快建设创新型国家和社会建设整体性推进。把增强发展的可持续性、建设“两型社会”放在更加突出的位置，立足资源环境承载能力，推动形成节约能源资源，保护生态环境和有利于应对气候变化的产业结构、增长方式及消费模式，加快培育以低碳排放为特征的工业、建筑和交通体系，建设资源节约、环境友好型社会。

交通基础设施是经济社会发展的重要物质基础。经济社会快速发展及能源资源环境的刚性约束，对交通运输发展方式提出了新的要求。铁路作为国家重要的基础设施，是符合我国国情和可持续发展要求的绿色交通工具，在国民经济发展和交通运输体系中应发挥更为重要的作用。“十二五”时期是铁路加快发展、实现现代化的关键时期，也是构筑协调发展的综合交通体系的重要时期，要尽快形成快速铁路网，形成区际间大能力运输通道，加快建成运力强大、功能完善的煤炭运输系统，加强各种运输方式之间、城市交通与对外交通的一体化衔接与便捷换乘，继续强化铁路骨干地位作用，充分发挥铁路在构建低碳交通体系中资源节约、环境友好的比较优势，有效促进人口、生产要素合理流动和产业梯度转移，以较小的能源和环境代价满足经济社会的运输需求。

三、“十二五”发展思路

《国民经济和社会发展第十二个五年规划纲要》确定“基本建成国家快速铁路网”，“加快铁路客运专线、区际干线、煤运通道建设，发展高速铁路，形成快速客运网，强化重载货运网”，明确了“十二五”时期铁路发展的目标。到2015年，全国铁路营业里程达12万公里左右，其中西部地区铁路5万公里左右，复线率和电化率分别达50%和60%以上。基本建成快速铁路网，区域间时空距离大幅缩短，旅客出行更加便捷。大能力区际干线和煤运通道进一步优化完善，煤炭运输能力达30亿吨以上，重点物资和跨区域货运服务能力显著增强。加快构建与其他交通方式紧密衔接的综合交通枢纽及综合物流中心，促进综合交通运输体系建设。形成便捷、安全、经济、高效、绿色的铁路运输网络，基本适应经济社会发展的需要。“十二五”时期铁路运输业的重点任务：在铁路建设方面，推进以“四纵四横”高速铁路为骨架，以区际快速铁路、既有线提速线路为主体，以城际铁路为补充的快速铁路网建设；建设大能力区际干线通道；加快以西部为重点的路网开发性新线建设；强化枢纽及配套设施建设。在技术装备方面，结合快速铁路、区际干线、煤运通道建设，重点配备动车组、大功率机车、重载货车等先进装备。优化机车车辆结构，提升机车车辆装备现代化水平。积极发展和完善列车运行控制技术；建设铁路通信基础传送网，高速铁路、城际铁路和重要干线实现GSM－R无线网络覆盖，构建全路应急救援通信网络，推进综合视频监控系统建设，实现高速铁路、城际铁路、重要干线关键部位实时监控。建立完善高铁设备养护维修设施，实现大型养路机械作业和检测能力全覆盖。全面强化安全基础建设，不断提升安全保障和管理水平。加快推广供电综合监控、数据采集及节能降耗技术，实现牵引供电系统监控自动化、远程化和运行管理智能化，提升供电装备现代化水平。全面提升动车组和客车检修能力，确保移动设备检修质量。在运输服务方面，进一步强化市场营销，拓展运输市场，创新运输组织，提升服务水平，实现客货运输持续增长。在节能环保方面，进一步完善节能标准体系、技术支撑体系和政策引导体系，建立铁路节能减排管理新机制，加强节能减排管理，加强铁路运输环境保护，加强铁路建设中的环境影响评价、生态保护、土地资源节约、水土保持、洪水影响评价等工作。加强铁路绿色通道建设，积极推进绿色生态铁路建设，实现环境保护与铁路建设协调发展。主要政策措施是，转变交通发展方式，强化铁路骨干地位作用，发展低碳绿色交通；发挥轨道交通比较优势，形成优势互补、协调发展的综合运输体系；科学有序推进铁路建设，增强自主创新能力；加大扶持力度，为铁路发展创造良好政策环境。

（原铁道部供稿）

第七章　民航运输业发展报告

“十一五”时期，在党中央、国务院的正确领导下，民航运输业全行业认真贯彻落实科学发展观，胜利完成了“十一五”规划确定的主要目标和任务。经过五年努力奋斗，中国民航服务能力快速提高，具备了先进的安全理念和水平、较为雄厚的物质技术基础和基本完善的管理体制机制，行业发展站在了新的起点，并为长远可持续发展奠定了重要基础。

一、“十一五”发展情况

（一）航空业务规模快速增长

2010年，完成运输总周转量538亿吨公里、旅客运输量2.68亿人次、货邮运输量563万吨，五年年均分别增长15.6%、14.1%和12.9%。航空运输旅客周转量在综合交通运输体系中的比重提升2.7个百分点。运输机队总量达到1597架，是2005年的1.85倍。通用航空作业飞行14万小时，教学飞行21.4万小时，年均分别增长12.9%和15%。通用航空机队规模翻番，达到1010架，新兴业务领域不断拓展。全行业完成北京奥运会、上海世博会、广州亚运会等重大航空运输保障任务，在汶川、玉树地震救援和拉萨“3·14”、新疆“7·5”等突发事件紧急运输中发挥了重要作用。

（二）整体发展质量稳步提升

全行业实现了连续安全运行69个月、2150万飞行小时，创造了中国民航历史上新的安全纪录。运输飞行每百万小时重大事故率为0.05，比“十五”期间降低0.14。2010年，航班客座率、载运率分别达到80.2%和71.6%，五年提高8.7和6.6个百分点，航班正常率81.5%，飞机日利用率9.4小时。全行业五年累计利税超千亿元，是“十五”期间的5倍。

（三）基础设施能力大幅提高

基础设施建设五年共投资2500亿元，约为前25年民航建设资金之和。2010年运输机场达到175个，五年新增33个，覆盖全国91%的经济总量、76%的人口和70%的县级行政单元。旅客吞吐量超过1000万人次的机场数量翻番，达到16个，首都机场客运和浦东机场货运位列世界第二和第三名。空管设施建设加快，飞行高度层垂直间隔缩小，管制能力提高，2010年保障起降605万架次，五年年均增长15.2%。航油储备能力218万立方米，年供油1600万吨。

（四）科教兴业战略持续推进

科技投入加大，科研条件改善，创新能力不断增强。新一代国家空中交通管理系统等重大科技成果得到应用。电子客票全面普及，简化商务不断扩展，电子政务系统基本建成。设立了上海、沈阳航空器适航审定中心和成都航油航化适航审定中心。直属院校建设取得较大进展，在校生规模达到 5 万人，有力支持了行业快速发展。

（五）行业管理能力逐渐增强

先后提出“和谐民航建设”、“持续安全理念”和“民航强国战略”，顶层设计和战略引领作用明显。修订《中华人民共和国飞行基本规则》，出台《民用机场管理条例》，法规建设取得新进展。有效应对国际金融危机巨大冲击，稳妥推进民航价格改革，行业财经政策为航空安全、支线航空和通用航空等提供了重要资金保障，宏观调控能力增强。空管系统实施政事分开。两岸实现全面直航。国际交流与合作日益增多，与我国签署航空运输协定的国家达到 112 个，五年增加 13 个。高票连任国际民航组织一类理事国，国际影响力逐步增强。

二、存在的问题和挑战

“十一五”时期，中国民航服务能力仍显不足，发展中不平衡、不协调、不持续的问题依然突出。一是航班正常率下降，航班平均延误时间增加。二是安全运行压力增大，政府监管能力薄弱，飞行、机务、空管等方面超负荷运转。三是国际竞争力不强，我国航空公司国际航空运输市场份额偏低，三大机场的国际枢纽地位尚未形成。四是通用航空发展滞后，通用机场数量较少，设施条件简陋，企业经营困难。

同时，中国民航发展也面临严峻挑战。国际政治环境复杂多变，恐怖主义威胁依然存在。国际金融危机影响深远，世界经济增长速度减缓。全球需求结构出现明显变化，市场、资源、人才、技术、标准等方面的竞争更加激烈。国际碳排放限制、石油价格波动等全球性问题更加突出，国际航空运输市场竞争日益激烈，中国民航全球化战略的实施存在较大压力。国内经济增长的资源环境约束强化，自然灾害、公共安全事件等影响民航持续稳定增长的不确定因素增加。高铁的快速发展将对运输市场结构产生重大影响。

长期以来，民航发展的基本矛盾是供给能力难以满足快速增长的市场需求。在“十二五”新的形势下，供给能力不足深层次的原因有：一是可用空域资源不足，主要航路和大型机场尤为严重。二是基础设施保障能力不强，特别是大型机场容量亟待扩充，空管设施设备规模和水平需要提升。三是管理水平不高，行业管理体制机制、企业经营管理等需要完善和加强。四是人力资源短缺，飞行、空管和机务等专业技术人员结构不合理，缺乏高级技术、管理和安全监管人才。解决上述问题，是制定民航运输业“十二五”发展规划的根本出发点。

三、“十二五”发展思路

“十二五”期间，民航运输业发展的指导思想是：高举中国特色社会主义伟大旗帜，以邓小平理论和“三个代表”重要思想为指导，深入贯彻落实科学发展观，以科学发展为主题，以加快转变发展方式为主线，以保障持续安全为前提，以增强基础保障能力为着力点，以提升发展质量为主攻方向，促进民航长期平稳较快发展，为全面建设民航强国打下坚实基础，基本适应全面建设小康社会需要。主要目标是：到 2015 年，航空运输持续安全，基础保障能力全面增强，服务能力基本满足需求，转变发展方式取得成效，竞争能力和国际影响力显著提高，在国家综合交通运输体系中的作用更加突出，对国家经济社会的贡献明显增大。主要任务是：一是提高航空持续安全水平。完善安全监管体系，加强安保系统建设，强化应急处置能力，提高适航系统水平。二是增强运输机场保障能力。优化运输机场布局，加快运输机场建设，提高运营管理效率，保障航空油料供应。三是建设现代空管服务系统。完善空中交通网络，提高空管运行效率，加强空管技术保障。四是提升航空运输服务能力。大力发展旅客运输，积极发展货邮运输，合理配置运输装备，全面保障航班正常。五是加快通用航空事业发展。推进基础设施建设，扩大通用航空规模，完善规章标准体系。六是促进民航发展方式转变。继续深化改革开放，优先推动科技进步，深入实施人才战略，积极建设绿色民航。

附件：“十一五”民航运输业政策文件

国务院文件

1.《民用机场管理条例》（国务院令第553号，2009年4月13日）

2.《国务院 中央军委关于深化我国低空空域管理改革的意见》（国发〔2010〕25号，2010年11月14日）

中国民用航空局及相关部门文件

1.《中国民用航空国内航线航班经营许可规定》（中国民用航空总局令第160号，2006年1月16日）

2.《国内航空运输承运人赔偿责任限额规定》（中国民用航空总局令第164号，2006年2月28日）

3.《通用航空经营许可管理规定》（中国民航总局令第176号，2007年2月14日）

4.《中国民用航空总局规章制定程序规定》（中国民用航空总局令第185号，2007年5月14日）

5.《大型飞机公共航空运输承运人运行合格审定规则》（中国民用航空局令第195号，2010年1月4日）

6.《中国民用航空应急管理规定》（中国民用航空局令第196号，2010年3月16日）

7.《民用航空飞行签派员执照管理规则》（中国民用航空局令第197号，2010年3月29日）

8.《中国民用航空运输销售代理资格认可办法》（中国航协〔2006〕09号））

9.《中国民用航空总局关于调控航班总量、航空运输市场准入和运力增长的通知》（民航发〔2007〕101号，2007年7月4日）

10.《中国民用航空总局 国家发展和改革委员会关于印发〈民用机场收费改革方案〉的通知》（民航发〔2007〕158号，2007年12月28日）

11.《中国民用航空总局 国家发展和改革委员会关于印发〈民用机场收费改革实施方案〉的通知》（民航发〔2007〕159号，2007年12月28日）

12.《中国民用航空总局关于加强国家公共航空运输体系建设的若干意见》（民航发〔2008〕10号，2008年2月28日）

13.《中国民用航空局关于印发〈建设民航强国的战略构想〉的通知》（民航发〔2010〕34号，2010年2月25日）

14.《中国民用航空局 国家发展和改革委员会关于印发〈通用航空民用机场收费标准〉的通知》（民航发〔2010〕85号，2010年8月5日）

（中国民用航空局供稿）

第八章　邮政业发展报告

邮政业是现代服务业的重要组成部分，邮政网络是国家重要的通信基础设施，在促进国民经济和社会发展、保障公民基本通信权利等方面，发挥着十分重要的作用。“十一五”时期我国邮政业的改革与发展实现了历史性突破，以《邮政法》颁布实施为标志，邮政业法律法规体系初步形成，政府监管、行业自律、社会监督的邮政监管体系基本建立，行业发展环境明显改善。

一、“十一五”发展情况

“十一五”时期是我国邮政行业发展历程中极不平凡的五年。党中央、国务院对邮政工作高度重视。时任总书记胡锦涛在视察南宁邮区中心局时做出重要指示：“要更好地发展邮政事业，为人民群众提供优质的邮政服务”，极大地鼓舞了广大干部职工做好邮政工作的决心和信心。国务院领导同志就深化邮政改革，加快邮政发展多次做出重要批示，为邮政改革发展指明了方向。五年来，邮政体制改革顺利实施，邮政服务能力不断增强，快递发展规模持续扩大，邮政管理水平不断提升，为促进经济社会发展和民生改善做出了贡献。

（一）邮政体制改革顺利实施

2005 年以来，根据国务院《邮政体制改革方案》，沿着“一分开，两改革，四完善”的思路，邮政体制改革有序推进。“一分开”指邮政政企分开。“两改革”指改革邮政主业和改革邮政储蓄。“四完善”指完善邮政改革配套机制，即建立普遍服务机制，完善特殊服务机制，强化安全保障机制，改革价格形成机制。迄今，邮政改革在以上各方面都取得了积极进展。

1. 邮政政企分开

根据《邮政体制改革方案》，2007 年原政企合一的国家邮政局完成重组，成立了新的国家邮政局和中国邮政集团公司。新的国家邮政局作为国家邮政监管机构，承担邮政行业管理和市场监督两大职责，主要任务是着力完善以《邮政法》为核心的邮政法规体系，加快制定邮政业规划、政策和标准，并对邮政普遍服务和邮政市场实施统一监管。中国邮政集团公司继受了原国家邮政局的企业职能、资产和人员，分别由新的国家邮政局、财政部作为其行政主管和国有资产管理部门。集团公司依法承担邮政普遍服务责任，并面向市场完善产品体系，发展快递、物流、金融等业务。政府依法监管、企业独立自主经营的新邮政体制的建立，为行业又好又快发展奠定了基础。

2. 改革邮政主业，改革邮政储蓄

2007 年以来，遵循“分业经营，分账核算”的原则，中国邮政集团公司深化改革邮政主业，实施了主辅分离，组建了中国邮政储蓄银行和中国邮政速递物流股份有限公司，形成了普通邮务类、邮政速递物流类、金融类三大业务板块协同发展和“多业并举、独立运营”的新局面。

邮政主辅分离、辅业改制。中国邮政集团公司通过剥离改制、整合做优、关停移交等方式，剥离非主业资产、闲置资产和破产企业的有效资产，实现辅业和闲置资产盘活。

成立中国邮政速递物流股份有限公司。2010 年 6 月，中国邮政集团公司与各省（区、市）公司共同发起设立了中国邮政速递物流股份有限公司，确立了邮政速递物流专业化、集约化、规模化的发展格局。目前，邮政速递物流公司正着力建立和完善高效率的公司治理机制，加快转变发展方式，提升

服务能力和水平，努力打造与国内外快递企业的竞争新优势。

成立中国邮政储蓄银行。2007 年 3 月，中国邮政集团公司全资控股的中国邮政储蓄银行宣布成立。随后，邮政储蓄银行的各级分支机构也陆续组建完成，并由中国人民银行和银监会进行调控和监管。近年来，邮政储蓄银行积极推进全面转型，切实加强风险管理，充分发挥网络优势，确立了服务城乡大众、服务社区、支持"三农"的零售银行定位，坚持走差异化特色经营之路，促进了资产、负债和中间业务的集约式发展。

3. 完善邮政改革配套机制

健全邮政普遍服务保障机制。修订后的《邮政法》确立了"国家保障、企业承担、政府支持"的普遍服务发展新机制，普遍服务保障工作全面加强。一是加强邮政基础设施建设。实施西部邮政普遍服务网点改造和空白乡镇邮政局所补建，不断增强西部和农村地区的邮政服务能力。二是完善落实普遍服务优惠政策。国家对邮政企业提供邮政普遍服务、特殊服务继续给予补贴，实行税收优惠政策，减轻邮政企业运营负担，并出台相关政策，支持邮政企业服务"三农"。三是强化普遍服务的地方保障。推动各级地方政府对邮政普遍服务给予政策和资金扶持，推进农村村邮站和城市居民楼信报箱建设。

完善行业安全保障和价格形成机制。一是与有关部门配合，进一步加强寄递渠道安全检查、安全生产监管等工作，完善行业安全监管信息系统，切实维护通信信息安全和生产安全。二是根据修订后的《邮政法》，对邮政普遍服务业务资费、专营业务资费、机要通信资费和特定报刊发行资费实行政府定价。对包括快递、物流等在内的邮政竞争性业务资费，实现了按市场机制定价。

4. 交通邮政实行统筹管理

2008 年 3 月 11 日，第十一届全国人大一次会议通过了国务院机构改革方案：为优化交通运输布局，发挥整体优势和组合效率，加快形成便捷、通畅、高效、安全的综合运输体系，组建交通运输部；为加强邮政与交通运输统筹管理，国家邮政局改由交通运输部管理。这对于切实转变政府职能、理顺部门职责关系、有效改善社会管理和公共服务具有重要意义，也为邮政行业依托综合运输体系，充分发挥整体优势和组合效率，实现健康发展带来了新的重大机遇。邮政部门在规划、政策、法规等方面与大交通管理体系相衔接，已在快递与民航产业协同发展政策、快递车辆通行政策等方面取得了突破，并将邮政行业发展重点内容纳入了交通运输"十二五"规划体系。

（二）行业发展环境明显改善

"十一五"期间，邮政法规政策体系建设取得了重大成效。2009 年，修订后的《邮政法》颁布实施，以《邮政法》为基础，《邮政普遍服务监督管理办法》、《快递市场管理办法》、《快递业务经营许可管理办法》等相配套的邮政业法律法规体系初步形成，行业规划、政策、标准等陆续出台，为行业科学发展提供了重要制度保障，创造了良好法制环境。

1. 修订后的《邮政法》颁布施行

2009 年 10 月 1 日，修订后的《邮政法》颁布施行，这是我国邮政发展史上的重要里程碑，标志着具有中国特色社会主义邮政法制体系的初步形成，开启了我国邮政行业改革发展新篇章。修订后的《邮政法》为社会主义市场经济条件下的邮政管理和市场运行确定了基本制度和行为规范，改变了长期以来邮政法制滞后的局面。邮政管理部门精心组织宣贯，组织编写教材和《邮政法释义》，举办形式多样、影响广泛的宣传活动，行业内形成了学法、懂法、守法的良好氛围，全社会强化了支持、理解邮政行业发展的法律意识。

2. 配套法规建设取得重大进展

为与修订后的《邮政法》的实施相衔接，颁布了《邮政普遍服务监督管理办法》《快递市场管理办法》《快递业务经营许可管理办法》《邮票发行监督管理办法》《邮政行业安全监督管理办法》5 件部门规章，相继出台了《邮政企业设置和撤销邮政营业场所管理规定》《邮政企业停止办理或者限制办理邮政普遍服务业务和特殊服务业务管理规定》，以及《禁寄物品指导目录及处理办法》等一批规范性文件。邮政地方立法全面启动，四川、陕西、辽宁、湖南、山西、贵州和广东7省相继出台了地方性邮政法规规章，有6个省（区、市）列入了地方立法计划。

3. 行业规划的引领作用有效发挥

2007年年底，第一部邮政行业规划，即《邮政业“十一五”规划》发布实施，规划提出“十一五”邮政业发展改革的目标是，基本完成体制转型，明显改善发展环境，提高普遍服务水平，提升特殊服务能力，提高我国企业竞争力。2009年，为认真贯彻落实国务院《物流业调整和振兴规划》，出台了十一条具体意见。2009—2010年，先后发布实施长三角、珠三角、京津冀地区快递服务发展规划，有效引导了重点地区快递发展。2010年，结合行业实际开展了“十二五”规划编制工作，并着力与其他专业规划衔接，推动将本行业重点内容纳入国家及地方规划。

4. 行业统计体系基本健全

2007年国家邮政局重组之初，组织完成全国首次快递服务统计调查。在此基础上，建立健全覆盖全行业的统计报表制度，不断完善统计方法和指标体系。将规模以上快递企业纳入邮政行业统计范围，填补国民经济统计空白。完成行业投入产出调查和统计检查，强化了行业经济运行情况监控和分析，为政府宏观调控和市场管理提供了基础条件。

5. 行业科技和标准化工作全面推进

“十一五”期间，邮政业始终坚持把科技进步和科技创新作为转变发展方式的重要支撑，建立了以企业为主体、市场为导向、产学研相结合的行业科技创新体系。召开首次行业科技工作座谈会，明确了科技创新的基本思路和主要措施。成立了国家邮政局科技专家咨询组和全国邮政业标准化技术委员会。制定“十一五”行业标准化发展规划。颁布实施了《邮政普遍服务》、《快递服务》等多部行业标准和《住宅信报箱》等7项国家标准。近年来，以中国邮政集团公司上海研究院为代表的一批科技创新先进单位及个人获得表彰，全行业信息化、标准化和设施装备技术水平普遍提高，有力支撑了行业服务能力的提升。

（三）普遍服务保障不断强化

邮政体制改革以来，国家更加重视邮政普遍服务保障体系建设，先后实施了邮政普遍服务营业税免税、对邮政普遍服务亏损予以财政补贴，以及将邮政基础设施重点建设项目逐步纳入国家规划等一系列有效政策，邮政普遍服务保障水平明显提升。邮政管理部门坚持保障与监督并举，持续推进基础设施和终端能力建设，积极完善“政府监管、社会监督、企业自律”三位一体的邮政普遍服务监督体系，确保公民基本通信权益。各级政府支持邮政建设发展取得新突破。

1. 邮政设施建设显著加强

五年来，国家对邮政企业提供邮政普遍服务、特殊服务给予补贴，实行税收优惠政策，减轻邮政企业运营负担。实施西部邮政普遍服务网点改造和空白乡镇邮政局所补建，2010—2012年分三年补建8000多个空白乡镇邮政局所，着力增强西部和农村地区的邮政服务能力。与农业部、新闻出版总署等部门联合出台促进村邮站发展的政策意见，“村邮户箱”工程全面启动。会同相关部门制定了信报箱设置技术规范和产品标准，将信报箱建设纳入住宅分户验收的强制性内容。邮政企业持续推进普邮和速递物流网络建设，网络能力稳步提升。我国邮政网络覆盖城乡，已经成为世界规模最大的邮政网络之一。邮政营业网点达到5.4万处，邮路达到2.1万条，邮路总长度达到380万公里，投递路线总长度达到490万公里；80%以上支局实现电子化；完成350个重点城市的投递网改造；完成了名址信息库、电子商务信息平台和营业网运互联互通等一批重点信息化项目建设。

2. 邮政普遍服务监督深入开展

各级邮政管理部门认真履行监管职责，组织开展贯彻执行《邮政法》监督检查。2008—2010年连续三年在全国开展邮政普遍服务满意度调查；在全国范围内组织开展邮件全程时限测试、信报箱安装情况和邮政资费执行情况等监督检查活动；依法开展撤销提供邮政普遍服务营业场所审批；加强邮票发行监督管理；逐步建立邮政普遍服务监管报告制度和邮政普遍服务基础设施台账系统。“十一五”期间，在全国范围内组建了2382人组成的邮政社会监督员队伍，覆盖全国71%的市县。既拓宽了人民群众参与公共事务管理的渠道，提高了监管的有效性，又有效弥补了邮政监管力量的不足。

3. 邮政普遍服务有效实施

各级邮政企业始终把做好邮政普遍服务和特殊服务作为重要的政治任务。尤其是在国家遇到的重大自然灾害时，在奥运会、世博会和亚运会等国家重大活动中，邮政企业勇于承担国有企业的社会责任，出色地完成了各项保障任务，得到中央和社会各界的高度评价。行业涌现出了王顺友、尼玛拉木等全国先进典型，创建了北京东四邮局全国服务行业50年不褪色的旗帜。“十一五”期间，函件业务收入年均增长17%，党报党刊发行量稳中有升。全面贯彻全国推广山东邮政发展农村物流经验现场会精神，积极参与社会主义新农村建设，提供方便农民生产生活的农资分销、小额贷款等服务。目前，邮政服务“三农”连锁配送网点总数达24万多处，覆盖全国86%县、市和超过1/3的行政村。

（四）快递服务持续快速发展

修订后《邮政法》首次将快递业务纳入调整范畴，确立了快递企业的法律地位，提出了“鼓励竞争、促进发展”的原则，极大地释放了快递发展活力。邮政管理部门加快完善发展环境，快递企业加快发展步伐，快递迎来发展的春天。广大快递企业珍惜来之不易的发展环境和发展机遇，纷纷加快整合资源，加强能力建设，提升服务，加快发展。全国快递服务领域唯一公开发行的期刊《快递》杂志于2010年1月正式出版。

1. 市场准入制度顺利实施

国务院《邮政体制改革方案》规定，“对快递等邮政业务实行市场准入制度”，《快递市场管理办法》、《快递业务经营许可管理办法》规定了经营快递业务的基本规范，促进了快递服务的快速发展。按照“优质、高效、规范、廉洁”原则，快递业务经营许可工作有序推进，共召开宣贯会议139次，举办培训班171期，出动7100人次，核查现场出行里程40万公里。截至2010年年底，共颁发许可证5889件，占快递市场90%以上份额的快递企业依法获得经营许可。

2. 行业发展瓶颈有所突破

2008年，根据《财政部国家税务总局关于营业税若干政策问题的通知》，全国范围内的快递营业税税收政策得以统一，有效地帮助快递企业减轻了实际税赋、降低了运营成本。2009年，针对邮政和民航产业发展中存在的衔接不顺畅、发展不协调问题，国家邮政局联合民航局出台《关于促进快递与民航产业协同发展的意见》，为建立健全行业协调机制，加强快件绿色通道建设，有效增加快件航空运力供给，提高快递企业核心能力提供了有力保障。各级邮政管理部门结合本地实际，积极加强与交通、发改、税务等部门的政策协调，解决快递服务车辆进城通行、停靠和装卸作业有关问题。

3. 市场秩序不断改善

“十一五”期间，以“准时率、满意度、申诉率”为核心的快递服务评价体系初步健全。申诉中心建设顺利完成，畅通了用户申诉渠道，妥善解决了用户反映的服务问题。安全责任制和各项安全管理制度不断健全，多部门联合工作机制不断完善。各级邮政管理部门立足服务，坚持日常执法检查和重点检查相结合，共开展市场检查3.6万次，检查企业5.7万家次，纠正和查处违法行为2.9万起，下达行政处罚和整改通知2775份。与此同时，组建中国快递协会和各省（区、市）快递协会，第一次在快递领域建立起代表企业、联系政府、服务用户的行业组织，为加强行业自律，维护公平竞争发挥了重要作用。

4. 快递业务迅猛发展

2010年，我国快递业务收入达575亿元，“十一五”期间年均增长19%，占邮政业业务收入的比重达到45%。快递网络、服务领域和产品种类不断拓展，快递服务与产业链、供应链和服务链的联系更加密切，促进生产和服务民生的基础性作用日益显现。国有、民营和外资多种所有制经济共同发展新格局基本形成，国有快递企业在国内异地快递占有优势，民营快递企业在区域和同城快递发挥重要作用，外资快递企业在国际快递业务占据主要地位。形成了按时限收费的当日递、次晨达、限时递，以及按附加功能收费的收件人付费、代收货款等多种服务产品。

（五）行业队伍素质显著提升

“十一五”期间，邮政管理部门大力推进政府为主导、企业为主体、院校为支撑的人才教育培养体系建设。深入贯彻人才强业战略，大力推进行业人才队伍建设，为提高行业服务水平，提高队伍素质，促进邮政业科学发展奠定了基础。

1. 行业人才队伍规划颁布实施

2009年，国家邮政局颁布了《邮政行业人才队伍建设中长期规划纲要（2009－2020）》，明确邮政行业人才队伍的建设思路，工作目标和具体措施，初步形成了邮政行业人才队伍建设工作体系。规划提出要围绕加快邮政行业人才队伍建设，努力实现“两个转变”，取得“三个突破”。“两个转变”即邮政行业人才工作重点由传统的部门人才管理向行业人才管理转变，由单一的人事管理向人力资源开发、管理与服务并重转变；“三个突破”即人才队伍制度建设的突破，人才资源市场化配置的突破，人才系统开发的突破。

2. 专业人才教育工作稳步推进

邮政管理部门选择重点院校开展研究生、职高和高职层次快递专业人才培养，积极推动若干院校开设快递专业并开始招生，搭建校企合作平台，推进订单式专业技能型人才培养，为企业输送高质量快递专业人才。全国已有17所院校相继开设了快递专业，培养中职、高职等不同层次的专业人才。充分利用院校资源联合开展课题研究和教材编写工作，以满足院校教学、企业培训和广大快递从业人员学习参考的迫切需要。第一批共有8本快递专业（方向）课程教材编制完成并投入教学。

3. 国家职业资格证书制度大力推行

“十一五”期间，邮政业的职业资格工作体系和制度规范逐步建立和完善。邮政管理部门制定了《快递业务员职业技能鉴定办法（试行）》，组织编写了快递业务员职鉴教材，完成快递业务员职鉴题库建设开发并投入运行，培养了考评员、培训师等职鉴工作专门人才队伍，组织开发了邮政行业职业技能鉴定信息管理系统。以准入制度实施为契机，19.3万人参加快递业务员职业技能鉴定。广大快递业务员求知若渴，参加鉴定考试的主动性明显提高，各类快递企业重视培训，提升快递业务员综合素质的积极性进一步增强。

（六）国际交流合作和两岸通邮成效显著

积极参与万国邮政联盟、亚太邮政联盟等政府间国际组织的活动。组织中美中欧中日等邮政对话论坛和高层交流活动，建立与美国日本韩国等邮政监管机构间的高层联系机制。成功举办中国2009世界集邮展览。组织企业参与国际交流活动，支持企业开拓国际市场。鼓励国际快递企业加大在华投入，建立区域性转运中心，利用外资水平进一步提高。

1. 国际地位和影响力显著提升

在第24届万国邮政联盟代表大会上，我国成功当选为邮联行政理事会和邮政经营理事会理事国，并当选为行政理事会二委主席国，中国政府推荐的黄国忠同志连任邮联国际局副总局长。成功举办了万国邮联邮政战略会议、邮政普遍服务研讨会、邮政政策及监管国际研讨会等国际会议。中国的邮政改革经验引起世界邮政同行的广泛关注。

2. 国际交流合作机制初步建立

“十一五”期间，邮政管理部门建立了中美、中欧、中日等重点国家和地区的双边多边合作交流机制，并开展了广泛深入有益的交流，邮政对外合作与市场开放已成为我国外交和服务业对外开放政策的重要组成部分。

3. 两岸直接通邮全面实现

2008 年，《海峡两岸邮政协议》签署，两岸全面实现直接通邮。两岸邮件传递路径大大缩短，交接过程更加简化，传递速度大幅提高，业务范围不断扩大，包裹和快件量迅速增长。两岸直接通邮便利了两岸民众用邮，促进了经贸交流，增进了两岸同胞福祉。

4. 中国 2009 世界集邮展览成功举办

2009 年 4 月在河南洛阳成功举办“中国 2009 世界集邮展览”，国际集邮联的 84 个成员国组织全部参加，66 个国家和地区的邮政部门和集邮商社租赁了柜台销售其邮票，万国邮联的 27 个成员国和地区参加了官方类竞赛展。此次展览被誉为国际集邮交流史上的一次盛会。

“十一五”期间，我国邮政业虽然取得了显著成就，但整体上还不能适应经济社会发展和人民群众多层次需求，制约发展的体制性机制性障碍还有待突破，邮政改革需进一步深化。邮政普遍服务的保障和监督机制有待完善，基础网络薄弱，服务水平有待提高。企业竞争力不强，专业人才不足，服务质量亟待提高。政府监管能力有待加强，市场秩序需要进一步规范。

二、“十二五”发展思路

“十二五”时期，我国邮政业发展的指导思想是：以邓小平理论、“三个代表”重要思想和科学发展观为指导，全面实施《邮政法》，以惠民强业为战略目标，以转型升级为核心，深化邮政改革，优化发展环境，增强服务能力，满足社会需求，推进向现代邮政业转变。强化基础网络，健全保障机制，完善服务功能，提升服务水平，推进邮政公共服务均等化。加快发展步伐，做强国有邮政，做大快递企业，增强竞争能力，实现邮政业跨越式发展。基本思路是：贯穿一条主线——以转变邮政业发展方式为主线。构建两个体系——构建覆盖城乡、惠及全民、水平适度、可持续发展的邮政普遍服务体系，增强政府保障公共服务的能力；构建便捷高效、竞争有序、技术先进、服务优质的快递服务体系，打造快递产业竞争新优势。实现三大目标——加快发展步伐，提高服务水平，增强竞争能力。“十二五”时期，邮政业以深化改革、健全机制、强化保障、推动转型为着力点，主要完成以下五个方面的任务：深化邮政主业改革，完善行业法规体系，提高普遍服务水平，促进快递转型升级，强化行业监督管理。主要政策措施是：建立长效机制，保障普遍服务水平；加大政策扶持，提高综合服务能力；加快产业培育，做大快递企业规模；加强监督管理，优化市场竞争环境；依托交通平台，推动产业协同发展；强化人才培养，提高队伍综合素质；推广科技应用，提升科学发展能力。

附件：“十一五”邮政业政策文件

国务院文件

《国务院办公厅转发交通运输部等部门关于推动农村邮政物流发展意见的通知》（国办发〔2009〕42 号，2009 年 5 月 23 日）

国家邮政局及相关部门文件

1.《国家邮政局 农业部关于大力发展农村通邮服务促进社会主义新农村建设的意见》（国邮发〔2008〕251 号，2008 年 12 月 15 日）

2.《国家邮政局关于贯彻落实物流业调整和振兴规划的实施意见》（国邮发〔2009〕70 号，2009 年 5 月 18 日）

3.《国家邮政局 中国民用航空局关于促进快递与民航产业协同发展的意见》（国邮发〔2009〕180 号，2009 年 9 月 27 日）

4.《国家邮政局关于快递企业兼并重组的指导意见》（国邮发〔2011〕108 号，2011 年 6 月 10 日）

（国家邮政局供稿）

第九章　现代物流业发展报告

“十一五”时期，面对严峻复杂的国内外形势，在党中央、国务院正确领导下，我国经济保持了平稳较快发展。在经济发展的推动下，我国物流业有效应对国际金融危机冲击，保持了较快增长，为保证国民经济平稳较快发展发挥了重要的支撑保障作用。

一、“十一五”发展情况

（一）物流经济运行较快增长

“十一五”时期，我国物流取得了长足发展，物流需求快速增长，运行效率有所提高。2010 年，社会物流总额达到 1254130 亿元，年均增长 21%；物流业增加值为 27310 亿元，年均增长 17.4%；物流业增加值占 GDP 的比重由 2005 年的 6.6% 提高到 2010 年的 6.9%，占第三产业增加值的比重为 16%；社会物流总费用与 GDP 的比率为 17.8%，比 2005 年的 18.3% 降低 0.5 个百分点，相当于新增社会经济效益 1200 亿元，表明我国物流运行质量和效益有所提高（见表 9－1～表 9－3）。

表 9－1　“十一五”时期我国社会物流总额统计表

年份	社会物流总额（亿元）	同比增长（%）
2005	481983	25.6
2006	595976	23.7
2007	752283	26.2
2008	899793	19.6
2009	966538	7.4
2010	1254130	29.8

资料来源：中国物流与采购联合会。

表 9－2　“十一五”时期我国物流业增加值统计表

年份	物流业增加值（亿元）	同比增长（%）	占 GDP 的比例（%）
2005	12271	13.9	6.6
2006	14430	17.6	6.7
2007	18200	26.1	6.8
2008	21509	18.2	6.8
2009	23078	7.3	6.8
2010	27310	18.3	6.9

资料来源：中国物流与采购联合会。

表 9－3 "十一五"时期社会物流总费用统计表

年份	社会物流总费用（亿元）	同比增长（%）	占 GDP 的比例（%）
2005	33860	12.9	18.3
2006	38957	15.1	18
2007	48266	23.9	18.2
2008	56741	17.6	18.1
2009	60826	7.2	17.8
2010	70984	16.7	17.8

资料来源：中国物流与采购联合会。

（二）物流产业地位显著提升

"十一五"时期，是我国物流业持续快速发展的时期，也是物流产业地位确立和提升的时期。2006 年 3 月，十届全国人大四次会议通过的《国民经济和社会发展第十一个五年规划纲要》，在第四篇"加快发展服务业"，第十六章"拓展生产性服务业"里面，单列一节"大力发展现代物流业"。物流业的产业地位首次在国家规划层面得以确立。

2009 年 3 月，我国第一个全国性物流业专项规划《物流业调整和振兴规划》（以下简称《物流业规划》），由国务院发布。《物流业规划》进一步明确了物流业的地位和作用，指出"物流业是融合运输业、仓储业、货代业和信息业等的复合型服务产业，是国民经济的重要组成部分，涉及领域广，吸纳就业人数多，促进生产、拉动消费作用大，在促进产业结构调整、转变经济发展方式和增强国民经济竞争力等方面发挥着重要作用。"《物流业规划》确定了"建立现代物流服务体系，以物流服务促进其他产业发展"的指导思想和目标，提出了十项主要任务、九项重点工程和九条政策措施。

（三）物流市场规模快速扩张

随着工业化推进和产业升级，工业物流运行模式发生深刻变化。工业企业加快资源整合、流程改造，采取多种方式分离外包物流功能。一是分离分立。制造企业将物流业务从主业中分离出来，成立了面向社会服务的物流企业。如上海安吉汽车物流、淮矿现代物流等。二是合资合作。由制造企业与物流企业合资组建物流公司。如青岛啤酒招商物流、芜湖安得物流等。三是全面外包。如海信集团将海信电器的物流业务全盘委托给专业物流公司管理；柳州桂中海迅派员进厂，接管了多家汽车生产企业的零部件管理系统。

在一系列扩大消费政策引导下，商贸物流加快发展。一是生产资料流通企业和传统批发市场增加储存、加工、配送、网上交易等物流功能。如中国物资储运、五矿物流、广东欧浦钢铁物流等，形成了贸易加物流的新模式。二是大型连锁零售企业强化物流系统。如苏宁、国美、物美等，构建和完善自身物流网络。三是网购物流"爆炸式"增长。2010 年，我国网络购物总额达 4500 亿元，比 5 年前增长 22 倍，国内每天流转的快件量高达 1000 万票。网络购物对配套物流服务提出了更高的要求。四是农业和农村物流集中释放。随着"万村千乡市场工程"、"家电下乡"、"汽车摩托车下乡"和"农超对接"等政策的实施，农产品进城、农资和日用工业品下乡带来的物流需求较快增长。

（四）物流企业加速成长

1. 市场集中度加快提升

据中国物流与采购联合会发布的"2010 中国物流企业 50 强排名"显示，前 50 强物流企业主营业务收入达 4506 亿元，比 2005 年增长 26%。其中，中国远洋运输（集团）总公司主营业务收入超过 1000 亿元，中国外运长航集团有限公司等 8 家企业主营业务收入超过 100 亿元（见表 9－4）。所有 50 强企业主营业务收入均超过 10 亿元，排名第 50 名的物流企业主营业务收入达到 12.2 亿元，同比增加

4.6亿元，增长60.5%，市场加快向规模企业集中。

表9－4　“2010中国物流企业50强”名单

排名	公司名称	主营业务收入（万元）
1	中国远洋运输（集团）总公司	10462350
2	中国外运长航集团有限公司	7162454
3	中国海运（集团）总公司	4460087
4	开滦集团国际物流有限责任公司	2747231
5	中国物资储运总公司	1774379
6	厦门象屿集团有限公司	1698324
7	中铁物资集团有限公司	1408423
8	冀中能源峰峰集团邯郸鼎峰物流有限公司	1116028
9	中国石油天然气运输公司	1000798
10	河南煤业化工集团国龙物流有限公司	881295
11	朔黄铁路发展有限责任公司	875405
12	中铁集装箱运输有限责任公司	818553
13	中铁快运股份有限公司	723561
14	顺丰速运（集团）有限公司	644007
15	北京华油天然气有限责任公司	607482
16	中国国际货运航空有限公司	533148
17	云南物流产业集团有限公司	515986
18	中国石油化工股份有限公司管道储运分公司	503757
19	山东海丰国际航运集团有限公司	474219
20	重庆港务物流集团有限公司	400859
21	嘉里大通物流有限公司	397236
22	山西太铁联合物流有限公司	383766
23	青岛福兴祥物流股份有限公司	364401
24	广东省航运集团有限公司	302548
25	中外运－敦豪国际航空快件有限公司	264719
26	联邦快递（中国）有限公司	259192
27	天地国际运输代理（中国）有限公司	257226
28	苏州隆兴物流有限责任公司	254967
29	东方国际物流（集团）有限公司	254883
30	厦门建发物流有限公司	228619
31	成都中铁西南国际物流有限公司	226259
32	武汉商贸国有控股集团有限公司	223642
33	招商局物流集团有限公司	198116
34	浙江省八达物流有限公司	195004

（续）

排名	公司名称	主营业务收入（万元）
35	宝供物流企业集团有限公司	191804
36	中铁特货运输有限责任公司	183305
37	国药控股江苏有限公司	180312
38	中钢国际货运公司	177399
39	青岛海尔物流有限公司	171024
40	甘肃西部物流有限责任公司	161955
41	新时代国际运输服务有限公司	153086
42	上海现代物流投资发展有限公司	150379
43	唐山海港远大物流有限公司	148655
44	南京长江油运公司	143146
45	湖南一力股份有限公司	135595
46	中国货运邮政航空有限责任公司	134666
47	五矿物流集团有限公司	132680
48	上海佳吉快运有限公司	131444
49	北京宝供福田物流有限公司	125863
50	山西宝特国际物流有限公司	121974

注：五矿物流集团有限公司收入为集团北京地区收入。

资料来源：中国物流与采购联合会。

2. 物流企业核心群体初步形成

从2005年开始，中国物流与采购联合会依据《物流企业分类与评估指标》国家标准开展A级物流企业评估工作。截至2010年，全国拥有A级物流企业1061家。目前，A级物流企业已覆盖除西藏外内地的所有地区，涉及国有、民营、外资企业，吸纳了各领域、各行业、各地区的代表企业，初步形成了我国物流企业的核心群体。

（1）各类企业深化兼并重组。一是合并重组。如中铁行包与中铁快运、中邮速递与中邮物流、中外运与长航集团等。二是并购重组。如美国联邦快递对大田、荷兰天地对华宇、美国联合包裹对中外运的股权并购等。三是转型重组。如铁路系统的三大专业公司、地方交运集团等。通过兼并重组，行业资源得到有效整合，企业规模迅速壮大。

（2）专业服务能力得到增强。一是运输、仓储、货代、快递等传统物流企业转型发展。如公路货运的天地华宇、佳吉、德邦等，铁路货运的远成、八达等，快递市场的顺丰等。二是围绕企业需要的专业化物流融合发展。如汽车、家电、电子、医药、烟草、图书等行业，基本上形成了物流配套服务能力。三是各类物流企业创新发展。供应商管理库存、供应链金融、卡车航班、越库配送、保税物流、邮政物流等服务新模式得到推广运用。

（3）供应链管理有新的发展。物流企业介入代理采购和分销业务，流通企业延伸物流和金融服务。如浙江物产集团为造船厂提供供应链一体化服务；开滦物流开展煤炭供应链服务；物美集团参与社会化物流服务；联想集团、利丰集团等，引导上下游企业，打造采购、生产、分销及物流一体化的现代产业服务体系。

（4）物流企业在重大社会事件中表现突出。如在北京奥运物流、上海世博物流、广州亚运物流和四川汶川、青海玉树、甘肃舟曲等抢险救灾中，物流企业都发挥了重要作用。应急物流、军事物流的研究和实践取得新的进展。

（五）物流基础设施建设进度加快

"十一五"时期，我国物流类基础设施投资保持了较快增长。五年累计投资超过10万亿元，年均增长27.7%。2008年下半年以来，为应对国际金融危机冲击，国家加大对铁路、公路、水路、机场等交通基础设施的投入，建设速度明显加快。

1. 综合运输体系初具规模

到2010年年底，我国公路网总里程达398.4万公里，五年新增63.9万公里；高速公路发展到7.4万公里，五年新增3.3万公里；"五纵七横"的12条国道主干线提前13年全部建成。全国铁路营业里程增加到9万公里以上，高速铁路运营里程已达8358公里。内河通航里程12.4万公里，五年新增和改善4181公里；沿海港口深水泊位1774个，五年建成661个。定期航班机场达176个，五年新增35个。

2. 物流园区（基地、中心）等物流设施发展较快

北京空港、上海西北、浙江传化、山东盖家沟、上海外高桥、苏州综合物流园区等一批重点园区显示了良好的社会经济效益。原铁道部规划建设的18个铁路物流中心，已有9个建成投用。仓储、配送设施现代化水平不断提高。化工危险品库、液体库、冷藏库、期货交割库、电子商务交割库，以及自动化立体仓库快速发展。

（六）物流信息化运用和技术创新取得实效

物流信息化加快发展。中国物流与采购联合会发布的《2010年物流信息化调研报告》显示，已有70.5%的企业建立了管理信息系统。仓储管理、运输管理、采购管理、客户关系管理系统得到普遍应用。物流企业通过与客户的信息共享、流程对接，加快融入客户供应链体系。在整合海关、交通、商检、质检等电子政务服务的基础上，出现了应用网上交易、金融、检测、配送等集成化电子商务服务的信息平台。ERP、SCM软件应用开始普及，RFID等物联网技术在车辆监管、物品定位管理、自动识别分拣和进出库安防系统等方面开始应用。

先进适用的物流技术得到推广。仓储保管、运输配送、装卸搬运、分拣包装、自动拣选等专用物流装备广泛应用；条码技术、智能标签技术、配载配送和路径优化技术等得到推广；冷藏、配送等专用车辆需求旺盛，叉车、托盘、货架、自动拣选、自动化装备等专用设备加快更新换代。

（七）物流行业基础工作体系基本形成

1. 统计工作不断创新和完善

2006年起，由国家发展改革委、国家统计局和中国物流与采购联合会联合制定的社会物流统计核算试行制度转为正式制度。中国物业联合集团会同国家发展改革委、国家统计局，进行了"全国重点企业物流统计调查"，较全面地掌握工业企业、商贸企业及物流企业物流发展状况和物流成本变化趋势，发布"中国50强物流企业"名单。中国物流与采购联合会从2006年开始发布的制造业采购经理指数（PMI），成为反映我国经济趋势的先行指标，在国内外产生了较大影响。

2. 标准化工作有序推进

五年间，按照立项计划编制完成的物流国家标准、行业标准项目，总计约110项。国家标准委、国家发展改革委等11个政府部门2010年6月联合颁发《全国物流标准专项规划》。这一专项规划确定了近期内物流标准化工作的指导思想、主要目标，建立了由通用基础、公共类物流、专业类物流构成的新的物流标准体系框架，提出了13个重点物流领域标准修订计划项目。

3. 物流教育和培训工作成效显著

据统计，在教育部大力支持和中物联积极推动下，截至2010年年底，全国共有200余所大学开展

物流研究生的培养；经教育部批准开设"物流管理"和"物流工程"专业的本科院校数量已达378所，教育部批准北京物资学院开设采购管理专业；开设物流专业的高等职业院校达824所；开设物流专业的中等专业学校超过1000所。不同学历层次的物流专业在校生突破100万人。在物流师培训和考试方面，目前累计获得各级物流师资格证书的约有12万人。新推出物流员级别的培训认证，完善了物流人才培训体系。

4. 物流学术研究和科技创新成果丰硕

中国物流学术年会已经连续举办9届，累计参会人员超过5000人次，交流各类研究成果近3000件，一批成果被政府或企业采纳。2002年设立的中国物流与采购联合会科学技术奖，到2010年年底共有194个项目获奖，有力地推动了企业物流科技的应用和创新、产学研的合作及行业管理水平的提升。

5. 行业评选表彰制度相继建立

如全国物流行业劳动模范奖励制度已经建立，并进行了首次评选表彰。中国物流示范基地、实验基地，信用体系评级和产学研基地等评选制度有序推进。

6. 行业协会工作得到加强

全国性物流行业协会服务能力和水平不断提高，省区市协会普遍建立并开展工作，部分地州市也开始建立协会，物流协会工作网络逐步形成。

（八）物流业对外开放迈开新的步伐

1. 外商外资全面进入

2005年12月11日以后，我国履行加入WTO的承诺，物流服务领域全面开放。"十一五"期间，国际知名的跨国物流企业加紧布局，我国物流市场国有、民营和外资三足鼎立的格局已经形成。在某些领域，如国际快递、远洋运输和物流地产等方面，有的外资企业已占据明显优势。

2. 区域物流扩大交流与合作

中国—东盟自贸区启动，东北亚加强物流合作，以及上海合作组织经济联系的日益密切，推动了我国与周边国家的区域物流合作。2003年内地与香港和澳门特区分别签署《关于建立更紧密经贸关系的安排》；2008年我国台湾与大陆实现"大三通"，2010年《两岸经济合作框架协议》（ECFA）开始实施，两岸四地物流合作进入实施阶段。

物流企业开始"走出去"。到2009年年底，我国对外直接投资存量达2458亿美元，海外工程承包和劳务合作累计营业额达3400亿美元。国内物流企业跟随制造和商贸企业及工程承包"走出去"。如中外运长航海外业务有新的拓展，顺丰速运逐步在周边国家和地区布点。中远物流在核燃料和废料物流、工程物流和会展物流等领域，已具备较强的国际竞争力。

二、采取的主要措施

"十一五"时期，特别是《物流业规划》发布以来，政府有关部门提高对物流业的重视程度，陆续出台多项政策措施，促进物流业健康发展。

（一）加强《物流业规划》组织实施

《物流业规划》出台后，国家发展改革委牵头制定了《落实物流业调整和振兴规划部门分工方案》（发改经贸〔2009〕1018号），并牵头成立了落实物流业调整和振兴规划工作小组，把《物流业规划》涉及的58个问题，分解落实到33个部门和4个行业协会，切实抓好落实工作。2009年9月，国家发展改革委又组织了由15个部门和单位参加的物流政策专项调研，并在此基础上形成了报送国务院的政策意见。2011年6月8日时任总理温家宝主持召开国务院常务会议，研究部署促进物流业健康发展工作，提出了推动物流业发展的九项政策措施，并以《国务院办公厅关于促进物流业健康发展政策措施的意见》（国发〔2011〕38号）正式下发。

（二）多渠道设立专项资金

国家发展改革委、财政部、商务部等部门安排专项资金，支持物流业重点建设项目。按照《物流业规划》要求，国家发展改革委出台《物流业调整和振兴专项投资管理办法》（发改办经贸〔2009〕695号），设立物流业调整和振兴专项投资支持物流项目建设。中央财政预算安排“农村物流服务体系发展专项资金”，重点支持“万村千乡市场工程”、“双百市场工程”、农产品“农超对接”和农资流通体系建设等项目。财政部发布《关于2009年服务业集聚功能区项目资金申报指南的通知（财办建〔2009〕122号）》，安排专项资金，重点支持商贸园区、物流园区的建设和升级改造项目。

（三）制定落实专项规划

《物流业规划》提出制定七个专项规划。国家发展改革委组织专家，研究编制《粮食物流专项规划》《农产品冷链物流发展规划》《应急物流专项规划》和《物流园区专项规划》。商务部组织《商贸物流业发展专项规划》的起草制定工作，并于2011年初由商务部、国家发展改革委和全国供销合作总社正式发布。国家标准化管理委员会会同国家发改委，委托中国物流与采购联合会组织专家编制出台了《2009年－2011年物流标准专项规划》。

（四）各部门加大政策支持力度

1. 国家发展改革委推进制造业与物流业联动发展

按照《物流业规划》要求，国家发展改革委牵头的全国现代物流工作部际联席会议办公室发布了《关于促进制造业与物流业联动发展的意见》。2010年年底，办公室发布《关于开展制造业与物流业联动发展示范工作的通知》。

2. 商务部推进商贸物流业发展

2009年8月，商务部下发《商务部关于开展流通领域现代物流示范工作的通知（商商贸发〔2009〕434号）》，决定在全国范围内组织开展流通领域现代物流示范工作。北京等46个城市被确定为首批流通领域现代物流示范城市。

3. 商务部、财政部推进农村物流发展

商务部、财政部继续安排专项资金支持“万村千乡”市场工程，并联合下发《关于农产品现代流通综合试点指导意见的通知》（商建字〔2010〕278号），在农村物流服务体系专项资金中安排资金，在河北、辽宁、浙江、山东、河南、湖北、重庆、新疆、海南等9省开展农产品现代流通试点。

4. 国家发展改革委、国家税务总局继续扩大税收试点

截至2010年年底，经中国物流与采购联合会推荐，国家发展改革委和国家税务总局确认，共计有6批、593家物流企业纳入营业税差额纳税试点范围，切实减轻了企业负担。

5. 交通运输部等部门促进甩挂运输发展

2009年，交通运输部、国家发展改革委、公安部、海关总署、保监会等五部门联合下发《关于促进甩挂运输发展的通知》（交运发〔2009〕808号），有效引导和推动甩挂运输的发展。2010年，国家发展改革委和交通运输部共同制定了《甩挂运输试点工作实施方案》，对试点项目给予投资补助，还明确提出对甩挂运输车辆实行通行费优惠。

6. 交通运输部等六部门推动农村邮政物流发展

交通运输部、国家发展改革委、财政部、农业部、商务部、国家工商总局等六部门联合下发《关于推动农村邮政物流发展的意见》，提出五条政策措施。

7. 铁道部加快铁路货运网络建设

铁道部继续推进铁路货运网络完善性建设。主要是确保重点区域网络要具备完整性，还要建设全国性和区域性物流节点城市间货运专用通道，完善铁路枢纽联络线，加强货运支线网络建设。根据《中长期铁路网规划》，建设铁路18个集装箱中心站，现在已经完成了9个。

8. 工业和信息化部推进物流信息化建设

工业和信息化部组织编制《物流信息化发展规划（2011—2016)》，提出了典型发现和试点示范项目的支持方向。结合规划确定的发展方向，工信部发出了《关于开展物流信息化典型发现和试点示范工作的通知》，开展第一批典型发现和试点示范项目的申报工作。此外，工业和信息化部制定了物流信息化发展动态监测评估工作方案。

9. 海关总署推动分类通关改革试点

2009 年 5 月，海关总署决定在北京、天津等 15 个海关开展出口货物分类通关试点改革。2010 年 8 月，分类通关改革在全国海关进一步深化开展。

10. 国家民航局支持航空货运发展

2009 年，国家民航局提出了《关于进一步促进航空货运发展的政策措施》（征求意见稿），进一步放宽国内航空货运市场准入，鼓励、支持航空物流企业设立和发展。

11. 国家邮政局加强法规建设

为配合《邮政法》实施，国家邮政局先后发布了《快递市场管理办法》《邮政普遍服务管理办法》《快递业务经营许可管理办法》等规章。国家邮政局陆续出台《长江三角洲地区快递服务发展规划》《珠江三角洲地区快递服务发展规划》和《京津冀地区快递服务发展规划》，提出了未来五年区域快递发展的目标、任务和政策措施。

12. 国家工商总局规范物流市场秩序

国家工商总局发布《关于做好制止滥用行政权力排除限制物流业竞争规范物流市场秩序工作的通知》（工商竞争字〔2009〕226 号)，规范物流市场秩序，强化物流环节质量安全管理。

13. 质检总局推动检验检疫通关便利

质检总局在全国范围内实现了电子申报、电子签证、电子转单。以“三电工程”——电子申报、电子监管、电子放行为主要内容的中国电子检验检疫“大通关”建设格局初步形成。

14. 中国物流与采购联合会提出物流业发展“60 条”政策建议

中国物流与采购联合会按照《物流业规划》的要求和国家发展改革委的委托，通过深入调研，提出了税收、交通、投融资、物流企业、物流园区和制造业与物流业联动发展等六个方面的“60 条”政策建议，为有关部门研究制定具体政策作决策参考。

与此同时，全国已有超过半数的省份出台了《物流业规划》实施细则。大部分省市建立了现代物流工作协调机制，一些省市政府还成立了主管物流工作的常设机构。许多省市制定相应的专项规划和法规，出台具体的财税扶持政策。

三、存在的主要问题

我国物流业在“十一五”时期虽然取得重大进展，但仍然处于初级阶段，还不能够完全适应国民经济发展的需要。

（一）竞争力不够强

衡量物流业运行效率的指标——物流总费用与 GDP 的比率，我国高出发达国家 1 倍左右。国内领先的物流企业与跨国企业相比，无论是在规模、品牌、盈利能力、国际市场份额，还是在物流服务能力、供应链管理能力等方面均有较大差距。

（二）发展方式比较粗放

物流网络完整性、协调性、配套性差，整体效率不高。物流市场主体庞杂，企业集中度低，诚信体系缺失，竞争秩序失范等问题比较严重。物流企业组织化程度和服务水平不高，创新能力和可持续发展能力不强。物流运作方式与资源、能源和土地消耗及生态环境的矛盾日益突出。

（三）不平衡性较为普遍

普通仓储、公路普货运输等传统服务供大于求，供应链一体化的专业服务能力不足；东部沿海地区物流业发展较快，中西部地区相对较慢；城市物流相对发达，农业和农村物流相对落后；国际货物贸易发展很快，但服务贸易滞后；物流资源整合不足，物流业和相关产业互动性不强；应急物流、逆向物流和绿色物流等环节比较薄弱。

（四）物流企业生存和发展环境没有根本性好转

土地、燃油、人力成本等各项物流要素普遍短缺，成本持续攀升，而物流服务价格上升空间有限。多数企业在高成本、低收益、微利润状态下运行，缺乏发展后劲。

（五）相关政策有待落实

物流业的产业地位尚未贯彻到具体的经济管理环节，现行体制设计和政策思路与物流业运作模式不相适应的矛盾还比较突出。

四、“十二五”发展思路

“十二五”时期，在经济平稳较快增长的推动下，我国物流业仍将处于总量扩张期，增速将以平稳为总的基调。“十二五”时期，现代物流业发展的主要目标是：到“十二五”末期，要基本形成布局合理、技术先进、节能环保、便捷高效、安全有序，并具有一定国际竞争力的现代物流服务体系，物流业由注重基础建设向全面提升服务质量转变。根据经济发展和转变发展方式的需要，大力推进物流需求社会化。积极培育适应客户需求的物流企业群体，出现一批具有国际竞争力的大型物流企业集团。整合优化物流设施设备，全面提升物流信息化水平，物流管理、服务和技术创新有新的突破。物流市场环境得到优化，行业基础工作进一步加强，有利于物流业发展的管理机制和政策体系逐步形成。全社会物流总费用与 GDP 的比率继续下降。物流业在支撑经济平稳较快增长，调整经济结构和转变发展方式中发挥更大作用，为全面建成小康社会提供坚实的物流基础。主要任务是：推动产业物流社会化，培育壮大物流企业群体；整合物流基础设施资源；重视区域、城乡和国际物流；支持物流技术创新应用；鼓励物流绿色化运作；加强行业自律和基础工作，努力营造体制和政策环境。“十二五”期间支持我国物流业发展的政策措施是：切实减轻物流企业税收负担，加大对物流业的土地政策支持力度，促进物流车辆便利通行，加快物流管理体制改革，鼓励整合物流设施资源，推进物流技术创新和应用，加大对物流业的投入，优先发展农产品物流业。

附件：“十一五”物流业政策文件

国务院文件

1.《国务院关于印发〈物流业调整和振兴规划〉的通知》（国发〔2009〕8 号，2009 年 3 月 10 日）

2.《国务院办公厅转发交通运输部等部门关于推动农村邮政物流发展意见》　（国办发〔2009〕42 号，2009 年 5 月 23 日）

国家发展改革委及相关部门文件

1.《快递市场管理办法》（交通运输部令 2008 年第 4 号，2008 年 7 月 12 日）

2.《国家税务总局关于物流企业缴纳企业所得税问题的通知》（国税函〔2006〕270 号，2006 年 3 月 18 日）

3.《商务部关于进一步做好物流领域吸引外资工作的通知》（商资函〔2006〕38 号，2006 年 4 月 20 日）

4.《商务部关于加快我国流通领域现代物流发展的指导意见》（商改发〔2008〕53 号，2008 年 3

月 3 日）

5.《国家发展改革委办公厅关于印发〈物流业调整和振兴专项投资管理办法〉的通知》（发改办经贸〔2009〕695 号，2009 年 3 月 27 日）

6.《财政部关于印发〈中央财政促进服务业发展专项资金管理办法〉的通知》（财建〔2009〕227 号，2009 年 5 月 26 日）

7.《财政部关于印发〈农村物流服务体系发展专项资金管理办法〉的通知》（财建〔2009〕228 号，2009 年 5 月 26 日）

8.《商务部关于开展流通领域现代物流示范工作的通知》（商商贸发〔2009〕434 号，2009 年 8 月 14 日）

9.《国家工商行政管理总局 国家发展和改革委员会 公安部 交通运输部 铁道部 商务部关于做好制止滥用行政权力排除限制物流业竞争规范物流市场秩序工作的通知》（工商竞争字〔2009〕226 号，2009 年 11 月 10 日）

10.《交通运输部 国家发展和改革委员会 公安部 海关总署 中国保险监督管理委员会关于促进甩挂运输发展的通知》（交运发〔2009〕808 号，2009 年 12 月 31 日）

11.《全国现代物流工作部际联系会议办公室关于印发〈促进制造业与物流业联动发展的意见〉的通知》（2010 年 4 月 9 日）

12.《国家标准化管理委员会 国家发展和改革委员会 科学技术部 工业和信息化部 交通运输部 铁道部 商务部 国家质量监督检验检疫总局 国家粮食局 中国民用航空局 国家邮政局关于印发〈全国物流标准专项规划〉的通知》（国标委服务联〔2010〕42 号，2010 年 6 月 12 日）

13.《国家发展改革委关于印发〈农产品冷链物流发展规划〉的通知》（发改经贸〔2010〕1304 号，2010 年 6 月 18 日）

14. 商务部办公厅 财政部办公厅关于农产品现代流通综合试点指导意见的通知（商建字〔2010〕278 号，2010 年 9 月 15 日）

（国家发展和改革委员会经济贸易司供稿）

第十章 高技术服务业发展报告

高技术服务业是现代服务业和高技术产业的重要组成部分和增长点，是科技与经济有机融合的桥梁和纽带。加快发展高技术服务业，重点加强高技术延伸服务和相关科技支撑服务，是推动经济结构战略性调整和经济发展方式转变的重要举措。高技术服务业主要包括研发设计服务、知识产权服务、检验检测服务、科技成果转化服务、信息技术服务、数字内容服务、电子商务服务和生物技术服务等八大领域。“十一五”期间，国家高度重视高技术服务业的发展，出台了一系列政策，并适时启动了先行先试和基地建设工作，高技术服务业取得了积极进展，产业规模不断扩大、发展态势良好。

一、“十一五”发展情况

“十一五”期间，我国高技术服务业加快发展，已成为现代服务业和高技术产业的重要增长引擎。

据初步统计，2010 年我国高技术服务业销售收入接近 3 万亿元，同比增长约 17%。其中信息服务（软件业 + 电信业）收入超过 2 万亿元，逐步走上规模化、产业化发展道路。研发、设计、测试等专业化服务机构加速成长，新兴服务业态不断涌现。高新技术企业孵化、技术市场等各类科技成果转化和转移机构日趋成熟，对提升我国自主创新能力、加速产业结构调整发挥了积极作用。

（一）研发设计服务

“十一五”末，我国具有一定规模的专业设计机构约 1200 家，比“十五”末增长近 10 倍。我国研发设计企业面向中小企业提供设计解决方案，帮助改进产品外观和功能，解决生产问题；采用 DMS（设计制造服务）模式，以设计为核心，提供高附加值的产品。调查结果显示：包括产品外观、内部结构等在内的研发设计投入 1 元钱，可带动形成上百元新增收入。到“十一五”末，在电子信息领域，已逐步建成了软件外包、行业应用软件、数字媒体与视频游戏、集成电路设计验证和 IP 共享等研发服务平台；在生物医药领域，已逐步建成了高通量/超高通量筛选、中药化学组学、质量标准控制、药效及安全性评价、临床研究等研发服务平台。通过组建一批国家工程实验室，有效推动了一批研发型企业建立长效的产学研合作机制，促进基础研究与工程技术开发相结合。我国拥有工业设计、艺术设计本科专业的高等院校达 800 多所，高等专科院校有 600 多所，每年培养设计类毕业生约 30 万人。随着产业链分工的不断细化和高新技术的不断发展，专业从事研究开发的公司加快兴起，国内科研院所转制和海外归国人才创办的企业成为其中的中坚力量。

（二）知识产权服务

知识产权信息资源不断丰富，服务水平不断提升，涌现了上海东方灵盾、河北大为等一批具有较强知识产权服务能力的骨干企业。目前，我国已建成了拥有世界 97 个主要国家和地区知识产权机构的 9000 多万件专利的专利数据库，知识产权服务体系不断完善。“十一五”期间，我国先后建立了同城（北京）专利数据容灾中心、异地（武汉）冷备份中心，加强专利数据安全管理；建成了中国专利电子审批系统（E 系统）、专利检索与服务系统（S 系统）和中国外观设计专利智能检索系统（D 系统）三大业务系统；组建了 67 家知识产权维权援助中心、42 家国家专利技术展示交易中心、75 家专利工作交流站和 47 个地方专利信息服务网点；成立了国家知识产权局客户服务中心，开通了 12330 知识产权维权援助服务热线，面向社会提供专利信息检索与服务；拓宽了专利文献馆、公众检索室的窗口服务功能。同时，为提高知识产权服务能力和水平，国家知识产权部门还组织发布了国外知识产权环境研究报告，加强重点领域和重大技术专利分析和预警，推进知识产权资产评估推进工程和知识产权质押融资试点等。

（三）检验检测服务

“十一五”期间，我国逐步建立了覆盖食品安全、化工矿产、化学危险品与包装材料、轻工产品、纺织产品与原料、机电、动植物检疫、卫生检疫，以及金属与金属材料、特种设备检测和计量等数千家专业检验检测技术机构，形成了“以国家质检总局直属四大科研院所、国家质检中心和国家重点实验室为龙头，以省市级专业技术机构和区域性中心实验室为骨干，以县级专业技术机构和常规实验室为基础”的检验检测网络体系。截至 2010 年年底，国家已批准筹建质检中心 328 家、检测重点实验室 302 家。此外，以华测为代表的民营检测企业稳步发展，来自美、英、日、德、法、荷等主要国家的外资检测服务企业逐步进入我国市场。我国已形成了一支规模较大、专业齐全、覆盖面广的检验检测服务人才队伍，其中专业技术人才 9.3 万人、高技能人才 1.9 万人。检验检测实验室技术装备条件明显改善，科研能力大幅提高。

检验检测服务在维护国家经济安全、提高产品质量、促进外贸、保障人民健康等方面正发挥着日益重要的作用。在食品安全、疫病疫情防控、特种设备检测、危险品检测、新能源产品检测、辐射检测等领域，为北京奥运会、国庆 60 周年庆典、上海世博会等国家重大活动的顺利举办，应对婴幼儿奶粉等食品安全突发事件、甲型H1N1流感突发公共卫生事件、开展地震救援等提供了有力的技术支持和保障。

(四) 科技成果转化服务

截至2010年年底，我国共建立了894家科技企业孵化器，其中国家级科技企业孵化器346家；建立了1800余家生产力促进中心、134家国家技术转移示范机构。2010年全国技术转移加快发展，共签订技术转移合同229601份，较上年同期增长7.4%，成交金额达3906.6亿元，较上年同期增长28.6%；技术服务快速增长，成交金额达到1545.6亿元，同比增长35.3%；技术转让合同成交金额610.1亿元，同比增长13.3%；技术咨询合同成交116.6亿元，同比增长23.9%。

(五) 信息技术服务

1. 软件业实现持续快速发展

"十一五"期间，我国软件产业规模持续扩大，产业结构不断优化。2010年实现软件业务收入1.3万亿元，是"十五"末的3.4倍，软件业占电子信息产业产值的比重从2005年的10.2%，提高到2010年的18%。软件服务化、网络化和新兴网络应用软件快速发展。

(1) 产业聚集效应明显。2010年，广东、北京、江苏、山东、辽宁、上海、浙江、福建、四川9省市的软件业务收入之和占全国的比重为86.5%。2010年，国内年收入过亿元的软件企业超过1000家。

(2) 创新能力不断增强。"核心电子器件、高端通用芯片及基础软件产品"科技重大专项的顺利实施，有力地促进了自主可控基础软件的创新和发展。工业软件和行业解决方案、互联网应用软件、企业管理软件、游戏软件、信息安全软件等领域产品技术创新能力明显提高，产品竞争能力不断增强，市场份额持续扩大。

(3) 基础作用日益突出。软件业与众多传统工业产业不断实现融合发展，促进了经济增长的高附加值化、低碳化、绿色化，推动了各地经济结构调整和发展方式转变。专业化的软件系统有效支撑了服务业的发展和各类惠民信息系统的建设。

2. 电信和互联网服务加快发展

"十一五"期间，我国基础电信业收入年均增长8.1%。其中2010年基础电信收入已达到8988亿元，同比增长6.4%。

(1) 电信网络水平不断提升。截至2010年年底，全国光缆线路长度达995万公里，比上年末净增166万公里；移动电话交换机容量15亿户，比上年新增6433万户；全国互联网国际出口带宽1073Gbps，同比增长26.8%。全国所有行政村通电话，所有乡镇通互联网，实现了"十一五"规划提出的电信普遍服务目标。

(2) 电信用户规模不断扩大。到"十一五"末，全国移动电话用户达到8.59亿户，2010年新增用户1.12亿户，创年度新增用户数新高；固定电话用户2.94亿户，2010年累计减少1935万户；3G用户达到4705万户，其中TD用户超过2000万，占全国3G用户的45%。

(3) 非语音和增值电信业务加快发展。2010年，基础电信企业非话音业务收入已占企业主营业务总收入的42.3%，比上年提高5.3个百分点；增值电信企业收入已超过1000亿元，同比增长20%以上。

(4) 互联网进一步发展。截至2010年年底，全国互联网网民达4.6亿户，普及率达34.3%；累计新增固定宽带接入用户2236万户，新增手机网民6930万人，互联网内容进一步丰富、移动化趋势进一步显现。国内14家上市互联网企业收入增速普遍高于3大基础电信企业，腾讯、百度和阿里巴巴的市值已经超过中国电信集团上市公司的市值，在全球互联网公司市值排名中已分别升至第4、6、12位；盛大、腾讯、第九城市、完美时空等互联网企业纷纷开展海外投资和并购。

（六）数字内容服务

“十一五”末，我国数字内容服务规模达到6350亿元，特别是2009年伴随电信3G牌照的发放和“三网融合”的推进，基于宽带通信和移动多媒体技术的新兴数字内容服务加快发展。到2010年，我国网络游戏产业产值达到323.7亿元，同比增长26%；网络游戏用户突破1.2亿，同比增长37%。全国动漫企业共有5000多家，动漫产业产值达到471亿元，同比增长27.8%，直接进行国产动画片制作的有260余家。手机出版收入规模达到349.8亿元，互联网广告收入达到321.2亿元。遥感、测绘、电子地图和卫星导航等地理信息服务保持高速发展势头，产值达到近1000亿元。

（七）电子商务服务

电子商务应用环境日趋完善，新业态、新模式不断涌现，有效降低了社会交易成本，电子商务服务业继续呈现快速发展。淘宝、支付宝等电子商务骨干企业主营业务收入显著增长，苏宁、国美、万达集团等传统企业也加快网上零售转型发展。截至2010年年底，电子商务服务业中网络零售交易额占全国社会消费品零售总额的2.7%。以支付宝为例，截至2010年年底，支付宝注册用户已突破5.5亿，日交易额超过25亿元，日交易笔数达到850万笔。电子商务服务的发展，为推动经济社会发展做出了积极贡献。

（八）生物技术服务

“十一五”期间，国内临床前研究、药物安全性评价、临床试验及试验设计等专业化第三方生物技术服务加快兴起，为生物和医药企业降低创新成本，提高创新效率提供了有力支撑。同时，随着产业链分工的不断细化，药物研发外包服务加快发展，北京中关村、上海张江、苏州工业园等药物研发外包产业已呈现出明显的集群化发展态势；基于生物和信息技术的数据挖掘、基因数据分析等资源开发和健康服务等新兴服务业态方兴未艾，胚胎工程、细胞工程、分子育种等领域的服务发展迅速，华大基因、国药集团、康龙化成、中美奥达、中美冠科等一批骨干企业加快成长。

二、采取的主要措施

（一）加大高技术服务业发展的政策支持

1. 软件和信息服务

在国务院2009年出台的《电子信息产业调整和振兴规划》中，明确提出要加快培育信息服务新模式新业态，把握软件服务化趋势，促进信息服务业务和模式创新，综合利用公共信息资源，进一步开发适应我国经济社会发展需求的信息服务业务。在国务院颁布实施的《进一步鼓励软件产业和集成电路产业发展的若干政策》(国发〔2011〕4号）中，亦明确了支持软件服务化发展的政策措施。在《国务院办公厅关于促进服务外包产业发展问题的复函》（国办函〔2009〕9号）中，就推进北京、上海等20个重点城市开展承接国际服务外包业务、促进服务外包产业发展试点，从技术先进型服务企业、特殊工时工作制、人才培训等方面明确了相关政策。在以上产业政策措施的扶持推动下，“十一五”期间我国高技术服务业步入了新的快速发展阶段。

2. 数字内容服务

《国民经济和社会发展第十一个五年规划纲要》明确提出“鼓励教育、文化、出版、广播影视等领域的数字内容产业发展，丰富中文数字内容资源，发展动漫产业”，将数字内容产业作为国家经济和社会发展的重要工作。2006年，财政部等部门颁布了《关于推动我国动漫产业发展的若干意见》，决定设立中央财政扶持动漫产业发展专项资金，支持优秀动漫原创产品的创作生产、民族民间动漫素材库建设，以及公共技术服务体系建设，并明确对经认定的动漫企业比照软件产业享受税收优惠政策。发展动漫网络等新型消费于2009年也首次写入了《政府工作报告》。2009年9月国务院审议通过的《文化产业振兴规划》，对加快发展数字内容产业提出了明确的目标、任务和保障措施。

3. **电子商务服务**

国家发展改革委组织研究和制定了一系列政策措施：①组织编制了《电子商务发展“十一五”规划》，对普及电子商务应用、支持电子商务服务业发展、改善电子商务支撑环境进行了具体部署。②组织推动国家信息化试点。通过投资引导，鼓励面向重点行业和中小企业的第三方信息平台建设，培育电子商务服务业；支持电子认证、在线支付、信用、现代物流等电子商务支撑体系建设，改善电子商务支撑环境。③会同商务部等相关部门共同推进了电子商务示范城市建设。通过统筹规划、法规体系建设和系列配套政策，旨在着力构建有利于电子商务发展的环境，验证各类法规、政策的合理性和有效性，为国家有关电子商务的法律环境建设提供实践基础，推动先进管理制度和政策体系的研究制定。④针对虚拟货币、电子合同、电子产品和在线信息管理等电子商务业务，加强电子商务监测手段研究，提出了建设电子商务工程实验室的初步方案。

（二）开展高技术服务业先行先试工作

为加快推动高技术服务业发展，2010年5月，国家发展改革委下发了《关于当前推进高技术服务业发展有关工作的通知》（发改办高技〔2010〕1093），先行在具有相对比较优势的北京、天津、河北、辽宁、大连、上海、浙江、江苏、广东、深圳、湖北、湖南、四川、重庆14个省市开展高技术服务业发展试点工作，并相应在其15个城市开展了高技术服务产业基地建设工作，鼓励和引导在政策扶持、体制创新、配套服务等方面进行积极探索。着力促进和发展一批创新能力强、创业环境好、特色突出的高技术服务业集聚区，培育龙头企业。15个高技术服务产业基地见表10-1。目前，14个高技术服务业发展试点省市及其15个产业基地建设取得了积极效果。据初步统计，“十一五”期间，北京市、上海市高技术服务业增加值年均增速高达18.7%、13.3%。

此外，为引导云计算服务创新模式的发展，2010年10月国家发展改革委联合工业和信息化部下发了《关于做好云计算服务创新发展试点示范工作的通知》（发改高技〔2010〕2480号），在北京、上海、深圳、杭州、无锡等5个具有相对比较优势的城市先行启动云计算服务创新发展试点，明确了我国云计算发展的总体思路和试点城市工作安排。

表10-1 15个高技术服务产业基地

基地城市	工作重点
北京	建成中国高技术服务业新标准、新技术、新业态、新产业链、新商业运营模式和新产业专业集聚区的策源地，重点实施信息服务业基础设施建设工程、数字内容服务创新工程、生物技术服务业跨越发展工程、绿色服务发展工程、研发设计服务提升工程、知识产权和科技成果转化服务壮大工程
上海	构筑上海高技术服务业“中环”产业带，重点发展信息技术服务、生物技术服务、数字内容服务、研发设计服务、知识产权服务和科技成果转化服务
天津	重点发展信息服务业、生物技术服务业、研发设计服务业、技术创新服务业，着力培育低碳技术服务业、先进制造产业服务化等新兴技术服务业
重庆	提速发展软件及服务外包业，稳步发展信息服务业，加快培育物联网产业，做大做强研发设计服务业，积极培育创新服务产业
广州	发展信息、生物、数字内容、研发设计等重点产业领域，形成优势板块；培养公共技术平台、数据资源服务、知识产权服务、成果转化服务等创新服务体系，完善功能配套
杭州	重点发展软件服务、电子商务服务、物联网、数字文化服务、高性能计算和云计算服务、生物技术服务、研发设计和技术创新服务等高技术服务行业

（续）

基地城市	工作重点
成都	重点发展信息技术服务和数字内容服务、生物技术服务、研发设计服务、知识产权服务、科技成果转化服务
苏州	重点发展信息服务、医药和生物技术服务、技术创新研发服务业、创意与工业设计服务业、知识产权服务等
大连	把发展东北地区的信息技术服务，发展以工业软件为主的在岸服务业务，列为信息服务的首要任务，同时积极发展生物技术服务、研发设计服务、技术创新服务等
长株潭	重点建设信息服务产业、数字文化产业、生物技术服务产业、新材料研发服务产业、节能环保服务产业、工程机械服务产业、轨道交通服务产业、航空动力服务产业、新能源汽车服务产业、新能源服务产业10个具有鲜明特色的高技术服务产业集群
郴州	围绕有色金属、新材料和电子信息等特色产业需求，构建研发设计服务体系，打造辐射湘赣粤的信息服务高地、发展专业化的分析检测技术服务、引进和发展成果转化服务、壮大数字内容产业
沈阳	大力发展物联网、云计算、软件服务、数字文化、生物医药服务、研发设计服务和技术创新服务七大产业和28个重点方向，不断壮大高技术服务产业规模
深圳	立足于建设国家创新型城市的实际需要，以信息服务、研发设计服务、技术创新服务等为发展重点，推动深圳市高技术制造向高技术服务转变
石家庄	重点发展生物技术服务与信息技术服务，拓展数字内容服务产业
廊坊	重点发展信息技术服务，新能源、新材料、环保及航天科技产业的研发设计服务，云计算（数据中心）服务，知识产权化服务，金融信息服务

（三）积极深化电信体制改革

“十一五”期间，国家通过引导基础电信企业加强业务和资产重组，发放三张3G牌照，不断深化电信经营体制、管理体制改革，初步形成了三家实力相对均衡、具备全业务运营能力和国际影响力的基础电信骨干企业，市场竞争格局进一步优化。

（四）稳步推进三网融合

2010年1月，国务院印发了《推进三网融合总体方案》（国发〔2010〕5号），决定加快推进三网融合，明确了“三网融合”的时间表、目标和主要任务。2010年6月，国务院办公厅印发了《三网融合试点方案的通知》（国办发〔2010〕35号），相关工作正式进入实质性推动阶段。

（五）鼓励创业投资投向高技术服务企业

2009年，国家发展改革委、财政部启动实施了“新兴产业创投计划”，联合发起设立了“创业投资基金”，着力吸引社会资金参与，促进包括高技术服务业在内的战略性新兴产业发展，扶持创新创业企业成长，为高技术服务企业发展提供了有力的资金支持。

三、存在的主要问题

总体上看，“十一五”期间，我国高技术服务业尚处于初期发展阶段，产业规模较小、产业化和国际化水平较低、竞争实力不强、机制体制还不完善，与发达国家相比还有很大差距。从着眼于推动我国高技术服务业加快发展出发，当前应着力解决好如下主要问题：

（一）统筹推进力度有待加强

我国高技术服务业的发展尚未形成部门之间统筹推进的有效工作机制，亟待加快建立和完善相关组织体系，进一步凝聚合力、创新思路，加强高技术服务业发展有关政策的整合和利用，建立系统性政策体系，完善部门间协调配合工作机制，统筹引导和推进各地区高技术服务业发展。

（二）市场环境改革有待进一步完善

在知识产权、检验检测等领域，隶属于政府部门管理的一些机构存在垄断信息资源、公共服务功能不强等现象，市场供给能力总体上不足，亟需进一步完善市场准入制度，扩大市场开放，放宽市场准入，加强市场化服务。由于在人员安置、社会保障等问题，高技术服务领域相关事业单位转制为企业的改制改革进展相对缓慢。知识产权服务等领域公共信息资源有待进一步向全社会开放，提高服务能力。亟待加快制定"高技术服务标准规范"和"高技术服务业统计分类标准"。

（三）管理创新有待进一步加强

电子商务服务领域征信体系尚未建立；一些高技术服务领域从事网络视频服务业务的企业，存在多头管理现象，需要接受公安、文化、工信、广电、新闻等多个部门的同时监管，有待加强统筹、理顺管理，以减轻企业负担。

（四）政府采购政策还有待完善

政府采购高技术服务的领域还相当窄，需进一步推动政府部门将可外包的信息技术服务、检验检测服务、知识产权服务、技术咨询服务等业务发包给专业服务企业，实现给政府服务的提供主体和提供方式多元化，减少政府部门事业单位数量和行政经费支出、提高工作效率。

四、"十二五"发展思路

"十二五"期间，高技术服务业发展将继续着力培育一批创新能力较强、服务水平较高、具有一定国际影响力的骨干企业；推动形成若干产业特色鲜明、比较优势突出的产业基地和创新集聚区；加快构建高技术服务产业体系、标准体系、统计体系和政策体系。高技术服务业对经济结构调整、发展方式转变的支撑能力明显增强。"十二五"期间，我国将从转变经济发展方式的战略需要出发，根据高技术服务业各领域发展的成熟度和阶段性特征，加强引导，着力在既定的 8 大重点领域实现突破：①研发设计服务。大力发展多元化研发与设计服务，着力壮大专业研发设计服务企业。以企业为主体，推动产学研相结合的特色服务平台建设；引导跨国公司和海外高端人才在华设立专业研发服务机构，深化与中国企业的合作；鼓励有条件的地区成立各具特色的工业设计服务中心。②知识产权服务。培育知识产权服务市场，构建功能齐全、服务主体多元化的知识产权服务体系。继续扩大知识产权基础信息资源共享范围，提升知识产权服务机构涉外事务处理能力，加强标准信息分析和相关技术咨询等标准化服务。③检验检测服务。大力推进检验检测机构市场化运营，提升专业化服务水平。鼓励检验检测技术服务机构由单纯检测认证型向综合解决方案型服务延伸，提高服务能力。④科技成果转化服务。不断完善科技中介体系，大力发展专业化、市场化的科技成果转化服务。完善技术交易市场，鼓励社会资本投资设立新型转化实体。⑤信息技术服务。着力培育基于移动互联网、云计算，以及物联网等新技术、新模式、新业态的服务；加强软件工具开发和知识库建设，形成面向行业应用提供系统解决方案的能力；着力培育服务外包品牌，增强服务外包国际竞争力。⑥数字内容服务。大力加强数字文化教育产品开发和公共信息资源深化利用，构建便捷、安全、低成本的数字内容服务体系。进一步推进人口、地理、医疗、社保等信息资源深度开发和社会化服务。⑦电子商务服务。不断完善面向中小企业的电子商务服务，鼓励和引导相关机构建立可信交易服务平台。着力培育一批电子商务服务骨干企业。⑧生物技术服务。大力完善生物技术服务体系，培育新业态。重点发展创新药物及产品的临床前研究和评价服务、现代生物农业技术服务、生物制造、生物环保技术服务。政策措施是：加大财税支持，拓展融资渠道，完善市场环境，培育市场需求，提高创新能力，加强人才培养，深化国际合作，引导集聚发展。

附件："十一五"高技术服务业政策文件

1.《国家发展和改革委员会 国务院信息化工作办公室关于印发〈电子商务发展"十一五"规划〉的通知》(发改高技〔2007〕1194号，2007年6月1日)

2.《国家发展和改革委员会办公厅关于组织开展信息化试点工作的通知》（发改办高技〔2008〕618号，2008年3月14日）

3.《国家发展和改革委员会办公厅关于组织实施2009年信息安全专项有关事项的通知》（发改办高技〔2008〕2494号，2008年11月14日）

4.《国家发展和改革委员会办公厅关于印发第一批国家信息化试点单位名单的通知》（发改高技〔2009〕427号，2009年2月6日）

5.《国家发展和改革委员会 工业和信息化部关于做好云计算服务创新发展试点示范工作的通知》（发改高技〔2010〕2480号，2010年10月18日）

6.《国家发展和改革委员会办公厅关于组织实施2010年信息安全专项有关事项的通知》（发改办高技〔2010〕549号）

7.《国家发展和改革委员会办公厅关于当前推进高技术服务业发展有关工作的通知》（发改办高技〔2010〕1093号）

8.《国家发展和改革委员会关于建设北京等15个国家高技术服务产业基地的通知》（发改高技〔2010〕2634号）

（国家发展和改革委员会高技术司供稿）

第十一章　科技服务业发展报告

近年来，党中央、国务院非常重视我国服务业的发展，出台了一系列加快发展服务业的政策措施，有力促进了我国服务业的快速发展。大力推动服务业创新发展是科技部近年来的工作重点之一。为贯彻《国务院关于加快发展服务业的若干意见》（国发〔2007〕7号）和《关于加快发展服务业的若干政策措施的实施意见》（国办发〔2008〕11号）文件精神，落实《国家中长期科学和技术发展规划纲要（2006—2020年)》和国务院《关于发挥科技支撑作用促进经济平稳较快发展的意见》（国发〔2009〕9号）的各项任务，充分发挥科技创新在加快发展服务业中的引领和支撑作用，科技部以"十一五"现代服务业科技行动为主线，在推动服务业创新发展方面开展了一系列工作，取得了明显成效。同时，在充分调研和论证的基础上，组织编制了《现代服务业科技发展"十二五"专项规划》，对"十二五"期间我国现代服务业的发展进行了整体部署。

一、"十一五"发展情况

（一）共性关键技术研发及应用取得重大进展

"十一五"期间，组织实施了一批重大、重点项目，在电子商务、现代物流、数字医疗、数字内容、数字社区、数字教育、数字旅游、电子金融等现代服务业多个重要领域和方向，突破了一批服务业共性关键和系统集成技术，制定了一批服务业标准规范，服务业科技支撑能力明显提高。TD－SCDMA是我国自主研发并提出的3G三大主流国际标准之一，也是有史以来我国第一次自主提出的国际标准；以数字电视为代表的数字音视频技术研发成果丰硕，数字音视频编解码技术、高清晰度电视地面传输技术、机卡分离技术等的研发和产业化取得了较大进展。目前，以计算机技术、网络技术、数据库技术和现代管理技术等为代表的技术支撑，已成为现代服务业发展的重要动力。基于信息技术的新生产运作方式、新管理工具和新营销工具已成为教育、医疗、旅游、餐饮、房地产等行业生产经营的重要手段；信息化已成为金融、保险、物流、商贸等行业平稳安全运营最基本的生存支撑环境；信息技术在采购、配送、管理、洽谈、支付、认证、交易和结算等领域的应用，极大地增强了服务供给能力。

（二）现代服务业新兴业态快速发展

信息技术尤其是现代网络技术的飞速发展和应用，催生了一批新兴服务业的产业形态，如电子商务、在线软件应用、电信增值、动漫网游、网络导航、门户网站、搜索引擎等。共性关键技术研发及应用示范，有力地促进了现代服务业新兴业态的发展。近年来，一批极具竞争活力的新兴服务企业迅速崛起，带动了我国新兴服务业的快速发展。其中，百度成为全球最大的中文搜索引擎，腾讯成为中国最大的互联网综合服务提供商之一，搜狐和新浪是中国综合类和门户类网站的杰出代表，阿里巴巴成为全球企业间（B2B）电子商务的著名品牌，用友、金蝶、浪潮等一批软件企业在全球的竞争力不断提升。这些新兴服务在现代产业链、价值链中处于高端环节，是获取竞争优势的制高点，不仅从根本上改变世界服务业的发展模式，也对各国在世界产业链中的地位、利益产生重大影响，成为决定各国国际竞争力的关键因素。

（三）现代服务业集群发展态势初步呈现

银行、保险、物流、信息服务等生产性服务企业集中分布在北京、上海、深圳等特大城市。其中，北京、上海、广州、深圳、大连五个城市的呼叫中心占全国的90.62%；北京、上海两大城市的重点实验室达到94家，“211”高校达到33所，分别占全国的47%和31%；北京、天津、上海和广州四个城市的三级甲等医院达到114家，占全国的30%。

从区域分布格局看，我国现代服务业初步形成了“三级梯队”的区域分布格局。第一梯队为北京、上海两个具有国际水准的大都市区，现代服务业不仅成为区域经济发展的核心，其发展水平也远高于我国其他地区。其中，北京在金融、总部经济、软件和信息服务业（信息传输、计算机服务和软件服务等）及高端研发服务业（科学研究、技术服务和工业设计等）方面较为突出。上海凭借临海优势，在现代物流业方面具有较强优势，全球10大物流企业和50大船运公司已全部入驻上海。第二梯队主要包括辽宁、河北、天津、山东、江苏、浙江、福建与广东等八个沿海省市。该区域工业化与信息化程度已具备较高水平，服务业已形成规模，现代服务业已成为今后的发展重点。第三梯队为我国其他地区，现代服务业总体发展较为滞后，然而郑州、武汉、长沙、成都、西安和重庆等重点城市的现代服务业已具备了较好基础，成为区域现代服业发展中的亮点和重要增长极。

（四）现代服务业在国民经济中的地位稳步提升

近年来，我国服务业规模继续扩大，结构和质量明显改善，在促进经济平稳较快发展、扩大就业等方面发挥了重要作用。从具体行业来看，我国的通信服务业实现了跨越式发展，电信服务业和互联网服务业涌现了许多成功经营案例和一批极具竞争实力的骨干企业。金融业体制改革取得重大突破，银行卡的发展对人民生活方式和交易方式产生了根本性变化，现代服务业逐渐发展成为了服务业的重要组成部分和国民经济的新兴增长点。

（五）现代服务业发展环境逐步改善

目前，我国现代服务业的发展环境逐步得到改善和优化。①中央和各级地方政府高度重视现代服务业的发展，党和国家在十七大报告、国民经济和社会发展“十一五”及“十二五”规划、中长期科技发展规划等重要文件中反复强调现代服务业发展的必要性和紧迫性，国务院专门出台了《关于加快发展服务业的若干意见》（国发〔2007〕7号文件）、《关于印发鼓励软件产业和集成电路产业发展若干政策的通知》等一系列文件和政策措施，表明了发展现代服务业的决心和思路，一个不断优化的政策环境正在形成。②支撑现代服务业发展的科研环境得到政府的着力引导。继《国家中长期科学和技术发展规划纲要》将“现代服务业信息支撑技术及大型软件”列为优先主题之后，国家科技计划对现代服务业科技支撑的支持力度大大加强，部门和地方科技部门对现代服务业技术应用、公共平台和产业化基地的支持也在逐年增加。③现代服务业的发展正面临一个日益开放的市场环境。加入WTO以来，中国政府按照承诺逐步加快了服务领域的开放步伐，允许外资企业进入金融、保险等现代服务业领域，同时允许部分国有大型企业，如银行在海外上市。第四，相关部委、高校、基地、协会等先后组织实施了一系列人才培养工程，支撑现代服务业发展的人才环境初现雏形。

二、采取的主要措施

“十一五”以来，科技部在推动服务业创新发展方面主要做了以下几方面的工作。

（一）率先开展了现代服务业创新发展战略研究

现代服务业是服务业中的高端成分，是以现代科学技术特别是信息技术为主要支撑，建立在新的商业模式、服务流程和管理理念基础上的新兴服务产业。它既包括随着技术发展和社会进步而产生的服务业的新型业态，也包括运用现代技术对传统服务业的改造和提升。为促进服务业的创新发展，2006年7月，科技部会同有关部门召开了现代服务业科技工作会议，发布了《现代服务业科技行动纲要》，按照该纲要的部署，科技部组织有关专家，对我国现代服务业发展现状、存在问题、发展战略、科技支撑重点方向、现代服务业标准规范体系及产业化创新体系等进行了持续深入的研究，并通过举办现代服务业创新发展系列论坛，多次到部门、地方调研座谈，深入了解部门和地方现代服务业发展的方向和科技需求等方式，科学谋划我国现代服务业的创新和发展。2010年又着手开展了现代服务业领域“十二五”科技发展战略研究规划工作，进一步明确科技支撑和引领现代服务业创新发展的方向和着力点。

（二）着力推动现代服务业科技创新

为促进现代服务业科技创新，科技部在国家科技支撑计划中启动实施了一批现代服务业科技支撑重大、重点项目，内容涉及电子商务、现代物流、数字医疗、数字内容、数字社区、数字教育、制造业信息化、劳动保障服务、信息及空间服务、信息安全服务、残疾人信息无障碍服务、生殖健康服务、电子工商服务、药品网络市场监管服务，以及现代服务业标准规范体系等现代服务业的多个领域和方向。项目总体实施情况良好，取得了明显效果。

（三）大力开展现代服务业创新发展试点示范

为充分发挥示范在配置产业资源和引导产业发展中的引领作用，科技部在有条件、有特色的地方先后认定了48家现代服务业产业化基地；开展了现代服务业创新发展示范城市的建设工作，青岛、杭州、重庆、西安等城市的实施方案已通过专家论证；开展了现代服务业示范企业的认定工作，先后有49家企业通过专家答辩。与财政部、国家发展改革委、商务部一起，共同支持开展了中关村、东湖国家自主创新示范区现代服务业试点，促进了以示范城市、试点园区、产业基地、示范企业为抓手的现代服务示范格局的形成和发展。

（四）大力开展服务业创新体系建设

为加强服务业科技创新体系建设，科技部支持建设了多家企业国家重点实验室，扶持建立了若干家服务业综合研究机构，组建了一批产学研结合的技术创新战略联盟和技术服务平台，鼓励开展研发设计、支撑技术联合攻关、技术应用示范、信息咨询、产品测试等公共服务。

（五）积极营造有利于服务业发展的政策环境

2008年，科技部印发《创新型科技园区建设指南》，明确提出“大力发展高端知识密集型产业，形成以知识密集型产业和现代服务业为主导的园区经济，引导区域知识经济的发展”，并将“高技术服务业销售收入占园区营业总收入的比例高于30%”列为建设目标之一。在2008年1月1日起实施的高新技术企业的认定工作中，把业务流程外包、技术咨询服务等内容列入了《国家重点支持的国家高新技术领域》。得到相关认定的高新技术企业和技术先进型服务企业均可享受税收优惠。同时还出台了对从事技术开发和技术转让减免营业税和从事技术转让减免所得税的优惠政策。

（六）努力提高我国服务业对外开放水平

在2004年组织实施中国软件出口工程的基础上，2007年对我国软件出口前100家经营业绩好、外包能力强和竞争优势明显的软件与信息服务外包企业再次组织认定，提升了这些企业的形象和品牌。通过组织“国际咨询科技博览会”、“信息科技外包合作论坛”、“企业配对会”、“内地－香港－海外项目对接会”等活动为我国现代服务业对外开放创造条件。

（七）重视加强服务业基础性工作

为保障软件和信息服务外包产业持续发展，科技部会同有关单位组织实施了中国软件专业人才培养工程，共认定了17个院校为“中国软件专业人才培养工程教育基地”，认定了两所学院为“中国软件专业人才培养工程职业训练基地”，扶持建立了国内首个电子服务博士学位培养点，为培育现代服务业适用型人才提供了有力支撑。

为健全现代服务业标准体系，通过科技支撑计划的支持，目前已研究制定了66项现代服务关键技术标准，包括5项基础通用类标准，15项基础共性服务类标准，43项面向行业应用的标准，3项监督管理类标准，这些标准中包括51项国家标准，目前均已经形成征求意见稿或送审稿。

三、存在的主要问题

在有关各方的共同推动下，我国科技领域服务业创新发展取得了一定的进展，但实践中还存在许多不容忽视的问题，需要进一步研究和解决。

（一）对加快发展现代服务业的重要性、紧迫性认识程度还不高

虽然近来社会各界逐渐开始关注现代服务业的发展，但部分地方和部门对加快发展现代服务业的重要性、紧迫性认识不足，政策措施不到位，行动迟缓。部分地方只看到了当前发展现代服务业对GDP、地方财政收入的直接贡献较为有限，在较短的时间难以见效，忽视了现代服务业在促进市场经济发育、优化社会资源配置、提高就业、提升国民经济运行质量等方面的长远影响和重大作用，因而在行动上踟蹰不前。

（二）现代服务业范畴和统计体系亟待统一和完善

由于现代服务业是一个新兴产业，还没有一个明确的统计意义上的边界划分，更没有统一的统计体系。虽然部分省（市）制定了自己的现代服务业产业范畴和统计体系，但由于统计口径不一致而难以具备可比性。例如，在研究各省市自治区“十一五”规划选择现代服务业发展热点时发现，旅游业、现代物流业、金融服务业、房地产业是“十一五”期间最热门的4个行业，几乎所有的地方都在其“十一五”规划中提及并重点发展。这是由于房地产业投入少、见效快、显示度大，容易产生业绩，但从提高国民经济科技含量和运行质量的角度，房地产业还难以体现现代服务业的本质内涵。而旅游业至今仍没有纳入国民经济分类统计体系门类中。因此，有必要加强统一规划研究，明确现代服务业的范筹和边界，完善现代服务业统计指标体系。

（三）现代服务业比重偏低，科技支撑能力还不强

总体上看，我国现代服务业尤其是生产性服务业远远滞后于国际先进水平。从生产性服务业占服务

业的比重来看，我国仅为28%左右，发达国家一般处于50%以上。由于体制、政策的影响，现代服务业的市场准入门槛普遍高于工业，管制过多、市场化程度低的问题较为突出。一些行业存在政策性进入壁垒和垄断现象，竞争不充分、服务质量差、服务方式单一。第三方专业化服务模式和服务规模尚未形成。由于现代服务业是三高两低三新型产业，即科技含量高、人力资本含量高、附加价值高，自然资源依赖度低、污染排放低，同时采用了大量的新技术、形成了许多新的产业形态和新的服务方式，模式与技术创新是其快速发展的动力。目前，我国整体上现代服务业科技含量较低，关键核心技术，特别是引领性技术少，模式创新能力弱，发展规模小，创新体系普遍不够健全。同时，高水平的研发人员、技术人员等高端人才十分匮乏，使众多本土生产性服务企业创新能力薄弱，只能在低端服务上盲目地进行重复性投资和恶性竞争。因此，需要针对现代服务业自身发展规律，进一步改善现代服务业创新发展的体制和机制。

四、“十二五”发展思路

“十二五”时期，科技服务业发展目标是：电子商务、物流等生产性服务业技术支撑能力明显提升，行业技术水平得到明显提高；新兴服务业培育和发展能力明显增强，形成一批现代服务业新模式和新业态；科技服务业产业规模和增加值显著增长，拉动科技创新和经济社会进步的能力明显增强；形成一批现代服务业示范城市、示范园区、示范企业和产业化基地；初步建立起适应现代服务业创新发展的技术支撑体系、科技创新体系，以及理论体系、政策体系、工作体系、标准体系、统计体系和评价体系。主要任务是：发挥科技引领作用，积极培育和发展新兴服务业；强化科技支撑作用，大力改造提升生产性服务业；优化创新创业环境，大力发展科技服务业。政策措施是：开展现代服务业试点示范，加大对现代服务业创新项目的投入，完善现代服务业科技创新体系，强化体制机制创新，完善政策体系，营造发展环境。

（科学技术部供稿）

第十二章　知识产权服务业发展报告

知识产权服务业是提供知识产权“获权－用权－维权”相关服务，促进知识产权权利化、商用化、产业化，提高产业核心竞争力的新兴业态，是现代服务业和高技术服务业的重要组成部分。知识产权服务贯穿知识产权创造、运用、保护、管理各个环节，包括知识产权的代理、登记、检索、分析预警、数据加工、咨询、培训、转让、交易、托管、评估、鉴定、投融资等活动。在党中央、国务院的正确领导下，在全体从业人员的共同努力下，“十一五”期间，知识产权服务业发展取得了长足进步。

一、“十一五”发展情况

党中央、国务院高度重视知识产权工作。2006年5月，胡锦涛同志在中共中央政治局第三十一次集体学习时发表重要讲话，强调要切实加强我国知识产权制度建设，为建设创新型国家提供有力支撑。2007年，党的十七大明确提出“实施知识产权战略”。2009年3月，时任总理温家宝同志在政府工作报告中明确提出，“要继续实施科教兴国战略、人才强国战略和知识产权战略”。2010年“两会”期间，胡锦涛同志在参加江苏代表团审议时指出，要坚定不移走中国特色自主创新道路，努力突破更多核心关键技术，获得更多自主知识产权，为加快经济发展方式转变和经济结构调整提供强有力的科技支撑。"十一五"以来，我国知识产权工作取得重大进展，制定并颁布实施国家知识产权战略。完成专利法第三次修改和著作权法第二次修改，开展商标法第三次修订工作，进一步完善知识产权领域各项法律、法规、规章和政策，知识产权法律法规体系逐步完善。各类知识产权申请受理量保持较快增长。

（一）知识产权代理服务稳步壮大

1. 专利代理相关法律法规体系基本建立

《专利法》于2008年进行了第三次修改，《专利代理条例（修订草案送审稿）》处于公开征求意见阶段。2009年对专利代理人资格考试进行改革，考试由两年一次改为一年一次，允许考生3年内分步通过各科考试，并对《专利代理人资格考试实施办法》和《专利代理人资格考试考务规则》进行修改。2009年国家知识产权局制定发布了《专利代理行业发展规划（2009—2015年)》，促进专利代理行业更好更快发展。

2. 专利代理行业规模扩大、服务能力提升

截至2010年年底，全国共有11000余人取得专利代理人资格，执业专利代理人达6400余人，分别比"十五"末期增长了42%和55%。专利代理行业从业人员达2万余人。"十一五"期间批准新设专利代理机构216家，专利代理机构总数达794家，比"十五"末期增长了33%。涌现出中国国际贸易促进会专利商标所、中国专利代理（香港）有限公司、北京柳沈律师事务所等规模较大、实力较强、效益较好的专利代理机构。以北京市为例，截至2010年8月，该市共拥有专利代理机构190家，专利代理人2314人，其中40%为研究生以上学历；2010年北京专利代理机构年经营收入总额34.5亿元，专利代理人人均创收近150万元，帮助国际创新主体申请专利8.8万件，帮助我国创新主体向外国申请专利超过1万件。

3. 专利代理向专业化、规范化方向发展

全国专利代理机构于2001年基本完成脱钩改制，进一步向市场化、专业化、规范化方向发展。中华全国专利代理人协会作为全国专利代理行业的自律性组织，于2009年8月发布了《专利代理服务指导标准》（试行），并于2010年7月发布了《专利代理职业道德与执业纪律规范》，建立健全了专利代理行业规范，推动了行业诚信体系建设。

（二）知识产权信息与软件服务快速发展

1. 专利基础信息积累丰富

截至"十一五"末，国家知识产权局已收集拥有世界97个主要国家和地区知识产权机构的共9000多万件专利数据。"十一五"期间，开展了中国专利数据初加工、深加工和国外专利数据整合等多个专利信息资源建设项目，在自主数据加工基础上，已逐步形成了较为完整的中外专利信息资源。知识产权基础信息的积累、加工和提供，为知识产权服务的商业化发展奠定了良好基础。

2. 专利信息公共服务平台陆续建成

建设了中国专利检索系统、中国专利法律状态检索系统等专利信息公共服务平台。与教育部、中科院合作，为高校专利信息服务平台、中科院知识产权网提供专利数据和检索工具。2009年，为贯彻落实重点产业调整和振兴规划的实施，国家知识产权局联合国资委和相关行业协会，共同建设了公益性的重点产业专利信息服务平台，为重点产业结构调整和优化升级提供专利信息支持。

3. 知识产权公共服务体系建设逐步推进

截至"十一五"末，全国范围内建成武汉光电子、重庆摩托车（汽车）、杨陵农业、长春医药、中国林业等国家级专利信息中心，建成1个国家专利数据中心和47个地方专利信息服务网点；建立67家知识产权维权援助中心、75家专利工作交流站，开通12330知识产权维权援助服务热线。国家知识产权局成立了客户服务中心，拓宽专利文献馆和公众检索室的服务功能，开展公益讲座和系列培训。研究梳理

美国、欧盟、日本、韩国等国家（地区）的知识产权法律制度、司法体系和执法情况，形成数份国外知识产权环境报告并公开发布，为我国企业开拓海外市场提供实用信息。

4. 知识产权数据与软件商业化服务快速成长

涌现一些发展较为迅速的民营知识产权数据与软件服务机构，从事专利信息和科技文献的数据加工、专利检索分析系统和知识产权管理系统等知识产权软件的研发，业务范围不断扩展。首届中国专利信息年会于2010年9月举办，国际专利信息产品与服务展览和专题研讨同时举行，为来自全球的专利信息用户、专利信息服务商和各国知识产权政府部门搭建了国际化的交流与服务平台。

（三）知识产权质押融资与评估交易服务蓬勃开展

1. 知识产权评估和质押融资服务粗具规模

知识产权评估服务发展较快。截至2007年，全国共有知识产权评估机构1851家，注册资产评估师18510人。商业银行逐渐开展面向中小企业的知识产权金融业务。全国知识产权质押金额总计约266亿元。知识产权质押合同登记连续5年保持高速增长，质押金额年均增长近70%。

2. 专利展示交易和运用转化服务不断创新

截至“十一五”末，在全国各地建立国家专利技术展示交易中心41家，共举办展示交易活动398场，实现成交项目755项、成交额72亿多元。组织开展了第十至十二届中国专利奖评选，获得专利奖的项目经济效益显著，据不完全统计，自实施日起至评奖前一年年底止，获得专利金奖的50个项目仅新增销售额一项就达2309亿元。中国发明协会举办全国发明展览会，实施专利成果产业化工程，开展优秀专利项目的收集、遴选、对接和产业化引导扶持，促进发明成果的转化实施。一些机构不断探索专利运用转化的新模式，如中科院上海生命研究院成立知识产权与技术转移中心和专业服务公司，对发明和专利进行早期培育、商业化推广和许可转让；中国技术交易所首次为中科院计算所举办专利拍卖会，促进专利技术从科研院所向企业的转移。

（四）知识产权咨询服务不断扩展

1. 重大项目分析预警服务陆续开展

2008—2010年，国家知识产权局围绕新能源、新材料、生物技术、节能环保、食品安全、大型飞机、电动汽车等我国战略性新兴产业和重大科技项目，组织开展了专利分析和预警服务；江苏、贵州、山东等地针对重大科技专项和成果转化项目，组织开展专利分析和知识产权评议服务。

2. 各类知识产权咨询服务日益丰富

“十一五”期间，国内知识产权咨询服务市场需求逐渐增长，服务内容也日益丰富。知识产权出版社、中国专利技术开发公司、北京国之企业专利应急和预警咨询服务中心等机构依托所属单位资源优势，开展专利检索、分析、预警、翻译、培训等各类服务。苏州威世博、北京东方灵盾等民营公司也纷纷进入知识产权咨询领域，服务内容向风险评估、预警分析和知识产权战略制定等高端服务方面拓展，服务方式呈现多样化趋势。

3. 知识产权托管服务初步开展

知识产权托管是指服务机构在严守企业商业秘密的前提下，接受企业委托，代办所有知识产权相关业务，包括咨询、申请、维护、维权、经营等。2008年以来，北京、上海、陕西、成都等地先后开展了知识产权托管工作。以北京为例，自2008年4月起，在中关村亦庄园、石景山园等地陆续开展知识产权托管工程，1500多家企业签订“入托”协议，入托企业专利申请年平均增长超过70%，授权数量不断攀升。2009年，北京共有600多家园区企业和中介机构签署知识产权托管协议。服务机构向入托企业提供专利挖掘、行业标准制定、权利维护等服务，成效显著。

（五）知识产权产业联盟纷纷组建

为实现优势互补、提升产业整体对外竞争力，“十一五”期间，我国各地区、各行业纷纷组建知识产权联盟。从分布地区上看，主要位于北京、广东等发达省市，如广东已建立知识产权（专利）联盟21个。从行业领域上看，多集中在信息技术领域，如数字音视频编解码技术标准产业联盟、中国光伏产业联盟、LED产业标准联盟、北京智能卡行业知识产权联盟等；部分传统制造业也成立产业联盟，如空心楼盖专利联盟、佛山陶瓷专利联盟、中国地板专利联盟等。从组织形态上看，中国彩电专利联盟成立独立法人形式的运营公司，开展专业化、规范化服务；更多的联盟是行业内企业间的松散组织，尚待在整合资源、加强合力、共赢发展等方面更好地发挥作用。

二、存在的主要问题

当前，我国知识产权领域服务业发展主要存在以下问题：①面临体制机制方面的问题和障碍。如重大经济活动知识产权审议制度尚未普遍建立，知识产权领域服务业统计监测体系有待建立，公益性与商业性知识产权服务界限不清晰，缺乏服务标准和规范，服务机构难以享受财政税收等优惠政策。②专业化、商业化知识产权服务机构数量少，社会影响力和国际竞争力不强。知识产权服务机构的规模和效益还不突出，服务层次不高，提供知识产权战略制定、风险预警、海外维权等高端服务的能力不足，尚未形成具有自主品牌和国际影响力的服务机构。③国际化、专业化的知识产权服务高端人才不足。专利代理人的增长速度远远落后于专利申请量的增长速度，各类知识产权服务人才总体数量不足，高端人才更为匮乏。④综合性、公益性的国家基础知识产权信息公共服务平台建设有待完善。各类知识产权基础信息资源没有形成有效的集成和共享机制，已有服务平台主要是一般信息的检索与查询，尚未覆盖科技研发和开拓市场相关的各类信息。

三、“十二五”发展思路

“十二五”时期，我国知识产权服务业发展目标是，知识产权服务与科技经济发展深度融合，知识产权服务在开发利用知识资源、促进自主创新、缓解资源环境约束、突破非关税贸易壁垒等方面的作用充分显现。形成一批具有国际影响力的专业化服务机构，从业人员大幅增加，对知识产权创造、运用、保护和管理的服务能力显著增强，知识产权服务业规模占现代服务业的比重明显提高。主要任务是：①完善知识产权服务业法律政策体系和体制机制。继续完善知识产权法律制度和政策体系，努力解决制约知识产权服务业发展的体制机制问题。区分营利性机构与非营利性机构，鼓励有盈利能力的公共服务机构改企转制。在公共服务领域引入市场机制，实现服务主体和服务方式的多元化。推动制定加快发展知识产权服务业的财政、金融和税收政策。要求在重大科技经济活动中提供知识产权配套服务。推动建立知识产权服务人才职业资格制度。构建知识产权服务机构信用评价体系。完善知识产权服务业统计和监测制度。②加强知识产权基础信息资源建设与开发利用。整合专利、商标、版权等各类知识产权信息，加强信息资源的收集加工，建设综合性基础知识产权信息公共服务平台。进一步开放基础知识产权信息资源，鼓励社会资金参与增值性知识产权信息的开发利用。建设国家重点发展产业专利信息服务平台，自主研发知识产权分析与管理软件。③培育知识产权服务市场和机构。打造一批具有国际影响力的市场化、规范化、专业化的知识产权服务机构，品牌优势和社会影响力明显提升。鼓励有条件的行业协会、技术转移机构、咨询公司等参与知识产权服务，鼓励社会资本进入知识产权服务领域，支持境内外服务机构的交流合作，促进混业经营。制定知识产权服务标准和规范，加强行业管理和诚信体系建设。④拓展服务范围，促进知识产权转化运用。发展知识产权资产评估服务和知识产权投融资跟踪服务。支持金融投资机构对知识产权实施和产业化的投资，推进专利创业，促进知识产权的交易、许可和转化。鼓励企业结成知识产权联盟，保护自主创新成果。⑤壮大知识产权服务人才队伍。扩大专利代理人规模，发展无形资产评估师、知识产权管理工程师、知识产权咨询师、专利经纪人、专利信息分析师等队伍。完善知识产权服务相关学科设置，创新人才培养模式，鼓励校企合作培养知识产权实务人才。支持引进懂技术、懂法律、懂经济、懂管理的复合型国际高端人才。

附件："十一五"知识产权服务业政策文件

国务院文件

《国务院关于印发〈国家知识产权战略纲要〉的通知》（国发〔2008〕18号，2008年6月5日）

国家知识产权局及相关部门文件

1.《专利代理人资格考试实施办法》（国家知识产权局令第47号，2008年8月25日）

2.《专利代理人资格考试考务规则》（国家知识产权局令第48号，2008年8月25日）

3.《专利权质押登记办法》（国家知识产权局令第56号，2010年8月26日）

4.《财政部 国家知识产权局关于加强知识产权资产评估管理工作若干问题的通知》（财企〔2006〕109号，2006年4月19日）

5.《中国资产评估协会关于印发〈资产评估准则——无形资产〉和〈专利资产评估指导意见〉的通知》（中评协〔2008〕217号，2008年11月28日）

6.《国家知识产权局 外交部 工业和信息化部 司法部 商务部 国家工商行政管理总局 国家版权局 国务院新闻办公室 国际贸易促进委员会关于加强企业境外参展知识产权工作的通知》（国知发协字〔2009〕30号，2009年2月10日）

7.《国家知识产权局关于印发〈专利代理行业发展规划（2009—2015年）〉的通知》（国知发办字〔2009〕63号，2009年3月19日）

8.《国家知识产权局 工业和信息化部关于印发〈中小企业知识产权战略推进工程实施方案〉的通知》（国知发管字〔2009〕238号，2009年12月31日）

9.《科学技术部 国家发展和改革委员会 财政部 国家知识产权局关于印发〈国家科技重大专项知识产权管理暂行规定〉的通知》（国科发专〔2010〕264号，2010年7月1日）

10.《国家知识产权局关于印发〈全国专利事业发展战略（2011—2020年）〉的通知》（国知发办字〔2010〕126号，2010年10月26日）

11.《国家知识产权局关于印发〈知识产权人才"十二五"规划（2011—2015）〉的通知》（国知发人字〔2010〕148号，2010年11月22日）

（国家知识产权局供稿）

第十三章 信息服务业和工业领域生产性服务业发展报告

工业和信息化部始终高度重视发展现代服务业，特别是信息服务业和工业领域相关服务业，并将其作为落实党中央、国务院关于"保增长、调结构、转方式"的一系列重要部署，加快推进两化融合，走新型工业化道路的重要抓手和突破口。"十一五"期间，主要以软件和信息技术服务、通信服务、电子认证服务、电子商务等信息服务业，以及工业设计、现代物流服务、节能环保服务、装备工业生产服务等工业领域服务业为切入点，积极推进现代服务业发展。

与"十一五"初期相比，信息服务业和工业领域相关服务业产业结构日益优化，产业链条逐渐完备，企业综合实力明显增强，在国民经济和社会发展中的战略性地位和作用日益显现。

一、软件和信息技术服务

（一）“十一五”发展情况

“十一五”期间，我国软件和信息技术服务业持续快速发展，年均增速达27.9%，产业规模不断扩大，创新能力显著增强，产业集聚日益明显，国际化水平持续提高，人才队伍不断壮大，对国民经济和社会发展的支撑作用进一步增强，已具备再上新台阶的坚实基础。

1. 产业规模持续扩大，产业地位稳步提升

“十一五”期间，我国软件和信息技术服务业继续快速发展。2010年，产业总收入达到1.36万亿元，同比增长36.3%，产业规模是2005年的3.5倍。软件产业占电子信息产业的比重从2005年的10.2%上升到18%。软件企业数量超过3万家，从业人数由2001年不足30万人提高到超过200万人。产业对社会生活和生产各个领域的支撑和带动力持续增强，在国民经济中的地位不断提升。

2. 自主创新能力不断增强，产品质量、应用水平和服务能力逐步提升

据中国版权保护中心统计数据显示，2010年全国计算机软件著作权登记量突破8万件。“十一五”期间登记量翻了二番，平均增速达37%。同时，在2010年度国家科技进步奖评审中，多家软件企业获得科技进步二等奖。

“核高基”重大专项的顺利实施，促进了基础软件的创新和发展，提升了产品的质量和性能，部分产品在电力、邮政等重点行业领域得到较好应用。国内操作系统、数据库、应用系统整合不断深化，以国有大型企业为主体的基础软件纵向产品体系初步形成，基础软件企业资金实力和市场能力得到提升，产业体系逐步完善。互联网应用软件、财务管理软件、游戏软件、安全软件等领域的产品技术创新能力不断增强，市场份额逐步扩展。适应行业特点、满足行业需求、技术先进的工业软件和行业解决方案不断得到应用和推广，为信息化与工业化融合提供了有力支撑。

3. 产业结构不断优化，大企业培育取得新进展

与“十一五”初期相比，我国软件产业结构日益优化，产业链条逐渐完备，企业综合实力明显增强，在国民经济和社会发展中的战略性地位日益显现。

在软件网络化和服务化深入发展新趋势下，产业结构调整进一步深化。随着云计算、移动互联网、物联网等新技术、新业务、新模式不断涌现，新的产业增长点不断孕育形成。软件技术服务增长势头突出，特别是与网络相关的信息服务发展迅速。信息技术咨询服务、数据处理和运营服务收入分别为1200亿元和1763亿元，同比分别增长49.8%和35.7%，两者收入占全行业比重达21.8%，比2001年提高15.2个百分点。信息系统集成服务实现收入3117亿元，同比增长35.5%。软件和信息服务外包规模不断扩大，离岸业务增长迅速。数字内容产业得到快速发展，动漫游戏、搜索服务等新兴服务领域扩张迅速。

涌现出一批依托自主核心产品和技术提供服务的软件和信息技术服务企业，大企业日益成为产业创新和规模发展的主导力量。2010年，软件前百家企业累计完成软件业务收入3135亿元，占全国收入的23.6%。入门门槛从第一届的9200万元提高到5.3亿元。在百家企业中，软件收入超过100亿元的企业有4家，比上一年增加1家；超过10亿元的企业有52家，比上一年增加10家。排名前五位的企业软件业务收入均超过60亿元，总和为1653.6亿元，比上一年增长30.1%。2010年国家规划布局内重点软件企业240家，较2005年增加83家。

4. 产业聚集效应明显，区域集中度进一步提高

中国软件名城创建工作取得显著成效，示范带动作用和影响力快速提升，有效促进了产业集聚发展和创新提升，产业发展聚集趋势从过去主要集中在京粤地区扩大到东部沿海地区。2010年，东部地区完成软件业务收入11614亿元，同比增长36.7%，除京粤两地外沿海多个省市均呈现快速发展势头，江苏、辽宁、福建、山东四省软件收入增长超过35%，占全国比重比2001年分别提高了13.2、3.9、3和1.4个百分点，合计占比达35%，逐步打破过去京粤两地占全国一半以上的局面（两地占比下降为35.8%）。中心城市成为软件产业发展的主要聚集地，2010年全国4个直辖市和15个副省级城市软件收入10857亿元，同比增长36.7%，占全国的比重为80%，增长快于全国平均水平0.4个百分点。国家软件产业基地和国家软件出口基地成为软件企业聚集发展的重要载体，软件业务收入和出口额占全国的比重都在50%以上。

（二）存在的主要问题

虽然“十一五”期间我国软件和信息技术服务业发展迅速，但是产业规模和实力还不能满足国民经济和社会发展的需求，依然存在一些制约产业发展的突出问题，具体表现在：缺乏具有全球领先地位的大企业，产业整体上处于价值链的中低端；产业创新体系不健全，核心技术缺乏；产业链协同效应尚未充分发挥，亟待建立龙头企业带动、中小企业支撑的产业发展格局；人才结构矛盾突出，高层次、复合型、领军型人才依然缺乏；以市场为导向、政产学研用紧密结合的支撑体系有待完善，产业可持续发展能力亟须提升。

（三）“十二五”发展思路

“十二五”时期，应进一步关注软件与硬件、技术与应用、应用与市场、市场与产业的互动关系，紧紧把握软件和信息技术服务业发展趋势，建立面向物联网、云计算等新兴领域的技术和产业体系，培育世界级软件和信息技术服务企业，实现产业又好又快发展。为此，应做好以下几方面工作：①加快实施“核高基”重大专项，提升自主创新能力，完善产业自主创新体系。②加快信息技术服务标准体系建设，加强软件技术和服务标准、规范推广。③加快建立推广应用体系，增强对国民经济和社会发展的支撑能力。④加快软件产品与服务的良性互动发展，加速产业融合创新和转型发展。⑤加快培育龙头企业，优化产业分工与协作，鼓励企业参与国际竞争。⑥加快软件名城、产业示范基地、特色园区等产业载体的建设，增强产业集聚发展能力。⑦完善人才培育和服务体系，优化软件服务业人才结构。⑧完善技术和产业政策，强化政府主导作用。

二、通信业

（一）“十一五”发展情况

“十一五”时期是全面建设小康社会的关键时期，在党中央、国务院的正确领导下，我国通信业始终坚持“服务经济社会发展和服务民生”的理念，积极开展3G网络建设及业务应用，大力推进TD产业化和商业化进程，不断加快通信业转型升级步伐，通过深化体制改革和强化市场监管，行业继续保持了健康平稳有序发展。

1. 通信业保持健康平稳发展，网络基础设施竞争力总体跃升

“十一五”规划目标超额完成。2010年，完成电信业务收入10303亿元，其中基础电信企业业务收入规模达到9079亿元；电话用户总数达到11.53亿户，普及率为86.5部/百人；互联网网民达到4.57亿人，普及率为34.3%，均已超额完成“十一五”发展目标。继固定电话和移动电话之后，互联网网民和宽带接入用户于2008年跃升全球首位。结构调整和转型升级初见成效，基础电信企业非话音业务收入占比达到42.9%。

信息基础设施建设迈上新台阶。覆盖全国、连接世界、技术先进的全球最大信息基础设施基本建成。截至“十一五”末，通信光缆线路总长度达到996.2万公里。基础电信企业互联网宽带接入端口达到1.88亿个，国际业务出口总带宽达到1.6Tbps，拥有7条登陆海缆、20条陆缆。3G网络建设全面铺开，累计建成基站62万个。专用通信网络技术水平稳步提升，保障了重点行业生产管理工作的顺利开展。

2. 服务支撑经济社会发展，战略基础先导作用日益突出

持续促进经济增长。“十一五”期间，基础电信企业业务收入年均增长9.2%，累计投资1.44万亿元，有效带动了设备制造业和服务业发展，促进生产的服务作用明显。截至“十一五”末，通信业直接就业人员超过200万人，并为上下游产业创造出大量就业机会。其中，3G网络建设直接投资2672亿元，带动GDP增长4145亿元，创造就业岗位212万个。

新兴网络经济蓬勃发展。基于信息基础设施的新型经济迅速发展，2010年互联网服务市场规模超过2000亿元，形成了一批初具国际影响力的骨干企业，部分互联网企业的市值排名进入全球前列。网络承载的新型服务业态迅速发展，2010年电子商务交易总额超过4万亿元，2007—2010年网络零售交易额年均增速是同期社会消费品零售额的5.7倍。

全面服务民生和社会发展。“十一五”期间，电信资费综合价格水平下降41.9%，业务种类日益丰富，用户权益保护日趋完善，服务满意度稳中有升。村通工程取得明显成效，截至“十一五”末，我国已实现100%的行政村通电话，100%的乡镇通互联网，99%的乡镇通宽带，80%的行政村具备互联网接入能力，94%的20户以上自然村通电话。信息基础设施不断普及延伸，有力地推动了文化、教育、医疗卫生等社会事业和电子政务、电子商务的发展，以及社会主义新农村的建设。

节能减排成效显著。“十一五”期间，单位电信业务总量综合能耗从约68.5千克标准煤/万元降低到51.4千克标准煤/万元，累计降低24.74%。自2008年起积极推进电信基础设施共建共享，累计节约投资超过200亿元，节约土地超过4200亩，节约钢材超过78万吨。基础电信企业建立和完善了企业社会责任的管理体系，实现了履行社会责任与公司经营的有效结合。

3. 电信体制改革取得新突破，积极适应新形势要求

全业务竞争的市场格局初步形成。“十一五”期间，国家实施了新一轮电信企业重组，适时向中国电信、中国移动和中国联通发放了3G牌照，初步形成了3家基础电信企业全业务运营和2万余家增值电信企业充分竞争的格局。

适应新形势的行业监管效果显现。工业和信息化部组建完成后，监管部门加大了网络与信息安全、互联互通、市场和服务、通信建设等方面的监管力度，探索并逐步完善了监管体系。

4. 技术业务创新全面展开，TD－SCDMA产业化进程明显加快

网络技术应用达到世界先进水平。建成全球最大IP软交换网，骨干传输网发展成为多路由冗余和多环网保护的高速、高可靠网络，接入光纤化稳步推进，3G规模商用，下一代互联网技术研发取得积极进展，建成全球最大的IPv6示范网络。

基于互联网的应用模式不断创新。物联网、云计算等基于互联网的新技术、新业务、新形态不断涌现。各类互联网应用迅速扩展，微博客、团购等互联网新应用初具规模。移动互联网快速发展，手机网民达到3.03亿，手机即时通信、手机新闻和手机搜索使用率分别达到67.7%、59.9%和56.6%。

TD－SCDMA产业化取得新进展。TD－SCDMA成功实现规模商用，业务应用领域不断拓展，建立了较为完整的产业链，TD－LTE增强型技术成为4G国际候选标准。截至“十一五”末，TD－SCDMA用户规模达到2070万户。

5. 网络与信息安全保障能力显著提升，在重大活动保障和突发事件处置中发挥重要作用

通信业在抗击特大自然灾害中发挥了突出作用。在抗击南方雨雪冰冻灾害、汶川特大地震、玉树地震中确保了重要通信的畅通，为抢险和抗震救灾做出了突出贡献。

在重大活动保障和突发事件处置中发挥了重要作用。为2008年北京奥运会和残奥会、2009年国庆60周年、2010年上海世博会、广州亚运会和残运会等重大活动提供了安全可靠的网络与信息安全保障，在新疆和藏区维稳工作中发挥了重要作用，为维护国家安全和社会稳定做出了积极贡献。

网络与信息安全保障能力明显增强。管理制度框架基本建立，法规标准制定工作深入推进。技术研发和网络与信息安全基础设施建设取得长足进步。信息安全监管、网络安全防护、应急管理和行业自律等工作持续有效推进，网络环境和网络秩序明显改善，网络安全防护和应急管理水平明显提升。

通信业安全生产形势总体稳定良好。健全完善通信业安全生产行业监管的政策措施和法规制度，强化行业安全生产标准制修订工作，安全生产保障设施和教育培训投入不断加大。

（二）存在的主要问题

在取得一定成就的同时，我国通信业保持平稳较快发展的任务将更加繁重，面临的深层次矛盾和问题将不断显现，主要表现在以下几个方面：一是通信业在国民经济结构调整中发挥的作用需进一步增强，服务信息化和工业化深度融合的能力有待提升。二是通信业发展结构性矛盾较突出，行业战略转型有待深化。三是通信服务的城乡差距明显，信息基础设施竞争力有待增强。四是引导新兴网络经济发展的管理政策缺位，扶持中小企业发展的环境亟待改善。五是网络与信息安全问题日益深化和泛化，网络与信息安全和应急通信保障体系尚需完善。六是通信监管体制机制需进一步强化，监管技术手段和装备水平有待提高。

（三）“十二五”发展思路

“十二五”期间，通信业将以服务经济社会发展为中心，以加快通信业转型升级为主线，实施“宽带中国”战略，坚持把构建下一代国家信息基础设施作为转型升级的重要支撑，坚持把技术业务融合创新作为转型升级的主攻方向，坚持把深化普及应用作为转型升级的根本出发点和落脚点，坚持把网络服务能力提升作为转型升级的重要着力点，坚持把深化电信改革作为转型升级的强大动力，坚持把提升通信业本质安全水平作为转型升级的重要保障，加快培育发展战略性新兴产业，保障网络与信息安全，实现通信业持续健康发展，为信息社会的建设奠定坚实基础。到“十二五”期末，通过实施“宽带中国”战略，初步建成宽带、融合、安全、泛在的下一代国家信息基础设施，初步实现“城市光纤到楼入户，农村宽带进乡入村，信息服务普惠全民”，新兴信息服务成为推动行业发展的主要力量，通信业在全面提升国家信息化水平和支撑经济社会发展中的战略性、基础性和先导性作用更加突出。

三、电子认证服务

（一）“十一五”发展情况

1.《电子签名法》配套规章规范逐步完善

《电子签名法》为电子认证服务奠定法律基础。2005 年 4 月 1 日实施的《电子签名法》确立了电子签名的法律效力。《电子签名法》关于数据电文的书面形式效力、原件效力、证据效力以及数据电文的存档与收发时间、收发地点的规定和由依法设立的电子认证服务机构提供电子签名第三方认证的要求，为电子签名的应用以及相关认证服务奠定了坚实的法律基础。

《电子签名法》配套政策法规逐步完善。依据《电子签名法》，工业和信息化部制定并发布了《电子认证服务管理办法》，对电子认证服务机构的设立、许可、服务、暂停和终止、法律责任以及监督管理作出了规定。相关部门从电子认证服务机构的密码使用及管理要求、电子政务领域的认证服务应用、电子商务领域的认证服务应用等方面制定了《电子认证服务密码管理办法》《电子政务电子认证服务管理办法》《电子支付指引》《电子银行业务管理办法》等相关政策文件。部分省市还出台了规范本地区电子认证服务市场，推进电子认证应用的规范性文件。

2. 电子认证服务市场规模不断扩大

“十一五”时期，电子认证软、硬件和服务市场规模增长明显。数字证书认证系统建设、硬件介质数字证书发放、电子认证相关应用系统集成及服务等领域得到快速发展。截至 2010 年年底，电子认证服务业市场总规模超过 20 亿元，“十一五”期间年平均增长速度约为 38%，2010 年的增长率接近 100%。

作为电子认证服务业的主体，电子认证服务机构得到长足发展。截至 2010 年年底，获得工业和信息化部许可的电子认证服务机构共 30 家，分布在全国 21 个省、直辖市、自治区，总资产规模达到

20.1亿元，销售收入达到13.2亿元，有效数字证书总量达到1530万张，其中机构证书、个人证书、设备证书分别约为730万张、790万张、1万张。

3. 电子认证应用范围日益广泛

电子认证在公共服务、电子商务等领域的应用不断扩大。电子认证在网上报税、报关、工商年检、社保缴纳、公积金管理等公共服务领域获得广泛应用。在网上招投标、在线支付、在线合同等电子商务领域应用迅速增长，并逐步向知识产权保护、物流和供应链管理等领域扩展。

跨地区的电子认证应用稳步推进。2009年粤港两地电子签名证书互认应用试点工作正式启动，“基于粤港电子签名证书互认环境下的跨境电子报关支撑平台”试点项目的实施效果逐步显现。2010年，江苏、浙江、安徽、上海三省一市电子认证服务机构联合建设了“长三角数字证书应用互联互通平台”，在电子认证应用层面推进认证资源共建共享取得突破。

4. 电子认证技术稳步发展

电子认证基础技术日趋成熟。基于国产SM2算法的数字证书认证系统研发成功，国产数字证书认证系统技术水平大大提高，数字证书介质不断丰富和完善。

电子认证应用技术快速发展。电子签章系统、电子签名服务器、身份认证网关和时间戳服务系统等一系列电子签名与应用类产品进入市场，为电子认证应用提供了基本保障。可信电子凭证、可信电子记录和可信电子合同等应用技术研究取得阶段性成果。

5. 电子认证标准规范体系初步形成

证书管理、时间戳、密码协议、系统检测等技术类标准基本完善。已制定数字证书格式、在线证书状态协议、PKI组件最小互操作规范、证书策略与认证业务声明框架等22项技术类标准。

公钥基础设施系统互操作性评估准则等相关的应用支撑类标准开始研究。《电子认证系统证书分级规范》《电子签名验证通用指南》等6项电子认证应用支撑类标准起草工作基本完成，形成了征求意见稿。

电子认证服务机构运营管理、岗位设置、业务规则等管理规范框架基本形成。已制定《电子认证服务机构运营管理规范》《电子认证服务机构服务规范》（试行）、《电子认证服务机构从业人员岗位技能规范》（试行）等7项电子认证服务管理类规范。

（二）存在的主要问题

电子认证服务业目前仍然处于发展的初级阶段，应用市场有待进一步培育，发展环境有待进一步完善，发展规律有待进一步探索。跨行业、跨地区电子认证服务存在阻力，信息化监管手段亟待建立，身份认证与签名应用有待规范，服务模式单一、能力不足，行业结构仍不够合理，人才队伍建设有待加强，宣传培训力度不够等。

（三）“十二五”发展思路

“十二五”期间，将着力完成六项重点任务，以推进电子认证服务进一步发展：一是健全政策法规，完善电子认证服务发展环境。二是规范认证服务，突破重点领域电子认证服务瓶颈。三是拓展应用市场，发展壮大电子认证服务业。四是开展试点示范，推动电子认证服务创新发展。五是完善标准规范，加强电子签名技术检测与认证服务监督。六是开展合作交流，促进电子签名与认证跨境互认。到“十二五”末期，形成覆盖全国的网络身份认证服务体系，基本形成可靠电子签名认证体系，并在数据电文可靠性认证服务模式探索方面取得积极进展。

四、电子商务

（一）“十一五”发展情况

电子商务是信息化条件下的新型经济活动。“十一五”期间，我国电子商务快速发展，交易额连创新高，2010 年我国电子商务交易额达到 4.5 万亿元，“十一五”期间年均增长 28%。电子商务在各领域的应用不断拓展和深化，相关服务业蓬勃发展，内生动力和创新能力不断增强，发展环境不断健全完善，电子商务正在与实体经济深度融合，成为推动国民经济增长的新动力。

党中央、国务院高度重视电子商务的发展，出台了一系列政策法规，为我国电子商务发展营造了良好的制度环境。国务院于 2005 年 1 月印发了《国务院办公厅关于加快电子商务发展的若干意见》，是我国电子商务发展的纲领性文件。为落实国务院 2 号文件的精神，原国务院信息办发布了《关于加快电子商务发展工作任务分工的通知》，建立了相关部门分工协作、共同推进电子商务发展的工作机制。2007 年 6 月，国家发展改革委、原国务院信息办联合发布了《电子商务发展“十一五”规划》，是“十一五”期间我国电子商务发展的指导性文件，也是我国第一部电子商务发展专项规划。

（二）存在的主要问题

我国电子商务的发展仍然存在着一些比较突出的问题。一是电子商务与传统生产经营活动的融合不够紧密，部分环节矛盾和冲突凸显，对经济转型和价值创造的贡献潜力未能充分发挥。二是电子商务的商业模式发展还不成熟，服务能力有待增强，服务水平尚待提高，服务范围尚待拓展。三是电子商务发展的制度环境还不完善，相关法律法规建设滞后，公共服务和市场监管有待增强，信用体系发展亟待加强，网上侵犯知识产权和制售假冒伪劣商品、恶意欺诈、违法犯罪等问题时有发生，网络交易纠纷处理难度较大，在一定程度上影响了人们对电子商务发展的信心。四是推进电子商务发展的体制机制有待健全，投融资环境有待改善，统计与监测评价工作亟待加强，全社会对电子商务的认识有待进一步提高，对网络空间的经济活动规律有待进一步探索。

（三）“十二五”发展思路

①虚实结合将是我国电子商务发展的基本方向。网络经济与实体经济不断融合将是电子商务发展的主流。“十二五”时期，我国将全面拓展电子商务在各领域的应用，不断提高服务水平，促进跨区域、跨领域电子商务协调发展。②专业分工、集成创新将成为未来电子商务服务特点。随着电子商务生命周期的演进，趋同化、同质化的电子商务服务将在竞争中逐步淘汰，电子商务服务将向更加专业化、精细化、个性化和促进产业链整合的方向发展，集成创新将成为电子商务服务创新的重要特征。③电子商务的发展环境将不断改善。相关政府部门不断加强公共服务和监督管理，规范电子商务市场秩序，打击利用电子商务实施的违法犯罪活动，保障网络交易安全。社会各界都在积极探索，加快建立安全、诚信的电子商务交易环境，促进电子商务健康有序发展。

五、工业设计

（一）“十一五”发展情况

1. 研究制定《关于促进工业设计发展的若干指导意见》

为贯彻国务院领导同志重要批示精神，推动我国工业设计健康发展，在深入调查研究和反复论证、座谈、广泛征求意见的基础上，2010 年 7 月，工业和信息化部和教育部、科技部、财政部、人力资源社会保障部、商务部、国家税务总局、国家统计局、国家知识产权局、银监会、证监会共 11 个部门联合印发了《关于促进工业设计发展的若干指导意见》（以下简称《指导意见》）。《指导意见》主要以“十一五”规划纲要和国务院颁布的《关于加快发展服务业的若干意见》中关于鼓励发展工业设计的有关要求为依据，针对我国工业设计的特点、现状及国内外发展趋势，力求解决创造工业设计发展的政策环境和建立相适应的机制问题，探索出一条具有中国特色的工业设计发展道路。

针对当前我国工业设计发展的现状和存在的问题，《指导意见》从提高工业设计自主创新能力、提升工业设计产业发展水平、加快培养高素质人才、推动对外交流与合作、营造良好的市场环境、加大政策支持力度六个方面提出了促进工业设计发展的政策措施。

(1) 提高工业设计的自主创新能力。从加强工业设计基础工作、建立工业设计创新体系、支持工业设计创新成果产业化三个方面提出了具体意见。

(2) 提升工业设计产业发展水平。提出促进工业企业与工业设计企业合作、引导工业设计企业专业化发展和推动工业设计积聚发展三个方面的要求。

(3) 加快培养高素质人才。针对我国工业设计高端和实用人才缺乏的现状,《指导意见》从完善工业设计教育体系、建立健全工业设计人才培训机制、积极引进优秀工业设计人才三个方面提出政策措施。

(4) 推动工业设计对外交流与合作。通过鼓励境外著名的工业设计机构来华设立设计中心或分支机构,积极引进国外先进的设计理念、技术和管理经验,力求在工业设计领域实现引进、消化、吸收、再创新。同时,鼓励企业承接国际工业设计服务外包业务,支持企业"走出去",推动与国际先进工业设计领域的交流与合作,加快推进我国工业设计发展。

(5) 营造良好的市场环境。提出提高全社会的工业设计意识、建立工业设计评价与奖励制度、加强和改善行业管理、加强知识产权应用和保护、健全信息统计工作等五个方面的要求。加大宣传力度,普及工业设计理念,引导全社会,特别是工业企业广泛重视和应用工业设计。《指导意见》还提出加强和改善行业管理、加强知识产权应用和保护、健全信息统计工作等。

(6) 加大政策支持力度。针对我国目前工业化基础相对薄弱,市场经济体制尚不完善的现状,提出通过加大政府投入、实施税收扶持、拓宽融资渠道、加大信贷支持等四个方面的措施支持工业设计发展。在发挥财政资金作用方面,提出有条件的地区可设立工业设计发展专项资金,为地方财政给予支持提供了政策依据。在拓宽融资渠道方面,提出鼓励创业风险投资机构对工业设计企业开展业务、开发适合工业设计企业的创新型金融产品等。

2. 切实贯彻落实《指导意见》提出的各项政策措施

围绕贯彻落实《指导意见》,扎实推进以下各项工作:①组织开展国家级企业工业设计中心认定工作。以引导更多的企业应用工业设计、重视设计创新,通过大力发展工业设计实现产品升级、市场拓展、品牌价值提升。②组织认定国家级工业设计示范区。以引导工业设计集聚发展,规范工业设计园区建设,激励园区提升服务水平,切实为地方经济的发展起到重要的支撑作用。③建立优秀工业设计评奖制度。完善工业设计人才激励机制,鼓励创新。④会同有关部门建立工业设计统计调查制度,建立和完善工业设计统计调查体系,进一步加强行业管理,为指导行业发展和制定政策措施提供依据。⑤会同有关部门研究建立工业设计专业技术人员职业资格制度,提高从业人员素质,推动工业设计人才队伍建设。⑥会同有关部门研究建立工业设计企业资质评价制度。引导和规范行业发展,提高工业设计服务水平。

(二) 存在的主要问题

虽然我国的工业设计近几年有较大发展,但与发达国家比较整体水平仍然相对落后,尚处于起步阶段,主要表现在以下几方面:一是社会和企业对工业设计价值的认识存在不足或偏差。二是政策环境有待进一步改善。三是发展水平不平衡,结构不合理。四是具有国际水平的高端工业设计人才匮乏,真正具有实际综合应用能力的专业人才欠缺。

(三)"十二五"发展思路

"十二五"期间,将重点从以下几方面推进工业设计服务发展:一是发布《国家认定企业工业设计中心管理办法(试行)》,并组织开展国家级工业设计中心认定工作;二是发布《国家认定工业设计示范区管理办法(试行)》,并组织开展国家级工业设计示范区认定工作;三是研究制定《工业设计评奖(暂行)办法》,并组织开展首届中国优秀工业设计评奖活动;四是会同国家有关部门、行业协会开展工业设计指标统计、工业设计专业技术人员情况及工业设计企业资质评价等工作情况调研,为建立相关评价体系做好前期准备。

六、现代物流服务

（一）“十一五”发展情况

1. 确定现代物流业产业地位

“十一五”期间，党中央国务院和各部委陆续出台的相关政策措施，从物流业和信息化等不同角度切入，逐步构建了现代物流服务体系，促进了物流信息化的发展，提升了物流服务的水平。其中，《国民经济和社会发展第十一个五年规划纲要》第一次正式确立了现代物流业的产业地位；《物流业调整和振兴规划》将物流业作为唯一的服务业列入国家调整振兴十大产业，确立了物流业作为国民经济支柱产业的重要位置；《国务院关于加快发展服务业的若干意见》列出了当前我国生产性服务业重点发展的六大领域，并提出要提升物流的专业化、社会化服务水平，大力发展第三方物流。《国务院办公厅关于加快发展服务业若干政策措施的实施意见》提出要加快物流派送、电子商务等现代流通领域的技术创新。《2006—2020年国家信息化发展战略》则提出加快发展现代物流等新型服务业。

2. 优化物流业发展环境

工业和信息化部研究制定了《关于做好工业物流与供应链管理工作的指导意见》，配合国家发展改革委制定了《国务院办公厅关于促进物流业健康发展政策措施的意见（代拟）》等。同时，工业和信息化部认真落实《物流业调整和振兴规划》，并配合国家发展改革委组织制造业和物流业联动试点工作。结合开展减轻企业负担专项治理工作，将公路乱收费、乱罚款等列入减轻企业负担治理范围，协同公安、交通等部门联合治理。

3. 推动物流信息化发展

经过多年政策指引和工作部署的努力，我国物流信息化的应用范围不断扩大，应用水平逐步提高；重点物流行业信息化建设和应用蓬勃发展，初步显现了一定的经济效益和社会效益，为进一步发展奠定了较好基础；物联网等现代信息技术在物流领域的创新和应用水平不断提升；围绕实体工业行业的专业化物流服务快速成长，形成了一批专业物流服务企业，信息化水平和服务能力不断提高。

4. 指导行业和企业开展物流与供应链管理工作

工业和信息化部组织重点工业行业协会和部分骨干工业企业召开“工业物流与供应链管理工作座谈会”，交流工业物流与供应链管理经验，听取行业和企业建议，推进企业加强物流与供应链管理。

5. 加强工业物流监测分析

将物流指标纳入到工业保障要素信息上报和交换系统，及时跟踪和发现工业物流运行中的重大情况和问题，完善工业保障要素信息报送体系。

（二）存在的主要问题

客观来看，我国物流信息化发展水平与发达国家相比还存在较大差距，物流服务的专业化水平和社会化程度还有待提高，主要存在几个方面的突出问题：企业信息化认识不足、投入有限，无法满足日益增长的业务需求。重点物流行业的信息资源开发利用不足，信息采集和交换水平较低。大部分物流企业的服务主要集中在储存、运输等基本环节，难以提供面向供应链的专业化服务。

（三）“十二五”发展思路

鼓励制造企业与专业物流企业信息系统对接，推进制造业采购、生产、销售等环节物流业务的有序外包，提高物流业专业化、社会化水平。支持物流企业加快信息化建设，提高综合服务水平。推动行业性、区域性和面向中小企业的物流信息化服务平台发展。加快电子标签、自动识别、自动分拣、可视服务等技术在大宗工业品物流、工业园区和物流企业中的推广应用，提高物品管理的精准化水平。鼓励现代物流相关主体积极探索物流信息服务模式的创新。推动现代物流相关技术、安全、管理和服务标准的研究、制定和创新应用，推动现代物流标准体系建设。"十二五"末期，初步建立起与国家现代物流体系相适应和协调发展的物流信息化体系，为信息化带动物流发展奠定基础。

七、装备工业生产性服务

（一）"十一五"发展情况

1. 生产型制造向服务型制造稳步转型

"十一五"期间，装备工业企业积极探索各种增值服务模式，发展生产性服务业。在科技研发、技术咨询、设备租赁、产品远程监测等方面取得了一定突破和发展，企业从加工和组装向研发、工程建造、售后服务延伸，由单纯卖产品向提供整套解决方案转变，鼓励提高服务在装备制造价值链中的比重，实现由生产型制造向服务型制造转变。"十一五"期间，以陕鼓、龙净为代表的一大批装备制造企业成功实现了从提供单一产品向提供工程成套、从单纯的制造商向多业务服务商的转变，延伸了产业链，提高了产品附加值。

2. 贯彻落实《船舶工业调整和振兴规划》

工业和信息化部会同国家发展改革委组建了船舶产业投资基金（发改财金〔2009〕865 号），设立弃船子基金，以收购弃船、与船东合作建造、建造新船等多种方式盘活船厂弃船。会同财政部出台鼓励船舶融资租赁的财税政策，对所有权发生转移的融资租赁出口的租赁船舶公司实行出口退税政策，同时对取得的收入免征营业税，在天津试点一年后在全国推广。该政策对船舶融资租赁业务将起到推动作用。目前民生银行、国家开发银行等的融资租赁公司都在积极开展船舶融资租赁业务。

（二）存在的主要问题

总体上看，在装备工业领域，传统加工制造业比重过大，现代制造服务业比重过低；对实物产品生产的依赖过大，而服务增值在行业总产出中的贡献度过低。生产性服务业的发展严重落后于装备工业发展，服务体系建设明显滞后。

（三）"十二五"发展思路

"十二五"时期，重点支持装备制造企业发展工程总承包、系统集成、国际贸易、融资租赁、信息咨询服务等，促进现代装备制造服务业发展，实现生产型企业向生产型 + 服务型企业转变。发展从事系统集成和设备成套的集成商，培育具有工程总承包能力的工程公司；实施供应链管理优化，推进精益生产；建设区域物流配送中心；发展老设备的维修、改造服务，培育再制造产业；推广工程机械企业融资租赁模式和经验；鼓励有条件的企业，延伸扩展研发、设计、信息化服务等业务，为其他企业提供社会化服务。

八、节能环保服务

（一）"十一五"发展情况

1. 大力推进节能服务业发展

为积极推进工业领域开展合同能源管理，培育工业领域节能服务企业，达到利用市场机制来推动工业企业（特别是中小企业）节能减排工作、推广节能减排技术的目的，2010 年工业和信息化部开展第一批节能服务公司推荐工作，印发《关于开展节能服务公司推荐工作的通知》（工信部节函〔2010〕84 号）。第一批共评选出 52 家节能服务信誉好、拥有自主创新节能技术和良好业绩的合同能源管理公司，并整理出版《合同能源管理案例集》。

2. 大力发展电子产品污染控制咨询服务业

2006 年，原信息产业部和国家发展改革委等七部门发布了《电子信息产品污染控制管理办法》（信息产业部令 2006 年第 39 号），对电子信息产品设计使用铅、汞、镉等六种有毒有害元素或物质提出限量要求。推动了我国一大批国有、民营化学检测机构的建设发展，促进了认证机构根据电子产品有毒有害物质限制使用的特点，改革创新相关认证规则，促使涌现了一大批开展电子产品有毒有害物质使用的咨询服务机构、网站和专业刊物。

3. 积极推进机电产品包装节材代木服务业发展

为推进机电产品包装节材代木工作，2009 年工业和信息化部会同国家发展改革委、科技部等 6 部门联合印发《机电产品包装节材代木工作方案》（工信部联节〔2009〕416 号），提出了未来 2 年的工作目标、主要任务和政策措施。组织开展机电产品包装节材代木试点工作，印发《关于公布机电产品包装节材代木试点单位的通报》（工信部节函〔2011〕238 号），确定 20 家试点单位。试点主要包括两类：一类是由节材代木包装生产企业和机电产品生产企业（包装使用企业）形成的供需对接组，试点内容包括层积材、蜂窝纸板等代木包装产品；另一类是由物流企业联合包装生产和使用企业形成的物流循环组，试点内容包括通过建立托盘共用系统和开展包装物循环使用来减少耗材量。根据测算，通过实施 20 个试点方案，可实现节材代木量约 170 万立方米/年。

（二）“十二五”发展思路

扩大节能服务公司的选聘范围，并加大对节能服务公司的支持力度，进一步推动工业和通信业领域开展合同能源管理，加快推进节能服务产业发展。提高节能服务公司的专业化程度，以更高效的节能技术和管理手段为节能产业服务。组建节能服务机构投融资平台，发挥金融机构在投融资方面的积极作用，促进节能服务产业健康发展；利用媒体、专题网页和展会等平台，对节能服务公司进行宣传，促进节能服务公司与企业之间的对接和经验交流。

附件：“十一五”信息服务业和工业领域生产性服务业政策文件

国务院文件

1.《中共中央办公厅 国务院办公厅关于印发〈2006—2020 年国家信息化发展战略〉的通知》（中办发〔2006〕11 号，2006 年 3 月 19 日）

2.《国务院关于加快发展服务业的若干意见》（国发〔2007〕7 号，2007 年 3 月 9 日）

3.《国务院关于印发〈电子信息产业调整和振兴规划〉的通知》（国发〔2009〕7 号，2009 年 4 月 15 日）

4.《国务院关于印发〈物流业调整和振兴规划〉的通知》（国发〔2009〕8 号，2009 年 3 月 10 日）

5.《国务院关于加快培育和发展战略性新兴产业的决定》（国发〔2010〕32 号，2010 年 10 月 10 日）

6.《国务院办公厅关于加快电子商务发展的若干意见》（国办发〔2005〕2 号，2005 年 1 月 8 日）

7.《国务院办公厅关于加快发展服务业若干政策措施的实施意见》（国办发〔2008〕11 号，2008 年 3 月 13 日）

8.《国务院办公厅关于促进服务外包产业发展问题的复函》（国办函〔2009〕9 号，2009 年 1 月 15 日）

9.《国务院办公厅关于鼓励服务外包产业加快发展的复函》（国办函〔2010〕69 号，2010 年 4 月 7 日）

工业和信息化部及相关部门文件

1.《互联网电子邮件服务管理办法》（信息产业部令第 38 号，2006 年 2 月 20 日）

2.《电子认证服务管理办法》（工业和信息化部令第 1 号，2009 年 2 月 28 日）

3.《软件产品管理办法》（工业和信息化部令第 9 号，2009 年 3 月 1 日）

4.《商务部 工业和信息化部关于境内企业承接服务外包业务信息保护的若干规定》（商务部 工业

和信息化部令第 13 号，2009 年 12 月 28 日）

5.《国务院信息化工作办公室关于加快电子商务发展工作任务分工的通知》（国信办〔2006〕9 号，2006 年 1 月 27 日）

6.《计算机信息系统集成企业资质和信息系统工程监理单位资质评审机构管理暂行办法》（信部科〔2008〕122 号，2008 年 3 月 5 日）

7.《工业和信息化部关于支持服务外包示范城市国际通信发展的指导意见》（工信部电管〔2009〕107 号，2009 年 3 月 21 日）

8.《工业和信息化部关于印发《第三代移动通信服务规范（试行）》的通知（工信部电管〔2009〕176 号，2009 年 4 月 21 日）

9.《工业和信息化部 教育部 科学技术部 财政部 人力资源和社会保障部 商务部 国家税务总局 国家统计局 国家知识产权局 中国银行业监督管理委员会 中国证券监督管理委员会关于促进工业设计发展的若干指导意见》（工信部联产业〔2010〕390 号，2010 年 7 月 12 日

10.《工业和信息化部关于鼓励服务外包产业加快发展及简化外资经营离岸呼叫中心业务试点审批程序的通知》（工信部联通〔2010〕550 号，2010 年 11 月 10 日）

11.《电子认证服务机构运营管理规范》（试行），2010 年

12.《电子认证服务机构服务规范》（试行），2010 年

13.《电子认证服务机构从业人员岗位技能规范》（试行），2010 年

（工业和信息化部供稿）

第十四章　人力资源社会保障服务业发展报告

“十一五”时期，特别是 2007 年《国务院关于加快发展服务业的若干意见》（国发〔2007〕7 号）下发以后，人力资源和社会保障部（以下简称“人社部”）积极贯彻落实党中央、国务院关于加快发展服务业的战略部署，立足职能大力促进工作领域中的人力资源服务业和家庭服务业两大板块的快速发展。2008 年 4 月，人社部办公厅印发了《关于落实国务院办公厅加快发展服务业若干政策措施实施意见任务分工的通知》（人社厅发〔2008〕4 号），进行了工作布置安排，在促进服务业发展方面取得了一定的实效。

一、人力资源服务业

人力资源服务业是指服务提供者围绕人力资源配置、管理、开发提供相关服务的专门行业的综合体，是直接服务于生产环节的生产性服务行业，涵盖多渠道招聘、职业介绍、劳动人事代理、人才测评、高级人才寻访、人力资源培训、人员派遣、人力资源管理咨询、人力资源服务外包等，其发展程度直接反映一个国家或地区的人力资源开发利用水平。人力资源服务业的发展成效更多地表现在其“溢出效应”上，即人力资源服务业作为服务业领域中一个相对独立的行业，其更大的贡献体现在为经济社发展提供了人力资源配置、开发方面的坚强保障和有力支持。

我国人力资源丰富，经济社会发展对人力资源服务有着广泛的社会需求。为实现国家经济结构战

略性调整、转变经济发展方式的宏伟目标，推动经济发展方式向依靠劳动者素质提升的转变，需要不断加大人力资源开发的投入力度，促进人力资源的合理流动与有效配置，需要发达的人力资源服务业作为支撑；推进城乡统筹发展，加强和改善民生，促进充分就业，需要有发达的人力资源服务业作为支撑；为更好地实施人才强国战略，促进实现我国从人力资源大国向人才强国的转变，更好地发挥我国人力资源禀赋优势，为经济社会各行业发展提供人才智力支持，需要有发达的人力资源服务作为支撑。大力发展人力资源服务业既是服务业发展的重要内容，也是为服务业发展提供人才保障和人力资源支撑的重要举措。“十一五”期间，各级人力资源社会保障部门不断加大人力资源服务业发展推进力度，壮大行业规模，扩大服务领域，提升服务能力和水平，人力资源服务业发展取得了显著成效。

（一）“十一五”发展情况

1. 人力资源服务体系基本形成

截至2010年年底，全国共设立各类人力资源服务机构4.9万家，从业人员22.1万人。从构成类别上看，公共就业服务机构2.5万家，公共人才服务机构0.4万家，国有性质人力资源服务企业0.7万家，私营性质人力资源服务机构1.2万家，港澳台及外资性质的服务企业324家，分别占人力资源服务机构总量的51.8%、8.7%、14.3%、24.5%和0.7%。在人力资源市场网络服务方面，截至2010年年底，全国各类人力资源服务机构共设立固定交流场所2.8万个，建立各类人力资源市场网站7211个。2010年，发布各类岗位需求信息9167万条，求职信息11068万条。公共服务与市场经营性服务共同发展、有形市场与无形市场互补的人力资源服务业格局已在“十一五”时期形成，并取得了长足发展。2007年3月，国务院印发《关于加快发展服务业的若干意见》，提出要“发展人才服务业，完善人才资源配置体系”，“扶持一批具有国际竞争力的人才服务机构”。这标志着人力资源服务业已成为一个相对独立的服务行业，并纳入了我国服务业发展的总体规划。

2. 人力资源市场服务功能进一步完善

“十一五”时期，各类人力资源服务机构以经济社会发展产生的人力资源服务需求为导向，不断拓展服务领域，完善服务功能，提升服务水平。人力资源服务已发展成为包涵招聘、流动人员档案管理、人力资源培训、人员测评、人力资源信息网站、高级人才访聘、人力资源服务外包、人员派遣、人力资源管理咨询等内容的服务体系。各项服务的业务量逐年增长，服务的范围进一步扩大。以2010年为例，全国各类人力资源服务机构共为1327万家次用人单位提供了各类人力资源服务。其中，国有企事业单位153万家次，私营企业903万家次，外资企业271万家次，分别占总数的11.5%、68.1%和20.4%。非公有制经济组织仍是人力资源服务的主要对象。

在人力资源公共服务方面，围绕促进就业和人才资源优先开发与优化配置，形成了较为广泛的服务，内容包括：为高校毕业生、农村劳动力转移就业、下岗失业人员再就业及专业技术人员合理流动提供公共服务；对失业人员的失业保险待遇发放和动态管理服务；对各类劳动者开展就业前培训、再就业培训、创业培训和继续教育培训、职业技能鉴定服务；对劳动者和用人单位提供劳动关系协调指导、用工备案、用工指导、举报投诉、权益维护、纠纷调处等公共服务。服务范围涵盖公共就业、职业培训、劳动关系等主要领域。

3. 人力资源服务管理体系初步形成

“十一五”时期，人力资源市场管理职能部门不断加强人力资源市场管理，逐步健全人力资源服务业的政策法规体系，形成了行业发展的监管体系、监管制度、行业自律、信息统计分析和发布制度，为人力资源服务行业的发展提供了有力支撑。劳动合同法、就业促进法等法律相继出台，为人力资源服务市场管理奠定了法律基础。同时原人事和劳动部门分别制定了劳动、人事争议处理规定、市场管理规定、市场外资准入规定、就业服务与就业管理规定等一批管理法规，还对流动人员人事档案管理、招聘会审批等服务业务作出了规定，为服务市场规范管理奠定了基础。

4. **服务经济社发展的能力进一步提升**

我国人力资源服务业是伴随着我国人力资源配置方式从计划分配向市场配置改革的进程中逐步形成并发展壮大的。与此同时，人力资源服务业的形成与快速发展，极大地提高了人力资源市场化配置的程度，推动了人力资源的优化配置，促进了社会的人力资源开发。以2010年统计数据为例，全年全国各类人力资源服务机构共举办各类现场招聘会（交流会）14.7万场，各类参会求职人员10218万人次，参会单位621万家次，提供招聘岗位信息9344万条，求职找市场、用人找市场的市场配置观念已为整个社会所接纳并深入人心。截至2010年年底全国各类人力资源服务机构共管理各类流动人员人事档案2522万份，仅2010年就依托档案提供工资调整、档案查阅、开具相关证明、提供相人力资源社会保障事务代理等服务1254万人次，既解决了各类人员就业流动的后顾之忧，又将各类非公组织人才纳入党和国家的管理范围。同时，2010年各类人力资源服务机构举办各类培训班12万次，培训各类人员697万人次；为12.5万家用人单位提供了劳务派遣服务，派遣各类人员340万人次，并登记要求派遣人员497万人次；为98万人提供了人才测评服务；为63万家用人单位提供各类人力资源管理咨询服务；提供了高级人才寻访（猎头）服务，成功推荐选聘各类高级人才87万人，促进了以企业为主体的用人单位在人力资源开发方面的投入，帮助企业减少了人力资源管理开发方面的成本，进而促进了经济社会的发展。

伴随着社会主义市场经济体制的逐步完善，人力资源服务业为适应经济社会发展的需要而不断发展壮大，对于整个经济社会科学发展带来巨大影响，做出积极贡献。人力资源服务业的发展推动了人事、劳动制度改革，将传统的人事、劳动工作服务对象从国有单位扩大到新经济组织，拓展到全社会，将人力资源开发和管理纳入了国家战略和规划当中，为党和国家掌握非公人才资源提供了保证；人力资源市场服务业的发展促进了人力资源的流动，优化了人力资源分布，激发了社会活力，为经济社会发展提供了人才和智力支持；人力资源服务业的发展保障了社会就业形势的稳定，有效地促进了就业渠道和就业方式的多元化，改善了就业结构，促进了就业规模的扩大；人力资源服务业的发展引导了社会观念的变革，促进了尊重劳动、尊重知识、尊重人才、尊重创造的社会氛围的形成。

（二）采取的主要措施

1. **研究制定促进人力资源服务业发展的政策措施**

为落实《国家中长期人才发展规划纲要（2010—2020年）》，以及《国务院关于加快发展服务业的若干意见》等精神，促进人力资源服务业发展，人社部积极探索建立促进人力资源服务业发展的政策体系，研究起草了《关于促进人力资源服务业发展的指导意见（征求意见稿）》，对人力资源服务业发展现状进行系统总结，并提出当前和今后一段时期人力资源服务业发展的目标和主要任务举措。在地方各级政府，对促进人力资源服务业发展的重要性的认识，在"十一五"时期不断强化，对大力发展人力资源服务业的战略部署正在提上日程。2010年，贵州省人力资源和社会保障厅下发《关于加快推进非公有制经济进入人力资源服务业的实施意见》（黔人社厅发〔2010〕63号），提出了本省人力资源服务业发展的目标和主要任务。2010年，宁波市东江区出台《关于进一步促进人力资源服务产业发展的若干意见》，提出促进行业集聚、引导行业发展、打造行业品牌等方面的举措，并出台了财税方面的具体支持办法。

2. **实施人力资源服务业重大项目**

为适应人力资源服务业日益聚集发展的态势，促进行业的创新发展，完善人力资源服务链，2009年人社部提出以全国几大区域中心城市为基础，以现有工作实际为依托，根据地方意愿和申请，探索建立一批人力资源服务产业园区，通过发挥园区集聚产业、拓展服务、孵化企业、培育市场的功能，促进人力资源服务业创新、集聚发展。2010年5月，人社部根据上海市人民政府的申请，正式复函批准在上海市建立了我国第一个国家级人力资源服务集聚区——"中国上海人力资源服务产业园区"，并于11月正式持牌。为培育人力资源服务需求，提升人力资源服务的社会认识，培育本土人力资源服务品牌，2007 年 11 月 15～16 日，由中国人才交流协会、上海市人事局和上海市浦东新区人民政府联合举办的“2007 中国人才服务业博览会”在上海浦东新区隆重举行。时任中共中央政治局委员、中共上海市委书记俞正声出席开幕式并宣布开幕，时任中组部副部长、人事部部长尹蔚民，时任上海市委副书记、市长韩正在开幕式上致辞。时任人事部副部长唐军主持了“人博会”开幕式。本次博览会以实施人才强国战略为目标，以“服务第一资源，激发无穷活力”为主题，以“人才服务，服务中国”为宗旨，以加快发展人才服务业为重点，全面回顾总结和宣传展示我国人才服务业的发展历程和取得的成就；宣传展示人才服务业近年来快速发展的良好态势和为经济社会发展作出的贡献，推介行业内的优秀机构、最新产品和优秀服务项目，搭建全国人才服务业同行之间及和各类用人单位交流合作的平台；研究探索人才服务行业的管理和发展趋势。

3. 推进人力资源服务的区域合作

为落实国家区域发展战略，适应区域经济社会发展对人才开发配置一体化的需求，以人才公共服务机构为主体，各类区域、跨区域的人力资源服务合作在“十一五”时期进一步发展，形成了覆盖几乎所有大区域的服务合作格局。长三角、京津冀、东北三省、中部地区、泛珠三角、西部地区等各类区域和跨区域人才服务合作深入推进。不仅如此，各类省际毗邻城市、本省城市圈的人力资源服务合作也如雨后春笋般蓬勃发展。各类人力资源服务合作，不断完善合作机制，深化合作项目，在政策互认、人才培训、人才引进与共享、信息网络服务等方面广泛开展合作，有效促进了区域内人力资源的共同开发与共享共用。值得一提的是，在区域合作中福建省利用于台湾地缘相近、语言相通的有利优势，加强与台湾地区的人力资源开发与合作，“两岸人力资源交流与人力资源服务业合作大会”已成为每年中国·海峡项目成果交易会的重要板块，影响日益扩大，最多时一次就有 60 多家台湾地区人力资源服务机构参加，并与大陆人力资源服务机构广泛交流、开展合作。

4. 扩大人力资源服务业的开放程度

2006 年 6 月，原人事部批复原上海市人事局《关于拟请支持本市浦东新区试点向外资进一步开放人才中介服务市场准入的请示》，同意于 2006 年 8 月 1 日起在浦东进行试点，将外方投资比例提高到不得超过 70%。为了促进香港、澳门与内地建立更紧密的经贸关系，鼓励香港服务提供者和澳门服务提供者在内地设立人才中介机构，2007 年根据国务院批准的《〈内地与香港关于建立更紧密经贸关系的安排〉补充协议四》和《〈内地与澳门关于建立更紧密经贸关系的安排〉补充协议四》，原人事部、商务部、国家工商行政管理总局联合下发了《关于〈中外合资人才中介机构管理暂行规定〉的补充规定》。明确规定，“对香港服务提供者和澳门服务提供者在内地设立合资人才中介机构，取消股权比例限制条件”，“允许香港服务提供者和澳门服务提供者在内地设立独资人才中介机构”。

（三）“十二五”发展思路

“十二五”时期，要以邓小平理论、“三个代表”重要思想和科学发展观为指导，紧紧围绕民生为本、人才优先的工作主线，以最大程度地发挥市场机制的作用为基础，把提高人力资源服务供给能力和促进人力资源服务业规范发展作为主要任务，不断完善服务体系，激发市场活力，营造良好发展环境，为通过人力资源的充分开发利用来促进经济社会发展奠定基础、创造条件、提供支持，为更好实施人才强国战略和就业优先战略服务。“十二五”时期，人力资源服务业发展的主要目标是：建立专业化、信息化、产业化、国际化的人力资源服务体系，构建各种所有制并存，多层次、多元化的人力资源服务机构集群，实现基本公共服务充分保障，市场经营性服务产业逐步壮大，高端服务业务快速发展，服务人才资源开发和社会就业的能力明显提升，人力资源服务业在服务业总体格局的地位作用进一步增强，总体水平与经济社会发展的需求基本适应。“十二五”时期，人力资源服务业的主要任务是：发展重点人力资源服务产业，培育人力资源服务骨干企业，加快人力资源服务产业园区建设，实施人力资源服务创新和品牌推进战略，提升人力资源公共服务水平。

二、家庭服务业

"十一五"期间，全国家庭服务业得到较快发展，行业规模逐步扩大，服务领域不断拓展，服务质量有所改善。据统计，全国家庭服务业各类企业和网点已近50万家，从业人员1500多万人，家庭服务需求不断增加。但是从总体上看，家庭服务业发展与城乡居民日益增长的家庭服务需求还不相适应，主要存在从业机构规模普遍偏小、市场缺乏规范、扶持政策少、从业人员素质有待提高等问题。

（一）"十一五"发展情况

1. 党中央国务院高度重视家庭服务业发展

党中央、国务院高度重视发展家庭服务业工作。十七届五中全会提出，要以调整经济结构、转变经济增长方式为主线，把推动服务业大发展作为产业结构优化升级的战略重点，大力发展生产性服务业和生活性服务业。2009年以来，温家宝、李克强、张德江、马凯等国务院领导同志先后对发展家庭服务业作出重要批示。根据批示精神，中央编办建议由人社部牵头建立推动家庭服务业发展促进就业的部门协调机制。国务院印发了国函〔2009〕82号文件，同意建立由人社部牵头，国家发展改革委、民政部、财政部、商务部、全国总工会、共青团中央、全国妇联等单位参加的发展家庭服务业促进就业部际联席会议（以下简称"联席会议"）制度，要求制定发展家庭服务业促进就业的指导意见。

按照国务院领导同志批示精神，联席会议办公室成立了文件起草小组，组织各成员单位组成联合调研组，分赴北京、上海等16个省区市开展家庭服务业调研工作。各调研组共召开了40多次有关部门、各类家庭服务机构及从业人员的座谈会，深入近百个社区和各类家庭服务机构进行实地考察，了解家庭服务业的发展情况和当前存在的突出问题，听取各方意见和建议。在充分调研的基础上，联席会议办公室组织有关部门对主要政策措施进行了专题研究，起草了《国务院办公厅关于发展家庭服务业促进就业的指导意见（代拟稿）》（以下简称《指导意见》），并广泛征求联席会议各成员单位、各地区和有关专家，以及卫生部、工业和信息化部、国家工商总局、国家税务总局、人民银行、保监会、国家统计局、法制办等部门的意见。2010年9月26日，国务院办公厅印发《关于发展家庭服务业的指导意见》（国办发〔2010〕43号）（以下简称"国办发43号"）。国务院常务会议研究发展家庭服务业的消息公布后，引起社会强烈反响和广泛关注，温家宝总理明确指示，各地各部门要切实抓好《指导意见》的贯彻落实，推动这项工作尽快取得进展，以体现政府的公信力，取信于民。

2. "十一五"时期家庭服务业取得积极发展

自国务院办公厅印发国办发43号文件以来，各地区、各有关部门认真贯彻落实党中央、国务院发展家庭服务业的决策部署，制定并采取了一系列得力措施，推动家庭服务业取得了积极进展。

（1）国办发43号文件得到迅速而全面的贯彻落实。全国发展家庭服务业办公室召开了全国农民工工作暨家庭服务业工作办公室主任会议，对贯彻落实国办发43号文件进行了全面部署。在山东以省政府办公厅文件形式率先出台贯彻落实的意见之后，目前全国绝大多数省、自治区、直辖市已经制定并出台了贯彻文件的具体实施办法。不少地区结合实际，进一步研究提出了财税、金融、土地、就业、培训和社保补贴等扶持政策和措施。

（2）工作机制进一步健全。全国发展家庭服务业办公室认真履行中编办赋予的职责，加强统筹规划和综合协调，积极推动部门间开展合作，努力形成工作合力。同时，各地区纵向建立协调机构的工作力度不断加大，各省、自治区、直辖市均已建立了发展家庭服务业促进就业联席会议制度，并正向地市一级延伸拓展。

（3）配套政策逐步完善。全国发展家庭服务业办公室着手研究制定家政服务业劳动管理规定，组织开展家政服务业服务标准研究；会同财政部研究制定员工制家政服务企业三年免征营业税的支持政策。在全国确定了一批发展家庭服务业工作联系点，在北京市东城区开展工作试点，指导和推动这些地区在发展家庭服务业方面先行先试。

（4）行业发展取得积极成效。全国发展家庭服务业办公室在全国组织开展“千户百强家庭服务企业创建活动”，推动1000户以上的中小企业做专做精，扶持100家有实力的企业做大做强，树立一批知名家庭服务品牌，培育出一批市场开拓能力强、辐射带动作用大、管理服务水平高的企业群体，大幅度提升我国家庭服务业的规范化、产业化、品牌化水平。

（5）基础工作得到加强。全国发展家庭服务业办公室组织各地区开展了家庭服务企业基本情况统计调查工作，初步摸清了家庭服务行业的底数。协调国家统计局开展家庭服务行业统计调查的课题研究，为全面开展调查统计打下了基础。

（6）措施逐步落实。公益性信息服务平台建设和家庭服务从业人员培训不断推进。部际联席会议办公室和全国妇联共同举办了全国家庭服务职业风采大赛，妇联系统还组织开展了春风送岗位家政服务月活动。中国家庭服务业协会组织各地行业协会首次评出了全国家庭服务业30家知名品牌。

（7）有利于行业发展的良好氛围逐步形成。社会各界对家庭服务业的关注度进一步提升，全国政协已先后两次专题听取全国发展家庭服务业办公室有关家庭服务业发展的情况汇报，将有关家庭服务业发展的提案列为重点督办事项。全国“两会”有关家庭服务业的建议和提案大幅增加，人大代表、政协委员对发展家庭服务业提出了很多意见和建议。在中国劳动保障报“农民工专版”中开设家庭服务业专栏。在全国“五一”劳动奖章及各地区开展的优秀农民工评选表彰中，一批优秀家庭服务从业人员脱颖而出，获得表彰和奖励。“十一五”时期，家庭服务业有了新的发展。据调查，2010年家庭服务业从业人员新增100万人左右。

（二）《指导意见》中促进家庭服务业发展的政策措施

《指导意见》围绕“让家庭愿意消费家庭服务、让从业人员愿意从事家庭服务工作、让家庭服务机构有良好发展环境”的思路，重点从七个方面提出了政策措施。

1. 明确家庭服务业的发展重点

把家庭服务业确定为以家庭为服务对象，向家庭提供各类劳务，满足家庭生活需求的服务行业。明确了要重点发展家政服务、社区服务、养老服务、病患陪护4个业态，以满足家庭的基本需求；同时因地制宜发展家庭用品配送、家庭教育等其他业态，为今后实践探索留下空间。

2. 明确发展家庭服务业促进就业的基本原则和主要目标

基本原则是：坚持市场运作与政府引导相结合、政策扶持与规范管理相结合、扩大消费与改善民生相结合、促进就业与维护权益相结合。主要目标是：到2015年，形成基本适应社会需求的家庭服务市场和规范化的经营机构，从业人员技能不断提高，劳动权益得到维护，就业容量显著扩大；到2020年，建立比较健全的惠及城乡居民的家庭服务体系，在2009年基础上新增就业1000万人以上。

3. 提出促进家庭服务业发展的扶持政策

（1）将国务院关于发展服务业、中小企业和促进农民工就业的现行政策加以集成，延伸到家庭服务业。主要包括：在中小企业发展专项资金、创业基地和信息服务网络等方面给予积极扶持；加大多元化融资支持，拓宽融资渠道；引导有条件的家庭服务企业通过资源整合和连锁经营、加盟经营等方式扩大服务规模，在工商登记、品牌宣传推广等方面给予大力支持；落实扶持中小企业发展的税收优惠政策，对符合条件的企业减征企业所得税、减免城镇土地使用税及行政事业性收费；城市搬迁腾退土地安排、新建居住小区规划优先考虑家庭服务业站点发展需要；对养老服务机构和其他家庭服务机构的用电、水、气、热按规定实行优惠价格。

（2）有针对性地新增部分政策措施。①为了让家庭服务机构有良好发展环境，将发展家庭服务业作为服务业发展专项资金和引导资金的支持重点，并纳入中央和地方社会事业和民生工程资金扶持范围；通过各类社区服务设施改造建设、以奖代补等方式，为家庭服务机构无偿或低偿提供场地设施；鼓励不设服务场所的各类服务机构与医疗、社区等管理服务机构加强合作。②为了进一步促进家政服务业规范健康发展，减轻员工制家政服务企业营业税负担，拟调整营业税政策，对符合条件的员工制家政服务企业给予一定期限（3 年）免征营业税的支持政策。③为了提高家庭服务安全性和服务质量，规范家庭服务机构与家庭及从业人员的关系，大力发展员工制家政服务机构；推行家政服务机构职业责任险、人身意外伤害保险等险种；实施家政服务员、养老护理员和病患陪护员定向培训工程。④为了搭建供需对接平台，推广公益性家庭服务电话呼叫号码，整合资源，增加投入，实施家庭服务业公益性信息服务平台建设工程。

4. 加强就业服务和落实促进就业的政策

加强城乡就业服务体系建设，为家庭服务从业人员免费提供职业指导和职业介绍。鼓励农民工及城镇就业困难人员、高校毕业生到家庭服务业就业、创业。在全国农村富余劳动力主要输出地区，整合并提升现有劳务基地资源，培育和扶持具有本地特色的家庭服务劳务品牌，强化农民工输出地和输入地的对口衔接。

5. 着力维护家庭服务从业人员的合法权益

除家政服务以外的其他各类家庭服务机构，均按现行的劳动用工政策及劳动标准执行。鉴于员工制家政服务机构向家庭派遣家政服务员提供生活服务具有一定的特殊性，既不同于一般直接用工企业，也不同于劳务派遣公司向用工单位派遣劳动者，《指导意见》提出要结合实际制定相应的劳动用工政策及劳动标准。加强对员工制家政服务机构的规范管理，规模化的家政服务机构应当与家政服务员签订劳动合同，小型企业应当签订简易劳动合同。对家庭自行雇用的非员工制家政服务员要签订雇用协议，逐步将大量口头协议转变为简易的、契约式的用工管理。《指导意见》还明确了权益救济渠道。

6. 妥善解决家庭服务从业人员社会保障问题

所有家庭服务企业包括员工制家政服务机构的从业人员，都要按规定参加社会保险、缴纳社会保险费。所有非员工制家政服务员可以灵活就业人员身份，自愿参加社会保险。要针对家政服务员特点采取灵活便捷的参保缴费方式，并做好转移接续工作。对符合条件的就业困难人员，按规定给予社保补贴。

7. 努力提高家庭服务从业人员职业技能水平

加强对家庭服务从业人员职业道德教育，营造相互信赖、安全可靠的市场环境。落实好国家对农民工职业培训补贴的基本标准政策，按照同一地区、同一工种给予同一补贴的原则，统一培训补贴基本标准。加强家庭服务从业人员实训基地建设。要以规模经营企业和技工院校为主，开展订单式培训、定向培训和在职培训，构建家庭服务从业人员从初中高级工到技师、高级技师的发展通道。随着家庭服务业促进就业的加快发展，还要进一步加大政策扶持力度。

（三）“十二五”发展思路

为了贯彻落实《指导意见》，联席会议召集人、人社部部长尹蔚民先后主持召开各成员单位领导参加的联席会议第三次全体会议和全国发展家庭服务业视频会议，明确了发展家庭服务业的目标任务和采取的九个方面的政策措施：一是做好发展家庭服务业相关规划的制定工作；二是要充分发挥家庭服务业促进就业的作用；三是落实好各项扶持政策；四是抓好家庭服务从业人员培训工作；五是加强对家庭服务从业人员的权益维护；六是大力推进家政服务业的发展；七是积极推动一批中小企业做专做精，逐步扶持一批有实力的企业做大做强；八是搞好公益性信息服务平台建设；九是努力加强基础工作。

附件：“十一五”人力资源社会保障服务业政策文件

国务院文件

《国务院办公厅关于发展家庭服务业的指导意见》（国办发〔2010〕43 号，2010 年 9 月 26 日）

人力资源和社会保障部及相关部门文件

1. 《人力资源和社会保障部 商务部关于加快服务外包产业发展促进高校毕业生就业的若干意见》（人社部发〔2009〕123 号，2009 年 10 月 12 日）

2. 《人力资源和社会保障部关于同意筹建中国上海人力资源服务产业园区的复函》（人社部函

〔2010〕160号，2010年5月31日）

（人力资源和社会保障部供稿）

第十五章　环境服务业发展报告

环境服务业是指与环境相关的服务贸易活动，是现代服务业的重要分支，也是环境保护产业的一个重要组成部分，主要包括环境工程设计、施工与运营，环境评价、规划、决策、管理等咨询，环境技术研究与开发，环境监测与检测，环境贸易、金融服务，环境信息、教育与培训及其他与环境相关的服务活动。"十一五"期间，随着我国环境保护事业的蓬勃发展，环境服务业发展取得显著成就，现已成为我国"十二五"战略性新兴产业的重要组成部分。大力发展环境服务业对实现环境保护目标，推进环境基本公共服务均等化，加快产业结构升级和经济发展方式转变具有极其重要的意义。

一、"十一五"发展情况

《国民经济和社会发展"十一五"规划纲要》指出"加快发展服务业，要坚持市场化、产业化、社会化方向，拓宽领域、扩大规模、优化结构、增强功能、规范市场，提高服务业的比重和水平"。《国务院关于加快发展服务业的若干意见》（国发〔2007〕7号）（以下简称《若干意见》）明确了"十一五"时期我国服务业发展的主要目标是：到2010年，服务业增加值占国内生产总值的比重比2005年提高3个百分点，服务业从业人员占全社会从业人员的比重比2005年提高4个百分点。为落实《若干意见》，国务院办公厅随后下发了《关于加快发展服务业若干政策措施的实施意见》（国办发〔2008〕11号）（以下简称《实施意见》）。《实施意见》提出了加强规划和产业引导、深化服务领域改革、提高服务领域对外开放水平、大力培育服务领域领军企业和知名品牌、加大服务领域资金投入力度、优化服务业发展的政策环境、加强服务业基础工作、狠抓工作落实和督促检查。

《国家环境保护"十一五"规划》进一步明确促进环境服务业发展的主要任务："以环境影响评价、环境工程服务、环境技术研发与咨询、环境风险投资为重点，以市场化为主体，积极发展环境服务业"，"重点推进城市污水、垃圾、危险废物等环境设施建设运行市场化；规模化工业废水处理、电厂脱硫、除尘设施专业化运营；大力发展环境保护的技术咨询和管理服务"，"完善信贷政策，鼓励银行特别是政策性银行对有偿还能力的环境基础设施建设项目和企业治污项目给予贷款支持。探索建立环境责任保险和环境风险投资。积极扩大利用外资渠道，继续争取国际组织和外国政府无偿援助和优惠贷款。"

（一）环境服务业发展迅速

"十一五"期间，环境服务业已从单一的工程技术与咨询服务向决策、管理、金融等综合性、全方位的智力型服务发展，结构性调整明显加快，环境污染治理设施运营社会化、专业化发展的步伐明显加快，环境咨询服务取得了较大进展，环境技术进步和自主创新能力不断增强，环境服务标准化工作取得一定进展，排污权交易、环境污染责任保险等新机制得到探索，环境金融服务体系初步建立。"十一五"期间，我国环境服务业年收入总额年均增长率约为30%。据测算，到"十一五"末，我国环境服务业年收入总额约1500亿元，从业单位约1.2万家，从业人数约270万人。与此同时，涌现出一批大型综合性环境服务企业，部分企业的产值由上亿元发展到三四十亿元。

（二）市场机制体系初步建立

"十一五"期间，随着市场机制改革的推进，我国在环境服务领域初步建立了以特许经营为核心的市场引入机制体系，并积极开展了事业单位环境影响评价体制改革试点，个别地区开展了监测社会化试点，探索将传统事业单位垄断的环境服务市场化。截至"十一五"末，城镇污水处理设施的社会化运营服务比例达到50%，工业污染治理设施社会化运营比例约为5%。随着我国环境保护事业的蓬勃发展，环境咨询、技术、金融等服务需求得到充分释放，环境服务市场供求机制得到巩固。在鼓励政策和经济利益的驱动下，大量的社会企业开始进入到治污设施的投资、建设、运营环节，相互竞争又彼此促进，形成了环境服务市场竞争机制。排污权交易和环境责任保险制度的试点实施是用市场化手段解决环境问题的尝试探索，初步确立了市场化的价格体系和环境风险共担机制。

（三）促进了环保产业的发展与升级

环境服务业是环保产业的重要组成部分，其发展水平是反映环保产业成熟的重要标志。"十一五"期间，随着污染治理设施的大规模建设和环境污染治理工作的深入与领域的拓宽，环境服务业已成为环保产业中最具发展潜力的领域，其产值在环保产业中的比重也随之提高。到"十一五"末，环境服务业在环保产业中的比重由2004年的6%提高到15%。同时，通过加强环境监管、实施环境服务业准入制度、开展环境服务标准化工作等措施，促进环境服务水平的提升。环境服务业的发展现已成为促进环保产业向更高层次发展的突破口，为推动环保产业发展与升级发挥了重要作用。

（四）为实现环境保护目标提供有力支撑

环境问题的解决必须大力依靠环保产业，尤其是环境服务业的大力发展。"十一五"期间是我国环境保护工作实施总量控制，开展大规模污染防治设施建设，并向深入推进环境综合整治和确保污染治理设施的连续、稳定、高效运行转变的关键时期。环境服务业顺应环保工作需求，从污染防治设施建设服务为主逐渐拓展，发展治污设施专业化运营服务、环境综合服务等，为实现环境保护目标提供了有力支撑。

二、采取的主要措施

（一）强化规划引导，发布产业需求，引导环境服务业健康发展

环境保护部制定颁布了一系列涉及环境服务的相关规划，包括《"十一五"全国环境保护法规建设规划》《国家环境保护"十一五"科技发展规划》《"十一五"国家环境保护标准规划》《国家环境保护重点实验室"十一五"专项规划》《国家环境保护工程技术中心"十一五"专项规划》等，为环境服务业发展提供了方向性引导。此外，为加强对我国环保产业的宏观调控，原国家环保总局联合有关部门定期开展全国环保产业调查工作。2005年，联合国家发展改革委、国家统计局开展了2004年全国环保产业调查，三部门联合发布了《全国环境保护相关产业状况公报》。在产业调查的基础上，2006年组织制定发布了《环境保护服务业发展报告》，2007年组织制定发布了《中国环境保护产业市场供求指南》。为加强环境技术管理，推进节能减排和环境保护目标的实现，原国家环保总局于2007年组织制定发布了《国家环境技术管理体系建设规划》，明确了环境技术管理体系建设的目标和任务要求。为指导环保技术的推广应用，自2007年起，每年制定发布《国家先进污染防治技术示范名录》和《国家鼓励发展的环境保护技术目录》。2008年环境保护部组织制定发布了《国家环境技术发展白皮书》，为环境服务业发展给予了有力的引导。为促进环境保护技术进步，增强环境管理决策的科学性，提高环境保护投资效益，规范环境保护技术评价与示范等活动，环境保护部于2009年发布了《国家环境保护技术评价与示范管理办法》。

（二）加大污染防治力度，严格监管，扩大了环境服务业发展的潜在市场

2007年11月，国务院印发了《国家环境保护“十一五”规划》，明确了规划目标和主要任务。在规划的引导下，以污染物减排两项约束性指标为抓手，兼顾环境质量改善，严格落实环境保护目标责任制，强化政府规划实施责任。各级政府加大投入力度，推进治污设施建设进程，并通过严格执法监督，杜绝违法违规排污行为，确保治污设施运行稳定。到2010年年底，全国设市城市、县累计建成城镇污水集中处理设施2832座，日处理能力达到1.25亿立方米，城市污水处理率由2005年的52%提高到约77%；生活垃圾无害化处理率达到72.4%；全国累计建成运行5.78亿千瓦燃煤电厂脱硫设施，火电脱硫机组比例从2005年的12%提高到82.6%。大量的环境保护工程的实施，促进了环境工程相关的环境服务迅速发展，并产生一批具有投资—建设—运营一体化综合环境服务能力的环保企业。为加强污染源监管，环境保护部出台了《污染源自动监控设施运行管理办法》（环发〔2008〕6号），推行污染源自动监控，并实施社会化运营管理模式，形成了自动监控设施运营服务新领域。“十一五”期间，开展一系列持续的环境保护专项行动，在促进污染减排的同时，促使不符合要求的环境工程和运营服务企业淘汰退出环保产业市场，促进形成公平有序的市场氛围，释放专业化环境服务的现实需求。

（三）探索体制改革，开展试点示范，促进了环境服务潜在市场向现实市场的转变

“十一五”期间，市政污水处理行业初步建立了以特许经营为主的市场引入机制，国家有关部门进一步探索工业领域污染治理社会化改革机制。2002年以来，国家有关部门积极推进市场机制改革，在全国市政污水处理行业迅速涌现出大量的市场化改革项目。据有关资料，全国市政污水处理项目中，半数以上都已开展了以特许经营制度为核心的引入市场机制的改革，所涉及特许经营制度的项目数逐年迅速增长。2007年，国家发展改革委会同原国家环保总局印发了《关于开展烟气脱硫特许经营试点工作的通知》（发改办环资〔2007〕1570号），组织五大发电集团公司按照《火电厂烟气脱硫特许经营试点工作方案》开展火电厂烟气脱硫特许经营试点工作，在工业减排领域试点特许经营制度。

在环境咨询领域，为促使环境咨询服务机构与行政主管部门脱钩，促进行业健康有序发展，试点开展了环境影响评价体制改革。环境保护部先后下发了《关于开展事业单位环境影响评价体制改革试点的通知》（环办〔2010〕87号）和《关于事业单位环境影响评价体制改革试点工作有关问题的通知》（环办函〔2010〕1222号），组织北京、山西、辽宁、江苏、安徽、山东、广西、重庆、四川、贵州、甘肃等试点省（市）开展事业单位环境影响评价体制改革，探索改革模式，为全面推进改革提供实践经验。

山东、苏州、长沙等地开展政府采购环境监测服务模式试点工作，分别将建设项目竣工环保“三同时”验收监测、污染源监测等服务性质的环境监测任务社会化，实现事业单位监督性检测和服务性监测分离。山东省环境保护厅下发《关于建设项目竣工环境保护验收监测社会化试点机构申报和认定工作的通知》，确定5家试点单位可依据《山东省建设项目竣工环境保护验收监测社会化试点工作方案》及有关规定，接受建设单位的委托，开展建设项目竣工环保验收监测工作。苏州市工业园区环境保护局通过招标与论证将企业污染源监测工作外包给社会监测机构。2008年，长沙市环境保护局对机动车尾气检测实行社会化运营改革。

（四）实施制度创新，增加环境服务功能，拓宽了环境服务领域

2007年12月，原国家环保总局和中国保监会联合发布《关于环境污染责任保险的指导意见》（环发〔2007〕189号），正式建立环境污染责任保险制度，并以生产、经营、储存、运输、使用危险化学品企业，易发生污染事故的石油化工企业，危险废物处置企业等为对象开展重点行业和区域环境污染责任保险的试点示范工作。环境污染责任保险制度的确立确保了污染受害者利益、分散了企业污染赔偿、减轻了政府环境风险负担，同时催生出大批的保险企业在环境金融服务领域迅速发展壮大。2009

年，湖南、湖北、江苏、辽宁、上海、重庆、云南、浙江、广东9省（市）已经在全省或者部分地区开展试点。河北、沈阳等地在地方环保立法中写入了环境污染责任保险条款。武汉、深圳等地设立地方财政引导资金补贴保费。人保财险、平安财险等10余家保险企业推出了环境污染责任保险产品。人保财险在湖北、辽宁、江苏等地承保企业11家，承担风险保额6200万元；平安财险在湖南、宁波等地承保企业51家，承担风险保额8340万元。湖南已有8起企业发生污染事件获得保险公司理赔的案例，赔偿总额为100余万元。

“十一五”期间，排污权交易制度试点尝试利用经济激励手段解决环境污染，促进了综合型环境金融服务，以及交易平台的迅速形成和发展。国务院制定的指导我国新时期环境保护的纲领性文件《国务院关于落实科学发展观加强环境保护的决定》（国发〔2005〕39号）提出“要实施污染物总量控制制度，将总量控制指标逐级分解到地方各级人民政府并落实到排污单位。推行排污许可证制度”。2009年3月，时任国务院总理温家宝在政府工作报告中明确指出要积极开展排污权交易试点。2009年5月19日，国务院批转国家发展改革委《关于2009年深化经济体制改革工作意见的通知》，提出要扩大排污权交易试点范围。湖南、湖北、浙江、江苏、云南等省份相继出台了地方性的排污权交易法规，建设排污权交易平台，积极开展排污权交易试点。2008年1月，江苏开始执行《江苏省太湖流域主要水污染物排放指标有偿使用收费办法》《江苏省太湖流域主要水污染物排污权交易管理规则》。2008年8月，财政部、环境保护部和江苏省政府联合在无锡市举行太湖流域主要水污染物排污权有偿使用和交易试点启动仪式，截至2010年6月，江苏99%企业完成排污权申购。“十一五”期间，全国范围建立了数家资源环境交易所。

（五）建立环境服务业准入制度，形成环境服务标准化雏形，规范了环境服务市场

为规范市场秩序，提升环境服务水平，制定实施了一系列环境服务业企业准入制度，包括环境影响评价、环境工程专项设计、工程咨询、污染治理设施运营资质管理，以及机动车污染排放和检测机构资质认可制度。2009年为进一步提高环境影响评价专业技术人员素质，加强环境影响评价技术人员管理，环境保护部出台了《建设项目环境影响评价岗位证书管理办法》（环办〔2009〕45号）。2009年开始修订《环境污染治理设施运营资质许可管理办法》和《环境污染治理设施运营资质分级分类条件》，截至“十一五”末，在有效期内的环境污染治理设施运营资质持证单位约有2100家。

在推进环境服务标准化方面，陆续制定了相关政策，对环境服务需达到的水平进行了明确的规定。在环境工程技术咨询领域，为规范环境工程设计，研究制定了《环境工程技术规范—工程设计文件要求》，规定了环境工程项目可行性研究报告、初步设计、施工图设计等文件编制要求，《人工湿地污水处理工程技术规范》等17项工程技术规范，《污染治理设施运行记录仪技术要求及检测方法》等82项环境保护产品技术要求。在环境影响评价领域，为确保环境影响评价任务完成的质量，出台了《建设项目环境影响评价分类管理名录》和《建设项目环境影响技术评估导则》（HJ616－2011），分别明确了编制建设项目环境影响评价文件的类型和对文件开展技术评估的要求；先后出台了各类环境影响评价技术导则20余个，规定了不同领域环境影响评价工作的原则、内容、工作程序、方法和要求。在环境监测领域，为保证环境监测工作质量，提高环境监测质量管理水平，出台了《环境监测质量管理技术导则》（HJ630－2011），规定了环境监测质量体系基本要求及环境监测过程质量保证与质量控制方法。

（六）贯彻落实科技兴环保战略，加强专业队伍建设，为环境服务业发展提供了有力支撑

2006年，环境保护部发布了指导我国环境科技事业发展的纲领性文件《关于增强环境科技创新能力的若干意见》（环发〔2006〕97号），确立了科技兴环保战略，并提出实施环境科技创新、环保标准体系建设、环保技术管理体系建设三大工程，加强环保科技基础能力建设。五年间，各部门认真贯彻落实科技兴环保战略，基本建成环保技术研发—评估—示范—推广—创新的促进机制，为环境工程

从科研环评到工程验收，设施运行全过程服务和管理提供了技术支持。同时，对环境服务专业队伍的建设高度重视，实施注册工程师执业资格制度，并在环境影响评价、治污设施运营等方面积极开展各种培训，培养了大批从事环境服务的专业人才。

在环境科技创新工程实施过程中，制定并实施了《国家环境保护“十一五”科技发展规划》，产出了一大批标志性成果。共开展环境保护公益性行业科研专项项目234项、国家科技支撑项目6项、国家重点基础研究发展计划项目（973项目）6项；围绕流域水污染治理技术体系和流域水环境管理技术体系建设，设立了水体污染控制与治理科技重大专项，设置33个项目238个课题，中央财政预算投入45.43亿元，研发了湖泊藻类生命观测系统，攻克了石化、制药等重污染行业的水污染控制关键技术和城市污水强化脱氮除磷等一批工艺技术及成套设备。

在环保标准体系建设过程中，落实《国家环境保护标准“十一五”规划》，建立了与环境保护目标相衔接的环保标准体系，并形成了科学有效的环保标准实施监督机制。共完成了1000余项国家环境保护标准的制修订，开展了60余项重点行业国家污染物排放标准制和100余项重要的国家环境保护技术法规的制修订工作，进一步完善了我国环境保护技术法规体系和环境保护标准体系。

在环保技术管理体系建设过程中，依照我国环境管理需要和环境管理目标，出台了《“十一五”国家环境技术管理体系建设规划》，建立了以污染防治技术政策—最佳可行技术指南—工程技术规范为主要内容，以环境技术评估—示范—推广为主要组织程序的环境技术管理体系。“十一五”期间，共发布《火电厂氮氧化物防治技术政策》等8项重点行业污染防治技术政策、《城镇污水处理厂污泥处理处置最佳可行技术指南》等6项最佳可行技术（BAT）指南。自2007年起，每年制定发布《国家先进污染防治技术示范名录》和《国家鼓励发展的环境保护技术目录》，以及国家鼓励和限制发展的环境技术、装备目录。2008年发布了《国家环境技术发展报告》，2009年发布了《国家环境保护技术评估、示范和推广管理办法》，制定了实施细则，规范环境保护技术评估、示范和推广的各环节。为保障技术评估制度的有效实施，制定了《环境保护技术评估规范》《环境保护技术评估验证规范》和《环境保护技术后评估指南》，建立第三方技术评估与专家评估相结合，以第三方评估为主、专家辅助决策为辅的新型环境技术评价体系。为提高工程技术水平和建设质量，以新技术新工艺示范推广为重点，通过开展国家重点环境保护实用技术示范工程筛选，有针对性地遴选先进环保科技成果和实用技术。

在环保科技基础能力建设过程中，实施《国家环境保护重点实验室“十一五”专项规划》和《国家环境保护工程技术中心“十一五”专项规划》，增强环保科研机构的持续创新能力，强化重点实验室和工程技术中心等基础平台建设。截至2010年年底，建成11个国家环境保护重点实验室，另有9个国家环境保护重点实验室正在建设中。在水、气、固体废物、噪声与资源综合利用等技术和产业重点领域，已建成11个国家环境保护工程技术中心，另有10个国家环境保护工程技术中心正在建设中。

在加强对环境服务业专业队伍建设方面，强化从业人员管理，建立实施了注册咨询工程师、注册环境影响评价工程师和注册环保工程师职业资格制度，以及环境监测人员持证上岗考核制度。2007年，由原国家环保总局发起，联合原人事部、原建设部共同颁布了《注册环保工程师制度暂行规定》，举办了4次执业资格相关考试。截至2010年年底，注册环评工程师共有5701人。组织开展环评工作人员和污废水处理、锅炉烟气、危险废物（含医疗废物）、在线监测领域运营操作人员职业培训，截至2010年底，已累计培训环评人员4000多人、污废水处理工27269人，锅炉烟气处理工5894人，自动连续监测操作工7041人。

（七）采取积极的价格、财税、信贷、土地等政策，鼓励社会资金投入，强化了环境服务业发展的政策保障

2005年年底，国务院发布《国务院关于落实科学发展观加强环境保护的决定》，明确指出建立健全有利于环境保护的价格、税收、信贷、贸易、土地和政府采购等政策体系。“十一五”期间，各地结合当地的具体情况，适当调整水价，以提高用水效率为目标，重点解决污水处理费偏低等问题。

2005—2008年，中央财政设立的环保专项资金共支出4.4亿元，支持污染防治新技术、新工艺推广应用项目150项。一些省市出台了运营服务相关的财政政策，河北省设立环保产业发展专项资金，2001—2002年共支持25家环保企业，吸引资金7亿元。在税收优惠方面，国家税务总局《关于污水处理费不征收营业税的批复》（国税函〔2004〕1366号）明确了对单位和个人提供的污水处理服务取得的污水处理费免征营业税；财政部、国家税务总局《关于资源综合利用及其他产品增值税政策的通知》（财税〔2008〕156号）规定污水处理劳务免征增值税、再生水免征增值税；《企业所得税法》规定，从事符合条件的环境保护、节能节水项目的所得可以免征、减征企业所得税。污水处理费纳入财政事业单位预算，由财政按照污水处理量按期拨付企业，免缴土地使用税。一系列优惠政策的出台，鼓励社会资金投入到环境服务尤其是治污设施运营服务领域，为环境服务业的发展创造了良好的政策环境。

2007年7月，原国家环保总局、中国人民银行和银监会三部门联合提出了《关于落实环境保护政策法规防范信贷风险的意见》，通过市场方式有力遏制环境污染的经济金融杠杆“绿色信贷”制度正式确立。2009年12月，中国人民银行、银监会、证监会和保监会联合印发了《关于进一步做好金融服务支持重点产业调整振兴和抑制部分行业产能过剩的指导意见》（银发〔2009〕386号），要求金融部门和机构要积极创新金融产品，按照“绿色信贷”原则，加大对国家产业政策鼓励发展的新能源、节能减排和生态环保项目的支持。2005年10月，国家开发银行作为政府的开发性金融机构与原国家环保总局签署了“开发性金融合作协议”，“十一五”期间为规划项目提供500亿元人民币政策性贷款，支持中国环境保护事业的发展。截至2008年年末，国家开发银行环保及节能减排领域贷款发放余额达到2761亿元，占全行贷款余额的9.8%。

环境保护部积极与金融机构开展协作，2009年与中国银行签署了《关于支持环保产业发展的合作备忘录》，支持中国银行为环保企业，特别是中小企业提供贷款、融资服务，扶持环保企业发展。

三、存在的主要问题

目前，尽管我国环境服务业在“十一五”期间得到快速发展，但依然存在以下问题：

（1）环境服务业水平不高。我国环境服务业在环保产业中的比重相对偏低，环境服务企业规模小，大型、综合性运营企业少，服务类型单一，专业化、社会化程度较低。环境服务业标准体系、市场监督体系不完善，市场不规范。

（2）对环境服务业重视不足。环境服务长期被视为公共物品，过度依赖政府提供，对环境服务业缺乏足够的认识和重视。对环境监管与环境服务业市场的关联性认识不足，未能将环境服务的潜在市场转变为现实市场。

（3）法律法规不健全。没有专门规范环境服务业发展的法规或引导性文件，涉及环境服务业的政策法规基本包含在综合环境法规及环保产业政策中，内容分散。现有的环境法规体系缺乏配套措施，造成执法力度不够，难以发挥作用。

（4）支撑体系不健全。我国环境服务业在技术开发、新产品研制、工程应用等方面与世界先进国家相比存在较大差距，社会化、专业化经营模式缺乏。产业统计体系和制度不健全，对环境服务业发展政策制定与决策支撑力度不够。缺乏环境服务业专业人才，制约了环境服务水平的提升。

（5）政策环境不完善。引导环境服务业发展的财政资金投入不足。促进环境服务业发展的投融资政策欠缺，从商业银行获得信贷资金支持的难度较大。税收优惠政策不完善，现行税制中涉及环境服务业的税收扶植政策较少，且大多为临时性、阶段性的，缺乏系统性，对环境服务业的扶植作用有限。

四、“十二五”发展思路

“十二五”期间，我国环境服务业发展方向是，加快重点领域环境服务业发展，创新环境服务模式，优化环境服务业发展的政策环境，完善环境服务支撑体系，基本建立与新时期环境保护目标任务要求相适应的现代环境服务业体系，推动环保产业业态转型初见成效。“十二五”时期，促进环境服务业健康发展的政策措施是：①深化服务领域改革，加快市场化进程。引入竞争机制，加快形成有效的市场竞争格局，增强环境服务业发展活力。推进事业单位环境影响评价体制改革，拓宽特许经营制度试点领域与范围。规范市场秩序，推进全国统一开放竞争有序的市场体系建设，对法律法规没有明令禁入的服务领域面向社会资本开放，对外资开放的服务领域要向内资开放，对本地企业开放的服务领域要向外地企业开放，保障市场经济条件下经济主体地位平等、公平竞争。鼓励和引导有条件的地方开展服务改革试点。②加强政策引导，营造良好市场环境。协调环境监管与环保市场监管，加大环境监察执法力度，推进环保设施全过程管理，加强环保设施信息公开，避免企业为降低运营成本而出现的偷排、关停治污设施等问题。完善市场培育与准入政策，提高市场准入标准，建立公开、平等、规范的服务业准入制度。探索建立环境服务企业、重大技术创新和新技术成果转化的财政资金奖励与补助政策，以及增值税、营业税、企业所得税、出口退税等税收优惠政策。推进有条件的地区逐渐将环境服务采购纳入政府采购范围，探索研究财政资金优先支持政府采购环境服务的可行性，重点加强环境综合服务采购。以环境安全敏感行业为试点，强制推行污染治理设施运营企业的环境责任保险，降低治污设施运营企业污染责任风险。试点实施以排污许可证抵押的第三方担保交易，降低运营服务企业经营风险。优化市场准入的审批管理程序，完善环境服务业领域外资准入和经营的法律法规体系，积极探索外商投资审批管理体制改革。③加大金融支持，带动社会投融资。鼓励金融部门加大对环境服务企业的信贷支持，加快开发适应环境服务企业需要的金融产品。发挥政府对创业投资基金的引导作用，逐步扩大环境服务业发展引导资金规模，充分运用市场机制，带动社会资金投向环境服务企业。鼓励设立联合担保基金，为环境服务企业融资提供担保。积极支持符合条件的环境服务企业进入境内外资本市场融资，通过股票上市、发行企业债券等多渠道筹措资金。

附件：“十一五”环境服务业政策文件

国务院文件

1.《国务院关于印发国家环境保护“十一五”规划的通知》（国发〔2007〕37号，2007年11月22日）

环境保护部及相关部门文件

1.《国家环境保护总局关于增强环境科技创新能力的若干意见》（环发〔2006〕97号，2006年6月27日）

2.《国家环境保护总局关于印发〈国家环境保护“十一五”科技发展规划〉的通知》（环发〔2006〕103号，2006年7月3日）

3.《国家环境保护总局关于印发〈国家环境技术管理体系建设规划〉的通知》（环发〔2007〕150号，2007年9月29日）

4.《国家环境保护总局 中国保险监督管理委员会关于环境污染责任保险工作的指导意见》（环发〔2007〕189号，2007年12月4日）

5.《国家环境保护总局办公厅关于印发〈国家环境保护重点实验室“十一五”专项规划〉和〈国家环境保护工程技术中心“十一五”专项规划〉的通知》（环办〔2007〕107号，2007年8月15日）

（环境保护部供稿）

第十六章　节能服务业发展报告

合同能源管理是20世纪80、90年代在发达国家兴起的一种运用市场手段促进节能的新机制。具体是指专业化的节能服务公司与用能单位签订能源管理合同，为用能单位提供节能诊断、设计、融资、改造、运行管理等“一条龙”服务，对项目的节能效果负责，并通过分享节能效益回收投资和合理利润。采用合同能源管理方式实施节能改造，用能单位不仅不需要投入和承担风险，而且在合同期内可与节能服务公司分享节能收益，合同实施结束后，则独享全部节能收益。实行合同能源管理，可以大大降低用能单位节能改造的资金和技术风险，调动用能单位节能改造的积极性，加快节能项目的实施，催生节能服务这样一个新兴产业。

加快推行合同能源管理、促进节能服务产业快速发展，对于形成新的经济增长点具有重要的导向作用，既是确保实现节能减排目标的重要手段，也是建立节能长效机制、建设资源节约型和环境友好型社会的客观需要。

1998年，在世界银行、全球环境基金的支持下，国家发展改革委、财政部实施了“中国节能促进项目”，分别在北京、山东、辽宁成立了三个示范性的节能服务公司，将合同能源管理机制引入我国。十多年来，采用合同能源管理机制的节能服务公司取得了不断发展，特别是“十一五”以来，随着国家出台一系列推动节能的政策措施，节能服务产业得到了快速发展。合同能源管理作为市场化节能新机制，其投资、技术和节能效果等优势正逐步显现，被越来越多的用户所接受。

一、“十一五”发展情况

“十一五”期间，在国家政策的大力扶持下，我国节能服务产业队伍迅速壮大、产业规模持续增长、产业投资屡创新高，实现年节能能力和减排量逐年攀升，已经走上了快速发展的道路。

（一）产业队伍迅速壮大，从业人员大幅增长

2010年年末，国家发展改革委、财政部备案的节能服务公司已达984家。据中国节能协会节能服务产业委员会（EMCA）统计，2006—2010年，全国运用合同能源管理机制实施节能项目的节能服务公司从76家递增到782家，增长了10倍；2005—2010年，节能服务行业从业人员从1.6万人递增到17.5万人，增长了11倍（见图16-1）。

（二）节能服务产业规模稳步增长，产值连年上升

“十一五”期间，节能服务产业总产值持续增长，年平均增速在60%以上。根据EMCA调查统计结果，2010年节能服务产业总产值为836.29亿元，同比增长42.31%，比2005年增长了18倍（见图16-2）。

（三）合同能源管理模式创新，节能量屡创新高

合同能源管理商务模式由原来的以节能效益分享型为主，逐步向节能量保证型和能源费用托管、融资租赁等多种模式共同发展。“十一五”期间，合同能源管理项目投资累计达683.95亿元，形成年节能能力2242.68万吨标煤，年减排6106.7万吨CO_2，比“十五”期间增加了15倍（见图16-3）。

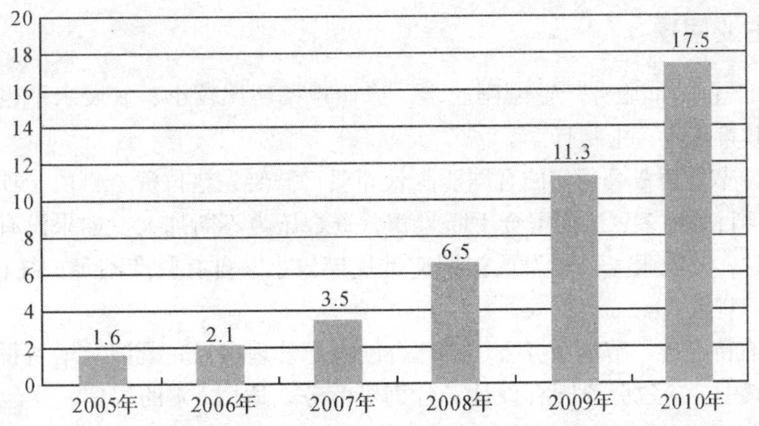

图 16-1 2005—2010 年节能服务产业从业人员数量增长情况（单位：万人）

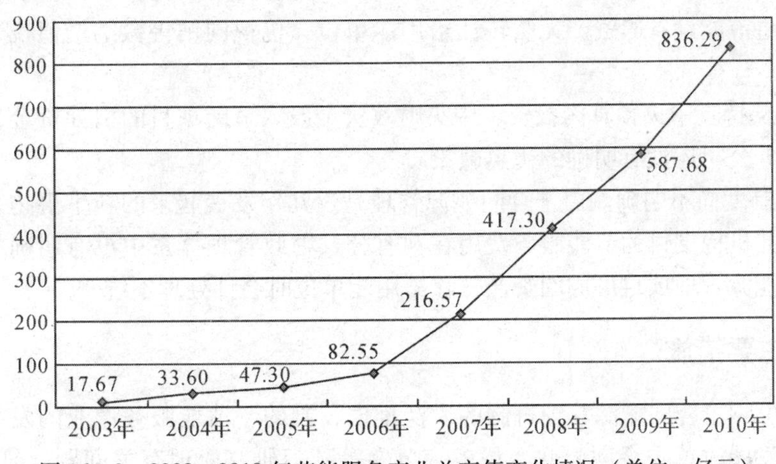

图 16-2 2003—2010 年节能服务产业总产值变化情况（单位：亿元）

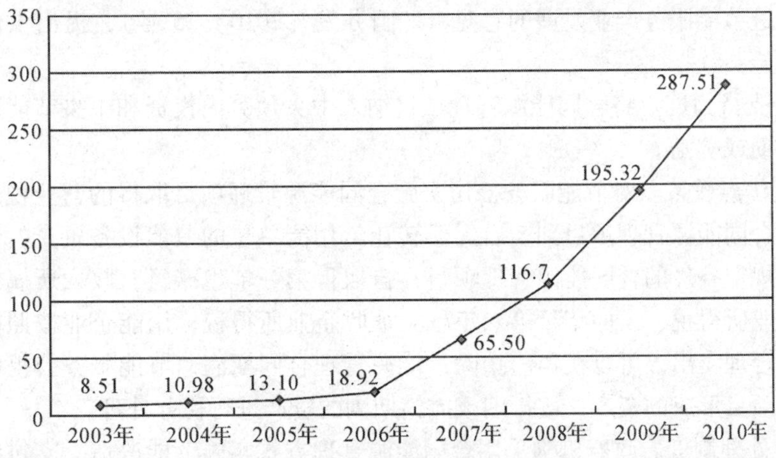

图 16-3 2003—2010 年合同能源管理项目投资变化情况（单位：亿元）

（四）业务领域逐渐拓宽，融资模式不断创新

节能服务公司业务已经覆盖工业、建筑、交通、公共机构等领域。节能服务融资的模式也在不断创新和发展，从最早的银行担保贷款，发展到现在的融资租赁、担保、保理、股权融资、信托产品等多样化的金融产品，大大加强了节能服务公司的能力。

二、存在的主要问题

"十一五"由于我国节能服务产业刚刚起步，产业规模还比较小、发展水平也较低，发展过程中存在着一些体制和政策障碍，主要有：

（1）融资困难。节能服务公司实施合同能源管理项目需要先垫付资金，由于项目投资较大、回收期较长，随着实施项目的增多，所需资金不断累积，资金压力不断加大。如果没有融资支持，公司发展就难以为继。同时，节能服务公司发展初期通常规模较小，自有资产不足，往往因为缺乏抵押物、担保物而得不到银行贷款。

（2）税收政策有待完善。节能服务公司实施合同能源管理项目，既涉及增值税应税货物，又涉及营业税应税劳务。其中，应税劳务既有设计、咨询等劳务，适用5%的税率，又包括建筑安装、交通运输等劳务，适用3%的税率。在实际执行中，税务机关按照规定对不易划分的劳务一般采用从高适用税率的办法征收营业税，客观上造成企业营业税负担不尽合理的问题。另外，节能服务公司在能源管理合同期满后，将节能设备等资产无偿转让给用能单位，仍视同销售缴纳增值税，不利于节能服务产业发展。

（3）缺少政策支持。中央预算内投资、中央财政资金投入节能项目的引导资金，主要针对用能单位，国家对节能服务公司还没有明确的优惠政策。

（4）财务会计制度尚不明确。由于合同能源管理是近几年发展起来的新生事物，在现行预算及财务管理制度下，公共机构支付的节能服务费用在现有公共财政管理体系中没有明确的支出科目；节能服务公司实施合同能源管理项目形成的资产转移给用能单位时会计处理不统一。

三、采取的主要措施

上述问题严重影响了合同能源管理机制的广泛推广，制约了节能服务产业的发展。国务院对此高度重视，责成国家发展改革委会同财政、税务、金融等部门研究梳理有关问题，研究提出扶持政策。2010年4月2日，国务院印发了国家发展改革委、财政部、人民银行、税务总局制定的《关于加快推行合同能源管理促进节能服务产业发展的意见》（国办发〔2010〕25号），提出了促进节能服务产业发展的四条政策措施：

（1）加大资金支持力度。将合同能源管理项目纳入中央预算内投资和中央节能减排专项资金支持范围，给予资金补助或奖励。

（2）实行税收优惠政策。对节能服务公司实施合同能源管理项目取得的营业税应税收入，暂免征收营业税；对其在合同能源管理项目到期后无偿转让给用能单位的节能设备资产，免征增值税；符合税收法律法规有关规定条件的合同能源管理项目，自取得第一笔生产经营收入所属纳税年度起，第一年至第三年免征企业所得税，第四年至第六年减半征收企业所得税；用能企业按照能源管理合同支付给节能服务公司的合理支出，可以在税前扣除；能源管理合同期满，节能服务公提供给用能单位的因实施合同能源管理项目形成的资产，按折旧或摊销期满的资产进行税务处理。

（3）完善会计处理制度。政府机构采用合同能源管理方式实施节能改造，支付给节能服务公司的费用视同能源费用支出；事业单位和企业采用合同能源管理方式实施节能改造，支付给节能服务公司的费用计入相关支出。

（4）进一步改善金融服务。鼓励银行等金融机构根据节能服务公司的融资需求特点，创新信贷产品，拓宽担保品范围，简化申请和审批手续，为节能服务公司提供项目融资、保理等金融服务。节能服务公司实施合同能源管理项目投入的固定资产可按有关规定向银行申请抵押贷款等。

国办发〔2010〕25号文件基本解决了制约节能服务产业发展的主要障碍，为节能服务产业发展营造了良好的体制和政策环境。此后，财政部、国家发展改革委印发了《合同能源管理财政奖励资金管理暂行办法》（财建〔2010〕249 号），2010 年安排中央财政资金 12 亿元支持节能服务公司实施合同能源管理项目。财政部、税务总局印发了《关于促进节能服务产业发展增值税营业税和企业所得税政策问题的通知》（财税〔2010〕110 号）。

附件："十一五"节能服务业政策文件

国务院文件

《国务院办公厅转发发展改革委等部门关于加快推行合同能源管理促进节能服务产业发展意见的通知》（国办发〔2010〕25 号，2010 年 4 月 2 日）

国家发展改革委及有关部门文件

1. 《财政部 国家发展改革委〈关于印发合同能源管理项目财政奖励资金管理暂行办法〉的通知》（财建〔2010〕249 号，2010 年 6 月 3 日）

2. 《财政部 国家税务总局关于促进节能服务产业发展增值税、营业税和企业所得税政策问题的通知》（财税〔2010〕110 号，2010 年 12 月 30 日）

（国家发展和改革委员会资源节约和环境保护司供稿）

第二篇　生活性服务业发展报告

第一章　商贸流通服务业发展报告

"十一五"期间，商务主管部门按照《国民经济和社会发展第十一个五年规划纲要》中有关服务业发展要求，深入贯彻落实《国务院关于加快发展服务业的若干意见》和《国务院办公厅关于加快发展服务业若干政策措施的实施意见》，坚持科学发展观，大力推进商贸领域服务业发展，相关工作取得积极成效，相关服务行业取得可喜进步。

一、"十一五"发展情况

（一）农村现代流通业

"十一五"期间，"万村千乡市场工程"和"双百市场工程"稳步推进，农村现代流通体系建设，取得明显成效。

截至2010年年底，全国已建设52万个连锁化农家店，覆盖80%的乡镇和65%的行政村，全国共新建或改造连锁化农资店超过10万个，农资连锁经营网络初步建立，化肥、农药的统一配送率达80%以上。引导2700多家城市龙头流通企业进入农村。农村消费不方便不实惠的状况得到改观，"一网多用"拉动农村服务消费快速增长。

2006—2009年，"双百市场工程"累计安排资金15亿元，支持936家市场和企业，建设改造项目1565项，对农产品批发市场、农贸市场和农产品流通企业的冷链、加工配送等基础设施进行升级改造。改善了农产品流通环境，保障了市场供应，促进了地方经济发展。

从2010年开始，商务部会同财政部开展农产品现代流通综合试点，支持试点地区加强农产品流通基础设施建设，大力发展农超对接等现代流通方式，打造现代化农产品流通链条，推行农产品品牌化和包装化。

（二）城市生活服务业

"十一五"以来，商务主管部门大力发展现代生活服务业，建立健全城市生活服务体系，促进家政、餐饮、住宿、美发美容、沐浴、洗染、家电维修、人像摄影等行业规范化发展，提高城镇居民生活服务保障能力，努力满足广大居民日益增长的服务需求。

1. 家政服务业

商务部、财政部高度重视家政服务业发展，研究出台财政政策支持行业发展。2009—2010年，中央财政共投入资金12亿元，支持建设家政服务网络中心，培育品牌家政服务企业，培训家政服务人员；带动地方各级财政配套资金约20亿元。

两年来全国建成家政服务网络中心100多个，培训服务人员约60万人。2010年试点城市145家连锁企业拥有门店约3000个，新增门店数量达到了1745个，平均每家新增门店12个，比2009年增长77%。营业额增长率平均达到了约70%。在连续两年财政政策引导带动下，35个试点城市的家政服务体系基础设施，包括家政服务网络中心、连锁门店基本配置和培训机构的软硬件设施不断完善。各地建成家政服务网络中心100多个，涌现和形成了宁波81890、天津8890、吉林95081等一大批具有影响力的网络中心品牌，在居民和企业之间搭建起供需平台，有效解决了居民找不到服务、企业找不到市场的矛盾。

2. 餐饮住宿业

近年来，我国餐饮业保持了快速发展的势头。2010年餐饮市场继续保持两位数的高速增长，实现餐饮收入17648亿元，占同期社会消费品零售总额的比重为11.2%，同比增长18.1%，对社会消费品零售总额增长的贡献率为8.5%，拉动社会消费品零售总额增长1.6个百分点，继续成为拉动经济增长的重要力量。截至2010年，限额以上餐饮业企业实现餐饮收入3874.8亿元，同比增长23.4%，占全年餐饮收入总额的22%。近三年来，商务部会同财政部在53个大中城市实施“早餐示范工程”。截至目前，纳入“早餐示范工程”建设的91个主食加工配送中心建设改造已基本完成，配套建设标准化早餐网点超过1.8万个，构建起了“便利、安全、方便、实惠”的早餐、快餐供应体系。每天能保证近900万人吃上放心早餐。有效改变了过去早、快餐领域“脏、差、乱”等问题，早餐等大众化餐饮服务的规模化、规范化、连锁化程度进一步提升和扩展了大众化餐饮发展空间。

伴随我国住宿业的快速发展，住宿行业业态逐步丰富。商务会展、旅游观光、休闲度假、公务会议、经济型酒店、公寓式饭店、温泉饭店等住宿业态格局初步形成。家庭旅馆、乡村客栈、青年旅馆、汽车旅馆、乡村酒店、农家乐等满足中低端大众化消费市场的新兴业态也开始出现。高档饭店数量大幅增加，其中星级饭店超过1.4万家，建筑面积在10000平方米以上的有数千家。住宿业的餐饮服务所占全部营业额的比重近十年来一直在40%左右，2010年住宿业限额以上企业的营业额为2797.8亿元，其中餐费收入达1143.9亿元，比例占到40.9%。2006年全球饭店集团300强排名，我国有6家入围，集团化水平稳步提升。到2010年，我国住宿业限额以上企业从业人员已达到210.8万人，人员素质逐步提高。

3. 其他生活服务业

“十一五”期间，商务主管部门在积极推动家政、餐饮、住宿业发展的同时，大力促进洗染、沐浴、美发美容、人像摄影、家电维修等生活性服务业的发展。

（1）企业规模增长。截至2010年年底，全国美发美容企业124.0万家，营业面积为12327.8万平方米，营业额388.0亿元，缴税金77.5亿元；沐浴企业15万家，营业收入总额为1191.2亿元，缴纳税收77.6亿元；洗衣店（厂）25万家，年营业收入600亿元，从业人员125万人；人像摄影企业及网点35万家，年营业收入1030亿元，从业人员550万人；家电维修企业30万家，服务收入1215亿元，从业人员300万人。各地涌现出一批成长性强、经营规范的生活服务性企业。

（2）扩大社会就业。生活性服务业是劳动密集型行业，就业门槛低，可吸纳不同年龄段、不同文化程度的人就业，甚至可以吸纳部分残疾人就业，已成为安置残疾人就业的一个重要渠道。

（3）品牌建设颇具成效，“走出去”步伐加快。企业在服务理念、管理模式、经营方式等方面不断创新，呈现连锁化、品牌化发展态势。国际合作的趋势强劲，沐浴业中国养生保健文化受到欧洲等发达国家的认可，一些品牌企业实施“走出去”战略，积极开拓国际市场。

（三）商贸流通服务业

1. 商贸物流服务

近年来，商务主管部门开展的“万村千乡市场工程”、“双百市场工程”、“农超对接”、“新农村现代流通网络建设工程”和“农资流通体系试点”等工作，有效促进了农村日用工业品、农资和农产品物流配送体系建设。汽车、家电、医药、烟草等专业物流达到一定规模。批发市场通过功能再造和制度创新，增加了加工、配送功能，缩短了供应链流程、提高了流通效率。餐饮企业通过现代化主食配送中心实现网点的统一配送、及时补货，保证了食品的新鲜度，为方便居民消费发挥了积极作用。各地建设的公共物流信息服务平台，有效改善了物流信息的共享服务，促进了物流资源的供需衔接。信息科技的广泛应用，大大提高了商贸企业和物流、配送企业的服务能力和供应链管理水平。

2. 生产资料流通

生产资料流通作为生产性服务业的重要领域，在保障生产、优化资源配置方面具有重要作用。商务部作为石油流通主管部门努力推动行业又好又快发展。据统计，截至2010年底，我国共有成品油批发企业2584家（国有企业占72.9%，民营企业占26.5%，外资企业占0.6%）；成品油仓储企业374家（国有企业占59.1%，民营企业占38.0%，外资企业占2.9%）；加油站94261座（国有加油站占54.4%，民营加油站占43.9%，外资加油站占1.7%）。"十一五"期间，商务部积极支持大型骨干石油企业通过收购、参股、联营等方式，加强与中小民营企业的合作共赢，零售市场占有率超过了80%。石油经营企业充分借鉴跨国石油公司先进的管理经验和营销方式，按照石油合理流向和市场经济规律，规范发展油品集中配送、加油站连锁和特许经营体系，加油站连锁率超过60%。零售业务向精细化、多元化方向发展，服务效率和水平快速提升，加油站零售量增长43%，单站加油量增长42%。"十一五"期间，国内石油市场经受住了"油荒"、春耕、"三夏"等紧张时期的市场供应考验，经受住了雨雪冰冻、汶川地震、青海玉树地震、舟曲泥石流等自然灾害的考验，经受住了前所未有的全球性金融危机和国际油价剧烈波动的考验，圆满完成北京奥运会、建国60年大庆、上海世博会、广州亚运会等重大活动的成品油供应保障工作。

3. 会展业

"十一五"期间，我国会展行业规模持续扩大，行业影响逐步增强。据《会展服务业典型企业调查统计》和《"十一五"期间（2006—2010）中国会展业发展报告》数据显示，全国每年举办5000平方米以上规模的展览会数量从2006年的4050个增加到2010年的6200个，增长53%；展出总面积从2006年的4100万平方米增长到2010年的7440万平方米，增长了81%；展览馆数量和可供展览总面积分别从260个和400万平方米提高到300个和1000万平方米，分别增长了15%和1.5倍。2010年，全国会展业收入达2482亿元（不包括世博会），占全国国内生产总值的0.62%，实现社会就业1900万人（占全国第三产业就业人员6.9%），拉动效应达2.23万亿元，占全国第三产业的13%。

4. 流通领域节能环保

（1）再生资源回收。"十一五"以来，随着工业化和城镇化的快速发展，我国再生资源回收体系得到了较快发展。2006年和2009年，商务部在全国先后开展了两批再生资源回收体系建设试点，共确定了55个试点城市和11个集散市场试点单位。自2009年来，共支持40个城市的33075个网点、181个分拣中心、22个集散市场，以及城市再生资源回收信息平台和人员培训等项目。此外，还对36个区域性大型再生资源回收加工利用基地的基础性和环保性设施进行了支持。

通过两年的再生资源回收体系建设工作，初步形成了社区回收网点、分拣加工中心、集散市场三位一体的回收发展模式。覆盖面广的社区回收网点方便了群众，改善了社区环境。分拣加工中心提高了加工水平，改善了回收技术。试点城市再生资源的主要品种回收率由原来的40%提高到70%左右；资源回收量约6000万吨，占全国再生资源回收总量的40%左右。集散市场提升了功能，发挥了集聚效应，提高了资源化利用率和产品附加值。

（2）零售业节能。商务部于2007年6月开展了"零售业节能行动"，有序推进零售业节能减排工作。经过近三年的努力探索，取得阶段性成效，逐步形成了政府推动、市场运作、社会参与的零售业节能减排工作格局。

一是推动零售业节能减排工作。根据中国连锁经营协会"2010年中国连锁百强"数据显示，连锁百强节能改造总投入约达39.6亿元，其中47.4%的节能资金用于新店节能设备的投入。据统计，2010年零售业单位营业面积平均耗电量为每平米262.1千瓦时，同比下降4.47%。环境效益和经济效益均十分显著。

二是开展限制销售使用塑料购物袋工作。与“限塑令”实施前相比，各商品零售场所塑料购物袋大幅减少。其中超市“限塑”效果最明显，塑料购物袋减少量平均在75%以上，接近500亿个，相当于减少塑料消耗约27万吨。

三是抑制商品过度包装。2007年以来，商务部把抑制商品过度包装作为零售业节能行动中的一项重要内容。组织协调有关部门，研究修订有关商品包装标准，协调指导协会发出倡议书，做好对外宣传工作。近两年企业报送的样品包装成本占月饼销售价格比约为15%，均符合《月饼》国家标准不超过20%的要求。

四是推广高效照明产品。2009年商务部配合有关部门，对“零售业节能行动”试点城市万平米以上零售店铺节能灯需求量进行了统计，并组织协调企业落实财政补贴，高效照明产品推广工作成效显著。2008年和2009年，北京市共推广更换安装高效节能照明灯具25.4万支（套），基本实现全市商场超市绿色照明。

五是开展家电以旧换新工作。按照国务院部署，2009年商务部会同有关部门在北京等9个省市开展家电以旧换新试点工作，取得明显成效。2010年6月家电以旧换新推广到全国29个省市。截至2011年12月28日，全国家电以旧换新共销售新家电9075万台，销售额3356亿元，回收旧家电9278万台，实际拆解处理7454万台。家电以旧换新不仅推动了居民消费水平提升，而且推广节能新家电，淘汰耗能高的老旧家电，降低家电能耗约20%～30%。

（3）推广散装水泥。“十一五”期间，全国散装水泥供应量由2005年的3.8亿吨提高到2010年的8.98亿吨。水泥散装率由2005年的36.61%上升到2010年的48.10%，增长了11.5个百分点。五年间，散装水泥累计供应量达到33.23亿吨。散装水泥、预拌混凝土与预拌砂浆“三位一体”的发展格局已经形成，预拌混凝土和预拌砂浆已成为加速散装水泥发展的重要途径。农村散装水泥使用率已由2006年的6%提高到2010年的33%左右。全国预拌混凝土实际供应量由2005年的3.8亿立方米增长到2010年的11.2亿立方米，同比增长195%；全国预拌砂浆行业已初具规模，预拌砂浆产量由2005年的407万吨增长到2010年的1700万吨，同比增长3倍以上。全国散装水泥推广工作取得了显著的社会和经济效益，为国家节能减排工作和建设“两型”社会作出了重要贡献。

（四）其他服务业

1. 典当业

截至2010年年底，全国共有4433家典当企业，全行业注册资本592亿元，从业人员3.9万人。与“十一五”初期相比，企业经营实力不断增强，企业数增长了2.3倍，注册资本总额增长了5.1倍，从业人员增加了1.2倍。2010年，典当行业累计发放当金1801亿元，同比增长23%，实现利润总额28.7亿元，总资产平均增长率为37.6%，典当余额平均增长率达到了43.9%。近三年来，行业不良贷款率低于1%，呈现良好的发展态势。典当业从传统单一的消费性融资转向同生产、消费、投资相结合转型，成为融通资金、盘活资产的重要途径，成为小微企业发展的重要支撑力量。2010年累计向小企业和个体工商户发放当金214万笔，共计1458亿元，占典当总额的81%。典当品种从实物形态转化为房地产、机动车、证券、艺术品、收藏品等。不断创新的典当业务品种，使典当业务结构进一步优化，有效适应了市场发展的新需求。

2. 拍卖业

“十一五”期间，拍卖业成交额从2777.6亿元增加到6565.5亿元，增长了136.4%，年均增长24%。拍卖企业从3887家增加到5222家，增长了34.4%，注册拍卖师从6400人增加到9075人，增长了41.8%。政府部门及法院委托的拍卖成交额从1569亿元增加到4720亿元，增长了200.8%，占全行业成交额的比例从 56. 5% 增加到 71. 9%。除法院、政府部门、金融机构、破产清算组等传统委托来源外，其他机构委托、个人委托等民间委托拍卖业务稳步增长，成交额从 2006 年的 626. 7 亿元增加到 2010 年的 1390. 1 亿元。尽管民间委托拍卖在全行业成交额的比例微幅下降了 1%，但整体 121. 8% 的增长速度显示了民间委托拍卖良好的发展势头。“十一五”期间，房地产（包括土地使用权）拍卖成交额从 1826. 8 亿元增加到 5270. 8 亿元，增长 188. 5%，继续成为拍卖业第一大标的，占全行业成交额的比例持续扩大，从 65. 8% 增加到 80. 3%。同时，文物艺术品拍卖显示了良好的发展势头，2010 年实现成交额 314. 3 亿元，比 2006 年的 133. 1 亿元增长了 136. 2%。股权拍卖尽管基数较小，却实现了 81. 4% 的增长速度，成交额从 173. 5 亿元增加到 314. 8 亿元。不少拍卖企业在开展传统拍卖的同时，开始通过互联网开拓拍卖业务，在网上发布拍卖公告、进行拍品预展、举行现场与网上同时竞拍。

3. 药品流通

“十一五”期间，我国药品流通行业取得了较快发展。据统计，截至 2009 年年底，全国共有药品批发企业 1. 3 万家；药品零售连锁企业 2149 家，下辖门店 13. 5 万家，零售单体药店 25. 3 万家，零售药店门店总数达 38. 8 万家。“十一五”期间，我国药品流通行业销售额由 3360 亿元迅速攀升至 7084 亿元，翻了一番，年均增长率保持在 20% 左右。2010 年，药品百强批发企业销售额占全国药品批发销售总额的 78%。连锁经营发展较快，连锁企业门店数已占零售门店总数的 1/3 以上，百强连锁企业销售额占零售企业销售总额的 53%；现代医药物流、网上药店，以及第三方医药物流等新型流通方式逐步发展，扁平化、少环节、可追踪、高效率的现代流通模式比重开始提高。2010 年，全国药品流通行业从业人员约 410 万人，占城乡商业服务业就业人数的 5%；各类药店提供销售及服务约 138 亿人次，较 2005 年增长 35%，在方便群众购药、平抑药品价格等方面发挥了重要作用。

4. 内资直销行业

截至 2010 年年底，商务部共受理申请内资直销企业 17 家。其中，批准并完成核查备案的企业 8 家，吊销、注销直销经营许可证的企业 2 家，不同意申请的企业 8 家，同意撤回申请的企业 5 家，暂停办理申请的企业 1 家，继续办理申请的企业 3 家。已批准的 8 家直销企业共有备案直销培训员 90 人，直销员 35848 人，直销产品 218 种。2010 年，7 家内资直销企业开展了直销经营活动，实现直销销售额 1. 83 亿元，比 2009 年增长 115. 17%；四类直销产品中，保健食品销量排名首位，2010 年销售额达 1. 63 亿元。

5. 中华老字号

为了保护与促进中华老字号的创新发展，商务部从 2006 年起在全国实施“振兴老字号工程”，相继出台了一系列保护与促进措施。截至 2010 年，共有 1128 家企业被授予“中华老字号”称号。中华老字号企业在传承发展中焕发出蓬勃生机，品牌价值、经济价值、文化价值及社会影响得到了进一步提升。另外，文化部、文物局等部门也从保护老字号文化遗产和非物质文化遗产角度出台了相关保护规定。目前，列入国家级非物质文化遗产名录的中华老字号项目已达 110 项。

6. 酒类流通行业

在商务部的积极推动和指导下，酒类流通企业积极探索应用现代信息技术和管理手段，不断创新营销模式，提高管理水平。酒类连锁经营、电子商务、物流配送等现代流通方式加快发展，“线上线下互动”的酒类立体营销网络得到推广。2010 年，全国规模以上酒类生产企业饮料酒及发酵酒精总产量 6400 万千升，同比增长 9. 7%。截至 2010 年，全国酒类流通经营商家 298 万家。2010 年，酒类商品（含酒精）进口总量 39. 5 万千升，同比增长 52. 9%；进口总额 15. 7 亿美元，同比增长 49. 5%。酒类商品出口总量 41. 1 万千升，同比增长 7. 6%；出口总额 5. 3 亿美元，同比增长 36. 6%。

7. 茧丝绸行业

“十一五”期间，商务部开展了“东桑西移”工程，取得了显著成效。中西部地区桑园面积和生丝产量占全国的比重 2010 年比 2005 年分别提高 10. 1 和 23. 0 个百分点，东部先进的经营理念、生产技术、管理模式有效转移到中西部地区，促进了区域结构进一步优化。行业科技水平稳步推进，家蚕基因组研究处于国际领先地位，蚕桑生产先进技术有效推广，缫丝技术装备进一步升级，生产工艺水平显著提高，新产品研发领域不断扩大，节能减排、清洁生产技术得到广泛应用。产品市场结构进一步调整，出口传统市场保持稳固，新兴市场规模快速增长，丝绸内销比重逐年增加，大型丝绸专业展会知名度不断提高。产业集群和特色基地稳步发展，集群效应不断提升，新建的“现代丝绸国家工程实验室”为产业发展提供了技术支撑和服务。

8. 电子商务

我国推进电子商务发展的部门协同工作机制已初步形成，电子商务相关政策、法律、规章和标准相继出台，电子商务市场逐步规范，电子商务支撑体系不断完善。2010 年，我国电子商务交易额达 4.5 万亿元，电子商务信息、交易和技术服务企业达到 2.5 万家，第三方支付额达到 1.01 万亿元。大型企业网上购销比重逐年上升，部分企业实现了在线交易、支付及物流局部集成应用。中小企业电子商务应用普及率迅速提高，2010 年，应用网上交易和网络营销的中小企业比例达到 42.1%。电子商务服务平台、信用保障、电子支付、物流配送和电子认证等电子商务服务业持续快速发展。电子商务已经成为拉动消费需求、优化消费结构的重要途径。

（五）服务业利用外资

2001 年加入世贸组织以来，我国服务业开放步伐加快，进入了全方位的对外开放阶段。特别是近年来，商务部会同或配合有关部门制修订了外商投资金融信息、电信、广告、矿产勘采、邮政、旅游、文化、电影等许多具体服务部门的法律、法规和规章，进一步完善了有利于服务业发展的立法体系，适度降低准入门槛，积极吸收社会资本和外资进入参与，鼓励中小企业发展。按世贸组织部门分类，我国已有 100 多个服务贸易部门先后对外资开放，接近发达国家平均水平。“十一五”期间，全国服务业领域（非金融类）累计批准设立外商投资企业 69997 家，占同期全国总量的 44.4%；实际使用外资金额 1749.1 亿美元，占同期全国总量的 40.8%，主要集中于房地产业，分销服务业，运输服务业，计算机应用服务业，电力、煤气及水的生产和供应业，旅游和与旅游相关的服务业等行业。

（六）服务贸易

1. 服务贸易发展情况

“十一五”以来，我国服务贸易保持稳健发展，对外开放有序推进，贸易规模增长迅速，贸易结构逐步优化，国际地位不断上升，已成为全球服务贸易的重要国家。

（1）服务贸易规模迅速扩大。“十一五”期间，我国服务进出口总额从 1917 亿美元增长到 3624 亿美元，增幅达 89.0%，年均增长 17.3%。我国服务进出口总额全球占比从 2006 年的 3.6% 增长到 2010 年的 5.1%，世界排名由第八位上升到第四位。其中，服务出口年均增长 16.8%，是同期全球服务出口平均增速（7%）的两倍多，服务出口的世界排名从 2006 年的第八位升至 2010 年的第四位；服务进口的世界排名从 2006 年的第八位升至 2010 年的第三位。

（2）重点领域服务出口取得显著成效，服务贸易结构渐趋优化。“十一五”以来，我国综合考虑全球服务贸易发展趋势、国际市场需求前景、服务出口部门的发展潜力及其对经济发展的重要程度等因素，按照“继续巩固、积极推进、重点培育”三个层次推动服务出口，成效显著。进出口总额从 1184.6 亿美元上升到 2177.3 亿美元，年均增长 16.4%。我国围绕游戏、动漫、文艺演出等行业，针对重点企业落实支持政策，积极开展重点国别促进活动，文化出口绩效日益提升。计算机、保险、金融、咨询等高附加值现代服务贸易快速起步，竞争优势不断提升，进出口总额从 2006 年的 313.4 亿美元上升到 2010 年 702.9 亿美元，增长 2.2 倍，占服务贸易进出口总额的比重从 16.3% 上升到 19.4%，年均增长 22.4%。

(3) 境外商业存在增长迅速，在对外投资中的比重快速上升。"十一五"期间，占服务业对外投资主导地位的新兴服务业高速增长。2010 年，租赁和商务服务业对外直接投资达 302.8 亿美元，占比达到 44%。截至 2010 年年末，分布在租赁和商务服务业（主要为投资控股）的存量为 972.5 亿美元，占比达到 30.7%。

2. 涉台服务贸易

"十一五"期间，台商在大陆投资稳步发展。按投资者注册地统计，大陆共批准台商投资项目 15038 个，实际使用台资金额 102.6 亿美元，其中服务业投资项目 5662 个，占比达到 37.7%，投资金额 17.9 亿美元，占比达到 17.4%。同时，陆资赴台取得突破性进展。自 2009 年 6 月台湾地区允许陆资赴台以来，截至 2010 年年底，陆资赴台投资项目 63 个，投资金额 1.3 亿美元，其中涉及服务领域的项目共 59 个，投资金额 0.38 亿美元，领域涵盖批发零售、通讯、餐饮、旅游等多个行业。"十一五"期间，服务贸易领域对台合作的一项重要内容是《海峡两岸经济合作框架协议》服务贸易早期收获中 11 个行业进一步对台开放措施。

3. 涉港澳服务贸易

"十一五"期间，通过内地与香港、澳门特区《关于建立更紧密经贸关系的安排》（以下简称《安排》），内地在服务贸易领域不断扩大对香港、澳门的开放。截至"十一五"末期，对香港开放领域达到 44 个，优惠措施累计 278 项；澳门为 43 个领域和 262 项优惠措施。按世贸组织服务贸易分类标准，目前内地对香港开放的服务部门已达到 145 个，占世贸组织分类的 160 个服务部门总量的 90.6%；对澳门的开放大体一致。同时，内地与港澳贸易投资便利化内容丰富，在贸易投资促进、知识产权保护、品牌合作等 10 个领域开展了合作。此外，内地与港澳包括专业人士资格互认及考试、金融合作和旅游合作在内的经济技术合作内容务实。《安排》对港澳的开放程度已经远远优惠于内地现行的对外经贸政策，亦高于内地签署的其他自贸协议。

在《安排》框架下的内地对港澳服务业的开放措施实施以来，商务部会同有关部门，与港澳特区政府一道，深入开展落实工作。完成了 140 多项服务贸易法规规章的修订工作；设立了联合指导委员会作为内地与港澳特区政府间的沟通机制；开展了对内地地方主管官员的培训；加强了新闻媒体的宣传和咨询活动；确定了 13 个落实《安排》示范城市（区），深入落实内地对港澳服务业开放措施。

4. 服务贸易对外开放

"十一五"以来，我国在世界贸易组织框架下的服务业对外开放有序推进。目前，我国在航运、公路运输、旅游、计算机与信息服务、建筑服务、广告、文化、法律等领域的开放承诺均如期兑现，金融领域的对外开放也在日益深化。

中国在自由贸易区框架下的服务贸易开放和交流进一步深化。通过与自贸区伙伴开展服务贸易谈判，一方面减少海外服务市场的壁垒，推动有实力的企业和服务提供者"走出去"，为国内企业创造更好的国际市场环境。另一方面通过逐步的、有管理的开放促进国内服务业深化改革。自贸区建设已成为中国在加入世贸组织之后，以开放促改革、促发展的新平台和新方式。在我国对外商谈的 16 个自贸协定中，均包括服务贸易自由化的内容，中国还与东盟、智利、巴基斯坦等国家（地区）签署了专门的服务贸易协议。

二、存在的主要问题

我国商贸领域服务业在快速发展的同时也存在一些亟待解决的问题。

(1) 农村现代流通体系及农产品市场建设有待完善。目前，我国农村流通体系及农产品市场建设仍不完善，存在行业集中度低、发展水平不高、地区发展不均衡、科学发展机制有待完善等问题。农产品批发市场、农贸市场和菜市场规范化程度不高，农产品生产基地和销售龙头企业质量安全不能有效保障，仓储设施有待完备，农产品加工产业链发展缓慢，农产品进入超市对接信息不通畅。

（2）城市生活服务业有待提升。城市生活服务行业面临的主要问题有：企业组织化程度不高，基础设施及服务、管理比较薄弱，标准化建设滞后。行业管理法规不尽完善，必要的监管手段不足。另外，从业人员流动性大，企业人才缺乏、招工困难也制约着行业发展。

（3）利用外资结构有待优化。吸引外资是加快服务业发展的重要途径，但服务业利用外资的比重仍小于制造业。2010 年，服务业实际使用外资占 46.1%（制造业占 46.9%）。2010 年，外商投资服务业仍主要集中在资源和劳动密集型行业，前三位分别是房地产、分销和运输服务业，其实际使用外资分别占服务业总体的 49.2%、11.3% 和 4.6%。服务业吸收外资总体结构需进一步优化，关系民生的医疗、通信等服务业利用外资所占比重仍很低。运输服务业虽占 4.6%，但主要集中在仓储业和运输辅助业，铁路、公路、海运和航空运输利用外资占比仍然很低。2010 年，中西部地区服务业利用外资比重依旧偏低，实际使用外资金额占全国比重为 5.1% 和 11.4%。

（4）服务贸易有待加强。中国服务贸易发展总体上仍明显滞后于货物贸易，中高端服务供给不足，国际竞争力不强，与货物贸易密切相关的国际运输、金融、保险等生产性服务业基础仍较为薄弱。保险、证券、电信、教育、医疗等重点服务业领域深化改革任务仍然艰巨。

三、“十二五”发展思路

“十二五”时期，商贸流通业的政策导向是：

（1）加强城乡现代流通体系和基础设施建设。以农产品现代流通试点工作、万村千乡市场工程为着力点，继续加大农产品现代流通体系和网络建设，打造“南菜北运”、“西果东送”等产销链条，建立健全鲜活农产品和主要肉菜产品追溯系统。进一步加大基础设施建设力度，加大公益性骨干农产品批发市场、农贸市场、菜市场建设力度。切实提升农产品流通信息化、组织化水平，降低农产品流通费用。争取在“十二五”末形成以大中城市为主体，以集散地批发市场和全产业链企业为补充，覆盖全国的现代农产品流通体系。加强生产资料流通和城市重要商品流通体系建设，重点支持批发市场改造升级，建立健全物流配送体系，加强食品追溯体系建设。

（2）积极培育和发展现代服务业。在生产性服务业方面，重点支持发展城市共同配送，建设要素集聚、信息共享的城市共同配送服务平台，支持建设城市共同配送三级服务网络。以贸易为龙头，构建各类功能齐全的专业性或综合性服务业集聚区；支持生产性企业经营模式创新，支持建设一批以供应链管理为核心，集贸易、仓储、加工、配送和金融服务等于一体，与上下游企业实现无缝对接的新型生产性服务业企业；选择有条件的地区建设农产品拍卖中心。在生活性服务业方面，重点支持餐饮住宿业和家庭服务业发展，推动生活服务业模式创新，发展生活服务新兴业态和服务模式。加快培育现代家政服务企业，培训家政服务管理人员和高端服务人员，建设面向家庭的综合性服务网点，增强家庭服务的集聚功能。

（3）大力发展循环流通和消费。继续加大再生资源回收体系建设力度，支持再生资源回收试点城市建设。在试点城市中支持标准化社区回收站点、分拣加工中心、集散市场建设的同时，增加支持盈利低的重点品种回收分拣中心建设，培育一批电子废弃物回收处理示范企业。支持区域性回收利用基地建设，选择一批辐射功能较强的区域性回收利用基地，对其基础设施、污水、废弃物处理设施改造予以支持。同时，积极推进汽车循环消费，继续实施二手车交易市场升级改造和报废汽车回收拆解企业升级改造工作，支持品牌二手车发展。

（4）扶持中小商贸企业发展。从建立完善中小商贸企业、企业服务体系、培育中小企业品牌等方面支持中小商贸企业发展。扩大促进中小商贸企业发展资金规模，拓展补助支持范围，重点支持商圈的发展，并将小额贷款公司、商业保理公司、典当行等纳入支持范围，调动这些机构为中小商贸企业服务的积极性。相关政策更多地向小微型商贸企业倾斜，对中小商贸企业参加政府主导型展会开拓市场活动给予相应资助。加大对中小企业品牌建设的支持力度，促进中华老字号创新发展，在开展老字号商标保护与连锁经营试点基础上，进一步扩大范围，使其在带动行业诚信建设和产业文化建设等方面发挥更大作用。

（5）加强行业管理基础建设。加大对流通基础工作的财政资金支持力度，支持商贸服务业行业统计体系、流通标准体系、市场监测体系建设，以及人才培训、理论与课题研究等工作，健全工作组织体系和机制，加强队伍建设和人才培养，提升流通行业管理的整体水平，为商贸领域服务业持续快速健康发展奠定坚实基础。

附件："十一五"商贸流通服务业政策文件

一、国内商贸流通服务业

国务院文件

1.《国务院办公厅关于加快发展服务业若干政策措施的实施意见》（国办发〔2008〕11号，2008年3月13日）

2.《国务院办公厅关于搞活流通扩大消费的意见》（国办发〔2008〕134号，2008年12月30日）

3.《中共中央 国务院关于深化医药卫生体制改革的意见》（中发〔2009〕6号，2009年3月17日）

4.《国务院关于印发医药卫生体制改革近期重点实施方案（2009—2011年）的通知》（国发〔2009〕12号，2009年3月18日）

5.《国务院关于同意建立发展家庭服务业促进就业部际联席会议制度的批复》（国函〔2009〕82号，2009年7月29日）

6.《国务院关于进一步促进中小企业发展的若干意见》（国发〔2009〕36号，2009年9月19日）

7.《国务院办公厅转发环境保护部等部门关于推进大气污染联防联控工作改善区域空气质量的指导意见》（国办发〔2010〕33号，2010年5月11日）

8.《国务院办公厅关于发展家庭服务业的指导意见》（国办发〔2010〕43号，2010年9月26日）

9. 国务院办公厅发布《关于印发打击侵犯知识产权和制售假冒伪劣商品专项行动方案的通知》（国办发〔2010〕50号，2010年10月27日）

商务部及相关部门文件

1.《成品油市场管理办法》（商务部令〔2006〕第23号，2006年12月4日）

2.《洗染业管理办法》（商务部 国家工商行政管理总局 国家环境保护总局令2007年第5号，2007年5月11日）

3.《鲜茧收购资格认定办法》（商务部 国家工商行政管理总局2007年第4号令，2007年6月27日）

4.《商务部办公厅关于做好酒类流通备案登记工作的通知》（商运字〔2005〕78号，2006年1月4日）

5.《商务部关于实施酒类流通随附单制度的通知》（商运发〔2006〕102号，2006年3月2日）

6.《关于实施新农村商务信息服务体系建设工程的通知》（商信发〔2006〕162号，2006年3月28日）

7.《商务部办公厅关于进一步加强当前成品油市场监测预警工作的通知》（商改字〔2006〕29号，2006年4月6日）

8.《商务部关于实施"振兴老字号工程"的通知》（商改发〔2006〕171号，2006年4月10日）

9.《"中华老字号"认定规范（试行）》（商改发〔2006〕171号，2006年4月10日）

10.《商务部关于实施"东桑西移"工程的通知》（商运发〔2006〕190号，2006年4月12日）

11.《商务部 国家食品药品监督管理局关于完善农村商品流通网络有关问题的通知》（商建发〔2006〕305号，2006年7月10日）

12.《商务部关于“十一五”期间加快散装水泥发展的指导意见》（商改发〔2006〕519号，2006年12月12日）

13.《商务部办公厅加快农村推广散装水泥指导意见》（商改字〔2006〕65号，2006年9月25日）

14.《商务部关于印发〈茧丝绸行业“十一五”发展纲要〉的通知》（商运发〔2006〕704号，2007年1月5日）

15.《商务部发布〈关于网上交易的指导意见（暂行）〉的公告》（商务部公告2007年第19号，2007年3月6日）

16.《商务部关于印发〈“中华老字号”标识使用规定〉的通知》（商改发〔2007〕137号，2007年4月13日）

17.《商务部 财政部关于做好2007年“东桑西移”工程蚕茧基地建设工作的通知》（商财发〔2007〕144号，2007年4月17日）

18.《国家发展和改革委员会 国务院信息化工作办公室关于印发〈电子商务发展“十一五”规划〉的通知》（发改高技〔2007〕1194号，2007年6月1日）

19.《商务部 公安部 建设部 交通部 国家质量监督检验检疫总局 国家环境保护总局关于在部分城市限期禁止现场搅拌砂浆工作的通知》（商改发〔2007〕205号，2007年6月6日）

20.《商务部 国家邮政局关于共同推进农村流通网络建设的通知》（商建发〔2007〕236号，2007年6月25日）

21.《商务部 国家文物局关于积极做好商务领域文物普查工作的通知》（商改发〔2007〕329号，2007年8月13日）

22.《商务部办公厅关于进一步加强成品油市场监测工作的通知》（商改字〔2007〕108号，2007年12月5日）

23.《商务部关于促进电子商务规范发展的意见》（商改发〔2007〕490号，2007年12月13日）

24.《商务部办公厅关于印发〈农村商务信息服务体系建设试点工作办法〉的通知》（商信字〔2008〕第3号，2008年1月7日）

25.《商务部关于加快我国流通领域现代物流发展的指导意见》（商改发〔2008〕53号，2008年3月3日）

26.《商务部 财政部关于2008年开展主食加工配送中心建设试点工作的通知》（商商贸发〔2008〕351号，2008年9月9日）

27.《商务部办公厅关于进一步加强和完善农村商务信息服务体系建设试点工作的通知》（商信字〔2008〕45号，2008年9月23日）

28.《商务部 财政部关于做好2008年“东桑西移”工程基地建设工作的通知》（商财发〔2008〕412号，2008年10月20日）

29.《商务部办公厅关于进一步完善典当业监管及风险防范制度的通知》（商建字〔2008〕119号，2008年11月12日）

30.《商务部 国家食品药品监管局关于加强药品流通行业管理的通知》（商秩发〔2009〕571号，2009年11月25日）

31.《商务部 财政部关于推进家政服务网络体系建设的通知》（商商贸发〔2009〕149号，2009年4月1日）

32.《商务部发布〈网络交易服务规范〉的公告》（商务部公告2009年第21号，2009年4月2

日）

33.《商务部关于印发〈成品油分销体系“十二五”发展规划编制工作总体方案〉的通知（商商贸发〔2009〕393号，2009年8月10日）

34.《商务部关于典当企业执行〈企业会计准则〉有关事项的通知》（商建函〔2009〕28号，2009年7月31日）

35.《商务部办公厅关于加强典当行业监管工作的通知》（商办建函〔2009〕81号，2009年8月28日）

36.《商务部办公厅关于推进“万村千乡市场工程”信息化建设的通知》（商建字〔2009〕44号，2009年9月28日）

37.《最高人民法院关于人民法院委托评估、拍卖和变卖工作的若干规定》（法释〔2009〕16号，2009年11月12日）

38.《商务部关于加快流通领域电子商务发展的意见》（商商贸发〔2009〕540号，2009年11月30日）

39.《商务部办公厅关于印发〈酒类流通行业信息监测统计报表制度〉的通知》（商运字〔2010〕17号，2010年2月9日）

40.《商务部关于促进加油站非油品业务发展的指导意见》（商商贸发〔2010〕41号，2010年2月11日）

41.《商务部关于促进网络购物健康发展的指导意见》（商商贸发〔2010〕239号，2010年6月24日）

42.《商务部关于加快住宿业发展的指导意见》（商商贸发〔2010〕92号，2010年3月22日）

43.《商务部办公厅关于进一步做好餐饮业有关工作的通知》（商改字〔2008〕18号，2010年3月26日）

44.《商务部办公厅关于进一步做好拍卖行业信息报送工作的通知》（商办建函〔2010〕382号，2010年4月6日）

45.《商务部关于加快家政服务业发展的意见》（商商贸发〔2010〕165号，2010年5月17日）

46.《商务部关于进一步发展洗染业的指导意见》（商商贸发〔2010〕371号，2010年9月13日）

47.《商务部关于加强流通服务业节能减排工作的指导意见》（商商贸发〔2010〕397号，2010年10月9日）

48.《商务部办公厅关于启用典当行业监督管理信息系统的通知》（商办建函〔2010〕1365号，2010年10月20日）

49.《全国农村党员干部现代远程教育工作领导协调小组办公室 商务部关于依托农村党员干部现代远程教育网络开展农村商务信息服务试点工作的通知》（商信发〔2010〕52号，2010年10月22日）

50.《商务部关于开展电子商务示范工作的通知》（商商贸发〔2010〕428号，2010年10月27日）

51.《商务部办公厅关于印发〈拍卖行业信息报送管理办法〉的通知》（商办建函〔2010〕1497号，2010年11月4日）

52.《商务部关于加强当前成品油市场供应保障工作的紧急通知》（商商贸电〔2010〕2602号，2010年11月19日）

53.《商务部关于促进美容美发业发展的指导意见》（商商贸发〔2010〕481号，2010年11月29日）

54.《商务部办公厅关于做好2010年家政服务体系建设工作的通知》（商商贸发〔2010〕282号，

2010 年 10 月 22 日）

55.《商务部办公厅关于做好典当业人才培养工作的指导意见》（商建字〔2010〕375 号，2010 年 12 月 20 日）

56.《商务部 工业和信息化部 公安部 中国人民银行 海关总署 国家工商行政管理总局 国家质量监督检验检疫总局 新闻出版总署（国家版权局）国家知识产权局关于印发〈打击侵犯知识产权和制售假冒伪劣商品专项行动网络购物领域实施方案〉的通知》（商商贸发〔2010〕517 号，2010 年 12 月 28 日）

二、服务业利用外资和服务贸易

国务院文件

1.《国务院关于加快发展服务业的若干意见》（国发〔2007〕第 7 号，2007 年 3 月 19 日）

2.《国务院办公厅关于加快发展服务业若干政策措施的实施意见》（国办发〔2008〕11 号，2008 年 3 月 13 日）

3.《国务院关于进一步做好利用外资工作的若干意见》（国发〔2010〕第 9 号，2010 年 4 月 6 日）

4.《中华人民共和国政府与东南亚国家联盟成员国政府全面经济合作框架协议服务贸易协议》（2007 年 1 月 14 日）

5.《中华人民共和国政府与新西兰政府自由贸易协定》（2008 年 4 月 7 日）

6.《中华人民共和国政府和智利共和国政府自由贸易协定关于服务贸易的补充协定》（2008 年 4 月 13 日）

7.《中华人民共和国政府和新加坡共和国政府自由贸易协定》（2008 年 10 月 23 日）

8.《中华人民共和国政府和巴基斯坦伊斯兰共和国政府自由贸易区服务贸易协定》（2009 年 2 月 21 日）

9.《中华人民共和国政府和秘鲁共和国政府自由贸易协定》（2009 年 4 月 28 日）

10.《中华人民共和国政府和哥斯达黎加共和国政府自由贸易协定》（2010 年 4 月 8 日）

11.《海峡两岸经济合作框架协议》（2010 年 6 月 29 日）

12.《内地与澳门关于建立更紧密经贸关系的安排》（补充协议三、四、五、六、七）

13.《内地与香港关于建立更紧密经贸关系的安排》（补充协议三、四、五、六、七）

商务部及相关部门文件

1.《外商投资建设工程服务企业管理规定》（建设部 商务部令 2007 年第 155 号，2007 年 1 月 22 日）

2.《外商投资产业指导目录》（国家发展和改革委员会 商务部令 2007 年第 57 号，2007 年 10 月 31 日）

3.《外商投资矿产勘查企业管理办法》（商务部 国土资源部令 2008 年第 4 号，2008 年 7 月 18 日）

4.《外商投资广告企业管理规定》（国家工商行政管理总局 商务部令 2008 年第 35 号，2008 年 8 月 22 日）

5.《中西部地区外商投资优势产业目录（2008 年修订）》（国家发展和改革委员会 商务部令 2008 年第 4 号，2008 年 12 月 23 日）

6.《外国机构在中国境内提供金融信息服务管理规定》（国务院新闻办公室 商务部 国家工商行政管理总局令 2009 年第 7 号，2009 年 4 月 30 日）

7.《融资性担保公司管理暂行办法》（中国银行业监督管理委员会 国家发展和改革委员会 工业和信息化部 财政部 商务部 中国人民银行 国家工商行政管理总局令 2010 年第 3 号，2010 年 3 月 8 日）

8.《建设部 商务部 国家发展和改革委员会 中国人民银行 国家工商行政管理总局 国家外汇管理局

关于规范房地产市场外资准入和管理的意见》（建住房〔2006〕第171号，2006年7月11日）

9.《商务部关于明确直销企业服务网点核查工作有关问题的通知》（商资函〔2007〕35号，2007年3月21日）

10.《商务部关于做好外商投资房地产业备案工作的通知》（商资函〔2008〕23号，2008年6月18日）

11.《商务部关于下放外商投资股份公司、企业变更、审批事项的通知》（商资函〔2008〕50号，2008年8月5日）

12.《商务部关于进一步加强外商投资涉及宏观调控审核和备案工作的通知》（商资函〔2008〕54号，2008年8月18日）

13.《商务部关于进一步简化和规范外商投资行政许可的通知》（商资函〔2008〕21号，2008年8月26日）

14.《商务部关于下放外商投资商业企业审批事项的通知》（商资函〔2008〕51号，2008年9月12日）

15.《商务部关于省级商务主管部门和国家级经济技术开发区负责审核管理部分服务业外商投资企业审批事项的通知》（商资函〔2008〕64号，2008年10月30日）

16.《商务部关于建立招商选资综合评价体系的指导意见》（商资发〔2008〕第510号，2008年12月22日）

17.《商务部关于进一步发挥外商投资促进我国自主创新积极作用的指导意见》（商资发〔2008〕第519号，2008年12月25日）

18.《商务部关于做好外商投资商业企业审批和备案工作的通知》（商资函〔2008〕94号，2009年1月14日）

19.《商务部关于由省级商务主管部门和国家级经济技术开发区负责审核管理部分服务业外商投资企业审批事项的通知》（商资函〔2009〕2号，2009年2月7日）

20.《商务部关于进一步改进外商投资审批工作的通知》（商资函〔2009〕7号，2009年3月5日）

21.《商务部关于外商投资创业投资企业、创业投资管理企业审批事项的通知》（商资函〔2009〕9号，2009年3月5日）

22.《商务部关于下放外商投资举办投资性公司审批权限的通知》（商资函〔2009〕8号，2009年3月6日）

23.《商务部 财政部 海关总署 国家税务总局关于外资研发中心采购设备免/退税资格审核办法的通知》（商资发〔2010〕第93号，2010年3月22日）

24.《商务部 国家统计局关于印发〈国际服务贸易统计制度〉的通知》（商服贸发〔2010〕295号，2010年7月30日）

25.《商务部办公厅关于外商投资互联网、自动售货机方式销售项目审批管理有关问题的通知》（商资字〔2010〕272号，2010年8月19日）

26.《商务部办公厅关于加强外商投资房地产业审批备案管理的通知》（商办资函〔2010〕1542号，2010年11月22日）

（商务部供稿）

第二章　文化服务业发展报告

“十一五”以来，党中央、国务院从全面建设小康社会、推进社会主义现代化建设的高度，把文化建设摆在更加突出的位置，文化建设在经济、政治、文化、社会建设“四位一体”战略布局中的重要地位越来越凸显、作用越来越突出。在党中央和国务院的高度重视和正确领导下，“十一五”期间，我国文化服务业取得了显著成绩，文化产业蓬勃发展，公共文化服务体系建设不断推进，文化服务的内容载体更加丰富，为活跃群众文化生活、满足群众文化需求，为促进经济社会全面发展、推动全面建设小康社会，发挥了重要作用，作出了重要贡献。

进入“十二五”时期，党中央、国务院关于文化建设一系列的重大战略部署给文化领域服务业发展带来了重大机遇，同时也给文化产业和公共文化服务工作赋予了很多新的任务，提出了更高的要求。在“十二五”时期，如何紧紧抓住面临的历史性机遇，推动文化产业和公共文化服务又好又快发展，成为当前必须认真研究和思考的重大课题。

一、“十一五”发展情况

（一）文化产业蓬勃发展

文化产业是促进文化发展和繁荣的重要载体，是国民经济中具有战略地位和先导性的新兴产业，是推动中华文化走出去的主导力量。近年来，随着人民群众文化消费需求的不断增长和科学技术在文化领域的广泛应用，文化产业发展生机勃勃，与相关产业的融合日益加深，对经济社会发展的带动作用明显增强。“十一五”期间，我国文化产业增加值年均增长速度在20%以上，呈现快速增长的势头。人民群众文化消费活跃，社会力量投资文化产业热情高涨，文化生产能力大为提升，文化产品和服务丰富多样，新型文化业态不断涌现，演艺娱乐、艺术品、文化旅游、动漫游戏等行业蓬勃发展，文化产业显示出成为国民经济支柱性产业的巨大潜力。

1. 文化产业快速增长

据统计，“十一五”期间我国文化产业增加值年均增速为21.4%，远高于同期GDP增长速度。2010年文化产业增加值为11052亿元，占同期GDP的2.78%，比2009年现价增长25.8%，比2005年增加6855亿元。2004年以来，我国文化产业的发展一直快于整个经济的发展，文化产业法人单位增加值占国内生产总值的比重由2004年的1.94%上升到2010年的2.78%。2004—2008年，文化产业法人单位增加值年均增长23.3%，高于同期GDP的年均增长速度（18.4%）近5个百分点；2008—2010年，文化产业法人单位增加值年均增长24.2%，高于同期GDP的年均增长速度（12.6%）近1倍。北京、上海等地文化产业增加值占地区生产总值的比重已超过或接近5%。演出市场保持较好的发展势头，旅游演出正在向主题化、专业化、规模化、品牌化方向发展。艺术品市场总体业绩上扬，中国书画作品单价大幅增长。2010年，中国艺术品成交总金额达1694亿元人民币，成为世界最大的艺术品交易市场之一。

2. 新兴业态迅猛发展

随着网络、数字、信息技术的发展，动漫游戏、数字音乐、数字电影、网络视频、移动多媒体广播电视、公共视听载体、数字出版、网络出版、手机出版等新兴文化产业迅速崛起，拓宽了文化产业的领域。动漫产业发展势头迅猛，我国动漫产业产值从“十五”末的不足100亿元增至2010年的470.84亿元，年均增长率超过30%，动漫产业盈利水平、产值规模都取得了重大突破。2010年，动画片年产量达到22万分钟，产值达470.84亿元，比2009年增长27.79%。原创动画《喜羊羊与灰太狼》票房过亿元，刷新了国产动画电影票房纪录。2010年，互联网和移动网游市场规模达到349亿元人民币，增长率为26.2%。

3. 文化产业成为各地经济发展的新亮点

“十一五”期间，不少地方文化产业的增长速度高于国民经济的整体增长速度，成为提供就业机会的重要行业、产业结构优化的朝阳行业和经济增长的支柱产业，为促进当地经济增长、加快经济发展方式转变做出了积极贡献。北京、上海等省市文化产业增加值占GDP的比重已超过或接近5%。湖南省文化产业对经济增长的贡献率由2003年的2.3%上升到2007年的6.5%。近五年来，深圳市文化产业增加值以年均约20%的速度增长。

4. 文化产业投资和文化资源开发持续升温，文化产业集群不断形成

文化产业成为社会资本追逐的新热点，大量资本和人力资源涌进文化领域，许多文化产业园区相继建设和投入使用，文化产业集群化发展趋势日益明显。北京市已有文化产业集聚区21个，文化企业超过8000家。上海市有文化产业园区75个，集聚了2500多家文化企业和2万多名高层创意人才。国家级文化产业示范园区和国家文化产业示范基地发挥了引领、示范和带动作用。

5. 文化产品和服务“走出去”步伐不断加快，中华文化国际影响力日益提升

“十一五”期间，以天创国际演艺制作交流有限公司、中国对外文化集团公司等为代表的文化企业加快“走出去”步伐，并开始实施“本土化”战略，抢占国际文化竞争的主动权。上海城市演艺有限公司经过探索，首创了与国外演出商共同分享票务提成的概念，与演出商共担风险、共享利润。2009年，天创国际演艺制作交流有限公司收购美国白宫剧院，上海国际文化影视集团收购美国田纳西州的两家剧院。中国文化企业在海外有了自己的平台，拓展了海外产业链。大型功夫舞台剧《功夫传奇》、杂技芭蕾《天鹅湖》、原生态歌舞《云南映象》、综艺舞台剧目《中国风》等演艺节目顺利走出国门，迅速打入国际市场，不断扩大中华文化国际影响力。

总体看，我国文化产业已经成为繁荣社会主义文化、丰富人民群众文化生活、提高国民文化素质的重要途径；已经成为提升经济、产业和产品的文化内涵，促进国民经济增长的重要引擎；已经成为促进经济发展方式转变、优化经济结构和产业结构、扩大就业和创业的重要产业；已经成为提升国家和区域文化品格、增加吸引力、扩大影响力、提高竞争力的重要动力。以国务院《文化产业振兴规划》的出台为标志，文化产业的发展进入了一个新的历史阶段。

（二）公共文化服务体系建设成绩显著

公共文化服务体系建设，是维护公民基本文化权益、满足人民群众基本文化需求的重要保障；是维护公共文化生活的公平与正义，实现发展成果由人民共享、促进社会和谐稳定的必然要求；是扩大国内需求、拉动经济增长的重要动力；同时也是各级政府的基本职责。“十一五”期间，我国公共文化服务体系建设取得了显著成绩，公共文化服务体系建设呈现出蓬勃发展、整体推进、重点突破的良好态势，为文化领域服务业快速发展提供了有力支撑。

1. 文化事业投入大幅增长

2010年，全国文化事业费为323.06亿元，与2005年相比增幅达141.4%。“十一五”时期，全国文化事业费累计超过1200亿元，年均增长率为19.3%。“十一五”期间，国家对城市和农村地区文化建设投入的增幅分别达到110.6%和226.1%，均实现翻一番。人均文化事业费从2005年的10.23元增加到2010年的24.11元，增幅为135.7%。中央对地方转移支付的力度也显著增强，仅2009年就达到29亿元，“十一五”前4年总计投入63亿元，是“十五”时期总和的8倍。

2. 公共文化设施网络不断完善

重大文化设施建设稳步推进，国家博物馆改扩建、国家话剧院剧场等工程相继竣工，国家美术馆、中国工艺美术馆·中国非物质文化遗产展示馆、中央歌剧院剧场等工程完成立项审批，方案设计工作先后启动。江西艺术中心大剧院、广东省博物馆新馆等一批地方文化设施相继建成。基层文化设施建设取得新成效。"十一五"时期，乡镇综合文化站建设项目、县级图书馆文化馆修缮专项、城市社区文化中心（文化活动室）设备购置专项等一系列面向基层、面向农村的重大文化设施建设项目的顺利实施，显著改善了基层文化设施的整体面貌。截至2010年年底，全国共有县级公共图书馆2512个，县级文化馆2890个，乡镇（街道）文化站40118个，基本实现了"乡乡有综合文化站"的建设目标，村文化室283752个，社区文化活动中心99521个，覆盖城乡的公共文化服务网络正在形成。

3. 重大工程取得丰硕成果

全国文化信息资源共享工程稳步推进。到2010年年底，全国文化信息资源共享工程资源总量达到108TB，基本建成资源丰富、技术先进、服务便捷、覆盖城乡的数字文化服务体系。县级工程支中心达到2867个，覆盖率达到95%；乡镇基层服务点达到22963个，覆盖率达到67%；村级服务点基本实现"村村通"。国家数字图书馆经过近5年的建设，数字资源量达到327.8TB，服务范围覆盖互联网、电子政务外网、卫星、移动通信网、数字电视网等。实施了县级数字图书馆推广计划，使县级图书馆读者都可享用到国家数字图书馆资源。送书下乡工程和流动舞台车工程的实施，使基层文化资源更加丰富。

4. 公共文化服务创新亮点纷呈

博物馆、公共美术馆、文化馆、公共图书馆等免费开放成效显著。目前已有1743家博物馆、纪念馆向社会免费开放，文化系统归口管理的公共博物馆全部实现免费开放。2011年年初，文化部、财政部又对全国文化文物系统的美术馆、公共图书馆、文化馆站免费开放工作做出全面部署。公共文化设施免费开放成为新时期政府提供公共文化服务的新亮点，受到广大群众的热烈欢迎和好评，同时也为公共文化单位改革创新服务方式，增强活力，改善服务创造了良好的机遇。

5. 群众文化活动丰富多彩

多年来，坚持重大活动组织与长效机制建设并重，加强对群众性文化活动的引导和扶持，不断丰富基层群众文化生活，有效带动了基层文化活动的广泛开展，基层群众参与文化创造的积极性和主动性得到充分发挥。基层群众文化活动广泛开展，呈现出生机勃勃的发展局面。全国已有963个县（市、区）及乡镇获得"中国民间文化艺术之乡"称号。面向城乡基层群众的小戏小品展演活动，充分展示了近年来群众文艺创作的丰硕成果，把基层群众文化创作推上了大舞台，社会反响热烈。以"大舞台"、"大讲堂"、"大展台"系列活动为载体的"春雨工程——文化志愿者边疆行"试点活动深入开展，建立了民族文化交流新平台，受到边疆地区人民群众的热烈欢迎。实施"中国少儿歌曲创作推广计划"，组织3届少儿合唱节和12届"永远的辉煌"老年合唱节，为保障特殊群体文化权益起到了重要作用。

（三）文化领域服务业政策不断完善

文化领域服务业政策是国家宏观经济政策在文化领域的具体体现，是促进文化领域服务业又好又快发展的重要手段。近年来，党中央、国务院始终把完善文化领域服务业政策作为发展文化产业和公共文化服务的重要环节来抓，有力地推动了文化领域服务业的快速发展。

1. 文化产业准入门槛逐步降低

国家出台一系列具体的政策，降低文化产业的准入门槛，积极鼓励社会资本发展文化产业，构建合理、公平的市场环境。2004年10月，文化部发布《关于鼓励、支持和引导非公有制经济发展文化产业的意见》，在强调充分认识鼓励、支持和引导非公有制经济发展文化产业的重要意义的基础上，进一步放宽市场准入，允许非公有制经济进入法律法规未禁止进入的文化产业领域；打破所有制界限，打破地区封锁和部门封锁，坚持非公有制文化企业与国有、集体文化企业同等待遇；继续深化文化体制改革，支持非公有制经济参与国有文化单位的重组改造；大力营造非公有制经济发展文化产业的良好政策环境和市场环境等等。

国务院2005年4月发布的《关于非公有资本进入文化产业的若干决定》明确了非公有资本可以进入的文化产业领域有：文艺表演团体、演出场所、博物馆和展览馆、互联网上网服务营业场所、艺术教育与培训、文化艺术中介、旅游文化服务、文化娱乐、艺术品经营、动漫和网络游戏、广告、电影电视剧制作发行、广播影视技术开发运用、电影院和电影院线、农村电影放映、书报刊分销、音像制品分销、包装装潢印刷品印刷等。可以参股国有企业的领域有：出版物印刷、发行，新闻出版单位的广告、发行，广播电台和电视台的音乐、科技、体育、娱乐方面的节目制作，电影制作发行放映。这些政策性文件充分调动了全社会参与文化建设的积极性，对非公有资本进入文化产业进行了进一步引导和规范。

同年，文化部等部门联合印发了《关于鼓励发展民营文艺表演团体的意见》。要求放宽民营文艺表演团体的市场准入，鼓励社会资本以个体、独资、合伙、股份等形式投资兴办民营文艺表演团体，扶持农民和民间艺人自筹资金组建民营文艺表演团体。加强民营文艺表演团体人才培养，鼓励艺术院校毕业生到民营表演团体就业；鼓励专业文化工作者深入民营文艺表演团体开展业务辅导；民营文艺表演团体演员及相关技术人员在专业技术职称评定中，要与国有文艺院团演员及专业技术人员实行同一标准。2009年，文化部发布《关于促进民营文艺表演团体发展的若干意见》，进一步鼓励社会资本投资兴办民营文艺表演团体。明确各级文化行政部门要积极争取设立民营文艺表演团体专项扶持资金，努力协调金融机构为民营文艺表演团体提供贷款，运用扶持资金为民营文艺表演团体提供贷款贴息服务，对优秀民营文艺表演团体实行以奖代补，大力扶持其繁荣发展。还要求为民营文艺表演团体提供排练场地、演出场地和演出器材等方面的支持。

2. 文化产业对外资开放范围得到明确

文化部与有关部门联合下发了《关于文化领域引进外资的若干意见》，强调要按照我国加入WTO的承诺做好引进外资工作。允许外商以独资或合资合作的方式设立包装装潢印刷、书报刊分销、可录类光盘生产、艺术品经营等企业。在一定条件下，允许外商以合资合作的方式设立出版物印刷和只读类光盘复制等企业。在不损害中国审查音像制品内容的权利的情况下，允许外商以合作且中方占有主导地位的方式设立除电影之外的音像制品分销企业。

3. 有针对性的产业扶持性政策陆续出台

文化部下发了《关于加快文化产业发展的指导意见》，明确了发展目标，力争文化产业发展速度明显高于同期GDP增长速度，在国民经济中所占比重逐步提高，到“十二五”末期实现主要文化产品增加值比2007年翻两番。确定了演艺业、动漫业、文化娱乐业、游戏业、文化会展业、文化旅游业、艺术品与工艺美术、艺术创意与设计、网络文化、文化产品数字制作与相关服务十个重点领域，并明确了各个领域的发展方向。建立一批高起点、规模化、代表国家水准和未来发展方向的文化产业示范基地和示范园区，积极争取在土地和税收等政策上给予支持。

另外，针对不同行业特点制定了符合实际发展需求的具体政策措施。以动漫产业为例，由财政部、文化部等十部门联合下发的《关于推动我国动漫产业发展的若干意见》，系统全面地提出了我国动漫产业的发展政策，打破了对原有文化产品和服务按照载体不同分类管理造成的部门分割，形成部门之间、上下之间的联动机制，充分发挥中央和地方对推动动漫产业发展的促进作用。在此基础上，2008年8月，文化部又起草颁布了《关于扶持我国动漫产业发展的若干意见》，提出了文化部关于扶持我国动漫产业发展的指导性意见和具体措施，全面阐述了文化部扶持我国动漫产业发展的政策主张，明确了动漫产业链的的具体环节主要包括漫画（图书、报刊）、动画（电影、电视、音像制品）、舞台剧、网络动漫、手机动漫等。重点倡导、扶持动漫产业走民族风格和时代特点相结合的原创之路，坚持走技术创新与市场开发相结合的产业发展道路，大幅度提高中国原创动漫产品的数量和质量，打造拥有自主知识产权的动漫形象和动漫品牌；大力发展以数字化生产、网络化传播为主要特征的网络动漫和手机动漫产业，充分利用数字、网络等核心技术和现代生产方式，改造传统的动漫生产和传播模式，培育新兴动漫业态；对完善动漫产业支撑体系，加强平台建设提出了具体措施。

与动漫行业的政策法规类似，国家在文化产业的其他重点行业也出台了具体的引导与扶持政策，如《关于促进文化与旅游结合发展的指导意见》《关于网络游戏发展和管理的若干意见》等，推动了文化产业各业态的发展。

4. 金融支持文化产业开始破题

2008 年以来，文化部先后与中国银行、中国工商银行等多家银行签订了《支持文化产业发展战略合作协议》。根据合作协议，文化部已经向各家合作银行推荐了 100 多个文化产业申贷项目。

2010 年 4 月，文化部、中国人民银行、银监会、证监会和保监会等部门联合发布了《关于金融支持文化产业振兴和发展繁荣的指导意见》，全面阐述了金融业支持文化产业的方法、途径、步骤和手段，为解决文化企业融资难问题创造了极为有利的条件。针对文化产业的自身特点和面临的突出问题，抓住文化产业融资过程中的关键环节，提出了一系列具有很强操作性的政策措施。针对文化企业固定资产少、无形资产所占比重大的特点，提出要建立文化企业无形资产的评估体系，发展信用担保和再担保业务，为文化企业贷款创造条件；针对文化企业风险比较大，金融机构特别是业务人员面临着业务考评压力的问题，专门提出要对中小文化企业的贷款项目做到尽职者免责，失职者问责；针对文化产权评估难和变现难的问题，提出大力发展文化产权交易市场；针对文化企业上市数量偏少，比重偏低的现状，提出要大力发展多层次资本市场，扩大文化企业的直接融资规模。

5. 公共文化政策法规建设取得进展

“十一五”期间，国家制定出台了《公共文化体育设施条例》《关于进一步加强农村文化建设的意见》《关于加强公共文化服务体系建设的若干意见》等公共文化方面的行政法规和政策性文件。《非物质文化遗产保护法》于 2011 年 2 月出台，并于 6 月开始正式实施。《公共图书馆法》立法工作正式启动。文化部制定了《乡镇综合文化站管理办法》《公共图书馆建设用地指标》《公共图书馆建设标准》《文化馆建设用地指标》《文化馆建设标准》，对于规范各级公共文化机构的职责，提高服务能力和管理水平起到了积极的推动作用。

二、存在的主要问题

尽管“十一五”期间文化领域服务业取得了长足的发展，但也应该看到，目前我国文化产业发展水平还不高，集约化、规模化、品牌化程度偏低，政策体系还不完善，文化活力和创造力还不强，区域布局不尽合理，公共文化服务体系还有待进一步完善。

（1）文化产业总量还不够大，产业集中度不高，知名品牌偏少。党的十七届五中全会明确提出，“十二五”期间，要推动文化产业成为国民经济的支柱性产业。2010 年，我国文化产业增加值约占同期 GDP 的 2.78%，离支柱产业尚有不小的距离。尽管国际社会尚未形成统一的文化产业划分标准，各国文化产业的统计口径还不一致，但也可以看出，我国文化产业在整个国民经济中所占的份额相对较小，对国民经济的贡献及影响远远低于美国、日本等发达国家。

此外，我国文化企业规模普遍偏小，规模以上的企业屈指可数，自主创新能力不足，内涵深刻、风格独特、形式新颖、技术先进的精品力作和知名的文化品牌较少，参与国际竞争的能力有待进一步提高。

（2）文化资源优势未能有效转化为产业优势。我国有着悠久的历史传统和深厚的文化积淀，各类文化资源极其丰富、数不胜数，是发展文化产业得天独厚的重要条件。但是，对文化资源来说，谁占有它并不重要，重要的是谁率先将其开发成文化产品和服务，谁才真正拥有了它，掌握了它的主动权。

美国这样一个只有200年历史的文化资源小国，却能在文化生产和传播上有那么大的能量和影响，成为一个文化输出大国。我国文化资源虽然丰富，但对文化资源的“挖掘、开采、利用、再生”能力不强，文化资源优势难以转化为产业优势，在全球文化产业中缺乏应有的地位。

（3）部分行业税费负担较重。不少文化企业经营者反映，部分文化行业税费负担较重，缺乏相关的税收优惠政策。如工艺品行业的人力资源价格成本普遍占到企业总成本的60%～80%左右，原材料成本比重很小，能够用于抵扣的进项税额很少。相对原材料价格成本比重较大的工业企业来说，增值税税收负担重很多。再如，文化娱乐行业现行的营业税税率为20%，同时还要缴纳3%的文化事业建设费，文化娱乐企业感到税费负担沉重。

（4）文化产业投融资渠道还不畅通。金融是现代经济的核心，但目前中国文化产业发展受阻的一个重要因素，就是资金缺乏。国有文化单位长期依赖政府财政，其他的融资渠道不畅，缺乏市场融资能力。民营文化企业也普遍存在融资困难问题。金融机构对文化产业还缺乏了解。

（5）文化产业发展的法制保障不健全。近几年来，国务院和有关部门所出台的文化产业政策，对文化产业发展的重要作用不可忽视，但目前行之有效的文化产业政策，大多数还没有上升为法律制度。特别是当前文化产业的战略地位、发展原则、扶持政策等，还没有从国家法律层面上得到确认。

（6）文化产业人才短缺。作为一个新兴行业，文化产业人才队伍建设还处于起步阶段，无论是文化产业人力资源现有总量、结构、水平，还是文化产业人才培养和培训教育体系、人才流动和引进机制、人才使用和管理制度等，都不能满足目前文化产业迅速发展的要求，特别是既懂文化又懂经营的复合型人才非常短缺。

（7）公共文化服务体系有待完善。公共文化服务体系建设经费保障机制尚不健全，投入总量少、比重低，城乡、区域不平衡问题仍然突出；公共文化设施体系不完善，设备落后，资产使用率不高，功能没有得到充分发挥；公共文化产品和服务匮乏，管理和服务水平不高；公共文化资源分散，缺乏统筹，配置不合理；基层公共文化队伍数量不足，结构不合理，专业素质偏低；公共文化服务的政策法规体系不完善，政策落实不到位。

三、“十二五”发展思路

文化部根据《中共中央关于制定国民经济和社会发展第十二五个五年规划的建议》制定了《“十二五”时期文化产业倍增计划》，提出五年内文化部门管理的文化产业总量比2010年翻一番的发展目标。“十二五”期间，文化部将从完善政策体系、实施重大项目带动战略、打造公共平台的思路入手，加快推动文化产业成为国民经济支柱性产业，不断提高文化产业对加快经济发展方式转变的贡献。同时，文化部将按照体现公益性、基本性、均等性、便利性的要求，以政府为主导、以公共财政为支撑、以全民为服务对象、以基层特别是农村为重点，努力构建覆盖全社会的公共文化服务体系，实现公共文化服务的均等化。“十二五”时期，文化服务业的主要任务和政策导向是，加强文化产业政策研究制定和立法工作；进一步抓好文化产业特色产业群、基地、园区建设工作，充分发挥其引领和示范作用；大力推进文化产业投融资体系建设；建设文化产业公共平台，为加快文化产业发展提供基础条件；加强文化产业人才培养；加大力度扶持动漫等新兴文化产业；努力构建覆盖全社会的公共文化服务体系。

附件：“十一五”文化服务业政策文件

国务院文件

1.《营业性演出管理条例》（国务院令第439号，2005年7月7日）

2.《国务院办公厅转发〈财政部　教育部　科技部　信息产业部　商务部　文化部　税务总局

工商总局　广电总局　新闻出版总署关于推动我国动漫产业发展若干意见〉的通知》（国办发〔2006〕32号，2006年4月25日）

3.《国务院关于同意建立扶持动漫产业发展部际联席会议制度的批复》（国函〔2006〕61号，2006年7月19日）

4.《国务院办公厅关于进一步加强古籍保护工作的意见》（国办发〔2007〕6号，2007年1月19日）

5.《国务院关于修改〈营业性演出管理条例〉的决定》（国务院令第528号，2008年7月22日）

文化部及相关部门文件

1.《营业性演出管理条例实施细则》（文化部令第47号，2009年8月28日发布）

2.《网络游戏管理暂行办法》（文化部令第49号，2010年6月22日）

3.《文化部办公厅关于印发〈国家文化产业示范基地评选命名管理办法〉的通知》（办产发〔2006〕5号，2006年2月13日）

4.《文化部关于印发〈全国文化信息资源共享工程“十一五”规划〉的通知》（文社图发〔2006〕16号，2006年6月15日）

5.《文化部关于完善审批管理促进演出市场健康发展的通知》（文市发〔2006〕18号，2006年6月22日）

6.《文化部办公厅关于贯彻落实〈国务院关于解决农民工问题的若干意见〉的通知》（办社图函〔2006〕388号，2006年8月1日）

7.《文化部关于网络音乐发展和管理的若干意见》（文市发〔2006〕32号，2006年11月20日）

8.《文化部 财政部关于进一步推进全国文化信息资源共享工程的实施意见》（文社图发〔2007〕14号，2007年4月3日）

9.《文化部 财政部 国家税务总局关于印发〈动漫企业认定管理办法（试行）〉的通知》（文市发〔2008〕51号，2008年12月18日）

10.《文化部 教育部 科技部关于进一步加强文献信息资源共建共享服务基层的意见》（文社文发〔2009〕10号，2009年3月20日）

11.《文化部关于促进民营文艺表演团体发展的若干意见》（文市发〔2009〕15号，2009年6月2日）

12.《文化部 国家旅游局关于促进文化与旅游结合发展的指导意见》（文市发〔2009〕34号，2009年8月31日）

13.《文化部关于印发〈网吧连锁企业认定管理办法〉的通知》（文市发〔2009〕35号，2009年9月7日）

14.《文化部关于制定〈文化部文化产业投资指导目录〉的公告》（部便函〔2009〕42号，2009年9月8日）

15.《文化部关于加快文化产业发展的指导意见》（文产发〔2009〕36号，2009年9月10日）

16.《文化部关于改进和加强网络游戏内容管理工作的通知》（文市发〔2009〕46号，2009年11月13日）

17.《文化部关于进一步加强少年儿童图书馆建设工作的意见》（文社文发〔2010〕42号，2010年12月9日）

18.《文化部关于加强文化产业园区基地管理、促进文化产业健康发展的通知》（文产函〔2010〕1169号，2010年6月9日）

19.《文化部办公厅关于印发〈国家级文化产业示范园区管理办法（试行）〉的通知》（办产发〔2010〕19号，2010年7月19日）

20.《文化部 财政部关于开展国家公共文化服务体系示范区（项目）创建工作的通知》（文社文发〔2010〕49 号，2010 年 12 月 31 日）

（文化部供稿）

第三章　广播影视服务业发展报告

“十一五”时期，党中央、国务院十分重视广播影视的发展。广播影视业政策调控和支持力度加大，相继出台一系列促进政策，进一步改善了广播影视服务业的发展环境。《文化产业振兴规划》、《国务院办公厅转发发展改革委等部门关于鼓励数字电视产业发展若干政策的通知》（国办发〔2008〕1 号）、《国务院关于促进电影产业繁荣发展的指导意见》（国办发〔2010〕9 号）等一系列文件的出台，标志着国家对广播影视服务业的扶持政策进入一个新的阶段。

总体来看，“十一五”时期广播影视服务业的政策着力点主要表现在以下几个方面：①对电影、电视剧和影视动画实行重点扶持。这一时期，广播影视内容产业的扶持政策比较集中，行政、经济等多种手段并用，大力推动内容制作业发展。如取消原有“电视剧题材规划立项审批”制度，实行“电视剧拍摄制作备案公示管理暂行办法”，简化行政审批程序，科学调节电视剧市场。为促进国产影视动画发展，原国家广播电影电视总局（以下简称“原国家广电总局）出台播出调控管理政策，有力扩大了国产动画的播映需求。②推动广播影视的数字化、网络化。大力推动节目制播和发行放映的数字化，推进有线网络整合和数字化、双向化改造，启动下一代广播电视网建设，大力发展广播影视新业态、新服务。③加强互联网视听节目等新媒体、新业务的管理，有效规范行业秩序，促进视听新媒体发展。④加强节目导向、广播电视广告、购物短片、购物节目管理，优化媒体价值，促进健康发展。⑤创新金融支持政策，推动广播影视产业资源与资本市场的对接，有效缓解广播影视发展资金短缺问题。

一、“十一五”发展情况

“十一五”时期是我国广播影视服务业加快发展模式转型和加速发展方式转变，实现繁荣发展的重要时期，广播影视服务业以体制机制改革创新为切入点，以数字技术、网络技术为支撑，着力健全产业链，加快发展内容产业，积极推进网络整合和三网融合，大力发展视听新媒体，行业持续快速发展，取得显著成就。

（一）广播影视服务业主要领域发展情况

“十一五”末，全国有播出机构 2654 家，开办了 3985 套广播电视节目、178 套付费广播电视节目、13 套高清电视节目。全国广播、电视节目综合人口覆盖率分别为 96.8%、97.6%，比“十五”末分别增加 2.3 和 1.8 个百分点。广播影视公共服务体系建设成效显著，广播电视村村通、西新、农村电影放映三大重点惠民工程全面完成“十一五”建设任务，解决了 1 亿多农村群众听广播看电影看电视难的问题，国家应急广播建设也全面启动。经过五年的建设，广播影视公共服务初步形成了政策主导、财政支持、技术保障综合配套的长效机制。

五年间，我国广播影视总收入（含财政补助收入）年均增长 20.3%，2010 年达到 2459.1 亿元，比“十五”末的 979.2 亿元增长了 151.1%，远远超过同期全国 GDP 年均增长 11.2% 的速度（见图 3

-1)。广播影视服务业各门类如内容产业、网络产业、广告产业、发行放映业、会展业、衍生产业和产业园区等均实现跨越式发展，成为这一时期文化产业的主要支柱和最具潜力的增长极。

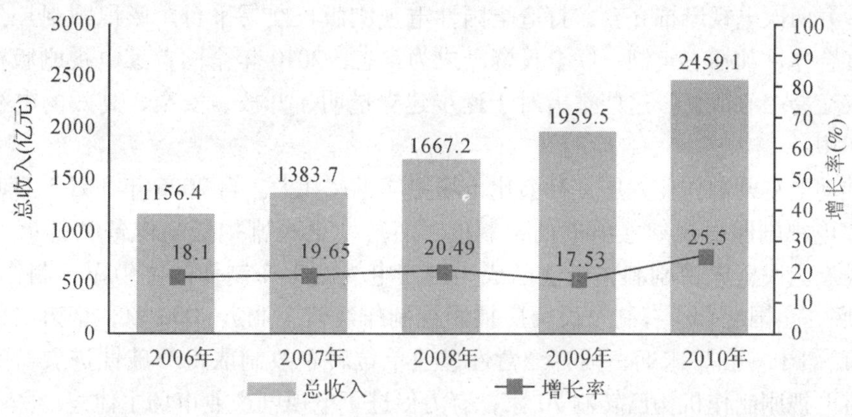

图 3-1 “十一五”时期全国广播影视总收入及增长走势图

1. **内容服务发展情况**

“十一五”时期，中国广播影视内容产业获得较快发展，电视剧年均产量474部14122集，总体保持增长态势，连续多年居世界第一位；影视动画产量以超过20%的速度递增，年均生产动画片253部，产量已位居世界第一位；国产电影故事片年均产量达424部；广播影视精品力作迭出，较好地满足了广大群众的精神文化需求。

(1) 电视剧制作平稳发展，精品电视剧不断涌现。2004—2008年，全国拍摄制作完成并获得发行许可证的电视剧每年均超过500部13000集，2009年在政策引导及外部市场环境的影响下，电视剧产量理性回落至402部12910集，2010年为436部14685集；30集以上的大制作电视剧数量不断增加(见图3-2)。随着国产电视剧制作实力不断增强和引导力度的加大，“十一五”时期国产电视剧特别是精品国产电视剧占据了国内电视剧播出市场的主导地位，电视剧年均进口总量从万集以上下降至年均100余部4000余集，国产电视剧的市场占有率和影响力远远高于境外电视剧。

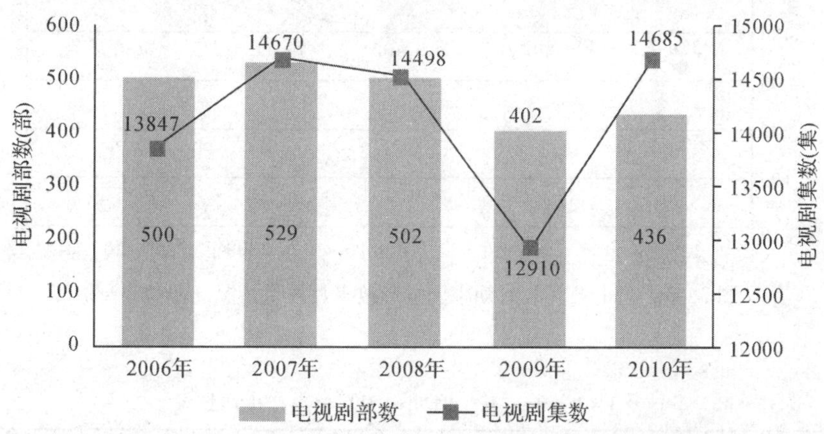

图 3-2 “十一五”时期生产完成并获发行许可的电视剧数量

电视剧市场持续繁荣，制播和交易模式不断创新。“十一五”期间电视剧产值持续提高，电视剧交易进一步活跃。自2006年以来，首播、独播、联播、轮播、套播等多种组合方式出现，结合了电视媒体高覆盖率和互联网灵活互动优势的台网联播模式成为电视剧播出模式的新特点。这一时期，电视剧制作实力较强的电视媒体开始从外购独播或联播的竞争红海中寻求突破，在自制剧上开辟体现竞争实力、提升品牌价值的“蓝海”。2010年，各台自制剧、定制剧的播出比例进一步加大，意味着中国电视剧经过制播合一、制播分离阶段后，制作和播出又走向新的融合。

随着电视剧交易的日益繁荣，广电行政部门和广电运营部门积极引导和探索建立电视剧交易市场。深圳、上海等地成立文化产权交易所，并把影视剧版权交易作为重要交易品种。北京市从 2009 年起，每年定时定点举办两次电视剧推介会，打造全国性电视剧版权交易平台。影视剧制片公司则主动寻求与电视台的深度合作，独播、定制、联合投资已成为常态。2010 年全国首家电视剧版权交易中心——西安电视剧版权交易中心成立。这些举措对于逐步建立透明、开放、安全、高效的电视剧版权交易市场发挥着重要作用。

政策创新推动电视剧制作业发展，社会化市场主体迅速壮大。自 2006 年 5 月 1 日起，国家广电总局取消原有的“电视剧题材规划立项审批”制度，实行“电视剧拍摄制作备案公示管理暂行办法”，促进了制作业发展。民营影视剧制作企业已成为国产电视剧生产制作的主力军，制作实力大大增强。截至 2010 年年底，全国混合所有制及民营广播影视制作经营企业近 4000 家，华谊兄弟、浙江华策影视相继成功上市。“十一五”末期，国有经营性事业单位转企改制取得突破性进展，中国电视剧制作中心及地方国有电视剧制作机构已转制 70 家，有力促进了电视剧产业市场主体建设。

（2）电影产量与综合效益显著增长。“十一五”期间，中国电影产业各项指标实现跨跃式增长。国产电影故事片 2010 年达到 526 部（见图 3 – 3），较 2005 年增长了 266 部，增幅为 102.3%，占到全球电影总产量的 1/10，仅次于印度和美国。故事片以外的其他电影在“十一五”期间也保持了稳步增长（见表 3 – 1）。全国电影综合收益和国内票房收入呈现双曲线上行走势，至 2010 年大幅高走，2010 年电影综合效益达到 157.2 亿元，是 2006 年的近 3 倍；电影国内票房突破百亿，达到 101.7 亿元，是 2006 年的近 4 倍（见图 3 – 4）。国内电影票房占世界电影票房的份额达到 5%，仅次于美国、日本、法国、英国、印度，而 1999 年这一份额仅有 0.7%。“十一五”时期，我国国产电影海外年均收入达到 25.5 亿元，2010 年达 35.2 亿元，观影人次达 2.8 亿，是 2006 年的近 3 倍，位居世界第四（见图 3 – 5）。据不完全统计，2010 年进入城市主流院线的国产影片达 260 多部，即平均每个月有 20 部以上的国产新片上映。以上数据表明，中国电影基本走上良性循环、持续发展的道路，电影产业化改革取得了历史性的重大成果。

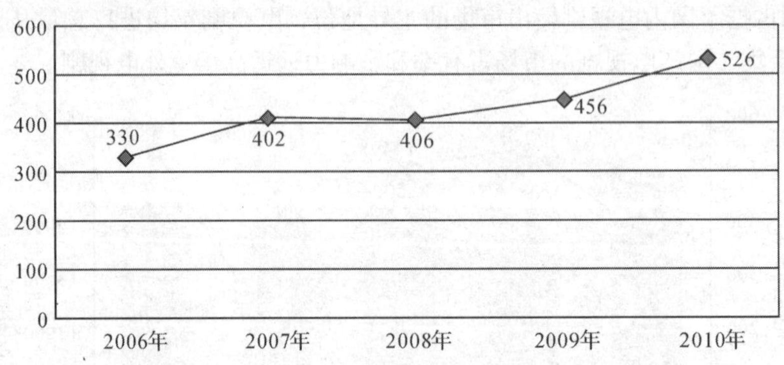

图 3 – 3 “十一五”时期中国电影故事片产量情况（单位：部）

表 3 – 1 十一五”时期中国其他影片生产情况 （单位：部）

电影种类	2006 年	2007 年	2008 年	2009 年	2010 年
动画影片	13	6	16	27	16
纪录影片	13	9	16	19	16
科教影片	36	34	39	52	54
特种影片	7	9	2	4	9
电影频道出品数字电影	112	122	107	110	100

数据来源：原国家广电总局。

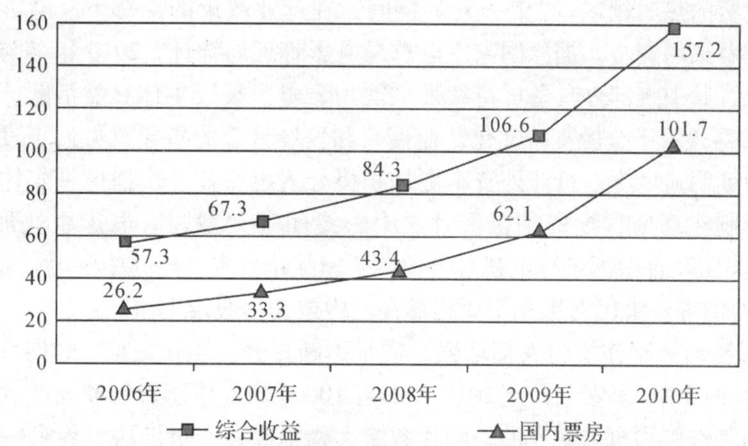

图3-4 “十一五”时期全国电影综合收益和国内票房增长情况（单位：亿元）

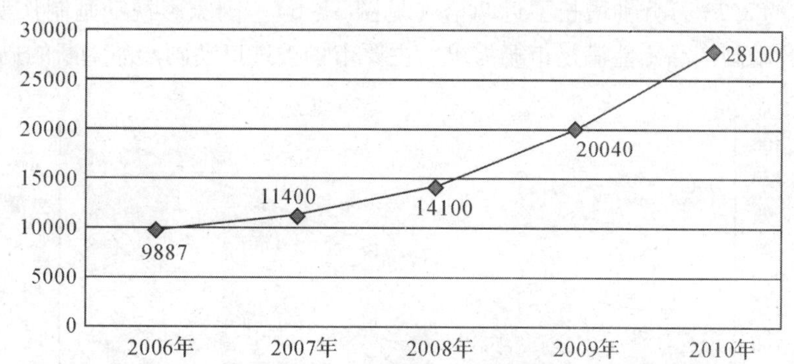

图3-5 “十一五”时期中国城市电影院线观影人次增长情况（单位：万人）

院线与影院发展步伐加快，电影数字化水平大幅提高。“十一五”期间，影院建设高速增长，成为国内外瞩目的文化产业发展亮点。《关于推进国有电影院线深化改革加快发展的意见》的出台，进一步推动了电影院线制改革，促进了电影放映市场繁荣。2010 年，新增影院 306 家；新增银幕 1533 块，平均每天新增 4.2 块银幕，全国城市影院银幕总数突破 6200 块，比 2006 年增长了一倍以上，进入世界前五（见表 3-2）。院线制改革 8 年后，电影院线的发展模式趋于成熟，院线经营管理水平进一步提升。2010 年，电影票房超过亿元的院线达到 19 条，占注册院线的 51.4%，其中万达、中影星美和上海联和三条院线年票房均超过 10 亿元。“十一五”期间，数字技术在电影制作、发行、放映、存储等领域的应用得到全面推进，电影数字化基本实现。全国 2K 高档数字银幕数超过 4300 块，在商业银幕中的比例已经超过 50%，其中具有立体电影播放功能的有 2400 块，1.3K 中档数字银幕数超过 600 块，0.8K 流动数字放映系统超过 4.2 万套。

表 3-2 “十一五”时期中国电影市场影院和银幕增长情况

年份	院线数	影院数	银幕数	新增影院	新增银幕
2006	33	1325	3034	82	366
2007	34	1427	3527	102	493
2008	34	1545	4097	118	570
2009	37	1687	4723	142	626
2010	37	1993	6256	313	1533

数据来源：原国家广电总局。

电影成为社会投资的热门领域。"十一五"期间，在产业政策的支持下，电影产业吸引着来自海内外、行业内外不同背景的资金。据原国家广电总局电影管理局统计，2010 年参与电影创作和投资的制片机构超过 600 家，其中大部分具备可持续发展能力，电影投资主体日益活跃、生产力深度激活的格局正在形成。九部委《关于金融支持文化产业振兴和发展繁荣的指导意见》下发后，金融机构对电影产业的融资支持力度明显增大。行业外资本更加积极介入电影业，广播电视媒体与商业互联网视频网站等直接介入电影制作环节，投资拍摄影片。中影集团等大型国有电影企业加快上市筹备步伐，2010 年 12 月，中影集团联合中国国际电视总公司等 7 家战略投资者成立中国电影股份有限公司，注册资金 14 亿。华谊、博纳等一批民营影视企业相继在国内或美国股市上市。

（3）国产原创影视动画制作实力大幅增强，质量不断提升。"十一五"时期，国内动漫企业数量不断增加，从 2006 年的 5400 多家上升至 2010 年的近 10000 家。中国影视动画产量以 20% 以上的速度逐年递增，中国动画制作机构自主生产的动画片数量大幅提高，产量已居世界第一。2010 年，经各电视动画片审查机构审查的国产电视动画片达到 385 部，22.1 万分钟，部数比 2006 年的 124 部增长 3 倍多，长度比 2006 年的 8.23 万分钟增长了近两倍（见图 3－6）。国家影视动画制作实力的增强极大地改变了长期以来国产动画产品不能满足市场需求、主要市场被进口动画产品垄断的局面。

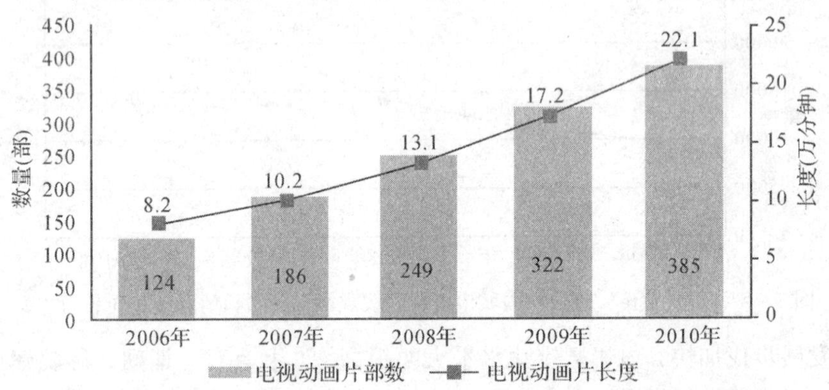

图 3－6　"十一五"时期全国制作完成电视动画片数量及长度

经过影视动画产业高速发展的累积和沉淀，影视动画制作机构加强了动画精品生产，国产影视动画的整体创作水平和艺术质量不断提高，2010 年原国家广电总局共向全国电视播出机构推荐播出 81 部优秀国产动画片，是 2006 年的 2.5 倍，反映出国产影视动画片的制作能力与制作水准在同步提高（见图 3－7）。

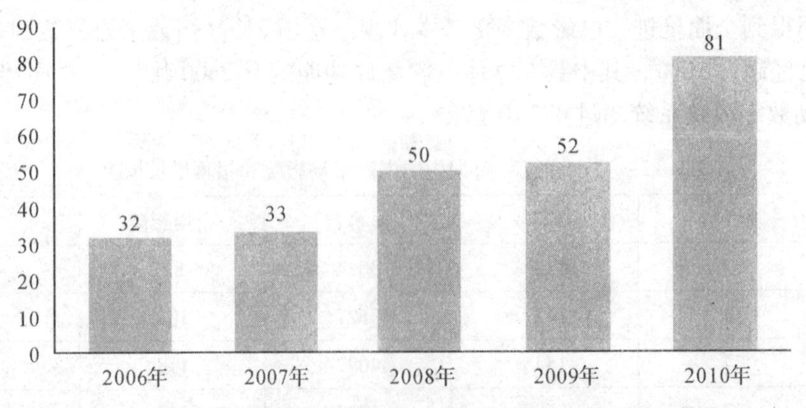

图 3－7　"十一五"时期原国家广电总局推荐优秀动画片数量

播映体系日趋完善，国产动画播出比重稳步上升。"十一五"期间，中国影视动画播映体系建设日趋完善，播出渠道增多。到 2010 年，全国除 33 家少儿频道和 5 家动画频道外，其他电视频道也开设了许多少儿栏目。全国共有300多家电视台开办国产动画片播出栏目，是2005年的3倍。这一时期，国家广电总局连续出台多个电视动画片的播出调控管理政策，在播出政策的支持下，国产动画片播出时间显著增加，播出数量逐年上升，收视份额不断增加。随着视频网站、公交移动电视、手机电视、IP电视等视听新媒体的不断发展，影视动画的播出渠道也不再局限于传统电视和影院，呈现出多元化播出的趋势。

产业融合迅速推进，衍生产品运营模式逐步成熟。通过“十一五”期间的探索，影视动画产业链的多元化盈利模式逐渐形成。北京卡酷卫视等立足全国落地平台，向商标形象保护、版权经营、总代理、衍生产品开发、全国卖场终端全网建设、玩具销售、动漫新媒体、儿童艺术培训、主题公园等动漫产业链纵深开拓，上下游衍生业务所占比重逐年提高。广东原创动力出品的《喜羊羊与灰太狼》的衍生品授权合作商已达500多家，涉及主题音像图书、毛绒公仔、食品、日用品、MSN表情、手机桌面、屏保等，其收入的70%来自衍生产品的形象授权等方面，首次在中国形成了动漫产业经典盈利模式。广东奥飞动漫从做玩具发展到做影视动画，走出了一条与传统动漫产业链逆向发展的道路，实现了玩具制造产业的升级。

（4）广播电视节目制作能力进一步提高，播出时间稳步增长。“十一五”期间，全国广播电视节目市场繁荣，节目制作能力快速提升，节目播出时间平稳增长，节目类型更加丰富，节目品质日趋精良（见表3-3）。

表3-3　“十一五”时期全国广播电视节目播出、制作时间及增长率

年度	电视节目播出时间		电视节目制作时间		广播节目播出时间		广播节目制作时间	
	万小时	增长率	万小时	增长率	万小时	增长率	万小时	增长率
2006	1360.45	8.04%	261.80	2.51%	1078.05	4.62%	619.23	0.87%
2007	1454.67	6.93%	255.33	-2.47%	1127.24	4.56%	633.25	2.26%
2008	1495.34	2.80%	264.19	3.47%	1162.97	3.17%	649.40	2.55%
2009	1577.68	5.51%	265.36	0.44%	1226.55	5.47%	671.65	3.43%
2010	1635.50	3.66%	274.29	3.37%	1266.03	3.22%	681.42	1.46%

数据来源：原国家广电总局规划财务司。

2010年，中国广播节目制作时间达到681.42万小时，比2006年增长62.19万小时，每年保持稳步提高。广播电台制作节目在产量上依然占据优势，播出节目来源主要依靠自制。2010年电视节目制作时间为274.29万小时，较2006年增长12.49万小时。电视台制作节目每年增幅平缓，占播出节目的比重并不高，但电视台的节目播出能力逐年大幅提升，电视节目的社会化制作得到快速发展。

“十一五”期间，全国广播电视节目的播出时间整体上呈现出快速增长的趋势。2010年，全国广播节目的播出时间为1266.03万小时，较2005年增长187.98万小时，增幅为17.44%；全国电视节目播出时间为1635.50万小时，与2006年的1360.45万小时相比，增幅为20.22%。

广播电视节目交易量逐步增长，非时政类电视节目的市场化程度大幅提升。随着广播电视节目制作的蓬勃发展，节目的市场交易量也逐年稳步增长。2010年，全国购买、交换广播节目时间为105.45万小时，比2006年增加了近1倍（见图3-8）。电视节目全年购买、交换时间为523.96万小时，较2006年增长了41.57%（见图3-9）；全国电视节目的国内销售额达到50.22亿元，较2006年增长了1.41倍（见图3-10）。“十一五”期间，广播电视节目制作市场主体成长壮大，整体实力显著增强，数量大幅增长。截至2010年，取得《广播电视节目制作经营许可证》的机构达到4678家，比2007年增加了1800多家（见图3-11）。其中，混合所有制及民营广播影视制作发行企业接近4000家。

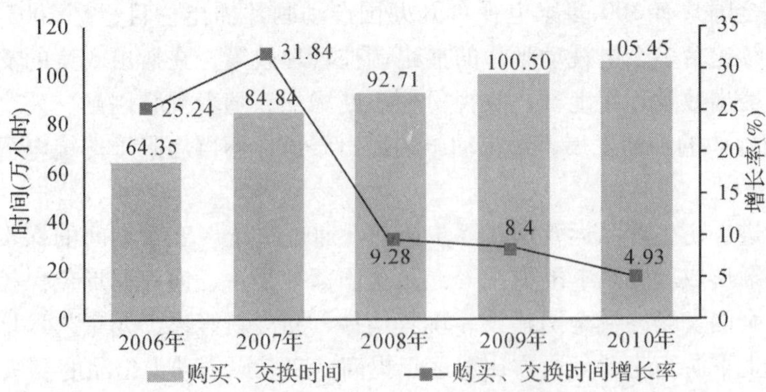

图 3-8 “十一五”时期广播节目购买、交换时间和增长趋势

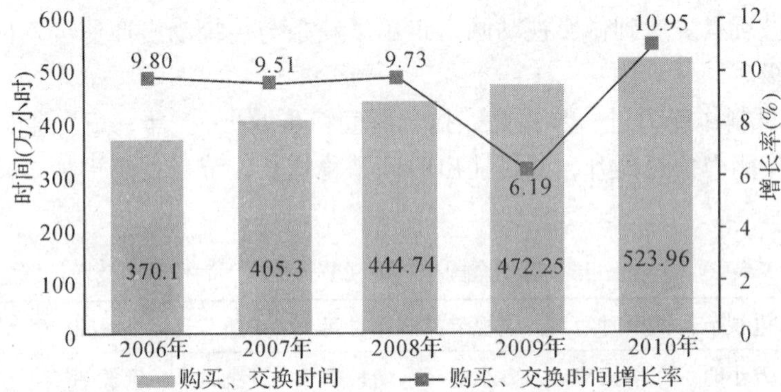

图 3-9 “十一五”时期电视节目购买、交换时间和增长趋势

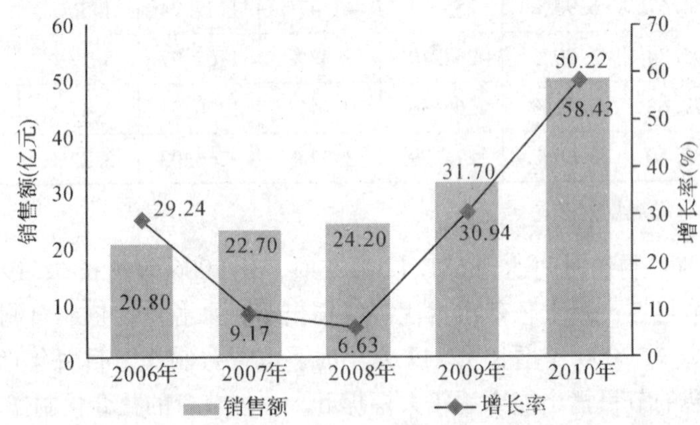

图 3-10 “十一五”时期电视节目国内销售额及增长趋势

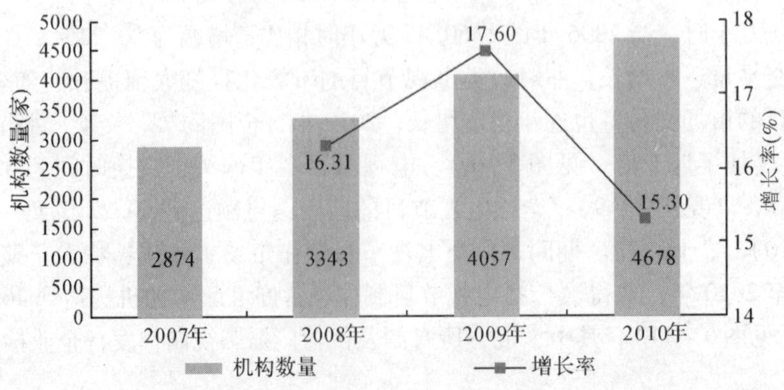

图 3-11 2007—2010 年全国获得《广播电视节目制作经营许可证》的机构数量及增长率

2. 广播电视传输覆盖网络发展情况

“十一五”期间，有线广播电视网络、地面广播电视网络、广播电视直播卫星等均取得长足发展，网络业务不断拓展，用户规模和市场规模进一步扩大，网络收入显著增长。

有线网络用户量、收入均显著增长，网络整合、数字化整转进入快速发展期，下一代广播电视网（NGB）建设启动。“十一五”末，有线广播电视网络传输干线网达356万公里，比“十五”末增加100多万公里。有线网络用户数逐年平稳增长，截至2010年年底，全国有线广播电视用户数达到1.89亿户，较“十五”末期的1.29亿户增长超过6000万户（见图3-12）。从收益情况来看，2010年，全国广播电视网络收入487.44亿元，较“十五”末增长310.2亿元，增长幅度达到175%（见图3-13）。

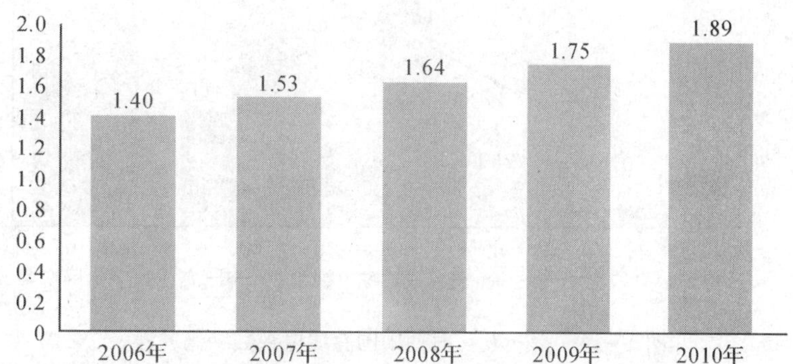

图3-12 “十一五”时期中国有线广播电视用户数情况（单位：亿户）

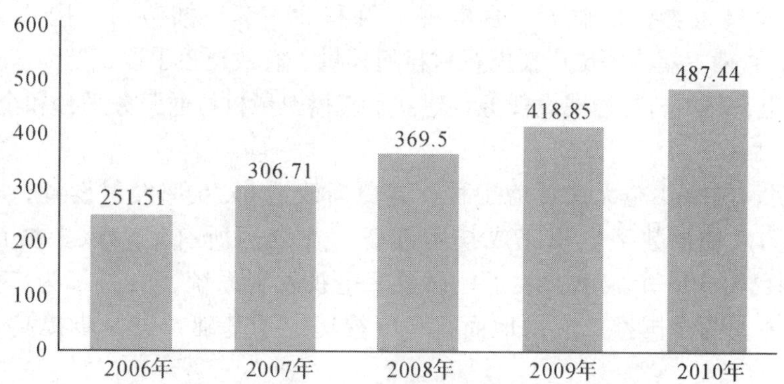

图3-13 “十一五”时期中国有线广播电视网络收入情况（单位：亿元）

“十一五”期间，有线广播电视网络产业稳步发展，整体数字化转换、双向改造、网络整合都迈上了一个新台阶。截至2010年年底，全国已有280多个城市开展了有线电视数字化整体转换工作，其中180个城市已经完成转换。全国有线数字电视用户达到8870万户，约为“十五”末的22倍，占有线电视用户总数的47%左右（见图3-14）。双向网络覆盖用户，达到5000万户。“十一五”时期，在有线电视数字化基础上，着手规划和建设下一代广播电视网，上海等地NGB示范区建设取得重要成果。截至“十一五”末，全国共有23个省（区、市）完成或基本完成全省性有线电视网络整合。2010年，我国三网融合进入实质性推进阶段，按照国务院《三网融合试点方案》的部署和要求，国家级有线网络公司组建工作正式启动。

高清电视发展提速，数字增值业务日渐丰富。截至2010年年底，全国共播出11套高标清同播频道和5套高清频道，高标清同播频道的高清播出率和高标清同播率均接近70%。全国100多个有线网络实现了全部或部分高清频道的落地，多个大中城市在地面数字电视系统中转播高清节目，带动了高清产业链中内容制作、面板生产和机顶盒销售等的快速发展，为加快我国高清电视产业发展创造了条件。部分省市推广高清互动电视业务，将传统单向收看模式转变为双向互动的自主选择模式，并且拓展卡拉 OK、电视杂志、股票信息、电视银行等数字高清新业务。视频点播（VOD）业务步入市场成长期，截至 2010 年年底，开通视频点播业务的数字电视用户超过 260 万户。高清电视、视频点播、电子政务、生活资讯、电视商务、游戏娱乐等新业务和本地化服务不断创新，有线数字电视成为综合信息服务平台，有线广播电视网络服务功能日益扩展，服务水平不断提升。

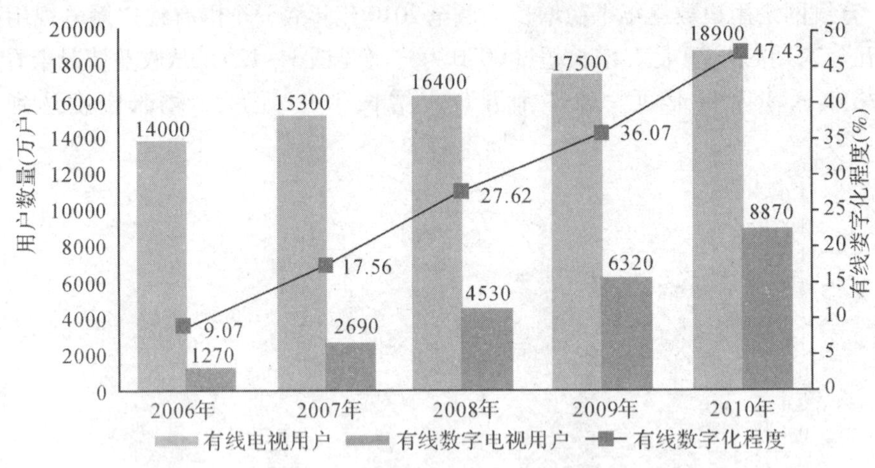

图 3－14　十一五”时期中国有线电视数字化进程

卫星与地面广播电视传输覆盖能力进一步增强。截至 2010 年年底，全国共有卫星上行站 36 座，通过 8 颗卫星、58 个转发器，传输 352 套电视节目和 263 套广播节目，比“十五”末分别增长 278.4% 和 108.7%。直播卫星为解决广播电视村村通提供了有效覆盖手段，“十一五”末完成了 72.28 万个 20 户以上已通电自然村村村通建设任务，建立了直播卫星村村通服务平台和全国统一的用户管理系统。

“十一五”时期，国家实施无线覆盖工程，共更新改造 6776 部发射设备，有效提高了广播电视节目无线覆盖能力。地面数字电视完成技术准备，在全国所有地市以上城市开通覆盖。截至 2010 年年底，全国已有 308 个城市安装了地面数字电视发射系统，具备了为广大用户提供多套高清和标清节目的能力，为全国推广应用地面数字电视奠定了基础，进一步提高了广播电视服务质量与水平。

3. 广播电视广告产业发展情况

“十一五”期间，全国广播电视广告产业总体平稳增长。由于受国际金融危机下中国宏观经济走势影响，2009 年广播电视广告收入增长呈现出冲高回落的特征，增幅放缓。随着国内经济增速由下行转回稳，加上国家广电总局新出台的《广播电视广告播出管理办法》（广电总局令第 61 号）助推电台、电视台提升广告品质，优化媒体价值，2010 年广播电视行业的广告收入 939.97 亿元，同比增幅达 20.23%，为近五年来最高。“十一五”期间，广播电视广告收入总量增长，但在广播电视总收入中所占比重逐年下降（见图 3－15），电视依然是广告投放的主要媒体，各级电视台转变经营方式，以节目创新带动广告增长，广告质量整体提升。2010 年，电视广告播出时间尽管缩短，但广告收入却保持增长态势，全国电视广告收入达到 796.59 亿元，比 2009 年增长了 120.77 亿元，增幅为 17.87%；与 2006 年相比，增长了 75.72%（见图 3－16）。广播媒体借助媒体融合下的资源整合机遇，创新节目形式和传播渠道，实现广播广告市场规模快速增长。

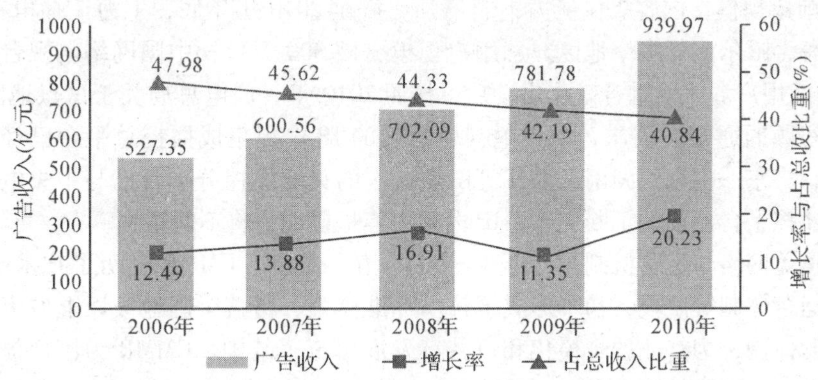

图3-15　“十一五”时期全国广播电视行业广告收入、增长率与占总收入比重

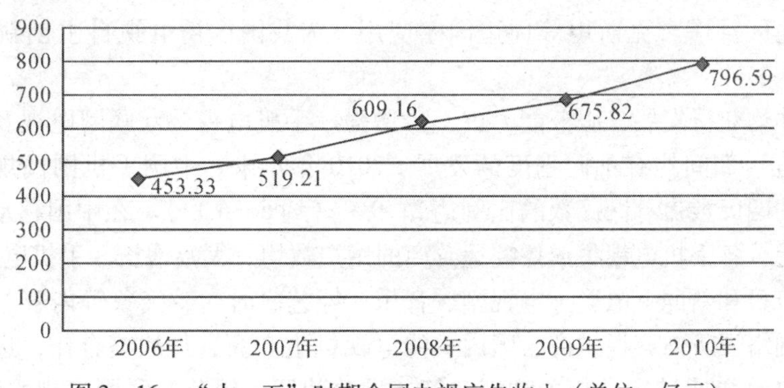

图3-16　“十一五”时期全国电视广告收入（单位：亿元）

4. **视听新媒体发展情况**

“十一五”期间，视听新媒体发展得到全社会的重视，并被纳入国家文化产业和信息产业发展战略，在国家媒介格局中的重要地位得到进一步提升。视听新媒体以视听内容为核心，借助互联网等各种新技术手段传播，技术实现方式复杂多样，对现有媒介格局产生了重大影响。这一时期，视听新媒体发展由发育期进入快速发展阶段，各地电台电视台及其他主流新闻媒体的视听网站相继上线，中国网络电视台和首家省级网络电视台——安徽电视台先后开播，标志着视听新媒体正式进入主流媒体行列；商业视频网站兴起，展示出强大的生命力；公共视听载体迅速崛起，车载移动电视和楼宇、户外电视等视听新媒体形态渗透到各种公共场所，受到资本市场的热捧；CMMB传输覆盖网络建设在全国推开，全国性市场运营主体和各省级运营主体相继成立；基于电视机终端的互联网电视开始出现，基于移动互联网的手机视频业务逐渐兴起，以iPad为代表的平台化终端进入市场并广受追捧；一批视听新媒体运营企业相继上市。这一时期，视听新媒体发展形成了受众海量化、运营企业化、资本多元化、业务形态多样化、发展融合化的几大特点。视听新媒体体制基本形成，行业发展前景日趋明朗，呈现出难以估量的发展空间。

网络广播电视用户增长迅猛，运营主体实力不断增强。“十一五”期间，网络音视频逐渐成为中国网民的主要网络应用，根据中国网络信息互联中心（CNNIC）在2011年1月发布的《中国互联网络发展状况统计报告》，网络视频位列网络应用的第七位，使用率达到62.1%。网络视频用户规模也在快速增长，CNNIC数据显示，网络视频用户由2007年的1.6亿增长到2010年2.84亿。中国的网络视频用户已经成为世界上最大的单一国家视频用户群体。视频网站数量增长迅猛，广电媒体、电信机构、门户网站、内容供应商、P2P技术公司等机构纷纷介入网络视频服务。截至2011年6月底，共有586家机构获得国家广电总局发放的《信息网络传播视听节目许可证》，中央电视台、中央人民广播电台、中国国际广播电台及部分骨干广电机构成为网络广播电视发展的主导力量，一批处于领先地位的商业视频网站实力显著增强，多家网站改制上市，通过资本运作拓展业务和产业发展空间。

IP 电视用户渐成规模，内容提供能力不断增强。截至 2010 年年底，上海广播电视台的 IP 电视试点范围已涵盖上海、哈尔滨等多个地区，总用户规模突破 300 万户；中国网络电视台在部分试点城市发展了 IP 电视测试用户。三网融合工作启动后，按照 2010 年《广电总局关于试点地区 IP 电视集成播控平台建设有关问题的通知》要求，中央电视台承建的 IP 电视集成播控总平台已经完成；北京、湖北、四川、江苏、广东、山东、湖南、浙江等试点地区的集成播控分平台已与中央电视台总平台实现对接。随着集成播控平台建设的不断完善，IP 电视内容提供能力将不断增强。

CMMB 传输覆盖网络与运营机制均已形成。"十一五"期间，CMMB 经历了技术研发、组建网络、终端开发、建立运营体制等阶段，初步形成了技术标准体系、覆盖全国地级以上城市的网络覆盖体系和全国统一的运营体制，为产业的规模化和可持续发展奠定了基础。CMMB 为用户提供广播电视的基础业务及财经信息、交通导航和电子书刊阅读等增值业务。截至 2010 年年底，中广传播集团的 CMMB 可控终端用户已达到 1000 万户。CMMB 具有自主知识产权，填补了我国广播电视的服务空白，并走出国门，在中国香港地区及塔吉克斯坦等周边国家应用，为我国广播电视自主创新技术走出去积累了经验。

其他视听新媒体均获得发展，服务能力进一步增强。手机电视、互联网电视及公共视听载体等视听新媒体在"十一五"期间均有不同程度的发展。2010 年年末，中国手机网民规模达到 3.03 亿户，其中使用手机视频的网民数占总网民数的比例达 21.9%（约 6636 户）。在中国移动网络、中国电信网络、中国联通网络上，各手机电视集成播控运营商的用户数均有大幅增长。手机电视的内容不断丰富，可为用户提供直播节目和新闻、电影、电视剧、音乐、综艺、时尚、气象等内容。互联网电视是新兴的广播电视业务，网络视听内容提供商与国内一线电视机生产商进行战略合作，进行自主技术研发和平台定制。国家广电总局通过出台相关管理政策、发放牌照，规范互联网电视服务行为。"十一五"期间，中国公共视听载体快速发展，其经营活动渗透到商业楼宇、卖场超市、飞机航班、繁华街区、公交地铁、列车及铁路候车室等多种公共场所，尽管整体规模仍保持稳步增长，但部分专业领域或区域出现了饱和态势。目前，公共视听载体运营主体形成国营与民营两大阵营，以分众传媒、华视传媒、巴士在线、世通华纳、航美传媒等为代表的民营公司通过整合全国市场，已经形成规模。广电部门开办的公共视听载体业务主要集中在车载移动电视、城市/楼宇电视、户外大屏幕等领域，在北京、上海、深圳等重点城市有较快发展。

（二）广播影视服务业发展的主要成就

"十一五"期间，广播影视行业按照中央部署，扎实推进各项改革，在重点领域和关键环节实现重大突破，大大解放和发展了广播影视生产力，广播影视的各个方面取得了前所未有的巨大成就。

1. 广播影视产业实现快速增长，产业结构、产业链进一步优化完善，经济影响力不断增强

"十一五"时期，广播影视产业实现较快增长，产业规模不断扩大。2010 年广播影视总收入（含财政补助收入）已达 2459.08 亿元，是 2006 年的两倍多。这一时期，广播影视总收入年均增长率远远高于 GDP 的年均增长率，广播影视总收入在 GDP 中所占比例也在逐年提升，从 2006 年 0.53% 提升至 2010 年 0.62%。与此同时，我国广播影视的产业结构不断优化，广播电视广告与有线网络收入尽管仍是广播影视产业的主要收入来源，但是比重进一步下降，影视节目版权收入比重增大，其他收入的占比也逐渐提升；产业链向上下游不断延伸，对相关产业的辐射力增强。影视产业园区和技术服务、影视创意和制作、版权销售、品牌授权、传输分发、发行放映、电视购物、会展、视听设备生产、影视旅游等构成了一条完整的产业链，产业集群开始形成，产业价值增长点不断增加，多元化盈利模式逐渐成熟。这一时期，广播影视产业在我国产业结构调整、转变经济发展方式中的影响力愈加凸显。研究表明，135 个产业部门中，电影、广播、电视和音像业与 12 个产业部门有较密切直接后向联系，与 18 个部门有密切直接前向联系，后向拉动与前向推动的作用明显。广播影视服务业不仅为我国的改革发展营造了良好的社会舆论环境，而且增加了社会就业岗位，带动增加其他产业的文化附加值，成为

我国转变经济发展方式的重要力量。

2. 科技创新取得重大突破，广播影视服务业发展的科技基础进一步夯实

“十一五”期间，广播影视数字化、网络化全面推进，科技工作地位作用不断加强，基本形成了五大体系，有力地推动了广播影视全面协调可持续发展。①形成了安全播出保障体系。基本建成了贯通中央、省、地市、县四级的全国广播电视安全播出保障体系，《安全播出管理规定》及配套实施细则的出台有效推动了安全播出管理工作的规范化、制度化、科学化。②形成了监测监管体系。全国和各省的广播电视监测监管系统不断完善，建成了世界上规模最大、覆盖范围最广、功能齐全、技术先进的广播电视无线、有线、卫星、海外监测网，建立了节目收听收看、境外卫视、互联网视听节目监管系统。③形成了公共服务体系。按照中央的要求，大力推进广播电视村村通、无线覆盖、农村电影放映、西新等重点工程，建立长效机制，基本形成了覆盖城乡的广播影视公共服务体系。④形成了现代传播体系。在广播影视内容制作、发行放映等方面基本实现了数字化，在传输覆盖方面初步实现了数字化和网络化，建成了针对城乡等不同地区，针对电视机、收音机、手机、车载计算机等不同终端，无线、有线、卫星、互联网等多种技术手段并用的广播影视现代传播体系。⑤形成了科技创新体系。广播影视在国家科技创新体系中的地位和作用不断提高，共有4个项目获得国家科技进步二等奖，744个项目获得广电总局科技创新奖，720个广播节目、680个电视节目获得原国家广电总局广播电视节目技术质量奖。广播影视科研工作已从过去单纯的跟踪研究，向自主创新和应用服务相结合转变，一批自主创新的科研成果在行业内广泛应用，有力促进了民族工业和信息产业、文化产业的发展。

3. 体制机制改革取得重大进展，中国特色广播影视发展道路探索取得重要成果

经过不断的探索和发展，广播影视形成了既要遵循社会主义文化发展规律，也要遵循社会主义市场经济规律的基本理念，并以此为指导按照“创新体制、转换机制、面向市场、壮大实力”的要求，不断深化广播影视体制机制改革创新。①以塑造市场主体为目标，大力推进经营性事业单位转企改制。电视剧制作机构、国有制片单位、省市电影公司和电影院加快转企步伐，建设现代企业制度。②积极推进广播影视企业资源重组和股份制改造，广播影视企业通过发行企业债券、利用银行贷款、上市等多种融资手段，扩大规模，壮大实力。③推行电影发行放映体制改革，形成了以院线制为核心的现代电影产业市场体系，成功激活了整个电影市场。④进一步理顺管理体制和运行机制。推进文化综合执法改革，基本实现地市以下文化、广播影视、新闻出版三局合一；推进广播电视资源整合，截至2010年年底，全国已有9个省（市）、10个副省级城市、234个市（地）级电台、电视台完成合并；完成电影行政管理职能划转，实现广电部门对电影的统一归口管理。通过改革，初步形成事业产业统筹协调，分开运行、分类管理、科学发展的运行机制。⑤深化行政审批制度改革。“十一五”期间共取消8项行政许可，改进电影电视剧立项管理办法，实施电影电视剧和影视动画备案公示制度，开设电视剧电子政务平台，简化了办事程序，提高了工作效率。⑥加强广播电视播出机构管理。根据《广播电视管理条例》等法律法规，针对频率频道、节目栏目运营过程中存在的突出问题，实行频率频道、节目栏目退出机制。这些改革切合广播影视服务业阶段性发展特征，既规范也促进了整个广播影视服务业的发展。

4. 视听新媒体发展迅速，媒介融合传播新格局初步形成

“十一五”期间，我国视听新媒体发展迅速，传播力日益增强，成为传播格局中的重要一极。手机电视、IP电视、互联网电视等新兴业态呈现良好发展势头，并加速与传统媒体的融合，推动传统媒体的传播与运营的深刻变革。广电系统高度重视互联网等新媒体的发展，积极利用互联网等新途径、新方式，加快新媒体新业务布局，提升广播影视的传播力和影响力。一些领先的广电机构相继进入网络广播电视、手机电视、电视购物、网络游戏等，着力打造全媒体产业链。广电网站逐步向网络电视台升级，中国网络电视台开播后，不少广电媒体都开通网络电视或网络电视台。央视网、中国广播网、国际在线等网站的点击量快速增长。一些广电媒体开始探索三屏融合的全新业务模式，优化了用户体验，引领媒体内容消费的新潮流。三网融合的实质性推进，促进了广播电视有线网络整合、网络产业模式创新和集成播控平台建设，为媒介业态的有机整合与深层融合奠定了基础。这一时期，视听新媒体成为中国文化产业发展最为活跃的力量，成为人们日常工作生活中不可或缺的组成部分，加快了文化产业成为国民经济支柱性产业的进程，在转变经济发展方式中的地位和作用进一步提升，成为引导社会舆论、改善社会治理、提高执政能力的重要手段。

5. 广播影视走出去能力不断增强，国际竞争力大幅提高

"十一五"期间，我国广播影视更加注重统筹国内国际发展，走出去工作全面加强，国际一流媒体建设迈出坚实步伐。各类广播电视媒体从基础设施建设到人员配备、从节目海外落地到本土化采编制播网络构建、从传统媒体到新媒体全方位多层次建设国际传播体系，全球覆盖格局初步形成。中国国际广播电台在"十一五"期间大力推进境外整频率电台（分台）建设，截至2010年年底已发展到51家。中央电视台截至2010年年底海外落地项目达389项，覆盖141个国家和地区，海外落地用户超过1.6亿。这一时期，广播影视企业开展多种形式的国际合作，推动广播影视产品和服务出口，取得显著成效。广播影视产品与服务成为中国文化的重要载体和国际传播的重要媒介。据不完全统计，2010年全国广播影视产品和服务出口额共约1.67亿美元，其中影视节目出口约11000多小时，超过5900万美元。电影方面，共有47部国产影片销往61个国家和地区，海外票房和销售收入达35.17亿元，连续6年持续增长。广播影视走出去能力的增强不仅有利于缩小文化产品进出口逆差，增强国家文化软实力，也有利于我国经济强国的建设。

二、"十一五"发展经验

（一）始终坚持广播影视的根本性质，始终坚持走中国特色广播影视发展道路

广播影视是党、政府和人民的喉舌，这一根本性质决定了广播影视工作的开展要始终围绕党和国家的工作中心，服务于改革发展稳定大局。广播影视必须始终坚持围绕中心、服务大局，坚持走中国特色广播影视发展道路，旗帜鲜明地坚持四个重大原则：一是准确把握双重属性，正确处理意识形态属性和产业属性的关系，始终坚持把喉舌性质和意识形态属性放在第一位。二是坚持双重效益，正确处理社会效益和经济效益的关系，始终把社会效益放在首位，努力实现社会效益与经济效益的统一。三是遵循双重规律，遵循文化发展规律与社会主义市场经济规律，努力找到文化发展规律与社会主义市场经济规律的结合点。四是完成双重任务，着眼于满足人民群众日益增长的精神文化需求，统筹发展公益性事业与经营性产业。

（二）始终坚持科学发展观，切实加快转变广播影视发展方式

"十一五"时期，我国广播影视工作始终贯穿了科学发展观的主题和战略思想。一方面大力发展公益性广播影视事业，构建覆盖城乡的公共服务体系，满足人民群众基本文化需求；另一方面大力发展经营性广播影视产业，建立市场体系，满足人民群众多样化、个性化文化需求。随着经济社会持续快速发展，特别是随着人民生活水平不断提高，人民群众文化消费多层次、多样化的特征更加明显，亟需丰富多彩、高质量的广播影视文化产品和服务，最大程度地满足广大群众的听广播、看电影、看电视的需求。结合信息技术、网络技术的发展，广播影视服务业把满足群众需求作为工作的出发点和落脚点，把完善服务体系建设、开发服务新业态放在更加突出的位置，创新应用各种数字技术，创作生产一批适应和满足人民群众广播影视消费新需求的广播影视节目，创新一系列新型的服务业态，不断提升内容丰富度、图像清晰度、用户体验度和价格实惠度。

尽管广播影视在节目套数、生产数量、播出时间、用户规模等方面位居世界前列，但布局分散、没有形成集约化、规模化的运营主体，同质化竞争激烈、服务方式单一，部分影视作品质量不高。针对这些问题，各级广电部门在广播影视服务业内涵的提高上下工夫，更加注重结构调整，更加注重品

质提高，更加注重品牌建设，更加注重业态创新，更加注重产业发展，通过合理配置资源，完善体制机制，加快推动广播影视传播方式从模拟单向传输向数字双向互动转变，加快推动运营模式由小规模分散经营向集约化、规模化方向转变，加快推动服务方式由简单单一服务向多样化综合服务转变，培育了一批有竞争实力的骨干企业，打造具有市场影响力的文化品牌，提高了广播影视服务水平和整体实力。实践证明，以人为本、协调和可持续发展，是广播影视服务业的必然选择。

（三）始终依靠科技自主创新，以科技进步带动广播影视产业升级

广播影视属于高科技、重装备的行业，科技进步是广播影视的永恒推动力。当前数字、网络技术的迅猛发展使广播影视的技术基础发生了深刻变革，特别是由模拟向数字的重大变革，使广播影视传播方式正由单向传输向双向互动转变，接收终端由单一向多元多样转变，业务形态由封闭分割向开放融合转变。各级广电部门准确把握广播影视的发展趋势，始终发挥科技进步的引领、带动、支撑和保障作用，以数字化、网络化为龙头，以自主创新为依托，改造广播影视生产流程，提高生产效率和核心竞争力，加快推进我国具有自主知识产权的移动多媒体广播电视、地面数字电视、数字电影放映等技术的产业化进程，为广播影视发展开拓空间。同时，广播影视内容服务领域也顺应技术进步的潮流，不仅为传统广播电视提供优质的内容服务，而且开始探索新兴视听媒体的传播规律，创作生产适应视听新媒体要求的节目，满足不同受众对视听节目的多种需求。

（四）始终坚持体制机制改革创新，加快构建有利于科学发展的体制机制，促进生产力的发展

“十一五”时期是文化体制改革从局部试点转向全面推开并取得显著成效的关键阶段。广播影视系统围绕重塑市场主体、完善市场体系、改善宏观管理、转变政府职能四个关键环节，大力推进经营性事业单位转企改制、电台电视台内部机制改革、网络整合和三网融合试点工作、电影体制改革等各方面的体制机制改革，取得了重要突破和显著成效，进一步优化了资源配置，增强了广播影视的发展活力，促进了广播影视的繁荣发展。广播影视系统的经验表明，要始终坚持体制机制改革创新，对阻碍生产力发展的各种利益关系进行调整，依靠体制机制创新提供广播影视发展的长效保障，通过深化体制机制改革创新为广播影视的科学发展提供有力的制度保障。

（五）政策支持是广播影视发展的重要推动力，依法管理、科学管理促进广播影视健康、有序、持续发展

“十一五”时期，党和国家对广播影视发展的认识上升到国家战略的高度，一系列政策文件的发布为广播影视发展制定了战略、明确了方向，给予了有力的政策支持。这些政策为广播影视发展营造了极为有利的发展环境与氛围，形成了强大的推动力。这一时期，广播影视行政部门贯彻科学发展观，落实中央政策文件，针对行业发展的新变化、新情况，注重将管理与服务相结合，通过依法管理、科学管理、综合管理，为广播影视又快又好发展营造良好的整体环境，使广播影视呈现健康发展和持续繁荣的态势。广播影视行政部门以发展国产电影电视剧和影视动画产业为目标，切实加强题材引导、播映调控，引进管理；通过严格控制频率频道数量，探索频率频道、节目栏目退出机制，优化播出机构布局；通过加强广告播出管理，引导播出机构优化广告结构，提升媒体品牌价值；通过政府推动，加快推进广播影视数字化发展；尊重视听新媒体发展的独特规律，采取分类管理政策，促进视听新媒体产业发展。实践表明，党和政府高度重视，行政部门的有效管理使广播影视始终走在健康、有序、快速和持续发展的轨道上。

三、“十二五”发展思路

“十二五”时期，我国广播影视服务业的发展目标是：广播影视产品和服务更加丰富多样，电影、电视剧和影视动画数量稳步增长，质量显著提高，传播手段更加完备，广播影视广告持续发展，新媒

体业态不断发展，广播影视服务能力和服务体系建设不断加强。广播影视产业规模快速扩大，与相关产业的融合程度明显提高。广播影视骨干企业数量和市场作用进一步提升，国际市场竞争力和市场占有率不断增强。广播影视产业作为我国文化产业和新型服务业的重要组成部分，成为加快中华文化走出去、提升文化软实力和转变经济发展方式的重要力量，为把文化产业建设成为国民经济支柱性产业作出突出贡献。“十二五”时期，我国广播影视服务业的发展方向是，实施广播影视精品工程，推动内容产业发展；加快传输覆盖网络建设，构建全功能、全业务的传输服务体系；完善市场体系，优化广播影视产业布局；培育广播影视骨干企业，打造广播影视知名品牌；全面提高广播影视国际传播能力，提升广播影视走出去水平。

附件：“十一五”广播影视服务业政策文件

国务院文件

1.《国务院办公厅转发〈财政部 中宣部关于进一步支持文化事业发展若干经济政策〉的通知》（国办发〔2006〕43 号，2006 年 6 月 9 日）

2.《国务院办公厅转发〈国家发展和改革委员会 科学技术部 财政部 信息产业部 国家税务总局 国家广播电影电视总局关于鼓励数字电视产业发展若干政策〉通知》（国办发〔2008〕1 号，2008 年 1 月 1 日）

3.《广播电台电视台播放录音制品支付报酬暂行办法》（国务院令第 566 号，2009 年 11 月 10 日）

4.《国务院办公厅关于促进电影产业繁荣发展的指导意见》（国办发〔2010〕9 号，2010 年 1 月 21 日）

国家广播电影电视总局及相关部门文件

1.《电影剧本（梗概）备案、电影片管理规定》（国家广播电影电视总局令第 52 号，2006 年 5 月 22 日）

2.《互联网视听节目服务管理规定》（国家广播电影电视总局 信息产业部令第 56 号，2007 年 12 月 20 日）

3.《国家广播电影电视总局关于印发〈电视剧拍摄制作备案公示管理暂行办法〉的通知》（广发剧字〔2006〕15 号，2006 年 4 月 6 日）

4.《国家广播电影电视总局关于印发〈国产电视动画片制作备案公示管理制度暂行规定〉的通知》（广发宣字〔2006〕23 号，2006 年 7 月 7 日）

5.《国家广播电影电视总局关于有线电视分配网建设和经营管理有关问题的通知》（广发〔2006〕41 号，2006 年 10 月 10 日）

6.《国家广播电影电视总局关于印发〈“十一五”时期广播影视科技发展规划〉的通知》（广发〔2006〕5 号，2006 年 12 月 21 日）

7.《国家广播电影电视总局关于加强移动数字电视管理的通知》（广发〔2007〕66 号，2007 年 7 月 25 日）

8.《国家广播电影电视总局关于印发〈组建数字电影（中档技术）院线公司的实施办法（试行)〉的通知》（广发〔2007〕87 号，2007 年 8 月 20 日）

9.《财政部 中共中央宣传部 文化部 国家广播电影电视总局 新闻出版总署关于在文化体制改革中加强国有文化资产管理的通知》（财教〔2007〕213 号，2007 年 9 月 29 日）

10.《国家广播电影电视总局关于加强车载、楼宇等公共视听载体管理的通知》（广发〔2007〕118 号，2007 年 12 月 6 日）

11.《国家广播电影电视总局关于加强互联网传播影视剧管理的通知》（广发〔2007〕122 号，2007 年 12 月 28 日）

12.《国家广播电影电视总局关于加强互联网视听节目内容管理的通知》（广发〔2009〕22号，2009年3月30日）

13.《国家广播电影电视总局关于印发〈广播电视播出机构违规处理办法（试行）〉的通知》（广发〔2009〕30号，2009年4月10日）

14.《商务部 文化部 国家广播电影电视总局 新闻出版总署 进出口银行关于金融支持文化出口的指导意见》（商服贸发〔2009〕191号，2009年4月27日）

15.《国家广播电影电视总局关于印发〈关于加快广播电视有线网络发展的若干意见〉的通知》（广发〔2009〕57号，2009年7月29日）

16.《国家广播电影电视总局关于促进高清电视发展的通知》（广发〔2009〕58号，2009年8月6日）

17.《国家广播电影电视总局印发〈关于电视购物频道建设和管理的意见〉的通知》（广发〔2009〕92号，2009年12月10日）

18.《国家广播电影电视总局关于开办网络广播电视台有关问题的通知》（广发〔2010〕43号，2010年10月20日）

19.《国家广播电影电视总局关于三网融合试点地区IPTV集成播控平台建设有关问题的通知》（广局〔2010〕344号，2010年7月12日）

20.《国家广播电影电视总局关于重申未取得〈广播电视节目制作经营许可证〉机构不得参加广播影视节（展）的通知》（广发〔2010〕60号，2010年7月20日）

21.《国家广播电影电视总局关于进一步促进和规范高清电视发展的通知》（广发〔2012〕41号，2010年9月2日）

22.《国家广播电影电视总局关于印发〈广播影视“十二五”人才发展规划〉的通知》（广发〔2010〕87号，2010年10月22日）

23.《国家广播电影电视总局关于印发加快纪录片产业发展的若干意见》（广发〔2010〕88号，2010年10月）

（原国家广播电影电视总局供稿）

第四章　新闻出版服务业发展报告

一、“十一五”发展情况

（一）新闻出版体制改革情况

“十一五”时期，党中央和国务院作出了一系列关于新闻出版体制改革和产业发展的决策和重大部署，指引和推动新闻出版体制改革在重点领域和关键环节取得了突破性进展。

1. 经营性新闻出版单位体制改革工作取得显著成效

“十一五”时期，经营性图书、音像出版单位基本完成转制，其中中央各部门各单位148家应转制出版社中，除1家停办退出外，有137家出版社全面完成了转制任务，其余10家出版社也都进入扫尾工作，共计核销事业编制1.8万多个。1251家非时政类报刊出版单位转制或登记为企业法人，10多万家印刷复制单位、1万多家国有新华书店完成转制，100多家新闻出版企业集团成功组建。

2. 新闻出版企业联合重组，上市融资取得重大进展

在完成转制的基础上，新闻出版企业积极开展跨地区、跨部门、跨行业的联合重组，取得阶段性进展。中国出版集团公司成功重组全国人大办公厅所属的中国民主法制出版社和中央统战部所属的华文出版社；中国文联所属的中国文联出版社和大众文艺出版社完成了与中国航空工业集团公司资产重组工作；安徽出版集团、北方联合出版传媒集团、天津出版传媒集团等企业跨区域发展稳步推进；中国教育出版传媒集团公司成功组建。新闻出版企业上市融资掀起新高潮，2010年中南出版传媒、皖新传媒、湖南天舟文化、当当网等多家新闻出版企业成功实现上市。目前，新闻出版企业上市公司达49家，2010年年底总市值达到5700亿元。

3. 新闻出版公共服务能力得到进一步提升

新闻出版业坚持深化人民出版社、党报党刊等事业性新闻出版单位内部体制机制、人事制度、劳动制度、分配制度改革，健全考核、激励和约束机制，增强了内部活力和服务能力，新闻出版事业蓬勃发展，新闻出版公共服务体系不断完善。以农家书屋工程、全民阅读工程、重点出版工程、少数民族新闻出版工程、文化环保工程等重大惠民工程为支撑，覆盖城乡的新闻出版公共服务体系建设向纵深发展。其中农家书屋建设累计投入资金100多亿元，建成各类农家书屋50多万家，惠及几亿农民群众。此外，文化环保工程扎实推进，整治报刊、音像制品、互联网低俗之风和手机淫秽色情信息专项行动取得突破性进展。

4. 新闻出版对内对外开放进一步扩大

积极破除对内对外开放的体制性障碍，新闻出版对内对外开放进一步扩大。引导非公有资本和外资全面进入印刷、复制、发行和新媒体硬件制作等领域，鼓励民营文化工作室有序参与出版策划服务，以公有制为主体、多种所有制共同发展的产业格局基本形成。新闻出版业"走出去"的方式和渠道极大拓展，图书和期刊等出版物发行已进入世界193个国家和地区的公共图书馆，报刊发行覆盖80多个国家和地区。版权贸易逆差逐年缩小，版权贸易引进品种与输出品种比例从2005年的7.2∶1降到了2010年的2.9∶1。新闻媒体记者遍布全球各地，新闻出版传播的时效性和影响力大大提升。以民族文化为主导、吸收外来有益文化的开放格局基本确立。

5. 坚持深化新闻出版行政体制改革，政府职能得到切实转变

改革的深化推动了新闻出版行政职能的转变。新闻出版系统已经基本实现了政事分开、政企分开、政资分开和管办分离。"十一五"期间，出台、修订了26种法规规章，废止了100多项不再适用的规章和文件，精简、下放了60多项审批权。新闻出版行政管理机构更加健全，行政管理体制率先完成"四分开"，行政审批集中办理机制在中央国家机关首开先河，基本形成调控有力、依法行政、运转高效的行政管理体系。

（二）新闻出版业发展情况

改革找到了出路，改革激发了活力，改革解放了生产力，新闻出版业呈现出大发展、大变化、大跨越态势。

1. 大发展，新闻出版业实力空前增长

"十一五"时期，新闻出版业累计生产图书135.8万种、338亿册，是"十五"时期的2倍；报纸年发行量接近500亿份；精品力作不断涌现，古籍整理、精品翻译取得丰硕成果，文化创新和传播能力持续提升。一大批出版、印刷、物流和数字出版基地纷纷建立，孵化能力不断增强，各具特色的区域产业集群基本形成。2010年，新闻出版全行业实现总产出12698.1亿元，较2009年增长19.0%；实现增加值3503.4亿元，增长13.0%，文化产业主力军的地位得到巩固。

2. 大变化，新闻出版传播力、影响力空前提升

“十一五”时期，新闻出版业内容创新能力、舆论引导能力大大增强，传播手段不断创新，图书、报纸和期刊等传统出版介质借助现代科技升级换代，产业结构加快调整，战略性新兴业态迅猛发展，新闻出版传播能力发生了显著变化。

3. 大跨越，新闻出版业竞争力空前增强

与“十五”末相比，我国新闻出版业“十一五”末总资产、总产出、总销售均翻一番，印刷业翻了两番；国际加工贸易由100亿元增长到500多亿元。日报总发行量居世界第一位，在世界日报发行量百强中占25席；图书出版品种和总印数居世界第一位，在五年累计发行2000万册以上的10种图书中占3种；电子出版物总量居世界第二位，印刷业年产值居世界第三位。我国新闻出版的原创率、首发率、落地率稳步提升，新闻出版大国地位更加巩固。

二、“十二五”发展思路

“十二五”，是我国建设新闻出版强国承上启下的关键五年。新闻出版业“十二五”时期改革发展的主要任务包括：传播社会主义先进文化、弘扬社会主义核心价值体系；加强传播能力建设，进一步提高舆论引导能力；加强公共服务体系建设，保障人民群众的基本文化权益；做大做强新闻出版产业，努力实现新闻出版业跨越式发展；统筹国际国内两个大局，推动新闻出版业“走出去”；加强市场体系建设，创造良好的市场秩序；深化行政体制改革，创新管理机制。到“十二五”末，新闻出版业发展方式转变基本到位，新兴业态蓬勃发展，数字出版等战略性新兴产业领域的发展达到世界先进水平。新闻出版产品和服务更加丰富，公共服务能力和水平进一步提高。基本扭转新闻出版产品和服务的出口逆差状况，大幅度提升中华文化的国际传播力和影响力。基本形成以公有制为主体、多种所有制共同发展的产业格局，以民族文化为主导、吸收外来有益文化共同繁荣的开放格局。基本建立起统一开放、竞争有序、健康繁荣的现代出版物市场体系，以人为本、面向基层、惠及大众的新闻出版公共服务体系，技术先进、传输快捷、覆盖广泛的现代传播体系。

（原国家新闻出版总署供稿）

第五章　教育服务业发展报告

“十一五”期间，我国教育改革发展取得了显著成就，教育普及水平明显提高，教育公平迈出重大步伐，教育质量不断提高，教育体系进一步完善，教育投入大幅增长，教育国际合作交流全面推进，有力支撑了国家战略目标的实现，为“十二五”教育改革发展奠定了坚实基础。

一、“十一五”发展情况

（一）各级教育普及水平显著提高

1. 学前教育取得突破性进展

2010年，我国学前教育规模达到2976.7万人，学前三年毛入园率达到56.6%，比2005年增加15.2个百分点。

2. 九年义务教育全面普及

2005 年以来，全国小学净入学率一直保持在 99% 以上，小学毕业生升学率一直保持在 98% 以上。2010 年，全国初中毛入学率为 100.1%，比 2005 年增加 5.1 个百分点；初中三年巩固率为 93.8%，比 2005 年增加 1 个百分点；初中毕业生升学率为 87.5%，比 2005 年增加 17.8 个百分点。

3. 高中阶段教育普及水平快速提高

2010 年，高中阶段教育在校生规模为 4671 万人，比 2005 年增长 13.7%；高中阶段教育毛入学率为 82.5%，比 2005 年增加 29.8 个百分点。其中，中等职业教育发展取得重大突破。2010 年在校生规模为 2232 万人，占高中阶段教育在校生总数的 47.8%；中等职业教育与普通高中规模大体相当的目标得以实现，比 2005 年增长 632 万人，占高中阶段教育规模增量的 98.8%。

4. 高等教育大众化水平进一步提高

2010 年，各种形式的高等教育在学总规模达到 3105 万人，比 2005 年增长 25.9%。其中，普通本专科在校生规模为 2232 万人，比 2005 年增长 30.0%；研究生在学人数为 154 万人，比 2005 年增长 36.4%；成人本专科在校生为 536 万人，比 2005 年增长 18.7%。全国高等教育毛入学率达到 26.5%，比 2005 年增加 5.5 个百分点。

5. 教育事业发展推动我国人力资源开发水平迈上新台阶

2010 年，15 岁以上人口平均受教育年限达到 9 年左右，比 2005 年提高了 0.5 年；新增劳动力平均受教育年限达到 12.7 年，比 2005 年提高了 1.8 年，有知识有文化的年轻一代已成为新增劳动力的主体（见表 5－1）。

（二）教育公平发展取得了明显进步

1. 义务教育发展的城乡差距和地区差距不断缩小，教育均衡发展取得新进步

教师学历城乡差距逐步缩小，小学大专及以上学历教师比例城乡差距从 2005 年的 25.8 个百分点缩小到 2010 年的 17.0 个百分点，初中本科以上学历的教师比例城乡差距从 33.5 个百分点缩小到 23.3 个百分点。教育经费城乡差距逐步缩小，小学和初中生均预算内事业费城乡差距从 2005 年的 1.4 倍缩小到 2009 年的 1.2 倍，生均预算内公用经费城乡差距小学从 1.7 倍缩小到 1.3 倍，初中从 1.6 倍缩小到 1.1 倍（见表 5－2、表 5－3）。

表 5－1 “十一五”时期教育事业主要发展指标

指　标	2005 年	2010 年	比 2005 年提高
学前教育阶段：			
学前三年毛入园率（%）	41.4	56.6	15.2
义务教育阶段：			
小学毕业生升学率（%）	98.4	98.7	0.3
初中毛入学率（%）	95.0	100.1	5.1
初中三年巩固率（%）	92.8	93.8	1
初中毕业生升学率（%）	69.7	87.5	17.8
高中阶段：			
毛入学率（%）	52.7	82.5	29.8
在校生（万人）	4031	4671	640
其中：普通高中	2409	2427	18
中等职业教育	1600	2232	632
高等教育：			

（续）

指　标	2005年	2010年	比2005年提高
毛入学率（%）	21	26.5	5.5
在学总规模（万人）	2300	3105	805
其中：普通本专科	1562	2232	670
研究生	98	154	56
成人本专科	436	536	100
15岁以上人口平均受教育年限（年）	8.5	9.0	0.5
新增劳动力平均受教育年限（年）	10.9	12.7	1.8

表5-2　2005和2010年义务教育教师学历比例的城乡差距变化

指　标	2005年			2010年		
	城市	农村	城乡差距	城市	农村	城乡差距
小学大专及以上学历教师比例（%）	78.0	52.2	25.8	92.44	75.41	17.0
初中本科及以上学历教师比例（%）	62.4	28.9	33.5	82.67	59.38	23.3

表5-3　2005和2009年义务教育生均预算内经费的城乡差距变化

学校类别	生均预算内事业费（元/人）		生均预算内公用经费（元/人）	
	2005年	2009年	2005年	2009年
城镇初中	1835	4832	307	1239
农村初中	1315	4066	193	1121
城镇/农村	1.4	1.2	1.6	1.1
城镇小学	1679	3813	236	878
农村小学	1205	3178	142	691
城镇/农村	1.4	1.2	1.7	1.3

教师学历地区差距也在逐步缩小，小学大专及以上学历教师的比例东部和西部的差距从2005年的9.5个百分点缩小到2010年的4.2个百分点，初中本科及以上学历教师比例东西部差距从12.7个百分点缩小到9个百分点。教育经费地区差距也在逐步缩小，初中生均预算内事业费东西部差距从2005年的1.8倍缩小到2009年的1.4倍，小学从1.7倍缩小到1.5倍；生均预算内公用经费的地区差距缩小幅度更加明显，初中的东西部差距从2005年的1.7倍缩小到2009年西部和东部基本持平，小学也从1.8倍缩小到1.2倍（见表5-4、表5-5）。

表5-4　2005和2010年义务教育教师学历比例地区差距变化

指　标		2005年			2010年		
		合计	城市	农村	合计	城市	农村
初中本科及以上学历教师比例（%）	东部	42.2	66.9	34.5	71.5	86.6	66.0
	中部	32.1	58.0	26.8	57.1	77.5	52.8
	西部	29.6	58.8	24.7	62.5	80.4	59.4
	东西差距	12.7	8.0	9.8	9.0	6.2	6.6

（续）

指标		2005年			2010年		
		合计	城市	农村	合计	城市	农村
小学大专及以上学历教师比例（%）	东部	62.5	79.7	57.8	81.7	93.3	78.0
	中部	52.6	76.3	48.7	75.3	91.6	72.7
	西部	53	76.6	50.0	77.5	91.4	75.6
	东西差距	9.5	3.1	7.8	4.2	1.9	2.4

表5-5　2005和2009年义务教育生均预算内经费的城乡差距变化

学校类别	生均预算内事业费（元/人）		生均预算内公用经费（元/人）	
	2005年	2009年	2005年	2009年
初中				
全国	1498	4332	233	1162
东部	2226	5509	354	1210
中部	1196	3760	166	1114
西部	1208	3922	210	1175
东西差距	1.8	1.4	1.7	1.0
小学				
全国	1327	3358	167	744
东部	1840	4449	247	843
中部	1131	2789	127	699
西部	1097	3113	140	712
东西差距	1.7	1.4	1.8	1.2

2. 不同人群的受教育机会得到保障，教育公平的基本政策得到落实和发展

基本消除了义务教育阶段性别差异。为促进男女受教育机会平等，国家在消除女童辍学和失学现象、切实保障适龄女童接受义务教育权利方面开展了卓有成效的工作，从2006年开始女童的义务教育入学率已超过男童。

确保进城务工人员随迁子女平等接受义务教育。2010年，全国义务教育阶段进城务工人员随迁子女1167.2万人，比2007年增长52.4%；占全国义务教育在校生人数比例为7.7%，比2007年提高3个百分点。其中，在小学就读的有864.3万人，比2007年增长46.0%；在初中就读的有302.9万人，比2007年增长74.4%。2010年，在输入地公办学校就读的进城务工人员随迁子女达到924.4万人，比2007年增长54.9%。在公办学校就读的进城务工人员随迁子女比例也逐年提高，2010年达到80.2%（见表5-6）。实现了“以输入地政府管理为主、以全日制公办中小学为主”的政策目标。

表5-6　2007—2010年义务教育阶段进城务工人员随迁子女增长情况

地区	2010年（万人）		2010比2007增长（%）	
	小学	初中	小学	初中
全国	864.30	302.88	46.00	74.39

（续）

地　区	2010 年（万人）		2010 比 2007 增长（%）	
	小学	初中	小学	初中
东部	519.16	158.91	48.36	86.41
中部	136.77	65.15	63.52	87.57
西部	208.37	78.81	31.54	46.79

保障各族学生享有同等的受教育机会。少数民族学生规模不断扩大，2010 年，我国少数民族在园幼儿达到 212.7 万人，比 2005 年增长 58.5%；普通高中少数民族在校生为 183.3 万人，比 2005 年增长 14.9%；高等教育少数民族在校生为 191.6 万人，比 2005 年增长 48.8%。义务教育阶段受学龄人口减少的影响，少数民族在校生也随之减少，2010 年，小学少数民族在校生为 1048.2 万人，比 2005 年下降了 2.8%；初中阶段少数民族在校生为 498.2 万人，比 2005 年下降 6.7%（见表 5－7）。

表 5－7　2005—2010 年各级教育少数民族在校生情况　（单位：万人）

各级教育	2005 年	2006 年	2007 年	2008 年	2009 年	2010 年
学前教育	134.2	141.1	158.0	169.7	189.4	212.7
小学	1078.1	1081.3	1074.2	1070.8	1059.1	1048.2
初中	533.8	523.4	513.4	505.5	502.8	498.2
普通高中	159.5	169.5	175.1	176.9	178.7	183.3
中职	61.7	73.2	85.7	96.1	107.2	120.0
高等教育	128.8	146.0	152.0	164.7	179.3	191.6

注：高等教育在校生包含研究生、普通本专科生和成人本专科生。

3. 加大高等教育招生统筹力度，高等教育入学机会区域差距逐步缩小

实施“支援中西部地区招生协作计划”。从 2008 年起由北京、天津、辽宁等东部教育相对发达省份安排招生计划，专门面向山西、内蒙古、安徽、河南、广西、云南、甘肃、贵州 8 个中西部省份招生，2008－2010 年分别安排 3.5 万人、7 万人和 12 万人。协调中央部门和东部省份所属高校进一步增加面向外地生源特别是中西部地区生源的招生计划。2010 年，全国各地区普通本专科招收外地生源 151.7 万人，比 2006 年增长 26.8%；外地生源比例为 22.3%，北京、天津、上海、重庆 4 个直辖市招收外地生源比例超过 40%。中西部地区高等教育入学机会快速增加，录取率不断提高，2010 年录取率最低的省份也已超过 55%，有力促进了高等教育机会公平。

4. 以政府为主的家庭经济困难学生资助政策体系基本建立，保障学生不再因贫失学

2007 年国务院印发《关于建立健全普通本科高校、高等职业学校和中等职业学校家庭经济困难学生资助政策体系的意见》，逐步建立健全家庭经济困难学生资助政策体系，学生因贫失学、辍学的问题从制度上基本得到解决。在高等教育阶段，建立了以国家奖助学金和国家助学贷款为主，校内奖助学金、校内无息借款、勤工助学、特殊困难补助、减免学费为辅，以及确保家庭经济困难学生顺利入学的“绿色通道”等相结合的资助政策体系。包括：用于奖励优秀学生的国家奖学金，每年约 5 万人，每生每年 8000 元；用于奖励资助品学兼优的家庭经济困难学生的国家励志奖学金，每年约 60 万人，约占在校生总数的 3%，每生每年 5000 元；用于资助家庭经济困难学生的国家助学金，每年约 400 万人，约占在校生总数的 20%，每生每年 3000 元；面向高校家庭经济困难学生的国家助学贷款，每生每年不超过 6000 元，学生在校期间贷款利息由财政补贴。“十一五”期间，中央和地方财政投入高校国家奖助学金经费 492.7 亿元，资助学生 1070.3 万人次；全国普通高校贷款学生人数 445.24 万人，贷款金额436.43亿元，中央和地方国家助学贷款贴息和风险补偿金72亿元。

在中等职业教育阶段，建立了以国家助学金和免学费为主的家庭经济困难学生资助体系。从2006年开始设立中等职业学校国家助学金，用于资助中等职业学校家庭经济困难学生，资助标准每生每年1000元。2007年秋季学期起，中等职业学校国家助学金资助对象扩大为具有中等职业学校全日制正式学籍的在校一、二年级所有农村户籍的学生和县镇非农户口的学生及城市家庭经济困难学生，资助标准每生每年1500元，其中国家资助两年，第三年实行工学结合、顶岗实习。目前，每年中央财政安排100亿元，地方财政安排80亿元，资助约1200万中等职业学校学生享受国家助学金。

在普通高中建立了以国家助学金为主的资助体系。2007年中央财政安排彩票公益金3亿元，资助30万名中西部地区县镇和农村普通高中家庭经济特困学生，资助标准每生每年1000元。2008年中央财政加大投入，每年安排彩票公益金6亿元，资助60万人。2010年中央和地方共同出资设立普通高中国家助学金，用于资助普通高中在校生中的家庭经济困难学生。国家助学金资助面约占全国普通高中在校生总数的20%，东、中、西部地区分别为10%、20%、30%；平均资助标准为每生每年1500元。2010年秋季学期，共下达普通高中国家助学金资助名额479.7万人，中央财政下达普通高中国家助学金预算22.45亿元。

（三）教育质量保障水平不断提高

1. 中小学德育工作和高校思想政治工作不断取得新成绩

"十一五"期间，各级学校和教育行政部门坚持育人为本、德育为先，把立德树人作为学校教育的根本任务，把社会主义核心价值体系融入国民教育全过程，整体规划了大中小学德育体系，进一步加强和改进了学校德育工作，组织开展了素质教育系统调研，进行了素质教育大讨论，提出了进一步推进素质教育的思路和措施，素质教育进入国家推进、重点突破、全面展开的新阶段。

各级各类学校贯彻党的教育方针，中小学德育工作和高校思想政治工作取得显著成效。广大青少年学生充分信赖党中央，高度认同邓小平理论、"三个代表"重要思想和科学发展观，走中国特色社会主义道路的理想信念进一步巩固，世界观、人生观、价值观和社会主义荣辱观进一步确立，民族精神和时代精神进一步弘扬，基本道德规范进一步落实，表现出思维活跃、视野开阔、兴趣广泛、求真务实等思想特点，具备了鲜明的主体意识、竞争意识、效率意识和公平意识等现代思想品质，参加社会实践、争当志愿者、服务西部、投身公益事业的热情高涨，勤奋学习、努力成才的行为更加自觉，成为充满希望、朝气蓬勃、富于创新的一代。

大学生思想政治工作在改进中加强，在创新中发展，育人为本、德育为先的思想观念进一步确立，思想政治工作全面推进，重点工作取得突破性进展，队伍建设迈出新步伐，特别是高校思想政治理论课教学状况得到改善，马克思主义最新成果进教材、进课堂、进头脑得到落实。调查表明，新课程开设以来，有85%以上的学生对新编教材表示满意，95%左右的学生对教师课堂教学表示满意。此外，还加强了高校网络文化主阵地建设，加强了对高校校园网站的统一管理，进一步提高了网络教育的引导力、影响力和凝聚力。同时，积极推进形势政策教育，广泛开展社会实践活动，进一步加强校园文化建设，加强辅导员队伍建设。

2. 新一轮基础教育课程改革取得突破性进展

全国所有小学初中起始年级实施了新课程。教育部颁布了《基础教育课程改革纲要（试行）》，先后印发了《义务教育课程设置实验方案》《普通高中课程方案（实验）》和各学科课程标准。新课程方案减少了课程门类和总课时数，义务教育总课时为9522课时，比原来减少381课时。普通高中共有2088个必修课时，比原来减少347课时。严格控制各学科课程标准的容量和难度，客观上有利于减轻学生负担。基础教育课程改革取得新进展，67%的高中学校进行了普通高中新课程实验。

3. 学校体育、卫生工作取得明显成效，艺术教育和国防教育得到显著加强

广泛开展"全国亿万青少年学生阳光体育运动"，落实学生每天锻炼一小时。对学校卫生工作的

管理进一步规范，学校突发公共卫生事件防控工作得到加强。高雅艺术进校园活动受师生欢迎，90%的高等学校、80%的高中学校开展了学生军训，学生军训进入了普及阶段。重视学校美育和劳动观念教育，改善农村学校卫生设施条件，加强健康教育及心理健康教育。

4. 不断推进招生考试制度改革，有利于素质教育的升学考试制度正在形成

逐步推广初中毕业生学业考试与综合素质评价相结合，将优质高中大部分招生指标均衡分配到初中学校等高中招生方法，为实施素质教育和促进义务教育均衡发展创造了条件。

高校自主选拔录取、单独招生考试、自主命题、新课程高考综合改革等稳步推进，不断深化考试内容改革。①启动高中新课程实验省高考综合改革。2008 年教育部印发《关于普通高中新课程省份深化高校招生考试改革的指导意见》，决定深化高考改革，要求建立普通高中学生综合评价制度，并逐步纳入高校招生选拔评价体系。2009 年天津等 5 个高中新课程实验省市试行高考新方案，北京等 5 省市确定并发布 2010 年高考改革方案，充分体现分类考试、综合评价、适当减负的思路，积极探索高考、高中学业水平考试和综合素质评价有机结合的办法。到 2010 年全国已有 16 个高中新课程省实施高考改革。②实施高水平大学自主选拔录取改革试点。2007 年开始试点，试点高校原则上为“211 工程”高校，在高考前后组织测试确定入选资格考生，再结合其高考成绩进行录取，选拔综合素质高、有创新精神和潜质的人才。经过几年的探索，自主选拔录取规模逐年扩大，2010 年公示自主选录资格生 3.9 万名，实际录取 1.6 万名，占相关高校计划总数的 4.3%。③实施高职院校单独招生考试改革试点。2007 年开始在北京、上海、天津和重庆试点，在高考前举行单独考试招收新生，由学校组织职业技能测试考核，有针对性地选拔具有职业技术潜能的学生，逐步形成以职业能力为导向的高职招生考试制度体系。2010 年高职单独招生试点工作已扩展到 27 个省（市、区），涉及 73 所高等职业院校 783 个专业点，年计划招生 25505 人。

改进了研究生招生考试，加大了拔尖创新人才选拔力度，提高了研究生新生选拔质量。

5. 高水平大学建设取得明显成效

“十一五”期间，“211 工程”三期建设开始进行，“211 工程”三期建设的主要任务是重点学科建设、创新人才培养和队伍建设、高等教育公共服务体系建设。“211 工程”实施十多年以来，“211 工程”学校人才培养质量不断提高，学科建设取得明显成效，创新能力得到提升，一些学科接近国际先进水平，产生了一大批有影响的成果，我国高等教育的整体实力明显增强。

“985 工程”三期工程也已启动。“985 工程”自实施以来，中央共投入 300 多亿元资金，其中二期的科技创新平台和哲学社会科学创新基地的项目达到 372 个，其中平台项目 258 个，基地项目 114 个。通过实施该工程，调整和优化了高等学校的学科结构和方向，将一大批优秀人才充实到教师队伍，提高了高层次创新性人才的培养质量，取得了一批接近或达到世界先进水平的研究成果，增强了所建高校的整体实力，带动了高等教育整体水平的提高。

通过实施“211 工程”和“985 工程”，一批具有中国特色的高水平大学和一批具有国际先进水平的重点学科初步形成，高校科技创新和社会服务的总体能力不断增强。

（四）人才培养结构进一步优化

1. 高中阶段普通教育和职业教育结构不断优化

为增强中等职业教育的吸引力，国家加大投入，不断加强中等职业学校基础能力建设，逐步实行中职教育免费制度，中职教育实现快速发展。在普通高中招生规模连续下降的情况下，中等职业教育招生规模迅速扩大。2010 年，中等职业教育招生 868.1 万人，比 2005 年增长 32.4%；中职招生所占比例明显提高，普职比为 49.1∶50.9，中等职业教育所占比例比 2005 年提高 8.1 个百分点（见表 5-8），基本实现了普通高中与中等职业教育招生规模大体相当。

表5－8 2005—2010年高中阶段教育招生普职比例变化表

年 份	2005	2006	2007	2008	2009	2010
普职比	57.2:42.8	53.8:46.2	50.9:49.1	50.8:49.3	48.9:51.1	49.1:50.9

2. 高等教育层次和学科专业结构不断优化

普通本专科招生比例开始出现反转，层次结构不断上移。2010年，全国普通本科招生351.3万人，比2005年增加114.9万人，增长48.6%；专科招生310.5万人，比2005年增加42.4万人，增长15.8%，本科招生增幅明显快于专科，本专科招生比例从2005年的46.9:53.1变为53.1:46.9。研究生招生规模稳步提高，专业学位研究生招生比例大幅增长。2010年，研究生招生53.8万人，比2005年增加17.3万人，增长47.3%。其中，专业硕士学位研究生招生11.6万人，比2009年增加4.5万人，增长63.9%，占硕士研究生招生总数的比例达到25.1%，比2009年提高9.2个百分点（见表5－9）。

图5－9 2005—2010年全国普通本专科招生比例变化表

年 份	2005	2006	2007	2008	2009	2010
本专科比	46.9:53.1	46.3:53.7	49.8:50.2	48.9:51.1	51.0:49.0	53.1:46.9

高校专业结构调整与国家经济社会发展需求结合日益紧密。在普通本科招生中，需求量大的管理学、工学等专业发展较快。2010年管理学招生数比2005年增长57.39%，所占比例比2005年提高2个百分点；工学招生数比2005年增长42.08%，所占比例也有所提高。而法学、经济学等前几年热门的学科门类，受市场调节和政策调控等多方面因素的影响，增速明显放缓，所占比例有所下降。在普通专科招生中，资源开发与测绘、土建、交通运输等专业增长较快，均比2005年增长70%以上，所占比例也大幅提高。而文化教育、公安、法律等专业则逐步降温，招生数比2005年减少25%以上（见表5－10、表5－11），所占比例也随之下降。

表5－10 2005和2010年普通本科学科专业结构情况

专 业	招生数（人）			所占比例（%）	
	2005年	2010年	增长（%）	2005年	2010年
合计	2511177	3512563	39.88	100	100
哲学	1797	2516	40.01	0.07	0.07
经济学	152903	208121	36.11	6.09	5.93
法学	117700	133630	13.53	4.69	3.80
教育学	91261	124405	36.32	3.63	3.54
文学	469431	667431	42.18	18.69	19.00
历史学	14444	18057	25.01	0.58	0.51
理学	281104	344921	22.70	11.19	9.82
工学	780411	1108832	42.08	31.08	31.57
农学	48713	62322	27.94	1.94	1.77
医学	157728	219549	39.19	6.28	6.25
管理学	395685	622779	57.39	15.76	17.73

表 5－11　2005－2010 年普通专科招生专业情况

行　业	招生数（人）			所占比例（%）	
	2005 年	2010 年	增长（%）	2005 年	2010 年
合计	2680934	3104988	15.82	100	100
农林牧渔	53019	57862	9.13	1.98	1.86
交通运输	72001	129119	79.33	2.69	4.16
生化与药品	57627	77073	33.74	2.15	2.48
资源开发与测绘	19026	46564	144.74	0.71	1.5
材料与能源	35296	45902	30.05	1.32	1.48
土建	161577	307412	90.26	6.03	9.9
水利	9694	12488	28.82	0.36	0.4
制造	329928	415504	25.94	12.31	13.38
电子信息	398834	336845	－15.54	14.88	10.85
环保、气象与安全	17102	15731	－8.02	0.64	0.51
轻纺食品	40873	59039	44.44	1.52	1.9
财经	543170	663185	22.10	20.26	21.36
医药卫生	187551	266455	42.07	7	8.58
旅游	82244	109162	32.73	3.07	3.52
公共事业	32121	34257	6.65	1.2	1.1
文化教育	434106	319570	－26.38	16.19	10.29
艺术设计传媒	126990	158681	24.96	4.74	5.11
公安	23070	10075	－56.33	0.86	0.32
法律	56705	40064	－29.35	2.12	1.29

（五）教育体系进一步完善

1. 各级教育稳步发展，国民教育体系逐步完善

特殊教育有了新发展，残疾儿童享有更多受教育机会。2010 年，小学特殊教育在校生 30.1 万人，其中随班就读和附设特教班在校生 18.4 万人，所占比例为 61.3%（西部地区这一比例较高，超过 70%，甘肃、福建超过 80%）；初中阶段特殊教育在校生 11.5 万人，其中随班就读和附设特教班在校生 7.5 万人，所占比例为 65.4%（西部地区这一比例也较高，平均 83.6%，四川、甘肃和重庆均超过 85%）；高中阶段特殊教育（独立设置的特殊教育学校）在校生 1.0 万人，比上年增加 0.1 万人，增长了 11.1%。

学前教育规模不断扩大，普及水平逐年提高。2010 年，全国新入园幼儿为 1700.4 万人，比 2005 年增加 344.1 万人；全国在园幼儿为 2976.7 万人，比 2005 年增加 797.7 万人，年均增长率为 6.4%；全国学前三年毛入园率为 56.6%，比 2005 年提高 15.2 个百分点。

2. 学习型社会建设持续推进，终身教育体系不断完善

继续教育稳步健康发展。2010 年，高等教育培训注册学生 263.7 万人次，比 2005 年增加 108.7 万人次，增长 70.2%；中等教育培训注册学生 5291.9 万人次，比 2005 年增加 8.1 万人次，增长 0.2%；全国资格证书培训注册学生 493.6 万人次，比 2005 年增加 44.5 万人次；全国岗位证书培训注册学生

561.4 万人次，比 2005 年增加 45.0 万人次。多种形式培训全面推进，数以亿计的职工和农民接受了各种形式的岗位培训、职业培训和文化技术教育。

社区教育蓬勃发展。2001—2007 年，教育部先后确定四批共计 114 个国家级社区教育实验区，并评选出 34 个全国社区教育示范区。各地还建立了省级、市级社区教育实验区近 300 个，成为全国发展社区教育的先行骨干力量。老年教育得到迅速发展。全国已有老年大学、老年学校 3 万多所，在校学员达 400 万人左右。

（六）基础能力建设逐步得到坚强

各级教育基本办学条件不断改善。2010 年，全国小学、初中生均仪器设备值分别为 384 元和 603 元，分别比 2005 年增加 63 元和 200 元。全国普通高中生均校舍建筑面积达 16.4 平方米，比 2005 年增加 2.7 平方米。普通高中生均仪器设备值达到 1603.9 元，比 2005 年增长 21.5%。全国普通高校生均教学科研仪器设备值 8676 元，比 2005 年增长 23.8%。

各级教育信息化水平明显提高。建网学校比例继续提高，2010 年小学建网学校比例为 15.9%，初中为 46.4%，分别比 2005 年提高 8.0 和 19.7 个百分点；普通高中建网学校比例为 76.7%，比 2005 年提高 17.0 个百分点。每百名学生拥有计算机也不断增加。

教师队伍素质和能力不断提升。农村义务教育教师配置状况得到改善，小学和初中生师比都不断下降，如小学从 2005 年 19.5:1 下降为 17.4:1。教师学历明显提高，如全国农村初中教师中本科及以上学历教师比例提高 30.4 个百分点。高中阶段教师队伍素质不断提高，中职“双师型”教师明显增加。2010 年，普通高中专任教师学历合格率达到 94.8%，比 2005 年提高 11.4 个百分点。中职学校“双师型”教师比例为 21.4%，比 2005 年提高 9.0 个百分点。高等教育教师学历层次明显提高，师资结构进一步优化。2010 年，普通高校研究生学位教师比例为 57.1%，比 2005 年提高 16.8 个百分点；地方普通专科院校的“双师型”教师比例由 2005 年的 21.1% 提高至 33.3%。

（七）教育国际交流和合作加快发展

教育对外开放格局的建立，推动国际交流合作水平不断提高。①来华留学工作稳步发展。从 2006 年起中国政府奖学金名额增至每年 1 万人次，到 2010 年我国向 174 个国家提供 22285 个奖学金名额。2009 年在华学习人数超过 23 万人，比 2005 年的 14 万人增长了 64%。②出国留学规模大幅增加。以“国家建设高水平大学公派研究生项目”为重点，新增设“国际区域问题研究及外语高层次人才培养项目”和“艺术类人才培养特别项目”等，不断扩大国家公派出国留学规模。2009 年度国家公派出国留学人员和自费出国留学人员分别为 1.20 万人、21.01 万人，比 2006 年度的 5580 人、12.1 万人增长了 115%、74%。③汉语国际推广迅速发展。2006 年出台《关于加强汉语国际推广工作的若干意见》，大力推进汉语国际推广工作。截至 2010 年 11 月，共在 96 个国家（地区）建立了 322 所孔子学院和 369 个孔子课堂，累计注册学员 72 万多人。

（八）教育投入增长达到新的水平

2005—2009 年，我国教育经费总投入快速增长，增长率达到 95%，达到 16502.7 亿元。预算内教育经费增长更快，2009 年投入 11419.3 亿元，比 2005 年增长了 144.8%。预算内教育经费占总经费比例达到了 69.2%，比 2005 年提高了 13.8 个百分点。各级教育生均总经费和生均预算内教育经费都得到了增长。同时，在全国范围了实施了免费义务教育和中职家庭经济困难学生和涉农专业免费教育。

（九）为经济社会发展做出重要贡献

1. 培养了千万计的中高级毕业生，为转型社会提供了大批高级专门人才和高素质劳动者

2006—2010 年，我国普通高校合计培养各类毕业生（包括研究生和普通本专科毕业生）2600 多万人，提升了了劳动人口的知识层次。中等职业教育共向社会输送了 2300 多万名毕业生，极大地改变了劳动者队伍的素质结构。

教育提升了全体国民的综合素质，国民受教育年限不断提升。2009 年我国主要劳动年龄人口的平均受教育年限达到 9.5 年，其中受过高等教育的比例为 9.9%，新增劳动力人均受教育年限超过 12.7 年，高出世界平均水平 1 年。

2. 高校科技经费和科技人员规模稳步增长

"十一五"期间，我国高校科技经费支出从 2005 年的 387.5 亿元增加到 2008 年的 593.1 亿元，增长 53.1%，科学家与工程师人数从 2005 年的 39.5 万人增加到 49.2 万人，增长 24.6%。

3. 建设了一批高水平的研发基地和科技创新平台

高校共建设科技创新平台 252 个，依托高校建设的国家重点实验室 136 个，占总数的 61.8%，国家工程（技术）研究中心 102 个，这些都有效地推动了高校科技创新能力建设。

4. 基础研究、高新技术研发和成果转化获得丰硕成果

国家自然科学奖、技术发明奖、科技进步奖三大奖一半以上出在高校。2006 年以来连续三年每年取得的重大科技成果都在 7000 项以上，2008 年完成的重大科技成果达 7700 项，占全国总量的 21.4%。

二、存在的主要问题

（1）义务教育达标学校比例偏低，农村基本办学条件依然较差。①义务教育达标学校比例偏低，城乡差距较大。如农村音乐、美术器材设备达标学校比例都比城市低 9 个多百分点。义务教育大班额现象严重。全国小学 56 人及以上的大班有 38.2 万个，占全部班级的比例为 14.6%，全国普通初中大班额比例达 36.6%。县镇大班额现象较普遍，中部地区县镇尤为突出。②城乡义务教育办学条件差距较大。如 2010 年，城市小学生均仪器设备值是农村小学的 2.4 倍；城市小学建网学校比例高出农村小学 52.1 个百分点。城乡义务教育教师素质水平差距也很大，城市初中本科及以上学历教师比例比农村高 23.3 个百分点，农村中、高级职称教师比例也远低于城市。

（2）学前教育发展滞后，部分西部地区高中阶段教育普及程度不足。①学前教育资源不足，小学附设学前班比例很高。2010 年，全国小学附设学前班的学校数为 9.8 万所，其中农村为 9.6 万所。②部分地区高中阶段教育普及程度较低，2010 年，贵州、云南和西藏初中毕业生的升学率不足 70%，其中西藏仅为 46.3%。

（3）办学条件不足，不能满足提高教育质量的需要。①教育信息化工程发展缓慢。农村小学建网比例 2010 年仅为 12.6%，农村初中建网比例为 42.6%，农村高中学校建网比例也只达到 71.17%，而"十一五"规划纲要要求建成遍及城乡、覆盖所有学校的信息基础设施，距离此目标还有很大的距离。②中职生均办学条件跟不上规模发展，中、西部生均仪器设备值呈现下降趋势，全国有 14 个省生均仪器设备值在减少。2010 年，全国有 5 个中西部省份中等职业学校生均仪器设备值没有达到 1500 元。

（4）教师队伍水平还不适应提高质量的要求。初中教师初始学历合格率低。中等职业教育"双师型"教师比例偏低，2010 年仅为 21.4%，与"十一五"期间"双师型"教师比例达到 50% 的要求相差甚远。教师培训缺乏经费保障，调查中 59.3% 的校长反映目前没有稳定的教师培训经费来源。

（5）人才培养质量和专业设置还不能适应产业发展新需求。中等职业教育在办学过程中企业参与度低。人才培养质量不能满足产业行业的要求。高等学校部分专业设置比例过高，就业率偏低。超过 90% 的院校普遍设立了管理学和文学两大类学科专业。应届大学生毕业半年后，失业人数最多的 10 个本科专业中有 6 个专业是高校设点数量较多的专业。

（6）教育保障机制不健全，经费投入不足。教育经费投入不足，生均经费处于较低水平。2009 年，我国仍有 2/3 的省份未实现法定的"三个增长"，财政性教育经费占 GDP 的比例为 3.59%。部分地区城乡之间义务教育生均经费仍存在很大差距，尤其是农村义务教育财政投入明显不足。

（7）教育改革有待深化。教育管理体制尚不完善，办学体制改革有待深化，教育教学改革亟待推进。教育改革发展缺乏必要的制度保障，法制环境建设滞后、相关制度不配套。教育质量监控与保障体系不完善，外部舆论环境有待进一步改善。

三、“十二五”发展思路

“十二五”期间，要按照“优先发展、育人为本、改革创新、促进公平、提高质量”的工作方针，把育人为本作为根本要求，把促进公平和提高质量作为重点任务，以改革创新为动力，以优先发展为保障，以重大发展项目和改革试点为抓手，坚持尊重规律、科学发展和依法治教的原则，正确把握和处理好优先发展与服务全局、促进公平与注重效率、扩大规模与提高质量、整体推进与分类指导、立足国情与面向世界、改革发展与维护稳定等重要关系，力争在关键领域、薄弱环节和社会关注的热点难点问题上取得突破，推动教育事业在新的起点上实现科学发展，更好地服务于加快转变经济发展方式和人的全面发展。“十二五”时期教育改革发展的基本思路是：更新教育观念，坚持改革创新，抓好工作落实，提升基础能力，促进协调发展，服务国家战略。

附件：“十一五”教育服务业政策文件

国务院文件

1.《中共中央国务院关于加强青少年体育增强青少年体质的意见》（中发〔2007〕7号，2007年5月7日）

2.《国务院办公厅转发〈教育部 财政部 中央编办 人事部关于教育部直属师范大学师范生免费教育实施办法（试行）〉的通知》（国办发〔2007〕34号，2007年5月9日）

3.《国务院关于建立健全普通本科高校高等职业学校和中等职业学校家庭经济困难学生资助政策体系的意见》（国发〔2007〕13号，2007年5月13日）

4.《国务院批转教育部〈国家教育事业发展“十一五”规划纲要〉的通知》（国发〔2007〕14号，2007年5月18日）

5.《国务院关于做好免除城市义务教育阶段学生学杂费工作的通知》（国发〔2008〕25号，2008年8月12日）

6.《国务院办公厅关于加强普通高等学校毕业生就业工作的通知》（国办发〔2009〕3号，2009年1月19日）

7.《国务院关于当前发展学前教育的若干意见》（国发〔2010〕41号，2010年11月21日）

8.《中共中央、国务院关于印发〈国家中长期教育改革和发展规划纲要（2010—2020年）〉的通知》（中发〔2010〕12号，2010年7月8日）

教育部及有关部门文件

1.《教育部关于中等职业学校面向未升学高中毕业生开展职业教育与培训的意见》（教职成〔2006〕3号，2006年3月20日）

2.《教育部关于大力发展民办中等职业教育的意见》（教职成〔2006〕5号，2006年4月25日）

3.《教育部关于大力推进城镇教师支援农村教育工作的意见》（教人〔2006〕2号，2006年2月26日）

4.《教育部关于当前中外合作办学若干问题的意见》（教外综〔2006〕5号，2006年2月7日）

5.《教育部关于职业院校试行工学结合、半工半读的意见》（教职成〔2006〕4号，2006年3月30日）

6.《教育部 科技部关于进一步加强地方高等学校科技创新工作的若干意见》（教技〔2006〕3号，2006年3月23日）

7.《人事部 教育部 财政部 劳动保障部 国务院国有资产监督管理委员会 国防科学技术工业委员会

关于建立高校毕业生就业见习制度的通知》（国人部发〔2006〕17 号，2006 年 2 月 27 日）

8.《财政部 中华全国总工会 国家发展和改革委员会 教育部 科学技术部 国防科学技术工业委员会 人事部 劳动和社会保障部 国务院国有资产监督管理委员会 国家税务总局 中华全国工商业联合会关于印发〈关于企业职工教育经费提取与使用管理的意见〉的通知》（财建〔2006〕317 号，2006 年 6 月 19 日）

9.《教育部关于贯彻〈义务教育法〉进一步规范义务教育办学行为的若干意见》（教基〔2006〕19 号，2006 年 8 月 24 日）

10.《教育部 财政部 人事部 中央编办关于实施农村义务教育阶段学校教师特设岗位计划的通知》（教师〔2006〕2 号，2006 年 5 月 15 日）

11.《教育部关于建立中等职业学校教师到企业实践制度的意见》（教职成〔2006〕11 号，2006 年 9 月 28 日）

12.《教育部关于大力提高高等学校哲学社会科学研究质量的意见》（教社科〔2006〕5 号，2006 年 6 月 5 日）

13.《教育部 财政部关于实施中等职业学校教师素质提高计划的意见》（教职成〔2006〕13 号，2006 年 12 月 26 日）

14.《财政部 教育部关于印发〈高等学校毕业生国家助学贷款代偿资助暂行办法〉的通知》（财教〔2006〕133 号，2006 年 9 月 1 日）

15.《教育部关于全面提高高等职业教育教学质量的若干意见》（教高〔2006〕16 号，2006 年 11 月 16 日）

16.《教育部关于进一步深化本科教学改革全面提高教学质量的若干意见》（教高〔2007〕2 号，2007 年 2 月 17 日）

17.《教育部 国家体育总局 共青团中央关于开展全国亿万学生阳光体育运动的通知》（教体艺〔2006〕6 号，2006 年 12 月 20 日）

18.《教育部关于进一步加强引进海外优秀留学人才工作的若干意见》（教外留〔2007〕8 号，2007 年 3 月 2 日）

19.《人事部 教育部关于印发高等学校、义务教育学校、中等职业学校等教育事业单位岗位设置管理的三个指导意见的通知》（国人部发〔2007〕59 号，2007 年 5 月 7 日）

20.《国家发展和改革委员会 教育部关于印发〈中西部农村初中校舍改造工程总体方案〉的通知》（发改社会〔2007〕833 号，2007 年 4 月 18 日）

21.《教育部 国家体育总局关于实施〈国家学生体质健康标准〉的通知》（教体艺〔2007〕8 号，2007 年 4 月 4 日）

22.《教育部 财政部关于印发〈高等学校学生勤工助学管理办法〉的通知》（教财〔2007〕7 号，2007 年 6 月 26 日）

23.《财政部 教育部关于印发〈普通本科高校、高等职业学校国家奖学金管理暂行办法〉的通知》（财教〔2007〕90 号，2007 年 6 月 26 日）

24.《教育部关于进一步做好农村义务教育经费保障机制改革有关工作的通知》（教财〔2007〕10 号，2007 年 7 月 12 日）。

25.《教育部 财政部 关于印发〈国家示范性高等职业院校建设计划管理暂行办法〉的通知》（教高〔2007〕12 号，2007 年 7 月 4 日）。

26.《教育部关于加快研究型大学建设 增强高等学校自主创新能力的若干意见》（教技〔2007〕5 号，2007 年 7 月 10 日）

27.《教育部 国家发展和改革委员会关于印发〈“十一五”期间中西部地区特殊教育学校建设规划

(2008—2010 年)〉的通知》(教发〔2007〕20 号，2007 年 9 月 24 日)

28.《教育部 财政部关于印发〈中等职业学校学生实习管理办法〉的通知》(教职成〔2007〕4 号)，2007 年 6 月 26 日)

29.《教育部 中共中央宣传部 国家发展和改革委员会 国家民族事务委员会财政部 劳动和社会保障部 农业部 文化部 国家广电总局 国家统计局 共青团中央 全国妇联关于进一步加强扫盲工作的指导意见》(教基〔2007〕22 号，2007 年 12 月 18 日)。

30.《教育部关于普通高中新课程省份深化高校招生考试改革的指导意见》(教学〔2008〕4 号，2008 年 1 月 7 日)

31.《教育部关于深入推进和进一步完善中考改革的意见》(教基〔2008〕6 号，2008 年 4 月 3 日)

32.《教育部 财政部 中国保险监督管理委员会关于推行校方责任保险 完善校园伤害事故风险管理机制的通知》(教体艺〔2008〕2 号，2008 年 4 月 3 日)

33.《教育部关于进一步加强中小学艺术教育的意见》(教体艺〔2008〕8 号，2008 年 9 月 5 日)

34.《教育部关于做好义务教育学校教师绩效考核工作的指导意见》(教人〔2008〕15 号，2008 年 12 月 31 日)。

35.《教育部关于制定中等职业学校教学计划的原则意见》(教职成〔2009〕2 号，2009 年 1 月 6 日)。

36.《教育部关于加快高等职业教育改革促进高等职业院校毕业生就业的通知》(教高〔2009〕3 号，2009 年 2 月 5 日)

37.《科技部 教育部 财政部 人力资源和社会保障部 国家自然科学基金委员会关于鼓励科研项目单位吸纳和稳定高校毕业生就业的若干意见》(国科发财〔2009〕97 号，2009 年 2 月 27 日)

38.《教育部 商务部关于加强服务外包人才培养促进高校毕业生就业工作的若干意见》(教高〔2009〕5 号，2009 年 3 月 18 日)

39.《教育部 卫生部关于加强医学教育工作提高医学教育质量的若干意见》(教高〔2009〕4 号，2009 年 2 月 20 日)

40.《教育部关于做好全日制硕士专业学位研究生培养工作的若干意见》(教研〔2009〕1 号，2009 年 3 月 19 日)

41.《教育部关于当前加强中小学管理规范办学行为的指导意见》(教基一〔2009〕7 号，2009 年 4 月 22 日)

42.《教育部办公厅关于进一步做好研究生培养机制改革试点工作的通知》(教研厅〔2009〕1 号，2009 年 9 月 4 日)

43.《教育部 财政部 中国保险监督管理委员会关于在中等职业学校推行学生实习责任保险的通知》(教职成〔2009〕13 号，2009 年 11 月 20 日)

44.《教育部关于印发〈中小学实验室规程〉的通知》(教基二〔2009〕11 号，2009 年 11 月 25 日)

45.《教育部关于进一步推进对口支援西部地区高等学校工作的意见》(教高〔2010〕1 号，2010 年 1 月 22 日)

46.《教育部 中华全国妇女联合会关于做好农村妇女职业教育和技能培训工作的意见》(教职成〔2010〕2 号，2010 年 1 月 20 日)

47.《教育部关于贯彻落实科学发展观进一步推进义务教育均衡发展的意见》(教基一〔2010〕1 号，2010 年 1 月 4 日)

48.《中华全国妇女联合会 教育部 中央文明办 民政部 卫生部 国家人口计划生育委员会 中国关心

下一代工作委员会关于印发〈全国家庭教育指导大纲〉的通知》（妇字〔2010〕6号，2010年2月8日）

49.《教育部关于印发〈中等职业学校专业目录（2010年修订）〉的通知》（教职成〔2010〕4号，2010年3月8日）

50.《教育部关于大力推进高等学校创新创业教育和大学生自主创业工作的意见》（教办〔2010〕3号，2010年5月4日）。

51.《教育部 财政部关于实施"中小学教师国家级培训计划"的通知》（教师〔2010〕4号，2010年6月11日）

52.《教育部关于设立博士研究生学术新人奖并开展试点工作的通知》（教研函〔2010〕2号，2010年4月18日）。

53.《教育部 人力资源和社会保障部 中央编办 财政部关于印发〈教育部直属师范大学免费师范毕业生就业实施办法〉的通知》（教师〔2010〕2号，2010年5月8日）

54.《教育部 人力资源社会保障部关于加强中等职业学校校园文化建设的意见》（教职成〔2010〕8号，2010年5月20日）

55.《教育部办公厅关于加强国培计划项目绩效考评工作的意见》（教师厅〔2010〕1号，2010年7月16日）

56.《教育部关于印发〈中等职业学校设置标准〉的通知》（教职成〔2010〕12号，2010年7月6日）

57.《教育部关于治理义务教育阶段择校乱收费问题的指导意见》（教基一〔2010〕6号，2010年10月13日）

58.《教育部关于印发〈留学中国计划〉的通知》（教外来〔2010〕68号，2010年9月21日）

59.《教育部 文化部 财政部关于开展高雅艺术进校园活动的指导意见》（教体艺〔2010〕4号，2010年11月21日）

60.《财政部 教育部关于建立普通高中家庭经济困难学生国家资助制度的意见》（财教〔2010〕356号，2010年9月19日）

61.《教育部关于印发〈中等职业教育改革创新行动计划（2010—2012年）〉的通知》（教职成〔2010〕13号，2010年12月27日）

（教育部供稿）

第六章 旅游业发展报告

旅游业是战略性产业，具有资源消耗低，带动系数大，就业机会多，综合效益好的优势。旅游业兼具生活性服务业和生产性服务业的特征，已成为我国服务业领域起步最早、发展最快、市场化和产业化程度最高、涉及领域最宽、前景最广阔的重要行业之一，是加快发展服务业的重要领域，是推进服务业市场化、产业化、社会化、国际化发展的先导产业，在"十二五"服务业发展规划中应对旅游业予以更多的重视。

一、"十一五"发展情况

"十一五"期间，在成功应对各种重大挑战的基础上，我国旅游业发展取得了瞩目成就，全面完成各项规划目标，奠定了以国民大众旅游消费为主体、国际国内旅游协调发展的市场格局，世界旅游大国的地位更加巩固。在国际国内市场开发、产业体系建设、产业功能释放、体制机制创新等各个方面都取得了明显突破。更令人振奋的是，以国务院出台加快发展旅游业的意见为标志，旅游业在国民经济中的定位实现了历史性突破，真正上升为国家战略的重要组成部分。

（一）全面完成"十一五"规划目标

2010年，我国旅游业总收入为1.57万亿元，比2005年增加8000多亿元。旅游业直接就业人数1150万人，比2005年增加400万人；国内旅游人数为21亿人次，比2005年增加近9亿人次；国内旅游收入1.26万亿元，比2005年增加7300多亿元，国内旅游收入占旅游总收入的比例由2005年的68.8%上升到80.3%，居民出游率1.4，比2005年增加0.5。旅游已经成为人民群众重要的生活方式，有力推动了人民素质的提高和生活质量的提升。

（二）奠定了建设世界旅游强国的坚实基础

2010年，我国入境过夜人数、旅游外汇收入分别居世界第3和第4位，出境旅游人数稳居亚洲最大的客源国地位，并成为全球出境旅游人数增长最快的国家。2010年，旅游外汇收入458亿美元，比2005年增加165亿美元；入境旅游人数1.34亿人次，比2005年增加885万人次；入境过夜旅游者人数5566万人次，比2005年增加885万人次；外国入境旅游者人数2613万人次，比2005年增加587万人次。2010年，出境旅游人数为5739万人次，比2005年增加2636万人次。截至2010年年底，经国务院批准的中国公民出国（境）旅游目的地国家和地区总数达140个。

（三）旅游业全面融入国家战略体系

随着产业功能的释放，旅游业对国民经济的促进作用日益受到中央和地方以及社会各界的高度重视，对旅游产业的认识实现了质的飞跃。2009年12月，《国务院关于加快发展旅游业的意见》（国发〔2009〕41号）正式出台，首次提出"把旅游业培育成为国民经济的战略性支柱产业和人民群众更加满意的现代服务业"，实现了旅游产业定位的历史性突破。在推动区域协调发展的20多个国家战略中，旅游业都成为重要内容，深深融入国家战略体系。旅游业还在推进海峡两岸交流、支持香港和澳门保持经济繁荣等方面做出了突出贡献；在建设社会主义新农村，构建和谐社会，促进革命老区、民族地区、边疆地区、贫困地区经济社会发展，构建两型社会，推动文化繁荣和提升国家形象，发挥民间外交功能等诸多方面，发挥了积极而重要的作用。

（四）通过体制创新形成了发展合力

旅游业已经形成了"政府引导、部门联动、条块结合、分类指导"的大产业综合推进的发展格局。全国有27个省区市将旅游业作为支柱产业或第三产业的龙头。旅游部门的横向、纵向合作力度进一步增强，形成了常态化的工作机制，形成了局省合作体系、形成了旅游与其他产业融合发展的大格局。区域旅游合作方兴未艾，跨区域旅游合作、旅游城市群和无障碍旅游区已成为旅游业发展的重要模式。标准化已成为旅游行业管理的重要手段，旅游立法工作加快发展，旅游综合改革和专项改革稳步推进。

二、发展环境与主要问题

（一）"十二五"时期，我国旅游业进入大众化的全面发展阶段，仍将处于黄金发展期和高速增长期

①经济持续增长和居民消费升级为旅游业发展提供了强大支撑，旅游消费需求呈现爆发性增长。

"十二五"时期，旅游将成为城镇居民生活的基本内容。②国际国内形势为旅游业发展提供了有利环境。当今世界，和平、发展、合作仍是时代潮流，世界多极化、经济全球化深入发展，世界经济政治格局出现新变化，科技创新孕育新突破，国际环境总体上有利于我国和平发展，为世界旅游经济提供了稳定的外部环境。从宏观上说，"十二五"时期我国将坚持扩大国内需求特别是消费需求的方针，提出"把扩大消费需求作为扩大内需的战略重点"和"把推动服务业大发展作为产业结构优化升级的战略重点"，将"积极发展旅游业"作为建设现代产业体系的重要内容。同时将深化改革开放，保障和改善民生，加快收入分配调整，这一系列政策也都将推动旅游业加快发展。③高速交通等配套支撑体系为旅游业发展提供了更加稳固的保障。高速交通体系将进一步拓展游客出行距离和产业发展空间，发展大众旅游的条件更加成熟，基础更加稳固。④经济结构战略性调整和产业融合发展为旅游业提供了广阔的发展空间。旅游业不断与相关产业融合发展，在丰富旅游产业的内涵与外延的同时，也优化了产业结构，拓展了产业资源，扩大了旅游业发展空间。⑤以信息化为代表的科技进步及现代商业模式创新为旅游业发展提供了新的动力。科学技术不仅创造出大量新的旅游业态和旅游需求，引导新的旅游消费，还将极大地推动服务方式创新和商业模式创新，推动旅游业服务与管理流程再造进程。这将在很大程度上改变传统的旅游消费方式、旅游经营和管理模式，推动旅游业向现代服务业的运营模式发展，促进旅游业转型升级。飞机、汽车、游乐设施、户外用品等装备制造技术和设施的广泛使用，也将极大提高旅游业的现代化水平和竞争力。⑥市场化进程加快为旅游业发展提供了内在动力，对外开放不断扩大和出境旅游的发展，为旅游业国际化提供了有利的市场环境。

（二）"十二五"时期，我国旅游业将面临更加有利的发展环境和条件，同时一些深层次的矛盾也将更加凸显

世界经济将在波折中缓慢回暖，国际环境总体上有利于我国和平发展。我国经济社会仍处于可以大有作为的重要战略机遇期，扩大内需成为中国未来五年发展的首要任务和战略重点。旅游消费是最终消费、综合性消费、多层次消费和重复性消费，旅游业将成为提升经济增长内生力的引领性产业。"十二五"期间旅游发展要解决的主要问题有：①供需结构性矛盾突出。总体旅游供给不足，结构性矛盾突出，不能有效满足旅游者多样化需求。高品质旅游产品少，度假休闲旅游产品和个性化旅游产品不足。长期以来，旅游产品以观光景区为主，全国各类旅游景区景点2万多家，其中具有休闲度假功能的景区景点不足10%。与大众化旅游消费和分散式出游特点相配套的公共服务体系不健全，交通、住宿等刚性消费支出比重高，文化性消费和购物性消费支出比重低。②发展方式和运营方式比较粗放。普遍存在重建设、轻管理，重硬件、轻软件，重规模、轻品质，重开发、轻保护等问题。许多景区仍处于单纯依托门票的经营模式，没有形成完整高效的产业链，企业规模小，行业集中度不高，整体效益比较低，可持续发展的意识还不强。在旅游开发中缺乏科学规划，违规建设、过度开发、破坏资源的情况还时有发生。在旅游经营中，污染环境的现象依然存在，节能减排工作也还没有摆到应有的高度。生态旅游、低碳旅游还没有成为广大旅游者的自觉行为，与旅游业发达国家的水平相比还有很大差距。③旅游基础设施建设和公共服务体系建设仍然滞后。不少旅游景区外部可进入性较差，断头路较多；景区内部游客中心、标识系统、安全等人本化、个性化的公共服务设施不足；旅游基础设施依托性的多、专门性的少，缺乏整体规划建设。中西部地区主要旅游景区连接交通干线的公路建设滞后，旅游公共服务体系建设不完善。④市场秩序不够规范，尚不能完全满足人民群众的需要。部分旅游企业削价竞争、搞挂靠承包经营，扰乱了正常的市场经营秩序。"零负团费"等现象成为社会反映较为强烈的问题，不少环节还存在安全隐患。⑤体制机制不完善。国家层面的综合性旅游立法尚未完成，旅游法规和依法行政的能力不能满足旅游业发展的要求。带薪休假制度还未落实。旅游资源管理与产业管理脱节，缺乏综合协调机制。旅游规划对旅游开发和市场管理的约束力还显不足。⑥人才和科技力量支撑不足。我国旅游业科技含量不高，高新技术成果在旅游领域的运用还不普遍，特别是运用信息技术提升旅游业，提高旅游业生产力方面还有很大欠缺；旅游人才队伍平均素质偏低，专业技工比例不高，高级管理人员短缺。

三、"十二五"发展思路

"十二五"时期，我国旅游业发展要以科学发展为主题，以推动旅游业发展方式转变为主线，把旅游业培育成为国民经济的战略性支柱产业和人民群众更加满意的现代服务业。以国内旅游为重点，促进三大市场协调发展。按照"全面发展国内旅游、积极发展入境旅游、有序发展出境旅游"的战略方针，大力引导和培育旅游需求，千方百计地提升旅游消费规模，统筹协调开发三大市场，形成更加合理的市场格局。以产业化、市场化、国际化和现代化为方向，促进旅游产业转型升级。围绕"四化"的方向，加快转变发展方式，尽快实现旅游产业的转型升级，促进旅游产业全面、协调、可持续发展，进而形成现代旅游产业发展新格局，为实现战略目标打下坚实的运行基础；以旅游行政管理体制改革为突破口，以旅游信息化建设为引领，以旅游要素市场建设为基础，加快旅游人才建设，进一步完善公共服务，优化产业发展政策法规环境，构建符合旅游产业发展新阶段要求的宏观调控体系，进一步完善旅游业专项支撑保障。

旅游业发展的基本原则是：坚持改革开放，走内涵式发展道路，实现速度、结构、质量、效益相统一；坚持以人为本，不断满足人民群众日益增长的旅游消费需求；坚持以国内旅游为重点，积极发展入境旅游，有序发展出境旅游；坚持因地制宜，突出优势，推动各地旅游业特色化发展；坚持节约资源、保护环境，实现旅游业可持续发展；坚持发挥市场配置资源的基础性作用，把政府引导与市场机制结合起来，努力形成新的发展格局。到"十二五"末，旅游业初步建设成为国民经济的战略性支柱产业和人民群众更加满意的现代服务业，在转方式、扩内需、调结构、保增长、促就业、惠民生的战略中发挥更大作用。旅游服务质量明显提高，市场秩序明显好转，可持续发展能力明显增强，奠定更加坚实的旅游强国基础。

围绕上述发展原则和目标，旅游业在"十二五"时期要着力完成十大任务：一是着力扩大旅游消费，以国内旅游为重点，进一步优化市场格局；二是着力提升旅游企业的市场活力和产业竞争力；三是着力丰富旅游产品体系，提升品质，优化结构；四是着力优化产业要素配置，加快推进旅游业与第一、第二、第三产业的融合发展；五是着力加快提高旅游服务质量，完善监管体系，提升游客满意度；六是着力加强统筹协调，推动区域旅游协调发展；七是着力加强资源环境保护，实现可持续发展；八是着力扩大对外开放，推进国际化发展；九是着力加快旅游产业信息化发展，全面促进旅游产业转型升级；十是着力深化体制机制改革创新，进一步完善支撑体系建设。

附件："十一五"旅游业政策文件

国务院文件

1.《旅行社条例》（国务院令第 550 号，2009 年 2 月 20 日）

2.《国务院关于加快发展旅游业的意见》（国发〔2009〕41 号，2009 年 12 月 1 日）

3.《国务院办公厅印发贯彻落实〈国务院关于加快发展旅游业意见重点工作分工方案〉的通知》（国办函〔2010〕121 号，2010 年 7 月 2 日）

旅游局及有关部门文件

1.《大陆居民赴台湾地区旅游管理办法》（国家旅游局 公安部 国务院台湾事务办公室令第 26 号，2006 年 4 月 16 日）

2.《香港和澳门服务提供者在广东设立旅行社申请审批办法》（国家旅游局 商务部令第 29 号，2008 年 12 月 25 日）

3.《旅行社条例实施细则》（国家旅游局令第 30 号，2009 年 4 月 3 日）

4.《旅游投诉处理办法》（国家旅游局令第 32 号，2010 年 5 月 5 日）

5.《中外合资经营旅行社试点经营出境业务监督暂行办法》（国家旅游局 商务部令第 33 号，2010 年 8 月 29 日）

6.《国家旅游局关于大力发展入境旅游的指导意见》（旅发〔2007〕19 号，2007 年 1 月 9 日）

7.《国家旅游局关于进一步促进旅游业发展的意见》（旅发〔2007〕51 号，2007 年 9 月 12 日）

8.《国家旅游局关于印发〈旅游服务质量提升纲要〉的通知》（旅办发〔2009〕49 号，2009 年 3 月 12 日）

（国家旅游局供稿）

第七章　卫生服务业发展报告

医疗卫生服务是指医疗卫生机构等主体为群众提供的检查、诊断治疗、康复护理和预防保健等服务，以及与这些服务有关的提供药品、医用材料器具、救护车、病房住宿和伙食等的业务。医疗卫生服务业是为全社会提供医疗卫生服务产品的活动和关系的综合，其最重要的基本功能是预防和医治疾病，维护和促进健康。根据中国国家统计局的划分，医疗卫生服务业属于第三产业的第三层次，即为提高科学文化水平和居民素质服务的行业部门。

医疗卫生服务业不是一个狭义的产业，而是一个与维护和促进健康直接或间接相关的产业体系，主要包括：以预防疾病、维持健康为目标的公共卫生服务业，以治疗疾病、恢复健康为目标的医疗服务业，以保障人民群众基本用药和安全用药为目标的药品供应保障业，以保障居民基本医疗需求、促进健康公平性和可及性为目标的医疗保险业等。

医疗卫生服务业在经济社会发展全局中居于重要地位。大力发展医疗卫生服务业是保障和改善民生的重要手段，既是解决群众看病就医问题的现实需要，更事关中华民族的整体健康素质和长远发展；大力发展医疗卫生服务业是加快转变经济发展方式、保持国民经济平稳较快发展的有力抓手，既有利于稳定和扩大国内需求，也是继续提升人力资本对经济增长贡献率的必然要求，更是推进产业结构优化升级的重要突破口；大力发展医疗卫生服务业是推进社会领域重大改革的重要内容，既有利于管理、人事、收入分配等方面体制机制的综合改革，更将进一步推动社会体制的重大改革，促进经济社会协调发展。

一、“十一五”发展情况

（一）医疗卫生服务概况

1. 医疗卫生服务体系

医疗卫生服务体系是为群众提供医疗卫生服务的物质基础和技术前提，由公共卫生服务体系和医疗服务体系构成。公共卫生服务体系由专业公共卫生服务网络和城乡医疗服务体系的公共卫生服务功能部分组成。专业公共卫生服务网络包括疾病预防控制、健康教育、妇幼保健、精神卫生、应急救治、采供血、卫生监督和计划生育等。以基层医疗卫生服务网络为基础的医疗服务体系，为群众提供日常性公共卫生服务。公共卫生服务体系在落实我国预防为主的卫生工作方针，促进基本公共卫生服务逐步均等化、最大限度地预防疾病方面发挥着重要作用。

城乡医疗服务体系由社区卫生服务机构与城市医院（包括省、市级综合医院和专科医院等）相衔接的城市医疗服务体系和以县级医院为龙头、乡镇卫生院和村卫生室为基础的农村三级医疗预防保健网构成。其中，基层医疗卫生服务体系是提供公共卫生与基本医疗服务的重要载体，在为城乡居民提供安全、方便、质优、价廉的基本医疗卫生服务方面具有不可替代的作用。在城市，公立医院是我国医疗卫生服务体系的骨干力量，在城乡医疗服务体系中具有重要的基础性地位，在增进人民群众健康、保障社会稳定安全等方面发挥了重要作用；民营医疗机构已成为我国医疗服务体系中的组成部分，中外合资、合作医疗机构也得到一定发展；社区卫生服务已成为新型城市医疗卫生服务体系的基础，社区卫生服务机构正在逐步承担起居民健康“守门人”的职责。在农村，县级医院是农村三级医疗卫生服务网络的龙头和城乡医疗连接的枢纽，作为县域内的医疗卫生中心，主要负责基本医疗服务及危重急症病人的抢救，并承担对乡镇卫生院、村卫生室的业务技术指导和卫生人员的进修培训；乡镇卫生院是是农村三级卫生服务网的枢纽，是新型农村合作医疗制度的重要服务载体，负责提供公共卫生服务和常见病、多发病的诊疗等综合服务，并承担对村卫生室的业务管理和技术指导；村卫生室承担行政村的公共卫生服务及一般疾病的诊治等工作。

（1）各级各类医疗卫生资源总量。目前我国已初步形成了结构完整、分工合理的医疗卫生服务体系。

机构。根据《2011 年中国卫生统计提要》，2010 年我国共有医疗卫生机构 936927 个，其中医院 20918 个（公立医院 13850 个，占 66.21%，其中 69.52% 为政府办公立医院；民营医院 7068 个，占 33.79%），社区卫生服务中心 6903 个（其中政府办 5900 个，占 85.47%），社区卫生服务站 25836 个（其中政府办 12490 个，占 48.34%），乡镇卫生院 37836 个（其中政府办 37217 个，占 98.36%），村卫生室 648424 个，疾病预防控制中心 3513 个，专科疾病防治机构 1274 个，健康教育机构 139 个，妇幼保健机构 3025 个，急救中心（站）245 个，采供血机构 530 个，卫生监督机构 2992 个，计划生育技术服务机构 117 个。

人员。2010 年，全国卫生人员达 820.75 万人，卫生技术人员达 587.62 万人，其中执业（助理）医师 241.33 万人，注册护士 204.81 万人，药剂师（士）35.39 万人。大专及以上学历卫生技术人员所占比例达到 61.2%，大专及以上学历执业（助理）医师所占比例达到 75.3%。每千人口拥有卫生技术人员 4.38 人、执业（助理）医师 1.80 人、注册护士 1.53 人，医护比为 1:0.85。

床位。2010 年，医疗卫生机构床位数为 478.68 万张，其中医院床位数 338.74 万张（占 70.77%），基层医疗卫生机构 119.22 万张（占 24.91%），专业公共卫生机构 16.45 万张（占 3.44%），其他机构 4.26 万张（占 0.89%）；每千人口拥有医疗机构床位 3.56 张。在医院中，公立医院床位数为 301.38 万张（占 88.97%，其中政府办公立医院占公立医院床位数的 87.46%），民营医院 37.37 万张（占 11.03%）。在基层医疗卫生机构中，社区卫生服务中心床位 13.76 万张（占 11.54%，其中政府开办的占 84.69%），乡镇卫生院拥有床位数 99.43 万张（占 83.40%，其中政府开办的占 98.46%）。

（2）各类医疗卫生服务机构服务提供情况。2010 年全国医疗卫生机构总诊疗人次达 58.38 亿次（见图 7－1），在医院、基层医疗卫生机构、其他机构的分布比例分别为 34.9%、61.9%、3.2%。全国医疗机构入院人数 14174 万人（见图 7－2），在医院、基层医疗卫生机构、其他机构的分布比例分别为 67.2%、27.9% 和 4.9%。

各类医院诊疗人次数为 20.40 亿人次，其中公立医院 18.74 亿人次（占 91.9%），民营医院 1.66 亿人次（占 8.1%）。各类医院入院人数 9525 万人，其中公立医院 8724 万人（占 91.6%），民营医院 800 万人（占 8.4%）。

基层医疗卫生机构诊疗人次数 36.12 亿人次，其中社区卫生服务中心（站）4.84 亿人次（占 13.4%），乡镇卫生院 8.74 亿人次（占 24.2%），村卫生室 16.57 亿人次（占 45.9%）。基层医疗卫生机构入院人数3950万人，其中社区卫生服务中心（站）262万人（占6.6%），乡镇卫生院3930万人（占91.9%）。

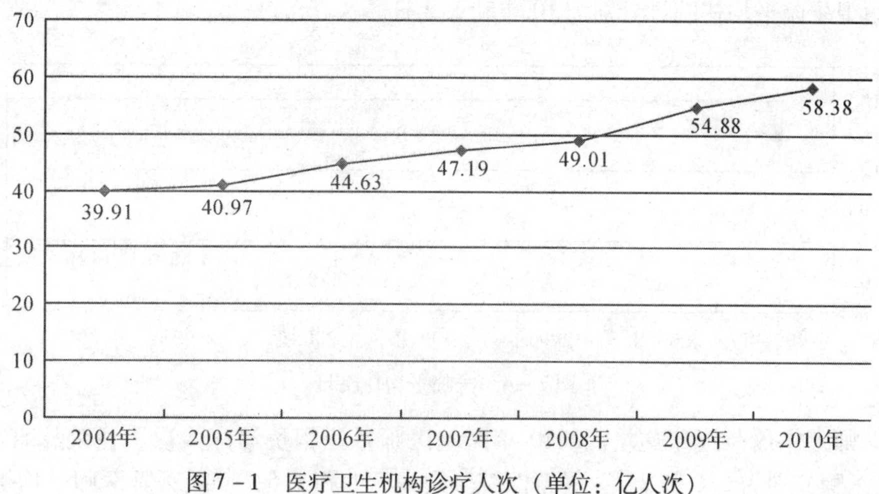

图7-1　医疗卫生机构诊疗人次（单位：亿人次）

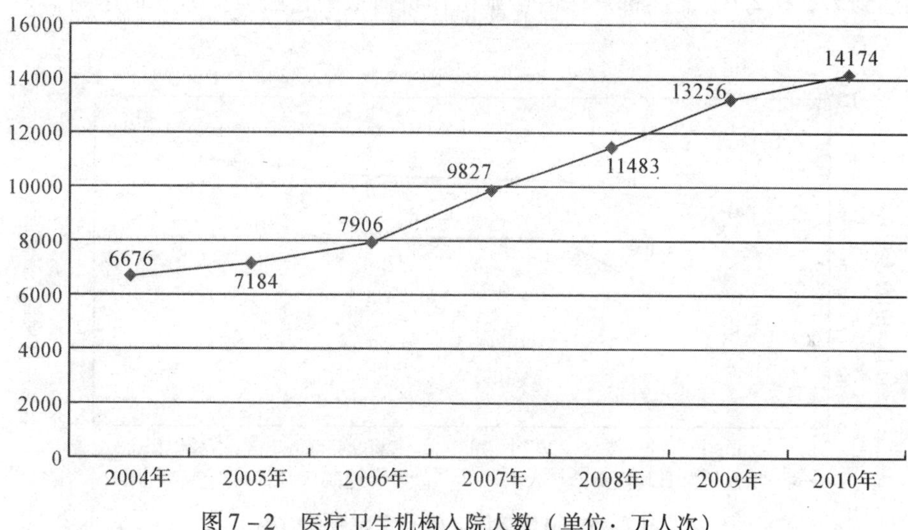

图7-2　医疗卫生机构入院人数（单位：万人次）

全国医院病床使用率86.7%（见图7-3）。其中，公立医院、民营医院病床使用率分别为90.0%和59.0%；三级医院、二级医院和一级医院的病床使用率分别为102.9%、87.3%和56.6%。社区卫生服务中心和乡镇卫生院病床使用率分别为56.1%和59.0%。

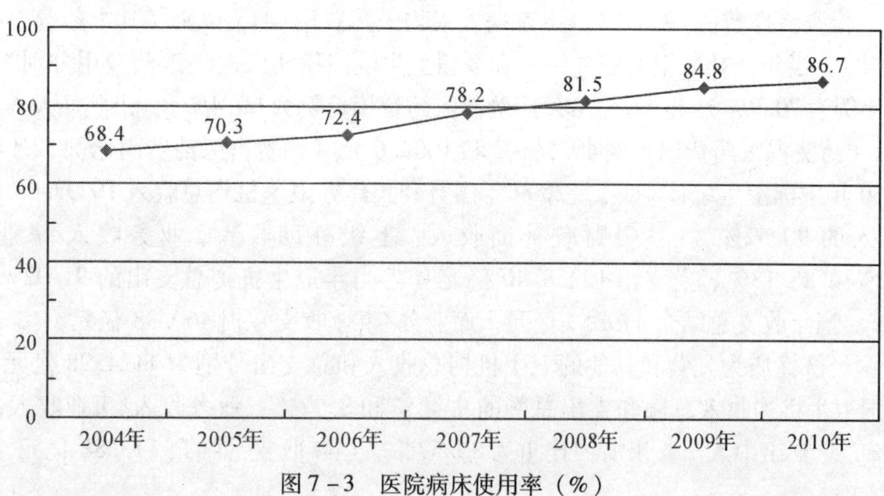

图7-3　医院病床使用率（%）

2010 年，医院平均住院日为 10.5 日（见图 7-4）。其中，公立医院、民营医院平均住院日分别为 10.7 和 8.4 日；三级医院、二级医院和一级医院的平均住院日分别为 12.5、9.4 和 9.1 日。社区卫生服务中心和乡镇卫生院平均住院日分别为 10.4 和 5.2 日。

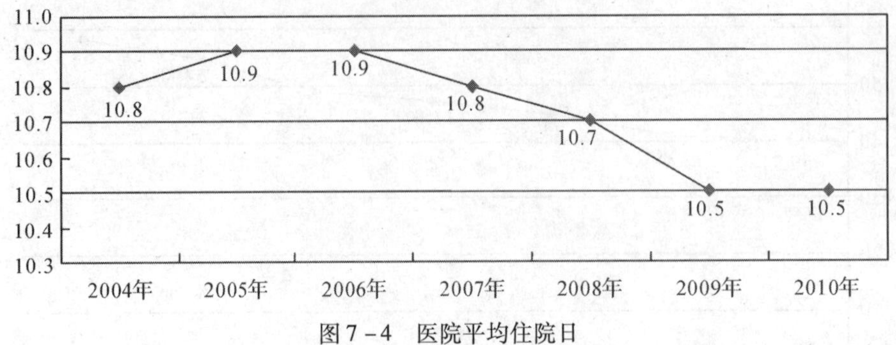

图 7-4 医院平均住院日

医疗机构医师工作负荷逐年递增。2010 年医院医师日均担负诊疗人次、住院床日分别为 6.5 和 2.3，其中公立医院分别为 6.6 和 2.3，民营医院分别为 5.1 和 1.6；三级医院医师日均担负诊疗人次、住院床日分别达到 7.5 和 2.6；卫生部属医院医师工作负荷最高，两项指标分别达到 9.8 和 2.5（见图 7-5）。

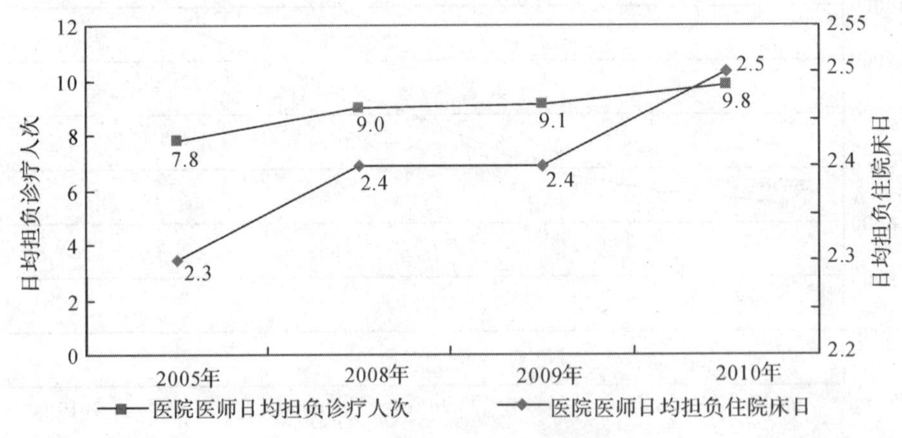

图 7-5 卫生部属（管）医院服务效率

（3）各类医疗卫生机构经济运行状况。2010 年，公立医院院均总收入 7179 万元，总支出 6872 万元，收支相抵后结余 307 万元。其中，医疗收入、药品收入占总收入的比重依次为 47.90%、41.80%。当年医疗收支院均亏损 299 万元，药品收支院均结余 203 万元。门诊病人人均医药费 167.3 元（其中药费占 52.2%，检查治疗费占 29.5%），出院病人人均医药费用 6415.9 元（其中药费占 43.4%，检查治疗费占 25.9%）。当年，社区卫生服务中心和乡镇卫生院门诊病人次均医药费用分别为 82.8 元（药费占医药费用比例为 70.9%）和 47.5 元（药费占医药费用比例为 60.4%），出院病人人均医药费用分别为 2357.6 元（药费占医药费用比例 49.3%）和 1004.6 元（药费占医药费用比例 52.9%）。

根据《2010 年中国卫生统计年鉴》，2009 年国有和集体办卫生机构总收入 10737.93 亿元（占当年卫生机构总收入的 90.52%），其中财政补助收入、上级补助收入、业务收入/事业收入分别占 12.35%、1.12% 和 86.13%；总支出 10258.40 亿元（占当年卫生机构总支出的 91.02%），其中人员支出占 26.30%。当年收支总结余 479.53 亿元，而业务/事业收支亏损 460.38 亿元。

2009 年全国经济性质为私营和其他的卫生机构总收入和总支出分别为 1124.98 亿元和 1011.11 亿元，分别占全国卫生机构收入总额和支出总额的 9.48% 和 8.97%，业务收入/事业收入占总收入的比重达到 97.16%，总支出中人员支出所占比重为 30.57%。当年收支总结余 113.88 亿元，其中业务/事业收支结余255.38亿元。

2009年疾病预防控制中心、专科疾病防治所（站）、妇幼保健院（站、所）、卫生监督所（中心）、健康教育所（中心）、急救中心（站）、采供血机构的总收入和总支出分别为894.35亿元和838.10亿元，分别占全国卫生机构收入总额和支出总额的7.54%和7.44%，其中急救中心亏损6331万元；其财政补助收入占总收入的比例分别为54.10%、36.25%、17.90%、76.21%、78.55%、58.60%、15.25%，业务/事业收入所占比重较高的是采供血机构和妇幼保健院（所、站），分别高达76.93%和81.11%。

2. 医疗保障体系

我国已初步形成以新型农村合作医疗、城镇居民基本医疗保险、城镇职工基本医疗保险为主体，城乡医疗救助为兜底，其他多种形式医疗保险和商业健康保险为补充的中国特色医疗保障体系。职工医保、城镇居民医保、新农合和城乡医疗救助分别覆盖了城镇就业人员、城镇非就业人员、农村居民和城乡贫困人群，在制度上实现了对城乡居民的全覆盖。商业健康保险的作用主要是满足人民群众基本医疗保障之外的健康保障需求。目前，市场上已有包括4家专业健康险公司在内的近100家保险公司开展了健康保险业务。2010年商业健康保险保费收入达到677.47亿元，市场销售的健康保险产品达到上千种，包括疾病保险、医疗保险、失能收入损失保险和长期护理保险等。此外，保险业还以委托管理等方式开展了新农合、城镇职工和居民基本医疗保险等经办管理业务。2008年累计新增委托管理资金51.9亿元，补偿人次739.2万人次，补偿金额29亿元。保险业提供经办管理服务，建立了“征、管、监”互相分离、互相制约的运行机制，提高了服务水平和保障质量，节约了政府成本，拓展了保险业服务领域，取得了政府、群众、医疗机构和保险业多方共赢的局面。

3. 药品供应保障体系

我国药品体系改革的目标是建立以国家基本药物制度为基础的药品供应保障体系，保障人民群众基本用药和安全用药，主要包括三方面的内容。

（1）建立国家基本药物制度，保障药品生产供应，提高药物的可获得性。国家基本药物制度是为维护人民群众健康、保障公众基本用药权益而确立的一项重大国家医药卫生政策，涉及基本药物遴选、生产、流通、使用、定价、报销、监测评价等多个环节。国家基本药物制度首先在政府举办的基层医疗卫生机构实施。经过两年的努力，目前我国已初步建立国家基本药物制度。

（2）完善药品质量监管体系，促进药品临床合理使用，保证用药安全。截至2009年年底，全国共有食品药品监管行政机构2713个，技术机构1035个，监管人员6.7万人。全国有原料药和制剂生产企业4881家，有60家中药材企业通过中药材GAP认证，医疗器械生产企业13876家。在药品、医疗器械经营方面，全国持有《药品经营许可证》的企业共有404135家，其中法人批发企业10671家、非法人批发企业2922家；零售连锁企业2149家，零售连锁企业门店135762家；零售单体药店252631家。全国持有《医疗器械经营企业许可证》的企业共有155765家①。

（3）完善“新药创制制度”和科技创新体系，促进医药产业可持续发展，提高医药供给能力和国际竞争力。一是把医药卫生科技创新作为国家科技发展的重点，整合优势医学科研资源，完善医药卫生产业自主创新体系；二是加快实施医药科技重大专项，加强对重大疾病防治技术和新药研制关键技术等的研究；三是推动医药产业技术发展和产业化生产，实施生物医药、现代中药、生物医学工程和疫苗与诊断试剂等高技术产业重大专项；四是推动药品生产企业兼并重组和产业结构升级，提高企业自主创新能力，促进企业和科研单位开发生产适合我国国情的医疗器械。

（二）医疗卫生服务取得的成绩

“十一五”时期，是医疗卫生事业发展非常不平凡的五年。党中央、国务院高度重视，深化医药

① 《2009年国家食品药品监督统计公报》。

卫生体制改革全面展开，覆盖城乡的医药卫生服务体系逐步完善，疾病防治能力不断增强，基本医疗保障制度建设取得突破性进展，人民群众健康水平明显提高，为国民经济和社会协调发展、为保增长保民生保稳定做出了重要的、突出的贡献。

1. 人民群众健康水平得到不断提高，处于发展中国家前列

我国人均预期寿命已达到73.5岁，孕产妇死亡率从2005年的47.7 /10万下降到2010年的30.0/10万，婴儿死亡率从2005年的19.0‰下降到2010年的13.1‰，5岁以下儿童死亡率从2005年的22.5‰下降到2010年的16.4‰（见表7－1），主要健康指标总体处于发展中国家前列，有些地区已达到中等发达国家水平（见表7－2）。我国人类发展指数国际排位明显提高，2010年达到0.663，在169个国家中居第89位，在中等人类发展水平国家中居第3位[①]。

表7－1 《卫生事业发展"十一五"规划纲要》主要健康指标实现情况

指　标	规划目标（2010年）	2010年
人均预期寿命	达到72.5岁	73.5岁
孕产妇死亡率	控制在40/10万以内	30.0/10万
婴儿死亡率	控制在14.9‰以内	13.1‰
5岁以下儿童死亡率	控制在17.7‰以内	16.4‰

表7－2 我国主要健康指标全球排位变化

	人均预期寿命（岁）			婴儿死亡率（‰）			孕产妇死亡率（/10万）
	1990	2000	2008	1990	2000	2008	2008
低收入国家	54	55	57	101	88	76	650
中低收入国家	62	65	67	64	55	44	180
中上收入国家	68	69	71	37	26	19	91
高收入国家	76	78	80	10	7	6	9
全球平均水平	64	66	68	62	54	45	400
中国	68	71	73.5	37	30	13.1	31.0
全球排位	87	81	58	97	103	74	76

数据来源：世界卫生组织《2010年世界卫生统计》；中国人均预期寿命、婴儿死亡率、孕产妇死亡率为2010年官方数据。

2. 党中央国务院高度重视，医疗卫生事业地位和作用进一步提高

胡锦涛同志在2006年中央政治局第35次集体学习会上指出，各级党委和政府都要切实把发展医疗卫生事业、提高人民群众健康水平放在更加重要的位置。党的十七大提出健康是人全面发展的基础。2009年中共中央、国务院《关于深化医药卫生体制改革的意见》进一步提出，医药卫生事业关系亿万人民的健康，关系千家万户的幸福，是重大民生问题。医疗卫生事业已成为国家强盛之基，民族复兴之本，在全面建设小康社会和构建社会主义和谐社会中的地位与作用越来越突出。

3. 深化医药卫生体制改革全面启动，改革成效初步显现

2009年4月，中共中央、国务院印发《关于深化医药卫生体制改革的意见》及近期重点实施方案，深化医药卫生体制改革全面启动。两年来，围绕"保基本、强基层、建机制"的要求，五项重点改革稳步推进，具有中国特色的基本医疗卫生制度内涵逐步明确，政府保基本的责任显著增强，基本

① 《2010年人类发展报告》附表。

医疗卫生服务的公平性和可及性明显提高，广大城乡居民切实得到了改革带来的实惠。总体来看，深化医改工作实现了“开好局、起好步”的要求，近三年重点任务基本完成，为下一步深化改革奠定了坚实基础。

(1) 基本医疗保障制度基本实现全覆盖，织起世界最大的基本医疗保障安全网。城乡三项基本医疗保险覆盖面进一步扩大，截至2011年3月底，共覆盖12.7亿人，保障水平进一步提高。

“十一五”期间，新型农村合作医疗（简称“新农合”）制度作为一项重大制度创新，实现了从试点到全面覆盖的转变，取得了明显成效。截至2010年年底，新农合参合人数达8.36亿，参合率达到96%，成为世界上覆盖人数最多的医疗保障制度，促进了城乡医疗保障体系的完善。人均筹资水平从“十五”末期的30元提高到156元，其中各级政府对新农合的财政补助标准提高到人均127.4元。统筹基金最高支付限额提高到当地农民人均纯收入的6倍左右，政策性住院费用报销比例已达到60%以上。88.8%的统筹地区开展了门诊统筹。46.2%的新农合县（市、区）开展了提高农村儿童白血病、先心病保障水平试点工作，已有4329名农村儿童患者得到及时救治。新型农村合作医疗制度以较低的筹资水平有效保障了农村居民的健康权益，切实减轻了参合农民的就医负担，改善了农民就医状况，为促进农村经济社会发展发挥了重要作用。

城镇职工医保和城镇居民医保参保人数达到4.29亿人，关闭破产的国有企业退休人员和困难企业职工参保问题基本解决；城镇居民医保政府补助标准从每人每年80元提高到120元。职工医保、城镇居民医保政策范围内住院费用报销比例普遍分别提高到75%、60%。80%左右的城镇居民医保开展了门诊统筹。

城乡医疗救助范围和力度进一步加大。医疗救助资金大幅增加，2010年共筹集166亿元，比2008年增长了75%。救助对象正逐步扩大到低收入重病患者、重度残疾人和低收入家庭的老年人，已接近1亿人。全面开展住院和门诊救助，取消医疗救助起付线，救助水平明显提高。

基本医疗保障经办管理和服务水平不断提高。90%以上的统筹地区首先实现了基本医疗保险统筹区内就医费用的即时结算，福建、湖南等8省（区、市）率先实现省内异地就医联网结算。

(2) 提前实现基本药物制度基层全覆盖，国家基本药物制度初步建立。截至2011年7月底，全国31个省（区、市）和新疆生产建设兵团均实现了在所有政府办基层医疗卫生机构配备使用基本药物，并实行零差率销售。16个省份将部分村卫生室纳入基本药物制度实施范围。基本药物省级集中采购全面推行，31个省（区、市）建立了政府主导的省级非营利性药品集中采购平台，积极制定基本药物招标采购办法，构建了以实行“双信封”招标制度、带量采购、招采结合、集中支付药款等为主要内容的基层基本药物采购新机制。各地开展了基本药物临床应用指南和处方集培训推广工作，逐步形成科学合理的处方行为和用药习惯。全国将基本药物纳入新农合药品报销目录、医保药品报销目录的县（区、市）比例分别为97.5%和94.7%。有关统计数据显示，2011年6月底，基本药物在基层的销售价格较制度实施前平均下降约25%。在基本药物制度实施地区，基层医疗卫生机构出现了门诊和住院费用下降、门诊人次和住院人数上升的“两降两升”现象，明显减轻群众基层就医费用负担。

(3) 基层医疗卫生服务体系进一步健全，服务能力全面提升。“十一五”期间，中央累计安排专项资金558.4亿元，支持近5万个医疗卫生机构项目建设，其中县级医院2000多个，乡镇卫生院约2.3万个，村卫生室2万多个，社区卫生服务中心2382个，精神卫生专业机构116个。1100多所城市三级医院与2381所县级医院建立对口支援和协作关系，1.53万所乡镇卫生院与二级医院建立长期对口协作关系，通过培养培训、对口支援、执业医师招聘等多种手段，提高基层服务能力。同时，以全科医生为重点的基层医疗卫生队伍建设规划启动实施，为中西部乡镇卫生院招收5000名免费医学生进行定向培养，为乡镇卫生院招聘了2万多名执业医师，1.66万名基层医务人员参加了全科医生转岗培训，基层医疗卫生机构派出1.36万人参加全科方向的住院医师规范化培训。另外，发挥村卫生室在农村三级卫生服务网络中的网底功能。截至2011年3月底，全国村卫生室覆盖率达84.5%。2010年度地方政府实际补助乡村医生76.1万人（占乡村医生总数的73.7%），补助金额达17.1亿元。通过上述工作的开展，增强了基层医疗卫生机构诊疗居民常见病、多发病的能力，努力使城乡居民不出乡镇、不出社区就能享受到方便、有效、价廉的基本医疗卫生服务。

（4）国家基本公共卫生服务项目和重大公共卫生服务专项全面实施，基本公共卫生服务均等化水平进一步提高。为保障基本公共卫生服务逐步均等化顺利开展，建立了基本公共卫生服务经费保障机制，2009年开始按照人均不低于15元的标准落实经费，2010年全国平均达到17.8元。2009年开始面向城乡全体居民免费提供包括健康档案管理在内的9类基本公共卫生服务。2011年基本公共卫生服务项目增加到10类，人均经费提高至25元。截至2011年3月底，分别有54.8%的城镇居民和44.3%的农村居民拥有了健康档案，规范化电子建档率正在稳步推进，面向居民的、多种形式的健康教育活动在基层广泛开展。4215.9万高血压病人、1084.1万名糖尿病病人和205.7万名重性精神疾病患者纳入慢性病规范管理。7个重大公共卫生项目全面实施。截至2011年6月底，已经给6357万名15岁以下的儿童免费注射乙肝疫苗。分别给600多万名、80.4万名农村妇女进行免费的宫颈癌、乳腺癌检查，给1000多万名农村适龄妇女免费增补叶酸，对1455万名农村孕产妇进行住院分娩补助。为贫困白内障患者开展复明手术累计89万例。另外，还在农村建设了1008万户无害化卫生厕所，对燃煤污染型氟中毒病区的148万户进行了改炉改灶。

（5）公立医院改革试点取得初步成效，为加快改革步伐奠定了基础。确立了17个国家级试点城市和37个省级试点城市，这些城市陆续开展试点工作，在完善公立医院服务体系，创新管理体制、补偿机制、治理机制、监管机制、运行机制等重大体制机制，加强内部管理等方面加快了实践步伐，积极探索公立医院改革路子。在全国范围内，公立医院以强化服务为抓手，推行一批见效快、易操作的改革和管理措施。全国1230所三级医院实行预约诊疗和分时段就诊，全国有1309家三级医院和3765家二级医院开展优质护理服务，全国共有1383家医院开展临床路径试点。已选择50个病种进行单病种付费试点，制定了相关规范标准。已有5个省启动注册医师多点执业工作。

着力消除阻碍非公立医疗机构发展的政策障碍，促进形成多元化办医格局。2010年，国务院办公厅发布《关于进一步鼓励和引导社会资本举办医疗机构意见》的通知（国办发〔2010〕58号），进一步放宽社会资本举办医疗机构的准入范围，改善社会资本举办医疗机构的执业环境，围绕机构设立、经营性质、执业范围、外资办医、税收价格政策、医保定点、用人和学术环境、设备配置等各个环节，制定了有针对性的政策措施，确保非公立医疗机构在准入和执业等方面与公立医疗机构一视同仁、同等待遇，同时进一步加强对非公立医疗机构的监管，促进非公立医疗机构持续健康发展。

4. 重大疾病预防控制取得明显成效，妇女儿童健康得到有效保护

“十一五”期间，我国疾病预防控制体系不断完善，疾病预防控制能力大幅提升，全国甲乙类传染病发病率总体维持平稳，未发生重大传染病大规模流行。截至2010年年底，全国累计报告艾滋病病毒感染者和艾滋病病人379348例。到2010年，新涂阳肺结核病人发现率达到73%，治愈率93.4%，有效治疗传染性肺结核病患者246万例。全人群乙肝表面抗原携带率和5岁以下儿童乙肝表面抗原携带率基本达到“十一五”规划目标。全国所有血吸虫病流行县均达到疫情控制标准，疫情降至历史最低水平。广泛深入开展国家卫生城（镇）创建和农村改水改厕等爱国卫生运动，城乡环境卫生面貌得到较大改善慢性非传染性疾病防控工作点面结合，全面推进。

逐步解决影响妇女儿童健康的重点问题，妇女儿童健康水平不断提高。2008年5岁以下儿童中重度营养不良患病率比2000年下降37.9%，2010年农村孕产妇住院分娩率提高到96.7%。开展全民健康教育活动，倡导健康、文明的生活方式和卫生习惯。积极履行《烟草控制框架公约》，促进公共场所全面禁烟。

5. 食品安全和卫生监督工作进展明显，人民群众健康权益得到有力保障

卫生监督体系逐步完善。基本覆盖城乡的中央、省、市、县4级卫生监督体系初步形成，卫生监督执法工作条件逐步改善。切实履行食品安全监管职责，不断加大食品安全综合协调力度，针对区域性、阶段性的食品安全问题，开展专项整顿行动，启动食品标准清理整合，扩大食品安全风险监测范围，及时组织风险评估和预警，有效防范、处置因食品安全问题引发的公共卫生事件，食品安全形势总体平稳。职业病防治工作取得新进展，职业病高发势头得到一定遏制。生活饮用水卫生监督服务水平不断提高。放射卫生、环境卫生、学校卫生等公共卫生的监督管理工作不断强化。有效打击非法行医和非法采供血行为，加强医疗广告监管，医疗服务市场进一步规范。

6. 医疗管理力度加大，服务行为进一步规范

开展创建“平安医院”活动，推进医疗纠纷人民调解和医疗责任保险制度建设，构建和谐医患关系。全力推进国家临床重点专科评估和建设工作，加强和指导重症医学科、病理科、急诊科、新生儿室、康复科等临床科室的建设管理。组织开展医院管理年、医疗安全百日专项检查和医疗质量万里行活动，继续开展大型医院巡查工作。不断加强医院感染管理、医疗质量安全管理，规范医疗服务行为。公布了222个病种的临床路径，在全国1383家医院实施了临床路径管理。对医疗技术实行准入和临床应用管理。加强临床合理用药管理，保障临床用药安全。加强护士队伍建设，开展“优质护理服务示范工程”，提高临床护理质量。持续加强血液管理，大力推进无偿献血工作。促进康复医学事业发展，推动防盲、戒毒工作。

7. 食品药品监管能力不断加强，人民群众饮食用药安全得到有效保障

食品药品监管法律法规和技术标准体系不断完善。重大建设项目进展顺利，监管基础设施建设明显改善，行政执法和检验检测水平等药品安全监管能力大幅提高。突发性群体不良事件应急能力显著提升。药品生产质量管理规范进一步完善。药品安全整治深入开展，市场秩序明显好转。药品安全责任体系初步建立。启动基本药物全品种电子监管，健全药品不良反应监测体系。食品药品“十一五”规划确定的目标和各项任务完成情况总体良好，药品安全状况明显改善，公众日常用药需求基本满足。

8. 中医药事业发展取得显著成就，在基本医疗卫生制度建设中发挥积极作用

实施《国务院关于扶持和促进中医药事业发展的若干意见》。中医药投入力度不断加大，发展环境明显改善。中医药服务体系基本形成，中医药服务覆盖面和可及性明显提高。中医和民族医医院基础设施条件明显改善，服务能力进一步提高。大力推进常见病、多发病适宜技术推广工作。中高层次中医药人才培养和中医药重点学科建设顺利推进，人才队伍素质不断提高，中医药继承与创新能力明显增强。中医药法制化、标准化、规范化建设取得新成效。中医药产业水平进一步提升，文化建设新局面初步形成，国际影响日益扩大，形成了中医药全面发展的新格局。

9. 着力保障和改善民生，在促进社会和谐稳定方面发挥了重要的作用

（1）认真做好重大活动卫生保障，突发事件紧急医学救援工作成效显著。圆满完成了北京奥运会、建国60周年庆祝活动、上海世博会等重大活动的医疗卫生保障任务。汶川特大地震、玉树强烈地震及舟曲特大山洪泥石流灾害发生后，实施紧急医学救援、跨省区伤员转运与救治，开展医疗卫生防疫对口支援工作，加强灾后医疗卫生机构恢复重建，实现了大灾之后无大疫的目标。全力协调三鹿牌婴幼儿奶粉事件调查处置，做好婴幼儿免费筛查诊断和医疗救治工作，维护了社会稳定。科学防控甲型H1N1流感疫情，研发了全球第一支甲流疫苗，最大限度减轻了疫情对人民群众健康的危害和对经济社会发展的影响。

（2）居民医疗卫生服务利用状况显著改善，群众看病就医难问题得到有效缓解。居民医疗卫生服务利用状况显著改善，2010年全国医疗机构诊疗人次数与出院人次数均为历史最高水平，分别比2005年增加17.41亿人次和7010万人次。2008年第四次卫生服务调查结果显示，调查地区住院率为6.8%，比2003年增加近一倍；两周新发病例未就诊比例为37.6%，比2003年下降了11.3个百分点；两周患病因经济困难未就诊比例比2003年下降15.8个百分点，因经济困难原因出院下降9.4个百分点。

(3) 卫生公共筹资不断增加，个人卫生支出比例逐步降低。2010年与2001年相比，政府卫生支出占卫生总费用的比重从15.93%提高到28.56%，反映出政府卫生投入责任不断增强；社会卫生支出占卫生总费用的比重从24.1%增加到35.92%，说明基本医疗保障制度分担医疗费用的能力不断提高；个人卫生支出占卫生总费用的比重从59.97%下降到35.52%，居民个人医疗费用负担大幅减轻。

二、存在的主要问题

总体上看，“十一五”期间我国医疗卫生服务业发展取得显著成绩，服务业规模不断扩大，结构不断优化，水平不断提升，质量不断提高，重大体制机制改革不断深化，在保障群众健康权益、促进经济社会协调发展方面发挥了重要作用。但是，医疗卫生服务业发展中不平衡、不协调、不可持续的问题依然突出，制约科学发展的体制机制障碍依然较多，与人民群众不断增长的健康需求以及经济社会协调发展的新要求仍不相适应，医疗卫生服务业发展滞后的问题仍比较突出。2008年第四次国家卫生服务调查显示，仍有41.2%的居民对门诊服务不满意，44.2%的居民对住院服务不满意。

(一) 卫生筹资水平较低，筹资结构有待进一步完善

一是卫生筹资总体水平偏低。2007年（2007年的比较数据是目前可以获得的最新国际数据）我国人均卫生总费用为233美元（按国际美元购买力平价计算），在世界卫生组织193个成员国中仅排第120位，低于相当一部分中、低收入国家；卫生总费用占GDP的比重为4.36%，位居第149位，不仅远低于发达国家（如美国15.7%、法国11%、德国10.4%、英国8.4%、日本8%），也低于相当一部分中、低收入国家（如古巴为10.4%、南非为8.6%、巴西为8.4%、越南为7.1%、墨西哥为5.9%）。二是筹资结构不合理，居民自费比例仍然偏高。尽管我国卫生总费用的筹资结构发生了可喜变化，但参照国际发展趋势，个人自付比例应进一步减少到20%～30%。

(二) 医疗卫生服务体系结构性问题突出，资源配置有待进一步优化

(1) 医疗卫生资源总量相对不足。2010年每千人口执业（助理）医师、注册护士和医疗机构病床数分别为1.80、1.53和3.56，均远低于OECD国家（经济合作与发展组织国家）平均水平（分别为3.1、9.56和5.44)，仅相当于欧美国家20世纪六七十年代的水平。

(2) 医疗卫生资源布局不合理。城乡卫生资源配置不平衡。我国卫生资源主要分布在城市，在城市又主要集中在大医院。2010年，城市每千人口卫生技术人员为7.62人，农村为3.04人，城市是农村的2.51倍。城市每千人口执业（助理）医师数（城市为2.97，农村为1.32)、注册护士数（城市为3.09，农村为0.89）分别是农村的2.25倍，3.47倍。城乡卫生人力学历水平差异显著。以社区卫生服务中心和乡镇卫生院为例，2010年拥有大学及以上学历卫生技术人员所占比例分别为19.0%和5.6%，拥有大学及以上学历执业（助理）医师所占比例分别为31.4%和7.2%。东中西部卫生资源配置差距较大。2010年，东部每千人口执业（助理）医师数、注册护士数、医疗机构床位数分别是西部的1.36倍、1.49倍和1.18倍。

(3) 医疗卫生资源质量有待提高。2010年全国卫生技术人员中，初级人员所占比例达60.4%，高级人员仅为7.7%；从学历结构看，我国大学本科学历执业（助理）医师仅占36.1%，研究生及以上学历仅占6.9%。与国际上其他国家相比，大学本科及以上学历的执业（助理）医师，每千人口约为0.77人，远低于OECD国家、俄罗斯和韩国的平均水平（分别为3.1.4.3和1.74)，大体相当于欧美国家20世纪60年代的水平。

(4) 医疗卫生资源结构有待优化。从医护比例结构来看，我国当前医护比（1∶0.85）与OECD平均水平（1∶3.09）也存在较大差距，不仅低于除希腊以外的所有OECD国家，与俄罗斯（1∶1.86)、印度（1∶1.14）和巴西（1∶3.17）差距也较大。从办医格局看，虽然近年来非公立医疗卫生机构不断

发展壮大，但其服务能力仍有待提升。2010 年民营医院虽然占到了医院总数的 33.79%，但其床位数仅占 11.03%，诊疗人次仅占 8.1%，病床使用率和医师工作负荷均远低于公立医院。同时，社会资本举办发展医疗机构仍普遍面临经营压力大、发展空间小、技术人才缺乏、社会氛围不佳等困难和问题。

（三）基本医疗保障筹资和补偿水平有待进一步提高，商业健康保险发展严重滞后

①现有新型农村合作医疗、城镇居民医疗保险制度的受益水平还比较低，尚不能有效解决“因病致贫和因病返贫”问题，基本医疗保险筹资水平和补偿水平有待进一步提高。②城镇基本医疗保险基金结余居高不下。2010 年城镇基本医疗统筹基金累计结存高达 3313 亿元、个人账户累计 1734 亿元，两者合计 5047 亿元，远超过当年城镇基本医疗保险基金总收入（4309 亿元）。③各项基本医疗保障筹资水平存在较大差异。目前城镇职工医保、城镇居民医保和新农合的筹资和保障水平存在较大差距。其中，城镇职工医保的筹资水平已经超过 1200 元；城镇居民医保筹资水平在 200～500 元左右，而新农合人均筹资额仅为 150 元。2008 年，城镇职工和城镇居民医保统一计算的人均筹资额为 955 元，而当年新农合人均筹资额仅为 96 元，仅为城镇人口医疗保险人均筹资额的 1/10。由于筹资水平差异，保障水平差异较大。④商业健康保险的发展严重滞后于经济和社会发展的需要。2010 年我国商业健康保险的保费收入占人身保险保费收入的比例由 2006 年的 9.12% 下降到 6.37%[①]，而在一个成熟的保险市场，商业健康保险保费收入占人身保险保费收入的比例一般为 30% 左右[②]。

（四）国家基本药物制度仍待巩固完善，药品生产流通秩序不规范

随着基本药物制度的初步建立，目前亟需不断巩固和扩大成果，既要解决一系列机制、体制问题，如完善调整目录遴选机制、促进临床合理使用、落实基层机构长效补偿机制、保障全民安全合理用药等，又要不断扩大制度覆盖面。实施国家基本药物制度仍处于攻坚阶段。目前，我国医药产业集中度低、流通环节过多、流通费用高，低价药品生产难以为继，一些企业片面追求经济利益，药品安全存在风险和隐患。商业贿赂、药价虚高、不合理用药等现象严重损害了群众利益。

（五）家庭护理等新兴服务业发展滞后，医疗卫生服务业结构亟待优化和提升

如何优化和提升医疗卫生服务业结构，在继续发展公共卫生服务、医疗服务等传统服务同时，大力发展老年护理、心理咨询、营养咨询、口腔保健、康复、临终关怀、体检等新兴医疗卫生服务业，是中国医疗卫生服务业发展面临的一个重要问题。特别是随着人口老龄化进程的加快，家庭护理服务发展不足的问题日益突出。我国需要老年护理服务的老年人口规模相当庞大。2010 年我国 60 岁及以上老年人口达 1.77 亿人，占总人口的 13.26%[③]，人口老龄化形势在未来将更加严峻。2010 年末全国城乡部分失能和完全失能老年人约 3300 万，占总体老年人口的 19.0%[④]。但目前我国老年护理机构数量有限。截至 2010 年底全国共有各类老年福利机构 39904 个，床位 314.9 万张，收养老年人 242.6 万人[⑤]，远远不能满足老年人的入住需求。同时，老年护理人力资源不足，远远不能满足不同年龄、不同层次老年人的各种需求。

（六）“以维护健康为中心”的医学模式尚未形成，发展方式亟待转变

当前，“以治疗疾病为中心”的医学模式仍主导我国医药卫生事业发展，各级各类医疗卫生机构之间“以维护健康为中心”的医学模式尚未形成，在卫生发展的内部结构和发展方式上仍不同程度地存在重治疗、轻预防，重外延扩张、轻内涵发展等问题，在很大程度上降低了我国医药卫生资源的整体配置效率，卫生发展方式亟待转变。新的健康和卫生发展理念要求医疗卫生发展方向和模式从注重

---

① 根据 2006 年、2010 年保监会保险业经营数据计算。

② 安华，金栋：“全民医保”背景下的中国商业健康保险定位与发展：澳大利亚经验的启示，《南方金融》，2008 年第 6 期。

③ 国家老龄委：《2010 年中国老龄事业发展公报》。

④ 吕学静：关于加快建立中国老年护理保险制度的探讨，http：//www.cncaprc.gov.cn/info/15782.html。

⑤ 国家老龄委：《2010 年中国老龄事业发展公报》。

疾病诊断治疗向预防为主、防治结合转变，发挥基层医疗卫生服务机构的作用。

（七）制约发展的体制机制障碍日益凸显，深化医药卫生体制改革进入攻坚阶段

当前，一些制约医疗卫生服务业发展的体制机制性问题日益凸显。①政府对医疗卫生机构长效、合理、稳定的投入机制尚未形成，一些地区增加卫生投入和转换运行机制没有同步进行，影响改革效果。②医药卫生管理职能过于分散，部门协调难度大，组织管理结构和能力不能满足工作需要，更难以形成合力统筹利用卫生资源。③公立医院改革深层次矛盾逐步显现，维护其公益性的体制机制尚未建立，改革难度逐步加大。④在管理、运行、投入、价格、监管等方面，尚未形成一整套相互衔接、相互联系的政策和制度体系。⑤医药卫生发展的一些重要条件也亟待加强。如在医药卫生法制建设方面，尚缺少一部规范政府、医疗卫生机构、卫生人员、服务对象和社会各方面责、权、利关系的综合性法律，在医药卫生工作的一些重要环节，也存在法律法规不健全问题；在医药卫生服务及监管方面，信息化水平低、管理手段落后，医疗卫生、医保、医药等方面没有实现互联互通，服务和监管信息难以共享。随着深化医药卫生体制改革逐步向纵深推进，改革的综合性和复杂性将进一步显现，任务愈发艰巨。

三、“十二五”发展思路

“十二五”期间，要深入贯彻落实科学发展观，将发展医疗卫生服务业作为加快推进产业结构调整、转变经济发展方式、提高国民整体素质、实现全面协调可持续发展的重要途径，着眼于基本医疗卫生制度建设，紧紧围绕“人均预期寿命提高1岁”的核心目标，以改善公共卫生和城乡基本医疗服务为重点，以医药卫生人才队伍和信息化建设为突破，以医疗卫生服务保障工程和国民健康行动计划为抓手，以体制机制综合改革为动力，到2015年，使全体居民人人拥有基本医疗保障，人人享有基本公共卫生服务，人人享有基本医疗服务，医疗服务可及性、服务质量、服务效率和民众满意度显著提高，居民个人就医费用负担明显减轻，地区间卫生资源配置和人群健康状况差异不断缩小，基本实现全体人民病有所医，国民健康水平居于发展中国家前列。一是进一步完善公共卫生服务体系，促进基本公共卫生服务逐步均等化；二是进一步健全城乡医疗服务体系，努力提高医疗服务水平；三是加快医疗保险业发展，建设覆盖城乡居民的多层次医疗保障体系；四是继续完善药品供应保障体系，深入推进药品生产流通领域改革；五是积极发挥中医药作用，促进中西医结合；六是鼓励社会资本大力发展医疗卫生服务业，满足群众多层次需求；七是加强医药卫生人才队伍建设，大力推进医药卫生信息化；八是加快推进相关体制机制改革，为医疗卫生服务业发展提供动力支撑。

附件：“十一五”卫生服务业政策文件

国务院文件

1.《国务院关于发展城市社区卫生服务的指导意见》（国发〔2006〕10号，2006年2月21日）

2.《国务院办公厅关于印发〈中国遏制与防治艾滋病行动计划（2006—2010年）〉的通知》（国办发〔2006〕13号，2006年2月27日）

3.《国务院办公厅关于进一步加强药品安全监管工作的通知》（国办发〔2007〕18号，2007年3月31日）

4.《国务院批转〈卫生事业发展“十一五”规划纲要〉的通知》（国发〔2007〕16号，2007年5月21日）

5.《国务院关于开展城镇居民基本医疗保险试点的指导意见》（国发〔2007〕20号，2007年7月10日）

6.《国务院城市社区卫生工作领导小组办公室关于开展社区卫生服务体系建设重点联系城市工作的通知》（国社卫办函〔2007〕11号，2007年8月16日）

7.《国务院办公厅关于将大学生纳入城镇居民基本医疗保险试点范围的指导意见》（国办发〔2008〕119号，2008年10月25日）

8.《中共中央 国务院关于深化医药卫生体制改革的意见》（中发〔2009〕6号，2009年3月17日）

9.《国务院关于扶持和促进中医药事业发展的若干意见》（国发〔2009〕22号，2009年4月21日）

10.《国务院关于印发〈医药卫生体制改革近期重点实施方案（2009—2011年）〉的通知》（国发〔2009〕12号，2009年3月18日）

11.《国务院办公厅关于印发〈建立和规范政府办基层医疗卫生机构基本药物采购机制指导意见〉的通知》（国办发〔2010〕56号，2010年11月19日）

12.《国务院办公厅转发〈国家发展和改革委员会 卫生部 财政部 商务部 人力资源和社会保障部关于进一步鼓励和引导社会资本举办医疗机构意见〉的通知》（国办发〔2010〕58号，2010年11月26日）

卫生部及相关部门文件

1.《卫生部 国家发展和改革委员会 民政部 财政部 农业部 国家食品药品监督管理局 国家中医药局关于加快推进新型农村合作医疗试点工作的通知》（卫农卫发〔2006〕13号，2006年1月10日）

2.《卫生部 财政部关于加强新型农村合作医疗管理工作的通知》（卫农卫发〔2006〕40号，2006年1月25日）

3.《卫生部关于印发〈2006—2010年全国乙型病毒性肝炎防治规划〉的通知》（卫疾控发〔2006〕39号，2006年1月28日）

4.《卫生部关于印发〈2006—2015年全国疟疾防治规划〉的通知》（卫疾控发〔2006〕70号，2006年2月22日）

5.《卫生部关于印发〈2006—2015年全国重点寄生虫病防治规划〉的通知》（卫疾控发〔2006〕107号，2006年3月21日）

6.《卫生部关于印发〈血站质量管理规范〉的通知》（卫医发〔2006〕167号，2006年4月25日）

7.《国家发展和改革委员会 财政部 卫生部 劳动和社会保障部 商务部 国家食品药品监督管理局 国务院法制办公室 国务院纠正行业不正之风办公室印〈关于进一步整顿药品和医疗服务市场价格秩序的意见〉的通知》（发改价格〔2006〕912号，2006年5月19日）

8.《卫生部关于加强预防艾滋病母婴传播工作的指导意见》（卫妇社发〔2006〕171号，2006年6月16日）

9.《卫生部关于印发〈全国麻风病防治规划（2006—2010年）〉的通知》（卫疾控发〔2006〕231号，2006年6月19日）

10.《劳动和社会保障部关于促进医疗保险参保人员充分利用社区卫生服务的指导意见》（劳社部发〔2006〕23号，2006年6月22日）

11.《国家发展和改革委员会 卫生部关于加强城市社区卫生服务机构医疗服务和药品价格管理意见的通知》（发改价格〔2006〕1305号，2006年6月27日）

12.《卫生部 国家中医药管理局关于印发〈城市社区卫生服务机构管理办法（试行）〉的通知》（卫妇社发〔2006〕239号，2006年6月29日）

13.《人事部 卫生部 教育部 财政部 国家中医药管理局关于加强城市社区卫生人才队伍建设的指导意见》（国人部发〔2006〕69号，2006年6月30日）

14.《卫生部 国家中医药管理局关于印发〈城市社区卫生服务中心、站基本标准〉的通知》（卫医发〔2006〕240号，2006年6月30日）

15.《卫生部 国家中医药管理局关于印发〈公立医院支援社区卫生服务工作意见〉的通知》（卫

医发〔2006〕244号，2006年6月30日）

16.《国家中医药管理局 卫生部关于在城市社区卫生服务中充分发挥中医药作用的意见》（国中医药发〔2006〕36号，2006年6月30日）

17.《国家中医药管理局关于印发〈中医药标准化发展规划（2006—2010年）〉的通知》（国中医药发〔2006〕39号，2006年7月13日）

18.《财政部 国家发展和改革委员会 卫生部关于城市社区卫生服务补助政策的意见》（财社〔2006〕61号，2006年7月13日）

19.《卫生部关于印发〈全国防盲治盲规划（2006—2010年）〉的通知》（卫医发〔2006〕282号，2006年7月18日）

20.《国家中医药管理局关于印发〈中医药事业发展“十一五”规划〉的通知》（国中医药发〔2006〕42号，2006年8月1日）

21.《中央编办 卫生部 财政部 民政部关于印发〈城市社区卫生服务机构设置和编制标准指导意见〉的通知》（中央编办发〔2006〕96号，2006年8月18日）

22.《卫生部 国家中医药管理局 国家发展和改革委员会 财政部关于印发〈农村卫生服务体系建设与发展规划〉的通知》（卫规财发〔2006〕340号，2006年8月29日）

23.《卫生部办公厅关于印发〈加强卫生职业教育的指导意见〉的通知》（卫办科教发〔2006〕168号，2006年9月6日）

24.《卫生部 国家中医药管理局 国家发展和改革委员会关于印发〈中央预算内专项资金（国债）农村卫生项目与资金管理办法〉的通知》（卫规财发〔2006〕413号，2006年9月29日）

25.《国家中医药管理局关于进一步保持和发挥中医药特色优势的意见》（国中医药发〔2006〕67号，2006年11月21日）

26.《卫生部关于进一步加强妇幼卫生工作的指导意见》（卫妇社发〔2006〕495号，2006年12月22日）

27.《卫生部关于加强“十一五”期间卫生人才队伍建设的意见》（卫人发〔2006〕474号，2006年12月25日）

28.《科学技术部 卫生部 国家中医药管理局 国家食品药品监督管理局 教育部 国家民族事务委员会 农业部 商务部 文化部 国家人口和计划生育委员会 国家质量监督检验检疫总局 国家林业局 国家知识产权局 中国科学院 中国工程院 国家自然科学基金委员会关于印发〈中医药创新发展规划纲要（2006—2020年）〉的通知》（国科发社字〔2007〕77号，2007年1月11日）

29.《卫生部关于促进卫生科技工作发展的指导意见》（卫科教发〔2007〕71号，2007年2月16日）

30.《国家食品药品监督管理局 国家发展和改革委员会 卫生部关于加强城市社区和农村基本用药定点生产、使用和价格管理的通知》（国食药监〔2007〕308号，2007年5月28日）

31.《卫生部 国家中医药管理局 中国保险监督管理委员会关于推动医疗责任保险有关问题的通知》（卫医发〔2007〕204号，2007年6月21日）

32.《卫生部关于进一步加强医疗器械集中采购管理的通知》（卫规财发〔2007〕208号，2007年6月21日）

33.《卫生部 财政部 国家中医药管理局关于完善新型农村合作医疗统筹补偿方案的指导意见》（卫农卫发〔2007〕253号，2007年9月10日）

34.《国家中医药管理局 国家民族事务委员会 卫生部 国家发展和改革委员会 教育部 科学技术部 财政部 人事部 劳动和社会保障部 国家食品药品监督管理局 国家知识产权局关于切实加强民族医药事业发展的指导意见》（国中医药发〔2007〕48号，2007年10月25日）

35.《卫生部 国家环境保护总局 国家发展和改革委员会 教育部 科学技术部财政部 国土资源部 建设部 交通部 水利部 农业部 商务部 国家广播电视电影总局 国家统计局 国家安全监督管理总局 国务院法制办公室 国家气象局 国家中医药局关于印发〈国家环境与健康行动计划（2007 年—2015 年）〉的通知》（卫监督发〔2007〕279 号，2007 年 11 月 5 日）

36.《卫生部 国家中医药管理局关于印发〈关于建立医务人员医德考评制度的指导意见（试行）〉的通知》（卫办发〔2007〕296 号，2007 年 12 月 7 日）

37.《卫生部关于印发〈扩大国家免疫规划实施方案〉的通知》（卫疾控发〔2007〕305 号，2007 年 12 月 29 日）

38.《卫生部关于加强适宜卫生技术推广工作的指导意见》（卫科教发〔2008〕2 号，2008 年 1 月 4 日）

39.《卫生部办公厅关于印发〈卫生部甲类大型医用设备配置审批工作制度（暂行）〉的通知》（卫办规财发〔2008〕8 号，2008 年 1 月 4 日）

40.《卫生部 中共中央宣传部 国家发展改革委员会 教育部 公安部 民政部 司法部 财政部 人事部 劳动和社会保障部 文化部 国家食品药品监督管理局 全国总工会 共青团中央 全国妇联 中国残疾人联合会 全国老龄工作委员会办公室关于印发〈全国精神卫生工作体系发展指导纲要（2008—2015 年）〉的通知》（卫疾控发〔2008〕5 号，2008 年 1 月 15 日）

41.《卫生部关于加强医疗机构价格管理控制医药费用不合理增长的通知》（卫规财发〔2008〕6 号，2008 年 1 月 23 日）

42.《财政部关于印发〈新型农村合作医疗补助资金国库集中支付管理暂行办法〉的通知》（财库〔2008〕33 号，2008 年 4 月 14 日）

43.《卫生部 财政部关于开展乡镇卫生院招聘执业医师试点工作的指导意见》（卫人发〔2008〕26 号，2008 年 5 月 6 日）

44.《卫生部办公厅关于印发〈中国公民健康素养促进行动工作方案（2008—2010 年）〉的通知》（卫办妇社发〔2008〕155 号，2008 年 8 月 11 日）

45.《住房和城乡建设部 国家发展和改革委员会关于批准发布〈乡镇卫生院建设标准〉的通知》（建标〔2008〕142 号，2008 年 8 月 18 日）

46.《卫生部 教育部关于加强继续医学教育工作的若干意见》（卫科教发〔2008〕49 号，2008 年 8 月 24 日）

47.《国家中医药管理局 卫生部 总后勤部卫生部关于切实加强综合医院中医药工作的意见》（国中医药发〔2008〕14 号，2008 年 10 月 27 日）

48.《卫生部关于印发〈各级疾病预防控制机构基本职责〉和〈疾病预防控制工作绩效评估标准〉的通知》（卫疾控发〔2008〕68 号，2008 年 12 月 1 日）

49.《卫生部关于规范新型农村合作医疗二次补偿的指导意见》（卫农卫发〔2008〕65 号，2008 年 12 月 4 日）

50.《卫生部办公厅关于印发〈推进全国疾病预防控制绩效考核工作方案〉的通知》（卫办疾控发〔2009〕5 号，2009 年 1 月 7 日）

51.《卫生部办公厅关于做好大学生参加城镇居民基本医疗保险有关工作的通知》（卫办医管发〔2009〕8 号，2009 年 1 月 10 日）

52.《卫生部 财政部关于印发〈关于进一步加强农村孕产妇住院分娩工作的指导意见〉的通知》（卫妇社发〔2009〕12 号，2009 年 1 月 10 日）

53.《卫生部 国务院纠正行业不正之风办公室 国家发展和改革委员会 国家工商行政管理总局 国家食品药品监督管理局 国家中医药管理局关于印发〈进一步规范医疗机构药品集中采购工作的意见〉

的通知》（卫规财发〔2009〕7号，2009年1月17日）

54.《卫生部办公厅关于印发〈2009年—2011年全国乙类大型医用设备配置规划指导意见〉的通知》（卫办规财发〔2009〕67号，2009年3月25日）

55.《人力资源和社会保障部 财政部关于全面开展城镇居民基本医疗保险工作的通知》（人社部发〔2009〕35号，2009年4月8日）

56.《卫生部关于印发〈健康档案基本架构与数据标准（试行）〉的通知》（卫办发〔2009〕46号，2009年5月15日）

57.《人力资源和社会保障部 财政部 国务院国有资产管理委员会 监察部关于妥善解决关闭破产国有企业退休人员等医疗保障有关问题的通知》（人社部发〔2009〕52号，2009年5月27日）

58.《卫生部办公厅 国家中医药管理局办公室 国家发展和改革委员会办公厅关于印发〈县医院、县中医院、中心乡镇卫生院、村卫生室和社区卫生服务中心等5个基层医疗卫生机构建设指导意见〉的通知》（卫办规财发〔2009〕98号，2009年6月9日）

59.《民政部 财政部 卫生部 人力资源和社会保障部关于进一步完善城乡医疗救助制度的意见》（民发〔2009〕81号，2009年6月15日）

60.《卫生部关于在省级和设区市级新型农村合作医疗定点医疗机构开展即时结报工作的指导意见》（卫农卫发〔2009〕62号，2009年6月24日）

61.《卫生部办公厅关于印发8个病种临床路径的通知》（卫办医政发〔2009〕111号，2009年6月30日）

62.《财政部 国家发展和改革委员会 民政部 人力资源和社会保障部 卫生部关于完善政府卫生投入政策的意见》（财社〔2009〕66号，2009年7月1日）

63.《卫生部 民政部 财政部 农业部 国家中医药管理局关于巩固和发展新型农村合作医疗制度的意见》（卫农卫发〔2009〕68号，2009年7月2日）

64.《卫生部 财政部 国家人口和计划生育委员会关于促进基本公共卫生服务逐步均等化的意见》（卫妇社发〔2009〕70号，2009年7月7日）

65.《卫生部办公厅关于印发〈中央补助地方公共卫生专项资金农村卫生人员培训项目管理办法〉的通知》（卫办农卫发〔2009〕116号，2009年7月13日）

66.《人力资源和社会保障部 财政部 卫生部关于开展城镇居民基本医疗保险门诊统筹的指导意见》（人社部发〔2009〕66号，2009年7月24日）

67.《人力资源和社会保障部 财政部关于进一步加强基本医疗保险基金管理的指导意见》（人社部发〔2009〕67号，2009年7月24日）

68.《卫生部 财政部 国家中医药管理局关于印发〈城乡医院对口支援工作管理办法（试行）〉的通知》（卫医管发〔2009〕72号，2009年7月27日）

69.《卫生部 国家发展和改革委员会 工业和信息化部 监察部 财政部 人力资源和社会保障部 商务部 国家食品药品监督管理局 国家中医药管理局关于印发〈关于建立国家基本药物制度的实施意见〉的通知》（卫药政发〔2009〕78号，2009年8月18日）

70.《卫生部 国家发展和改革委员会 工业和信息化部 监察部 财政部 人力资源和社会保障部 商务部 国家食品药品监督管理局 国家中医药管理局关于印发〈国家基本药物目录管理办法（暂行）〉的通知》（卫药政发〔2009〕79号，2009年8月18日）

71.《卫生部办公厅关于开展单病种质量管理控制工作有关问题的通知》（卫办医政函〔2009〕757号，2009年8月24日）

72.《卫生部关于医师多点执业有关问题的通知》（卫医政发〔2009〕86号，2009年9月11日）

73.《国家发展和改革委员会关于公布国家基本药物零售指导价格的通知》（发改价格〔2009〕

2498号，2009年9月28日）

74.《卫生部关于调整和制定新型农村合作医疗报销药物目录的意见》（卫农卫发〔2009〕94号，2009年9月29日）

75.《卫生部关于印发〈临床路经管理指导原则（试行）〉的通知》（卫医管发〔2009〕99号，2009年10月13日）

76.《国家发展和改革委员会 卫生部 人力资源和社会保障部关于印发〈改革药品和医疗服务价格形成机制的意见〉的通知》（发改价格〔2009〕2844号，2009年11月9日）

77.《商务部 国家食品药品监管局关于加强药品流通行业管理的通知》（商秩发〔2009〕571号，2009年11月25日）

78.《卫生部办公厅关于进一步加强卫生监督与食品安全工作的通知》（卫办监督发〔2009〕209号，2009年11月27日）

79.《卫生部关于规范城乡居民健康档案管理的指导意见》（卫妇社发〔2009〕113号，2009年12月1日）

80.《卫生部 国家发展和改革委员会 财政部 人力资源和社会保障部 教育部 中央编办关于加强卫生人才队伍建设的意见》（卫人发〔2009〕131号，2009年12月31日）

81.《人力资源和社会保障部 卫生部 财政部关于印发〈流动就业人员基本医疗保障关系转移接续暂行办法〉的通知》（人社部发〔2009〕191号，2009年12月31日）

82.《人力资源和社会保障部 财政部关于基本医疗保险异地就医结算服务工作的意见》（人社部发〔2009〕190号，2009年12月31日）

83.《卫生部 财政部关于加强乡村医生队伍建设的意见》（卫农卫发〔2010〕3号，2010年1月10日）

84.《卫生部关于加强医院临床护理工作的通知》（卫医政发〔2010〕7号，2010年1月19日）

85.《卫生部关于改进公立医院服务管理方便群众看病就医的若干意见》（卫医管发〔2010〕14号，2010年2月1日）

86.《卫生部 中央编办 国家发展改革委 财政部 人力资源社会保障部关于公立医院改革试点的指导意见》（卫医管发〔2010〕20号，2010年2月11日）

87.《卫生部关于确定公立医院改革国家联系试点城市及有关工作的通知》（卫医管发〔2010〕23号，2010年2月22日）

88.《国家发展和改革委员会 卫生部 中央编办 教育部 财政部 人力资源社会保障部关于印发〈以全科医生为重点的基层医疗卫生队伍建设规划〉的通知》（发改社会〔2010〕561号，2010年3月25日）

89.《卫生部办公厅关于推进乡村卫生服务一体化管理的意见》（卫办农卫发〔2010〕48号，2010年3月31日）

90.《卫生部办公厅关于规范新型农村农村合作医疗基金使用管理的通知》（卫办农卫发〔2010〕3号，2010年4月6日）

91.《卫生部 国家民族事务委员会关于加强少数民族地区癌症综合防治工作的意见》（卫疾控发〔2010〕40号，2010年4月13日）

92.《卫生部 国家发展和改革委员会 教育部 科学技术部 工业和信息化部 公安部 财政部 商务部 国家质量监督检验检疫总局 国家广播电影电视总局 国家旅游局 总后勤部卫生部 武警部队后勤部关于印发〈中国消除疟疾行动计划（2010—2020年）〉的通知》（卫疾控发〔2010〕47号，2010年5月19日）

93.《国务院纠正行业不正之风办公室 卫生部 国家发展和改革委员会 监察部 财政部 国家工商行政管理总局 国家食品药品监督管理局关于印发〈药品集中采购监督管理办〉的通知》（国纠办发〔2010〕6号，2010年6月2日）

94.《国家发展和改革委员会 卫生部 教育部 财政部 人力资源社会保障部关于印发〈开展农村订单定向医学生免费培养工作实施意见〉的通知》(发改社会〔2010〕1198号，2010年6月2日)

95.《卫生部关于印发〈中国预防与控制梅毒规划（2010—2020年）〉的通知》（卫疾控发〔2010〕52号，2010年6月3日）

96.《卫生部关于开展提高农村儿童重大疾病医疗保障水平试点工作的意见》(农卫发〔2010〕53号，2010年6月7日)

97.《卫生部办公厅关于加强医疗质量控制中心建设推进同级医疗机构检查结果互认工作的通知》(卫办医政发〔2010〕108号，2010年6月29日)

98.《卫生部关于印发〈卫生部关于进一步加强和完善卫生纠风工作责任制的意见〉的通知》(卫办发〔2010〕63号，2010年6月30日)

99.《卫生部 国务院纠正行业不正之风办公室 国家发展和改革委员会 监察部 财政部 国家工商行政管理总局 国家食品药品监督管理局关于关于印发〈医疗机构药品集中采购工作规范〉的通知》(卫规财发〔2010〕64号，2010年7月7日)

100.《卫生部 国家发展和改革委员会 教育部 财政部 国家食品药品监督管理局关于印发〈2010—2012年全国消除麻疹行动方案〉的通知》(卫疾控发〔2010〕65号，2010年7月7日)

101.《卫生部关于印发〈卫生部关于支持新疆卫生事业跨越式发展的指导意见〉的通知》（卫规财发〔2010〕68号，2010年7月27日）

102.《卫生部办公厅关于开展农民工健康关爱工程项目试点工作的通知》（卫办疾控发〔2010〕143号，2010年8月20日）

103.《卫生部 人力资源和社会保障部 民政部 财政部 中国残疾人联合会关于将部分医疗康复项目纳入基本医疗保障范围的通知》(卫农卫发〔2010〕80号，2011年9月6日)

104.《卫生部办公厅关于做好农村居民基本公共卫生服务工作的通知》(卫办农卫发〔2010〕159号，2010年9月25日)

105.《卫生部关于开展电子病历试点工作的通知》(卫医政发〔2010〕85号，2010年9月28日)

106.《卫生部关于做好深化医药卫生体制改革形势下院务公开工作的通知》（卫医政发〔2010〕91号，2010年10月19日）

107.《卫生部办公厅关于印发〈第二批单病种质量控制指标〉的通知》(卫办医政函〔2010〕909号，2010年11月1日)

108.《卫生部 农业部 商务部 国家工商行政管理总局 国家质量监督检验检疫总局 国家食品药品监管局关于印发〈食品安全信息公布管理办法〉的通知》(卫监督发〔2010〕93号，2010年11月3日)

109.《卫生部办公厅关于印发〈国家卫生应急队伍管理办法（试行）〉的通知》（卫办应急发〔2010〕183号，2010年11月21日）

110.《卫生部 国家发展和改革委员会 教育部 科技部 国家民族事务委员会 公安部 民政部 财政部 水利部 农业部 商务部 国家广播电影电视总局 国家林业局 中华全国妇女联合会关于印发〈防治包虫病行动计划（2010—2015年）〉的通知》(卫疾控发〔2010〕100号，2010年11月24日)

111.《卫生部关于印发〈香港和澳门特别行政区医疗专业技术人员在内地短期执业管理暂行规定〉的通知》(卫医政发〔2010〕106号，2010年12月16日)

112.《卫生部办公厅关于印发〈院前急救机构和人员绩效考核方案〉的通知》（卫办医政发〔2010〕199号，2010年12月20日）

113.《卫生部关于印发〈医院实施优质护理服务工作标准（试行）〉的通知》(卫医政发〔2010〕108号，2010年12月22日)

114.《卫生部 商务部关于印发〈香港和澳门服务提供者在内地设立独资医院管理暂行办法〉的通

知》（卫医政发〔2010〕109号，2010年12月22日）

115.《卫生部 商务部关于印发〈台湾服务提供者在大陆设立独资医院管理暂行办法〉的通知》（卫医政发〔2010〕110号，2010年12月22日）

116.《卫生部 财政部关于加强基本公共卫生服务项目绩效考核的指导意见》（卫妇社发〔2010〕112号，2010年12月31日）

（原卫生部供稿）

第八章 法律服务业发展报告

一、“十一五”发展情况

“十一五”时期，司法部认真贯彻落实《国民经济和社会发展第十一个五年规划纲要》，积极拓展和规范法律服务，充分发挥法律服务业在服务国家经济社会发展中的职能作用，取得了积极成效。

（一）律师服务业

1. 律师队伍迅速发展

全国律师总数迅速增长，基本保持在年增长率约10%的发展速度。2005年，全国律师共有121889人，到2010年年底，全国律师增至191719人，其中，专职律师173027人，约占全国执业律师总数的90.25%；兼职律师8820人，约占全国执业律师总数的4.6%；公职律师3840人，约占全国执业律师总数的2.00%；公司律师1557人，约占全国执业律师总数的0.81%；法律援助律师4475人，约占全国执业律师总数的2.34%（见图8－1，图8－2）。

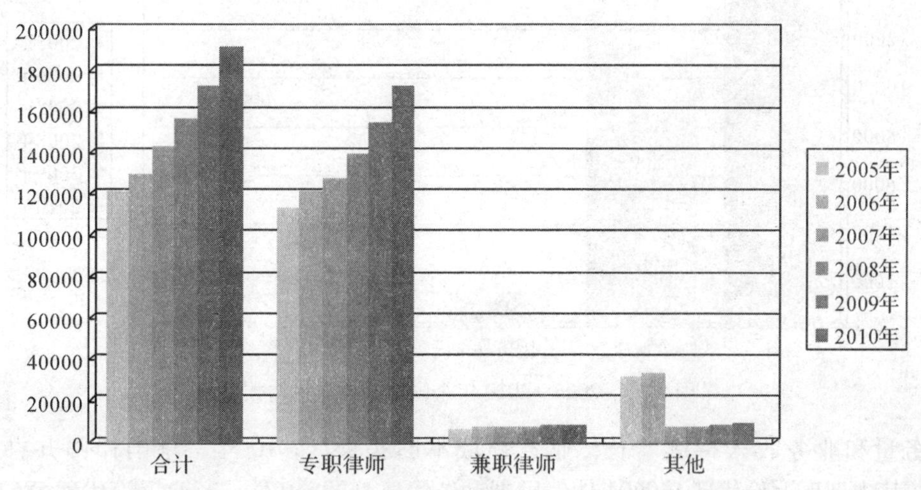

图8－1 2005—2010年全国律师人数

说明：“其他”包括公职律师、公司律师和法律援助律师。

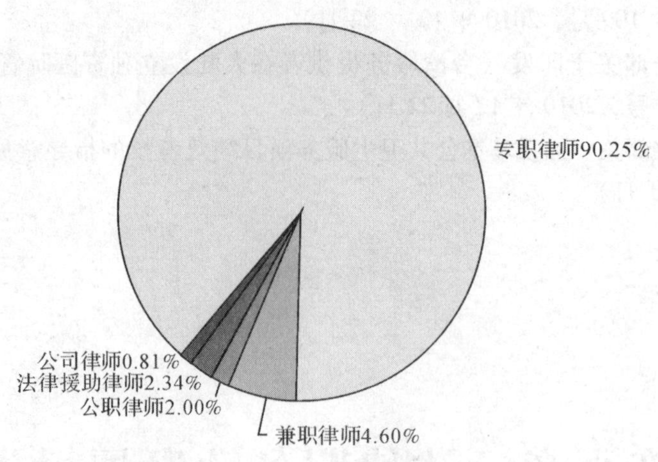

图 8-2 2010 年全国律师分类图

律师执业机构数量稳步增长，组织形式逐步完善，律师事务所的专业化、规模化程度不断提高。2005 年，全国律师执业机构共有 12886 个，到 2010 年年底，全国律师执业机构增至 17152 个。2008 年 6 月 1 日开始实施的新《律师法》进一步发展完善了律师事务所组织形式，许可设立个人律师事务所和特殊的普通合伙律师事务所，并取消了关于合作所的规定。新《律师法》施行以来，合作律师所的数量急剧下降，个人律师所的数量迅速增加。截至 2010 年年底，全国共有合伙律师所 13055 个，占全国律师执业机构的 76. 11%；国资律师所 1432 个，占全国律师执业机构的 8. 35%；合作律师所 2 个，占全国律师执业机构的 0. 01%；个人律师所 2663 个，占全国律师执业机构的 15. 53%（见图 8-3）。出现了一批专门或主要从事证券、金融、房地产、知识产权等业务的专业律师事务所，律师事务所的专业化趋势日益显著。从规模看，30 人以下的律师事务所仍占全国律师执业机构的绝大多数，小规模所至大规模所均出现不同程度的增长，但规模化的趋势在加强，大规模所增长明显，100 人以上的律师事务所从 2005 年的 10 余个已增至 50 个。

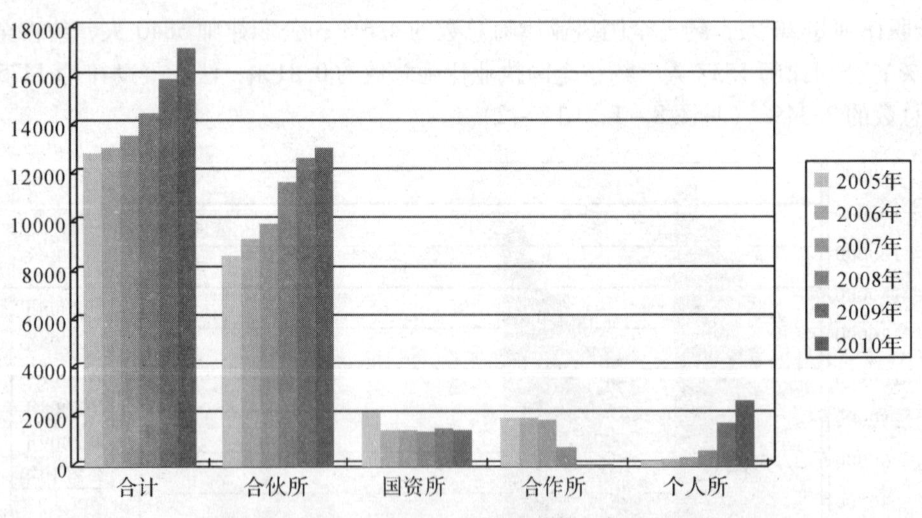

图 8-3 2005—2010 年全国律师执业机构数量

律师业务量和业务收入持续增长，业务领域不断拓展。2010 年，全国律师共办理诉讼案件 2127760 件（其中刑事诉讼代理 540604 件，民事诉讼代理 1528530 件，行政诉讼代理 58626 件）；办理非诉讼案件 883938 件（其中法律事务 520476 件，调解成功 192432 件，仲裁业务 171030 件）；担任法律顾问 480644 家，提供法律援助 237644 件（见图 8-4）。2010 年，全国律师行业业务总收入 3453662. 39 万元。其中，诉讼案件收入 1827133. 87 万元（刑事诉讼 300840. 51 万元，民事诉讼

1479505.02 万元，行政诉讼 46788.34 万元），非诉讼案件收入 839452 万元（法律事务 741573.82 万元，调解成功 44644.26 万元，仲裁业务 53233.92 万元），法律顾问收入 785778.98 万元，法律援助收入 1297.54 万元（见图 8－5）。

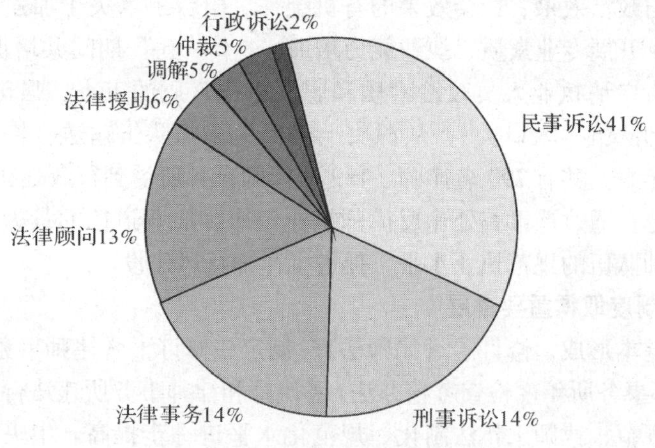

图 8－4　2010 年全国律师业务结构

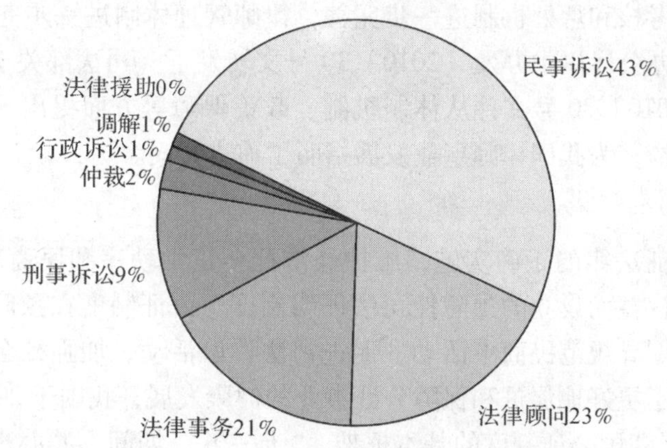

图 8－5　2010 年全国律师业务收入结构

律师法律服务对外开放稳步推进，截至 2010 年 9 月，有 20 个国家和香港地区的律师事务所在华（内地）设立了 295 家代表处，有 30 多个国内律师事务所在境外设立了分支机构。

2. 服务经济社会发展取得明显成效

律师工作紧紧围绕党和国家工作大局，积极拓展服务领域，职能作用进一步发挥。广大律师积极参与经济和民商事活动，认真办理金融、证券、商贸、房地产等领域法律事务。积极提供涉农法律服务，促进农村改革发展。积极办理涉外法律事务，帮助国内企业参与国际合作与竞争。积极服务发展社会事业和改善民生，依法履行辩护代理职责。积极履行社会责任，主动面向群众、面向基层、面向社区，开展法律援助和公益性法律服务。积极推进社会矛盾化解、社会管理创新、公正廉洁执法三项重点工作，广泛参与人民调解、司法调解、行政调解，参与涉法信访和群体性事件的处置。“十一五”期间，全国律师共代理诉讼案件 944 万件，办理非诉讼法律事务 298 万件，办理法律援助案件 93 万件，为 2 万多个政府部门、40 多万个企事业单位和社会团体担任法律顾问。律师还积极利用专业优势参政议政，推进社会主义法制建设。目前，全国有 3415 名律师当选为各级人大代表和政协委员，3 名律师当选为党的十七大代表，7 名律师 2010 年被评为全国劳动模范和先进工作者。

3. 律师队伍建设不断加强

律师队伍的思想政治建设、职业道德建设和业务素质建设得到大力加强。律师行业党的建设取得历史性突破，实现了党的组织和党的工作对律师行业的全覆盖。全国律师党员从 2008 年 6 月的 4.4 万人发展到2010年9月底的5.3万人。创先争优活动广泛开展，律师行业党建工作的长效机制逐步形成，党组织的政治核心作用和律师党员的先锋模范作用日益显著。深入开展社会主义法治理念教育，将律师行业社会主义法治理念教育与促进律师工作服务经济社会发展相结合，促使广大律师努力在执业活动中实现法律效果与政治效果、社会效果的有机统一。出台了《关于加强律师培训工作的意见》，广泛开展骨干律师培训，开展专业素质、执业能力培训，“十一五”期间共培训84.7万人次。大力加强律师队伍管理，注重对申请执业人员政治素质和职业道德素质的审查，强化实习培训和实务训练，加强实习考核，严把律师队伍“入口关”，从源头上确保为律师队伍输送合格人才。加大对违法违纪行为的惩处力度，近五年来，共有790名律师、139家律师事务所受到行政处罚，1277名律师、462家律师事务所受到行政处分。通过严肃查处违反律师执业纪律和职业道德的行为，有效地维护了律师队伍的纯洁性，提高了律师队伍的规范执业水平，促进了律师行风建设。

4. 改革和完善律师制度取得重要进展

律师法律制度体系基本形成，修订了《律师法》，制定、修订了《律师事务所执业管理办法》《律师执业管理办法》《律师事务所年度检查考核办法》《律师和律师事务所违法行为处罚办法》等9个规章、规范性文件和行业规范，律师工作法制化、规范化水平进一步提高。中央深化司法体制和工作机制改革确立的“改革和完善律师制度”任务基本完成，社会主义法治理念教育的长效机制进一步健全，律师执业准入、评价考核和惩处机制进一步完善，律师管理体制进一步完善。2010年9月17日，中共中央办公厅、国务院办公厅以中办发〔2010〕30号文转发了《司法部关于进一步加强和改进律师工作的意见》。中办发〔2010〕30号文件从体制机制、政策保障等方面提出了进一步加强和改进律师工作的战略任务和重大举措，为我国律师事业发展指明了前进方向。

（二）公证服务业

公证制度是国家为保证法律的正确实施，维护经济社会正常秩序和民商事流转秩序，保护公民、法人或者其他组织的合法权益而设立的预防性司法证明制度。公证制度在预防化解矛盾、减少纠纷诉讼方面具有职能优势，在引导规范民商事活动、促进司法诉讼活动、加强社会管理和建设方面发挥着不可替代的重要作用。为了更好地促进和保障公证事业的健康发展，我国于2005年8月出台了《公证法》，以法律的形式确立了我国公证制度的基本框架。“十一五”期间，共办理公证事项近6000万件，公证文书种类达100多种，发往100多个国家和地区使用。截至“十一五”末，全国已建立公证机构3011家，公证员1.2万人，公证行业从业人员2.4万人。

1. 依法推进公证工作改革发展取得明显成效

《公证法》颁布实施后，司法部下发《关于学习贯彻〈公证法〉的意见》，召开公证工作会议，出台《关于贯彻实施〈公证法〉的若干意见》，对贯彻实施《公证法》作出部署，明确了新时期、新阶段公证工作改革发展的基本思路、目标任务和工作措施。公证机构设置调整工作取得重要的阶段性成果，各地按照合法有序、积极稳妥、循序渐进和便民利民的原则，对公证机构的设置进行统筹规划，进一步实现公证服务资源的科学、合理配置，目前全国大部分省（区、市）完成公证机构设置调整或设置调整方案核定工作。公证机构体制改革工作积极稳妥推进，全国已有54%的公证处改为事业体制，公证机构依法独立执业地位和基础管理作用进一步落实。公证文书制度改革深入推进，扩大要素式公证书使用范围，完善定式公证书格式并组织推行。

2. 公证队伍建设进一步加强

围绕建设一支“政治坚定、业务精通、维护公正、恪守诚信”的高素质的公证队伍的总要求，坚持发展充实队伍与提高能力素质并举，切实加强公证队伍建设。2006年首次出台了公证岗位培训大纲，并在全国范围内组织开展了为期一年的公证岗位培训活动，广大公证人员的政治素质、业务素质和职业道德素质得到新的提高，政治信念、法制观念、业务能力、诚信意识普遍得到强化。积极做好发展公证员队伍的各项工作。到目前，全国已累计从通过国家司法考试人员中选拔任命公证员1729

名，占全国公证员总数的1/7，优化了公证队伍结构。公证员考核任职工作顺利实施，现已完成第一批考核任命公证员工作，考核任命公证员400多名，一些地区公证机构严重缺员问题得到缓解。

3. 公证工作的法制化、规范化水平不断提高

健全完善《公证法》配套规章制度体系，司法部制定了《公证机构执业管理办法》《公证员执业管理办法》《公证程序规则》《公证机构年度考核办法（试行）》《公证员考核任职工作实施办法》等规章和规范性文件，初步形成以《公证法》为核心、以各项管理规范和办证规则为依托的公证法律制度体系。加快推进公证工作的标准化、信息化建设，在健全完善公证规章制度的基础上，积极构建覆盖公证执业和管理等各个环节的信息化管理系统，严格规范公证执业活动和监督管理行为，提高公证管理效能。

4. 公证工作服务经济社会发展取得新成效

按照中央关于深入推进社会矛盾化解、社会管理创新、公正廉洁执法三项重点工作的部署要求，围绕党委政府中心工作，贴近人民群众实际需求，紧密结合实际，推动公证法律服务深入、有效地介入经济社会生活的各个领域，在服务民商事交易活动、重大工程项目建设、维护社会和谐稳定、推进社会主义新农村建设、促进对外开放、保护知识产权、应对国际金融危机和服务北京奥运会、上海世博会、广州亚运会、抗震救灾等重要工作领域，提供了优质高效的公证法律服务，公证工作预防矛盾纠纷、维护群众权益、促进法律实施等方面的职能优势更加显现。

二、存在的主要问题

（一）律师服务业

当前，我国律师业进入改革发展的关键时期。党的十七届五中全会对“十二五”时期我国经济社会发展作出了全面部署，为律师业提供了良好的发展机遇，也提出了新的更高要求。与经济社会发展的新要求相比，我国律师业还存在一些问题和不足。

1. 服务领域和服务能力有待进一步拓展和提高

科学发展是未来五年我国经济社会发展的主题。经济社会科学发展需要法治保障。实现“十二五”时期经济社会发展的目标任务，加快转变经济发展方式，面临着大量的法律事务，特别是在企业并购改制、环境保护、知识产权、涉外法律服务领域，迫切需要律师介入。但目前，我国律师队伍的专业化水平、知识结构、业务能力还不能适应经济社会发展的需求。

2. 区域发展不平衡问题日显突出

随着公民法律意识、权利意识的提高，人民群众对法律服务的需求日益增长，对服务质量的要求也越来越高。但目前，在一些经济欠发达地区，律师数量不足的问题仍然较突出。例如，在中西部地区，还有206个县没有一名律师，300多个县执业律师不足3人，“请律师难”的现象还不同程度地存在。

3. 政策扶持保障有待进一步提高

全面贯彻落实依法治国基本方略，加快建设社会主义法治国家，需要律师行业在立法、执法、司法和普法等法制建设各个环节充分发挥职能作用。但目前，法律保障律师执业权利的规定没有得到全面落实，律师与司法人员的关系需要进一步规范，律师行业发展的经费、税收、劳动社会保障等机制有待进一步完善。

4. 律师管理工作建设有待进一步加强

近年来，律师队伍规模迅速扩大，服务领域日益拓展，律师管理工作任务非常艰巨。但目前，律师管理法规规章和行业规范还需要进一步细化和完善，各级司法行政机关特别是地（市）和县（区）管理力量严重不足，律师协会行业自律有待进一步加强，律师事务所的基础管理工作发挥得还不够充分。

5. 国际竞争力有待进一步提高

随着我国对外开放不断深化、扩大，国内法律服务业与外国法律服务提供者在涉外法律服务领域的竞争日益激烈，国内法律服务业在管理水平、人才培养、服务能力等方面与国外同行还存在一定差距，国际竞争力亟待提高。

（二）公证服务业

公证业务拓展面临诸多制约因素：法定公证制度尚未落实；公证员队伍数量、公证服务能力还不能完全适应经济社会发展的要求，经济欠发达地区公证机构缺员问题较为严重；公证机构多种体制并存，公证机构设置调整尚未到位；公证业发展的环境有待进一步改善，扶持保障政策需要进一步健全。

三、“十二五”发展思路

“十二五”时期，我国法律服务业发展的主要任务是：全面贯彻落实党的十七大和十七届五中全会精神，高举中国特色社会主义伟大旗帜，以邓小平理论和“三个代表”重要思想为指导，深入贯彻落实科学发展观，全面贯彻实施《律师法》和《公证法》，贯彻落实中办发〔2010〕30 号文件精神，不断拓展服务领域，进一步发挥职能作用，大力加强队伍建设，不断深化工作体制机制改革，全面推进法律服务工作的改革发展，推动我国法律服务业在新的起点上实现又好又快发展，为“十二五”时期我国经济社会发展提供优质高效的法律服务。律师服务业的发展目标是：努力建设一支有中国特色、有相当数量、有较高素质的律师队伍；努力拓展律师服务领域，充分发挥律师职能作用；努力提升律师服务水平，适应经济社会发展需要。进一步健全完善具有中国特色社会主义的律师制度体系。主要任务是：修改《刑法》《刑事诉讼法》及相关法律，完善律师执业权利体系和保障、救济措施；建立健全律师担任政府法律顾问和从事法律援助、公益法律服务经费保障机制；制定适合律师业科学发展需要的会计核算制度、财税政策、劳动用工和社会保障政策、律师职业责任保障制度；建立健全对国资律师事务所发展、欠发达地区、少数民族地区律师业发展的扶持保障机制；建立健全律师人才培养选用机制，畅通从优秀律师中选拔法官、检察官，推选担任党代会代表、人大代表、政协委员和进入党政机关的渠道；建立以国家律师学院为龙头的律师教育培训基地，建立覆盖全国的律师继续教育网络；建立全国统一的律师管理信息平台；建立全国统一的律师事务所评价体系。政策措施是：加强和改进党对律师工作的领导，进一步加强律师行业党的建设，培育形成中国特色社会主义律师执业精神；加强司法行政机关律师管理工作力量和律师协会建设；积极争取人大立法机关、司法机关、政府各有关部门的理解、重视和支持，确保《律师法》的贯彻实施，落实中央提出的加强和改进律师工作的各项扶持政策和保障措施，为律师业发展创造良好的条件和环境。

“十二五”时期，公证服务业的指导思想是：全面贯彻实施《公证法》，中共中央、国务院《关于分类推进事业单位改革的指导意见》以及经国务院批准的《关于深化公证工作改革的方案》，以拓展服务领域、强化职能作用为重点，以提高公证队伍素质、增强服务能力为保障，以加强公证机构建设、完善公证工作组织体系为基础，以提高公证质量、增强公证公信力为关键，以深化公证工作改革、完善体制机制为动力，全面推进公证业的改革、建设和发展，为实现“十二五”时期我国经济社会发展的目标任务提供优质高效的公证法律服务。主要目标和任务是：公证队伍建设有新的进展，公证业务领域进一步扩展，公证工作改革进一步深化，依法推进公证机构设置调整工作，建立完善的公证法律制度体系。政策措施是：建立符合《公证法》要求和适应公证工作规律的公证机构体制，保障公证事业持续稳定健康发展；完善公证业的税收政策和公证服务收费制度、公证机构财务管理制度；建立和完善符合公证业特点的社会保障政策；改善公证执业环境，规范民事责任承担机制，保障公证机构的调查核实权；加大对经济欠发达和少数民族地区公证业发展的扶持保障力度，努力缩小东、中、西部地区公证工作差距，保障各地区公证服务全覆盖和公证工作协调发展；加强司法行政机关公证管理工作力量和公证协会建设。

附件："十一五"法律服务业政策文件

国务院文件

1.《中华人民共和国公证法》（主席令第三十九号，2005 年 8 月 28 日）

2.《中国人民共和国律师法》（主席令第七十六号，2007 年 10 月 28 日）

3.《中共中央组织部 中共司法部党组关于关于进一步加强和改进律师行业党的建设工作的通知》（组通字〔2008〕15 号，2008 年 3 月 5 日）

4.《中共中央办公厅 国务院办公厅转发〈司法部关于进一步加强和改进律师工作的意见〉的通知》（中办发〔2010〕30 号，2010 年 9 月 17 日）

司法部及有关部门文件

1.《公证机构执业管理办法》（司法部令第 101 号，2006 年 2 月 23 日）

2.《公证员执业管理办法》（司法部令第 102 号，2006 年 3 月 14 日）

3.《公证程序规则》（司法部令第 103 号，2006 年 5 月 18 日）

4.《律师事务所管理办法》（司法部令第 111 号，2008 年 7 月 18 日）

5.《律师执业管理办法》（司法部令第 112 号，2008 年 7 月 18 日）

6.《律师和律师事务所执业证书管理办法》（司法部令第 119 号，2009 年 9 月 21 日）

7.《律师事务所名称管理办法》（司法部令第 120 号，2010 年 1 月 4 日）

8.《律师事务所年度检查考核办法》（司法部令第 121 号，2010 年 4 月 8 日）

9.《律师和律师事务所违法行为处罚办法》（司法部令第 122 号，2010 年 4 月 8 日）

10.《国家发展和改革委员会 司法部关于印发〈律师服务收费管理办法〉的通知》（发改价格〔2006〕611 号，2006 年 4 月 13 日）

11.《司法部关于印发〈公证机构年度考核办法（试行）〉的通知》（司发通〔2007〕67 号，2007 年 10 月 30 日）

12.《司法部关于合作律师事务所调整工作的指导意见》（司发〔2008〕12 号，2008 年 8 月 14 日）

13.《司法部关于印发〈公证员考核任职工作实施办法〉的通知》（司发通〔2010〕6 号，2010 年 1 月 15 日）

14.《中华全国律师协会关于印发〈申请律师执业人员实习管理规则〉的通知》（律发通〔2010〕19 号，2010 年 6 月 12 日）

15.《中华全国律师协会关于印发〈律师执业活动年度考核规则〉的通知》（律发通〔2010〕25 号，2010 年 8 月 13 日）

（司法部供稿）

第九章　民政服务业发展报告

"十一五"期间，民政部出台了一系列促进民政领域服务业加快发展的政策措施，民政领域服务业主要行业实现了较快发展，固定资产投资逐步提高，吸纳就业能力逐步增强，各类服务业增加值逐步提高，服务城乡人民群众生活的能力和水平进一步提升，为"十二五"民政领域服务业发展奠定了良好的基础。

一、"十一五"发展情况

（一）我国社会养老服务业加快发展

为应对人口老龄化挑战，满足人民群众日益增长的养老服务需求，民政部大力推进社会养老服务体系建设。

1. 推进社会养老服务政策法规建设

会同有关部门修订《中华人民共和国老年人权益保障法》，制定《社会养老服务体系建设"十二五"规划》，颁布《关于加快发展养老服务业的意见》《关于全面推进居家养老服务工作的意见》等一系列具体化、可操作性强的政策法规，突出政府的宏观指导和政策扶持，使我国的社会养老服务体系建设初步走上了有章可循的轨道。

2. 初步确立社会养老服务体系的基本框架

初步建立了以居家为基础、社区为依托、机构为支撑的社会养老服务体系。开展居家养老服务，基本建立了以保障高龄、独居、空巢、失能和低收入老人为重点，借助专业化养老服务组织，提供生活照料、家政服务、康复护理、医疗保健等服务的居家社会养老服务体系。发展社区养老服务，在街道和社区建立和完善社区服务设施，因地制宜地开展了老年人入户服务、紧急援助、日间照料、保健康复、文体娱乐等服务，提升了社区养老服务能力。推进机构养老服务，兴办了一批老年公寓、福利院、敬老院等养老机构，多种所有制成分兴办养老机构的实践取得了一定的成效。截至2010年年底，全国有各类养老机构4万个，养老床位320.8万张。

3. 逐步扩大社会养老服务体系的惠及范围

社会养老服务体系建设的服务对象不断扩大，逐步由"三无"和"五保"老人拓展到全社会所有的老年人。对于"三无"和"五保"老人，保障他们的基本生活，为他们提供无偿服务，供养资金纳入财政预算；对于高龄老人，许多地区出台了高龄补贴政策；对于低收入老人，一方面，将符合条件的纳入城乡最低生活保障范围，保障其基本生活；另一方面，将其作为服务保障的重点，为他们提供低偿或者无偿的养老服务；对于经济条件较好的老人，通过市场化运作，建设档次较高的养老机构，在居家养老中实行有偿服务，满足了他们的养老服务需求。目前，全国约有700万城乡老年人纳入"三无""五保"供养范围，332万老年人纳入城市最低生活保障范围，1855万老年人纳入农村最低生活保障范围。

4. 基本形成养老服务多元化投入格局

多渠道筹措资金，逐年加大对养老服务事业的投入，形成了财政资金、彩票公益金和社会投入相结合的多元化投入机制。加大在高龄老人津（补）贴、"三无"和"五保"人员供养、民办公助、政府购买服务、基础设施建设等方面的财政投入，发挥政府资金的引导作用和扶持功能。将社会养老服务体系建设作为福利彩票公益金的资助重点，先后启动实施了农村五保供养服务设施、省市社会福利机构、县区社会福利中心、示范性养老基地、长期护理机构建设等工程项目，建设了一批社会急需的养老机构。从政策扶持入手，积极鼓励和引导民间资本参与兴办养老机构，激发了社会力量参与社会养老服务体系建设的热情。

5. 不断加强社会养老服务体系能力建设

推行职业资格和技术等级管理制度，加强养老服务队伍专业教育、在职教育和岗位技能培训。加大引入专业社会工作者的力度，提高服务质量。制定了一系列相配套的规范和标准，推动养老服务事业规范发展。加强信息化建设，通过便民信息网、电话专线、爱心门铃等形式，加强养老服务信息平台建设，为老年人提供方便快捷的服务。广泛开展落实有关标准规范专项检查，加强养老机构的安全管理。鼓励组建养老服务行业协会，构建政府、中介组织、养老机构三方管理体制，开展行业自律、行业管理、行业交流和行业培训。

（二）城乡社区服务体系建设步伐加快

2010年年底，全国有8.7万个城市社区、59.5万个建制村（社区）。“十一五”期间，各地认真贯彻落实《国务院关于加强和改进社区服务工作的意见》（国发〔2006〕14号）和国家发展改革委、民政部《“十一五”社区服务体系发展规划》，城乡社区服务体系建设取得显著成效，“小社区、大服务”的发展格局初步形成。

1. 社区服务设施建设取得初步进展

根据《“十一五”社区服务体系发展规划》，中央和地方投入资金21.8亿元，在全国范围内规划建设了3000个示范性、综合性城市社区服务设施（其中社区服务站2400个、街道社区服务中心500个、城市社区信息综合服务平台100个），重点支持了中西部地区的城市社区服务基础设施建设。在中央财政投资的引领带动下，各地将社区服务设施建设项目列入地方财政预算，重点予以保障。截至2010年年底，全国共建成综合性的社区服务中心12720个，社区服务站44237个，社区卫生服务中心（站）、社区文化中心（室）等专项社区服务设施9.6万个，社区服务设施覆盖率达22.4%。

2. 社区服务内容不断拓展

劳动就业、社会保险、社会服务、文化娱乐、社会治安等政府公共服务事项逐步向社区覆盖，社区志愿者注册登记制度广泛推行，社区志愿互助服务蓬勃开展。家政服务、物业管理、养老托幼、食品配送、修理服务、再生资源回收等便民利民服务项目及超市、菜场、早餐等服务网点逐步进入社区，方便了社区居民生活，提高了生活质量。

3. 社区服务队伍不断壮大

依法选举产生一批村（居）委会成员，逐步面向社会公开招聘专职社区工作人员。一大批素质高、能力强、作风正、愿意为群众服务的城乡居民走上社区工作岗位。截至2010年年底，全国共有社区居民委员会成员43.9万人、村民委员会成员233.4万人，社区公共服务从业人员105.9万人。有507.6万社区居民成为社区志愿者，活跃在社区服务各领域，成为推动社区建设和社区服务的重要力量。

4. 社区服务方式不断改善

不少地方依托街道（乡镇）社区服务中心、社区服务站，实行“一站式”服务；利用现代信息技术，推动社区信息化建设，方便快捷地满足了居民多样化需求。有的地方通过政府购买服务、设立项目资金、开展项目补贴等方式，引导社会组织、企事业单位和居民参与社区管理和服务活动，增强了社区服务的活力和社会组织的服务能力。

5. 社区服务制度环境初步形成

国家围绕老年人、未成年人、残疾人权益保护工作出台了法律，围绕社区卫生、社会救助、劳动就业、文化教育、社区服务设施等内容出台了相关政策。各地也相继出台了积极推进社区服务的政策措施，社区服务的政策法规逐步完善，各级党委政府对社区服务的重视程度越来越高，社区居民对社区服务的认同感和归属感越来越强。

（三）殡葬服务业加快发展

1. 殡葬改革迈出新步伐

“十一五”时期，进一步强化政策指导，明确了推动殡葬改革的指导思想、基本原则和总体目标，提出了促进殡葬事业发展的具体措施，推动土葬区殡葬改革工作，实施了土葬改革分步走的战略。启动全国性殡葬改革示范活动，鼓励各地开拓创新，树立典型，以点带面。加大清明节祭扫保障力度，实现了全国每年4亿人次集中祭扫的文明安全、和谐有序。积极应对汶川、玉树地震等重大自然灾害遇难人员遗体处理工作，维护了灾区社会稳定。《殡葬管理条例》修订工作进入了实质性阶段，并向社会公开征求意见。中国殡葬协会以主席国身份成功举办了国际殡葬协会年会和国际殡葬设备用品博览会，得到了国内外同行的高度赞扬和肯定。

2. 殡葬管理体制机制有所创新

"十一五"时期，许多地方将殡葬改革纳入政府工作目标考核。不断加强殡葬管理执法队伍建设，加大经费保障力度，推行政事分开、管办分离，创新和完善殡葬管理体制和运行机制。积极转变工作方式，强化制度建设，推进依法行政，出台了一批服务收费、公墓管理、骨灰存放、行业监管等方面的政策法规，取消了生产销售丧葬用品等行政审批项目，降低了利用外资建设殡葬服务设施的行政许可层级。

3. 殡葬服务体系日趋完善

"十一五"时期，全国殡仪馆数量已由"十五"末的1594家增加到目前的1729家，经营性公墓由1009家增加到1266家，基本建设投资由2005年不足4亿元增加到2009年的13.6亿元，殡葬服务网络正逐步向乡村社区延伸。各殡葬服务单位不断建立完善殡葬服务流程标准和监督，采取便民利民措施，加强行风建设和窗口建设，服务质量明显提升。大力实施人才战略，推进职业技能培训鉴定，全国4200多名殡仪职工成为了殡葬专业技术人才，多人被评为"全国优秀技能人才"。

4. 殡葬救助保障制度初显雏形

据不完全统计，截至"十一五"末，全国出台惠民殡葬政策的地区已达11个省、99个地级市和407县，分别占行政区划总量的35.5%、29.8%、14.2%，覆盖人口总数已达4.73亿，每年投入资金总量为7.91亿元。许多地方把惠民殡葬政策范围从辖区居民扩展到外来务工人员，从基本殡葬服务延伸到生态节地葬法补贴奖励，还带动部分殡葬服务单位采取了减免困难群众殡葬服务费用等便民利民措施，得到了社会好评。

5. 绿色殡葬成效显著

"十一五"时期，通过坚持倡导绿色低碳、生态文明的葬式葬法，大力推动绿色殡葬建设。通过坚持推行火化，减少了对土地生态的破坏和资源财富的浪费；通过升级改造火化设备，有效降低了烟尘排放，节约了能源，保护了环境；通过推广节地葬法，骨灰处理更加集约化、多元化、生态化；通过宣传倡导新风尚，文明节俭办丧事、低碳祭扫忆故人已成为许多群众的自觉行动。

（四）婚姻登记服务规范发展

1. 婚姻登记机关设施建设完成跨越式发展

通过登记管理体制改革，全国97%的县区设立了婚姻登记机关。规范化建设单位由初期的302个增加到现在的2177个，增长了7.2倍。登记机关总面积由初期的34万多平方米增加到56万多平方米，增长了61%。登记机关宽敞明亮、布局合理、环境温馨，电子显示屏、自动叫号机等服务设备一应俱全，达到了登记机关的规范化要求。

2. 婚姻登记队伍建设得到不断加强

符合行政、参公管理和财政补助事业编制的县级登记机关比例由初期的不到10%提高到82%。初步建立了一支学历层次高、法律知识熟、业务能力强、服务态度佳的专职登记员队伍。专职登记员已经达到10374人，占县级以上登记人员总数的86%。具有大专以上学历的人员比例也由2005年的62%提高到现在的84%。

3. 婚姻登记机关依法行政水平得到显著提升

各地建立起政务公开、首问责任、限时办结、绩效考核、责任追究和档案管理等制度，保障了依法行政的有效落实。县级以上民政部门婚姻登记机关登记合格率普遍达到99.8%以上，许多登记机关在服务型政府窗口评比以及行风建设评比中均名列前茅。

4. 婚姻信息化建设成果丰硕

全国实现省级联网的省份已由2005年的2个增加到23个，省级联网率达到了74%。许多地方积极开展婚姻登记网上预约、在线查询、婚姻档案信息检索以及网上政务公开等工作。“十一五”期间开发完成了“全国婚姻登记管理信息系统”和“部、省两级婚姻登记数据交换系统”，初步建成民政部婚姻登记数据中心，启动了部省两级婚姻信息实时交换与共享的试运行工作。

5. 婚俗改革得到扎实推进

举办了以婚俗改革为主题的论坛，并向全国征集结婚登记颁证词，形成的四种颁证词版本在实践中反响良好。

（五）残疾人福利服务稳步推进

“十一五”期间，按照残疾人事业“十一五”发展纲要的要求，残疾人社会福利服务加快发展，残疾人的合法权益得到切实保障。

1. 制定完善残疾人事业政策法规，维护残疾人合法权益

修订《中华人民共和国残疾人保障法》，公布施行《假肢和矫形器（辅助器具）生产装配企业资格认定办法》《假肢与矫形器（辅助器具）制作师执业资格注册办法》，规范假肢和矫形器（辅助器具）生产经营活动，保障残疾人的身体康复和人身安全。参与制定《残疾人就业条例》，这是我国第一部专门规定残疾人就业的法规，标志着我国残疾人就业工作进入了有法可依的发展阶段。出台《福利企业资格认定办法》，规范福利企业的资格认定。

2. 扶持社会福利企业发展，促进残疾人集中就业

为保障残疾人就业权益，保障国家税收不流失。“十一五”期间，调整完善福利企业税收优惠政策，并在试点的基础上，在全国范围内实施。一是突破所有制界限，将原有享受政策的范围由民政、街道、乡镇主办的企业扩大到社会各种投资主体举办的企业；二是为充分保障有劳动能力残疾人的就业权利，将原有政策规定的“四残”范围扩大至“六残”；三是进一步规范了集中安排残疾人就业的用工行为，维护了残疾职工的合法权益；四是对享受优惠政策的企业安置残疾人实行25%的最低比例限制；五是福利企业税收优惠由按比例减免改为按企业实际安置残疾人数定额减免，并进行上限限制。截至2009年，全国社会福利企业22783个，安置残疾人总数达到62.7万人。

3. 开展残疾人康复工作，促进残疾人参与社会生活

指导社区组织做好残疾人康复、就业等各项权益保障工作。开展全国残疾人社区康复示范区培育活动，进一步加强残疾人社区康复工作，大力发展残疾人社区福利服务和社区照料，努力实现残疾人“人人享有康复服务”。开展康复器具的研究开发工作，完善各项规范和标准体系，促进康复器具行业健康发展。国家康复辅具研究中心一期建成并投入使用。

4. 加强社会福利机构建设，提高“三无”残疾人供养水平

实施“全国县区社会福利中心建设计划”，在全国县、县级市、市辖区建设县级综合性社会福利中心。另外，资助各地加强建设和改造民政精神卫生和福利机构基础设施。目前，全国共有社会福利院1611个，社会福利医院177个。这些集中供养的人员中，有很大一部分都是残疾人。

（六）儿童福利服务粗具规模

“十一五”期间，随着“儿童福利机构建设蓝天计划”“残疾孤儿手术康复明天计划”等专项工作的实施，以及孤儿保障制度的建立，我国的儿童福利服务事业逐步形成规模，开始为各类困境儿童群体提供有益帮助。

1. 儿童福利机构建设快速发展

目前我国共有儿童福利机构800多家，其中“十一五”期间“儿童福利机构建设蓝天计划”新建、改扩建的儿童福利机构达到435家，基本达到了全国每个地级市都有一所独立的儿童福利机构，形成了以省会城市儿童福利院为示范、以地市级儿童福利院为主体、以县级综合福利院儿童部为补充的儿童福利机构工作网络，为10万多名生活在儿童福利机构中的孤儿、弃婴和残疾儿童，提供了养育、医疗、康复和特殊教育方面的服务。

2. 儿童福利机构社会化服务工作已经启动

在做好对院内儿童服务的同时，儿童福利机构开始探索对院外儿童的服务，逐步发挥对社区的辐射作用。目前开展的工作中，既有对普通儿童开展的幼教、早教类项目，也有对残疾儿童医疗康复和特殊教育项目。特别是在医疗康复方面，一些儿童福利院已发展为当地较有影响和权威的机构，脑瘫康复等工作在行业中处于领先地位。部分地方还成立了儿童福利服务指导中心，代理与孤儿等困境儿童有关的事务。

3. 残疾和病患儿童免费医疗康复稳步开展

“残疾孤儿手术康复明天计划”使4.7万名残疾孤儿接受了手术矫治和康复，术后康复效果良好，健康条件显著改善，8000多名术后孤儿回归了家庭。“重生行动——贫困家庭唇腭裂儿童手术康复计划”治愈儿童18000多名，“西部贫困家庭疝气手术康复项目”治愈儿童6000多名，有关贫困家庭先天性心脏病患儿和白血病患儿的救助项目也在积极开展。

4. 儿童福利服务专业化队伍逐步形成

在民政部与人力资源和社会保障部的共同努力下，孤残儿童护理员作为一门新的职业在2007年得以确立，民政部颁布了相应的国家职业标准。2008年起，国家开始组织全国社会工作者职业水平考试，大批专业社会工作者开始执证上岗，相当部分在与儿童有关的领域内开展工作。育婴师、康复师、营养师、特殊教育老师等专业技术人才队伍也在不断扩充。

二、存在的主要问题

（一）养老服务业发展存在的主要问题

1. 总量不足

随着人口老龄化、家庭小型化、农村城市化进程的加快，人民群众对于养老服务的需求越来越迫切，而我国现有的养老服务供给严重不足。养老床位总数仅占全国老年人口的1.8%，不仅低于发达国家5%～7%的比例，也低于一些发展中国家2%～3%的水平。在一些地区，由于缺乏科学的规划指导，区域之间、城乡之间发展不平衡，布局不合理，既存在“一床难求”，也存在“床位闲置”现象。

2. 投入不足

20世纪90年代以来，部分地区由于对社会福利社会化理解的偏差，在一定程度上淡化了国家作为社会福利事业发展主体的责任，导致了地方政府对社会养老服务体系建设的资金投入严重不足。尽管随着公共财政体制的建立和完善，近年来政府财政支出更多地向民生领域倾斜，但总体而言投入依然严重不足。

3. 专业化程度不高

我国现有的养老服务队伍最突出的问题是专业人员缺乏。以养老护理员为例，按照失能老年人与护理人员配备比例3:1测算，我国约有3000万失能和半失能老年人，共需要养老护理员1000万人，而目前全国取得职业资格的不足10万人，供需矛盾十分突出。同时，由于尚未建立起完善的人才培养、培训、使用、评价和激励机制，养老服务队伍不够稳定，直接影响了养老服务的质量和水平。

4. 政策扶持不够

尽管国家在土地、税收、用水、用电等方面提出了一系列优惠政策，扶持社会力量参与社会养老服务体系建设，但目前来看，仍然存在政策不落实的现象。同时，随着形势的发展，许多优惠扶持政策有待健全完善，其已成为制约社会养老服务体系快速发展的瓶颈。

5. **准入制度缺乏**

我国的养老机构根据自身意愿可办理三类法人登记：企业法人、民办非企业法人、事业单位法人。现实中，存在着大量没有在任何部门登记的养老机构。由于养老机构管理缺乏专项行政法规，养老机构的准入机制尚未建立，民政部门难以对各类养老机构实行有效监管，老年人的合法权益难以得到维护。

（二）城乡社区服务存在的主要问题

1. **社区服务内容亟待丰富**

随着企业转制、社会转型和政府转变职能，社区服务对象及其需求明显增多。除治安、卫生、计生、就业、低保、文体等传统政府公共服务项目外，适应加强和创新社会管理需要的社区禁毒、社区矫正、社区调解、社区消防、社区消费维权和预防青少年违法犯罪等社区公共服务项目和解决社区居民生活急需的老年人照料等公益性服务项目有待开发。

2. **社区服务设施严重短缺**

城乡社区服务设施供给不足，城乡之间发展不平衡，77.6%的社区缺少服务场所，农村社区服务设施覆盖率仅为6.5%。社区服务项目较少，水平不高，供给方式单一。目前，我国800多个城区和300多个县级市中，除400个已建成社区服务网络外，仍有一多半未建立社区服务网络，难以做到资源共享、服务需求和服务供给的对接。

3. **社区服务人才不足**

由于社区服务工作任务繁重、报酬偏低，因此难以吸引众多优秀人才和专业人才从事社区管理服务工作。目前，社区居委会成员仍以高中（中专）文化水平居多，占总数的51%，初中以下的占23%，大专及以上学历的仅占26%。现有社区服务从业人员普遍缺乏系统的社会工作和专业培训，结构亟待优化，素质亟待提高。

4. **社区服务体制机制不顺畅**

社区服务缺乏统一规划，资源整合不够。社区服务资金缺乏稳定的投入机制，部分地区社区基本公共服务的必要支出得不到保障，基础设施建设资金缺口较大。社会参与机制和制度环境还有待进一步完善。

5. **社区服务社会化、精细化程度不高**

目前，社区服务的主体还比较单一，服务层次不高，服务质量较低，社区养老、家庭服务、物流配送、信息咨询等社区新型服务产业尚未形成规模。社区服务缺少知名品牌和连锁机构，技术含量较低，难以满足社区居民日益增长的多样化、高质量的服务需求。

（三）殡葬服务发展存在的主要问题

1. **殡葬改革不到位、不彻底的问题**

一些地方长期重火化轻骨灰处理，火化后将骨灰装棺二次土葬，不仅没有达到殡葬改革的目的，而且加重了土地和资源的浪费，增加了群众的负担。

2. **殡葬公共服务体系不健全，基本服务水平偏低的问题**

殡葬服务单位公办和民营并存，基本公共服务与选择性市场服务边界不清，殡葬基础设施投入不足，群众基本殡葬服务需求尚未充分满足。

3. **阻碍殡葬工作科学发展的体制机制问题仍然存在**

殡葬工作中思想认识不统一、体制机制不健全、城乡区域不平衡、改革发展不协调、殡葬法规不完善等制约殡葬改革发展的障碍依然较多，殡葬设施和救助保障、执法监管不足的矛盾依然突出。

（四）残疾人福利服务存在的主要问题

一是服务于贫困残疾人的社会福利机构床位短缺、人员编制少、专业人才缺乏；二是贫困残疾人的生活补贴和重度残疾人护理津贴尚未普及，残疾人的基本生活与健全人的生活水平存在着较大的差距；三是残疾人社会福利保障面过于狭窄，未形成制度化的普惠型保障体系；四是残疾人社会福利投入严重不足；五是残疾人社区康复普及率不高，很多与残疾人紧密相关的康复项目没有纳入医疗报销范围，残疾人康复工作比较薄弱等；六是社会福利企业减免税政策缺乏地区差别，影响企业积极性，进而影响了残疾人就业。

（五）儿童福利服务发展存在的主要问题

（1）法律法规不健全，儿童福利领域的立法仍是空白，社会参与机制和制度环境也有待进一步完善。

（2）覆盖群体有限。当前的儿童福利服务基本上是以孤儿特别是残疾孤儿为主要对象，兼顾少部分贫困家庭儿童和残疾儿童。根据各有关部门的统计，我国现有贫困家庭（城乡低保家庭）儿童1300万人，残疾儿童580万人，孤儿65万人，还有大量的农村留守儿童、跟随打工父母外出的流动儿童以及生活无着的流浪儿童，整个困境儿童群体十分庞大，而能享受到儿童福利服务的儿童数量仍十分有限。

（3）内容亟待丰富。目前所开展的儿童福利服务主要以儿童的养育为主，少部分涉及特殊教育，在儿童保护、儿童早期教育、智力开发、心理疏导、残疾儿童医疗康复、问题儿童行为矫治等方面的作为较少，已有的服务内容也需要进一步精细化、专业化。

（4）专业人才不足。孤残儿童护理员、专业社工等儿童福利服务所需的工作队伍逐步形成，但总体人数较少。就国际经验而言，儿童福利服务人员与儿童的配比应达到1∶3，才是比较合理的结构。但在我国的儿童福利机构中，孤儿、弃婴等服务对象有10万人，但孤残儿童护理员全国只有几千名。对于院外儿童来说，服务者的人数就更少，远远达不到1∶3的标准。工作繁重而薪酬偏低是制约儿童福利服务队伍发展的最重要因素。

（5）社会化程度不够。目前儿童福利服务的主体较为单一，主要是政府举办的儿童福利机构在承担相应任务，以特殊困境儿童为服务对象的社会组织，如自闭症儿童中心、儿童语言康复中心等，有所发展，但尚未形成规模，缺乏知名品牌和连锁机构，更缺乏统一的管理，难以满足相应的社会需求。

另外，在婚姻登记服务方面，还存在个别地方对规范化和信息化工作重视不够、未认真按照规范化要求解决登记场所等问题。个别地方依法行政能力仍需加强。

三、"十二五"发展思路

"十二五"时期，我国民政服务业发展的总体思路是：①积极推动养老服务业加快发展。落实社会养老服务体系建设"十二五"规划，建立健全以居家为基础、社区为依托、机构为支撑的社会养老服务体系，建立与养老服务提供相匹配的资金保障机制，加强养老服务人才队伍建设，加强养老服务法制化、标准化和信息化建设。②大力发展城乡社区服务业。合理配置社区服务设施，优化社区服务内容，壮大社区服务队伍，完善社区服务体制机制。③积极推进殡葬服务业改革。建设惠民殡葬，维护公平正义；建设公益殡葬，落实政府责任；建设绿色殡葬，促进生态文明；建设科技殡葬，加快成果转化；建设阳光殡葬，实现满意服务；建设人文殡葬，塑造核心价值。④推进婚姻登记服务标准化建设。以标准化等级评定促进婚姻登记机关建设，以依法行政保障婚姻权利，以婚姻信息化建设提升服务水平，以婚姻文化促进家庭和谐，以拓展婚姻公共服务践行民本理念，着力构建以现代机关、法治机关、数字机关、人文机关、真情机关为核心内涵的现代服务型登记机关。⑤推动残疾人福利服务加快发展。加强社会福利机构建设，推进残疾人康复工作开展，促进残疾人集中就业。⑥推动儿童福利服务事业发展。加强儿童福利立法工作，加快专业人才队伍建设，完善福利机构服务功能，规范社会力量参与服务。

附件："十一五"民政服务业政策文件

国务院文件

1.《国务院关于加强和改进社区服务工作的意见》(国发〔2006〕14号，2006年4月9日)

2.《中央办公厅、国务院办公厅关于加强和改进城市社区居民委员会建设工作的意见》(中办发〔2010〕27号，2010年8月26日)

3.《国务院办公厅关于加强孤儿保障工作的意见》(国办发〔2010〕54号，2010年11月16日)

民政部及相关部门文件

1.《民政部关于开展婚姻登记工作规范化建设活动的通知》(民函〔2005〕70号，2005年4月14日)

2.《中共中央组织部 中共中央宣传部 民政部 司法部 教育部 农业部 文化部 卫生部 人口和计划生育委员会 国务院扶贫开发领导小组办公室 共青团中央 中华全国妇女联合会 中国科学技术协会关于在农村基层广泛开展志愿服务活动的意见》(民发〔2006〕31号，2006年2月20日)

3.《民政部关于印发〈全国农村社区建设实验县(市、区)工作实施方案〉的通知》(民函〔2007〕79号，2007年3月29日)

4.《民政部关于"十一五"期间深入推进婚姻登记规范化建设的意见》(民发〔2007〕56号，2007年4月18日)

5.《国家发展和改革委员会 民政部关于印发〈"十一五"社区服务体系发展规划〉的通知》(发改社会〔2007〕975号，2007年5月14日)

6.《民政部关于在全国城市推行社区志愿者注册制度的通知》(民函〔2007〕319号，2007年11月16日)

7.《民政部办公厅关于开展"十一五"社区服务设施建设项目督察的通知》(民办函〔2009〕38号，2009年2月18日)

8.《民政部关于进一步推进和谐社区建设工作的意见》(民发〔2009〕165号，2009年11月23日)

9.《民政部关于进一步深化殡葬改革促进殡葬事业科学发展的指导意见》(民发〔2009〕170号，2009年12月3日)

10.《民政部关于在全国开展殡葬改革示范活动的通知》(民发〔2010〕2号，2010年1月5日)

(民政部供稿)

第十章　体育服务业发展报告

体育服务业是我国体育产业的核心，是发挥体育服务经济社会发展的重要内容之一。按照《中华人民共和国国民经济和社会发展第十一个五年规划纲要》《国务院关于加快发展服务业的若干意见》(国发〔2007〕7号)及《国务院办公厅关于加快发展服务业若干政策措施的实施意见》(国办发〔2008〕11号)的有关要求，国家体育总局高度重视体育服务业，扎实开展各项工作，积极研究出台有关政策措施，加强体育服务业发展规划，为体育服务业发展创造良好的环境，推进体育服务业快速发展。

一、“十一五”发展情况

随着体育市场体系的不断完善，以及体育体制改革的逐步深入，我国体育服务业开始呈现出良好的发展态势，目前已经初步形成了以体育竞赛表演业和体育健身休闲为主，体育中介、体育培训、体育传媒等产业门类为辅，多业并举，经营项目比较齐备完整的产业体系。

根据2008年国家统计局和国家体育总局联合颁布的《体育及相关产业分类（试行)》，体育服务业包括体育组织管理活动、体育场馆管理活动、体育健身休闲活动、体育中介服务以及其他体育服务五个类别。根据这一分类，2008年9月开始，国家体育总局与国家统计局共同开展了全国体育及相关产业专项调查，并在此基础上对“十一五”期间体育产业的发展状况进行了全面分析。

（一）体育服务业的总体规模

“十一五”时期，我国体育服务业总体规模不断增长。2006年，全国体育服务业的从业人员为46.96万人，创造增加值168.15亿元，从业人员数占当年体育产业从业人员数的18.32%，增加值占当年体育产业增加值的17.11%；2010年，全国体育服务业从业人员72.44万人，创造增加值432.26亿元，从业人员数占当年体育产业从业人员数的21.50%，增加值占当年体育产业增加值的19.47%（见表10-1)。

表10-1 全国体育服务业总体规模一览表

类别	2006年		2007年		2008年		2009年		2010年	
	增加值（亿元）	从业人员（万人）	增加值（亿元）	从业人员（万人）	增加值（亿元）	从业人员（万人）	增加值（亿元）	从业人员（万人）	增加值（亿元）	从业人员（万人）
体育组织管理活动	74.80	18.71	89.36	18.98	117.56	20.87	155.71	19.63	172.77	19.84
体育场馆管理活动	18.24	2.58	23.04	2.41	30.00	2.62	34.04	2.55	43.73	2.58
体育健身休闲活动	46.98	11.78	58.79	13.32	74.49	15.03	94.63	15.64	113.05	15.78
体育中介活动	2.02	0.87	3.00	0.96	4.46	1.35	6.63	2.14	9.86	3.06
体育培训活动	4.64	1.91	7.91	2.21	13.48	3.56	22.97	6.46	39.14	10.59
体育彩票	21.47	11.11	29.63	13.37	35.27	17.64	43.97	18.93	53.71	20.59
体育服务业总计	168.15	46.96	211.73	51.25	275.26	61.07	357.95	65.35	432.26	72.44
体育产业	982.89	256.30	1265.23	283.74	1554.97	317.09	1835.93	319.13	2220.12	336.98
体育服务业占体育产业的比重（%）	17.11	18.32	16.73	18.06	17.70	19.26	19.50	20.48	19.47	21.50

（二）体育服务业的结构

2006年在全国体育服务业总增加值中，体育组织管理活动和体育健身休闲活动所占比例排名前两位，分别为44.48%和27.94%；体育彩票活动和体育场馆管理活动排名第三、四位，占体育服务业增加值的比例分别为12.77%和10.85%；体育培训活动和体育中介活动所占体育服务业的比重最小，分别为2.76%和1.20%（见图10-1)。2010年全国体育服务业增加值构成与2006年较为相似，排名前两位的仍是体育组织管理活动和体育健身休闲活动，但所占比例略有减少，分别为39.97%和26.15%；排名第三、四位的为体育彩票活动和体育场馆活动，占体育服务业的比重为12.43%和10.12%；排名倒数两位的依然是体育培训活动和体育中介活动，所占比例与2006年相比略有增加，分别为9.05%和2.28%（见图10-2)。

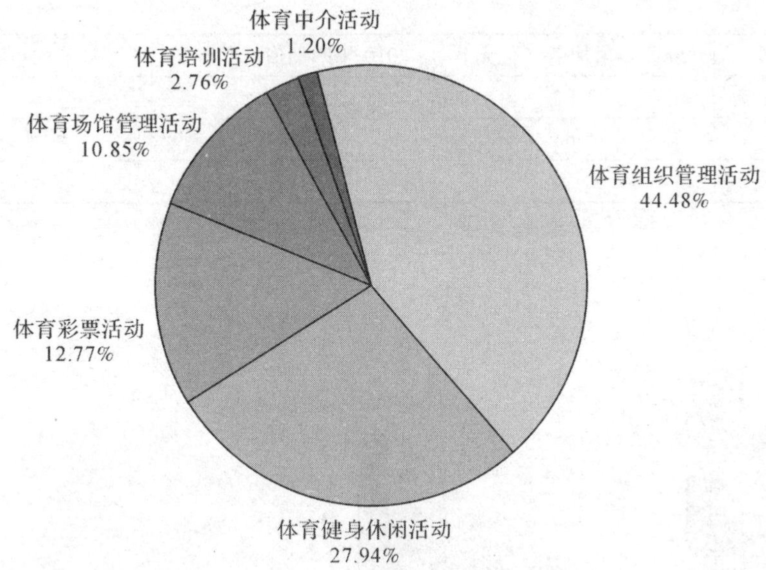

图 10－1　2006 年全国体育服务业增加值构成

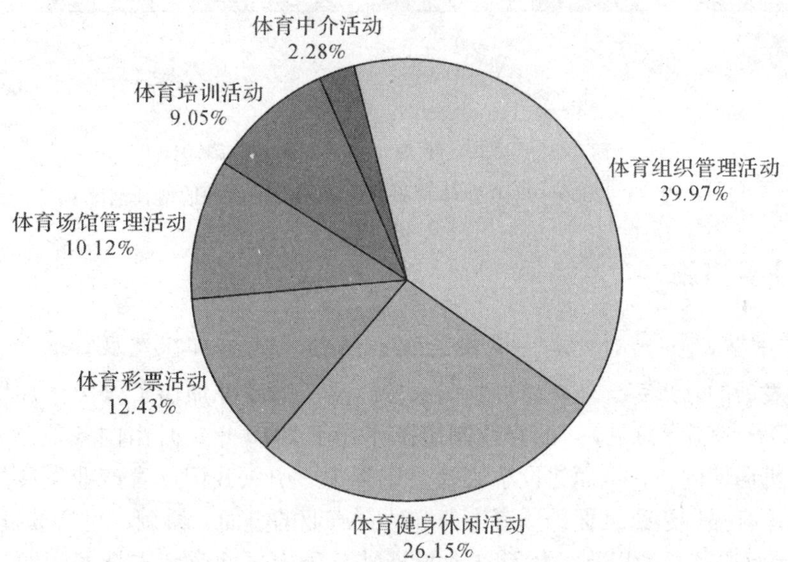

图 10－2　2010 年全国体育服务业增加值构成

（三）体育服务业的增长速度

2010 年，我国体育服务业增加值达到 432.26 亿元，较 2006 年总体增长速度为 26.62%。其中增长速度最快的是体育培训活动和体育中介活动，分别达到 70.42% 和 48.63%；增长速度相对较慢的体育彩票活动、体育健身休闲活动、体育场馆管理活动和体育组织管理活动，分别达到 25.76%、24.55%、24.43% 和 23.58%，它们都明显高于我国经济增长速度（见表 10－2、图 10－3）。

表 10－2　全国体育服务业发展速度一览表

类别	2006 年增加值（亿元）	2010 年增加值（亿元）	平均年增长速度（%）
总　计	168.15	432.26	26.62
体育组织管理活动	74.80	172.77	23.58
体育场馆管理活动	18.24	43.73	24.43
体育健身休闲活动	46.98	113.05	24.55

（续）

类别	2006 年增加值（亿元）	2010 年增加值（亿元）	平均年增长速度（%）
体育中介活动	2.02	9.86	48.63
体育培训	4.64	39.14	70.42
体育彩票	21.47	53.71	25.76

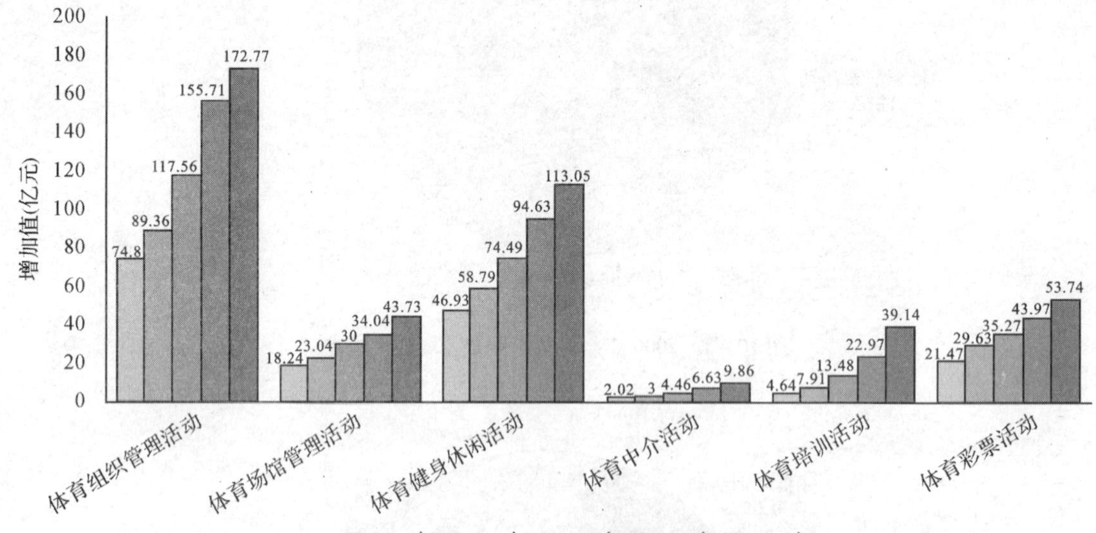

图 10－3　2006－2010 年体育服务业不同类别增加值增长情况

二、采取的主要措施

（一）体育产业政策研究制定工作取得突破，出台《关于加快发展体育产业的指导意见》

根据体育产业发展的新形势，体育总局与国家发改委、财政部加快了《关于加快发展体育产业的指导意见》（以下简称《指导意见》）的修改制定工作并于 2010 年 3 月由国务院办公厅正式印发。这是在我国重要战略机遇期内，在全面建设小康社会进程中，引领我国体育产业发展的重要文件，将对我国由体育大国向体育强国迈进，促进体育事业和体育产业的全面、协调、可持续发展产生深远影响。《指导意见》的出台解决了长期以来，体育产业发展缺乏国家层面政策支持的问题，为我国体育产业发展提供了政策保障，标志着我国体育产业由各方面自行发展，向由国家主导，各部门和全社会共同推动发展的重大转变。

结合目前我国体育产业的发展状况，文件重点就体育健身市场、体育竞赛和体育表演市场、体育中介市场等体育服务行业提出了具体任务要求，指明了发展方向，提供了多方面的政策支持。同时，文件还提出要积极发挥体育产业在经济链条中多元作用，在国际交流、行业互动、拉动经济等方面做出积极贡献。

（二）加强体育服务市场规范管理

近年来，体育总局对监管体育市场在方法和手段上进行了改革和创新，结合《全民健身条例》的贯彻落实，体育总局一方面，加强了与国家标准委、认监委和国家安监总局等部门的协作，先后制定了 16 项体育服务国家标准，研究起草了《体育服务认证管理办法》《高危险性体育项目经营活动管理办法》等一批配套文件。另一方面，加强了与国家安监总局的合作，对游泳馆、滑雪场等体育场所进行了安全生产监查。由行政监督转向依托专业技术机构进行监管，由对一般质量的管理，转向重点针对安全质量的管理，这种转变既是体育部门落实国务院关于安全生产工作一系列指示精神的具体体现，也是体育部门努力实现政府职能转变，推动体育服务业发展的具体行动。

（三）扎实开展体育产业统计工作

统计工作作为服务业发展中一项具有战略意义的基础工作，既是国家制订政策的支撑，社会投资决策的依据，也是一个产业从初始发展逐步走向成熟的重要标志。国家体育总局高度重视体育产业统计工作，联合国家统计局、国家发改委开展了全国第一次体育及相关产业专项调查工作。这次调查是新中国成立以来第一次全国范围内的体育及相关产业专项调查工作，对全面、准确把握我国体育及相关产业发展的基本情况，推动我国体育产业发展具有里程碑式的意义。

在专项调查获取的2006年、2007年数据的基础上，结合全国第二次经济普查和体育部门的相关数据，对2008年、2009年、2010年全国体育及相关产业发展情况进行了测算，从而形成了“十一五”时期的连续数据。这些数据较为全面、准确地反映了我国体育产业发展的基本情况。同时，通过此次专项调查，初步建立了体育产业数据库、名录库等基础信息平台，获取了体育服务业的多个相关系数，为未来体育产业核心指标数据的测算并逐步建立我国体育产业统计制度奠定了坚实的基础。

（四）提高公共体育场馆的建设和运营水平

国家体育总局加强了公共体育场馆运营管理工作研究，尤其是针对奥运场馆赛后利用等问题，联合全国政协等进行了专题调研，提出了相关政策建议。进一步加强中国体育场馆协会建设，充分发挥行业协会作用，增进业务交流，加强对各地体育场馆工作的指导。鼓励各地积极探索公共体育场馆建设和运营的新模式，不断提高体育场馆的建设和运营水平。

（五）推进国家体育产业基地建设

为鼓励各地根据当地社会、经济发展情况和自然、人文环境等特点，发挥体育服务业聚集效应和规模效应，国家体育总局从2006年4月开始，先后批准了深圳、成都温江、福建晋江、北京龙潭湖、浙江富阳和山东乐陵6个地方建设国家体育产业基地。这几个国家体育产业基地的建设都得到了当地政府的支持和鼓励，并给予了相应的优惠政策。从目前的效果看，体育产业基地的建设已经吸引了优势企业、优势项目和资金、人才等市场资源向体育产业基地聚集，发挥规模效应，促进当地产业结构优化升级，进而促进地方经济社会的快速发展。

（六）以举办中国体育旅游博览会为契机，进一步延伸体育服务业的拉动作用

体育旅游作为一种新兴的健身休闲方式，近年来受到越来越多人的喜爱，已成为体育服务业的重要组成部分。为加强体育旅游的宣传和推广，构筑体育旅游交流和展示的平台，进一步推动体育旅游的发展，国家体育总局、国家旅游局共同创办了中国体育旅游博览会，并努力将其培育成为体育服务业交流、展示的平台和窗口，成为体育服务业的一个盛会。目前展会已先后在上海、成都、哈尔滨、海口举办了四届，取得了较好的社会影响。

为了进一步贯彻落实国务院《关于推进海南国际旅游岛建设发展的若干意见》，支持海南省加快发展文化体育及会展产业，2010—2012年中国体育旅游博览会在海南连续举办三届。

三、存在的主要问题

（一）体育服务业规模较小，在体育产业中的比重较低

体育服务业是体育产业的主体，最具有体育的本质特点，对带动体育产业中其他领域的发展有直接的拉动作用，其发展水平及程度已成为体育产业成熟与否的重要标志之一。如表10-3所示，2010年我国体育服务业的从业人员72.44万人，实现增加值432.26亿元。据《2010年中国统计年鉴》显示，2010年中国第三产业全部从业人员为26332万人，创造增加值173087亿元。按此计算，2010年我国体育服务业所创造的增加值仅占第三产业增加值的0.25%，从业人员也仅占第三产业从业人员

的0.28%。

从体育产业内部结构看，2006年我国体育服务业所创造的增加值占体育产业总体增加值的17.11%。2010年我国体育服务业所创造的增加值较2006年略有增长，占体育产业总体增加值的19.47%（见表10－3）。这说明在“十一五”的五年发展中，我国体育服务业的规模已经有所扩大。但是从国外的体育产业发展情况看，体育产业发达程度越高，体育服务业所占的比重越大，目前美国、日本、澳大利亚、英国等发达国家体育服务业的产值已达到体育产业总值的50%～60%，均超过了体育用品业。但从以上数据看，中国体育服务业的增加值与体育用品业相比差距较大，体育服务业规模较小，在体育产业中所占比重偏低。由此反映出，体育服务业的发展还处于初期阶段。

表10－3 2006年、2010年按体育产业类别划分的全国体育产业核心指标数据

类别	2006年		2010年	
	增加值（亿元）	从业人员（万人）	增加值（亿元）	从业人员（万人）
总计	982.89	256.3	2220.12	336.98
体育服务业	168.15	46.96	432.26	72.44
体育用品业	781.57	206.57	1692.48	259.4
体育建筑业	33.17	2.77	95.38	5.14

（二）体育服务业内部结构不平衡

2006年全国体育服务业168.15亿元的总增加值中，体育组织管理活动为74.80亿元，占全国体育服务业的44.48%，体育健身休闲活动为46.98亿元，占27.94%。而作为衡量体育产业成熟度与市场化程度重要标志之一的体育中介活动所创造的总产出在全国体育服务业中所占的比重则非常小，2006年的总产出为2.02亿元，仅占1.20%。2010年体育服务业的内部结构有所调整。2010年全国体育服务业432.26亿元的总增加值中，体育组织管理活动为172.77亿元，占39.97%，体育健身休闲活动为113.05亿元，占26.15%，较2006年比例有所下降。2010年，全国体育中介活动的总产出为9.86亿元，占2.28%（见表10－4）。这说明在“十一五”期间，我国体育服务业内部结构有一定的调整，但总体来说仍然是不平衡的。如何调整结构，促进各门类协调发展，是促进体育服务业更好更快发展急需解决的问题。

表10－4 2006年、2010年全国体育服务业总产出构成表

类别	2006年		2010年	
	增加值（亿元）	比重（%）	增加值（亿元）	比重（%）
体育服务业	168.15	100	432.26	100
体育组织管理活动	74.80	44.48	172.77	39.97
体育场馆管理活动	18.24	10.85	43.73	10.12
体育健身休闲活动	46.98	27.94	113.05	26.15
体育中介活动	2.02	1.20	9.86	2.28
体育培训	4.64	2.76	39.14	9.05
体育彩票	21.47	12.77	53.71	12.43

（三）体育服务业社会化水平较低

从纳入统计范围的六个类别来看，体育健身休闲活动、体育中介活动、体育培训以及体育彩票四

个类别正在逐步走向市场化，初步形成社会兴办的格局。但整体上看，体育服务业的社会化、市场化水平仍处在较低的水平，严重地制约了各种资本向体育服务业的流动。目前，我国体育服务业资金来源渠道仍然比较单一，主要靠国家财政投入，多元化投资格局尚未形成。这从一定程度上也造成了我国体育服务的供需矛盾，与发达国家较为成熟的体育服务业也形成了鲜明的对比。

（四）体育服务业企业规模整体偏小

在所有被调查的体育服务业企业中，主营业务收入在500万元以上的单位寥寥无几，占总数的比例不到20%。总体而言，目前我国体育服务业企业总体规模仍然偏小，组织化、集约化程度不高，整体投入少。各类企业中仍以中小企业为主，资产总量偏低，以分散经营为主，发展相对滞后，无法形成规模经济效应和辐射效应，所以这些企业总体上仍需进一步做大做强。

（五）体育服务业区域发展不平衡

受经济发展水平的制约，各地区的体育服务业发展规模和水平有很大差距。总体而言，我国体育服务业主要集中于北京、上海、广州等大城市以及东南沿海经济发达省份，广大中部地区和西部地区除个别省份外，体育服务业发展则相对落后。此外，在一个省的范围内，体育服务业也往往集中于两三个城市，其他城市则存在很大差距。

四、“十二五”发展思路

“十二五”时期，我国体育服务业发展的主要方向是：促进体育服务业各门类统筹发展，优化体育服务业结构，壮大体育消费市场，加快区域体育服务业协调发展，促进体育服务业与相关产业的互动发展，推动体育服务贸易发展。为进一步贯彻落实《国务院关于加快发展服务业的若干意见》及《国务院办公厅关于加快发展服务业若干政策措施的实施意见》，推动体育服务业的快速健康发展，下一步计划重点开展以下工作：加强体育服务业规划和政策制定；扎实做好体育服务市场规范管理；深入推进体育管理体制和运行机制改革；加大体育服务领域资金投入力度；创新体育场馆运营机制；支持和规范职业体育发展；加强体育无形资产开发和保护；继续做好相关基础工作。

附件：“十一五”体育服务业政策文件

《国务院办公厅关于加快发展体育产业的指导意见》（国办发〔2010〕22号，2011年3月24日）

（国家体育总局供稿）

第十一章　住房城乡建设服务业发展报告

一、住房保障

（一）“十一五”发展情况

1. 建设成效显著

“十一五”期间，全国开工建设各类保障性住房和棚户区改造住房1630万套，基本建成1100万套。截至"十一五"末，全国累计用实物住房解决了近2200万户城镇低收入和部分中等偏下收入家庭的住房困难。实物住房保障受益户数占城镇家庭总户数的比例由"十五"期末的5.7%提高到"十一五"期末的9.4%；同时，"十一五"期间新增发放廉租住房租赁补贴400万户。

2. 保障体系初步建立

初步形成了包括廉租住房，公共租赁住房，城市和国有工矿、林区、垦区、煤矿棚户区改造安置住房，经济适用住房，限价商品住房，以及通过发放租赁住房补贴支持部分城镇低收入住房困难家庭在市场上租赁住房等多种类型并存的城镇住房保障体系。

3. 工作机制基本建立，政策体系不断完善

2008年第四季度以来，随着保障性安居工程建设的深入推进，中央及地方均相应建立了组织协调机制、目标责任管理机制和监督检查机制。国务院各有关部门逐步完善了土地供应、信贷优惠、税费减免等支持政策。

4. 相关质量管理、分配和运营监管体制逐步建立

"十一五"期间，国家以及各地分别出台了管理办法及相关政策措施，加强建设质量管理，规范住房情况和收入状况审核，严格租售管理，加强使用管理，完善准入退出机制。

（二）存在的主要问题

（1）保障性住房政策的顶层设计不完善。相关政策、机制、保障范围、保障方式等还需进一步实践和探索，系统研究不够。

（2）法规建设滞后。现行住房保障政策大多以文件形式发布，未形成法律制度约束。工作实践中还存在着政策边界不够清晰、保障方式不够明确、利益调节机制不够规范、退出机制不够完善等问题，尚需通过实践总结完善后以法规制度的方式加以规范。

（3）保障性住房运行管理亟须加强。各级政府住房保障管理部门普遍存在着机构不健全、人员不到位、经费不落实、管理手段落后等问题。

（4）部分地方落实建设用地和资金存在较大困难，住房规划设计水平、工程质量监管能力有待提高。

（三）"十二五"发展思路

"十二五"时期，我国住房保障的发展目标是：建设城镇保障性住房和棚户区改造住房3600万套（户），全国保障性住房覆盖面达到20%左右，重点发展公共租赁住房。主要政策措施是：深入研究住房保障制度，做好顶层政策设计和法规建设；完善保障性住房公平分配和运行管理机制；科学合理地安排保障性住房建设年度计划；切实加强保障性住房规划建设和质量监管工作。

二、房地产中介服务

（一）"十一五"发展情况

1. 行业管理体系日益完善

随着二手房买卖和租赁市场的迅速发展，为有效规范房地产中介服务行为，住房和城乡建设部印发了《注册房地产估价师管理办法》《关于加强房地产估价机构监管有关问题的通知》《关于加强房地产经纪管理规范交易结算资金账户管理有关问题的通知》等一系列部门规章和文件，进一步规范房地产中介行为，维护房地产市场秩序。

2. 房地产中介行业规模不断扩大，服务范围和水平逐渐提高

到2010年年底，共计有41876人取得房地产估价师资格，全国估价机构已达5000余家。全国房地产经纪从业人员超过百万，36690人取得了房地产经纪人执业资格。全国房地产经纪机构达5万余家，形成了21世纪中国不动产、世联地产等一批大型品牌房地产经纪机构。

（二）存在的问题

一是法制建设相对滞后，缺乏有力的监管和约束手段；二是从业人员职业道德和法制观念有待加强，整体素质有待进一步提高；三是房地产估价市场环境有待进一步净化，低价恶性竞争等问题尚未根治，部分地区房地产估价师匮乏；四是房地产经纪行业管理体制不顺，管理职能交叉，行业的社会形象不高，执业环境欠佳。

（三）“十二五”发展思路

“十二五”时期，我国房地产中介服务的发展目标是：行业法律法规体系建设逐步加快，执业资格制度不断完善，公平竞争的市场环境进一步建立，行业自律得到加强。主要政策措施是：修订《城市房地产管理法》并出台相关的配套行政法规等，进一步完善房地产法律法规体系；高标准建立房地产估价行业的人才评价机制、人才竞争机制和清出机制；加强房地产经纪行业自律管理。

三、物业管理服务

（一）“十一五”发展情况

1. 政策法规不断完善，市场环境逐步优化

结合《物权法》的颁布实施，及时修订《物业管理条例》和《物业服务企业资质管理办法》，相继出台《住宅专项维修资金管理办法》《业主大会和业主委员会指导规则》《物业承接查验办法》等配套政策。

2. 行业规模不断壮大，服务范围日趋广泛

据统计，到2008年年底，全国物业管理产值超过2000亿元，物业服务企业总数已超过58000家，从业人员超过250万人（不包括劳务派遣人员），管理面积超过125亿米^2，城镇物业管理覆盖率达到60%，物业管理逐渐成为城镇房屋管理的主要形式。

3. 服务水平显著提高，经济效益逐步改善

根据2008年第二次全国经济普查数据，全国物业服务企业主营业务收入已达到2077亿元，物业管理行业已成为服务业的重要组成部分。

（二）存在的主要问题

一是部分企业不认真履行合同、服务与收费不符、利用业主共同财产牟取自身利益等违规行为依然存在；二是业主自我管理与约束机制不完善，自我管理意识和能力普遍较弱，缺乏订立并遵守管理规约的主动性和自觉性；三是由于缺乏严格的物业承接验收手续，开发建设和物业管理责任界定不清，导致前期物业管理矛盾比较突出；四是住宅专项维修资金管理不规范，维修资金制度不能全面及时地执行，资金归集面较小、归集率较低，方便快捷和公开透明不足等。

（三）“十二五”发展思路

“十二五”时期，我国物业管理服务的发展目标是：行业发展方式进一步转变，物业管理覆盖面不断扩大，东西部发展差距逐步缩小，物业服务水平不断提高。主要政策措施是：进一步完善物业管理规章制度，积极探索物业管理税收、价格及保障政策；加大物业管理市场监管力度，切实加强对业主大会活动的指导和监督；厘清开发建设与物业管理的责任；贯彻落实住宅专项维修资金各项制度。

四、住房公积金

（一）“十一五”发展情况

1. 管理制度框架基本确立

住房和城乡建设部及有关部门先后制定了《关于规范住房公积金个人住房贷款政策有关问题的通

知》等26个规范性文件，启动了住房公积金归集、提取、个人贷款、财务核算规范和业务用房标准的编制工作。多数省级政府、城市政府和住房公积金管委会，制定了住房公积金管理实施办法，部分省市出台了地方法规规章。基本确立了以《住房公积金条例》为核心，部门和地方配套制度为依托，涵盖归集、提取、贷款、核算和监督等各项业务的住房公积金制度框架。

2. 管理体制逐步理顺

各设区城市普遍建立住房公积金管委会。全国住房公积金管理中心撤并为343个，各县（市）住房公积金管理机构基本纳入设区城市统一管理，铁路系统的管理机构调整基本完成。初步形成了管委会决策、管理中心运作、银行承办金融业务、部省两级负责监督的住房公积金管理体制。

3. 行业规模扩大，资金使用效率提高

"十一五"时期，全国住房公积金缴存人数和缴存额持续增长，提取额逐步上升，个人贷款大幅增加，资金使用效率明显提高。截至"十一五"末，全国住房公积金实缴职工人数为8606.3万人，比"十五"末增加35.97%；缴存总额32470.37亿元，是"十五"末的3.33倍；提取总额为14756.88亿元，是"十五"末的4.22倍；累计发放住房公积金个人贷款1340.22万笔，共计18570.94亿元，分别是"十五"末的2.56倍和4.04倍；住房公积金个人贷款余额为10899.54亿元，是"十五"末的3.84倍；住房公积金使用率（个人提取总额、个人贷款余额与购买国债余额之和占缴存总额的比例）为80.15%，住房公积金运用率（个人贷款余额与购买国债余额之和占缴存余额的比例）为63.65%，比"十五"末分别提高6.15和8.98个百分点。

4. 支持保障性住房建设取得积极进展

2009年，经国务院同意，住房和城乡建设部等7部门印发《利用住房公积金贷款支持保障性住房建设试点实施意见》。2010年，确定北京、天津等29个城市开展住房公积金贷款支持保障性住房建设试点，对完善住房公积制度进行了有益探索。

（二）存在的问题

1. 制度定位亟待调整

目前，我国住房领域市场化体制基本建立，为解决当前住房领域商品住房价格过高，保障性住房供应能力不足等问题，支持保障性住房建设，亟须对住房公积金制度的定位加以调整。

2. 管理体制尚未理顺

住房公积金由设区城市管理，金融业务委托银行办理。这种体制有利于调动城市政府积极性，发挥银行金融职能，但因资金分散管理，不能跨区域调剂，影响了使用效率和防范流动性风险能力。

3. 监管机制亟待健全

近年来，各地公积金业务范围不断扩大，业务模式日趋复杂，监管范围已扩大到资金管理、使用、核算、流控等方面，专业性要求不断提高。目前，全面有效监管机制尚未形成，监管力量薄弱，制度缺失，手段单一，监管的系统性和时效性差。

4. 缴存扩面难度较大

目前，缴存职工集中在党政机关、事业单位和国有企业，大部分民营企业职工没有缴存住房公积金，扩大缴存面难度较大。

5. 资金使用渠道单一

住房公积金扣除职工提取外，只能用于发放个人住房公积金贷款和购买国债。目前，国债余额仅占住房公积金缴存余额的1.6%，发放个人住房贷款成为唯一渠道，影响资金使用效率，制约资金保值增值，还影响了制度公平。

（三）"十二五"发展思路

"十二五"时期，我国住房公积金的发展目标是：资金积累机制不断增强，职工住房支付能力得到提高；贷款支持机制逐步完善；通过住房公积金支持建设、定向配租公共租赁住房。主要政策措施是：扩大住房公积金制度覆盖范围；完善管理运作体制；建立有效监管机制；拓宽住房公积金使用渠道；理顺住房公积金管理中心和受委托银行的职责关系。

五、工程勘察设计服务

（一）“十一五”发展情况

“十一五”期间，我国工程勘察设计行业快速发展。法规制度体系不断健全，诚信体系建设取得明显进展，行业队伍素质、经营规模、经济效益大幅提升。工程总承包和项目管理稳步推进，科技创新水平快速提升，信息化建设成效显著，国际竞争能力有所增强。完成了青藏铁路、载人航天、大型电厂、跨海大桥、深水港口与航道工程、高速铁路、奥运工程、世博场馆等众多举世瞩目重大工程的勘察设计任务，为我国国民经济和社会发展做出重要贡献。

（二）存在的主要问题

行业地位和技术水平有待提升，勘察设计市场秩序有待规范，工程总承包和项目管理相关法规尚未健全，行业技术标准管理尚需加强，行业管理体制有待完善，行业改革发展还需深化。

（三）“十二五”发展思路

“十二五”时期，我国工程勘察设计服务的发展目标是：市场监管法规标准体系继续完善，行业诚信体系逐步建立，信用评估标准进一步完善；工程勘察设计单位现代企业制度建设不断推进；全国工程勘察设计企业营业收入年均增长15%以上，全国工程勘察设计企业境外营业收入年均增长20%以上；企业技术进步、信息化建设和人才队伍建设逐步加强。主要政策措施：优化行业市场环境；加强行业标准和信息化建设，促进行业标准规范的国际化；深化工程勘察设计单位产权制度、经营模式改革，增强企业核心竞争力；推动企业科技创新，基本建立以专利、专有技术权属和有偿转让为动力的技术进步机制。

六、工程监理咨询服务

（一）“十一五”发展情况

1. 行业法规制度体系进一步完善

住房和城乡建设部相继出台《工程监理企业资质管理规定》《注册监理工程师注册规定》等法规文件，修订完成《建设工程监理收费标准》等标准规范文件，建立了工程监理统计制度。有关地区和部门也出台了相关规章制度及标准规范，初步形成了协调配套的工程监理法规制度体系。

2. 行业队伍逐步壮大，业务规模稳步提升

“十一五”期间，工程监理从业人员从48.3万人增加到67.5万人，注册监理工程师从8.1万人增加到9.9万人，工程监理企业营业总收入逐年增加，从376.54亿元增加到1196亿元。“十一五”末，全国共有工程招标代理机构4799个，从业人员328168人，2010年度实现招标代理收入140.85亿元。

3. 工程监理的科学化发展水平进一步提高，推动了工程质量和投资效益的提高

工程监理企业积极推进工程监理与项目管理一体化服务模式，拓展经营范围，应用现代项目管理理念，采用先进的项目管理方法和技术手段，为业主提供全过程、全方位的管理服务，服务水平大幅提升。同时，不断强化社会责任意识，认真履行监理职责，有效提高了工程质量和投资效益。

（二）存在的主要问题

（1）法规体系尚需进一步完善，监理职责还需明确。现有的法规和标准对工程监理的工作内容、工作深度和法律责任，尤其对建设工程安全生产的监理责任界定不细，各地在实际操作中标准不一，导致监理人员承担的安全责任范围逐步扩大，造成行业人才流失。

(2) 信用评价体系和行业自律机制不够健全，行业信用信息尚不能在全国范围内共享，科学有效的信用评价体系、“诚信有益、失信受惩”的市场激励和约束机制尚未形成。

(3) 注册监理工程师总量不足，尚不能满足建筑市场快速发展的需要。

(三)“十二五”发展思路

“十二五”时期，我国工程监理咨询服务的发展目标是：法规体系逐步完善，行业责权利更加明晰；统一、开放、竞争、有序的市场环境基本形成；行业诚信体系和自律机制基本完善；行业组织结构更趋合理，行业规模适应市场需求。主要政策措施是：加强法规制度建设；加强市场动态监管；加强工程监理人才培养和人才教育；推进监理行业结构调整和服务拓展；加强监理行业信用体系建设。

七、工程造价咨询服务业

(一)“十一五”发展情况

“十一五”期间，工程造价咨询业规模不断扩大。截至“十一五”末，全国取得资质的工程造价咨询企业6000多家，注册造价工程师近11万人，造价员50万人，工程造价咨询业年产值约200多亿元。工程造价咨询业为建设工程造价的合理确定与有效控制提供了职业化和专业化的服务模式，促进了工程建设质量和管理水平的提高。

(二) 存在的主要问题

造价咨询市场不公平、不规范，恶意竞争时有发生，市场有待完善。企业规模结构不尽合理，总数不少但规模不大。企业核心竞争力不足，抵御风险能力较差。企业执业行为不够规范，执业质量参差不齐等。

(三)“十二五”发展思路

“十二五”时期，我国工程造价咨询服务的发展目标是：适应国内外工程造价咨询市场需求，扩大服务供给能力，创新服务模式，加快业务结构的优化升级，完善工程造价咨询服务产业链，实现工程造价咨询行业全面协调发展。主要政策措施是：加强资质资格的动态监管，规范工程造价咨询市场秩序；制订有关工程造价咨询执业质量的政策和标准体系，建立相关纠纷调解制度，规范工程造价咨询企业执业行为，提高企业执业质量和行业公信度；建立健全工程造价咨询行业诚信体系，树立良好的行业发展氛围；引导建立合理的工程造价咨询企业格局；引导企业创新服务模式，拓展业务范围。

八、市政公用事业

(一)“十一五”发展情况

1. 城镇供水能力和质量不断加强

截至2010年年底，全国城市供水能力达到2.76亿米^3/日，城市供水服务人口3.82亿，用水普及率达到96.7%。城乡统筹区域供水取得积极进展，杭州、嘉兴、湖州、苏州、无锡、常州等部分城镇密集地区，通过城乡统筹、以城带乡，实现城乡供水同网同质。

2. 城镇污水处理设施增长迅速，处理能力不断提高

截至2010年年底，全国设市城市共有污水处理厂1444座，污水处理能力10436万米^3/日，污水处理率82.3%。环境效益日益突出，2010年全国城镇污水处理总量达343亿米^3，削减COD减排量920万吨，削减氨氮减排量70万吨。“十一五”期间，我国城镇污水处理厂COD减排量占全部减排总量的70%以上，城市污水再生利用量达33.75亿米^3。

3. 生活垃圾处理设施建设有序推进，市容环境显著改善

发布了70余项处理技术标准，健全了生活垃圾处理标准体系。初步建立城市生活垃圾收运系统，机械化作业率不断提高，2010年全国城市生活垃圾清运量达1.58亿吨。废旧资源回收利用初见成效，初步形成了生活废品捡拾、收集、运输、加工和利用的产业链。到2010年年底，建成运行生活垃圾无害化处理场628座，无害化处理能力38.76万吨/日，城市生活垃圾无害化处理率达78%。

4. 城市园林绿化得到较快发展

截至2010年年底，城市建成区绿化覆盖率达38.6%，建成区绿地率34.5%，人均公园绿地面积11.2米^2。命名国家城市湿地公园41个，面积超过6万公顷，命名国家重点公园63个。共评选出183个国家园林城市和7个国家园林城区、63个国家园林县城和15个国家园林城镇，有力带动了城镇生态和人居环境的改善。

（二）存在的主要问题

1. 服务和保障能力有待提高

目前仍有200多个城市尚无生活垃圾无害化处理设施，城市生活垃圾分类制度未有效落实，资源再生利用率不高。城市污水处理配套管网建设相对滞后，污水收集率偏低，部分污水处理厂处理能力还未完全发挥。污泥处理设施建设缓慢，安全处置能力较弱，存在二次污染隐患。

2. 分布和发展不均衡

主要体现在中西部地区与东部地区发展不平衡，县城与设市城市发展不平衡，老城区与城市新区发展不平衡。中西部地区城市用水普及率、燃气普及率、城市生活垃圾无害化处理率、污水处理厂集中处理率等各项指标均低于东部地区，部分指标差距较大。

3. 技术保障能力不足

现有净水工艺尚显落后，许多水厂供水水质难以达到《生活饮用水卫生标准》全部106项指标的要求。水源水质监测能力不足，供水水质监测能力与国家标准及覆盖范围的要求还有较大差距。部分垃圾焚烧厂技术工艺不达标，烟气净化手段简单，垃圾处理效果较差。部分项目未因地制宜地选择适用的技术路线，建成后不能充分发挥设计能力。

（三）"十二五"发展思路

"十二五"时期，我国市政公用事业的发展目标是：城镇居民用水安全问题基本解决；城镇污水处理设施覆盖范围全面拓展，再生水利用率不断提高；城市生活垃圾无害化处理水平和资源化利用程度进一步提高；城市污水处理率和生活垃圾无害化处理率分别达到85%和80%；城市园林绿化综合功能更加突显，城市管理体制不断创新。主要政策措施是：进一步提高城镇居民用水普及率，确保城镇公共供水水质全面达标，大力解决管网和二次供水设施污染问题，建立供水水质安全监管体系和应急体系，不断拓展公共供水服务范围，有序开展城乡、区域统筹供水；加快城镇污水处理设施、污泥安全处置设施、再生水利用设施建设，全面完成既有污水处理设施提标改造，推进节水型城市建设；降低城市生活垃圾排放量，推进垃圾分类投放，完善收运体系，有效推进多种资源化处理方式，建立再生资源利用体系；深入开展"生态型、节约型、功能型"城市园林绿化建设，推进城市湿地资源和生物多样性保护，建成覆盖全国设市城市的评价监督管理体系；进一步推动数字城管系统应用，不断拓展数字化城市管理平台功能。

九、建筑节能

（一）"十一五"发展情况

（1）法规体系不断健全，标准体系基本完善。以《节约能源法》《可再生能源法》为上位法，以《民用建筑节能条例》为专门法规，以地方行政法规、部门规章相配套的法律法规体系初步形成。《民用建筑节能设计标准（采暖居住建筑部分）》《夏热冬冷地区居住建筑节能设计标准》《公共建筑节能设计标准》等标准规范先后颁布实施，建筑节能设计标准体系全面建立。

（2）新建建筑执行节能强制性标准情况不断改善。到2010年年底，全国城镇新建建筑设计阶段执行节能强制性标准的比例为99.5%，施工阶段执行节能强制性标准的比例为95.4%。“十一五”期间累计建成节能建筑面积48.57亿米^2，形成4600万吨标准煤的节能能力。全国城镇节能建筑占既有建筑面积的比例为23.1%，节能建筑比例逐年提高。

（3）可再生能源建筑应用规模不断扩大，应用水平不断提高。2010年年底，全国太阳能光热应用面积14.8亿米^2，浅层地能应用面积2.27亿米^2。光电建筑应用已建成及正在建设的装机容量850.6兆瓦，形成年替代传统能源2000万吨标准煤能力。

（4）北方采暖地区既有居住建筑供热计量及节能改造任务超额完成。截至2010年年底，北方15省（直辖市）已经完成节能改造面积共计1.82亿米^2，超额完成了国务院确定的“十一五”期间完成1.5亿米^{2}改造的任务。据测算，完成节能改造的项目可形成年节约200万吨标准煤的能力，减排二氧化碳520万吨，减排二氧化硫40万吨。

（5）建筑节能材料和产品应用水平不断提高，建筑节能技术水平不断提升。

（二）存在的主要问题

（1）建筑节能相关配套法规还不完善。《节约能源法》《民用建筑节能管理条例》等各项法律制度实施后，相关配套部门规章、地方行政法规的制定虽取得一定进展，但仍不完善。

（2）部分地方政府对建筑节能工作的认识不到位，支持力度不够。部分省（区、市）对建筑节能的考核评价仍局限在住房城乡建设系统内部，没有纳入本地区单位GDP能耗下降目标考核体系，难以形成工作合力，相应的政策、资金难以落实。

（3）新建建筑执行节能标准水平仍不平衡。施工阶段与设计阶段相比，中小城市与大城市、经济欠发达地区与经济发达地区相比，还存在较大差距。

（4）北方地区既有建筑节能改造工作任务量大，资金筹措困难。北方地区有超过20亿米^{2}的既有建筑急需节能改造，资金需求很大，但北方多数地区经济欠发达，地方政府财力有限，市场融资能力也较弱。

（5）可再生能源建筑应用推广任务依然繁重，农村建筑节能工作尚未正式启动。

（三）“十二五”发展思路

“十二五”时期，我国建筑节能的发展目标是：建筑节能相关法规体系逐步完善，新建建筑节能有效推进，绿色建筑进一步发展。主要政策措施是：继续完善建筑节能法规和标准体系；建立健全建筑节能统计、监测及考核评价体系；继续强化新建建筑执行节能标准的监管，全面推行民用建筑能效测评标识、绿色建筑评价标识、民用建筑节能信息公示等制度，进一步加强建筑节能材料、产品、设备在生产、流通和使用环节的质量监管；制定绿色建筑发展专项规划，完善标准体系，加大绿色建筑评价标识实施力度，推动有条件的地区开展强制性推广绿色建筑试点，加快绿色建筑相关共性关键技术研发及推广力度，研究支持绿色建筑发展的财税政策，启动绿色建筑推广示范；抓好可再生能源建筑一体化规模应用，促进建筑节能相关产业发展。

附件：“十一五”住房城乡建设服务业政策文件

国务院文件

1.《风景名胜区条例》（国务院令第474号，2006年9月19日）

2.《国务院关于修改〈物业管理条例〉的决定》（国务院令第504号，2007年8月26日）

3.《中华人民共和国城乡规划法》（主席令第74号，2007年10月28日）

4.《国务院办公厅关于清理规范各类职业资格相关活动的通知》（国办发〔2007〕73号，2007年12月31日）

5.《历史文化名城名镇名村保护条例》(国务院令第524号，2008年4月22日)

6.《民用建筑节能条例》(国务院令第530号，2008年8月1日)

7.《国务院办公厅关于促进房地产市场平稳健康发展的通知》(国办发〔2010〕4号，2010年1月7日)

8.《国务院关于坚决遏制部分城市房价过快上涨的通知》(国发〔2010〕10号，2010年4月17日)

9.《城镇燃气管理条例》(国务院令第583号，2010年10月19日)

住房与城乡建设部及有关部门文件

1.《注册监理工程师管理规定》(建设部令第147号，2006年1月26日)

2.《工程造价咨询企业管理办法》(建设部令第149号，2006年3月22日)

3.《注册造价工程师管理办法》(建设部令第150号，2006年12月25日)

4.《注册房地产估价师管理办法》(建设部令第151号，2006年12月25日)

5.《城市排水许可管理办法》(建设部令第152号，2006年12月25日)

6.《注册建造师管理规定》(建设部令第153号，2006年12月28日)

7.《工程建设项目招标代理机构资格认定办法》(建设部令第154号，2007年1月11日)

8.《外商投资建设工程服务企业管理规定》(建设部 商务部令第155号，2007年1月22日)

9.《城市供水水质管理规定》(建设部令第156号，2007年3月1日)

10.《城市生活垃圾管理办法》(建设部令第157号，2007年4月28日)

11.《工程监理企业资质管理规定》(建设部令第158号，2007年6月26日)

12.《建筑业企业资质管理规定》(建设部令第159号，2007年6月26日)

13.《建设工程勘察设计资质管理规定》(建设部令第160号，2007年6月26日)

14.《廉租住房保障办法》(建设部 国家发展和改革委员会 监察部 民政部 财政部 国土资源部 中国人民银行 国家税务总局 国家统计局令第162号，2007年11月8日)

15.《建设部关于修改〈物业服务企业资质管理办法〉的决定》(建设部令第164号，2007年11月26日)

16.《住宅专项维修资金管理办法》(建设部令第165号，2007年12月4日)

17.《中华人民共和国注册建筑师条例实施细则》(建设部令第167号，2008年1月29日)

18.《房屋登记办法》(建设部令第168号，2008年2月15日)

19.《市政公用设施抗灾设防管理规定》(住房与城乡建设部令第1号，2008年10月7日)

20.《住房和城乡建设部关于修改〈房屋建筑和市政基础设施工程竣工验收备案管理办法〉的决定》(住房和城乡建设部令第2号，2009年10月19日)

21.《省域城镇体系规划编制审批办法》(住房和城乡建设部令第3号，2010年4月25日)

22.《城市照明管理规定》(住房和城乡建设部令第4号，2010年5月4日)

23.《房屋建筑和市政基础设施工程质量监督管理规定》(住房和城乡建设部令第5号，2010年8月1日)

24.《商品房屋租赁管理办法》(住房和城乡建设部令第6号，2010年12月1日)

25.《城市、镇控制性详细规划编制审批办法》(住房和城乡建设部令第7号，2010年12月1日)

26.《建设部 中国人民银行关于加强房地产经纪管理规范交易结算资金账《建设部 中国人民银行 中国银行业监督管理委员会关于规范与银行信贷业务相关的房地产抵押估价管理有关问题的通知》(建住房〔2006〕8号，2006年1月13日)

27.《建设部 中国人民银行 中国银行业监督管理委员会关于房地产抵押估价指导意见》(建住房〔2006〕8号，2006年1月13日)

28.《建设部关于印发〈建筑智能化工程设计与施工资质标准〉等四个设计与施工资质标准的通知》（建市〔2006〕40号，2006年3月6日）

29.《建设部 财政部 中国人民银行关于住房公积金管理几个具体问题的通知》（建金管〔2006〕52号，2006年3月13日）

30.《建设部 国家发展和改革委员会 国家工商行政管理总局关于进一步整顿规范房地产交易秩序的通知（建住房〔2006〕166号，2006年7月6日）

31.《建设部关于进一步加强建筑业技术创新工作的意见》（建质〔2006〕174号，2006年7月11日）

32.《建设部关于印发〈民用建筑工程节能质量监督管理办法〉的通知》（建质〔2006〕192号，2006年7月31日）

33.《建设部 国家发展和改革委员会 国家工商行政管理总局关于印发〈房地产交易秩序专项整治工作方案〉的通知》（建住房〔2006〕216号，2006年8月28日）

34.《建设部办公厅关于印发《〈建筑智能化工程设计与施工资质标准〉等四个设计与施工资质标准的实施办法》的通知》（建办市〔2006〕68号，2006年9月4日）

35.《建设部关于加强房地产估价机构监管有关问题的通知》（建住房〔2006〕294号，2006年12月7日）

36.《建设部 中国人民银行关于加强房地产经纪管理规范交易结算资金账户管理有关问题的通知》（建住房〔2006〕321号，2006年12月29日）

37.《建设部 国家发展和改革委员会 财政部 监察部 审计署关于进一步加强大型公共建筑工程建设管理的若干意见》（建质〔2007〕1号，2007年1月5日）

38.《建设部 商务部关于印发〈外商投资建设工程设计企业管理规定实施细则〉的通知》（建市〔2007〕18号，2007年1月5日）

39.《建设部关于印发〈工程设计资质标准〉的通知》（建市〔2007〕86号，2007年3月29日）

40.《国家发展和改革委员会 建设部关于印发〈建设工程监理与相关服务收费管理规定〉的通知》（发改价格〔2007〕670号，2007年3月30日）

41.《建设部关于印发〈建设工程勘察设计资质管理规定实施意见〉的通知》（建市〔2007〕202号，2007年8月21日）

42.《国家发展和改革委员会 建设部关于印发〈物业服务定价成本监审办法（试行）〉的通知》（发改价格〔2007〕2285号，2007年9月10日）

43.《财政部关于印发〈廉租住房保障资金管理办法〉的通知》（财综〔2007〕64号，2007年10月30日）

44.《建设部 国家发展和改革委员会 监察部 财政部 国土资源部 中国人民银行 国家税务总局关于印发〈经济适用住房管理办法〉的通知》（建住房〔2007〕258号，2007年11月19日）

45.《建设部关于进一步加强房地产经纪管理的紧急通知》（建住房〔2007〕274号，2007年11月30日）

46.《国家发展和改革委员会关于印发〈中央预算内投资对中西部财政困难地区新建廉租住房项目的支持办法〉的通知》（发改投资〔2007〕3676号，2007年12月28日）

47.《中国人民银行 中国银行业监督管理委员会关于印发〈经济适用住房开发贷款管理办法〉的通知》（银发〔2008〕13号，2008年1月18日）

48.《住房和城乡建设部关于印发〈建筑工程方案设计招标投标管理办法〉的通知》（建市〔2008〕63号，2008年6月4日）

49.《财政部关于修订〈中央廉租住房保障专项补助资金实施办法〉的通知》（财综〔2008〕48

号，2008年6月26日）

50.《住房和城乡建设部关于印发〈关于大型工程监理单位创建工程项目管理企业的指导意见〉的通知》（建市〔2008〕226号，2008年11月12日）

51.《中国人民银行 中国银行业监督管理委员会关于印发〈廉租住房建设贷款管理办法〉的通知》（银发〔2008〕355号，2008年12月3日）

52.《国土资源部关于切实落实保障性安居工程用地的通知》（国土资发〔2009〕58号，2009年5月13日）

53.《住房和城乡建设部关于印发〈注册土木工程师（岩土）执业及管理工作暂行规定〉的通知》（建市〔2009〕105号，2009年6月10日）

54.《农业部 国家发展和改革委员会 财政部 国土资源部 住房和城乡建设部关于切实做好农垦危房改造工作的意见》（农垦函〔2009〕2号，2009年7月10日）

55.《住房和城乡建设部 财政部 国家发展和改革委员会 中国人民银行 监察部 审计署 中国银行业监督管理委员会关于印发利用住房公积金贷款支持保障性住房建设试点工作实施意见的通知》（建金〔2009〕160号，2009年10月14日）

56.《住房和城乡建设部关于印发〈业主大会和业主委员会指导规则〉的通知》（建房〔2009〕274号，2009年12月1日）

57.《住房和城乡建设部办公厅关于大力开展住房公积金文明行业创建活动的通知》（建办金函〔2009〕1025号，2009年12月7日）

58.《财政部关于加强中央廉租住房保障专项补助资金管理的通知》（财综〔2009〕83号，2009年12月23日）

59.《住房和城乡建设部 国家发展和改革委员会 财政部 国土资源部 中国人民银行关于推进城市和国有工矿棚户区改造工作的指导意见》（建保〔2009〕295号，2009年12月24日）

60.《中国人民银行 中国银行业监督管理委员会关于做好城市和国有工矿棚户区改造金融服务工作的通知》（银发〔2010〕37号，2010年2月3日）

61.《财政部关于切实落实相关财政政策积极推进城市和国有工矿棚户区改造工作的通知》（财综〔2010〕8号，2010年2月5日）

62.《住房和城乡建设部 国家发展和改革委员会关于中央投资支持国有工矿棚户区改造有关问题的通知》（建保〔2010〕56号，2010年4月13日）

63.《住房和城乡建设部关于进一步加强房地产市场监管完善商品住房预售制度有关问题的通知》（建房〔2010〕53号，2010年4月13日）

64.《财政部 国家税务总局关于城市和国有工矿棚户区改造项目有关税收优惠政策的通知》（财税〔2010〕42号，2010年5月4日）

65.《住房和城乡建设部关于进一步强化住宅工程质量管理和责任的通知》（建市〔2010〕68号，2010年5月4日）

66.《住房和城乡建设部 国家发展和改革委员会 财政部 国土资源部 中国人民银行 国家税务总局 中国银行业监督管理委员会关于加快发展公共租赁住房的指导意见》（建保〔2010〕87号，2010年6月8日）

67.《住房和城乡建设部 财政部 国家发展和改革委员会 中国人民银行 审计署 中国银行业监督管理委员会关于做好利用住房公积金贷款支持保障性住房建设试点工作的通知》（建金〔2010〕100号，2010年6月13日）

68.《住房和城乡建设部 财政部 中国人民银行 中国银行业监督管理委员会关于印发〈利用住房公积金贷款支持保障性住房建设试点项目贷款管理办法〉的通知》（建金〔2010〕101号，2010年6月

28 日）

69.《财政部 国家发展和改革委员会 住房和城乡建设部关于印发〈中央补助公共租赁住房专项资金管理办法〉的通知》（财综〔2010〕50 号，2010 年 7 月 8 日）

70.《财政部 住房和城乡建设部关于印发〈中央补助城市棚户区改造专项资金管理办法〉的通知》（财综〔2010〕46 号，2010 年 8 月 6 日）

71.《财政部 国家税务总局关于支持公共租赁住房建设和运营有关税收优惠政策的通知》（财税〔2010〕88 号，2010 年 9 月 27 日）

72.《住房和城乡建设部 国土资源部 监察部关于进一步贯彻落实国发〔2010〕10 号文件的通知》（建房〔2010〕155 号，2010 年 9 月 30 日）

73.《住房和城乡建设部关于印发〈物业承接查验办法〉的通知》（建房〔2010〕165 号，2010 年 10 月 14 日）

74.《财政部 国家发展和改革委员会 住房和城乡建设部关于保障性安居工程资金使用管理有关问题的通知》（财综〔2010〕95 号，2010 年 10 月 26 日）

75.《国家林业局 住房和城乡建设部 国家发展改革委 国土资源部关于印发〈国有林区棚户区改造工程项目管理办法〉的通知》（林规发〔2010〕252 号，2010 年 10 月 26 日）

76.《住房和城乡建设部 财政部 中国人民银行 中国银行业监督管理委员会关于规范住房公积金个人住房贷款政策有关问题的通知》（建金〔2010〕179 号，2010 年 11 月 2 日）

（住房和城乡建设部供稿）

第三篇 农村和海洋服务业发展报告

第一章 农业及农村服务业发展报告

农业及农村服务业是服务于农业生产产前、产中、产后各环节，兼顾服务农村经济社会发展和农民生活改善的产业形态。“十一五”期间，在党中央、国务院高度重视和各级各部门以及相关从业人员的积极努力下，农业及农村服务业发展水平有了较大提升，产业总量不断扩大，在农业及农村经济中的地位和作用日益增强。与此同时，受经济社会发展水平等因素影响，农业及农村服务业还存在发展仍然滞后、公益性服务能力不强等问题，亟须在“十二五”时期努力加以解决。

一、“十一五”发展情况

中央高度重视农业及农村服务业发展，近年来连续印发的1号文件中，都对农业及农村服务业发展做出明确部署，为农业及农村服务业加快发展营造了良好的政策环境。在中央的重视和支持下，“十一五”期间，全国农业生产服务业和农村生活服务业同步发展。2010年，全国农林牧渔服务业产值达到2535.1亿元，比2005年增长133.6%，为促进农业生产发展、拓展农业功能、繁荣农村经济做出了巨大贡献。

（一）农业生产服务业取得积极进展

1. 农业科技创新和农技推广体系进一步健全

（1）农业科技创新体系稳步发展。“十一五”以来，立足产业需求推进自主创新，国家启动了水稻、小麦、玉米、大豆、油菜、棉花、苹果、甘蔗、生猪、奶牛、肉羊、大宗淡水鱼等50个主要农产品的产业技术体系建设，建立了产业技术研发中心50个、综合试验站970个，开展共性关键技术研发、集成、转化和推广应用，有效引导和支持了农业科技创新要素向我国农业生产需要集中。同时，实施了转基因重大专项和公益性农业行业科研专项，切实提高了农业科技对产业发展的支撑引领作用。

（2）基层农技推广体系改革与建设取得积极进展。为解决基层农业技术推广体系体制不顺、机制不活、队伍不稳、保障不足等问题，推进科技成果转化应用，2006年，国务院出台了《关于深化改革加强基层农业技术推广体系建设的意见》（国发〔2006〕30号）（以下简称《意见》），明确提出要逐步构建起以国家农业技术推广机构为主导，农村合作经济组织为基础，农业科研、教育等单位和涉农企业广泛参与，分工协作、服务到位、充满活力的多元化基层农业技术推广体系。按照《意见》要求，各级农业部门会同有关方面切实加强组织领导，深入推进基层农技推广体系改革与建设。目前，共有2236个县（市、区）基本完成改革任务，明确了公益性职能，理顺了管理体制，占全国的78%。2009—2010年，中央财政投入15.7亿元，在全国改革进展较快的800个县，启动实施了“基层农技推广体系改革与建设示范县项目”，实现了中央财政引导性支持基层农技推广体系改革与建设的重大突破。2010年，中央还在中西部14个省份的176个县启动乡镇农技推广机构条件建设试点工作。在各有关部门的共同努力下，目前全国基层农技推广机构已达到11万个，基层农技人员71万人，有效增强了农技推广服务能力。

2. 农作物病虫害专业化统防统治成效显著

2008年，农业部制定下发《关于推进农作物病虫害专业化防治的意见》，提出要加大对农作物病虫害专业化防治的投入，大力扶持防治服务组织，强化对专业化防治的服务指导，建立健全专业化防治管理机制。各级农业部门积极探索，大力推进各项工作落实，全国已形成了专业合作社型、协会型、企业型、大户型、集体组织型和互助型等多种专业化防治组织形式，服务形式由过去单一的代防代治，逐步向阶段承包和全程承包发展，统防统治的作物由水稻、小麦、玉米等粮食作物向棉花、果树、蔬菜、甘蔗等经济作物延伸。到2010年年底，全国共建立了112个专业化统防统治创建县场，1065个专业化统防统治示范片，各种农作物病虫害防治组织已发展到1.25万个，从业人员近100万人，日作业能力达到3600万亩。

3. 动物防疫工作取得积极进展

一是依法治疫的法律法规体系基本形成。国家先后颁布实施了《动物防疫法》、《重大动物疫情应急条例》、《兽药管理条例》等法律法规，农业部门还制定了10个相关配套规章，出台应急预案、防治规范和标准1348个。二是管理制度不断完善。在强制免疫、监测预警、应急处置、流行病学调查、区域化管理、动物防疫条件审查、动物标识及疫病可追溯等方面建立了管理制度，确立了地方政府责任制和防疫失责追究制，动物防疫工作已进入规范化管理轨道。三是工作条件明显改善。"十一五"期间，通过大力实施全国动物防疫体系建设项目，投入资金67.9亿元，基本建立健全了中央、省、县、乡四级动物防疫体系，动物疫病监测、检疫监督、兽药质量监察和残留监控、科技支撑等方面的基础设施条件得到明显改善，重大动物疫情防控能力进一步提升。2010年年底，全国生猪、牛、羊、禽等动物的产地检疫村级开展面分别达到96.34%、93.83%、92.99%和94.95%。据测算，通过有效控制严重影响养殖业生产的动物疫病，每年可为农民直接减少损失170亿元，间接减少损失450亿元，人均增收50元左右。

4. 农机服务水平不断提升

"十一五"期间，为促进农机专业服务组织加快发展，农业部在全国开展农机社会化服务组织示范建设活动，确定206个农机专业合作社示范点、100个农机大户示范点和101个农机维修示范点，引导和促进农机服务组织持续健康发展。2010年，全国农机户达4058.9万户，占农户总数的15.63%，其中农机化作业服务专业户达483.3万户，占农机户11%。全国农机化作业服务组织达17.15万个，从业人员达101.9万人，农机维修厂及维修点21.7万个。2009年起，农业部还组织开展了全国农机化教育培训大行动，每年培训各类人才550万人次以上，培训新购机农民100万人次以上。通过各方努力，全国逐步形成了以跨区作业为代表，以农机作业服务为主要内容，以农机技术推广、培训教育、信息服务、维修服务、配件供应、燃油保障、投诉监督等为支撑的农机社会化服务体系。

5. 农业生产信息服务能力明显增强

为推进农业信息化，服务现代农业发展，农业部制定发布了《全国农业和农村信息化建设总体框架（2007—2015）》，有力地指导农业农村信息化基础设施和人才队伍建设。目前，省、地、县、乡、村五级农业信息服务体系日趋完善，初步形成了覆盖全国的农业信息网络群，为有效开展信息服务提供了重要保障。其中，乡村信息服务站超百万，农民信息员达到70万人以上。同时，通过实施"三电合一"项目，已累计搭建24个省级、78个地级和346个县级农业综合信息服务平台，全力打造了"12316"农业热线和手机短彩信平台，形成了农业信息网站、农业电视节目等多种手段相结合的服务格局。农业部还与多部门广泛开展合作，并鼓励社会力量积极参与农业农村信息化建设。其中，与工业和信息化部、商务部、科技部、文化部联合制定了《农业农村信息化行动计划（2010—2012年）》，明确了今后几年农村信息化发展方向；与中国移动、中国联通等电信运营商签署共同推进农业农村信息化战略合作框架协议，引导企业参与农业农村信息化建设，形成了推进工作的合力。

6. 市场流通体系逐步健全

为指导各地农产品批发市场建设，农业部制定实施了《全国“十一五”农产品市场体系发展规划》和《全国农产品产地批发市场工程建设规划（2006—2010年）》，与中国农业银行签署了《共同支持农产品批发市场建设合作框架协议》，推动农产品市场建设和管理水平不断提高。2010年年底，全国农产品批发市场已达到4300多家，其中亿元以上农产品批发市场发展到1672家，比2005年年底增长32%，初步形成了以产地为基础、销地为骨干、产销两地结合的农产品流通格局。农产品市场流通主体不断发展壮大。农业部印发了《关于加强农村经纪人队伍建设的意见》和《关于发展农产品和农资连锁经营的意见》，引导农村经纪人、农产品超市连锁经营等农产品市场流通主体健康发展。截至2010年年底，全国农产品经纪人已发展到600万人以上。农资经营已基本形成了由供销社农资公司、农资生产企业、农业“三站”、种子公司、个体工商户等多种市场主体共同参与的格局。此外，农业部还通过举办农产品国际交易会、农产品推介活动、参加大型国际农业展会、整合农产品产销信息资源等多种方式，积极开展农产品营销促销服务，提高了营销促销服务水平。

7. 农民专业合作社发展迅速

《农民专业合作社法》实施以来，农业部加强与相关部门沟通协作，积极促进各地农民专业合作社不断发展壮大，努力提升服务能力。①大力推进示范社建设。与国家发改委等11个部门联合印发了《关于开展农民专业合作社示范社建设行动的意见》，“十一五”期间共扶持767个农民专业合作社开展规范化、品牌化建设和标准化生产。②与商务部联合开展“农超对接”试点。支持引导农民专业合作社鲜活农产品直供城市连锁超市，提升农民专业合作社服务水平。2010年，全国已有28个省（区、市）的13000多家农民专业合作社参与“农超对接”。③加大对农民专业合作社信贷支持力度。与银监会联合印发了《关于做好农民专业合作社金融服务工作的意见》，把农民专业社全部纳入农村信用评定范围，创新适合农民专业合作社需要的金融产品，鼓励有条件的农民专业合作社发展信用合作。截至2010年年底，农村合作金融机构向农民专业合作社贷款余额已达70.1亿元。同时，农业部在组织实施的农业综合开发、农业标准化示范项目、畜牧养殖小区、阳光工程培训、农业机械化推进工程、农业产业化等项目建设中，都将农民专业合作社列入实施载体，支持农民专业合作社发展。到2010年年底，全国农民专业合作社已达到37.91万个，实有入社农户2900多万户，占全国农户总数的11%以上。

8. 农产品加工业不断做大做强

“十一五”期间，农业部门通过开展引导产业集聚、完善创新体系、加强技术推广、建设原料基地、健全标准体系和强化行业指导等工作，促进了农产品加工业的快速发展。2010年规模以上农产品加工业产值突破10万亿元，比“十五”末增长约1.5倍。加工产值与农业产值比例从“十五”末的1.1∶1提高到1.7∶1。2010年规模以上企业从业人员达2500多万人，其中吸纳农村劳动力1500万人以上，农民直接增收2800亿元，带动作用明显增强。农产品加工业结构不断优化，食品工业比重从“十五”末的40%提高到47%，初步形成了东北和长江流域水稻加工、黄淮海优质专用小麦加工、东北玉米和大豆加工、长江流域优质油菜籽加工、中原地区牛羊肉加工、西北和环渤海苹果加工、沿海优质水产品加工等产业聚集区。

9. 农产品质量安全体系日益完善

“十一五”期间，各级农业部门大力加强农产品质量安全监管工作，在组织保障、服务条件、制度建设、标准认证等方面强化建设。①组织机构逐步健全。2008年，农业部组建了农产品质量安全监管局，全国31个省级农口厅局中，30个省相继组建了农产品质量安全监管局（处、办），2/3的地市和1/3的区县组建了农产品质量安全监管机构。②基础设施条件明显改善。农业部发布和实施了《全国农产品质量安全检验检测体系建设规划（2006—2010年）》，在有关部门支持下，投入资金32亿元，新建和改扩建农产品部级质检中心49个、省级质检中心30个、县级质检站936个，全国农产品质量安全检验检测能力大幅提升。③监测预警能力显著增强。农业部深入实施了农产品质量安全普查、例行监测、监督抽查和农兽药残留、水产品药物残留、饲料及饲料添加剂等监控计划。针对大中城市消费安全的例行监测范围已经涵盖全国138个城市、101种农产品和86项安全性检测参数，形成了覆盖全国主要城市、主要产区、主要品种的农产品质量安全监测网络。2010年，蔬菜、畜产品、水产品等主要农产品质量安全抽检合格率分别达到96.8%、99.6%和96.7%，呈现稳中有升的发展趋势。④农业标准体系逐步完善。农业部以保障农产品质量安全为重点，制定发布农产品质量安全国家标准和行业标准1800多项，农业国家标准和行业标准总数已达到4800多项。⑤农产品认证扎实推进。目前，“三品”工作机构共达到3173个，县级以上农业部门“三品”管理工作人员达1万人以上，全国90%以上的农产品种类已纳入无公害产品认证范围，“三品一标”认证总数超过8万个，认定产地已占食用农产品产地总面积30%以上，认证农产品也已占到农产品商品总量30%以上。

10. 农民培训成效显著

“十一五”期间，农民培训工作积极适应农村劳动力结构变化和农民培训需求，不断加大培训力度，调整工作重点，改进工作方式，提高培训质量。①实施农村劳动力转移培训阳光工程。2006—2010年，中央财政累计投入专项资金56亿元，培训农民2017万人。其中，2006－2008年，重点围绕进城务工农民开展培训，涉及建筑业、制造业、家政等服务行业，培训农村劳动力1050万人，其中转移就业900万人，转移就业率达85.7%；2009—2010年，根据新形势要求进一步调整培训思路和重点，主要围绕农业和农村服务业、农产品加工业、农村特色二三产业、农民创业和农村带头人等从业人员开展培训，积极引导农民就地就近转移就业，培训机防手、村级动物防疫员、割胶工等专业农民600万人。②开展农业从业人员培训。2006—2008年，农业部启动实施了新型农民科技培训工程，对从事农业生产经营活动的农民开展农业生产技术和相关知识培训，培养了367万名观念新、懂科技、技能强、善经营的专业农民和致富带头人。

（二）农村生活服务业不断发展壮大

1. 农村能源产业快速发展

在中央政策的大力支持下，农业部等部门积极推广农村清洁能源技术，农村沼气建设和秸秆综合利用等农村能源产业发展取得显著成效。①农村沼气快速发展。“十一五”期间，中央累计投入农村沼气建设资金212亿元，支持建设户用沼气1279万户、养殖小区和联户沼气工程近2万处、规模化养殖场和秸秆集中供气大中型沼气工程3129处。各地还探索建立了政府补贴、协会领办、个体承包、企业参与、股份合作等多种沼气服务模式，形成了以省级技术实训基地为依托、县级服务站为支撑、村级服务网点为基础、农民沼气服务人员为骨干的沼气服务体系。在中央投资带动和各方面共同努力下，农村沼气实现了跨越式发展，全国沼气用户已达4000万户，受益人口1.55亿人，服务网点7.92万个，形成了户用沼气、小型沼气、大中型沼气共同发展的新格局。②农村生物质能产业逐步兴起。农业部会同国家发展改革委制定了《关于编制秸秆综合利用规划的指导意见》，报请国务院办公厅印发了《关于加快推进农作物秸秆综合利用的意见》，提出要有序发展以秸秆为原料的生物质能，推动农村生物质能产业发展。同时，组织开展了生物质能试点示范项目建设，为农民开展供气服务和燃料供应服务，有效改善了农民生活条件。截至2010年年底，全国已建设秸秆气化集中供气站900处，秸秆固体成型燃料年生产能力约170万吨。

2. 休闲观光农业蓬勃发展

近年来，各有关部门通力合作，通过完善相关政策、制定从业标准、培育先进典型、规范行业管理、打造服务平台等工作，推动了休闲农业的快速发展。农业部与国家旅游局签署合作框架协议，先后启动了休闲农业与乡村旅游示范创建活动，制定了《农业观光休闲农庄建设标准》和《现代农业科技园建设规范》，启动了公共服务平台建设。同时，农业部还与国土资源部联合发文，规范了休闲农业用地政策。各地也因地制宜，突出地域、环境、农业及民俗文化特色，通过出台有针对性的扶持政策、制定休闲农业发展规划等，促进了休闲农业蓬勃发展。据不完全统计，目前全国规模以上休闲农业园区超过1.8万家，农家乐达到150万家，年接待游客超过4亿人次，营业收入超过1200亿元，带动1500万农民受益。休闲农业正逐步从零星分布向集中连片转变，从单一功能向休闲、教育和体验等多功能转变，从单一产业经营向多产业一体化经营转变，从农民自发发展向政府规范引导转变，并成为融合生产、生活、生态，横跨一二三产业的农业新形态和消费新业态，成为沟通城乡、拉动消费、富裕农民的朝阳产业、魅力产业和幸福产业。

二、存在的主要问题

（一）农业生产服务业总体发展依然相对滞后

虽然农业服务业规模不断扩大，但其在农业农村经济中所占比重依然较低。目前，农林牧渔服务业产值仅占农林牧渔产值的3.7%，与美国13%左右的比重仍有较大差距。同时，东中西部地区间受资源禀赋、历史条件、经济社会发展水平等因素影响发展差距较大。

（二）公益性服务能力不强

基层农业技术推广、动植物疫病防控、农产品质量安全监管等公共服务机构尚不健全，服务能力不足。在服务内容上，重产中，轻产前产后现象严重，产前的种子统供、物资供应等服务较为滞后，农产品信息、流通、产后加工销售、农村经营管理等服务能力明显不足，配套与协调发展的产前、产中、产后一条龙服务尚未形成完整体系。

（三）经营性服务活力不足

农民专业合作社、涉农企业、个体经营户等总量规模小，自身发育程度低，主体作用尚未得到充分发挥，如农业产业化龙头企业与农民的利益联结机制尚不够完善，辐射带动能力不强。部分农民专业合作社组织行为不规范，在政策传递、科技服务、信息沟通、产品流通等方面的作用发挥不足。农村金融服务体系发展缓慢，甚至出现萎缩状况。农村保险服务体系发展长期滞后。休闲农业基础设施建设薄弱，与满足居民休闲消费与促进农民增收的差距较大。

（四）扶持政策与制度不健全

财政投入不足，关键领域和环节的扶持政策仍然不足，农作物病虫害专业化统防统治、动物疫病防控等公益性生产服务业缺少地方财政专项支持。农业农村服务业信贷扶持、税收减免等方面的政策仍较为缺乏，农村金融产品单一。支持农业农村服务业发展的相关法规还不配套，如《农业投入法》《农业保险法》等一些促进服务业发展的专门法律尚未出台。服务行业标准不健全，特别是与城市服务业相比，针对乡村旅游等农业农村服务的行业标准还较为缺乏。

三、“十二五”发展思路

“十二五”时期发展农业农村服务业，要深入贯彻落实科学发展观，按照十七届五中全会关于加快发展服务业的总体部署，着力培育一批产权清晰、运作规范、竞争力强的经营主体，建立健全农业农村公益性服务体系，引导经营性服务加快发展，创新体制机制，拓展服务领域，着力提高农业农村服务业规模化、市场化和社会化水平，增强内生发展动力与辐射带动能力，为加快现代农业发展、繁荣农村经济、增加农民收入奠定坚实基础。“十二五”时期，农业农村服务业发展的主要目标是：体系完善，覆盖农业生产的服务体系和网络初步建立，各类主体竞相发展，市场化、社会化程度明显提高；总量增长，到2015年农林牧渔服务业增加值达到3200亿元以上，年均增长20%以上；结构优化，农林牧渔服务业增加值占农林牧渔业增加值的4%以上；就业增加，农业农村服务业从业人员持续增加，年均增长率5%以上，成为增加农村劳动力就业的主渠道之一。主要任务是：以加快发展农业生产服务业为重点，积极培育发展农村生活服务业，形成各具特色、优势互补、协调发展的现代农业农村服务产业体系。保障措施是：完善法律法规体系，加大财政扶持力度，强化金融支持，优化管理体制，规范市场秩序。

（农业部供稿）

第二章　海洋服务业发展报告

海洋服务业按照行业分，重点涉及海洋交通运输业、滨海旅游业、涉海金融服务业和海洋教育。

一、海洋交通运输业

（一）"十一五"发展情况

"十一五"期间，我国海洋交通运输业稳步发展，产业增加值现价年均增速达到10.0%。期间受国际金融危机影响，出现大幅波动。自2008年年底，海运价格大幅下挫，全国沿海货物吞吐量和集装箱吞吐量均出现了连续数月的负增长，直到2009年下半年才有所抬头，并逐步恢复到金融危机之前的水平。2010年，受益于国内宏观经济企稳上升，对内外贸货物需求趋旺，航运价格恢复性增长，海洋交通运输业迅速回暖。我国海洋交通运输业全年实现增加值3816亿元，比上年增长16.7%。2010年，中国港口军团在全球十大集装箱大港中，收获了过半数席位，大部分港口位次较2009年前移，中国港口在全球的份量进一步加重。上海港集装箱吞吐量达2906.9万标准箱，同比增长16%，首次超越新加坡，跃居世界第一。宁波—舟山港2010年货物吞吐量达到6.27亿吨，跃居世界第一大港。

（二）存在的主要问题

①沿海港口存在过度扩张，但公共基础设施建设不足，基础设施技术等级和运输装备技术水平有待进一步提高。②沿海港口大型深水泊位不足，集疏运系统不完善，作业效率较低。③货运的地区结构、货类结构不尽合理。④远洋运输薄弱，与世界同行一流企业仍存在较大差距。⑤发展面临的岸线紧缺的刚性约束将进一步强化，节能减排的任务艰巨，环境和生态保护任务更加繁重。⑥全球气候变暖、极端恶劣天气不断增多，由此引发重特大自然灾害，对港口基础设施及海洋运输安全构成严重威胁。⑦中国进口石油90%依赖海上运输，特大溢油事故险情不断，需加强防范。

（三）"十二五"发展思路

"十二五"海洋交通运输业发展目标是：沿海港口布局进一步完善，服务功能明显拓展，形成布局合理、保障有力、服务高效、安全环保、管理先进的现代化港口体系。运输组织化程度明显提高，服务范围进一步延伸。在推进综合运输体系建设、发展现代物流和实现低碳、绿色交通方面取得实质性突破。环境保护力度进一步加强，节能减排取得明显成效，港口生产、生活污水的循环利用水平等资源的再生利用水平显著提高。水上交通安全应急水平迈上新台阶。主要任务是：完善港口基础设施建设，优化沿海港口空间布局，加快转变海洋交通运输发展方式，积极发展港口现代物流，加快重大科技研发和成果推广应用，加强港口航道生态保护。主要政策措施是：加强资金保障，完善投融资政策；加强法规体系建设，深化体制机制改革；加强人才队伍建设，提供人才保障和智力支持。

二、滨海旅游业

（一）“十一五”发展情况

“十一五”期间，尽管受到国际金融危机、自然灾害等的影响，2008年滨海旅游业增速放缓；但在国家拉动内需、加大投入的政策驱动下，国内旅游增长较快，国际旅游逐步恢复，滨海旅游业整体保持平稳发展，产业增加值期现价年均增速为19.2%。

我国是一个海洋大国，滨海旅游资源非常丰富。随着人们生活水平的不断提高、滨海旅游市场的不断发展和壮大，北起丹东，南到三亚，滨海旅游业在国家和沿海地方政府大力支持和积极推动下欣欣向荣、蓬勃发展。滨海旅游消费需求在不断变化，促使滨海旅游产品不断创新，滨海资源的开发层次和范围不断提升，旅游产品从单一走向了多样化、专业化，滨海旅游的内容已从传统的海洋风光游，即单纯观赏游览沿岸自然风光、名胜古迹、海上风光等，发展为开拓更多内容丰富、与海相关的旅游产品。特别是随着近年来人们对海洋认识的提高，海洋环保意识的加强，以参观海洋自然保护区、海岸带地质公园、海洋馆等为内容的海洋生态旅游日益受到人们推崇。海洋文化游，体验渔家民俗、品尝海洋美食、欢度海洋文化节庆等成为时尚。此外，以帆船、游艇、沙滩排球、潜水等体育运动为主题的海洋运动娱乐旅游也已经逐渐成为滨海地区提供的旅游服务之一。

2007年7月，中共山东省委，山东省人民政府关于大力发展海洋经济建设海洋强省的决定，提出“加速发展滨海旅游业。以打造“黄金海岸”和“旅游度假胜地”两大品牌为重点，进一步完善沿海旅游基础设施，大力发展沿海特色民俗、城市旅游、商务会展等旅游产品，积极发展海岛观光、原生态湿地旅游，开发邮轮、游艇等高端旅游产品，集中建设一批海洋旅游精品工程。整合旅游资源，实现资源共享，推动半岛地区“无障碍旅游区”建设。加强与环渤海地区及日韩两国在旅游领域的联合与合作，大力开发海上旅游线路，拓展旅游产业发展的领域和空间。”

2008年9月，《全国科技兴海规划纲要（2008年—2015年）》发布，提出“开发涉海休闲、旅游、运动的环境预报产品”；“以减少资源消耗、降低废物排放和提高资源利用率为目标，选择典型临海工业园区、海岛经济区、海洋旅游区，依托有关地方政府和海洋油气、化工、临海电力等重点行业相关企业开展试点，建立示范工程，探索循环经济发展模式”；“选择典型海洋生态系统，建设3个~5个生态修复示范工程，并在对自然资源、生态系统和主要保护对象影响评价的基础上，建立生态旅游示范模式”。

2008年12月，国家海洋局出台十项政策措施为扩大内需促进经济平稳较快发展全力做好服务保障工作。其中“第五，加快推动海岛的开发和建设。要加强对海岛地区经济社会发展的政策支持。对适宜开发的海岛，在科学论证的基础上，明确功能定位，选择合理开发利用方式，发展海岛特色经济。推进无居民海岛的合理利用，单位和个人可以按照规划开发利用无居民海岛。鼓励外资和社会资金参与无居民海岛的开发利用活动。”

总体来看，2008年我国滨海旅游业全面发展，许多重大事件促进滨海旅游业的进一步发展，一是青岛等滨海旅游城市配合奥运机遇，旅游业取得跨越性发展；二是大陆游客赴台旅游梦想成真，海峡旅游品牌闪耀全球；三是配合国家新一轮沿海开放开发战略的实施，滨海地区的旅游业发展全面提速；四是海岛旅游资源保护与合理利用成为我国滨海旅游发展中的亮点；五是国家旅游局推荐的12条首批中国国家旅游线路中，中国“滨海度假”国家旅游线路是主要旅游线路之一。表明中国作为一个滨海旅游资源是分丰富的国家，滨海旅游将再我国旅游业发展中发挥越来越重要的作用。

2009年12月26日，《中华人民共和国海岛保护法》出台。其中“第十六条 国务院和沿海地方各级人民政府应当采取措施，保护海岛的自然资源、自然景观以及历史、人文遗迹”；“三十九条 国务院、国务院有关部门和沿海省、自治区、直辖市人民政府，根据海岛自然资源、自然景观以及历史、人文遗迹保护的需要，对具有特殊保护价值的海岛及其周边海域，依法批准设立海洋自然保护区或者海洋特别保护区。”

我国旅游业较为成熟的省市，大多分布于沿海地区，滨海旅游在其旅游发展中扮演重要角色。从旅游收入来看，2009 年滨海旅游业收入占到我国旅游业总收入的 65%，而滨海旅游国际旅游收入占到总国际旅游收入的一半以上。分省市按照国际旅游接待能力进行排名，国际旅游收入方面，前十名的省市中有八个位于沿海地区；而接待国际旅游人次上排名也同样如此，可以看出无论是从旅游收入还是从接待旅游人次上，滨海旅游都具有较强的竞争力，在我国整个旅游业中处于重要地位。

2010 年，沿海地区依托特色旅游资源，发展多样化旅游产品，滨海旅游业保持平稳增长。全年实现增加值 4838 亿元，比上年增长 7.9%。居民出游热情持续高涨，滨海旅游日渐成为一大重要消费市场。上海世博会和广州亚运会的召开、各种主题海洋文化活动的开展、各类海洋场馆和滨海度假酒店的开业也带动了滨海旅游业的发展。

（二）“十二五”发展思路

“十二五”时期，滨海旅游业的发展目标是：滨海旅游业占海洋经济的比重进一步上升，成为推动海洋现代服务业创新发展、调整优化海洋经济结构、促进海洋经济发展方式转变的重要力量；在扩大涉海就业、弘扬海洋文化、促进对外开放、加强交流合作中发挥重要作用；滨海旅游业规模进一步扩大，发展一批具有国际竞争力的大型滨海旅游企业集团，滨海旅游产品体系更加丰富，形成一批具有国际竞争力的精品滨海旅游线路和精品滨海旅游景区；区域滨海旅游业发展各具特色，发展区域布局更加均衡；滨海旅游服务质量进一步提高，旅游消费环境进一步改善。

三、涉海金融服务业

（一）“十一五”发展情况

1. 国家金融机构对海洋经济发展的支持

随着海洋经济的快速发展，金融领域对海洋经济的发展也给予了前所未有的重视。“十一五”时期，中国人民银行认真贯彻落实国务院文件精神，通过加强信贷政策指导、推动金融产品和服务方式创新、优化金融服务体系等多种政策措施，努力提高对海洋经济的金融支持和配套服务水平，着力发挥金融支持海洋经济发展的积极作用。

（1）加强信贷政策指导，引导和督促各银行业金融机构调整和优化信贷结构，加大对海洋经济发展的金融支持力度。各金融机构合理规划和配置金融资源，根据海洋经济示范区规划和导向，突出对海洋经济重点地区、重点领域、重点项目和重点企业的信贷投放和金融支持，促进海洋经济区的多元化现代海洋旅游体系、现代海洋渔业、海洋装备制造业和海洋新兴产业的发展，提高海洋经济产业层级。同时，积极运用再贷款、再贴现等多种政策措施，引导金融机构加大对海洋经济发展的支持力度。

（2）大力推动金融产品和服务方式创新，为海洋经济发展提供多元化的金融支持和服务。积极引导银行业金融机构优化服务流程，发展适合海洋经济特点的多种融资模式，先后推出了海域使用权抵押、订单融资、供应链融资、组合担保贷款等多种创新产品，鼓励银行业金融机构积极开办融资租赁、船舶出口买方信贷和保函等业务，为船舶出口、船舶出口企业技改研发提供多元化的金融支持。

（3）积极推动金融市场创新，拓宽海洋经济区内企业融资渠道。近年来，人民银行在银行间债券市场相继推出了短期融资券、中期票据、超短期融资券等直接债务融资工具，引导和支持符合条件的海洋经济企业通过银行间市场发行直接债务融资工具筹集资金，逐步拓宽海洋经济企业的融资渠道。

（4）优化金融服务体系，推进金融基础设施建设，为海洋经济发展提供多层次、高效的金融服务。鼓励和引导各银行业金融机构推进金融网点向海洋经济发展示范区的布局，鼓励沿海地区发展各类金融机构，逐步引入信托、租赁、财务、担保等非银行业金融机构，形成政策性金融、商业性金融和合作性金融互为补充的多元化金融服务体系。加强海洋经济区支付环境建设，大力推广银行卡等非现金支付工具，加大 ATM 机、POS 机等金融基础设施的合理布放，扩大金融网点的服务半径和覆盖范围，逐步消除金融服务空白镇，建立广覆盖、多层次的金融服务体系。

2. 沿海地方金融机构对海洋经济发展的支持

“十一五”期间，一系列沿海区域战略上升为国家战略，沿海地区海洋经济面临前所未有的发展机遇，为银行业提供了非常广阔市场和巨大的空间。沿海地方银行业金融机构以信贷方式大力支持海洋产业快速发展，“十一五”期间，天津滨海农商行对个人渔业养殖贷款达 2.03 亿元，占海洋贷款余额的45%，有效支持了海洋渔业的发展。中国民生银行天津分行发放固定资产贷款3000 万元，用于天津滨海航母主题公园有限公司航母舰体改造项目，加强了对现有资源的整合利用，增加了航母主题公园的服务配套设施和游客的附加值消费。2010 年 4 月，中国工商银行总行与江苏省政府签订了《江苏沿海发展规划地区金融合作备忘录》。银行业信贷重点支持造船、海运、填海造地、港口建设、清洁能源以及海洋渔业等方面。

（二）“十二五”发展思路

①树立支持海洋经济发展的理念。各级银行业金融机构要树立金融支持海洋经济发展的理念，以完善机构组织体系、增加信贷投入、创新金融服务等方式，充分支持海洋交通运输、海洋油气、临海工业、海洋渔业、滨海旅游、海洋生物制药、海水利用、海洋可再生能源等产业发展及项目开发。②进一步加大信贷支持力度。各级银行业金融机构要以大力发展海洋经济为契机，发挥各自特点和优势，合理确定信贷支持海洋经济发展的切入点和着力点，加大配套金融服务与支持力度，不断提升支持海洋经济发展的信贷效率和服务水平。③加快金融产品和服务方式创新。借助集合信托、短期融资券、银团贷款、保函、企业债券、海域使用权抵押等方式，为涉海企业提供优良、特色金融服务。积极运用金融租赁方式服务优质客户，积极为优势客户发行短期融资券和中期票据业务提供服务，探索发展适合海洋物流企业融资、结算特点的结算业务，积极开展对外贸易融资和外汇业务，发展进口信贷、进口信用证等业务。因地制宜地研发适合各地海洋产业发展的信贷创新产品，着力拓宽贷款抵（质）押物范围。探索以渔业捕捞权证作质押，或以渔船抵押，发放贷款支持渔船“小改大、木改铁”，提高渔业捕捞安全生产水平，发展远洋捕捞业。④优化金融服务体系。鼓励各金融机构积极开展信贷服务方式创新，推动各银行业金融机构在海洋经济集聚区域内设立以服务海洋经济为主的机构网点，提供优质及时的金融服务，建立高素质专业人才队伍，充分了解海洋产业融资需求，提供有效银行信贷服务。支持符合条件的海洋产业集团组建海洋产业财务公司，充分利用集团内部暂时闲置资金，挖掘内部资金潜力，提高资金使用效率，为海洋产业集团提供金融服务。⑤银企合作推动海洋经济发展实践。积极引导银行业金融机构，与政府、企业有效联结，充分发挥政府部门的信用优势、金融机构的融资优势、产业化龙头企业的辐射带动优势，增强沿海各地发展海洋经济的信心，促进海洋产业的发展。

四、海洋教育

（一）“十一五”发展情况

1. 海洋学科建设

目前，我国共有 5 所专门的海洋科学研究部属高等学校，即中国海洋大学、厦门大学、同济大学、河海大学和大连海事大学。地方院校 8 所，即上海海洋大学、浙江海洋学院、广东海洋大学、南京信息工程大学、淮海工学院、盐城工学院、河北工业大学、天津科技大学等。另外，还有一大批高等院校逐步开展涉海方面的教学与研究，如北京大学、清华大学、南京大学、中山大学、上海交通大学、浙江大学等，这些院校均设置了海洋科学、海洋工程、海洋生物资源环境等方面的专业或建设了相关科学研究平台，进一步推进我国海洋科学学科建设、促进学科布局趋于合理。

2. 海洋类本科生培养

到目前为止，中国海洋大学等62所高校设置了13种与海洋经济密切相关的本科专业，布点105个，为海洋经济相关专业人才奠定了基础。同时，加大了海洋经济相关人才培养力度，深化教育教学改革。2007年，教育部和财政部共同启动了“质量工程”本科特色专业建设。到2010年，共批准了天津大学、上海交通大学、中国海洋大学等12所高校的船舶与海洋工程、海洋科学、海洋技术、海洋渔业科学与技术等与海洋经济相关的特色专业建设点。

3. 海洋类研究生培养

为提高研究生教育质量，推进研究生教育创新，更好地适应经济建设和社会发展对高层次人才的需要，教育部在2003—2008年实施的“研究生教育创新计划”中，对海洋学科领域及有关高校给予了创新计划项目立项和经费支持。2009年，教育部在创新计划项目中立项支持了同济大学的“西太平洋边缘海海洋地质前沿”研究生暑期学校、武汉理工大学的“船舶与海洋工程”以及中国海洋大学的“水产品加工与安全”博士生学术会议等项目，对海洋学科研究生的培养工作起到了积极作用。

4. 海洋科研平台建设

海洋科学是以观测为基础，理论研究、实验室模拟并重的基础科学，实验室和工程中心建设能为培养海洋科学及相关领域从事科研、教学、管理及技术工作的高级专门人才提供有效的支撑。目前，在相关高校已建有15个涉海教育部重点实验室和11个涉海教育部工程研究中心。依托这些基地和平台建设，相关高校完成了“973”、“863”等一大批海洋领域的课题，发表了近1000篇国内外高水平论文，产出了一大批应用于海洋经济发展的科研成果，有效提升了我国海洋领域科研水平及在国际学术界的影响力。

（二）存在的主要问题

（1）从海洋科学专业的总体数量上看，规模并不大，对中国这样一个海洋大国来说，这样的学生规模是与之不相称的。随着国家对海洋事业的重视和地方海洋经济的快速发展，对海洋科学专业人才的需求会越来越多。

（2）从实际情况来看，中国海洋事业发展尚处于初期阶段，除了传统的海洋科研院所及行政部门外，没有较为明确的行业对于海洋科学人才形成新的需求。这一点在本科教育阶段比较突出，学生求职时不能完全局限在海洋科学范围内。

（3）从就业和需求来看，对于研究生的需求较为稳定，特别是对于博士生，由于近年来各类院校纷纷开设海洋科学专业，其需求较大。但是他们同时面临着来自于归国留学生的竞争，因此提高学生的培养质量是当前的重要任务。

（三）“十二五”发展思路

“十二五”时期，海洋教育发展的重点任务：①紧密围绕海洋经济发展中的战略性、前瞻性和公益性问题，积极开展基础研究，加快基地平台建设，培养和聚集一大批优秀拔尖人才，推动海洋应用关键技术的创新和集成，努力为我国海洋经济的发展提供长期的科技支撑。②积极鼓励高校同科研机构、地方政府、行业企业开展协同创新，围绕海洋生物资源开发、海洋矿产资源开发、海洋油气资源开发、海洋药物研制、海水养殖等海洋经济的重点研究领域，努力取得实质性成果，大力提升高校的海洋经济人才培养水平，大力增强高校海洋经济领域的科学研究能力，促进高校更好地服务海洋经济可持续发展。

（国家海洋局供稿）

第四篇　服务业发展环境

第一章　财政政策支持情况

一、"十一五"发展情况

（一）加大财政资金投入力度

1. 支持发展商贸流通服务业

"十一五"期间，中央财政将商贸流通服务业作为支持服务业发展的重点。2006年、2007年中央财政分别设立了农村物流服务体系发展专项资金、促进服务业发展专项资金，支持商贸流通服务业发展。2009年根据《国务院办公厅关于搞活流通扩大消费的意见》（国办发〔2008〕134号）精神，中央财政大幅度增加了原有促进服务业发展专项资金和农村物流服务体系发展专项资金规模，同时，新设中小商贸企业发展专项资金，重点支持农产品流通、农村流通、再生资源回收利用、家政服务等商贸流通重点领域和薄弱环节，着力改善流通环境和服务水平，并实施了中小商贸企业融资担保补助、信用险补助、参展补助等政策，促进提高中小企业融资能力和市场开拓能力。2006—2010年，中央财政共安排商贸流通服务业资金151.5亿元，共支持建设了30万个农家店，培训了40万家政从业人员，建设改造了近40个区域性大型再生资源回收利用基地和近百个服务业聚集功能区，在9个省份开展了农产品流通综合试点，在10个大城市开展了肉菜追溯体系建设试点，在40个城市开展了城市再生资源回收利用体系建设试点，在35个城市开展了城市家政服务体系建设试点，上述政策的实施对提升我国流通企业经营水平、改善市场环境、提高服务业发展质量发挥了积极作用。

2. 大力支持服务外包产业发展

"十一五"期间，中央财政加大了对服务外包的支持力度。从2007年开始，财政部会同商务部研究制定了一系列支持服务外包产业发展的财政政策，支持包括承接国际服务外包、服务外包人才培训、服务外包企业取得国际认证、企业投资促进活动和开拓海外市场等。截至2010年年底，中央财政累计拨付支持资金14.2亿元，其中：支持服务外包培训大专以上学生37.7万人；支持服务外包国际认证项目389个，拨付支持资金8542万元；支持服务外包基地示范城市公共平台建设资金2.05亿元。财政政策有力促进了承接国际服务外包发展。

3. 支持发展金融服务业

"十一五"时期，财政部积极创新财政手段，撬动金融资源支持经济发展，保障和改善民生。①支持农村金融发展。对农业保险保费予以补贴，发挥农业保险风险保障作用，既撬动了农业保险市场的可持续发展，又对促进农民增收和农业增产发挥重要作用。同时，实施县域金融机构涉农贷款增量奖励和新型农村金融机构定向费用补贴两项政策，有效调动金融机构加大涉农贷款投放的积极性。②完善小额担保贷款贴息政策。为支持下岗失业人员创业再就业，对下岗失业人员小额担保贷款政策进行了完善，并建立了小额担保贷款工作财政奖补机制。上述政策的实施对完善金融服务体系，促进经济发展发挥了积极作用。

（二）探究出台支持服务业发展的税收政策

税收作为国家经济制度的重要组成部分，在发挥筹集财政收入主渠道作用的同时，配合国家宏观经济政策和社会发展目标，适时制定和调整完善税收政策，可以充分地发挥税收促进经济增长，调整经济结构，保持社会稳定等方面的作用。国家历来重视服务业发展，在税收方面也制定了一系列鼓励和支持服务业发展的政策措施，取得了明显成效。

1. 企业所得税

在企业所得税方面，服务业可以享受一系列适用于所有行业的优惠政策。如：对小型微利企业按20%的低档税率征收企业所得税；自2010年1月1日至2011年12月31日，对年应纳税所得额低于3万元（含3万元）的小型微利企业，其所得减按50%计入应纳税所得额，按20%的税率缴纳企业所得税；企业从事农、林、牧、渔业项目的所得，从事符合条件的环境保护、节能节水项目的所得等，可以免征、减征企业所得税；国家需要重点扶持的高新技术企业，减按15%的税率征收企业所得税；从事服务业的非营利组织，可以享受相关企业所得税优惠政策；企业为开发新技术、新产品、新工艺所发生的研究开发费用，可享受加计扣除或摊销的优惠政策；企业的固定资产由于技术进步等原因确需加速折旧的，可以缩短折旧年限或采取加速折旧的方法；创业投资企业采取股权投资方式投资于未上市中小高新技术企业2年以上（含2年），凡符合规定条件的，可按照其对中小高新技术企业投资额的70%抵扣该创业投资企业的应纳税所得额等。

专门针对服务业出台的企业所得税优惠政策主要有：①对苏州、北京、天津、上海等21个中国服务外包示范城市中经认定的技术先进型服务企业，减按15%的税率征收企业所得税；其发生的职工教育经费按不超过企业工资总额8%的比例据实在企业所得税税前扣除；超过部分，准予在以后纳税年度结转扣除。②允许金融、证券、保险行业企业按规定提取的准备金予以税前扣除；对金融企业的涉农贷款和中小企业贷款损失专项准备金，准予在税前全额扣除。自2009年1月1日至2013年12月31日，对金融机构农户小额贷款的利息收入以及保险公司为种植业、养殖业提供保险业务取得的保费收入，在计算应纳税所得额时，允许按90%计入收入总额。

2. 增值税

对于增值税征税范围内的服务业，国家一直实行优惠政策。如：对新闻出版和发行实行100%和50%的增值税先征后退或免税政策；对飞机维修实行增值税税负超过6%返还的政策；对污水处理劳务免征增值税；对自主研发的软件产品（包括动漫产品）实行增值税税负超过3%返还的政策；在天津进行融资租赁的船舶出口享受出口退税试点。

3. 营业税

为了解决部分服务业重复征税问题，国家实行了一系列的营业税优惠政策：①对交通运输、建筑安装、通信、代理、旅游、物业管理、物流、劳务派遣等服务项目出台了共计40余项的差额征税政策，通过扣除若干主要成本支出，缩小其营业税的税基，减轻其税收负担。②为了支持服务走出去，先后对国际运输劳务、在境外提供建筑业、文化体育业（不含播映）劳务、示范城市离岸服务外包业务、为出口货物提供的保险产品实行免征营业税政策。③为了支持医疗、教育、养老和农业生产相关服务等发展，营业税暂行条例规定了对上述劳务免征营业税。④对于国家鼓励发展的其他一些服务业，也实行了优惠政策。主要包括：技术开发、技术转让以及与其相关的技术咨询和技术服务免征营业税；对动漫企业和软件企业的营业税给予优惠政策；对农户小额贷款业务和新型农村金融机构减免营业税；对邮政普遍服务和特殊服务免征营业税；对个人转让著作权免征营业税；对科普单位的门票收入，以及县及县以上党政部门和科协开展的科普活动的门票收入免征营业税；对科普单位进口自用科普影视作品播映权免征其应为境外转让播映权单位代扣代缴的营业税；对员工制家政服务公司提供的家政服务实行3年免征营业税的政策。

（三）政府采购支持服务业发展

“十一五”时期，各级财政部门积极采取措施扩大服务类采购项目范围。①将汽车维修、汽车保险、汽车加油、印刷、会议服务等通用项目，以及信息系统开发和维护、专业咨询、造价等项目依法纳入政府采购管理范围，同时积极探索合同能源管理、“云计算”等新型服务业态的政府采购工作。②积极尝试将“政府购买公共服务”与政府采购相结合，对银行代理、展会设计和会计、种牛采购、企业职工素质培训、公共场所绿化养护等项目实施了政府采购。③推动政府服务外包。服务类项目政府采购范围和规模不断增加，2010年全国服务类的政府采购规模为709.1亿元，占政府采购总规模的比重为8.4%，较2009年服务类采购规模增长了30%。

（四）推动资产评估行业健康发展

为打破制约评估机构发展的行政壁垒、行业限制和地方保护，财政部一直注重与发展改革、审计、工商行政、住房城乡建设、国土资源、金融监管、国有资产监管、证券监管等有关部门和机构的沟通协调，共同治理行政干预、商业贿赂、不合理招投标方式以及变相实行二次准入等行为。其中，较为复杂和困难的一项，就是评估收费制度的改革。经多次沟通协调，2009年11月，国家发展改革委、财政部联合制定了《资产评估收费管理办法》（发改价格〔2009〕2914号），区分评估类型实行政府指导价或市场调节价，采取计件收费、计时收费或计件与计时收费相结合的方式，并规定由地方价格主管部门与财政部门制定具体收费标准。新办法的出台，大幅度提升了行业的收费水平，有助于评估机构吸引高端人才，保障评估质量，提高服务水平。但目前全国仅有16个省份出台了具体收费标准，其他省份正在与物价部门进行沟通，同时，已出台评估收费标准的省份也在积极做好新收费标准的宣传和执行检查工作。

二、“十二五”政策思路

“十二五”期间，财政部将继续贯彻落实中央有关加快服务业发展的精神，按照服务业发展“市场”和“政府”双轮驱动原则，坚持市场化、社会化和产业化发展方向，把财政政策主要着力点放在服务业的结构优化、规范发展和提高服务质量上，继续探索在市场经济条件下支持服务业加快发展的新机制、新办法。①继续加大对服务业投入力度。继续支持发展商贸流通服务业，重点发展农产品流通和农村流通，同时继续支持发展家政服务、社区服务等生活性服务业；支持重点地区（园区）生产性服务业积聚、跨越式发展，积极推进现代服务业综合试点；支持特色服务产业发展，以园区为抓手，支持发展广告业等特色服务产业。继续支持服务外包、金融服务等服务业发展。②进一步研究完善促进服务业发展的税收政策。继续改革和完善税收制度，扩大增值税征收范围，相应调减营业税等税收，完善有利于产业结构升级和服务业发展的税收政策。③继续通过政府采购支持服务业发展。重点推进服务项目采购，按照加快发展服务业的要求，进一步拓展政府采购服务新领域，实现服务类采购占比明显提升。适应服务业发展的新特点和发展中出现的新业态，结合基本公共产品和服务提供方式改革，逐步将高技术服务、商务服务、社会工作服务等专业服务和公共服务项目纳入政府采购管理范围。着力研究政府采购具体措施，推动服务外包产业和合同能源管理等新兴服务行业的发展。

（财政部供稿）

第二章　税收政策支持情况

大力发展服务业，对于加快转变经济发展方式，优化经济结构，提高社会劳动生产率，扩大劳动就业和提高人民生活水平，具有重要意义。特别是当前我国服务业增加值占 GDP 比重明显低于国际平均水平的情况下，加快发展服务业已十分紧迫和必要。近年来，党中央、国务院为加快服务业发展制定了一系列政策和措施，国家税务总局也积极会同其他有关部门，研究拟定了一系列促进服务业发展的税收政策。

一、"十一五"发展情况

由于服务业具有点多面广的特点，在税制安排上冠以"服务业"名称的税收政策较少，即使《中华人民共和国营业税暂行条例》"营业税税目税率表"规定的"服务业"税目，也仅限于代理业、旅店业、饮食业、旅游业、仓储业、租赁业、广告业，以及如沐浴、理发、打字、勘探、咨询等其他服务业，并未涵盖除农业、工业之外的所有产业行业部门。但是，与服务业密切相关的各领域的税收政策较多。

（一）关于交通运输、仓储业

（1）允许增值税一般纳税人凭货物运输发票按 7% 抵扣进项税额。

（2）对运输业务实行营业税差额征税。即纳税人将承揽的运输业务分给其他单位或者个人的，以其取得的全部价款和价外费用扣除其支付给其他单位或者个人的运输费用后的余额为营业额，征收营业税。

（3）为支持我国物流业的发展，国家税务总局下发了《国家税务总局关于试点物流企业有关税收政策问题的通知》（国税发〔2005〕208 号），对纳入试点范围的物流企业的仓储业务也实行营业税差额征税政策，即试点物流企业将承揽的仓储业务分给其他单位并由其统一收取价款的，应以企业取得的全部收入减去付给其他仓储合作方的仓储费后的余额为营业额计算征收营业税。到目前为止，全国已有 600 余户试点物流企业享受了此项优惠政策。

（二）关于信息传输、计算机服务和软件业

1. 鼓励软件产业发展的税收政策

对增值税一般纳税人销售自行开发生产的软件产品，按 17% 的法定税率征收增值税后，对其增值税实际税负超过 3% 的部分实行即征即退政策。所退税款由企业用于研究开发软件产品和扩大再生产，不作为企业所得税应税收入，不予征收企业所得税。对在我国境内新办软件生产企业经认定后，自获利年度起实行企业所得税"两免三减半"的优惠政策。软件生产企业的工资和培训费用，可按实际发生额在计算应纳所得额时扣除。对国家规划布局内的重点软件生产企业，如当年未享受免税优惠的，减按 10% 的税率征收企业所得税。

2. 鼓励集成电路产业发展的税收政策

集成电路设计企业视同软件企业，享受软件企业的有关税收政策。对增值税一般纳税人销售其自行生产的集成电路产品，按 17% 的法定税率征收增值税后，对其增值税实际税负超过 3% 的部分实行即征即退政策。所退税款由企业用于研究开发软件产品和扩大再生产，不作为企业所得税应税收入，不予征收企业所得税。

3. 促进软件出口的税收政策

目前对按货物报关的出口软件，税务部门根据海关提供的出口报关单、外汇管理局提供的出口收汇核销单等凭证，实行免税政策。由于软件是知识密集型产品，具有附加值高的特性，其物耗比重非常小，进项税额非常少，据测算，此项免税政策相当于给予软件产品16%的退税率，高于现行的平均出口退税率。

（三）关于科学研究、技术服务和地质勘查业

（1）从事《国家重点支持的高新技术领域目录》和《当前优先发展的高技术产业化重点领域指南》所列项目的技术研发费用，允许在企业所得税前加计扣除。

（2）关于鼓励技术服务企业的税收政策。对单位和个人从事技术转让、技术开发业务和与之相关的技术咨询、技术服务业务取得的收入，免征营业税。这项政策适用于新技术服务企业。

（3）扩大苏州工业园区税收优惠政策的执行范围。将苏州工业园区技术先进型服务企业税收试点政策推广到北京、天津、上海、重庆、大连、深圳、广州、武汉、哈尔滨、成都、南京、西安、济南、杭州、合肥、南昌、长沙、大庆、苏州、无锡、厦门21个中国服务外包示范城市。自2009年1月1日起至2013年12月31日止，在上述21个服务外包示范城市实行以下政策：对经认定的技术先进型服务企业，减按15%的税率征收企业所得税，其发生的职工教育经费按不超过企业工资总额8%的比例据实在企业所得税税前扣除，超过部分准予在以后纳税年度结转扣除；上述城市内的企业从事离岸服务外包业务取得的收入免征营业税。

（4）实施了加快推行合同能源管理的税收政策。对节能服务公司实施合同能源管理项目，取得的营业税应税收入，暂免征收营业税，对其无偿转让给用能单位的因实施合同能源管理形成的资产，免征增值税；节能服务公司实施合同能源管理项目，符合税法有关规定的，自项目取得第一笔生产经营收入所属纳税年度起，第一年至第三年免征企业所得税，第四年至第六年减半征收企业所得税；用能企业按照能源管理合同实际支付给节能服务公司的合理支出，均可以在计算当期应纳税所得额时扣除，不再区分服务费用和资产价款进行税务处理；能源管理合同期满后，节能服务公司转让给用能企业的因实施合同能源管理项目形成的资产，按折旧或摊销期满的资产进行税务处理。节能服务公司与用能企业办理上述资产的权属转移时，也不再另行计入节能服务公司的收入。

（四）关于金融保险业

（1）对外汇、有价证券、期货等金融商品买卖业务实行营业税差额征税的政策。即以卖出价减去买入价后的余额为营业额征收营业税。

（2）对境内保险机构为出口货物提供的保险产品，免征营业税。

（3）对金融机构农户小额贷款的利息收入免征营业税，在计算应纳税所得额时按90%计入收入总额；对农村信用社、村镇银行、农村资金互助社、由银行业机构全资设立的贷款公司、法人机构所在地的县（含县级市、区、旗）及县以下地区的农村合作银行和农村商业银行的金融保险业收入减按3%的税率征收营业税；对保险公司为种植业、养殖业提供保险业务取得的保费收入，在计算应纳税所得额时，按90%比例减计收入。

（五）关于教育、文化、卫生、社会保障、社会福利、居民服务和其他服务业

（1）对旅游业务实行营业税差额征税的政策。即纳税人从事旅游业务的，以其取得的全部价款和价外费用扣除替旅游者支付给其他单位或者个人的住宿费、餐费、交通费、旅游景点门票和支付给其他接团旅游企业的旅游费后的余额为营业额征收营业税。

（2）对建筑工程分包业务实行营业税差额征税政策。即纳税人将建筑工程分包给其他单位的，以

其取得的全部价款和价外费用扣除其支付给其他单位的分包款后的余额为营业额。

(3) 对托儿所、幼儿园、养老院、残疾人福利机构提供的育养服务，婚姻介绍，殡葬服务，对残疾人员个人提供的劳务，对医院、诊所和其他医疗机构提供的医疗服务，对学校和其他教育机构提供的教育劳务，学生勤工俭学提供的劳务，对纪念馆、博物馆、文化馆、文物保护单位管理机构、美术馆、展览馆、书画院、图书馆举办文化活动的门票收入，宗教场所举办文化、宗教活动的门票收入免征营业税。

(4) 对文化事业单位转制为企业给予增值税、营业税、企业所得税、房产税、城建税等税收优惠政策。

(5) 对文化企业给予增值税、营业税、企业所得税等税收优惠政策。

(6) 对符合条件的动漫企业给予增值税、企业所得税、营业税等方面的优惠政策。

二、存在的主要问题

(一) 营业税税制设计问题

营业税涉及第三产业（服务业）的很多部门，在调节经济、增加财政收入等方面发挥了重要作用；但营业税按营业额全额征税的制度设计，容易造成对同一笔营业收入多环节重复征税。2008 年修订的《营业税暂行条例》，对符合条件的运输、建筑、旅游行业的相关情形给予了差额征税政策，但绝大部分服务行业的重复征税问题仍未得到根本解决。与企业所得税相比，营业税纳税人只要有营业收入，不管其最终赢利与否都要缴纳营业税，无形中加大了经营者的财务成本。营业税是对不同应税项目分别按不同税率征收，如交通运输业税率 3%，仓储业税率 5% 等，代理业税率 5%，导致一些产业（如物流业）相关环节营业税税率不统一。

(二) 增值税与营业税衔接问题

1994 年税制改革以来，我国实行对货物征收增值税、对劳务主要征收营业税的制度。这对一般制造业的快速发展起到了强有力的驱动作用，但也带来了第二产业与第三产业之间税制的割裂，造成了增值税纳税人外购劳务所负担的营业税税款、营业税纳税人外购货物所负担的增值税税款均得不到有效抵扣，跨税种重复征税问题较为明显，影响了市场主体经济行为的选择，制约了三次产业之间专业化分工和协作的发展；影响了经济结构优化升级，客观上产生了鼓励制造业、限制服务业的效应。为减少应纳税额、降低生产成本，一些生产企业选择在内部设立分支机构为本企业提供营业税应税劳务，导致“大而全”或“小而全”的经营模式，不符合社会化大生产所要求的专业化分工合作要求。特别是营业税纳税人购进的机器设备、办公用品、运输工具、燃料动力等所含的增值税款，不能在缴纳营业税时进行抵扣，加大了服务企业生产经营成本，不利于本来就相对弱小的第三产业扩大生产经营规模、加快发展步伐。

三、“十二五”政策思路

按照“十二五”规划关于加快转变经济发展方式、调整经济结构和加快发展服务业的要求，我国税收制度和税收政策要做相应调整。下一步，在按照党中央、国务院的有关部署，积极配合有关部门在落实好现行税收政策的基础上，结合“十二五”税制改革规划，进一步研究和完善促进服务业发展的税制与税收政策。主要措施有：①建立和完善促进服务业发展的税制。结合开展增值税的立法工作，积极推进增值税扩围改革，使增值税逐步覆盖营业税，进而克服营业税对服务业造成重复征税等弊端。在操作步骤上，可采取试点先行、逐步推进的原则，首先可考虑将交通运输、仓储等营业税税目调整为增值税的征税范围，以解决这些行业增值税与营业税不衔接的突出问题。②落实和完善促进若干服务业领域发展的税收政策。逐步扩大促进服务外包行业发展税收政策的适用范围并最终在全国范围内推行，进一步完善资产证券化、金融扶持中小企业发展等促进金融行业发展的税收政策，不断落实和完善促进文化产业发展的税收政策，进一步扶持家政服务等劳动密集型服务业发展。③实行大力促进就业的税收优惠政策。国家“十二五”规划明确提出实施就业优先战略，坚持把促进就业放在经济社会发展的优先位置，实施更加积极的就业政策，努力实现充分就业。根据这一战略，要进一步整合就业税收政策，完善相关税制，建立符合我国国情的促进充分就业的长效税收机制。

（国家税务总局供稿）

第三章 外汇政策支持情况

“十一五”期间，服务贸易外汇管理继续坚持可兑换原则，不断完善管理法规，积极转变管理方式，简化审核程序，提高管理效率和水平，为我国服务贸易健康快速发展创造了良好的外部条件，有力地促进了贸易便利化。

一、“十一五”发展情况

（一）深化服务贸易外汇管理体制改革，完善服务贸易外汇管理体系

为促进我国服务贸易快速发展，“十一五”期间，国家外汇管理局先后出台了一系列服务贸易外汇管理法规，完善了服务贸易外汇管理体系。2006 年发布了《关于调整经常项目外汇管理政策的通知》（汇发〔2006〕19 号）、《关于调整部分服务贸易项下售付汇政策有关问题的通知》（汇综发〔2006〕73 号）等一系列政策措施，减少审核凭证，简化审批手续，不断推进服务贸易便利化。2008 年出台《关于服务贸易等项目对外支付提交税务证明有关的问题的通知》（汇发〔2008〕64 号），对办理服务贸易对外支付提交税务凭证有关政策进行了修改完善，扩大了免予提交税务凭证的范围，统一了税务凭证的不同形式，简化了银行和企业对外支付操作手续。这些政策的实施，进一步填补了服务贸易外汇管理空白，明确了新兴服务贸易交易方式的真实性审核要求，加强了与相关部门的协同监管，提高了服务贸易外汇管理效力。

（二）完善配套政策，支持服务外包产业发展

根据《国务院办公厅关于当前金融促进经济发展的若干意见》（国办发〔2008〕126 号）和《国务院办公厅关于促进服务外包产业发展问题的复函》（国办函〔2009〕9 号）的精神，为加大金融对产业升级的支持力度，促进我国服务外包产业的发展，国家外汇管理局与商务部、人民银行等部门共同出台了《人民银行 商务部 证监会 银监会 保监会 外汇局关于金融支持服务外包产业发展的若干意见》（银发〔2009〕284 号）。根据服务外包的业务特点，简化服务外包企业外汇收支手续，采取多种方式对符合条件的服务外包企业发展离岸外包业务给予账户开立、资金汇兑等方面的政策便利。

（三）适应经济发展需要，整合服务贸易法规，规范银行和企业操作

随着我国服务贸易的不断发展，相应的服务贸易外汇管理法规也不断增加，形成了包含 40 多个政策文件的服务贸易外汇管理体系。这些法规对规范服务贸易外汇收支、便利企业发挥了较大的作用，与此同时，由于法规数目较多、政策分散也给企业和银行操作带来一些不便。为进一步便利银行和企

业操作，2007年以来，国家外汇管理局对现行的40多个涉及服务贸易外汇管理的政策文件进行全面梳理，整合成一部完整的服务贸易外汇管理办法，并将择机出台。

(四) 简化审批审核手续，推进服务贸易外汇收支便利化

①大幅简化真实性审核程序和凭证。如规定一定金额以下的服务贸易对外支付，事前可不提交税务凭证，凭合同或发票直接在银行办理；取消货主须委托运输代理企业对外支付国际海运项下运费的规定，允许货主根据业务需要直接对外支付海运运费。②下放审核权限，便利企业办理外汇业务。为了提高企业办理服务贸易外汇收支的效率，国家外汇管理局将银行审核法规未明确规定审核凭证的服务贸易项下售付汇的额度从5万美元提高到10万美元。③适应服务贸易电子化发展的新特点，在贸易真实的背景下，允许提交网络下载合同，便利服务贸易外汇业务发展。

(五) 改进境内机构经常项目外汇账户管理，增强企业持有和使用外汇的自主性

2009年下发《关于境内机构境内外汇账户管理有关问题的通知》（汇发〔2009〕29号），取消境内机构开立经常项目外汇账户的条件、事前审批手续和限额管理要求，允许境内机构根据经营需要自行保留其经常项目外汇收入，增强了企业持有和使用外汇的自主性，节约了财务成本，降低了涉外经营与投资的汇率风险。

(六) 放宽个人购结汇限制，带动出入境旅游的发展

结合外汇收支形势，实现外汇储备的“藏汇于民”方针，2006年颁布《个人外汇管理办法》，实行个人购结汇年度限额管理，由以前个人购结汇年度限额2万美元提高到5万美元，便利个人用汇需求，带动个人出境旅游、接受教育等业务的发展。“十一五”期末个人旅游项下外汇收支相对于期初平均每年以49%的速度增长，旅游收支在全国服务贸易外汇收支的比重提高了6个百分点。

(七) 全面推进依法行政、透明行政，为服务业发展创造良好政策环境

“十一五”期间，加大了对行政许可项目和外汇管理法规的清理力度，外汇管理行政许可项目已从2006年的39项减少为目前的25项；仅2009年以来，宣布废止或失效的外汇管理规范性文件达275件，并统一对外公布了现行有效的外汇管理法规目录，进一步促进政务信息公开，便利金融机构及服务贸易企业掌握和使用外汇管理法规。

(八) 初步建立服务贸易非现场监管体系

“十一五”期间，在大量调研和充分论证的基础上，确定了服务贸易外汇管理改革思路，逐步实现服务贸易外汇管理方式从现场向非现场、从全面向重点、从事前向事后监管的转变。为配合管理方式的变革，设计开发了服务贸易非现场监管系统。通过该系统可对服务贸易外汇收支进行统计分析，对异常服务贸易外汇收支进行监测预警，目前该系统已经投入运行。各分局通过服务贸易系统监测出一些服务贸易外汇收支的异常情况，获得一批涉嫌违规交易线索，该系统在日常监管中的作用正逐步显现。同时，制定了《服务贸易外汇业务非现场监管工作制度》，规范分支局非现场监管工作，初步建立服务贸易非现场监管体系。

二、存在的主要问题

(一) 服务贸易均衡管理的模式尚未建立

近年来，随着我国服务贸易规模扩大和人民币升值预期越来越强烈的背景下，服务贸易项下外汇资金流入增多。但目前，除对居民个人、非居民个人资金流入明确了真实性审核要求之外，对其他范围服务贸易项下基本没有资金流入和结汇方面的监管法规，形成管理空白。

(二) 非现场监管体系亟待完善

目前虽然建立了服务贸易非现场监管系统，并在监管中发挥了较大作用。但是系统数据源质量参

差不齐、数据更新及时性有待提高。再有各分支局使用服务贸易非现场监管系统的水平也有待提高。

（三）服务贸易外汇真实性监管较难

服务贸易素以种类多、涉及面广、商品无形、凭证简单而成为各项外汇交易中真实性监管的疑难焦点。近年来，随着服务贸易交易量日益扩大，交易品种日趋增多，很多交易品种与货物、资本项下交易联系更加紧密，交易性质相互渗透，更加剧了服务贸易外汇管理难度。此外，随着国务院取消调整大批服务领域行政审批项目，外汇局利用行业规范来间接进行服务贸易管理的思路受到一定程度的影响。

三、“十二五”政策思路

“十二五”期间，将继续推进外汇管理改革，促进贸易和投资便利化，支持服务领域的开放，促进服务业发展。在服务贸易外汇管理方面，将贯彻均衡管理、事后监测、主体分类、协同监管的思路，逐渐从事前管理逐步转向事后监管，从对逐笔交易的具体监管转向对交易主体的综合监管，从全面监管转向重点监管。具体措施包括进一步完善法规，规范服务贸易外汇管理，提高非现场监管水平，加强对服务贸易外汇收支的监测、分析和预警，进一步完善外汇资金跨境流动监管，利用科技手段，实现对服务贸易外汇收支的非现场监管，最大限度地提升服务贸易外汇管理效率和水平。在支持服务贸易发展方面，将从促进宏观经济科学发展的大局出发，处理好管理与服务的关系、在坚持均衡管理的同时科学把握监管重点。继续推进服务贸易外汇管理改革，减少行政审批、简化办理手续，通过制度创新和科技创新，在促进服务贸易外汇收支便利化的同时，维护国际收支平衡，支持我国服务贸易又好又快发展。

（国家外汇管理局供稿）

第四章 海关政策支持情况

（一）创新海关监管模式，大力支持服务外包产业发展

服务业的发展水平是衡量现代社会经济发达程度的重要标志，大力发展服务外包产业对推进结构调整、转变外贸发展方式等有重要意义。为促进服务外包健康快速发展，海关针对服务外包企业的新需求、新特点，充分利用我国现行的保税优惠政策，于2009年启动了国际服务外包进口货物保税监管试点这一创新监管模式，在大连、上海等10个城市开展了服务外包保税监管试点工作，将保税监管从“加工贸易”领域拓展到“服务贸易”领域，降低了服务外包企业通关成本，简化了通关手续，提高了通关效率。

根据试点效果和企业需求，从2010年7月1日起，海关将服务外包保税监管从原有的10个试点城市推广至目前全部21个服务外包示范城市。

目前，海关对服务外包进口货物已经形成了较为完备的监管体系。除保税监管模式外，企业还可根据自身情况和货物种类，自由选择一般贸易、减免税货物、暂时进出境等多种方式自由通关。如果企业位于海关特殊监管区域内，还可根据海关对特殊监管区域的监管要求办理货物进口手续。

（二）完善海关相关制度，促进与海关相关的服务业发展

“十一五”期间，海关在报关员管理、企业分类管理等服务业领域进行了卓有成效的改革。

1. 报关员资格考试及资格证书管理

2010 年 3 月 1 日，海关总署对外公布了《中华人民共和国海关报关员资格考试及资格证书管理办法》（海关总署令 187 号），原《管理办法》同时废止。新办法规范了报关员资格考试、报关员资格申请及管理等事项。截至 2011 年，已有约 23 万人通过资格考试取得了报关员资格证书。

2. 报关员执业管理

（1）2006 年 3 月 20 日，海关总署对外公布了《中华人民共和国海关报关员执业管理办法》（海关总署令 146 号，以下简称《执业办法》）。《执业办法》结合对报关单位（进出口货物收发货人、报关企业）、报关员开展报关业务的海关管理现状，进一步完善了报关员的权利、义务，明确界定了报关业务范围，设定了执业规则。《执业办法》还特别规定了我国台湾居民和香港、澳门居民中的中国公民提出申请报关员注册许可的条件，为国家统一、反台独、争取台湾民心创造了良好环境。《执业办法》实施以来，对加强报关员管理，促进报关服务市场发展起到了重要作用。截至 2011 年 9 月，在海关注册的报关员共计 76932 人。

（2）2006 年 4 月 29 日，海关总署发布了《海关总署关于执行〈中华人民共和国海关报关员执业管理办法〉有关事宜的公告》（公告〔2006〕20 号），对执行《执业办法》的有关问题进行了明确，并废止了相关文件。

（3）2006 年 5 月 22 日，海关总署发布了《海关总署关于执行〈中华人民共和国海关报关员执业管理办法〉有关实习事宜的公告》（公告〔2006〕25 号），明确了首次申请的报关员注册实习的有关事宜。

3. 企业分类管理

（1）2008 年，海关总署对外公布了《中华人民共和国海关企业分类管理办法》（海关总署令 170 号，以下简称《分类办法》）。2010 年，海关总署对《分类办法》进行了修订，并于 2010 年 11 月 15 日对外公布了《中华人民共和国海关企业分类管理办法》（海关总署令 197 号），2011 年 1 月 1 日正式实施。《分类办法》以鼓励企业守法自律为导向，以提高海关管理效能为目标，按照守法便利的基本原则，根据企业遵守法律、行政法规、海关规章、相关廉正规定、经营管理状况以及海关监管统计记录等，设置了 AA、A、B、C、D 五个管理类别，并对适用不同管理类别的企业，制定了相应的管理措施，其中对 AA 类、A 类企业适用相应的通关便利措施，B 类企业适用常规管理措施，对 C 类、D 类企业适用严密监管措施。截至 2011 年 9 月，海关共评定 AA 类企业 1878 家，A 类企业 24403 家，B 类企业 465535 家，C 类企业 896 家，D 类企业 176 家。

（2）2010 年 12 月 10 日，海关总署发布了《海关总署关于公布〈中华人民共和国海关企业分类管理办法〉所涉及法律文书和报表格式的公告》（公告〔2010〕78 号）。该公告对《分类办法》所涉及的法律文书及报表格式进行了明确。

附件：“十一五”支持服务业发展海关政策文件

服务外包保税监管政策文件

1. 《海关总署 商务部关于开展国际服务外包业务进口货物保税监管试点工作的通知》（署加函〔2009〕435 号，2009 年 11 月 6 日）

2. 《海关总署关于开展国际服务外包业务进口货物保税监管试点工作的公告》（海关总署公告〔2009〕85 号，2009 年 12 月 24 日）

3. 《海关总署 商务部关于全面推广实施国际服务外包业务进口货物保税监管模式的通知》（署加函〔2010〕281 号，2010 年 6 月 17 日）

4.《海关总署关于全面推广实施国际服务外包业务进口货物保税监管模式的公告》（海关总署公告〔2010〕39号，2010年6月29日）

报关员管理、企业分类管理政策文件

1.《中华人民共和国海关对报关员记分考核管理办法》（海关总署令第119号，2004年11月30日公布，2005年1月1日起实施）

2.《中华人民共和国海关对报关单位注册登记管理规定》（海关总署令第127号，2005年3月31日）

3.《中华人民共和国海关报关员资格考试及资格证书管理办法》（海关总署令第187号，2010年3月1日）

4.《中华人民共和国海关企业分类管理办法》（海关总署令第197号，2010年11月15日）

5.《海关总署关于执行〈中华人民共和国海关对报关单位注册登记管理规定〉有关问题的公告》（海关总署公告〔2005〕18号，2005年5月13日）

6.《中华人民共和国海关报关员执业管理办法》（海关总署令第146号，2006年3月20日）

7.《海关总署关于执行〈中华人民共和国海关报关员执业管理办法〉有关事宜的公告》（海关总署公告〔2006〕20号，2006年4月29日）

8.《海关总署关于执行〈中华人民共和国海关报关员执业管理办法〉有关实习事宜的公告》（海关总署公告〔2006〕25号，2006年5月22日）

9.《海关总署关于公布〈中华人民共和国海关企业分类管理办法〉所涉及法律文书和报表格式的公告》（海关总署公告〔2010〕78号，2010年12月10日）

（海关总署供稿）

第五章 土地政策支持情况

“十一五”期间，国务院出台了《国务院关于加快发展服务业的若干意见》（国发〔2007〕7号）和《国务院办公厅关于加快发展服务业若干政策措施的实施意见》（国办发〔2008〕11号），明确了服务业发展的方向、目标、主要任务和政策措施，服务业取得了长足的发展。国土资源部门和各级地方政府也出台了一些支持服务业发展的土地政策，为支持服务业发展发挥了积极的作用。

一、“十一五”发展情况

“十一五”时期，我国社会生产力快速发展，综合国力大幅提升，人民生活明显改善，国际地位和影响力显著提高，经济建设和社会建设取得重大进展。在这五年里，我国服务业发展较快，对经济社会发展的支撑和拉动作用日益增强。而土地作为支持服务业发展的重要支撑和载体，发挥了不可替代的作用。

（一）国家、地方支持服务业发展的相关政策

1. 国家支持服务业发展的相关政策

2007年3月，国务院发布《国务院关于加快发展服务业的若干意见》（国发〔2007〕7号，以下简称“7号文件”），提出要加大对服务业的政策扶持力度，推动服务业加快发展。2008年3月，国务

院办公厅又发布了《关于加快发展服务业若干政策措施的实施意见》（国办发〔2008〕11 号，以下简称“11 号文件”），11 号文件对落实 7 号文件的政策措施进行了细化，如提出“实行有利于服务业发展的土地管理政策。各地区制订城市总体规划要充分考虑服务业发展的需要，中心城市要逐步迁出或关闭市区污染大、占地多等不适应城市功能定位的工业企业，退出的土地优先用于发展服务业。城市建设新居住区内，规划确定的商业、服务设施用地，不得改作他用。国土资源管理部门要加强和改进土地规划计划调控，年度土地供应要适当增加服务业发展用地。加强对服务业用地出让合同或划拨决定书的履约管理，保证政府供应的土地能够及时转化为服务业项目供地。积极支持以划拨方式取得土地的单位利用工业厂房、仓储用房、传统商业街等存量房产、土地资源兴办信息服务、研发设计、创意产业等现代服务业，土地用途和使用权人可暂不变更。”

国土资源部也在一些文件中提出了支持服务业发展的土地政策。2008 年，国土资源部先后出台了《国土资源部关于为扩大内需促进经济平稳较快发展做好服务和监管工作的通知》（国土资发〔2008〕237 号，以下简称“237 号文件”）和《国土资源部关于实行保障灾后恢复重建特殊支持政策的通知》（国土资发〔2008〕119 号，以下简称“119 号文件”），这两个文件中都有大力支持基础设施建设的内容。237 号文件提出“要按照‘依法依规、突出重点、节约集约、优质高效’的原则，加强协调配合，简化审批手续，优化审批程序，认真做好民生工程、基础设施、生态环境建设、自主创新、产业结构调整和灾区恢复重建等新增中央投资计划项目用地的保障和服务。”“强化对城乡建设用地的统筹，在城镇建设用地规模范围内，优先安排保障性住房等民生项目用地；在农村建设用地中，优先保障游牧民定居工程、农村危旧房改造工程、农村基础设施和农村公益事业等用地。同时要切实保障公路、铁路、机场、水利、能源等基础设施用地。”“依法须由国务院批准用地的地方批准（核准）建设的民生工程、基础设施、生态环境和灾后重建项目，不占用基本农田的控制工期的单体工程，可以向部申请先行用地。批准先行用地的建设项目，应在半年内正式报批用地。”119 号文件提出“《灾后重建土地利用规划》优先安排过渡安置住房、能源交通水利等基础设施、公共服务设施、农民生产与生活必需的建设用地，适当调整基本农田布局，根据城乡人口合理安排用地规模和城乡用地比例，形成有利于城乡统筹发展的建设布局。”“建立用地审批的快速通道。对于增强灾区防灾抗灾能力的新建基础设施和重点工程项目，需国土资源部进行用地预审的，委托省级国土资源管理部门审理，预审意见由部转办。”

“十一五”期间，国土资源部与许多省（区、市）签订了合作协议，其中支持旅游业发展的有云南省和海南省。与云南省人民政府签订了《关于探索建立国土资源管理新机制促进云南省旅游产业改革发展的合作协议》，提出“国土资源部支持云南省创新土地利用规划模式，开展旅游产业用地规划，探索建立土地利用总体规划和旅游产业土地利用专项规划定期评估和修编机制，对云南省符合国家产业政策和供地政策的重大旅游产业项目在新增建设用地计划指标安排上予以倾斜。建立旅游产业发展与耕地保护相结合的新机制。云南省坚持保护耕地和发展旅游产业相结合的原则，在旅游产业用地安排上，应充分利用未利用地和劣质山地，加大农业生态旅游区的土地整治力度，积极引导旅游企业将旅游文化与农耕文化、生态田园风光相结合，加强以农田、蔬菜、鲜花、果园、茶园等为基础，集观光、体验、休闲等为一体的农业生态观光、‘假日农场’等农业旅游的开发，加大耕地保护力度。国土资源部支持云南省探索未利用地使用新模式，在土地整治项目上给予资金、技术及政策支持。积极探索旅游产业用地新方式。云南省积极探索旅游产业用地的新方式。在符合土地利用总体规划的前提下，可根据区位和用途，探索将农地转用、土地征收两类土地管理行为有机组合，形成旅游产业中建设用地、农用地等各类用地的批地、供地、用地新机制。在不改变农用地原性质、用途和不破坏耕作层的前提下，按照依法自愿有偿的原则，允许农民以转包、出租、互换、转让、股份合作等方式参与旅游项目开发。在旅游特色村镇的开发建设中，探索农村以依法批准的集体建设用地通过出租、出让、作价出资或入股、合作、联营等方式参与开发经营。国土资源部加强对云南省探索旅游产业用地新方式的指导。”

2011 年 4 月，国土资源部发出贯彻落实《国务院关于推进海南国际旅游岛建设发展的若干意见》有关措施的函，提出了支持海南国际旅游岛建设的 20 点措施，主要内容为做好国际旅游岛建设的用地保障，发挥国土规划的统筹和引导作用，加快重点项目用地审批，规范发展高尔夫旅游项目，实行有利于优化产业结构、促进产业升级的供地政策，探索新能源产业和旅游业等用地差别化、精细化管理。

其他部省协议中支持服务业发展的内容主要涉及的是支持基础设施建设方面，如在《国土资源部吉林省人民政府关于共同推进长吉图开发开放先导区规划实施合作备忘录》中提出“国土资源部对先导区重大基础设施、国际合作产业园区、开发区以及重点城镇建设等给予支持，在编制国土资源‘十二五’规划和年度土地利用计划时统筹考虑安排，指导吉林省提高建设用地报批效率，保障先导区科学发展的用地需求。”与安徽省的部省协议中提出“国土资源部支持安徽省在示范区内依法探索土地征收和转用审批新方式，支持示范区内基础设施等重大项目急需用地的先行用地，规范开展城乡建设用地增减挂钩试点工作，加强对安徽省土地执法监管和农村土地管理制度改革创新的指导。”与山东省的部省协议中提出“实行土地利用年度计划差别化管理。山东省通过调整黄河三角洲高效生态经济区土地利用计划总量和结构，重点保障基础设施项目用地，引导建设项目占用未利用地，推动产业结构优化升级。”与浙江省的部省协议中提出“国土资源部支持浙江省根据舟山群岛建设需要，开展舟山市土地利用总体规划修编，按照节约集约用地和确保全省基本农田保护任务不减少的原则，可对舟山群岛新区的建设用地和基本农田进行规划调整；在土地利用年度计划安排上适当予以倾斜，重点支持海洋经济发展示范区和舟山群岛新区重大基础设施建设。”与宁夏回族自治区的部省协议中提出“创新土地利用规划和计划管理模式。宁夏根据沿黄经济区总体规划，组织编制《宁夏沿黄经济区土地利用总体规划》，统筹区内土地资源开发利用，实行土地利用年度计划差别化管理，重点支持沿黄经济区基础设施、产业转移示范区和民生项目建设。”与福建省的部省协议中提出“国土资源部对重要的台商投资和重大基础设施建设用地，在用地计划指标、建设用地预审等方面优先安排，加快建设用地审批；支持海峡西岸经济区军地两用交通体系建设，军地两用交通建设项目用地经国家交战办认定，其建设项目用地使用国家建设用地计划指标。”

2. 地方支持服务业发展的相关政策

“十一五”期间，为贯彻落实国务院 7 号文件和 11 号文件，各级地方政府也出台了大量支持服务业发展的土地政策，归纳起来主要有以下几个方面：一是在供地上给予优惠；二是鼓励使用存量土地发展服务业；三是土地利用总体规划、年度计划方面的支持措施；四是在开发未利用地作为服务业建设用地时提出了一些优惠政策。

(1) 在供地方面给予优惠。

合肥市规定“投资额在 3 亿元以上的服务业项目，用地可实行挂牌出让；大型企业工业设计和研发、物流、总部经济研发等生产性服务业项目，建成后产权非分割出售和非分割出租的，可比照工业用地政策执行；新建或扩建非营利性的教育、医疗、公共文化、社会福利等公益设施用地，建成后非出售、非分割出租的，可按划拨方式供应。”

成都市规定“集聚区内金融、文化创意、商务服务（含会展、服务外包、总部经济等）、信息服务、市场园区、教育培训等生产性服务业的新建特别重大项目（总投资 5 亿元人民币以上，下同）用地，且建成后不分割出售产权的按以下原则供地：旧城改造项目参照土地拆迁整理成本挂牌出让；其它区域项目参照工业用地政策实施。”“支持中心城区服务业结构调整。鼓励区域内的传统批发市场等改造重建，原土地使用权人实施的原址改造或重建且不分割出售产权的服务业特别重大项目，基础设施配套费按 60% 收取；项目改变原土地使用条件（含增加容积率）收取的土地出让收入按改变前后土地使用条件评估价差额的 60% 收取。”

浙江省平湖市规定“在符合规划的前提下，积极支持利用工业厂房、仓储用房、传统商业街等存量房产、土地资源兴办信息服务、研发设计、创意产业等现代服务业（其他服务业行业按外资注册资金500万美元以上，内资注册资金1500万元以上设定），土地用途和使用权人可暂不变更，并按照本政策相关产业发展的内容给予扶持。”

山西省吕梁市离石区规定，“对大型专业市场、重大商贸旅游设施、物流货场、大型职教、文体、会展设施、四星级以上宾馆酒店，属非经营性三产服务业项目用地，可以按协议出让方式或国有土地租赁方式提供土地使用权。属经营性用地，可按其规划设计条件，采用熟地成本价挂牌出让方式提供土地使用权。”

（2）鼓励使用存量土地发展服务业。

合肥市规定“鼓励利用老工业厂房、仓储用房等存量房用于文化创意产业经营，原产权单位以划拨方式取得的土地使用权在符合规划、不新建建筑物的前提下，经批准可以保留划拨方式临时改变土地用途。”

成都市规定“支持中心城区服务业结构调整，区域内的企事业单位在符合规划的前提下，利用工业厂房、仓储用地等存量房产和土地资源，兴办信息服务、研发设计、文化创意等现代服务业，在依法履行相关改建施工报建手续时，土地用途和使用权人可暂不变更。”

（3）土地利用总体规划、年度计划方面的支持措施。

山东省规定“服务业发展用地要纳入各地主体功能区规划、土地利用总体规划、市县域总体规划和城市总体规划，对列入国家和全省‘十二五’服务业发展规划的重点服务业园区、重点服务业项目新增建设用地，各级政府要优先安排年度用地计划指标；省对省级重点项目用地实行点供。各市、县（市、区）在制定年度用地计划时，要根据本地服务业发展需要，逐步提高服务业用地比例；编制年度服务业重大项目计划，对列入计划的项目所需新增建设用地指标由相关市、县（市、区）优先安排。”

（4）开发未利用地作为服务业建设用地时的优惠政策。

山东省规定，“在符合土地利用总体规划的前提下，对利用荒地、荒山、荒滩、垃圾场、废弃矿山、边远海岛等土地开发的旅游等服务业项目，给予重点支持。”

山西省吕梁市离石区规定，“对充分利用荒山荒坡或劈山填沟的形式获取项目建设用地，上马建设重大服务业项目，免收土地复垦费和土地管理费，土地收益金留区部分全部返回。”

（二）取得的成效

“十一五”期间，国土资源部门主要采取多种措施，以土地政策积极支持服务业发展，在下面两个方面取得了明显成效。

1. 土地利用年度计划优先安排，有效保障了服务业发展中的新增建设用地需求

加强土地利用计划调控，指导地方在安排年度土地利用计划指标时对服务业发展用地进行适当倾斜，保障服务业发展用地的合理需求。如国土资源部对云南省符合国家产业政策和供地政策的重大旅游产业项目在新增建设用地计划指标安排上予以了倾斜。山东省规定“对列入国家和全省‘十二五’服务业发展规划的重点服务业园区、重点服务业项目新增建设用地，各级政府要优先安排年度用地计划指标。各市、县（市、区）在制定年度用地计划时，要根据本地服务业发展需要，逐步提高服务业用地比例；编制年度服务业重大项目计划，对列入计划的项目所需新增建设用地指标由相关市、县（市、区）优先安排。”

2. 鼓励企业盘活使用存量建设用地，为服务业发展开拓了新的空间

积极支持以划拨方式取得土地的单位利用工业厂房、仓储用房、传统商业街等存量房产、土地资源兴办商务服务、信息服务、研发设计、创意产业等生产性服务业。土地用途和使用权人可暂不变更。合肥市规定“鼓励利用老工业厂房、仓储用房等存量房用于文化创意产业经营，原产权单位以划拨方式取得的土地使用权在符合规划、不新建建筑物的前提下，经批准可以保留划拨方式临时改变土地

用途。”

二、存在的主要问题

（一）支持服务业发展的相关土地政策缺乏系统性

“十一五”期间，国务院出台了7号文件和11号文件，从产业政策、市场准入、财税、信贷、土地和价格等方面提出了支持服务业发展的政策，支持服务业发展的各方面政策较为系统，而涉及土地的有关政策散见于237号和119号文件等政策性文件以及部省协议之中，还未构成完整的体系。

（二）因行业、地区而异的差别化土地政策有待探索

服务业中的行业众多，大行业就有生活性服务业中的商贸业、餐饮业、住宿业、旅游业，生产性服务业中的现代物流、科技研发、金融保险、软件信息、中介会展、文化传媒、创意等，公益性服务业中的卫生、教育、水利和公共管理组织等。服务业内部各行业的差异很大，各行业对土地的需求差异也很大，各行业的用地特点也不尽相同，如物流业用地的容积率与金融保险、软件信息业用地的容积率差别巨大，一般来说，旅游业用地的容积率也较低。故应针对服务业中不同行业出台不同的差别化土地政策予以支持。

我国幅员辽阔，东、中、西部经济社会发展水平差异显著，服务业的发展水平和发展阶段也不相同。例如东部沿海地区金融业，包括高铁、大宗货物转运中心等的现代物流业发达；东部地区与西部地区的旅游业发展也有很大差异，东部地区旅游业中的会展、会所等高端商务旅游和国际邮轮、主题乐园等特色主题旅游发达，中西部地区还多是传统的观光旅游。在创意产业的发展及对相关人才的吸引等方面东西部之间也有巨大的差异。所以应根据各地区情况的不同，因地制宜地制定差别化的土地政策。

（三）各地支持服务业发展的土地政策有待规范

由于支持服务业发展的土地政策还未形成完整体系，各地出台的支持服务业发展的政策中土地政策有些内容繁杂、尺度各异、缺乏规范。一些地区提出制度改革和差别化用地政策设想，如旅游项目区是否可以采用增减挂钩方式置换用地，新安置区不再办理农转用手续；在符合土地利用总体规划前提下，特殊旅游项目如高尔夫等禁止产业类项目建设是否可以适当灵活处理，以及征转分离、规划圈外批次报批、分项供地等，其中不少都涉及重大管理事项的调整，在目前监管措施尚未完全到位的情况下，需要慎重对待，防止出现新的乱象。一些地方关注的仅仅是土地财政，提出土地政策上对服务业发展的支持力度不够；还有些地方竞相用低地价来支持服务业的发展，冲击扰乱了土地市场秩序，影响了国家的宏观调控，这些都亟待进行规范管理和加强监管。

三、“十二五”政策思路

“十二五”时期是我国服务业大发展的重要时期，具有承前启后的历史地位。土地资源作为服务业发展不可或缺的空间载体，在新时期支持服务业发展过程中发挥着举足轻重的作用。为准确把握这一时期服务业发展提速、比重提高、水平提升的阶段特征，要立足科学发展，推进我国服务业现代化进程，开创服务业发展新局面。“十二五”时期，支持服务业发展的土地政策思路：加强针对服务业发展的土地政策研究工作；尽快出台支持服务业发展的系统性政策文件；积极鼓励使用存量土地发展服务业，提高土地节约集约利用水平；差别化制定支持服务业发展的土地政策；淘汰落后产能企业，促进经济发展方式转变。

附件：“十一五”支持服务业发展土地政策文件

1.《国土资源部 福建省人民政府关于共同促进福建省国土资源工作推进海峡西岸经济区建设的会

谈纪要》(2007 年 11 月 14 日)

2.《国土资源部关于实行保障灾后恢复重建特殊支持政策的通知》(国土资发〔2008〕119 号，2008 年 6 月 11 日)

3.《国土资源部关于为扩大内需促进经济平稳较快发展做好服务和监管工作的通知》(国土资发〔2008〕237 号，2008 年 11 月 28 日)

4.《国土资源部 河北省人民政府关于加强河北省地质工作的合作协议》(2009 年 12 月 12 日)

5.《国土资源部 吉林省人民政府关于共同推进长吉图开发开放先导区规划实施合作备忘录》(2010 年 3 月 11 日)

6.《国土资源部 云南省人民政府关于探索建立国土资源管理新机制促进云南省旅游产业改革发展合作协议》(2010 年 7 月 1 日)

7.《国土资源部 安徽省人民政府关于共同推进安徽省国土资源管理工作促进皖江城市带承接产业转移示范区建设合作备忘录》(2010 年 12 月 7 日)

8.《国土资源部 山东省人民政府关于创新国土资源管理体制机制共同推进黄河三角洲高效生态经济区发展及地质找矿合作协议》(2011 年 2 月 13 日)

9.《国土资源部贯彻落实〈国务院关于推进海南国际旅游岛建设发展的若干意见〉有关措施的函》(国土资函〔2011〕138 号，2011 年 4 月 11 日)

10.《国土资源部 浙江省人民政府关于创新国土资源管理机制共同推进浙江海洋经济发展示范区建设的合作协议》(2011 年 6 月 27 日)

11.《国土资源部 宁夏回族自治区人民政府关于促进沿黄经济区建设和生态移民战略实施中推进国土资源工作的合作协议》(2011 年 9 月 18 日)

(国土资源部供稿)

第六章 价格政策支持情况

一、“十一五”发展情况

(一) 支持服务业发展的电价水价政策

“十一五”期间，在制定支持服务业发展的电价、水价政策方面，主要是推进商业与工业用电用水同价工作。目前我国销售电价是按用户所在行业和用途进行分类的，包括居民生活、非居民照明、商业、非工业和普通工业、大工业、农业生产用电和贫困县农业排灌电价。其中，商业电价最高。我国的水价也是按用户所在行业和用途进行分类的。

针对部分城市商业用电用水价格高于工业用电用水的情况，根据《国务院办公厅关于搞活流通扩大消费的意见》(国办发〔2008〕134 号)有关工商用电用水同价政策的要求，2008 年开始，结合电价水价调整，国家发展改革委指导各地加快推进商业与工业用电用水同价工作。2009 年 6 月，国家发展改革委办公厅下发《关于做好商业与工业用电、用水同价工作有关问题的通知》(发改办价格〔2009〕1255 号)，会同住建部印发了《关于做好城市供水价格管理工作有关问题的通知》，要求各地简化电价、水价分类，实行商业用电用水（经营服务用水）与工业用电用水同价，并督导尚未完成商业与工业同价的省（区、市），认真做好同价实施方案，结合销售电价调整，尽快实现工商业企业用电用水同价。

目前，全国已有北京、河北、山东等21个省（区、市）实现商业用电、非居民照明用电、非工业及普通工业用电三类并价，有9个省份不同程度缩小了商业与工业两类用电价格的价差。全国36个大中城市中，有24个城市已实现工商用水同价，杭州、济南、青岛、拉萨和西宁等城市经营服务业水价要低于工业用水价格。

（二）支持交通运输行业发展的价格政策

“十一五”时期，国家发展改革委会同有关行业主管部门研究出台了多项措施，疏导价格矛盾，推进价格改革，规范经营者价格行为，减轻经营者负担，为促进交通运输行业持续健康发展创造了良好条件。

1. 积极疏导成本增支矛盾，维护行业正常运行和社会稳定

针对国际市场原油价格不断攀升，国内成品油价格连续上调，造成交通运输行业运营成本增加，对行业正常运行带来较大影响等情况，国家建立并完善了运价油价联动机制，妥善疏导交通运输行业燃油成本增支矛盾，控制成品油调价连锁反应。

（1）调整铁路货运价格。按联动机制规定，铁路因柴油价格提高增加的成本，由铁路运输企业消化20%，其余部分通过提高铁路货物运输价格疏导。“十一五”期间，国家先后4次提高国铁货运统一运价，增加了铁路运输企业经营收入，保证了铁路正常运营和发展。

（2）建立民航国内航线旅客运输燃油附加与航空煤油价格联动机制。2009年11月，国家发展改革委会同民航局下发通知，出台了民航国内航线旅客运输燃油附加与航空煤油价格联动机制，由航空公司在机制范围内自主确定是否收取燃油附加以及具体收取标准、执行时间。联动机制的出台，符合航空运输市场竞争的实际情况，有利于充分发挥市场机制作用，形成合理的航空运输票价和燃油附加标准。

（3）指导地方建立出租汽车、公路客运运价与成品油价格联动机制。出租汽车、公路客运运价由地方为主进行管理。近年来，国家发展改革委会同有关行业主管部门下发文件，指导地方在清理各种收费、减轻经营者负担的前提下，通过调整运价或加收燃油附加等方式疏导出租汽车、公路客运行业燃油成本增支，有利于维护相关行业和社会稳定，保障国民经济健康发展。

2. 按市场化方向推进交通运输价格改革，充分发挥市场对资源配置的基础性作用

（1）研究制定铁路客运专线高速动车组列车运价政策。铁路高速动车组列车是我国铁路全新的客运产品，制定运价时缺乏全面准确的建设、运营成本和市场数据。考虑到上述情况，经国务院批准，2008年8月，国家发展改革委、原铁道部发文明确，对京津城际轨道交通高速动车组列车实行试行票价政策，具体票价水平由铁路运输企业根据市场状况自行确定；同时要求，原有其他旅客列车档次不减少、服务标准不降低，保证消费者有充分的选择权。此后陆续开行的武广、郑西、沪宁等铁路客运专线高速动车组列车，也按上述政策执行。出台试行票价政策，有利于充分发挥市场机制作用，形成合理票价水平，促进各种运输方式协调发展。

（2）积极推进民航运价和机场收费改革。放开民航国内航线头等舱、公务舱票价。自2010年6月1日起，国内航线的头等舱、公务舱票价实行市场调节价，航空公司可根据不同机型的头等舱、公务舱具体情况和市场供求状况自主确定票价水平。此项改革有利于完善主要通过市场形成民航票价的机制，鼓励航空公司利用价格手段拓展市场。建立民航机场收费协商机制。2007年，国家发展改革委、民航局下发了机场收费改革方案及配套文件，统一规范机场收费项目和管理权限，对机场收费实行以政府指导价为主的管理方式，建立机场与航空公司之间协商确定具体收费标准的机制。通过改革，建立完善了适应民航体制改革要求的机场收费管理体制和收费形成机制，对提高机场综合保障能力，促进民航协调发展发挥了积极作用。

(3) 修订《道路运输价格管理规定》和《汽车运价规则》。2009 年，交通运输部、国家发展改革委颁布了新的《道路运输价格管理规定》和《汽车运价规则》，明确公路客运价格以政府指导价为主，允许竞争充分线路实行市场调节价，取消了春运期间旅客运价加成；公路货运实行市场调节价；农村道路客运实行政府定价，执行与城市公共交通相同的税费优惠和政府补贴。两个规则符合道路运输市场实际情况，规范了道路运输价格管理，保护了用户和运输经营者双方权益，有利于促进行业健康发展。

3. 减轻交通运输行业经营者负担，为行业发展营造良好环境

(1) 落实成品油价格和税费改革相关措施，逐步有序取消政府还贷二级公路收费。近年来，随着收费公路规模不断扩大，收费站点多、结构不合理等问题日趋显现，影响路网畅通，在一定程度上增加了运输经营者负担。特别是二级公路收费站点大多临近城乡居民密集区，与当地经济发展和居民生产生活的矛盾日益突出，社会和群众反映强烈。针对上述问题，国务院将逐步有序取消政府还贷二级公路收费作为一项重要改革内容，列入了 2008 年年底出台的《关于实施成品油价格和税费改革的通知》(国发〔2008〕37 号)。国家发展改革委、交通运输部、财政部等部门积极落实改革要求，指导地方逐步有序取消政府还贷二级公路收费。截至 2010 年年底，全国共有 17 个省份取消了政府还贷二级公路收费，撤销收费站点 1700 多个、取消公路收费里程 9 万多公里，提前落实了国务院关于在 2012 年年底前取消东中部省份政府还贷二级公路收费的要求，提高了道路通行效率，减轻了道路运输经营者负担。

(2) 完善通用航空机场收费政策。考虑到我国通用航空运输企业规模小、经营较困难的实际情况，2010 年 8 月，民航局、国家发展改革委下发通知，规定自 2010 年 9 月 1 日起实行新的通用航空机场收费标准，按不超过普通运输航班收费标准 50% 的原则核定了通用航空起降费基准价标准，并扩大了减免优惠范围。适当降低通用航空机场收费，减轻了通用航空企业负担，有利于促进通用航空事业发展。

(三) 支持邮政行业发展的价格政策

2006 年，经国务院批准，国家发展改革委、国家邮政局下发文件，适当提高了信函首重资费和明信片资费等邮政基本业务资费，增加了邮政企业经营收入，有利于促进邮政行业发展。

(四) 支持电信行业发展的价格政策

2006 年以来，工业和信息化部、国家发展改革委研究出台了多项措施，提高电信资费透明度，规范电信市场价格秩序和经营者价格行为，保护用户合法权益，促进电信行业健康发展。

1. 改革了固定本地电话等业务资费管理方式

2008 年电信企业重组完成后，固定电话等相关业务领域竞争格局逐步形成，初步具备了按市场化方向推进价格改革的条件。2009 年，工业和信息化部、国家发展改革委下发通知，放宽了对固定本地电话等业务资费的管理，将固定电话(含"小灵通")月租费、本地通话费以及出租电路长期租用资费由政府定价改为实行上限管理，为电信企业创造了更加宽松的经营环境，有利于激发固定电话业务的市场活力，促进电信市场均衡发展。

2. 指导督促地方降低固定电话营业区间通话费上限标准

固定电话营业区间通话指不同行政县用户(基本是农民)间通话，由地方实行政府指导价、上限管理。针对广大农民用户反映营业区间通话费负担较重的情况，自 2007 年开始指导督促各地积极降低营业区间通话费上限标准，截至 2010 年年末，多数地方已将上限标准由每分钟 0.3 元~0.5 元降低到 0.2 元，部分省份还取消了营业区间通话费和统一按市话标准计费，这样不仅有利于满足农民群众的通话需求，而且提高了农村电信基础设施的利用率。

3. 出台保障移动电话用户资费方案选择权政策

2006年，研究出台了保障移动电话用户资费方案选择权政策，要求移动通信企业不得以任何方式限定用户选择电信业务，用户可以在不改变号码的前提下，自主选择同一移动通信企业的所有资费方案。

4. 积极推进移动电话通话费“双改单”

2007年，推动电信企业将移动电话由双向计费逐步转变为单向计费方式；同时明确，自2007年6月1日起，政府主管部门不再批准电信企业制定的双向计费资费方案。

5. 降低移动电话国内漫游通话费上限标准

2008年，组织召开了降低移动电话国内漫游通话费上限标准听证会，充分听取了听证代表的意见建议。降低了移动电话国内漫游通话费上限标准，取消了移动电话国内漫游通话费高出本地通话费部分，最大降价幅度达到54%。

6. 取消移动电话短信息网内网间差别定价

自2008年12月1日起，要求各电信企业停止推出涉及短信息差别定价的资费方案；自2009年1月1日起，原有存在差别定价的资费方案停止发展新用户，同时对原有相关资费方案进行认真清理。

7. 简化移动电话长途通话资费结构

2009年，将移动电话在本地拨打长途电话同时收取的本地通话费和长途通话费，合并为长途通话费一项资费，资费标准每分钟降低了0.4~0.6元；取消移动电话在国内漫游状态下拨打国际及台港澳电话叠加收取的国内漫游通话费，提高了电信资费透明度。

（五）支持旅游服务业发展的价格政策

“十一五”期间，国家发展改革委和各地价格主管部门在加强景区门票价格、酒店客房价格等方面出台了一系列政策措施，对抑制部分行业价格过高上涨，规范价格行为，促进旅游服务行业健康持续发展发挥了积极作用。

1. 加强景区门票价格管理

（1）对门票价格区别不同情况，实行不同的价格管理形式。对自然、历史、人文等不可再生游览参观点及城市公园、博物馆等的门票价格实行政府指导价或者政府定价；对实行市场调节价的游览参观点加强引导和监督。对国内外享有较高声誉的全国重点文物保护单位、国家级风景名胜区、自然保护区、森林公园以及世界自然和文化遗产等重要门票价格的制定和调整，实行听证制度等，严格门票调价程序，加强成本监审。

（2）加大免费开放力度和优惠力度。实行政府定价、政府指导价管理的景点，对老年人、现役军人、未成年人及学生等适当优惠（一般是半价或免票），对残疾人、儿童等实行免票；列入爱国主义教育基地的景点，对大中小学学生集体参观实行免票；有条件的爱国主义教育基地，在重大历史事件、历史人物纪念日和重要节庆日，特别是在与爱国主义教育基地展出主题直接相关的纪念日等时间，免费向社会开放；宗教人士进入景点前往宗教活动场所，免收门票等。鼓励实行市场调节价的景点对老年人、现役军人、军队离退休干部、未成年人、学生、残疾人和儿童等特殊人群给予票价优惠等。

（3）建立门票价格调控机制。限定门票价格的最高调整频次和幅度，规定同一景点门票价格调整间隔不得少于3年。门票价格的调整幅度，50元以下的提价幅度不得超过35%，50~100元的不得超过30%，100~200元的不得超过25%，200元以上的不得超过15%。对门票价格过快上涨起到一定遏制作用。各地调整门票价格要提前半年向社会公示，并且不得在法定节假日期间及之前1个月内调整门票价格。

2. 加强酒店客房市场价格行为管理

规范酒店客房市场价格行为。针对部分地区、部分时段、部分酒店经营者利用区位优势地位，在重大节假日、大型活动、旅游重点接待地区，对酒店客房价格相互串通、跟风提价、哄抬价格，扰乱正常的市场价格秩序，损害广大消费者的合法权益及不利于酒店业健康发展的情况，制定了包括加大事前监管力度、建立酒店客房价格监测和信息发布制度、制定酒店客房价格异常波动应急机制、落实酒店客房价格明码标价规定等7项措施。

（六）支持工程监理服务业发展的价格政策

国家发展改革委会同住房和城乡建设部组织国务院20多个有关部门和行业协会在深入研究的基础上，于2007年3月制定了《建设工程监理与相关服务收费管理规定》，规范工程监理服务收费行为，维护双方合法权益，对促进工程监理行业健康发展发挥了积极作用。

二、"十二五"政策思路

"十二五"期间，将继续推进价格市场化改革。根据不同行业特点，综合考虑经营成本、供求关系、社会承受能力、消费者习惯、市场竞争状况等因素，针对不同市场结构实施不同的管理办法。具有一定自然垄断经营特征的行业或部门，改革的基本取向是实现政企分开，分清政府与市场的责任，打破行业垄断，引入竞争机制，实行更加灵活的价格政策，提高价格市场化程度。对垄断的行业，可以实行政府指导价为主的价格政策，既保护消费者合法权益，又防止恶性竞争，损害行业发展的后劲。对竞争格局基本形成的行业，价格可以放开，价格管理的重点是规范经营者行为，维护市场秩序，保持供求关系和价格水平基本稳定，促进行业健康发展。在电价方面，继续加大商业与工业用电同价力度，继续推进销售电价改革；在水价方面，修改完善《城市供水价格管理办法》，落实工商业用水同价政策，进一步明确价格补偿原则，积极稳妥推进水价改革；在交通运输业方面，研究适合行业要求、促进行业发展的价格政策，加强各种运输方式价格政策的协调与衔接。在金融服务行业方面，规范有关商业银行收费行为，研究规范银行卡刷卡手续费收费政策；在旅游服务行业方面，进一步加强景区门票价格管理，修改完善《游览参观点门票价格管理办法》，坚决打击高定价、高回扣，扰乱门票价格秩序的乱收费行为。

（国家发展和改革委员会价格司供稿）

第七章　工商管理政策支持情况

"十一五"期间，工商行政管理系统采取积极措施，发挥市场监督管理职能作用，促进服务业健康发展。特别是《国务院关于加快发展服务业发展的若干意见》《国务院办公厅关于加快服务业若干政策措施的实施意见》下发后，国家工商行政管理总局（以下简称"国家工商总局"）党组高度重视，坚决贯彻落实党中央、国务院关于加快发展服务业的决策部署，充分发挥工商行政管理市场监管与行政执法的职能作用，及时制定相关实施细则，相继下发了《国家工商总局关于促进服务业发展的若干意见》《关于促进广告业发展的指导意见》《关于贯彻落实国务院搞活流通扩大消费有关措施的若干意见》《关于进一步促进个体私营经济发展的若干意见》《关于深入贯彻落实科学发展观积极促进经济发展方式加快转变的若干意见》等文件，确保把国务院关于加快发展服务业的若干意见的各项措施落实到位。截至2011年上半年，全国实有服务业企业834.8万户，2011年上半年新登记服务业企业52.5万户，其中现代服务业企业22.5万户。

一、支持现代服务业发展，培育服务业市场主体

（一）充分发挥工商行政管理职能作用，营造服务企业公平准入环境

积极支持现代物流、文化创意、信息服务、金融服务、科技服务、商务服务等重点服务行业发展。与交通运输部等部门一起制定并下发了《关于推动农村邮政物流发展的意见》，推动建立顺畅的农村物流渠道，服务“三农”发展。支持传统服务业企业做强做大，通过加强行政指导，简化登记程序，落实收费优惠政策等措施，积极支持发展连锁经营、特许经营、电子商务、物流配送、专卖店、专业店等现代流通形式。鼓励金融保险、科技研发、文化创意、现代物流、服务外包等生产性服务业优先发展。推进社区服务、信息咨询等生活性服务业转型升级。鼓励支持知识密集型服务业加快发展。积极支持金融改革创新，促进新型金融服务市场主体发展。落实国务院行政许可决定，与银监会等部门一起制定了《融资性担保公司管理暂行办法》，加强对融资性担保公司的规范和管理，推动解决中小企业融资难问题。加强政策协调和调查研究，促进股权投资基金行业规范健康发展。

（二）积极支持服务业个体私营企业做大做强

推动服务业中小企业加快发展，引导具有一定规模的服务业个体工商户“转型”，促进其向规范的企业发展。支持服务业私营企业开展连锁经营，实现规模化、集约化发展。指导服务业个体私营企业注册、使用商标，实施品牌战略，增强市场竞争能力。立足职能，积极配合相关部门，切实帮助服务业中小企业解决融资难问题。

工商部门立足登记注册的职能作用，充分发挥个体私营企业实现创业吸纳就业的主渠道作用，加大宣传引导力度，落实国家促进就业的优惠政策，鼓励、支持和服务高校毕业生、农民工及就业困难群体等各类人员在服务业领域自主创业，创办服务业个体私营企业，或到服务业企业就业，为其申请注册个体工商户、私营企业开辟“绿色通道”，提供免费的开业指导以及相关政策、法规和信息咨询服务，实行申请、受理、审批“一站式”服务，对符合条件的及时依法核准登记。严格按照《就业促进法》的规定，对符合政策条件的创业人员 3 年内免收登记类和证照类等有关行政事业性收费。大力支持服务业企业发展，增加就业渠道，创造更多的就业机会。积极配合有关部门加强对劳动者权益的保护，严厉查处、取缔用工“黑中介”，努力构建和谐劳动关系，维护社会稳定。积极发挥各级个私协会的作用，开展培训，举办招聘会，主动加强对各类人员就业创业的指导和服务，帮助他们提高就业创业能力。

（三）有步骤地扩大服务市场的对外开放，引导外资更多地参与现代服务业的发展

2008 年以来，国家工商总局先后制定了《关于充分发挥工商行政管理职能作用进一步做好外商投资企业发展工作的若干意见》《外商投资合伙企业登记管理规定》《关于外商投资企业解散注销登记管理有关问题的通知》，参与制定了《外国企业或者个人在中国境内设立合伙企业管理办法》《外商投资广告企业管理规定》等法律法规和规范性文件。切实履行我国加入 WTO 及《内地与香港、澳门关于建立更紧密经贸关系的安排》在服务领域开放的各项承诺，对取消投资限制的金融、保险、电信、建筑设计、旅游业、运输业等服务领域，允许外商按照承诺进程增加投资比例，控股或独资。贯彻落实《外国企业或者个人在中国境内设立合伙企业管理办法》（国务院第 567 号令），丰富利用外资方式、简化外资合伙准入程序，规范外资合伙登记管理工作，鼓励具有先进技术和管理经验的外国企业或者个人在中国境内设立合伙企业。贯彻落实《国务院关于进一步做好利用外资工作的若干意见》（国发〔2010〕9 号），鼓励外商投资现代服务业和高新技术企业。正确处理扩大服务业对外开放与培育壮大国内产业的关系，简化外商投资服务业企业多级分支机构登记程序，积极改进服务业外商投资企业经营范围核定方式。

不断建立健全服务机制。各地对外商投资服务业企业实行了提前介入、延伸服务、预约服务、专

人全程服务等服务形式。浙江、江苏、福建等地推行“一局多点、就近受理、远程核准”模式使广大企业不出县（市）便可办理工商登记，大大提高了服务效率。

积极开展网上登记、年检，运用技术手段提高工作效能。2008年起广州市工商局外资登记业务通过网上受理、审查与快递服务相结合的方式，实现企业登记“面对面”到“键对键”的转变，让“企业足不出户办执照”。2010年，深圳市市场监督管理局在广东省率先实现了全程“无纸化”网上年检。上海市推出了外商投资企业网上登记服务系统，并于2010年1月1日正式在全市推广，实现了“外网申报、内网预审、现场提交、一次办结”。

以了解需求、解决外商投资服务业企业发展难题为己任，建立常态化工作机制。各地通过走访、问卷调查和召开座谈会等多种方式深入调查研究，主动上门，听取意见和建议，认真研究对策。通过加强联系，掌握外商投资服务业企业发展情况和遇到的困难，及时给予政策指导。上海市实行了注册官联系人制度，对具有一定规模的外商投资服务业企业实施指定专人给予点对点的政策解读、业务指导等人性化和个性化服务，切实解决企业发展中存在的问题，受到了企业的广泛好评。“十一五”期间，天津市、江苏省、广东省等地的工商局坚持每年走访外商投资服务业企业，全力帮助企业解决在市场准入、投融资等方面的各类问题，扶持引导企业扩大市场领域、防范市场风险、增强竞争实力。

二、充分发挥工商行政管理职能，努力维护服务领域市场秩序

（一）打破行业垄断、地区封锁，规范物流市场秩序

1. 2009年3月，国务院印发了《物流业调整和振兴规划》

为落实该规划提出的主要任务，国家发展改革委、国家工商总局等部门制定了《〈物流业调整和振兴规划〉分工落实方案》，明确由国家工商总局牵头负责第三十六项中“打破行业垄断，消除地区封锁，依法制止和查处滥用行政权力阻碍或限制跨地区、跨行业物流服务的行为”的工作。国家工商总局积极落实《物流业调整和振兴规划工作部门分工方案》，研究起草了《关于落实物流业调整和振兴规划工作部门分工方案第（三十六）项工作意见》，与国家发展改革委、公安部、交通运输部、原铁道部、商务部这五部委在充分调研的基础上，联合下发了《关于做好制止滥用行政权力排除限制物流业竞争 规范物流市场秩序工作的通知》。各级工商机关按照该通知要求，采取有力措施，打破行业垄断、地区封锁，规范物流市场秩序。重庆、浙江、湖北、福建等省市工商局积极会同有关部门，对涉及行业垄断、地区封锁的文件进行了清理。

2. 深入开展治理商业贿赂专项工作，推进服务业健康有序发展

按照中央治理商业贿赂领导小组的整体部署，结合国家工商总局党组提出的总体要求，科学筹划、周密安排，积极组织全系统深入开展治理工作，取得了明显的阶段性成效。在治理商业贿赂专项工作过程中，始终坚持以促进经济健康发展、维护人民群众利益为根本要求和目的，在整体推进中突出重点，将执法领域向土地出让、工程建设等群众反映强烈的热点难点领域拓展，狠抓大要案件的查处。各地工商机关充分发挥“12315”行政执法网络体系作用，建立健全投诉举报制度，畅通案件发现渠道，重点查办了一些公益性强、与人民群众切身利益密切相关、严重破坏市场秩序领域的商业贿赂案件。据统计，“十一五”期间，全国工商行政管理系统共查结商业贿赂案件33278件，案值达89.15亿元，均占全国查处此类案件的一半。同时，把推进市场诚信体系建设始终作为工商机关建立健全防治商业贿赂长效机制的重要内容和有效手段，督促各地对执法办案数据库加以修改完善，完善公平交易执法办案数据的采集和更新机制，加强治理商业贿赂长效机制和执法办案管理系统建设，开展协作执法，建立健全守信激励机制和失信企业惩戒机制，促进行业健康发展。

3. 严厉查处“傍名牌”行为，保护服务型企业知识产权

“十一五”期间，工商系统深入开展打击“傍名牌”工作，保护知名企业合法权益。重点查处利用境外登记的企业名称，以委托加工、授权使用、监制等名义加工生产“傍名牌”产品的行为。同

时，结合产品质量和食品安全监管工作，组织对部分省市开展打击“傍名牌”专项执法活动的情况进行督促检查，推动执法工作落到实处。工商总局积极推动建立区域打击“傍名牌”联动机制。充分发挥长江三角洲、泛珠江流域等地区工商机关区域执法协作机制，形成横向联合、纵向联动的执法态势，严厉查处侵犯服务型企业知识产权的违法行为。

4. 大力推动商业秘密保护工作，提高服务型企业商业秘密保护意识

一是确定商业秘密保护行政执法战略的试点单位，积极开展相关试点工作。国家工商总局和相关单位紧密联合，改革和创新商业秘密保护工作机制，建立定期联络的工作交流机制等。二是举办商业秘密保护行政执法战略论坛。2010 年 5 月，国家工商总局举办商业秘密保护行政执法论坛，向社会各界宣传实施商业秘密保护行政执法战略的重要性，取得了积极的效果。三是继续加强商业秘密保护行政执法战略的宣传和研究工作。为加大商业秘密保护行政执法战略的宣传力度，国家工商总局注重在各类场合宣传商业秘密保护行政执法战略，邀请多家媒体参加并报道商业秘密保护行政执法战略论坛，并支持有关企业开展商业秘密存证制度等创新保护措施的研究，以扩大商业秘密保护行政执法战略的公众意识和社会影响。

（二）培育、发展和规范农村经纪人，搞活城乡流通，促进农民增收

2004 年 8 月，国家工商总局颁布了新修改的《经纪人管理办法》，以此为基础开始了经纪人立法调研工作，同时多次下发文件要求各地工商机关注重培育、壮大农村经纪人队伍。2006 年 9 月，国家工商总局在扬州召开了“全系统培育发展农村经纪人工作经验交流现场会”，肯定了农村经纪人在促进农民增收方面的积极作用，强调培育发展农村经济人是解决“三农”问题的重要途径，并就这项工作进行了全面部署。这样，“经纪活农”行动作为工商部门服务“三农”七项机制之一，制度性地开展起来。

在各地工商机关的努力下，目前全国有一半以上的省市制定了地方性经纪人管理法规，绝大部分省市制定了经纪人管理规章。依据有关的法律、法规和规章，工商机关开展了农村经纪人登记注册、农村经纪执业人员资格认定、农村经纪合同管理、农村经纪人经营行为管理、查处违法经纪活动、保护农村经纪人合法权益等工作，使农村经纪人的队伍不断壮大，法律地位得以确立，经纪行为受到规范，合法权益得到保护。据不完全统计，目前全国已有注册农村经纪人 40 多万户，经纪业务量超过 350 亿元，经纪执业人员逾 100 万人。

“十一五”期间，国家工商总局先后下发了《关于大力培育和规范发展农村经纪人 促进社会主义新农村建设的意见》《关于大力培育和规范发展农村经纪人 扎实推进社会主义新农村建设的意见》《关于进一步培育发展高素质农村经纪人 促进农业发展农民增收的意见》《关于加强农村经纪人发展培育工作 支持灾区农业生产的通知》《关于进一步发挥农村经纪人作用 促进农业稳定发展农民持续增收的意见》等文件。全国各地工商机关按照中央“三农”政策和总局的各项要求，根据农村经纪人的人员构成和行业特点，结合各地实际情况，从以下几个方面开展了对农村经纪人的培育发展和业务指导工作。

1. 大力宣传、树立典型、加强培训

首先，各地工商机关将有关宣传材料发放到乡、镇、村，甚至直接发放到农民群众手中，让他们了解与经纪人有关的法律、法规及相应的管理规范，了解农村经纪人设立的条件和程序；同时，在地方政府的支持下开展评选、表彰优秀经纪人活动，并通过各种媒体宣传他们的事迹，树立起一批农村经纪人典型。大力宣传和树立典型，在农民当中起到了很好的示范作用，使一批农村的“能人”加入到农村经纪人的队伍中来。其次，各地工商机关投入人力、物力，加强农村经纪人员培训工作：一是组织经纪执业人员的入门培训；二是开展提升农村经纪人员综合素质的培训。把农村经纪人执业人员作为培训重点，有针对性地设置培训课程，定期安排受训人员。

2. 充分发挥监督管理职能，规范农村经纪秩序

工商部门在扩大农村经纪人的"量"上下工夫的同时，还注重提升其"质"。在农村经纪领域，各地工商机关依法加大打击不正当竞争、经纪欺诈等非法活动的力度；取缔无照经纪；对农村经纪人实行信用监管；对经纪执业人员基本情况实行备案；适时开展戒勉警示，约束规范经纪行为；从而为合法经纪活动创造了良好的发展环境，全面改善了农村经纪人的形象。对参与违法、违规活动的经纪人及执业人员及时向社会公示。

3. 依托监管职能提供全方位服务

工商机关依托监督管理经纪人职能，为农村经纪人健康发展提供全方位服务。一是建立农村经纪人登记注册"快速通道"，并为季节性、临时性从事农村经纪活动的农民进行临时性或者一次性登记；二是建立工商机关与农村经纪人联系制度，随时随地提供各种帮助和服务；三是扶持发展"订单农业"，提供和推广经纪合同示范文本，指导农村经纪人签订合同；四是为农村经纪人开展业务提供信息咨询服务；五是根据自然和人文条件所产生的地区性产品状况，引导并帮助农村经纪人注册地理商标和证明商标，树立农产品品牌；六是引导农村经纪人以股份、资产等为纽带，建立联合协作关系，实现规模经营。

4. 指导农村经纪人建立自律性行业组织

农村经纪人的规范发展，需要政府部门为其创造良好的环境；同时，农村经纪人依靠行业组织管理，实现信息共享和自律约束则更为重要。对此，各地工商机关把指导建立农村经纪人协会作为一项重要工作任务来抓，帮助各类农村经纪人协会健全自律管理规则。

在2010年发布的《国家中长期人才发展规划纲要（2010—2020年）》中，中央提出要培养造就包括农村经纪人在内的各类农村实用人才，到2020年要选拔出10万名以农村经纪人为主的优秀人才，给予重点扶持。下一步，工商部门要从政策扶持、组织培训、加强服务、树立典型、强化监管等几个方面进一步加大工作力度，将培养发展农村经纪人工作推向深入。

（三）认真履行直销市场监管职责

2005年，国家工商总局与商务部、公安部联合颁布《直销员业务培训管理办法》《直销企业保证金存缴、使用管理办法》《直销企业信息报备、披露管理办法》3个配套规章和《直销产品范围公告》《关于废止外商投资转型企业有关规定的公告》。下发《关于做好直销监管工作的通知》和《关于加强直销监督管理工作的意见》，创新监管方式，发挥直销监管网站的作用，营造良好的直销市场环境。

（四）加强旅游市场监管

制定推行合同示范文本、实施广告监测，严查违法行为，促进企业诚信、守法经营，维护旅游市场秩序。各地工商部门每年都以春节、"五一"、"十一"等节日为契机，以旅游景区商品等为重点，加强市场巡查监管力度，完善市场预警机制，充分发挥"12315"消费者申诉举报网络作用，快速处理投诉举报，及时发布消费预警警示，适时曝光违法行为，切实保护消费者合法权益。积极加强与旅游、公安、卫生、质检、城管等部门的密切配合，通过建立联席会议制度、加强信息沟通、开展联合执法等途径，形成了旅游市场监管工作合力。

（五）加强有关服务领域的监督检查，不断提高服务领域消费维权能力，积极营造促进服务业发展的良好消费环境

1. 依法强化相关服务领域监督检查

组织以家电维修、美容美发、装饰装修等消费者申诉举报集中的领域为重点，开展服务领域消费维权专项执法检查，加大对违法行为的查处力度。按照一省一个行业的原则，组织安排地方工商部门在家电维修、旅游、预付卡消费等消费者申诉比较集中的服务领域开展专项执法检查，营造良好消费环境，提振消费信心。"十一五"期间，工商部门共查处服务消费案件10.28万件，案值3.3亿元。

2. 积极受理和依法妥善处理消费者有关服务消费的申诉、举报

充分发挥"12315"消费者申诉举报网络的积极作用，认真受理和依法处理消费者有关服务领域的咨询、申诉和举报，及时妥善解决消费纠纷，按规定程序，有针对性地发布消费提示、警示，提高消费者自我保护意识，引导经营者加强自律。同时，强化对相关咨询、申诉、举报信息的综合分析，积极提出意见和建议，为政府和有关部门调整产业结构、制定产业政策决策提供参考。"十一五"期间，工商部门共受理消费者有关服务消费的申诉114.5 万件，为消费者挽回经济损失8.27 亿元。

3. 积极配合相关部门规范服务领域经营行为

国家工商总局与相关部门协作配合，共同开展有关服务领域行业治理和规范工作。按照国务院总体部署，与商务部等有关部门一起认真清理部分领域侵害消费者权益的不合理规定和收费；与工业和信息化部联合开展手机售后服务市场专项检查；配合商务部等部门会同相关行业组织，研究商业零售、家电维修等行业规范意见，规范经营行为，维护良好的市场秩序。

4. 依法维护消费者合法权益，为服务业发展营造良好的消费环境

2009 年，国家工商总局积极配合有关部门对各自主管服务领域涉及消费者的规定和收费问题进行清理。会同商务部和中国商业联合会，调查研究针对店堂声明、告示等侵害消费者权益行为的治理规范和对策，开展"明明白白消费"活动。会同商务部、中国家电维修协会，结合"家电下乡"专项整治工作部署，规范家电维修服务行为。充分发挥"12315"消费者申诉举报网络的积极作用，认真受理和依法处理消费者有关商业服务业的咨询、申诉和举报，及时妥善解决消费纠纷，按规定程序、有针对性地发布消费提示、警示，提高消费者自我保护意识，引导经营者加强自律，同时强化对相关咨询、申诉、举报信息的综合分析，积极提出意见和建议，为政府和有关部门调整产业结构、制定产业政策决策提供参考。

三、指导广告业发展

（一）"十一五"时期广告业发展概况

1. 广告总量提高，产业规模扩大

据国家工商总局发布的统计报告，2010 年，全国广告营业额达到2340.51 亿元，广告经营单位24.34 万户，广告从业人员148.05 万人。"十一五"期末与"十五"期末相比，广告经营单位增加11.81 万户，增长94.14%；从业人员增加54.01 万人，增长57.43%；广告营业额增加924 亿元，增长65.2 %。"十一五"期间累计广告营业额9595.07 亿元，比"十五"期间增加4137.44 亿元，增长75.81%（见图7－1）。在全球广告市场中，我国所占份额为3.5%，已成为全球第四大广告市场。

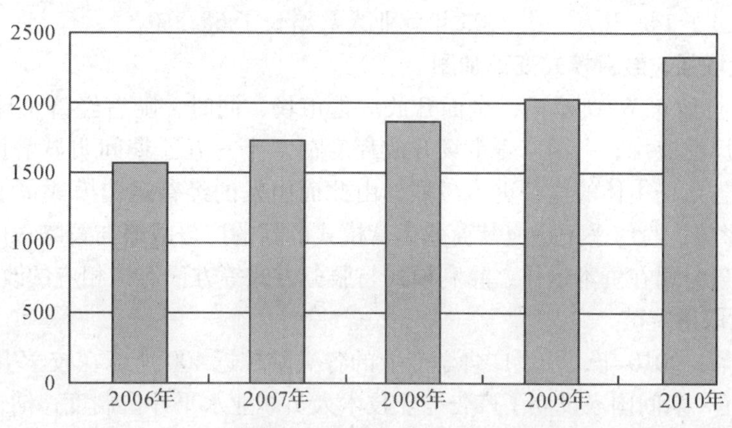

图7－1　2006—2010 年广告营业额（单位：亿元）

2. **增长速度与国民经济基本同步**

中国广告产业的增长与国民经济的增长关系密切，广告营业额随着GDP的增加而增加（见表7－1、图7－2）。“十一五”期间，广告营业额在GDP中所占的平均比重为0.66%，在整个国民经济中也有了一席之地。

表7－1 2006—2010年广告经营总额、GDP及其增长率

年份	广告营业总额（亿元）	广告营业总额增长率（%）	GDP（亿元）	GDP增长率（%）
2006	1573.00	11.10	209407	11.6
2007	1741.00	10.68	246619	11.4
2008	1889.56	8.53	300670	9.0
2009	2040.00	7.96	335353	8.7
2010	2340.51	14.73	397983	10.3

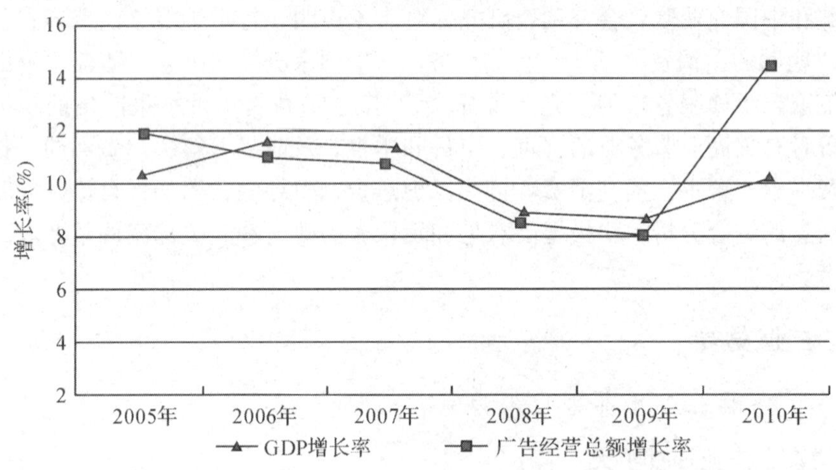

图7－2 2006—2010年广告营业额增长率与GDP增长率比较

3. **对消费和就业的拉动作用愈加明显**

研究数据显示，广告作为消费增长的助推器，其经营额的增长与我国社会消费品零售额的增长呈正比关系。“十一五”期间，我国广告经营总额平均增长率10%以上，我国社会消费零售总额平均增长率超过16%。“十一五”期间，中国广告产业的就业人数呈现稳步上升的趋势，到2010年，中国广告产业的就业人员超过了148万人，比2005年就业人数增长了65.2%。

4. **市场开放程度增强，经营模式变革加剧**

2005年，我国履行加入WTO承诺，全面开放广告市场，同时，随着经济全球化的深入发展以及互联网等高新技术的广泛应用，中国广告市场开放程度在“十一五”期间明显增长。广告主、广告媒介、广告公司三大广告市场主体的竞争更为激烈，由此而引发的经营运作模式也加剧变革。广告主为适应加入WTO的新形势，纷纷采用适应其商业运营模式的新的广告战略与策略；广告媒介的经营更加专业化、规范化；广告公司在资本运作、赢利模式与服务方式等方面有了相应的改进和调整。

5. **人才队伍建设取得突破**

广告教育稳步发展，2010年，开设广告学专业的各类院校近400所，在校学生10万余人，每年毕业生近3万。“十一五”期间国家设立了广告专业技术人员职业水平评价制度，纳入全国专业技术人员职业资格证书制度统一规划，广告人才队伍建设取得突破性进展。

6. **外部环境得到相应改进**

政府对广告市场的监管力度加大，虚假违法广告得到有效遏制；法律法规建设的步伐加快，《广告

法》修订工作和其他单项广告法规规章制修订工作有重大进展；对产业的重视程度和扶植力度增强，相关发展指导意见陆续出台。广告行业组织对广告行业的市场规范和服务引导作用进一步有效发挥。消费者对广告的认知水平提高，公民广告素养有所提升。

（二）五年来促进广告业发展的主要政策措施

“十一五”期间，广告业作为新兴产业得到了国家重视。《国民经济和社会发展第十一个五年规划纲要》在“发展现代服务业”部分明确提出“推动广告业发展”；《国务院关于加快发展服务业的若干意见》把广告业列为重点发展的行业。2009 年，国务院常务会议通过《文化产业振兴规划》，确定广告业是重点发展的文化产业之一。

2008 年国务院批准国家工商总局新的“三定”方案，明确国家工商总局承担“指导广告业发展”的职能；国家工商总局、国家发展改革委联合下发了《关于促进广告业发展的指导意见》，提出了促进广告业发展的指导思想、基本原则、主要目标、任务和政策措施。

2009 年，国家工商总局下发了《关于深入贯彻落实科学发展观支持和促进广告协会拓展职能增强服务能力完善行业管理的意见》，增强行业协会服务行业发展的能力。

2010 年，国家工商总局出台了《关于深入贯彻落实科学发展观，积极促进经济发展方式加快转变的若干意见》，提出要大力促进广告业转变发展方式，内容包括：积极争取地方政府依据国家产业政策，加大政策扶持力度，把广告业列入重点发展的产业，制定和落实扶持广告业发展的政策措施；支持有条件的地区建设具有综合服务功能或专业特色的广告产业园区（基地）；支持各地加快培育主业突出、核心创新能力强、具备竞争实力的广告骨干龙头企业；支持广告企业跨行业、跨地区、跨媒体和跨所有制进行资产重组；支持符合条件的优质广告公司上市融资，优先推动科技型、创新型广告公司在创业板上市；支持和引导互联网、移动网、楼宇视频等新兴媒体发挥自身优势，开发新的广告发布形式，提升广告策划、创意、制作水平，拓展广告产业新的增长点。

国家工商总局在出台的若干支持区域经济发展的意见中，都提出支持广告业发展的内容。

（三）“十二五”指导广告业发展的工作思路

“十二五”时期是广告业难得的发展机遇期。根据党的十七届五中全会精神和《国民经济和社会发展第十二个五年规划纲要》，“十二五”时期广告业发展的指导思想是：坚持以邓小平理论和“三个代表”重要思想为指导，深入贯彻科学发展观，适应社会主义市场经济和全球经济的发展变化需要，坚持社会效益与经济效益全面协调、市场机制与宏观调控有机统一、发展速度与质量效益同步增长、学习引进与自主创新统筹兼顾，使广告业更好地服务于社会主义物质文明、精神文明、社会文明、生态文明建设。“十二五”期间广告业的发展目标是：广告创意、策划、设计、制作水平全面提升，广告业集约化、专业化和国际化水平大幅提高，规模速度与结构质量协调发展，整体实力与核心竞争力显著增强，对经济社会和文化发展的贡献度不断加大，努力实现由传统广告业向现代广告业、由以国内市场为主向国际市场延伸、由粗放型向集约型、由布局相对分散向合理集聚、由低技术水平和低附加值向高技术和高附加值的转变。“十二五”时期广告业在全面发展的基础上重点在广告企业竞争力提升、广告产业结构优化、广告业自主创新、广告业扩大开放、公益广告事业发展、广告人才培育、广告业公共服务体系建设、广告法制和监管体系完善等方面有所突破。

四、积极推进商标战略示范、创新和服务工作

积极引导和推动市场主体在经济活动中注册和使用商标，大力提高企业管理和保护商标的水平，以商标整合企业的技术、管理、营销等优势，形成自身的核心竞争力。截至 2010 年年底，我国共受理服务商标注册申请 1366144 件，核准注册 830301 件。进一步完善商标确权机制，加强驰名商标著名商标的培育认定工作，促进了一批拥有自主知识产权和知名品牌的大型服务企业或企业集团的形成。截

至2010年年底，共认定服务类驰名商标152件。通过商标战略培训和宣传，鼓励服务类企业与生产企业合作，实现服务品牌带动产品品牌推广、产品品牌带动服务品牌提升的良性互动发展。积极推进商标富农工作，加大商标专用权保护力度。自2009年7月开始，国家工商总局主动发布省、市、县三级行政区划的注册商标主要统计数据，为地方政府和各级工商部门实施商标战略起到了积极促进作用。加强马德里商标国际注册指导工作，切实提高商标国际注册量，健全商标海外维权机制。

（一）中国服务商标的增长变化，从一个侧面反映了中国服务业的发展状况

为了适应改革开放和经济发展的需求，我国于1993年7月1日实施了新修正的《商标法》，将服务商标纳入了法律保护范畴，为服务业的迅速崛起和健康发展提供了有力的法律保护。十多年来，伴随着第三产业的发展许多服务行业不断发展壮大，服务商标的申请量和注册量大幅提高，许多服务行业的驰名服务商标被广大消费者认可，中国服务商标的增长变化从一个侧面反映了中国服务业的发展状况。

服务商标知名度的提高和服务企业经营水平的提高是一种良性互动的关系。一个独具匠心富有创意的服务商标注册后，通过相关渠道的持续宣传，以及企业服务水平和服务质量的不断提高，就会在消费者心目中树立起良好信誉。企业如拥有知名品牌，将给企业带来巨大的经济利益，提高其市场竞争力。因此，积极鼓励企业提高经营水平，打造出更多服务行业中的知名品牌，才能提高中国服务产业的整体竞争力，更好的促进服务产业的发展。

近些年来，随着服务行业的发展，相对应的服务商标的申请量也相应同步增加，如从1999年开始，计算机网络服务迅速发展，与计算机网络服务有关的服务商标（国际分类第38类、42类）的申请量大幅提高；2003年开始，房地产行业迅速发展，与房地产有关的服务商标（国际分类第36类、37类）的申请量大幅提高，因而可以看出，商标的申请与注册量的变化能较直观地反映出当时经济社会发展状况和趋势。

第三产业部门众多，数据统计繁琐，耗时长，相关部门想要获得第三产业的变动情况需要花费很大的力量，而服务商标数据统计快速、简洁，服务商标完全可以成为相关部门获得第三产业变动情况的参考数据，为国家及时调整和制定第三产业的相关政策提供参考依据。

1. 1993—2010年我国服务商标申请注册情况与中国第三产业发展变化情况对比

从1993年年底到2010年年底，第三产业增加值从1993年的11915.7亿元增加到2010年的171005亿元，增长了14倍。与第三产业发展相对应，我国服务商标申请量从1993年的11024件增加到2010年的209832件，增长了18倍。

通过对比第三产业增加值、国内服务商标注册申请量与注册量的走势，可发现这两者的增长变化趋势基本对应，相关性非常明显（见图7-3、图7-4）。这是因为，第三产业的迅速发展，必然导致第三产业企业数量的增加，企业对品牌的要求随之上升，服务商标注册申请与注册量必然增长。

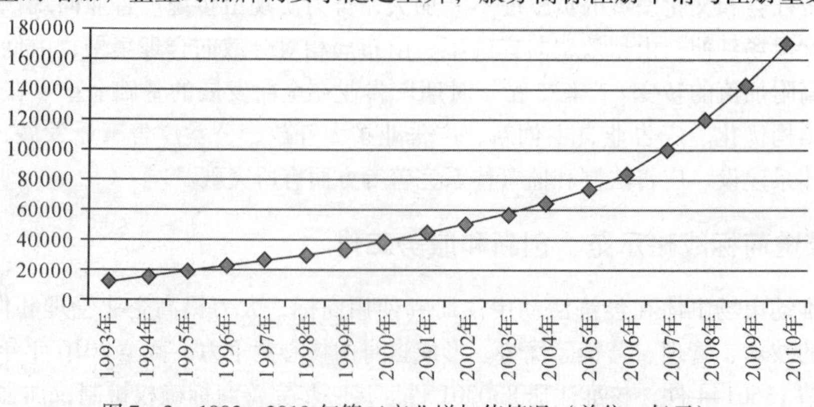

图7-3 1993—2010年第三产业增加值情况（单位：亿元）

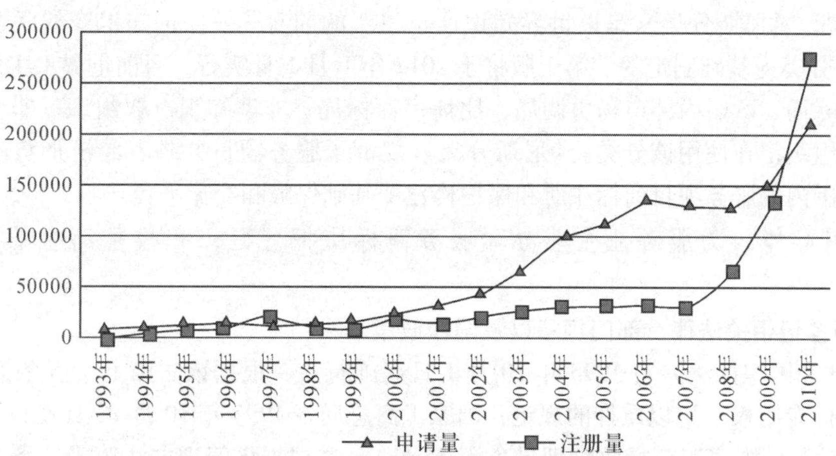

图 7－4　1993—2010 年服务商标申请量和注册量情况（单位：件）

2. "十一五"期间，我国国内服务商标及服务类驰名商标情况

"十一五"期间，我国共受理服务商标注册申请 865531 件，核准注册 617189 件。其中 2006 年申请 157270 件，注册 42621 件；2007 年申请 152210 件，注册 40918 件；2008 年申请 153595 件，注册 75026 件；2009 年申请 170985 件，注册 151597 件；2010 年申请 231471 件，注册 307027 件。

经过十几年的发展，我国从无服务商标到服务商标超过 20 万件，发展非常迅速，但国内服务行业的驰名商标还很少，国际知名品牌则更少。随着经济的发展，服务行业对社会经济的发展影响越来越大，消费者对服务质量也越来越重视。从 1999 年国家工商总局认定"全聚德"等为第一批服务类驰名服务商标开始，我国国内服务类驰名服务商标的数量逐年增长。"十一五"期间，国家工商总局共认定服务类驰名商标 111 件，其中 2006 年 10 件，2007 年 14 件，2008 年 18 件，2009 年 18 件，2010 年 51 件（见图 7－5）。通过商标战略培训和宣传，鼓励流通企业与生产企业合作，实现服务品牌带动产品品牌推广、产品品牌带动服务品牌提升的良性互动发展，引导服务类企业实施商标战略，促进服务业企业的快速发展。

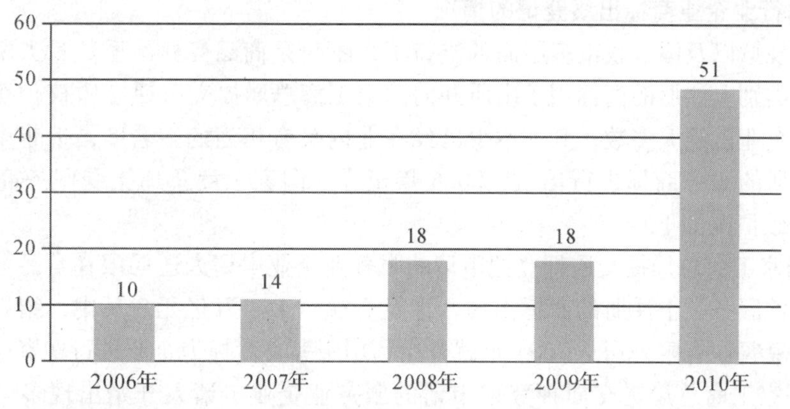

图 7－5　"十一五"期间国内服务类驰名商标认定情况（单位：件）

3. 商标战略的实施极大推动了服务业的发展

随着商标战略的实施，商标的作用和影响得到了空前的重视和加强，许多地方政府将商标工作纳入了地方发展战略和政府绩效考核序列，努力打造金融、商贸、餐饮、物流、旅游、休闲娱乐、高科技研发、文化产业、互联网信息技术等各具特色的服务业高端品牌。

4.《尼斯分类》为服务业发展提供了规范和基础保障

随着社会经济的发展，新型服务业态、新型服务形式、新型服务项目等不断出现，传统的服务业也随着科技手段的运用和互联网信息的介入发生了根本性的变化，如何科学界定和规范服务项目就成了一个突出的问题。《尼斯分类》是以世界知识产权组织的前身——保护知识产权联合国际局（BIRPI）1935年所编分类为基础制定的，第十版将于2012年1月1日实行，目前世界上大多数国家及世界知识产权组织国际局、欧盟内部市场协调局、比荷卢商标局、非洲知识产权组织、非洲地区知识产权保护组织等国际组织都在使用该分类。《尼斯分类》规范了服务项目并随着经济形势的发展不断进行修改，为世界范围内的服务项目商标注册和保护构建了基础保障和交流平台。

（二）运用职能，为服务业企业办理服务商标质押登记，积极帮助企业融资，促进第三产业发展

1. 商标质押登记相关法律、部门规章以及国家政策

《中华人民共和国担保法》自1995年10月1日起施行后，根据该法第七十五条第（三）款“依法可以转让的商标专用权”可以质押的规定，国家工商总局于1995年10月18日发布了《企业动产抵押物登记管理办法》（国家工商行政管理局令第35号），并根据该管理办法第十八条关于商标专用权质押登记的规定，于1997年5月6日制定了《商标专用权质押登记程序》（工商标字〔1997〕第127号）。商标局作为商标专用权质押登记部门，于1997年开始接受办理质押登记申请。初期，用商标专用权出质并申请质押登记的为数不多，且基本上都是用商品商标出质，服务商标出质的情况鲜见。

2007年10月1日起《中华人民共和国物权法》正式施行。该法在第二百二十三条中同样规定“可以转让的注册商标专用权、专利权、著作权等知识产权中的财产权”可以出质。

2008年6月5日，我国颁布实施《国家知识产权战略纲要》，其重要作用之一就是引导企业实现知识产权的市场价值，推动企业成为知识产权创造和运用的主体。

鉴于《商标专用权质押登记程序》颁布时间较长，为保证商标专用权质押登记的依法行政，贯彻落实《国家知识产权战略纲要》，大力促进各类商标权利主体充分运用商标知识产权价值进行融资以应对国际金融危机，国家工商总局于2009年9月10日以工商标字〔2009〕182号文件对外公布了《注册商标专用权质权登记程序规定》，自2009年11月1日起施行，此前沿用的《商标专用权质押登记程序》同时废止。该规定进一步细化了办理质权登记的相关内容，不再强制要求申请人提交出质商标价值的评估报告，方便了申请人，并减轻了出质人的经济负担。

2. 近年来服务行业企业商标出质登记的情况

在法律、部门规章以及国家政策多层面的支持下，不仅是商品商标出质数量大幅度增加，服务行业的企业将其服务类别上注册的商标用于出质并向国家工商总局提交质押（质权）登记申请的情况逐步增多，餐饮服务企业占绝大多数，其中不少已经在业内具有相当的知名度；近年来其他服务行业的企业也开始用其注册的服务商标进行出质。2006年至今，国家工商总局接受服务商标办理质押（质权）登记申请的大致情况如下：

2006年，向国家工商总局提交质押登记申请的服务业企业申请人还局限在食品业和餐饮业，主要用在食品加工、餐饮服务类上注册的商标出质，涉及金额约1.3万亿元。其中，绍兴市咸亨酒店有限公司和沈阳市小土豆餐饮有限公司从2004年就开始利用服务类商标为企业进行融资。

2007年，向国家工商总局提交质押登记申请的服务业企业申请人开始出现多样化，不仅有餐饮业，还扩展至推销、装饰修理、医疗、美容减肥、照片冲洗、教育培训等行业，其中还包括一家涉外申请人化妆美容亚洲有限公司，上述申请涉及金额约1.4亿元。

2008年，向国家工商总局提交质押登记申请的服务业企业申请人涵盖服装清洗、餐饮推销、照片冲洗、教育培训等行业，用于出质的上述服务类别的注册商标所担保金额约1.2亿元。

2009年，国家工商总局受理的质押登记申请总量大幅增加，全年共办结申请204件，与2008年的117件相比，申请量增长了74.3%。特别是国家工商总局于9月10日颁布《注册商标专用权质权登记程序规定》后至11月30日这不到三个月的时间内，就办结质押登记申请61件。多家服务业企业分别用其在餐饮、保健、推销、广告、电话、信息、计算机软件设计、办公事务、服装清洗、照片冲洗、

教育培训以及旅游等服务类上注册的商标出质，涉及担保金额高达 2.15 万亿元。

2010 年，国家工商总局共办结申请 369 件，申请量与 2009 年相比增长了 80.9%。在此基础上，服务企业申请人的范围进一步扩大，出质注册商标的服务项目也呈现增加的趋势，前几年办理登记所涉及的服务领域依然是主体，同时注册在表演、娱乐、节目制作、园艺、材料处理、估价、珠宝首饰修理、室内装饰设计、理发店、城市规划、回收、摄影、喷涂服务、商业信息、印刷等项目上的服务商标均被质权人接纳作为新的权利担保，上述服务商标涉及担保金额约 6 亿元。

截至 2011 年 7 月 31 日，国家工商总局办理的质权登记申请中，广州俏佳人文化传播有限公司和苏州市苏阿姨食品有限责任公司均采取了将其在多个服务类别上注册的商标连同商品商标一起出质的形式，目前已经出质的服务商标担保金额约 3 亿元。

3. 支持服务行业的企业依法办理商标专用权质权登记

企业可以依照相关法律法规，以及国家工商总局 2009 年 9 月 10 日发布的工商标字〔2009〕第 182 号《注册商标专用权质权登记程序规定》，以其拥有的合法有效的注册商标专用权向国家工商总局申请办理质权登记。如果质权人和出质人双方已就出质商标专用权的价值达成一致意见并提交了相关书面认可文件的，可以免于提交出质商标专用权价值评估报告，此举减轻了企业的经济负担。

按照《注册商标专用权质权登记程序规定》的规定，申请人提交的质权登记申请材料符合要求的，国家工商总局自受理之日起 5 个工作日内办理完毕该登记，并向申请人发放《商标专用权质权登记证》。在实际工作中，国家工商总局进一步缩短了登记发证时间，基本上做到了隔日登记甚至当日登记，从时间上有力的保障了服务行业的企业作为商标注册权人通过办理权利质押及时获取贷款，促进企业发展的需要。

（三）规范发展商标代理行业

积极推动《商标代理条例》立法工作，下发了《关于进一步规范商标代理市场秩序的通知》，修改并颁布了《商标代理管理办法》，加强商标市场的监管力度。探索研究商标代理信用信息管理监管方式，推进商标代理信用体系建设，促进商标代理服务业健康有序发展。“十一五”期间，每年举办全国商标代理人培训班，提高商标代理从业人员的业务水平。加强商标代理组织的备案、变更和注销工作，商标代理组织申请备案数增长迅速，截至 2011 年 8 月 25 日，已备案商标代理组织 6572 家。其中，2006 年新增 568 家、变更 947 家；2007 年新增 523 家、变更 678 家；2008 年新增 555 家、变更 805 家；2009 年新增 730 家、变更 926 家；2010 年新增 1041 家、变更 1169 家。

（四）积极推进“电子政务”，为广大企业提供更加快捷高效的服务，促进服务业发展

利用现代信息技术不断提高商标注册与管理工作效能、政务公开透明度和社会服务水平。“十一五”期间，在推进“电子政务”方面取得重大成果。

商标注册网上申请工作成效显著。2006 年 12 月 26 日，商标注册网上申请系统开始试用；2008 年 10 月，对通过网上申请的商标规费减免 20%；2009 年 1 月，发布《商标网上申请试用办法》，并向商标代理组织全面开通商标注册网上申请业务；2006—2010 年底，我国商标注册网上申请量达 102 万件，占同期商标注册申请的 25%，其中 2006 年 77 件，2007 年 17612 件，2008 年 54749 件，2009 年 380923 件，2010 年 566780 件。

自 2009 年 7 月开始，国家工商总局主动发布省、市、县三级行政区划的注册商标主要统计数据，为地方政府和各级工商部门实施商标战略起到了积极的促进作用。

“中国商标网”已经成为我国知识产权领域的重要门户网站，在对外宣传和服务社会方面发挥着日益重要的作用。“十一五”期间，“中国商标网”的点击数增长迅速：2006 年 10.43 亿次，2007 年 11 亿次，2008 年 17.5 亿次，2009 年 23.6 亿次，2010 年 24.5 亿次。

附件：“十一五”工商行政管理部门支持服务业发展政策文件

1.《外商投资广告企业管理规定》（国家工商行政管理总局 商务部令 2008 第 35 号，2008 年 8 月 22 日）

2.《外商投资合伙企业登记管理规定》（国家工商行政管理总局令 2010 年第 47 号，2010 年 1 月 29 日）

3.《网络商品交易及有关服务行为管理暂行办法》（国家工商行政管理总局令 2010 年第 49 号，2010 年 5 月 31 日）

4.《商标代理管理办法》（国家工商行政管理总局令 2010 年第 50 号，2010 年 7 月 12 日）

5.《国家工商行政管理总局办公厅关于做好直销监管工作的通知》（工商办字〔2006〕49 号，2006 年 8 月 4 日）

6.《国家工商行政管理总局关于建立商品交易市场信用分类监管制度的指导意见》（工商市字〔2007〕208 号，2007 年 9 月 27 日）

7.《国家工商行政管理总局 国家发展和改革委员会关于促进广告业发展的指导意见》（工商广字〔2008〕85 号，2008 年 4 月 23 日）

8.《国家工商行政管理总局关于进一步培育发展高素质农村经纪人促进农业发展农民增收的意见》（工商市字〔2008〕76 号，2008 年 4 月 28 日）

9.《国家工商行政管理总局关于促进服务业发展的若干意见》（工商企字〔2008〕150 号，2008 年 7 月 15 日）

10.《国家工商行政管理总局关于贯彻落实国务院搞活流通扩大消费有关措施的若干意见》（工商市字〔2009〕8 号，2009 年 1 月 13 日）

11.《国家工商行政管理总局关于进一步加强汽车摩托车下乡市场监管促进汽车摩托车下乡工作有序进行的通知》（工商明电〔2009〕12 号，2009 年 4 月 22 日）

12.《国家工商行政管理总局关于贯彻落实〈国家知识产权战略纲要〉，大力推进商标战略实施的意见》（工商标字〔2009〕108 号，2009 年 6 月 2 日）

13.《国家工商行政管理总局关于进一步规范商标代理市场秩序的通知》（工商办字〔2009〕159 号，2009 年 8 月 12 日）

14.《国家工商行政管理总局关于进一步促进个体私营经济发展的若干意见》（工商个字〔2009〕208 号，2009 年 10 月 21 日）

15.《国家工商行政管理总局 商务部 财政部 公安部 工业和信息化部 国家税务总局 国家发展和改革委员会关于进一步规范二手车市场秩序促进二手车市场健康发展的意见》（工商市字〔2009〕212 号，2009 年 10 月 22 日）

16.《国家工商行政管理总局 国家发展和改革委员会 公安部 交通运输部 铁道部 商务部关于做好制止滥用行政权力排除限制物流业竞争 规范物流市场秩序工作的通知》（工商竞争字〔2009〕226 号，2009 年 11 月 10 日）

17.《国家工商行政管理总局关于深入贯彻落实科学发展观积极促进经济发展方式加快转变的若干意见》（工商办字〔2010〕45 号，2010 年 3 月 22 日）

18.《国家工商行政管理总局 中央文明办 中央农村工作领导小组办公室 公安部 国家税务总局关于在农村广泛开展创建文明集市活动的通知》（工商市字〔2010〕56 号，2010 年 3 月 25 日）

19.《国家工商行政管理总局关于开展创建诚信市场活动的通知》（工商市字〔2010〕64 号，2010 年 4 月 1 日）

20.《国家工商行政管理总局关于充分发挥工商行政管理职能作用进一步做好服务外商投资企业发展工作的若干意见》(工商外企字〔2010〕94 号，2010 年 5 月 7 日)

(国家工商行政管理总局供稿)

第八章　机关后勤服务社会化情况

国务院《关于加快发展服务业的若干意见》(国发〔2007〕7 号) 明确指出，推进政府机关和企事业单位的后勤服务、配套服务改革，推动由内部自我服务为主向主要由社会提供服务转变。"十一五"期间，各部门继续贯彻《关于深化国务院各部门机关后勤体制改革意见》(国办发〔1998〕147 号) 精神，依托社会服务资源，开放机关后勤服务市场，创新社会化形式，深化用人用工制度改革，机关后勤服务社会化水平有了一定程度提高。

一、"十一五"发展情况

机关事务工作归口国务院机关事务管理局（以下简称"国管局"）管理的部门有 95 个，包括国务院组成部门，直属特设机构、直属机构、办事机构，部委管理的国家局、直属事业单位，高检院，高法院，部分人民团体。上述 95 个部门中，除国务院办公厅等 9 个部门外，其余 86 个部门下设 94 个机关服务中心（其中国资委 10 个），均具有事业法人资格。按单位性质划分，全额预算事业单位 15 个、差额预算事业单位 68 个、自收自支事业单位 10 个、企业 1 个。截至 2009 年年底，共有在册正式人员 8394 人。94 个机关服务中心管理 344 家后勤服务经营单位，具有独立法人资格。按单位性质划分，事业单位 153 家、企业化管理事业单位 27 家、企业 164 家。主要服务经营单位类型及数量见表 8－1。

表 8－1　部分机关后勤服务经营单位户数（截至 2006 年年底）

行业类别	宾馆招待所	幼儿园	疗养院	生产绿化基地	汽车修理厂	印刷厂
数量	70	19	20	8	9	19

上述部门中，围绕机关本级职能活动发生的服务项目主要是：餐饮服务、交通运输服务、文件印刷服务、卫生医疗服务、办公设备家具的管理及维修服务、会议服务、信息通信服务、机关办公楼（区）物业服务等。承担服务项目的主体有三类，一类是由各部门机关服务中心直接承担，一类是由其他具有独立法人资格的后勤服务经营单位承担，一类是由部门机关或机关服务中心委托（外包）给社会服务组织承担。

（一）逐步规范福利性的服务项目

按照国家关于规范公务员津补贴的文件精神，各部门对机关本级存在的服务项目进行了规范，一些明显带有福利性质的服务项目（如理发、洗浴、洗衣等）基本停办，这类需求由个人以货币购买方式通过社会满足。目前，各部门仅保留餐饮服务项目。

（二）充分利用社会服务力量满足机关需求

一方面严格控制部分服务项目的基本建设和固定资产投资，这类服务项目基本通过社会服务力量满足，机关或机关服务中心直接举办的情况大幅减少，具体情况见表8－2。另一方面，对于必须保留的项目，也不断深化机制改革，如原人口计生委、国防科工局严格控制新进固定制人员，采取劳务派遣解决机关公务用车的服务需求，国务院办公厅、中央国家机关工委引入北京华天集团为机关职工提供用餐服务，人民银行、原卫生部、国管局、信访局等单位将办公楼（区）物业服务外包给社会服务组织承担。“十一五”期间，中央国家机关后勤服务项目签约外包数量占总量的32.5%。

表8－2　机关或机关服务中心直接举办的有关服务项目的变化情况　（单位：个）

举办时间 \ 项目类别	文印室	修缮队	礼堂	电话班
“十五”末期	81	41	34	78
“十一五”期间	44	7	9	3

（三）促进集中办公区，实现后勤服务的资源共享

严格控制事业性质服务经营单位的数量，避免重复建设。同时发挥存量资源的作用，打破部门界限，促进资源共享。以朝内大街225号院为例，在该院办公的单位有中央编办、国务院新闻办、国务院发展研究中心、中国关心下一代工作委员会四个单位，所需物业及用餐服务均委托一个服务单位承担。“十一五”期间，机关后勤事业单位为其他机关提供服务的收入逐年提高（见表8－3）。

表8－3　机关后勤事业单位为其他机关提供服务的收入情况

年份	为其他机关提供服务收入（万元）
2006	16360
2007	24440
2008	24730

（四）推动机关所属接待设施、场所经营管理社会化

“十一五”期间，机关所属宾馆招待所走向社会步伐加快，逐步发展为独立的市场主体和法人主体，增强了自我造血能力。如安监总局机关服务中心，着力发展经济快捷型酒店，探索连锁经营，在北京和部分省会城市打造连锁品牌——中安之家，其经营模式被商务部列入《2006年中国经济型饭店调查报告》。机关医务室结合城镇卫生医疗体制改革，立足机关，服务社会，探索社区定点医疗机构试点。机关幼儿园近年来招收生源多数来自社会，为弥补北京地区托幼园所供给不足发挥了积极作用。

（五）调整优化服务经营单位的产业结构

一是按照转变政府职能的要求，相继撤销了一些完全面向社会的经济实体。据统计，机关后勤部门举办面向社会经济实体，从“十五”末期的97个减至“十一五”期间的60个。二是专业化、集约化水平相应提高，宾馆招待所、物业管理两个产业发展较快，并形成一定规模。三是企业及企业化管理事业单位占比呈上升趋势，从20世纪90年代中期的14%，上升至“十一五”前三年的57.03%，为下一步转企改制创造了有利条件。

（六）不断深化用人用工制度改革

“十一五”期间，机关后勤服务经营单位贯彻国家人事制度改革的总体要求，逐步推行公开招聘和岗位管理，在控制人员增量方面取得一定进展，确保原固定制人员身份只减不增（见表8－4）。新进人员向社会公开招聘，档案关系委托人才中介机构管理，编制内实有人数逐年下降，为推广劳务派遣等社会化用人方式奠定基础。

表 8－4　机关后勤事业单位编制内实有人数变化情况

年份	单位编制内实有人数
2006	8146
2007	7940
2008	7870

总体上看，“十一五”期间，中央国家机关后勤服务社会化取得了一定进展，改善了服务质量，提高了工作效率，增强了保障能力，有效弥补了社会公共事业供给不足，拓宽了机关对社会服务组织的选择度，推动了社会服务业的发展。但是也应该看到，机关后勤服务外包占比只有 32% 的现状，社会化水平同预期的目标还有一定差距，推进机关后勤服务社会化任重道远。

二、存在的主要问题

（一）统一认识、转变观念的难度大

从掌握的情况看，部分单位仍存在自办服务项目、增加基建投资、组建服务单位的倾向，对利用社会资源、引进社会力量满足机关需求积极性不高。其原因在于，一是机关后勤保障对保密有特殊要求，增加了社会服务组织的进入门槛，在处理涉密与开放关系上，部分单位缺乏科学把握的主动性；二是仍存在不计成本提供后勤服务的思想，重效率、效果，轻成本、投入，社会服务组织一般难以实现这样的保障目标；三是机关干部职工对计划体制下低工资高福利的收入分配制度有依赖，对规范津补贴后的公务员福利制度存在模糊认识，个别单位在撤消如洗浴、理发、洗衣、纯净水生产、商品部等面向个人的福利项目时，面临的阻力较大。

（二）服务业发育不均衡影响了社会化进程

实践表明，后勤服务社会化进程与服务业发育水平密切相关，服务业发育水平高，社会化进程就会加快，反之亦然。近十年，我国住房消费和汽车消费呈爆发式增长，一定程度上促进了办公楼（区）物业管理和交通运输服务的发展。2004 年以来，中央国家机关取消了外事用车的配备，之后绝大多数部门相继取消了班车。这种情况，与北京市社会服务业高速发展是密不可分的。但具体到某一服务项目上，仍然存在发育水平不均衡现象，如社区医疗卫生、幼儿教育等在近年来供不应求。北京市幼儿园紧张局面达到了极限，据统计，原宣武区托幼园所数量仅为 27 家，根本无法满足庞大的入托需求。北京市发出通知，鼓励驻京单位维持幼儿园的举办，又在一定程度上强化了机关办社会。近年来，机关所属幼儿园缺少更新改造的资金，加之运行的负担和压力较大，各部门对举办此类服务项目基本持否定态度，撤销幼儿园也就在所难免。

（三）相关配套政策有待完善和加强

“十一五”期间，促进就业是国家整体经济政策中的一个重要指标，经济发展速度与实现充分就业的关联性越来越强。从各部门机关服务中心的情况看，举办服务项目，也体现出各部门维持就业、维持稳定的意图，而人员就业问题，涉及用人用工制度、收入分配制度、社会保障制度及经费关系甚至是国有资产等多个方面，对改革政策的配套性要求较高。目前，机关服务中心仅“老人”仍有 5246 人，还未包括其他体制内正式在册人员。服务项目外包过程，往往导致一部分人要重新安置工作，其新旧岗位、新旧体制之间的有关待遇差怎么解决，目前并没有更好的办法，单位维稳压力大。以机关服务中心为主的后勤服务经营单位，不仅是满足机关服务需求的供给主体，也是机关安置分流人员的维稳载体。平衡好改革、发展、稳定等多重目标，其长期性和复杂性需要进行全面系统的考虑。

(四) 改革成本补偿机制亟待健全

机关服务中心的“老人”，多为当年使用行政附属编制人员，还有部分为机关分流人员。《关于中央国家机关后勤体制改革的意见》（国机中编〔1989〕7号）曾明确，对于转为行政附属编制的人员，退休、医疗、住房、工资待遇不变。1993年后勤机构改革，机关服务中心执行事业单位收入分配制度，与公务员相比，薪酬优势明显，激励机制灵活，弥补了人员在身份转换过程中的心理落差。随着国库集中支付、收支两条线、规范非税收入等财政体制改革的全面实施和国有资产管理的加强，机关服务中心的收入空间被大大压缩，改革成本补偿成为亟待解决的问题。特别是公务员规范津补贴后，机关服务中心作为事业单位的薪酬优势不再，上述人员出现了强烈的心理波动，机关服务中心留住人才的能力下降。中心与机关在服务费用结算问题上的不一致，以及对税收负担过重的忧虑，实际反映了1993年机构改革中，分流人员的后续成本由谁来承担的问题。十多年来，财政按机关服务中心人员编制拨付的人员经费偏低（年人均9800元），并且多年未作调整，成本补偿在机关购买服务中发挥的作用微乎其微，机关服务中心实际承担了繁重的成本补偿任务。

(五) 新型社会保障制度实施的阻力较大

随着国家社会保障制度改革的全面推进，社会保障的覆盖范围也从企业扩展到除机关以外的各类单位，在结构上形成了五险一金的保障格局。就机关服务中心及其所属服务经营单位来看，按照北京市有关政策，除15家全额事业性质和68家差额事业性质的机关服务中心暂不能参加基本养老保险外，其他单位均应加入五险一金系统，68家差额事业性质的机关服务中心还应参加基本医疗保险。但由于机关后勤服务经营单位人员身份复杂，实际参保情况并不乐观，主要体现为两个偏低：一是重大险种养老、医疗保险参保率低；二是在册正式人员参保率低。从长远看，以单位为主体的离退休金制度和医药费报销制度，抗风险能力要低于社会化保障体系，一旦单位经营恶化，两种制度将难以为继。长期游离于社会保障体系外，不仅会积累数额巨大的补缴费用，还会使本来可以在成本中列支的费用转化为超额税收支出，这种状况，对机关服务中心和其他后勤服务经营单位的发展，都埋下了很大隐患。但从眼前看，五险一金的费用比例大约占到后勤服务经营单位产值的45%，单位负担重，参保积极性不高。同时社会保障的替代率低，基本养老保险的替代率约为50%，个人也有抵触。二者叠加，阻碍了社会保障制度改革的顺利实施。

(六) 服务业的有关政策尚需落到实处

用能价格的差异，加重了宾馆招待所等行业的负担。以北京地区高峰期1～10kV这一电压等级为例，享受大工业优待电价是0.7255元，而商业用电价是1.1395元（北京市发改委网站）。仅电价一项，就使宾馆招待所等服务行业运行成本高居不下。《国务院关于加快发展服务业的若干意见》中明确，对列入国家鼓励类的服务业逐步实现与工业用电、用水、用气、用热基本同价；《国务院办公厅关于加快发展服务业若干政策措施的实施意见》再次提出，除国家另有规定外，各地区要结合销售电价调整，于2008年年底前基本实现商业用电价与一般工业用电价格并轨，对列入国家鼓励类的服务业用水价格基本实现与工业用水价格同价。如何把这些政策落到实处，还需主管部门与电力企业、地方政府进行协调。

三、“十二五”政策思路

加快推进政府机关后勤服务社会化，必须以机关有效履行职能为中心，加强宏观管理，健全制度标准，进一步开放市场，消除社会服务组织进入的体制机制和政策障碍，充分利用社会服务力量增强保障能力，建设节约型机关，抑制重复建设。①适应新形势下机关后勤服务的需求变化，逐步规范机关举办或引进后勤服务项目。按照满足机关正常运转基本需求的原则，明确机关后勤服务的基本范围、服务项目和标准，并根据经济社会发展水平和机关自身运转需要，对基本范围内的服务项目和标准予以适时调整。②发挥市场配置资源的基础性作用，继续推进机关后勤服务项目举办机制改革。通过价格杠杆，引导各类主体参与提供后勤服务。对机关餐饮服务、办公楼区物业服务、会议服务等不影响机关安全保密的项目，要促进机关或机关服务中心有计划地从举办主体中退出，鼓励采取劳务派遣、签约外包、委托管理等多种方式满足机关需求。对于一些暂时无法取消的服务项目，要进一步提高各部门服务资源共享的水平，打破部门分割，实现跨部门、跨单位服务保障供给，破除“一家一户办后勤”的局面。③着眼于消化“老人”，控制“新人”，尽快实现社会保障制度并轨。切实解决好用人用工问题，通过用人方式的社会化促进服务项目的社会化。建议机关服务中心仍维持现有事业体制，并采取自然减员的方式推进改革。④完善和创新财政保障机制，积极探索政府购买服务的方式方法。根据事业单位分类改革精神，将改变以往主要按人员编制核定经费的传统做法，从“养人”向“办事”转变。考虑到机关后勤体制改革的历史情况，完成消化改革成本的任务仍需一定时间，从财政政策上，对机关后勤服务社会化改革继续给予必要的支持。除税收优惠、国有资产占有使用方面的政策外，重点要在“以事定费”等财政经费供给方式的改革过程中，探索政策支持与购买服务相结合的方式方法。⑤坚持科学分类，强化行业指导，从体制机制上为培育合格的市场主体创造条件。建议按照事业单位分类改革的要求，对明确界定为生产经营性的其他后勤事业单位，实施转企改制。在经营方向上，加强规划引导，促进主营业务更清晰、更明确，提高整体行业集中度；在开放市场上，着力营造公平竞争的市场环境，规范引进服务、购买服务的行为；在产权关系上，建立健全机关服务中心与所属服务经营单位的资产纽带关系，通过机关服务中心，管住机关国有资产，理顺服务经营单位国有资产占有使用和产权收益分配关系；在配套政策上，要按照国务院办公厅印发的《贯彻落实国务院关于加快发展旅游业意见重点工作分工方案》的要求，落实宾馆饭店与一般工业同等的用水、用电、用气价格政策，并适当降低对宾馆饭店的收费标准。

（国务院国有资产监督管理委员会供稿）

第九章　提升服务业标准化水平情况

改革开放以来，随着我国服务业快速发展和总体规模不断扩大，服务业标准化的重要作用越来越突出，工作领域不断拓展，作用越来越显著。尤其是在“十一五”期间，服务业标准化已经成为支撑服务业又好又快发展的重要力量。从企业的角度来看，服务业标准化是规范服务行为、提高企业生产和管理效率、塑造企业核心竞争力的重要手段；从行业的角度来看，服务业标准化是优化服务业内部结构、转变经济增长方式、促进服务业可持续发展的重要途径；从整个社会的角度来看，服务业标准化是建立诚信服务、构建和谐社会的重要措施；从国际经济一体化的角度来看，服务业标准化是应对非关税贸易壁垒、参与国际经济竞争、促进我国服务贸易正常发展的重要保证。

为充分发挥标准化对于服务业发展的重要技术支撑作用，“十一五”时期，针对服务业标准体系尚未建立、服务业标准化工作覆盖面较窄、新兴服务业与知识密集型服务业标准缺失、服务业标准总体质量偏低、服务业标准实施效果欠佳等现实问题，国家加大了服务业标准化工作力度，出台了一系列政策措施，全面推动了服务业标准化工作的开展，有效支撑了服务业的又好又快发展，为“十二五”时期深入开展服务业标准化工作奠定了坚实的基础。

一、“十一五”发展情况

标准化工作已成为各行业、各部门工作的重要组成部分。国家质检总局、国家标准委、服务行业主管部门以及地方相关部门在“十一五”时期开展了大量的工作，取得了显著成绩。

(一) 全面推进服务业标准化工作，有力地支撑了服务业的快速发展

“十一五”时期，国家各有关部门从服务经济社会发展的大局出发，深入贯彻落实《中华人民共和国国民经济和社会发展第十一个五年规划纲要》《国务院关于加快发展服务业的若干意见》(国发〔2007〕7号)和《国务院办公厅关于加快发展服务业若干政策措施的实施意见》(国办发〔2008〕11号)等文件中提出的加强服务业标准化工作的要求，共同创造服务业标准化发展的良好环境，各项工作取得了显著成效。

1. 出台服务业标准化有关发展规划，确定了标准化工作的目标与任务

(1) 完成并发布了服务业标准化发展规划。

2005年，国家标准委联合国家发展改革委、商务部等17个部委完成并发布了《全国服务标准2005年—2008年发展规划》。这是我国首部服务业标准发展规划。该规划提出了2005年至2008年服务业标准化发展的方针和目标，确立了我国的服务业标准体系基本框架，明确了制修订服务业标准281项的任务。2009年，国家标准委联合国家发展改革委、交通运输部、商务部等24个部委印发了《全国服务业标准2009年—2013年发展规划》，明确了从“十一五”末期到“十二五”初期五年内服务业标准化工作的基本思路、指导思想和目标任务；突出了与各产业关联较为紧密的生产性服务业、知识密集型的高端服务业、与社会事务相关的公共服务业、与大众消费密切相关的新兴服务业；提出了解决标准缺失和水平不高问题以及健全并完善重点突出、结构合理、层次分明、科学适用、基本满足服务业发展需要的服务业标准体系的具体措施。两部规划的出台对于“十一五”时期服务业标准化工作的开展发挥了重要的指导作用。

(2) 编制并实施了物流标准规划。

2005年，国家标准委、国家发展改革委、商务部、原铁道部、交通部、民航总局、国家质检总局、国家统计局8部委联合发布了《全国物流标准2005年—2010年发展规划》。该规划确立了物流标准体系，明确提出了“十五”末期和“十一五”时期我国物流业发展急需制修订的302项标准。此外，为贯彻落实国务院《物流业调整和振兴规划》中“完善物流标准化体系，开展物流标准化试点工作并逐步推广，国家标准委会同有关部门制定物流标准专项规划”的要求，国家标准委会同国家发展改革委、科技部、工业和信息化部、交通运输部等10部委，组织全国物流标委会、全国服务标委会等4个专业标准化技术委员会完成了《物流标准专项规划》的编制，提出了近3年急需制定的13个物流重点领域、137项标准项目。该专项规划结合新的发展形势，对《全国物流标准2005年—2010年发展规划》进行了补充和完善。这两部规划的实施，有效地带动了物流业的全面发展。

(3) 编制并实施了有关行业标准化发展规划。

“十一五”时期，在上述规划的基础上，有关行业发布了标准化发展规划，并以此为依据全面指导行业标准化工作的开展。例如在民政领域发布了《全国民政标准2006—2010年发展规划》，确定了民间组织、优置安抚、减灾救灾、社会救助等14个重点领域；在文化领域发布了《文化标准化中长期发展规划(2007—2020)》，指出文化领域标准化重点工作在于组织制定基础标准和急需标准；在商务领域出台了《流通标准“十一五”规划》，确定了重点制修订批发与零售、商贸服务等六大领域的标准；在中医领域发布了《中医药标准化发展规划(2006—2010年)》，重点构建中医药标准体系，着力推进中医药标准化推行保障体系建设；在邮政领域发布了《邮政业标准化2008年—2010年发展规划》，明确了3年内制定的国家标准和行业标准。这些规划的制定和有效实施推动各行业的标准化工作迈上了一个新台阶。

2. 完成一批重要标准的制修订，进一步完善服务业标准体系

（1）发布了一批服务业国家标准。

“十一五”时期，发布了面向生产和民生服务业的国家标准480余项，依法备案了一批重要服务业领域行业标准和地方标准。此外，还下达了涉及物流、金融、商贸、新闻出版、防震减灾、信息服务、交通运输服务、卫生、教育、民政、文化、文物、人力资源、劳动保护等领域的国家标准计划600多项。这些标准的制修订，为加快服务业发展，提高服务质量提供了技术支撑；为解决服务业标准短缺和滞后问题，构建了重点突出、结构合理、适应市场需求的标准体系，为提高我国服务业标准整体水平奠定了基础。

围绕服务业基础标准制修订完成了30余项国家标准，涉及服务标准制定、消费品使用说明、质量管理和服务业组织等方面。其中，《服务标准制定导则》国家标准是我国首个指导服务标准制定的标准，为提高服务标准编写质量提供了具有可操作性的指导。《服务业组织标准化工作指南》等4项系列国家标准，在深入进行理论探讨和实践总结的基础上，对服务业组织开展标准化工作的全过程提出了全面、系统、科学的要求，为我国服务行业、特别是服务业组织的标准化工作提供统一的指导。《消费品使用说明》系列国家标准，既对消费品使用说明书的编写提出了总体要求，又分别针对体育器材、家电等领域提出了更为具体要求，有效地保护消费者的合法权益。这些基础标准的发布实施为服务业标准化工作在全国范围内的顺利推进奠定了坚实基础。

围绕生产性服务业标准制修订，完成了140余项国家标准，涉及物流、金融、邮政、检验检测、地震、气象、地理信息、商务服务等诸多方面。其中，《第三方物流服务质量要求》国家标准，从方案设计、信息服务、作业流程、风险与应急以及服务质量指标设置等方面给出具体要求，为推动物流中心的发展、物流服务的一体化、提高物流服务水平发挥了促进作用。《中国地震动参数区划图》国家标准在汶川、玉树地震爆发后及时进行了修订，为指导汶川及玉树的灾后重建工作发挥了巨大的技术支撑作用。《导航电子地图安全处理技术基本要求》强制性国家标准，规定了公开出版、销售、传播、展示和使用的导航电子地图在数据采集、制作和表达过程中，空间位置技术处理等方面的要求，有效解决了生产、销售公开导航电子地图的关键安全技术问题，突破了产业发展的“瓶颈”问题，促进了导航电子地图产业迅速发展。这些生产性服务业国家标准的发布实施推动了生产性服务业的发展，促进了服务业与工业、农业的深度融合。

围绕民生性服务业标准制修订，完成了310余项国家标准，涉及旅游、教育、体育、文化、商贸、卫生等领域。其中，《自然灾害灾情统计 第1部分：基本指标》国家标准从定义、名称、单位和计算方法的角度对人口类、农作物类、房屋类、基础设施类、直接经济损失等28个基本指标给出规定，该标准已成为全国自然灾害灾情统计分类的基本依据，提高了灾情统计的确定性，提高了灾情管理水平。《大型焰火燃放安全技术规范》强制性国家标准给出了大型焰火燃放的等级划分、技术要求、安全管理等方面的规定，该标准的实施规范了大型焰火燃放行为，极大地推动了烟花爆竹产业的健康发展，并有效减少了因焰火和烟花爆竹燃放而导致的安全事故，保护了广大人民群众的安全。《残疾人残疾分类和分级》国家标准是残疾人领域关于残疾种类和等级划分的首个国家标准，该标准的实施优化了残疾人工作的管理，提高了残疾人福利的时效性和科学性，对于促进经济社会发展和残疾人事业发展发挥了重要作用。这些民生性服务业国家标准的制定进一步满足了人民群众对提高生活水平的期待，并为国家保障和改善民生提供了有力的技术支撑。

（2）制定了一批服务业行业标准。

服务行业主管部门结合工作实际，有针对性地制定了行业标准，作为相关领域国家标准的补充。例如国家邮政局组织制定了《邮政普遍服务》和《快递服务》两大行业标准；民政部门完成了28项行业标准，同时启动了20项行业标准的制定工作，主要涉及防灾减灾、殡葬服务等民政重点业务领域；商务部制定内贸行业标准200余项；人力资源和社会保障部颁布行业标准100余项，涉及劳动定员定额、职业培训及工伤保险等领域；地震行业主要以地震行业观测技术领域为中心，围绕保证地震观测质量，保证地震观测数据的准确可靠，开展了基础标准、地震台站（网）建设、地震观测仪器、计量检定、观测数据共享等方面行业标准的制修订；公安部门制定了大量的行业标准，主要集中在消防安全、刑事技术、特种警用装备以及计算机与信息处理等方面。这些行业标准的制定对推动相关服务行业规范化发展发挥了重要作用。

3. 部署服务业标准化试点，强化标准实施

（1）制定了有关文件。

为推动服务业标准化试点工作有序开展，国家标准委、国家发展改革委、民政部、商务部、国家体育总局、国家旅游局制定并联合印发了《关于推进服务业标准化试点工作的意见》（国标委农联〔2007〕7号）、《服务业标准化试点实施细则》（国标委服务函〔2009〕47号）等文件，为在全国范围内推进服务业标准化试点工作，强化服务业标准化试点工作的管理提供了依据。

（2）建立了试点推动机制。

为确保试点工作持续有效推进，在充分研究的基础上，建立了试点推动机制，即按照“政府推动、部门联合、企业为主、有序实施”的模式，由国家标准委和国家发展改革委统一领导，国务院有关服务行业主管部门进行业务指导，地方质量技术监督局组织有关部门负责具体实施。这一推动机制的实施，为“十一五”时期试点工作有效推进提供了有力的机制保障，也为“十二五”时期试点工作的全面开展奠定了良好的基础。

（3）部署了一批试点项目。

按照《国务院办公厅关于加快发展服务业若干政策措施的实施意见》（国办发〔2008〕11号）有关推进服务业标准化试点工作的要求，下达了170个国家级服务业标准化试点建设项目，涉及物流服务、运输服务、社区服务、餐饮服务、旅游服务、通信服务、公共服务、家政服务、金融服务、酒店服务、科技服务、商贸服务等领域，进一步促进了服务业标准的实施。通过试点工作的开展促进了试点单位的标准化管理，提高了管理效能，提升了服务水平，发挥了对同行业的辐射带动作用，有力推动了地方经济的发展。

4. 组建一批技术委员会，支撑服务业标准化工作全面开展

围绕与产业发展和百姓生活密切相关的服务业重点领域，加强了标准化技术委员会的建设，为推动服务业标准化工作深入开展提供了机构支撑。“十一五”时期，共成立了61个全国专业标准化技术委员会及分技术委员会，其中标准化技术委员会45个，标准化分技术委员会16个。这些全国专业标准化技术委员会和分技术委员会的组建对于加大服务业具体领域标准制修订力度，推动标准有效实施，进而支撑服务业标准化工作全面开展发挥了重要的作用。

在生产性服务业领域，共成立了28个专业标准化技术委员会及分技术委员会，占新成立总数的46%，涉及科技平台、物流业、会展业、邮政业、风险管理、气象服务、项目管理、设备监理、航空运输、出版物发行等诸多方面。在民生性服务业领域，共成立了33个专业标准化技术委员会及分技术委员会，占新成立总数的54%，涉及社会保险、教育、休闲、保健、中医药、殡葬、文化、体育、社会福利、生殖健康等方面。同时，正在筹建中的全国专业标准化技术委员会及分技术委员会共31个，涉及印刷、老年服务、商品流通、社会工作、民族医药、公路运输、城市公共服务设施等方面。

5. 开展服务业标准化科研，提高标准化工作科学性和有效性

“十一五”期间，标准化科研工作力度不断加大，服务业标准化公益性科研工作取得很大突破。共有37个项目获得了财政部公益性行业科研专项支持，涉及服务业分类、公共服务、文化创意、大型会展、冷链物流、数字出版、数字测绘、软件外包、旅游休闲、行政管理、劳动保护等服务业领域。其中已完成的科研项目取得了良好成果。例如《公共服务重要基础标准研究》项目，深入分析了国内外公共服务标准化现状，系统研究了公共服务标准体系、实施体系和运行机制，首次形成了完整的公共服务标准化理论体系，同时，还完成了《公共服务组织评价规范》、《公共服务人员评价规范》等国家标准。该项目的开展为解决当前公共服务供给能力不足、公众满意度低等问题提供了标准化解决方案。

此外，在其他服务领域开展了一批标准化科研工作。例如在地震领域开展了涵盖监测预报、震害防御和应急救援三大领域的重要标准的前期研究，为地震标准制定和地震标准化工作的可持续发展奠定了良好基础；在气象领域承担了雷电防护标准体系关键技术研究，为新一代天气雷达等重要气象技术装备安全运行提供保障；在银行业开展了电子商务金融领域标准前期研究，形成了电子支付系列标准制定方案、保险业电子商务平台管理框架体系；在文化领域重点进行了文化馆、剧场标准化体系研究；在新闻出版领域开展了数字出版、手机出版和信息化建设标准前期研究，以适应出版行业新的发展需求；在文化遗产保护方面重点工作开展标准的前期研究，将标准制修订作为重要的研究内容和考核指标。

标准化科研工作的深入开展为加快标准制修订步伐，增强标准的科学性、合理性、适用性起到了至关重要的作用，同时，也加大了标准化科研人才培养工作，努力营造有利于标准化科研人才成长的良好环境，积极组织标准化技术机构承担标准化科研项目，从而不断提高服务业标准化科研工作的科学性和有效性。

6. 组织并参与国际标准化活动，加快服务业标准化工作与国际接轨

（1）跟踪研究服务业领域国际标准。

“十一五”时期，我国积极跟踪研究服务业领域国际标准。例如为应对社会责任国际标准，成立了由国家标准委、外交部等22个部门参加的协调小组，组织各领域专家对该标准进行了全面的分析和研究，提出了投票意见、文本修改以及应对措施并报请国务院批准。同时与部分重点国家、国际组织、社会责任工作组主席、秘书处以及重要专家进行反复沟通，使得该标准中涉及我国重大利益的关键技术内容得到实质性修改。同时，还积极跟踪研究金融服务、风险管理、心理评估、服务外包等领域的国际标准，为及时将相关国际标准转化为国家标准奠定基础。

（2）承担国际服务业标准化技术机构重要工作。

“十一五”时期，我国开始承担国际服务业标准化技术机构的重要工作。一方面积极承担国际秘书处工作，例如在中医药领域，经过不懈努力，推进ISO/TC249中医药标准化技术委员会将秘书处设在我国，这是我国首次独立承担国际服务业标准化技术委员会的秘书处；在质量管理领域，与加拿大标准化协会一起承担ISO/TC176质量管理与质量保证标准化技术委员会的联合秘书处工作。另一方面，积极争取担任国际标准化工作重要职务，例如在ISO/TC176质量管理与质量保证以及ISO/TC245二手货国际贸易等技术委员会中，我国专家出任了副主席职务。秘书处工作的承担以及主席等重要职务的担任为增强我国在ISO中的地位，提升我国国际服务业标准化工作水平发挥了重要的作用。

（3）主导制定国际服务业标准。

“十一五”时期，我国已经实现了由跟踪参与到实质性制定国际服务业标准的转变。2010年1月，我国提出的“非正式教育及培训服务——语言培训服务提供者基本要求”国际标准提案于在ISO/TC223非正式教育与培训服务标准化技术委员会年会上获得全票通过，实现了我国主导服务领域国际标准零的突破。同时，在新闻出版领域，我国正在制定“印后”国际标准；在公共安全领域，我国提出的《组织机构应急能力评估》国际标准提案已通过ISO/TC 223公共安全标准化技术委员会的专家投票。主导制定国际服务业标准对于保护我国利益，提升服务业标准化工作整体具有非常重要的意义。

7. 完善保障措施，全面支撑服务业标准化工作开展

（1）建立了标准化工作机制。

一是建立由各部门、相关行业参加的联席会议制度，定期组织召开服务业标准化联席会议，进一步发挥部门、行业在指导和管理方面的作用，共同商议研究重大问题，听取和吸纳各方的建议，广泛调动积极性，形成合力，共同推进服务业标准化工作。二是建立了国家与地方标准化机构的联动机制，加强与地方标准化主管机构的联系，发挥地方标准化主管机构在促进服务业标准实施方面的作用和优势，重点研究和探讨推进企业实施服务业标准的措施和手段，提出指导企业建立服务业标准体系的建议，解决试点建设中出现的问题。

(2) 成立了标准化管理机构和科研机构。

为加强和推动全国服务业标准化工作，2008 年 1 月 1 日，国务院标准化行政主管部门专门设立服务业标准部，统一管理全国服务业标准化工作。有关行业也成立了标准化管理机构，例如国家邮政局、国家测绘地理信息局成立了标准化处，全面推动服务行业标准化工作。此外，成立了一批服务业标准化研究机构，例如成立了中国标准化研究院现代服务标准化研究中心，面向服务业标准化基础理论、生产性服务业、民生性服务业和公共服务开展标准化研究；在文化和气象领域，也成立专门的标准化研究机构，提升科研对服务行业标准化工作支持力度。

(3) 加强了人才队伍建设。

"十一五"时期，加大了服务业标准化人才队伍建设力度，采用多种渠道全方位地培养标准化人才。一是加强标准化技术委员会的建设。以国家标准体系（服务业）建设工程为基础，提出了《服务业标准化技术委员会发展规划》和建设方案，并及时组建各领域的标准化技术委员会和标准化专家队伍。二是举办多期标准化培训班，提升标准化工作组专业水平。针对服务行业标准化工作基础薄弱，标准化从业人员的基本理论知识缺乏、标准化工作经验不足等问题，重点开展了面向行业部门和地方标准化管理人员，专业标准化技术委员会委员及秘书处工作人员，企业标准化管理人员的培训，举办了多期服务业标准化培训班。截至"十一五"末，共培养了服务业标准化人才上万人，为服务业标准化在"十二五"时期的深入开展做好了人才储备。

(4) 加大了经费支持力度。

"十一五"期间，国家标准化行政主管部门、人力资源和社会保障部、国家邮政局、国家旅游局、国家地震局、国家测绘地理信息局等有关部门加大了经费投入力度，主要用于国家标准和行业标准的制修订，标准化科研以及标准宣贯实施等方面，为确保标准化工作的有效性和持续性提供了有力的经费保障。

(5) 出台了相关政策措施。

为贯彻落实国务院《关于加快发展旅游业的意见》（国发〔2009〕41 号），推动旅游业规范发展和产业升级，国家标准委与国家旅游局就推动旅游标准化工作签署了合作协议。这一协议的签署强化了部门之间的合作。国家测绘地理信息局联合国家标准委制定并印发了《地理信息标准化工作管理规定》，进一步加强了地理信息标准化工作的统一管理与协调，为国家测绘与地理信息产业健康、可持续发展提供了技术支撑。

另外，人力资源和社会保障部印发了《人力资源和社会保障部标准化工作管理办法》；中国气象局制定了《气象标准化管理办法》和《气象标准化工作流程》，下发了《中国气象局关于加强气象标准化工作的意见》；新闻出版总署颁布了《新闻出版行业标准化管理办法》，建立了新闻出版标准化联席工作会议制度；国家邮政局制定了《邮政行业标准管理办法》，进一步明确了邮政各级行政主管部门及各类市场主体在标准化工作中的定位和职责，保障邮政行业标准化工作有序开展、长远发展。

（二）地方创新服务业标准化工作机制，形成各具特色地服务业标准化工作新格局

近年来，各地围绕地方政府中心工作，以提高服务质量，促进服务业规范、健康发展为目标，结合地域特色和优势，积极开拓工作思路，创新工作方法，大胆探索，在服务业标准化工作方面成效显著，主要体现在以下几个方面。

1. 出台一系列文件，指导服务业标准化工作有效开展

"十一五"期间，随着服务业对于地方经济拉动作用的不断增强，地方政府高度重视服务业标准化工作，上海市、天津市、山东省、江苏省、安徽省、广东省、湖南省、河北省、海南省、青海省、河北省、黑龙江省、河南省、福建省、四川省、西藏自治区等省、直辖市和自治区出台了具有地区特

色的服务业标准化发展规划或专项规划、指导意见等一系列指导性文件。例如上海市出台了《上海市服务标准化行动计划2007—2010年)》，西藏自治区发展改革委、质监局等七部门发布了《关于推进服务业标准化工作意见》，山东省发布了《关于贯彻落实〈关于推进服务标准化试点工作的意见〉的实施意见》。这些文件的出台明确了当地服务业标准化工作的发展方向，对于建立地方服务业准体系，加快服务业标准制修订工作，促进地方经济发展发挥了重要作用。

2. 结合地方特色，制定了一批服务业地方标准

“十一五”时期，各地在认真贯彻实施国家标准、行业标准的同时，紧密围绕地方政府中心工作，选择地方重点领域开展地方标准制修订工作，取得了显著成效。据统计，截至“十一五”末，共制修订服务业地方标准千余项，其中北京市共制定服务业地方标准300多项，山东省共制定服务业地方标准近198项，浙江省共制定服务业地方标准110余项，江苏省共制定服务业地方标准96项。面向生产性服务业，北京市围绕科技服务发布实施了《北京技术转移行业服务规范》、《技术中介合同文本》等一系列地方标准；上海市出台了一系列的物流地方标准和会展地方标准；辽宁省围绕软件服务和信息服务，出台了一系列的地方标准。面向民生服务业，江苏省为进一步促进和谐社区建设，发布了社区建设及评价地方标准；广西壮族自治区为切实提高旅游服务质量，围绕旅行社服务、旅游饭店服务乡村旅游区（点）、旅游车船服务、汽车旅游营地等方面出台了大量的标准。这些地方标准的制定提高了老百姓的生活水平，为地方服务业的快速健康发展营造了良好的环境。

3. 建立标准化相关机构，搭建了服务业标准化工作平台

“十一五”期间，各地标准化行政主管部门均指定专人负责服务业标准化工作以加强地方服务业标准化工作的管理力度。各地还依托标准化研究院和标准化协会，开展服务业标准化研究工作，例如广东省标准化研究院、上海市标准化研究院、浙江省标准化研究院、安徽省标准化研究院均对内设机构进行调整，成立了服务业标准化研究中心，以更好地支撑地方服务业发展。同时为加大服务业地方标准制修订力度，许多省份成立了地方服务业标准化技术委员会，为地方服务业标准化工作搭建组织平台，例如山东省成立了省服务标准化技术委员会以及信息化、物流、拍卖、鲁菜等分技术委员会，委员人数达260人，覆盖20多个服务行业；浙江省组建了物流信息、会展业、信息安全等6个服务业标准化技术委员会；福建省成立了福建省服务业标准化技术委员会以及全国首个省级劳动定员定额标准化技术委员会。

4. 加大标准宣贯实施力度，促进服务业标准实施

实施是标准化中一个重要的环节，关系到标准化工作的实效，地方通过多种方式强化了标准的实施宣贯。①借助国家和地方服务业标准化试点工作，有效推进服务业标准实施。通过在服务提供的全过程制定标准，实施标准，搭建服务业基础、保障和提供标准体系，推动试点企业运用标准化的原理和方法强化了内部管理，改善了服务质量，提高了经济社会效益。②各地采取培训班、论坛、媒体报道等多种形式，有针对性地开展标准化宣传与培训。例如举办培训班，面向服务业标准化管理人员，围绕标准化法律法规、服务业标准化基础知识等方面进行了系统的培训；面向服务型企业，重点帮助其理解标准内涵，提高实施标准的自觉性和有效性；面向社会大众，采取浅显易懂的方式，提高其对标准的认识。此外，江苏、辽宁、云南、四川、安徽和青海等地通过开展“送标准进社区、进企业、进景区、进校园、下农村”等活动，提高了社会各界的标准化意识。③狠抓监督，确保标准落到实处。例如甘肃省在其所辖天水市、嘉峪关市、兰州市等创建中国优秀旅游城市时，全面清查了旅游业国家标准、行业标准和地方标准的实施情况，并对不符合标准的事项提出了整改要求。通过强化标准宣贯实施，标准化对于服务业的支撑作用不断增强。

5. 探索服务业标准化工作新机制，有效推动工作开展

科学的工作机制是标准化工作深入开展和可持续发展的必要前提。针对服务业标准化工作基础薄弱、覆盖范围广、涉及部门和行业众多等特点，“十一五”期间，各地区围绕地方政府中心工作，以

"提高服务质量、促进服务业规范、健康发展"为目标，结合地域特色和优势，积极开拓工作思路，努力创新工作方法，不断完善工作机制，"顶层设计、部门协作、产学研联动、多方参与"的地方服务业标准化工作新格局正在逐步形成。其中，上海市、四川省、广东省等省市建立了地方服务业标准化工作联席会议制度，定期对服务业标准化的重要工作进行研究。江苏省创造性地提出并实施服务业标准化"2 + X"工作模式，即省质监部门会同省发展改革委牵头，联合教育、科技、民政、交通、农林、文化、体育、旅游等多个部门和单位，共同推进当地服务业标准化工作。陕西省成立了由常务副省长任组长、20 多个厅局参加的"陕西省服务业工作领导小组"，建立了"监管部门 + 行业主管部门 + 行业相关部门 + 服务单位"的服务标准化工作模式，累计动员 200 多家服务企业主动参与了各项标准化活动。这些新机制的建立，对于推动地方服务业标准化工作的开展发挥了重要作用，也为其他省市开展相关工作提供了有益的经验借鉴。

二、存在的主要问题

"十一五"期间，我国服务业标准化工作取得了显著成效，但与服务业迅猛发展的趋势以及发达国家的现状相比，我国服务业标准化工作仍然存在一些问题，突出体现在以下几个方面。

（1）标准覆盖面需要进一步拓展。随着服务业迅速发展，新兴业态不断涌现，需要加大相关领域服务业标准制修订力度，进一步拓宽服务业标准的覆盖面，以逐步解决重点领域标准缺失问题，从而不断增强标准化对服务行业发展的支撑力度。

（2）标准质量需要进一步提高。服务标准化属于新兴的标准化领域，关于相关服务标准化基础理论尚在探索之中，需要进一步提升服务标准质量，将先进技术内涵和管理理念引入到服务标准当中，从而切实解决人们日益增长的服务质量需求与服务标准支撑力度不够之间的矛盾。

（3）技术组织需要进一步完善。针对当前我国服务业标准化技术委员会尚未形成体系，导致部分领域技术委员会缺失的现实情况，结合服务业快速发展对技术委员会提出的新需求，需要及时组建相关领域技术委员会，加大对现有技术委员会的管理力度，以进一步完善技术委员会体系，不断提升技术委员会的工作水平。

三、"十二五"政策思路

"十二五"时期，力争通过 5 年的努力，重点解决标准缺失和水平不高的问题，初步建立重点突出、结构合理、科学适用的标准体系，基本满足服务业发展的需要，具体采取以下措施：①继续完善服务业标准体系。以国家标准化体系（服务业）建设工程形成的服务业标准体系总体框架为基础，继续研究补充服务业各领域、各行业的标准体系，特别是要完善第四层以下的体系框架内容，力争形成结构合理、层次清晰、科学实用、指导性强的标准体系框架，为服务业标准的制修订提供指导。②加大重点领域标准制定力度。今后五年，服务业标准制修订重点为：一是生产性服务业领域，安排金融服务（包括证券、保险）、物流、高技术服务（包括研发设计、检验检测等）、商务服务（包括法律服务、人力资源服务、广告、会展等）等方面标准的制修订；二是民生性服务业领域，着重安排商贸服务、家庭服务、文化创意、体育健身、基本社会服务、劳动保护、旅游等方面标准的制修订；三是公共服务领域，着重安排公共教育、就业服务、社会保障、公共医疗、公共文化、公共安全、残疾人服务等方面标准的制修订。③大力推动标准宣贯实施。针对部门和行业标准化管理人员、标准化技术委员会有关人员开展服务业标准化法律法规、标准化基本知识等方面的系统培训；有针对性地抓好标准的宣贯工作，对服务型企业，重点要帮助其准确理解标准内涵，提高实施标准的自觉性和有效性；对社会大众，重点要采取浅显易懂的方式，提高标准的认知度和普及率。④大力推进国家级服务业标准化试点工作。以加大推进国家级服务业标准化试点为抓手，促进标准的实施。"十二五"期间，将重点安排社会管理和公共服务等国家级综合标准化试点以及重点行业的专项试点。⑤积极开展重点标准及标准化工作的研究。⑥继续加强工作队伍建设。⑦实质性参与国际标准化活动。⑧继续完善工作机制。

附件："十一五"服务业标准化政策文件

1.《民政部 国家标准化管理委员会关于印发〈全国民政标准 2006—2010 年发展规划〉的通知》（民发〔2006〕137 号，2006 年 9 月 11 日）

2.《中国保险监督管理委员会关于印发〈中国保险业标准化五年规划（2007—2011）〉的通知》（保监发〔2007〕6 号，2007 年 1 月 17 日）

3.《国家标准化管理委员会 国家发展和改革委员会 民政部 商务部 国家体局总局 国家旅游局关于推进服务标准化试点工作的意见》（国标委农联〔2007〕7 号，2007 年 1 月 19 日）

4.《商务部关于印发〈流通标准"十一五"发展规划〉的通知》（商建发〔2007〕57 号，2007 年 2 月 25 日）

5.《文化部关于印发〈文化标准化中长期发展规划（2007—2020）〉的通知》（文教科发〔2007〕28 号，2007 年 7 月 13 日）

6.《国家测绘局办公室关于印发〈测绘标准化工作管理办法〉的通知》（国测国字〔2008〕6 号，2008 年 3 月 10 日）

7.《邮政业标准化 2008 年—2010 年发展规划》（国邮发〔2008〕98 号，2008 年 5 月 21 日）

8.《国家标准化管理委员会 国家发展和改革委员会 教育部 公安部 民政部 司法部 人力资源和社会保障部 交通运输部 商务部 文化部 中国人民银行 国家质量监督检验检疫总局 新闻出版总署 国家体育总局 国家旅游局 中国地震局 中国气象局 中国证券监督管理委员会 中国保险监督管理委员会 国家档案局 国家测绘局 国家邮政局 国家文物局 国家中医药管理局关于印发〈全国服务业标准 2009—2013 年发展规划〉的通知》（国标委服务联〔2009〕7 号，2009 年 2 月 10 日）

9.《中国气象局关于加强气象标准化工作的意见》（气发〔2009〕266 号，2009 年 6 月 26 日）

10.《国家标准化管理委员会 国家发展和改革委员会关于印发〈服务业标准化试点实施细则〉的通知》（国标委服务联〔2009〕47 号，2009 年 7 月 1 日）

11.《人力资源和社会保障部关于开展社会保险标准化工作的指导意见》（人社厅发〔2010〕41 号，2010 年 4 月 23 日）

12.《国家标准化管理委员会 国家发展和改革委员会 科学技术部 工业和信息化部 交通运输部 铁道部 商务部 国家质量监督检验检疫总局 国家粮食局 中国民用航空局 国家邮政局关于印发〈全国物流标准专项规划〉的通知》（国标委服务联〔2010〕42 号，2010 年 6 月 12 日）

13.《中国地震局关于印发〈地震标准化管理办法（试行）〉的通知》（中震法发〔2010〕90 号，2010 年 11 月 3 日）

（国家标准化管理委员会供稿）

第十章 服务业统计工作报告

"十一五"期间，在党中央、国务院的正确领导下，各级统计机构和广大统计人员，深入贯彻落实科学发展观，认真落实中央领导同志的重要指示精神，紧紧围绕提高统计能力、统计数据质量和政府统计公信力，以推进统计工作的规范统一、改革创新、公开透明为主线，克服困难、开拓进取，在服务业统计工作方面取得一定进展。

发展服务业是"十一五"期间的重要战略任务。国务院高度重视服务业统计，在《关于加快发展服务业的若干意见》（国发〔2007〕7号）中明确提出："尽快建立科学、统一、全面、协调的服务业统计调查制度和信息管理制度，完善服务业统计调查方法和指标体系"。在国务院有关部门的大力支持下，国家统计局初步建立了以经济普查和重点服务业常规调查为基础、以部门行政记录为补充的服务业统计基本架构。

一、"十一五"发展情况

（一）开展第二次经济普查，基本摸清了近年来我国服务业的总体状况

在国民经济行业全部20个门类中，属于服务业的有15个门类。2008年，在国务院领导下，国家统计局会同各地各部门组织开展了第二次全国经济普查，基本摸清了近年来我国服务业的总量、结构和变化情况，为开展国民经济核算和常规服务业统计奠定了基础。

（二）建立健全服务业统计标准体系

借鉴国际通行的产业分类概念，在我国《三次产业划分规定》《国民经济行业分类》和《统计用产品分类目录》等国家统计标准中，对服务业产业划分标准、服务业产品标准（目录）等作了明确规定，为服务业统计的开展奠定了良好基础。

（三）研究制定《关于加强和完善服务业统计工作的意见》

为进一步规范服务业统计工作，国家统计局2010年研究制定了《关于加强和完善服务业统计工作的意见》，为各部门、各地区开展服务业统计调查工作提供了统一规范的服务业统计原则、标准和方法。2010年年底前经第二次服务业统计部际联席会审议后，上报国务院审批（经国务院同意，国务院办公厅已于2011年9月17日转发）。

（四）召开服务业统计部际联席会议

2007年，经国务院批准，建立了有30个相关部委参加的服务业统计部际联席会议制度。为加强对服务业统计工作的组织领导，推进服务业统计工作，国家统计局牵头组织召开了国务院30个部门参加的第一次服务业统计部际联席会议，进一步提高了各部门对加强服务业统计工作重要性的认识，明确了各部门服务业统计的分工，初步拟定出服务业统计总体框架。

为适应服务业的发展，进一步加强对服务业统计工作的组织领导，完善服务业统计工作，2010年年底，由国家统计局牵头召开了第二次部际联席会议，审议并原则通过了《关于加强和完善服务业统计工作的意见》。

（五）加强服务业统计力量

为切实加强对全国服务业统计工作的组织领导，2010年4月国家统计局组建服务业统计司。其工作定位：一是"牵头"，即组织制定服务业统计的总体规划、发展思路和方针政策，组织指导协调地方与部门的服务业统计工作；二是"兜底"，即在不打破现有工作格局的前提下，努力弥补服务业统计工作的缺陷，做好服务业统计的兜底工作；三是"攻克薄弱环节"，即努力解决服务业统计中的难点和急需解决的问题，重点攻克服务业统计中的薄弱环节。

（六）积极开展服务业统计调查研究

针对各地区服务业统计工作进展不同步，标准不规范等问题，从2010年下半年开始，国家统计局积极开展深入的调查研究，通过问卷调查、基层调研等多种形式，基本摸清了各地区服务业统计工作

的开展情况、存在的突出问题，制定了明确的改革措施，形成了初步的研究成果，为下一步建立健全全国科学、统一、规范的服务业统计制度奠定了基础。

（七）进一步充实服务业统计内容

自2006年以来，国家统计局在原有的批发和零售业、住宿和餐饮业、房地产业统计的基础上，不断扩大充实服务业统计调查范围。2006年建立了包括装卸搬运和其他运输服务业、仓储业、计算机服务业、软件业、租赁业、商务服务业、科技交流和推广服务业、居民服务业、体育、娱乐业、其他服务业11个行业大类的经常性抽样调查制度。2010年年底，又将物业管理和房地产中介服务两个行业正式纳入了常规统计调查制度，进一步扩大了服务业统计的覆盖范围。同时，试行了文化服务业综合财务统计制度，制定了《文化及相关产业统计方案》。

（八）加强和规范部门统计

建立了17个部门向国家统计局报送服务业财务状况统计报表制度；会同有关部门建立了旅游统计制度和公路、水运运输能力及客货运周转量抽样调查制度；制定了《关于加强和完善服务业统计工作的意见》并上报国务院批准，对部门统计中有关服务业统计的范围、基本单位、主要内容、增加值的计算方法、基础数据采集方法、数据质量控制与评估，以及统计工作的组织实施等作出原则规定。

二、存在的主要问题

（一）服务业调查对象配合度低，统计基础薄弱

当前我国正处于经济快速发展和社会不断进步的时期，服务业发展呈现出量大、点多、变化快的特点。我国服务业不仅涉及的行业多、部门多、单位多，而且从事服务业的单位和个人增长快，变动频繁，分布广泛，差异很大。同时，传统服务业此消彼长，新兴服务业持续涌现，从事服务业的企业和个体户的维权意识和隐私保护意识越来越强，调查对象的配合程度低，统计难度日益加大。

（二）服务业统计机构不健全、人员编制不足、经费短缺且难以落实

我国目前服务业统计机构和人员配置与社会对服务业统计的需求不匹配。地方统计系统没有健全的服务业统计机构网络，人员编制严重不足，业务经费难以落实。机构改革后，许多部门统计力量也受到削弱，没有相应的统计机构人员，服务业统计力量十分薄弱。为适应服务业发展的自身特点，及时采集到更加真实、更加准确、更加完整的服务业统计数据，需要进一步提高服务业统计经费投入力度，需要进一步夯实服务业统计基础，充实服务业统计力量，加强服务业统计队伍建设。

（三）服务业统计工作协调难度大

目前，我国服务业统计是由几十个行业主管部门分别负责，各部门由于管理职能、工作重心、人员配置各不相同，所建立的部门统计也是参差不齐，标准不一，口径各异，统计范围不完整。一是大部分以业务统计为主，没有建立相应的财务统计制度；二是大多只有系统内统计，没有全行业统计，有关资料的报送、交换及信息共享没有规范的制度保障，部门的配合程度低。需要进一步完善和强化服务业统计组织协调机制。

三、“十二五”政策思路

为贯彻落实“十二五”时期国民经济与社会发展规划纲要提出的战略任务，真实、全面地反映服务业发展状况，服务业统计工作要以建立科学、统一、全面、协调的服务业统计调查制度和信息管理制度，完善服务业统计调查方法和指标体系，提高统计数据的准确性和及时性为总体目标，全力推进服务业统计工作科学发展。①进一步强化服务业统计的规范统一。严格贯彻执行《国务院办公厅转发统计局关于加强和完善服务业统计工作意见的通知》（国办发〔2011〕42号）的精神，统一规范各部

门、各地区服务业统计工作，进一步完善国家服务业统计调查操作规程和行为规范。②大力推进服务业统计的改革创新。建立以国家统计调查制度和有关部门统计报表制度为主体，普查资料和行政记录为基础，全面反映服务业发展状况，满足国民经济核算、宏观决策和部门管理需要，科学、统一、全面、协调的服务业统计调查制度和信息共享制度。③着力提高服务业统计能力建设。建立覆盖服务业全部法人单位和产业活动单位基本信息，统一完整、不重不漏、及时更新的服务业基本单位名录库，推行统一规范、方便填报的服务业企业一套表制度，建立服务业统计调查数据全国联网直报系统，推动服务业企业建立健全原始记录、统计台账，进一步加强对各级统计机构和各部门服务业统计工作人员的配备、教育培训及经费投入力度。④不断促进服务业统计的公开透明，积极稳妥公开服务业统计标准、服务业统计调查项目、服务业统计调查方法和操作规程，建立健全服务业统计信息定期公布和对外提供机制，及时编辑出版适合不同群体、不同层次需要的服务业统计资料。

（国家统计局供稿）

第三部分

地区服务业发展报告

第一章　北京市服务业发展报告

一、“十一五”发展情况

“十一五”时期，在党中央和国务院的领导下，北京市按照科学发展观的要求，立足首都功能定位，主动调整经济结构，大力发展服务业，有效推动了经济发展方式转变，服务经济主导的产业结构更趋巩固，生产性服务业主导的服务经济格局初步形成。

（一）服务业规模突破万亿元大关，成为增强首都经济综合实力的主导力量

“十一五”期间，北京市三次产业结构由2005的1.3:29.1:69.6调整为2010年的0.9:24.0:75.1，基本达到发达国家的平均水平。全市服务业增加值由2005年的4854.3亿元增至2010年的10600.8亿元，现价增长118.4%，规模首次突破万亿元大关，成为全国第一个超过万亿元的城市，总量比“十五”末翻一番以上，服务业对全市经济增长的现价贡献率达到80.5%。2010年服务业增加值占全国服务业的比重为6.0%，远高于地区生产总值占全国3.5%的比重，服务业成为推动首都经济持续快速发展、增强综合经济实力的主导力量。2007年，服务业比重已超过72%，提前三年完成“十一五”规划纲要中提出的“服务业增加值比重达到72%左右”的目标。

（二）服务业内部结构优化升级，成为提高经济效益的关键力量

“十一五”期间，服务业充分发挥了有效抵御国际金融危机的积极作用，成为支撑首都经济增长、发挥首都资源优势、增强经济综合实力、提升城市服务功能的重要力量。服务业在创造增加值、实现税收、吸纳从业人员等方面占全市总量的比重均超过七成，在经济贡献率、地方财政收入、固定资产投资、利用外资等方面超过八成。2010年1~11月，全市规模以上服务业实现利润总额8534.7亿元，按可比价计算，比上年同期增长22.2%，是全市规模以上工业利润的9.7倍。金融服务、信息服务、科技服务、商务服务、流通（批发、物流）服务等五大生产性服务业，具有产业渗透力强、服务半径广、市场潜力大等特点，“十一五”期间占GDP的比重由38.8%提高到48.2%，对全市现价GDP的贡献率超过55%。适应首都城市性质和功能定位的文化创意产业，有效拓展了产业发展空间，形成新的增长极。2005—2010年，增加值从674.1亿元增加到1692.2亿元，现价增长151%，年均增速超过20%，占地区生产总值的比重从9.9%提高到了12.3%，成为服务业中的第三大支柱产业。

（三）服务业自主创新成效显著，科技研发能力服务区域、辐射全国

“十一五”时期，北京市自主创新政策环境日趋完善，创新活动持续活跃，研发投入逐年增加，涌现出一批重大创新成果，成长出一批有影响力的高技术企业，中关村国家自主创新示范区先行先试政策更为有效落实，显著增强首都经济的竞争力、影响力和辐射力，率先形成创新驱动的发展格局。2010年，中关村自主创新示范区技术交易成交额达到1579.5亿元，其中20%技术交易留在北京市，80%流向外省市或出口，辐射带动能力显著。中关村示范区承担的国家“863”项目占全国的1/4，承担的国家“973”项目占全国的1/3，获得国家科技进步一等奖超过50项。截至目前，中关村已有350家单位参加股权激励试点；118家试点单位承担的190个重大项目先行开展重大科技专项经费列支间接费用试点；政府采购自主创新产品试点深入开展，51项自主创新产品入选国家自主创新产品目录，

占全国的20%。

（四）服务业低能耗，成为北京市节能减排效果领跑全国的推动力量

"十一五"期间，北京市狠抓产业结构需求和能源结构供应双调整，推动全市能源需求增速显著下降，服务业节能减排效果领跑全国。万元GDP能耗由2005年的0.80吨标煤下降到2010年的0.58吨标煤，年均下降5.99%，累计下降26.6%，提前一年完成了"十一五"下降20%的目标。其中，服务业万元GDP能耗为0.35吨标煤，占全市的60%。2010年，可再生能源开发利用量达到260万吨标煤，比2005年翻两番，在能源消费总量中所占比重达到4.0%。2010年，全年空气质量达标天数达286天，好天率达到78.40%，比2005年提高14.30个百分点；全市林木绿化率达到53%，比2005年提高2.5个百分点。

（五）高效集约的产业空间布局已经形成，城市服务功能显著增强

"十一五"规划中，为提升城市功能，有效促进产业空间集聚、产业集群、功能集成、土地集约，提出了打造"六大高端产业功能区"的概念。"十一五"期间，六大高端产业功能区已经成为全市发展高端、高效、高辐射产业的集聚区，对推动经济发展方式转变，提高城市综合竞争力，实现首都经济又好又快发展，发挥了重要的高端引领作用。六大高端产业功能区以7%的平原面积，支撑了全市四成的税收和经济规模，成为了生产性服务业、高技术产业和文化创意产业的主要集聚地。

二、采取的主要措施

近年来，北京市立足首都城市性质和功能定位，通过政府引导、市场主导的方式，大力调整产业结构，不断深化对服务业发展规律和特点的认识，进一步加大工作力度，有效促进了服务业快速发展。

（一）充分发挥市场配置资源的基础性作用，推动产业结构优化升级

1. 依靠和服务中央资源，实现中央企业与地方经济融合互促发展

中央企业在首都经济中发挥着重要支撑作用，是首都经济的突出特征，也是提高首都经济控制力、影响力和辐射力最宝贵、最稀缺的资源。进入21世纪以来，伴随着我国综合国力的快速跃升，进入世界500强的中央企业呈现出行业增多、户数增加、位次前移的特点。2011年，北京进入世界500强的中央企业总部达到41家，比2006年的15家增加了近3倍，占中国入选企业的60%，成为仅次于东京的"第二大世界500强总部之都"。

一方面，北京市立足"四个服务"，统筹服务好中央资源，着力为其在京更好、更快的发展创造有利条件。通过加大与各方资源整合力度，鼓励资产关联度大、产业互补性强的市属企业主动为在京央企提供配套服务。另一方面，随着国有企业不断深化改革，特别是通过股份制改革，建立健全现代企业制度，按照"主辅分离、辅业改制"的原则，综合运用托管经营、资产重组等方式，推进社会职能剥离，积极开展后勤服务、会务接待、文档管理等服务外包试点，加快服务业发展步伐。

2. 抓住承办、举办北京奥运会的有利时机，提升北京服务企业的国际美誉

2008年北京市成功举办奥运会。在筹办奥运的7年里，北京市积极推进经济转型升级，加快发展生产性服务业、文化创意产业、高技术产业，提高交通网络化水平，加大节能减排投入。这一系列的措施的实施，开拓了北京经济新的支撑点，带动了新的投资热点，为北京市制造业30年来发展所积聚的力量提供了一次集中展现的机会，彰显了北京制造业不断转型和升级的效果，也为北京服务企业提升国际知名度创造条件。服务企业千方百计地展现着企业产品和企业形象，为迈出国门、走向世界，赢取"全球金牌"创造机会。联想以奥运为契机，实现了品牌跨越式发展，成功收购了美国IBM，成为奥运会TOP赞助商之一，更使其进入国际顶级品牌俱乐部。水晶石数字科技有限公司在北京奥运会开幕式上的60分钟的数字影像代表了中国创意正在走向世界，也反映了以奥运契机带动了国内数字图像及多媒体数字产业的深入发展，博得国际买家的青睐与喝彩。

3. 加快构建全方位的合资合作开放格局，进一步拓宽服务市场

重点发展保险、通信、计算机和信息服务、咨询、广告等具有竞争优势的服务贸易。鼓励有条件的企业如北京银行、国美电器、王府井百货等在外埠设立分支机构，如研发、营销等机构，鼓励中关村、CBD等功能区与其他知名区域异地互建“合作投资区”、“高新技术产业共建园”等，加强技术、产品、服务、品牌和管理模式等方面的合作。鼓励本土服务企业抢抓全国工业化、城镇化、信息化商机，采取资产重组、兼并、托管、品牌连锁等经营方式，扩大在全国服务市场的份额。探索政府、企事业单位围绕档案管理、文印服务、人力资源管理、财务管理、信息化等领域逐步推进服务外包。逐步放宽服务业准入门槛，积极支持面向国内外市场的高端教育培训、高端医疗、养老服务等新兴人文产业发展。

（二）充分发挥政府指导性作用，营造服务业发展良好环境

1. 不断细化重点服务行业规划政策，初步构建起较为完善的服务业政策体系

“十一五”时期，北京市以规划纲要为框架，编制了服务业、金融业、旅游会展业、商业、文化创意产业、物流业6个专项规划。发布了《关于进一步促进服务业发展的意见》《关于促进首都金融业发展的意见》《促进文化创意产业发展的若干政策》《促进软件和信息服务业发展的指导意见》《促进体育产业发展的若干意见》《推进旅游产业发展的意见》等意见政策，出台了吸引海外人才聚集工程的意见、鼓励跨国公司设立总部的规定，印发了物流业和商务服务业振兴规划。

2. 贯彻落实国家发展战略，全面提高自主创新能力与节能降耗水平

配合国家自主创新发展战略，制定关于贯彻落实《中关村国家自主创新示范区发展规划纲要(2011—2020年)》的实施意见，发布科技北京行动计划。积极吸引国家重大科技工程和攻关项目落户，创新成果密集上市，新业态不断涌现。闪联标准成为全国首个3C（计算机、消费电子产品、通信设备）协同领域的国际标准，3G（第三代移动通信技术）标准TD－SCDMA（时分同步码分多址）、每秒运算千亿次高性能计算机、纳米材料绿色制版技术、等离子刻蚀机和注入机等投入商业运用。

“十一五”期间，北京市落实国家节能减排发展战略，积极推动首钢、焦化厂、化工二厂、有机化工厂等一批企业陆续进行搬迁调整或全面停产。持续推进大气治理，加强绿化建设和生态修复，加快形成绿色生产体系、绿色消费体系，大幅提高首都生态文明水平和可持续发展能力。

3. 加大资金支持力度，有效释放存量资源

根据北京市实际，分别设立了每年5亿元的文化创意产业专项资金、体育产业发展专项资金、旅游产业发展专项资金，在科技、软件、商业结构调整等领域也设立了数额不等的专项资金。配合国家设立电子信息、生物医药、新能源和环保、高技术服务业4支创业投资基金。12家银行成立科技型中小企业信贷专营机构，积极开展信用贷款、知识产权质押贷款、股权质押贷款等几十种金融产品创新。设立21家小额贷款公司，覆盖12个区县，成立农业担保公司，累计为涉农组织提供贷款担保近4亿元。

积极稳妥理顺服务业生产要素价格，在地方权限范围内，经过“十一五”价格改革，服务业在用水、用气、用热等方面已基本实现与工业同价，用电价格与工业的差距也在明显缩小。在《北京市2007—2010年土地供应计划》中明确提出优先支持生产性服务业土地供应，支持基础服务业土地供应，保障文化创意产业土地供应。

4. 积极促进服务贸易发展，大力提升开放水平

多年来，北京市服务贸易总额占到全国的20%以上，年增长速度超过25%。服务外包发展迅速，2009年被认定为“中国服务外包基地城市”。出台了《促进服务外包产业发展的若干意见》以及配套资金管理办法和实行特殊工时制度办法。制定了《关于支持文化产品和服务出口的实施办法》，推动优秀文化产品和服务进入国际市场。围绕信息技术外包、生物医药研发外包、呼叫中心等业务，认定了北京呼叫中心产业基地等6个服务外包示范基地。

三、主要问题

（一）发展总量、质量与支撑世界城市功能的要求有较大差距

产业规模还有提升空间，特别是要充分依靠央企的不断壮大和转型升级来做大做强。引领经济发展方式转变任务仍然较重，产业核心竞争力仍不强，品牌效益和自主创新能力亟待进一步加强。支撑世界城市建设的功能性行业和要素仍然薄弱，决策控制中心和争夺国际话语权功能有待增强。

（二）要素引进力度不强

引进和培育高端人才所需的工作、学习和生活环境需要营造，减税、补贴等吸引人才的关键手段需要积极探索尝试。在吸引总部经济、国家重大科技攻关项目、重大会展等领域优质资源和高端要素，以及承接国家级事业单位转制等方面，工作力度尚需加强。

（三）市场空间有待扩展

首都信息、科技、金融等高端优势服务资源，在服务全国工业化、信息化、城镇化进程中，辐射半径和服务空间受到诸多体制机制制约。服务业与制造业的有效支撑和融合互促仍不高，产业链条不完善，产业集群没有有效形成，导致制造业对服务业的拉动不足。适应开拓国际服务市场的新兴行业协会、服务联盟等服务组织发育不足，与国际接轨的服务标准有待建立，承接国际服务外包能力不强。

整体上看，制约北京市服务业发展的深层次问题，主要存在于体制机制方面。一是垄断程度高，市场准入门槛过高，限制过多，行业内部竞争不充分，统一、开放、公正的市场竞争环境尚未形成。二是生产要素使用成本高，税收负担重。相对于制造业，现行税法中服务业企业面临重复征税问题，服务业高端人才面临较高的个人所得税问题等，工业经济时代的政策导向需要加快向适应服务经济转变。三是行业管理与促进机制不健全，行业主管部门职能交叉、统筹协调难度大，扶持新兴业态的政策法规和工作机制不够健全，不利于有效降低成本、提高劳动生产率和服务质量。四是具有较大规模和竞争力的企业集团仍较少，不利于进一步提高竞争力。中小型服务业企业面临融资难等问题，民营企业发展环境有待进一步优化。

四、“十二五”发展思路

未来一段时期，北京市将坚持高端、高效、高辐射的产业发展方向，以提升产业素质为核心，着力实施“北京服务”品牌战略、加强承载能力建设，立足外向服务功能拓展，有效延伸服务半径，在服务全国和世界中实现更好的发展，将北京建设成为服务全国、辐射国际的生产性服务业中心城市。工作重点是：①加快实施“北京服务”品牌战略；②充分发挥好中央企业的主体作用和科研院所的智力优势，切实做好服务工作；③扎实推进服务业综合改革试点工作，创新服务业发展模式；④大力实施文化创新驱动战略，进一步繁荣首都文化创意产业；⑤强化主导产业支柱作用，全方位提升高端功能区产业承载功能；⑥支持新兴服务业载体建设；⑦培育新兴人文产业，扩大服务消费；⑧建立并完善全市服务业统计监测体系。

第二章　天津市服务业发展报告

“十一五”时期，是天津服务业快速发展的五年。天津市委、市政府深入贯彻中央发展服务业的

决策部署，团结一心，奋力拼搏，胜利完成了“十一五”规划确定的服务业发展目标和任务，全市服务业实现了又好又快发展。

一、“十一五”发展情况

“十一五”期间，天津紧紧围绕“北方经济中心、国际化港口城市、宜居生态城市”的城市定位，举全市之力，大力推动服务业加快发展。五年来，服务业规模不断扩张，新兴业态竞相发展，辐射能力不断提升，项目建设取得重大进展，二、三产业协调拉动全市经济增长的格局基本形成。

（一）规模总量不断扩大，带动作用明显增强

2010 年天津市服务业实现增加值 4238.65 亿元，是“十一五”初期的 2.6 倍；年均增速达到 15.3%，比“十五”时期加快 3.5 个百分点，居全国 31 个省市自治区和 16 个重点城市的前列；服务业增加值占 GDP 的比重从初期的 42.5% 提高到 46%，提前一年实现了天津市九次党代会确定的服务业比重 45% 的目标。服务业规模的不断扩大，对天津市经济社会的带动作用明显增强。“十一五”期间服务业对全市经济的平均贡献率比“十五”期间提高 0.92 个百分点。2010 年服务业对全市 GDP 增长的拉动作用比 2005 年提高 0.7 个百分点，服务业从业人员达到 352.52 万人，较 2005 年增加了 51%。

（二）产业结构不断优化，新兴服务业竞相发展

金融、物流、科技服务等生产性服务业占全行业比重不断提升，创意产业等新业态迅速成长，标志着天津市服务业内部结构正在逐步向高端化、现代化方向转变。2010 年全市生产性服务业在服务业总量中的比重达到 64.5%，比“十一五”初期提高 2.8 个百分点。其中金融业提高 3.1 个百分点，科技服务业比重提高 2 个百分点。创意产业、楼宇经济、总部经济等新兴服务业竞相发展，创意产业占 GDP 的比重达到 5%，全市纳税超亿元楼宇达到 27 座，各类企业总部达到 240 家。

（三）辐射能力不断增强，城市活力显著提升

全市股权投资基金注册企业户数和认缴资本额均居全国第一。在内陆地区已建成 21 个“无水港”。口岸进出口贸易额年均递增 10%，其中外省市经由天津的进出口总额的比重提高了 4 个百分点。渤海商品交易所、储宝钢材市场、北方自行车市场等交易辐射全国。同时，天津机场旅客吞吐量年均增长 27.3%，接待外地游客、旅游外汇收入年均增长分别达到 17.1% 和 22.5%，“近代中国看天津”核心旅游品牌、“乘高铁、游津城”精品线路成为北方地区文化旅游的新亮点。夏季达沃斯论坛、国际矿业大会等高端会展活动纷纷在天津举办，城市活力不断提升。

（四）重大项目加快建设，载体设施不断完善

“十一五”期间，服务业固定资产投资从 1068 亿元提高到 3365 亿元，扩大了 2.2 倍。按照“建成开业一批、开工建设一批、储备报批一批”的要求，先后组织实施四批共 80 项全市服务业重大项目，累计完成投资近 1700 亿元，75 个现代金融、物流、旅游、会展、商务商贸、科技服务等子项目建成营业并发挥效益；90 个现代服务业“短平快”项目，其中辽宁路小吃街、1902 欧式风情街、古文化街民间绝活十八坊、自由道异国风情餐饮休闲酒吧街、天津音乐街等一批特色街区已建成开业，有力提升了城市形象，凝聚了人气，促进了消费。

二、采取的主要措施

（一）加强领导，建立机制

“十一五”期间，天津全市上下对发展服务业的认识不断提高，组织推动力度不断加大。成立了由常务副市长任领导小组组长、各相关部门主要负责同志为成员的现代服务业发展领导小组，下设服

务业发展办公室（设在市发改委），负责推动服务业发展的各项具体工作。同时，推动各区县设立服务业发展办公室，健全机构、充实力量，不断提高业务能力。全市逐步形成了服务业发展由点到线、由线到面，统一领导、分工负责、上下互动的工作机制。

（二）全面规划，科学引领

2005 年，组织编制了《天津市现代服务业发展纲要》，提出了"重振北方商埠"的宏伟目标和一系列工作措施；2008 年又组织编制了《天津市现代服务业布局规划（2008—2020 年）》，按照集约发展、创新发展、协调发展、竞争发展等原则，提出了"两核、两轴、两带"的现代服务业空间布局规划。此外，还编制了金融、旅游、现代物流、科技服务业、文化及创意产业的专项规划。目前，全市基本形成了以总体规划为引领、各专项规划为支撑的较为完备的服务业发展规划体系。

（三）狠抓项目，强化支撑

"十一五"期间，天津市紧密围绕构建高端高质高新化产业结构的要求，以项目建设为载体，夯实服务业发展基础，促进形成新的增长点。全市先后组织实施四批共 80 项全市服务业重大项目、两批 90 项现代服务业"短平快"项目，涉及金融保险、现代物流、商务商贸、文化旅游、创意产业等服务业重点和新兴领域；同时全市相关部门还积极联手，精心策划了诸如海河风韵、近代中国看天津、妈祖文化等一批文化旅游项目，这些项目的建设已成为天津市服务业持续发展的强力引擎。为保障服务业重点项目的建设，各相关部门通力合作，在立项、融资、土地等方面给予全方位支持，天津市发改委会同市政府督查室开展了重大项目月报，发现问题及时协调解决，为全市服务业的健康发展提供强力支撑。

（四）开拓思路，创新方式

为促进服务业又好又快发展，天津市不断开拓思路，积极探索、大胆实践，创新工作方法，提高工作水平。一是扎实开展全市服务业的调查摸底工作。围绕全市服务业发展的重点任务和关键环节开展深入调研，先后完成了生产性服务业、楼宇经济、总部经济、创意产业等多项调研课题，摸清了本市的家底，初步理清了工作思路。二是强化服务业的跟踪、监督、考核。在对各行业的发展指标进行考核的同时，还将重大项目以及重点任务和工作进行细化分解，责任到部门、责任到人，实行工作目标和工作任务双考核。三是务实推动服务业综合改革试点。为从体制机制入手，破解服务业发展的难题，天津市南开区成为国家服务业综合改革试点，积极探索加快服务业发展的有效途径。四是积极创新统计工作机制，市发改委和市统计局共同建立了月调度、季分析的工作机制，建立了服务业统计月报制度，全面、及时、准确地统计全市服务业发展情况。

（五）营造环境，促进发展

为加快全市服务业发展，天津市从多方面着手，着力营造有利服务业发展的环境。①营造政策环境。相继出台了促进生产性服务业、旅游业、总部经济、楼宇经济等行业发展的优惠政策，如《支持服务业发展的有关财税政策汇编》《关于鼓励工业企业加快发展生产性服务业的意见》《天津市支持服务业发展的若干政策汇编》《关于促进中心城区加快发展楼宇经济的若干意见》等，有力地促进了各行业的快速发展。②营造舆论环境。以"天津现代服务业网"为主要窗口，以多家知名媒体为途径，大力宣传天津市服务业的发展形势、重点工作、重大项目以及政策措施等，同时每年精心策划编撰出版《天津服务业发展报告》，全面展示天津服务业的发展成就。③营造服务环境。各区县、各部门不断增强服务意识，通过审批提速、绿色通道、现场办公等形式，千方百计提高为企业和项目服务的质量和效率，打造廉洁高效的政务环境。

三、主要问题

"十一五"期间，天津市服务业发展取得了可喜的成绩，但和中央的要求相比、和国内发达城市相比、和天津人民的期望相比还有一定差距。一是规模有待扩大。与先进城市相比，天津服务业规模较小，比重较低，有待进一步提高。二是结构有待优化。传统服务业比重较高、现代服务业比重较低的内部结构尚未根本改观，生产性服务业以及总部经济、文化创意等新兴服务业发展有待进一步加强。三是发展环境有待完善。近年来，虽出台了一系列规划、政策，对规范和改善服务业发展环境起到了积极作用，但从总体、从长远来看，有利于服务业快速健康成长的环境还不够健全，一些鼓励民营经济发展的政策不能落实，服务业统计制度有待进一步完善。因此，要进一步增强责任感、紧迫感、使命感，推动全市服务业实现跨越式发展。

总之，"十一五"时期天津市服务业发展成就令人鼓舞。"十二五"期间天津市服务业将继承和发扬"十一五"取得的成功经验，百尽竿头，更进一步，为推进全市社会经济实现科学发展、率先发展、和谐发展做出更大贡献！

第三章　河北省服务业发展报告

一、"十一五"发展情况

"十一五"期间，河北省服务业年均增长12.7%。2010年全省服务业完成增加值6928亿元，居全国第7位；服务业增加值比重达到34.2%，服务业就业人员比重达到30.8%，服务业规模进一步扩大，就业空间逐步拓展，已成为拉动经济增长的重要力量；传统服务业水平提高，现代服务业发展加快，基本形成以现代物流、交通运输、商贸流通、文化旅游、信息服务为主体的服务业产业结构，结构逐步优化，业态趋向多元。主要在以下几个方面取得了突出成就。

（一）资源优势逐步显现，特色产业更加壮大

河北省毗邻京津的独特区位、方便快捷的交通体系、多样化的地形地貌和生态系统、丰富的旅游资源、深厚的文化积淀等资源禀赋优势进一步显现，尤其是现代物流、文化旅游业等特色优势产业进一步发展壮大。到2010年，河北省速公路通车里程达到4307公里，铁路通车里程5409公里，港口万吨泊位达到97个，初步形成海陆空一体、多种运输方式有效衔接的物流设施体系。尤其是依托深水良港，以煤炭、钢铁、铁矿石等原材料为主要品种的大宗商品物流在全国占有领先地位。经河北省秦皇岛港、唐山港和黄骅港转运下水的煤炭占全国主要港口煤炭转运总量的70%以上。2010年8月，黄骅综合大港投入运营，形成新的欧亚大陆"桥头堡"，标志着河北省港口物流从单纯的能源、原材料物流向现代化的散杂货、集装箱物流等领域发展，对冀中南及广大西北和中原经济腹地的带动作用进一步增强。

"十一五"期间，河北省传统特色旅游名城加快改造升级步伐，进一步提升了文化旅游产业的发展水平。头号文化工程——山海关古城保护与开发顺利完工并开门迎客，为秦皇岛旅游发展增添了新亮点。作为北戴河新区投资最多、推进最快、影响最大的项目，国际旅游度假中心使新区打造"国际高端旅游度假休闲目的地和现代服务业示范区"的构想实现重大进展，成为大企业集团落户新区的良好开端。承德市加大了对避暑山庄、外八庙等景区违章建筑的拆除力度，深入挖掘塞罕坝、御道口等生态旅游资源和皇家猎苑——木兰围场的品牌优势，打造一体化特色旅游线路，进一步优化旅游环境，建设了一大批高档次的餐饮娱乐设施，极大地提升了承德市的旅游综合服务功能。建设大西柏坡构想

开始实施，通过 3 ~ 5 年的努力，打造成集革命教育、红色旅游、休闲、度假、健身五位于一体的现代服务业集聚区。作为全国独一无二的古城、水城、太极城，广府古城旅游综合开发积极推进，逐步形成以古城为背景、以湿地为载体、以太极文化为主体，集生态旅游、休闲度假、文化体验、体育健身等多种业态于一体的综合性文化旅游产业基地。中国钢都——唐山市作为重工业城市加快产业转型，建设了南湖生态公园、唐山湾三岛等生态旅游度假区；依托开滦矿山旧址，建设了开滦国家矿山公园，集中国近代工业博览和生态休闲娱乐于一体，推动传统优势资源焕发新的生机；依托唐山历史文化资源，打造老唐山风情小镇，为唐山市传统生硬的钢铁"面孔"增添了文化旅游的"秀色"。截至"十一五"末，河北省基本形成了以滨海生态旅游、承德皇家旅游、太行山生态和红色旅游为主体的文化旅游业发展格局。

（二）服务技术更加先进，服务业态趋向多元

在现代物流领域，进一步延伸产业链条，推动物流产业向高端发展。河北钢铁集团、冀中能源、开滦集团等开始积极谋划和推进钢铁、煤炭、矿石等大宗商品交易平台。煤炭物流产业逐步形成以煤炭转运为主体，煤炭交易电子化、煤炭储配自动化等新兴业态不断发展的格局。秦皇岛海运煤炭交易市场编制的环渤海煤炭交易价格指数已被国家有关部门采用，成为反映区域煤炭价格变化的"晴雨表"和经济发展的"显示器"。河北旭阳焦化、唐山佳华煤化工、唐山中润煤化工、河北中煤旭阳焦化 4 家企业成功入选大连商品交易所首批推出的 13 家焦炭期货交割场库和备用场库。

在商贸流通领域，城市综合体作为新型业态和现代城市的地标性建筑，已成为城市化的主力引擎和城市形象名片，成为推动河北城市商业跨越升级的主动力。石家庄联邦名都、万象天成等综合体投入运营，人气渐旺，一大批新的城市综合体项目正在谋划建设，全球最大的酒店集团之一——万豪酒店入驻石家庄勒泰中心。作为中国企业 500 强之一的广汇集团在石家庄投资建设的广汇汽车金融商业中心和金融产业园已经破土动工，该项目集汽车、金融、商务、文化、会展、科技信息服务等为一体，将打造成省会的高品位消费中心。

在文化旅游领域，依托传统旅游文化资源，新兴服务业态不断涌现，服务功能逐步完善，形成了全天候的旅游服务模式。承德市的《鼎盛王朝—康熙大典》和《帝苑梦华》、西柏坡的《人间正道》、秦皇岛的《海上升明月》等大型实景演出公开上演；西柏坡革命旧址、红色胜典主题公园正式开放迎客；曲阳县国家文化产业实验园区获得文化部批准，形成集研发、会展、雕刻公园、雕刻培训、加工、交易于一体的文化产业链。北戴河文化创意基地投入使用，进一步增添了传统旅游城市的文化内涵。河北省动漫产业已粗具规模，涌现出一大批优秀的动漫作品。其中，作为中国首部国产 3D 动画大片的《麋鹿王》荣获第 13 届华表奖优秀动画大奖，也是本次奖项里唯一一部民营动画片，此外还荣获第 27 届中国电影金鸡奖最佳美术片评委会提名奖、"首届欧洲国际立体电影节"最佳长篇立体电影奖——金水晶奖，被确定为新中国成立 60 周年献礼片，并参加法国戛纳电影节的展影。《赵州桥》《豆丁的快乐日记》获得省"五个一工程奖"，《笨笨牛历险记之森林奇遇》被列入"国家广播电影电视总局向全国电视播出机构推荐播出优秀国产动画片"行列。邯郸市运用现代舞台表演技术和声光电效果，以当地文化符号艺术地再现和诠释了一台彰显地域文化的魔幻舞台剧——《黄粱梦》，获得一致好评。

此外，在研发设计领域，依托特色优势产业，涌现出一批相对独立的科研机构，产业化形态更加明显，如沙河玻璃技术研究院、河北钢铁研究院。在金融领域，依托中国北方金融产业后台服务基地（A 区），省级金融产业园区正在抓紧筹建，中国工商银行后台服务中心成功落户石家庄，交通、光大、浦发、华夏、中信、民生、兴业等股份制银行在河北省继续增设分支机构，河北银行青岛分行正式成立。在健康产业，投资 70 亿元的燕达国际健康城集医疗、健康、养老、医护人员培训等功能于一体，创造了高端休闲产业一体化发展的新模式。

（三）市场主体不断壮大，竞争实力更加强劲

"十一五"期间，河北省服务业企业规模不断壮大，成为推动服务业调结构、上水平的主力军。

(1) 传统优势企业通过业务扩张，资源整合能力和市场竞争力进一步增强。唐山庞大汽贸集团、河北远洋、河北保龙仓等17家企业进入中国服务业500强，年交易额超100亿元的商品批发市场5个，石家庄南三条、新华集贸和保定白沟市场继续保持国内领先，开滦物流、冀运集团、河北快运、唐山海港远大等8家物流企业跻身全国物流百强。

(2) 通过资产重组和改革创新，一批现代服务业企业茁壮成长。河北银行股份有限公司是经中国银监会批准的全国首批五家城市合作银行试点之一，目前共设有7家异地分行、3家异地支行。在全国144家城市商业银行中，河北银行的资产规模、资本规模已跻身全国大中型城市商业银行之列。在原有担保公司的基础上，经过进一步增资扩股和资本重组，河北融投集团已成为资产25亿元，集贷款担保、金融租赁、创业投资、地产开发于一体的大型金融担保企业，在全国同行业中位居第四名。2010年，河北省又组建了河北航空集团，标志着本土航空公司顺利“起航”，不仅填补了河北省航空运营主体的空白，而且成为促进区域经济发展的新引擎。中科帷幄、深度动画、玛雅影视、精英影视、极限科技等企业是经过文化部认定的骨干动漫企业，已成为河北省动漫产业的主力军。

（四）空间布局更加合理，集聚态势初步初现

“十一五”期间，随着城镇面貌三年大变样扎实推进，河北省城市化进程明显提速，城市主城区“退二进三”步伐加快，城市基础设施日趋完善，空间布局进一步优化，特色街区不断涌现，促进了人口和生产要素向城市流动，为现代服务业发展提供了新载体。

依托中心城市、交通枢纽、资源富集区和特色产业基地，涌现出一批业态各异的服务业聚集区，服务业发展模式开始由分散布局开始向要素集聚转变。有生产服务型聚集区，即依托大型装备制造基地发展配套生产性服务，如保定能源装备及汽车和纺织物流、邯郸钢铁和管业物流、沧州管道装备物流等；有交通枢纽型聚集区，即依托港口和大型交通枢纽发展起来的，如曹妃甸能源原材料物流、石家庄大型货物仓储运输周转基地等；有特色资源主导型聚集区，即借助特色服务业资源和要素发展起来的，如崇礼滑雪、石家庄和保定动漫产业、太行山生态旅游等；有产业扩展型聚集区，即依托传统服务业业态，通过延伸产业链条发展现代服务业，如北戴河文化创意产业、正定商贸物流、白沟箱包服装商贸物流等；有消费导向型聚集区，即依托特大城市群巨大消费能力发展起来的，如廊坊健康产业、保定休闲娱乐产业、香河家具市场等。随着这些聚集区的成熟壮大，河北省服务业正在实现质的飞跃。

（五）品牌效应得到提升，市场影响逐步增强

“十一五”期间，河北省各市结合当地发展优势，确立了特色服务业发展定位，如秦皇岛市提出要创建“国际旅游名城”，打造中国北方生态休闲度假中心。张家口市提出要建设京西北运动康体休闲区，塑造张家口作为区域物流中心和“滑雪旅游胜地、生态休闲之都”的形象。廊坊市提出要建设成为环京津商务休闲中心，努力打造环京津体育健身休闲圈。邯郸市提出要确立和巩固连接环渤海和中部地区的区域物流中心和商贸中心的地位。承德市提出要打造“东方瑞士”。

“十一五”期间，河北省通过制定和实施服务业标准、刊登多种形式的广告宣传、举办节庆会展和专题推介会、参加国内外服务业专题博览会等，培育了一大批服务业品牌，获得省著名商标32件。在信息服务领域，推出了“中国钢铁产业网”、“中国耐材之窗”、“中国枣网”、“中国搜丝网”、“中国管件信息网”、“中华标准件网”等一大批具有一定知名度和影响力的品牌网站。在文化旅游领域，评选出河北十大文化旅游名胜、十大非物质文化遗产、十大古建筑、十大爱国主义教育基地等，通过整合，努力打造红色旅游、历史文化旅游、休闲旅游度假、生态旅游、海洋旅游等文化旅游品牌，初步确立起“红色太行、壮美长城、诚义燕赵、神韵京畿、弄潮渤海”的文化形象。在商贸流通领域，精心培育保定白沟箱包服装、石家庄南三条小商品、香河家具、清河羊绒、石家庄百人、保定会馆等一系列知名品牌。

"十一五"期间，服务业品牌效果逐步显现。①品牌展会声名鹊起。石家庄市连续举办了五届石家庄国际动漫博览会，2007 年，国家动漫产业发展基地在石家庄挂牌；2009 年，成立了中国石家庄动漫衍生品集散交易中心及产销战略联盟；2010 年，联手中国动漫学会举办了中国动漫衍生品开发设计大赛、海峡两岸大学生动画短片节两项国际化活动，从而走上了特色化、专业化和重实效的办会道路，共签约项目 54 个、金额近 72 亿元，有 500 余家企业、机构、院校参展，400 万人次参观，促成几十项跨区跨境合作。吴桥杂技节已经从一项地方性的杂技赛事成长为国家级的节庆品牌，成为与摩纳哥蒙特卡洛国际马戏节、法国巴黎"明日"与"未来"杂技节齐名的"东方杂技大赛场"。2009 年，第十二届中国吴桥杂技节组织了获奖节目"中华行"全国巡演，来自 12 个国家和地区的 56 名演职员，在一个多月的时间里行程达 8000 公里，为 15 个城市的观众演出 17 场，扩大了吴桥杂技节这一文化品牌在全国的知名度和影响力。②品牌服务名扬四海。内画大师王习三创作的美国历届总统肖像内画水晶烟壶被誉为"美国历史的缩影，中国艺术的结晶"。2010 年世博会期间，衡水内画大师向美国、日本、德国等 18 个国家馆赠送了元首内画肖像鼻烟壶，再一次惊艳世界。③品牌企业进军世界。河北远洋运输集团位居中国民营船舶运输企业首位，目前拥有和控制的运力达到 100 多艘船舶、1000 多万载重吨，承运的货物主要有矿石、谷物、原油和煤炭等，业务范围包括货物运输、船舶管理、国际贸易、船舶代理、船员劳务外派、货运代理等领域，在国内沿海主要港口及中国香港、新加坡等设立了 20 余家子公司，在国际航运市场上有较强的竞争力。

二、采取的主要措施

"十一五"期间，中共河北省委、省政府认真贯彻落实党中央、国务院的有关决策部署，把加快服务业发展放在贯彻落实科学发展观、转变经济发展方式、调整经济结构的战略高度，从各个方面加大了工作力度。

（一）提高认识，加强领导

为进一步提高全省各级、各部门对加快发展服务业重大意义的认识，2006 年河北省召开全省服务业工作座谈会，省政府主要领导做了重要讲话，进一步阐明了发展服务业的重要意义、重点任务和主要工作。2007 年年底，为贯彻落实国发〔2007〕7 号文件精神，召开全省服务业工作会议，对服务业发展工作做了具体部署。2008 年 2 月，中共河北省委常委会组织了以"发展现代服务业"为主题的中心组理论学习，统一了思想认识，明确了发展理念。

为进一步加强服务业工作的组织领导，按照《国务院关于加快发展服务业的若干意见》（国发〔2007〕7 号）精神，河北省于 2007 年成立了以省委常委、常务副省长为组长，26 个省直部门参加的河北省服务业发展领导小组，负责组织、协调解决全省服务业发展的重大问题，研究提出促进服务业加快发展的政策措施，部署涉及全局的重要任务，督促检查服务业发展政策的贯彻落实。2010 年 4 月，根据河北省经济社会发展需要，为突出发展现代服务业的紧迫性，将领导小组更名为河北省现代服务业发展领导小组，充实两名副省长为副组长。按照国家和省要求，各市都成立了市政府主要领导任组长的服务业工作领导小组，负责组织、协调解决各地服务业发展中存在的重大问题。

（二）制定规划，明确政策

2006 年，依据国家和省"十一五"规划纲要确定的总体思路和发展重点，结合河北实际，修订并实施了《河北省服务业振兴规划》（冀政函〔2006〕175 号），提出了拓展生产性服务业、丰富消费性服务业、提升传统服务业、壮大现代和新兴服务业的总体思路。同时，配套编制实施了全省现代物流、商贸流通、文化、旅游、金融等服务业专项规划或实施意见。

2008 年，参照国发〔2007〕7 号文件精神，出台了《河北省人民政府关于促进服务业发展的若干意见》（冀政〔2008〕5 号）、《促进全省服务业发展若干政策措施》（冀政〔2008〕4 号）等文件，明确了服务业发展的重点领域和政策取向，从放宽市场准入、税收优惠、规费减免、财政资金支持、价格和土地扶持、优化发展环境等方面提出了一系列优惠措施。

2009 年，出台了《关于加快构建现代产业体系的指导意见》（冀发〔2009〕21 号），进一步强化了现代服务业的重要战略地位，提出了要重点发展现代物流、金融、旅游、文化创意等优势产业，支持发展服务外包和保健康复等新兴服务业。参照国务院和省政府制定出台的服务业发展指导意见和政策措施，各市也分别制定了符合本市实际的有关实施意见和政策文件。

（三）巩固载体，推进项目

1. 确立了现代服务业发展新区

为推进全省服务业快速发展，河北省政府在批准成立曹妃甸新区、渤海新区两个以现代制造业为主体的发展新区基础上，依托秦皇岛独特的生态旅游资源，于2009 年成立了北戴河新区，确立了以现代服务业为支撑、强力打造国际高端旅游休闲目的地和现代服务业示范区的总体设想。在空间布局上，提出了以中央商务区为“一核”，以文娱产业区和休闲度假区为“两翼”，以滨海景观休闲、近海高尚生活、内陆新型产业为“三带”，以南戴河、黄金海岸、大蒲河、七里海为“四轴”的发展格局。到目前，北戴河新区已成功开疆破土，实现了由虚拟的协调机构向实体的管理机构转变，成立了三个管理处，组建了“一办七局”，管理区域面积达 238 平方公里，并在管辖范围内建立了新区行政中心，项目建设全面启动。

2. 谋划建设了一批服务业聚集区

在现代物流领域，积极推进河北省“十一五”重点专项规划——《河北省现代物流业发展规划》确定的十大物流园区建设，支持正定北方国际现代物流基地、邯郸综合物流中心两个重点产业支撑项目建设；参照省级开发区、工业聚集区的有关做法，确定了 19 个省级物流产业聚集区和 7 个环首都现代物流产业园区，研究制定了开发建设方案和优惠政策措施。在文化旅游领域，积极推进环京津休闲旅游产业带七大集聚区建设，将吴桥杂技文化经营集团等 4 个文化企业成功申报为国家文化产业示范基地，命名了以河北金音乐器制造有限公司为代表的河北省两批 44 个文化产业示范基地，指导廊坊万庄文化生态旅游产业园、平泉辽河源契丹文化产业群等加快建设，培育了石家庄、保定两个国家级动漫产业发展基地，确立了大西柏坡现代服务业聚集区发展构想。在信息服务领域，重点推进石家庄软件园、廊坊信息服务核心区、秦皇岛数据产业基地、唐山市工业软件应用与产业化示范园、保定电力电子产业基地等聚集区建设。

3. 积极推进项目建设

围绕新区和聚集区建设，加快推进服务业重点项目建设，不断巩固壮大服务业发展载体。北戴河新区国际旅游度假中心、香港湾国际生态度假城、葡萄岛旅游综合项目、圣蓝皇家海洋公园、黄金假日滨海度假城、奥特莱斯名品折扣店 6 个重点项目已开工。“大西柏坡”建设确定的 73 个项目中，有 55 个项目已开工建设。曹妃甸动力煤储配基地、石家庄装备制造百营物流中心、霸州胜芳国际物流中心等总投资超十亿元的大型物流项目开工建设。廊坊市润泽国际信息港、信和服务外包基地、中太现代服务产业基地、秦皇岛数据产业基地“中国数谷”大厦、北戴河信息产业基地、石家庄软件园汉康软件孵化大厦和振新软件大厦等一批重大信息服务产业项目先后开工建设。石家庄裕华万达广场、勒泰中心、开元环球中心等一批大型商务设施开工建设。河北省博物馆、河北图书馆、山海关古城保护与开发、河北报业大厦、河北广电综合业务楼、裴艳玲大戏院、总建筑面积 10 万平方米的河北出版物发行中心等一批重大文化产业项目启动建设，并投入使用。

（四）深化改革，做优环境

1. 加大服务业管理体制改革

以秦皇岛市为依托，积极争取国家服务业和旅游业综合改革试点，在组织领导方面，成立秦皇岛市服务业发展领导小组及办公室，建立以市政府主要领导为召集人的服务业综合改革试点联席会议制度，完善试点工作协调调度、信息反馈、定期评估、年度考核等工作制度，制定了《秦皇岛市服务业综合改革试点推进方案》和《秦皇岛市促进服务业发展的若干政策》。承德市将避暑山庄及周围寺庙景区组建成立新的管理委员会，将原先分属承德市文物局、民族宗教局、林业局的文化旅游资源统一划归管委会管理。保定市成立了白沟—白洋淀温泉城管委会，将商贸流通、温泉等旅游资源进行统一开发管理。同时，为提高服务业资源使用效率，河北省组建了河北报业集团、河北出版传媒有限责任公司、河北广电集团等大型文化企业集团；以沧运集团为龙头组建了冀运集团，冀中能源集团成功入主石家庄内陆港。

2. 降低交易成本

全省工商系统实施了《关于提高注册登记效率优化发展环境的十项措施》，实行了"一审一核"和简单审批事项"审核合一"，进一步缩减了审批环节；实行服务业有限公司注册资本分期缴付，推进网上审批、年检和登记。减免个人销售购买住房的营业税，包缴和减半征收交通运输车辆养路费用，部分服务企业用电实行与工业同价，暂缓实行大型商业零售企业峰谷电价，房地产建设审批事项由原来的147个减少到28个、用章由166枚减少到26枚。

3. 强化要素保障

在资金方面，争取国债资金支持，鼓励服务业企业采取资产重组、股票上市等途径，进一步扩大服务业发展投资渠道，荣盛发展、恒信移动、唐山港等成功上市。在人才保障方面，实行"落户条件全国最宽、配套政策全国最全"的户口迁移政策，取消了具有稳定职业和生活来源的户口迁移条件限制，对高校毕业生实行先落户后就业政策，放宽了在城镇落户的学历条件限制，在教育、住房、养老保险、医疗保险和低保5个方面确保进城人员享受同城同待遇。在土地供应方面，逐步加大了服务业用地的供给，被列为全省重点项目计划的服务业项目个数和比重逐年增加。

（五）扩大开放，拓展市场

坚持"引进来"和"走出去"相结合，努力利用两个市场和两种资源，推进服务业发展。

1. 积极引进外资

从2008年起，在香港投资洽谈会和廊坊投资洽谈会上，开始正式举办现代服务业专题招商活动，在现代物流、文化、旅游、金融等领域推出了一大批高质量的对外招商项目。"十一五"期间，河北省服务业利用外资形势喜人，美国沃尔玛、泰国易初莲花、英国特易购、新加坡百盛等国际零售业巨头抢滩河北市场，首家外资银行——东亚银行入驻石家庄，马来西亚成功集团独资3.39亿美元建设的成功大广场文化休闲娱乐项目落户燕郊。内资引进取得新成就，浦发、兴业、招商等一批股份制银行纷纷落户河北，华润、万达、恒大、苏宁等全国知名房地产开发商积极参与河北省城市综合体建设，其中，大连万达在石家庄、唐山和廊坊等地投资建设万达广场。

2. 积极拓展省外市场

为扩大服务业发展空间，由国家发展改革委牵头，京津冀两市一省达成了《经济合作廊坊共识》。由中国旅游协会牵头，全国26个城市达成了《区域旅游合作廊坊共识》。河北省与北京、天津及其他环渤海周边省份在物流业、旅游业等领域建立了合作机制，采取多种措施，鼓励运输、文化、旅游等优势领域加大服务出口，开拓海内外市场。积极利用深圳、北京等在国内外具有较大影响的文化产业博览交易会，大力宣传和推介河北省重点文化企业和特色产品，进一步提升了企业和项目在国内外的知名度和影响力。河北省吴桥杂技文化经营集团公司获2007—2008年度国家文化出口重点企业，河北金音乐器集团有限公司等3家企业和吴桥杂技大世界旅游有限公司的大型杂技主题晚会《杂技史诗——吴桥》等两个项目被确定为2009—2010年度国家文化出口重点企业和重点项目。

三、主要问题

尽管“十一五”期间河北省服务业发展取得了一定成就，但也存在不少问题，既有共性的，也有个性的，可以从三个维度来认识和把握。

（一）宏观层面

从宏观经济运行看，河北省服务业存在的问题表现为比重偏低、竞争力差、财税贡献度低。

1. 比重低

2010年，河北省服务业增加值占全省生产总值的比重为34.2%，不仅低于北京、上海等发达省市的发展水平，也低于全国平均水平8个百分点。2010年，全省服务业从业人员占全社会从业人员比重为30.8%，低于全国平均水平3.3个百分点，居全国第27位。

2. 竞争力弱

衡量服务业市场竞争力的主要标志是服务贸易水平的高低。2010年，河北省服务贸易出口14.6亿美元，占全国出口总额的0.9%；进口20亿美元，占全国进口总额的1%，全省服务贸易逆差达5.4亿美元，服务贸易总值从2009年的全国第10位下降到2010年的第13位。从服务贸易出口结构看，运输、旅游、建筑等传统服务产品出口占比90%以上，软件、外包、知识产权等现代服务业出口微乎其微，文化创意、金融、通讯等出口为零。从国内看，河北省服务业大多处于产业链低端，综合竞争力排全国第16位。

3. 财税贡献度小

2010年，河北省服务业税收比重为35.79%，虽然“十一五”期间提高幅度很大，但比全省第二产业税收比重低28个百分点，也低于发达省份服务业税收比重和贡献度。服务业财税贡献度低，将会直接造成河北省地方可支配财力不足。

（二）产业层面

河北省生产性服务业发展不足。2010年，生产性服务业增加值为3480亿元，占服务业增加值的比重为48.9%，生活性服务业发展水平总体偏低，具体表现为三个方面。

1. 资源潜力开发不足

河北省交通优势明显，生态环境多样，历史源远流长，文化底蕴深厚，又紧邻京津两大都市高端市场，具有发展现代服务业得天独厚的条件。但整体上看，河北省对服务业资源潜力的开发还远远不够，优势远没有得到充分发挥。“三北”腹地雄厚的高端物流资源和巨大的市场需求被天津、辽宁、山东分流，桥头堡作用不明显。对接京津高端消费需求的高档商务、休闲娱乐、旅游文化、物流配送等的供给能力跟不上。全国各地利用传统文化资源发展文化创意产业已风生水起，如火如荼，河北才刚刚起步，有的甚至还没有破题。

2. 服务产品低端

物流是河北省优势产业，但是2010年全省6.02亿吨的港口吞吐量中，煤炭、铁矿石、原油等原材料占96.5%，集装箱设计能力只有61.8万标准箱，而吞吐量与河北省相当的青岛港、天津港、大连港的集装箱吞吐量分别达到1200万、1000万、530万标准箱。在与京津文化产业的分工协作中，河北省主要从事简单的加工、制作，而创意、设计和市场营销等高附加值服务基本留在了京津。

3. 产业化水平不高

河北省有许多国家级文化、旅游知名品牌，如北戴河旅游、吴桥杂技、蔚县剪纸、乐亭皮影、曲阳雕刻等，但是产业化水平不高，规模化、市场化运作能力不强。有些特色文化产业基地仍以家庭式小作坊为主，“散、小、弱”十分突出，缺乏大型文化龙头企业参与运作，研发设计能力不足，衍生产品开发不够，市场营销能力不强，产业链条较短，品牌效应不明显，严重影响了产业化进程。北戴河作为国内外知名的避暑胜地，有"中国夏都"之称，但多以中央和各级政府机关、国有企业的培训中心、招待所和名人别墅为主，社会开放度不高，资源闲置和浪费较为严重，面向普通大众的消费、娱乐设施建设和接待能力不足。

（三）支撑条件

1. 体制机制滞后

传统的发展观念没有彻底扭转，对服务业发展规律、路径和手段的认识有待深化。相对制造业而言，服务业改革总体滞后，目前现存的垄断经营和限制性经营绝大多数集中在服务业领域，部分领域长期垄断经营或市场准入"门槛"过高，一些限制性和歧视性政策依然存在，体制环境不宽松，硬件条件、政务环境、社会环境、消费环境及执法监督尚需优化和规范。事业单位改革滞后，除教育、科学研究与技术服务业、社会保障和社会福利业等公益性比较突出的行业外，许多领域长期倚重政府投入，多元化投资机制尚未形成。除批发零售贸易餐饮业、交通运输业和部分社会服务业等传统产业市场化、产业化程度较高外，其他领域普遍较低。近年来，虽然对各种政策规定进行过多次清理和修订，但仍然存在着大量不利于服务业发展和抑制消费需求的限制性、歧视性政策和规定，还有形形色色的"潜规则"。同时，审批环节多，市场竞争不充分，行业内部资源整合不够，缺乏活力和动力。

2. 需求不足

居民收入的增长、消费结构的升级和城市化水平的提高是推动服务业增长的主要动力。但是，与其他省份相比，河北省人均生产总值刚刚达到中下等收入国家水平，居民收入水平不高，消费预期偏低，消费需求不足，导致服务业发展动力弱化。"十一五"期间，河北省城镇居民收入整体水平低于全国平均水平，在全国位列第 14 位，河北与全国平均水平之比由 2005 年的 1∶1. 15 扩大到 2010 年的 1∶1. 175，收入差距由 2005 年的 1385. 9 元扩大到 2010 年的 2845. 6 元。城市化率低于全国平均水平，聚集效应较差，城市带动辐射能力不强，服务业发展缺乏载体支撑和需求基础。此外，受京津两个特大城市吸附效应影响，部分医疗、教育、科技、咨询、研发、设计、金融、营销等优质服务需求和高端服务流向京津，导致现代服务业和知识密集型服务业发展缓慢。

3. 发展要素不足

服务业发展同样离不开技术、人才、资金等要素投入。但河北省要素投入远远不够，服务业发展所需高级人才非常缺乏，科技活动投入明显不足，R&D（研究与试验发展）经费支出与 GDP 之比低于全国平均水平。公共服务领域欠账较多，新兴服务业投入严重不足，除房地产业外，信息传输计算机服务和软件业、金融业、科学研究与技术服务业、教育等新兴服务业固定资产投资比重低于传统行业。

四、"十二五"发展思路

"十二五"期间，河北省坚持以科学发展观为统领，围绕转变经济发展方式，把发展现代服务业作为推进产业结构优化升级的重要支撑，加快市场化、产业化、社会化、国际化和信息化进程，进一步扩大规模，提升档次，拓宽领域；优先发展生产性服务业，大力发展生活性服务业，促进服务业集聚发展，完善布局，增强功能，优化服务，提升水平，使现代服务业成为经济增长的拉动力、扩大就业的主渠道、结构调整的大平台、科学发展的生力军。全力实施现代物流振兴工程、文化资源激活工程、旅游资源整合工程、金融主体壮大工程、商贸流通升级工程、健康产业培育工程、研发设计创优工程、房地产业提质八大工程，力争到 2015 年服务业增加值突破 1 万亿元大关，人均服务业增加值 1. 5 万元左右；服务业增加值比重达到 38% 左右，服务业从业人员比重达到 30% 以上，服务业密度明显加大，现代服务业的规模和水平明显提升，石家庄等其他有条件的城市形成以服务经济为主的产业结构。

附件："十一五"时期印发的政策文件

1.《河北省服务业振兴规划》（冀政函〔2006〕175 号）

2.《河北省人民政府印发关于促进全省服务业发展若干政策措施的通知》（冀政〔2008〕4 号）

3.《河北省人民政府关于促进服务业发展的若干意见》（冀政〔2008〕5 号）

4.《中共河北省委、河北省人民政府关于加快构建现代产业体系的指导意见》（冀发〔2009〕21 号）

第四章　山西省服务业发展报告

服务业在经济发展中占有重要的位置。山西省委、省政府高度重视服务业发展，贯彻落实党中央、国务院加快发展服务业的精神，积极开展工作，出台了促进服务业发展的一系列规划、政策和措施。在全省上下的共同努力下，山西省服务业发展取得了初步进展，各项措施正在扎实落实。但在发展过程中也有一些问题需要引起高度关注，今后要继续采取有力措施，努力实现服务业重点领域的率先突破，促进服务业各行业全面发展。

一、"十一五"发展情况

"十一五"期间，山西服务业发展加快，对全省经济社会发展起到了积极的推动作用。全省服务业取得了一定成绩，表现为：

（1）服务业增加值增速较高。"十一五"期间，服务业的增长速度为 11.7%，GDP 的增长速度为 11.2%。在"十一五"期间山西省的服务业增速较快，高于经济总量的平均数，高于工业和农业。

（2）服务业的投资势头良好。在"十一五"期间，2006 年服务业投资比重占全省的 39.2%，2007 年是 41.9%，2008 年是 45.5%，2009 年是 52.6%，2010 年是 54.2%。服务业的投资占全省投资的比重逐年提升，尤其是 2009 年之后服务业投资占全省所有投资的一半以上。

（3）服务业各行业重要性提升。2010 年，山西省的交通运输业和商贸流通业增加值，均占到 GDP 的 5% 以上。还有旅游、物流，也在 5% 以上。与冶金、焦化等传统支柱产业及建筑业相当。金融业、住宿餐饮业、房地产业、信息服务业、文化产业占 GDP 的比重在 2% 以上，与装备制造、煤化工、新型材料、食品工业等新的接续替代产业及电力相当。除煤炭工业之外，不论支柱产业，还是新的接续替代产业，服务业各行业比工业各行业毫不逊色，服务业是山西转型发展的主战场，服务业各行业是转型的主力军。

（4）服务业吸纳就业的能力进一步增强。服务业是劳动密集型产业，山西省目前服务业万元增加值所需的从业人员是工业的两倍（1.8/0.9），服务业就业增长弹性大，是就业最大的容纳器和社会重要的稳定器。"十一五"时期，服务业就业容量继续扩大，成为增加就业的重要渠道。全省服务业年均新增从业人员 26 万人，2010 年服务业从业人员达到 605 万人；占全社会从业人员的比重由 2005 年的 31.5% 提高到 2009 年的 35.9%。

（5）服务业发展推进了节能减排的进展速度。山西省服务业万元增加值能耗仅为工业的 1/8，服务业的结构性节能效果明显。按照山西省目前的产业结构计算，服务业占 GDP 比重每提高 1 个百分点，全省万元 GDP 能耗就可以降低 1.5 个百分点。服务业的发展对顺利完成各项环境约束指标形成积极的促进作用。

(6) 开展了服务业重点项目建设工作。按照国务院2007年《关于加快发展服务业的若干意见》，山西省提出了推进全省服务业发展的方案，其最重要的标志，是在18个国家鼓励的服务业行业领域，山西省政府提出了服务业“1+10”工程，在每一类里面重点建设一个旗舰企业或旗舰项目和10个示范项目，这几年进展下来取得了一定的成绩。

二、采取的主要措施

山西省委省政府贯彻落实党中央、国务院加快发展服务业的要求，努力提高服务业发展水平和在国民经济中的比重，全省各市、各服务行业主管部门、各职能部门、社会各方共同努力，积极开展工作。

(一) 加强规划引导

2006年以来，全省“十一五”服务业方面的专项规划，经省政府批准实施的有20多个，包括服务业、旅游业、文化、公路、社会信用体系、医疗卫生体系、教育、信息化、市政公用设施、质量技术监督等，服务业内部各行业的发展不断调整、充实。从实践情况看，不论是增加了涉及范围广的领域，还是增加了薄弱领域，服务业领域的扩展起到了积极的作用。这样较好地调动了更多省直有关部门的积极性，促进了相关服务领域的发展；为各市有侧重地发展优势服务领域提供了支持；为全省服务业的深入发展提供了指导。

(二) 加大政策扶持力度

从综合性政策措施看，表现为逐步具体细化，可操作性增强。2006年省“十一五”规划纲要在加快服务业发展一节中提出“推广新型服务业态，改善服务业发展环境”，明确现代组织形式、市场准入、价格收费、行业标准、政府投入、金融支持等方面的要求。2007年“服务业发展大纲”列出专门一章阐述“完善服务业发展的保障措施”，提出各方面比较具体的要求，包括加强对服务业发展的领导，加强服务业市场监管，增加服务业引导资金投入，搞好服务业人才引进、培养和使用，完善服务业发展的规划和政策体系等。2008年《加快服务业发展的实施意见》文件的主体内容就是政策措施，共有15个方面的支持政策和5条保障措施。这些支持政策和措施大致上分为三类：①完善细化优惠政策，包括调整和完善产业政策，放宽市场准入，落实税收优惠政策，适当增加土地供应，实行有利于服务业发展的城乡规划政策，完善价格收费政策。②进一步加大投入力度，包括加大对服务业发展的投资力度，加大金融支持力度，提升服务业利用外资水平，促进工业企业向服务领域发展，支持节能减排和资源节约等专业化服务发展。③做好各方面的支撑工作，包括深化服务领域改革，大力培育领军企业和知名品牌，鼓励服务企业产品创新和技术创新，支持服务业就业和从业人员社会保障。2009年《关于加快推进服务业“1+10”工程建设的意见》中，提出了具体的、可操作的9条政策措施，包括税收优惠、土地倾斜、价格支持、资金引导、银企联动、发展小额贷款、推荐上市、奖励项目、鼓励转型等。

从各部门看，支持政策的细化落实工作陆续开展，省政府办公厅转发人民银行太原中心支行的《关于银行支持山西省服务业加快发展的指导意见》，主要内容为：加强窗口指导、加大对服务业信贷投入力度、明确支持的重点领域、加强风险管理、打造金融服务平台、加强银政企的协调配合。省物价局出台了《关于对鼓励类服务业用水用气与工业实行同价的通知》。省财政厅、省国税局、省地税局编印了《支持服务业发展的现行财税政策》。省财政厅、省地税局出台了《关于调整山西省营业税按期纳税的起征点的通知》，主要内容为：自2008年7月1日起，全省按期纳税的营业税起征点由现行的月营业额1000元调整为5000元。营业税起征点的适用范围主要是服务业，未达到起征点的纳税人将免征营业税。省物价局向国家有关部门争取实现了服务业与工业用电实现同价，主要内容为：山西省为促进服务业发展，提出将服务业用电与非普工业、非居民照明用电合并为“一般工商业用电”的方案，并经国家批准于2008年7月1日实施。其他部门也制定和落实加快服务业发展的政策措施，细化了金融、资本市场、农村信息化等方面的支持政策。

从各市看，山西省各市加快服务业发展的综合性政策已经出齐，全省11个市全部出台了实施意见。在综合性政策的基础上，部分市还出台了具体细化的、可操作的配套政策。其中以朔州市、吕梁市、晋城市较为典型。朔州市出台加快服务业发展政策的部门多、范围广，市政府出台了发展规划、实施意见、加强统计工作、目标责任制考核评价办法；市委宣传部出台了加强服务业发展宣传舆论工作，财政局出台了支持服务业发展专项资金管理办法，公安局出台了为服务业发展提供优质服务，监察局出台了加强服务业发展行政效能监察；市委组织部、市工商局、规划局、地税局、质监局、商务局都结合部门职能，正式出台了加快服务业发展的政策措施。吕梁市出台的加快服务业发展政策较为深入、可操作性强，除发展规划、实施意见外，还出台了加快服务业发展优惠政策、服务业重点项目管理制度、服务业重点项目建设考核办法。晋城市编制了全部18个行业的发展规划和推进办法。

（三）不断优化服务业发展环境

省政府出台《关于促进民间资本进入山西省鼓励类投资领域的意见》，在9个方面给予民间投资优惠政策。省发展改革委制定《关于重点联系30家民营企业，促进其资本进入山西省鼓励类投资领域的意见》，加强贯彻落实，对工业企业、民间资本发展服务业，落实开放投资领域、财政扶持、金融支持、投资信息发布、简化审批手续等支持政策。在申请国家支持的服务业的储备项目中，支持具有示范带动作用的民营企业投资服务业。规划并批复了一批民营资本投资基础设施、社会事业和现代服务业领域的项目。努力在整体上形成促进服务业发展的引导机制，调动社会各方力量发展服务业的积极性。

（四）加强服务业发展工作组织领导

2008年4月出台《山西省人民政府关于加快服务业发展的实施意见》，随文建立了省服务业发展联席会议制度，联席会议的组成部门有30个，办公室设在省发展改革委；明确由11个省直部门牵头负责18个服务行业的发展，还有21个省直单位交叉配合。要求各市也要成立相应的工作机构，全省11个市已经全部成立了服务业发展领导组或联席会议。

（五）加强政府资金引导

2008—2010年连续三年间，省煤炭可持续发展基金每年年度计划安排8.8亿元用于服务业领域，支持了682个服务业项目。这是仅限于交通运输服务业、旅游服务业、信息技术服务业、流通服务业、农村新型服务业（即3000万元的服务业发展引导资金）等转型转产和接替产业的服务业，不含科技、教育、卫生等社会事业。为提高政府资金使用效率，省发展改革委多方面开展工作，派出调研组分赴各市调研，以摸清服务业重大项目资金下达和工程进度等的推进情况；加快服务业各领域的重点项目审理，向金融机构推介鼓励类服务业项目，省支持服务业项目资金和中央投资，按程序全部下达。政府投资的带动、引导作用明显，金融性资金、企业自筹资金和民间资金积极投向鼓励发展的服务业项目，形成拉动内需的实物工作量。

（六）促进重大工程建设

在省政府办公厅转发省发展改革委《关于加快推进服务业“1+10”工程建设的意见的通知》中，18个服务行业分别列出行业的旗舰项目以及示范带动项目，每个领域选10个（其中旅游和现代物流两个重点领域选20个）示范带动项目，18个领域的“1+10”项目总计218个，总投资2676亿元。重点项目包括忻州市五台山风景名胜区建设、晋中市平遥古城综合整治工程、中国太原煤炭交易市场、太原至广州物流专列仓储配送站台、山西出版传媒产业园、大同—太原—运城—西安快速通道、中南部铁路出海通道等。这218个项目的建设，对全省服务业各行业发展起到骨干作用，项目建设单位通过“1+10”项目的建设做大做强，发挥带动同行业发展的骨干作用；项目建设单位积极采用新的组织形式和经营业态，突出管理和技术的先进性，并做好就业、信用、社保等基础性工作，起到带动作用；项目建设单位加强技术服务、信息平台建设、连锁经营、成体系网点建设等关联度高、带动性强、服务范围广的建设内容，成为普遍服务、高效服务的先导，使“1+10”项目能够对各行业、各区域服务业的发展起到整体推进的作用。在项目实施过程中，省发展改革委加快项目审理，帮助落实建设条件，加强推进督查，通过实地调研、召开座谈会等方式，协助各市结合本地实际，制定本市的服务业“1+10”工程办法，力争在全省各层次上都有抓手、有示范。吕梁市已经提出153个市级“1+10”项目。晋城市已经提出服务业“1850”工程，在18个服务业领域中，重点扶持50个示范效应强的项目。

（七）抓好工作落实和督促检查

在山西省“十一五”时期的四大考评体系中，服务业都占有重要的位置。在省政府2008年12月出台的《关于修订“十一五”时期地区经济社会发展考核评价工作方案（试行）的意见》中，增加反映服务业发展的指标，即“服务业增加值及人均水平”和“服务业投资及人均水平”，来作为经济社会发展的重要考核指标。在省委组织部2007年6月印发的《山西省关于市、县（市、区）党政主要领导干部科学考评暂行办法》中，列出第三产业增加值占地区生产总值比重，作为重要的考核指标。在省委2007年12月印发的《山西省构建和谐社会主要工作及指标考评方案（试行）》中，公共服务是一大类别的指标。在省政府2009年4月出台的《山西省安全生产工作考核评价体系》中，也有强调服务业的内容。

三、主要问题

山西省服务业发展取得了一定进展，也很好地发挥了其经济社会作用，但总体上山西省服务业发展较为滞后，仍是国民经济的薄弱产业。主要存在以下主要问题。

（一）服务业发展总体滞后

服务业规模偏小，比重偏低；服务业内部结构仍然不够合理，传统服务业大而不强，现代服务业和新兴服务业起步晚、发展慢；区域和城乡发展仍不平衡，全省广大农村地区，特别是东西两山地区的连片贫困地区，服务业总体上仍比较落后。

（二）服务业增加值比重下降

近十年来，虽然山西服务业增长速度加快，但受能源原材料价格上涨的影响，第二产业增长速度快于服务业，以致第二产业比重逐年提高，由2001年的41.0%增至2010年的56.9%。相应地，服务业比重呈下降趋势，山西省服务业占三次产业的比重，从2001年的44.5%降到2010年的37.1%，从高于全国4个百分点，下降到低于全国6个百分点。

（三）服务业投入产出较低

山西省服务业的固定资产投资比重和增速并不低，但服务业增加值比重和增速比较低，这反映了山西省服务业投资效益比较低。目前，全省生产总值与固定资产投资的比值为1.9，第二产业为2.3，第三产业为1.5，也就是说，服务业投入产出比为工业的2/3。这一点，也表现为服务业各行业的固定资产投资和增加值的不一致，服务业固定资产投资前三位是交通运输、房地产和公共设施，合计占服务业全行业投资的85%；而增加值前三位是交通运输、商贸流通和金融，合计占服务业全行业增加值的55%。这主要是由于服务业中的基础设施、公用设施、公益事业等行业领域，投入大，收益期长，收益率低，影响了整个服务业的投资收益。造成服务业投资收益严重失衡的另一个原因，是没有实现部门利润平均化。山西省的工业对服务业投资挤压严重，高污染、高耗能、资源性行业的外部效应得不到有效遏制，行业利润长期不能趋于平均，不能很好地引导投资分流到服务业各领域。

山西省服务业发展滞后的状况不能满足山西省经济社会发展的要求，影响到产业结构升级，影响到转变经济发展方式，各方面对服务业发展要求更高、任务更重，加快发展服务业的紧迫性显得更加突出。

四、“十二五”发展思路

“十二五”时期，要围绕转型发展、跨越发展的战略要求，抓住新一轮服务业发展改革催生的历史性机遇和资源型经济综合配套改革试验区的政策机遇，发挥承东启西的区位优势和便捷通达的交通优势，以重大项目为抓手，完善服务业发展政策体系，引导服务业向规模化、专业化、现代化发展，构建与山西省现代产业体系相适应的服务业发展体系，建成中西部重要的现代物流中心和生产性服务业大省。按照“壮大物流、旅游、文化、交通、商贸五大支柱产业、培育金融业、房地产业、科技信息服务业、住宿餐饮业四个重点产业、强化社区服务、农村服务、会展商务、公共服务四类服务行业”，突出重点，全面推进。发展目标是：到2015年，服务业增加值占GDP的比重达到40%，服务业全行业固定资产投资占全社会固定资产投资的比重达到48%，服务业从业人数占全社会从业人数的比重达到40%。工作重点是：①制定规划和推进措施，加强引导；②明确重点任务，分类推动各服务行业快速发展；③完善支持政策体系，制定可操作性强具体细化的政策；④深化对市场经济规律的认识，促进形成有利于服务业发展的市场环境；⑤加强政府资金引导，落实重点项目建设；⑥结合省委省政府的主要工作任务，拓展服务业工作领域；⑦明确工作责任，形成高效率的工作机制。服务业是国家重点扶持和鼓励发展的领域，同时也是山西经济发展的迫切需要加强的领域。今后，要在科学发展观指导下，按照山西省委、省政府的部署，进一步转变发展观念，奋力开拓创新，着力解决存在的问题，把加快服务业发展提高到一个新的水平，促进山西经济全面协调可持续发展。

附件：“十一五”时期印发的政策文件

1. 《山西省服务业“十一五”时期发展大纲》（晋政办发〔2007〕20号）
2. 《山西省人民政府关于加快服务业发展的实施意见》（晋政发〔2008〕11号）
3. 《山西省人民政府办公厅转发省发展改革委关于加快推进服务业“1+10”工程建设的意见的通知》（晋政办发〔2009〕32号）

第五章　内蒙古自治区服务业发展报告

一、“十一五”发展情况

“十一五”期间，在内蒙古自治区党委的正确领导下，全区上下以科学发展观为指导，认真贯彻落实国家和自治区加快服务业发展的各项政策措施，努力把加快发展服务业与转变经济发展方式结合起来、与调整优化产业结构结合起来、与实施富民强区战略结合起来，不断加大政策扶持和资金投入力度，有力地促进了全区服务业平稳较快发展。

（一）服务业总量进一步扩大

2010年，全区服务业增加值达到4187.9亿元，“十一五”期间平均增长14.9%；服务业增加值总量在全国各省市区中排第14位，比2005年前移了5位。

（二）内部结构进一步调整

商贸流通、交通运输等传统服务业仍然是拉动服务业增长的主要力量。2010年，交通运输、仓储和邮政业增加值875.6亿元，占服务业的20.9%；批发零售、住宿餐饮业增加值1384.2亿元，占服务业的33%。金融业、房地产业等现代服务业快速发展。2010年，金融业增加值占服务业的7.8%，比2005年提高3.4个百分点；房地产业增加值占服务业的7.4%，比2005年提高1个百分点。

（三）空间布局进一步优化

"十一五"期间，随着内蒙古工业的集中发展、城镇化的快速推进和服务业集聚区的加快建设，服务业逐步向工业基地、中心城市集中集聚发展。2010年，各盟市中心城市（包括满洲里、二连浩特）服务业增加值占全区的60%以上。呼包鄂三市服务业增加值占全区的64.6%，比2005年提高5.5个百分点。其中，呼和浩特市服务业增加值占GDP的比重达到58.7%、包头市达到43.2%、鄂尔多斯市达到37.1%。

（四）项目建设进一步得到加强

"十一五"期间，特别是国家实施扩大内需政策以来，积极推进了一批服务业重大项目，服务业投资大幅增长，对抑制投资下滑，保持经济平稳较快增长发挥了重要作用。2010年，全区服务业完成固定资产投资4030.6亿元，是2005年的4.5倍，年均增长35.3%；服务业投资占全部固定资产投资的比重达到45.4%，比2005年提高12.3个百分点。

（五）对经济社会发展的贡献进一步增强

2010年，全区服务业实现地税收入304.1亿元，是2005年的3.6倍，年均增长28.9%；服务业上缴地税占全部地税收入的49.4%。全区服务业就业人数占全社会就业人数的比重达到34.4%，比2005年提高3.9个百分点；城镇单位服务业新增就业16.7万人，对全区新增就业的贡献率达67.9%。

（六）重点行业发展进一步加快

1. 商贸流通业保持繁荣活跃

社会消费品零售总额完成3337.3亿元，"十一五"年均增长19.7%。其中，批发零售业完成2897.3亿元，年均增长21.9%；住宿和餐饮业完成440亿元，年均增长13.2%。汽车、家电成为新的消费热点，城镇居民平均每百户拥有汽车由2005年的3.6辆提高到2010年的11.2辆，"十一五"年均增长25.2%；限额以上家用电器和音像器材类零售额由2005年的14.0亿元提高到2010年49.7亿元，"十一五"年均增长28.8%。

对外贸易仍然保持稳定增长。2010年全区外贸进出口总额实现87.2亿美元，"十一五"年均增长12.3%。其中出口总额33.4亿美元，年均增长13.5%；进口总额53.8亿美元，年均增长11.6%。

2. 交通运输业和物流业快速发展

全区货物运输量达到15亿吨，是2005年的2.1倍，"十一五"年均增长15.5%。其中，铁路6.5亿吨，年均增长24.2%；公路8.5亿吨，年均增长10.8%。各种运输方式完成货物周转量4800.7亿吨公里，是2005年的3倍，年均增长24.5%。其中，铁路2539.5亿吨公里，年均增长14.7%，公路2261.1亿吨公里，年均增长47.5%。

随着经济的快速发展和交通基础设施的不断完善，物流业发展速度不断加快，"十一五"累计开工建设78个投资1亿元以上的物流园区。截至2010年年底，全区注册登记的物流企业达到1913户。其中，注册资本1000万元以上的物流企业达到210户，3A级以上物流企业达到18户。口岸物流日趋活跃，"十一五"期间，全区口岸累计进出境货运量18725万吨，是"十五"期间的2.1倍，年均增长14.2%。

3. 金融业实现跨越式发展

金融机构存贷款快速增长，截至2010年年底，全区金融机构人民币各项存款余额10278.7亿元，是2005

年年末的3.1倍，年均增长25.5%；各项贷款余额7919.5亿元，是2005年年末的3倍，年均增长25.1%。

地方金融企业迅速崛起，组建了内蒙古商业银行，总资产近300亿元；包商银行发展迅速，资产突破1000亿元，在全区9个盟市和成都、宁波、深圳设立分行，正在向全国性股份制银行发展。引进金融机构工作成效显著，引进了中信、浦发、招商、兴业、渣打等一批国内外大型金融机构，全区商业银行达到21家。

保险业快速发展，全区保险机构达到1768家，2010年实现保费收入215.5亿元，是2005年的3.5倍，年均增长28.8%。

4. 旅游业成为新的亮点

2010年，全区共接待国内旅游者达到4477万人次，是2005年的2.2倍，年均增长16.8%；接待入境旅游者143万人次，是2005年的1.4倍，年均增长7.4%；旅游业总收入达到732.7亿元，是2005的3.5倍，年均增长28.6%。旅游业总收入占GDP的比重达到6.3%，比2005年提高1个百分点。

5. 房地产业健康发展

2010年，全区房地产开发完成投资1120亿元，是2005年的86倍，年均增长144 %；商品房销售面积3020.5万平方米，是2005年的2.8倍，年均增长22.9%；商品房销售额1065亿元，是2005年的6倍，年均增长43.1%。

6. 公共服务业稳定增长

“十一五”期间，自治区不断加大教育、社会保障、公共管理等公共服务支出，促进了公共服务业的快速发展。2010年，全区教育、医疗、社会保障和一般公共服务支出998.5亿元，是2005年的3.7倍，年均增长30%。社会事业和公共服务支出占地方财政支出的比重达到43.8%，比2005年提高7个百分点。2011年一季度，社会事业和公共服务业财政支出增长30.4%，占财政支出的比重为46.7%，比上年同期提高1个百分点。

二、采取的主要措施

（一）统一思想，加强领导

近年来，自治区紧紧抓住国家实施西部大开发和振兴东北老工业基地的有利时机，依托资源优势，工业经济得到突飞猛进发展。但第三产业发展相对滞后，导致经济结构不合理，发展不协调，活力不足，工业生产成本居高不下，不仅制约了经济的又好又快发展，也影响了社会充分就业和人民生活水平的进一步提高。自治区党委对此高度重视，2004年召开的全区服务业工作会议，明确提出把加快服务业发展作为落实科学发展观、调整经济结构和提高城乡居民收入的重要战略来抓，要求全区上下必须进一步提高对发展服务业重要性的认识，坚定不移地贯彻落实自治区党委、政府的决策部署。同时，加大了对服务业发展的宣传力度，在全社会营造了加快发展服务业的良好舆论氛围。为加强对服务业工作的领导，自治区专门成立了第三产业工作领导小组，负责对全区服务业发展工作的宏观指导和综合协调。各盟市也都成立了相应的领导机构和工作机构，为加快服务业发展提供了强有力的组织保障。

（二）规划先行，政策引导

为了指导服务业健康发展，2004年自治区党委和政府制定出台了《2004—2010年第三产业发展规划纲要》。在这一规划指导下，各盟市也各自结合实际编制了服务业发展规划，各有关部门分别制定了旅游、物流、金融等行业专项规划，形成了比较完善的服务业规划体系。与此同时，为进一步优化服务业发展环境，2004年自治区人民政府又专门研究出台了鼓励、扶持服务业发展的60项优惠政策。国务院出台加快服务业发展的相关政策后，为了确保各项政策措施落到实处，又出台了《自治区贯彻落实国发〔2007〕7号和国办发〔2008〕11号文件精神责任分解方案》，将政策逐项分解到有关部门，明确责任人，同时由自治区政府组织有关部门不定期地进行督促检查，加大了政策落实力度，有力地促进了全区服务业的快速发展。"十二五"时期，自治区政府确定编制服务业、物流业、旅游业、金融业等专项规划，今年将陆续出台。

（三）开放引进，项目带动

"十一五"期间，自治区紧紧抓住国家加快产业转移，扩大服务业对外开放的有利时机，加大招商引资力度，主动承接国际国内服务产业转移，加快发展服务外包，以项目实施为载体，充分发挥重点项目的示范带动作用，促进服务业加快发展。①加大政府投入。2004 年自治区设立服务业引导资金以来，资金规模不断加大，由 2005 年的 950 万元增加到 2010 年的 5000 万元，五年累计投入国家和自治区服务业引导资金 2.9 亿元，吸引社会资金 60 亿元投入内蒙古服务业薄弱环节、关键领域和新兴行业。②抓好重点项目建设。不断加强项目前期工作，积极协调落实各项建设条件，开工建设了呼和浩特金海商圈、赤峰红山物流、鄂尔多斯阿康物流园区、巴彦淖尔市现代农畜产品保税物流园区等一批具有全局性、示范性的服务业重点项目。③加大服务业领域招商引资工作力度。出台了鼓励支持和引导非公有制经济发展的政策措施，优化投资环境，降低服务业领域准入门槛。2010 年全区服务业招商引资项目 455 个，占全区招商引资项目总数的 1/3，引进资金 540.6 亿元。

三、主要问题

总体来看，"十一五"期间自治区服务业发展取得了显著的成绩。但是，由于自治区经济基础比较差，加上体制机制、政策环境等方面的原因，服务业发展仍然相对滞后，与工业化、城镇化快速发展的形势还不相适应。"十一五"时期，内蒙古服务业年均增长 14.9%，分别比 GDP 和工业增速慢 2.7 个和 9.2 个百分点，2010 年服务业占 GDP 的比重为 35.9%，比 2005 年降低了 3.6 个百分点，比全国平均水平低 7.1 个百分点。服务业比重下降，一方面是自治区抓住国家西部大开发和振兴东北等老工业基地的战略机遇，充分发挥资源优势，加快了工业化发展步伐，工业比重大幅提高。2010 年全区工业增加值达到 5618.4 亿元，是 2005 年的 3 倍，年均增长 24.1%；工业占 GDP 比重达到 48.2%，比 2005 年提高 10.4 个百分点。另一方面，自治区服务业发展中还存在诸多制约因素，主要表现在以下几个方面。

（一）体制机制不活

一是服务业领域垄断经营、体制障碍和行业壁垒等问题仍比较突出，金融、通信、交通等垄断行业，供热、供水、供气、垃圾处理、污水处理等城市公用事业，教育、文化、卫生等社会事业，以及事业单位改革相对滞后，市场化程度较低。二是工商企业改革不到位，大型工商业企业采购、销售等服务功能不剥离、不外包的现象仍普遍存在，既影响了企业核心竞争力的提高，又阻碍了专业化服务行业的发展。

（二）政策环境不宽松

一是税费负担较重。2002 年服务业万元增加值平均纳税额 931 元，2005 年达到 1392.1 元，2010 年上升到 1617.6 元。二是经营成本较高。由于历史的原因，长期以来服务业使用水电气的价格都显著高于工业。三是政策落实不到位。2004 年自治区出台了促进服务业发展的 60 项政策，2005 年又出台了促进非公有制经济发展的 16 条实施意见，但由于种种原因，至今没有完全落实到位。

（三）投入不足

"十五"期间，全区服务业投资占全社会固定资产投资比重呈下降趋势，2000 年为 63.8%，2005 年为 40.8%，下降 23 个百分点。"十一五"期间，国家加大对基础设施、公用事业和社会事业的投入力度，服务业投资占全社会固定资产投资的比重有所提高，2010 年达到 45.4%。但是，从服务业投资构成看，交通等基础设施、教育卫生等公益事业、行政建设及房地产投资占 80% 以上，物流、信息服务、商务服务、居民服务等领域投入非常少。2010 年信息服务、商务服务、居民服务等领域固定资产投资完成 122.2 亿元，仅占全部固定资产投资的 1.4%。

（四）宏观指导和综合协调不到位

一是部分地区和部门重视工业发展，重视工业项目建设，尚没有充分认识到发展服务业对促进产业结构优化升级、推动工业化和城镇化的重要作用，没有充分认识到发展服务业对扩大城乡就业、提高财政收入和城乡居民收入的重要作用，因此也没有把服务业工作摆上重要议事日程。二是服务业行业众多，管理职能分散，没有一个专门的综合协调管理机构。目前，自治区及各盟市都设立了三产办，但没有专门的编制和人员，各项基础工作和综合协调工作不能完全到位。三是服务业统计指标体系和统计制度不健全，部分新兴行业和领域的统计几乎是空白，难以准确把握服务业发展形势，影响宏观决策。

四、“十二五”发展思路

“十二五”时期是内蒙古推进富民强区、全面建设小康社会的关键时期，是深化改革开放、加快转变经济发展方式的攻坚时期。服务业的发展要以科学发展观为主题，以转变经济发展方式为主线，紧紧围绕工业化、城镇化和农牧业现代化，坚持市场化、产业化和社会化方向，着力推进改革开放，创新体制机制，优化发展环境，调整布局结构，完善服务功能，促进服务业集中、集聚、集约发展，加快形成适应全区经济社会发展的现代服务业体系，确保“十二五”规划确定的服务业发展各项目标任务圆满完成。工作重点是：①突出发展生产性服务业，适应工业化快速发展需求。一是大力发展物流业，二是加快发展金融业，三是积极发展科技、信息、商务等服务业。②积极发展生活性服务业，以适应城镇化快速发展需求。一是加快发展商贸流通业，二是大力发展旅游业，三是积极发展文化产业，四是大力发展社区服务业。③优化服务业空间布局，促进服务业集聚、集约发展。一是强化中心城市服务业集聚辐射功能，二是加快发展县域服务业，三是扶持发展农村牧区服务业，四是着力加快服务业集聚区建设。④完善各项保障措施，营造服务业良好发展环境。一是完善服务业发展政策，二是深化服务领域改革，三是扩大服务业对外开放，四是强化服务业人才引进和培养，五是加强服务业的组织领导。

第六章　辽宁省服务业发展报告

一、“十一五”发展情况

“十一五”时期，辽宁全省上下深入贯彻落实科学发展观，坚持把发展服务业作为实现辽宁老工业基地全面振兴和建设国家新型产业基地的重要支撑，通过改造提升传统服务业，大力发展现代服务业，注重生产性服务业与制造业互动融合，全省服务领域改革开放步伐明显加快，服务业规模持续扩大，结构和质量不断改善，在促进经济又好又快发展、扩大就业等方面发挥了重要作用。

（一）整体实力稳步提高，三大功能进一步增强

1. 服务业发展速度明显加快，成为拉动全省经济发展的引擎

2010 年，全省服务业增加值实现 6775 亿元，是 2005 年的 2 倍，5 年年均增长 12.7%，比“十五”期间提高 1.2 个百分点，占全省 GDP 的 37.1%。

2. 服务业效益明显提高，日益成为财政收入的主要来源

服务业地税收入完成927.2亿元，5年年均增长27.4%。服务业国税收入完成686.6亿元，5年年均增幅25.46%。

3. 服务业就业比重进一步提高，日益成为全省吸纳就业的主渠道

2010年，全省服务业从业人员972.4万人，三次产业从业人员比例为31:27:42，第一产业从业人员比例下降了3个百分点，第三产业从业人员比例提高了4个百分点。

（二）结构不断优化，三大领域竞相发展

1. 传统服务业改造提升步伐明显加快

2010年，批发和零售业增加值实现1651.6亿元，5年年均增长11.8%。全省社会消费品零售总额6887.6亿元，5年年均增长18.5%，比“十五”期间高6.4个百分点。批发和零售业现代水平明显提高，城乡连锁门店总数达到3.5万个，5年年均增长32%，5000平方米以上的大型商业网点达到937处，5年年均增长11.8%，年交易额超亿元的商品交易市场达到337个。交通运输、仓储和邮政业增加值实现926.8亿元，5年年均增长11.2%。住宿和餐饮业增加值实现369.6亿元，5年年均增长11.5%。交通运输、仓储和邮政业，批发和零售业，住宿和餐饮业三大传统产业增加值增幅均低于服务业平均增幅，占服务业的比重由2005年的45.4%下降到2010年的43.4%，比“十五”末期下降2个百分点，但主体地位依然稳固。

2. 生产性服务业发展速度明显加快

金融保险业步入高速发展轨道，2010年，全省金融保险业增加值实现639亿元，是2005年的2.7倍，5年年均增长18.6%，占服务业增加值的比重由2005年的8%提高到2010年的9.4%。多层次资本市场建设成效显著，2010年全省本外币存款余额28057亿元，是2005年的2.25倍，5年年均增长17.6%，贷款余额19622亿元，是2005年的2.38倍，5年年均增长18.9%；证券交易额29383.4亿元，共发行债券484.2亿元；保险业保费收入570.1亿元，保险深度3.1%，保险密度1339.5元；上市公司达到107家，累计在资本市场融资1861亿元，是“十五”时期的4倍，新增上市公司49家，实现融资1398亿元；大连商品交易所交易额41.71万亿元，占全国的13.5%，是全球最大的塑料、油脂期货市场，第二大农产品期货市场。商务服务业加快发展。2010年，全省会计事务所400家，比2005年增加21家，执业注册会计师人数3786名，比2005年增加97名，会计师事务所收入7.2亿元，5年年均增长9.4%。科技服务业快速发展，公共研发服务平台建设成效显著。2010年，全省技术市场交易额实现131.02亿元，5年年均增长9.4%，共组建省级工程技术研究中心402个，国家级工程技术研究中心10个，省级重点实验室254家，国家级重点实验室18家。

3. 新兴服务业发展速度明显加快

信息技术服务业蓬勃发展。2010年，信息技术服务业主营业务收入完成463.5亿元，5年年均增长28.5%。信息技术服务业出口10.6亿美元，5年年均增长40%。文化创意产业日益繁荣。2010年，全省共有文化企（事）业单位3.52万个，辽宁省国家级文化产业示范园区（基地）13个，文化系统文化产业增加值实现150亿元，5年年均增长15.3%；共有动漫游戏企业323家，实现产值达到93.2亿元，5年年均增长32%。会展业交易额达到2434亿元，5年年均增长11.6%。全省旅游业总收入完成2686.9亿元，5年年均增长18%；旅游外汇收入22.59亿美元，5年年均增长20%。

（三）发展基础更加牢固，三大载体建设成效显著

1. 服务业集聚区建设成效显著

按照省政府提出的“每个城区都要形成一个有规模的服务业集聚区”的要求，出台了《辽宁省省级现代服务业集聚区管理办法》，对省级现代服务业集聚区采取分批认定、动态管理、定期考核。对通过认定的省级现代服务业集聚区，优先安排省级服务业发展引导资金。对连续两年考评不合格的，取

消其省级现代服务业集聚区资格。目前，全省56个城区共规划建设了89个服务业集聚区，规划占地面积1309平方千米，建筑面积25144万平方米；2010年实现营业收入3975亿元，累计完成投资2846亿元；入驻企业28937家，有22个集聚区的营业收入超过50亿元。沈阳金融商贸开发区聚集各类金融机构68家，区内金融机构存、贷款余额分别占沈阳市的51%和55%，约占辽宁省的20%，东北三省的10%。全省已建成各类软件园区（基地）39个，占地面积4575万平方米，全省约90%以上的软件外包企业集中在各类软件园区，推动了产业的集聚化、规模化、特色化发展。

2. 服务业重大项目建设成效显著

坚持高起点规划、高水平招商，每年滚动推进100个重大服务业项目。对100个重大服务业项目实行月调度、季分析、年考评。为吸引国内外资本参与100个重大服务业项目建设，多次开展面向国内外的主题招商活动，重点吸引国内外知名企业集团总部、跨国公司地区总部特别是全球服务业企业100强入驻辽宁。在重大项目的带动下，全省服务业固定资产投资高速增长。2010年，全省服务业固定资产投资完成8191.7亿元，5年年均增长31.6%，比“十五”期间加快8.3个百分点，占全社会固定资产投资比重51.1%，比“十五”末期提高2个百分点。

3. 服务业骨干企业发展成效显著

通过优势资源整合，做大做强，培育出一批核心竞争力强的大型服务业企业。以大商集团、东软集团、大连商品交易所等企业为代表，一批核心竞争力强的大型服务业企业逐渐做大做强。目前，全省共有21家企业入围2010年中国服务业企业500强，其中4家企业入围2010年中国企业500强。

二、采取的主要措施

（一）激活城区经济发展潜力，为全省服务业发展注入强大动力

辽宁现有56个城区，全省经济总量的80%、消费总量的85%集中在城区。2010年，全省城区完成地区生产总值近8000亿元，其中有10个城区超过300亿元，城区在聚集和配置各种资源要素中发挥主导作用。从辽宁经济发展的实际出发，辽宁省委在2009年出台了《中共辽宁省委、辽宁省人民政府关于加快城区经济发展的若干意见》（辽委发〔2009〕13号），提出要把城区作为现代服务业发展的主要承载地，把大力发展服务业作为城区经济结构调整、产业升级的首要任务，纳入城市经济发展总体规划，摆上优先发展位置。为激活城区经济发展潜力，辽宁省委、省政府毫不动摇地持续推进两项改革。

1. 科学调整城区布局，拓展城区发展空间

根据实际发展需要，按照“统筹规划、稳步推进、因地制宜、突出优势”的要求，以加快城区行政区划调整为突破口，促进资源整合与优化配置，拓宽城区经济发展空间。沈阳、大连、鞍山、抚顺、辽阳、朝阳、盘锦7市对城区区划进行了调整，其中，沈阳市四大中心城区区划面积扩大了134平方公里；大连启动了新市区管理体制改革，新市区面积扩大到2300平方公里；鞍山城区面积扩大了176平方公里，辽阳、盘锦中心城区面积分别扩大了75平方公里和130平方公里。

2. 创新城区经济管理体制，增强城区经济管理能力

按照“合理划分事权、强化基层工作、明晰责权配置、事权财权对称、落实城区职责”的原则，赋予城区更加完整、更加规范的管理权限，逐步建立有利于城区经济加快发展的新型管理模式。全省14个市全部出台了向城区放权的意见，下放了涉及市级经济管理、社会管理等15大类、近百项权限。铁西区、沈北新区、金州新区、鲅鱼圈区等10个城区享有市级经济管理权限。鞍山、抚顺、丹东、锦州、阜新、辽阳、盘锦7市继第一轮放权后，正在研究第二轮放权意见。两项改革的实施，激活了城区经济潜力，为全省服务业发展注入了强大动力。

（二）建立健全工作体制和工作制度，为全省服务业加快发展提供坚强保障

辽宁省委、省政府高度重视服务业发展工作。2008—2010年，两次召开全省服务业工作会议、两

次召开全省城区经济工作会议。在每次会议上，省委书记、省长都亲自到会并做重要讲话。按照省委书记和省长的讲话精神，省政府陆续出台了《关于建立全省服务业发展协调机制的通知》《关于加快城区经济发展的若干意见》等一系列重要文件，建立健全了推进全省服务业加快发展的工作体制和工作制度，形成了推进全省服务业加快发展的强大合力。

为加强对服务业发展工作的组织领导，省政府于 2008 年和 2009 年先后成立了辽宁省服务业发展领导小组和辽宁省城区经济工作领导小组，由省长担任两个领导小组的组长，分管服务业工作的副省长担任两个领导小组的副组长，省政府有关部门负责人为领导小组成员。服务业发展领导小组建立了调度、报告、分析三项工作制度。调度制度规定，领导小组副组长每半年组织召开服务业发展调度会议，听取重点行业和重点工作进展情况，研究、协调、解决各种矛盾和问题。报告制度规定，省服务业发展领导小组各成员单位在每季度结束后 15 日内，将上一季度主管行业主要指标完成情况、重点企业发展情况、集聚区和项目建设情况上报领导小组办公室，办公室汇总形成综合报告上报省委、省政府。分析制度规定，省服务业发展领导小组办公室按季度组织召开服务业发展形势分析会，研究服务业运行特点、发展趋势和存在问题，提出有针对性的对策建议。领导协调机构和三项制度的建立，对推动全省服务业发展发挥了重要作用。

（三）推进三大载体建设，为全省服务业加快发展奠定坚实基础

按照省委、省政府的要求和部署，全省上下把现代服务业集聚区建设作为服务业发展的重要抓手，把重点项目建设作为服务业发展的重要引擎，把培育重点企业作为服务业发展的重要引领，汇集精干力量，集中优势资源，狠抓集聚区、项目、企业三大载体建设。

1. 突出抓好服务业集聚区建设

按照省政府提出的“每个城区都要形成一个有规模的服务业集聚区”的要求，印发了《辽宁省省级现代服务业集聚区管理办法》，对省级现代服务业集聚区采取分批认定、动态管理、定期考核。对通过认定的省级现代服务业集聚区，优先安排省级服务业发展引导资金。对连续两年考评不合格的，取消其省级现代服务业集聚区资格。目前，全省 56 个城区共规划建设了 89 个服务业集聚区，规划占地面积 1309 平方公里，建筑面积 25144 万平方米，2010 年实现营业收入 3975 亿元，累计完成投资 2846 亿元，入驻企业 28937 家，有 22 个集聚区的营业收入超过 50 亿元。

2. 全力抓好服务业重大项目建设

为给全省服务业发展增添新动力，坚持高起点规划、高水平招商，每年滚动推进 100 个重大服务业项目。对 100 个重大服务业项目实行月调度、季分析、年考评。定期向省政府报告重大项目推进情况，及时协调、解决项目推进中遇到的困难和问题。每年年底对各市推进 100 个重大服务业项目进行考评。为吸引国内外资本参与 100 个重大服务业项目建设，多次开展面向国内外的主题招商活动，重点吸引国内外知名企业集团总部、跨国公司地区总部，特别是全球服务业企业 100 强入驻辽宁。

3. 积极培育领军型旗舰企业

2008 年以来，在全省组织实施服务业“百强行动计划”，在金融保险、现代物流、信息服务、商贸流通、研发设计等现代服务业领域，依据企业年度营业收入，参考国家产业、税收政策和企业纳税贡献，同时考虑产业结构层次，行业代表性和企业技术含量、成长前景等因素，筛选出 100 户服务业企业加以重点培育，全力支持东软集团、大商集团、大连万达集团、辽宁出版传媒、大连商品交易所、联合物流等企业做大做强，力争到 2012 年全省有 30 户企业进入全国服务业企业 500 强。省服务业发展领导小组定期听取 100 户重点服务业企业发展情况，研究、协调、解决企业发展中遇到的困难和问题，形成全省上下合力支持重点服务业企业发展的局面。

三、主要问题

“十一五”时期，辽宁服务业发展虽然取得了很大成绩，但仍未摆脱以粗放型为主的经济发展方

式，产业结构以重化工业和装备制造业为主，服务业仍是薄弱产业。无论是在规模上还是在质量上，服务业发展都与全省工业化、城市化、国际化加速推进的新形势不相协调，也与建设国家新型产业基地的新要求、新任务不相适应。

（1）一些地方和部门对发展服务业还缺乏足够的重视。服务业政策法规体系不完善，政策扶持力度不够，服务业发展的统计体系和考核体系尚未建立起来。

（2）服务业总体规模偏小，发展速度缓慢。辽宁服务业的发展较之东部沿海发达省份差距还很大，服务业增加值增长速度低于全省工业和地区生产总值增长速度。

（3）层次低，结构不合理。目前，辽宁省仍以传统服务业为主，多数服务行业品种单调、手段落后，信息技术产品等高技术手段在服务业领域的应用仍然比较少。生产性服务业的发展严重滞后，科技成果转化率低，为全省制造业升级提供支撑的科技服务能力弱。

（4）服务业发展集聚程度较低，布局分散，城区主体作用没有充分发挥。大部分服务行业企业、项目分布不集中，难以发挥集聚效应，实现规模经济和范围经济。特别是作为服务业发展重要主体的城区，普遍存在发展服务业财力弱、手段单一、动力不强的问题。

（5）“小、散、弱”现象突出，缺少支撑行业发展的领军企业和知名品牌。商贸、物流、服务外包、金融等行业的一些企业亟需做大做强。科技、旅游、咨询、会计、文化创意、会展等新兴业态中，省内企业还没有形成规模，没有在全国位居前列的大企业或企业集团。

（6）社会公共服务供给严重不足。社区公共服务欠缺，农村尤其明显，很多社会群体不能享受到应有的基本服务。

四、“十二五”发展思路

以科学发展观为指导，抓住辽宁沿海经济带、沈阳经济区上升为国家战略和实施东北老工业基地振兴战略的历史机遇，把发展服务业作为转变经济发展方式、推进产业结构升级和富民强省的重要支撑，以建设生产性服务业强省为核心，以加速发展、优化结构、培育载体、做大做强为重点，大力发展生产性服务业和新兴服务业，创新发展生活性服务业和传统服务业，统筹发展城乡服务业，加大政策支持，促进集聚发展，营造公平、安全的市场环境，提高服务业发展的质量效益和核心竞争力，促进服务业的专业化、社会化、国际化和信息化，努力构建生产性服务业集聚发展、生活性服务业丰富繁荣、公共服务普惠公平、农村服务健全完善的现代服务体系。发展目标是：到 2015 年，全省服务业增加值达到 1.4 万亿元，实现五年翻番；服务业增加值占 GDP 比重确保达到 42%，力争 43%；服务业从业人员达到 1200 万人，占全社会从业人员比重达到 45% 以上；运用信息技术和现代经营理念发展的现代服务业规模明显扩大，现代服务业增加值占全省服务业增加值比重超过 50%。发展重点是：①打造“两大板块”，形成竞相发展、优势互补的空间布局。依托辽宁沿海经济带、沈阳经济区，形成以两大都市功能区为面，以 18 条产业带为线，以 75 个新城、新市镇和工业园区为点的分工合理、特色明显、优势互补、充满活力的现代服务业增长格局。重点构建沿海经济带临海临港服务产业集群和沈阳经济区生产性服务业集聚区。②发展“十大产业”，形成结构合理、多业并进的产业格局。一是发展科技服务业，建设国家技术研发与创新基地；二是发展现代物流业，建设东北亚国际物流航运中心；三是发展信息服务业，建设全球软件与服务外包基地；四是发展金融服务业，建设东北亚区域金融中心；五是发展商贸服务业，建设中国北方国际商贸枢纽；六是发展房地产业，建设生态宜居城市群；七是发展商务服务业，建设国际会展、商务中心；八是发展文化产业，建设文化产业强省；九是发展旅游产业，建设四季旅游休闲佳地；十是发展居民服务业，建设现代宜居便民服务体系。③培育“五大载体”，形成服务业集聚发展、重点引领的优质平台。一是壮大 56 个以现代服务业为主体的城区经济；二是建设 100 个营业额 50 亿元以上的服务业集聚区，重点规划建设大连旅顺南路软件产业带、沈阳金廊服务业集聚区、大连人民路 CBD、大连钻石港湾、沈阳大中街商贸文化集聚区 5 个营业收入超

1000 亿元的集聚区；三是建设 200 个投资额 20 亿元以上的重点项目，重点建设大连金石国际旅游度假区、大连世茂嘉年华、沈阳龙之梦亚太城、东北温泉产业城等 14 个总投资超 200 亿元的项目；四是培育 108 家具有竞争力的领军企业，形成大连大商集团、沈阳铁路局、大连万达集团等 3 家营业收入超 1000 亿元的服务业企业；五是积极培育市场体系，培育年交易额 30 亿元以上商品批发市场 60 个。④实施"六项工程"，形成集约发展、核心竞争力突出的增长模式，包括主辅分离工程、信息化提升工程、自主创新工程、品牌建设工程、对外开放工程、公共平台工程。

第七章　吉林省服务业发展报告

"十一五"期间，吉林省委、省政府着眼老工业基地振兴全局，高度重视服务业发展，把发展服务业作为转变经济发展方式、提升全省综合竞争力、提高人民群众生活水平和增加就业的重要举措来抓。"十一五"时期，吉林省服务业发展速度明显加快，奠定了较好的发展基础，走上了良好的发展轨道。

一、"十一五"发展情况

"十一五"期间，全省服务业发展以大中城市为重点地区，以八大行业为重点领域，不断创新发展机制，加大资金投入力度，全面改造提升传统服务业，大力发展现代服务业，推进重大项目建设，加强培育龙头企业，促进了服务业快速发展。

（一）总体发展情况

1. 增长速度较快

"十一五"期间，全省服务业年均增速达 14.5%，比"十五"时期提高 3.9 个百分点。特别是 2007—2009 年，吉林省服务业增速一直位于全国前列。其中，2007 年增长 16.4%，居全国第 4 位；2008 年增长 16.7%，居全国首位；2009 年增长 13%，居全国第 9 位；2010 年，全省服务业增加值跃上 3000 亿元台阶，实现 3111 亿元，比 2005 年增长了一倍多，见图 7－1。

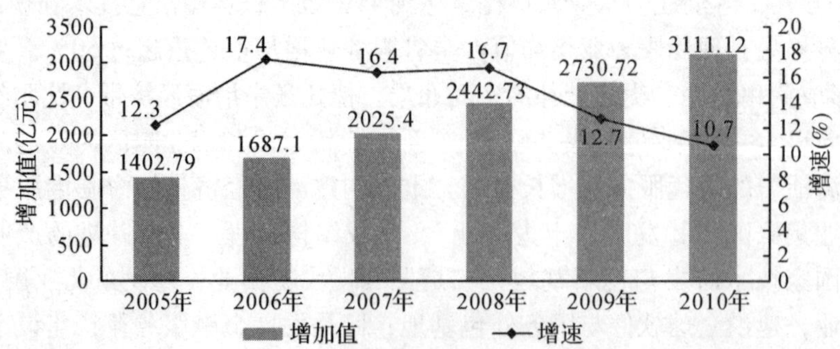

图 7－1　2005—2010 年吉林省服务业增加值、增速完成情况

2. 结构进一步优化

信息技术、电子商务、现代物流、连锁经营等新型业态和经营方式的推广应用，推动了现代服务业的发展。交通运输、仓储和邮政业、批发零售业、住宿餐饮业等传统服务业改造提升步伐加快，服务功能得到加强。科技、文化、信息服务、金融保险等行业得到较快发展，比重逐步提高，由 2005 年

的31.6%上升到2010年的32.6%。

3. 服务业企业发展势头良好

截至2010年年末，全省实有内资服务业企业135078户，注册资本3885.46亿元，同比分别增长3.8%和3.1%。其中私营企业达到9万户左右，占总企业户数的70%左右。外资服务业企业2494户，注册资本33.25亿美元，同比分别增长7.3%和24.6%。

4. 对经济社会的贡献增强

2010年，吉林省服务业地方税收收入实现240亿元，是2005年的2.3倍；占地税收入的比重达到61%，比2005年提高2.5个百分点，成为地方税收的主要来源。服务业从业人员超过480万人，比2005年增加40万人左右，占全社会从业人员的比重达到36.7%，成为吸纳城乡居民就业的重要渠道。

（二）重点行业发展情况

现代物流、信息服务、农业服务、金融业等生产性服务业和具有吉林省特色的旅游、文化产业是吉林省服务业发展的重点领域，近几年呈快速上升的态势。

1. 现代物流业

现代物流业已成为提升产业竞争力、保持经济持续增长的重要内容。近年来，吉林省制定了《吉林省物流“十一五”规划》，出台了《吉林省贯彻落实国务院物流业调整和振兴规划实施意见》，形成了以长春、吉林等主要节点城市为中心的物流综合服务网络，第三方物流逐步兴起，一批新型的物流企业迅速成长，物流业总体水平有所提高。2010年，全省社会物流业增加值达到505亿元，占第三产业增加值的16.2%；物流企业2.2万家（其中5A级2家，4A级15家，3A级11家），总资产1000万元以上的物流企业350家，全省物流行业从业人员超过45万人。在建或已建成长春内陆港综合物流、吉林西站物流、四平工贸综合物流等物流园区，聚集效应初步显现。

2. 软件和信息服务业

软件和信息服务业是信息产业和服务业发展的直接推动力量，是增值效益最大的产业，在产业结构升级中发挥着重要的推进作用。近年来，吉林省充分认识到信息产业在经济发展中的重要作用，加强了电子信息产业基地和园区的建设，两化融合、三网融合步伐不断加快，市场规模不断壮大，产品结构不断完善，信息服务不断拓展，应用网络建设全面推进。2010年，全省软件和信息服务业实现增加值193亿元，占服务业比重6%；拥有软件企业600余家，从业人员2万余人。信息服务业基础设施建设日趋完善。已经建立了长春国家光电子产业基地、新兴的现代电力电子产业基地、吉林省汽车电子产业基地园、吉林软件园、延边信息产业园等国家产业基地和省级产业园区，基本形成了特色产业集群。

3. 金融业

金融业是服务业的核心，也是经济发展的命脉。近来年，吉林省深入贯彻落实适度宽松的货币政策和各项金融宏观调控措施，积极推进金融体制改革，稳步发展金融市场，切实加大金融生态环境建设力度，初步形成了银行、证券、保险、信托、农村信用社等多种机构并存，全国性、区域性、地方性机构协调发展的多元化金融组织体系和金融结构日趋合理、功能日益齐全的现代金融服务体系，为经济和社会发展提供了多种支持和服务。2010年，全省金融业实现增加值190.12亿元，占服务业的比重为6.1%；境内金融机构本外币存款总额达到9606.7亿元，金融机构本外币贷款余额为7205.94亿元，为吉林省经济社会更好更快发展提供了强有力的支撑。

4. 农业服务业

农业服务业是吉林省农业现代化建设的客观要求，也是新时期农业和农村经济快速有序发展的重要保障。吉林省深入贯彻落实国家农业服务业发展的相关政策，出台了《吉林省农机购置补贴工作监督管理办法》《吉林省人民政府关于加快农机装备产业发展的意见》《吉林省农业机械事故处理办法》等文件。农业科技、信息、农机服务水平有所提高，农业合作社发展规模不断扩大，农产品流通体系日渐完善，农业服务业呈现蓬勃发展之势。2010年，全省农业服务业完成增加值230亿元，占服务业的比重为 7.4%；农业科技进步贡献率达到 56%，高于全国平均水平；农作物耕种收综合机械化水平达到 57%。全省 9 个地区、60 个县、624 个乡的农业信息服务平台全部建成，基本建立了快速高效、上下联动的省、市、县、乡、村五级农业信息服务体系。

5. 商贸流通业

商贸流通业是市场经济的先导产业，是扩大消费、拉动生产、增加就业的有效途径。"十一五"时期吉林省充分发挥商贸流通业对国民经济的拉动促进作用，出台了《关于促进流通业发展的实施意见》等一系列拉动内需、促进消费的政策措施，并不断加大重点商贸企业、园区和项目建设力度，积极培育消费热点，消费结构不断升级，市场体系进一步完善，商贸流通业运行质量明显提升，对经济的贡献率逐步提高。2010 年，全省全社会消费品零售总额达到 3504.9 亿元，其中批发零售、餐饮住宿和其他服务业分别完成 3152.18 亿元、349.64 亿元和 3.1 亿元；全省各类专业批发市场达到 915 处。

6. 房地产业

房地产业具有产业链长、关联度大、带动性强的特点，是钢铁、水泥和玻璃等上游产业、产品以及建筑业的主要消费点，在经济发展中有着重要的地位和作用。近年来，吉林省房地产业在国家宏观调控下，更加重视保障性住房建设，出台了《吉林省人民政府关于进一步加强国有土地使用权出让监督管理的意见》《吉林省城镇低收入住房困难家庭廉租住房保障办法》《关于改善群众住房条件 促进房地产市场健康发展的实施意见》《吉林省人民政府关于加强土地调控有关问题的实施意见》等文件，市场管理制度和市场调节机制逐步完善，城镇居民住房调节明显改善，房地产业呈现良好发展势头。2010 年，全省房地产业实现增加值 212.32 亿元；商品房销售面积为 2382.1 万平方米，商品房销售额达到 868.7 亿元；完成房地产投资 921.01 亿元，办公楼、商业用楼等其他用途建筑比例维持在 20% 左右。

7. 旅游业

旅游业是资源消耗低，带动系数大，就业机会多，综合效益好的新兴产业，是服务业的重要组成部分。近些年，吉林省积极开发和整合旅游资源，全力打造旅游品牌，不断提高旅游服务质量和水平，旅游产业竞争力明显提升。2010 年，全省旅游总收入达到 732.83 亿元，占服务业增加值的 12%；占地区生产总值的比重由 2005 年的 6.33% 上升到 8.45%；全省接待旅游总人数 6490.9 万人次。旅游市场开拓能力显著增强。全省优秀旅游城市 7 个，国家 A 级旅游景区 110 家，星级饭店 223 个，旅行社 567 个。长春冰雪旅游节暨净月潭瓦萨国际越野滑雪节、吉林雾凇冰雪节等近十项节庆活动已成为国内乃至世界品牌。旅游项目建设取得了重大进展，吉林乌拉古城风情园、长春国际汽车主题公园、北大湖五星级酒店、长白山国际旅游度假区等一批旅游项目建设进展顺利。

8. 文化产业

文化产业是市场经济条件下繁荣社会主义文化、满足人民群众精神文化需求的重要途经。吉林省文化事业和文化产业发展迅速，产业领域不断拓展，创新创业氛围渐趋浓郁，演出市场体系日益稳固，以新闻出版、广播影视等为主体的文化产业群体粗具规模，软件开发服务、动漫等新兴文化产业蓬勃发展。2010 年，全省实现文化产业增加值 440 亿元，占服务业的比重为 14.2%。吉林出版集团有限责任公司、长春出版社和吉林美术出版社 3 家图书出版单位被评为全国百佳图书出版单位。建设了 7 个国家级文化产业示范基地和 17 个省级文化产业基地，其中，知合动漫国际动漫产业园、吉林动漫游戏原创产业园已经成为国内重要的动漫教育培训基地和极具发展潜力的研发生产基地。

（三）全省各市（州）发展情况

各市（州）认真贯彻落实省委、省政府的总体部署，高度重视服务业发展。全省各市（州）发展呈现项目支撑、特色鲜明、结构优化、长吉领跑四大特点，为全省服务业快速发展奠定了基础。

1. 规划先行，项目支撑

各市（州）围绕本地区经济社会发展总体目标，贯彻落实全省服务业跨越发展计划，采取强有力措施，抓重点、抓关键，着眼当前，谋划长远，编制了《长春市服务业发展规划》《吉林市服务业发展规划（2010 年—2012 年）》《白山市服务业跨越发展计划》等规划和计划。研究制定了《长春市人民政府办公厅关于加快推进服务业十大工程建设的实施意见》《四平市服务业发展指标体系及考评办法》等政策措施。全力推进长春重大物流枢纽建设、吉林松花湖（松花江）旅游度假区基础设施、四平东北亚休闲商务区、辽源东北袜业商贸交易中心、通化高句丽旅游综合服务设施等重大项目建设，有力地促进了本地区服务业快速发展。

2. 集聚提升，特色鲜明

各市（州）依托现有产业发展基础，把集聚区建设作为加快产业提升，促进工业化、城镇化良性互动的重要平台。其中，中心城区现代服务业集聚化发展势头初现，物流（交通运输仓储及邮政业）、信息（信息传输、计算机服务和软件业）、文化（文化、体育和娱乐业）、房地产、公共管理和社会组织等行业呈现集聚化发展态势。县域服务业经济不断培育和壮大具有地方特色和竞争能力的产业集群，集聚化发展出现萌芽，其中批发和零售业、房地产业、水利、环境和公共设施管理业、居民服务和其他服务业发展较快，初步形成了各具特色的发展格局，为县域经济发展提供了有力支撑。

3. 结构优化，助推增长

“十一五”期间，各市（州）着力优化服务业结构。以交通运输、仓储和邮政业，信息传输、计算机服务和软件业，金融业，租赁和商务服务业，科学研究、技术服务及地质勘查业 5 个行业为代表的生产性服务业增速较快。其中，租赁和商务服务业在长春、四平、延边各行业增速中居首位。公共服务业快速发展，公共管理和社会组织行业增速在 5 个市（州）位居前五位。各市（州）以教文卫、水利环境及公共设施、公共管理和社会组织等行业为代表的公共服务业发展势头良好，区域服务业经济发展质量不断提高，经济转型步伐明显加快。

4. 长吉领跑，重点突出

长春、吉林是吉林省两大特大城市，人口总量占全省人口的 45%，GDP 占全省总量的 60% 以上，地方财政收入占全省财政收入的 40% 以上。两市高度重视服务业发展，长春市明确提出实施服务业兴市战略，推动形成工业和服务业双拉动增长格局。吉林市把服务业相关目标和项目建设作为全市“五项攻坚”立功竞赛活动的重点内容。2010 年，长春、吉林两市服务业发展远超其他地区，两地服务业增加值达到 2066.58 亿元，占全省服务业增加值的 66.4%，见图 7－2。从行业结构来看，长春、吉林两市科教服务业、信息服务业、金融业等新兴服务业由于科技资源、人才资源、产业资源等各方面的优势，在全省占有绝对优势。

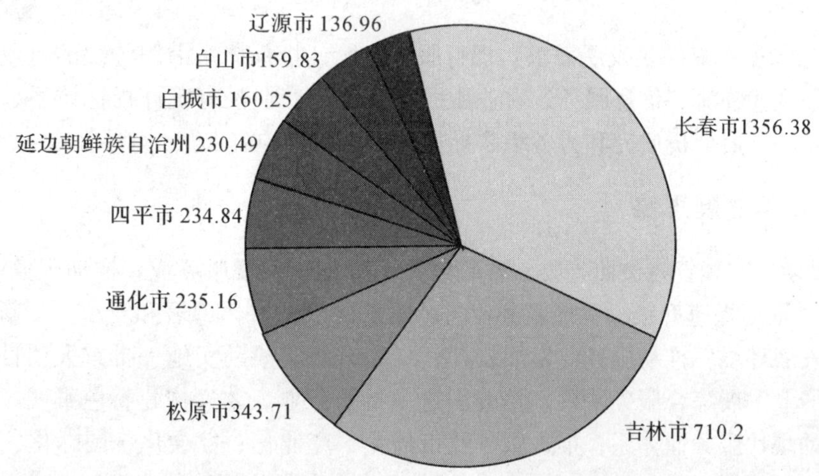

图 7－2　2010 年吉林省各市（州）服务业增加值完成情况（单位：亿元）

二、主要问题

近年来吉林省服务业比重逐年下滑，2006 年三次产业比重为 15.7∶44.8∶39.5，2010 年为 12.1∶52.0∶35.9，第二产业上升了 7.2 个百分点，第一产业和第三产业均下降了 3.6 个百分点。就产业结构而言，当前吉林省第一产业比重大体在 12% 左右；第二产业比重已突破了 50%，并且逐年走高；相应，第三产业比重必然呈下降趋势。影响吉林省服务业发展的矛盾和问题突出表现在以下几个方面。

(1) 产业结构不合理。传统服务业比重仍然较高，约占 65%。制造企业中生产性服务业发展很快，但仍按第二产业统计。2010 年，吉林省生产性服务业占 31%，比发达地区低约 20 个百分点。电子商务、服务外包、节能服务、物联网等新型业态尚处于萌芽状态。

(2) 消费水平偏低。城乡居民对消费的需求潜能不足，消费率（最终消费占 GDP 比重）始终低于全国平均水平。2010 年吉林省消费率 41.1%，比 2005 年下降 10 个百分点。最主要的原因是城乡居民收入水平不高。城镇居民人均可支配收入低于全国平均水平 3697.53 元，仅相当于全国的 80.7%。

(3) 投资强度不足。2010 年，城镇以上服务业固定资产投资比重 39.7%，比全国平均水平低 16.8 个百分点，分别低于广东、上海、浙江、辽宁 26.7、33.0、19.2、11.3 个百分点。2006—2010 年，第二产业投资比重高于服务业 6～15 个百分点。政府财力性投入能力较低，目前每年仅 8000 万元，而发达省区已达到数亿甚至数十亿元。

(4) 市场化程度较低。一是垄断经营，除居民服务业、批发和零售业、房地产等行业市场化程度相对较高外，银行、保险、通信、铁路、教育、卫生、新闻出版、广播电视等基本处于垄断状态。二是服务业国有投资居高不下，占 44.8%，其中银行、通信、邮电、铁路运输、航空运输等行业高达 90% 以上。三是行业协会、社会中介以及社会服务等发展较缓。

(5) 龙头企业较少。2010 年吉林省入选全国服务业 500 强企业的只有吉粮集团一家（排名第 132 位），物流企业 90% 以上都是中小企业，商贸流通企业年销售总额超 50 亿元以上的零售企业只有欧亚一家。

(6) 服务业专业人才匮乏。全省城镇服务业单位技术人员约 63 万人，占城镇服务业单位从业人员的 43%。虽比重不低，但面向生产性服务业的专业人员仅 13 万人左右，不到城镇服务业单位从业人员的 1/10。信息服务、金融业等现代服务业领域的专业技术人员数量较少，高层次管理人才短缺的现象更是严重。

(7) 现行统计制度不能满足发展需求。现行服务业统计指标体系沿用传统的行业分类，而现代服务业诸多领域，如现代物流、信息服务、农业服务、文化等产业没有统计指标体系，难以满足为社会各界提供统计信息、开展分析研究和为各级领导提供决策依据的需求。

三、"十二五"发展思路

"十二五"时期，吉林省将按照省委、省政府关于"加快发展服务业，推动服务业向集群、特色、现代方向转变"、"推动提速升级，实现服务业跨越式发展"的总体部署和要求，创新体制机制，强化政策措施，优化发展环境，推动服务业发展提速，结构升级。滚动实施一批重大项目，形成一批知名品牌，打造一批产业发展综合服务平台，培养引进一批服务业人才，构建特色鲜明、结构优化、功能完善、广纳就业的现代服务业体系，推进服务业市场化、产业化、社会化、国际化，全面实施好《吉林省服务业跨越发展计划（2011—2015 年）》，推动全省服务业实现跨越式发展。发展目标是：到 2015 年，服务业增加值总量达到 6000 亿元以上，年均增长 12.5%，占地区生产总值的比重达到 40%。生产性服务业占全部服务业比重达到 35%，提高 4 个百分点。全省服务业吸纳就业人员总数达到 520 万人，占全省从业人员比重提高到 40%。税收收入实现 1100 亿元，占全部税收的比重达到 38% 左右，提高5个百分点左右。形成总量跃升、比重提高、结构优化的全省服务业发展新格局。重点任务是：优先发展现代物流、信息服务、金融服务、农业服务、科技服务、会展等生产性服务业，积极发展商贸流通、家庭服务、房地产等生活性服务业，突出发展旅游、文化等吉林特色服务业，培育发展电子商务、服务外包、物联网、节能服务等新型业态，推进体制机制创新，加强标准化建设，推动集聚式发展，加快重大项目建设，制定和完善各项扶持政策，推动建立服务业统计监测体系。为顺利完成全省服务业跨越发展目标和重点任务，吉林省将着重制定完善政策，扩大开放合作，加强基础工作，强化组织实施，营造有利于服务业发展的市场和政策环境。

附件："十一五"时期印发的政策文件

1.《中共吉林省委、吉林省人民政府关于推进服务业跨越发展的决定》(吉发〔2007〕10号)

2.《吉林省人民政府批转省地税局关于促进民营经济腾飞和服务业跨越发展有关税收优惠政策的通知》(吉政发〔2007〕34号)

3.《吉林省人民政府关于印发加快全省服务业跨越发展若干政策的通知》(吉政发〔2008〕28号)

第八章　黑龙江省服务业发展报告

"十一五"期间，黑龙江省委、省政府高度重视服务业发展，把服务业作为扩大就业、优化产业结构、促进经济社会协调发展的重要抓手，把加快服务业发展作为"保增长、保民生、保稳定、促发展"的重要工作，采取切实有效的政策措施，努力扩大规模、提高比重，服务业发展在宏观面和基本面呈现出积极变化，为"十二五"加快发展奠定了良好基础。

一、"十一五"发展情况

(一)服务业发展呈现稳中趋快的良好势头

"十一五"期间，黑龙江省第三产业发展速度明显加快。2010年，第三产业实现增加值3861.6亿元，比上年增长14.5%，"十一五"期间年均增长12.9%，高于GDP增速0.9个百分点。占经济总量的比重显著提高，2010年达到37.2%，比2005年提高3.5个百分点。服务业对经济增长的贡献率也呈稳步提升态势，2010年达到32.1%，比2005年提高2.5个百分点。

(二)服务业投资增长较快

2010年，第三产业完成固定资产投资2965.9亿元，占全部固定资产投资的47.2%。一批服务业大项目建设进展顺利，哈尔滨国裕数据技术服务有限公司金融行业数据中心、新华(大庆)国际石油资讯中心有限公司新华08国际石油资讯中心、哈尔滨市商德国际金属物流园区等项目建设顺利推进，服务业已经成为黑龙江省调结构、保增长的中坚力量，为全省经济社会发展增添了新动力。

(三)服务业内部结构逐步优化

传统服务行业稳定发展，占服务业比重呈下降趋势。2010年，全省交通运输仓储和邮政业实现增加值469.3亿元，占服务业增加值的比重为12.2％，比2005年下降1.2个百分点；住宿餐和饮业实现增加值240.1亿元，占服务业增加值的比重为6.2％，与2005持平；批发和零售业实现增加值880.8亿元，占服务业增加值的比重为22.8％，比2005年提高0.6个百分点，略有上升。新兴服务行业亮点纷呈，服务外包业异军突起，哈尔滨、大庆被认定为国家级服务外包示范城市。

（四）服务业成为安置就业的主要渠道

2010年，服务业就业人数759万人，占全社会就业总人数比重39.3%，比2005年提高6.3个百分点。批发零售贸易餐饮业、旅游业、家政服务业、社区服务业等劳动密集型服务行业成为吸纳就业的主渠道。

（五）重点行业健康稳定发展

1. 旅游业发展态势较好

充分发挥黑龙江省独具特色的生态资源优势，整合优化、培育特色旅游产品，打造龙头精品，旅游业快速发展。2010年，全省旅游接待总人数达1.6亿人次，实现总收入852亿元，分别比2005年增长31.6%和45.5%。

2. 金融业运行平稳

各金融机构积极贯彻执行稳健的货币政策，各项存款保持平稳增长。截至2010年年底，全省金融机构存款余额11937.4亿元，贷款余额7230.5亿元，分别比2005年增长94.6%和97.6%。全省累计批准设立小额贷款公司213家、村镇银行16家，小额贷款公司市地覆盖率达到100%。

3. 服务外包业快速发展

认真贯彻《国务院办公厅关于促进服务外包产业发展问题的复函》精神，加快哈尔滨、大庆市国家级服务外包示范城市建设，服务外包业呈现出企业集聚、规模壮大、发展提速的良好势头。园区和企业参加国际软件交易会、博览会和哈洽会服务外包产业发展周等会议活动明显增多，招商引资和市场推介成效显著，外包业务已经拓展到欧美、澳洲、非洲、日本和韩国等国家和地区。2010年，全省服务外包产业产值超过100亿元，从业人数超过3万人。

4. 商贸流通业继续保持繁荣

深入落实省政府《关于进一步搞活流通扩大消费的意见》精神，加快城乡市场体系建设，改善市场环境，传统的商贸流通等行业内部不断进行重组改进和经营业态创新，沃尔玛、家乐福等国际大型连锁商业已经成为黑龙江省商品流通的重要形式，城乡消费持续升温。2010年，社会消费品零售总额实现4039.2亿元，相当于2005年的2.28倍。

5. 物流基础设施明显改善

牡绥高速等一批重点公路项目建设加快推进，加格达奇、抚远、五大连池机场项目进展顺利。大庆综合物流园区运营良好，大庆油田物资集团物流中心、哈尔滨农副产品物流园等专业化物流园区建设进程加快。全省仓储、配送设施现代化水平不断提高，一批区域性物流中心正在形成。

二、主要问题

黑龙江省服务业发展面临着两个挑战。一是来自于国际方面。随着经济全球化的不断深入，黑龙江省服务业的发展将承受国际服务业竞争加剧的影响，在国际服务业向中国转移过程中，外商投资商业企业在地域、数量、股权等方面的限制逐步取消，面对的市场已经从国内竞争变为国际化竞争。二是来自于国内方面。北京、天津、广东等发达地区都把发展现代服务业作为城市发展的战略问题和新一轮城市发展的重点加以推进，国内争先发展现代服务业的竞争压力日益加大。总体来看，黑龙江省服务业发展主要存在如下问题。

（一）发展滞后

近10年来，黑龙江省服务业增加值占GDP的比重一直在35%左右，不仅远低于世界平均水平（约为60%），也低于全国平均水平（约为42%）。

（二）结构层次低

全省信息传输、软件服务、产品设计、金融保险、电子商务、市场调查、物流配送等能够为第一、二产业提供产前产后服务，有助于提高生产经营效率、提高产业关联度的现代服务体系还不完善，科技含量低，服务功能不全，难以满足经济社会发展的需要。

（三）发展不平衡

从服务业增加值占地区生产总值的比重看，哈尔滨等中心城市服务业发展相对比较充分，2010年的服务业占比已达到50%以上；而其他地区则相对落后，大兴安岭地区服务业占比不足1%。一方面，发展比较充分的地区，需要进一步提高水平，加快发展现代服务业，大力推进传统服务业的现代化，增强竞争能力。另一方面，发展不太充分的地区，传统服务业补课性发展的任务仍相当繁重。

制约黑龙江省服务业发展的因素主要包括：①服务业的市场化程度低。目前，除商贸流通业、住宿餐饮业、运输业中的公路运输等传统产业市场化程度较高外，服务业的众多领域市场化程度都比较低，市场配置资源的基础作用尚未得到充分发挥。②城市化水平和质量偏低。服务业发展与城市化进程是相辅相成，相伴而生的。只有人口相对集中，才能形成规模化的交易和运输。2010年黑龙江省城镇化水平虽然达到55%以上，但城镇化质量较低，城镇服务功能较差。尤其是众多的小城镇和农场、林场人口规模偏小，导致服务业发展缺乏需求基础，很难发展起来。同时，绝大多数的农村居民由于生活方式和收入水平的限制，也不能对服务业产生较大需求。③政策扶持力度不够。黑龙江省在鼓励经济发展的土地、税收、信贷、能源以及其他方面的政策措施中，偏重鼓励投资而不是消费、偏重鼓励工业而轻视服务业的问题依然存在，对发展服务业重视不够。在电、水、气、热等要素资源价格上，服务业企业明显高于工业企业，高成本投入也在一定程度上制约了服务业的发展。④服务业统计发展滞后。随着服务业的快速发展，不仅新兴服务业不断涌现，传统服务业也演变出许多新的形式，这使服务业所涵盖的范围不断扩大。面对服务业内涵的变化，服务业统计由于种种原因没能做出相应变化，相当一部分服务业活动没有纳入统计范围。

三、“十二五”发展思路

全面贯彻党中央、国务院关于加快服务业发展的各项方针政策，充分落实黑龙江省委、省政府的各项工作部署，按照“突出重点、分类推进”的原则，以市场化、产业化、社会化、信息化为方向，以“拓宽领域、增强功能、优化结构”为着眼点，以实施一批重大基础性、功能性项目为支撑，进一步改善发展环境、优化扶持政策、健全规划体系，通过实现重点突破，带动全省现代服务业的快速发展和提档升级，实现三次产业融合互动发展。到2015年，全省服务业增加值比重和就业比重均达到40%。旅游、现代物流、金融等现代服务业的产业规模和发展质量得到全面提升。重点发展现代物流业、金融保险业、信息服务业、科技服务业、商务服务业等生产性服务业，以及旅游业、商贸服务业、文化产业、体育产业、社区服务业等生活性服务业。相应政策措施包括：①深化改革，加快服务业市场化、产业化、社会化进程；②增加投入，搞好服务业重点项目建设；③放宽市场准入，推进民营经济快速发展；④推进服务业发展的国际化，增强竞争能力；⑤广辟渠道，扩大服务业就业规模；⑥加快人才培养，增强服务业发展后劲；⑦加大力度，改善服务业发展环境。

第九章　上海市服务业发展报告

一、"十一五"发展情况

"十一五"期间，上海继续坚持"三、二、一"产业发展方针，推进产业结构战略性调整，服务业规模和能级不断提升，服务业结构和空间布局不断完善，以服务经济为主的产业结构逐步形成。

（一）服务业年均增速快于全市经济增速，对经济社会发展贡献度加大

2010年，服务业实现增加值9833.51亿元，比"十五"末增长了约2倍。"十一五"期间，服务业增加值年均增速达到12.3%，高出全市生产总值增速1.1个百分点；服务业增加值占全市生产总值的比重从52.1%提高到57.3%，年均提高约1个百分点，见表9－1；服务业吸引外商直接投资实际到位金额占全市的比重从62.1%提高到79.4%；服务业固定资产投资占全社会的比重从68.7%提高到72.7%；服务业从业人员占全市就业比重保持在52%以上。

表9－1　"十一五"服务业发展情况

指　标	2006年	2007年	2008年	2009年	2010年
服务业增加值（亿元）	5508.48	6821.11	7872.23	8930.85	9833.51
服务业增加值占生产总值比重（%）	52.1	54.6	56	59.4	57.3
服务业增加值比上年增长（%）	13.6	18.8	11.7	12.2	5.7

（二）金融、物流、商贸、旅游、信息服务等重点领域占服务业的比重保持在65%以上，支撑作用日益加强

国际金融中心建设取得重要突破。初步形成了以证券、外汇、货币、商品期货、金融期货、黄金、再保险等市场为主要内容的现代金融市场体系。2010年，金融业实现增加值1950.96亿元，占全市生产总值的比重为19.8%；金融市场直接融资额占国内融资总额的比重为20.9%，经济证券化率达104.3%，高出全国平均水平37.6个百分点；证券交易市场股票交易额跃居全球第三，上海商品期货交易市场成为全球三大有色金属定价中心之一，黄金现货交易总额跃居全球第一；在沪外资法人银行21家，占全国的52.5%；各类非银行金融机构共30家（法人28家），成为国内非银行金融机构门类最为齐全的城市；基金管理公司31家，占全国50%，管理的基金份额和基金总净值均位居全国首位；外资证券、基金代表处77家，占全国的48%。

国际航运中心建设取得积极进展，建成了洋山深水港、浦东国际机场等一批枢纽型、功能性、网络化的重大基础设施。2010年，上海港集装箱吞吐量达到2906.9万标箱，跃居全球第一；港口货物吞吐量达到6.53亿吨，连续六年保持世界第一；浦东国际机场航空货邮吞吐量排名世界第三；上海港水水中转比例达到37.8%；涉外航运保险业务占全国比重达到2/3；全球前20家班轮公司分公司或办事机构已入驻上海；上海船舶交易市场经营管理公司、上海船舶保险公估有限责任公司、上海航运运价

交易有限公司、上海国际航运信息中心、上海船舶登记中心等航运服务机构相继在上海成立；正式建立了航运经纪人制度，诞生了我国内地首批持执业证书的航运经纪人；探索开展航运运价衍生品交易业务，达成全球首笔集装箱运价掉期协议。

国际贸易中心建设加快推进。"十一五"期间，上海社会消费品零售总额位于全国前列，商品零售总额位于全国第一，口岸进出口总额占全国的1/4，服务贸易进出口总额占全国的1/4，贸易中心城市地位提升。"十一五"期间，全市社会消费品零售总额年均增长了15.3%，2010年达到6070.5亿元，首次超过全社会固定资产投资总额，是2005年的2倍；商品销售总额年均增长21.8%，2010年上海关区进出口总额6846.45亿美元，是2005年的1.96倍；对外开放力度进一步扩大，截至2010年12月底共有16472家企业获得跨境贸易人民币结算试点资格，跨境贸易人民币结算额达到746亿元；2010年商贸业实现增加值2594.34亿元，占全市生产总值的比重为26.4%。

旅游业2010年实现增加值1360.8亿元，占全市生产总值的比重为8.1%。旅游配套设施服务水平和接待能力提升，至2010年年末，全市已有星级宾馆298家，旅行社923家，A级旅游景点61家，红色旅游基地30个。2010年，国际入境旅游人数达到851.12万人次，连续五年超过600万人次。2010年上海国际客运中心接待世界各地豪华邮轮177艘次，进出游客达到34万人次。

信息服务业蓬勃发展。2010年实现增加值926.76亿元，是2005年的2.6倍。国家规划布局内的重点软件企业达到31家，经营收入超1亿元的软件企业达到150家，其中经营收入超50亿元达到2家。到2010年年底，在海内外证券交易所上市的信息服务企业达到31家，通过CMM/CMMI（软件能力成熟度模型）3级以上国际认证的企业达到117家，通过CMM/CMMI4级和5级的企业数量占全国的42%。

（三）文化创意、会展、电子商务、专业服务、教育培训等新兴服务业发展迅猛，成为新的增长点

文化创意产业呈持续增长态势。2010年，文化创意产业实现增加值1673.79亿元。近年来成功举办了上海国际艺术节、上海国际电影节、上海国际服装文化节等一系列国内外知名的大型文化交流活动。上海利用现有的大量老厂房、老仓库、老大楼和老洋房等优秀历史建筑资源，充分发挥东西方文化交融和国际化程度较高的优势，大力发展工业设计、建筑设计、咨询策划等创意产业。80个创意产业集聚区和15个文化产业园区吸引了8200多家文化创意企业。2010年2月，上海成功加入全球"创意城市网络"，被联合国教科文组织授予"设计之都"的称号。

会展业发展迅速。2010年举办国际会展232次，展出总面积达到577.5万米^2，培育出工博会、华交会、汽车展、国际家具展等23个品牌展，形成近40个规模超过5万米^{2}的展览会。上海国际海事博览会规模位居亚洲第一、全球第二。境外各知名展览公司纷纷将大型品牌展览会"移植"到上海，目前科隆五金展、欧洲制药原料展、慕尼黑工程机械展、法兰克福乐器展等近20个世界大型展览会都有了"上海版"。五年中，上海每年举办的各类会议（论坛）约1万多个，其中比较有影响力的国际性会议200多个。电子商务成交额从2005年的1327.09亿元上升到2010年的4095.1亿元，连续五年保持两位数增长。

受益于"四个中心"建设，上海市专业服务业快速发展。各类专业服务业机构超过6万个。"十一五"期间，上海金融中介服务机构营业收入、机构数量和执业人数均保持高速增长，成为仅次于北京的全国金融中介服务行业第二大集聚地。

教育培训业加速发展，集聚了新东方、英孚、环球雅思等超过4000家教育培训机构。在沪学习的外国留学生人数从2005年的26055人增加到2010年的43016人。

（四）服务业空间布局优化，产业集聚发展格局逐步形成

随着新兴服务业态的不断涌现，各区县充分发挥自身区位优势和产业基础，大力发展特色服

务业，已形成一定的空间集聚。中心城区服务业实现增加值占中心城区生产总值的比重约为80%。“十一五”期间，规划建设了外滩及陆家嘴金融贸易区、北外滩航运服务区、长风生态商务区、淮海中路国际时尚商务区等一批各具特色的服务业集聚区和漕河泾等生产性服务业功能区。

（五）服务业改革开放不断深化，产业发展环境不断完善

“十一五”期间，上海积极推进政府、企业、市场、社会整体改革，深化文化、教育、卫生等领域体制改革，社会公共服务领域产业化进程加速。积极探索服务业体制突破和机制完善，2010 年闸北区获批成为国家服务业综合改革试点区域。总部经济蓬勃发展，至 2010 年年底，累计认定跨国公司地区总部 305 家，新设外资投资性公司 213 家，新设外资研发中心 319 家。

二、采取的主要措施

“十一五”期间，上海以科学发展观为统领，以增强城市国际竞争力为发展主线，切实开展各项工作以全面推进上海现代服务业发展。

（一）加强规划政策引导，营造服务业发展的良好环境

2006 年，针对国际服务业加速转移的新趋势，把发展服务外包作为推进现代服务业加快发展的重要突破口和转变对外贸易方式的重要抓手，市政府出台了《关于促进上海服务外包发展的若干意见》，重点发展国际离岸服务外包业务，积极打造以浦东新区为代表的国家级服务外包示范区。

2008 年，为加快产业结构调整，形成服务经济为主的产业结构，在广泛调研并公开征求社会各界意见的基础上，制定并出台了《上海产业发展重点支持目录（2008）》，将金融服务、航运服务、信息服务、生产性服务业、现代物流、现代商贸、文化服务、专业服务、会展旅游业、教育培训和医疗服务及其他服务业，列为上海服务业未来发展的重点。

2009 年，为了适应全球化新格局和对外开放的新形势，加快“四个中心”建设，推进上海产业结构升级，加快转变经济发展方式，市政府出台了《贯彻国务院关于推进上海加快发展现代服务业和先进制造业建设国际金融中心和国际航运中心意见的实施意见》，明确了国际金融中心和航运中心建设的总体目标、主要任务和措施，成立了推进“两个中心”建设的领导小组和工作推进小组，分别由市长和分管副市长担任组长，明确了重点任务和各项工作，落实了责任部门。

2010 年，根据全市国民经济和社会发展“十二五”专项规划编制工作的安排，上海市着手编制了服务业“十二五”专项规划，提出“十二五”期间要重点发展金融、航运物流、商贸、信息服务、文化创意、旅游会展等服务业领域，加快培育发展新兴金融、专业服务、研发设计、电子商务、数字出版、节能环保服务、教育培训、医疗保健、体育健身和家庭服务业等新兴服务业。

此外，为了实现“四个率先”，建成全国服务贸易的重要基地，加快服务外包产业的发展，上海市制定并出台了《关于促进上海服务贸易全面发展的实施意见》和《关于促进本市服务外包产业发展的实施意见》，积极改善上海市服务贸易结构，着力提高软件和信息服务、专业服务、运输、旅游、医疗服务、文化教育服务、国际服务外包等跨境交易规模，有序承接国际服务业转移，加快转变对外贸易增长方式。为落实国家关于技术先进型服务企业的有关税收政策，制定并出台了《上海市技术先进型服务企业认定管理试行办法》，明确了技术先进型服务企业的认定范围、认定机构、申请条件和认定程序及后续跟踪服务和管理事项。为了完善“四个中心”建设的外部环境，印发了《关于进一步促进本市中介服务业发展的若干意见的通知》，培育一批知名度高、公信力强、具有较强竞争力的中介服务品牌机构。

（二）探索突破体制机制瓶颈，开展服务业综合改革试点

上海市从市场准入制度、项目审批等方面深化服务业体制机制改革，推动政府管理创新。深入推进政府部门与原所属的企事业单位脱钩并加快改制，分别在卫生、水务、城市交通、市政和民防等系统探索实施管办分离改革试点，探索全行业管理体制创新。在国家有关部门大力支持下，利用国家在浦东开展综合配套改革试点的契机，率先开展跨国公司地区总部外汇资金管理方式改革试点，积极推进口岸管理体制改革试点。针对社会领域改革相对滞后的状况，加快了在教育、卫生、文化、社会保障等领域的探索创新。积极推进职业教育集团化办学，探索扩大教育对外开放，加快中外合作办学发展。不断深化文化体制改革，建立健全符合国际惯例的公益文化发展资助模式和筹资运作机制，深化上海世纪出版集团、新华发行集团、印刷集团等股份制改革和投资主体多元化改制，分类实施文化事业单位改革。以社区卫生服务综合改革为切入点，在全市二、三级公立医院与社区卫生服务中心之间建立梯度支援机制和双向转诊机制。

2010 年，为积极探索加快服务业发展的有效途径，按照国家开展服务业综合改革试点和上海市开展市级专项改革试验的有关要求，鼓励和指导有条件的区县结合本区县实际，积极申报国家服务业综合改革试点区。闸北区获批成为国家首批服务业综合改革试点区域，重点建设生产性服务业集聚发展示范区。为切实推进国家服务业综合改革试点工作，上海市成立了由常务副市长任组长、市政府 30 多个相关部门共同参与的市服务业综合改革试点协调推进小组。闸北区高度重视试点工作，制定了《闸北区开展国家服务业综合改革试点实施意见》，成立了以区长为组长的服务业综合改革试点领导小组，督查规划政策落实和年度工作目标完成情况，细化试点目标和任务，明确进度安排和责任部门，并分解具体保障措施。

（三）借助政府资金引导，推动社会加大服务业投入力度

2007 年，上海市借鉴江苏、浙江等地设立服务业引导资金的经验，制定出台了《上海市服务业发展引导资金使用和管理试行办法》，引导资金由市区两级财政共同筹措，2007—2008 年市财政预算共安排 2 亿元，区县按照不低于 1∶1 的比例安排配套资金，资金支持方式采用无偿资助或贷款贴息方式。

2009 年，为适应服务业发展的需要，对《上海市服务业发展引导资金使用和管理试行办法》进行了修订，出台了《上海市服务业发展引导资金使用和管理办法》，进一步加大对服务业的支持力度。引导资金规模从市级财政预算每年安排 1 亿元扩大到 2 亿元，支持的重点领域除原办法中明确的航运、信息、物流、文化、旅游、会展、现代商贸、教育培训、医疗和专业服务等领域之外，还增加了对服务贸易、服务外包、生产性服务业、创意产业等领域的支持。同时，为进一步规范上海市服务业发展引导资金的使用和管理，提高实施效果和效率，制定出台了《上海市服务业发展引导资金操作规程》，从资金支持范围、项目申报渠道和资料要求、项目转报和评审程序、支持项目的监管和验收管理等方面作了进一步规范。2007—2010 年，共有 287 个项目获得了 4. 37 亿元专项资金支持，同时配套国家服务业引导资金支持的 11 个项目共计 0. 43 亿元。

（四）推动产业集群化发展，打造若干现代服务业集聚区

借鉴工业园区在推动工业发展中的成功做法，以现代服务业集聚区为抓手，着力打造体现国际大都市功能与形象的黄浦江、苏州河现代服务业集聚带和延安路—世纪大道为轴线的上海商务走廊，在中心城区和郊区规划建设若干各具特色的现代服务业集聚区。

载体建设是现代服务业集聚区建设的一项重要内容。在载体建设上，市区两级政府各有侧重。一是市级层面借助 2010 年世博会的举办，结合大型轨道交通枢纽设施和大型功能性设施建设，着力做好世博园区主体工程及配套项目的建设。二是中心城区对存量土地盘活优化利用，在重点建设一批商贸大厦、会议中心、宾馆、酒店等现代化商务楼宇，做好部分现代服务业集聚区的综合开发的同时，更重视对工业厂房的二次利用，充分利用好国有企业改制过程中置换出来的老仓库、老厂房等大量载体，

加强功能新开发，完善内部配套的生活服务设施，提高智能化水平，为创意、设计、研发等企业提供更多空间。三是郊区做好部分有条件的开发区功能转型，利用工业向园区集中、制造业服务化的趋势，大力发展物流、研发设计、教育培训、会展等生产性服务业，加快郊区生产性服务业集聚区建设，为现代服务业的发展提供更多功能完善的载体。

（五）发挥行业协会作用，推动现代服务业加速发展

现代服务业领域众多，各行业又各具特色，政府很难采用某种固定的模式来推动现代服务业的发展，需要广泛地借助和利用行业协会的力量，以市场化的机制推进其发展。为更好地发挥社会组织力量，上海市2005年年底成立了上海现代服务业联合会，并相继开展了多项工作，如参与服务品牌的评选、服务标准的制定等。自2007年以来，上海现代服务业联合会与上海市发展改革委、江苏省发展改革委、浙江省发展改革委，已共同举办了三届长三角现代服务业发展与合作论坛，研讨长三角现代服务业在经济发展中的作用、地位、前景与展望，初步建立了长三角服务业行业协会间的合作机制，推动了服务业部分领域的合作，也促使行业协会走向规范化管理和市场化运作，增强协会的公信力和凝聚力，更好地发挥行业协会的沟通、平台、窗口和对外联络的桥梁作用，真正体现行业协会的“行业服务、行业自律、行业协调和行业代表”职能。

（六）利用世博契机，提升服务业国际影响力

为进一步提升本市服务业国际竞争力、打造城市名片，2009年，上海向联合国教科文组织总部递交了加入“创意城市网络”的申请，经上海社会各界努力，2010年联合国正式批准上海为“创意城市网络”——设计之都。同时，2009年成功举办了以“创意—遇见世博”为主题的第五届上海国际创意产业活动周，来自30多个国家和地区的代表超过10万人次参与了活动。此外，还成功举办了上海国际艺术节、上海国际电影节、ATP网球大师杯赛等大型文化赛事活动，开展了世博体验之旅等迎世博推介活动。2010年，世博会成功举办，吸引国内外游客7308万人次，带动本市会展、旅游、商贸、航运等重点领域加快发展，充分演绎了“城市让生活更美好”的主题，展示了上海服务业的综合实力。

（七）追踪国内外服务业发展动态，挖掘新的经济增长点

为加强对上海市服务业发展情况的基础性分析和发展趋势的前瞻性研究，把握国际产业转移的机遇，全面反映上海市各委办、各区县在推进服务业发展中开展的各项工作，加强上海现代服务业发展的对外宣传和推介，吸引社会各界加大对上海服务业的投资力度，自2008年以来，已连续三年编制了上海市服务业年度发展报告。同时，针对近年来文化创意、信息服务、数字出版等新兴服务业迅速兴起的现状，结合上海市“十二五”规划的编制工作，自2010年下半年以来，先后赴部分新兴服务业企业调研，了解国内外新兴服务业的发展趋势和竞争格局，梳理新兴服务业的典型企业、领军人物、重大项目和主要商业模式，剖析新兴服务业发展中的瓶颈和关键问题，研究推进新兴服务业加快发展的对策建议，并将相关内容纳入上海市服务业“十二五”专项规划。

三、主要问题

“十一五”期间，上海服务业的比重和增速都有所提高，但与“四个中心”建设的目标要求还有很大差距，存在服务业能级不高、市场规模和产业影响力有待进一步提高，高端人才和龙头企业缺乏、产业整体竞争力不强等现象。近年来，按照市委、市政府的总体部署，上海市有关部门对服务业发展中面临的瓶颈问题，尤其是体制、税制、法制、管制等方面进行深入调研，深刻剖析制约服务业发展的深层次原因。

（一）现有服务业税制难以适应发展需要

一是重复征税。我国现有税制中增值税和营业税并存，差额营业税没有覆盖到服务业的相关领域，无法适应专业化分工迅速发展的趋势要求。二是税负过重。现代服务业发展较多依赖于人才，而我国

个人所得税存在起征点过低、税率过高、税前抵扣过少等情况，阻碍了服务业吸引高端人才。三是服务贸易出口缺少税收优惠政策，我国已实行货物出口退税政策，但服务出口退税制度尚未建立。四是工业企业主辅分离缺少扶持政策，工业企业主辅分离后，需要为母体企业服务的营业收入缴纳营业税，制约了企业剥离服务的积极性。

（二）市场机制和政府管理体制不完善

一是在市场准入方面，除了铁路、电力等具有自然垄断属性的公用事业领域外，地区和部门利益造成的地方保护和部门垄断也比较严重。二是在行政前置审批和登记方面，法律法规滞后、规定不明确等瓶颈因素突出。三是政府采购中产品购买远大于服务购买，不利于培育服务企业。四是行业管理存在多头管理。如融资租赁业和评估业分属不同部门管理，再如不同政府部门对中介服务业从业人员和机构有不同的资质要求，并且要求机构专营。五是跨区域、跨部门的政府管理信息还不能实现共享。

（三）服务业融资难问题尚未得到充分解决

服务业企业大多注册资本规模小、固定资产投资少，通常以拥有知识产权、人力资源、开发工具（软件）等无形资产为主。长期以来，这类企业办理银行贷款时难以提供固定资产抵押，企业主往往要以个人财产进行抵押，筹融资非常困难。目前的中小企业贷款担保公司，资金规模小，设立审批严格，在解决服务业企业融资难方面作用有限。

（四）社会诚信体系和行业标准亟待完善

一是全覆盖的社会诚信体系缺失，各地虽然在逐步建立区域性的诚信体系，但尚未建立全国统一的、覆盖经济生活多方面、可对全社会开放的诚信体系，全社会实际交易成本较高，服务企业业务拓展受影响。二是失信惩戒机制不健全，目前还没有形成社会诚信信息联动机制和对失信企业的社会惩戒机制，存在失信成本过低、守信激励不足等现象，扶优汰劣难以实现。三是服务业行业标准缺乏，服务业质量标准模糊、服务标准制定滞后等问题日益突出，并直接影响到企业品牌的塑造和竞争力的提升。

（五）统计体系和方法滞后于产业发展

目前，我国的统计指标体系中，工业统计的制度和方法相对健全，服务业的统计方法相对滞后，统计体系不够完善，统计渠道不畅，服务业统计、调查、核算专业人员力量不足，难以适应当前服务业量大面广的现状，使得服务业统计中存在漏统、少统现象，难以及时、全面反映服务业发展情况。如创意产业等一些伴随信息网络技术产生的新兴服务业领域尚未建立完善的统计指标体系；部分制造业企业集团的研发、营销、售后服务等仍随主业统计在工业增加值。

四、“十二五”发展思路

全面贯彻落实科学发展观，按照加快建设“四个中心”和加快推进“四个率先”的总体要求，紧紧围绕创新驱动、转型发展，充分发挥世博后续效应，将加快发展现代服务业作为推进产业结构战略性调整和加快转变经济发展方式的关键举措，以制度创新为主线，以新需求引领和新技术应用为途径，以稳定提升重点领域、培育壮大新兴服务业为着力点，推进服务业品牌化、网络化经营，扩大服务规模、增强服务功能，着力营造有利于服务经济发展的制度和社会环境，加快形成以服务经济为主的产业结构，进一步提升上海产业国际竞争力。基本要求是：坚持深化改革和扩大开放相结合、坚持提升重点与培育新兴相结合、坚持完善布局和拓展空间相结合、坚持企业主体和政府引导相结合。主要目标是：到2015年，服务业增加值占全市生产总值比重达到65%左右，金融、航运物流、现代商贸、文化创意、信息服务、旅游会展等重点领域增加值占全市服务业增加值比重达到70%以上，服务业从业人员占全市就业人数比重超过60%，服务贸易占全市进出口总额比重达到25%左右；努力实现“四个快于"，即服务业增加值年均增速快于全市经济增速，郊区服务业增加值年均增速快于全市服务业增速，新兴金融、专业服务、研发设计、电子商务、数字出版、节能环保、教育培训、医疗保健、体育健身和家庭服务等新兴服务业增加值年均增速快于服务业增速，服务业从业人员年均增长快于全市从业人员年均增长；倾力打造五大标志，即初步形成"四个中心"的核心功能，着力打造城市综合创新中心，着力打造国际文化时尚之都，着力打造新兴服务业集聚地，着力打造国际人才高地。发展重点是：不断提升金融服务、航运物流、现代商贸业、文化创意、信息服务、旅游会展六大重点领域的国际竞争力，进一步夯实服务业发展基础；积极培育新兴金融、专业服务、研发设计、电子商务、数字出版、教育培训、医疗保健、体育健身、节能环保服务和家庭服务等新兴服务业的成长力，进一步增强服务业发展后劲；不断增强服务业融合发展的创新力，大力发展生产性服务业，着力发展服务贸易和服务外包，加快发展高技术服务业，进一步拓展服务业发展模式。同时，依托区位优势，进一步加强服务业规划布局，促进产业集聚发展，积极打造体现上海城市功能和形象的标志性区域：一是重点打造东西轴线、黄浦江和中环线组成的"申字形"现代服务业集聚带；二是重点打造虹桥商务区、世博会展商务区和上海国际旅游度假区三大上海服务业发展的标志性区域。此外，针对制约上海服务经济发展的主要瓶颈，以浦东综合配套改革试点和服务业综合改革试点为契机，从深化体制机制改革、扩大对内对外开放、构建多元投融资体系、优化财税扶持政策、加强人才培养和引进、培育壮大市场主体、加强法制环境建设、完善政府管理和服务八个方面，研究提出若干政策措施。

第十章　江苏省服务业发展报告

一、"十一五"发展情况

"十一五"期间，江苏省认真贯彻落实党中央、国务院的决策部署，按照科学发展的要求，加快经济发展方式转变和经济结构调整，把发展现代服务业放在事关全局的重要位置，坚持规划引领，创新体制机制，加大推进力度，狠抓政策落实，全省服务业发展呈现出增长加快、质量提升、结构优化、贡献提高的良好发展态势，为保增长、调结构、促转型、惠民生做出了重要贡献，促进全省实现经济增长由主要依靠第二产业带动向依靠第一、二、三产业协同带动转变。

（一）发展速度明显加快

2005年以来，江苏省服务业增速始终保持高于GDP增速的发展态势。一是总量持续扩大。全省服务业增加值从2005年的6683.5亿元提高到2010年的17253.2亿元，年均增速达到14.4%，高于同期GDP增速0.9个百分点。二是比重迅速提高。全省服务业增加值占GDP的比重从2005年的35.9%提高到2010年的41.7%，提高5.7个百分点，年均提高1.1个百分点以上。三是投资力度显著加大。服务业投入逐年快速增长，2010年全省服务业城镇固定资产投资9123.5亿元，同比增长22.4%，约为2005年的2.4倍，服务业投资占全省城镇固定资产投资的比重达52.4%（见表10－1、图10－1），成为优化投资结构、推动经济增长的主要力量。

表 10－1　2005－2010 年江苏省服务业发展主要指标

年　份	服务业增加值			服务业城镇固定资产投资			服务业实际利用外资		
	绝对量（亿元）	增速（%）	占 GDP 比重（%）	绝对量（亿元）	增速（%）	占城镇固定资产投资比重（%）	绝对量（亿美元）	增速（%）	占全省利用外资比重（%）
2005	6683.5	14.8	35.9	3414.1	18.8	54.8	17.0	—	12.9
2006	7990.9	15.4	36.8	4032.3	18.1	53.9	29.2	71.5	16.8
2007	9830.0	16.4	37.8	4837.5	20.0	52.8	52.2	78.8	23.8
2008	11996.8	13.3	38.7	5879.4	21.5	51.7	61.8	18.4	24.6
2009	13741.3	13.5	39.9	7453.3	26.8	52.2	66.4	7.4	26.2
2010	17253.2	13.3	41.6	9123.5	22.4	52.4	82.1	23.2	28.8

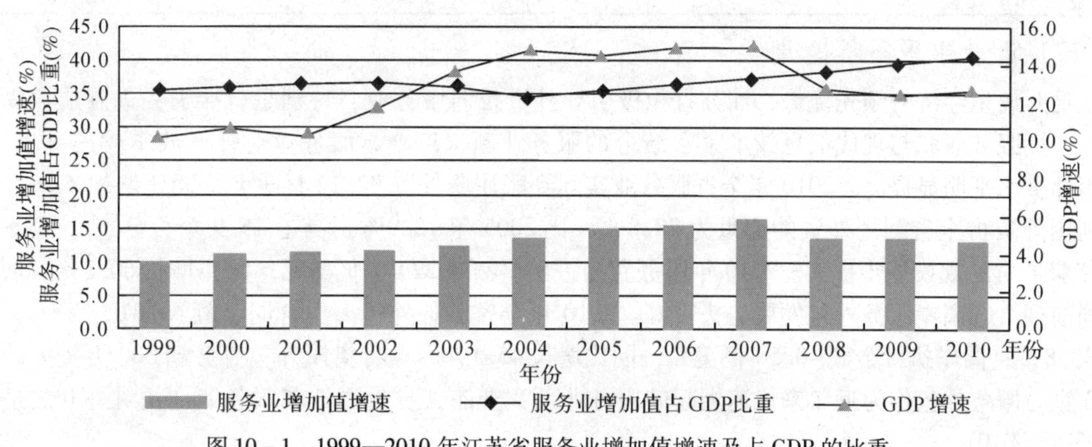

图 10－1　1999—2010 年江苏省服务业增加值增速及占 GDP 的比重

（二）产业结构持续优化服务

江苏省坚持更新发展理念、创新发展模式、优化发展路径，把加快发展现代服务业和改造提升传统服务业紧密结合起来，重点发展生产性服务业，大力培养新兴服务业，产业发展水平显著提升，内部结构逐步优化，现代服务业比重不断提高，行业发展各具特色。在金融业方面，围绕建设“金融强省”的目标，江苏省大力推进金融业改革步伐，金融信贷规模大幅增长，金融产品和服务模式不断创新，金融生态环境明显改善，服务经济社会发展的能力进一步增强。2010 年，金融业实现增加值 2105.9 亿元，同比增长 17.0%，比“十五”末期扩大了 4.3 倍，占服务业增加值的比重提高了 4.7 个百分点（见表 10－2）；“十一五”期间年均增速达 23.1%，成为现代服务业的“第一板块”。在现代物流业方面，第三方、第四方物流竞相兴起，物流先进技术广泛运用，物流服务方式和服务手段不断革新，加快向供应链管理转型，物流综合服务体系日益完善。2010 年物流业实现总收入 3359 亿元，增长 17.1%，社会物流总费用与 GDP 的比率持续下降。在软件和信息服务业方面，从嵌入式软件、工具软件、应用软件到系统集成，江苏软件产业链日益完善，并向软件服务化和软件网络化不断延伸。信息传输和计算机服务水平迅速提升，带动物联网服务、电子商务等新兴业态竞相兴起。“十一五”期间，江苏省软件业营业收入持续保持 40% 以上的增速，2010 年达 2300.4 亿元，其中软件外包服务收入 70.9 亿美元，软件产业规模居全国前三位。在科技服务业方面，科技服务机构加快专业化、规模化和规范化发展，科技信息、科技咨询、科技会展、研发设计、科技投融资等多种业态竞相发展，研发设计产业占科技服务业比重达到60%以上。沿沪宁线已形成南京软件服务外包、常州动漫设计、无锡工业设计与集成电路设计、苏州软件服务外包等一批科技服务特色的产业基地。

表10－2 “十一五”时期江苏省服务业发展及占比情况

行业	2005年		2010年		“十一五”年均增速（%）
	绝对量（亿元）	增速（%）	绝对量（亿元）	增速（%）	
地区生产总值	18598.7	14.5	41425.5	12.7	13.5
服务业	6683.5	14.7	17253.2	13.3	14.4
交通运输、仓储和邮政业	798.1	10.1	1768.3	16.6	11.9
批发和零售业	1870.6	12.3	4447.5	15.8	14.4
住宿和餐饮业	299.1	10.6	711.0	2.1	12.2
金融业	492.4	18.9	2105.9	17.0	23.1
房地产业	799.7	24.6	2601.0	8.9	16.2
其他服务业	2352.3	15.8	—	—	—
农林牧渔服务业	71.3	2.1	121.7	7.0	5.2
服务业占GDP比重（%）	35.9	—	41.6	—	1.1%

（三）开放水平不断提升

立足开放型经济的领先优势，江苏省积极引导外资投向服务业，特别是直接为先进制造业提供支持的生产性服务业和与现代信息技术紧密结合的服务业新兴产业，服务业对外开放步伐进一步加快。①利用外资水平明显提高。2010年全省服务业实际到账注册外资82.12亿美元，同比增长23.2%；服务业利用外资占全省利用外资的比重为28.8%，比2005年12.9%提高了15.9个百分点（见表10－1）。②服务贸易规模逐步扩大。2010年服务贸易进出口额达229.1亿美元，同比增长60.8%，增速保持全国前列。③离岸服务外包发展势头良好。2010年全省服务外包离岸合同金额49.81亿美元，同比增长33.8%；离岸执行金额40.56亿美元，同比增长45.1%，全省离岸外包业务超300万美元的企业达240家。服务外包作为近年来快速崛起的服务业新兴业态，在促进江苏服务业加快对外开放进程中发挥了重要作用。

（四）贡献份额大幅提高

“十一五”期间，江苏省服务业发展坚持与先进制造业发展融合互动，与提高人民生活水平、加快城市化进程融促共生，与城乡区域发展统筹兼顾，与建设资源节约、环境友好型社会要求紧密结合，对经济社会发展的贡献不断加大。①服务业成为经济增长的重要引擎。2010年，第三产业对GDP增长的贡献率为38.6%，比2005年提高近2.1%。国际金融危机期，服务业保持快速稳定增长，为经济整体经济健康发展作出了积极贡献。②服务业成为财税收入的重要来源。2010年全省服务业税收完成额2473.33亿元，同比增长28.3%，占全省国税地税总收入的40.1%，比上年同期提高了2个百分点，比2005年提高了17.6个百分点，其中地税服务业收入占全省地税税收收入的比重达61.4%。③服务业成为节能减排的重要保障。伴随现代服务业比重不断提升，消耗能源较低、排放污染较少的优势逐步显现。江苏省“十一五”期间万元GDP能耗年均下降约0.75个百分点，圆满完成了节能减排任务，其中服务业增长加快、比重提升成为至关重要的因素。④服务业成为惠民利民的重要载体。本着民生优先、惠民利民的宗旨，江苏服务业保障和改善民生的功能日益彰显。5年间，服务业从业人员占比不断提高，为人民群众就业创业提供了广阔的空间，成为吸纳就业的重要渠道。政府公共服务投入进一步加大，基本公共服务均等化加快推进，基础教育、医疗卫生、文化体育、通讯交通、环境安全等公共服务供给能力逐步提升。广覆盖、多层次、便利化的城乡服务体系基本形成，面向农村的物流配送、科技推广、金融服务等行业加快发展。适应消费结构转型升级的需求，商贸、餐饮等生活服务网络日趋完善，旅游休闲、健身娱乐等服务型消费热点蓬勃兴起，社区服务、养老服务等家庭服务业较快发展，网络购物、电子商务、远程服务等新型消费方式迅速推广，不断满足人民日益增长的物质文化需要。

（五）区域服务业稳步发展

从区域经济发展的特征分析，江苏省的苏南、苏中、苏北地区经济发展阶段迥异，服务业发展基础存在较大差距，发展方向和重点均各有不同。“十一五”期间，江苏省从全省生产力布局和资源分布特点出发，坚持分类指导、功能错位、特色培育、南北共建，促进了三大区域快速协调发展。苏南地区服务业发展持续引领态势，2010 年苏南 5 市实现服务业增加值 11006.3 亿元，占全省服务业增加值的63.5%。其中苏州、南京、无锡列全省前三位，3 个市服务业增加值总额占全省服务业增加值的 51.7%，13 个省辖市除南京外服务业占 GDP 的比重较上年均有提升。南京市已在全省率先形成“三二一”的产业发展格局，2010 年服务业增加值占 GDP 的比重为 51.9%。苏中和苏北地区不断加大服务业发展力度，服务业发展呈现新局面。各省辖市中服务业增加值增速最快的三市为徐州（14.2%）、淮安（14.1%）和泰州（13.9%），均在苏中和苏北地区。苏中 3 市和苏北 5 市服务业增加值占全省服务业增加值的比重分别为 16.7% 和 19.8%，占比较上年均有增长。

二、采取的主要措施

（一）坚持政策引导、要素聚焦，营造良好服务业发展环境

“十一五”期间，江苏省委、省政府高度重视服务业发展，不断加强研究谋划，加大政策扶持，优化财政投入，完善政府服务，服务业发展环境随之呈现崭新面貌。

1. 明确发展导向

2005 年，江苏省在加快发展现代服务业的工作会议上提出，加快发展服务业尤其是现代服务业是加快发展的紧迫要求，是科学发展的必然选择，是富民优先的重要途径，明确了“一手抓先进制造业、一手抓现代服务业”的“双轮驱动”方针，推动服务业迈上持续快速健康发展的轨道。2008 年，全省转变经济发展方式的会议文件将“加快发展现代服务业”列为加快经济结构战略性调整的首要任务，将服务业发展工作提升到新的高度。2010 年 9 月，全省加快现代服务业发展工作会议又对加快发展现代服务业作出新的部署，提出把加快发展现代服务作为江苏经济转型升级的战略举措，以实施服务业提速计划为抓手，努力开创现代服务业又好又快发展新局面。伴随历次重大会议的召开，全省上下对加快发展服务业的重视程度明显提高，思路认识明显开阔，发展动力明显增强。

2. 优化政策环境

2005 年江苏省委、省政府印发了《加快发展现代服务业的若干政策》，从市场准入、税收优惠、规费减免、财政支持、价格扶持、规范管理、人才培养和改革开放八个方面出台了 36 条政策，特别是调整营业税纳税基数、实行水电气价格并轨、加大引导资金支持等政策，强有力地促进了现代服务业加快发展。2008 年，省委、省政府又下发了《关于调整分税制财政管理体制的通知》，加大增值税省级留成比例，对新增的营业税全额留给地方，极大地激励了地方发展服务业的积极性。2010 年省政府进一步从支持重点行业发展、加大企业扶持、鼓励第二、第三产业分离、加强服务业集聚区建设等关键领域和环节，出台了更具导向性的 30 条优惠政策，同时，围绕促进科技、金融、文化、旅游、软件、服务外包等现代服务业产业发展，相关部门分别制定了一系列扶持政策，为服务业提速发展注入新活力。

3. 加强资金引导

为支持服务业重大项目建设，江苏设立了服务业发展专项引导资金，重点支持国际服务外包产业、软件产业、旅游产业、文化产业和现代物流、金融业、城乡科技与市场服务、国际会展业、标准化体

系建设等领域，并推行以奖代补的扶持方式，充分发挥财政资金的杠杆作用，激励和引导社会资金对现代服务业的投入。经引导资金扶持的一批投资规模大、产业层次高、带动效应强的重大项目相继建成投运，产生了较好的经济和社会效益。

4. 强化组织领导

成立省服务业发展领导小组，统筹协调全省服务业发展，做到目标有分解、责任有分工、任务有落实、年底有考核，形成了各地、各部门齐抓共促服务业发展的浓厚氛围。

（二）坚持分类指导、区域协调，优化全省服务业空间布局

依托全省生产力布局和资源禀赋，强化服务业的支撑和带动作用，注重将突出中心城市服务功能、提升县域服务业发展层次和推进农村社会化服务体系相结合，促进形成民生为本、集聚集约、优势互补、层次鲜明的服务业发展格局。优化发展沿沪宁线高新技术产业服务集聚带。重点发展软件信息、科技研发、工业设计、现代金融等知识密集型、技术密集型的高端服务业，着力提升对沪宁沿线高新技术产业带的服务功能，促进产业优化升级。提升发展沿江基础产业服务集聚带。重点发展为化工、钢铁等产业配套的港口运输、生产资料及大宗产品交易市场等，促进沿江工业降本增效。建设沿东陇海线加工产业服务集聚带。重点发展以铁路物流、农副产品市场以及为加工制造业配套的信息、科技、金融业等，促进沿线先进制造业和现代服务业的深度融合。构建沿海经济服务集聚带。加快沿海港口建设，完善集疏运体系和物流配送功能，发展进出口贸易，增强现代服务业对沿海开发的支撑能力。强化中心城区服务业的集聚和辐射功能。加强中心城区资源整合，推进旧街区改造和企业"退二进三"，合理规划并加快建设新型商业街区、城市综合体，集中布局商务、商贸、金融等服务功能区，提升城市整体服务功能和中心城区的辐射带动作用。处于不同发展阶段的苏南、苏中、苏北服务业在"十一五"期间均保持了较快发展，南京金融和科技服务、苏中现代物流和风险投资、无锡工业设计、常州文化创意、扬州旅游和生活服务业、连云港和南通港口物流都已形成鲜明特色，在全国享有一定知名度。

（三）坚持信息化引领、二三产联动，培育服务业新型业态

把握全球信息化、制造业服务化的重要趋势，加快新兴服务业发展和传统服务业升级，提升服务业产业层次，拓展服务业发展空间，推动电子商务、供应链管理、股权投资、文化创意、工业设计等一批现代服务业新型业态竞相发展。"十一五"期间，江苏省引导和支持地方大力发展产业链中最具价值的生产服务环节，推动产业向研发、设计、物流、营销、品牌推广、系统集成等上下游延伸和专业化协助，实现先进制造业与现代服务业相互支撑、相互促进的发展格局。鼓励企业运用服务信息化、产业链一体化联动、品牌连锁经营、资产证券化等先进商业模式，着力提升核心竞争力和在价值链中的地位。坚持把做强有形市场和开拓无形市场相结合，促进企业借助网络、信息等先进技术，大力发展网络经营和电子商务，实现各类资源要素的充分利用。充分发挥金融业催化剂和倍增剂的功效，大力发展股权投资、金融租赁、融资担保等金融产品和专营机构，建立以政府为杠杆、企业为主体，银行、其他金融机构和社会资金为支撑的多渠道、多层次的重点产业发展投融资体系，实现金融与服务业整体发展的良性互动。以苏宁电器集团为例，近几年通过建立国际先进的信息化管理平台，大力发展实体店铺和网络店铺，实现了遍布全国 1000 多家门店、80 多家区域物流中心的供销和配送网络，成为我国唯一一家进入世界 500 强的商业连锁企业，开创了"线上 + 线下"的连锁销售新模式。三胞集团首创"WDM"（W－沃尔玛，D－戴尔，M－麦当劳）大规模、标准化、连锁直销模式，发展为超过 250 家自营连锁店面、销售额超 200 亿元的多元化现代服务企业。江苏邮政速递物流有限公司致力于打造高端化、专业化、标准化的生产性服务业企业，构建了集合同物流、金融供应链物流、国际货代和功能性物流业务为一体的现代物流服务模式，各项经营发展指标在全国同行名列前茅。

（四）坚持产业集聚、资源集约，推进现代服务业载体建设

2005 年江苏省委、省政府《关于加快发展现代服务业的实施纲要》中提出，"以城市为现代服务

业载体、以园区为生产服务业基地，统筹规划制造业与服务业、城市化与服务业，促进服务业的集聚发展”。根据这一要求，江苏省启动建设了科技研发、软件信息、文化创意、现代物流、商务服务、服务外包和产品交易市场七种形态的现代服务业集聚区，促进现代服务业集中、集聚、集约发展。截至2010年年底，全省已建成100家不同形态的省级现代服务业集聚区，入区企业2.2万家，就业人员66.3万人，实现营业收入3196亿元。经过五年多的不断探索和努力，现代服务业集聚区凭借功能互补、资源共享、功能集聚、规模经济等优势，已成为江苏推进现代服务业发展的重要平台和载体。

1. 发展思路不断清晰

各地紧紧抓住国际服务业转移和产业结构调整的新机遇，以合理布局、规划先行为指导，以信息化为基础，以生产性服务业为重点，以科技创新和公共服务为支撑，努力把现代服务业集聚区建设成服务经济发展的先导区，先进制造业与现代服务业融合发展的示范区和体制机制创新的试验区。

2. 产业特色更加鲜明

各集聚区结合区位优势和产业发展基础，明确发展定位，细分产业导向。100家省级服务业集聚区中有现代物流类32家，科技服务类21家，集聚区内主导产业的销售收入和利润占比均在80%以上。

3. 集聚功能日益显著

各类服务业集聚区营业收入占全省相关行业营业收入的比重达到40%以上。各集聚区通过围绕主导产业，创新招商机制，积极吸引相关企业入驻，形成各具特色的产业集群。通过梳理产业集群内部关系，科学规划功能分布，有效降低交易成本，提高资源配置效率。通过加快商务平台、信息平台和统计平台等建设，着力完善公共服务功能，集聚区要素资源吸附能力、产业支撑能力和对周边产业辐射带动能力不断提升。伴随现代服务业集聚区逐步成为全省经济发展的重要增长极，全省上下已确立了“建设开发区发展工业、建设集聚区发展服务业”的重要抓手。

（五）坚持创新驱动、品牌带动，促进服务业企业做大做强

着力优化企业发展环境，加快培育一批创新能力强、信息化应用水平高、品牌知名度广、辐射示范性大的服务业骨干企业。

1. 提高企业自主创新能力

突出企业在服务业发展中的主体地位，鼓励企业加大研发投入，加强研发机构和研发平台建设，深入推进产学研合作，加强前沿技术研究和应用、高端服务产品开发和推广。支持服务企业加快技术改造，通过技术创新引领服务形式革新和服务内涵提升。引导企业把服务理念创新、技术手段创新和商业模式创新结合起来，更好地满足市场服务需求。

2. 加强服务业品牌和标准化建设

致力于建立企业、政府和行业协会联动的品牌建设工作机制，大力培育服务业品牌，提高企业品牌的市场认知度和信誉度，增强企业核心竞争力。高度重视服务业标准化建设，突出抓好重点领域服务标准的制订与推广，加快实施并推进国家级、省级服务业标准化示范项目，鼓励服务业企业采用国际标准，促进服务业行业提高品质、降低成本、提升效益。近几年来，江苏累计认定省级服务业品牌86个，实施服务业地方标准项目和标准化试点项目各60个。

3. 开展企业分离发展生产性服务业工作

为促进制造业与服务业的互动发展，拓展服务业发展空间，江苏省推动实施了企业分离发展生产性服务业工作，引导企业将内部服务活动外部化，通过将非核心业务外包或分离，发展第三方专业化服务企业。各地和各有关部门探索研究分离类型和模式，制定出台专门优惠政策，加大多方宣传引导，推进分离工作深入开展。2010年全省累计剥离企业1300户，新增地方税收5.5亿元，同比增长37.5%，服务业税收收入在地方税收中的占比达到61.4%，开创了财政增收和企业增效的双赢局面。

（六）坚持深化改革、扩大开放，增强服务业市场竞争活力

加快改革创新步伐，着力破除束缚服务业发展的体制机制性障碍，不断激发服务业发展活力。

1. 着力推行公开、公平、公正的市场准入和竞争机制

进一步打破市场分割和行业垄断，鼓励和引导民间资本进入金融、商贸流通、社会事业等服务领域，提高非公有制经济在服务业中的比重。2010 年，江苏服务业百强企业中民营等非公有制企业和外资企业分别达 41 家和 16 家，改变了国有制企业在企业百强中占主导地位的局面，彰显了民营和外资企业的较强潜力与活力。

2. 重点加大社会化服务领域改革力度

认真履行政府公共服务职责，大力发展公共服务产业，不断满足人民群众多层次、个性化的需求。加快推进城市公用事业改革，加快政府机关和企事业单位的后勤服务、配套服务改革，引入竞争机制，增强发展活力，扩大有效供给。

3. 加快完善服务业投融资机制

加快推进金融业改革发展，推动金融业从传统信贷功能向资金融通、资源整合和价值增值等多重功能转变。创新金融产品，扩大服务业企业的上市规模和债券发行规模，大力发展风险投资和股权投资，拓宽服务业企业的融资渠道，促进金融创新与新兴产业发展的紧密结合。加快建立以服务业企业为主要对象的融资担保网络，为中小服务企业提供更多的资金支持。

4. 积极推进服务业综合改革试点工作

国家发展改革委提出服务业综合改革试点工作思路以来，江苏省高度重视，牢牢抓住南京成为国家服务业综合改革试点城市和苏州成为国家高技术服务业基地的机遇，大力支持试点城市在体制机制改革、政策环境创新、重大工程试点等方面大胆探索、勇于突破，探索转型发展的新路径。

5. 加快推进服务业对外开放进程

积极推进服务业招商引资和招才引智，引导国际资本和先进技术投向金融服务、信息服务和专业服务等重点领域，注重引进国际先进服务理念、管理技术和知名服务品牌，吸引战略性、导向性的优质企业和高端项目，扩大服务业利用外资的领域和规模，优化服务业外商投资结构，同时支持企业开展跨国经营和对外投资，提升在全球范围内的资源配置能力。

三、主要问题

（一）规模经济效应尚不显著，企业规模与竞争能力有待提升

江苏服务业总量虽然较大，但总部经济发展明显不足，服务业企业总体规模和竞争力都有待提高。

1. 大规模旗舰型服务业企业数量明显偏少

2010 年度全省前 100 强企业中，服务企业仅 27 家。2010 年度江苏服务业百强企业中，超 100 亿元的企业仅 28 家，百强平均营业收入不足 100 亿元，与同期江苏百强企业年平均营业收入 246 亿元相比落差明显。从全国范围看，全国服务业 500 强企业中江苏入围企业数居全国第五，处于全国领先地位的服务业大企业也相对缺乏。

2. 现代服务业大企业比重偏低

2010 年，江苏服务业百强企业中传统服务业企业约占 70%，在网上贸易、电子商务、第三方物流、旅游经营、非银行金融、动漫、信息增值服务等新兴领域缺乏实力较强、国际化程度较高的龙头企业，现代服务业企业竞争力与北京、上海、广东等地相比尚有明显差距。企业现代化经营管理理念和手段仍不够先进。服务业企业创新意识、品牌意识、现代经营意识均有待提高。

（二）人才短板效应显现，人才短缺成为服务业发展的主要瓶颈

面对服务业新业态、新领域的快速涌现和经营管理要求的不断提高，全省服务业人才储备短缺问题日益凸显。

1. 现代服务业人才供给不足

现代服务业人才供给与江苏省现代服务业提速发展导向的需求之间的矛盾较突出。调研显示，金

融保险、科技研发、软件业等领域人才缺乏问题尤为显著，苏州、无锡等城市的人才难题已成为加快现代服务业发展的主要制约因素之一。

2. 人才队伍结构不尽合理

根据近期对南京市164家服务业企业和单位的高层次人才调查结果显示，在55家单位的175名海外专家中，服务业领域的专家仅有35人，占20%。现代服务业领域的行业领军人才、复合型管理人才、高素质专业技术人才都较为匮乏，服务业人才队伍总体结构有待优化，整体层次亟待进一步提升。

（三）对外开放步伐相对滞后，服务业国际化程度亟待提高

服务业全球化正处于蓬勃兴起阶段，它不仅从根本上改变着世界服务业的发展模式，而且成为决定各国国际竞争力的关键因素。作为外向型经济较为发达的沿海省份之一，江苏较早加入了制造业的国际化分工，然而服务业领域对外开放步伐却相对缓慢。

1. 服务业市场对外开放程度较低

江苏服务业利用外资占全部利用外资的比重仍然较低，2010年占比仅为28.8%，与江苏省构筑以服务经济为主体的产业体系要求相距甚远。在信息传输、金融、租赁和商务、文化、教育、卫生等诸多服务业领域的对外开放程度不高，国际先进技术和管理经验引进不足。服务业市场的供需主要局限于本地经济，对于全球价值链区中研发设计、品牌营销等高端环节缺乏嵌入。

2. 省内服务业企业国际化经营意识较为淡薄

江苏省服务业实施跨国经营战略、拥有较强国际竞争力的大企业数量很少，服务业企业缺乏参与国际市场竞争的魄力和勇气，服务理念、服务质量和服务手段与国际化标准和水平存在较大差距。

（四）改革创新活力不足，体制机制障碍束缚服务业加快发展

服务业市场准入仍存在一系列限制，制造业企业部分服务资源未能真正向社会开放，行业垄断和进入门槛偏高的现象仍然存在。科教文卫等领域体制改革、事业单位改制、后勤服务社会化、市场化进程均有待加快。总之，服务业发展过程中的诸多问题亟待依靠改革开放、体制机制创新来改善和解决。

四、"十二五"发展思路

牢牢把握科学发展主题和加快转变经济发展方式主线，深入实施服务业提速计划，以市场化、产业化、社会化、国际化为方向，坚持生产服务业与先进制造业融合发展，坚持生活服务业与扩大居民消费相互促进，坚持现代服务业集聚区与开发园区配套建设，促进生产服务业集聚化、生活服务业便利化、基础服务业网络化、公共服务业均等化，实现服务业增速明显加快、比重明显提高、结构明显优化、集聚程度明显提升、竞争力明显增强，加快形成以服务经济为主的现代产业体系。确保服务业增速高于GDP增速，服务业占比每年提高一个百分点以上。到2015年，服务业增加值占GDP比重达到48%；生产服务业增加值占全省服务业增加值比重达到40%以上，力争43%；省级现代服务业集聚区营业收入占相关行业营业总收入比重达到55%；营业收入超2000亿元的服务业企业1家，超1000亿元的2~3家，全省百强企业中服务业企业达40家。形成一批在全国具有先导性、示范性的现代服务业新兴产业，一批在全国有较强影响力和辐射力的现代服务业集聚区，一批水平高、业态新、品牌优的服务业龙头企业，努力使江苏省服务业创新发展、集聚发展和规模发展水平走在全国前列，树立"江苏服务"崭新形象。围绕"十二五"期间服务业发展总体要求和主要目标，江苏省将重点组织实施若干项事关服务业全局和长远发展的重大工程，为实现服务业提速发展提供强劲的驱动力，主要包括：产业融合发展工程、服务业国际化水平提升工程、服务业集聚区提升工程、服务业创新企业培育工程、现代服务业人才工程、服务业综合改革试点工程。

附件："十一五"时期印发的政策文件

1.《江苏省人民政府关于印发江苏服务业提速计划的通知》(苏政发〔2010〕66 号)

2.《江苏省人民政府关于印发进一步加快发展现代服务业若干政策的通知》(苏政发〔2010〕117 号)

第十一章 浙江省服务业发展报告

"十一五"期间，浙江省全面贯彻落实科学发展观，深入实施"创业富民、创新强省"总战略，将发展服务业作为加快推进产业结构调整、转变经济发展方式的重要途径，不断促进服务业扩大规模、优化结构、提升水平，服务业综合实力明显增强，在促进经济转型升级和构建社会主义和谐社会中发挥了积极作用。

一、"十一五"发展情况

(一) 服务业总量快速增长

1. 规模持续扩大

"十一五"时期，浙江省服务业总体呈现快速发展态势，2010 年服务业增加值突破万亿元大关，达到 11744.8 亿元，实现总量翻番。"十一五"时期，全省服务业增加值年均增长 13.3%，分别比同期 GDP 和第二产业增速高 1.4 和 1.7 个百分，见图 11－1。从区域比较看，2010 年浙江省服务业增加值总量仅次于广东、江苏和山东省，位居全国第四，人均服务业增加值 22514 元，仅次于北京、上海、天津三个直辖市，列各省区首位。

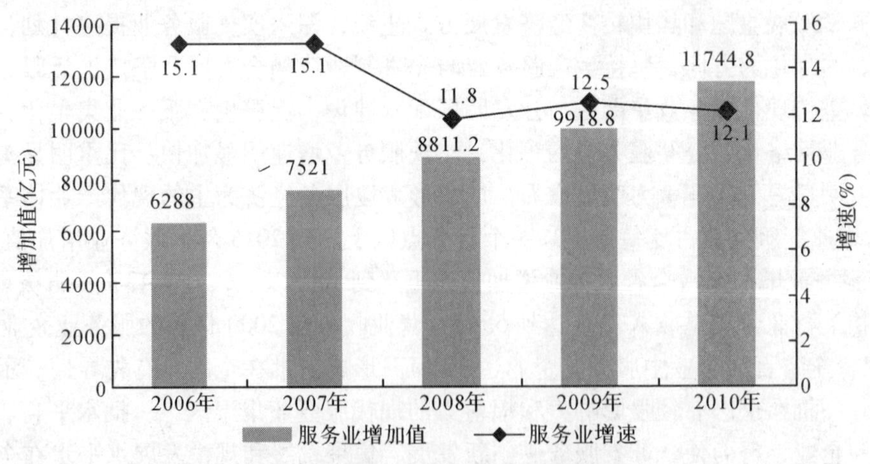

图 11－1 近年来浙江省服务业增长情况

2. 占比稳步提升

"十一五"时期，浙江省服务业在国民经济中的地位不断上升，2010 年，服务业增加值占地区生产总值的比重为 43.1%，比 2005 年年末提高 3.1 个百分点，年均提高 0.6 个百分点，见图 11－2。服务业增加值占 GDP 比重在全国排名由 2005 年的第 14 位提升至 2010 年的第 8 位。

3. **贡献明显提高**

一是经济增长“稳定器”作用显著。2010年，服务业对经济增长的贡献率为43.7%，在受到国际金融危机严重影响的2009年，服务业对经济增长的贡献率更是高达57.6%，充分发挥了经济增长“稳定器”的作用。二是对财政增收贡献加大。“十一五”时期，全省服务业税收年均增长27.4%，占全部税收收入的比重由2005年的34.9%上升到2010年的51%，年均提升3.2个百分点。三是就业容纳能力进一步增强。2010年末，全省服务业就业规模达到1244万人，比2005年年末增加300.4万人，年均新增就业60.1万人。服务业从业人员占总就业人数的比重为34.2%，比2005年末提高3.8个百分点，年均提高0.76个百分点。

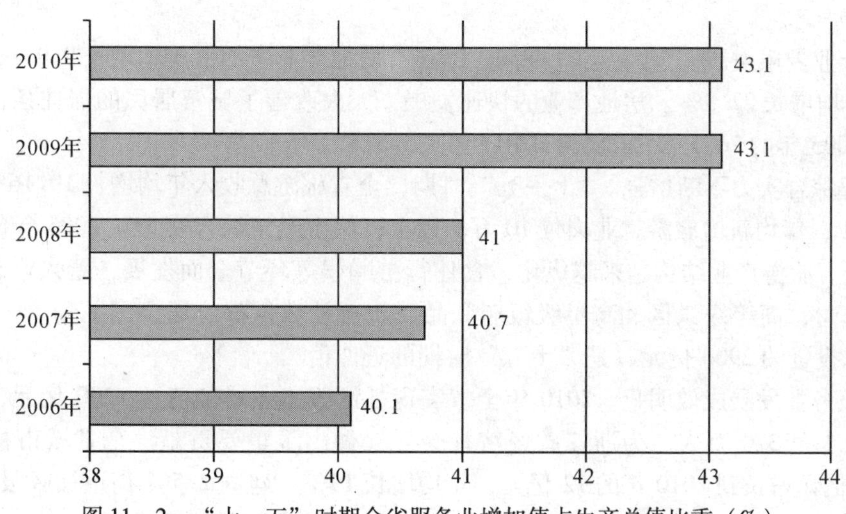

图11-2　“十一五”时期全省服务业增加值占生产总值比重（%）

（二）服务业结构不断优化

1. **生产性服务业加快发展**

（1）“金融强省”地位初步确立。“十一五”时期，浙江省金融业增加值年均增长21.4%，占服务业的比重由2005年的12.8%上升至19.5%。截至2010年年末，全省银行业本外币存款余额54478亿元，本外币贷款余额46939亿元，分别居全国第4位和第2位。金融机构数量和实力不断壮大，全省初步形成了银行、证券、期货、保险、信托等多种金融机构并存，全国性、区域性、地方性机构协调发展的多元化金融组织体系。

（2）物流业发展全面提速。“十一五”时期，浙江省物流业增加值和社会物流总额年均增长率分别为12.9%和13.5%。2010年全省实现物流业增加值2550亿元，分别占全省服务业增加值和地区生产总值的21.7%与9.4%；实现社会物流总额8.75万亿元，约占全国总量的7%。物流企业迅速成长，2010年全省有物流法人单位1.1万余家，3A级以上物流企业105家，占全国总数的12.27%。物流基础设施建设逐步完善，由铁路、公路、航空、水路、管道等组成的综合运输网络基本形成，截至2010年年底，浙江省铁路营业里程达到1761公里；通村以上公路总里程达到11万余公里，其中高速公路里程3383公里；内河航道通航里程达到9704公里；沿海港口货物吞吐量达到7.9亿吨，内河港口货物吞吐量达到3.4亿吨；杭州、宁波等空港建设全面提升。

（3）软件和信息服务业快速崛起。2010年全省软件产业业务收入701.4亿元，增长35.7%，居全国第7位。软件企业竞争力不断提高，到2010年年底，全省已认定软件企业1509家，在海内外上市的软件企业34家，居全国第3位；2010年入选中国软件业务收入百强企业11家，居全国第3位，入选国家规划布局内重点软件企业21家，居全国第4位；新兴信息服务业领跑全国，信息化发展指数居各省区第1位。

（4）科技服务业稳步发展。2010年科技服务业增加值超过200亿元，“十一五”期间年均增长

15%。2010年全社会科技投入800亿元以上，是2005年的2.5倍；研发经费支出占GDP比重从2005年的1.2%提高至1.82%；专利申请量和授权量均居全国第三位，有效专利数居全国第二位。科技服务队伍不断扩大，2010年研发人员为20万人，是2005年的2.5倍，全省科技服务业从业人员达52万人左右。

2. 生活性服务业有序拓展

（1）商贸流通业规模持续扩大。2010年全省实现社会消费品零售总额10163.3亿元，首次突破万亿大关，总量居全国第四。商品交易市场建设扎实推进，截至2010年年末，全省共有商品交易市场4146家，其中成交额超十亿元的市场202个，超百亿元的市场22个，分别比2005年增加82个和12个。

（2）房地产业健康发展。“十一五”期间，浙江省房地产业增加值年均增长9.9%，投资年均增长15.8%，税收年均增长22.3%。房地产业的快速发展，大大改善了城镇居民的居住条件，城镇居民人均居住面积从2005年的26.1米^{2}增加到2010年的35.3米^2。

（3）旅游业综合实力不断增强。“十一五”时期，全省旅游总收入年均增长19.16%，旅游外汇收入年均增长18%，年均新增旅游就业岗位10万个以上，旅游经济综合实力从2005年的全国第五位上升到全国第三位。旅游产业结构越来越优化，食住行游购娱等环节全面发展，新兴业态不断涌现，旅游设施进一步完善，高等级景区、高星级饭店和品质旅行社数量都位居全国前列。“十一五”时期，全省旅游项目总投资约2900亿元，是“十五”时期的近四倍。

（4）社区服务业发展成效明显。2010年全省实现社区服务业增加值达1290亿元，五年年均增长12%；吸纳从业人员370万人，为浙江省经济社会发展做出了重要贡献。全省城市社区建设经费从2005年的5.04亿元增长到2010年的12亿元，年均增长19%。建立275个街道社区服务中心、764个乡镇社区服务中心，12061个村级社区服务中心，12.3万个社区服务设施（网点）。

3. 新兴和高端服务业高效发展

（1）电子商务领先全国。截至2010年年底，全省拥有各类电子商务网站近4000家，其中行业电子商务网站约2000家，占全国的20%。全省60%以上的工商企业开始涉足电子商务领域，企业间电子商务交易额达7000多亿元，约占全国的16%。全省现有各类零售网站2000余家，在第三方平台上经营的网商50多万个，实现网络零售额500多亿元，约占全国的10%。阿里巴巴已成为全球最大的B2B电子商务平台，现有注册会员数5600多万个，业务辐射190多个国家和地区。淘宝网已成为全球最大的网络零售平台，现有经营网商500多万个，用户总数达3.7亿人，2010年交易额超4000亿元。

（2）文化服务业领先发展。2010年浙江省文化产业增加值突破1000亿元，达到1056.09亿元，比2009年增长30.7%，占GDP的比重为3.8%。“十一五”时期，浙江省文化产业增加值年均增长19.0%，高出同期GDP增长速度3.4个百分点。

（3）服务外包快速起步。省政府出台《关于支持和鼓励国际服务外包产业加快发展的意见》，提出了加快浙江省国际服务外包产业发展的20项措施，建立了服务外包专项资金和相关配套政策。2010年全省离岸外包合同执行额为17.9亿美元，增长86%，占全国离岸外包合同执行总额的12%；新增服务外包企业（进入商务部服务外包业务管理和统计系统）670家，增长79%，增幅居全国前列，服务外包从业人员达到18万人。杭州市是浙江省唯一的“中国服务外包示范城市”，2010年离岸服务外包合同执行额达到15.5亿美元，同比增长69%，占全省执行额的86%，在全国21个示范城市中位居第四。

（三）服务业布局逐步完善

1. 各设区市发展全面推进

“十一五”期间，各设区市服务业增加值年均增速均超过12%。服务业向中心城市集聚的势头明显，2010年，杭州、宁波、温州三市服务业增加值之和占全省总量的53.2%，稳居全省半壁江山。其中杭州市2010年服务业比重达到48.7%，连续两年超过第二产业的比重，率先形成了“三二一”的产业结构。

2. 经济强县发展各具特色

2010年，全省有9个县的服务业增加值超过200亿元，16个强县的增长速度高于全省平均水平，其中义乌市的服务业增加值比重已达到54%。“十一五”时期，各强县服务业增加值占GDP的比重提高较快，其中余杭提高6.0个百分点。义乌国际商贸城、永康五金产业总部中心等一批体现地方特色的现代服务业重大项目加快推进。经济强县商贸、商务、金融等服务功能更加完善，对农村地区的辐射带动作用更加明显，服务业城乡统筹发展达到新的水平。

3. 集聚区建设取得新突破

制定出台了《关于创建浙江省现代服务业集聚示范区的意见》，提出“到2012年在全省范围内创建100家左右的现代服务业集聚示范区”的发展目标，首批创建的40家现代服务业集聚示范区大多已形成规模效应和辐射效应，成为引领全省服务业发展的重要引擎。截至2010年年底，40家集聚示范区内入区企业近6万家，从业人员22.6万人，2010年实现营业收入1310亿元，缴纳税收41亿元。

（四）服务业发展活力明显增强

1. 投资力度不断加大

“十一五”时期，浙江省限额以上服务业投资年均增长15.8%，比同期限额以上固定资产投资高2.3个百分点。2010年全省限额以上服务业投资达到6806亿元，比重达到58.9%，比2005年提高5.7个百分点。利用外资水平大幅提升，2010年全省服务业合同利用外资81.1亿美元，是2005年的2.1倍；实际利用外资41.4亿元，是2005年的2.8倍。外商直接投资中服务业的比重大幅上升，2010年服务业合同利用外资和实际利用外资占总数的比重分别达40.5%和37.7%，分别比2005年提高16.9和18.7个百分点。

2. 品牌建设扎实推进

出台了《浙江省人民政府办公厅关于加快服务业品牌建设的实施意见》（浙政办发〔2009〕184号），提出“到2012年全省培育200个左右省级以上服务业品牌”的目标；建立了由省发改委牵头、工商和质监等职能部门配合、其他行业主管部门积极参与的统分结合、合力推进的服务业品牌建设工作机制；通过财政奖励、税收优惠、信贷支持等措施支持服务企业开展自主品牌建设，鼓励知名服务品牌企业通过收购、兼并、重组等多种途径做大做强。

3. 重点企业培育有序推进

选择确定了108家省级服务业重点企业，出台一系列扶持政策。浙江服务业重点企业在激烈的国内外市场竞争中历练内功，做大做强，逐渐成为主业突出、核心竞争力强、品牌带动明显的大企业、大集团。浙江物产集团公司连续三年经营规模超千亿元，整体规模、经济效益、综合实力等居全国领先地位。杭州大厦2010年销售额首次超过50亿元，是2005年的2.4倍。阿里巴巴（中国）网络技术有限公司2010年主营业务收入超过40亿元。

4. 分离发展成效明显

建立了由经贸、发改、财政、地税、国税五个部门组成的联席会议制度，五部门联合印发了《关于推进企业分离发展服务业的实施意见》（浙经贸制造〔2009〕243号）。截至2010年年底，全省已有44个市、县级政府成立推进企业分离发展服务业工作领导小组，65个市、县（市、区）政府出台了推进企业分离发展服务业的扶持政策，累计分离发展2527家服务业企业，合计注册资金276.6亿元，产生服务业营业收入1083.2亿元，地方税费收入48.3亿元。

（五）服务业发展环境进一步优化

1. 规划引导力量不断加强

编制印发了浙江省首个服务业发展规划——《浙江省服务业发展规划（2008—2012）》（浙政发

〔2008〕56号)，提出了浙江省服务业发展的目标任务、发展重点、空间布局等内容，成为引导和促进浙江省服务业发展的总体蓝图。出台粮食物流、医药物流、服务业标准化、服务业人才培养等专项规划。同时结合"十二五"规划编制，研究制定了现代商贸、金融服务、现代物流、信息服务、科技服务、旅游、文化服务、房地产、社区服务、服务外包、电子商务 11 个服务业重点行业"十二五"规划。

2. 政策支持力度明显加大

2008 年出台了《关于进一步加快发展服务业的实施意见》，成为当时全国各省（区、市）已经出台的服务业政策中"含金量"最高的政策，特别是"对市县营业税比上年新增上缴部分予以返还奖励"政策大大激发了各地发展服务业的积极性，三年间省财政共返还市县营业税 48 亿元。各地各部门结合各自实际，也相继出台了一系列配套政策措施，全省上下初步形成了一个较为完善的服务业政策体系。

3. 要素保障水平有所提升

（1）加大现代服务业人才培养和引进力度。浙江省实施现代服务业高端人才培养引进计划，近两年引进现代服务业高端人才和紧缺急需人才 6000 余人。

（2）加大资金投入力度。省财政在商贸、物流、旅游、文化、养老等方面每年安排资金 4 亿多元，从 2009 年起，每年还安排 5000 万元服务业发展引导资金，重点支持服务业发展的关键领域和薄弱环节。同时，加大中小服务企业贷款风险补偿力度，鼓励服务业企业探索多渠道融资，2010 年全省服务业企业发行短期融资券 68 亿元。

（3）加大水、电、气等要素保障力度。各地在认真执行水、电、气同网同价政策上做了大量工作，较大程度地减轻了服务业企业的负担。实行工商用电同价后，浙江省商业企业每年减少电费支出 10 亿元以上。

（六）服务业工作基础进一步夯实

1. 服务业工作机制趋于健全

省级层面建立了统分结合的服务业工作机制，由省政府常务会议、省服务业工作部门联席会议、省政府分管负责人、职能部门、行业协会五个层次组成。联席会议由常务副省长任总召集人，办公室设在省发改委。各市也成立了由市政府主要领导负责、各部门分工协作的领导机构。有的市还根据实际需要设立了服务业重点行业推进制度，如杭州市建立了十大门类的现代服务业发展领导小组，绍兴市成立了九大服务业行业推进组。嘉兴五县二区以及江山、温岭等县（市）还率先成立了服务业发展局，宁波市也成立了专门的服务业综合发展办公室。

2. 服务业标准化工作有序推进

印发实施了《浙江省服务业标准化发展规划》，明确了浙江省服务业标准化的发展目标和主要任务。加强服务业地方标准制修订工作，组织实施《2008—2010 年浙江省公共领域地方标准制定计划》，以生产性服务业等领域为重点，促进服务业标准体系建设。积极推进医药物流、杭州上城区政府行政管理与公共服务、金华市农副产品物流、宁波市 81890 家政服务、千岛湖旅游等国家级标准化试点；制定并出台《浙江省级服务业标准化试点项目管理办法（试行）》，有序推进省级服务业标准化试点项目。

3. 服务业统计取得实质性进展

印发实施了《浙江省服务业统计工作方案》，建立了政府统计和部门统计相结合的服务业统计工作机制；建立健全了服务业统计调查方法，制定了《服务业统计报表制度》，对限额以上服务业单位实行全数调查，对限额以下服务业单位和个体户实行抽样调查；加强服务业运行情况监测和分析，编印《浙江省服务业统计工作简报》，建立各市服务业发展情况半年通报和年度评价制度。开展服务业统计工作考评，印发实施了《浙江省省级部门服务业统计工作考核办法（试行）》《各市服务业统计工作评价通报办法》等文件；结合全国第二次经济普查，组织开展了服务业普查工作。

二、采取的主要措施

（一）建立五个层次的省级服务业工作机制

为进一步强化服务业工作组织领导和统筹协调，明确部门分工，合力推进服务业加快发展，浙江省建立了五个层次的省级服务业工作机制。

1. 省政府常务会议

每年安排一次专题会议，听取全省服务业工作汇报，就全省服务业发展作出总体部署。根据需要听取省服务业工作部门联席会议或服务业各相关部门的专题汇报，研究协调重大问题。

2. 省服务业工作部门联席会议

整合服务业工作协调会议和省现代物流联席会议，建立统一的省服务业工作部门联席会议制度。联席会议由常务副省长任总召集人，省政府办公厅分管负责人和省发改委主任任召集人，省发改委等29个单位负责人为成员。每年年初制定全省服务业工作要点及成员单位重点工作分工方案；年中、年末各听取一次成员单位服务业工作情况汇报，督促检查重点工作完成情况，研究解决存在问题；讨论审议以省政府名义印发的服务业发展规划和政策；根据需要召开专题会议，协调解决服务业发展中的突出矛盾和问题。

3. 省政府分管负责人

按照分工，指导协调归口管理的服务业工作，研究解决有关问题。

4. 职能部门

各部门按照各自职责做好服务业工作，各司其职，各负其责；认真完成统一部署的服务业重点工作任务，并加强部门之间的协作和配合。

5. 行业协会

建立了浙江省服务业联合会，加强对各服务业协会的工作沟通和指导，充分发挥服务业行业协会的作用，支持各服务业行业协会积极开展战略研究、商务咨询、信息交流、标准制订和人才培训等工作，完善行业自律机制。

（二）建立市县联动的服务业工作机制

浙江省各市、县（市）参照省服务业发展工作机制的要求，结合各地实际情况，都建立了相应的服务业工作领导组织机构和工作机制，加强服务业工作的上下对接和联动。如杭州市建立了统分结合的“1+10”服务业工作组织领导机制，在全市统一的服务业发展领导小组基础上，针对10大服务业重点领域，建立了由市委、市政府分管领导牵头、主管部门具体负责、相关部门密切配合的协调推进责任制。杭州从2009年起，还建立了服务业协调例会制度，旨在以点带面，协调解决服务业发展中的突出矛盾和问题。湖州市形成了服务业发展工作领导小组、部门联席会议和各分管副市长归口牵头、职能部门协同配合、行业协会共同参与的组织体系。嘉兴市、县联动，从市本级到各县（市、区）都成立了第三产业发展工作领导小组，嘉兴五县二区都成立了专门的三产发展局（服务业发展局），走在全省前列。

（三）建立统分结合的服务业统计考核工作机制

1. 完善统分结合的服务业统计工作机制

为进一步完善服务业统计调查方法和指标体系，提高服务业统计的全面性、科学性和及时性，浙江省建立了政府统计和行业管理部门分工负责的服务业统计工作机制。制定实施了《浙江省服务业统计工作方案》《服务业统计报表制度》《浙江省省级部门服务业统计工作考核办法（试行）》，对部门统计职责分工、调查方法、组织实施、工作要求等进行了规范；健全完善服务业统计调查方法，对

1.2 万家限额以上单位按季实施调查，建立和实行《服务业限额以下单位和个体户抽样调查制度》。

2. 建立统分结合的服务业考核考评机制

浙江省把服务业发展工作列为考核市、县（市、区）政府和省级有关部门的重要内容，制定实施了《省级部门服务业工作评价考核试行办法》《全省服务业发展目标各市分解方案》《关于开展市、县服务业发展状况评价工作的实施意见》等文件，组织开展对联席会议成员单位服务业工作的绩效考核以及各市服务业发展定期通报和综合评价，对省级有关部门的考核结果经联席会议审议决定，纳入省政府目标考核体系。

三、主要问题

"十一五"时期是浙江服务业工作力度最大的五年，是浙江服务业发展最快的五年。但是，由于长期以来受重工业轻服务业的思想影响，服务业发展中还存在不少问题。一是服务业占比有待进一步提升。2012 年浙江省服务业占 GDP 比重仅为 43.1%，与全国水平大致持平，但与发达国家 70% 左右和发展中国家 50% 左右的平均水平相比，仍有不小的差距。二是结构层次有待进一步优化。新兴和高端服务业发展速度较快，但总量规模不大，发展不充分，传统服务业仍占有较大份额；各地发展也不平衡，各市服务业增速相对均衡但比重差异较大。三是体制机制障碍有待进一步突破。部分服务业领域市场准入门槛较高，人才、土地、资金等要素瓶颈制约较为严重，服务业工作机制还不健全，政策执行力不够强，这些都需要在今后的工作中切实加以重视和解决。

四、"十二五"发展思路

"十二五"时期是浙江工业化、信息化、城市化、市场化、国际化全面提升，经济社会转型加速推进的关键时期，也是推动服务业新一轮大发展的重要时期。全省上下应坚持服务业发展总量扩大与质量提升并重，坚持培育新兴服务业与提升传统服务业并举，坚持城市服务业与农村服务业统筹发展，坚持服务业发展重点突破与全面推进相结合，坚持服务业内外联动开放发展，坚持服务业改革与创新互促共进。工作重点是：①突出重点行业提升。加强规划引导，加快发展现代商贸、金融服务、现代物流、信息服务、科技服务、商务服务、旅游、文化服务、房地产、社区服务以及服务外包等重点行业，培育和拓展服务市场需求，促进生产性服务业集聚发展、生活性服务业提升发展。围绕培育新的经济增长点，积极发展研发设计、文化创意、总部经济、节能环保服务等新兴服务业和高端服务业。②突出重点区域发展。优化服务业发展空间布局，积极引导杭州、宁波、温州、金华—义乌等中心城市和地级市城区加快发展现代服务业，进一步增强服务业集聚和辐射功能，推动特大城市率先形成以服务经济为主的产业结构。鼓励经济强县大力培育发展特色服务业和生产性服务业，发挥中心镇在城乡服务业体系中的节点功能，推动城镇服务业和农村服务业加快发展。③突出重点平台建设。科学引导服务业集聚发展，创建发展 100 个左右省级现代服务业集聚示范区，完善管理机制，加大支持力度。构筑产业集群生产性服务公共平台，重点建设一批跨区联动、资源共享、层次较高的生产性服务公共平台。积极推进一批服务业重大项目建设，建立和完善动态管理的服务业项目库，加强服务业重大项目的要素保障。④突出重点企业培育。培育 100 家以上省服务业重点企业，加大并购重组和资源整合力度，加快形成一批主业突出、核心竞争力强、品牌带动作用明显的服务业大企业、大集团，促进服务业规模化、品牌化、国际化发展。培育一批具有自主知识产权和市场占有率居全国同行业领先地位的"小型巨人"服务企业。积极推进企业分离发展服务业，坚持分离与外包、分离与整合相结合，壮大生产性服务业企业。积极为中小型服务企业创造良好的发展条件，鼓励做大做强。推进服务业企业加快"走出去"。⑤突出体制政策创新。积极推进服务业管理体制改革，进一步规范市场准入，加强行业监管，加快政府垄断的公共服务业、中介服务业社会化改革。推进税收、财政、融资、用地、人才等方面政策创新，优化服务业发展环境。推进杭州、宁波国家服务业综合改革试点，深化金华以现代服务业为主题的省级综合配套改革试点。加快服务业技术、业态和商业模式创新，提高服务质量，推进品牌化和标准化发展。进一步完善统分结合的工作机制，健全统计和监测分析制度，增强服务业综合管理能力。

附件："十一五"时期印发的政策文件

1.《浙江省服务业发展规划（2008—2012年）》（浙政发〔2008〕56号）

2.《浙江省人民政府关于进一步加快发展服务业的实施意见》（浙政发〔2008〕55号）

3.《浙江省人民政府办公厅关于加强服务业统计工作的通知》（浙政办发〔2007〕6号）

4.《浙江省人民政府办公厅关于印发浙江省推进服务业发展工作机制的通知》（浙政办发〔2008〕60号）

5.《浙江省人民政府关于进一步加快发展现代物流业的若干意见》（浙政发〔2008〕64号）

6.《浙江省服务业标准化发展规划》（浙发改规划〔2008〕1102号）

7.《关于进一步做好加快发展服务业工作的意见》（浙政办发〔2009〕108号）

8.《关于印发〈全省服务业发展目标各市分解方案〉的通知》（浙发改经贸〔2009〕177号）

9.《关于印发〈省级部门服务业工作考核试行办法〉的函》（浙发改函〔2009〕80号）

10.《关于印发〈关于开展市、县服务业发展状况评价工作的实施意见〉的通知》（浙发改经贸〔2009〕178号）

11.《浙江省人民政府关于支持和鼓励国际服务外包产业加快发展的意见》（浙政发〔2009〕20号）

12.《关于推进企业分离发展服务业的实施意见》（浙经贸制造〔2009〕243号）

13.《中共浙江省委、浙江省人民政府关于推进旅游业转型升级加快建设旅游经济强省的若干意见》（浙委〔2009〕49号）

14.《浙江省人民政府办公厅关于加快服务业品牌建设的实施意见》（浙政办发〔2009〕184号）

第十二章　安徽省服务业发展报告

一、"十一五"发展情况

"十一五"期间，安徽省委、省政府十分重视服务业发展，认真贯彻党中央、国务院加快服务业发展的方针政策，编制了"十一五"服务业发展规划及行业规划，先后制定了《关于加快发展服务业的若干政策意见》《关于加快发展服务业的若干意见》，努力营造服务业发展的良好环境，使服务业保持了平稳、健康、较快的发展态势，服务业在国民经济中的地位和作用明显提高。但受多种因素影响，安徽服务业总体水平还比较低。

（一）总量不断提高

"十一五"期间，安徽服务业总量连续跨越3000亿和4000亿元大关，由2005年的2187.5亿元增加到2010年的4193.7亿元，年均增长10.8%，连续多年保持两位数增长。"十一五"期间，服务业对全省经济增长的贡献率稳定在30%以上，年均贡献率达30.8%，对国民经济快速发展起到重要作用。

（二）结构逐步优化

传统服务业运用现代管理理念和信息技术改造提升步伐较快。现代服务业发展提速，金融业、租赁和商务服务业增加值年均增长25.5%、24.1%（名义增长率），文化产业每年以30%以上的速度增长，旅游业总收入年均增幅30.2%。现代通信网络服务、电子商务、服务外包、文化创意、数字传媒、会展服务、动漫游戏等新兴服务业发展迅速，亮点频现。

（三）就业明显增加

服务业就业人员由2005年的1102.4万人增加到2010年的1449.9万人，年均增长6.6%，占全社会就业人员总数的比重由30%提高到35.8%，比第二产业就业比重高出10.7个百分点，服务业已经成为吸纳就业的主渠道。

（四）投资快速增长

“十一五”期间，安徽加大服务业投资建设力度，服务业全社会固定资产投资5年累计完成2.08万亿元，年均增长32.9 %。2010年全省服务业完成固定资产投资6010.5亿元，占全社会投资比重50.7%。安徽广电新中心、安徽国际影视城、合肥国家动漫产业基地、迅捷保税物流中心、合肥新港物流园、宝供合肥物流基地、黄山旅游景区、岱山湖度假村等一批重点服务业项目加快推进，增强了服务业的有效供给和服务功能。

（五）企业加速成长

服务业企业不断做大做强，涌现出一批知名服务业企业。徽商集团、合肥百大集团、安徽国贸集团等13家企业进入“2010中国服务业企业500强”，比2006年多5家。其中，安徽发行集团、安徽出版集团分别位列出版发行类企业前两名。徽商银行成功实现增资扩股，成为一家跨省经营的区域性商业银行。科大讯飞拥有自主知识产权的世界领先智能语言技术，成为中国最大的智能语言技术提供商。安得物流成为安徽首家国家5A级物流企业，芜湖方特取得3年接待600万人次的优异成绩。

（六）开放水平提升

服务业利用外商直接投资由2005年的1.97亿美元增加到2010年的12.7亿美元，年均增长45.1%。2010年，全省服务贸易进出口总额24亿美元，比2006年增加近4倍。建筑、运输、金融、文化、旅游等领域对外开放水平稳步提高。文化服务出口方面取得明显突破，一大批带有“安徽制造”标签的动漫精品不断走出国门。服务外包业务量逐步增大，业态不断丰富。合肥滨湖新区国际金融后台服务基地规模初现，中国工商银行后台中心、浦发银行灾备中心及客服中心、中国建设银行合肥生产基地、中国银行集团客服中心等已成功落户滨湖新区。中国邮政储蓄银行总行、中国农业银行总行、中国信达资产管理股份有限公司将在滨湖新区建设后台服务基地。

二、主要问题

（一）总量不大

2010年，全省服务业增加值4193.7亿元，总量居全国第15位。服务业规模不大，是安徽经济快速发展、实现赶超战略的短板。

（二）发展不快

“十一五”期间全省服务业增加值年均增长10.8%，比地区生产总值增幅低2.6个百分点。发展速度低，导致全省服务业比重在“十一五”期间下滑了6个百分点，而同期全国服务业比重提升了2.5个百分点。2010年全省服务业增加值比重33.9%，低于全国平均水平9.1个百分点。

（三）实力不强

服务业发展缺少上规模、竞争力强的企业集团。2010 年全国服务业 500 强企业中安徽占 13 席，入围企业不足浙江省 1/5。第二次全国经济普查资料显示，目前全省服务业企业数居中部第 3 位，但户均资产和户均营业收入明显低于全国平均水平。与全国相比，金融业和房地产业户均资产分别少 15.4 亿元和 6861 万元，户均营业收入少 1.4 亿元和 917 万元。

当前安徽服务业发展存在的问题，客观上与总体发展水平和所处发展阶段相关。目前安徽正处于工业高速增长和逐步转型时期，“十一五”全省工业年均增长 22.6%，高出服务业 11.8 个百分点。城镇化进程相对滞后、城乡居民收入水平较低、能源资源型产业比重过大、产业链条较短等，也都对服务业发展形成制约。同时，服务业发展与政府营造的制度环境密切相关，服务业发展的快慢在很大程度取决于重视程度、改革力度和政策环境。当前，安徽服务业发展在认识、政策、市场化、人才和基础工作等方面有待进一步提高。

1. 对服务业的认知不够

总体上看，全省对加快服务业发展重要性的认识都有明显提高，不少地方还表现出很强的紧迫感，但也有一些地方对服务业发展的重要性和规律性认识没有真正到位。一些地方和部门对工业化进程中先进制造业与现代服务业互动发展的客观规律认识不足，将工业和服务业隔离开来，还有的习惯把服务业看作工业的附属和补充。另外，服务业产出不仅表现为自身的产值和税收，而且还具有很强的外部性，相当部分转化到其他产业，这导致在现行的考核体制下一些地方和部门发展服务业的积极性不是很高。

2. 政策效应发挥不充分

全省及各地出台的服务业发展政策覆盖范围较窄、灵活性不强。在税收方面，扶持政策较多涉及营业税，而涉及增值税、所得说、出口退税等较少，且往往是缴税达到一定额度后才给予一定比例的补助，这使得中小型服务业企业很难享受到。在融资方面，现代服务业企业通常以拥有知识产权、人力资本等无形资产为主，在办理银行贷款时难以提供固定资产抵押，知识产权等又无法进行质押，融资难度较大。优惠政策差异大、执行落实难。服务业用地不如工业容易，在用水、用电、用气等方面，服务业与工业在政策上仍有差异。

3. 市场化程度不高

全省服务业除批发零售、住宿餐饮、交通运输、房地产等行业的市场化程度较高外，其他很多行业的市场化程度都有待提高。很多服务行业特别是现代服务业，缺乏有效的市场机制，有一些行业存在垄断性质，竞争力度不够。有一些可以市场化、产业化的服务行业被当作事业来发展。工业企业内部的服务性经营，在主辅分离过程中尚未得到充分发展。服务企业经营管理体制相对落后，与现代企业制度的要求相比还有较大差距等。

4. 高素质人才缺乏

全省服务业从业人员大部分仍集中在传统服务领域，科学研究、设计创意、国际贸易、现代物流等方面人才匮乏，不能适应服务业快速发展需要。第二次全国经济普查资料显示，全省现代服务业中仅有 2.1% 的从业人员具有研究生及以上学历，18.5% 的人具有大学本科学历，分别比全国低 1.6 个百分点和 3.9 个百分点。

5. 基础工作薄弱

尽管省及各市大多成立了由政府领导、部门参与的服务业发展领导小组和办事机构，但尚未形成整体合力，在涉及具体问题时，受制于部门利益，管理和协调难度较大，相关工作难以开展。另外，服务业统计基础较为薄弱，相关统计考核制度不健全，一些新兴服务业数据很难取得。

三、"十二五"发展思路

"十二五"时期，是安徽省全面建设小康社会的关键期，工业化、城镇化的加速期，经济社会发展的转型期。服务业既面临着巨大的发展空间，又承担着产业结构调整的重要任务。安徽省委、省政府把加快服务业发展放在更加突出的战略地位，抢抓机遇，营造环境，构建功能完备、布局合理、服务高效、供给良好的现代服务业体系。发展目标是：到2015年，服务业增加值比2010年翻一番以上，服务业增加值比重达到40%左右，现代服务业占服务业增加值比重达到53%，服务业从业人员比重上升到42%；制定有利于服务业发展的政策，完善服务业统计制度，建立服务业发展考核体系，健全服务业工作机制；完成黄山市国家服务业综合改革试点，实施10个省级服务业综合改革试点，建设100个省级服务业集聚区，形成100家服务业大企业。重点领域是：在全力推进服务业大发展的基础上，突出发展生产性服务业，培育发展新兴服务业，主要包括现代物流业、金融服务业、商务服务业、科技服务业、信息服务业、文化服务业、旅游业、服务外包、会展经济、创意服务、节能环保、健康服务、云计算和物联网等。空间格局是：根据安徽省经济发展战略和主体功能区划分，结合各地服务业发展基础和发展趋势，积极构建"一圈、一带、两区"的服务业发展格局，即合肥经济圈、皖江城市带、皖北资源特色区、皖南和皖西旅游生态区。主要措施包括：完善服务业工作机制，建立服务业统计考核制度，推进服务业体制机制改革，加快推进诚信建设，提高服务业对外开放水平，拓展服务业投融资渠道，加大服务业政策扶持力度，加强服务业载体建设，加强服务业人才培养和引进。

附件："十一五"时期印发的政策文件

1. 《安徽省人民政府关于印发安徽省"十一五"服务业发展规划纲要的通知》（皖政〔2006〕62号）
2. 《安徽省人民政府关于加快发展服务业的若干政策意见》（皖政〔2007〕70号）
3. 《安徽省人民政府办公厅关于成立省推进服务业发展领导小组的通知》（皖政办秘〔2008〕29号）
4. 《安徽省人民政府关于加快发展服务业的若干意见》（皖政〔2009〕118号）
5. 《安徽省人民政府关于加强服务业统计工作的通知》（皖政秘〔2010〕242号）

第十三章　福建省服务业发展报告

"十一五"期间，福建省紧紧围绕海峡西岸经济区建设的总体战略部署，坚持"改革、规范、提质、创新"的方针和社会化、市场化、产业化改革方向，以改善环境、优化结构、扩大总量、增加就业、促进消费为目标，深化体制改革，扩大对外开放，完善政策措施，整合服务资源，创新发展模式，拓宽服务领域，增强服务功能，规范服务市场，充分发挥市场在资源配置中的基础性作用，加快发展生产性服务业，丰富生活性服务业，改善农村服务业，培育壮大企业竞争能力和水平，服务业发展态势良好，为"十二五"进一步加快发展奠定了良好基础。

一、"十一五"发展情况

（一）总体发展情况

1. 产业规模不断扩大

服务业增加值由2005年的2551.41亿元增加到2010年的5850.62亿元，年均增长13.84%，占地区生产总值的比重达到39.7%。2010年服务业就业人数占全社会就业人数达33.4%（见表13－1）。

2. 产业结构进一步优化

现代物流、金融保险、信息服务、旅游等现代服务业得到较快发展，对经济社会发展的带动作用不断增强。2010年物流业增加值约1018亿元，金融业增加值约767.58亿元，占全省服务业增加值的比重分别达到17.4%和13.1%。

3. 服务业投资高位增长

五年间，服务业固定资产投资累计16770.22亿元，占全社会固定资产投资的61%，年均增长30.6%，服务业基础设施进一步完善。

4. 企业规模逐步壮大

培育出一批影响力较大的行业龙头企业。27家物流企业进入2010年度全国先进物流企业。服务业产业集聚加快，组织化程度得到提升。培育了一批销售额逾50亿元的连锁企业、购物中心和商品交易市场。

5. 发展环境进一步改善

各级政府高度重视服务业发展，制定了一系列扶持服务业发展的政策措施，全省上下初步形成了促进服务业发展的政策体系和良好氛围。

表13－1　"十一五"时期服务业发展有关指标实现情况

指　标	2005年	2010年	年均增长（%）
服务业增加值（亿元）	2551.4	5850.62	13.84
服务业增加值占地区生产总值比重（%）	38.9	39.7	［0.8］
服务业就业占全社会就业人数比重（%）	31.2	33.4	［2.2］
全社会消费品零售总额（亿元）	2351.72	5310.03	17.7

（二）重点行业发展情况

1. 现代物流业

福建省重视现代物流业的发展。2005年、2006年、2009年省政府相继出台了《关于加快现代物流业发展的意见》《福建省"十一五"现代物流业发展专项规划》《福建省物流业调整和振兴实施方案》。2010年9月30日，福建省人大常委会第十七次会议审议通过了全国第一个地方物流法《福建省促进现代物流业发展条例》。在具体实施过程中，在增加资金投入、优化要素供给、完善社会物流统计核算制度、推进制造业与物流业联动发展、加强物流人才培养等方面加大支持力度，促进全省物流业较好发展。

（1）物流业发展规模不断壮大。2010年，全省社会物流总额31153.31亿元，比2005年增长114.7%；物流业实现增加值1018.01亿元，比2005年增长103.8%，占第三产业增加值的比重17.4%，比2005年上升了1.1个百分点；社会物流总费用2555.58亿元，与地区生产总值的比率为17.3%，比2005年下降了1.2个百分点；物流业固定资产投资额1504.49亿元，比2005年增长407.1%。

（2）物流企业实力不断增强。全省获评2010年度中国先进物流企业27家。“十一五”期间，通过国家3A级及以上物流企业综合评估的物流企业43家（3A级以上企业累计达50家），其中5A级4家；获评中国物流A级信用企业3家，其中3A级2家；列入国家物流税收试点企业名单23家（累计达56家）。

（3）区域物流合作不断深化。出台了多项鼓励跨省区进出口货物直通放行和区域通关政策措施，进一步发挥福建省港口资源优势和对台通道作用。泛珠区域9省区签署了《加强泛珠区域综合交通大通道建设合作备忘录》，福建、江西两省政府签署《关于加强闽赣两省海西港口经济合作的框架协议》，加快推进区域物流合作。厦门、福建检验检疫局，以及厦门、福州海关共同签署《在福建省内实施进出口货物直通放行和区域通关备忘录》，在全国率先全面实施进出口货物直通放行制度。部分设区市通过建立闽粤赣十三市、闽西南五市和厦漳泉的区域物流协作机制，加快推进区域物流合作。2010年全年周边省份从福建省港口进出口的大宗散货共完成826.44万吨。通过厦门港中转的海铁联运集装箱2.15万TEU；通过厦门港中转的国际集装箱为33.88万标箱。

（4）物流节点发展不断完善。2009年国家《物流业调整和振兴规划》将厦门市和福州市分别规划为全国性物流节点城市和区域性物流节点城市，《福建省物流业调整和振兴实施方案》将又将泉州市规划为区域性物流节点城市。以福建省为主体的东南沿海物流区域和东部沿海物流通道成为国家重点建设的九大物流区域、十大物流通道之一，海峡西岸经济区物流业区域布局进一步优化。在“区港联动”方面，福建省拥有厦门保税物流园区、福州保税物流园区、厦门海沧保税港区和福州保税港区。全省还规划建设了晋江、三明、龙岩和南平4个具有保税和港口功能的陆地港，其中南平陆地港已试运行。“十一五”期间全省重点规划建设的10个物流园区、50个物流中心（配送中心）绝大部分进展顺利或已竣工，成为推动地方经济发展的重要力量

2. 商贸流通业

（1）流通规模迅速扩大，消费结构实现升级。“十一五”期间，全省累计实现社会消费品零售总额19587.64亿元，是“十五”期间的2.1倍，年均增长17.7%，超过了年均增长预期10%的目标，增幅比“十五”期间提高5.5个百分点。企业规模不断扩大。“十一五”期间培育了新华都、永辉等商贸上市公司和一批销售额逾50亿元的连锁企业、购物中心和商品交易市场，沃尔玛、特易购、国美、红星美凯龙等一批国内外商业巨头进驻福建。农村市场体系建设取得突破性进展。通过实施“万村千乡市场工程”、家电下乡、“双百市场工程”、农超对接等，农民“买难”和“卖难”问题得到缓解。消费结构实现升级。通过实施家电、汽车摩托车下乡和家电、汽车以旧换新等消费政策，推动了家电、汽车、电子信息产品持续旺销。“十一五”期间，全省汽车类商品实现零售额年均增长33.0%，城镇居民家庭每百户拥有汽车量由2005年年末的1.7辆上升到2010年的11.0辆；限额以上批零企业（单位）实现家用电器类、家具类、建筑装潢材料类商品零售额年均分别增长21.2%、67.1%和56.7%。

（2）项目投资增长强劲，流通设施不断改善。“十一五”期间，全省商业设施建设改造步伐加快，批发和零售业、住宿和餐饮业固定资产投资年平均增长46.2%。一批现代流通设施建成并发挥重要作用。建设了一批特色商业街和大型购物中心。组织开展了特色商业街认定工作，共认定了53条商铺聚集，特色鲜明，具备购物、休闲、文化、娱乐等配套功能，享有较高知名度的城区步行街、专业街和名店街（区）等商业街。一批大型购物中心建成，城市商业网点呈现规模大型化、设施现代化、功能多样化、服务系列化的特点。商品交易市场快速发展。2010年全省交易额亿元以上的商品交易市场有159个，比2005年增加52个，市场摊位数6.3万个、营业面积351.62万平方米、年交易额1333.95亿元，分别比2005年增长了76%、1.2倍和1.2倍。“十一五”期间全省亿元市场成交额年均增速达17.3%，比“十五”时期11.3%的年均增长速度快了6个百分点。出现了如福州南方建材市场、福州南方钢材物流中心、石狮服装批发市场、福州特艺城等一批成交额75亿元以上的专业市场，有力带动

了产业集聚。农产品流通设施明显提升。一批农产品批发市场和农产品流通企业的基础设施项目相继建成并投入运营，至2010年年底，“双百市场工程”累计新增冷库5.16万吨，新增交易大厅、配送中心和农产品加工中心等营业面积17.28万平方米，累计完成投资8.33亿元。这些项目的建成，每年可新增交易额近30亿元，覆盖农户新增12.87万户，新增农村就业人数12.87万人，新增出口额1.32亿美元。城乡集贸市场升级加快。2008年开始共推动200个城乡集贸市场升级改造，累计总投资超过6.99亿元，新增营业面积7.37万平方米，新增就业25936人，年新增交易额8.23亿元，新增利税7630.8万元，总受惠人口达393.9万人，有效地缓解了全省县乡（镇）集贸市场规模偏小、设施陈旧、功能简陋的问题，方便了群众交易、消费，也增加了农民收入。农村商业网点设施明显改善。“十一五”期间全省已累计建成并通过验收“万村千乡市场工程”农家店1.7万个，配送中心150个、仓储面积达38万平方米。

（3）组织形式不断创新，新兴业态快速发展。一批大型购物中心、仓储式商场、专卖店、百货店、便利店显示了强大的生命力、竞争力。连锁经营、物流配送和电子商务加速普及。流通产业渗透加快，大型商贸零售企业向生产领域延伸，将一批中小企业纳入供应链，形成了商业自有品牌；制造业向原材料流通和终端市场垂直延伸，形成了工业自主品牌销售网络和新型代理关系。企业组织化程度日益提高，2010年全省限额以上企业的零售额达2032.28亿元，占全省社会消费品总额的38.3%，比2005年上升了12.6个百分点。在中国连锁经营协会“2010年中国连锁百强”排行榜中，福建省永辉超市股份有限公司、新华都购物广场股份有限公司分别位居第30位和第49位。

（4）监测体系不断完善，调控能力得到提高。“十一五”期间，福建逐步建立起了涵盖生活必需品、重要生产资料、重点流通企业、应急商品数据库、生猪等畜禽屠宰、酒类流通的直接监测系统和商务预报信息发布系统，累计监测样本企业630家，监测商品108种，涉及批发、零售等17个流通行业以及超市、百货店等8种零售业态，基本建立起市场监测预警体系。统筹推进12312商务举报投诉服务技术支撑系统、生猪屠宰监管技术支撑系统、肉品质量安全信息可追溯系统“三合一”建设。积极探索新时期商务综合行政执法有效形式，14个市、县被商务部和省政府列为商务综合行政执法试点，实现了人员、场地、装备、制度四落实，增强了商务执法能力。在福州、厦门、南平、龙岩4个设区市开展了肉品质量安全可追溯系统建设，全省已建设80个政府监管平台，60家屠宰企业端监控系统。

3. 城市服务业

随着福建省城市化水平的提高，对城市服务业产生了巨大需求。社区服务、老年服务和就业服务等城市服务体系得到全面发展。

（1）社区服务业建设稳步推进。城市社区服务体系不断健全，社区普遍成立了工、青、妇、老等民间服务组织。目前，各地社区建立服务中心（站）1100余个，社区服务设施5000余个，社区便民利民服务网点7.3万个，社区卫生服务中心（站）574个，社区志愿者达32万人，每年开展志愿服务活动2万余次。

（2）老年服务业建设步伐加快。全面推进居家养老服务事业，2009年开展100个城乡社区居家养老服务试点工作，2010年福建省将计划建立的500个城市社区居家养老服务中心（站）列为为民办实事的项目。深入开展养老服务社会化示范活动，确定10个县（市、区）、6个养老机构为养老服务社会化示范点。实施“爱心护理工程”，工程试点单位已增至29个。加快实施市县社会福利中心项目建设，全省已动工或立项40个，其中设区市项目5个、县级项目35个。实施“老年福利服务星光计划”，全省共投入建设资金2.43亿元，建成“星光计划”项目1427个。全面贯彻落实各项扶持优惠政策，鼓励和支持社会力量兴办养老机构。截至目前，全省各类养老服务机构达1018家（其中民办138家），床位5.2万张（其中民办2.26万张），老年人床位拥有率从期初的4.5‰增至11.9‰，超过了“十一五”规划确定的10‰目标。以家庭为基础、社区为依托、机构为补充的社会养老服务体系初步形成。

（3）社会团体服务业加快发展。认真贯彻《国务院关于加快推进行业协会商会改革和发展若干意见》，积极探索市县登记管理办法，登记管理试点工作开展顺利。建立评估机制，开展清理整顿，社会组织建设质量得到提高。目前全省社会组织数量发展到1.45万个。出台社团审批达标表彰活动管理办法，开通“福建民间组织信息网”，查询、申报、年检等日常工作实现网上执行。“管理规范、布局合理、结构优化、功能到位、作用明显”的社会组织发展格局基本形成。

（4）就业服务体系逐步完善。促进就业目标全面完成，就业局势保持稳定。市场就业机制得到有效发挥，制定和实施具有福建特色的积极就业政策，统筹城乡就业，做好企业用工服务，缓解就业结构性矛盾，全面推进创业带动就业，不断扩大就业规模。建立和完善公共就业服务体系和就业援助制度，统筹做好大中专毕业生、就业困难人员和农民工等特殊群体的就业工作。“十一五”期间，累计实现城镇新增就业331.23万人，城镇登记失业率控制在4%以内，省内转移农村劳动力230.61万人，培养高技能人才28.68万人；新增大中专毕业生88.3万人，每年就业率均超过80%，高于全国平均水平。

4. 农村服务业

（1）农业科技服务水平明显提升。农业科技创新体系、推广服务体系和应用体系不断完善，优良品种繁育推广、动植物重大疫病防控、农机推广和农业信息化服务得到加强，农产品标准体系和质量检验检测体系日益健全，科技特派员和农村“六大员”制度得到推广，新型农民培训体系初步建立。建设一批农业科技示范园区，培训一批农村实用人才，扶持一批农业科技示范户，有效发挥农业科技的支撑和引领作用。农业信息化有新发展，建制村宽带普及率达到93.4%，整合建立了全省“155”指挥协调、调度、服务体系，农村信息综合服务平台、乡村信息服务站点和农村商务信息服务体系进一步完善。农业标准化进程加快，建设国家级农业标准化示范区81个、省级农业标准化示范区154个，全国良好农业规范（GAP）试点单位72个，累计认证并获得有效使用标志的无公害农产品1448个、绿色食品588个、有机农产品132个、农产品地理标志14个，农产品质量安全水平明显提高。

（2）农民专业合作组织加快推进。发展农民专业合作组织，覆盖农产品生产、流通和服务等不同领域，农民组织化程度不断提高。至2010年年底，全省登记7637家（2007年底仅登记529家），比上年增加3202家，平均月增267家，成员出资总额143.25亿元，在产业分布上，以服务业为主的占8.1%。在服务功能上，从事产加销综合服务的比重为57.8%，创办加工实体的有174家，拥有注册商标的合作社数为734个，通过农产品质量认证的合作社数为215个，参与信用合作组建资金互助合作社的有77家；在带动能力上，为成员统一组织销售农产品总值68亿元，开展各类培训21.2万人次，直接带动农户数近60万户。据对示范项目单位的调查，成员生产投入品成本可节约10%~20%，产品流通成本可降低10%~20%，销售价格可提高10%~15%，成员收入比非成员农户高出20%以上。农民专业合作组织多元发展。2008年，漳平市成立了大陆第一家以台湾农民为主体的闽台缘高山茶产销专业合作社。合作组织类型不断丰富，有龙头企业带动型、生产基地引导型、专业协会转制型、部门参与联办型等。

5. 金融业

2010年全省金融业实现增加值767.58亿元，占第三产业增加值的13.1%，占全省地区生产总值的5.2%。

（1）金融实力不断壮大。

——银行业。至2010年年末，福建省拥有各类银行业机构119家，其中中资地方法人银行79家（含农村合作金融机构69家），外资法人银行2家。“十一五”期间新增4家商业银行、4家村镇银行，设立了全省首家财务公司。2010年年末，福建省银行业金融机构总资产达28637.4亿元，五年年均增长23.59%；本外币存款余额达18309.45亿元，比2005年年末增加11064.05亿元，年均增长20.4%；

本外币贷款余额达15231.36亿元，比2005年年末增加10162.68亿元，年均增长24.6%。银行业金融机构风险抵御能力明显提升，不良贷款率从2005年年末的5.69%下降至2010年年末的0.84%。地方法人银行机构通过增资扩股、发行次级债和混合资本债、控制风险资产等手段，资本充足水平有效提升。

——证券业。至2010年年末，福建省拥有3家法人证券公司，4家期货经纪公司，2家证券公司福建分公司，2家基金公司福建分公司，5家证券投资咨询公司，196个证券营业部，63个期货营业部。“十一五”期间，全省新增3家期货经纪公司、2家证券分公司、2家基金分公司、98家证券营业部和42家期货营业部。2010年年末，福建省3家证券公司资产总额411.5亿元，较2005年年末增长8.85倍。2010年，福建省股票、基金交易额达49443亿元，期货交易额达71328.2亿元，较2005年分别增长20.19倍和73.89倍。至2010年年底，全省境内上市公司共72家，总市值达6865亿元。

——保险业。至2010年年末，福建省共有44家保险公司主体（含法人保险公司2家），其中财产险公司21家，人身险公司23家；保险专业中介主体96个，保险兼业代理机构4941个。“十一五”期间，保险公司主体增加了24家，保险专业中介主体增加了47家，保险兼业代理机构增加了2551个。至2010年年末，福建省保险公司资产总额达到837.8亿元，比2005年年末增长1.4倍，年均增长19.1%。2010年，福建省保险业共实现保费收入423.6亿元，比2005年增加274.5亿元，增长1.8倍，年均增长23.2%。

（2）金融改革顺利推进。

——银行业。大型银行股份制改革不断推进，农行福建省分行被纳入全国“三农金融事业部”改革试点。兴业银行成功股改上市。农村信用社改革持续深化，逐步形成农商银行、农合银行、统一法人农信联社等多元化产权组织模式。国开行商业化改革、股份制商业银行流程银行建设、邮政储蓄银行组建、城市商业银行跨区域发展、金融资产管理公司商业化转型等扎实推进。

——证券期货业。资本市场基础性和多层次体系建设取得重要进展，上市公司股权分置改革顺利完成，证券公司综合治理取得成效，证券市场进一步规范化。兴业证券实现IPO上市融资。

——保险业。以保险公司境内外上市为契机，推动省内保险业管理机制、激励机制、人才机制改革，强化经营责任追究制，加强内控制度建设，建立健全保险公司风险防范化解机制。

（3）闽台金融合作取得进展。

——银行业。2008年台湾富邦金控通过香港富邦银行入股厦门市商业银行，成为首家间接参股大陆银行的台湾金融机构；福建省在全国率先吸收台、港、澳资企业入股农村信用社，金额达1.62亿元。新台币现钞兑换业务进一步深化拓展，地域范围从沿海5市扩展至全省，机构范围从中国银行一家扩展至中国银行、兴业银行、交通银行、厦门银行等4家银行及其签约的新台币现钞代兑机构。

——证券业。台湾统一证券、富邦证券、元富证券相继在厦门设立代表处。2010年12月，由国家开发投资公司、福建投资集团、台湾富邦金控共同发起的海峡产业投资基金登记设立，基金总规模200亿元。

——保险业。台湾国泰人寿、国泰产险等相继在福州设立分支机构；厦门建发和台湾人寿合资设立的君龙人寿保险有限公司落户厦门；台湾富邦产险和台湾富邦人寿在厦门共同出资设立富邦财产保险有限公司。

（4）金融业服务社会经济发展取得实效。

——金融服务创新显著提升。积极拓展林权、海域使用权、知识产权等抵押方式贷款，进一步缓解融资担保难问题。实现农村金融基础服务全覆盖，小企业贷款专营机构建设取得积极进展。兴业银行成为国内首家“赤道”银行，创新节能减排金融服务。跨境贸易人民币结算试点稳步推进。证券公司融资融券、股指期货等创新业务顺利开展。政策性农业保险试点取得突破，试点范围和覆盖面不断扩大，上杭县古田镇在全国首创新型“三农”综合保险示范区。

——直接融资功能有效发挥。“十一五”期间，福建省新增境内上市公司31家，首发上市融资448.5亿元；新增境外上市公司72家，首发上市融资460亿元；共有37家次上市公司通过公开增发、定向增发、配股、发行公司债等方式筹集资金1268.5亿元。12家企业发行企业债124亿元，3家企业发行中期票据融资53亿元，19家企业发行短期融资券融资209.1亿元。

——保险对经济的保障和支持作用不断增强。2010年，福建省保险深度为2.95%，比2005年上升0.67个百分点；保险密度为1148元，比2005年增加726元；2010年年末，承担风险总额达11.6万亿元，“十一五”期间，累计赔款给付支出402亿元。

6. **房地产业**

（1）房地产市场快速发展，支柱产业地位凸显。一是房地产投资、交易保持较快增长。“十一五”期间，全省房地产开发投资年均增长27.5%，五年累计完成投资5989.28亿元，是“十五”期间完成投资总量的3.23倍，是“十一五”规划计划投资总量的2倍，占全省同期城镇固定资产投资总量的24.5%。完成房地产交易面积18708.6万平方米，交易总金额8005.22亿元，分别是“十五”期间交易总量的1.91倍、4.19倍。房地产业对社会经济发展贡献突出，成为新的发展阶段的重要支柱产业。二是行业不断发展壮大。全省房地产开发企业有3019家，物业服务企业1478家，房地产经纪机构1000多家，城市房屋拆迁单位159家，从业人员近30万人。三是增加财政收入。“十一五”全省房地产行业共缴纳营业税、所得税、土地增值税和契税等相关税收995亿元。

（2）居民住房水平明显提高，居住环境不断改善。“十一五”期间，全省商品住房累计完成投资3754.87亿元，占房地产开发投资的62.7%，竣工商品住房7303万平方米。居民住房条件不断改善，住房功能和配套设施更加完善，2010年年底全省城镇居民人均住房建筑面积达到35.62平方米，比“十五”末增加3.62平方米，超过“十一五”规划的目标。大力培育和发展物业管理，全省城镇实现物业服务覆盖面达到70%，新建住宅小区达到100%，累计有67个项目获得全国物业管理示范项目称号，238个项目获得全省物业管理示范项目称号。一批住宅小区被列入国家康居示范小区和省级住宅建设示范小区项目，住宅小区建设水平和质量进一步提升。

（3）住房保障制度逐步健全，住房保障体系初步建立。“十一五”期间，福建省累计建设保障性住房17.35万套，改造各类棚户区（危旧房）16万多户，住房保障体系初步建立。以城市低收入住房困难家庭为对象的廉租住房与经济适用住房建设取得新进展。全省累计建设廉租住房6.56万套、经济适用住房4.63万套。以城市中等偏下收入住房困难家庭为对象的公共租赁住房和限价商品住房建设全面启动，建设公共租赁住房1.5万套、限价商品住房4.66万套。各类棚户区（危旧房）改造取得明显成效。共改造各类棚户区（危旧房）1500万平方米、16万多户。

7. **商务服务业**

（1）发展初具规模。“十一五”期间，福建省商务服务业增速高于全省GDP增速。2010年，全省商务服务业实现产业增加值225.07亿元，占全省GDP比重1.63%，占全省第三产业的比重为3.68%；产业总产出491.73亿元，营业盈余106.39亿元。行业发展态势迅猛，发展潜力巨大。从2005年到2010年，福建商务服务业营业收入年平均增长19.50%。在商务服务业内部，法律服务、广告业增长迅猛，企业管理服务、咨询与调查、知识产权服务、职业中介服务、市场管理、广告会展、其他商务服务等均稳步增长。

（2）吸纳就业增强。2010年，全省商务服务业从业人员25.06万人，占全省城镇就业人员比重4.94%。“十一五”期间，全省商务服务业从业人员年平均增长23.73%，吸纳就业作用明显，特别是民营企业从业人数不断扩大，已占据商务服务业从业人数的半壁江山，成为商务服务业的主力军；从业人员平均工资年均增长7.69%。

（3）中心城市发展迅速。福建商务服务企业主要集中在福州和厦门两市，两市总数占全省商务服务企业83.7%，且基本集聚了全省的中高端商务服务企业。

8. 服务外包业

(1) 总体发展良好。服务外包产业主要分布在厦门和福州两市，初步形成了以软件开发及IT服务、呼叫中心、集成电路设计、动漫游戏等信息技术服务外包（ITO）特色产业，并正逐步向业务流程外包（BPO）和高端的知识流程外包（KPO）扩展。2010年厦门市获批成为“中国服务外包示范城市”，福建榕基软件股份有限公司等10家企业被列入国家规划布局的重点软件企业。2010年，全省登记新增服务外包企业57家；登记服务外包接包合同额3亿美元，同比增长197.44%；登记接包执行额2.8亿美元，同比增长1681.71%。其中全省软件出口1.54亿美元，同比增长94%；以合同金额计算，福建省软件出口目的地国家中位列前两位的为日本和美国，占比分别为32.1%和29.7%。

(2) 对台特色明显。全省充分利用对台优势，借助海峡两岸经贸交易会、中国国际投资贸易洽谈会等会展平台，加大服务外包推介和招商力度。厦门市制定了“厦门市服务外包产业总体招商方案”，2010年5月，厦门在台湾举行服务外包专场座谈会，向台湾资策会、中华软协及相关服务外包业内知名人士介绍厦门服务外包产业发展情况及厦门软件外包业的有关政策。在已有30多家台资服务外包企业基础上，2010年又新批准硕泰等13家台资软件及服务外包企业落户厦门，承接两岸呼叫中心、客户关系管理等服务外包业务。

(3) 实体平台初步建成。福建省外经贸厅和商务部中国国际电子商务中心、泉州市人民政府三方共同建设中国国际信息技术（福建）产业园，占地面积5000亩，总投资60亿元。此外，由微软（中国）有限公司与泉州市政府共同推动建设的“泉州微软技术中心”项目正式揭牌开业，将建设产值百亿元的软件研发和外包基地，建设一个支撑信息化建设、应用推广和本地产业升级的服务平台。

9. 旅游业

“十一五”全省共接待境内外游客4.6亿人次，其中国内游客4.45亿人次，入境游客1472万人次，分别比“十五”时期增长108%、109%和70%；旅游总收入累计达5298亿元，其中国内旅游收入4474亿元，旅游外汇收入116亿美元，分别比“十五”时期增长122%、129%和118%。旅游业已成为福建经济社会发展的重要增长点，成为拉动内需、扩大消费的重要载体，在海峡西岸经济区中的地位和作用日益凸显。

(1) 海峡旅游取得新突破。2008年以来，福建成为大陆居民赴台旅游的首批省份，福州、厦门成为两岸包机直航航点，全国25个省市居民可经福建口岸赴台湾地区旅游，在福州、厦门居住一年以上的省外居民可在福建办理证件赴金马澎和台湾本岛旅游。目前，全省有10家旅行社可以经营大陆居民赴台旅游业务，数量居全国前列，首家台资旅游企业——灿星旅行社落户福建。截至2010年年底，经福建口岸赴金马澎和台湾本岛旅游达37万人次，其中赴台湾本岛旅游超过27万人次。经福建口岸赴台湾本岛旅游的游客有84%经“小三通”赴台，福建已成为两岸旅游交流合作的重要通道和主要集散地。

(2) 旅游产品竞争力明显增强。大力实施旅游项目带动战略，五年时间共开工建设旅游项目550个，完成投资500亿元，有效地促进了旅游目的地建设和旅游产品开发。继武夷山“双世遗”之后，福建土楼成功列入世界文化遗产名录，泰宁丹霞成功列入世界自然遗产名录，宁德成功申报世界地质公园，世界遗产数居全国前列。武夷山、鼓浪屿、湄洲妈祖、泰宁金湖、惠女风采、福建土楼、古田会址、昙石山文化、白水洋奇观、漳州滨海火山已成为福建独具特色的十大旅游品牌。积极开发滨海旅游、文化旅游产品、红色旅游产品以及新兴旅游产品，全省形成了一批具有一定品牌影响的旅游景区。全省A级景区达87家，比2005年增加59家，其中5A级景区2家，4A级景区44家。全省有16个国家级风景名胜区、6个国家地质公园、12个国家级自然保护区、28个国家森林公园、85个全国重点文物保护单位和2个国家旅游度假区、24个国家工农业旅游示范点。

(3) 旅游企业规模不断壮大。全省已有星级饭店405家，其中四星级和五星级酒店达到125家。各类旅行社746家，11家营业额超亿元，5家进入全国百强，初步形成较为齐全的旅游产业体系。旅游企业改制步伐加快。福建中旅集团完成六大板块重组，省旅游有限公司、世纪神舟国际旅行社顺利完成改制，省国旅、省海外旅游公司、省旅游开发公司的改革也在稳步推进。与境内外有实力的旅游企业合作，扶持和发展了一批有规模、有竞争实力的旅行社。目前，全省已形成中旅集团、福建康辉、省旅游有限公司、厦门建发、厦门旅游集团等5家集旅行社、酒店、汽车公司于一体的综合性旅游企业集团。

10. 交通运输业

"十一五"时期，全省交通基础设施建设全面提速，完成交通投资突破2200亿元，比原定投资目标高出64.4%，较"十五"期间增长1.9倍。交通运输发展初步形成了立体化、全方位、多层次的发展格局，运能和运力大幅提升，支撑和保障经济社会发展的作用持续增强，为全省建设现代交通运输业奠定了良好基础。

（1）公路建设。全省高速公路建设完成投资1210亿元，是"十五"期间的三倍，基本形成"两纵三横"高速公路主骨架，90%以上县市已通或在建高速公路。普通国省道建设全面推进，万里农村路网工程提前完成，总里程突破8万公里，在全国率先基本实现村村通水泥路。

（2）铁路建设。全省铁路进出省通道达到5个，铁路正线里程达到2132公里，其中电气化里程1517公里。新增快速铁路504公里，结束只有单线、低速铁路的历史，进入双线快速运输动车时代。"十一五"期间，全省铁路建设完成投资超过1000亿元。

（3）港口建设。全省港航建设完成投资330亿元，是"十五"期间的五倍多。新增港口泊位101个，新增货物吞吐能力1.8亿吨。货物吞吐量由2005年的1.98亿吨增长至3.31亿吨，集装箱吞吐量由492万标箱增长至867万标箱，其中厦门港实现货物吞吐量突破亿吨。闽台海上直航取得重大突破，率先开通对台海上直航客运航线。

（4）民航发展。实施福州、厦门、武夷山和晋江机场扩能工程，动工建设三明沙县机场，新开通福州、厦门机场国内、国际航班航线。闽台航空合作取得重大进展，开通福州、厦门至台北、台中、高雄等客运航线，以及福州、厦门至台北货运航线。2010年全省旅客吞吐量达2230万人次，其中厦门机场旅客吞吐量突破1300万人次，福州机场接近650万人次，闽台空中直航旅客运量超过50万人次。

（5）邮政发展。邮政体制改革稳步推进，行业法规体系逐步健全，普遍服务保障力度加大，快递服务持续发展，全省快递企业594家，年业务量超过1亿件。闽台邮政合作实现重大突破，福州、厦门成为大陆八个对台邮件封发局中的两个，福州被确定为大陆唯一对台水陆路邮件互换局，福州开通大陆首条对台空中邮运航线。

11. 科技服务业

（1）打造生产力促进中心。一是规模不断扩大。2008年5月，福建被科技部列为生产力促进中心体系建设重点省行动试点省份。截至2010年9月，全省共有生产力促进中心100家。其中，国家级重点示范生产力促进中心1家，国家级示范生产力促进中心10家，省级重点生产力促进中心17家，行业生产力促进中心11家。二是管理日趋规范。"十一五"期间，福建相继制定了相关管理措施，先后组织开展了4批17家省级重点生产力促进中心的评估认定，新增6家国家级示范生产力促进中心。三是闽台合作稳步推进。泉州市生产力促进中心建设的全国首家"大陆台资企业转型升级培训基地"和中国生产力（泉州）学院，以及一年一届的"寰宇生产力产业经管交流论坛"等活动，推动了对台交流合作。四是市县联盟建设试点顺利。2008年福建开始开展市县生产力促进中心服务联盟建设试点工作，着手建立市、县二级联动以及跨区域生产力促进中心的合作机制，有效地促进了资源的整合和优势的互补。

（2）发展科技企业孵化器。"十一五"期间，全省9个设区市都建成科技企业孵化器，拥有各类科技企业孵化器29家，其中国家级7家，可为在孵企业提供商务、融资、信息、培训、交流等多方面的服务。同时，福建省公共技术服务平台建设也在稳步推进。福建省高新技术创业服务中心吸引社会资金，组建了福建省高新技术产权交易所，建设了技术经纪示范园，为科技成果转化、项目融资、企业股权融资活动提供服务平台。泉州市高新技术创业服务中心通过建设现代制造技术服务基地、先进陶瓷中试基地以及制鞋、纺织服装业的专业性ASP平台，构建关键共性技术平台，提升产业服务能力，提高成果转化水平，为中小企业提供有效服务。

（3）建设工程技术研究中心。截至2010年年底，围绕特色产业和优势产业，依托具有技术优势的高校、科研机构和科技型企业，累计安排省级科技经费3000多万元，建设了4个国家级工程技术研究中心和68个省级工程技术研究中心。依托福州大学建设的“国家环境光催化工程技术研究中心”、依托厦门大学建设的“国家传染病诊断试剂与疫苗工程技术研究中心”和依托中科院福建物构所建设的“国家光电子晶体材料工程技术研究中心”，已成为福建省技术转移、成果转化和产业化的重要基地。

（4）培育实验室服务。2010年年底，福建省共有50家省级重点实验室，其中省部共建4家。依托福建省属科研院所设立的重点实验室17家，依托高校和中央各部直属研究机构设立的重点实验室33家。2010年统计45家省级重点实验室科研用房面积总量12.1万平方米，比“十五”末期增长219.81%；仪器设备总值达10亿元，比“十五”末期增长311.43%；共有固定人员1667名，其中院士11人，具有高级职称的技术人员859人。仅2008年、2009年和2010年三年，省级重点实验室共开展技术咨询服务、科研成果转化、技术开发转让项目8621项，共制修订国家、行业和地区标准百余项，获发明专利和实用新型专利207项，有力推动了相关行业的发展。

（5）推动技术市场管理服务。“十一五”期间，福建省扎实开展技术市场信息网络建设、技术合同认定登记、技术市场经营人才培训和技贸机构培育等工作。全省现有技术合同认定登记机构16家，国家级技术转移示范机构3家，经备案的技术经纪机构40余家、经备案发证的技术贸易机构200余家。技术经纪示范园区内10家，技术经纪示范企业成功对接的技术项目有132项，交易总金额达1.2亿元。

（6）推进科技情报信息服务。通过整合、建立了以大型数据库为基础，以专业检索为导向的数字科技文献中心资源平台，为科技信息服务提供了强有力的信息技术支撑。依托福建省科技信息所的信息资源和技术力量，自2007年开始推进查新联合体（查新工作站）建设，至2010年年底，共设立8个科技查新工作站。

（7）建立大型科学仪器协作共享服务。建立了福建省大型科学仪器设备协作共用网门户网站、管理系统以及服务热线，并按国家及泛珠三角大型仪器共享平台的统一规范，建立了大型仪器数据库，目前已收录全省大型仪器设备信息近500台。通过协作共用，入网仪器的利用率等主要指标总体水平有较为明显提高，根据2007年度考核情况统计，参加考核的184台仪器半年平均机时数较入网前增长了21.5%，对外服务样品总数达92946个。入网仪器还承担了22项国家973项目、863项目、908专项、自然基金项目、国家重大专项的测试工作以及86项省部级各类科研项目的测试工作，获得了4项国家发明专利。此外，入网仪器还在企业技术攻关、食品安全、环境保护、公共安全等方面为社会提供了大量的共享测试服务。

12. 信息服务业

（1）软件产业发展迅速。软件产业收入从2005年的111.3亿元增长到2010年的576亿元，年均增长达到38.9%。2010年，福建软件产业收入居全国软件产业第八位，全省入选国家规划布局内重点软件企业和全国软件百强企业数均创出历史新高并排名全国第六，计算机信息系统集成最高等级一级资质企业数排名全国第五。全省建立了30多个省级以上技术研发中心，30多项软件产品在国内领先甚至全球领先。2010年，新增通过认定的软件企业90家，累计认定软件企业746家，福州、厦门两地认定软件企业数占全省的95%；全省共有计算机信息系统集成资质企业107家，其中一级12家、二级19家、三级65家、四级11家；新增通过登记的软件产品706个，累计登记4329个。

（2）电信业务持续增长。“十一五”期间，福建省电信业务总量和电信主营业务收入年平均增长率分别达到17%、8%。到2010年年底，全省电话用户总数达到4068万户，累计新增184万户。其中，固定电话用户1046万户，固定电话普及率28.8%；移动电话用户3022万户，新增383万户，移动电话普及率83.3%，其中3G用户累计达到150万户。

(3) 动漫产业开局良好。2010年，福建省动漫游戏产业年收入达到39.5亿元，同比增长43.6%。2010年，福建省电视动画片制作发行20部7632分钟，同比增长21.2%，位列各省（区、市）第六名，比上年上升一个位次；其中有6部被国家广电总局列为“优秀国产动画片”，获奖数量位列各省（区、市）第四。2010年两个国家动画产业基地保持良好发展势头，厦门软件园影视动画产业区生产10部4061分钟，福州动漫产业基地生产9部3428分钟，分别位列全国23个动画产业基地第10、11位。

(4) 公共平台建设步伐加快。“十一五”期间，福建省软件技术公共服务平台、福建省软件评测中心、福建省集成电路设计中心、厦门集成电路公共服务平台、福建省动漫游戏公共技术服务平台、先进制造业软件公共服务平台、海西软件产品解决方案体验与交易中心、商务领航、企动力等公共服务平台相继建设，全省信息服务业的公共服务能力、技术支持能力日益增强。

(5) 信息服务业集群逐步完善。海峡软件新城、厦门软件园三期、泉州软件园、泉州微软技术中心、厦门数字媒体公共技术服务平台（二期）、福州动漫游戏公共技术服务平台等园区平台陆续规划筹建，进一步提升福建信息服务业的发展后劲。通用汽车（GE）安全信息服务中心、戴尔服务中国总部、全球第三和亚太最大5C渠道商中国台湾联强国际、中国IT巨头中兴通讯、国内最大动漫产业综合服务提供商中国动漫集团的“中娱动漫”、中国台湾地区最大电信运营商中华电信等一批知名企业已投资落户福建。2010年全省有5家信息服务企业年收入超10亿元，超过50家企业收入超亿元，其中福大自动化实现总收入50亿元以上。

二、主要问题

（一）服务业比重偏低

2010年服务业增加值占全省GDP比重比全国43%的平均水平低3.3个百分点，与先进省份相比仍有较大差距。

（二）服务业内部结构有待进一步优化

研发设计、商务服务等生产性服务业发展相对滞后，规模不大；文化创意、服务外包等新兴服务业起步晚、尚处于培育期。

（三）企业规模小

大企业、大项目不多，带动和辐射能力不强。企业规模小、数量不足，有实力的龙头企业偏少，未形成规模和产业链，除个别企业外，缺少可起龙头带动作用的大型龙头企业。

（四）区域发展不平衡

从全省看，福州、厦门等中心城市服务业发展较快，发展情况较好，其他地区服务业发展较为滞后。城市服务业发展明显快于农村服务业发展。以社区服务业为例，城乡社区服务业发展还不够平衡，农村社区服务业发展推进难度较大。

（五）服务业人才缺乏

人才结构不够合理。高端人才偏少，特别缺乏服务产品设计、营销、管理等方面的高等人才。人才紧缺问题也日益成为服务业发展的瓶颈。

（六）服务业管理体制不完善

服务业集聚区功能不完善，创新能力较差。现代物流、服务外包和交通运输等公共服务平台还不能满足经济发展的需要。服务业发展的法律和政策环境还不够优化。

三、“十二五”发展思路

“十二五”期间，福建省将从深入贯彻落实科学发展观、加快转变经济发展方式和推动科学发展、跨越发展的高度，进一步明确思路，突出重点，强化措施，推进服务业更大发展。以现代服务业为重点，加快发展服务业集聚区，培育服务业重点企业，建设服务业重大项目，把旅游和现代物流业培育成为带动国民经济发展新的主导产业，推动服务业综合改革，推动服务产品和服务模式创新，促进服务业与先进制造业、现代农业的融合发展，逐步建立“产业互动、区域联动”的现代服务业体系，促进全省服务业发展提速、比重提高、水平提升。大力发展面向民生的服务业，积极拓展新型服务领域，不断培育形成服务业新的增长点，着力发展养老、就业、医疗、家庭、休闲等服务业，大力提升人民群众的幸福指数。“十二五”期间，服务业年均增长速度力争高于全省生产总值增长速度，到2015年，服务业增加值达到10000亿元，占GDP比重超过42%，成为经济发展的重要推动力；服务业从业人员年均递增6%左右，到2015年达到1100万，占全社会从业人员的比重达40%以上，成为吸纳城乡居民就业的主渠道。现代服务业增长速度高于服务业平均增长速度，生产性服务业占服务业比重达到60%以上。

附件：“十一五”时期印发的政策文件

1.《福建省人民政府关于印发福建省“十一五”服务业发展专项规划的通知》（闽政〔2006〕59号）

2.《福建省人民政府关于印发加快推动服务业重点项目建设的实施意见》（闽政〔2007〕24号）

3.《福建省人民政府关于加快发展服务业的实施意见》（闽政〔2011〕28号）

4.《福建省人民政府关于印发福建省“十二五”服务业发展专项规划的通知》（闽政〔2011〕35号）

第十四章　江西省服务业发展报告

“十一五”期间，在江西省委、省政府的正确领导下，江西省服务业坚持以服务现代工业制造业为基本目标，以大开放为主战略，深入贯彻落实科学发展观，全面推进现代服务业的发展和创新，克服了国际金融危机险象环生、区域竞争日趋激烈等一系列不利因素，呈现出跨越式发展的良好态势。目前，江西初步建立了以现代金融服务业、现代商贸服务业、现代物流服务业、现代旅游服务业、信息服务业及文化创意服务业为核心的现代服务业体系，预计到“十二五”末，全省现代服务业发展将呈现蓬勃发展的势头，服务业总量和发展水平跃上新的台阶，成为提高江西国民生产总值的主力军和提升江西产业发展水平的排头兵。

一、“十一五”发展情况

（一）服务业成为推动经济增长、扩大居民就业的支柱产业

到2010年年末，江西服务业增加值占全省当年GDP的比重超过1/3。按可比价格计算，与2005

年年末相比，年均增长率达到13.83%，其中，“十一五”规划的头三年，年均增长率在11.48%，而最近两年现代服务业呈现加速发展态势，达到15.2%以上。

从城镇固定资产投资情况来看，“十一五”期间，全省第三产业城镇固定资产投资额大体上以年均26.37%的增长幅度保持了线性的上升态势；从就业情况来看，“十一五”期间，服务业就业人员数也保持了持续增长态势，到2010年年末，就业人员数占全省全部就业人员总数的比重上升至40%，比2005年年末上升4个百分点。“十一五”期间，江西服务业在岗职工人均工资水平翻了一番，由期初的11544元增加至23305元，共计增长101.87%，比全省制造业在职职工人均工资多出5662元，工资增长率高出18.59个百分点，显示出服务业在人均工资方面具有高收入、高增长特征。

（二）新兴现代服务业呈现出蓬勃发展的良好势头

“十一五”期间，金融业、房地产、信息与科研技术服务、现代物流服务、商务服务和居民服务等为代表的现代服务业的生产总值年均增长率达到46.38%，现代服务业总价值超过传统服务业增加值。

1. 服务业城镇固定资产投资的比例发展较大变化

当前，虽然江西省服务业城镇固定资产投资仍然是以房地产、交通运输类和公共设施管理业为主体的行业结构，但是，各行业城镇固定资产投资在服务业中的所占比重正处于调整之中。其中，房地产业的投资比重稳定上升，到2010年年末其所占比重达到34.76%；金融业、信息服务、现代物流服务业的固定资产投资增长速度远远高于传统服务业的增长速度；相反，交通运输类传统服务业则从2005年年末的24.69%下降至2010年的11.35%。

2. 在岗职工不断由传统服务部门向新兴现代服务部门转移

2010年年末，交通运输仓储与邮政业、批发零售业和住宿餐饮业的在岗职工人数分别比2005年年末缩减6032、14148和4863人，分别减少了3.96%、16.73%和21.05%，服务业在岗职工总人数中的比重分别降低了0.58、1.05和0.35个百分点；与此相反，租赁和商务服务业职工人数增加了2万多人，金融业、信息服务类行业、环境与公共设施管理业等部门的职工人数也都有不同程度的增加，所占比重有所上升。

（三）现代服务业经济实力逐步增强，经济效益指标不断攀升

近年来，随着全省经济的较快增长、人口素质提升、城市化进程加快、人均收入水平提高和对内对外开放步伐的加快，以信息、专业技术服务业和文化产业为代表的高知识、高技术、高附加值行业和企业的经营状况不断改善，房地产企业的经济实力和市场竞争力显著提高，旅游和金融业保持了稳定发展态势，运输、商贸等传统行业的现代化进程也不断加快。

1. 高技术、高知识含量服务类企业数量和资产总量不断增加，经营业绩持续提升

全国第二次经济普查数据显示，“十一五”期间，江西省信息、计算机和软件服务业企业法人单位数增加709个，资产总计增长了8.89倍，营业收入和营业利润分别增长了13.11倍和38.29倍，企业经济实力和经济效益的提升都较为明显。

2. 房地产业发展迅猛，企业数量与质量、主营业务收入、企业利润等指标良好

2010年年末，全省登记注册房地产企业法人单位4170家，比“十五”规划末期增加1154家，其中，一、二、三级资质企业比2004年共多出439家。2010年年末，全省房地产开发企业实收资本和主营业务收入分别比“十五”规划末期增长了近1倍和1.58倍，房地产中介服务企业代理成交合同面积和合同金额分别增长了1.47倍和2.56倍，实现营业利润突破1亿元。

3. 旅游经济持续增长，旅游产业链不断延伸

成为推动公路交通、住宿、餐饮、购物、邮电通信等传统服务行业发展的重要动力。“十一五”规划末期最后一年全省实现旅游总收入659.38亿元，平均每年的增长速度达到14.2%。

4. 现代物流业发展迅速，经济实力增强

至“十一五”规划末期，全省交通运输、仓储和邮政业企业法人单位数2858个，从业人员22.77万人，企业法人单位资产总计728.33亿元，实现营业利润137.35亿元，分别比“十五”规划末期增长90.66%、72.34%、111.5%和1488.8%，在保持总量增长的同时，户均资产总量、户均利润水平和人均经济效益指标都明显上升，资产回报率也显著提高。

5. 金融业发展迅速，经济实力增强

2010年年末，全省银行业金融机构资产总额11104.17亿元，较2005年年末增长1.19倍；负债总额10792.27亿元，较2005年年末增长1.13倍，四年实现了翻一番；全省金融机构人民币各项存款余额为9296.39亿元，较2005年年末增长了1.09倍，四年也实现了翻一番，年均增长20.25%，比同期江西经济增长速度快7.78个百分点，为加大信贷投放提供了充足的资金来源。全省金融机构人民币各项贷款余额为6346.99亿元，较2005年年末增长了1.1倍，也翻了一番，年均增长20.41%，比同期江西经济增长速度快7.94个百分点，贷款规模占全国的比重和位次也显著前移。保险业市场规模快速发展，2010年保险业资产总额363.01亿元，较2005年（202.8亿元）增长了1.79倍，累计实现保费收入187.14亿元，较2005年增长了2.08倍；支付赔款和给付55.77亿元，较2005年年末增长3.46倍。资本市场快速扩容。2010年全省共有上市公司26家，市值2224.05亿元，是2005年市值的5倍。

此外，文化、体育和娱乐业的从业人员、资产总计和营业利润分别比“十五”规划末增长2.67倍、2.12倍与16.67倍，也显示出较强的发展潜力和盈利能力。

（四）比照兄弟省份服务行业发展情况，部分数据指标表现良好

从部分省市服务业（第三产业）从业人员占社会从业人员的比重看，江西服务业吸收就业人员的情况良好，一些年份甚至好于东部省份浙江的水平，超出西部地区一些省份3~4个百分点，在中部地区省份处于前列。从部分省市服务业从业人员劳动生产率比较看，江西省与沿海地区省份相比，虽然差距较大，但在中西部地区还是处于中上水平。从部分省市服务业增长速度比较看，全球金融危机前，江西第三产业增加值的增长速度高于全国平均水平，在中部地区的增长速度较快，高于安徽和湖南。

全国二次经济普查数据显示，与大多数省份相比，江西省服务业在总量规模上处于相对劣势，服务类企业数量、从业人员数和资产总量的增长也不具有优势，但信息传输、计算机和软件服务业、文化娱乐业、居民服务、教育传媒、租赁和商务服务业、房地产业、科学研究与技术服务等8个服务经济部门的营业利润的增长率都高于全国平均水平，特别是信息服务类、居民服务、文化娱乐业等3个服务部门的营业收入的增速远远高于全国水平。2008年，除金融业以外，其他10个服务业子行业的总资产报酬率均高于全国水平，其中，居民服务、文化娱乐业，科技服务、房地产业、信息服务业等5个子行业，比全国分别高出30.56、15.30、13.74、4.61和4.32个百分点。与湖南、湖北、河南、山西等中部四省2008年数据做横向比较，也可以发现，在信息服务业、房地产业和居民服务等三个服务行业，江西省企业户均营业收入都位列第一位。显示出该类行业所属企业良好的经营状况和竞争实力。

二、主要问题

“十一五”期间，江西省现代服务业发展虽然已取得一定成绩，但还有诸多问题有待解决，主要表现为服务业总体发展相对滞后、服务业发展缓慢、服务市场准入受到限制以及城乡居民收入水平不高制约了现代服务业发展等。

（一）横向比较，服务业总体发展相对滞后

2010年，江西服务业增加值为3034.4亿元，在内地31个省（区、市）中仅排第22位，在中部最低，分别相当于河南的47%、湖南的48.6%、湖北的51.5%、安徽的73.2%、山西的90.2%。从

第三产业占 GDP 的比重看，2010 年，江西为32.2%，仅高于河南，比最高的湖南低7.1个百分点。从第三产业内部结构看，传统服务业比重高，新兴服务业比重偏低。2010 年，全省批发零售业、住宿餐饮业、交通运输业、仓储及邮政业等传统服务业增加值占全部服务业的比重达到13.7%，而金融业的份额仅为2.1%。

（二）特殊的省情决定了服务业发展缓慢

就当前江西省省情来看，江西总体上仍处于工业化中期的前半段，在当前国际分工体系不断调整和沿海发达地区产业转移进一步加快的背景下，承接国内外产业转移仍将是江西经济发展的重头戏。因此，在今后一段时期内，第二产业仍然是江西省的主导产业，尤其是以制造业为主的工业在国民经济中的主导地位将进一步增强，在保持第一产业稳定发展前提下，江西要实现工业的快速增长，势必会影响第三产业占 GDP 的比重。2010 年，第三产业占 GDP 的比重为32.2%，比2010 年下降了2.2个百分点，而第二产业占 GDP 的比重却从2010 年的51.2%提高到了55%，上升了3.8个百分点。从增速来看，“十一五”期间，服务业虽然以年均11%的速度在发展，但增速仍落后于 GDP 13.2%和工业19.8%的年均增速。从投资结构看，五年间全省第二、三产业投资完成 25372.03 亿元，年均增长31.1%。三大产业投资比重由2005 年的3.3∶36.3∶60.4 改变为2010 年的2.9∶57.5∶39.6，第二、三产业的投资比例几乎换了个顺序。因此，在加速发展第二产业的同时，只能稳步提高第三产业的比重。

（三）城市化进程缓慢，限制了服务业发展

与其他产业相比，服务业的发展具有两个重要特性：一是绝大多数服务产品，其生产与消费在时间和空间上具有高度一致性；二是要求最低的“入门人口”，即人口必须集中到一定规模，服务企业才能盈利，服务业才能作为产业来经营。不仅如此，服务业的内部结构与城市规模结构也有很大关系，一般来说，高附加值、为生产服务的、新兴的服务业，特别是现代服务业往往与城市规模联系在一起。如在特大城市和大城市，金融保险、会计法律、信息服务等行业比较发达，博物馆、剧院、体育馆等比较集中。服务业特别是现代服务业的这些特性决定了服务业的发展必须依托于城市，城市化水平与服务业的发展水平呈高度正相关关系。江西省目前城市化水平仅为44.8%，在周边和中部地区虽然位居第三位，但比全国平均水平低4.9个百分点，与沿海发达省份差距更大。城市化发展水平已成为限制江西省服务业发展的重要因素之一。

（四）现代服务业行业垄断性强，服务市场准入受到限制

江西省现代服务业的不少行业，如银行、保险、电信、邮政、城市供电、民航、铁路等，仍处于政策性垄断经营的状态之中，保持着十分严格的准入门槛。这种垄断和半垄断的市场环境，导致不少现代服务业的经营主体投资渠道单一。2010 年，江西省城镇固定资产投资中，国有投资占第二产业投资比重为39.3%，占第三产业投资比重为63.3%，第三产业国有投资比重高于第二产业 24 个百分点，由于民营资本难以进入垄断性行业，从而使得现代服务业面对庞大的市场需求，一方面，已有的经营主体缺乏扩张动力；另一方面，大量的居民储蓄却找不到好的投资项目，造成各种社会资本大量闲置。

（五）城乡居民收入水平不高，制约了现代服务业的发展

收入是消费的基础，任何对服务业的消费需求，均决定于消费者的收入水平。当前，江西省城乡居民收入水平比较落后，2010 年江西省城镇居民人均可支配收入为 15481 元，比全国水平低 3628 元，居内地 31 个省（区、市）第 21 位；农民人均纯收入 5789 元，比全国水平低 130 元，居第 14 位；居民的收入水平低，城乡居民家庭开销以食品、衣物等生活用品为主，对服务业特别是现代服务业的消费需求有限。同时，占总人口较大的农村居民由于生活方式和收入水平的限制，对服务业需求潜能不能有效发挥，制约现代服务业的发展。

三、“十二五”发展思路

江西现代服务业的发展将以邓小平理论和“三个代表”重要思想为指导，全面贯彻落实科学发展观，构建社会主义和谐社会，将发展现代服务业作为加快推进江西产业结构调整、转变经济发展方式、提高国民经济整体素质、实现全面协调可持续发展的重要途径。坚持规模扩张与结构优化相结合，坚持政策扶持与市场导向相协调，充分利用现有发展条件优化投资环境，培育服务市场，重点发展现代金融服务业、现代信息服务业、现代物流服务业、现代旅游服务业、现代文化创意服务业、现代商贸服务业等六大产业，加快构建以生产性服务业为主体的服务产业体系，促进生产性服务业与生活性服务业共同发展，提高现代服务业的区域空间集聚程度和国际竞争力，增强城市服务经济的辐射力度，使现代服务业成为提升鄱阳湖生态经济区整体竞争力的有力保障。总体目标是：保持现代服务业的较快发展势头，提升现代服务业在全省国民经济中的比重，使服务业增加值占全省 GDP 的比重达到 37%左右，服务业增加值年均增长率将达到 12% 以上；促进生产性服务经济大发展，形成以现代服务业为支柱、传统服务业为基础的服务经济体系，基本实现经济结构向以服务经济为主的转变，三次产业结构由“二三一”转变为“三二一”；服务业结构显著优化，就业容量显著增加，公共服务均等化程度显著提高，市场竞争力显著增强，集聚程度显著提高，总体发展水平基本与全面建设小康社会的要求相适应；第三产业（服务业）固定资产投资平均增长速度为 28% 以上；服务行业就业人员数达到 920 万人以上，第三产业从业人员数提升到全社会从业人员总数的 38% 左右。主要任务是：根据现代服务业发展规律，针对制约江西省现代服务业发展的因素，破除传统观念束缚，不断完善现代服务业政策扶持体系、释放现代服务业发展的体制空间，解除资源短缺因素束缚，加快基础设施建设，推进现代服务业发展的人才战略，优化现代服务业发展环境，更好地促进江西省现代服务业的发展，包括：转变发展观念，创新发展模式；针对新型服务产业，加强政策扶持力度；深化服务业改革，加快传统行业改造；加大资金支持力度，做大做强生产性服务业；采取多种手段，培养人才队伍；扩大对外开放，大力发展服务贸易。

附件：“十一五”时期印发的政策文件

1.《江西省人民政府关于进一步加快服务业发展的实施意见》（赣府发〔2007〕32 号）

2.《江西省人民政府办公厅关于成立江西省服务业发展领导小组的通知》（赣府厅字〔2008〕5 号）

3.《江西省人民政府办公厅关于印发加快发展服务业若干政策意见的通知》（赣府厅发〔2009〕4 号）

第十五章　山东省服务业发展报告

“十一五”时期，山东省认真贯彻落实《关于加快发展服务业的若干意见》（国发〔2007〕7 号）、《关于加快发展服务业若干政策措施的实施意见》（国办发〔2008〕11 号）精神，各级各部门按照山东省委、省政府关于服务业工作的总体部署和要求，把加快发展服务业作为产业结构优化升级的战略重点，加强组织领导，强化政策措施，加大工作力度，创新体制机制，优化发展环境，服务业发展不断取得新的突破。

一、“十一五”发展情况

（一）总体发展情况

1. 规模不断扩大

2010 年全省服务业增加值达到 14343. 14 亿元，是 2005 年的 1. 89 倍，年均增长 13. 5%，居全国第三位；占 GDP 比重达到 36. 6%，比 2005 年提高 4. 3 个百分点。

2. 结构逐步优化

2010 年，全省金融业增加值达到 1361. 45 亿元，是 2005 年的 2. 37 倍，年均增长 18. 8%；旅游总收入达到 3058. 8 亿元，较 2005 年增长近两倍。现代物流、科技信息、研发设计等现代服务业呈现快速发展的势头。

3. 投资快速增长

“十一五”期间，三次产业投资结构由 2005 年的 2. 9∶63. 1∶34. 0，调整为 2010 年的 2. 3∶48. 8∶48. 9；2010 年，全省服务业规模以上投资累计完成 3. 6 万亿元，年均增长 26%，其中，2010 年完成投资 11392. 52 亿元，同比增长 29. 5%，占全社会投资的比重达到 48. 9%。

4. 开放步伐加快

2010 年，全省核准服务业外资项目 596 个，实际利用外资 28. 2 亿美元，占全省实际利用外资的比重达到 30. 7%，比 2005 年提高 21. 7 个百分点，年均增长 28. 7%。

5. 载体作用增强

2010 年，50 个重点城区实现服务业增加值 1. 15 万亿元，比 2007 年增长 55%，占全省服务业增加值的 80%；50 个重点园区实现营业收入 3817 亿元，比 2007 年增长 38. 2%；100 个重点企业实现营业收入 3192. 09 亿元，比 2007 年增长 82. 59 %。

6. 贡献水平提高

2010 年，全省服务业对经济增长的贡献率达到 33. 9%，实现地税收入占全部地税收入的比重达到 56%，分别比 2005 年提高 2. 2 个和 8. 3 个百分点；服务业从业人员 2042 万人，比 2005 年增加 332 万人，占全社会从业人员的比重提高到 31. 9%。

（二）重点行业发展情况

“十一五”时期，山东服务业各产业得到长足发展。市场化程度不断提高、产业规模不断扩大，服务产品不断增加、服务功能不断完善，供给能力不断增强、发展质量不断提升，技术含量不断提高、现代化步伐不断加快，对全省国民经济各产业发展拉动和推动作用进一步增强，为全省服务业转方式、调结构做出重要贡献。

1. 金融业快速健康发展

（1）金融业整体实力不断增强。2010 年，全省金融业实现增加值 1361. 45 亿元，“十一五”期间年均增长 18. 8%，高出同期全省 GDP 增速 5. 7 个百分点。银行信贷规模迅速扩大。2010 年年末，全省本外币各项存贷款余额分别达到 41654 亿元和 32536 亿元，分别比 2005 年年末增长 138. 3% 和 134. 5%。资本市场业务不断扩展。“十一五”期间，新增上市公司 105 家，累计募集资金 1337 亿元，证券市场融资能力和资源配置效率明显提升。“十一五”期间，全省共有 15 家企业发行企业债券 19 只，融资额 205 亿元，有 32 家企业累计发行短期融资券 967. 6 亿元，有 13 家企业累计发行中期票据 408 亿元，有 27 家企业参与发行四单中小企业集合票据 22. 9 亿元。保险业务快速增长。2010 年，全省保险业保费收入达到 1030 亿元，是 2005 年的 3 倍，成为全国第三个保费收入突破千亿元的省份。保险公司资产总额 1780. 7 亿元，是 2005 年的 2 倍。全省保险密度为 1075. 3 元，是 2005 年的 2. 9 倍；

保险深度为2.6%，比2005年提高了0.7个百分点。跨境贸易人民币结算业务扩大。截至2010年年底，有436家企业办理人民币结算343亿元，境外地域遍布37个国家和地区，结算金额居全国新增试点省市第二位。

（2）金融组织体系逐步健全。2010年年末，按法人与省级分支机构口径统计，全省银行业金融机构214家，其中政策性银行3家，国有大型商业银行5家，股份制商业银行11家，邮储银行1家，城市商业银行16家，农村中小金融机构156家（村镇银行18家、省级农信联社1家、市级农信联社3家，县级信用合作社106家、农村合作银行18家、农村商业银行8家、农村资金互助社2家），外资银行12家，资产管理公司4家，信托公司1家，财务公司5家；证券公司2家，证券公司分公司3家，证券营业部221家；期货公司3家，期货营业部62家；保险业机构63家，其中财产保险公司28家，人身保险公司35家。外资保险公司达到12家，数量居全国第五位。全省备案创业投资企业46家，居全国第六位，合计资产规模57.77亿元。全省初步形成了层次分明、门类齐全的金融组织体系。

（3）金融业服务水平明显提升。“十一五”期间，全省深入开展支付环境建设，成功运行网上支付跨行清算系统，积极推广集中代收付业务，支付清算等金融基础设施建设进一步完善。银行机构积极开展业务创新，努力增加资金投放，不断加强对国民经济重点领域和薄弱环节的金融支持，信贷结构进一步优化。2010年，全省涉农贷款增加2388.2亿元，全年增量居全国首位；小企业贷款余额达4828.04亿元，比年初增加1321.7亿元，增长37.7%；个人消费贷款较年初增加1040亿元，同比多增77亿元，信贷支持经济转型的力度明显加大。全年保险行业为经济社会承担各类风险责任14.9万亿元，赔付支出228.6亿元，经济补偿功能进一步发挥。

（4）金融生态环境显著改善。全省上下高度重视金融生态环境建设，省政府先后出台了《关于做强做大我省金融业的意见》《关于加强金融服务促进经济发展方式转变的意见》等文件，对金融业的政策支持力度不断加大。省、市、县金融工作部门相继组建，政府与金融监管部门和金融机构的协调沟通渠道初步建立，对地方金融事务的管理、协调和服务职能进一步强化。全省稳步推进“诚信山东”、“平安山东”建设，积极维护金融债权，努力完善金融机构信用评价体系，社会信用环境有较大改善。金融机构不断加强行业自律和内控机制建设，依法合规经营意识和风险防范意识明显增强，风险防范体系逐步健全。各级深入开展处置非法集资、打击非法证券、反洗钱、反假币等工作，制定完善金融突发事件应急预案，成功化解了证券公司、上市公司风险，有效维护了金融市场秩序。

2. 软件和信息服务业规模不断壮大

（1）经济效益大幅提升。2010年，全省信息服务业实现主营业务收入2442亿元，利润总额63.37亿元，同比增长32.4%；利税合计114.48亿元，同比增长27.39%。软件业务收入905亿元，同比增长49%，居全国第4位，比“十五”末收入增长近4倍；软件出口4.45亿美元，同比增长45.3%，其中，外包服务出口1.8亿美元，同比增长109%。

（2）产业聚集度进一步提高。从市地绝对额来看，济南、青岛占据全省软件业发展的主导地位，2010年两市共完成软件业务收入822亿元，占全省的90.8%。特别是济南作为全国首批5个中国软件名城创建试点城市之一，产业发展进一步提速，软件收入达到610亿元，拉动全行业增长28.8个百分点。全省70%以上的软件企业和85%的软件收入都集中在各类园区、基地。

（3）产品层次显著提高。2010年，共实现软件收入80.4亿元，累计新增设研发分支机构8处，增加改善开发场所6.7万平方米，引进各类创新人才110余人，申请专利和软件著作权563项，主持或参与制定标准40余项，新产品贡献率超过50%。“十一五”期间，中间件软件等基础软件，各类嵌入式软件，GIS软件，ERP软件，CAD/CAM软件，信息安全软件，政府、矿山、教育、社保、电力、石油、交通等行业应用软件产品处于国内领先水平，初步构建起基础研究—应用开发—产业化发展的良好格局。

（4）产业结构逐步优化。2010年，全省信息技术咨询服务收入和信息技术增值服务收入分别为

211.75亿和68.89亿元，同比增长51.5%和106.6%，占全行业总收入的31%。软件产品实现收入264.68亿元，占全行业收入的29.2%。IC设计业实现收入9.67亿元，是“十五”末的64倍。信息内容服务业初具规模。软件运营服务模式（SaaS），云计算，基于互联网、移动互联网、物联网环境下的服务模式等新型业态不断涌现。山东省云计算中心正式成立，软件和信息服务云计算平台一期工程顺利启动，省科学院以及齐鲁、东营等10余家软件园区签署了合作共建协议，首期工程整合了超过100台服务器，实现了微软、IBM等主流开发平台的协同共享，能够向政府、企事业单位和园区提供存储、软硬件租赁和数据处理及数据灾备服务，大大降低了能源消耗，提高了设备利用率，节约了整体投资。济南长清软件园IDC数据中心也基本建设完成，面向全省提供服务。

（5）产业融合步伐加快。“十一五”期间，电力合作联盟、嵌入式软件、DSP软件应用联盟等多个产业联盟先后成立，各类工业设计、嵌入式、虚拟仿真软件广泛应用于汽车、矿山、电力、信息家电、装备制造等领域，使全省企业产品设计周期平均缩短71%，开发成本降低37%，生产自动控制率达到89%。全省农业和农村综合信息服务平台得到完善，40个涉农特色数据库建成应用，“信息化下乡”活动率先在全国启动。软件与服务业的融合不断深入，金融、商贸、物流、交通、旅游、房地产等基本实现网络化运营，数字内容、网络增值等信息服务业得到快速发展。

3. 物流业快速发展

2010年，全省社会物流总额105831亿元，同比增长22.7%；物流业增加值2871亿元，占GDP的7.28%，占服务业增加值的19.9%；社会物流总费用7080.9亿元，占GDP的比率下降为17.9%；物流产业投资2190亿元，同比增长25.7%。铁路、公路、水运、航空共完成货运量30.18亿吨，增长6.11%，有力地支持了国民经济快速发展和发展方式转变。

（1）物流综合运输网络进一步完善。全省铁路、公路、海港、内河水运、航空、管道交通建设成效显著，“五纵四横一环八连”高等级公路网主骨架初步形成，公路通车里程22.98万公里，其中高速公路4285公里；港口基础设施逐步完善，沿海港口生产性泊位达到473个；铁路里程为3800公里，专用线450余条；民航机场8个，航线236条，其中国内航线218条、国际航线18条。全省四纵四横和城际铁路正在规划建设当中，纵横南北、横跨东西，布局合理、快捷高效的现代化铁路运输体系即将形成。全省已建成物流园区245个，在建园区94个；在建和规划物流中心407个。各种运输方式有机衔接，为现代物流业的发展奠定了良好的基础。

（2）物流企业的实力不断增强。全省各类物流企业成长迅速，从事物流业务的企业达到1.7万多家，骨干物流企业661家，形成了由多种所有制、不同经营规模和各种服务模式构成的、具有行业特色的物流企业群体。先后有23家企业进入全国物流百强企业，62家企业列为全国物流税收试点企业，69个物流品牌被评为“山东服务名牌”。国外知名物流企业如丹麦马士基、日本伊藤忠、英国铁行集团、新加坡胜狮、以色列以星轮船、韩国韩进海运，以及美国普罗斯物流地产等入驻山东省开展物流业务，物流企业的核心群体初步形成。

（3）物流新技术和信息系统得到推广与应用。全球卫星定位系统（EOS）、自动分拣系统（ASS）、地理信息系统（GIS）、射频识别（RFID）、无线手持终端等物流技术装备逐步在一些大型物流企业中得到推广和应用。许多物流企业开发了自营性质的物流信息收集和发布平台。新技术和物流信息系统的应用对于提升物流现代化水平和专业化程度起到了重要作用。

（4）制造业与物流业联动稳步推进。大部分制造企业采用现代物流管理的理念和方法实施流程再造，并在仓储、运输和配送等多个环节上实施了物流服务外包。2010年，在全省范围内开展了制造业与物流业联动发展示范工程，第一批已经启动40个项目，制造企业物流供应链一体化管理、物流业务剥离外包进一步推进，物流企业承接物流外包的能力不断提升。

（5）农村物流网络体系建设成效显著。自2008年开始，在“村村通”工程的基础上，交通运输等有关部门安排专项资金，开展了农村物流试点。目前，参加试点的县（市、区）达到41个，试点县

（市、区）初步建成了由县级物流中心、乡镇物流站场、农村物流网点构成的三级交通物流网络。邮政系统积极参与农资配送服务，依托遍布农村的邮政物流网络，建设乡镇农资配送中心，大力发展“三农”服务站，基本建成了覆盖乡村的农村邮政物流网络体系。

（6）商贸物流体系基本形成。近年来，山东省商贸企业得到迅速发展，限额批零企业12000家，连锁总店116家，门店总数8960家，涉农服务网点9万余家。全省现代商贸物流体系基本形成，商品集散和配送功能进一步增强。

4. 科技服务业持续快速发展

全省科技服务业增加值，从2006年的99.99亿元增长到2010年的300亿元，占GDP比重由0.45%增加到0.76%；固定资产投资完成额，从2006年的44.2亿元增长到2010年的160.3亿元，占第三产业固定资产投资完成额比重由1.1%增加到1.4%。

（1）建立了推动科技服务业发展的良好机制。山东省建立了由省科技厅牵头，省发改委、经信委等12个省直有关部门组成的科技服务业协调推进组，围绕共性技术研发服务、科技信息与咨询服务、技术推广与转让服务、技术孵化服务、知识产权评估与认证服务、科技服务业统计和绩效考核等方面出台了一系列的政策文件，形成了规范有效的工作机制，有力推动了科技服务业的发展。

（2）关键共性技术攻关与应用示范取得重大进展。通过各类科技计划，组织实施了一批科技服务业领域的重大、重点项目。突破了一批科技服务业关键共性技术和系统集成技术，显著提高了物流、金融、旅游等传统服务业的科技水平，形成了数字内容、现代制造服务业、电子商务等一批适应市场需求的新兴服务模式和服务业态，培育出山东金质、兰剑物流、浪潮通软、华东电子等一批有影响力的现代服务企业，科技服务业引领经济发展方式转变和产业结构调整的作用初步显现。

（3）建设了一批技术创新服务平台。全省已经建成国家重点实验室3家、企业国家重点实验室10家、省部共建国家重点实验室培育基地6家、省重点实验室123家、省企业重点实验室63家、国家级工程技术研究中心26家、省级工程技术研究中心744家。青岛海洋科学与技术国家实验室、山东信息通信技术研究院、重大新药创制技术平台、鲁南煤化工研究院等重大科技创新平台的积聚创新资源，加速成果转化的作用日益显现。

（4）科技服务机构科技服务能力进一步提高。全省已建成各类科技企业孵化器60余家，国家科技企业孵化器31家，省级创业服务中心31家，国家级留学人员创业园2家，孵化场地面积超过200万平方米，孵化基金总额2.7亿元，在孵企业2000多家，毕业企业达1800家，提供就业岗位5万多个。全省生产力促进中心总数达到111家，其中国家级示范中心12家，省级示范中心23家，实现技工贸总收入12552.18亿元。全省技术贸易机构累计发展达到1.7万多家，从业人员20.9万多人。2010年，全省科技技术市场服务共签订技术合同2845项，技术合同金额达38.2亿元，增幅达25%以上。

5. 流通现代化建设步伐加快

（1）流通现代化水平明显提升。2010年，全省连锁企业门店达到1.1万个，比2005年增加4400个；连锁经营额占全省社会消费品零售额的比重达到14.2%。年销售额10亿元以上批零企业达到35家，其中5家销售额过100亿元。流通模式创新迈出新步伐，2010年，以电子商务为代表的无店铺零售实现销售额占全省零售业销售额的比重由2005年的1.7%提高到2010年的2.6%，全省电子商务企业数量占全国的5.8%，居第六位，全年电子商务交易额达到5000亿元，占全国交易总额的10%。

（2）产业规模不断扩大。市场组织规模快速增长。2010年，全省限额以上批发零售和住宿餐饮业企业单位数达到1.92万个，是2005年的3.7倍；全省批发零售住宿餐饮业产业活动单位占全社会产业活动单位的22.4%，仅次于制造业产业活动单位占比，居国民经济各行业产业活动单位占比第二位。资产规模快速增长。2010年，全省批发零售餐饮业法人单位资产8757亿元，是2005年的1.35倍。商品流通规模迅速增长。2010年，全省批发零售业实现社会消费零售额12718亿元，住宿餐饮业实现销售额1493.7亿元，分别比2005年增长147.4%和93.6%。餐饮业发展水平提高。“十一五”期间，限额以上餐饮企业法人单位增加 2.2 倍、营业额增长 75%，创建国家级酒家酒店 201 家，其中国家特级（五钻级）94 家，济南金德利、烟台蓝白等一批早餐示范工程企业粗具规模。

（3）产业结构明显改善。集聚发展趋势增强。2010 年，青岛、济南、烟台、临沂、淄博 5 市批发零售餐饮业实现增加值占全省批零餐饮业增加值的比重达到 52.4%，青岛、济南、烟台、临沂、潍坊、淄博 6 市零售额突破千亿元，而 2005 年零售额最高的青岛市当年实现零售额为 866 亿元。市场化程度进一步提高。2010 年，全省限额以上批发和零售业企业法人单位中，国有企业占 5.4%，集体企业占 6.4%，比 2005 年占比分别回落 12.3 和 3.6 个百分点；私营企业占比由 2005 年的 33.9% 提高到 64.9%，年均提高 6.2 个百分点。批零行业结构与生产和消费结构调整协调性增强。随着全省工业结构逐步优化，生产资料批发业发展迅速，在批发业中的主体地位增强。2010 年，矿产品、建材及化工产品批发企业商品购进、销售总额占批发业的比重均达到 48%，较 2005 年分别提高 2 个百分点。专业店业态多样化。在家电下乡、家电和汽车以旧换新等消费政策拉动下，以汽车、摩托车、家用电器等为主体的专门零售业发展迅速。2010 年，限额以上专门零售业商品购进、销售总额占零售业商品购进和销售总额的比重分别提高 7.8 和 7.9 个百分点。传统百货业加速发展态势明显。全省限额以上百货零售企业销售总额占综合零售业销售总额的比重，由 2005 年的 68.6% 提高到 2010 年的 72%。

（4）流通网络建设迈上新台阶。2010 年全省年交易额亿元以上市场 550 个，比 2005 年增加 174 个，全省亿元以上商品交易市场成交额 6000 亿元，较 2005 年增长 112.7%。累计建设改造农家店 6.6 万个，覆盖全省 70% 行政村；大型企业省外布局步伐加快，在全国 18 个省、自治区、直辖市开设门店 223 家，较 2005 年增加 169 家。

（5）利用外资水平进一步提高。2010 年，全省共有外商及港澳台投资商贸企业 218 家，较 2005 年增加 54 家；实现营业收入 408.9 亿元，占限额以上商贸企业营业额的 3.5%，沃尔玛、家乐福、洲际、雅高等著名跨国零售和酒店管理企业相继入驻山东省。

（6）产业贡献度提高。2010 年，全省批发零售和住宿餐饮业实现增加值 4928.4 亿元，"十一五"期间年均增长 15.5%，高于同期 GDP 年均增速 2.4 个百分点，占全省 GDP 的 11.9%，占第三产业增加值的 32.5%，分别较 2005 年提高 2 和 1.6 个百分点，对全省服务业增加值增长的贡献率达到 32%。吸纳就业大幅度增长，2010 年，全省批发零售餐饮业从业人员占全省就业人员总数的 11.9%，较 2005 年提高 1.5 个百分点。拉动消费载体作用明显增强。2010 年，全省实现社会消费品零售额 14212 亿元，较 2005 年增长 137.9 %，年均增长 18.9%，增幅比"十一五"期间高 5.3 个百分点，一直位居全国第二位。

6. 房地产业平稳健康发展

"十一五"期间，全省房地产业累计实现增加值 5655 亿元，年均增长 15.2%，占第三产业增加值的比重一直保持在 10% 以上，占全省 GDP 的比重由"十五"末的 3.5% 提高到"十一五"末的 4.4%；累计实现地税收入 973 亿元，年均增长 34.8%，占全省地税收入比重由"十五"末的 12.2% 提高到"十一五"末的 19.9%。

（1）开发投资规模稳步增长。"十一五"期间，全省完成住宅建设投资 10601 亿元，年均增长 25%；房地产开发投资 10355 亿元，年均增长 26%；其中住宅投资 8017 亿元，年均增长 29%；商品房竣工面积 20455 万平方米，年均增长 2.5%，其中住宅竣工面积 17552 万平方米，年均增长 2.8%。

（2）提高了城镇居民的居住水平和生活质量。"十一五"末，全省城镇住房建筑面积超过 15 亿平方米，其中 27% 为近五年新建。五年间，在城镇人口增长 532 万人的情况下，人均住房建筑面积由 26.5 平方米提高到 32.1 平方米，净增 5.6 平方米，年均增长 4%，是城镇居民住房建筑面积增长和居住水平提高最快的时期。

（3）住房供应结构趋于合理。"十一五"期间，国家鼓励开发的 90 平方米以下普通商品住房供应量逐年增加，竣工面积 3769 万平方米。2010 年，全省竣工面积 1027 万平方米，占商品住房竣工面积的比重达到24%；国家严格控制的别墅、高档公寓竣工面积所占比重仅为2%。面向中低收入家庭的住房供应明显增加，住房市场供应体系不断优化。

（4）住房市场供销两旺。中小城市包括县域房地产业的快速崛起，旺盛的需求，带动了交易量上涨。“十一五”期间，全省商品住宅销售27459万平方米、8982亿元，年均分别增长21.8%、34.7%。仅2010年，全省商品住宅销售面积8443万平方米，实现销售额3223亿元。二级市场不断活跃，“十一五”期间，全省存量住房交易面积5951万平方米，年均增长4.3%。

（5）物业管理水平不断提高。“十一五”期间，出台了《山东省物业管理条例》，有力促进了全省物业管理规范健康发展。2010年，全省物业服务企业由“十五”末的1928家迅速发展到3533家，从业人员达到28万人。房屋物业管理规模由“十五”末的3亿平方米发展到近6亿平方米。“十一五”期间，全省共有56个项目获得国家物业管理示范项目称号，376个项目获得省物业管理优秀项目称号。

（6）住宅品质稳步提高。“十一五”末，全省正在实施的国家康居示范工程数量达24个，约占全国总数的14%，A级住宅性能认定项目83个，约占全国总数的16%。在申报的国家康居示范工程和A级住宅项目中，山东省率先推广了住宅建筑与太阳能一体化和一次装修到位这两项技术。先后有青岛海尔等三个企业成为国家住宅产业化基地。有24个项目获得国家“广厦奖”。

7. **文化产业较快发展**

（1）产业规模迅速膨胀。“十一五”期间，全省文化产业增加值现价年均增速达到18.79%，进入高速增长时期。2010年，全省文化产业增加值达到1230亿元，占山东生产总值（GDP）的3.12%，增速高于同期GDP增幅5.8个百分点。

（2）产业结构不断优化。出版发行、广播影视、演艺娱乐等传统文化产业发展提速，动漫游戏、数字多媒体、数字出版等新兴文化产业快速增长。文化产业核心层、外围层增加值比重呈上升趋势，2010年，全省文化产业核心层、外围层、相关层实现增加值的比例为15:30:55，核心层、外围层占比达到45%，质量和效益显著提高。

（3）产业集聚水平不断提升。文化产业集聚发展态势逐步显现，全省建成或在建各类文化产业园区（基地）近150个，其中国家级文化产业示范园区（基地）13个，省级文化产业园区（基地）71个，对全省文化产业发展的示范和带动效应不断扩大。

（4）市场主体日益壮大。国有骨干文化企业加快发展，2010年，大众报业、山东广电、山东出版分别实现营业总收入18亿元、32.36亿元和83.6亿元，同比增长16.2%、18.8%和11.3%。民营文化企业实力增强，世纪金榜、世纪天鸿、星火国际等进入全国民营书业公司十强。青岛人民印刷、潍坊惠影科技、济南东港印务等文化企业成功上市。全省共有文化及相关产业法人单位5万多家，以公有制为主体、多种所有制共同发展的文化产业格局初步形成。

（5）对外文化贸易快速增长。2010年，全省文化产品出口11.6亿美元，同比增长12.5%，在商务部公布的文化核心产品出口排名中居全国第四位。文化贸易出口企业群体不断壮大，全省文化产品服务出口企业达到1639家，出口市场遍及欧美亚非等世界主要国家地区，形成了15家年出口额过千万美元的文化产品出口企业群体。动漫创意等文化服务出口粗具规模，60余家动漫创意企业承接境外动漫制作业务，年承接跨境外包量超过了2万分钟。

（6）品牌战略初见成效。创作推出了《闯关东》《南下》《沂蒙六姐妹》《钢铁年代》等一批影视精品；齐鲁晚报位列2009世界日报发行量百强榜第22位，连续七年上榜百强；齐鲁频道综合实力多年来一直位居全国省级地面电视频道之首。孔子国际文化节、潍坊国际风筝会、青岛啤酒节、泰山国际登山节、山东文博会等一批文化节会品牌影响力不断提升，初步形成了具有较高知名度和美誉度的文化产业品牌组群。

8. 旅游业快速发展

（1）实现跨越式增长，产业规模迅速扩张。全省旅游总收入，2005 年首次突破千亿元大关，2008 年跨越第二个千亿元台阶，2010 年实现第三个千亿元跨越。2010 年，旅游总收入增长 23%，超过同期 GDP 增长 10 个百分点；对财政的贡献率达到 7.9%；接待国内游客人次、接待入境游客人次、旅游总收入三大主要指标分别高出“十一五”规划 41.7%、24.6% 和 42.9%。全省旅游总收入在全国的位次，2008 年超过上海，2009 年超过北京，由第 6 位跃升到第 4 位。

（2）树立“好客山东”形象，创新品牌推广模式。打造“好客山东”文化旅游品牌，在全国首创实施“联合推介、捆绑营销”旅游品牌推广战略，加大“好客山东”品牌在中央电视台、山东卫视、凤凰卫视等主流媒体宣传，被誉为“全国首创，众省效仿”。大力加强旅游品牌体系建设，推动各市创建城市旅游品牌，培育旅游企业品牌、节庆活动品牌、旅游服务品牌，建成以“好客山东”品牌为龙头，以城市旅游品牌为支撑的“好客山东”旅游品牌体系。修订实施《山东旅游条例》，加快了依法治旅步伐；扎实推进全省旅游标准化工作，先后制定出台《好客山东旅游服务标准》《山东省好客人家农家乐等级划分与评定》《山东省旅游购物街区评定标准》《山东省旅游购物商店评定标准》等地方旅游标准，旅游标准化进程加快。深入开展旅游目的地建设年和旅游服务提升年活动，旅游服务质量显著提升。

（3）产业体系日趋完善，产业素质明显提升。在全国首创实施“五级联动创优工程”，创建中国优秀旅游城市 35 个，国家和省级旅游强县 15 个，旅游强乡镇 85 个，创建 A 级旅游区（点）411 处，国家和省级旅游度假区 19 个，旅游星级饭店 913 家，旅游星级餐馆 116 家，旅行社 1802 家。旅游从业人员 50 余万人，占全省在岗职工人数的 5%，带动间接就业人数超过 200 万人。创新实施“三个一批工程”和旅游大项目建设工程，累计完成旅游投资 2560 余亿元。大力开发高尔夫、海上旅游、葡萄酒庄、会展、海滨沙滩度假旅游、温泉旅游等高端旅游产品，旅游产品升级改造步伐加快。积极发展乡村旅游，创建旅游特色村 91 个，农业旅游示范点 199 个，乡村旅游专业合作社超过 100 家，为推进城乡协调发展，促进农民增收致富发挥重要作用。实施科技兴旅、智力强旅战略，完成国家首个 863 旅游科技项目，组建山东旅游职业教育集团，建立全国首个省级旅游专家委员会，设立旅游产业创新奖，引领了全省旅游业科学发展方向。

9. 社区服务业进入良性发展阶段

（1）领导体制机制逐步建立健全。建立了全省社区工作领导小组，各市也普遍建立社区建设协调领导机构，形成党委政府领导、民政部门牵头、有关部门配合、社会广泛参与的社区建设领导体制机制。

（2）社区服务网络初步形成。“十一五”期间，省财政和山东福利彩票公益金共投入 1.07 亿元，用于全省社区办公服务用房建设。省、市、县三级累计投入社区办公服务用房建设资金 10 余亿元。到“十一五”末，全省共建立街道社区服务中心 472 个，城市社区服务站 5594 个，社区服务网点 10 余万个。全省 5520 个城市社区，办公服务用房平均面积由“十五”末的 243.8 平方米提高到 455 平方米，初步形成了覆盖全社会的社区服务网络。

（3）社区服务内容不断拓展。劳动就业、社会保障、医疗卫生、生活救助、文化娱乐、社会治安等政府公共服务事项逐步向社区覆盖，社区志愿互助服务蓬勃开展。家政服务、物业管理、养老托幼、食品配送、修理服务、废旧物品回收等便民利民服务项目逐步进入社区，极大地方便了社区居民生活，提高了生活质量。

（4）社区服务队伍不断壮大。各地不断充实社区服务队伍，到“十一五”末，全省共有社区居民委员会成员 27844 人，社区志愿服务组织 9194 个，志愿者服务队伍发展到 112.4 万人，成为推动社区建设和社区服务的重要力量。

（5）社区服务方式不断提升。全省绝大多数社区设立了“一站式”服务大厅，相关部门在社区服务中心设立服务窗口，实现了集行政管理、社会事务、便民服务为一体的“一门式办公、一站式服务”。各地有效整合社区各种服务资源，通过社区网站、呼叫热线、短信平台及有线数字电视平台、家政服务网络中心、公共电子阅览室、信息服务自助终端等形式和手段，为社区居民提供全方位、全天候、零距离的社区服务。

10. 家庭服务业快速健康发展

（1）家庭服务产业粗具规模，吸纳就业能力增强。“十一五”期间，各地家庭服务业发展迅速。2010年年末，全省登记注册的家庭服务业企业和网点共4.8万户，年营业额11亿元，就业人数达到85万人，比“十五”增加了27万人，年均增加5.4万人。2008年以来，家庭服务业在应对国际金融危机中的吸纳就业作用十分突出，吸纳转移就业人员和新就业人员共计20万人。

（2）新兴业态发展势头强劲，品牌效应日益凸显。“十一五”期间，全省家庭服务业的服务内容由“十五”末的不足10个门类，扩展到20多个门类、200多个项目，形成了以中介制为主，半派遣制、员工制等多样化经营方式。“十一五”期间，家庭服务企业的创新意识、品牌意识逐步增强。6家企业被列为山东省著名商标，多家企业成为全国知名家庭服务龙头企业。

（3）职业培训全面开展，队伍素质稳步提高。“十一五”期间，全省累计培训家庭服务从业人员近35万人。从2010年开始，启动了“家政培训工程”，每年培训1万名“家政助理”。挂牌成立了我国家庭服务业首个首席技师工作站，目前拥有高技能人才2000余人。

（4）网络平台建设成绩凸显，信息对接服务水平提高。“十一五”期间，山东各地加强家庭服务网络中心和家庭服务咨询平台建设，集咨询热线、社区宽带、数字电视“三网”一体，形成家政服务、信息咨询、自助缴费、电子商务一体化的便利服务网络，覆盖全省200万户家庭，实现供应商与单个家庭的无缝对接。

（5）行业标准逐步建立，权益保障不断加强。“十一五”期间，成立了山东省家庭服务业协会，出台了一系列家庭服务业行业规范。同时，积极完善服务业标准体系建设，创建省级服务标准化示范项目，建立起以企业社会责任为目标，涵盖质量标准、管理标准和工作标准三大子体系364项标准的家庭服务业标准化管理体系，其中9项标准已成为地方标准，4项批准立项国家标准。“十一五”期间，针对不同人群特点建立了化解风险的权益保护体系，实行了用户保险模式和家庭服务职业责任保险，建立了家庭服务纠纷“仲裁工作站”，在一定程度上保障了业内三方的权益。

11. 农村服务业发展步伐加快

（1）农机服务体系不断完善。2010年，全省农机从业人员达到675.07万人，农忙时季节性吸纳农村劳动力超过800万人。到2010年年底，农机化作业服务组织及农机户达510万个，比“十五”末增长10%；其中农机专业合作社3450个，增长40倍，实现了平均一乡两社的目标；农机化作业服务专业户达64万个，增长18%；乡村农机从业人员达800万人，增长19.6%。农机专业合作社已经承担了30%以上的农机作业量。全省农机修配网点总数达到2.3万个，其中一级维修点269个，二级维修点1226个，三级维修点15300个，合计比“十五”末增长10%，等级结构明显优化。

（2）农产品加工经营服务体系不断完善。全省规模以上的农产品加工龙头企业发展到8080家，销售收入过亿元的1990家。2010年，规模以上龙头企业销售收入达到10880亿元，出口创汇额172亿美元，实现利润705亿元。全省供销社系统已在70多个县建设规模较大的农产品标准化生产基地800多处，与全国经营规模最大的50家连锁零售企业、20多家农产品专业零售企业、10多家大型批发市场和部分出口加工企业建立了农产品直供渠道，使基地农产品从采摘到消费的时间由平均4天缩短到2天以内，流通环节减少了2~4个，交售价格平均高于市场5%~20%，流通成本降低了50%以上。

（3）农村现代流通服务体系不断完善。加快推进“万村千乡市场工程”，全省累计新建和改造标准化农家店6.6万个，配送中心248个，覆盖全省所有乡镇和70%的行政村。供销系统建立日用品公司114个，日用品配送中心86处，城区大卖场和乡镇直营超市997个，形成了连锁经营的日用品经营服务网络。加快构建县域农资经营网络，推进化肥直供合作社和种粮大户合作，组织广大农户开展化肥团购，降低经营成本，平均每袋化肥为农民减少支出 3 ~ 15 元；2010 年，销售化肥 827 万吨，占社会化肥总需求量的 62%。

(4) 新型农村社区服务体系不断完善。着眼于农村社区化管理体制探索和农民集中居住对生产生活的新需求，积极构筑多种服务相衔接的新型农村社区服务体系。在生产类服务项目上，围绕社区农民的主导产业组建农民专业合作社，开展大田作物生产经营服务和土地托管服务，为农民提供养殖小区、农产品储存、农机具集中存放管理及调配使用等经营服务，切实为迁居之后的农民解决生产困难；在生活类服务项目上，在社区的中心位置建设日用品超市和农资超市，为农民消费提供便利条件。根据社区农民的实际需要，不断完善了社区餐饮、洗浴、再生资源回收和物业管理等服务功能；在公共服务项目上，整合政府各部门、社会各行业的资源，不断提高社区的文化娱乐、医疗卫生、养老托幼和体育健身等服务水平，为农民创造舒适的生活环境。

(5) 农村融资服务体系不断完善。以农村金融改革为切入点，积极推进农村产权制度改革，激活农村金融市场，壮大农村经济。结合蔬菜大棚产权、住房产权、林权等改革的推进，积极探索融资新途径，把农民的固定资产变成流动资金。村镇银行、贷款子公司、农村资金互助社、小额贷款公司纷纷进入农村市场，有效缓解了农村银行覆盖率低，金融竞争不充分，资金供给不足等问题。供销系统在 50 多个县（市、区）领办的 400 多个农民专业合作组织，开展了内部信用合作试点，大部分专业合作组织资金互助额已达几百万元，实现了生产、经营和信用合作的有机结合。一批专业合作社，与银行建立起资金调剂机制，成为农行等金融部门服务农民生产的桥梁和纽带。到 2010 年年底，山东省新增涉农贷款居全国首位，小额贷款公司已实现县域全覆盖，村镇银行发展到 6 家，多层次农村融资机制初步形成。

二、采取的主要措施

（一）广泛动员全面部署

山东省委、省政府高度重视服务业发展，分别于 2007 年 11 月、2010 年 7 月先后两次召开了高规格的全省服务业工作会议，省委、省政府主要领导亲自到会并发表了重要讲话。尤其是 2011 年召开的全省服务业发展工作会议，各市县区都设立了分会场，参会人数超过 5000 人，这在山东省服务业发展历史上还是第一次。这次会议对推动服务业跨越发展作了全面部署，进一步统一了各级各部门对发展服务业重大战略意义的认识，在社会各界产生了广泛而深远的影响。"十一五"期间，省政府还多次召开工作座谈会和经验交流会，以及重点城区、重点园区和重点企业专题会议，各级各部门也都立足实际，进行层层动员和部署，全省上下形成了推动服务业跨越发展的良好氛围。

（二）强化规划引导作用

为引领服务业加快发展，2006 年制定了《山东省"十一五"服务业发展规划纲要》，明确了服务业发展的指导思想、目标任务和保障措施。各市县区和省直有关部门也相应制定了专项规划，并将具体任务逐项分解落实到年度计划之中。2010 年，按照省委、省政府的统一部署，编制了全省"十二五"服务业发展规划纲要，提出了今后五年服务业发展的重点任务和政策措施。同时，编制了半岛蓝色经济区和黄河三角洲现代服务业发展专项规划，进一步明确了蓝、黄两区服务业发展的目标和战略定位，为深入实施重点区域带动战略创造了有利条件。

（三）明确发展重点领域

服务业量大面广，涉及领域众多，工作中既要统筹兼顾，又要突出重点。为此，山东省委、省政府深刻把握服务业发展规律，立足全省服务业发展实际，于 2007 年提出了服务业发展的重点领域，即打造"六大产业"、"三大载体"和"三大支撑"；2010 年又进一步提出了集中打造金融保险、现代物流、批零餐饮、科技信息、商务服务、家庭服务、房地产、文化旅游、社区服务、农村服务“十大产业”和重点城区、重点园区、重点企业、重点项目“四大载体”的发展重点，为促进服务业跨越发展指明了方向。各级各有关部门围绕落实省委、省政府的总体部署，都确定了各自的发展重点。在各级各部门的共同努力下，目前，全省重点产业的综合实力进一步增强，“四大载体”的建设水平进一步提升。

(四) 完善政策扶持体系

完善的政策体系是促进服务业加快发展的关键。“十一五”时期，山东省委、省政府出台了一系列促进服务业发展的政策措施，特别是2010年出台的加快服务业跨越发展的30条政策，在市场准入、工商登记、土地、税收、价格、信贷、财政等扶持方面，都作出了明确的规定，其含金量之高、扶持力度之大，可谓前所未有。各市各有关部门认真贯彻省委省政府的决策部署，结合实际对政策措施进行了进一步细化，出台了相应的配套措施，对优化服务业发展环境、推动服务业加快发展起到了重要作用。

(五) 切实加大资金投入

资金投入和项目建设是服务业加快发展的重要支撑。山东充分发挥政府投资的引导作用，不断完善政策措施，加快形成了政府引导、企业为主、市场运作、社会参与的服务业投融资机制。省政府设立了省级服务业发展引导资金，“十一五”期间，省级财政共安排引导资金7.5亿元，支持了247个重点项目，带动社会投资335亿元。省里还安排部分基建基金与银行合作贷款，支持了一批服务业重点项目建设。积极争取国家投资，五年累计争取资金1.1亿元，支持了82个重点项目。各市也都加大了资金支持力度，设立了相应的政府引导资金，五年累计安排投资6.2亿元。同时，不断拓宽资金渠道，组织企业参加各种投资洽谈、推介活动，支持具备条件的企业上市融资，引导企业积极利用外商投资，有效保证了服务业加快发展的资金需求。

(六) 深入推进改革开放

坚持把体制机制创新作为促进服务业加快发展的根本动力，服务业各领域的改革都迈出了较大步伐。文化、医疗卫生体制改革全面启动，涉及服务业发展的投资、金融、财税、价格等改革不断深化，国有服务业企业和垄断服务行业改革、机关事业单位后勤服务改革取得新进展。济南、青岛两市被国家列入服务业综合改革试点城市，目前试点工作进展顺利。组织开展了企业剥离非核心业务工作，2007年以来全省累计剥离企业5869家。积极推进服务领域的对外开放，沃尔玛、渣打银行、花旗银行等一批国际知名企业落户山东。

(七) 建立健全工作机制

为了加强对全省服务业发展的综合协调和指导服务，研究解决服务业发展中的重大问题，山东省委、省政府于2005年设立了省服务业办公室，随后，省政府又成立了省长任组长的服务业工作领导小组，并建立了重点产业和重点工作协调推进制度。各市和大部分县市区也相继建立了领导机构和工作机构，形成了比较完善的服务业工作体系。省和各市都建立了服务业发展绩效考核制度，每年对各市和有关部门及发展载体进行考核，为促进服务业加快发展提供了重要的制度保障。

三、主要问题

(一) 服务业发展速度比较慢，增加值占比还比较低

尽管全省服务业总量规模在全国列第三位，2010年山东省服务业增加值占生产总值的比重比全国平均水平仍低6.36个百分点，比广东低8个百分点，比江苏低4个百分点。

(二) 服务业产业结构还不够合理，质量效益不高

传统服务业比重较大，现代服务业特别是生产性服务业比重还较低。2010年，山东省交通运输仓

储和邮政业、批发零售业占服务业增加值的比重达42.3%，比广东高10.5个百分点，比江苏高5个百分点；金融业占服务业增加值的比重仅为8.2%，比广东低4.1个百分点，比江苏低3.6个百分点。

（三）服务业投入相对不足，发展后劲不大

服务业投资占比仍低于全国平均水平，与沿海省市相比差距也比较大。2010年，山东省服务业固定资产投资占全社会固定资产投资的比重比全国平均水平低7.6个百分点，比广东低17.5个百分点，比浙江低10个百分点。

四、“十二五”发展思路

以邓小平理论和“三个代表”重要思想为指导，深入贯彻落实科学发展观，紧紧围绕主题主线，以实现跨越发展为目标，着力在市场化、产业化、社会化、国际化发展上突破，着力在扩大总量、优化结构、增强素质、提高层次上突破，着力在重点领域和重点产业上突破，着力在深化改革、完善体制机制、扩大开放上突破，构建起与生产、生活相适应的现代服务业体系，全面提高服务业发展水平，为加快推进转方式调结构、实现富民强省做出贡献。到“十二五”末，全省服务业发展的主要任务目标是：力争服务业增加值总量达到2.7万亿元以上，占全省生产总值的比重达到45%以上，每年提高2个百分点左右；服务业投资占全社会固定资产投资的比重达到60%以上，服务业从业人数占全部从业人员的比重达到40%以上，服务业实现地税收入占全省地税收入的比重达到60%以上。要突出抓好五个方面的发展重点，全面提高山东服务业发展水平：一要优先发展生产性服务业，二要加快改造提升生活性服务业，三要大力发展新兴服务业，四要积极发展农村服务业，五要促进基本公共服务业发展。围绕实现“十二五”时期的任务目标，将着重抓好六个方面的突破：一是进一步统一认识，在解放思想、更新观念上实现新突破；二是进一步发挥优势，在支柱产业、重点行业发展上实现新突破；三是进一步做强载体，在规模化经营、集约化发展上实现新突破；四是进一步突出特色，在重点带动、区域协调发展上实现新突破；五是进一步加大投入，在骨干项目、重点项目建设上实现新突破；六是进一步强化措施，在科技创新、提升层次上实现新突破。

附件：“十一五”时期印发的政策文件

1.《中共山东省委、山东省人民政府关于进一步促进服务业发展的若干意见》（鲁发〔2006〕14号）

2.《山东省人民政府办公厅印发关于成立山东省服务业发展领导小组的通知》（鲁政办字〔2006〕145号）

3.《山东省人民政府关于贯彻国发〔2007〕7号文件进一步加快发展服务业的意见》（鲁政发〔2007〕66号）

4.《山东省人民政府办公厅印发山东省服务业发展部门绩效考核办法》（鲁政办发〔2007〕97号）

5.《山东省人民政府办公厅印发关于建立山东省服务业重点产业和重点工作协调推进制度的意见的通知》（鲁政办发〔2008〕49号）

6.《山东省人民政府关于加快发展生产性服务业的意见》（鲁政发〔2009〕87号）

7.《山东省人民政府关于加快服务业跨越发展的若干政策的通知》（鲁政发〔2010〕80号）

8.《山东省人民政府办公厅印发关于建立山东省企业剥离非核心业务工作联席会议制度的通知》（鲁政办字〔2010〕113号）

第十六章　河南省服务业发展报告

“十一五”期间，在省委、省政府的领导下，河南省认真贯彻落实科学发展观，加强政策引导、优化结构、增强功能、扩大规模、提高质量，围绕抓谋划、建机制、强抓手，积极主动开展工作，服务业整体实力得到进一步提升，为全省“十二五”国民经济平稳较快发展奠定了坚实基础。

一、“十一五”发展情况

（一）服务业总量不断扩大，对经济社会发展带动作用更加突出

2010 年，全省服务业完成增加值 6607.89 亿元，同比增长 11.4%，占 GDP 的比重为 28.6%，服务业对全省经济增长的贡献率为 27.0%，拉动经济增长 3.4 个百分点。服务业实现增加值比“十五”末增加 3427.18 亿元，年均增长 11.5%。投资力度不断加大。2010 年，全省完成服务业固定资产投资 7518.99 亿元，比上年增长 26.1%，增速比第一产业高 17.9 个百分点，高于第二产业 8.0 个百分点。服务业固定资产投资额占全部固定资产投资额的比重为 45.3%，比上年提高 1.8 个百分点。服务业固定资产投资比“十五”末增加 5277.26 亿元，年均增长 27.4%。服务业税收支撑地方税收半壁江山。2010 年，实现服务业地税收入 440.19 亿元，同比增长 31.0%，占全省地税收入的 55.94%，连续两年超过地税收入的一半。从业人数增长迅速，成为吸纳就业的主渠道。2010 年年末，全省服务业从业人员 1577 万人，较 2005 年末增加 305 万人，增长 24.0%。服务业从业人员占全社会从业从员的比重由 2005 年的 22.5% 提高到 2010 年的 26.1%。

（二）产业素质不断提高，对制造业支撑作用日益增强

2010 年，全省服务业全员劳动生产率为 42822 元/人，比 2005 年年末提高了 17084 元/人。“十一五”期间，国家、省级科研项目增多，投入加大，以科技研发、信息服务、市场营销为代表的生产性服务业加速向制造业渗透，新能源、节能环保新兴产业的研发能力增强，为制造业的发展提供了更为有效的支撑。截至 2010 年年底，全省省级以上企业技术中心、工程研究中心、工程实验室 62 家，其中，国家级 44 家。2010 年申请专利 25149 件，授权专利 16539 件，分别是“十五”末的 2.8 倍和 4.4 倍。

（三）重点行业快速发展，服务业结构不断优化

“十一五”期间，现代物流业、文化产业、旅游业等发展态势良好，成为全省经济发展的强劲动力。动漫、设计、现代演艺等创意产业，软件开发、网络服务等信息服务业，电子商务、连锁配送等现代商贸业发展势头旺盛，成为河南省服务业发展的新亮点。目前，河南省服务业已步入功能逐步完善、结构日趋合理、服务质量提高的良性发展轨道。

1. 现代物流业成为优势产业

“十一五”期间，河南省将现代物流业作为战略支撑产业，突出规划引导、市场运作、项目推动，强力推进现代物流业发展。2010 年，全省社会物流总额为 52251.74 亿元，“十一五”期间年均增长 18.9%；物流业实现增加值超过 733.73 亿元，“十一五”期间年均增长 12.3%，物流业增加值占服务业增加值比重为 11.1%。社会物流总费用与 GDP 的比率为 17.35%，“十一五”期间下降 0.4 个百分

点，物流运行质量和效率进一步提高，对经济发展的支撑和服务功能逐步增强。现有2A级以上物流企业43家，其中5A级物流企业2家，4A级物流企业16家。

2. 旅游产业体系基本完善

“十一五”期间，河南省紧紧围绕精品景区打造、旅游集聚区建设，全面提升精品景区，加快旅游集聚区发展，旅游业发展各项指标均实现倍增。“十一五”期间，河南省旅游保持了年均25%以上增长速度，高于全国平均，高出全省GDP增长速度10个百分点以上。特别是旅游总收入由2005年的800亿元增加到了2010年的2294亿元，占GDP的比率由7%上升到10%。全省旅游接待人数、旅游产业综合收入分别排在全国第6位、第8位，居中西部地区首位。截至目前，全省共有中国优秀旅游城市27个、A级景区185个、星级宾馆536家、旅行社1158个，分别比2005年增加23家、111家、87家、229家，全省旅游从业人员从5年前的43万增加到120多万，基本形成了特色突出、结构合理、协调配套的旅游产业体系。

3. 文化产业规模不断扩大

“十一五”期间，围绕建设文化强省，河南省加快推进文化改革发展试验区建设，集中建设一批文化旅游重大项目和文化园区，加快完善文化产业投融资平台市场化运行机制，全面推进文化体制改革。2010年文化产业实现增加值367.1亿元，年均增长15%以上，远高于同期经济增长速度，对经济的贡献不断增强。文化产业品牌建设取得突破性进展，《禅宗少林·音乐大典》与《大宋·东京梦华》等大型实景演出、《小樱桃》动漫、《快乐星球》儿童连续剧轰动全国，殷墟、登封“天地之中”历史建筑群申遗成功，成为展示中原文化的世界名片，王公庄画虎村、宝丰魔术、濮阳杂技名扬海外，豫剧《程婴救孤》《村官李天成》《香魂女》以及舞剧《风中少林》等跻身国家舞台艺术精品剧目。

4. 金融服务体系不断完善

“十一五”期间，围绕经济发展和经济转型，着力扩大融资规模，深化金融改革，推进地方金融机构发展，完善政府融资平台，河南省金融业实现较快发展，年平均增长17.7%，2010年，金融业增加值达到697.68亿元，形成了银行、证券、期货、保险、信托、产权交易等各业并举，功能较为完备、运行比较稳健的金融服务体系。全省共有政策性银行河南省分行2家、大型商业银行一级分行5家、邮政储蓄银行河南省分行1家、股份制商业银行郑州分行7家、城市商业银行17家、农村信用社法人机构144家、资产管理公司郑州办事处4家、信托公司2家、财务公司3家、外资银行郑州分行1家、农村合作银行2家、农村商业银行8家、新型农村金融机构12家和证券公司1家、商品交易所1家、期货公司3家。一批新的省级投融资平台逐步建立，市、县二级城市基础设施建设、产业集聚区建设投融资平台相继成立，省、市、县三级地方政府投融资体系逐步形成。“十一五”期间，全省直接融资规模累计达到2731亿元，而2005年仅为94亿元。企业上市、企业债券、信托计划、股权转让融资规模从少到多，中期票据、短期融资券、融资租赁等多种融资方式从无到有。“十一五”期间，全省上市公司家数达到81家，累计融资697.63亿元；新增上市公司47家，比“十五”期间增加33家；新增融资规模364.13亿元，比“十五”期间增长417%。郑州商品交易所已拥有小麦、棉花、白糖、精对苯二甲酸（PTA）、菜籽油、早籼稻、绿豆等期货交易品种，市场服务功能和国内国际市场影响力逐渐增强。

5. 房地产业稳步发展

“十一五”期间，积极贯彻落实国务院、省委省政府关于促进房地产业平稳健康发展的一系列政策措施，加大普通房、保障性住房建设力度，合理引导住房消费，稳定市场预期，促进房地产业稳步发展。2010年，房地业固定资产投资3775.15亿元，占全社会固定资产投资规模的20.3%；“十一五”期间，房地产投资年均增长34.6%。房地产开发带动房地产业增加值稳步提高，2010年房地产业实现增加值773.23亿元，占服务业比重为11.7%。河南省房地产业已形成从开发建设、流通交易、中介服务到物业管理的完整产业链，初步建立了较为完善的住房保障体系。

二、采取的主要措施

“十一五”期间，河南省认真贯彻党中央、国务院关于加快服务业发展的要求和部署，切实落实《国务院关于加快发展服务业的若干意见》（国发〔2007〕7号）、《国务院办公厅关于加快发展服务业若干政策措施的实施意见》（国发〔2008〕11号），以构建现代产业体系为重点，一手抓工业优化升级，一手抓服务业发展，促进工业与服务业融合发展，走出一条适合河南省实际的服务业发展之路。

（一）加强宏观指导

河南省委、省政府把发展服务业作为结构调整的重要抓手，强力推进服务业加快发展。2008年，省委、省政府召开了全省服务业发展大会，全面安排部署全省服务业发展工作，并相继出台了《中共河南省委、河南省人民政府关于加快发展服务业的若干意见》《河南省人民政府办公厅关于加快发展服务业的若干政策》《关于促进河南省现代物流业加快发展的若干政策措施》以及培育壮大服务业重点企业、开展服务业综合改革试点、推进服务业特色园区发展等一系列政策意见，明确了河南省服务业发展的基本思路、目标任务、重点领域和政策措施。各地、各部门按照全省统一部署，健全工作机构，完善协调机制，研究制定规划政策，凝聚全省之力共同推进服务业加快发展。

（二）完善工作机制

加强对服务业发展工作的领导和协调，河南省成立了由省委常委、常务副省长任组长，相关职能部门主要负责人任成员的服务业工作领导小组，具体负责指导、协调服务业发展和改革中的重大问题，提出促进加快服务业发展的方针政策，部署涉及全局的重大任务，督促检查服务业发展政策的贯彻落实。相关各部门按照职能分工，加强配合联动，确保各项政策措施落实到位。省发展改革委内设服务业发展办公室，负责研究提出全省服务业发展战略、规划和重大政策，协调服务业发展中的重大问题等。

（三）强化规划和政策支持

研究编制了《河南省现代物流业发展规划（2010—2015年）》等行业发展规划，明确产业定位、发展思路和发展重点。“十一五”期间，河南省积极谋划建设了一批具有较强竞争力的现代服务业特色园区、重大基础设施和产业化建设项目，并制定出台促进加快发展、加快建设的意见措施。指导全省150家服务业重点企业、10个文化改革发展试验区和30个省服务业特色园区编制发展规划，明确战略定位，理清发展思路，加大招商引资和合资合作力度，强力推进基础设施和公共服务体系建设。指导各市（省直管县）、特色园区、产业集聚区制定与全省服务业各专项规划相衔接的区域布局规划，加快形成全省上下协调一致、覆盖全面、指导有力的发展规划体系。研究制定了《河南省服务业产业发展及鼓励投资指导目录》，为引导河南省服务业投资方向，政府管理投资项目，深化对外开放，制定和实施财税、信贷、土地等政策提供了重要依据。

（四）加大投入力度

“十一五”期间，争取国家服务业引导资金项目1.2亿元，支持服务业信息平台、文化、旅游、创意等重点领域项目75个，地方配套1.2亿元资金，带动社会投资21亿元。从2008年开始，河南省每年安排服务业发展引导资金1亿元，三年间全省共安排服务业发展引导资金2.7亿元，扶持文化、旅游、物流等领域重点项目133个，带动社会投资284亿元。拓宽融资渠道，定期组织四大国有银行及国开、中信、浦发等金融机构和全省骨干服务业企业，召开服务业重点项目对接会，搭建银企沟通合作平台，实现签约项目贷款协议近百亿元。

（五）培育壮大载体

坚持把重大项目建设作为推动服务业发展的重要载体，采取有效措施，以特色园区建设、重点企业培育、重大项目推进、重点领域改革为抓手，推动服务业加快发展。以郑州国际物流中心建设为突破口，积极推进郑州国家干线公路物流港、郑州铁路集装箱中心站、郑州综合保税区、河南保税物流中心（B 型）、中南邮政物流集散中心等一批重大标志性项目建设。根据河南省实际，确定了服务业百户高成长企业作为推动服务业发展的重要抓手，每年滚动更新，并在政策和资金等方面给予重点倾斜，支持企业加快项目建设，拓展完善网络，提升服务水平，增强核心竞争力，尽快形成一批新的增长点。进一步强化规划引导作用，优化发展环境，通过定向招商，以商招商等多种形式，吸引优势企业向省级服务业特色园区、文化改革试验区和文化产业园区集聚，完善延伸产业链条，提升产业规模效应和整体竞争力，促进河南省服务业更大规模、更高水平发展。

（六）深化体制改革

坚持开拓创新、解放思想、破除障碍，建立完善服务业发展的新机制。

1. 服务业综合改革试点

选择郑州、洛阳、开封、鹤壁市和固始县作为省服务业综合改革试点，逐步探索符合实际、行之有效的服务业发展新路径、新机制、新体制。在积极推进省级试点的同时，在国家发改委的大力支持下，推动郑州市成功申报国家首批服务业综合改革试点。

2. 文化领域

设立开封、登封等 10 个省级文化改革发展试验区，为文化体制改革、文化产业发展探索新路子；出台了一系列支持文化体制改革和文化产业发展的政策措施，积极推进事业单位转企改制，大量民营资本进入非特殊性文化领域，初步形成了以公有制为主体，多种所有制共同发展的文化产业格局。

3. 旅游领域

基本完成了国有旅行社改制，大力推进景区企业化经营、市场化运作，催生出一批符合现代企业制度的经营实体和市场主体。

4. 金融领域

推进农村信用社、城信社、城商社等地方金融机构改革，全省 144 家农村信用社县级联社统一法人工作全部完成，组建农村商业银行 5 家，批准筹建 3 家，农村合作银行 2 家。全省 17 家城市法人银行机构全部完成改革重组任务，洛阳、郑州、许昌、新乡 4 市城商行获得跨区域设立分支机构许可。新型农村金融机构（村镇银行、贷款公司、资金互助社）建设步伐不断加快。

（七）加强基础工作

1. 加强调研

组织开展了省内外服务业调研，对工作中遇到的重点和难点问题深入研究，完成了《河南现代服务业人才队伍建设研究》《河南省服务业集聚区发展战略研究》《河南省生产性服务业发展研究》等理论与实践紧密结合的研究报告。

2. 开放式研究重点行业发展问题

先后组织有关部门和专家召开了河南省现代物流、旅游、文化产业等行业研讨会，为“十二五”期间服务业发展方向、目标任务、推进措施的确定奠定基础。

3. 加强服务业统计考核

针对服务业统计滞后于服务业发展实际的情况，先后出台实施了《河南省服务业发展评价考核实施办法（试行）》《关于加强服务业统计工作的意见》和《河南省 150 户服务业重点企业统计办法》，进一步扩大统计范围覆盖面，增强统计数据的时效性。

4. 定期组织培训

连续三年在北大光华管理学院、上海浦东干部管理学院等地举办服务业发展高级培训班和物流、文化等专业培训，共计培训 500 多名企业中高层管理人员，提升河南省服务业管理人员综合素质和驾驭市场的能力。

"十一五"期间，河南省始终坚持以科学发展观为指导，紧紧抓住发展这个第一要务，探索符合河南实际的服务业发展路子。一是坚持科学发展、加快发展，在推动三次产业融合发展中着力促进服务业发展。二是坚持推进体制改革，积极探索服务业综合改革和事业单位转企改制，增强服务业发展后劲。三是坚持创新发展，积极探索文化产业创新发展之路，建设文化改革发展试验区，努力把资源优势转化为产业优势。四是坚持突出重点行业和重点区域发展，全力推进现代物流、文化、旅游、金融等战略支撑产业发展，加快郑州国际物流中心、服务业特色园区、文化改革试验区等服务业发展载体建设。

三、主要问题

近年来，虽然河南省服务业一直保持两位数增长，但总体发展相对滞后，在国民经济中所占的比重偏低，与河南省经济大省和工业化、城镇化快速发展的要求不相适应。2003 年，河南省服务业增加值在 GDP 中的占比达到 34.3%，"十一五"期间河南省工业快速发展，第二产业占比提升较快，服务业占比出现连续回落，到 2010 年服务业占比仅为 28.6%，回落 5.7 个百分点，低于全国平均水平 14 个百分点。总的来看，河南省服务业发展还存在一些制约因素，主要表现在以下几个方面。

（一）工业化和城镇化发展水平较低，服务业发展一定程度上受所处发展阶段影响

目前，河南省尚处于工业化中期偏前阶段，生产性服务业能否实现快速发展，很大程度上将取决于河南省产业结构调整和制造业、高新技术产业发展快与慢。河南省城镇化率比全国低 11.2 个百分点，人均生产总值、城镇居民人均可支配收入、农民人均纯收入仅相当于全国平均水平的 81.5%、83.4% 和 93.3%，扩大消费的基础不牢，一定程度上制约了消费性服务业发展。

（二）生产性服务业发展滞后，消费性服务业发展不充分

金融、信息服务、科技服务、商务与租赁等生产性服务业增加值占比仅为 15.7%，低于全国平均水平 7.6 个百分点。现代物流虽取得较大成效，但物流基础设施不健全、物流资源缺乏整合、第三方物流发展不足等问题仍比较突出，物流业发展的规模化、专业化、集约化水平亟待提高。消费性服务业发展仍更多地依靠传统服务业，交通运输、批发零售、住宿餐饮业等传统服务业占服务业增加值的比重达到 47%；旅游、文化等新兴服务业规模偏小，发展不足，旅游业仍过多依赖门票收入，文化创意、动漫影视等高成长性产业发展滞后。

（三）服务业体系尚不健全，服务业发展环境有待改善

随着市场经济发展和工业化进程加快，生产的专业化、社会化分工要求越来越迫切，但研发、设计、采购、营销、售后服务等服务体系尚不健全，面向社会提供服务的研发设计中心、财务咨询公司、专业营销公司等专业服务机构比较缺乏。服务业发展面临的市场准入壁垒、管理体制分散、重复征税、土地成本过高、统计体系及核算体系不健全等体制和政策障碍依然较多。

（四）服务业载体不强，龙头企业少，园区集聚效应不明显

服务业龙头企业少，企业规模小、实力弱，是河南省服务业发展的瓶颈。在物流领域，全省 80% 以上的物流企业资产不足 100 万元。在金融领域，尚无一家跨省经营的区域性商业银行，文化旅游领域至今没有一家上市企业。缺乏龙头企业引领直接影响到企业和园区的集聚效应发挥，使服务业难以实现规模化、集群化发展。

四、"十二五"发展思路

把推动服务业大发展作为产业结构优化升级的战略重点，以重点项目、龙头企业、特色园区建设为抓手，以改善政策和体制环境为保障，促进服务业总量扩张、结构优化、水平提升，提高服务业增加值在生产总值中的比重和服务业从业人员在全社会从业人员中的比重。力争到"十二五"末，服务业增加值占 GDP 的比重达到 33%。主要任务包括：①发展壮大现代物流业、文化产业、旅游业、金融

业、房地产业等服务业支柱产业，到2015年，全省物流业增加值占GDP的比重提高到5%左右，全省实施重大文化产业项目500个、文化产业增加值占GDP的比重提高到5%左右，全省接待海内外游客人数突破4亿人次、旅游业总收入翻一番，全省金融业实现增加值1300亿元、直接融资规模翻一番以上。②积极发展新兴服务业，大力发展信息服务、科技研发、技术交易、信息咨询、会展业、中介服务、家庭服务、养老服务和健康产业。③创新经营模式，推进商贸、餐饮、住宿等传统服务业改造升级。④优化服务业发展环境，完善土地、税收、投融资、人才等扶持政策。

第十七章　湖北省服务业发展报告

一、“十一五”发展情况

“十一五”期间，湖北省深入贯彻落实科学发展观，以调整产业结构、转变发展方式为主线，高度重视服务业工作，不断加大服务业投入、努力优化服务业发展环境、着力推进服务业示范园区建设，全省服务业发展迈出了新步伐，取得了新成效。

（一）服务业规模不断扩大

“十一五”时期，全省服务业增加值年均增速12.8%，2010年达到6053.37亿元，是2005年的2.28倍，占比达37.9%，服务业成为全省经济发展的重要支撑。五年间对经济增长贡献率达35%，就业人数占全部就业的1/3左右，创造的地方税收占全部地方税收的60%以上，基本形成第二、三产业共同拉动经济又好又快增长的格局。

（二）集聚态势日益显现

全省物流、旅游、文化、金融等服务业骨干企业相对聚集，以首批23家省级现代服务业发展示范园区为代表的各具特色的服务业产业园区初步形成。以武汉、襄阳、宜昌为依托，武汉（城市圈）物流圈、鄂西物流圈和长江物流带已具雏形；武汉城市圈、鄂西生态文化旅游圈一批重点特色旅游景区相继开工建设；光谷国际创意园、东西湖保税物流园、咸宁温泉休闲度假园、巴土文化产业园等园区不断发展壮大。武汉市江汉区2010年已被列入国家服务业综合改革试点。

（三）发展后劲明显增强

“十一五”期间，全省服务业投资力度不断加大，累计投资1.9万亿元，占全社会固定资产投资的58%，为服务业进一步发展夯实了基础。服务业投资主体、资本结构更趋多元化。2010年全省服务业中民营经济实现增加值2894.3亿元，占全部服务业的56.5%，极大地增强了服务业发展活力。实际利用外资增长明显。全省服务业实际利用外资累计47.92亿美元，较“十五”时期增加19.81亿美元，增长58.6%。

（四）主要行业发展较快

批发零售、住宿餐饮等传统服务业稳步发展，2010年社会消费品零售总额6719亿元，比2005年增长1.25倍。金融、物流、旅游、文化等现代服务业实现了高速增长，金融业增加值比2005年增长3.2倍；旅游业年总收入超过1400亿元，年均增长25.3%；文化产业实现增加值650亿元，年均增长27%。

1. 现代物流业迅猛发展

（1）物流业规模和效益不断提高。"十一五"期间，全省社会物流总额和物流业增加值保持较快的增长。社会物流总额从17586亿元增加到35275亿元，物流业增加值从542亿元增加到1100亿元，占全省GDP的比重达7.0%；物流货运量持续扩大。货物运输量从5.29亿吨增加到9.69亿吨，年均增长16.3%，货物运输周转量从1730亿吨公里增加到3367亿吨公里，年均增长18.1%；物流成本开始呈下降趋势。2010年物流总费用占GDP比重为17.6%，比2005年下降0.6个百分点。

（2）物流基础设施日臻完善。"十一五"期间，全省加强交通运输设施建设，完善综合运输网络布局，促进多式联运的衔接和配套。2010年年底，全省范围内的铁路营运里程3300公里；公路199400公里；通航里程8465公里；机场6个。港口吞吐能力2.4亿吨。油气管道3063公里。物流基础设施不断完善，为物流业的发展提供了强有力的支撑。

（3）物流市场主体多元化发展格局初步形成。"十一五"期间，通过国企改制、发展民个、引进外企以及实施企业生产流通分离并使物流社会化等途径，全省物流业已基本形成多种所有制市场主体共同发展的格局。"十一五"期末，全省各种类型的物流企业已达7000余家，其中，AA级物流企业5家，AAA级有17家，AAAA级有11家，AAAAA级有3家。通过各类物流企业的专业化服务和运作，全省初步形成以商贸、交通、仓储为主要物流服务功能，依托自身优势，发展特色业务和专业物流的态势。

（4）重点物流基地建设稳步推进。围绕"两圈一带"发展战略和建设以武汉为核心的中部现代物流中心区的总体发展战略，立足发挥全省发展现代物流中心的比较优势，根据全省已形成的武汉、黄石、宜昌、荆州、襄阳、十堰等城市展开区域布局，全省物流圈—物流节点城市—物流基地（园区）—物流中心的现代物流网络服务体系正在形成。其中，武汉阳逻物流园区、武汉舵落口物流园区、东西湖保税物流中心（B型）、宜昌三峡物流中心、襄阳国邦物流园等物流园区（中心）的一部分已经投入运营且取得了初步成果。

（5）第三方物流得到较快发展。通过建立物流标准化体系，加强物流新技术开发利用，推进物流信息化，培育专业化物流企业，使物流企业经营业务领域逐步拓展，部分物流企业科技化、信息化、标准化水平逐步提高。卫星定位系统、电子订货系统和电子结算系统在物流企业推广应用。现代流通网络建设取得重大进展。2010年年底，物流系统各类经营服务网点覆盖了全省80%以上的县及县以下农村市场，初步建成了覆盖县、乡、村三级的经营服务网络。发展连锁配送企业280家，连锁经营网点36万个，比5年前增加近3万个，农资、日用消费品、农副产品、再生资源等主要行业现代经营网络体系基本形成。

（6）物流业发展环境明显好转。国家和省政府相继出台了《物流业调整和振兴规划》《全省物流业调整和振兴实施方案》等；物流统计和标准化工作，以及人才培养和技术创新等行业基础性工作取得明显成效。在公共信息平台建设方面，湖北电信网、计算机网络等已粗具规模，综合通信能力明显增强。省内相关行业电子数据交换技术及地理信息系统等研发走在全国前列，为现代物流业信息化建设提供了有利的技术支撑。

2. 金融服务业有序发展

（1）金融业资产规模不断扩大。"十一五"时期，信贷结构不断优化，直接融资比例逐年提高，保险覆盖面稳步推进，全省金融生态环境得到明显优化。2010年年底，全省银行业金融机构资产总额达25562亿，比2005年年末增长170%。武汉区域金融中心和全国性金融后台服务中心建设步伐加快，全国已有17家金融机构入驻或签约在武汉建设金融后台服务中心。县域、农村金融体系不断完善，全省设立村镇银行、贷款子公司、小额贷款公司等农村新型金融机构69家。非银行业金融机构迅猛发展，全省现有9家非银行金融机构，其中信托公司2家。

（2）存贷款总量稳步增加。到2010年年底，全省银行机构本外币各项存款余额21769亿元，比

2005 年增加 13433 亿元，增长 161%。本外币各项贷款余额 14648 亿元，比 2005 年增加 8782 亿元，增长 149%。人民币存款保持较快增长，储蓄存款和企业存款是存款增加的主要力量。人民币贷款增长平稳，结构调整明显，涉农贷款、中小企业贷款增幅分别高于全省贷款平均水平 11.6 和 10.5 个百分点，小额担保贷款余额同比增长 53%，县域贷款余额同比增长 31.5%，高于县域存款增幅 6.4 个百分点。

（3）同业投融资活跃。2010 年，全省金融机构同业拆借累计成交同比增长 33%，净融入资金 740 亿元。国有银行股份制改革全面完成，农村信用社改革逐步深入，地方法人金融机构改革获得突破性进展。

（4）外资金融机构陆续进入。渣打银行武汉分行成立，湖北银行筹建，外资银行从 2 家增长到 8 家。同时，全省还有外资村镇银行 2 家，外资贷款公司 2 家，外资保险公司 5 家，外资金融机构数居中部之首。

（5）资本市场发展势头良好。上市公司并购重组稳步推进。截至 2010 年年底，全省上市公司总家数为 73 家，其中，主板公司 61 家（上交所 35 家，深交所 26 家），中小板上市公司 8 家，创业板上市公司 4 家。“十一五”期间，全省新上市企业 12 家，实际募集资金共 940427.78 万元。其中，上交所主板新上市企业 1 家，募集资金 189317.3258 万元，深交所中小板上市公司 7 家，募集资金 544363.143 万元；深交所创业板上市企业 4 家，募集资金 206747.31 万元。证券经营机构规范发展。全省证券机构网点数量平稳增加，整体结构得到优化，营业部数量达到 159 家证券营业部（另有 8 家已获得开业批复）。同时，全省从事经营活动的证券管理总部、业务总部等机构的清理规范工作于 2009 年全部完成，申银万国、广发证券和中信证券相继在湖北设立了分公司，省内证券公司分公司达到 5 家；同时，大成基金公司和鹏华基金公司相继在武汉设立分公司，完善了全省证券经营机构体系。期货市场得到快速发展，全省共有 3 家期货公司（长江期货有限公司、美尔雅期货经纪有限公司和湘财祈年期货经纪有限公司）和 28 家期货营业部，新增 19 个营业部，营业部范围基本覆盖全省主要大中型城市和农作物主产区。

（6）保险服务领域进一步拓宽。保险市场主体从 22 家增加到 45 家，信用保险、健康保险、养老保险、责任保险、汽车保险等专业保险公司得到较快发展，到 2010 年年底，全省已有保险机构 3194 家，是 2005 年的 1.5 倍；保险产品总量超过 3000 个，是 2005 年的 2.5 倍；保险深度达 3.37%，比 2005 年提高了 1.13 个百分点；保险密度达 875 元，比 2005 年增加了 621 元；保险业覆盖人群达到 3900 万人，占全省总人口的 70%，覆盖率比 2005 年上升 30 个百分点。

3. 科技服务业加速发展

（1）科技服务能力不断提高。2010 年，全省研发经费支出 213.4 亿元，位居全国第 9 位；研发占 GDP 的比例达到 1.65%，位居全国第 8 位；形成了由国家、省级重点实验室、企业技术中心、孵化器构成的较为完善的知识创新体系。全省建有国家、省级各类生产力促进中心 108 家，初步形成了面向行业和特色产业集群并覆盖全省生产力促进中心的服务体系。

（2）科技体制机制创新继续深入。以科研院所、高校、企业为依托组建的产学研用相结合的新体制机制正释放着极大的能量，服务范围和服务地域不断拓展，服务主体呈现多元化，其涉及领域有信息提供、信息咨询、科技查询、技术推广和开发、管理咨询培训、科技金融、科技招商等。全省拥有较为雄厚检测实力，其服务地域扩展至黑龙江、海南、山东、四川等地。科技信息传播服务范围及能力不断增强，信息共享平台发展单位用户 618 家，平台点击量（浏览人次）195 万多次，文献下载量 56 万余篇，对外服务机时数 27.76 万小时，为全省技术创新工作提供了强大的科技集成条件保障。

（3）信息服务业发展迅速。以电信网、广播电视网、计算机网“三网”为主体的信息网络体系实现了跨越式发展。基本建成覆盖全省城乡的第三代移动通信网络和宽带网络，供给能力和技术水平处于全国领先地位。作为华中地区最大的光纤通信汇接中心的武汉，能够与全球 240 多个国家和地区进行通信联络和信息交流；位于中西部城市最大的业务外包型呼叫中心武汉电信在空间信息服务领域内不断延伸，涌现出一批包括数据生产、软件开发、硬件制造、系统集成、运营服务等多个环节的空间信息服务企业，如立得空间信息、武大吉奥、中地数码等。空间信息服务产业在产值规模和企业数量在全国都处于领先地位。

（4）软件服务业范围不断扩大。产业范围涵盖地理信息、通信设备、无线接入、信息安全、激光设备、水利电力、汽车电子、数控机床、生产管理、石油录井、数字视听、教育、动漫游戏等领域。其中，空间地理信息服务、嵌入式工业软件、海量数据存储与管理软件、信息安全服务等领域的发展水平位居全国前列。

（5）电子商务发展重点突出。涉及民生的信息服务业蓬勃发展。信息化成为能源、交通、农业等基础产业提高生产水平和管理效能的重要手段和载体。数字内容产业迅速崛起，初步形成网络服务、电信增值服务、动漫游戏、数字媒体等市场迅速发展的格局。武汉热线日访问量超过200万次，其互联网络综合运营、管理、服务、应用等各项水平居于全国省会城市前列，并成为世界知名、国内一流的互联网网站。政府公共信息服务能力不断增强。

4. 商务服务业规范发展

“十一五”期间，商务服务业发展突飞猛进，全省经济、管理、信息、会计、法律、节能、环保等咨询与服务的发展加快，工程咨询服务不断规范，产权交易服务体系加快建立，研发投入不断加大，各类商务服务业机构规模不断扩大、实力不断增强，充分显现了集约化管理特征。不少商务服务业机构不仅在中部地区首屈一指，而且在全国也处于举足轻重的地位，为湖北经济建设经济和社会发展做出了重要贡献。

到2010年年底，全省会计师事务所360家，注册会计师3613人，“十一五”期间，全省会计师事务所的业务收入达36.4亿元；招标代理机构近250家；物业服务企业2500余家，物业服务覆盖率从“十一五”期初的50%的提高到期末的60%；建筑市场秩序逐步规范，监理和施工图审查制度全面推行，工程监督覆盖率99.94%，工程验收备案率93%；服务业标准化积极推进，制定发布服务业地方标准66项，建立国家级服务业标准化试点3个，省级试点41个，制修订30项以上地方服务标准，推行服务标准化示范单位40家以上。

（1）研发设计领域粗具规模。涌现出如武汉邮电科学研究院、武钢设计研究院、长江水利委员会设计院等一大批实力雄厚的研发设计单位，在工业设计、服饰设计、建筑设计等创意设计领域实力雄厚，钢铁、汽车、船舶、水利、桥梁等领域创意设计在国内居于前列或达到国际先进水平。2010年仅勘察设计业就实现营业收入445亿元，是2005年的2.9倍，综合实力居中部地区第一位、全国第五位。

（2）律师、公证等随着依法治国、依法治省的进程加快，其发展速度不断提速。至2010年年底，全省律师事务所466家，律师6581人，年均增长率分别为4.0%和11.6%，比“十五”期末分别增长20.1%和58.2%；执业律师人数占全省总人口的比例为0.11‰，公证人员达666人。省司法部门积极探索参与武汉城市圈综合配套改革试验区先行先试的新路子，按照“统一指导、联席协调、信息交流、业务联动”的工作要求，建成了武汉城市圈圈内律师法律服务协作网络。为调查取证、跨区域纠纷解决、跨界性法律顾问和整合区域间法律服务资源，节约了成本，提高了效率，增强了为综合配套改革试验建设提供法律服务的能力。不少律师积极参与国家和省级重点项目建设，如为三峡工程、南水北调工程、世界500强西门子公司进驻武汉谈判，为世界银行向武汉贷款15亿元人民币谈判，以及武汉市过江隧道工程、地铁工程、武昌火车站改造工程、80万吨乙烯等项目提供法律服务。建立完善全省律师顾问团工作体系，积极为各级党政机关提供法律服务。全省17个市州和81个县、市、区相继成立了律师顾问团，形成了省、市、县三级律师顾问团组织体系，全省律师顾问团律师人数已达715人。

（3）产权交易市场不断完善。武汉光谷联交所组建并形成“八所一会”（八所：企业国有产权交易所、文化产权交易所、行政事业资产交易所、金融资产交易所、知识产权与排污权交易所、涉讼资产交易所、城市矿产交易所、非上市公司股权托管交易所；一会：武汉碳减排协会）的产权交易服务平台体系，初步形成了全省统一产权市场的框架。武汉股权托管交易中心，非上市公司股权托管交易平台开始试点；华中文化产权交易平台有序推进，知识产权交易所成立。湖北环境资源交易所揭牌，排污权交易平台交易扩大，排污权交易的环境得到明显优化，社会资本投入节能环保产业的比例有明显提高；企业的环保意识和自主创新能力得到较大提升。

5. 交通运输业空前发展

"十一五"时期，全省公路水路运输与经济社会发展的关系实现了由"基本缓解"向"总体适应"的跨越。交通固定资产投资规模创历史新高，新增交通固定资产投资突破1900亿元，是"十五"投资的2.41倍，相当于新中国成立后55年交通投资总和的1.6倍。

（1）"四纵四横一环"高速公路网基本形成。新增高速公路里程突破2000公里，超过2005年以前全省高速公路建成里程的总和，全省高速公路里程达到3673公里。武汉城市圈基本实现所有市县半小时上高速公路目标，高速公路网辐射（按1小时上高速公路考虑）全省90%的县市区。全省公路通车总里程达到199400公里，一级公路达到2337公里，分别为"十五"末的2.16倍、2.14倍，全省公路总里程、国省干线中二级及以上里程等指标位居全国前列。

（2）农村交通变化明显。新增通行政村沥青水泥路突破10万公里，行政村沥青水泥路通达率是"十五"末的2.3倍，除恩施州外，全省可实现100%的行政村通达沥青水泥路、100%的行政村通达客车、100%的乡镇渡口完成达标改造。全省公路客运量、旅客周转量、货运量、货物周转量分别比"十五"末增长40.73%、64.92%、90.91%和306.77%。

（3）客货站场建设亮点纷呈。全省客运站达到199个，二级以上货运站达到69个，道路运输信息中心7个，客货站场分别是"十五"末的1.22倍和1.92倍。

（4）水路运输不断发展。全省港航建设完成投资107亿元，是"十五"的9.63倍。全省港口新增生产性泊位141个、新增吞吐能力7000万吨，新增集装箱吞吐能力150万标箱，全省港口吞吐能力和集装箱吞吐能力均位居长江中上游前列。水路货运量、货运周转量分别比"十五"末增长100.89%、100.23%。运力结构明显改善，全省船舶运力总规模达到602万载重吨，船舶平均吨位达到1005载重吨，分别是"十五"末的2.11倍和1.89倍。

6. 商贸服务业水准不断提升

"十一五"时期，商业网点布局进一步优化，农村流通体系和流通网络建设不断刷新、服务外包试点不断推进。

（1）商贸流通服务网络健全。全省流通服务网点达56万多家，其中，销售过亿元的各类专业大型商品交易市场近230家，各类连锁网点近4000个，商品销售过亿元的大型商贸流通企业及集团179家，5亿~10亿元的26家，10亿元以上的12家，商业上市公司4家。5000平方米以上的大卖场356个，其中大型综合超市、仓储式商场、购物中心160个。"十一五"期末，全省代表新型商贸流通服务业态的连锁网点5000多个，销售900多亿元，占社会消费品零售总额的比重为18%；流通服务领域的专业店、专卖店、百货店、超级市场、大型综合超市销售分别增长18.8%、16.9%、16.5%、15.4%和14.9%，住宿餐饮、摄影、租赁服务、拍卖、典当美容美发和旧货分别增长16.2%、13.8%、14.7%、11.4%、9.2%、12.7%和8.5%。全省还拥有中百、武商、中商、汉商4家商业上市公司，居全国前列。

（2）农村流通体系和消费环境明显改善。农村现代流通体系不断完善，农产品流通网络不断健全，已形成一批规模较大、辐射功能和带动力较强的重点骨干市场和龙头企业，农产品批发市场聚集辐射功能不断增强，农副产品购销体系逐步完善。"十一五"期末，全省发展农产品批发市场1685个，其中产地市场943个，销地市场742个，农产品销售量占全省农产品销售总量的54%，销售额占农产品总产值的61%。新型流通服务领域被逐步拓展并呈良好发展态势，以大型流通企业为依托的商业连锁、物流配送、电子商务等新型业态发展迅速，以家政服务、便民消费、再生资源回收为代表的新型服务行业开始起步并被越来越多的消费者接受，呈现广阔的发展空间。

（3）服务外包试点发展良好。服务外包分为三类：业务流程外包（BPO）、信息技术外包（ITO）和知识流程外包（KPO）。全省约80%的企业从事ITO，20%的企业从事BPO、KPO等服务外包业务。“十一五”期末，全省服务外包产业新增产值42.96亿元。其中，武汉市23.3亿元，占54.24%；襄樊市12.8亿元，占29.79%；荆州市4.9亿元，占11.41%；荆门市1.04亿元，占2.42%；宜昌市0.92亿元，占2.14%。据统计，武汉市现有服务外包企业500余家，重点服务外包企业150余家，其中从事离岸外包业务的企业达到96家；从业人员近5万人，其中60%以上从事离岸服务外包业务。

7. 旅游业发展特色明显

“十一五”时期，全省旅游业合理开发和保护旅游资源，改善基础设施，推进重点旅游区、旅游线路建设，规范旅游市场秩序，旅游业发展实现了“三大历史性转变”：一是在旅游产业地位上，旅游业确定为湖北的战略性支柱产业，实现了由国民经济的一般性产业向战略性支柱产业的历史性转变；二是在旅游发展态势上，实现了由单打独斗向整体推进的历史性转变；三是在旅游市场格局上，实现了由旅游集散地向旅游目的地的历史性转变。“一城两圈”旅游发展战略深入实施，以武汉为龙头、两圈互动、多极推动的旅游发展格局正在形成。武汉借高铁时代契机迅速强化旅游中心城市地位和游客集聚功能，在全省乃至中部地区的核心地位凸显，宜昌、十堰不断强化在鄂西圈中的核心城市与核心板块地位，咸宁、恩施脱颖而出，成为全省旅游新的增长极，众多城市的旅游客源大幅增长多地、多点、多线出现“井喷”现象，全省首次出现入鄂游多于出省游的可喜局面，实现了从旅游客源地向旅游目的地的重大跨越。

全面发展国内旅游，积极发展入境旅游，规范发展出境旅游。“十一五”期间，全省累计接待海内外旅游者6.7亿人次，实现旅游总收入4389.81亿元，年均增长22.3%和25.22%。其中，接待国内旅游者6.63亿人次，实现国内旅游收入4216.18亿元。2010年，全省接待海内外旅游者2.11亿人次，实现旅游总收入1460.53亿元，比上年分别增长39.01%和45.4%，旅游接待人数和旅游总收入分别跃居全国第9位和第10位。

全省开发建设旅游景区114家，其中5A景区5家、4A景区45家、3A景区51家、2A景区13家，推出了10条主题旅游精品线路，开发各类观光旅游200余处，开发省级旅游度假区2个、省级休闲农业示范点36处、省级以上工业旅游示范点11处。

（1）红色旅游继续推进。全省大别山红色旅游区被纳入国家培育的12个“重点红色旅游区”之一；“武汉—麻城—红安”和恩施自治州鹤峰县满山红纪念园被纳入“全国红色旅游精品线路”；武汉市、黄冈市大别山、湘鄂西和孝感市红色旅游系列景区被列入“全国红色旅游经典景区名录”。全省保护和开发红色旅游资源50余处，创建红色旅游A级景区16家，全省11个国家重点经典红色旅游景区共接待旅游者约3075.81万人次（其中入境游客18.43万人次），年均增长20%；实现红色旅游综合收入47.08亿元，年均增长21.05%；红色旅游直接就业人数96850人，间接就业人数387760人。

（2）旅游特色商品日益丰富。纳入认定范围的“灵秀湖北”旅游商品主要为纪念品、工艺品、美术品等收藏品类；农产品、林特产、食品等土特产类；服饰、配饰、生活器具等日用品类。省小龙虾协会的“楚江红”小龙虾、省河蟹产业协会的“梁子”牌梁子湖大河蟹和省渔业产销协会的“洪湖渔家”生态鱼三大水产品牌被省旅游局授予“湖北旅游特产精品”称号。

（3）休闲度假、科普等专题旅游全面开发，自助游服务体系完善。旅游企业整合重组和重大项目建设加快。旅游精品实现新突破，不断增强全省旅游产品的吸引力和核心竞争力。武汉市东湖华侨城主题公园、极地海洋世界等大型人造景观建设加快推进；咸宁市投资200亿元、占地54.6平方公里的旅游新城粗具规模；黄冈市整合打造大别山旅游品牌，旅游景观和基础设施项目建设全面展开；孝感着力建设武汉休闲旅游“后花园”，投资200亿元的汤池温泉二期正在加紧建设；鄂西生态文化旅游圈十二大旅游项目相继启动，投资100亿元的武当太极城项目正在加紧建设，启动了鄂西重点旅游区打造工作。

8. 教育、卫生、体育服务业跃上新台阶

“十一五”期间，采取一系列优先发展教育的重大举措，不断加大投入，改善办学条件，推进教育改革，各级各类教育机构办学质量不断提高。学前教育普及水平实现了稳步增长，2010年全省幼儿园幼儿入园率57.4%，比“十一五”初期增长了19.9%。义务教育的普及水平不断提高，2007年全省通过国家“普九验收”，标志着义务教育由过去“人民办”向“政府办”的历史性转变。高中阶段教育的普及水平显著提升。2010年高中阶段教育毛入学率87.2%，比2005年提高32.5个百分点。全省现有高等院校123所，其中教育部直属的重点高校7所，全省在校大学生130万人，在校研究生10.3万人，高等教育毛入学率32.9%，比2005年提高8个百分点，高于全国平均水平6.4个百分点，居中部地区首位。民办教育成为全省教育发展中的一支重要力量。2010年，全省各类民办学校在校生136.28万人，占全省在校生总数的11.7%。省会武汉市是全国第三大教育中心，第二大智力密集区。

“十一五”时期，全省卫生系统突出以农村卫生、公共卫生、社区卫生为重点，启动和推进医药卫生体制改革，新型农村合作医疗制度进一步巩固和完善。国家基本药物制度在全省67个县市区启动实施。公立医院改革取得积极进展。人民健康水平明显提高。全省人均期望寿命提前达到“十一五”预计目标75.86岁以上，婴儿死亡率从12.23‰下降到9.99‰，5岁以下儿童死亡率从15.15‰下降到13.04‰，孕产妇死亡率从34.42/10万下降到18.16/10万，主要健康指标优于全国平均水平，走在中西部地区的前列。

（1）各级政府卫生投入加大。累计达348亿元，是“十五”时期4倍。政府卫生投入占财政支出比例从2.72%上升到3.92%。全省以公共卫生和基层医疗卫生为重点，加强卫生基础设施建设，共计投入建设资金103亿元，相当于“十五”时期的3.6倍。新农合制度实现由试点到全面覆盖的转变，参合人数由418万人增加到3833万人，“十一五”期间，居民个人卫生支出占卫生总费用比例从52.2%下降到38.2%，政府卫生支出占卫生总费用比例从14.4%上升到27.2%。

（2）重大疾病预防控制取得明显成效。建立艾滋病疫情监测网络和医疗救治体系，初步遏制了艾滋病蔓延势头。累计发现传染性肺结核14.8万人，已治愈13.3万人。组织实施扩大免疫规划，疫苗种类扩大到14种，疫苗可预防传染性疾病发病率显著下降。血吸虫疫情降至历史最低水平，人畜感染率下降到3%以下。农村改水改厕成效显著。中医药事业蓬勃发展。省中医院纳入国家中医临床研究基地建设，11家地市级和18家县级中医院列入国家投资建设规划。以省市中医院为龙头、县级中医院为骨干、覆盖全省城乡的中医药服务体系基本建立。

（3）全省体育服务业快速发展。体育产业是全省服务业中增长速度最快的行业之一，体育产业已粗具规模。“十一五”期间，各地相继建成和规划了一批有影响的体育产业项目，包括投资6亿多元的全省奥林匹克体育中心、投资2亿多元的全省国际水上运动训练竞赛基地、投资2亿多的武汉塔子湖健身中心，投资近32亿元、年产值50亿元的荆门李宁工业园等。

9. 文化服务业稳步发展

“十一五”期间，全省文化活动空前活跃，呈现数量大、级别高、亮点多、影响广等特点。成功承办或举办了第八届中国艺术节、第八届全国舞蹈比赛、全国地方戏曲优秀剧目南方片展演、第八届楚天文华奖全省戏剧汇演、第九届楚天文华奖剧本文学评奖、第九届楚天文华奖全省音乐舞蹈比赛、首届湖北地方戏曲艺术节、第六届和七届全省黄梅戏艺术节、第四届全省楚剧艺术节等多项国家和省级文艺赛事。成功组织了中国戏曲现代戏年会、迎奥运楚天文艺精品北京行、上海世博会湖北活动周和历年百团上山下乡暨金秋新春巡回演出季等重大文化活动。相继开展了纪念改革开放30周年、新中国成立60周年文艺演出。

（1）公共文化服务体系建设力度加大。“十一五”是湖北历史上对文化设施投入最多的时期。

2006—2010年，全省文化（文物）基建计划总投资达到152.88亿元，城市文化基础设施建设获得重大突破，公共图书馆服务网络逐步完善，博物馆建设彰显特色，乡镇综合文化站建设进展迅速，全省文化信息资源共享工程建设和服务国内领先，流动舞台车、流动电影放映车工程成效显著，在城乡文化设施建设、文化服务机制创新、文化惠民、基层文化活动等公共文化服务的各个方面综合提高。

（2）文化产业发展取得了长足进步。新型文化业态不断涌现，产业门类渐趋齐全，文化产品丰富多样，文化生产能力大为提升。形成了包括演艺业、动漫业、文化旅游、文化娱乐、艺术品、网络文化等在内的不断健全的文化产业体系。涌现了江通动画股份有限公司、海豚传媒集团、数字媒体、古南都数码、世纪长青动画、武汉艾立卡电子有限公司等一批龙头文化企业和报纸期刊、出版发行、印刷复制、数字网络、电影放映、影视动漫等门类的文化产业集群。尤其是集动漫研究开发、人才培养、企业孵化、动漫制作和公共技术服务于一体的光谷动漫产业园已初步形成。

（3）社会力量投资文化产业热情日益高涨。群众文化消费不断升温，文化产业在国民经济中所占比重逐年攀升。2010年全省文化产业增加值从2006年的286.03亿元快速增长到650亿元，翻了一番，占全省同期GDP的4.11%。文化产业增加值增长速度高于同期生产总值和服务业业增长速度。

（4）演艺业稳步发展壮大。演艺市场结构日趋合理。近年来，在政府的提倡与扶持下，高雅艺术与民族优秀艺术的演出场次和观众人次大幅度增长，社会反响热烈；通俗艺术演出继续保持强劲的发展势头，演出市场的品类结构逐渐得到优化。演出市场投资主体呈现多元化，农村演出活动日益活跃，对外交流日益扩大。

（5）广播影视传输覆盖设施建设水平稳步提高。“十一五”期间，20户以上自然村广播电视村村通建设工程全部完成，全省31217个20户以上自然村基本实现了广播电视村村通；全省农村中央节目广播电视无线覆盖工程竣工投入使用，省级节目广播电视无线覆盖工程一、二期工程建设也同期完成。到2010年年底，全省广播、电视人口综合覆盖率分别达到了98.10%和98.11%，分别比“十五”末期提高2.11和1.4个百分点，解决了约200万人口听广播看电视的问题。广播电视数字化达到了全新的水平，省级和大部分市级电台、电视台技术流程基本实现台内数字化。广播电视新业态不断涌现，广播电视有线网络积极参与三网融合。武汉市继成为全国下一代广播电视网（NGB）试点城市后，2010年6月30日，被国务院正式批准为全国第一批12个三网融合试点城市和地区之一。

新闻出版产业增加值已占省文化产业核心层2/3，成为全省文化产业的主力军。2010年，全省新闻出版业总产值达到323.2亿元，比“十五”末增长近一倍，居于中部地区前列。“十一五”期间，图书音像电子出版业进步明显。报刊业优势地位得到巩固和发展，是发行业现代流通体系逐步完善。出版物连锁经营加快发展，省新华书店经营门店全面实现省内连锁经营，省邮政书报刊发行公司进入700余家超市开展报刊零售业务。印刷复制业发展效果显著。2010年，全省印刷业总产值达到175亿元，同比增长16.67%，占全行业总产值的54%，比“十一五”期初（90亿元）增长近一倍。具有完全自主知识产权的“红光高清视盘机（NVD）”研制成功，使我国光盘业实现从“中国制造”到“中国创造”的跨越。数字出版发展有新突破，华中国家数字出版基地正式落户全省，这是继上海、重庆、杭州之后的第4家，是全省获得的又一块国家级“金字招牌”；数字电视阅读”项目进展顺利。

10. 民政、社保、家庭服务业迈出新步伐

湖北省老年人口基数大、增长快，高龄化、空巢化趋势明显。截至2010年年底，全省60岁及以上老年人口797.39万，占总人口的13.93%，已超过全国13.26%的平均水平。“十一五”期间，全省持续推进农村福利院建设，全省养老服务设施建设规划投资25亿余元，城乡福利机构达到2481个、床位21.8万张。其中，公办城市福利机构205个，床位2.7万张；乡镇中心福利院1973个，床位16.3万张；社会办养老机构303个，床位2.8万张。与“十五”相比，“十一五”全省养老服务设施投资总额、公办城市福利机构规划床位以及社会办养老机构数量分别增长约2.3倍、2.1倍和0.76倍。

（1）救助保护协调发展。湖北承连东西，贯通南北，是流浪乞讨人员的主要聚散地之一，救助任务十分繁重。全省辖13个市州，103个县市（区），总人口5723万，设救助管理站68个，未保中心25个。2010年共接待和劝导救助人员12.5万人（次），救助量连续三年超过10万人（次），其中年救助流浪未成年人1万人（次）左右。五年来，国家发改委、民政部先后批准全省17个未保中心建设项目。到2010年年底，竣工的有9个地方，即荆州、宜昌、黄石、荆门、鄂州、武汉、随州、孝感、黄冈，竣工率50%；在建的有8个地方，即襄樊、十堰、咸宁、恩施、潜江、监利、黄梅、仙桃。

（2）全省城乡社区服务业稳步发展。社区管理和服务组织网络基本健全。全省共建立新型社区3919个，其中，城区社区2749个，乡镇社区1170个。社区服务设施建设取得明显进展，规划建设了420个示范性、综合性城镇社区服务设施（其中，街道、乡镇社区服务中心20个，城镇社区服务站400个）。社区服务内容不断拓展，社会互助服务发展到满足居民各种需求的系列化服务，劳动就业、社会保障、社会福利、社会治安、医疗卫生、文化、体育、科技等10多项政府公共服务延伸到农村社区。社区工作者队伍不断壮大，社区服务方式不断创新。

（3）家政服务业取得新进展。全省以实施"巾帼家政服务员培训工程"为基础，以打造"木兰花"巾帼家政服务品牌为着力点，力求实现小产业带动大就业。除了传统意义上家庭服务、保洁、月嫂、育婴、老人护理等家政服务项目外，积极做好社区服务、物业管理、幼儿托管、婚庆服务、农民工留守家属服务、居家养老等项目。近两年来，全省各级妇联共培训家政服务员8万余人次，投入资金1000多万元，4万余受训妇女投身家政服务领域；县以上巾帼家政服务实体195个，仅2010年就吸纳3万多妇女就业。

二、主要问题

全省服务业发展还存在不少困难和问题，还难以很好地适应经济社会发展的需要。

（一）总体水平偏低

服务业增加值仅占全国的3.45%，位居12位，服务业增加值比重比全国平均水平低5.1个百分点。武汉市作为中部地区的中心城市、湖北现代服务业核心，服务业增加值仅相当于国家中心城市之一广州市的44%。两个区域性服务业中心襄阳市、宜昌市服务业增加值不到武汉市的1/5。

（二）结构升级不快

尽管全省生产性服务业和生活性服务业都有着旺盛的市场需求，但其相应的供给能力和水平还难以满足这种需求，在很大程度上制约着消费市场的扩大以及工农业产品附加值的提高。其中，具有高知识含量和高附加值的文化创意、动漫产业、服务外包等新兴服务业尚未形成规模和竞争优势；具有国际国内竞争力的服务业大企业大集团不多；一些服务业领域深化改革任务依然艰巨；加快发展服务业的思想认识需要进一步提高。

（三）区域发展不平衡

2010年武汉市服务业增加值占全省总量的47.8%，武汉城市圈服务业增加值占全省总量的70.4%，"一主独大"的格局依然存在。两个区域性服务业中心襄阳市、宜昌市服务业增加值分别占全省总量的8.2%和7.8%。其他市州服务业整体实力较弱，具有自身特色和比较优势的服务业发展不够。同时，全省服务业城乡发展不协调，县域经济产业结构中，服务业比重低，主要集中在一些低水平的交通运输和商业、饮食等传统服务业。

三、"十二五"发展思路

把推动服务业发展作为产业结构优化升级的战略重点，加快发展现代服务业，改造提升传统服务业。以开展服务业综合配套改革试点、企业分离试点和创建现代服务业发展示范园区为抓手，在全省构建生产性服务业体系完备、生活性服务业丰富繁荣、新兴服务业优势突出的服务业发展新格局。发展目标是：到2015年，建成中部地区发展现代服务业的重要平台，全省服务业总量实现倍增、布局相对集中、结构明显优化、功能大幅提升、科技含量和创新能力明显提高，成为优化全省经济结构、促进经济社会又好又快发展的主要支撑。全省服务业增加值超过万亿元，服务业增加值占地区生产总值比重力争超过43%，服务业从业人数占全社会从业人数的比重达到36%左右，重点推进基础条件好、增长潜力大、带动作用强的金融、物流、信息、旅游、文化、商务等6大现代服务业产业。培育7家以上年营业收入过100亿元的服务企业和企业集团。创建60家现代服务业产业示范园区，争取10个园区增加值过100亿元。推进工业企业二三产分离发展，争取1000家企业主辅分离发展生产性服务业。工作重点是：①突破性发展生产性服务业。重点发展关联性强、拉动作用大的金融、现代物流、信息、商务等服务业。打造武鄂黄（石）冶金建材、武随襄十汽车、武荆（门）宜化工纺织三条生产性服务业功能带，引导资源要素集聚，带动产业优化升级。②积极发展生活性服务业。规范市场秩序，创造良好环境，把发展服务业与改善民生结合起来，促进商贸、旅游、文化、体育、房地产、家庭等生活性服务业的繁荣发展。③培育壮大新兴服务业。运用信息技术和现代经营理念，拓宽服务业领域，支持市场潜力大、产业基础好、具有科教优势的动漫、服务外包、通用航空等新兴服务业的发展。

附件："十一五"时期印发的政策文件

1.《湖北省人民政府关于进一步加快全省保险业改革发展的意见》（鄂政发〔2006〕45号）

2.《湖北省人民政府关于促进服务业加快发展的若干意见》（鄂政发〔2007〕57号）

3.《湖北省人民政府办公厅转发省老龄办等部门关于加快发展养老服务业意见的通知》（鄂政办发〔2007〕45号）

4.《湖北省人民政府办公厅关于开展全省服务业清查和定期统计调查工作的通知》（鄂政办发〔2007〕98号）

5.《湖北省人民政府办公厅关于印发湖北省服务业发展规划（2008—2012年）的通知》（鄂政办发〔2008〕76号）

6.《湖北省人民政府关于加快发展现代商贸流通业的意见》（鄂政发〔2009〕28号）

7.《湖北省人民政府办公厅关于进一步促进广告业发展的意见》（鄂政办发〔2009〕71号）

8.《湖北省人民政府办公厅转发省文化厅等部门关于推动全省动漫产业发展意见的通知》（鄂政办发〔2009〕86号）

9.《湖北省人民政府关于促进金融产业发展的若干意见》（鄂政发〔2010〕23号）

10.《湖北省人民政府办公厅关于调整湖北省服务业工作领导小组成员的通知》（鄂政办发〔2010〕53号）

11.《湖北省人民政府办公厅关于进一步加强房地产市场调控防止房价过快上涨的通知》（鄂政办发〔2010〕107号）

第十八章　湖南省服务业发展报告

"十一五"期间，湖南省在省委、省政府坚强领导下，认真贯彻落实党中央、国务院关于加快服务业发展的一系列方针政策，积极抢抓中部崛起、"两型"社会建设重大历史机遇，有效应对国际金融危机冲击、国际竞争加剧等不利因素影响，实现了服务业平稳较快发展，为"十二五"服务业全面、协调、可持续发展奠定了良好基础。

一、"十一五"发展情况

(一) 产业规模迅速扩大，贡献作用明显增强

"十一五"期间，全省服务业增加值年均增长13.1%，比"十五"年均增幅提高了2.5个百分点，成为扩大就业、增加税收的主渠道。2010年实现服务业增加值6322.5亿元，比2005年翻了一番，占GDP比重39.8%，对GDP增长的贡献率达34.3%，拉动经济增长5个百分点。2010年全省服务业从业人员达到1377.3万人，比2005年新增240.8万人，年均增速3.9%，服务业从业人员比重从2005年的29.9%提高到2010年的34.6%。全省服务业完成营业税收585.8亿元，占地方财政收入的59.4%，成为地方财政主要收入来源。

(二) 产业结构逐步优化，竞争能力不断提升

以生产性服务业为主体的现代服务业迅速发展，2010年全省生产性服务业增加值达到2839.7亿元，与上年同比增长12.2%，占服务业比重44.9%，生产性服务业与非生产性服务业占比为1:1.23。服务业企业核心竞争力不断增强，12家企业进入"2010年中国服务业企业500强"；广电集团、出版集团进入全国文化企业30强，湖南卫视品牌竞争力排名全国所有卫视第3，华天集团进入"中国饭店集团30强"和"全球饭店集团300强"；"蓝猫"成为目前中国唯一的动漫驰名商标，2010年入选"中国十大卡通形象"。

(三) 服务功能不断增强，新兴产业迅速发展

现代物流、金融保险、商务服务、信息咨询等生产性服务业不断开发新的增值环节，加速与农业、工业的融合互动，有力支撑了经济平稳较快发展；家政、养老、社区服务、休闲产业等生活性服务业服务功能和水平不断提升，为人民群众提供更广覆盖、更多层次的生活服务需求。特色产业迅猛发展，旅游产业增加值年均增长25%，2010年接待国内外游客和实现旅游总收入分别为1.96亿人次和1380亿元，是2005年的2.8倍和3倍，成为湖南省又一产值过千亿元的产业；文化产业增加值年均增速超过20%，占GDP比重由2005年的4.2%提高到2010年的5.2%；2010年全年省服务外包合同执行额5.4亿美元，与上年同比增长62.3%，服务外包企业208家，青苹果数据、创智软件、山猫卡通、一力物流等4家企业进入"中国服务外包100强成长型企业"，其中长沙市成为全国服务外包基地城市之一，软件产业位居中部六省省会首位，建立了以中软国际、新宇等为核心的软件出口外包联盟。

(四) 产业集聚态势初现，对外开放进程加快

服务业产业集聚发展态势已现雏形，长沙现代金融、文化创意，株洲现代物流、服饰商贸，益阳休闲农业等服务业集聚区初具规模。服务业对外开放全方位拓展，除农林牧渔服务业外，其他所有的服务业行业门类均有外商投资企业进入，汇丰、和记黄埔等一批世界五百强服务企业进入湖南，部分重点服务业企业积极"走出去"开展国际战略投资。"十一五"期间，全省服务业实际利用外资累计40.4亿美元，较"十五"时期增长54%。

二、采取的主要措施

(一) 加强规划引导，布局重点行业发展

以国家宏观政策为指导，结合本省特色与发展需要，坚持统筹协调、分类指导的原则，科学制定服务业发展规划。

1. 制定和实施服务业发展总体规划

加强规划战略研究，制定"十一五"服务业发展规划，明确阶段性的发展目标、发展重点和主要

任务，定期组织开展“十一五”服务业及重点行业发展规划执行情况评估，及时调整发展目标、发展重点和保障措施，有效保障了湖南省“十一五”服务业规划目标的顺利完成。

2. 制定服务业专项规划

“十一五”期间，根据不同地域、不同时期服务业发展需要，在加强服务业整体规划引导的同时，加大了行业规划和区域规划的引导，研究制定了全省旅游、红色旅游、文化、科技、综合交通、教育、卫生、邮政、湘菜产业等9个专项行业规划和长株潭文化产业、张家界市旅游产业、岳阳市城区服务业、郴州市服务业、邵阳市旅游产业和湘西生态文化旅游等十几个区域规划。

（二）加强改革攻坚，突破体制机制障碍

以改革为动力，以破除发展瓶颈为目标，全面推进服务领域改革。

1. 推进文化体制改革

按照政企分开、政事分开、事业企业分开、营利性机构与非营利性机构分开的原则，积极推动建立现代企业制度，着力构建充满活力、富有效率的新体制机制。成立了“湖南文化艺术基金会”、整合10个演艺单位成立了“湖南省演艺集团”；广电集团开展以管办分开、制播分离为主的第三轮改革，成立了湖南广播电视台和芒果传媒（集团）有限公司；潇湘电影集团、湖南日报报业集团体制改革成功，分别挂牌成立集团公司；省文化厅启动所属文化单位的体制改革，省博物馆内部三项制度改革取得显著效益，被列为全国改革典型案例。

2. 加快金融行业改革

围绕管理体制和产权制度两个重点，积极稳妥推进全省农村信用社改革，到2009年年底，全省121家县级联社中已有119家按计划完成产权制度改革，组建农村合作银行9家、县（市）统一法人社110家；成立首家省级区域性股份制商业银行——华融湘江银行；推广的林权抵押贷款、农户贷记卡“一卡通”模式等多个领域的创新产品取得显著成效。

3. 不断扩大社会事业改革覆盖面

出台《关于促进民办教育发展的决定》《关于实施普通高等学校教学质量和教学改革工程的意见》，新型农村合作医疗制度进一步扩面，全省覆盖率达到95%以上。

4. 积极开展服务业改革试点

以“两型试验区”改革建设与衡阳获批国家服务业综合改革试点区域为契机，积极探索服务业发展体制、机制改革新道路。建立了服务业改革试点目标与考核机制，逐步建立服务业改革经验交流与推广机制；成功举办了“中国（衡阳）现代服务业发展高级研讨会”。

（三）加强政策扶持，优化产业发展环境

1. 制定产业发展政策

先后印发《湖南省人民政府办公厅转发省发改委省老龄委关于加快发展养老服务业的意见》（湘政办发〔2006〕28号）、《湖南省委办公厅、湖南省人民政府办公厅关于扶持我省动漫产业发展的意见》（湘办〔2007〕16号）、《中共湖南省委湖南省人民政府关于促进生产性服务业加快发展的指导意见》（湘发〔2007〕9号）、《中共湖南省委湖南省人民政府关于进一步扩大消费需求的指导意见》（湘发〔2007〕8号）、《湖南省人民政府关于加快发展湘菜产业的意见》（湘政发〔2007〕23号）、《湖南省人民政府办公厅关于加快发展快递服务业的意见》（湘政办发〔2008〕8号）等政策文件，扶持相关产业加快发展。

2. 进一步扩大税收优惠政策

省地税局成立税收政策扶持服务业发展领导小组，建立决策和工作协调机制，保证服务业税收政策措施的有效实施；深入贯彻落实《中华人民共和国营业税暂行条例》《财政部国家税务总局 商务部关于示范城市离岸服务外包业务免征营业税的通知》（财税〔2010〕64号）等税收政策，对规定的服

务业企业实行税收优惠；积极开展物流企业税收试点工作，湖南省已有 7 家信誉良好、纳税较多的企业被纳入全国物流税收试点范围；印发《湖南省中小企业划分标准暂行规定》《湖南省技术先进型服务企业认定管理办法》，开展技术先进型服务企业认定工作，减免符合条件企业所得税。

3. 完善服务业价格、收费政策

完善价格形成机制，建立公开、透明的定价制度。省物价局出台《关于充分发挥价格杠杆作用促进生产性服务业加快发展的意见》（湘价综〔2007〕69 号）、《湖南省城市供水价格管理实施办法》、“关于落实生产性服务企业用水价格比照工业企业同一标准执行”等文件，逐步推进生产性服务业用水、用气价格与工业用水、用气价格并轨；实行促进生产性服务业加快发展的扶持性收费政策，采取下调收费标准，控制收费总额、减免特殊人群、特殊行业的收费等政策，优化服务业发展环境。

4. 加大资金投入

“十一五”期间，全省投入服务业发展引导资金 1.5 亿元，重点支持生产性服务业、文化、旅游等重点产业；设立了现代物流业、旅游产业、文化产业、服务外包、湖南省扶持企业上市等专项引导资金；制定印发《湖南省扶持企业上市专项引导资金管理暂行办法》《湖南省大中小企业融资力度有关政策措施的意见》和《关于农村金融产品和服务方式创新试点工作的实施意见》，起草了《湖南省股权质押融资指导意见》和《关于鼓励和扶持企业上市的若干意见》，加大金融对服务业发展的支持力度。

（四）加强基础工作，增强产业发展后劲

1. 加快推进服务业标准化

建立健全服务业标准体系，扩大服务标准覆盖范围。出台了《关于实施标准化战略的意见》和《湖南省标准化发展规划纲要（2010—2020 年）》，成立了服务、物流两个省级标准化技术委员会，建立了服务业标准化专家库；组织制定了《沐浴足浴按摩服务规范》《乡村旅游服务星级评定准则》《政府政务服务中心服务质量监督与考核评定》《湘式菜肴系列标准》等 26 项地方标准；积极组织单位申报国家级服务标准化试点，并开展省级服务标准化试点。

2. 大力培养服务业人才

经湖南省发展和改革委员会批复，成立湖南省服务业发展研究中心，加强与高校、学术研究机构的合作，创新服务业理论研究与人才培养模式；成立了“湖南省服务外包人才培训基地”，确定“湖南对外经济贸易职业学院”和“长沙牛耳信息技术有限公司计算机培训中心”为湖南省服务外包人才培训基地。

3. 加强服务业统计工作

制定印发了《关于贯彻落实省政府办公厅〈关于加强服务业统计工作的通知〉的通知》（湘统〔2008〕48 号）、《湖南省服务业行业主管部门对外使用和公布服务业综合统计数据审查认定办法》（湘统〔2008〕38 号）、《湖南省服务业部门统计工作职责》（湘统〔2008〕37 号），并建立了全省服务业统计厅际联席会议制度，每年发布《湖南省服务业发展年度报告》。

4. 加强服务业理论研究工作

出版《养老服务与产业发展》一书，获国家发改委优秀研究成果三等奖；编写了《湖南休闲产业研究报告》《湖南省“十二五”现代服务业发展研究》《生产性服务业与新型工业化互动发展研究》等课题研究报告。

三、主要问题

“十一五”时期，虽然湖南省服务业发展取得了显著成绩，但总体上仍然是国民经济中相对薄弱的产业，还存在一些亟待解决的问题。

（一）服务业占总体经济的比重下降，不适应经济社会发展要求

2006—2010 年，湖南服务业增加值占 GDP 的比重依次为 44%、42.4%、41%、40.6%、41.8%、

39.8%，呈逐年下降趋势，与2005年比，累计下降了4.2个百分点。2010年湖南省服务业增加值比重不仅低于北京、广东、浙江等发达省市，也低于全国43%的平均水平。从增长速度看，2006—2010年服务业增加值增幅依次为12%、15.7%、15.5%、11.3%、11.5%，而同期GDP的增幅依次为12.8%、15%、13.9%、13.7%、14.5%。与前3年比，近两年不但绝对增幅下降，相对于总体经济增幅也有所下降。

（二）产业结构不优，现代服务业比重仍然较低

"十一五"时期，湖南服务业内部结构发生了较大的变化，但仍不尽合理，主要表现在：一是传统的支柱产业比重仍然较高，服务业主体仍然以批发和零售业、住宿和餐饮业、交通运输业等传统服务业为主，服务业的发展仍在较大程度上依赖于这些行业的支撑；二是知识密集型、科技密集型的现代服务业发展相对缓慢。信息传输、计算机服务、软件、科学技术、金融等现代服务业增加值占全部服务业增加值的比重仍低于全国平均水平。现代服务业总量规模不足成为制约全省服务业快速发展的主要阻力。

（三）体制制约较多，服务业改革仍未实现重大突破

服务业市场化、产业化、社会化水平较低，服务业标准化建设、诚信体系建设、知识产权保护、市场规范管理等方面还滞后于经济社会发展需要。

（四）竞争能力不强，服务业企业"小、散、弱"的情况仍然比较突出

大型企业偏少，中小企业发展不充分，产业集聚程度较低，自主创新能力不足，缺乏一批在全国有相当影响的服务品牌；利用外资总量不大，且主要集中在少数几个领域，参与国际竞争能力不强。

四、"十二五"发展思路

以邓小平理论和"三个代表"重要思想为指导，全面贯彻落实科学发展观，紧紧围绕推进"富民强省"和"四化两型"战略目标，坚持把推动服务业大发展作为产业结构优化升级的战略重点，充分发挥服务业对于保障民生、促进就业、扩大内需等方面的重要作用，优先发展知识含量高、关联带动强的生产性服务业，积极发展市场前景广、就业潜力大的消费性服务业，大力发展基础条件好、资源禀赋优的特色服务业，不断拓展新兴领域、发展新业态、培育新热点，着力构建知识密集、功能完善、辐射力强的现代服务产业新体系。基本原则是：坚持市场配置与政府引导相结合、坚持扩大规模与优化结构相结合、坚持服务生产与扩大消费相结合、坚持改革开放与自主创新相结合。主要目标是：①产业发展提质增速。到2015年，服务业增加值力争达到10500亿元，年均增长12%以上，占GDP比重超过42%；服务业吸纳就业达1800万人，占全社会从业人员比重达到40%，服务业新增就业人员占全省新增就业人员的70%；服务业地方财政税收占全省地方财政税收比重超过65%。②结构调整步伐加快。到2015年，生产性服务业增加值力争实现5300亿元，占服务业比重超过50%；实现长株潭地区服务业增加值4800亿元，占全省比重超过45%；全省产业结构由主要依靠第二产业带动向依靠三次产业协同带动转变。③市场主体培育壮大。到2015年，年营业收入过百亿元的企业6家，过30亿元的30家；打造国际知名服务品牌10个，全国知名品牌1000个；培育建设一批主导产业突出、特色鲜明、层次较高的服务业聚集区和产业园区。④区域布局科学合理。中心城市大力发展现代服务业，形成主体功能突出、辐射带动作用强的国家或区域服务业中心；中小城市和农村积极发展具有比较优势的服务业和传统服务业，不断提高服务业对经济增长的贡献率；推动长沙、衡阳、张家界、岳阳等城市逐步形成以服务经济为主的产业结构。⑤改革开放纵深推进。加快推进衡阳市全国服务业综合改革试点，建立公平、规范、透明的市场准入标准，探索适合新型服务业态发展的市场管理办法，调整税费和土地、水、电等要素价格政策，营造有利于服务业发展的政策和体制环境。主要任务包括：加强政策引导、发展优势产业、创新发展方式、深化改革开放、夯实发展基础等。

第十九章 广东省服务业发展报告

广东省委、省政府一直以来高度重视服务业发展。“十一五”期间，广东深入贯彻落实科学发展观和国务院《关于加快发展服务业的若干意见》，大力实施《珠江三角洲地区改革发展规划纲要（2008—2020年）》，在建设现代产业体系中把现代服务业作为优先发展的重点，推动了服务业平稳较快发展。

一、“十一五”发展情况

（一）总体发展情况

经五年平稳较快发展，广东服务业总量不断扩大，质量不断提高，对经济社会发展的贡献增强。主要表现在以下六个方面。

1. 比重进一步提升，对经济增长贡献加大

2006—2010 年，广东服务业保持较快发展速度，年均增长达到 11.7%，虽略滞后于同期生产总值增长，但滞后程度比“十五”有所缩小。至 2010 年，广东服务业实现增加值 20711.55 亿元，占 GDP 的比重为 45.0%，占全国服务业增加值的 12.1%，产业规模继续保持全国首位。对经济增长的贡献率平均达到 40.6%，年均拉动生产总值增长 5.0 个百分点，见图 19－1。全省地税收入中，来源于服务业（第三产业）的比重稳定保持在 65% 以上。服务业发展推动了全省产业结构调整，三次产业结构由 6.3∶50.4∶43.3 调整为 5.0∶50.0∶45.0，完成了“十一五”预期目标，见表 19－2。在金融危机中，广东服务业表现出较强的抗波动能力和增长韧性，充分发挥了国民经济增长“稳定器”的作用。

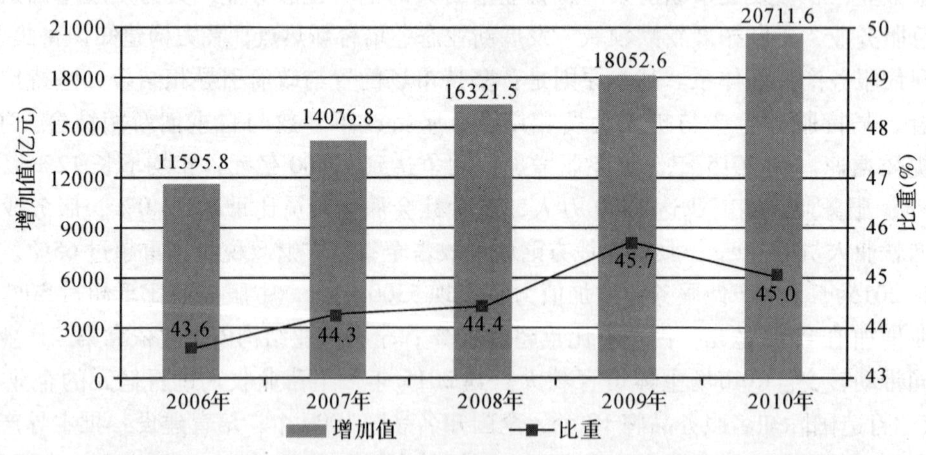

图 19－1 2006—2010 年广东服务业增加值及其占 GDP 比重变化情况

2. 内部结构进一步优化，现代服务业比重明显提升

2010 年，全省现代服务业增加值达 11102.8 亿元，占服务业增加值比重达到 54.8%，比 2005 年提高约 4 个百分点。批发零售业、房地产业、金融业和交通运输、仓储与邮政业四大产业中，金融业比重大幅度提升，其增加值占服务业比重由 2005 年占 6.8% 提高到 12.8%，其他三大行业比重则有不同程度的下降，其中交通运输、仓储和邮政业降 1.7 个百分点、批发和零售业降 0.6 个百分点、房地产业降1.0个百分点，见表19-1、图19-2。

表19-1　广东服务业各行业构成

行　业	2010年增加值（亿元）	2010年比重（%）	2005年比重（%）	2006—2010年增速（%）
服务业	20711.55			11.7
交通运输、仓储和邮政业	1825.29	8.8	10.5	10.6
信息传输、计算机服务和软件业	1372.39	6.6		
批发和零售业	4647.76	22.4	23.0	12.7
住宿和餐饮业	1074.85	5.2		
金融业	2658.76	12.8	6.8	20.0
房地产业	2813.95	13.6	14.6	8.7
租赁和商务服务业	1563.39	7.6		
科学研究、技术服务和地质勘查业	483.79	2.3		
水利、环境和公共设施管理业	194.25	0.9		
居民服务和其他服务业	729.43	3.5		
教育	1062.09	5.1		
卫生、社会保障和社会福利业	639.59	3.1		
文化、体育和娱乐业	282.50	1.4		
公共管理和社会组织	1363.51	6.6		

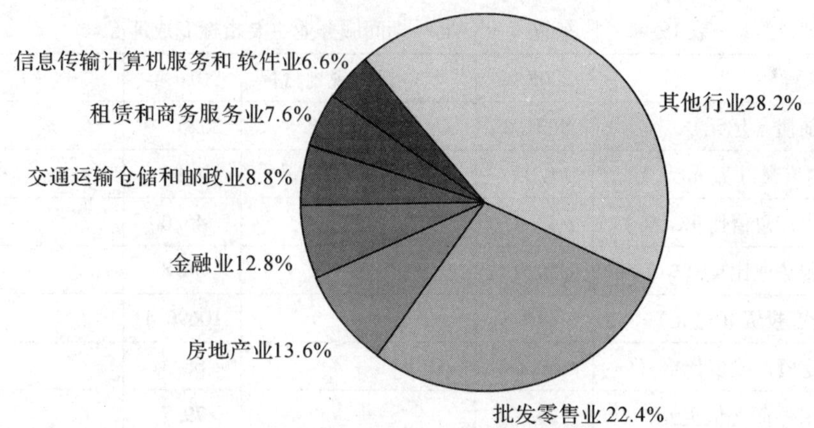

图19-2　2010年广东服务业行业构成

3. 固定资产投资力度加大，发展后劲不断增强

“十一五”期间，广东抓住举办第16届亚洲运动会和第26届世界大学生运动会契机，推进现代服务业基础设施和现代服务业工程建设，五年累计服务业固定资产投资37409.22亿元，占全省固定资产投资总额的64.1%，年均增长20.2%，比全省固定资产投资年均增长高2.6个百分点。2010年服务业完成固定资产投资10689.83亿元，占全省完成固定资产投资的66.3%，比2005年提高了6.7个百分点。“十一五”时期新增高速公路1695公里，新增轨道交通里程777公里，其中高度铁路298公里。初步建成并正式启用广州珠江新城金融商务区、广东金融高新技术服务区、广东工业设计城等一批项目，遴选生产并开工建设现代服务业100强项目，现代服务业发展水平得到了有力提升。

4. 对外开放水平进一步提升，粤港澳服务业合作取得重要成效

广东服务贸易进出口总额由2005年的188.6亿美元增加到2010年的608.2亿美元，五年年均增长

34.0%。服务贸易占全省贸易总额的比重由2001年的2.8%上升到2010年的7.8%，占全国服务贸易总额比重从6.7%上升至16.8%。服务业利用外资步伐加快，“十一五”期间广东服务业累计新签外商直接投资项目18260个，累计实际利用外资324.52亿美元，占全省实际利用外资总额的35.8%，比“十五”时期提高12.4个百分点，年均增长25.4%。粤港澳服务业合作加快推进，横琴总体规划、前海深港现代服务业合作总体规划已经国务院批准，粤港、粤澳签署了合作框架协议，明确了粤港澳服务业合作重点。内地与港澳更紧密经贸关系安排（CEPA）签署以来累计新批港澳投资服务业项目16821个，合同外资474.27亿美元，实际吸收外资232.01亿美元，分别占港澳全部投资的45.0%、40.8%和36.5%。粤台合作取得新进展，举办了一系列经贸合作洽谈、商品采购等活动，东莞、汕头成为粤台金融合作试点区。与东盟合作日趋紧密，中新知识城已落户广州。广州、深圳已成为跨国公司总部或分支机构落户我国的首选地之一。

5. 从业人员比重回升，吸纳就业能力增强

“十一五”期间，全省服务业新增就业人员457.1万人，占全部新增就业人员的62.7%，比第二产业多增加就业人员106.66万人。2010年，服务业从业人员达到1954.02万人，占全部从业人员的34.0%，比2005年提高4.2个百分点。服务业已经成为吸纳城乡居民就业的主要渠道。

6. 体制改革取得了重要进展，发展环境进一步改善

在CEPA框架下，国家先后批准内地部分服务业对香港、对澳门扩大开放政策在广东先行先试。《珠江三角洲地区改革发展规划纲要（2008—2020年）》明确支持广东省建立金融改革创新综合试验区、建设全国旅游综合改革示范区。国家发展改革委批准广州、深圳市作为开展国家服务业综合改革试点区域。清理一批不利于服务业发展的行政法规，削减一批行政审批事项，简化外商对服务业投资审批程序。

广东省“十一五”期间服务业主要指标完成情况见表19－2。

表19－2 广东省“十一五”期间服务业主要指标完成情况

指标	2005年	“十一五”规划目标	2010年	“十一五”年均增长（%）
服务业增加值（亿元）	9631.4	15100	20267.9	11.6
人均服务产品占有量（万元/人）	1.05	—	1.94	10.3
服务业增加值占生产总值比重（%）	43.3	45	45.0	
现代服务业占服务业比重（%）	50.9	—	54.8	
服务业固定资产投资（亿元）	4046.8	—	10696.4	20.2
服务业占全社会固定资产投资比重（%）	59.6	—	66.3	
服务业实际利用外资（亿美元）	26.1	—	79.7	25.4
服务业占全省实际利用外资比重（%）	20.8	—	39.3	
服务业从业人数（万人）	1496.9	—	1955.2	
服务业占全社会从业人员比重（%）	29.8	40	34.0	
服务业能耗占总能耗比重（%）		—	19.1	
单位服务业增加值能耗（吨标煤/万元）	0.335	—	0.301	－3.21

注：年度服务业增加值为现价；人均服务产品占有量按增加值除以常住人口和当年价计算；单位服务业增加值能耗按可比价计算。

（二）主要行业发展情况

1. 金融业

2006—2010年，金融业增加值年均增长20.0%，为广东服务业各行业中增长最快的行业。到2010

年增加值达到2658.76亿元，居全国首位，占服务业增加值比重12.8%，比2005年提高了6个百分点。2010年，金融业从业人员超过60万人；广东全省境内上市公司已达312家，比2005年增加了163家；中资金融机构人民币存款余额和贷款余额分别达到78285.89亿元和46099.26亿元，分别是2005年的2.18倍和2.22倍；保费收入达到1593.19亿元，是2005年的3.19倍。广州、深圳加快了区域金融中心建设步伐，在金融改革创新综合试验区总体框架下，重点区域开展金融改革创新先行先试取得初步成效，梅州、中山、湛江、云浮等分别在国家政策允许范围内开展农村金融、城乡金融服务一体化、统筹城乡金融改革创新综合试验。珠三角金融一体化积极推进。

2. 流通商贸业

受国际金融危机影响，"十一五"期间广东交通运输、仓储和邮政业增加值增速下降，年均增长10.6%，到2010年增加值达到1825.29亿元。但交通基础设施建设取得重要进展，服务能力显著增强，2010年客运量达到467049万人，是2005年的2.89倍；货运量达到205034万吨，是2005年的1.53倍；沿海主要港口货物吞吐量81771万吨，是2005年的1.67倍，占全国14.9%；邮电业务总量达到4832.94亿元，是2005年的2.27倍，占全国14.7%。在扩大内需政策拉动下，批发和零售业保持了较快增长态势，"十一五"期间年均增长12.7%，2010年实现增加值4647.76亿元。2010年社会消费品零售总额达到17414.66亿元，占全国11.1%，2006—2010年平均增长17.1%，比"十五"时期提升2.3个百分点。

3. 房地产业

在国家宏观调控政策作用下，广东房地产行业过快增长的势头得到抑制。2010年，全省房地产业实现增加值2813.95亿元，增长4.9%，增长明显慢于其他行业。2006—2010年，房地产行业增加值年均增长下降至8.7%。2010年广东房地产开发投资3659.69亿元，总量居全国第二位；占城镇固定资产投资比重29.0%，比全国水平高9.0个百分点，居全国第5位。"十一五"期间房地产开发投资年均增长19.6%，快于"十五"时期增速，居全国第26位，年均增幅比全国水平低5.5个百分点。从投资的产品结构来看，2010年，商品住宅投资2538.02亿元，增长21.4%；办公楼投资144.46亿元，增长13.2%；商业营业用房投资349.31亿元，增长25.0%；其他投资627.90亿元，增长35.3%。城镇保障性住房投资82.37亿元，增长32.1%。城镇保障性住房投资增长明显加快，投资增速分别比商品住宅、办公楼、商业营业用房高出10.7、18.9和7.1个百分点，但投资总量远不如前三者投资额。"十一五"期间经济适用房投资由于基数低、规模小，年均增长达到36.1%。2010年，广东经济适用房投资24.66亿元，仅居全国第17位；经济适用房占住宅投资的比重为1.0%，比全国平均水平低2.0个百分点，居全国倒数第四。"十一五"期间 广东房地产投资存在经济适用房投入少、建设发展缓慢等问题。

4. 文化产业

2006—2010年，广东文化产业增加值年均增长12.6%，占全省GDP比重保持5.5%左右。2010年，全省实现文化产业增加值2533亿元，占全省GDP比重为5.6%，约占全国总量的1/4，连续8年位居全国各省（区、市）首位。从文化产业新型业态来看，广东的数字出版产值占全国的1/5；动漫产值约占全国的1/4，网络游戏年收入约占全国的1/3，自主研发制造的游戏游艺设备生产占全国的2/3，仅广州、中山两地的游戏设备生产就占据全球市场份额的1/5。19家企业被评为"国家文化产业示范基地"，7家企业先后被评为"全国文化体制改革优秀企业"，6家企业先后被评为全国"文化企业30强"。"十一五"时期，广东文化产品出口年均增长超过20%，2010年出口额占全国出口总额的一半以上。文化产品和服务出口覆盖100多个国家和地区，出现了深圳华强文化科技股份公司等一批重点文化企业和文化出口品牌。

5. 旅游业

2006—2010年，广东旅游业年均增长15.1%，比"十五"时期年均增速快5个百分点。

2010年实现旅游总收入3809.44亿元，约占全国的1/4。全省共接待入境过夜旅游人数3140.93万人次，约占全国的4/5，五年年均增长11.87%；入境旅游人数达到10485.82万人次，比2005年增加906.7万人次，五年年均增长1.8%。至2010年年底，全省共有旅行社1292家、星级酒店1209家、A级旅游景区150家。旅游产品日益丰富，会展旅游、自驾车旅游、高尔夫旅游、游艇旅游等高端旅游成为新的旅游热点。旅游房地产、旅游制造业、网络商旅等迅猛发展，旅游产业体系规模不断发展壮大。旅游要素体系、产品体系、目的地体系、公共服务体系进一步完善，旅游经济综合实力进一步增强。

（三）区域服务业发展情况

广东服务业发展呈现出集聚非均衡发展特点，从经济区域上看，2010年珠三角地区服务业增加值占全省服务业增加值比重83.2%，其中广州、深圳两市占全省服务业增加值比重达到52%，粤东地区占5.2%，粤西地区占6.2%，粤北山区占5.4%，形成了以广州、深圳为龙头，以珠三角地区为核心的产业发展格局。从各区域服务业占全省服务业份额变化情况来看，珠三角地区所占比重2010年比2005年提高了0.4个百分点，而粤东和粤西地区的比重则分别下降了0.6和0.1个百分点，集聚非均衡发展格局有进一步强化的趋势。中心城市服务经济进一步发展，继广州之后，深圳成为广东第二个服务业比重超过50%的城市（见表19-3、图19-3）。

表19-3 经济区域服务业发展情况

经济区域	2006—2010年均增长（%）		服务业增加值占生产总值比重（%）		服务业增加值占全省服务业增加值比重（%）	
	生产总值	服务业增加值	2005年	2010年	2005年	2010年
珠三角地区	13.2	13.4	46.3	49.2	82.8	83.2
其中：广州	13.4	14.4		61.0		29.4
深圳	13.1	13.3		52.7		22.6
粤东地区	13.7	12.3	38.2	36.1	5.8	5.2
粤西地区	12.6	16.1	37.2	39.4	6.3	6.2
粤北山区	15.0	14.6	37.8	36.6	5.1	5.4

注：珠三角地区包括广州、深圳、珠海、佛山、江门、东莞、中山、惠州和肇庆；粤东地区指汕头、汕尾、潮州和揭阳；粤西地区指湛江、茂名和阳江；粤北山区指韶关、河源、梅州、清远和云浮。

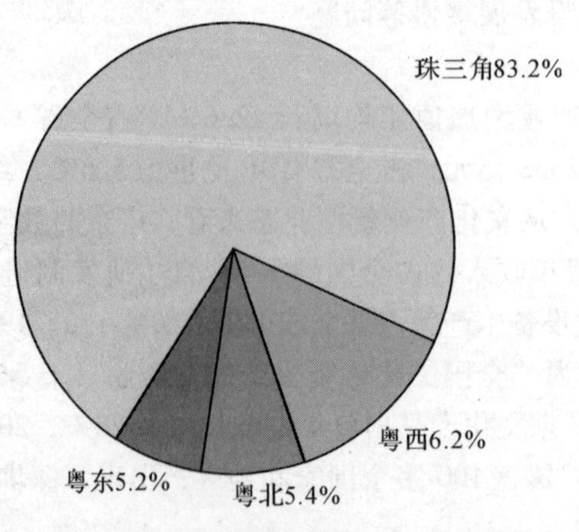

图19-3 2010年全省服务业区域构成

二、采取的主要措施

“十一五”期间，全省上下深入学习实践科学发展观，坚决贯彻党中央、国务院和省委、省政府的工作部署，把加快发展服务业作为产业结构调整的战略重点，推动服务业发展工作卓有成效地开展，有力促进了经济社会又好又快发展。主要工作有以下几个方面。

（一）以强有力的领导协调统领服务业发展全局

广东省委、省政府高度重视服务业发展，省委书记、省长先后对服务业工作作出多次重要批示。2009 年，省政府建立了省服务业发展联席会议，加强对服务业发展的领导和统筹协调。召开了全省发展现代服务业工作现场会，时任省长黄华华出席会议并作重要讲话，要求全省从应对国际金融危机和“三促进一保持”的战略高度，深刻认识加快发展现代服务业的重要性和紧迫性，把握机遇，乘势而为，加快建设现代服务业强省。实施《珠江三角洲地区改革发展规划纲要》实现“四年大发展”工作方案，把服务业增加值占生产总值比重、现代服务业占服务业增加值比重目标按年度分解到珠三角各市并进行考核，提高地方政府落实省委省政府加快发展现代服务业的执行力。

（二）以科学谋划与定位加强对产业的引导

国务院《珠江三角洲地区改革发展规划纲要（2008—2020 年）》和省委、省政府《关于加快建设现代产业体系的决定》两个重要文件进一步明确了广东省现代服务业发展的定位、目标和重点，提出了建设以现代服务业和先进制造业双轮驱动的主体产业群，把现代服务业放在建设现代产业体系优先发展的位置，要求重点发展金融业、会展业、物流业、信息服务业、科技服务业、商务服务业、外包服务业、文化创意产业、总部经济和旅游业，把珠江三角洲地区建设成为世界现代服务业基地，发展与香港国际金融中心相配套的现代服务业体系，建设与港澳地区错位发展的国际航运、物流、贸易、会展、旅游和创新中心。为更好地谋划广东服务业发展，利用广东省长国际咨询会平台，及时地举办了现代服务业发展论坛，听取国际知名专家对广东发展现代服务业的意见，探讨对外合作的途径。为加强投资引导，出台了《广东省现代产业鼓励发展指导目录》和《广东省现代信息服务业发展鼓励投资指导目录（2008—2010 年）》。按照省委、省政府的要求，各市也出台了有关文件明确服务业定位和发展思路。如广州市委、市政府出台了《关于加快发展现代服务业的决定》，确立了现代服务业在广州现代产业体系中的主导地位；深圳市以市政府 2008 年 1 号文件出台了《关于加快总部经济发展的若干意见》，进一步健全高端服务业发展的保障机制；珠海市出台了《关于加快发展珠海市现代服务业的意见》，提出实施珠海“东部大转型、西部大开发”的战略。

（三）以有力政策支持服务业健康快速发展

坚决贯彻落实党中央、国务院关于实施积极财政政策和适度宽松货币政策的决策部署，为积极应对世界金融危机冲击，省政府制定实施了促进广东经济平稳较快发展的 16 条政策措施，安排了一批扩大内需、带动现代服务业加快发展的重点项目，出资 20 亿元成立省中小企业信用再担保有限公司。省政府还发布实施了《关于加快发展我省服务业的实施意见》，提出了包括加强规划引导、培育市场主体、深化体制改革、推动自主创新、扩大对外开放、加大政策扶持力度、完善工作机制等七个方面共 32 条具体政策措施。从 2008 年开始，广东省级现代服务业引导专项资金由原来每年 3000 万元增加到 1 亿元。在国土规划和国土资源配置中积极向现代服务业倾斜，优先照顾服务业项目用地，建立用地报批绿色通道。在城市“三旧”改造中，明确要求实施“退二进三”、优先发展现代服务业的方针。在促进重点行业发展方面，还出台了《关于大力发展金融产业建设金融强省的若干意见》《关于加快发展我省现代信息服务业的意见》《关于试行广东省国民旅游休闲计划的若干意见》等重点行业政策措施，制定实施《物流业调整和振兴规划》。各市也相应地采取积极措施，如中山市推行服务业用水、用电、污水处理费等与工业同价政策，推进服务业要素价格与工业并轨。

（四）以重点项目和集聚区建设为抓手推进载体建设

如2008年省政府启动实施了新十项工程建设，以金融、物流、数字工程、科技服务、服务外包、商务会展、文化创意、总部经济八个方面共31个项目组成现代服务业工程。2009年又谋划建设一批现代服务业集聚区，出台《关于加快发展我省现代服务业集聚区的工作意见》，开展了首批30个现代服务业集聚的认定和建设工作。2010年，按照省委、省政府的要求，遴选并推进现代服务业100强项目建设。加快推进中新（广州）知识城，加快建设广州、深圳区域金融中心、广东金融高新技术服务区和华南（国际）技术产权交易中心等一批现代服务业重大项目。推进建设一批国家级重大文化产业项目和产业基地，加快建设广州、深圳两个国家级服务外包基地等。目前，广东金融高新技术服务区已成功引进美国友邦保险（AIA）、中国人保（PICC）、招商银行、中国光大银行、香港新鸿基金融集团等知名金融机构，奠定了打造全国性金融业后台服务基地和区域性的金融商务区的产业基础。

（五）以粤港澳深度合作带动服务业质量提升

加强与港澳服务业合作，在CEPA框架下，国家先后批准内地部分服务业对香港（41项）、对澳门（33项）扩大开放政策在广东先行先试。广东已经明确广州、深圳、东莞、佛山、珠海等市作为落实先行先试政策的重点市，建立了推进先行先试工作联席会议。粤港、粤澳双方分别签署了《粤港合作框架协议》和《粤澳合作框架协议》，把现代服务业合作列为深化合作的重点领域，每年编制广东落实框架协议年度重点计划，重点建设珠海横琴新区、广州南沙新区、深圳前海和河套地区粤港现代服务业合作基地。成立粤港金融业合作专责小组，推动建立粤港金融合作的长效机制。加大服务业招商引资力度，一大批高质量的现代服务业项目落户广东省。如中山市每年召开了现代服务业招商推介会，每年吸引大批国家外知名服务业企业到中山考察、洽谈和合作。在《泛珠三角区域合作框架协议》下，珠三角各市与泛珠各方在服务业方面的交流合作也不断深入，如肇庆积极推进区域旅游市场一体化，打造千里旅游走廊并成为广东旅游热线。

三、主要问题

广东服务业发展还存在一些突出问题。一是发展滞后，目前广东省服务业增加值比重和就业比重（分别为45%和34%）均远低于中等收入国家水平，服务供给长期不足，对经济增长的贡献率未能达到应有水平，不能满足经济社会发展的需要。二是发展质量不高，一方面表现在高端的生产服务业发展不足，研发设计、专业服务等比较薄弱，制约了制造业的进一步提升和发展；另一方面是面向民生的生活服务供给不足，缺乏标准化和规范化服务，服务质量和水平不能适应消费需求日益升级和多样化的趋势。三是制约服务业加快发展的体制机制障碍依然较多，政策环境和制度环境有待进一步改善。四是从业人员素质仍然偏低，中高级人才严重不足，自主创新能力不强，制约了现代服务业发展。

四、“十二五”发展思路

“十二五”时期，广东省服务业要实现发展提速、比重提高、水平提升，现代服务业发展加快，对全省经济社会发展贡献明显增强。体制改革进一步深化，发展环境日臻完改善，粤港澳服务业合作不断深化，国际竞争力不断增强。产业体系进一步完善，初步建立起高效生产服务体系、优质生活服务体系、均等基本公共服务体系。2011—2015年服务业增加值年均增长10%左右以上。到2015年，基本形成“三二一”的产业结构，服务业增加值占生产总值比重提高到48%以上，现代服务业在服务业中比重达到60%；人均服务业增加值年均增长9%左右，2015年人均达到3.5万元以上；人均非营利性服务业增加值比2010年提高60%以上，东西北地区与珠三角地区基本公共服务差距逐步缩小，初步实现基本公共服务均等化；服务业从业人员占全社会从业人员比重力争达到38%左右。形成金融服务、现代物流、信息服务、科技与商务服务、商贸会展、文化创意、服务外包、现代旅游等八大现代服务业产业。基本建成100个产业集聚度高、服务功能集成、示范带动力强的现代服务业集聚区，形成10个年营业收入超千亿的大型现代服务业产业基地。①在产业发展上，要坚持生产、生活服务业并重的方针。重点发展金融服务、现代物流、科技与商务服务、商贸会展、服务外包、现代旅游等六大现代服务业，带动生产服务业和生活服务业全面发展；加快培育发展创意产业、新兴信息服务业和节能环保服务业、人力资源服务业、健康服务业等一批新兴产业和潜力产业，拓展新领域、发展新业态、培育新热点；大力加强公共服务，积极引入社会力量，扩大公共服务产品供给，实现城乡、区域和群体间基本公共服务均等化。②在空间布局上，要坚持统筹发展的方针。形成以珠三角地区为主体，辐射带动东西北地区全面发展，各区域产业层次明晰、主体功能突出、发展优势互补的现代服务业产业总体布局。重点打造环珠江口经济“湾区”和现代服务业产业集聚圈，吸引全国乃至世界服务业资源要素，形成产业发展高地和人才集聚洼地。努力提高东西北地区服务业比重和水平，增强对经济社会发展的服务能力。③注重发展载体建设，形成推动服务业发展的抓手。实施“四加三”现代服务业建设工程，即重点建设中新（广州）知识城、珠海横琴新区、深圳前海深港现代服务业合作区和广州南沙实施CEPA先行先试综合示范区四个现代服务业对外合作平台，打造和培育100个现代服务业集聚区、100个重点项目、100个骨干企业“3个一百”重点建设工程。

第二十章　广西壮族自治区服务业发展报告

一、“十一五”发展情况

“十一五”期间，随着西部大开发战略深入实施，北部湾经济区开放开发上升为国家战略，拥有区位优势、资源优势、生态优势的广西经济驶入发展快车道。2010年，广西壮族自治区GDP达到9502亿元，比2005年翻1.25番；年均增长13.9%，比“十五”时期提高3.1个百分点，连续9年保持两位数增长。其中，服务业增加值达3321.19亿元，“十一五”时期平均增长12.66%。分行业看：交通运输、仓储和邮政业增加值达458.67亿元，“十一五”时期平均增长12.66%；批发零售贸易业增加值632.50亿元，“十一五”时期平均增长9.86%；住宿餐饮业增加值231.18亿元，“十一五”时期平均增长10.62%；房地产业增加值377.20亿元，“十一五”时期平均增长12.55%；金融业增加值380.94亿元，“十一五”时期平均增长26.79%；其他服务业增加值1240.7亿元，“十一五”时期平均增长12.13%，见表20-1、表20-2、图20-1。

表20-1　“十一五”时期广西服务业行业增加值总量

	现价总量（亿元）					
	2005年	2006年	2007年	2008年	2009年	2010年
GDP	3984.10	4746.16	5823.41	7021.00	7759.16	9502.39
服务业增加值	1652.57	1917.47	2289	2529.51	2919.13	3321.19
交通运输、仓储和邮政业	225.2	261.14	311.22	337.3	378.75	458.67
批发和零售业	389.43	439.39	510.21	467.04	551.14	632.50

（续）

	现价总量（亿元）					
	2005 年	2006 年	2007 年	2008 年	2009 年	2010 年
住宿和餐饮业	111.82	129.18	162.35	197.73	208.00	231.18
金融业	90.83	110.2	150.35	249.01	336.82	380.94
房地产业	164.26	192.2	239.45	282.96	348.98	377.20
其他服务业	634.15	762.82	876.31	995.47	1095.45	1240.7

表 20-2 “十一五”时期广西服务业行业增加值增长速度

	现价增长速度（%）						
	2005 年	2006 年	2007 年	2008 年	2009 年	2010 年	年均增长
GDP	13.15	13.55	15.07	12.81	13.94	14.2	13.91
服务业增加值	11.28	12.11	14.55	11.82	13.79	11.1	12.66
交通运输、仓储和邮政业	7.29	9.77	4.45	21.52	7.54	16.9	11.86
批发和零售业	8.4	7.64	5.1	6.2	19.44	11.5	9.86
住宿和餐饮业	12.8	16.2	22.46	5.7	2.85	7.1	10.62
金融业	19.74	36.95	41.41	22.74	25.34	10.0	26.79
房地产业	17.44	14.5	8.4	8.75	18.25	3.6	12.55
其他服务业	6.9	10.4	15.6	11.2	13.3	12.2	12.13

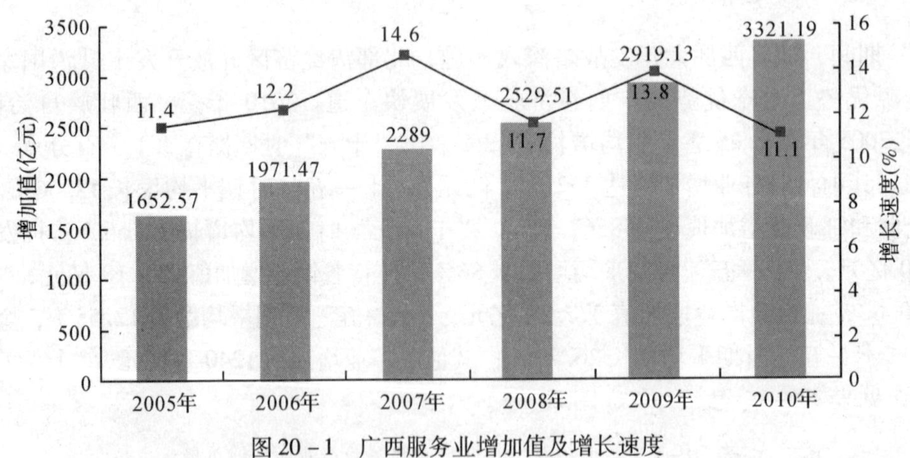

图 20-1 广西服务业增加值及增长速度

（一）交通运输邮电业快速增长

紧紧抓住国家要把广西打造成连接多区域的国际通道、交流桥梁、合作平台这一千载难逢的机遇，全力推进交通通信基础设施建设。交通运输实现历史性突破，基本形成了铁路、公路、水路、航空等全方位的立体交通运输体系和现代化通信网络，为全区经济社会发展提供了有力支撑。

1. 广西交通基础设施建设成就显著

广西坚持交通优先发展，“十一五”期间，开工和续建铁路 29 条，区内建设里程 3300 公里，新增营运里程 500 公里，总营运里程达到 3200 公里；开工和续建高速公路 39 条 3400 公里，新建成 1235 公里，建成总里程达到2574公里；全区新增公路3.95万公里，总里程达到10.3万公里；沿海、内河港口吞吐能力分别新增8500万吨和2800万吨，总吞吐能力分别达到1.2亿吨和6000万吨；民航机场年旅客吞吐量新增647万人次，达到1201万人次。结束了梧州市、贺州市不通铁路的历史。基本实现地级市都通高速公路、县县都通二级以上公路、乡乡都通柏油路的目标。

2. 交通运输业客货运输周转量快速增长

"十一五"时期，广西铁路、公路、水路累计完成客货运输周转量11514.6亿吨公里，比"十五"时期增加5817亿吨公里，增长1倍，年均增长18.1%；其中，铁路客货运输周转量增长41.2%；公路客货运输周转量增长1.8倍；水路客货运输周转量增长2.9倍（表20－3、表20－4）。具体情况如下：

（1）旅客运输周转量平稳较快增长。完成铁路、公路、水路旅客运输周转量3758.6亿人公里，比"十五"时期增加1187.7亿人公里，增长46.2%，年均增长8.9%；其中，铁路旅客运输周转量862.7亿人公里，比"十五"时期增长47.0%，年平均增长6.7%；公路旅客运输周转量2884.6亿人公里，比"十五"时期增长46.0%，年均增长9.6%；水路旅客运输周转量11.4亿人公里，比"十五"时期下降10.6%，年平均下降7.2%。

（2）货物运输周转量高速增长。完成铁路、公路、水路货物运输周转量10357.8亿吨公里，比"十五"时期增加5450.5亿吨公里，增长1.1倍，年平均增长19.3%；其中，铁路货物运输周转量4404.4亿吨公里，增长40.2%，年均增长2.8%；公路货物运输周转量3496.9亿吨公里，增长2.1倍，年均增长35.3%；水路货物运输周转量2456.5亿吨公里，增长2.9倍，年均增长37.9%。

表20－3　"十一五"时期广西客货运输量和运输周转量

指　标	2005年	2006年	2007年	2008年	2009年	2010年
旅客运输量（亿人）	5.22	5.66	6.17	6.47	6.97	7.75
旅客运输周转量（亿人公里）	573.08	625.34	714.27	753.27	787.42	911.52
货物运输量（亿吨）	4.10	4.55	5.02	8.50	9.51	12.08
货物运输周转量（亿吨公里）	1208.91	1338.95	1516.55	2210.23	2365.62	3097.13

表20－4　"十一五"时期广西客货运输量增长速度和运输周转量增长速度（%）

指　标	2005年	2006年	2007年	2008年	2009年	2010年	"十一五"年均增速
旅客运输总量	7.1	8.5	9.0	4.9	7.7	10.7	8.2
旅客运输周转量	11.5	9.1	14.2	5.5	4.5	11.5	8.9
货物运输总量	8.8	10.8	10.3	69.4	11.9	22.1	24.1
货物运输周转量	9.2	10.8	13.3	45.7	7.0	23.3	19.3

3. 现代物流业不断加快发展

广西物流基础设施建设不断完善，公路、铁路、水路、航空等多式联运基础设施建设加快，多种运输方式无缝衔接水平逐步提高；重点工业品、大宗农产品、主要矿产品及粮食物流通道布局建设进一步完善，行业物流服务水平提升较快，服务功能和辐射范围不断扩大。

（1）保税物流体系逐步构建和完善。"十一五"期间，国家先后批准设立钦州保税港区、凭祥综合保税区、南宁保税物流中心、北海出口加工区等四个海关特殊监管区，目前钦州保税港区一期工程、南宁保税物流中心、凭祥综合保税区项目一期工程已通过国家验收，进入封关运行阶段。

（2）物流业主体不断发展壮大。广西现有物流企业2000多家，主营业务收入500万元以上的企业逾百家，围绕着汽车、钢铁、有色金属、石化、煤炭、建材、食糖、鲜活农产品等产业，不断创新个性服务模式，逐步增强企业实力和竞争力，其中柳州桂中海迅、万通物流、广西外运、玉柴物流等一批物流企业已脱颖而出，成为全区具有示范带动作用的优秀物流企业。

（3）物流集中区发展加快。到“十一五”末，广西在建和已运营的物流集中发展区（包括物流园区、物流基地、物流中心、各类物流配送中心、物流城等）共120多个，呈现快速发展、不断增加趋势。

4. 邮政业务快速发展，电信水平全面提升

广西邮政以建设现代化邮政网路、满足业务发展需求为目标，通过优化邮政局（所）经营设施，完成投递网络、城市包裹分拣系统技术改造，积极推进速递物流专业化经营，邮政作业完成了由手工操作向机械化、自动化、信息化方面的转变，邮政综合支撑能力明显提升。

（1）邮政基础设施不断优化。至2010年年末，全区设有邮政局所的乡镇比重达96.5%，提高4.7个百分点；已通邮的行政村比重达99.0%，提高0.9个百分点；邮路总长度24.81万公里，增长28.8%，年均增长6.5%。

（2）邮政电信业务总量快速增长。广西邮政电信业务总量从2005年的327.62亿元增加到2010年的807.3亿元，比“十五”时期增长3.02倍，年均增长20.1%，见表20－5、表20－6。

（3）通信网络不断完善。光缆线路长度从2006年的52023公里增加到2010年年末的171593公里，增长2.3倍，年均增长34.8%。已建成了包括光纤、数字微波、卫星、程控交换、移动通信、数字通信等通达世界的立体交叉电信网络。

（4）电话普及率明显提高。至2010年年末，广西拥有电话用户2920万户，比2005年增加1029.6万户，增长1.84倍，年均增长9.1%；其中移动电话用户数达2210万户，比2005年增长1.2倍，年均增长16.7%。3G移动电话用户从无到有，发展迅猛，从2010年年初3G业务正式获准经营起，到当年年末用户数已达到90万户。

表20－5 “十一五”时期广西邮政和电信业务总量（亿元）

指　标	2005年	2006年	2007年	2008年	2009年	2010年
邮电业务总量	327.62	385.2	479.5	601.2	694.8	807.3
#邮政业务总量	11.72	13.7	15.8	18.3	21.3	25.7
电信业务总量	315.9	372.0	463.7	582.9	674.3	781.3

表20－6 “十一五”时期广西邮政和电信业务总量增长速度（%）

指　标	2005年	2006年	2007年	2008年	2009年	2010年	年均增速
邮电业务总量	22.3	19.3	24.5	25.4	15.6	16.2	20.1
#邮政业务总量	7.3	17.1	14.8	16.3	16.3	20.4	17.0
电信业务总量	22.9	17.8	24.6	25.7	15.7	15.9	20.2

（二）零售贸易业快速增长

在国家继续实行扩大内需、刺激消费政策的作用下，广西消费品市场快速发展，市场规模不断扩大，城乡居民消费水平不断提高，消费品结构不断升级，消费热点不断涌现，商品流通业态逐步走向现代化和国际化。

1. 消费零售总额不断攀升

“十一五”期间，全区累计实现社会消费品零售总额12002亿元，比“十五”时期净增加6470亿元，年均增长18.3%，比“十一五”计划增长11%的目标高出7.3个百分点。分行业看，2006—2010年五年间批发零售业累计实现零售额10753亿元，年均增长18.8%；住宿餐饮业累计实现零售额1093亿元，年均增长19.6%。2010年全区社会消费品零售总额达到3271.81亿元，见表20-7、表20-8、图20-2。

表20-7　“十一五”时期广西社会消费品零售总额（亿元）

指　标	2005年	2006年	2007年	2008年	2009年	2010年
社会消费品零售总额	1405.55	1620.31	1932.71	2395.79	2790.70	3271.81
批发零售业零售额	1203.69	1380.1	1640.28	2021.85	2417.16	2966.83

表20-8　“十一五”时期广西社会消费品零售总额增长速度（%）

指　标	2005年	2006年	2007年	2008年	2009年	2010年	年均增速
社会消费品零售总额	15.0	15.3	19.3	24.0	16.5	19.0	18.3
批发零售业零售额	14.2	14.6	18.9	23.3	19.6	18.8	19.6

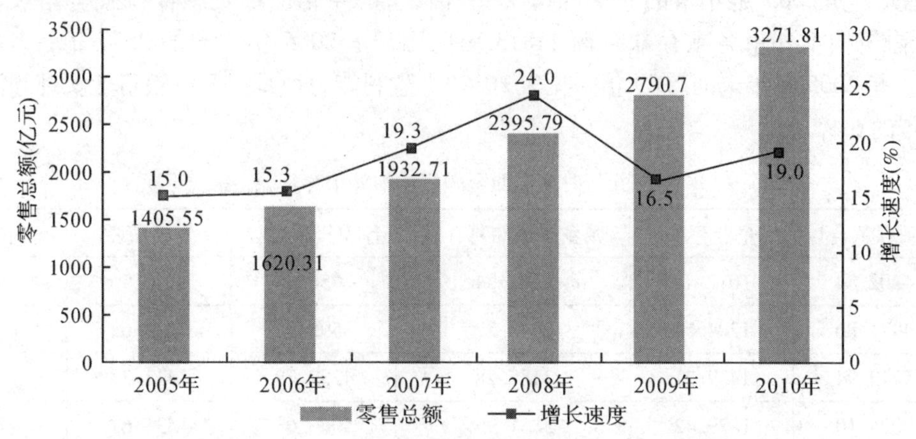

图20-2　广西社会消费品零售总额及增长速度

2. 城乡市场体系建设成就显著

“十一五”期间，不断完善流通基础设施建设，新建、改造“万村千乡”农家店13984个，配送中心99个；完成大型农产品批发市场和大型农产品流通企业新建、改造项目26个；新建、改造县乡农贸市场145个。“十一五”期末，全区共有商业网点197.3万个，商品交易市场3300多个，其中年成交额亿元以上的市场106家，累计成交总额906.98亿元。全区商品市场体系基本建成。

3. 流通现代化水平不断提高

“十一五”期间，以连锁经营、特许经营、物流配送和电子商务为主要内容的现代流通方式取得较大发展，到2010年年底，全区现有各类连锁企业54家，拥有连锁门店3454个，限额以上连锁企业年销售额571.94亿元，占全区社会消费品零售总额17.5%；全区商业连锁配送规模为272.45亿元，占连锁经营年销售额47.6%；新型管理手段和营销技术不断创新，信息化水平得到较大提升。

4. 社会消费品增长明显

随着城乡居民生活消费水平的提高，居民消费结构不断升级，新的消费热点不断涌现。从2006年到2010年，全区限额以上批发零售企业汽车类零售额年均增长22.7%，家具类年均增长40.8%，石油及制品类年均增长26.1%，金银珠宝类年均增长30.2%，分别比同期社会消费品零售总额年均增速高4.4、22.5、7.8、11.9个百分点。汽车、电脑等依然成为市场消费热点，2010年城镇居民家庭平均每百户车、电脑拥有量分别达到103.26辆和47.6台，比2005年分别增长7.05倍和81.8%。

（三）金融保险业高速增长

“十一五”时期是广西金融业发展历史的最好时期，总体规模不断壮大，组织体系日益健全，内部结构逐步完善，质量效益稳步提高，全区金融业发展速度持续加快，与经济良性互动、互利共赢、协调发展，作为现代经济的核心作用日益增强。

1. 金融三大行业快速协调发展，整体实力明显增强

“十一五”时期，广西金融银行业、证券期货业、保险业三大行业不断深化改革，加快创新，金融总量、经济效益和资产质量均跃上新台阶，有力地支持了广西经济又好又快地发展。金融业增加值由2005年年末的90.83亿元增长至2010年年末的380.94亿元，年均增长26.79%，占GDP的比重由2.01%上升至4%，占第三产业的比重由4.92%上升至11.46%。

2. 银行体系不断完善，总体规模快速增长

至2010年年末，广西有银行业金融机构27家，银行类服务网点5419个，从业人员7.65万人，初步形成了以国有大型银行为主体，政策性银行、股份制商业银行、地方法人机构和外资银行共同发展的多元化组织体系。银行业资产总额、负债总额、所有者权益分别达到14749.08亿元、14302.17亿元、446.91亿元，是2005年年末的3.07倍、2.99倍、24.84倍。存贷款保持强势增长，2010年年末，银行业金融机构本外币各项存款余额11813.9亿元，是2005年年末的2.77倍；各项贷款余额8979.87亿元，是2005年年末的2.89倍，见表20-9。盈利能力稳步提升，银行业实现利润184.14亿元，是2005年的6.95倍。

表20-9 “十一五”时期广西金融机构本外币存贷款余额（亿元）

年份	各项存款合计	企业存款	城乡居民储蓄存款	各项贷款合计	短期贷款	中长期贷款
2005	4202.84	1012.46	2561.34	3056.86	1146.90	1811.76
2006	4971.86	1204.54	2946.22	3595.25	1241.62	2259.80
2007	5749.94	1439.21	3185.28	4287.79	1411.33	2816.82
2008	7024.10	1829.42	3851.95	5066.68	1535.67	3391.64
2009	9583.13	2957.23	4686.20	7268.41	1857.13	5230.69
2010	11746.77	3380.26	5702.43	8867.52	1703.15	7018.37

3. 证券期货业不断攀升

企业上市融资实现新突破，“十一五”时期资本市场筹资总额371.73亿元，占过去20年累计融资额的76.67%。竞争力不断提升，2010年广西证券投资者开户数、托管市值、证券交易总额分别为167.47万户、1084.62亿元、10970.75亿元，分别是2005年的2倍、14倍、17倍。期货业持续高速发展，2010年广西期货投资者开户数、客户保证金、代理期货交易量、代理期货交易额分别为20178户、23.75亿元、4958.94万手、38902.24亿元，较2005年分别增长50倍、264倍、244倍、463倍。规模急剧扩大，截至2010年年底，广西有境内外上市公司33家、证券营业部83家、期货营业部24家，分别是2005年的1.5倍、2倍、12倍。

4. 保险业快速增长

“十一五”时期，广西保险业在保费规模、机构与人员、总资产等多个指标上实现翻番：全区保险保费收入由2005年73亿元增加到2010年190亿元，比2005年翻了一番多。保险市场主体由2005年的12家增加到2010年的27家；保险公司分支机构近2000家，比2005年末增长了5倍；保险服务基本实现全区覆盖。保险从业队伍日益壮大，2010年年末从业人员数量超过6万人，比2005年年末翻了一番；保险公司总资产344亿元，增加了187亿元。

（四）房地产业较快增长

广西房地产开发市场总体呈现平稳较快发展态势，开发总量不断扩大，销售市场活跃，房价不断攀升，供求结构日趋合理，极大地改善了居民的居住条件。

1. 住宅投资快速增长

房地产开发企业积极适应市场需求的变化，调整产品结构，加大住宅投资力度。住宅投资由2005年的190.77亿元增加到2010年的865.76亿元，年均增长35.3%；占房地产开发投资总量由2005年的65.5%提高到2010年的71.9%。

2. 资金来源多样化

“十一五”期间，在房地产开发资金来源中，自筹和其他资金来源比重越来越大；国内贷款比重有所降低。“十一五”期间，全区房地产企业累计到位资金4535.10亿元，年均增长37.2%。其中：国内贷款累计972.71亿元，总量由2005年的55.55亿元增长到2010年的238.07亿元，所占比重由2005年的16.4%下滑至2010年的14.5%；自筹和其他资金累计3720.08亿元，总量由2005年的277.38亿元增长到2010年的1395.37亿元，所占比重由2005年的81.9%上升至2010年的84.8%。房地产企业2010年利用外资达到12.36亿元，增长1.09倍。

3. 住宅成为销售主体

“十一五”期间，全区累计住宅销售面积9721.67万米^2，占全部商品房销售面积的93%；住宅销售面积从2005年的1314.37万米^{2}增长到2010年的2607.15万米^2，年均增长14.7%。经济适用房等保障性住房建设力度进一步加大，“十一五”期间全区累计销售经济适用房287.2万平方米，比“十五”期间增长59.3%；办公楼、商业营业用房和其他类型房屋分别累计销售85.02万平方米、497.84万平方米和148.86万平方米，分别增长204.3%、89.6%和205.2%，见表20－10。

表20－10　“十一五”时期广西房地产开发主要指标

年份	本年完成投资额（亿元）	#住宅	商品房销售额（亿元）	#住宅	商品房销售面积（万米^2）	#住宅
2005	286.79	190.76	289.64	239.81	1438.4	1314.37
2006	369.98	248.42	329.88	270.75	1502.61	1372.40
2007	536.28	353.58	511.85	422.63	2016.23	1855.50
2008	626.68	412.75	499.42	431.33	1766.97	1636.92
2009	813.68	577.17	777.17	704.76	2383.76	2249.70
2010	1206.22	878.89	995.19	881.70	2793.92	2607.15

4. 价格呈加快增长态势

在自住型和投资型需求拉动和全国房价一片上涨的态势下，广西商品房价格也持续上涨，房价增速明显高于“十五”期间，全区商品房平均价格为2975元/平方米，比“十五”期间平均价格高1001元/平方米，年均增长8.6%，比“十五”期间高1.8个百分点。2010年全区商品房均价3572元/平方米，比2005年高1558元/平方米。

（五）旅游业发展总体良好

充分发挥桂林在广西旅游业的龙头作用，建立了桂林、南宁两大旅游集散中心，着力建设了大桂林、北部湾、红水河流域3大国际旅游目的地，打造了桂林山水、巴马长寿养生、北部湾滨海休闲、刘三姐民族民俗文化4大旅游品牌，桂林山水文化体验游、中越边关探秘游、北部湾休闲度假跨国游、广西少数民族风情游、世界长寿之乡休闲养生游、桂东祈福感恩游6大精品旅游线路产品体系。这些旅游产品主题特色鲜明、规模大，市场竞争力强，推动广西旅游由单一观光型逐步向多元化综合型转变。与此同时，广西启动了桂林国家旅游综合改革试验区、桂林市国家服务业综合改革试点、中越国际旅游合作区、北海涠洲岛旅游区和桂台（贺州）客家文化旅游合作示范区建设，并以此为载体和工作重点，把旅游强省建设进一步向前推进。

“十一五”时期，全区国内游客累计达到5.1亿人次，国内旅游收入达到2741.93亿元，分别比“十五”时期增长97.5%、152.9%，年均增长14.6%、20.4%，比“十五”高4、6.6个百分点；全区入境旅游者累计1024.74万人次，国际旅游收入211.94亿元，分别比“十五”时期增长77.3%、114.1%，年均增长12.1%、16.5%，比“十五”时期高8.8、12.9个百分点，见表20-11、表20-12。

表20-11 “十一五”时期广西旅游业发展情况

指 标	2005年	2006年	2007年	2008年	2009年	2010年
全年入境旅游者（万人次）	146.2	167.6	205.2	201.02	209.85	250.24
国际旅游收入（亿元）	25.93	31.38	41.85	41.79	43.95	54.84
国内旅游收入（亿元）	277.8	334.02	402.03	491.88	657	843.26

表20-12 “十一五”时期广西旅游业发展增长速度（%）

指 标	2005年	2006年	2007年	2008年	2009年	2010年	年均增速
全年入境旅游者	29.9	14.8	22.4	-2.03	4.4	19.2	11.37
国际旅游收入	31.6	22.4	33.3	9.3	6.9	25.5	19.06
国内旅游收入	20.2	20.3	20.4	22.3	33.6	28.35	24.88

（六）科学技术进步加快

广西积极实施“科教兴桂”战略和“人才强桂”战略，科技创新成效显著，科技事业蓬勃发展，见表20-13。2010年广西科学研究与试验发展经费支出达62.87亿元，比2005年增加48.2亿元，增长2.22倍。其中政府资金达15.21亿元，比2005年增加11.96亿元，增长4.73倍；同年广西科学研究与试验发展项目（课题）数为17413个，比2005年增加9497个，增长2.19倍。2010年，全区共有科研机构714个，共建成重点实验室36个，博士后科研流动站12个；在机械、医药、糖业、轻工、有色金属等优势领域，建立了国家级工程技术研究中心2家、自治区级工程技术研究中心78家和产业技术创新战略联盟7家，在14个千亿元产业中建立了产业研发中心23个；全区申请专利2225件，其中发明专利923件，专利授权数235件，其中发明专利105件。

表20-13 “十一五”时期广西科技活动基本情况

指 标	2005年	2006年	2007年	2008年	2009年
科技机构数（个）	639	623	646	791	1514
科技活动人员数（万人）	5.67	6.04	6.87	7.07	9.25
研究与发展经费内部支出（万元）	146745	185597	223036	334780	472000

2010 年广西高技术产业总产值 447.53 亿元，比上年增长 56.68%，增加值占工业增加值比重达 4.4%，居全国第 19 位；柳州高新园区升级为国家级高新园区，广西北部湾国家高新技术产业带获批准建设，当年南宁、桂林、柳州、北海四个高新技术产业园区工业总产值达 1934.37 亿元。产业科技创新水平明显提高，水稻、甘蔗、桑蚕、畜牧、水产等特色优势产业科技创新成效明显，制糖、汽车、机械、有色金属等部分产业领域技术在全国处于领先水平。

（七）信息服务业渐成规模

广西信息服务业得到了较快发展，随着 2009 年自治区人民政府与中国电信、中国移动、中国联通三大电信运营商签订战略合作框架协议，加大了通信基础设施建设力度，信息化应用广泛开展，以软件技术开发为核心的软件企业逐步形成规模化产业，对培育和发展新型信息服务业起到积极的推动作用。

2010 年年末，广西软件与信息服务业销售收入 100 亿元，年均增速超过 25%，全区认定软件企业 179 家，登记软件产品 500 件，认证计算机信息系统集成资质企业 82 家（其中二级 3 家，三级 30 家，四级 2 家，临时三级 46 家，临时四级 1 家）。目前，广西从事软件开发生产和服务的企业约 300 家，培育了一批如广西德意、南宁银河、广西运通等国内知名软件企业；电子认证服务业态势良好，经工业和信息化部认可的广西壮族自治区数字证书认证中心有限公司逐步成长起来，2010 年，新增发放证书 19199 余份。

广西软件产品已广泛应用于金融、通信、保险、交通、电力、旅游、教育、医疗、宾馆、汽车、公安、税务、煤矿等多个行业和领域，为软件产业跨越式发展和信息服务业的拓展打下了良好的基础。全区电子政务建设得到进一步完善，建成自治区本级电子政务内网、外网和党委机要专网的传输网络，并向广西各市县的网络延伸。

（八）会展业逐步壮大

紧紧抓住中国—东盟博览会永久落户南宁的历史性机遇，办出了一批在国内外都有一定知名度、美誉度的名牌展会。中国—东盟博览会连续成功举办七届，成为广西会展品牌形象；中国—东盟南宁国际汽车展览会、桂林联合国世界旅游组织/亚太旅游协会旅游趋势与展望国际论坛、中国（桂林）国际旅游博览会、桂林国际山水文化旅游节、中国（玉林）中小企业商机博览会、南宁国际学生用品交易会、南宁·东南亚国际旅游美食节等展会也在国内外享有较高的知名度。

会展经济较快发展，2009 年广西会展业直接收入约 5 亿元，拉动相关产业收入 45 亿元左右；展会数量逐年上升、会展规模逐年扩大（见表 20－14）。

会展设施不断完善。全区现有专业展览场馆 5 个，建筑面积 39.8 万平方米，室内展览面积约 13 万平方米，标准展位 8600 个，已连续成功举办了 5 届中国（玉林）中小企业商机博览会。

会展企业发展迅速。“十一五”期间，2000 年以前，广西本地注册的会展公司不到 10 家，现在注册展览公司以及其他办展单位已经超过了 150 多家。

表 20－14　2005—2009 年广西举办会展情况表

年度	办展场次	国际会议（次）	参展商（家）	#境内参展商（家）	境外参展商（万人）	参展累计人数（万人）
2005	29	34	12223	1168	2.1	53
2006	31	35	12623	1285	2.3	59
2007	42	37	15749	1356	3.3	65
2008	57	51	17781	1503	3.7	85
2009	63	51	18213	1612	3.9	92

（九）教育事业日益壮大

广西教育事业的发展与改革取得了突破性进展。高等教育较快发展；中等职业教育适应市场需求的能力进一步增强；普通高中发展速度加快，优质教育资源进一步扩大；普及九年义务教育成果得到巩固提高；学前教育规模持续扩大。在全国少数民族自治区中率先实现义务教育“两基”攻坚目标；全面实现城乡免费义务教育；在全国率先实施三年职业教育攻坚计划已顺利完成，见表20－15。

高等教育大众化水平进一步提高。2005—2010年，广西高等教育在校生人数从48.6万人发展到74.6万人，增长53.5%。高等教育毛入学率从15%增长到19%。实现了高等教育男女生基本均衡，少数民族学生上大学（普通本专科）的比例基本达到了少数民族人口的比例。家庭经济困难学生资助实现全覆盖。

中等职业教育规模不断扩大。实施职业教育攻坚计划，与教育部共建首个国家民族地区职业教育综合改革实验区，形成了中等职业教育与普通高中教育协调发展的良好格局。中等职业教育（含技工学校）在校生从2005年的45万人发展到2010年的92万人，增幅达104%。

表20－15 “十一五”时期广西各级各类教育平均每万人在校学生数（人）

指 标	2005年	2006年	2007年	2008年	2009年	2010年
高等学校	99.3	115.3	126.0	135.2	138.5	156.9
高中阶段	232	260	292	302	306	363.2
初中阶段	479.3	462.2	465.8	444.5	425.3	435.3
小学	926.1	927.5	949.0	932.9	899.5	934.3
幼儿园	181.6	203.1	214.6	224.7	232.3	257.5

（十）医疗卫生事业持续发展

“十一五”时期，广西完成了突发公共卫生事件应急指挥系统的建设，实现对突发公共卫生事件的动态监测与预警，形成统一、高效、快捷、准确的突发公共卫生事件信息报告系统和应急指挥系统。与“十五”期末相比，卫生机构数由9431个增加到10654个，增幅12.97%；医疗机构床位数由93767张增加到132012张，增幅40.79%；卫生人员数、卫生技术人员数、执业医师和执业助理医师数、注册护士数分别由158416人、129210人、54652人、44504人增加到206854人、169477人、67314人、69906人，增幅分别达30.58%、31.16%、23.16%、57.07%；每千人口医疗机构床位数、卫生技术人员数、执业医师和执业助理医师数、注册护士数分别由1.90张、2.62人、1.11人、0.90人增加到2.59张、3.33人、1.25人、1.23人，增幅分别达到了36.32%、27.10%、12.61%、36.67%，其中，每千人口注册护士数连续几年超过西部平均水平，见表20－16。

疾病预防控制工作取得显著成效。到2010年，全区有疾病预防控制中心（防疫站）105个，卫生监督所（局）109个，专科疾病防治院（所、站）43个，较好地发挥了疾病预防控制的作用。

表20－16 “十一五”时期广西卫生事业基本情况

指 标	2005年	2006年	2007年	2008年	2009年	2010年
卫生机构数（个）	9432	9977	10060	10442	10654	10341
病床总数（张）	93767	97003	105223	118372	132012	143695
每千人中医院、卫生院病床总数（张）	1.77	1.82	2.06	2.28	2.53	2.91
每千人中有卫生技术人员数（人）	2.63	2.75	3.05	3.23	3.49	4.03

（十一）文化事业繁荣进步

广西继续实施“文化信息资源共享工程”“非物质文化遗产保护‘薪火相传’工程”和“文化先进县”“边境文化长廊”“知识工程”等重点文化建设工程，不断推进社会文化建设。2005 年全区有公共图书馆 95 个、总藏量 1491 万册（件），到 2010 年广西有公共图书馆 108 个、总藏量 1880.9 万册（件），分别增长 13.7%、26.9%。进一步完善公共文化服务机构建设。2010 年，广西 14 个设区市共有公共文化服务机构 1597 个，其中艺术表演团体 141 个，公共图书馆 108 个，群众文化服务机构 1284 个，博物馆 64 个。新闻出版事业蓬勃发展，出版发行和报业实力居西部地区前列，2005 年全区出版图书 3500 种、报纸 50 种、期刊 180 种；2010 年全区出版图书 7344 种、报纸 55 种、期刊 185 种，见表 20－17。2010 年，广播综合人口覆盖率 95%，电视综合人口覆盖率 97%，比“十五”期末分别提高 4.2 和 1.9 个百分点。

表 20－17　“十一五”时期广西图书、报纸及杂志出版情况

指　标	2005 年	2006 年	2007 年	2008 年	2009 年	2010 年
报纸出版量（亿份）	5.8	6	6.37	5.83	6.14	6.20
期刊出版量（亿册）	0.6	0.52	0.54	0.41	0.42	0.43
图书出版量（亿册）	1.8	1.64	2.31	2.89	2.75	2.44

（十二）社会保障等服务业取得新进展

广西进一步加强就业和社会保障工作，全面实施就业促进法，以发展促进就业，以创业带动就业；统筹做好城镇新增劳动力、下岗失业人员再就业、农村劳动力转移就业、被征地农民就业和库区移民转移就业工作，加强大中专毕业生、退役军人就业指导和服务，帮助零就业家庭解决就业困难；扩大社会保障覆盖面，确保各项社会保险待遇按时足额发放。扩大城镇居民基本医疗保障问题；探索建立农村养老保险制度。

城镇居民人均可支配收入由 2005 年 8917 元增加到 2010 年 17064 元，农民人均纯收入由 2495 元增加到 4543 元，年均增长分别为 13.9% 和 12.7%。居民消费价格年均涨幅 3.2%，物价基本稳定。社会保险待遇大幅提高，养老、医疗、失业、工伤和生育保险参保人数共 2077 万人次，比“十五”期末增加 997 万人次；新型农村合作医疗农民参合率达到 93.1%；220 多万农村居民参加新型农村养老保险。建成“五保”村 6852 个，集中供养对象 10 万人。64 万城市居民和 316 万农村居民享受最低生活保障，基本实现应保尽保。

（十三）桂林国家服务业综合改革试点初见成效

2010 年 11 月，经广西积极争取，国家发改委批复了桂林市国家服务业综合改革试点区域，从国家战略层面，推动桂林市加快转变经济发展方式，提升在国家区域发展总体战略中的地位和作用。试点批复后，自治区党委、政府，桂林市委、市政府高度重视，从多方面推进试点区域建设。

1. 组织保障，建立健全改革试点工作推进机制

自治区将桂林市综合改革试点建设纳入了桂林“十二五”规划纲要，并从 2010 年开始，已连续两年拨付专项资金共 2000 万元支持桂林服务业综合改革试点建设；桂林市在年度工作报告中，对开展国家服务业综合改革试点进行了重大部署，成立了服务业试点领导小组，统筹推进试点建设，加强督促检查和评估，促进各方面形成发展合力。

2. 加强宏观引导，研究编制服务业试点各项专项规划和出台相关政策措施

目前已编制了桂林服务业发展战略规划、国家服务业综合改革试点工作方案及年度实施方案，以及社会化养老产业、商贸物流、商务会展业规划等一批专项规划；并切实落实支持政策，从 2011 年起

桂林市财政每年安排服务业发展引导资金5000万元，重点支持试点建设。

3. 以项目为抓手，全面启动改革试点“服务业发展五大示范区”建设

共包括530个服务业项目，总投资2468亿元，主要包括以秀峰琴潭园区、灵川县为基地的养生度假和社会化养老产业发展示范区；以七星区为核心的商务会展产业与旅游产业融合发展示范区；以临桂新区为核心的商贸物流聚集发展示范区；以阳朔县为主的城乡互动、乡村生态休闲旅游创新服务示范区；以叠彩区为中心的桂林城北体育文化特色消费示范区。与此同时，着力推动桂林世界旅游城项目规划开展，启动一批对今后服务业发展有重要意义的基础设施项目和服务业重大项目，作为试点建设载体，加快建设创业大厦、“一院两馆”（桂林大剧院、桂林图书馆、桂林博物馆）以及中心公园、景观水系等。

4. 正在研究出台关于支持桂林市服务业综合改革试点建设的政策措施

广西将在政策、资金、土地、项目等方面，统筹支持桂林国家服务业综合改革试点工作。目前试点工作已初见成效，“服务业发展五大示范区”规划的第一批包括服务业基础设施、生产性服务业、生活性服务业在内的529个服务业项目得到落实，前期工作进展顺利。

二、主要问题

（一）服务业比重下降

“十一五”时期服务业增长速度低于经济增长速度1.2个百分点，增加值占地区GDP比重由2005年的39.2%下降到2010年的34.9%，与全国的差距由2005年的1.3个百分点扩大到2010年的8个百分点。

（二）服务业水平较低

2010年广西人均服务业增加值6805元，比全国人均少5947元，仅相当于全国平均水平的53.4%。劳动生产率低，从业人员人均服务业增加值11440元，比全国低10510元，仅相当全国平均水平的52.1%。现代服务业发展滞后，物流、会展、社会化养老、教育培训等新兴服务业所占比重较小，高附加值的知识、信息、咨询服务以及高端的科技研发、工业设计、文化创意等产业处于起步阶段。

（三）服务业开放程度不高

2010年进出口总额177.1亿美元，仅占全国的0.6%。对外承包工程和劳务合作规模较小，2010年完成营业额5.66亿美元。对外技术咨询服务业、特许权使用和许可、专业服务等高附加值的现代服务贸易业发展刚刚起步。

（四）区域发展不平衡

14个市中，服务业增加值占本地生产总值比重超过40%的仅有南宁市（50.2%），介于30%～40%的有8个市，低于30%的有5个市，比重最低的仅为27.2%。此外，长期形成的城乡二元分割体制，导致城乡居民收入水平和消费水平存在较大差异，农村服务业总量偏小，城乡服务业发展差距较大。

三、“十二五”发展思路

以邓小平理论和“三个代表”重要思想为指导，深入贯彻落实科学发展观，以国家深入实施新一轮西部大开发为契机，坚持以科学发展为主题，以加快转变经济发展方式为主线，把推动服务业大发展作为产业结构优化升级的战略重点，大力发展生产性服务业和生活性服务业，进一步优化服务业空间布局，加快建设一批投资大、水平高、辐射强的重大项目，推出一批有特色、精品化、聚人气的中小项目，推进服务业规模化、品牌化、网络化发展，全面提升服务业增长质量、效益和水平，实现服务业的突破性发展。“十二五”时期，广西要成为西部地区服务业较为发达的省区之一。①服务业发展水平提高。服务业增加值年均增长速度高于地区生产总值增长速度1.5个百分点，服务业增加值占地区生产总值比重提高到37%。②服务业结构优化。以现代物流、文化、旅游、会展、金融等为主体的现代服务业成为新的战略支撑产业。培育一批具有自主知识产权的年营业额超百亿元的大型服务企业集团和知名服务品牌。③区域服务业协调发展。重点打造以南宁为中心的现代服务业核心区、南北陆路通道服务业集聚带、西江黄金水道服务业集聚带、沿海开放通道服务业集聚带。④服务业吸纳就业的能力明显增强。服务业从业人数稳步提高，到2015年，服务业从业人员占全社会从业人员的比重提高2个百分点。加快形成优势互补、层次鲜明的“一个核心区、三个功能带”服务业发展格局：一个核心区，即以南宁为中心的现代服务业核心区；三个功能带，即南北陆路通道服务业集聚带、西江黄金水道服务业集聚带、沿海开放通道服务业集聚带。根据各服务行业对自治区经济贡献的大小以及发展前景，广西服务业分为三类，①支柱型服务业，包括现代物流、旅游、金融、商贸、会展等；②成长型服务业，包括信息、科技、房地产、文化体育、教育、医疗等；③潜力型服务业，包括中介、外包、节能和环境、社区服务等。“十二五”期间，广西将依托产业基础和优势资源，突出发展支柱型服务业，加快发展成长型服务业，积极培育潜力型服务业。

附件：“十一五”时期印发的政策文件

1.《广西壮族自治区人民政府关于加快发展服务业的实施意见》（桂政发〔2007〕53号）

2.《中共广西壮族自治区委员会、广西壮族自治区人民政府关于进一步加快服务业发展的决定》（桂发〔2010〕34号）

3.《广西壮族自治区人民政府关于加快文化产业发展的实施意见》（桂政发〔2010〕63号）

4.《广西壮族自治区人民政府关于加快边贸市场建设促进边境贸易发展的意见》（桂政发〔2010〕64号）

5.《广西壮族自治区人民政府关于加快发展广西会展业的意见》（桂政发〔2010〕65号）

6.《广西壮族自治区人民政府关于促进我区服务外包产业加快发展的意见》（桂政发〔2010〕66号）

7.《广西壮族自治区人民政府关于加快培育服务业品牌的意见》（桂政发〔2010〕67号）

8.《广西壮族自治区人民政府关于建设“无水港”加快发展保税物流体系的意见》（桂政发〔2010〕68号）

9.《广西壮族自治区人民政府关于加快商品市场体系建设的意见》（桂政发〔2010〕69号）

10.《广西壮族自治区人民政府关于加快广西住宿餐饮业发展的意见》（桂政发〔2010〕70号）

11.《广西壮族自治区人民政府关于进一步促进我区城乡居民消费的意见》（桂政发〔2010〕71号）

12.《广西壮族自治区人民政府关于建设百家博物馆的意见》（桂政发〔2010〕73号）

13.《广西壮族自治区人民政府关于加快广西物流业发展的实施意见》（桂政发〔2010〕74号）

14.《广西壮族自治区人民政府关于加快信息服务业发展的实施意见》（桂政发〔2010〕75号）

15.《广西壮族自治区人民政府关于加快发展金融业的实施意见》（桂政发〔2010〕89号）

16.《广西壮族自治区人民政府关于加快建设旅游强区的决定》（桂政发〔2010〕92号）

第二十一章　海南省服务业发展报告

海南省是我国最大的省级经济特区，也是唯一的热带岛屿省份，拥有优质的生态环境和丰富的自然资源，具备发展服务业的良好基础。一直以来，海南省深入贯彻落实《国务院关于加快发展服务业的若干意见》，立足实际，充分发挥和利用海南特有的资源和区位优势，大力发展服务业，尤其是《国务院关于推进海南国际旅游岛建设发展的若干意见》颁布以来，更是加大资金投入力度，着重发展以旅游业为龙头的现代服务业，取得了显著的成效。

一、“十一五”发展情况

“十一五”时期，海南省服务业增速明显加快，年增长率约为15.6%，高于全国11.06%的平均增速。尤其是2008年至2009年，在全国放缓服务业增长步伐之时，海南省仍以13.3%、14.1%的增长率位居全国各省市前五位，且分别高出全国增速3.8和5.2个百分点。2010年，海南省地区生产总值达2064.5亿元，其中服务业增加值为953.67亿元，占地区生产总值的比重为46.2%，增长率达到19.6%。服务业已成为带动全省经济增长的重要力量。

（一）现代服务业发展步伐加快

2010年，海南省交通运输、仓储和邮政业，批发和零售业，住宿和餐饮业三大传统服务业行业增加值占服务业增加值的比重为41.09%。从服务业行业内部结构看，现代服务业发展步伐明显加快。“十一五”期间，金融业年均增长30.8%，房地产业年均增长23.4%，信息传输、计算机服务和软件业，金融业，租赁和商务服务业，科学研究、技术服务和地质勘查业等行业对经济增长的贡献也在不断增强。

（二）现代服务业吸纳就业能力不断增强

“八五”到“十一五”期间，海南省服务业就业人数在总就业人数中的比重持续上升，占全社会就业人口的比重从1990年的20.61%上升到2009年的36.31%，增长了15.7个百分点，远远高于同期海南省第二产业就业人数占全社会总就业人数的比重。从服务业内部行业来看，2009年海南省服务业从业人员主要集中在批发和零售业（27.09%）、居民服务和其他服务业（17.10%）、住宿和餐饮业（12.54%）以及交通运输、仓储和邮政业（10.54%）四个行业，这四个行业就业人员比重达到服务业全部行业从业人数的66.88%。从各行业就业人口的增长率看，2003—2009年间，租赁和商务服务业，房地产业，信息传输、计算机服务和软件业，科学研究、技术服务和地质勘查业从业人员增长较快，增长率分别达到33.58%、32.31%、10.21%和8.24%。

（三）服务业的空间分化格局逐步形成

目前，海南省服务业已经形成南北两极极化的空间分布特征，海口和三亚已经成为海南省服务业发展的重要载体。2010年海口和三亚服务业增加值占全省服务业增加值总量的60.75%。海口市作为全省的政治、经济、文化中心，具有较强的资源和要素集聚能力，除居民服务和其他服务业外，其余服务行业都具有较明显的比较优势，且信息传输、计算机服务和软件业，租赁和商务服务业，房地产业，金融等现代服务业在全省优势较为突出；三亚市作为国际滨海旅游城市，旅游业对相关服务业的带动作用强劲，交通运输、仓储及邮政业，批发和零售业，住宿和餐饮业，房地产业等在全省具有集聚优势。从东、中、西看，呈现东部生活性、中部公共服务性和西部生产性的空间分化特征。从具体行业看，信息传输、计算机服务和软件业，金融，租赁和商务服务业等生产性服务业集聚特征明显，而生活性服务业在空间上的分布较为均衡。

二、主要问题

（一）服务业总量仍然较小

2010 年海南省服务业增加值为 946.25 亿元，占全国服务业增加值的比重仅为 0.56%，在全国 31 个省（市、自治区）中位居倒数第 4 位，仅高于宁夏、青海和西藏。从人均服务业增加值来看，海南省 2009 年仅为 8579.17 元，低于全国当年 12497.26 元的平均水平，在全国当年排名占第 14 位。

（二）服务业内部结构优化升级缓慢

自 2004 年以来海南省服务业内部行业比重变化情况看，除 2008 年、2009 年金融业和房地产业大幅提升，交通运输、仓储和邮政业显著下降外，其他行业增加值在整体服务业中的比重均变化不大，服务业内部结构优化升级不明显。由于传统服务业发展的惯性较大，现代服务业增长活力不强，海南服务业的区域竞争力以及占全国服务业增加值的比重不断下降，竞争力由 2000 年的第 11 位下降到 2008 年的第 22 位，服务业增加值占全国服务业增加值的比重也从 2000 年的 0.6% 下降到 2009 年的 0.5%。

（三）服务业劳动生产率低

从 2009 年的情况来看，海南省服务业劳动生产率为 4.97 万元/人，低于上海（15.06 万元/人）、北京（12.46 万元/人）、天津（10.63 万元/人）、广东（9.73 万元/人）、江苏（7.44 万元/人）、福建（6.69 万元/人）等东部沿海省市，也低于全国平均水平（5.37 万元/人）。劳动生产率低下既与服务业的知识结构、技术结构有关，也与服务业的组织结构有关。目前，海南缺乏有区域竞争力和国际影响力的服务业企业与企业集团，服务业企业弱、小问题突出，推进服务业现代化、集团化、国际化的任务十分艰巨。

（四）现代服务业空间聚集特征不明显

现代服务业发展有较强的聚集偏好，那些有世界影响力的服务业城市往往以强大的现代服务业集群为依托。从空间上看，海南服务业的空间分化格局正在形成，但现代服务业的空间聚集性不强。从总量上看，海口、三亚是海南服务业发展的南北两极，但并没有形成全国有影响的服务业聚集功能区，没有形成彼此相依的服务业综合体系，服务业增长依赖少数行业的发展，抵御风险的能力较低。

（五）国际旅游岛建设的“高要求”与海南“底子薄”的现实矛盾

当前，海南总体经济实力不强，城镇化发展不足，经济结构层次偏低，产业整体素质不高，企业市场竞争力不强；对外开放水平有待提高，国际贸易、利用外资和入境游客规模偏小；重大交通设施发展滞后，快速通达周边地区的出岛通道亟待完善，入境旅游的可进入性差；旅游产品创新不足，配套服务不完善，国际知名度不高，缺少世界级、具有影响力的旅游吸引物；现代物流、金融保险、信息服务、医疗保健、法律事务、商务服务、旅游等行业缺乏高素质管理人才和高水平技术人才；人才培养、引进和储备不足，人文社会环境有待改善。

（六）支撑服务业发展的政策和保障机制尚待完善

由于服务业在海南省占有极其重要地位，长期以来省里从财政税收、工商管理、贷款担保等各个方面都给予服务业发展很多的政策支持。但这些政策与海南省服务业发展的战略要求相比，与“特区”的优势相比还有较大差距，还没有充分利用和发挥国家所赋予特区的先行先试优势，在对外开放、人才引进、出入境政策、投融资政策、土地政策、财税政策、购物政策、航权政策、市场准入、项目审批等方面给予现代服务业发展以更大的支持。同时，由于服务业涉及行业多、范围广，现行政策措施缺乏立足行业发展调查基础上的差别化扶持政策，缺乏针对各行业的政策措施实施细则，对于重点行业和重点领域的支持力度也亟待加强。在管理体制和运行机制方面，各自为政，多头管理，政出多门问题突出，缺乏横向协调机制和统一协调机构。尚未建立起政府主导、行业组织协调自律的规范化、市场化的行业管理体制和运行机制。

三、“十二五”发展思路

发挥特区政策先行先试优势，以体制创新为动力，以国际化、现代化、集团化、品牌化为目标，实施集团化推动、大开放促动、信息化支撑战略，强化服务业功能区建设，强化以旅游业为龙头的现代服务业的发展，做优（质）、做特（色）现代生活性服务体系，做精（深）、做高（效）现代生产性服务体系，将海南建成为我国旅游业改革创新的试验区、世界一流的海岛休闲度假旅游目的地、国际经济合作和文化交流的重要平台、南海资源开发和服务基地和国家热带现代农业服务基地。按照国家发展改革委批复的《海南国际旅游岛建设发展规划纲要》，到 2015 年，海南省服务业增加值达到 1920 亿元；服务业增加值占 GDP 的比重达到 50% 以上；人均服务业增加值达到 20426 元；服务业从业人员占全部从业人员的比重达到 45% 以上。主要任务是：①构建海南特色的现代服务体系。一是构建以旅游业为龙头，度假休闲购物、康复疗养、文化娱乐、房地产业为支撑的现代生活性服务体系；二是构建以现代物流、科技信息服务、金融服务为支撑的现代生产性服务体系；三是构建以热带农业发展和海洋资源开发为特色的综合服务体系。②推进服务业现代化。一是推进传统服务业的现代化；二是大力发展现代服务业。③推进服务业国际化。一是搭建国际化大型服务企业参与海南建设平台；二是搭建我国优势服务企业走出去战略平台。④推进服务业连锁化、集团化。一是推进家政服务的集团化、连锁化经营；二是推进旅游公司的集团化、连锁化经营；三是推进服务领域从业人员的集团化、租赁化管理；四是推进车辆租赁、游艇租赁等的连锁化、集团化经营。⑤推进服务业特色化、品牌化。一是打造中华文化精品演艺园；二是塑造热带农业休闲观光体验平台；三是构建高端服务人才培训基地；四是开发热带深山旅行体验服务新产品；五是建立南海海洋资源保护与教育服务基地。⑥形成若干服务业功能集聚发展区。着力构建“两核、两带、一区、一环，六个功能区”的空间格局，形成若干个特色明显、支撑功能强、对区域服务业发展有较强带动作用的服务业集聚功能区。

第二十二章　重庆市服务业发展报告

一、“十一五”发展情况

（一）总体呈又好又快态势

“十一五”期间，重庆服务业始终保持快速稳定的发展态势，服务业规模不断扩大、领域不断拓宽、业态不断创新，“十一五”规划纲要确定的发展目标基本实现。服务业的市场竞争能力快速提升，城市服务功能日益增强，“三农”服务体系逐步完善；全市服务性消费支出大幅提高；服务业发展布局日趋优化，改革步伐稳步推进，开放程度大为提高。服务业对国民经济的支撑作用日益明显，基本服务供给能力全面加强，西部服务之都雏形初具。

1. 整体发展快速稳定

“十一五”期间，全市服务业发展处于历史最好水平，增幅虽略有波动但始终保持两位数增长态势（图22-1），平均增速达12.68%①，高于“十五”时期平均增速2.9个百分点。2010年，全市服务业实现增加值2881.08亿元，比“十五”末翻了1番，比直辖前翻了5番。

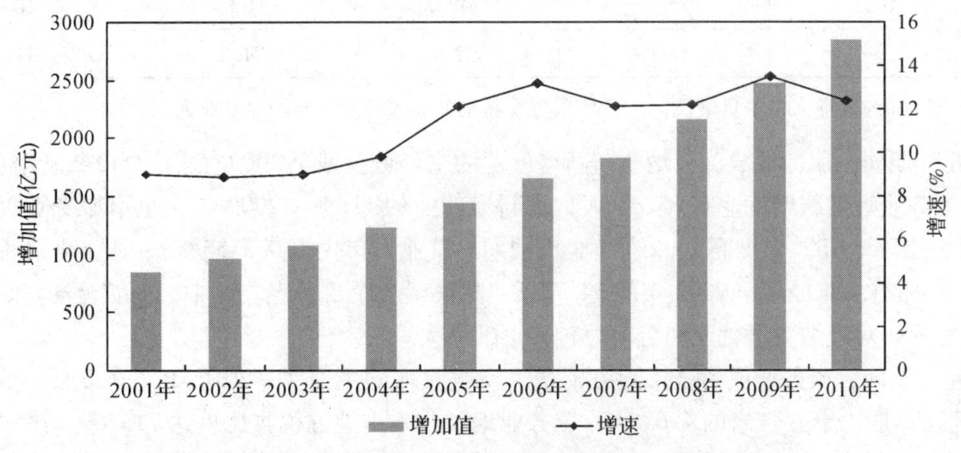

图22-1　2001—2010年重庆服务业发展变化图

“十一五”期间，全市累计完成服务业固定资产投资13654.65亿元，是“十五”期间的2.8倍；年均增速达到25.3%，高于“十五”时期3个百分点（图22-2）。服务业固定资产投资比例始终维持在60%以上，成为推动全市经济社会发展的重要支撑力量，为全市有效应对2008年国际金融危机的冲击发挥了基础性作用。

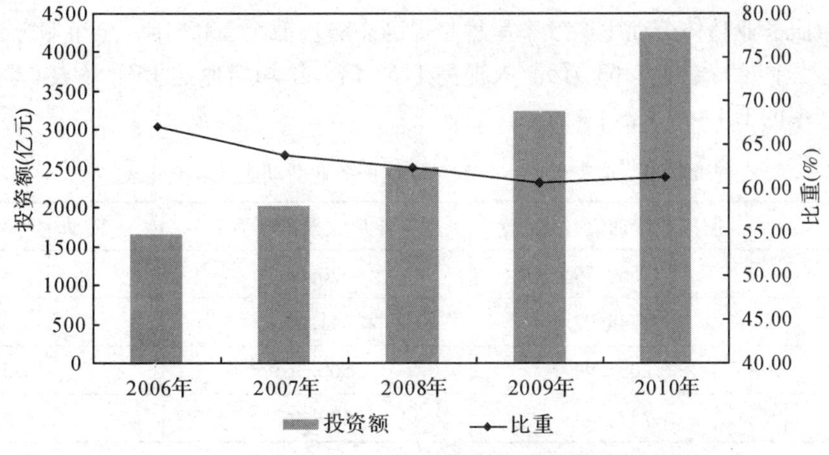

图22-2　“十一五”期间重庆服务业投资变化图

2. 社会贡献日趋增大

“十一五”期间，随着全市服务业规模不断扩大、领域不断拓宽、业态不断创新，服务业以其自身独有的优势，对吸纳新增就业、农村劳动力转移和地方财政税收的贡献日趋增大，而服务业对能源的消耗则始终维持在较低水平，见表22-1。

① 除特别说明外，本文所采用数据均来自历年重庆统计年鉴或由其计算所得。

表 22-1 重庆市“十一五”期间服务业就业、税收和能耗表

年份	服务业新增就业（万）	服务业新增就业所占比重（%）	地方税收（亿元）	服务业地税比重（%）	能源消费占全社会比（%）
2006	8.77	—	106.05	63.86	10.24
2007	20.54	133.29	146.83	65.39	11.10
2008	19.16	74.9	205.03	71.65	11.64
2009	19.1	85.3	248.7	71.85	10.33
2010	—	—	397.77	71.2	11.25

注：2006 年全市总就业人口呈负增长，2007 年服务业新增就业人口大于新增总就业人口。

“十一五”期间，服务业成为吸纳全市新增就业的主渠道。截至 2009 年[①]，全市共新增就业 57.26 万人，其中服务业吸纳新增就业 67.57 万人，占新增就业的 118%。2009 年，全市服务业就业人口达 579.46 万人，比“十五”末提高 13.2%（全市同期总就业人口仅提高 3.55%），服务业就业人口比重由“十五”末的 31.8%提高至 2009 年的 34.72%，提高近 3 个百分点。其中，商贸流通业、交通运输业、住宿和餐饮业对吸纳新增就业和劳动力转移贡献最大。

“十一五”期间，服务业成为全市地方财政、税收收入的主力军。2010 年，全市服务业地税收入达 397.77 亿元，是“十五”末的 4.63 倍；服务业地税收入占地方税收比重达 71.2%，比“十五”时期提高 7.34 个百分点，服务业作为地方财税收入主力军的支撑作用进一步增强。其中以房地产业（44.83%）、金融业（12.61%）、批发零售业（5.93%）和交通运输业（5.13%）的贡献最大。

与此同时，全市服务业对能源的消耗则始终维持在较低水平，单位服务业增加值的能耗仅相当于单位 GDP 能耗的 25% ~35%，服务业能耗占全社会能耗的比重始终保持在 10%左右的低位。

3. 生产效率稳步提高

“十一五”期间，随着资本、技术密集型等高端服务业所占比重不断上升，服务业内部结构不断调整、优化，全市服务业整体劳动生产效率呈稳步提高态势。截至 2009 年，全市服务业劳动生产率达 4.27 万元/人，比“十五”末的 2.63 万元/人提高 1.63 倍，年均增速达 13%（表 22-2），是同期全社会平均劳动生产率的 1.1 ~1.4 倍。

表 22-2 重庆市“十一五”期间服务业劳动生产率变化表

年 份	服务业增加值（亿元）	服务业从业人口（万人）	劳动生产率（万元/人）
2006	1564.79	520.66	3.01
2007	1748.02	541.20	3.23
2008	2087.99	560.36	3.73
2009	2474.44	579.46	4.27

4. 市场主体日渐壮大

“十一五”期间，全市各项改革深入推进，市场有序开放，门槛逐步放低。服务业市场主体日渐壮大，企业数和个体工商户数稳步提高，服务业企业注册资本大幅增长，经营能力持续增强，抵御风险的能力进一步提高。

---

① 2010 年数据目前还在审核中。

从内资方面看，全市内资企业数按三次产业划分为3.63∶25.23∶71.14[①]，与“十五”末相比，服务业企业占比提高1.36个百分点，其中交通运输、仓储和邮政（↑6.17%）、租赁和商务服务业（↑5.44%）和信息传输、计算机服务和软件业（↑2.9%）上升幅度最大。从注册资本看，三次产业比为1.58∶32.91∶65.51，服务业企业注册资本比上升9.57个百分点，其中租赁和商务服务业（↑19.28%）、金融业（↑2.62%）和水利、环境和公共设施管理（↑1.7%）升幅最大。从外商投资看，来渝外资企业数按三次产业划分为1.9∶22.11∶75.99，其中批发和零售业8484户，占34.74%；租赁和商务服务业4227户，占17.31%。资本总额之比为1.57∶21.53∶76.9，其中租赁和商务服务业197.56亿元，占20.1%；金融业190.93亿元，占19.42%；房地产169.14亿元，占17.21%。

5. 区域布局愈加优化

“十一五”期间，全市服务业发展布局进一步优化，集聚效应日趋明显。解放碑、观音桥、三峡广场等地逐渐形成了区域性金融、商务、商贸中心；大溪沟、五里店、北部新区逐渐形成了文化创意、工业设计、科技研发基地；主城“三基地四港区”逐渐布局发展了交通运输、现代物流和大型市场。随着全市服务业布局的集聚化、网络化、片区化发展，特别是都市核心区[②]逐渐向服务经济转型，城市要素聚集进一步增强，城市功能分区进一步明确，市场配置资源的基础性作用更加明显，总部经济效应稳步提高，极大地促进了城市服务功能的完善和辐射周边能力的提升。

“十一五”期间，都市核心区已逐渐成为金融、地产、物流、科技、信息、会展、商务、文化、创意等现代服务业的核心集聚区，成为重庆市构建西部服务之都的基础平台。2010年，都市核心区服务业增加值达1845.23亿元，占全市服务业增加值的64.7%，比“十五”末提高近15个百分点，集聚效应逐渐显现。同期，都市核心区基本形成了以服务业为主导的产业结构，服务业对国民经济的重要性日趋明显。2010年，都市核心区服务业增加值占GDP的比重达51.3%，高于全市平均水平15.2个百分点，历史性占据国民经济主体地位，都市核心区服务经济为主导的国民经济结构基本确立。

（二）重点行业蓬勃发展

“十一五”期间，全市服务业领域不断拓宽、业态不断创新、市场主体不断壮大、产业体系不断健全、内部结构不断优化，各服务行业呈蓬勃发展之势。交通运输、批发零售、住宿餐饮业等传统服务业全面改造升级；金融、物流、旅游等现代服务业保持良好发展态势。会展、创意、商务等新兴产业也逐渐起步，日益成为新的经济增长点和扩大就业的重要途径。

1. 商贸流通持续繁荣

“十一五”期间，特别是国务院“3号文件”出台以来，全市以“会展”“购物”和“美食”三都建设为抓手，以构建“大商贸、大流通”格局和建设“西南大市场”为目标，商贸流通业取得重大发展，重庆作为长江上游地区商贸会展中心的地位得以巩固，服务能级明显增强。

“十一五”期间，全市商贸流通业实力逐步增强。2010年，全市社会消费品零售总额达到2938.6亿元，是“十五”末的2.39倍，年均增长19.1%；商品销售总额7760亿元，是“十五”末的2.83倍，年均增长23.1%。“三都”建设粗具规模。国际会展中心、规划展览馆等大型会展场馆建成投用，国际博览中心、西部国际会展城开工建设；成功举办全国糖酒会等大型会展；建成城市核心商圈30个，其中百亿商圈5个；建成百亿企业5家，亿元市场145个，其中百亿市场11个；餐饮住宿业年均增长22.5%；建成中华美食街11条，市级美食街25条，培育全国餐饮百强企业11家，名列全国第一。

“十一五”期间，全市城乡统筹商贸网络建设快速推进。新农村市场体系不断完善，“万村千乡市场”在全国率先实现全覆盖。全市流通现代化水平明显提高。市场保供能力明显增强，三级储备体系

① 本小节数据引自重庆市工商行政管理局《2010年度分析报告》。

② 指渝中区、江北区、沙坪坝区、大渡口区、南岸区、九龙坡区、渝北区、北碚区和巴南区等九区。

初步形成。区域保供合作领域不断扩大，在应对汶川大地震、武隆地质灾害中发挥了重要作用。

"十一五"期间，全市商贸流通业改革创新实现新突破。全面完成国有商贸流通企业改革攻坚任务。商贸流通资源战略性重组迈出实质性步伐，组建了粮食集团、渝惠食品集团等一批国有商贸大集团，成为保供稳价的中坚力量。市场经济秩序进一步规范，建立了整顿和规范市场经济秩序的有效机制。

2. 现代物流跨越发展

"十一五"期间，全市现代物流业迎来黄金发展机遇，产业规模不断扩大，"三基地四港区"国家级枢纽布局规划得以实施，西部国际物流中心地位日趋凸显。2010年，全市现代物流业实现增加值450亿元，占GDP比重达到5.7%，占服务业比重达15.6%，比"十五"末提高2.2个百分点；全市货运量达8.1亿吨，年均增长15.7%，是"十五"末的2.1倍；全社会物流总费用占GDP的比重下降至19%。

"十一五"期间，全市物流发展环境明显改善。"一江两翼三洋"国际物流大通道战略规划获得认可并稳步实施。物流重大基础设施建设取得突破，规划建设步伐加快，基本实现"半小时主城""4小时重庆"目标。确立了国家级、市级、地区级、特色园区、城乡配送网络五级物流平台差异化联动发展思路。全市物流业主体壮大、服务实力提升。运输、仓储、货代、物流加工等物流企业数量达到近8000家。其中，营业收入上亿元的物流企业约30家，上10亿元的物流企业5家。

"十一五"期间，全市物流效率不断提高。"十一五"期间，全市已取消公路养路费、航道养护费、公路运输管理费、公路客货运附加费、水路运输管理费、水运客货运附加费等，对高速公路集装箱车辆通行费给予优惠。以重庆至上海水运为例，20英尺集装箱由重庆到上海出海的费用由3800元/标箱下降至3200元/标箱。开通了至上海的"五定"快班轮，在收费标准与普通班轮基本持平的情况下，外贸集装箱出海时间由原来的9天以上缩短至5天。

3. 金融业突飞猛进

"十一五"期间，全市金融业突飞猛进，行业改革成效显著，见表22-3。重庆产权交易所、农村土地交易所、股权交易所等一批要素市场相继建立，小额贷款公司蓬勃发展，金融业发展环境进一步优化，区域性金融中心日渐成型。

表22-3 "十一五"期间重庆金融业主要数据

年份	增加值（亿元）	本外币存/贷余额（亿元）	上市公司（个）	银行机构（个）	保险机构（个）	证券机构（个）
2006	213.7	5587.5/4443.84	29	32	25	1
2007	247.46	6662.36/5197.08	30	30	30	1
2008	303.01	8102/6384.03	31	29	37	1
2009	389.97	11084.82/8856.56	31	29	36	1
2010	496.56	13613.97/10999.87	34	35	39	1

2010年，全市金融业增加值达到496.56亿元，是"十五"末的2.68倍，年均增长21.8%。金融业增加值占GDP的比重达到6.3%，比"十五"末提高1个百分点，历史性地成为国民经济的支柱产业。整个"十一五"期间，金融业都是国民经济中增长最快的行业，对全市经济起到重要的拉动作用，金融业的良好发展为全市经济快速增长提供了充裕的资金支持。重庆产权交易所、农村土地交易所、股权交易所和畜牧远期交易所等一批要素市场相继挂牌运营，重庆作为长江上游金融中心的地位日渐显现。

"十一五"期间，改革创新成为推动全市金融业发展的重要动力，改革创新步伐在全国领先。"十一五"期间，全市担保体系进一步完善，担保规模近千亿元；地方金融机构实现"脱胎换骨、凤凰涅槃"，全市农村信用社改制组建了重庆农村商业银行，是经国务院批准的西部地区唯一一家从农村信用社改革转化而来的农村商业银行；重组、改造了三峡银行和重庆银行，积极筹备上市，重庆银行还成为西部第一家跨区域经营的城市商业银行；小额贷款公司试点工作在全国领先，实现了三个第一：全国第一个出台相关文件启动小额贷款公司试点的省市、批准了全国第一批10家小额贷款公司的筹建、诞生了中国银监会和央行《关于小额贷款公司试点的指导意见》印发后的第一家小额贷款公司。与此同时，全市证券业、保险业逐步迈上新的台阶，经营领域不断扩大。

4. 房地产市场结构日益稳固

“十一五”期间，全市房地产业呈现出“既快又稳”的发展态势。一是在国家连续出台宏观调控政策、全国房地产市场大幅波动之时，实现了整体平稳发展，房价一直保持在70个大中城市的中低水平，成为全国房地产市场健康发展的典型。二是房地产业保持持续较快发展，有力地支撑了全市经济增长。三是通过房地产市场的健康发展，重庆市市民的居住条件得到明显改善。四是采取“双轨制”供给，大力建设廉租房、经济适用房和农民工公寓，实施危旧房和棚户区改造安置房。率先在全国开始大规模建设公共租赁住房，计划3年建设4000万平方米，解决200万人住房问题。多措并举下，有效地保障和改善了低收入家庭和进城务工人员住房条件。

2010年，全市房地产业增加值由“十五”末的143.88亿元提高到266.38亿元，年均增长13.2%；房地产投资由“十五”末的517.73亿元提高到1620.26亿元，年均增长25.6%；商品房销售由“十五”末的1681.23万平方米增长到3495.8万平方米，年均增长15.8%。房地产业逐渐成为全市国民经济的重要组成部分，房地产投资是社会总投资的排头兵，成为推动国民经济增长的重要力量。“十一五”期间，全市房地产投资占全社会投资比重始终维持在25%左右；全市商品房供销比基本保持在1.1；房价收入比一直控制在6.5以下；全市房地产开发空间稳步拓展，开始呈现出从主城区向区县市场发展的趋势。

5. 旅游产业地位凸显

“十一五”期间，全市旅游业按照“一心两带”的目标要求，强力推进“大项目、大投入、大营销”旅游发展战略，先后提出温泉之都打造、山水都市旅游精品建设、长江三峡景区提升等重大举措，着力打造长江三峡、大足石刻、山水都市、温泉之都、乌江画廊、仙女山六大旅游精品，旅游业发展取得了长足进步。旅游市场规模持续扩大，旅游产品类型更加丰富，产业体系进一步完善，发展环境进一步优化，产业综合效益明显提高，旅游业正日益成为重庆经济的战略性支柱产业，成为国民经济发展的重要推动力量。2010年，全市旅游总收入达917.85亿元，比“十五”末增加616.73亿元，年均增长25.08%。全年接待入境（海外）旅游人数超过137万人次，是“十五”末的2.62倍；旅游外汇收入超过7亿美元，是“十五”末的2.66倍。入境游客在渝逗留天数由“十五”末的3天增加到3.4天。

“十一五”期间，全市旅游业“吃、住、行、游、购、娱”六大要素协调发展。旅游星级饭店比“十五”末增加82家，达到271家；A级旅游景区96个，增加43个；旅游商品生产和经营企业271家，商品种类3300余种；旅游投资、融资和信息服务三大平台加快建设，旅游新产品不断涌现；有序推进生态旅游、乡村旅游、名镇旅游和温泉旅游等主题年活动，重点打造“中国温泉之都”和“太阳工程”建设，旅游产业体系进一步完善。

6. 科技服务日新月异

“十一五”期间，重庆市科技服务业以结构调整和强化自主创新为主线，着力加强自主创新能力建设，平台建设取得突破。2010年，全市科技服务业实现增加值81.02亿元，是“十五”末的7.4倍；专利授权同比增长46%。企业R&D经费支出占产品销售收入比重连续4年居全国第1位，科技活动产出居第6位，综合科技进步水平稳定在全国第12位，西部第2位。

“十一五”期间，全市自主创新环境不断优化，科技服务业发展水平进一步提升。一是大力推进自主创新基础能力建设。加快推进科技平台建设，累计建设市级以上重点实验室39个（国家级6个）、工程技术中心 85 个（国家级 9 个）。在新能源汽车、智能仪器仪表等领域组建了 16 大产业技术创新联盟，联合开展产业技术攻关，建立研发平台，实施知识产权战略。二是加大科技投入促进产业结构升级，加快实施重大科技专项和重大科技示范工程，加快建设产业科技示范基地。三是优化自主创新环境，加快科技资源"下乡入园进企"，加快实施《重庆市科技创新促进条例》等配套政策，固化新产品扶持、鼓励设立科技创新金融服务机构及融资担保机构等。

7. 中介服务渐成规模

"十一五"期间，全市中介服务业发展势头强劲，产业结构不断优化，智力密集型的现代中介行业发展迅猛，已逐渐成为全市中介服务业的支柱行业，基本形成以法律服务、会计评估、广告设计、工程管理咨询、房地产经纪、金融保险证券中介、会展服务、人力资源服务业和商贸信息咨询九大门类为支柱，涵盖 88 个行业类别的多门类、多层次、多样化的中介服务体系，服务规模逐渐扩大。

"十一五"期间，全市中介服务业累计实现增加值 635.14 亿元，年均增长率达到 28.61%；占服务业的比重由 3.99% 增加到 6.63%。截至"十一五"末，全市营利性中介组织达 82399 户，翻了近三番；注册资本金达 1380 亿元，翻了近两番；从业人员 56.8 万人，五年累计新增就业岗位 49.2 万个。

8. 服务体系日渐完善

（1）会展业。"十一五"期间，重庆市会展业保持快速增长，会展基础设施不断完善，会展数量不断增加，基本实现"月月有展会、周周有促销"。2010 年，全市共举办各种展会节庆活动 284 个，同比增长 34.3%；展出面积 146 万平方米，同比增长 35.1%；实现会展收入 9.4 亿元，同比增长 36.2%；拉动消费近 77.9 亿元，同比增长 41.6%。

（2）创意产业。全市创意产业起步较晚，真正进入规范化管理是在 2007 年，经过 3 年的培育，全市已授牌创意产业基地 25 个，累计利用专项资金支持项目 110 多个。2010 年，全市创意产业实现销售收入 750 亿元，同比增长约 30%，是 2006 年的 1.6 倍；实现增加值 350 亿元，同比增长 26.63%，是 2006 年的近 1.5 倍；从业人员达到 30 万人以上，同比增长 10%，是 2006 年的 1.6 倍。创意产业增加值占全市 GDP 比重达到 4.49%，成为全市经济发展重要产业。六大类创意产业的增加值比重大致为：文化传媒 27.3%；研发设计 17.1%；软件开发 18.1%；建筑设计 23.6%；时尚消费 9.1%；咨询策划 4.8%。文化传媒、研发设计、软件开发、建筑设计行业已逐步成为全市创意产业中的重点行业。

（3）服务外包。"十一五"期间，全市服务外包产业形势喜人，5 个服务外包示范区建设取得初步成效。全市服务外包招商引企工作形势喜人，惠普结算中心、贝宝电子商务结算平台、思科数字化城市、APL 全球服务中心、霍尼韦尔全球工业中心等项目相继落户，为全市服务外包业跨越式发展做出巨大贡献。2010 年，全市服务贸易总额 35.09 亿美元，同比增长 75%；其中出口 13.45 亿美元，同比增长 22%；进口 21.63 亿美元，同比增长 137%；顺差 4.19 亿美元。服务外包协议金额达到 3.39 亿美元，同比增长 149%；执行金额达到 1.06 亿美元，同比增长 150%。

（4）文化产业。"十一五"期间，全市文化产业年均增长速度在 26% 以上，比同期全市 GDP 增速高 10 个百分点左右，保持了高速增长势头。出版发行和版权服务、文化休闲娱乐服务、文化艺术服务、广播影视服务等，已经成为全市文化产业的主体板块。2010 年，全市文化产业实现增加值 238.75 亿元，比"十五"末增长 172.08 亿元，占 GDP 比重从 2.17% 增加到 3.01%，上升 0.84 个百分点，对 GDP 增长的贡献率为 3.3%，拉动 GDP 增长 0.8 个百分点；文化产业吸纳从业人员由"十五"末的 27.82 万人增加到 2009 年的 36.36 万人，人均增加值达 5.17 万元。

（三）服务业对外开放力度不断提高

"十一五"期间，全市服务业对外开放力度不断加大，实际利用外资金额逐年提高。2010 年，全市服务业实际利用外资 44.29 亿美元，是"十五"末的 12.4 倍，见表 22-4。利用外资结构逐步优化。2010 年，全市房地产实际利用外资占比由"十五"末的 87.66% 下降到 54.16%，金融业占比则由不足 5% 增加到 35.24%。

表22－4　重庆市各主要服务行业"十一五"期间实际利用外资额　（单位：万美元）

年份	服务业	交通运输邮政	批发零售	住宿餐饮	金融	房地产
2006	38096	669	1664	255	9793	23262
2007	74329	2105	2646	1419	2424	63358
2008	184182	325	5922	2820	1850	168349
2009	253409	414	14698	1036	24864	144357
2010	442935	1536	8109	7200	156075	239887
"十一五"累计	992951	5049	33039	12730	195006	639213

二、采取的主要措施

（一）政府高度重视，组织机构健全

"十一五"期间，重庆市委、市政府非常重视服务业发展，多次开会研究部署全市服务业发展工作。2008年，市政府建立了服务业工作联席会议，并将联席会议办公室设在市发展改革委。全市各区也依据产业条件不同建立了相应的协调机制和机构：渝中区成立了四大家领导牵头的区发展与规范中介服务业领导小组；江北区创立了市区共建的科技研发集聚区发展模式；北部新区成立了软件服务外包办公室，从组织保障、战略规划、载体建设、政策扶持、资金引导、人才培养、平台搭建等多方面加大对区内服务外包产业的推进力度。

（二）优化发展环境，加强资金扶持

"十一五"期间，相继出台了《重庆市人民政府关于加快发展服务业的意见》（渝府发〔2008〕126号）、《重庆市人民政府关于促进服务外包产业发展的意见》（渝府发〔2008〕19号）和《重庆市人民政府关于印发重庆市贯彻国家物流业调整和振兴规划实施意见的通知》（渝府发〔2009〕108号）等一系列扶持服务业发展的政策文件。明确每年安排市级财政2500万元支持服务外包发展，并要求项目实施所在园区以1:1比例予以配套支持。自2009年起，市财政每年安排不低于2亿元，优先扶持本市现代物流、科技研发、金融保险、软件信息、中介、文化和创意等服务产业加快发展，建设现代服务业集聚区。

（三）坚持市场取向，不断改革创新

"十一五"期间，全市服务业之所以实现快速发展，是因为始终坚持市场取向，不断推进服务业体制改革与创新，对鼓励类的服务业项目建设在用地、税费、水电价格等方面给予重点扶持。逐渐健全商贸流通行业竞争机制，市场得到充分发育，成为推动城镇化和劳动力转移的重要力量；勇于开展金融行业改革创新，打破定向思维，在全国实现多个"第一"，取得跨越式发展。全市各区县也都积极推动服务业各领域的改革创新：渝中区制定《关于大力培育发展中介服务业的决议》，将培育中介服务业列为全区重点工作任务，纳入年度目标考核；江北区出台《关于提高自主创新力 促进创新型企业发展的实施意见》等，在服务业改革方面迈出了重要步伐。

三、主要问题

（一）比重不断下滑

"十一五"时期是重庆服务业发展较快的时期，平均增速在两位数以上，服务业的门类逐渐健全，

竞争力在不断提高。但由于历史、产业、地理等多种因素的影响，重庆服务业发展还存在一些不足。

"十一五"期间，全市服务业增加值占GDP的比重呈现不断下滑的趋势（图22-3），由"十五"末的41.53%下降至2010年的36.35%，与北京、上海等服务业比较发达的地区相比存在较大差距，与周边四川、云南、贵州、陕西等地相比也存在一定差距。全市服务业比重出现较大下降的主要原因，是全市工业经济飞速发展、重化工特征进一步加强。因此，在"十一五"时期，全市服务业增速虽然加快，但因增速落后于工业增速，导致全市服务业比重呈下滑趋势，且这种趋势仍将持续。

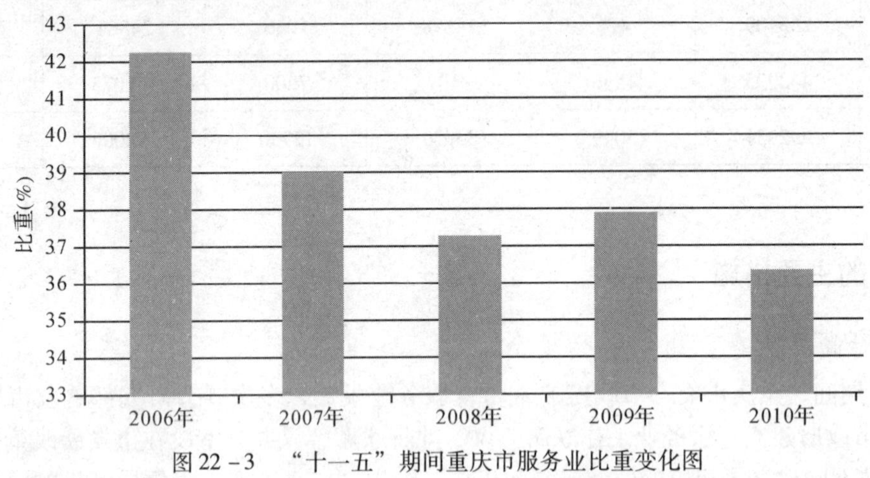

图22-3 "十一五"期间重庆市服务业比重变化图

（二）投资效益较低

"十一五"期间，虽然全市服务业固定资产投资始终保持稳定增长，比重始终保持在61%以上，成为拉动全市经济社会增长的基础性力量，为平稳度过国际金融危机发挥了重要作用，但是，投资效率却在逐年下降（图22-4）。由此可见，转变增长模式，提高服务业整体投资效率是重庆服务业发展的重大课题。

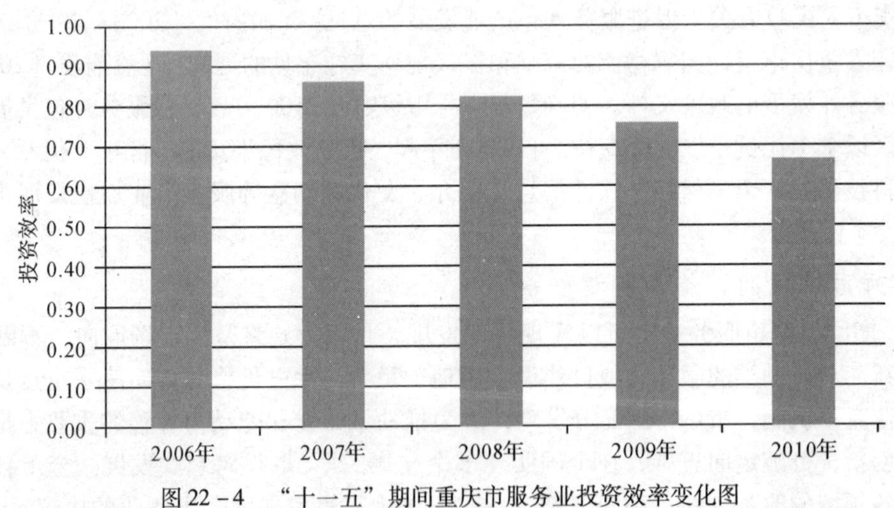

图22-4 "十一五"期间重庆市服务业投资效率变化图

（三）结构不尽合理

"十一五"期间，全市服务业中，交通运输邮政、批发零售和餐饮住宿等传统服务业所占比重一直较大（表22-5），占服务业增加值的40%左右，由于其规模较小、组织分散、劳动生产率较低，难以快速提高现代化水平，实现传统产业升级，不利于整个服务业行业劳动生产率提高。

表22-5　2006—2010重庆市服务业构成表　（单位：%）

年份	交通运输邮政	批发零售	住宿餐饮	金融业	房地产	其他
2006	16.59	20.09	4.93	6.81	10.11	41.47
2007	15.20	20.95	5.25	7.01	11.22	40.37
2008	14.83	21.52	5.35	9.64	9.16	39.51
2009	14.06	21.19	5.37	15.76	9.26	34.36
2010	13.52	21.67	4.93	17.24	9.25	33.4

（四）认识存在偏差

长期以来，个别地方政府对于服务业发展的认识还存在一定偏差，重工业、轻服务业的思想仍然存在，还没有将发展服务业放在经济发展战略的高度上去思考。此外，由于服务业分散，管理部门多，协调难度大，难以形成合力，因此在制定政策时往往偏重于鼓励工业而忽视服务业的发展。

（五）体系尚不完善

服务业技术标准、行业规范以及统计制度不完善，难以适应服务业发展需要。特别是与居民生活密切相关的社区服务、家政服务、医疗服务、日用品配送、健康护理、网络购物等生活性服务业服务不规范，制约了服务市场的快速成长和健康发展。此外，现行服务业的统计制度不健全，工作体系不完善，难以及时准确地反映服务业发展的实际状况，政府决策缺乏可靠的数据支撑。

（六）协会作用有限

行业协会是市场经济体系的重要组成部分，也是实现整个社会有序管理的重要组织形式。行业协会在提高服务市场配置效率、协调各服务行业利益关系、维护服务市场公平有序竞争、加强服务行业诚信自律、协调各方利益关系、促进社会和谐等方面，都可以发挥应有的作用。但是，目前全市服务业行业协会大多数还属于政府“孵化型”，面临两难处境：继续依附在政府部门显然不符合市场经济要求，难以取得应有的独立地位和行业认同；而脱离政府部门又面临生存困难。因此，虽然全市服务业各行业协会发展存在差异，但整体作用仍然十分有限。

四、“十二五”发展思路

重庆市“十二五”服务业发展的总体目标是：增加值年均增长达13.4%左右，占全市GDP的比重维持36.4%的水平，服务业发展水平保持西部地区领先。坚持创新发展，扩大开放合作；坚持统筹协调，促进产业联动；坚持突出特色，发挥比较优势；坚持市场主导，强化企业运作。重点任务是：①全力助推国家服务业综合改革试点。国家服务业综合改革试点工作是国家发展改革委酝酿很久后推出的一项重大政策举措，近两年来重庆市一直在跟踪、对接。国家发展改革委审核确定了重庆市渝中区为试点区域，将对改革试点中的重大问题从国家层面予以帮助解决。重庆市将全力助推渝中区进行服务业综合改革试点工作。②实施集聚区建设工程。紧紧围绕全市重大生产力布局，依托各类工业园区，建成一批面向园区的综合配套生产性服务业公共平台，引导园区企业逐渐实现服务外包，推动工业园区逐渐向生产性服务业园区转型。继续扩大两江新区服务外包集聚区规模。加快五里店工业设计中心后期建设，强化江北区工业设计集聚区功能。逐步完善永川职业教育集聚区产学研体系，加强职业教育和制造业互动发展。协调推进长寿化工产业、西永微电子产业、西彭铝加工产业、大足五金产业、荣昌畜牧产业和巴南轻工产业等生产性服务业集聚区建设。③实施产业链完善工程。紧紧围绕重庆市汽摩、装备制造、化工、材料、轻纺5大传统支柱产业，从完善和优化产业链条入手，推动产业逐渐向“微笑曲线”两端延伸，培育壮大服务企业，开展专业服务活动，提升产业链增值服务的能力，提高产品附加值，扩大产业服务规模，逐步形成体系完整且具有绝对竞争力的产业集群，发挥集群优势。④实施制造服务化工程。充分发挥重庆市大型制造企业的技术优势，推动企业将以产品为中心的制造业向服务增值延伸，发展成为提供产品、服务、支持、自我服务和知识的“集合体”，逐步建立和完善行业和地域领先的研发、设计、维修、检测、咨询、技术支持等公共服务体系，推动制造企业服务化发展，促进企业服务增值，提升重庆市企业的服务外包承包能力，培育新的经济增长点。

附件：“十一五”时期印发的政策文件

1.《重庆市人民政府关于加快发展服务业的意见》（渝府发〔2008〕126号）

2.《重庆市人民政府关于促进服务外包产业发展的意见》（渝府发〔2008〕19号）

3.《重庆市人民政府关于印发重庆市贯彻国家物流业调整和振兴规划实施意见的通知》（渝府发〔2009〕108号）

4.《重庆市人民政府关于加快商贸流通发展的决定》（渝府发〔2008〕98号）

5.《重庆市人民政府关于加快会展业发展的意见》（渝府发〔2010〕40号）

6.《重庆市人民政府关于建设长江上游地区购物之都的意见》（渝府发〔2010〕104号）

7.《重庆市人民政府办公厅关于加快“五方十泉”建设打造“温泉之都”的意见》（渝办发〔2006〕221号）

8.《重庆市促进国际服务外包产业发展若干政策措施的实施办法》（渝府发〔2009〕78号）

第二十三章　四川省服务业发展报告

加快服务业发展，是四川省转变经济发展方式、推进产业结构调整、提高人民生活水平、建设西部经济发展高地的重大战略举措。“十一五”期间，四川省深入贯彻落实科学发展观、奋力推进“两个加快”，全省经济保持良好发展势头，城乡居民收入稳步提高，服务业规模效益不断提升，初步形成优势特色突出、服务功能强、就业容量大、经济效益好的现代服务业体系。

一、“十一五”发展情况

“十一五”期间，四川服务业总体呈现稳步增长态势，规模发展壮大，结构调整初见成效，税收就业贡献显著，对外开放步伐加快。服务业的平稳较快增长促进了全省经济发展和产业结构调整。

（一）规模不断扩大，比重有所下滑

五年间，全省服务业保持稳步增长，2010年实现增加值6030.4亿元，是2005年的2.13倍（图23-1），总量居西部第1位，全国位列第12位，处于中上水平。“十一五”期间，排名前六位的一直是广东、江苏、山东、浙江、北京和上海，排位赶超四川的有湖南和湖北，在2010年分别列第10位和第11位，见表23-1。

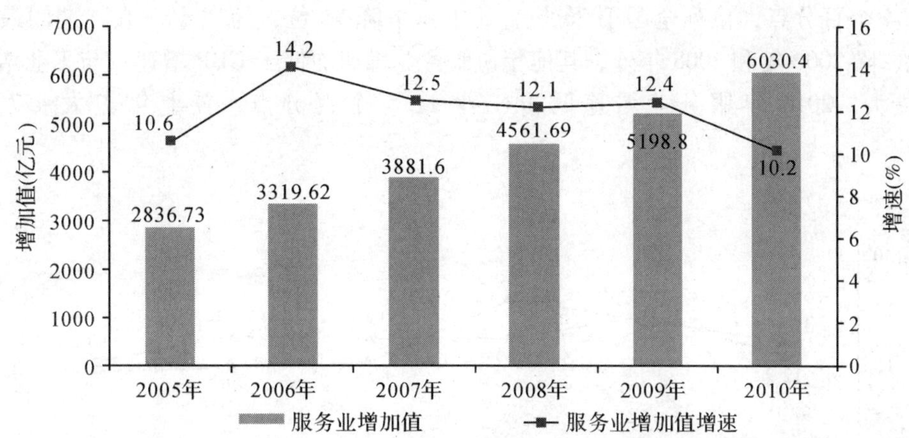

图 23－1　2005—2010 年四川服务业增加值和增速

表 23－1　2005—2010 年四川服务业增加值、增速及比重在全国排位

年份	服务业增加值（亿元）	服务业增加值增速（%）	服务业增加值比重（%）
2005	2836. 73	10. 6	38. 4
2006	3319. 62	14. 2	38. 2
2007	3881. 6	12. 5	36. 8
2008	4561. 69	12. 1	36. 2
2009	5198. 8	12. 4	36. 8
2010	6030. 41	10. 2	35. 1

全省服务业增加值比重有所下滑。2010 年四川服务业增加值比重为 35. 1%，比 2005 年低 3. 3 个百分点，比全国低 8 个百分点，与全国的差距较“十一五”初期扩大了 5. 9 个百分点，见图23－2。“十一五”期间，四川服务业比重在全国的排位一直在 20 位以后，最好水平是 2006 年和 2007 年的第 21 位，2009 年和 2010 年下降到最低水平，列第 26 位。究其原因，四川正处于工业化加速发展阶段，工业长期保持 20% 以上的高增长率，相对削弱了服务业在全省经济总量中的比重和地位。下一阶段，四川将步入由工业化中期向后期的转型时期，以金融服务、商贸服务、现代物流、信息技术等为代表的生产性服务业加快发展，各种新兴业态不断涌现，服务业在三次产业中的地位将显著提升。

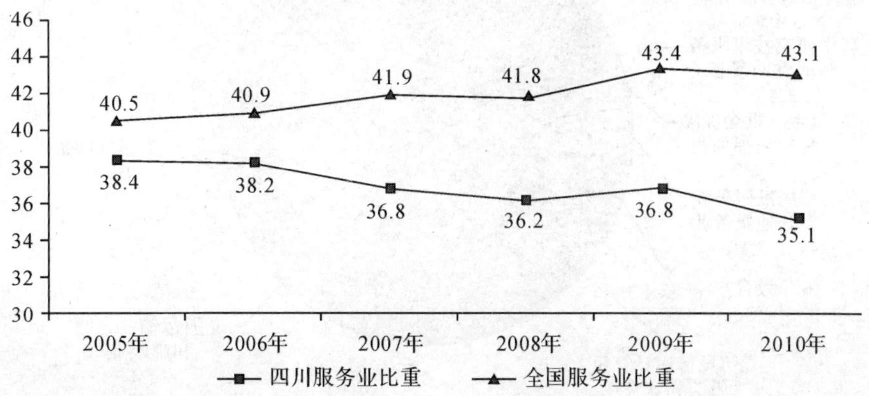

图 23－2　四川服务业和全国服务业增加值占比对比（单位:%）

（二）发展波动较大，增速相对较缓

“十一五”期间，四川服务业增速波动较大，总体呈现逐步回落趋势。2010 年增长 10. 2%，较

2005 年下降 0.4 个百分点，位列全国第 26 位，比上年下降 14 位，为"十一五"期间最低水平。与 GDP 增速相比，除 2006 年和 2008 年外，其他年份服务业增速均低于 GDP 增速。与工业增速相比，二者差距不断拉大，2010 年服务业增速低于工业 11.8 个百分点，较上年扩大 4.7 个百分点，见图 23-3。

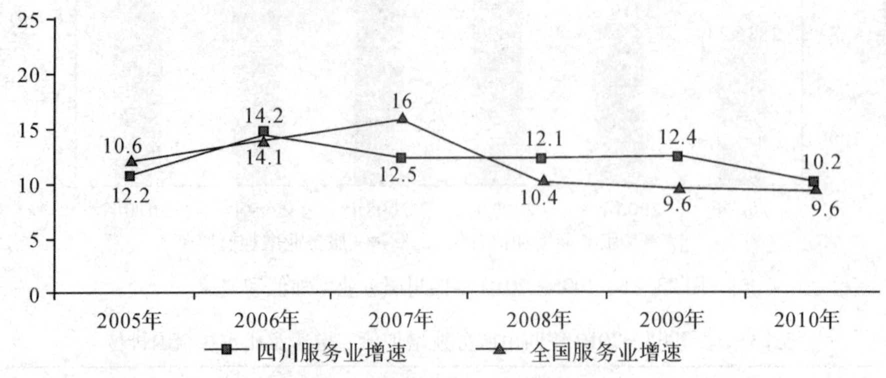

图 23-3　2005—2010 年四川和全国服务业增速（单位:%）

（三）结构调整初见成效，新兴业态加快发展

交通运输、仓储和邮政业、批发零售、住宿餐饮等传统服务业改造提升步伐加快，服务功能得到加强。现代物流、金融服务、信息服务、文化创意、科技咨询等现代服务业发展迅速，发展水平不断提高。传统运输业受"柴油荒"影响，增加值占比由 2005 年的 13.4% 下降为 2010 年的 9.5%。房地产业持续回落，市场观望气氛浓厚，商品房销售面积大幅回落，2010 年行业增加值占比为"十一五"期间最低水平。部分新兴服务业加快发展，金融保险业增加值占比从 2005 年的 9.2% 增加到 2010 年的 10.9%，信息传输计算机服务和软件业所占比重由 2005 年的 5.6% 增加到 2010 年的 7.4%。

在省委、省政府加快民生工程建设等政策措施推动下，生活性服务业领域不断拓展。2010 年四川民生性服务业实现增加值 3159.4 亿元，占全省服务业比重为 54.0%，增长 9.1%，比生产性服务业高 0.2 个百分点，见图 23-4。

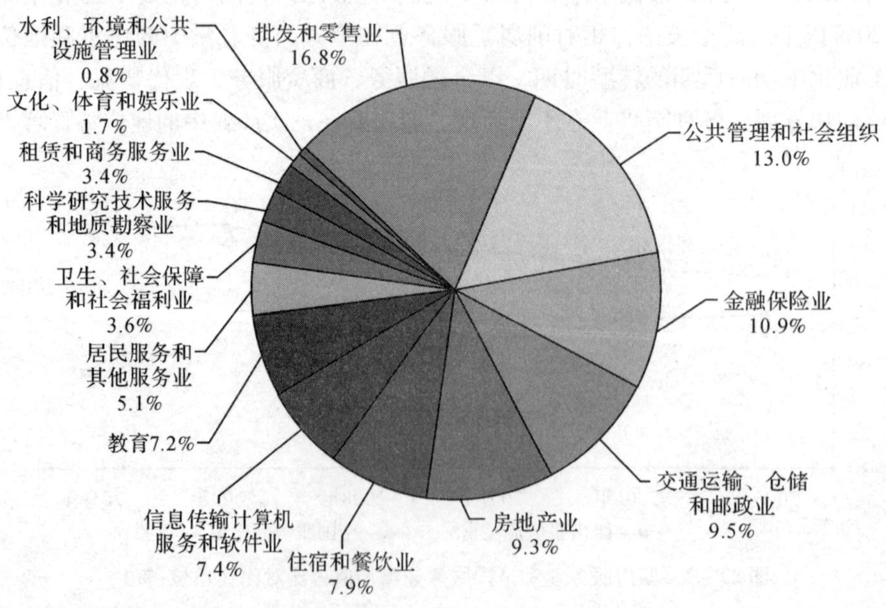

图 23-4　2010 年四川服务业内部结构图

(四) 效益不断改善，税收和吸纳就业成效显著

随着服务业规模不断扩大、领域不断拓展、效益不断提高，服务业日渐成为四川省主要税源。2010 年，四川服务业实现税收 1232.8 亿元，占全部税收总额的 55.9%，较“十一五”初期提高近 5 个百分点；服务业税收增长 34.7%，比上年提高 12.6 个百分点，比第二产业税收增幅高 10.1 个百分点。从具体行业看，除了租赁和商务服务业税收增速为负，其他行业税收增速均在 20% 左右，其中房地产业（63.4%）、批发零售（35.7%）、金融保险业（29.7%）以及文化、体育和娱乐业（26.9%）等税收增幅较大。

服务业带动就业成效显著。2010 年实现就业 1500 万人，占全省就业总人数的 31.4%，较 2005 年提高 2.6 个百分点，比工业和建筑业高 6.5 个百分点。服务业就业人数比上年同期增加 29.6 万人，对全省新增就业人数贡献率达 186.1%，成为四川省吸纳就业人数最多、增长最快的产业。

(五) 贡献率波动较大，对经济增长拉动不够

2000 年以来，服务业对四川经济增长的贡献率均徘徊在 25% 左右，与发达省市和全国平均水平相比，服务业发展水平较为落后。“十一五”期间，服务业对全省经济增长的贡献率低于第二产业。2005 年服务业贡献率为 33.4%，比第二产业低 24.8 个百分点，此后波动较大。2008 年汶川地震使得第二产业贡献率大幅下降，服务业贡献率升至 41.9%，达到“十一五”期间最高水平。2009 年后，服务业贡献率持续下滑，2010 年降至 25.3%，见图 23－5。四川服务业对经济增长的拉动作用较弱，未充分发挥服务业对经济增长的引擎作用。

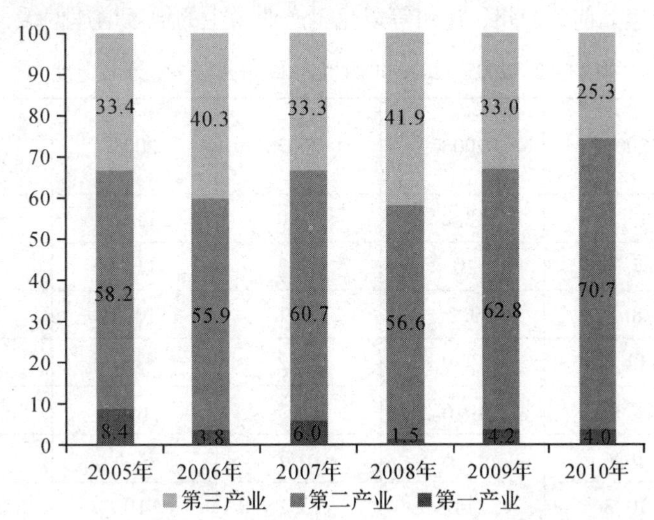

图 23－5　2005—2010 年四川三次产业对经济增长的贡献率（单位:%）

(六) 投资比重增加，投资结构优化

在灾后重建和扩内需政策驱动下，“十一五”期间，四川服务业投资快速增长，累计完成投资 26890.04 亿元，成为拉动全社会固定资产投资快速增长的主要动力。“十一五”初期，服务业投资占比为 59.4%，2007 年下降至“十一五”最低水平 54.9%。2008 年汶川地震后，服务业投资受灾后重建拉动快速回升。2009 年增长 64.8%，比全社会固定资产投资增速高 6.7 个百分点，占全省投资总额的 57.5%，见图 23－6。2010 年在省委、省政府实施“两个加快”发展战略推动下，全省服务业投资稳步增长，全年完成固定资产投资 7911.57 亿元，是 2005 年的 3.83 倍。文化、体育和娱乐业投资增长最快，2010 年增长 60.1%；住宿餐饮、金融、批发零售、科学研究、技术服务等行业投资增速均在 30% 以上。受 2009 年灾后重建投资基数较大等因素影响，信息传输、计算机服务和软件业投资增速出现下滑。

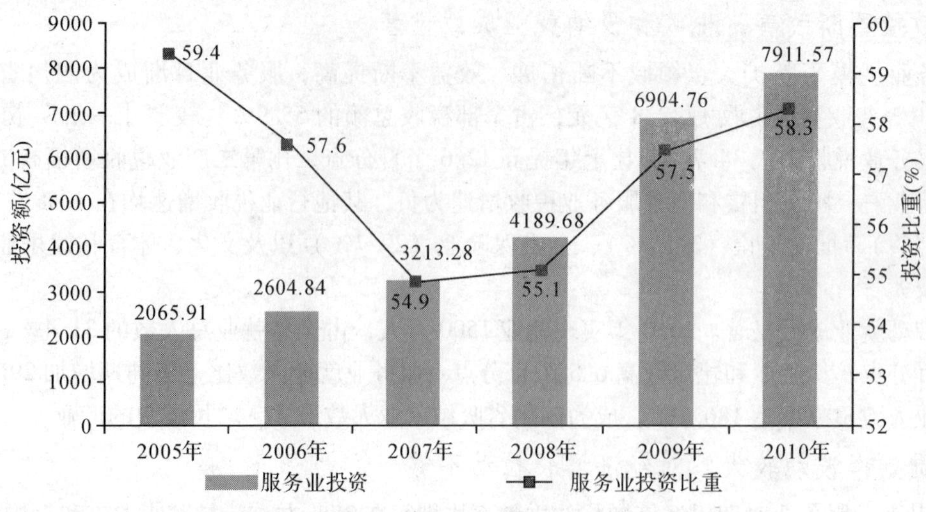

图 23－6　2005—2010 年四川服务业投资总额及比重

（七）发展不平衡，地区差异较大

从总量上看，四川服务业主要集中在成都、绵阳、凉山、德阳和南充等地，2010 年五个市州实现服务业增加值占到全省总量的 62.3%，其中，成都实现增加值 2785.34 亿元，占全省的比重高达 45.5%。从增速看，由于各地经济发展水平不一、发展基础不尽相同，发展增速相差较大。乐山、甘孜、成都、广元和德阳等地服务业增速靠前，泸州、达州等以化工产业为主的地区增速偏缓，见表 23－2。

表 23－2　2005—2010 年四川省 21 市州服务业增长速度　（单位:%）

地区 \ 年份	2005	2006	2007	2008	2009	2010
成都	12.6	13.2	15.0	11.2	13.4	11.8
自贡	7.3	10	10.3	11.7	11.6	11.0
攀枝花	8.1	9.2	11.1	10.0	10.0	9.0
泸州	12.8	13.9	13.2	13.0	10.8	7.3
德阳	8.0	10.6	11.3	1.7	12.1	11.3
绵阳	9.5	11.6	10.7	9.2	12.4	10.2
广元	10.3	14	13.1	10	13.3	11.4
遂宁	11.5	13.6	13.5	12.6	11.1	8.1
内江	8.0	9.1	13.1	14.1	11.1	7.9
乐山	12.8	12.6	12.5	12.8	12.4	12.2
南充	12.3	13.1	13.4	9.8	10.6	10.2
眉山	7.6	12.2	12.5	12.9	12.4	8.0
宜宾	12.5	12.3	12.3	12.7	11.1	8.9
广安	10.3	12.4	12.2	13.0	10.8	10.0
达州	11.2	11.1	11.0	11.0	11.6	7.0
雅安	11.5	11.4	10.9	9.5	10.9	9.3
巴中	12.6	12.6	11.8	11.6	10.6	9.4

（续）

地区＼年份	2005	2006	2007	2008	2009	2010
资阳	8.6	11	12.6	11.9	11.9	10.5
阿坝	8.8	13.4	13.4	-16.1	18.2	10.6
甘孜	10.7	8.5	13.5	23.4	11.4	12.0
凉山	9.2	11.6	12.5	11.8	11.2	10.3

（八）现代服务业加快发展，推进全省服务业大发展

1. 现代物流业

随着经济社会快速发展，物流需求持续上升，物流业规模和辐射范围进一步扩大，全省现代物流服务体系基本形成。2010 年，全省货物周转量达 1710 亿吨公里，2005—2010 年年均增长 13.6%。2009 年，物流业实现增加值 515.7 亿元，全社会物流总费用占 GDP 的比重为 19.9%。

（1）物流基础设施不断完善。五年来，全省交通基础设施规模迅速扩大，为现代物流发展提供了良好基础条件。截至 2010 年年底，各种运输线路总里程达 29.2 万公里，其中铁路 3549 公里（含快速铁路 740 公里），公路 26.6 万公里（含高速公路 2681 公里）、内河三级及以上高等级航道里程 228 公里，长江宜宾以下航道实现千吨级船舶昼夜通航，集装箱吞吐能力提升到 100 万标箱，民航机场达 11 个，成都双流机场二跑道建成通航，成为全国第六个旅游吞吐量突破 2000 万人次和第四个启用第二跑道的区域性枢纽机场。

（2）内部结构调整步伐加快。"十一五"期间，优势物流企业积极向采购、流通加工、信息服务、咨询服务、物流金融等领域拓展，一大批新型骨干物流企业迅速成长，传统物流加快向现代物流转型。截至 2011 年 6 月，全省拥有国家 A 级企业 39 家，其中 4A 级企业 8 家。UPS、FedEx、TNT、马士基等外资龙头企业和宝供、远成、华宇、宅急送等国内知名企业纷纷入驻，为四川省物流业发展增添新活力。

（3）特色物流取得较快发展。随着四川省特色优势产业和电子商务的快速发展，服务特定行业、具有明显特色的第三方物流企业迅速成长，企业数量、规模增长较快。大件物流体系逐步健全，四川东方物流、东汽运业、德阳二重万路运业等企业已形成横跨全国主要城市的大件运输、仓储、管理、安装、技术服务等一体化综合服务网络；小件快递物流增长迅速，2010 年业务量达 6650.7 万件，实现业务收入 13.1 亿元，分别是 2005 年的 6.04 倍和 5.97 倍；航空物流加速发展。

（4）区域物流中心逐步形成。从全省范围看，物流通道、物流基础设施等要素逐步向成都综合交通枢纽汇集，攀枝花、自贡—泸州—宜宾、绵阳—广元等八大次区域物流中心加快发展。从城市内部看，物流设施和企业出现向物流园区集中的趋势。"物流中心城市—节点物流城市"、"物流园区—专业物流中心"的互动、协调发展格局初步形成。

2. 商贸流通业

"十一五"是四川商贸流通取得重大突破、实现全面赶超的极不平凡时期，社会消费品零售总额年均增长 17.1%，比"十五"期间提高 4.8 个百分点，"十一五"规划确定的主要商务指标全面提前完成。

（1）城乡居民消费实现新拓展。大力推进家电下乡、汽车摩托车下乡和以旧换新等扩大内需政策，五年间家电下乡产品扩大到 10 种，建立 2.1 万多个销售服务网点，覆盖 100% 的县和 93% 的乡镇，累计销售 911.8 万台；汽车摩托车下乡累计销售新车 153.2 万辆；家电以旧换新累计销售 15.9 万

台。积极搭建促销平台，开展迎春购物月、消夏啤酒节、汽车旅游消费等主题活动，创新节庆消费、换代消费、信贷消费、网上消费等促消模式。

（2）农村流通网络焕发新活力。积极推进“村村农家店”工程建设，五年间累计建成标准化农家店4.5万个、配送中心90个、农村商贸综合服务中心65个，覆盖100%的县、95%的乡镇和90%的行政村，5000多万农民直接受益。扶持建设一批大型生产资料、特色农产品专业市场。积极探索“农超对接”模式，13户试点企业对接合作社近150个，直采农产品比例由2005年的19%提高到65%，带动农户14万户。以城乡环境综合治理为契机，推动50个省级农贸市场标准化建设改造，支持成都创建再生资源回收体系示范城市、内江建成西南再生资源产业基地。

（3）城市商贸服务呈现新变化。深入实施社区商业“双进工程”，创建示范社区61个（包括8个国家级示范区）、示范企业23户，在5个城市建成家政网络服务平台，免费培训城市下岗工人、农民工9610人。结合各地商业、产业、文化等条件，打造首批20条特色商业街。连锁经营纵深发展，连锁率由“十五”末的8.9%提高到23%。注重“老字号”品牌培育，推动餐饮住宿业持续兴旺发展，“十一五”销售额年均增长21.4%，高出同期社会消费品零售总额增幅4.1个百分点。

（4）新兴业态成为新亮点。成功引进阿里巴巴、京东商城等龙头企业，培育四川商情、中药材天地网等一批本土电子商务平台商，四川网商入围全国十强。成都服务外包示范城市列中西部之首，登记服务外包企业305家，新增认证数量20个，从业人员4.9万人。

3. 金融服务业

按照“立足四川、辐射西部”的发展定位，四川省着力健全金融机构体系、大力培育金融市场、加快金融改革创新、不断优化金融环境，全省金融服务业健康快速发展。

（1）建立、健全组织体系。五年来，全省新设立银行业机构51家，证券、期货、基金公司19家，保险公司28家。截至2010年，全省共有银行业机构609家，证券、期货、基金公司73家，保险公司54家，小额贷款公司48家，融资性担保公司304家。金融从业人员达到33.24万人，是“十五”末的2.49倍。初步形成了银行、证券、保险、期货、信托及其他金融组织并存，功能日渐完备、运行较为稳健的金融体系。

（2）市场规模不断扩大。2010年全省金融业总资产达3.75万亿元，是2005年的2.76倍。银行业2010年各项存贷款余额均居中西部第一，分别为2005年的3.04倍和2.82倍。证券业五年间累计实现直接融资842亿元，是“十五”时期的8.1倍，其中2010年全省A股上市公司达83家，投资者证券账户700万户，证券交易额3.69万亿元，分别是2005年的1.3倍、1.77倍和3.77倍。保险业保费收入从2005年的189亿元上升到2010年的766亿元，连跨6个百亿元台阶，排名全国第七。

（3）改革创新加快推进。13家城市商业银行通过增资扩股，其中6家实现跨区域发展。172家农信社获准兑付央行票据97.79亿元，2家农村商业银行开业成立，地方金融机构发展能力增强。针对灾后恢复重建特殊需要，推出受灾群众生活费垫支贷款、受灾群众重建家园贷款等抗震救灾新产品。倡导绿色信贷，支持节能降耗、新能源等项目建设和相关产品推广应用。推出国际物流基础设施建设贷款支持企业抵御国际金融危机。积极开展农村金融产品与服务方式创新试点，推广小额信用贷款，拓展林权等抵质押方式，相继开发应用农民住房贷款、返乡农民工创业贷款等数十种涉农信贷产品。绵阳科技城产业投资基金成功募集，四川产业发展基金正式运作，中小企业金融服务创新试点进展顺利。

（4）发展环境不断优化。建立、健全风险应急处理机制和案件防控机制，妥善做好机构风险处置，及时化解新业务新领域风险，防范及突发事件处置能力增强。深入推进信用体系和金融生态环境建设，公众信用意识大幅提升，征信产品运用领域逐步扩大，社会联合激励惩戒作用初步发挥。

4. 旅游产业

“十一五”期间，四川旅游业整体大跨越、大提升，2007年成为西部首个、全国第八个旅游总收入跨千亿元的省份。2010 年旅游总收入达 1886.09 亿元，产业规模持续扩大，产品结构不断优化，继续向旅游强省目标迈进。

（1）产业综合实力显著提升。受汶川地震和国际金融危机影响，全省旅游发展呈现明显阶段性特征。积极推进灾后旅游重振工程，加快旅游设施恢复重建，成功举办“第六届中国旅游论坛”、“中国四川国际文化旅游节”等大型活动，为振兴四川省旅游市场发挥重要作用。2009 年，旅游总收入达 1472.48 亿元，增长 34.8%，主要指标达到并超过震前水平。2010 年实现旅游总收入 1886.09 亿元，增长 28.1%。五年累计实现旅游总收入 6646.97 亿元，是“十五”时期的 2.8 倍，年均增长 17.8%。

（2）产业体系不断完善。围绕老五大旅游区和新五大旅游区建设，四川省初步形成生态旅游、红色旅游、乡村旅游、会展旅游、康体旅游、养生旅游和自驾旅游等多元产品体系。全省 A 级旅游景区 184 家，比 2005 年新增 114 家；中国优秀旅游城市 21 个、新增 7 个；特色旅游城镇达到 40 个。大力发展产业旅游，新增国家级工业、农业旅游示范点 36 个。全省旅游直接从业人员 45.8 万人，星级饭店 535 家。

（3）带动功能更加突出。五年间，四川省旅游总收入从 721.23 亿元增加 1886.09 亿元。旅游业在促进就业、增加农民收入方面成效明显。2010 年直接从业人数 45.8 万，带动相关就业 200 多万人。大力发展乡村旅游，促进农民就地转型和就地就业，拓展农民增收渠道，目前全省通过发展乡村旅游带动 400 多万农民受益。

（4）体制机制不断创新。首先，构建线路统筹发展旅游新模式。通过成乐线、三国文化旅游线等试点推动，形成一套按市场需求打造旅游产品的线路统筹推进办法。其次，建立应对巨大灾害危机新机制，开展危机营销、感恩营销、网络营销等多种方式。最后，建立、健全公共信息服务平台，加快旅游信息化进程。

5. **文化产业**

“十一五”期间，四川省深入贯彻落实国家《文化产业振兴规划》，围绕建设“西部文化产业高地”的目标定位，加快实施重大文化产业项目带动战略，发展壮大文化产业基地和区域特色文化产业群，全省文化产业呈现持续高速发展势头。

（1）经济份额不断扩大。“十一五”期间，文化产业年均增速保持在 20% 以上。2010 年实现收入 432.8 亿元，较“十五”末翻了一番。实现增加值靠前的行业依次为文化旅游（26.5 亿元）、网络文化（19.5 亿元）、基础服务（16.7 亿元），分别占全省文化产业总量的 27.3%、15.8% 和 11.1%。

（2）品牌建设成效显著。截至“十一五”末，全省共有 12 个国家级文化产业示范基地、1 个国家级动漫游戏产业振兴基地、23 个省级文化产业示范基地，全省文化产业呈现规模化、连锁化、集约化、品牌化、专业化发展的良好势头。

（3）民营文化发展迅速。截至 2010 年，全省文化系统共有文化产业单位 21876 个，其中法人单位 11192 个，非法人单位 4448 个，个体经营户 6236 个。民间对外文化交流活动项目数占到全省项目总数的 90% 以上。民营经济正成为四川省文化产业主导力量。

（4）新兴特色文化异军突起。文化旅游、动漫游戏、灾区文化成为文化产业新亮点。以成都“五朵金花”、德阳绵竹年画村等为代表的新型文化产业发展模式推动城乡经济社会发展。累计 130 多家动漫游戏企业落户四川，其中成都聚集了近 60 家，网络游戏市场居全国第 3 位。全省列入灾后重建规划文化项目 62 个，累计完成投资 22.5 亿元，打造了一批高水准、规模化、具有示范效应的文化产业项目，带动灾区文化产业发展。

（5）文化对外贸易快速增长。近几年，四川省与 70 多个国家和地区、30 多个国家的友好城市有不同形式的文化往来。2010 年文化交流项目 254 个，增长 76%；实现文化贸易额 1.5 亿元，呈现止滑回升良好势头；商业性演出、网络文化产品和服务出口逆势而上，同比增长 50%。文化服务对外贸易全国第二位，仅次于上海，其中展览服务出口全国第一。

二、“十二五”发展思路

以市场化、信息化、产业化、国际化为方向，围绕“西部物流中心、西部商贸中心、西部金融中心”建设，大力发展生产性服务业，加快提升生活性服务业，积极培育新兴服务业，促进服务业发展提速、比重提高、水平提升。着力构建与全省生产力水平和消费需求相适应的服务业发展体系，以知识技术密集和新兴业态为代表的现代服务业占比显著提高，传统服务业改造提升步伐明显加快。发展目标是：到2015年，全省服务业增加值达到11700亿元，年均增长14.2%，服务业增加值占GDP的比重达到39%。服务业税收年均增长15%以上；服务业就业人数占全省就业总人数的比重达到36%以上。主要任务是：①优先发展生产性服务业。立足全省工业“7+3”优势产业和新一代信息技术、新能源、高端装备制造、新材料、节能环保等战略性新兴产业，优先发展现代物流、现代金融、软件与信息服务、研发设计与技术服务、商务会展、人力资源服务等生产性服务业，大力推进服务业与制造业、现代农业互动发展。②加快提升生活性服务业。以满足人民群众多层次需求为目标，不断丰富服务品种，提高服务质量，培育新兴服务业态，主要包括商贸流通、旅游业、社区服务、房地产业、健康体育服务等。③积极培育新兴服务业。引进服务业新观念、新业态、新产品，重点发展节能环保和文化创意产业。

附件：“十一五”时期印发的政策文件

1.《四川省人民政府关于加快发展服务业的若干意见》（川府发〔2009〕24号）

2.《四川省人民政府关于加快发展生产性服务业的实施意见》（川府函〔2007〕132号）

3.《四川省人民政府关于加快民生性服务业的实施意见》（川府发〔2007〕44号）

4.《四川省人民政府关于加快发展服务外包产业的意见》（川府发〔2007〕35号）

5.《四川省人民政府关于印发〈四川省服务业发展总体规划（2009—2012年）〉的通知》（川府发〔2009〕31号）

第二十四章　贵州省服务业发展报告

服务业是贵州省实现经济社会加速发展、加快转型和推动跨越的重要支撑，是全面提升省域经济综合竞争力和扩大社会就业、促进社会和谐的主渠道。贵州省委、省政府高度重视促进服务业加快发展，“十一五”期间，全省促进服务业发展的工作力度进一步加大，工作水平进一步提高，全省服务业发展呈现出“速度加快、效益提高、后劲增强”的总体发展态势。

一、“十一五”发展情况

经过“十一五”的持续发展，贵州省促进服务业发展的政策体系、社会环境等各个方面已有较大进展，服务业各行业发展水平进一步提高，发展基础进一步增强，为进一步加快发展奠定了坚实基础。

（一）服务业保持较快发展态势，对经济社会发展贡献不断增强

1. 服务业政策措施体系逐步建立

贵州省委、省政府高度重视发展服务业。“十一五”期间，促进服务业发展的力度进一步加强，

政策措施不断完善。2007 年，召开了省第一次全省服务业工作会议；成立了以省委常委、常务副省长为组长的省服务业发展领导小组，组建了省服务业发展领导小组办公室。出台了《贵州省人民政府贯彻落实国务院关于加快发展服务业若干意见的实施意见》和《贵州省人民政府办公厅关于加快发展服务业若干政策措施的实施意见》以及促进现代物流、旅游、金融、广告等服务业行业发展的政策措施，加强了对服务业发展的规划引导，服务业规划体系逐步完善，服务业发展的外部环境不断优化。

2. 服务业增加值增长迅速，对经济增长的贡献逐渐加大

服务业的快速发展已成为全省经济发展的重要支撑，经济增长的主要拉动力。“十一五”期间，全省服务业增加值年均增长 15.6%，超过同期 GDP 年均 12.6% 的增幅 4 个百分点。2010 年，全省服务业增加值为 2163.58 亿元，比 2005 年的 815.32 元净增 1.65 倍。服务业总量进一步扩大，全省服务业增加值占 GDP 的比重由 2005 年的 40.7% 提高到 2010 年的 47.1%。2010 年服务业对经济增长的贡献率为 44.8%，比第二产业高出 2.4 个百分点。

3. 三次产业结构调整加快

随着服务业规模的不断扩大，服务业占国民经济的比重迅速上升，三次产业构成比由 2005 年的 18.5∶42.4∶39.1 调整为 2010 年的 13.7∶39.2∶47.1，第一、第二、第三产业结构调整明显。五年中，第一产业比重下降了 4.8 个百分点；第二产业比重下降 3.2 个百分点；第三产业比重上升 8 个百分点。

4. 服务业内部结构进一步优化

交通运输、仓储和邮政业占全省服务业增加值的比重由 17.01% 上升到 21.85%，批发和零售业由 16.85% 上升到 17%，住宿和餐饮业由 5.38% 上升到 8.35%，金融业由 9.04% 上升为 10.28%，房地产业由 9.37% 下降到 6.56%，其他服务业从 42.35% 下降为 35.96%。

5. 服务业继续成为吸纳劳动力就业的主渠道

“十一五”期间，服务业加快发展为劳动力就业提供了更多的就业机会。从第一产业转移出来的劳动力和城市新增劳动力大量进入服务业领域就业，服务业继续保持了吸纳就业的主渠道地位。2010 年全省服务业从业人员达 483.69 万人，年均增长 7.2%。服务业从业人员占全社会从业人数的比重由 2005 年的 18.3% 提高到 2010 年的 20.6%。“十一五”期间，全社会新增从业人员 128 万人，其中服务业领域新增 78.29 万人，占全社会新增从业人员的 61.64%。

6. 服务业投资快速增长

“十一五”期间，贵州省服务业领域固定资产投资保持较高增长速度，公路、铁路、水路、航空立体交通干线建设加快推进，贵州作为西南地区陆路交通枢纽的地位逐渐恢复，旅游、信息、城镇等基础设施进一步完善，服务业发展基础进一步增强。2010 年全省服务业固定资产投资完成 1811.39 亿元，“十一五”年均增长 31.98%；占全社会固定资产投资总额的 67.09%，比 2005 年提高 13.5 个百分点。

7. 服务业对地方税收收入的贡献不断增强

随着服务业规模不断扩大，效益不断提高，服务业提供的税收不断增加，成为全省税收增长的重要来源。2010 年，全省服务业实现税收 361.02 亿元，同比增长 38.48%，比 2005 年的 104.18 亿元增加了 256.84 亿元。服务业税收占全省税收总收入的比重，由 2005 年的 33.16% 上升到 2010 年的 43.19%。

（二）服务业各重点行业良性发展，结构进一步优化

1. 旅游业

2010 年，全省实现旅游总收入 1061.23 亿元，比 2005 年增加 810.09 亿元，增长 4.26 倍，旅游总收入由 2005 年的全国第 25 位上升到第 16 位；接待旅游者 1.29 亿人次，比 2005 年增加 0.98 亿人次，

增长4.16倍；接待入境旅游者50.01万人，比2005年增加22.39万人，增长1.81倍；旅行社数量由2005年的168家增加到2010年的260家。

（1）加快构建旅游产业体系成效显著。到2010年，全省A级以上景区达到53个，其中5A级景区达到2个，4A级景区达到16个；旅行社达到260家，旅游客运车辆达到1000余辆。

（2）接待能力大幅提高。星级酒店由2005年的177家增加到2010年的344家；客房数由2005年的14464间增加到2010年的25191间，床位数由2005年的27487张增加到2010年的45683张。

（3）宣传促销力度不断加大。在2006年开始，全省先后举办了五届旅游产业发展大会，同时，借开旅发大会集中各级力量集中打造了一批精品旅游景区景点。开展了“贵阳避暑季”、“梵净山文化旅游节”等一系列旅游节庆活动。加大“走出去”力度，重点到日、韩等境外，港澳台及长三角、珠三角等主要客源地进行宣传促销。邀请多批境内外媒体来贵州作旅游专题采访，开展了“多彩贵州踏春行”等活动，依靠主流媒体和网络引导舆论，积极宣传贵州旅游的可游性、安全性和舒适性。

（4）进一步完善产品体系。不断提升传统旅游产品档次和水平，大力发展休闲度假产品，构建起常规产品与专项产品相结合的多元化产品体系，初步构建了涵括避暑旅游、休闲旅游、乡村旅游、健康旅游、文化体验的旅游产品体系。

（5）着力实施旅游服务质量提升计划。全省旅游标准化体系加快建立；通过开展“满意在贵州”主题活动和“整脏治乱”专项行动，不断改善旅游服务环境，提升旅游服务质量。

2. 文化产业

（1）文化产业发展基础进一步夯实。先后印发了《贵州省文化产业发展战略研究纲要》《关于金融支持贵州文化产业振兴和发展繁荣的实施意见》《贵州省人民政府关于振兴文化产业的实施意见》《国有文化资产管理办法》等等一系列政策措施。

（2）大力推进文化体制改革。省电台、电视台、报业、出版发行、广电网络、影业、演艺等实施转企改制组建公司，并不断深化完善法人治理结构，打造现代企业，积极实施跨区域跨行业跨媒体合作。全省文化市场综合执法改革基本完成，进度位居全国前列。

（3）文化产业发展势态较好，实施了一批文化产业项目。贵州日报报业集团通过改革推进企业化运作，谋划了一批产业项目，收入突破3亿元，增幅提升明显；省杂技团、遵义川剧团等在转制组建公司后，赴国内外巡演，反响良好，效果明显。

（4）文化产业项目加快了跨区域跨行业组合。贵州大众广播传媒公司分别与陕西人民广播电台、吉林声广传媒有限公司建立合作关系，开展节目制作和经营，共享资源，促进贵州省广播业发展；贵州电视文化传媒有限公司与海润影视制作有限公司联合注册成立的北京经纬星影视文化传媒公司，进一步拓展了健康、情感、美食等多档节目的研发；省广电网络公司加快数字电视新业务发展，在全国第一家开通了展示旅游的数字电视平台，与省建行联合推出了全国第一张传媒网络金融结算卡。

3. 金融业

2010年，金融业实现增加值222.44亿元，比2005年增加152.74亿元，增长3.19倍；金融机构存款余额达7363.92亿元，比2005年增加4586.38亿元，增长2.65倍，金融机构贷款余额达到5747.53亿元，比2005年增加3443.6亿元，增长2.49倍。

（1）信贷政策不断完善。制定了《贵州省林权抵押贷款实施意见》、《贵州省专利权质押贷款管理办法》、《贵州省小额担保贷款实施办法》等政策措施。

（2）全省农村金融服务实现全覆盖。2010年，贵州省全面实现对250个金融服务空白乡镇基础金融服务的全覆盖，比2010年中央一号文件的要求提前了三年。

（3）金融服务体系不断健全。“引金入黔”工程取得积极成效，中信、浦发、招商、重庆、南充、花旗等股份制银行、城市商业银行和外资银行先后到贵州省设立了分支机构。

4. 交通运输、仓储和邮政业

2010年，交通运输、仓储和邮政业完成增加值472.71亿元，比2005年增加322.49亿元，增长3.15倍。铁路营业里程、公路线路里程、内河航道里程分别达到2002公里、151644公里和3563公里，比2005年分别增加16公里、104751公里和241公里。铁路旅客周转量、公路旅客周转量、水运旅客周转量分别达到189.38亿人公里、320.46亿人公里和4.57亿人公里，比2005年分别增加44.28亿人公里、155.55亿人公里和2.79亿人公里。铁路货物周转量、公路货物周转量、水运货物周转量分别达到706.45亿吨公里、293.00亿吨公里和12.75亿吨公里，比2005年分别增加162.14亿吨公里、198.85亿吨公里和4.66亿吨公里。邮政业务总量达到15.50亿元，比2005年增加8.62亿元。

5. 科技服务业

到2010年，全省拥有国家地方联合工程研究中心（工程实验室）3家，国家工程技术研究中心1家，国家重点实验室2个，国家认定企业技术中心12家，省级工程研究中心（工程实验室）15家、省级认定工程技术研究中心44家，省级重点实验室29家，省级认定企业技术中心110家，覆盖了生物、信息、新材料、新能源、航空航天、装备制造、化工冶金、轻工等重要领域，全省企业技术自主开发能力、系统创新能力、信息技术应用能力全面提升，为推动产业自主创新和优化升级提供了技术支撑和保障。

6. 房地产业

2010年，全省房地产业实现增加值142.01亿元，比2005年增加71.97亿元，增长2.03倍。房地产开发投资完成556.69亿元，比2005年增加402.57亿元，增长3.61倍，房屋施工面积达到7902.39万平方米，比2005年增加5117.39万平方米，增长2.84倍。

7. 消费持续快速增长

2010年，全省社会消费品零售总额达到1482.68亿元，比2005年增加875.78亿元。批发和零售业、住宿和餐饮业共计实现增加值548.25亿元，比2005年增加387.65亿元，增长3.41倍。

（1）新兴消费业态不断发展壮大。全省餐饮市场、连锁商业、现代流通方式发展迅速，大型超市、便利店、专卖店、仓储式商场、购物中心、电子商务、连锁经营、物流配送等新型业态不断壮大，拍卖、租赁、典当等行业加快发展。

（2）消费热点不断增加。大型商贸集团不定期推出品牌推介、特色商品、新品上市、换季清仓、反季销售、店庆开业、时尚健康、特定消费群体等促销主题，开展各种购物节、购物季促销活动，有力促进了消费增长。

二、主要问题

（一）整体实力弱，发展水平低

尽管2010年贵州省服务业占全省经济总量比重达到47.1%，高于全国平均水平4.1个百分点，但全省服务业增加值占全国比重仍仅为1.26%，低于人口所占比重1.59个百分点；人均服务业增加值5663元，只有全国平均水平的44.41%，服务业发展基础仍显薄弱。

（二）区域发展不平衡

贵阳、遵义、六盘水三市服务业增加值总和占全省的54.3%，贵阳、遵义、六盘水服务业增加值占GDP的比重分别为54.1%、44.3%和33.1%，区域发展极不平衡。传统服务业占比依然较高，生产性服务业增长乏力。

（三）现代服务业竞争能力不强，对工业发展支撑作用弱，就业贡献度不高

现代物流、研发设计、信息服务、商务服务等生产性服务业发展滞后，规模不大；文化创意、动

漫产业、服务外包等新兴服务业起步晚、发展慢，尚未形成竞争优势；服务名牌匮乏，大企业、大项目不多，带动和辐射能力不强；服务业集聚区功能不完善，产业集聚程度较低，创新能力较差。服务业就业比重偏低，就业贡献度不高，2010 年服务业从业人员仅为 20.6%，远低于全国 35% 的平均水平。

（四）受体制机制制约，市场化程度不高

传统的发展观念还没有彻底扭转，对服务业发展规律、路径和手段的认识有待深化。改革尚不到位，部分领域长期垄断经营或市场准入“门槛”过高，一些歧视性和限制性政策依然存在，生产要素的市场定价机制和途径尚未真正形成，现代服务业市场发育不足，资源优化配置不够，中小企业发展不充分，阻碍了服务业的进一步发展壮大。环境尚不宽松，硬件条件、政务环境、社会环境、消费环境及执法监督尚需优化和规范。

三、“十二五”发展思路

“十二五”期间，预计全省服务业增加值年均增长 12% 以上，社会消费品零售总额年均增长 19% 以上，服务业从业人员达到 600 万人以上。主要任务是：①促进服务业重点领域加快发展。包括大力发展旅游业，大力发展现代物流业，大力发展科技服务业，大力发展金融、中介专业服务、文化产业等服务产业，积极发展商贸服务业，积极发展房地产业，积极发展社区服务业。②优化服务业空间布局。重点打造全省以“一核、两心、三带、多区”为构架的服务业发展空间布局，重点规划建设一个省级现代服务业发展核心区、两个省级区域服务业发展副中心区、三条功能性服务业发展带、多个区域性服务业发展中心区，形成以贵阳为龙头引领发展，辐射带动层次分明的空间发展格局。即以贵阳市为载体，建设辐射全省的服务业发展核心区；以遵义市中心区、六盘水市中心区为核心，培育建设省级区域服务业发展副中心区；以产业为支撑，打造三条功能性服务业发展带；以都匀—凯里、兴义、毕节、铜仁等城市以及功能性服务资源富集区为载体，着力打造富于地方特色区域性服务业发展中心区。③突出服务业工作重点。一是抓一批现代服务业聚集区；二是抓一批服务业的重大项目；三是抓一批工业转型升级与生产性服务业联动发展的典型；四是抓一批具有创新性、示范性的现代服务企业；五是抓一批服务业品牌；六是抓一批服务业创新发展试点。

附件：“十一五”时期印发的政策文件

1. 《贵州省人民政府办公厅转发中国人民银行贵阳中心支行关于加强贵州金融生态环境建设意见的通知》（黔府办发〔2006〕3 号）

2. 《贵州省人民政府办公厅转发中国人民银行贵阳中心支行关于贵州省银行卡产业发展指导意见的通知》（黔府办发〔2006〕58 号）

3. 《贵州省人民政府关于加快保险业改革发展的实施意见》（黔府发〔2006〕36 号）

4. 《贵州省人民政府办公厅关于开展非普查年份第三产业统计调查工作的通知》（黔府办发〔2007〕4 号）

5. 《贵州省人民政府办公厅关于进一步规范出租汽车行业管理有关问题的通知》（黔府办发〔2007〕15 号）

6. 《贵州省人民政府办公厅关于加快发展保安服务业的意见》（黔府办发〔2007〕91 号）

7. 《贵州省人民政府办公厅关于成立省服务业发展领导小组的通知》（黔府办发〔2007〕114 号）

8. 《贵州省人民政府贯彻落实国务院关于加快发展服务业若干意见的实施意见》（黔府发〔2007〕33 号）

9. 《贵州省人民政府办公厅关于加快发展养老服务机构的意见》（黔府办发〔2008〕29 号）

10. 《贵州省人民政府关于推进行业协会商会改革和发展的意见》（黔府发〔2008〕15 号）

11.《贵州省人民政府办公厅关于开展小额贷款公司试点工作的通知》（黔府办发〔2008〕113号）

12.《贵州省人民政府办公厅印发关于推动我省动漫产业发展意见的通知》（黔府办发〔2009〕1号）

13.《贵州省人民政府办公厅印发关于加强我省旅游产业知识产权工作意见的通知》（黔府办发〔2009〕20号）

14.《贵州省人民政府办公厅关于加快发展服务业若干政策措施的实施意见》（黔府办发〔2009〕33号）

15.《贵州省人民政府办公厅关于搞活流通扩大消费的意见》（黔府办发〔2009〕48号）

16.《贵州省人民政府关于印发贵州省贯彻落实物流业调整和振兴规划工作方案的通知》（黔府发〔2009〕28号）

17.《贵州省人民政府办公厅转发省交通运输厅等部门关于推动全省农村邮政物流发展意见》（黔府办发〔2009〕89号）

18.《贵州省人民政府办公厅关于经营性文化事业单位转制后人员分流、社会保险和支持文化企业发展有关问题的意见》（黔府办发〔2009〕143号）

19.《贵州省人民政府办公厅关于印发贵州省支持邮政普遍服务的意见的通知》（黔府办发〔2010〕24号）

20.《贵州省人民政府关于进一步稳定住房价格促进房地产市场平稳健康发展的通知》（黔府发〔2010〕7号）

21.《贵州省人民政府办公厅关于印发贵州省融资性担保机构管理暂行办法的通知》（黔府办发〔2010〕96号）

第二十五章　云南省服务业发展报告

一、"十一五"发展情况

"十一五"期间，云南省服务业规模不断扩大，发展质量逐步提升，为云南经济社会平稳较快发展提供了有力支撑。

（一）服务业规模不断扩大

2010年全省服务业增加值完成2890.4亿元，是2005年的2.11倍，年均增长16.1%。服务业增加值占GDP的比重由2005年的39.3%提高到2010年的40.03%。服务业从业人员比重从2005年的20.6%提高到2010年的27%。2010年，全省服务业固定资产投资额达3529.64亿元，占全社会固定资产投资的63.8%。

（二）服务业主要行业持续快速发展

全省旅游、商贸流通、物流等服务业持续快速发展。"十一五"期间，全省旅游总收入年均增长18.54%，旅游业增加值占全省服务业增加值比重由14.82%提高到15.56%。批发零售、住宿餐饮业以年均19.5%、18.31%的幅度增长。物流业总额较2005年增长了95.4%，增加值占全省服务业增加值比重提高到16.47%。金融保险、信息等新兴服务业有序发展。2010末，全省人民币存贷款余额分别达到1.34万亿元和1.06万亿元，均比2005年增长约1.6倍。全省直接融资规模从2005年的8亿元快速增长到2010年的350亿元。金融保险业增加值占全省服务业比重约9.8%。信息传输、计算机服务和软件和科学研究、科技服务业近年来也得到了稳步发展，增加值占服务业的比重分别约为6.3%、2.7%。

（三）中心城市或旅游区服务业发展较快

2010年，滇中城市昆明、玉溪、曲靖、楚雄等城市以及滇西、滇南主要中心城市的服务业增加值，较2005年均有2倍以上增长。昆明市服务业增加值占全市生产总值比重达到49%。2010年，版纳、丽江、文山、保山市腾冲县等旅游区服务业增加值占全市（县）生产总值比重均达到40%以上。

二、采取的主要措施

“十一五”期间，在国家有关政策的指导下，云南省加快推进服务业发展，出台了一系列政策措施，取得了较明显的成效。

（一）加强规划指导，优化政策环境

“十一五”期间，云南省编制了各服务行业发展规划。编制了《云南省现代物流发展规划（2006—2020）》《云南省旅游产业发展和改革规划纲要》《云南省服务业发展规划纲要（2009—2015年）》；出台了《云南省人民政府关于促进服务业发展的意见》《关于加快云南省现代物流业发展的意见》《关于深化文化体制改革　加快文化产业发展的若干意见》《关于加快文化产业发展的若干政策》《云南省人民政府关于云南省旅游产业发展和改革规划纲要的实施意见》《云南省人民政府关于进一步推进全省旅游重大（重点）项目建设的意见》。一系列政策性文件的出台，极大地推动了云南旅游、文化、物流等产业的发展。在财政、税收、土地、金融等方面加强了对发展服务业的支持，有效地改善了服务业发展的政策环境。

（二）根据云南省省情，发展特色服务业

云南省委、省政府着力推进重点服务业发展。

1. 旅游业

2005年以来，云南省委、省政府连续五年召开全省旅游产业发展大会，把旅游产业作为云南省战略性支柱产业来培育，全省十六个州市均明确将旅游产业列为支柱产业和先导产业或第三产业的龙头产业。2005年至2015年，旅游业占全省GDP的比重由5.87%提高到6.25%，支柱产业的地位更加牢固。

2. 现代物流业

云南省委、省政府高度重视物流业发展，把物流业发展同交通基础设施建设相结合，加大投入，新建、改造和提升交通基础设施，初步形成集道路、航空、水运为一体的立体综合交通网络。出台了一系列政策措施推动全省物流业的发展。2010年物流业占GDP的比重为6.6%，已成为云南省第三产业中的骨干产业和国民经济新的增长点。

3. 文化产业

“十一五”期间，云南省文化产业取得了明显进展。2010年全省文化产业增加值为440亿元，占GDP比重为6.2%，位居全国前列，继续保持较快增长势头。服务业发展重点的明确，突出了云南省的特色，对云南省服务业发展起到了积极的促进作用。

（三）以重大项目为龙头，带动服务业发展

“十一五”期间，云南省在旅游产业、文化产业、现代物流业等重点发展领域里，建设了一批规模大、效益好的重大项目，这些重大项目的建成为云南服务业的发展起到了巨大的推动作用。旅游业方面，2010年，列入全省动态管理的旅游重大（投资3亿元以上）、重点（投资5000万元~3亿元）项目总数已达到371个，计划总投资达7323.21亿元。2008—2010年，省政府连续三年将重点物流中心建设列入当年全省20项重要工作进行督察落实。文化产业方面，以云南文化艺术中心、昆明国际印刷包装城、"昆明老街"及"印象丽江"等为代表的重大项目的启动、建成和实施。大项目带动大发展战略的顺利推进，对云南服务业的发展起到了良好的推动作用。

三、主要问题

"十一五"期间，云南省服务业虽然有了较快的发展，但总体看，服务业仍然是国民经济中相对薄弱的产业，在发展过程中存在以下问题。

（一）服务业总量规模偏小，比重偏低

2010年，云南省服务业占全国的比重仅1.7%；服务业占全省GDP比重为40.03%，低于全国平均水平2.94个百分点。

（二）产业结构有待进一步优化

批零商贸、餐饮住宿、交通运输及邮政业等传统服务业大而不强，科技、信息、现代物流、中介、会展等新兴服务业的比重、附加值、层次和科技含量较低，没有形成集聚发展的态势。

（三）总体竞争力不强

云南省服务业尽管培育了一些规模企业和知名品牌，但服务业企业"小而散"、效益差的现状并未改变。服务业总体竞争力有待提高，还缺乏具有较大经营规模、有知名品牌产品和核心竞争力、对服务业发展起支撑作用的大型现代企业集团。

（四）服务业发展环境有待进一步改善

云南省服务业基础设施建设投资主要依靠各级财政和银行贷款，受到全省经济社会总体发展水平不高、政府财力有限的制约，服务业基础设施建设滞后，特别是在交通运输、旅游、仓储物流、农村服务、城市公共服务、商贸网点基础设施建设中尤为突出。而在税收、土地、金融、财政、价格收费政策上难以实现突破，从一定程度上限制了服务业的发展。受政策约束或部门利益的约束，部分行业市场开放的程度不够，行业垄断和市场准入限制现象仍然存在。服务业利用省外资金和外资的比重小。人才吸引培育环境还需进一步优化。尤其是金融服务、现代物流、国际商务、中介咨询、信息服务等知识密集型服务业人才十分匮乏。

四、"十二五"发展思路

至2015年，服务业在国民经济中的地位得到显著提升，以文化、旅游、物流为重点的服务业占生产总值比重提高2个百分点以上，达到42%以上；服务业从业人员占全社会从业人员的比重达到35.7%；基本形成统一开放、公平竞争、规范有序、与国际接轨的服务业发展市场体系；建立与云南省产业发展相适应的生产性服务业体系，与城乡统筹发展相融合的生活性服务业体系。重点任务是：提升发展旅游业，着力发展商贸流通业，加快发展金融服务业，积极发展信息服务业，培育发展咨询服务业，重视发展社区服务业。主要措施是：加快推进服务业领域改革，提高服务业对外开放水平，加大服务领域资金投入力度，加大服务业发展的政策扶持力度，加强服务业基础工作。

第二十六章 西藏自治区服务业发展报告

“十一五”时期，是西藏投资力度最大、建设项目最多、经济社会发展成效最显著的时期。党中央、国务院多次召开重要会议专题研究部署西藏工作，从财力、物力、智力、政策方面给予了巨大支持，推动西藏经济社会发展不断迈上新台阶。在党中央的亲切关怀和全国人民的无私帮助下，自治区党委、政府带领全区各族人民，坚持以邓小平理论和“三个代表”重要思想为指导，坚持以科学发展观统领经济社会发展全局，紧紧抓住中央关心、全国支援和西部大开发的历史机遇，着力实施“一产上水平、二产抓重点、三产大发展”的经济发展战略，采取有力措施，努力克服拉萨“3·14”事件、世界金融危机蔓延等不利因素的影响，积极稳妥地推动服务业加快发展，取得明显成效。

一、“十一五”发展情况

“十一五”期间，自治区深入贯彻落实《国务院关于加快服务业发展的若干意见》（国发〔2007〕7号）和《国务院办公厅关于加快发展服务业若干政策措施的实施意见》（国办发〔2008〕11号）精神，按照《西藏自治区“十一五”时期国民经济和社会发展规划纲要》（以下简称《纲要》）确定的主要目标任务，把加快服务业发展放在突出位置，更加注重保障和改善民生，狠抓主导产业，狠抓结构调整，加快改造提升传统服务业，积极发展现代服务业，保持了“三二一”的产业结构，服务业持续快速健康发展。主要表现在：

（一）产业规模不断扩大，服务业领域进一步拓宽

“十一五”期间，第三产业累计完成城镇固定资产投资1439亿元，同比增加了2.3倍，年均增长10.3%，其中完成固定资产投资规模较大的是交通运输、仓储和邮政业、房地产业以及水利、环境和公共设施管理业，一大批项目的建成投产并开始发挥显著的经济社会效益，为产业快速发展奠定了良好基础；完成第三产业增加值分别是“十五”同期的2.3倍、2.1倍、2.2倍和1.8倍，连续十年保持了在地区生产总值中50%以上的比重。服务业规模不断扩大，已经成为经济增长和带动就业的主要力量。

五年间，自治区始终坚持以改善民生为重点，在加快实施县级农贸市场、“万村千乡市场”、“双百市场”等一系列市场建设工程的同时，大力发展各类专业合作组织，开展农牧业各类技术培训，进一步完善商贸流通体系，传统流通方式和业态已遍布城乡，商业组织化程度有了较大提高，面向农牧区的服务能力不断增强；随着基础设施的不断改善和城镇化步伐的逐步加快，依托重点城镇、青藏铁路、干线公路和空港的运输、仓储、配送、快递等现代物流业加快发展，以拉萨为中心的现代物流网络体系开始形成；邮电通信、金融保险、市场中介、行业协会、法律服务、信息服务等知识和技术密集型服务业在不断完善中扎实推进，并向农牧区、基层不断延伸；家政服务、新型社区服务、计算机服务、企业管理服务等新兴服务业开始兴起；在旅游业的有力带动下，批发零售、住宿餐饮、休闲娱乐、交通运输、维护修理等服务业快速发展，服务能力和服务水平有了较大提高；面向民生的科技教育、医疗卫生、文化体育、新闻出版、社会保障和社会福利等公共服务业全面发展。

（二）生产性服务业发展步伐加快，经济效益不断提高

随着综合交通、能源、通信等网络体系的不断完善，服务业空间布局进一步优化，服务能力进一

步增强。林芝机场、阿里昆莎机场、日喀则和平机场开通运营，青藏铁路那曲物流中心的建成，促使面向生产领域的交通运输、邮政通信、金融保险、仓储物流、市场中介、科技支撑等服务业健康发展。截至2010年年底，青藏铁路累计完成货运总量29.9万吨、客运总量88.2万人次；公路运输完成货运总量952万吨、客运总量8066万人次，分别是“十五”同期的6.22倍、41.83倍。航空运输完成客运总量154.04万人次，分别是“十五”同期的1.63倍。全区邮路总长度达到1.68万公里，较“十五”同期分别增长9.2%；农村投递线路11.76万公里，较“十五”同期分别增长9.9%；全年完成邮政业务总量63.8亿元（其中电信为62亿元），较“十五”同期分别增长39.88倍，乡镇通邮率达到85%。累计铺设光缆长度达到2.25万公里，固定和移动电话用户达到201.51万户，全区互联网宽带用户达到10.5万户，电话普及率由2005年底的36部/百人提高到71部/百人，移动电话普及率达53部/百人，行政村通电话率由2005年的35%提高到100%，提前实现了行政村全覆盖，乡镇通光缆（宽带）率达到88%，实现了“十一五”末“县县通光缆、乡乡通电话”的规划目标，电信基础设施进一步完善，服务内容不断丰富，信息化水平明显提高。

科技服务能力不断增强，面向农牧业生产领域的科技创新、技术推广、动植物防疫、农牧业信息服务等科技支撑体系进一步完善，有力地加快了传统农牧业向现代农牧业的转变；面向工业生产领域实施了藏药产业技术创新联盟工程、藏毯产业发展科技工程、绿色食（饮）品工程等重点项目，加快了科技孵化器、企业技术中心、重点工程实验室等企业共用服务平台建设步伐，科技成果转化能力不断提高。2010年科技对经济发展的贡献率达到32%，对农牧业发展的贡献率达到38.5%。“十一五”期间，建成农畜产品质量安全监督检验中心15个、农牧业科技推广站48个、动植物防疫检疫站47个、畜禽种质资源保护场（站）4个、新品种培育场1个，农作物良种覆盖率由2005年的80%提高到90%。面向一般应用的计算机服务业蓬勃发展，藏文编辑、藏文在线翻译、语音识别、电子词典等具有自主知识产权的软件服务业开始起步。

金融服务环境不断改善，贷款重点向“三农”、中小企业、个人消费、民生工程等领域倾斜，贷款结构进一步优化，证券交易量大幅增长。保险业较快发展，服务领域不断拓宽，理赔能力显著增强，面向企业财产、货物运输、工程建设、旅游等方面的保险覆盖面进一步扩大，农牧业保险由试点时期的一县一区扩大到30个县，保费收入较“十五”同期增长了3倍，充分发挥了社会“稳定器”的作用。截至2010年年底，全区工程咨询类、会计类、资产评估类、房地产评估类、工程造价招标类、环保评估类等各类市场中介组织共40余个，全区社会组织397家，中介服务、行业自律和“桥梁”作用逐步规范和完善，对经济社会发展的促进作用日渐增强。

（三）生活性服务业发展迅速，社会消费规模稳步增长

随着城乡居民收入的不断提高、消费环境的不断改善以及旅游、商务活动的不断增加，促进了面向民生和公共管理领域的消费性服务业快速发展，社会消费规模不断扩大。截至2010年，全区共有超市、百货店2500家，累计改造和新建农家店1859家，建成商品配送中心20个，连锁经营、物流配送、特许经营等现代流通方式以及超市、便民店、专卖店、直销店等新型流通业态发展迅速，初步形成了较为完善的商贸流通体系；拥有星级饭店165家、非星级饭店850家，各具特色、规模不等的餐饮业、休闲娱乐业蓬勃发展，总体接待能力和服务水平有较大幅度提高。对外贸易快速发展，进出口总额预计达到8.36亿美元，是2005年的4.08倍。2010年，社会消费品零售总额达到185.3亿元，是2005年的2.5倍。投资、消费双拉动的经济发展格局进一步巩固。

房地产市场进一步规范，投资主体更加多元化，房地产业进入一个快速发展期，2010年城镇房地产开发完成投资25.8亿元，是“十五”同期的16.54倍。城镇住房保障体系加快完善，居民住房条件显著改善，建成周转房2.7万套、廉租房1.08万套。拉萨市建成区面积由2005年的54.8平方公里增加到62.8平方公里，以拉萨为中心，六地区和县城所在地市镇为区域中心的城镇空间格局正在加快形成，城镇服务功能不断提升，聚集和辐射带动作用显著加强，城镇化率由2005年的19.8%提高到

25%。汽车消费特别是家用汽车消费快速增长，二手车市场逐步完善，有力带动了售后服务、零配件销售、装饰维修、工程车辆租赁、油料供给等相应服务业的加快发展；2010 年全区车辆拥有量达到 22.03 万辆，较“十五”同期增长 87%，汽车拥有量达到千人 68 辆，高于同期全国平均水平。

文化产品和服务日趋丰富，群众文化生活日益活跃，农牧区每年举办各类文化活动 800 余次，参与农牧民 7 万余人次。西藏藏剧团排练演出厅自 2007 年 9 月投入使用以来，演出大型文艺节目 200 多场，深受区内群众和区外游客的喜爱。西藏电视台藏语节目译制中心建成使用，西藏藏汉语卫视节目均实现了 24 小时不间断播出，西藏汉语卫视在全国县级以上有线网落地，电视自办节目量和电视剧年译制量分别达到 1800 小时和 700 小时，比 2005 年增加 350 小时和 400 小时；藏语广播年自办节目量和译制节目量分别达到 15688 小时和 9999 小时，比 2005 年增加了 2168 小时和 2918 小时。村村通广播电视工程全面完成，34 座中波转播台正在按计划建设，全区广播、电视人口综合覆盖率分别达到 90.28% 和 91.41%，比 2005 年分别提高 5.41 和 5.44 个百分点，农村电影放映提前 2 年实现了“十一五”建设目标。

以养老服务、孤儿养育和残疾人权益保障为基本内容的社会福利体系更加完善，5 年共建设社会福利院 65 所、农村敬老院 67 所，全区社会福利院、农村敬老院分别达到 72 所和 178 所，五保户集中供养率由 2005 年的 6.5% 提高到 17%；建设自治区和 7 地市儿童福利院、拉萨等 3 地市流浪未成年人救助保护设施，孤儿集中供养率由 2005 年的 19.5% 提高到 25.5%；积极推进自治区残疾人康复中心建设，促进残疾人事业不断发展。

（四）以旅游业为龙头的服务业发展格局基本形成，服务业成为吸纳就业的重要力量

自治区紧紧抓住青藏铁路通车、林芝机场通航等有利时机，狠抓旅游基础建设、旅游产品开发和推广促销、规范整顿旅游市场等各环节，大力发展旅游业，旅游业规模迅速扩张，有力地带动了交通运输、批发零售、住宿餐饮、文化娱乐等服务业的快速发展，基本上形成了以旅游业为龙头、批发零售和住宿餐饮业并驾齐驱、文化体育崭露头角的充满活力的服务业发展格局，并成为吸纳就业再就业、转移农牧区剩余劳动力的重要力量。全区上下团结一致，致力于重塑旅游目的地形象、恢复旅游者信心，克服了拉萨“3·14”事件的严重干扰和金融危机蔓延、甲流等不利因素的影响，旅游业在 2007 年突破接待国内外游客 400 万人次的基础上，实现了快速恢复增长并取得新的突破；2010 年，实现接待国内外游客 685.14 万人次、旅游总收入 71.44 亿元，分别较“十五”同期增长了 3.81 倍和 3.69 倍，旅游总收入分别占地区生产总值 14% 和第三产业的 26%，旅游产业是西藏目前产出量最大、增长速度最快、带动作用最强的重要支柱产业。

截至 2010 年，第三产业从业人员总数 61.58 万人、占全区从业人员比重的 36%。从业人员高出“十五”同期 11.83 倍。其中，2010 年全区第三产业从业人员中，批发零售业、住宿餐饮业、交通运输业和其他行业从业人员占到第三产业从业人员 63% 以上，是除公共管理和教育等公共服务之外容纳就业人员最多的四个行业。通过几年的努力，服务业容纳社会就业能力不断提高，已成为西藏转移农村剩余劳动力、扩大社会就业的主要增长力量。

总体上看，“十一五”期间，西藏较好落实贯彻了国务院关于加快服务业发展的总体部署和政策措施，超额完成了国发〔2007〕7 号文中确定的到 2010 年服务业增加值占生产总值比重较“十五”末提高 3 个百分点、服务业从业人员占全部从业人员比重提高 4 个百分点、服务业增加值增速超过生产总值增速三项主要目标。目前，西藏服务业领域不断拓宽，产业结构进一步优化，服务能力和服务水平全面提高，就业容量稳步增加，基本上形成了以拉萨为中心的、特色鲜明的、充满活力的服务业发展格局，为促进经济持续快速发展和社会稳定作出了重要贡献。

二、主要问题

“十一五”期间，自治区依托特色优势资源，采取积极有效措施，着力推动“三产大发展”，取得

了显著成效。但由于特殊的自然地理条件和历史原因，西藏产业发展较为滞后，服务业还面临着一些突出的困难和问题。主要表现在：

（一）产业发展基础差、水平低，抵御风险能力弱

第一、二产业还不能为服务业提供有力的依托，服务业也不能为第一、第二产业提供足够的支撑，产业间互补性差、相互支撑性不高，总体产业发展水平还较低。从服务业外部发展条件看，交通、能源等基础条件还相对落后，公共服务能力不足，城镇化程度低，产业发展基础不牢，是西藏服务业乃至整个产业快速发展成长的外在制约因素；从服务业内部看，除旅游业、邮电通信业具有一定规模外，其他服务业，特别是经营性服务业规模小、分布零散、自我发展能力差，产业要素匮乏，市场体系不健全，是西藏服务业发展的内在制约因素。由于西藏经济社会发展水平不高，使西藏的服务业总体无论在质上、还是在量上都仍处于较低的发展水平。西藏服务业主要为劳动密集型、生活性服务业，相对封闭的经济体系，有限的市场容量，较为脆弱的产业素质，开拓区外市场困难，使西藏的商贸流通、旅游、交通运输、住宿餐饮等服务业基本上处于“接纳”为主的“单向”发展状态，易受到外部因素的影响，抵御各种风险的能力差。

（二）传统服务业比重过高，生产性服务业发展滞后

西藏旅游、商贸、运输、餐饮、住宿、卫生、教育等传统服务业增加值占服务业增加值比重的70%以上，比重远高于全国平均水平。传统服务业处于绝对主导地位且对旅游业有着很高的依存度，服务业呈现出开发程度低、附加值小、技术含量少、劳动密集度高的特征。由于生产力水平低、市场经济发育不健全，长期以来形成的第一产业发展水平不高、工业发展滞后、服务业与第一、第二产业关联度低等原因，致使面向生产领域的服务业特别是综合物流、金融保险、生产研发、工业设计、企划营销、中介经纪、企业平台、商务服务等现代服务业的发展非常滞后，既无法为第一、第二产业提供有力的支撑和良好的服务，也难以使自身进入良性发展的轨道。由于西藏经济发展总体上还处于改造传统农牧业、推进工业化起步的阶段，传统服务业占主导地位的格局将在相当长一个时期内继续存在，但随着第一、第二产业发展步伐的加快，特别是随着工业发展步伐的不断加快，为面向生产领域的现代服务业提供了发展条件和发展空间。

（三）服务业规划研究不足，人才队伍力量薄弱

长期以来，由于西藏经济增长以投资拉动为主，缺乏对服务业产业布局、重大项目、资金投入、配套政策等方面问题进行全面系统的研究规划，服务业总体上处于以行业为主、相对零散、自行发展的状态，缺乏统一的指导、协调和具体推进措施。此外，目前西藏服务业专业人才相对集中于公共服务事业领域特别是以政府公共管理和服务为主的基本公共服务领域，面向经营性服务业、生产性服务业的专业技术人才严重匮乏，是制约西藏服务业乃至全区产业快速发展的一个重要因素。

（四）对服务业发展的认识有待进一步提高，服务业工作统筹难度大

服务业涉及领域多、工作面广，行业主管部门多，各行业主管部门业务差异大，统筹协调难度大。由于服务业的特殊性和服务产品的不可见性，存在对服务业认识不一的问题，服务业发展定位和目标任务不清、资金投入少。从统筹角度看，由于近些年来机构调整等原因，服务业领导协调机构不稳定，增大了协调的难度。由于地方财力拮据，目前西藏作为全国为数不多的未安排服务业引导资金的省区之一，亦相对缺乏有效引导和统筹推进手段，服务业潜力没有得到有效激发。

三、“十二五”发展思路

全面贯彻中央第五次西藏工作座谈会精神，紧紧抓住中央关心、全国支援和产业发展的有利时机，按照新时期经济社会发展的总体要求，立足资源优势，加强规划，科学布局，特色与规模并重，加快服务业结构调整升级，进一步完善机制，为服务业创造良好的发展平台；进一步加大投入，培育和扶

持一批竞争力强、带动作用大的服务业龙头企业发展壮大。突出民生，着力提高农牧区服务业发展水平；突出生产，切实推进服务业与第一、第二产业的互动融合；突出创新，加快现代服务业和新兴服务业发展步伐；突出质量，促进服务业向标准化、规范化方向发展。力争通过几年时间，努力构建起布局合理、特色明显、充满活力、基本满足不断增长的生产生活需要的较为健全的服务业体系，使之成为吸纳就业、带动群众增收、提高生产力水平的主要力量。主要目标是：到2015年，重点领域服务业快速发展，产业结构趋于合理，三次产业协调发展，公共服务能力明显增强；实现增加值较“十一五”末翻一番，年均增长12%，继续在三次产业中保持领先地位；旅游接待能力和服务水平大幅提高，接待游客人数和旅游总收入分别较“十一五”末翻一番以上；初步建立起较为完善的市场体系和现代物流体系，内外贸易规模不断扩大；信息化基础更加完善，信息服务业加快发展；科技服务能力进一步提高，初步查明优势资源“家底”；市场中介体系不断健全并规范化发展，商务服务业健康成长；面向生活领域的各类服务业蓬勃发展，消费结构更加优化；到“十二五”末，力争实现社会消费品零售总额较“十一五”翻一番；服务业从业人员占全社会就业人员比重达到40%，较“十一五”增长5个百分点。重点领域是：特色旅游业、商贸流通业、信息服务业、科技服务和地勘业、商务服务业、生活性服务业。对策建议包括：①进一步提高对加快服务业发展重要性的认识，加强对服务业的组织领导和引导扶持；②深化服务领域改革开放，完善促进服务业发展的机制体制；③抓住薄弱环节，推动服务业科学有序发展；④按照分类指导、有差别对待原则，加大对西藏服务业的支持。

第二十七章　陕西省服务业发展报告

一、“十一五”发展情况

2006年以来，陕西省服务业获得了长足的发展，在国民经济中的总体地位逐步提升、规模和总量不断增加、增速稳步加快、结构布局趋于完善、从业人数逐年增长，现代服务业体系逐步形成，服务业进入了全面发展时期。

（一）规模不断扩大，增速明显加快

从2006年到2010年，陕西省服务业增加值处于稳步上升的趋势，分别为1806.36亿元、2178.20亿元、2699.74亿元、3143.74亿元、3688.93亿元，超额完成陕西省“十一五”规划提出的服务业增加值2010年达到2400亿元的目标。全省第三产业增加值年均增长14.9%，高于“十五”时期4.1个百分点，高于全国第三产业平均增速3个百分点。从全国来看，2010年陕西省服务业增加值已居西部第3位，全国第18位，接近全国中等水平。

（二）投资快速增长，部分行业投资比重上升

“十一五”期间，陕西服务业投资总额呈不断增长态势，铁路、公路等交通基础设施建设投资再创新高，信息、金融、房地产等社会发展项目建设力度加大，教科文卫等民生发展项目建设不断加快。首先，从全社会固定资产投资来看，2006—2010年陕西省服务业投资额逐年增加，2010年服务业投资额为5064.66亿元，比2005年的1162.12亿元增加了3.3倍。其次，从服务业投资结构来看，2010年全省城镇投资总额3326.74亿元，其中交通运输、仓储和邮政业占30.19%，信息传输、计算机服务和

软件业占2.34%，批发和零售业占4.04%，住宿和餐饮业占2.54%，金融业占0.1%，房地产业占18.21%，租赁和商务服务业占2.02%，科学研究、技术服务和地质勘查业占2.47%，水利、环境和公共设施管理业占28.39%，居民服务和其他服务业占6.49%，教育占5.37%，卫生、社会保障和社会福利业占2.47%，文化、体育和娱乐业占1.20%，公共管理和社会组织占14.69%，和2005年相比，部分行业（房地产业、租赁和商业服务业、公共管理和社会组织）比重有较大提高（见表27－1、图27－1）。

表27－1　2005年、2010年服务业分行业城镇投资额

（单位：亿元）

行业＼年份	2005	2010
交通运输、仓储和邮政业	204.78	1004.49
信息传输、计算机服务和软件业	37.03	77.80
批发和零售业	65.5	134.52
住宿和餐饮业	19.13	84.48
金融业	3.56	3.34
房地产业	6.23	605.76
租赁和商务服务业	10.87	67.19
科学研究、技术服务和地质勘查业	11.4	82.28
水利、环境和公共设施管理业	205.48	944.42
居民服务和其他服务业	3.7	21.60
教育	69.34	178.74
卫生、社会保障和社会福利业	13.74	82.12
文化、体育和娱乐业	16.39	40.06
公共管理和社会组织	82.44	488.69

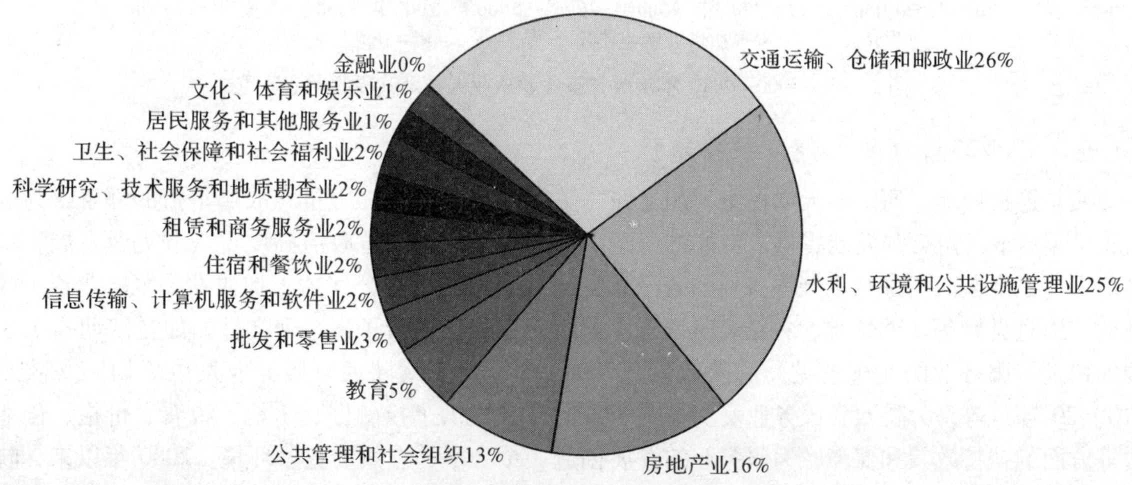

图27－1　2010年陕西省服务业城镇固定资产投资构成图

（三）新兴服务业发展迅猛，现代服务业产业体系初步形成

随着国民经济的快速发展和产业布局的不断调整，服务业内部结构也得到调整和优化。在传统服务业保持稳步发展的同时，新兴的现代服务业得到了迅速发展。现代物流、金融保险、信息技术、服

务外包、会展业、房地产业和商务服务等新兴的现代服务业逐步成长壮大，成为服务业重要增长极。从规模看，与2005年相比，2010年新兴现代服务行业发展迅猛，其中金融业从97.04亿元增加到384.75亿元，增加了2.9倍；房地产业从105.53亿元增加到315.95亿元，增加了2倍；2010年服务外包业总产值450亿元，从业人员突破11万人，全省举办各类展会214场（次），展会成交额979.8亿元。从结构来看，各领域新兴服务业占全省服务业增加值比重多有上升，同时，陕西省积极引进各种生产要素和先进的经营理念与模式，加快改造传统服务业，全力培育现代服务业，实现了现代服务业各个门类全部覆盖，行业之间相互依托、相互支撑，初步形成现代服务业产业体系。

（四）产业盈利能力增强，吸纳就业显著增加

2010年陕西省服务业各行业营业能力普遍增强，社会消费品零售总额3195.67亿元，比上年增长18.4%，其中餐饮收入363.98亿元，比上年增长17.2%，商品零售2831.70亿元，比上年增长18.5%；进出口总额120.83亿美元，比上年增长43.8%，国际旅游收入10.16亿美元，比上年增长31.8%。同时，服务业吸纳就业能力也不断上升。陕西省服务业从业人员数基本呈现了逐年上升的趋势，已由2000年的504万人增加到2010年的657万人，就业人数增加了153万人，年均增长速度2.6%。此外，服务业从业人员占全省从业人员比重也呈现了显著的上升趋势，已经由2000年的27.80%增长到2010年的31.7%（见图27-2）。

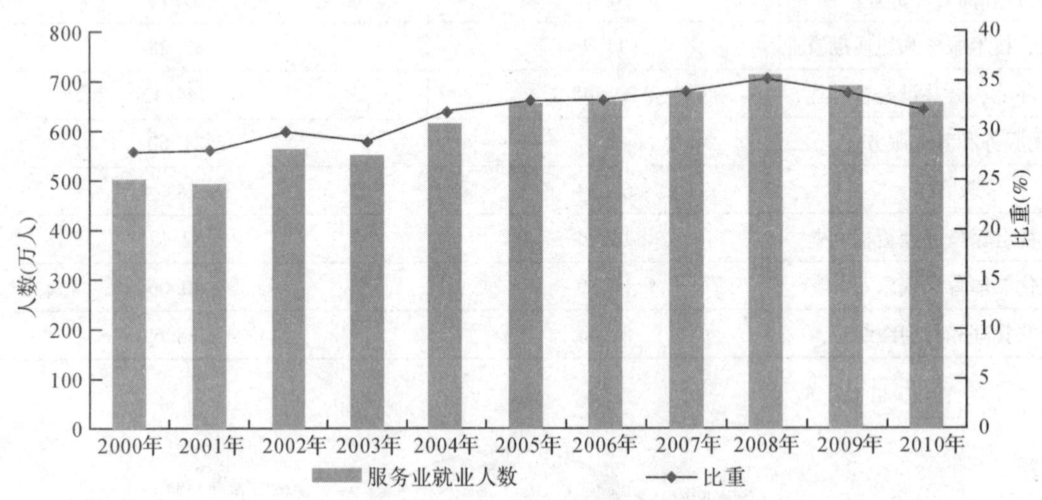

图27-2 2000—2010年陕西省服务业从业人员及其吸收就业比重

（五）产业环境渐优，经济基础趋强

陕西是连接西北、西南的天然枢纽，加之如“关天经济一体化”等重大战略举措的部署，为服务业与先进制造业的融合与发展提供了良好的机遇。此外，陕西省委省政府高度重视服务业发展，认真贯彻落实《国务院关于加快发展服务业的若干意见》和《国务院办公厅关于加快发展服务业若干政策措施的实施意见》等文件精神，并结合陕西省实际情况，相继出台了一系列文件，如《陕西省关于进一步加快发展服务业的实施意见》（陕政发〔2008〕24号）、《陕西省服务业发展规划》（陕政发〔2010〕20号）等，为陕西省服务业发展指明了方向，并提供了投融资、土地、税费、价格、创业和消费等方面的扶持政策和保障，为服务业的发展创造一个公平、有效的竞争环境。2000年以来，陕西经济发展连续9年保持两位数增长且均高于全国增速，2010年陕西省经济总量达10123.48亿元，进入万亿元省区序列，全社会固定资产投资额达8561.24亿元，全社会消费总额3195.67亿元，城镇居民人均可支配收入达15695元，农民人均纯收入4105元，这为陕西服务业的发展提供了坚实的基础。

（六）资源禀赋丰富，比较优势突出

陕西省科技资源、教育资源、文化资源、旅游资源丰富，具有发展服务业的优势。一是科技成果

显著，2010 年全省从事科学技术人员 206929 人，科研院所 116 个，R&D 经费支出 217.5 亿元，科技论文成果 60690 篇；二是教育资源雄厚，2010 年全省高等教育机构 133 所，教职工 103174 人，毕业生人数 340069 人，招生人数 431007 人，在校学生数 1329828 人；三是文化资源丰富，历史文化资源、民俗文化资源及红色革命文化资源十分丰富，现代文化实力雄厚，境内文物景点 35750 处，国家级文物保护单位 89 处；四是旅游资源丰富，陕西不仅拥有“中华民族摇篮”与“天然历史博物馆”之誉，而且也有丰富的红色革命旅游资源和高品质的自然旅游资源，2010 年，陕西省旅游接待量突破 1.46 亿人次，总收入达 984 亿元，分别增长 25.9% 和 25.0%。丰富的资源禀赋成为陕西服务业发展的巨大优势，服务业的快速发展又是使陕西从资源大省向经济强省转变的必由之路。

（七）产业布局合理，聚集效应初显

陕西已形成以关中为核心、陕南和陕北为两大辐射圈的布局。以西安曲江文化产业园等为代表文化产业集聚区，以西安国际港务区、国家级和省级开发区、高新技术产业孵化基地、大学科技园区为代表的装备制造业服务平台、高新技术服务平台粗具规模，陕北红色旅游、能源化工基地服务体系、现代物流业和环保服务业和陕南生态旅游产业、特色农业服务、循环经济服务体系和现代商贸业等稳步发展，聚集效应初显，辐射带动效应提升。

二、采取的主要措施

陕西省服务业在“十一五”期间之所以取得了较大成绩，主要有以下几点经验做法：

（一）加强服务业工作的组织领导

为更好地协调解决服务业发展中存在的问题，省政府于 2007 年成立了陕西省服务业工作领导小组。为进一步促进陕西省服务业发展，2008 年省政府召开了全省服务业发展工作大会，出台了《关于进一步加快发展服务业的实施意见》（陕政发〔2008〕24 号）。2010 年省政府及时调整增加了省服务业工作领导小组力量，由陕西省委常委、常务副省长任组长，省政府副省长省政府副秘书长、省发展改革委主任等 3 位领导任副组长，省政府 35 个与服务业相关的厅局主要领导任成员的领导小组，省服务业工作领导小组办公室设在省发展改革委，办公室主任由省发展改革委副主任担任，服务业工作领导小组定期召开服务业发展工作会议，协调并解决服务业发展中遇到的问题。

（二）积极编制服务业规划

省发展改革委会同省市有关部门积极开展服务业调研，并组织编制服务业发展规划及实施意见，2006 年编制了《陕西省“十一五”服务业发展专项规划》，为进一步推进陕西省服务业发展，2008 年出台了《关于进一步加快发展服务业的实施意见》（陕政发〔2008〕24 号），并在意见中提出设立 2.5 亿元省服务业发展专项资金，重点支持服务业重大项目建设。2009 年，省发展改革委在省内调研与省外考察学习的基础上，提前启动《陕西省服务业发展规划（2010—2015 年）》编制工作，于 2010 年 5 月由省政府颁发实施。省服务业规划颁发后，各级及时组织学习宣传，举办各种培训班，加紧编制“十二五”服务业专项和区域发展规划，推动了规划的贯彻落实。

（三）加大政策支持力度

从 2009 年开始，省政府设立省级服务业发展专项资金，省财政每年安排 2.5 亿元，以贴息、补助、注入资本金、奖励等方式，重点支持服务业重大项目建设。2009 年省服务业引导资金支持以物流为重点的项目 92 个，带动社会资金 415 亿元。2010 年省服务业引导资金扶持服务业项目 86 个，带动投资 377 亿元。2011 年省服务业引导资金扶持服务业项目 84 个，带动投资 192 亿元。为促进服务业企业的发展，陕西省充分利用国家对西部地区的鼓励政策，对符合国家规定的鼓励类服务企业，积极鼓励企业申报并认真做好确认工作，“十一五”期间全省有 560 多户服务业企业享受西部大开发税收优惠政策，优惠减免税收 40 多亿元，有力促进了服务业企业发展。

（四）大力实施项目带动战略

各级政府把重大项目建设作为推动服务业发展的重要载体，大力实施项目带动战略。西安国际港务区等三大物流园区建设有序推进，物流等生产性服务业功能快速提升；旅游景区设施和线路继续完善，服务水平不断提高；文化企业改制稳步推进，形成了一批有规模、有实力的文化企业和文化品牌。长安银行、省文化产业投资公司和天地旅游创业投资企业正式运营，延安革命纪念馆、法门寺文化景区、大唐不夜城、关中民俗博物院等重点项目相继落成，重大项目的建成将有力促进陕西省服务业的发展。

三、主要问题

近年来陕西省服务业得到了长足发展，在促进全省经济持续快速发展中发挥了重要作用，但服务业发展总体水平落后的状况还没有根本改变，还存在以下几方面的问题：

（一）服务业整体实力不强

“十一五”期间，陕西省第三产业增速高于同期全国第三产业增速，占生产总值的比重分别38.1%、37.8%、36.9%、38.5%和36.4%，对经济增长的贡献率分别为39.1%、41.5%、38.6%、44.8%和33.4%，但第三产业比重和对经济增长的贡献率仍然低于全国平均水平。2010年陕西省第三产业占GDP比重与全国相比低6.7个百分点（全国第三产业比重为43.1%），对经济增长的贡献率低5.1个百分点（全国第三产业对经济增长的贡献率为38.5%），陕西省人均服务业增加值9876元，只有全国平均水平的77.4%。

（二）区域发展不够平衡

2010年，陕北、陕南地区服务业增加值分别占全省服务业的17.3%和11.9%，陕北服务业增加值占GDP的比重仅24.1%，陕南人均服务业增加值仅5230元，不到关中的一半。在加快服务业发展中，陕北跨越发展、陕南突破发展的任务更为艰巨。还要看到，西安市第三产业比重为52%左右，关中第三产业比重高很大程度是依靠西安市的第三产业规模，除西安外其他市区的第三产业比重在36%左右，仍低于全省平均水平。

（三）生产性服务业发展滞后

2010年，全省批发零售贸易业、餐饮住宿业、房地产业等消费性服务业占服务业比重达56%，而现代物流业、科技信息服务业、金融业和商务服务业等生产性服务业增加值占服务业比重仅44%。不少发达省份生产性服务业正逐步发展为支柱产业，由于陕西省工业企业分离非核心服务业进展缓慢，传统消费性服务业占比依然较高，因此，生产性服务业增长缓慢。

（四）服务业市场化程度不高

现代服务业市场发育不足，资源优化配置不够，生产要素的市场机制和途径尚未真正形成，中小企业发展不充分，产业集聚程度较低，阻碍了服务业的进一步发展壮大。现代物流业和装备制造业都是陕西省优势产业，但二者融合发展不够，物流业发展的专业化、集约化、社会化水平还有待提高。

四、“十二五”发展思路

为适应产业结构优化升级新要求，满足人民群众提高生活水平新期待，以全面加快发展为主题，以转变发展方式为主线，把推动服务业大发展作为产业结构优化升级的战略重点，坚持服务业发展与扩大内需相结合，与培育新的经济增长点相结合，与扩大就业、提高服务业就业者素质相结合，与区域经济协调发展相结合，力争服务业增长速度高于工业增速，到2015年服务业增加值占全省GDP比重达到42%左右，服务业综合竞争力和整体发展水平得到全面提升。重点任务是：①在空间布局上，加快构筑“一核、一带、两翼”的发展格局。“一核”，即把西安（咸阳）打造成现代服务业的核心增长极，建成国家重要的科技研发中心、区域性商贸物流会展中心、区域性金融中心和国际一流旅游目的地，引领全省服务业加快发展。“一带”，即以西安（咸阳）为核心，以宝鸡、铜川、渭南、杨凌等关中地区次核心城市为依托，形成西部发达的城市群和现代服务业集聚带，重点发展科技信息服务业、先进制造业服务体系、现代物流业、农业服务业等，发挥辐射带动作用，打造资源共享、功能配套、相互支撑的现代服务业格局。“两翼”，即陕南、陕北“两翼”依托核心城市和次核心城市服务业的辐射功能，促进服务要素合理流动和优化配置。陕南因地制宜发展生态旅游产业、特色农业服务、循环经济服务体系和现代商贸业等；陕北重点发展红色旅游、能源化工基地服务体系、现代物流业和环保服务业等。②在产业发展上，实现重点领域新突破。在现代物流业方面，着力构建“物流网络和设施、物流公共信息、物流研发”三大平台，加快西安国际港务区、榆林能源化工基地物流园区等一批重点项目建设。在金融服务业方面，着力推动金融产品创新，不断拓宽融资模式，鼓励引导民间投资健康发展，加快西安金融商务区建设步伐。在科技、信息服务业方面，大力培育研发设计、科技咨询、创业孵化等服务平台，积极发展信息技术服务、生物技术服务、知识产权服务和科技成果转化服务。在文化旅游业方面，着力打造陕西特色文化品牌，加快文艺路演艺一条街等文化产业园区和基地建设，完善旅游服务体系，打造历史文化、自然观光、红色旅游、休闲度假、乡村旅游等板块，加快培育秦岭生态旅游带和黄河文化旅游带。在会展业方面，巩固提升西洽会、农高会、通用航空展等展会水平，完善会展设施，策划实施一批在国内外有重大影响的会展项目，全力办好西安世园会，加快建设以西安为中心的会展经济圈。在家庭社区服务业方面，加快基本养老服务体系建设，积极发展社区照料中心和专业化养老机构，培育家庭社区服务市场，搞好服务网络平台建设，推进社区安保、保洁、维修、配送服务等业态发展。

附件：“十一五”时期印发的政策文件

1.《陕西省“十一五”服务业发展专项规划》

2.《陕西省人民政府关于进一步加快发展服务业的实施意见》（陕政发〔2008〕24号）

3.《陕西省人民政府关于印发陕西省服务业发展规划的通知》（陕政发〔2010〕20号）

第二十八章　甘肃省服务业发展报告

“十一五”时期是甘肃省服务业发展最好、最快的时期，产业地位稳步提升，服务水平逐步提高，服务产品不断丰富，服务质量明显改善，在促进经济平稳较快发展、转变经济发展方式、优化产业结构、扩大就业等方面发挥了重要作用。

一、“十一五”发展情况

（一）总体发展情况

“十一五”时期，全省服务业进入快速发展阶段，充分发挥大通道的优势，依托兰州、天水、张掖区域交通枢纽，在积极发展传统商贸流通业的同时，大力发展金融、现代物流等生产性服务业，着力推动房地产、旅游和文化产业发展，旅游业收入实现三年翻番目标。

1. 规模不断扩大

服务业增加值从2005年的787.36亿元提高到2010年的1535.49亿元，年均增长11.14%，每年对地区生产总值增长的拉动作用均在4个百分点以上；2010年服务业增加值占全省生产总值的比重为37.3%。

2. 投资快速增长

服务业投资总额由2005年482.51亿元增长到2010年1277.48亿元，年均增长21.5%，占城镇固定资产投资总额比重达到45%。交通等基础设施建设投资创历史新高，科教文卫体等社会事业投资力度加大，为服务业提供了持续发展动力。

3. 结构逐步优化

在服务业领域各主要行业都保持较快增长、产业领域不断拓展的同时，传统服务业比重呈现下降趋势，现代服务业增速明显加快、比重持续上升，成为服务业发展新的增长点。

4. 就业稳步增加

服务业从业人员占全社会从业人员的比重，由2005年的21.67%提升到2010年22.58%，批发和零售业、住宿和餐饮业、现代物流、房地产业等服务行业吸纳就业人员的能力进一步增强。

5. 改革进一步深化

事业单位分类改革进展顺利，推动一批事业单位进入市场、自我发展，带动了咨询服务、信息服务、中介服务、文化创意等服务业新业态不断涌现。服务业市场化、产业化、社会化程度有所提高，市场主体日益多元化。

（二）重点行业发展情况

1. 物流业

（1）物流行业规模快速扩张。2009年，全省社会物流总值达到2379.11亿元，比“十五”末期增长80%左右；全社会货运量达2.55亿吨，货物周转量达1477.06亿吨公里，公路、铁路、民航三种运输方式完成的货物运输量比重分别为66.83%、(81.65)、33.16%（18.23）和0.01%，多式联运得到较快发展；全省从事物流的各类企业达2000多家，从业人员20多万人，占全省总就业人数的1.34%左右；第三方专业化物流发展迅速，年业务增长率保持在12%以上，物流外包趋势明显。DHL、FedEx、UPS等多家外资物流企业和中铁快运、中铁行包、中铁现代、宅急送、申通快递、圆通快递等一批国内大型专业化物流企业纷纷落户甘肃。

（2）物流基础设施水平不断提升。“十一五”期间，全省物流基础设施建设有了较快发展，道路交通体系建设步伐加快，交通运输网络发展迅速，铁路、公路、民航、水运和管道运输方式组建的立体物流运输网络初具形态。陇海、兰新、甘青、甘武、宝中等铁路线和10条国道、30余条省道、900余条县乡公路、1300多公里内河航道、4000多公里输油（气）管线以及快速发展的民用航空共同构筑的多层次综合运输网络覆盖全省，基本形成了铁路运输干线化、公路运输网络化、民航运输辐射化、管道运输系统化的布局形态。全省范围内涌现了一批以发展现代物流为核心的物流园区、物流中心和配送中心，货运场站、货物分拣中心、大型仓储配套设施等日趋完善。新式自动化仓库、托盘、货架、集装箱、自动分拣装备为代表的新型物流技术装备和工具开始应用，物流效率有了较快的提升。

（3）物流信息化建设步伐日益加快。随着经济发展和技术进步，全省公用通信网的通信能力和技术水平明显提高，初步形成了较为完备的数字化信息资源体系，为现代物流业发展提供了全面的信息支持和技术保障。全省道路信息化建设取得了较快的发展，以省运输信息中心为主的14个市（州）级道路信息中心、86个县（市、区）级信息站、150个运输企业信息站建成，初步实现了公路运输的四级联网运行。“甘肃运输信息网”“甘肃电子商务网”“甘肃物流网”“甘肃邮政网”等一些专用物流信息网络相继建成开通，GPS车辆跟踪服务系统、道路运输视频系统投入使用，物流公共信息平台建设得到较快发展。

（4）物流政策环境大幅改善。省委、省政府高度重视发展现代物流业，将现代物流业作为新的经济增长点，重点培育发展，制定了一系列政策措施，加强物流业相关的服务软环境建设，特别是不断优化物流政策环境，先后出台了《关于大力推进流通现代化的意见》《关于加快我省现代物流发展的意见》《甘肃省物流业发展规划》《甘肃省发展和改革委、甘肃省商务厅关于落实国务院印发〈物流业调整和振兴规划〉的实施意见》《关于推动农村邮政物流发展支持邮政服务“三农”的实施意见》等，通过用地保障、财税扶持、融资支持、便利通行等政策扶持，为物流企业的发展起到了很好的推动和促进作用，加快推进第三方物流的发展，逐步实现从传统物流向现代物流的快速转变。

2. 旅游业

（1）旅游产品内涵不断丰富，产品体系逐步完善。“十一五”期间，随着文化旅游、红色旅游、绿色生态旅游和民俗旅游资源的逐步开发，全省旅游资源整合开发的力度进一步加强，各地形成了旅游产品差异化发展、优势互补的态势，旅游产品开始由单一的观光型向多元化产品体系转型。

（2）宣传促销力度逐渐加大，旅游市场得到进一步开拓。“十一五”期间，以宣传甘肃、提升形象为主导，加强了营销策划，形成了宣传的聚合、放大效应，较好地开拓了旅游市场。在中央电视台、广东卫视、北京火车站、上海火车站等多家媒体、交通站点投放了系列广告；在《读者》杂志、《中国旅游报》、香港《文汇报》等10多家媒体投放了旅游宣传专栏广告；在近30家媒体发布专版、专栏、专题片200多个（部）；邀请国内外主流媒体和旅行商近2700人次来甘肃采风踩线；组织相关市州政府、景区和旅行社人员赴9个国家和地区及国内24个城市开展“甘肃旅游”系列宣传推介活动。以12301旅游服务热线平台建设为基础，初步建成旅游信息化的“三网一库”，为新闻媒体和网民转载、报道、查询甘肃旅游信息提供了重要渠道和来源。

（3）旅游规划编制更加科学规范，基础设施建设成绩较为显著。“十一五”期间，编制了《甘肃省旅游业发展规划（2006—2020）》（甘政函〔2007〕59号）、《甘肃省旅游厕所建设规划》《甘肃省藏区旅游基础设施建设与发展规划》等20多个旅游专项规划，为全省旅游业科学发展奠定了基础。积极采取有效措施，加大了旅游项目的建设力度。全社会累计投入旅游业建设资金391.4亿元，安排省级财政旅游发展资金8800万元，加强了部分旅游景区基础设施建设和服务设施配置，有力地推动了旅游业的快速发展。截至2010年年底，全省A级景区达到140个，其中5A级景区3个，4A级景区39个，3A级景区37个；麦积山、崆峒山和黄河三峡已发展成为年接待游客超过百万人次的景区。

（4）旅游商品开发得到重视，商品品质有所提高。“十一五”期间，逐步加大了旅游商品的开发力度，扩大了旅游商品经营和销售的范围，进一步提高了旅游商品消费额度，有效促进了全省各地旅游经济的发展。在2009—2010年中国国际旅游商品博览会上，甘肃省荣获2项金奖和6项铜奖。

（5）旅游接待能力明显提升，服务质量不断改善。截至2010年年底，全省共有星级酒店324家，其中五星级3家，四星级38家，三星级137家；旅行社400家，其中出境组团社9家，赴台旅游组团社2家；组建了兰州、天水旅游汽车服务公司，新购置高档旅游车200余辆；新开通兰州—敦煌旅游专列和兰州—香港旅游包机；加强了旅游饭店星级评定、绿色旅游饭店创建和旅行社、导游市场监管力度；组建了旅游星级饭店监督员队伍，对不合格的星级饭店和导游人员实行退出机制，进一步提高了旅游服务质量；实行了全省旅游景区门票统一管理机制，加强了对旅游景区门票价格的规范管理；建立了旅游安全责任机制和应急管理机制；完善了主要景区安全警示牌、医疗急救体系等旅游救援系统。

（6）旅游教育培训力度逐步加大，人才队伍建设进一步加强。“十一五”期间，全省开设旅游专业的高等院校达到26所，共培养各类旅游高等人才1万余人；培训旅游局局长、基层旅游管理干部、导游、旅游企业管理人员等专业技术人员5万余人次；积极运用小额担保贷款等扶持政策，推行旅游扶贫和创业计划，帮助大学生、妇女和返乡农民工参与农家乐等乡村旅游经营活动，不断提高旅游自身发展和吸纳就业的能力。截至2010年年底，全省旅游业直接就业人数达15万人，间接就业人数达

91万人，旅游业就业人数占全省就业总人数的7.5%。

3. **科技产业**

（1）生产力促进中心作用发挥明显，服务能力进一步增强。"十一五"期间，生产力促进中在推动中小企业技术创新、推动地方科技工作、服务基层科技、服务产业集群中发挥了积极的作用。仅2010年共为1016家企业提供了各种服务，为企业增加销售额87121万元，增加利税18211万元，为社会增加就业人数18732人。全省生产力促进中心各类服务总收入977万元。开展科技项目的征集、前期调研、初选等工作，进行科技特派员的日常管理工作，实施科技富民培训工程，配合科技管理部门，开展"科技活动周"、科技、教育、文化"三下乡"等活动，切实服务于基层科技工作，成为地方科技管理部门的助手。根据当地企业的需求，搭建创新创业的平台，开展管理、技术培训，提供咨询、信息服务，进行技术开发、推广，协助申报各类项目，孵化科技型小企业，发挥了科技与经济、政府与企业、企业与企业之间的桥梁作用。仅2010年，甘肃省170个项目立项，获得国家财政科技经费资助1.0794亿元，立项率57.4%，排在全国第16位，立项数和资助金额分别是2009年的2.15倍和2.65倍。

（2）高新技术创业孵化器发展迅速，工作取得新的突破。"十一五"期间，高新技术创业孵化器积极开阔思路、创新工作模式、学习借鉴并举，抢抓机遇，积极推动全省孵化器建设，培育、孵化了一批科技型中小企业，形成出了具有欠发达地区特色的创业孵化模式。截至目前，全省有不同类型的科技企业孵化器16家，其中国家级创业中心2家，国家级大学科技园3家，留学人员创业园区1家，民营科技企业孵化器2家，各市县区的孵化基地8家。成立甘肃省科技创业孵化协会，目前会员单位50家，协会的成立促进了个孵化器之间的交流与合作，各类孵化器拥有在孵企业达696家，孵化器建设粗具规模。组织举办"甘肃省首届大学生创业计划大赛"，大赛以"创业成就梦想"为主题，极大激发了甘肃高校的创业教育意识和广大学生自主创业的热情，全省上万名大学生学习到了创业的有关知识，培育了创业意识。积极帮助中小企业申报国家创新基金项目，取得了喜人的成绩。截至2011年，中心成功申报创新基金初创期小企业创新项目122项，立项金额5560万元，立项率达72%；成功申报投资保障项目11项，立项金额达人民币760万元。

（3）技术转移服务成果喜人，经济社会效益明显。"十一五"期间，全省按照建设创新型社会的总体目标，以建立企业为主体，产学研相结合的技术创新体系为核心，充分发挥市场优化配置科技资源的主渠道作用，多措并举加快科技服务体系建设的步伐，不断促进科技成果转化与产业化的进程。取得省级科技成果4160项，获得国家科技成果奖励42项、省级奖励895项；全省技术合同交易额156.13亿元；申请专利11480件，授权专利6046件，专利授权量超额完成"十一五"规划目标；科技服务已经成为促进甘肃省科技成果产业化的重要平台，成为提升全省科技综合实力的关键指标。

4. **信息产业**

（1）产业规模进一步扩大。"十一五"期间，甘肃省电子信息制造业在调整中发展。2010年，11户电子信息产品制造企业实现主营业务收入24.03亿元，同比增长27%，较"十五"末增长21%，年均增长4.2%；实现利税总额3.8亿元，较"十五"末增长272%，年均增长54.4%。软件服务业发展速度加快，计算机信息系统集成业成为支柱。2010年，具有资质的82户软件企业（含系统集成企业）实现主营业务收入23.88亿元，同比增长10.25%，较"十五"末增长168.6%，年均增长33.72%；利税总额3.46亿元，同比增长3.3%，较"十五"末增长235.92%，年均增长47.18%；从业人员5215人，同比增长5.23%；资产总额23.13亿元，同比增长20.72%；软件服务业收入占全省电子信息产业总收入的49.84%。计算机信息系统集成在软件服务业中比重高、发展快，收入占软件服务业主营业务收入的60%~70%，有力推动了软件服务业的发展。

（2）骨干企业队伍进一步壮大。华天电子集团公司2007年上市以来规模进一步扩大，保持了30%以上的增长速度，对行业的贡献最大，2010年主营业务收入12.82亿元，实现利润1.39亿元，完成集成电路产量55.03亿块，已跻身国内同行业内资企业前三位。长风信息集团作为最大的军工电子企业，军工生产、科研、项目、质量、保密和安全生产等工作居于行业先进之列，2010年实现主营业务收入2.21亿元，企业改制破产工作有重大进展。天水铁路电缆工厂开发国内急需的信号电缆、综合光电缆，2010年完成主营业务收入2.3亿元，生产经营创历史最好水平。软件服务业中收入过千万元的企业达到54户，过亿元的企业5户，较“十五”末的18户、2户，实现了质和量的飞跃。

（3）自主创新能力进一步提升。“十一五”期间，全省电子信息产业自主创新能力不断提高，10户企业建立了省级企业技术中心和重点实验室，2户企业创建了国家级企业（工程）技术中心，每年开发省级以上新技术新产品110多项，新产品年销售收入所占比重达到60%以上。企业积极抢占市场和技术制高点，加大研发投入，取得了一系列创新成果。先后有70多个系列和产品先后获得国家“科技进步一等奖”、“国家重大科技成果二等奖”、“国家技术开发优秀成果奖”、国家优质产品银奖等，申请及获得各项专利超过100项，登记软件产品220项、软件著作权215项，2户企业通过了CMMI3级认证评估，93%以上的软件服务企业通过了GB/T 19000－ISO 9000系列质量保证体系认证。

（4）产业聚集度进一步提高。全省微电子行业的生产能力95%以上集中在天水市，其销售收入占全省微电子销售收入的98%以上，已逐步形成以集成电路封装为核心，模拟集成电路、混合集成电路等产品为主的集成电路产业集群，总投资13.6亿元的天水华天电子科技产业园于2010年开工建设，产业集聚发展态势进一步显现，同时带动了相关上下游产业的集聚发展；软件服务企业主要集中于兰州市，收入占到软件服务业总收入的99%以上，排列前10名的软件企业收入占到总收入的58.32%，软件服务业企业集中在兰州高新区软件园等园区。

（5）信息技术应用范围进一步扩展。“十一五”期间，随着全省信息化发展步伐的加快，电子政务、电子商务、行业信息化等成为拉动软件服务业增长的重要驱动力，信息技术应用带动了装备制造、微电子、半导体、电信制造业等关联产业的发展，对改造提升传统产业，推进产业结构优化升级，实现信息化和工业化的有效深度融合起了重要的促进作用。三维计算机辅助设计（CAD）、计算机辅助制造（CAM）、计算机辅助工艺设计（CAPP）、产品数据管理（PDM）、产品生命周期管理（PLM）等信息技术的应用，提高了企业劳动生产率、资源利用率和创新能力。骨干企业建立了与之相关的管理系统，在研发设计、生产装备、生产过程、企业管理、销售服务等环节初步实现了数字化、智能化、自动化和网络化，推动了企业技术进步和产业升级，提升了产品的竞争能力和企业效益。目前，全省重点企业80%实现了办公自动化，50%以上建立了管理信息系统，90%左右建立了内部网络。

（6）通信服务基础能力进一步改善。“十一五”期间，全省通信基础设施建设力度加大，总投资约210亿元，全省光缆总长度达到20.96万公里，已通达所有市（州）、县（区）及99.8%的乡镇和41.8%的行政村，为各类信息化应用提供先进的“信息高速公路”，宽带网络覆盖全省县级以上城市，98.77%的乡镇和42%的行政村；电话交换机总容量达到691.61万门，宽带交换机端口容量达到136万个，移动电话交换机总容量达到1866万门，固定电话交换机总容量达到800万门，3G和“无线宽带”网络覆盖全省市州县和发达乡镇。

5. 商贸服务业

（1）国内贸易实现了新跨越。2010年社会消费品零售总额1369亿元，比“十五”末翻了一番多，年均增长16.5%，增速比“十五”期间提高4.7个百分点，比“十一五”规划确定11%的增长目标高出5.5个百分点。人均社会消费品零售额由2440元提高到5200元，比“十五”末翻了一番多，流通业增加值占GDP的比重由32.8%提高到33.4%。今年上半年实现社会消费品零售总额771.65亿元，同比增长18%。

（2）科学制定规划，加快城乡市场体系建设。甘肃省制定了《甘肃省城乡市场系建设三年规划》和《甘肃省葡萄酒产业发展规划》。先后投资41亿元，在农村改造提升商贸流通基础设施58.47万平方米，修建果菜保鲜库18.65万吨，建设改造16个大型农副产品批发市场，200个县乡农村集贸市场。

省政府将“万村千乡”列入为民办实事，已建成14548个农家店，84个商品配送中心，覆盖全省100%的县、95%的乡镇和60%的村。日用消费品配送率提高到50%以上，农业生产资料配送率达到70%。在中心城市创建了11个商业社区示范区，在兰州建立了50个标准化肉菜市场，在兰州、白银、酒泉建立了家政服务平台，培育了一批家政服务龙头企业。

（3）建立大宗农产品旺吞淡吐的产销衔接机制。甘肃省建立了覆盖全省的城乡生活必需品监测体系，保障市场平稳运行。在重点产区建立了洋葱、土豆、高原夏菜等大宗农副产品产销衔接机制，采取对农产品旺季收储以奖代补，淡季再投放市场的办法，避免农产品价格大起大落导致“谷贱伤农”，保护了农民利益。去年，全省旺季收储大宗农产品412万吨，占全省总产量的41.2%，农户收购价同比上升30%，出现了一大批收入8万~10万元的菜农经销户。

（4）围绕肉食品质量安全监管，规范市场经营秩序。在兰州市建立了肉菜质量追溯体系，在全省建立了“放心肉”监管体系，将全省生猪定点屠宰厂整合至119家，引导企业建立肉品质量安全可追溯体系，实行一猪一章一证一标识。严厉打击私屠滥宰，对定点屠宰企业实施跟踪，严肃查处违法案件。加强酒类商品管理，全面实行销售随附单制度，定期开展酒类专项整治。按照国务院统一部署，积极开展打击侵犯知识产权和制售假冒伪劣商品专项行动。在重点区域建设市场监管公共服务体系和12312商务举报投诉服务中心，开展商务综合行政执法试点。加强对全省104家典当行的规范管理。

6. 金融业

（1）金融机构体系逐步完善。至2010年年末，全省共有银行业金融机构114家，信托公司1家，金融租赁公司1家，证券公司1家，期货公司1家，资产管理公司4家，财务公司2家。有上市公司22家，其中主板上市17家，中小板上市3家，创业板上市2家。有省级保险分公司22家，保险中介机构22家，试点设立小额贷款公司106家。

（2）金融市场发展良好。“十一五”期间，全省信贷市场累计发放贷款12168亿元。2010年年末全省银行业金融机构人民币存款、贷款余额分别是2005年的2.4倍和2.5倍。外汇市场产品日益丰富，黄金市场产品和参与主体逐渐增多。上市公司证券市场的融资额是1990年以来甘肃在资本市场直接融资额的80%。省内企业通过银行间债券市场累计发行各类债券316亿元。2010年年末上市公司总市值比2006年增长3.5倍。全省保险深度和保险密度由2005年年末的2.55%、183元/人分别增长至3.55%、572元/人。

（3）地方金融机构改革成效明显。“十一五”期间，甘肃省积极推进地方金融机构改革发展。通过综合治理、资产重组和增资扩股，华龙证券公司的竞争实力、合规经营水平和盈利能力大幅提升。甘肃信托完成增资扩股。信达资产管理公司完成对原西部租赁公司的资产重组。农信社有15家县联社改制为农村合作银行。兰州银行完成股份制改造，业务领域正在突破地域限制向全省和周边拓展。敦煌银行加快筹建步伐。酒钢财务公司、金川财务公司组建成功。村镇银行、资金互助社等新型金融机构和小额贷款公司迅速发展，服务能力逐步提高。

（4）金融服务经济社会能力增强。“十一五”期间，全省金融机构认真落实国家宏观调控政策，紧紧围绕经济社会发展大局，创造性地开展金融服务，发挥融资支撑作用，使融资信贷规模迈上了新的台阶，有力地支持了地方经济社会发展。上市公司通过实施并购重组、再融资，充分发挥市场资源配置功能，扩大生产规模，延伸产业链条，提高了持续经营能力和竞争实力。全省保险业参与社会保障覆盖面不断扩展，责任保险领域不断拓宽，探索创新保险服务方式，提升服务水平，为社会提供优质高效的保险服务。

（5）金融生态环境明显改善。“十一五”期间，全省把加强诚信教育，培养良好的诚信观念，培育良好的社会信用道德和文化环境，建立银行业金融机构之间完善的信用信息服务体系和违约信息共享机制作为改善全省金融生态环境工作的重要内容，规范金融市场秩序，持续推动信用体系建设，取得了明显成效。

7. **交通运输业**

（1）交通设施建设持续扩大，路网规模进一步拓展。①公路：截至2010年年底，全省公路通车里程11.9万公里，二级及以上公路里程7885公里，高速公路通车里程2046公里。②铁路：截至2010年年底，营业里程2880公里，其中双线1580公里，电气化1667公里。③民航：兰州中川机场和敦煌机场站坪扩建、嘉峪关机场改扩建、天水军民合用机场改扩建工程完成并投入使用；兰州中川机场二期扩建、张掖军民合用机场扩建、新建金昌机场、夏河机场、庆阳机场改扩建工程开工建设。④水运：全省境内黄河、白龙江现有自然航道2403公里，航道里程1356公里。⑤管道：全省建成投产的管道长度4102公里，其中输油管道2816公里，输气管道1286公里，是全国石油天然气管线最长的省份之一。

（2）客货运量稳步增长，运输结构日趋合理。随着交通基础设施建设的力度逐步加大，综合运输能力不断提高、各种运输方式的客货运输得到长足发展。2010年甘肃省全社会完成客运量5.41亿人，货运量2.90亿吨，与2005年相比，分别增长203.82%、11.5%。在各种交通运输方式中，公路仍占据主导地位，铁路运输是重要力量。同时，甘肃省综合运输网络承担了大量的与外省间交流和过境客货运输量，过境货运量约占30%，交通通道特征明显。

（3）综合运输通道骨架逐渐形成，通道骨干作用日益显现。甘肃省综合运输通道骨架已经初步显现，并承担了大量的客货运输流量。主要有：以兰新、陇海铁路、连霍高速、312国道为主干的陆桥综合运输大通道，东起陕西宝鸡，西至新疆哈密，全线横贯甘肃境内，全长约1600公里，是亚欧大陆桥的重要组成部分；以包兰、兰青铁路，109国道和京拉高速公路，黄河水运为主干的包兰青综合运输大通道，该通道是甘肃中部与青海、西藏、宁夏、内蒙、北京联系的重要通道。

（4）农村公路建设成绩突出，通达深度和通畅水平显著提高。通乡油路改造工程超预期完成规划建设任务，并通过“通达、通畅”工程、以工代赈、整村推进、灾后重建等途径改造了一批农村公路，大幅度提高了农村公路通达深度和通行水平。截至2010年年底，全省农村公路总里程达10.29万公里，比2005年增加2.56万公里，95%的乡镇通沥青（水泥）路，100%的建制村通公路。随着道路状况改善，全省农村客运班线快速发展，达到2600条，乡镇通班车率达到99.85%，建制村通班车率达到88.1%，分别比“十五”末提高2.54和6.78个百分点。

8. **房地产业**

（1）房地产业快速发展。“十一五”期间，全省累计完成房地产开发投资873亿元，全省城镇住房完成投资840.47亿元，城镇住房竣工面积完成2778.98万平方米。全省商品房累计竣工2344.94万平方米，其中，商品住宅累计竣工2018.75万平方米。房地产开发企业规模扩大。到2010年年末，全省房地产开发企业发展到1178家，比2005年年末的843家增长39.7%。其中一级资质开发企业达5家。认真贯彻落实国家宏观调控政策，先后出台了促进房地产业平稳健康发展和控制商品房价快速上涨的一系列配套政策措施，整顿和规范住房市场秩序，保持房地产市场平稳运行和健康发展。

（2）住房品质显著提高。住房设计造型和外观装饰更加美观，室内布局、面积多样化、人性化，布局更加合理，基本上满足了不同消费群体的需要。住房结构安全普遍得到重视和加强，建设标准体系更加完善，框架结构、剪力墙结构住房得到广泛应用，居住建筑的抗震性能显著提高。“十一五”期间，省建设厅组织编制了65%建筑节能设计、施工和检测配套技术规程，兰州市在全国率先执行居住建筑节能65%的设计标准。全省建筑节能50%以上设计标准实施率达100%、施工实施率达95%。部分新建楼盘采用环保节能新成果、新技术、新材料、新工艺，外围护结构、采暖方式、中空玻璃窗、新型墙体材料等节能技术都不同程度地得到运用，楼盘品质不断提高。完成既有居住建筑供热计量及节能改造350万平方米，提高了既有居住建筑节能效果。

（3）居住环境明显改善。“十一五”期间，通过实施住宅建筑节能和环保，大力推进绿色住区建设，居住区开发设计更加体现以人为本理念。新建商品房小区已全部纳入专业化、社会化、市场化的物业管理，一大批旧住宅区经过改造，也逐步实施物业管理，居民居住条件得到明显改善。新建楼盘更加注重小区绿化、美化、亮化和景观工程建设，人居环境逐步得到改善和提升，小区的绿化率越来越高，景观设计越来越美。

（4）物业服务管理日趋规范。物业服务行业得到快速发展。到2010年年末，全省物业服务企业已达1006家。先后出台了《甘肃省物业管理暂行办法》《甘肃省住宅小区物业管理服务等级暂行标准》《甘肃省物业服务收费管理实施办法》《甘肃省物业管理办法》等规章，为规范物业服务行为，提高物业服务水平，促进物业服务行业的健康发展提供了政策依据。全省形成了包括房屋及相关设施设备维修养护、小区保安、环境保洁、绿化养护、便民服务、物业中介等系列的配套服务，物业管理行业依托房地产业并与其他服务业相结合，发展成为与城镇居民生产生活息息相关的一个新兴行业。

二、采取的主要措施

（一）坚持把发展服务业作为转变发展方式、调整产业结构的战略举措，为促进服务业加快发展提供了强大的思想动力和工作动力

五年间，甘肃省委、省政府认真贯彻落实国家关于服务业发展的总体部署，始终坚持把加快服务业发展作为促进经济结构调整、转变发展方式的有效途径；有效缓解能源资源短缺和环境问题的瓶颈制约、提高资源利用效率的重要手段；提高服务业增长在整个经济增长中的贡献率，提高服务业增加值和就业人员在国民经济中的比重，提高服务业增长的质量、效益和水平，孕育新的经济增长点的战略举措；提高国民经济的综合实力整体跃升的必由之路。深化改革，优化环境，完善政策，先后制定出台了《加快发展旅游业意见》《关于进一步促进金融业发展的意见》《贯彻国务院关于加快推进现代农作物种业发展意见的实施意见》《关于促进融资担保业发展的意见》《关于促进房地产业平稳健康发展若干政策措施》《关于加快我省现代物流发展的意见》《关于实施中长期科技发展规划纲要增强自主创新能力的决定》《关于加快软件服务业发展的意见》。服务业重要领域政策的出台，形成有利于服务业快速发展的良好环境，极大地调动了行业和企业的积极性，促进了服务业发展。

（二）坚持规划先行，分步实施，确保了服务业发展的正确方向

从“十一五”开始，甘肃省把服务业发展规划列为支撑全省经济社会发展总体规划纲要的重点专项规划来编制。规划重点在发展目标、指导思想、发展原则和重点行业等关键领域加强规划，规划强化政策的支持和资金、人才和组织保障。“十一五”中期，根据形势的变化和国家关于加快服务业发展的要求，组织有关人员对《规划》实施情况进行了评估并提出了差别化的发展思路，重点在物流、旅游、软件业和房地产业等重点领域提出了新的目标。在全省服务业发展总体规划的指导下，《甘肃省旅游业发展规划第十一个五年规划纲要》《甘肃省“十一五”文化产业发展规划》《甘肃省“十一五”科学技术创新和发展规划》《甘肃省“十一五”教育事业发展规划》等行业专项规划也得到重视，与之相配套的规划保障措施的出台，促进了全省服务业加快发展。

（三）坚持重点突破，重点服务行业成绩显著

甘肃省服务业发展相对滞后，行业发展不平衡，在全面发展，整体推进的同时，充分发挥比较优势，重点在文化、金融、旅游、物流等领域，按照区域功能组团，突出特色优势，带动相关产业聚集发展。依托丰富的文化资源，完成、在建并新规划了一批富有地域特色的园区、基地和重点项目，带动骨干文化企业发展壮大。截至目前，全省共有文化产业机构4902个，其中民营文化产业机构2200个；文化产业从业人员32615人，民营文化产业机构从业人员12153人；文化产业总产出20.9亿元，增加值15.2亿元。“读者”、“丝路花雨”、“大梦敦煌”等知名文化品牌的影响力辐射到全国乃至世界。围绕把兰州打造成西部重要的金融中心的目标，金融保险业发展得以充分发展，三大政策性银行、五大商业银行相继落户兰州，兰州银行跨区域经营进展顺利，甘肃银行筹建工作基本完成。小额贷款公司、

资金互助社等新型金融机构发展迅速。保险市场基本覆盖全社会。围绕甘肃打造文化旅游大省，坚持规划先行，高起点、高标准、科学、系统地搞好旅游发展规划，秉承文化传承和创新，突出宣传推介，加大景区基础设施投入，集中力量打造了一批质量高、叫得响的精品景区。截至2010年年底，全省旅游人数达到4291.4万人次，实现旅游收入237.2亿元，旅游业总收占地区生产总值的比重达5.7%。

（四）坚持项目带动，加大服务业领域的投资，服务业关键领域、薄弱领域得到充分发展

甘肃地处内陆，由于特殊的历史和地理原因，经济实力薄弱，经济结构不合理，市场发展缓慢，基础设施建设滞后，与全国相比存在很大差距。“十一五”期间，在国家大力支持下，兰渝铁路、宝天、天定高速公路、庆阳机场、敦煌莫高窟保护利用、酒泉千万千瓦级风电基地、引大入秦工程和兰化70万吨乙烯生产等一大批交通能源、水利、工业和文化重点建设项目陆续开工建设。围绕重大项目建设，催生和壮大了一批旅游、物流、工程设计咨询、新能源服务等现代服务业的发展。服务业投资由2005年482.51亿元增长到2010年1277.48亿元，年均增长21.5%，占城镇固定资产投资总额比重达到45%。积极争取国家服务业引导资金，引导科研机构、企事业单位和产业化龙头企业充分利用技术、信息、检测和研发优势，面向产业开展服务，促进了产业聚集和规模化发展。引导资金的培增效应，吸引大量社会资金投入服务业项目。五年中，国家安排甘肃服务业引导资金6800万元，带动社会资金13亿元投入到服务业关键领域和薄弱环节，有力地促进了全省服务业发展，取得了良好的经济社会效益。

（五）深化服务业改革，不断创新工作思路，服务业工作稳步推进

按照竞争性机构与公共机构、营利性机构与非营利性机构分开的原则，加快了中介服务机构和其他经营性事业单位或有偿服务事业单位的改革改制工作。深化国有服务企业股份制改革，健全公司法人治理结构，创新高效风险控制机制和内部监督管理机制。一大批经营性科研院所已经完成转制，带动咨询、物流、文化、科技研发等现代服务业市场化、产业化、社会化发展步伐。大力推进国有服务企业改制上市，引导企业充分利用资本市场，拓宽融资渠道，引进战略投资者。采取多种措施，支持和鼓励企业增强研发创新能力、市场销售能力、扩大服务业务。积极推动国有资产调整重组，促进了资源优化配置。加强行业协会和各类专业合作组织，帮助服务企业提高素质、增强创新能力、改善经营管理，开拓市场。

三、主要问题

甘肃省服务业发展仍存在一些长期积累的矛盾和问题，主要是服务业总量小，占全省生产总值中的比重低，对国民经济发展的贡献率不高；现代服务业发展相对滞后，生产性服务业基础相对薄弱，服务内部结构不尽合理；重点领域改革步伐迟缓，部分行业市场化程度低，发展的活力不强。

四、“十二五”发展思路

紧紧围绕省委、省政府“中心带动、两翼齐飞、组团发展、整体推进”区域发展战略和工业强省战略，以科学发展为主题，以加快转变经济发展方式为主线，以市场化、产业化、社会化为方向，把加快服务业发展作为产业结构优化升级的战略重点，大力发展生产性服务业和生活性服务业，改造提升传统服务业，突出发展现代服务业，积极营造有利于服务业发展的政策和体制环境，提高服务业比重和水平，增强服务功能，全面提升产业核心竞争力，为全省经济社会跨越发展、转变经济发展方式、调整优化产业结构提供有力支撑。到2015年，要努力实现以下总体目标：①服务业总量不断提高。服务业增加值达到2940亿元，年均增长14%以上，高于地区生产总值增长速度，占地区生产总值的比重提高到40%以上。②发展水平显著提升。服务业对产业结构优化升级的支撑作用进一步强化，满足多

样化需求和参与市场竞争的能力明显增强，服务业标准化程度大幅提高，培育形成一批具有核心竞争力的大企业、大集团，创建一批著名的服务业品牌。③区域发展整体推进。大力建设一批功能明确、特色突出、具有带动效应的服务业聚集区，进一步推进城市服务业升级换代，努力构建和完善农村服务体系，积极发展发挥生产性服务业的辐射带动作用，基本形成与全省区域经济战略要求相适应的服务业发展格局。④吸纳就业和就业者素质日益提高。服务业就业人数占全社会就业人数的比重比2010年提高4个百分点以上，成为吸纳城乡新增就业人口最多的产业。服务业就业者素质明显提升；服务业创新能力明显增强。发展重点是：坚持面向生产、方便群众生活，加快发展生产性服务业和生活性服务业，形成各具特色、优势互补、协调发展的现代服务业体系，重点发展现代物流业、金融服务业、科技服务业、信息服务业、商务服务业、软件服务业、旅游业、商贸服务业、社区服务业、文化产业、房地产业等。

第二十九章　青海省服务业发展报告

“十一五”时期，面对复杂的国内外形势和繁重的改革发展稳定任务，青海省委、省政府坚定不移地贯彻执行党中央、国务院部署，团结带领全省各族人民，紧紧围绕科学发展，牢牢抓住国家实施西部大开发战略和支持青海等省藏区发展的历史机遇，妥善应对国际金融危机巨大冲击，努力克服玉树地震等自然灾害的不利影响，积极探索欠发达地区实践科学发展观的成功之路，胜利完成了“十一五”规划确定的主要目标和任务，服务业发展取得了显著成绩。

一、“十一五”发展情况

（一）总体发展情况

“十一五”期间，青海省服务业发展速度明显加快，结构逐步优化，质量不断提高，为进一步发展奠定了基础。

1. 发展速度明显加快

“十一五”期间，青海省服务业年均增长12.3%，比“十五”提高2个百分点。2010年服务业增加值达到470.9亿元，占全省生产总值的34.9%，见图29-1、图29-2。按2005年价格计算，为381亿元，超额完成“十一五”规划确定的349亿元的目标。

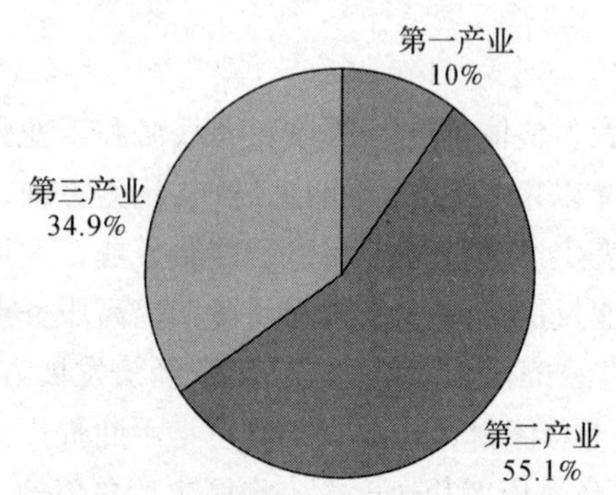

图29-1　2010年三大产业构成比例

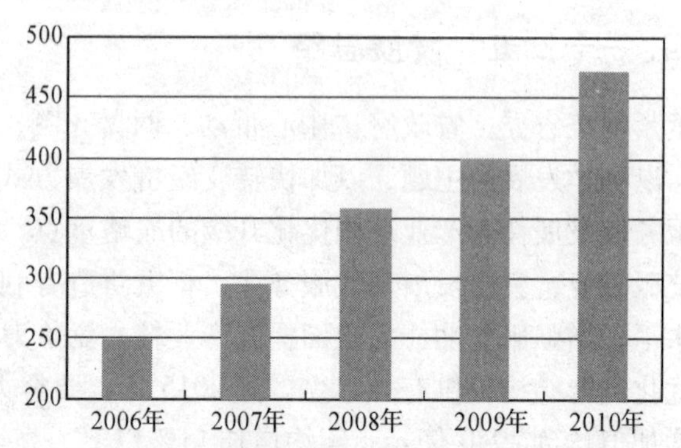

图29-2　“十一五”期间服务业增加值增长表（亿元）

2. 产业结构逐步优化

“十一五”期间，交通运输、仓储邮政、批发零售、住宿餐饮等传统服务业改造提升步伐加快，服务功能得到加强；信息、金融、商务服务、文化体育等现代服务业发展迅速，年均增速分别达到24.7%、15.7%、20.8%、29%。

3. 就业贡献显著增强

2010年全省服务业从业人员116.7万人，占全社会从业人员比重35.6%；五年新增就业18.13万人，占全社会新增就业人员的60%，服务业已成为吸纳就业的主渠道。

（二）重点行业发展情况

1. 旅游业发展迅速

“十一五”期间，青海省将围绕环西宁“中国夏都”旅游圈、环青海湖民族文化体育旅游圈和三江源生态旅游区，总体规划布局，形成一批特色突出、文化内涵丰富、市场竞争力强、面向大众和中高端游客的多元旅游产品，全面打造“大美青海”旅游品牌；建成快速、畅通的旅游交通网络，初步建成旅游服务和旅游安全救助体系，景区（点）配套服务设施完善，旅游标志规范；旅游管理水平和服务质量明显提高，公民文明意识不断增强，形成良好的旅游环境，青海旅游形象和知名度明显提升，成为享誉海内外的高原旅游目的地。2010年年末，青海省游客接待量和旅游总收入连续多年呈现20%以上的增长速度，高于全国平均增长幅度，旅游综合效益不断提升。2010年，全年接待国内外旅游人数1226.2万人次，比上年增长10.6%，其中，国内旅游人数1221.5万人次，增长10.5%；境外入境人数4.67万人次，增长29.4%，境外人数中外国人占72.6%。全部旅游人数中，过夜旅游者占41.3%。国际旅游外汇收入2044.9万美元，增长32.6%，旅游总收入71.02亿元，增长18.1%。总体上看，青海省旅游业除入境游客量以外的所有统计指标均提前两年达到“十一五”规划目标，为全省保增长、保稳定、保民生目标任务的实现做出了巨大贡献。

2. 金融业发展壮大

（1）金融综合实力显著提升。①存、贷款总量快速增长。全省银行业认真落实国家金融政策，不断加大信贷投放力度，有力支撑了青海省经济社会发展。截至2010年年底，各项人民币存、贷款余额分别为2319.64亿元和1822.65亿元，与“十五”末相比，分别增长216.42%、185.41%（见图29－3）；银行业总资产3030.9亿元，增长240.26%；银行网点995个，增长12.55%；从业人数15374人，增长19.95%。②资本市场快速发展。上市公司质量不断提高，再融资能力显著增强，证券期货经营机构历史遗留问题逐步解决，业绩进一步提升。上市公司由9家发展到10家，与“十五”末相比，增长11.11%；上市公司总市值2082亿元，增长1253.37%；融资额319.06亿元，增长3542%（见图29－3）；总资产844.16亿元，增长387.95%；销售收入484.58亿元，增长568.29%；净利润61.95亿元，增长1324.14%。③保险业发展迅速。保险市场进一步拓展，保险品种不断丰富，保险覆盖面不断扩大，保费收入不断增加，保险的分散风险和保障功能进一步显现。截至2010年年底，全省保险机构总资产41.6亿元，与“十五”末相比，增长462.3%；2010年，全省实现原保费收入25.7亿元，比2005年增长226.97%；2010年全省保险深度和保险密度分别为1.91%和456.94元/人，分别比2005年增加0.46个百分点和311.51元/人。④非银行金融机构稳步发展。覆盖全省的融资性担保体系初步形成，首批试点的小额贷款公司发展顺利，5家小额贷款公司贷款总额1.38亿元。典当行、拍卖行规范健康发展，为中小企业、“三农”提供融资服务的能力不断增强。截至2010年年底，全省56家融资性担保机构在保责任余额60.93亿元，平均放大倍数2.86倍。⑤产权市场创新发展。产权市场有效发挥投融资、信息集聚、价格发掘的功能，市场规模不断扩大，促进产权有序流转、资源优化配置，功能不断增强。截至2010年年底，共为各类企业处置各类资产99宗，总成交额16.93亿元，实现增值1.39亿元，增值率为8.91%。

（2）金融市场体系日臻完善。①银行业组织体系不断完善。随着工、农、中、建、交等大型商业银行股份制改革顺利完成并成功上市，青海各分行公司治理结构进一步优化，管理水平明显提高，经营业绩大幅提升。开行青海省分行的开发性业务在全省经济社会发展中发挥了重要作用，农发行青海省分行发挥着政策性银行服务于农牧区农业基础设施建设和农牧产业化发展的作用，邮政储蓄银行青海省分行服务“三农”作用初步显现，青海银行增资扩股和跨区域经营取得重大进展，农村信用社县市统一法人社改制工作全面完成。②资本市场体系日趋完善。10家上市公司全部完成了股权分置改革工作，法人治理结构进一步完善，再融资能力进一步增强，融资规模持续扩大，国有资本实现了保值增值。天源证券公司和财富期货公司通过重组，股权关系进一步明晰，经营业绩逐步好转。③证券期货经营机构设置更趋合理，“证券小营业部”试点工作有序开展。保险市场体系日趋完备。截至2010年年底，全省共有保险公司省级分公司9家，比2005年年底增加4家。各级保险分支机构由126家发展到217家；从业人员由2767人发展到7560人。④保险产品种类不断丰富，保险覆盖面进一步扩大，农业保险财政补贴工作开展顺利。⑤非银行金融机构发展迅速。通过不断探索具有青海特点的非银行金融机构发展模式，非银行金融机构实现了跨越发展。截至2010年年底，相继成立了56家融资性担保机构、5家小额贷款公司、19家典当行、13家拍卖行、3家新型农村金融机构，设立了青藏高原第一支创投基金——昆仑基金，第一支产业基金——西宁国家低碳产业基金，组建了西部第一家金融超市——青海金融超市，重组成立了五矿国际信托有限公司，金融市场体系进一步完善。

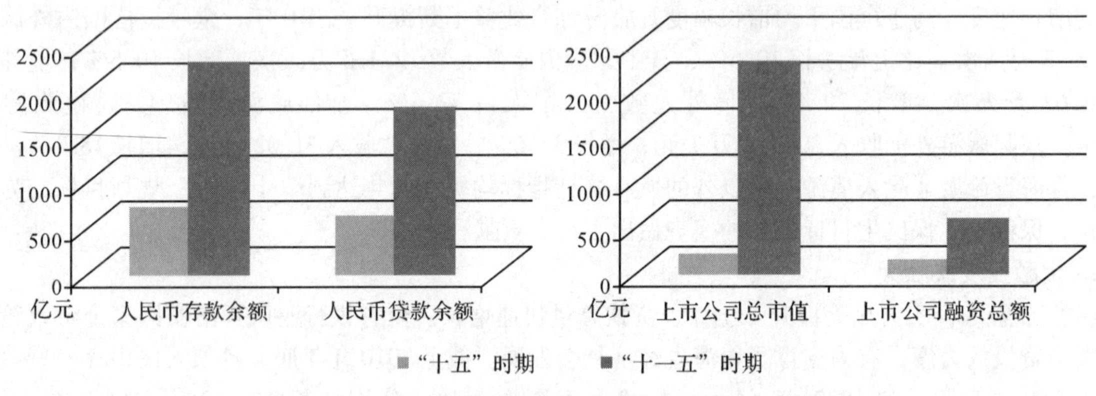

图29-3 “十一五”期间青海金融业主要指标完成情况

（3）金融服务功能日益增强。①银行业服务领域不断拓展。银行业金融机构服务范围已从传统的存、放、汇业务逐步扩大到票据、银行卡、保理、保函、代客理财及资产托管等领域。信贷结构不断优化，逐步面向“三农”、中小企业、个人消费等薄弱领域全方位渗透。服务手段由传统的柜台业务扩大到网上银行、手机银行、电话银行、自助银行等。证券业服务作用不断加强。随着多层次资本市场体系的建立完善，为企业融资提供了有利条件，利用资本市场融资能力得到提升。企业债券、公司债券、短期融资券、中小企业集合债等债权融资工具应用日益广泛，规模不断扩大。资本交易方式进一步多样化、现代化，证券期货交易量稳步攀升，有效满足了广大投资者的需求。②保险业服务水平不断提高。保险系统紧紧围绕青海经济社会发展战略，创新服务理念和产品，不断拓展农业保险、责任险等服务领域和范围，充分发挥了保险的经济“助推器”和社会“稳定器”作用，辅助社会管理的功能日益显现。

（4）金融生态环境不断优化。①金融政策体系不断完善，出台了《青海省关于促进金融业发展的意见》等一系列政策意见，制定并实施了涵盖信用体系建设、金融风险防范和金融债权保护等方面的政策措施，规范了金融主体行为。②社会信用体系建设初见成效。建立完善了全省企业信用信息系统和个人信用信息系统，银行间、企业和个人征信信息系统实现全省联网运行，征信系统覆盖范围进一步扩大。③金融运行质量全面提升。金融机构的经营管理水平不断提高，资产质量持续好转，风险状况明显改善。截至2010年年底，全省银行业金融机构不良贷款余额52.51亿元，不良率2.87%，实现

“双降”，与“十五”末相比不良贷款率下降36.59%。地方法人银行业资本充足率、拨备覆盖率等监管指标明显改善，抵御风险能力进一步增强。④金融风险得到有效化解。妥善处理了历史遗留问题。推动庆泰信托有限公司完成司法重组，积极应对格尔木8家改制社撤销、昆仑证券公司破产清算对青海省金融业带来的冲击，维护了经济社会稳定。⑤职能部门作用得到有效发挥。成立了青海省金融工作办公室，强化了对全省金融运行的综合协调服务职能，与政府职能部门、人行西宁中心支行、青海银监局、青海证监局、青海保监局及金融机构间的联席会议机制初步建立，服务作用持续显现，协调职能不断强化。

3. 商务会展平稳发展

（1）会议经济发展情况。近年来，青海省以独特的气候条件、区位优势、旅游资源优势、特色产业基础，会议经济呈现出快速发展势头。西宁市成为全国知名的会议举办地点，形成了西宁—兰州、西宁—贵德、西宁—大通会议经济发展圈，西宁也逐渐形成了以银龙酒店、胜利宾馆、青海宾馆、西宁宾馆、盐湖宾馆等为主的会议集群。会议数量增加、与会规模增大、质量不断提升、品牌不断形成。以2010年项目组调查数据为例，省内现有星级酒店120个，其中五星级酒店1个、四星级酒店13个、三星级酒店45个、二星级酒店53个、一星级酒店8个。能容纳30人以上大中型会议室有425个、月平均举办会议场数263场，月均上会率62%，以平均5000元的费用租用，年均收入1578万元；30人以下的小型会议室有630个、月平均举办会议场数473场、月均上会率75%，以平均费用3000元租用，年均收入1701万元，合计年直接产生经济效益3279万元。

（2）会展经济发展情况。会展经济对青海经济和社会发展及对外开放具有先导作用和极强的关联作用，青海省会展经济起步于2000年举办的首届“中国青海结构调整暨投资贸易洽谈会”。“十一五”期间，随着青海省经济社会的快速发展和改革开放的不断深入，青海省商务会展进入加快发展阶段。总量规模不断增加，行业地位初步确立，其参与项目呈现专业化、区域化和品牌化的发展趋势。

一是基础不断增强，行业地位初步确立。截至目前青海省会展逐步形成了“青洽会”“青海藏毯国际展览会”“青海国际清真食品及用品展览会”“青海三江源国际摄影艺术节”“青海国际唐卡艺术与文化遗产博览会”“柴达木循环经济推介会”6大展会为主导，小型展销会为补充的展会市场。2010年省内共举办展会42场，其中五大支柱展会及柴推会每年一场，规模较大，共有展位1000余个，吸引商户6200多个，吸引投资2877亿元；其余为小型辅助展会36场，约有展位100~200个不等、共吸纳商户5400户，吸纳约为20亿元。类型涉及青海水电资源、盐湖资源、非金属资源、高原特色生物资源、绿色农业资源等多方面内容。2010年仅在城南国际会展中心举办的各类大型商务展会达6次之多，其展览面积均已达到1.8万平方米以上，最大者达到3万平方米（见表29-1）。

表29-1　2010年青海省主要会展项目情况统计表

展会名称	举办日期	展位数量	展出范围	主办单位
第十一届中国青海绿色投资贸易洽谈会	6.10—6.13	1000	综合性贸易、投资	青海省政府
第七届中国国际藏毯博览会	6.20—6.23	727	藏毯	中国藏毯协会
中国（青海）国际三江源摄影展	7.17—7.20	400	摄影艺术及相关	青海省政府
第四届中国（青海）国际清真食品及用品展览会	7.27—7.30	900	清真食品及服饰等	青海省政府
第三届青海国际唐卡艺术与文化遗产博览会暨第六届民族文化节	9.18—9.21	300	唐卡、昆仑玉、民族服饰、礼品等	青海省政府
第一届中国·青海汽车文化节	9.26—9.30	400	汽车及相关	兰州凤凰广告
柴达木循环经济推介会	4.27—4.29	400	盐湖化工及昆仑文化相关	青海省柴达木循环经济试验区领导组

二是规模不断增大，会展经济日益凸显。青海省90%以上的综合及专业展会集中于西宁市。以城南国际会展中心为主要展区，2008年，城南国际会展中心直接收入同比增长了9%，2009年同比增长了15%。展览会不仅产生十分明显经济效益，还形成了显著的辐射带动功能。

“青洽会”作为全省最重要的展会平台，搭建了一个开放与发展、合作与交流的平台，让世界和中国认识了青海、走近了青海、了解了青海，也成就了“青洽会”作为青海省规模最大、级别最高的经贸盛会，更成为西部地区重要经贸洽谈活动之一。“十一五”期间“青洽会”共签订各类合作项目2513个，协议金额4452.19亿元，见表29-2。引进了中信国安等一大批在国内具有较高知名度、较大影响力的大企业、大集团参与青海优势资源开发和结构调整。会展业经济在为工业经济发展带来信息、观念、技术、项目、资金和管理理念的同时，也带动了青海的餐饮业、旅店业、交通业、旅游业等行业的发展。

表29-2 “青洽会”历年举办情况

年份	签订项目数（项）	协议金额（亿元）	同比增长率（%）	举办地点
2007	214	222.7	2	城南新区会展中心
2008	259	242.88	9	城南新区会展中心
2009	136	278.24	15	城南新区会展中心
2010	127	1922	590	城南新区会展中心

三是场馆粗具规模，会展配套设施逐步完善。近年来随着西宁市城市经济的发展壮大，促进了会展场所等一批基础设施的建设。2003年城南青海国际会展中心建筑面积为18000平方米展厅的落成，结束了青海省没有专业展馆的历史；2005年又在城南建了一座建筑面积为28800平方米的展厅，2个展馆连同室外展区的展览面积达到40265平方米，仅室内展区就可搭建1000个标准展位。与此同时，西宁体育馆、青海省博物馆利用空闲场地开展会展活动。两处展厅为非会展专业场馆，可提供展览面积约0.48万平方米，受条件限制，每个场所仅够搭建100个标准展位，主要是举办一些小型展销会和展示活动（见表29-3），配备会展举行。现有宾馆、新建宾馆也逐步规划会议演示厅功能，增加会展举办能力。

表29-3 青海省会展场馆情况统计表

会展场馆名称	展览面积（m^2）	可设展位（个）
西宁体育馆	2100	100
青海省博物馆	2700	120
青海国际会展中心	40265	1000

四是市场主体已具雏形，会展服务功能日趋增强。日益活跃的会展活动，延伸了相应的产业链条，培育了市场主体，形成了基本的会展服务体系的形成。会展策划、搭建装潢、氛围营造、会展服务等方面的会展服务系统已初步形成，可以满足目前展会的基本要求。截至目前，西宁市会展服务企业数量已发展到19家，从业人员约200余人。按经营性质划分，其中会展场馆3家，办展公司6家，氛围营造、礼仪服务、展台搭建、展览展示器材经销、租赁企业10家；按所有制划分，其中国有企业6家，民营企业13家。民营企业比重达到73.7%；具备独立办展能力的企业5家，占26.3%，见表29-4。

表 29－4　西宁市会展服务企业情况统计表

年份	企业数量（家）	按经营性质划分（家）			按所有制划分（家）	
		场馆	办展单位	展示搭建器材经营	国有	民营
2000	4	2	1	1	4	—
2005	9	3	2	4	5	4
2010	19	3	6	10	6	13

（3）全省节庆赛事发展情况。青海旅游近年不断取得佳绩，除了特定的旅游资源，另一个重要因素就是青海节庆赛事活动对旅游业的有效拉动。青海省是一个少数民族聚集的省份，除了一些传统的正式的节日之外，还有许多颇具特色的、影响较广的民族节庆和赛事活动，并且通过以上方式融入内容丰富、开放性、参与性强的活动项目，积极吸引大众参与，以活动带动旅游消费和吸引投资，有效地提高目的地旅游收入和知名度。

通过节庆赛事的经济拉动效应与会展业发展相融合，建立优势互补的发展途径，见表 29－5。

表 29－5　青海省重要节庆赛事一览表

节庆赛事名称	节庆时间	活动地点	活动内容
中国青海郁金香节	每年 5 月	西宁市	郁金香花展
王洛宾音乐艺术节	每年 7 月	金银滩草原	王洛宾歌曲演唱和民族活动
格萨尔王旅游文化艺术节	每年 8 月	果洛州	格萨尔史诗演唱
青海民间艺术文化旅游节	每两年举办 6—9 月	青海省	民族歌舞、民族艺术和服饰展
玉树赛马会	7 月 25 日	玉树州	大型歌舞表演、摔跤等
祭海	每年农历 7 月 1 日	青海湖	祭祀青海湖
塔尔寺四大法会	农历正月	塔尔寺	跳欠、酥油花展等
青海湖环湖国际自行车赛	每年 7—8 月	环青海湖地区	国际公路自行车赛
贵德梨花节	每年 4 月末	贵德县	观赏梨花、物质交流等
土族旅游文化节	每年 7 月	互助土族故园	花儿演唱、土族民俗展
黄南·藏乡农历六月法会	农历 6 月	同仁县	龙舞、神舞

4. 商贸流通业发展不断扩大

2010 年，青海省社会消费品零售总额实现 346 亿元，比上年增长 15.15%。商业网点建设速度加快，2010 年年末，全省各类商品交易市场已达 234 个，年成交额 113 亿元，其中年成交额上亿元的市场已达 20 个，批发、零售贸易、餐饮、商贸服务企业及个体工商户近 10 万户，从业人员 57.3 万人。青海（西宁）朝阳物流园区建设粗具规模。屠宰、拍卖、典当、租赁、居民服务等行业以及信息咨询、中介服务、现代物流等商务服务业也取得了较快发展。商贸流通业结构调整效果明显。全省商贸流通企业已全面改制，国有企业已基本退出。以电子商务、物流配送为代表的现代经营方式及超市、专卖店、便利店等新型业态得到较快发展，并已开始向农村牧区延伸。华联、王府井、苏宁电器、肯德基等知名连锁企业相继落户青海。流通业管理进一步规范，服务档次和水平不断提高。

5. 文化体育快速发展

“十一五”期间，全省各项文化事业的快速发展不仅提升了青海的文化品位，拉动了青海的经济发展，而且对外树立了良好的青海形象。

（1）新闻宣传和舆论引导能力不断加强。全省各级广播影视部门牢牢把握正确的舆论导向，圆满完成了各项重大宣传报道任务。舆论引导和媒体监督作用不断强化，有力地推动了青海省精神文明建设、党风廉政建设和法制建设，有效化解社会热点问题，为推动全省经济社会发展营造了良好的社会舆论氛围。

（2）公共文化服务体系建设取得明显进展。通过大力实施乡镇综合文化站建设、文体场馆建设、广播电视村村通工程、西新工程、农村电影放映工程、县级广播电视基础设施建设以及文化信息资源共享工程、文化“进村入户”工程、文化“进社区”工程、“农（牧）家书屋”工程、文化基层设备装备工程、流动舞台车配送工程等一系列文化惠民工程，初步形成了覆盖城乡的公共文化服务体系，固定设施、流动服务、数字网络三位一体的覆盖模式初步形成。

（3）群众精神文化生活更加丰富。通过民族文化特色产品的挖掘与创新，开展各种类型的文化活动，丰富了各族群众的精神文化生活，人民群众的精神文化需求得到基本满足。全省先后创作完成民族特色浓郁、艺术水准较高的大型剧目32台、小型节目58个。各级艺术表演团体广泛开展“送戏下乡”活动，共完成各类演出7800余场，观众达280余万人次。每年组织开展各类体育比赛30余项（次），约4万余人参加比赛。参加体育锻炼的人数达26%左右。村村通工程使4898个20户以上自然村的各族群众收看到了图像清晰的广播电视节目。有线电视用户增至近50万户，其中数字电视用户近40万户，全省广播电视人口综合覆盖率分别达到90%和95%，分别较2005年年末增加3.52和2.51个百分点。2010年，全省广播电视节目播出时长达到56103小时和69724小时，分别较2005年年末增加17050小时和15196小时，其中制作广播节目38636小时，制作电视节目21610小时，举办大型现场直播活动超过300场（次）。2010年，农村电影放映场次达4.4万场（次），观众人数超过459.9万人（次），基本实现了行政村每村每月放映一场公益电影。开展了爱国主义教育影片进寺院、进监狱和进社区试点工作，放映公益电影601场（次）。

（4）特色文化产业发展步伐明显加快。为积极支持、引导和鼓励文化产业发展，设立了青海省文化产业发展专项资金，以专项补助、贷款贴息等方式累计投入资金5400万元，保障了重点项目的顺利实施。全省先后培育出国家级文化产业示范基地6个、省级文化产业示范基地（单位）22个、示范园4个、示范户8个，涵盖了工艺美术、民族演艺、民族刺绣、民族服饰、黄河奇石、文化旅游产品开发等多个领域。历经五年的探索发展，青海省文化产业初步形成了工艺美术行业重点推进，民族演艺、出版发行、文化艺术培训等门类协调发展的新格局。2010年全省文化产业营业收入达到69亿元，增加值达到22亿元。

（5）新闻出版事业得到快速发展。坚持正确出版导向，出版汉文图书1060种345.6万册，藏文图书220种74.4万册。完成了《藏族十明文化传世经典丛书》《藏医药经典荟萃》等一批国家“十一五”重点图书出版项目。《藏传因明学通论》等100多种图书获大区奖和省级奖。出版各类音像制品426种、电子出版物60种，其中《走进藏羚羊》被国家新闻出版总署推荐为“农（牧）家书屋”工程重点出版物；汉、藏、蒙古文报纸2010年总发行量10017万份，发行收入3100万元，比2005年分别增长4.09%和36.89%；汉、藏、蒙古文期刊年总印数42万册，发行收入1200万元，比2005年分别增长6.3%和85.34%。

（6）文化遗产保护工作全面加强。围绕区域遗产重点单位，组织实施了塔尔寺、贵德文庙及玉皇阁、隆务寺、瞿昙寺、民和马场垣遗址等全国重点文物保护单位的维修工程；建成了玉树《大藏经》珍藏馆，修复了循化《古兰经》并建成了展示馆；对循化街子清真寺、平安洪水泉清真寺、中山纪念堂、乐都王佛寺等一大批古建筑进行了维修；喇家遗址、柳湾遗址、马厂垣遗址、西海郡遗址等的保护规划、工程建设和保护性发掘工作取得有效进展。全省获批国家级非物质文化遗产名录57项、省级名录93项。黄南热贡文化生态保护实验区成为国家批准的全国第三个文化生态保护实验区。出版的《青海省首批国家级非物质文化遗产代表名录丛书》（共10册），是青海省非物质文化遗产保护工作的一项重大成果。

（7）体育事业发展成就显著。“十一五”期间，全民健身工程投入24.8亿元。成功举办了环青海湖国际公路自行车赛、世界杯攀岩分站赛和世界攀岩锦标赛、中国·青海国际抢渡黄河极限挑战赛。

全省乡镇（办事处）、社区、辅导站三级体育管理工作网络机构初步形成，单项体育协会和体育俱乐部达49个。竞技体育水平有所提高，青海省运动员共获得国际比赛第一名5个、国内比赛第一名54个。“环青海湖民族体育圈”建设成效显著。青海多巴国家高原训练基地建成了田径、射击、游泳、综合训练4个体育场馆；在黄南州尖扎县境内的公伯峡水库建立了“青海尖扎中国皮划艇协会国家高原水上训练基地”；建设了“中国青海玉珠峰国家登山训练基地”。体育彩票事业得到长足发展，体育彩票销售额达8.9076亿元，为青海经济社会发展做出了积极贡献。

（8）文化体制机制改革纵深推进。根据国家文化体制改革方案与要求，稳步推进改革与转型步伐。先后将青海工艺美术厂改为国有控股、职工参股的有限责任公司；省文物商店、青海电影发行放映公司改为国有独资的有限责任公司；省民族歌舞剧院和省戏剧艺术剧院建立了院长负责制、两级全员聘任制和中层干部竞争淘汰制等规章制度，并加大演出营销和艺术生产成本核算，挖掘自身潜力，演出场次和收入均有增加；青海人民出版社改为国有控股的企业单位，青海民族出版社改为独立设置的公益类事业单位；省民族影视译制中心、省电影公司等电影事业、企业单位全建制划转省广电局，电影管理体制得到理顺。全省有线广播电视网络建设实现了原则整合的目标。青海广播电视台的组建步伐不断加快，《组建方案》获得了国家广电总局的批准。

（9）对外文化交流取得新成果。按照“走出去、引进来”的总方针，组团参加了“香港各界妇女庆回归十周年暨香港十大和谐家庭评选颁奖晚会”和“共成长、共理想”庆香港回归10周年大巡游活动，举办了“大美青海·香港行”活动，在澳门举办了“申岁满盈西北情——青海春节习俗展”，7次赴台开展文化交流活动；在新西兰、墨西哥举办“中国青海民族民间文化艺术展”，完成了赴非洲肯尼亚、贝宁两国的展览演出与文化交流任务；受文化部委托，完成了赴英国伦敦、贝尔法斯特等地的春节文化交流活动。此外，青海湖国际诗歌节、青海国际水与生命音乐之旅——世界防治荒漠化和干旱日主题音乐会成功举办，引起了国际国内的强烈反响。

（10）文化人才队伍建设收到新成效。围绕重点项目建设，先后聘请国家级艺术院团的高级人才到青海省进行剧本创作、艺术培训等。特别是在文化部的支持下，举办了西部戏剧编导、西部舞蹈杂技编导等培训班，明显提高了全省艺术编导人员的综合素质。

6. 信息与中介发展活跃

（1）发展规模逐步扩大。青海省信息服务业发展迅速，“十一五”期间，全省电信和其他信息传输服务业、计算机服务业和软件业增加值年均增长19.9%，到2010年达到43.15亿元，占第三产业增加值的9.2%。根据青海省第二次全国经济普查，全省信息服务业共拥有法人单位358家，其中：电信和其他信息传输服务业78家，计算机服务业249家，软件业31家，全部从业人员年平均人数10443人，见表29-6。

表29-6　信息传输、计算机服务和软件业分类表

序号	指标名称	全部法人	企业	事业单位	民办非企业单位	其他组织机构
	合计	358	321	15	1	21
一	电信和其他信息传输服务业	78	62	14	1	1
1	电信	36	36			
2	互联网信息服务	19	17		1	1
3	广播电视传输服务	23	9	14		
4	卫星传输服务					
二	计算机服务业	249	228	1		20
1	计算机系统服务	23	22	1		

（续）

序号	指标名称	全部法人	企业	事业单位	民办非企业单位	其他组织机构
2	数据处理					
3	计算机维修	7	7			
4	其他计算机服务	219	199			20
三	软件业	31	31			
1	公共软件服务	28	28			
2	其他软件服务	3	3			

（2）基础设施不断完善。建成了比较先进的信息基础网络，通过不断加大基础设施投资力度，完善网络功能建设，延伸网络覆盖范围，光缆线路总长度达到71475公里。有线宽带网络已覆盖全省所有市、州府、县府所在地。无线电事业发展迅速，监测能力得到较大提高。广播电视覆盖能力大大增强，全省广播人口综合覆盖率达到88%，电视人口综合覆盖率达93.5%。"村村通电话工程"进展顺利，实现了全省行政村全部通电话。

（3）电子政务内网连通。电子政务内网横向连通了省直各机关单位，纵向连通了8个州（地、市）和46个县（市、区、行委），覆盖省州（地、市）县三级的全省统一电子政务内网网络平台基本建成，实现了公文网上传输和信息网上报送。同时，8个州（地、市）和46个县（市、区、行委）建成了政务内网城域网。政务外网完成了连接省直各机关单位的省级城域网建设，实现了与国家政务外网的对接，已承载了纪检监察、劳动和社会保障、应急、扶贫、安全生产监察等业务应用系统和全国文化信息资源共享工程。

（4）电子商务日趋活跃。网上交易和网上支付业务基本覆盖了省内所有大型餐饮、购物、娱乐和休闲等场所。通过典型示范与推介，选择电子商务示范工程，给予政策和项目支持，培育了电子商务发展的良好环境，推动企业进行电子商务活动。

（5）农村信息化初步实现。建立了青海"农牧业信息网"、"农村经济信息网"和"星火科技网"等农业信息网站，乡镇政府信息网站近200个，进行了村级、乡级信息服务站建设和电脑、电视、电话"三电合一"项目的试点和探索。"金农"工程启动建设，科技信息服务、商务信息服务等业务在东部农业区初步开展，网上购销会等电子商务形式初步发挥功效。农村牧区党员干部现代远程教育工程开始建设，在已建成地区开始发挥作用。

（6）发展环境有了改善。青海省专门成立信息化领导小组，有力地推进了全省的信息化建设，省、州（市、地）两级和省直大部分单位设立信息化协调管理机构和工作机构，初步形成了推进信息化的工作保障体系。国家实施了电子签名法、政府信息公开条例，制定了信息化发展战略，出台了电子政务、电子商务、信息安全、信息资源开发利用等一系列指导意见，省政府及有关部门陆续制定了相关贯彻落实意见，为青海省信息化发展指明了方向，也为青海省信息服务业的进一步发展提供了有力保障。

二、主要问题

"十一五"期间，青海省服务业较好地适应了经济社会发展的需求，但是在规模、结构和质量等方面，与发达省份相比还有一定差距，服务业发展之路任重道远。主要存在的问题一是服务业总量小，整体水平较低，技术层次不高，经营方式粗放。二是知识密集型的高端服务业占比低，升级转型、优化结构任务艰巨。三是地区发展差距明显，西宁地区服务业增加值占全省的60.1%，玉树州的服务业增加值仅占全省的1.4%。

三、“十二五”发展思路

“十二五”期间，青海省服务业要努力实现以下发展目标：①总量扩大。服务业增加值达到900亿元。②速度加快。服务业年均增长14%，比“十一五”提高两个百分点。③水平提升。服务业新领域得到拓展，专业化、标准化、产业化、网络化、品牌化经营取得明显成效，生产性服务业对产业结构优化升级支撑作用明显，生活性服务业对居民消费需求满意度显著增强。④发展协调。与区域经济结构相适应的服务业发展格局初步形成，西宁市国家服务业综合改革试点城市建设取得明显成效，次中心城镇服务业加快发展，农牧区生产生活服务体系基本完善。⑤就业增加。到2015年，服务业从业人员占全社会从业人员的40%，成为对就业贡献最大的产业。从业人员素质明显提升。基本原则是：坚持加快发展与结构优化升级相结合，坚持生产性服务业与生活性服务业相结合，坚持集聚发展与扩大覆盖相结合，坚持全面推进与重点突破相结合，坚持政府引导与企业运作相结合。战略路径是：①加快转变发展方式。着力将服务业由内置式、交错式、粗放式、事业式、分割式向市场化、专业化、标准化、产业化、社会化发展方式转变，提高服务质量和水平，增强服务功能，促进服务业专精强大。②明确发展重点领域。重点发展金融、物流、科技服务、信息与中介、商贸餐饮、房地产、旅游、文化体育、社区服务、商务会展十大产业。集中有限资源，实施重点突破，通过十大重点产业快速发展，健全服务产业体系框架，带动整个服务业迈上一个新台阶。③推动综合改革试点。以实施西宁市国家服务业综合改革试点工作为契机，通过规划引导、机制创新、产业集聚、开放带动、人才支撑、政策扶持，加大培育和发展现代服务业，加快发展空间布局调整，建设一批特色鲜明、规模较大、辐射带动强的集聚区，为全省服务业发展提供有效的试验示范。④强化外引内联工作。积极引进发达地区先进的服务业态、服务理念和服务机构，推进青海省服务业快速发展。加强省内资源整合，鼓励服务业企业通过联合、重组、合作等方式扩大规模。⑤实施人才兴业战略。积极引进高端服务人才，重点引进创意、规划和设计专业人才。加快人才培养，依托省内高等院校、职业院校、科研院所与服务业企业建立实训基地；每年选派优秀服务业管理人才，到发达地区进修学习，重点培养造就一批科技领军人才和科技创业人才。⑥推进服务品牌建设。积极推进服务领域品牌化战略。大力支持企业开展自主品牌建设，鼓励流通企业与生产企业合作，实现服务品牌带动产品品牌推广、产品品牌带动服务品牌提升的良性互动发展。培育发展知名品牌，鼓励一些基础较好的企业争创全省和全国知名品牌，扶持老字号企业发展。逐渐培育形成一批拥有自主知识产权的知名品牌、具有较强竞争力的服务业龙头企业。

附件：“十一五”时期印发的政策文件

1.《青海省人民政府办公厅关于印发青海省加快发展服务业若干意见的通知》（青政办〔2007〕145号）

2.《青海省人民政府办公厅转发省发展改革委关于加快发展服务业若干政策措施实施意见的通知》（青政办〔2009〕50号）

3.《青海省人民政府关于印发物流业调整和振兴实施意见的通知》（青政〔2009〕41号）

4.《青海省人民政府办公厅转发省邮政管理局等部门关于推动农牧区邮政物流发展实施意见的通知》（青政办〔2009〕137号）

5.《青海省人民政府关于促进消费升级推动经济发展的意见》（青政〔2010〕80号）

6.《青海省人民政府关于促进金融业发展的意见》（青政〔2010〕33号）

7.《青海省人民政府办公厅关于印发青海省“十二五”服务业发展规划的通知》（青政办〔2011〕206号）

第三十章　宁夏回族自治区服务业发展报告

“十一五”期间是宁夏服务业发展最快、发展质量最好、服务水平提升最显著的时期。这一时期宁夏各级党委政府坚持科学发展观，不断加快发展方式转变和结构调整，深化改革开放，加快服务业基础设施建设，服务业实现了全面快速发展，为国民经济和社会发展做出了重大贡献。

一、“十一五”发展情况

“十一五”期间，宁夏服务业无论从增加值总量、还是产业的规模、质量等方面都取得了巨大成就，对国民经济发展的支撑作用明显增强。目前宁夏服务业已进入了各行业之间相互促进、相互补充、协调发展、能力扩张与质量提高并重、全面建设现代服务体系的一个新的发展阶段。

（一）服务业规模逐年扩大

“十一五”期间，宁夏服务业发展步入快车道，产业规模不断壮大。五年间，服务业增加值年均增长10.7%。2010年服务业完成增加值702.45亿元，是2005年的2.7倍，见表30-1、表30-2。宁夏地区生产总值提前一年实现了“十一五”规划所确定的目标，其中，服务业增加值总量提前两年完成目标。服务业的发展领域不断拓宽，在巩固加强交通运输、商贸流通、住宿餐饮、公用事业、农业服务等传统服务行业的同时，房地产开发、物业管理、旅游、社区服务、教育培训、文化创意、体育健身等需求潜力大的行业得到较快发展，形成了一批新的经济增长点；金融保险、咨询中介、法律会计、科技信息等新兴服务行业加速崛起，服务水平和技术含量正在不断提高。

表30-1　宁夏2005—2010年服务业与GDP发展情况比较

年份	GDP（亿元）	GDP增速（%）	服务业增加值（亿元）	服务业增加值增速（%）	服务业增加值同比增量（亿元）
2005	612.61	10.9	259.49	8.9	31.76
2006	725.90	12.7	294.78	10.2	35.29
2007	919.11	12.7	366.18	10.3	71.40
2008	1203.92	12.6	475.00	11.5	108.82
2009	1353.31	11.9	563.74	10.0	88.74
2010	1689.7	13.5	702.45	11.6	138.71

表30-2　宁夏2005—2010年服务业及分行业现价增加值　　（单位：亿元）

年份	服务业	交通运输、仓储和邮政业	信息传输、计算机服务和软件业	批发零售和住宿餐饮业	金融业	房地产业	其他服务业
2005	259.49	45.81	19.1	52.19	32.25	22.97	87.17
2006	294.78	50.46	21.59	57.21	36.99	25.53	103
2007	366.18	67.53	27.69	71.76	51.05	29.49	118.66

（续）

年份	服务业	交通运输、仓储和邮政业	信息传输、计算机服务和软件业	批发零售和住宿餐饮业	金融业	房地产业	其他服务业
2008	475	93.29	31.69	92.89	64.8	38.85	153.48
2009	563.74	114.77	46.27	100.11	75.54	47.56	179.49
2010	702.5	145.17	57.38	120.5	97.87	60.53	222.66
年均名义增长	22%	25.9%	24.6%	18.2%	24.9%	21.4%	20.6%

（二）服务业增速有所提升

随着宁夏经济结构的不断优化调整和促进服务业加快发展政策的陆续出台，全区服务业在“十一五”期间全面提速，按可比价计算达到年均增长10.7%。特别是2010年宁夏服务业可比价增速达到了11.6%，创“十一五”期间最高增幅，见表30－3。

表30－3　宁夏2005—2010年服务业及分行业可比价增速　（单位:%）

行业＼年份	2005	2006	2007	2008	2009	2010	年均增速
地区生产总值	10.9	12.7	12.7	12.6	11.9	13.5	12.7
服务业	8.9	10.2	10.3	11.5	10.0	11.6	10.7
交通运输、仓储和邮政业	7.2	9.9	7.1	10.2	3.0	8.7	7.2
信息传输、计算机服务和软件业	12.6	14.0	18.9	18.0	19.1	19.9	17.8
批发和零售业	11.5	6.1	6.6	7.5	8.3	10.1	7.7
住宿和餐饮业	11.3	12.3	10.5	9.6	11.0	9.5	10.6
金融业	9.0	12.7	15.8	14.7	22.1	10.7	14.7
房地产业	6.4	9.4	9.2	10.6	16.6	3.6	8.9
租赁和商务服务业	0.9	5.8	8.0	10.1	16.5	6.4	9.3
科学研究、技术服务和地质勘查业	9.4	5.1	10.6	10.5	5.5	1.9	6.7

（三）服务业对经济增长的贡献进一步增强

“十一五”期间，服务业对宁夏经济的贡献保持了平稳较快增长，统计数据表明，“十一五”期间，全区服务业平均拉动GDP增长4.5个百分点。五年间，全区服务业增加值占GDP的比重平均达到40.2%，完成了“十一五”期间服务业发展目标。2009年达到峰值的41.7%，之后随着工业发展的提速，服务业比重有所回落，2010年GDP占比为41.6%，见表30－4。2010年全区服务业增加值对经济增长的贡献率达到41.2%，拉动经济增长4.8个百分点。

表30－4　2006—2010年宁夏服务业及服务行业占GDP的比重　（单位:%）

年份	地区生产总值	第三产业	交通运输、仓储和邮政业	信息传输、计算机服务和软件业	批发零售和住宿餐饮业	金融业	房地产业	其他服务业
2006	100	40.6	7.0	3.0	7.3	4.9	3.4	15.1
2007	100	39.8	7.3	3.0	7.8	5.6	3.2	12.9

（续）

年份	地区生产总值	第三产业	交通运输、仓储和邮政业	信息传输、计算机服务和软件业	批发零售和住宿餐饮业	金融业	房地产业	其他服务业
2008	100	39.5	7.7	2.6	7.7	5.4	3.2	12.7
2009	100	41.7	8.5	3.4	7.4	5.6	3.5	13.3
2010	100	41.6	8.6	3.4	7.1	5.8	3.6	13.1

（四）吸纳就业人数不断增加

与“十五”末相比，宁夏服务业吸纳的从业人员不断增加，2010年宁夏服务业从业人数达到1114652人，比2005年的877926人增长26.96%，占全部从业人数的34.2%，比2005年所占比重29.3%增长了4.9个百分点，见表30－5。服务业成为吸纳非农就业的主要行业，对宁夏就业的贡献进一步提高。

表30－5 2010年和2005年服务业及分行业就业人数情况比较

行业	2010年（人）	2005年（人）	2010年比2005年增长（%）
服务业	1114652	877926	26.96
交通运输、仓储和邮政业	140445	133358	5.31
信息传输、计算机服务和软件业	25496	14187	79.71
批发和零售业	349615	251924	38.78
住宿和餐饮业	121379	82939	46.35
金融业	28578	23645	20.86
房地产业	17623	10682	64.98
租赁和商务服务业	32552	17728	83.62
科学研究、技术服务和地质勘查业	15834	10927	44.91
水利、环境和公共设施管理业	18400	17808	3.32
居民服务和其他服务业	55211	24985	120.98
教育	79337	72552	9.35
卫生、社会保障和社会福利业	35382	27291	29.65
文化、体育和娱乐业	11976	11826	1.27
公共管理和社会组织	82848	73658	12.48
其他服务业	99976	104416	-4.25

（五）传统行业发展势头良好

“十一五”期间，交通运输、仓储和邮政业，批发零售和住宿餐饮业两个传统行业发展良好。2010年，交通运输、仓储和邮政业实现增加值145.17亿元，是2005年的3.2倍，按可比价计算，年均递增7.2%；批发零售和住宿餐饮业实现增加值120.5亿元，是2005年的2.3倍，按可比价计算，年均递增8.3%。

（六）新型业态加快发展

在纳入服务业统计范围的14个行业中，旅游、金融、房地产、信息计算机服务和软件业等现代服务业发展加快。2010年，金融业实现增加值97.87亿元，是2005年的3.0倍，按可比价计算，年均递增14.7%；信息传输、计算机服务和软件业实现增加值57.38亿元，是2005年的3.0倍，按可比价计算，年均递增17.8%；房地产业实现增加值60.53亿元，是2005年的2.6倍，按可比价计算，年均递增8.9%。

（七）发展机制不断创新

"十一五"期间，宁夏加强了金融、文化创意产业的改制。金融产业方面，宁夏农村信用联社改制为宁夏黄河商业银行，新成立了石嘴山银行，进一步完善了宁夏区域金融服务体系。文化创意产业方面，加大文化企业改革力度，积极推进公益性文化事业与经营性文化产业管办分离、政企分开。全方位支持文化企业自主创新，鼓励文化企业、艺术团体、科研院所联合挖掘和开发民间艺术。支持有条件的动漫制作公司、文艺团体、广告公司、中介咨询公司等中小文化企业联合发展，形成一大批富有活力的文化市场主体。

（八）行业品牌不断凸显

"十一五"时期，依托"三大口岸"、加快建设"九大物流中心"，发展壮大了"十大专业市场"。突出优势产业特色，围绕枸杞、能源化工、新材料等优势特色产业，大力发展现代服务业，培育和壮大了具有较强竞争力的商品流通和出口企业。注重突出历史文化特色，突出地域特色，突出民族特色，深入挖掘、大力弘扬回族文化艺术，提升中华回乡的知名度和影响力，以建设中国西部独具特色的旅游目的地为目标，重点整合"一河两山两沙两文化"特色资源，开发了一批文化、生态、休闲、红色旅游项目和景区景点。

（九）基础设施大幅改善

"十一五"时期，宁夏服务业固定资产投资年均增长25.8%，自治区"三馆两中心"、402公里的黄河标准化堤防、508公里的滨河大道、银川绕城高速、河东机场二期、沙坡头、固原机场等一大批服务业基础设施相继建成投运，大大增强了城市服务功能，提高了居民的生活质量。以铁路、公路、航空为主的现代化综合交通运输体系基本形成，到2010年，境内铁路通车里程达到1032公里；公路通车里程达到2.25万公里，其中高速公路1159公里；开辟航线30多条。全区互联网用户达到48.8万户，移动电话用户达到450.8万户。

二、采取的主要措施

（一）加强领导，完善保障措施

为促进宁夏服务业发展，自治区成立了由党委、政府主要领导任组长的发展服务业工作领导小组，负责全区服务业工作的组织领导和重大决策，下设领导小组办公室在自治区发改委，自治区有关部门和单位按照自治区发展服务业工作领导小组的统一部署，加强协调配合，认真履行职责。2007年，组织召开了全区服务业发展大会，认真分析总结改革开放以来宁夏服务业发展取得的成绩、存在的主要问题以及宁夏服务业进一步发展的有利条件和制约因素，并专题研究加快服务业发展的相关问题，出台了《关于加快服务业发展的意见》。2010年，自治区人民政府又出台了《关于加快服务业发展方式转变的意见》，进一步明确了宁夏服务业转变发展方式的思路和措施。

（二）加大支持，优化投资结构

为引导服务业加快发展，自2008年起，在自治区本级财政预算内资金中设立2000万元服务业专项资金用于服务业项目建设，通过与国家服务业发展资金的配套使用，支持了近70个项目，已建成项目30多个。这些项目的建设，对优化服务业结构，促进服务业发展，起到了积极的作用。同时，宁夏积极引导服务业的投资重点投向就业容量高、创业成本低的门类以及供给短缺的社会服务业和事关发展后劲的现代服务业。鼓励扶持符合条件的服务业企业进入资本市场，通过多种形式筹措发展资金。

（三）准确定位，积极开展服务业综合改革试点

为发挥首府银川市的辐射带动作用和区位优势，促进银川市服务业加快转型，带动全区服务业发展，按照国家发展改革委《关于开展服务业综合改革试点工作的通知》要求，及时编制《银川市综合改革试点方案》并上报国家发展改革委，经努力争取，银川市被国家正式确定为国家服务业综合改革试点区域。银川市人民政府专门出台政策、安排资金支持开展服务业综合改革试点工作，通过试点推行，银川市服务业企业融资、项目建设、资金补助、价格改革、政策先行先试方面获得国家优先支持。

三、主要问题

尽管宁夏服务业发展取得了一定成绩，但总体上看，服务业发展相对滞后，仍存在着一些亟待解决的突出困难和问题。

（一）发展水平偏低

近年来，全区服务业增加值占GDP比重呈下降趋势，由2005年的42.3%下降到2010年的41.6%，比全国平均水平低1.5个百分点。2010年全区服务业增加值总量在全国各省区排名靠后。

（二）投入相对不足

“十一五”期间，全区服务业投资年均增速分别低于全社会固定资产投资1.1个百分点。全区财政扶持服务业发展资金投入远低于工业投入，引导撬动社会投资效果不明显。服务业投资比重下降，由2005年的50.5%降低到2010年的46.9%。服务业投资年均增速和投资比重两项指标都低于同期全国水平。

（三）企业竞争力不强

全区服务业规模普遍偏小，科技含量不高，管理水平较低，服务盲点多，缺乏影响范围广、关联程度高、能够带动行业发展的龙头企业和知名品牌。截至2010年，全区尚无百人以上的律师事务所，仅有2座五星级宾馆。

（四）服务业结构仍不尽合理

传统服务业比重大，现代服务业比重较小。2010年全区服务业增加值中，批发零售、餐饮住宿及交通运输、仓储和邮政三大传统型服务业占比重高达37.1%；而信息传输及计算机服务和软件业、金融业、房地产业、科学研究和技术服务业、租赁和商务服务业等现代服务业五大领域仅占32%。区域发展差异较大，2010年银川市服务业增加值占全区的53%，其余市县服务业增加值占GDP比重均低于全区平均水平。

四、“十二五”发展思路

“十二五”时期，宁夏服务业要立足实际、面向未来，牢牢把握转变经济发展方式、构建现代产业体系、提升居民生活品质的时代要求，紧紧围绕打造中国西部独具特色的旅游目的地、中国向西开放的前沿阵地和构建新亚欧大陆桥重要的现代区域物流中心的战略定位，既着眼于服务区内，又着眼于服务能源“金三角”，更要着眼于服务阿拉伯国家及穆斯林地区，以建设沿黄经济区、打造内陆开放型经济为契机，优先发展生产性服务业，推进现代服务业与先进制造业融合发展；拓展提升生活性服务业，不断满足广大人民群众日益增长的精神文化生活需求和市场需求。按照资源配置市场化、服务标准国际化、发展环境法治化，构建“高增值、强带动、宽辐射、广就业”的现代服务经济新体

系，促进宁夏经济发展由倚重工业经济向工业、服务业并重转变，服务业发展由依赖传统服务业向现代服务业转变，服务业门类由齐头并进、普遍发展向突出重点、龙头带动转变。基本原则是：坚持市场引导与政府推动相结合，坚持突出重点与分类指导相结合，坚持产业融合与城乡互动相结合。发展目标是：大力提升现代服务业发展水平，使服务业在扩大总量、优化布局、调整结构、突出特色、提升地位等方面取得明显进展。基本建成覆盖全区，服务周边，融入全国，面向世界，特别是面向世界穆斯林国家和地区开放的现代服务业基地。①扩大总量。到2015年，全区服务业增加值达到1200亿元左右，年均增长11%以上，服务业对国民经济的贡献率提高到35%以上；服务业创造的税收占全区税收总额的比重达到40%以上。服务业投资大幅增长，对经济的支撑作用显著增强。②优化结构。到2015年，服务业增加值占全区GDP的比重超过41%，生产性服务业增加值占服务业比重达到50%左右。特色旅游优势更加突出，现代物流、现代金融、房地产、商务会展、软件信息、文化创意等现代服务业比重大幅提升；培育形成一批富有竞争力、影响力的大型服务企业集团和具有创新性、示范性的现代服务企业。③保障民生。“十二五”期间，服务业从业人数年均增长4%，到2015年达到135万人以上，占全社会从业人员比重上升到36%，比2010年提高2个百分点，使服务业成为扩大就业和再就业的主要渠道。战略重点包括：现代物流业、现代金融业、商务会展业、科技服务业、特色旅游业、房地产业、商贸流通业、文化产业等。对策建议是：①加强组织领导，强化目标考核；②健全规划体系，加大引导力度；③拓宽融资渠道，增加发展投入；④完善政策措施，营造良好环境；⑤实施品牌战略，培育领军企业；⑥坚持项目带动，促进产业聚集；⑦扩大对外开放，增强竞争能力。

第三十一章　新疆维吾尔自治区服务业发展报告

一、“十一五”发展情况

新疆维吾尔自治区以邓小平理论和“三个代表”重要思想为指导，坚持以人为本，树立全面、协调、可持续的科学发展观，全面贯彻党的十七大和十七届三中全会精神，抓住国内外服务业大调整、大转移的战略机遇期，紧紧围绕自治区党委和人民政府关于“十二五”新疆经济社会发展的战略部署，以《国务院关于加快服务业发展的若干意见》（国发〔2007〕7号文）、《国务院关于进一步促进新疆经济社会发展的若干意见》（国发〔2007〕32号文）和《国务院办公厅关于加快服务业发展服务业若干政策措施意见》（国办发〔2008〕11号文）为主要政策依据，加快推进新型工业化和实施优势资源转换战略，以市场化、产业化、城市化和社会化为动力，以构建和谐新疆和提高人民生活水平为目标，增强现代服务业综合功能，实现现代服务业与新型工业化协调发展，改造提升传统服务业，大力发展新兴服务业，加快发展现代服务业，努力促进生产性服务业、生活性服务业和农村服务业协调发展，提高服务业经济增长质量和效益，实现服务业结构优化升级。

（一）总量不断扩大，增速不断提高

“十一五”期间，新疆自治区服务业呈现出良好的发展势头，累计完成服务业增加值7120.66亿元，按可比价格计算，年平均增长11.29%，服务业增加值占全疆GDP的比重不断提高，见表31-1。中央新疆经济工作会后，随着各项扶持政策的逐步完善和落实，再加上全国各省市援疆工作迅速开展，新疆自治区服务业增加值保持稳定增长势头。

表31-1 新疆“十一五”期间服务业发展情况表

年份	服务业增加值（亿元）	占全疆GDP的比重（%）
2006	1058.16	34.80
2007	1246.89	35.60
2008	1421.38	33.90
2009	1587.72	36.50
2010	1806.51	33.30

“十一五”期间新疆自治区传统服务业继续保持优势，现代服务业也在快速发展。服务业的快速稳步增长，服务产品不断完善，对繁荣市场经济，改善各族人民生活水平发挥了积极作用。

（二）商贸流通业对经济和社会发展贡献大幅提高

城乡消费规模和市场流通规模逐步扩大。“十一五”期间累计实现社会消费品零售总额5157亿元，年均增长16.7%，比“十五”期间提高5.5个百分点。

（三）交通建设的高速发展，促进新疆交通运输环境明显改善，保证了人员和大宗物资的有序流动和经济社会的发展

截至“十一五”末，新疆交通全行业完成旅客运输量174393万人；旅客周转量486.16亿人公里(2010年数据含城市公交车、出租车客运量，与2009年无可比性)；货物发送量48310万吨，同比增长7.2%；货物周转量1439.25亿吨公里，同比增长6.6%。

铁路行业完成旅客发送量1500万人，同比增长9.4%；旅客周转量162亿人公里，同比增长6.6%；货物发送量6830万吨，同比增长6.5%；货物周转量805亿吨公里，同比增长7.5%。

公路行业完成旅客运输量171733万人；旅客周转量324.16亿人公里（2010年数据含城市公交车、出租车客运量，与2009年无可比性）；货物运输量41470万吨，同比增长7.3%；货物周转量634.25亿吨公里，同比增长5.6%。

民航行业完成旅客吞吐量1160万人，同比增长40%；货邮运输量10万吨，同比增长22%。

（四）金融业务不断发展，规模不断扩大

“十一五”时期，金融业支持地方经济作用进一步加大。各项存款逐年增加，各项贷款稳步增长，2010年年末，全区人民币各项存款余额8870.02亿元，余额同比增长29.49%，高于全国平均水平9.3个百分点。各项贷款余额4973.16亿元，余额同比增长31.3%，高于全国平均水平11.4个百分点，增幅居全国首位。2010年年末，全区中小企业贷款余额1872.8亿元，同比增长35.1%，高于各项贷款平均增速3.8个百分点。金融机构不断创新产品和服务，保持了对实体经济的支持力度。

（五）旅游产业地位逐步提升，旅游业已成为自治区国民经济新的增长点

“十一五”期间，新疆旅游业受到金融危机、甲型流感、“7·5”突发事件、自然灾害等众多不利因素的巨大冲击，旅游总收入占自治区GDP的比重及各项旅游经济指标均受到不同程度的影响。但全区旅游业总体上保持了平稳发展，产业规模不断扩大，产业结构进一步优化，旅游产业地位逐步提升。

“十一五”时期，新疆累计接待入境旅游者262.9万人次，创汇9.33亿美元，接待国内旅游者1.11亿人次，国内旅游收入997.76亿元，同比分别增长了67.56%、86.23%、106.69%和109.03%，各项指标均高于“十五”同期水平。2010年全区接待入境旅游者106.53万人次，创汇3.7亿美元，分别增长43.54%和40.8%；接待国内旅游者3037.84万人次，旅游收入281.13亿元，分别增长

44.79%和59.06%。2010年新疆旅游实现了三个历史突破：接待国内游客突破了3000万人次，旅游收入突破了300亿，入境游客突破了100万人次。

（六）住宅与房地产业持续健康发展

房地产市场运行总体平稳。“十一五”期间，新疆自治区认真贯彻落实国家房地产宏观调控政策，以解决居民自住型、改善型住房需求为重点，大力调整住房供应结构，加强房地产市场监管，房地产市场实现了快速发展。全区预计完成城镇住宅建设投资1098亿元，住宅竣工面积4000万平方米，城镇人均住宅建筑面积由2005年的22.22平方米提高到25平方米，城镇居民的居住环境和条件明显改善。

（七）对外贸易快速增长

“十一五”期间，进出口贸易总额累计完成760亿美元，是“十五”时期的3.33倍，年均增长16.62%，对全区GDP的贡献率稳步提升。在边境贸易居主导地位的同时，一般贸易和加工贸易取得积极进展，占比分别提高到21.4%和3%。进出口商品结构进一步优化，机电产品出口占全区出口额的比重由2005年的9.3%提升至2010年的17%。民营企业出口占全区出口的比重达到83.67%。出口市场多元化步伐加快，与159个国家和地区建立了经贸合作关系。

二、主要问题

（一）服务业在GDP中的比重仍然偏低

新疆服务业是在基础较低、工业发展不足的情况下快速发展起来的，服务业增加值占国内生产总值的比重与国内其他经济发达及较发达省区相比也有较大差距。

（二）区域之间发展差距大

尽管新疆各地都积极发展服务业，但地区之间的发展极不平衡，差距还在扩大。服务业较为发达的地区大都集中在天山北坡经济带如乌鲁木齐、昌吉、石河子、克拉玛依等地州。发展缓慢的主要是南疆地区如和田、喀什、克孜勒苏州等地州。服务业的发展的差距不仅表现在总量上，还表现在内部结构层次上。乌鲁木齐市、克拉玛依市、昌吉州、塔城等地区经改造的传统服务业、新兴服务业和生产性服务业发展更快，其在服务业的占比达65%以上；而和田、克州、喀什、阿勒泰、伊犁等地州服务业主要依赖传统服务业、社会保障福利业和公共管理服务业等发展。

（三）内部结构不合理，层次较低

服务业发展中的结构性矛盾比较突出。一是为个人生活服务的传统行业发展较快，为生产、流通提供服务的行业和承担调节、组织国民经济活动的行业以及科技、文化、教育事业发展缓慢；二是劳动密集型的服务业发展较快，而资本密集型的服务行业，尤其是知识密集型的服务行业发展较慢；三是传统行业所占比重过大，而新兴服务业所占比重较小。总体看来，常规性的商业流通类部门所占比重较大，代表现代产业结构高级化方向的科研、综合技术服务、咨询服务、现代物流、信息技术、金融、保险等部门发展水平较低，所占比重小。

（四）服务企业规模小，竞争力差

新疆服务业产业化组织程度低，绝大多数是中小企业，缺乏起龙头带动作用的大集团和大公司。这些中小型服务企业还未形成产业群，产生不了集群效应，普遍经济效益不高。服务业中的许多行业及处在垄断状态，行业进入门槛高，对外资及民营资本进入有诸多限制，许多服务业的产品价格由国家统一管理，整体开放程度较低。服务企业在经营中采用信息、网络技术等现代科技手段较少，多数依赖传统手段，集中于低端的竞争，竞争水平差。城镇服务业发展较快，农村、牧区服务业发展严重滞后。市场建设和发育不完善，特别是农村市场建设滞后。农村流通网络不健全，基础设施落后，制约农村消费增长，超市、连锁分店等新型流通业进入农牧区消费品市场缓慢。

（五）政策扶持力度不够，经营环境还欠优化

在鼓励经济发展的政策导向上，存在许多不利于现代服务业发展的因素，土地、税收、信贷、能源以及更多方面的政策措施中，偏重鼓励投资工业而轻视服务业的问题长期存在，要素资源分配向工业倾斜，土地、电力等要素资源价格，服务业明显高于工业。目前还尚未形成规范的适应服务业发展的行业标准，地区法律、法规建设相对滞后，造成行业内竞争秩序混乱，不少企业诚信缺失，有关部门对服务业市场监管乏力，在一定程度上制约了新疆服务业的健康发展。

三、“十二五”发展思路

新疆具有发展现代服务业的资源优势、区位优势和政策优势，对新疆现代服务业进行精准定位。立足西北，面向全国，将新疆建成为中亚地区最具影响力的现代服务业中心。要紧紧围绕新疆优势资源开发和新型工业化推进，大力发展金融、信息服务、科技服务、商务服务、物流、会展等生产性服务业，加快发展商贸服务、教育培训、旅游、房地产、社区服务等消费性服务业。“十二五”期间，新疆发展服务业要积极推进服务业市场化、社会化、产业化进程，打破所有制分割和行业垄断，放宽服务业准入领域，建立公开、平等、规范的行业准入制度。充分发挥政府服务业引导资金作用，调动和吸引银行信贷资金及社会资金投向服务业，增强服务业的融资能力和发展后劲。加快服务业领域改革步伐，按照营利性和非营利性分开的原则，推进企业、事业单位和政府机关后勤服务社会化改革。通过制定鼓励服务业发展的财税、土地、价格等优惠政策，支持服务业关键领域、薄弱环节和新型业态发展。加快服务业先进技术和标准的引进。积极发挥服务业行业管理机构、行业协会的监管职能，通过政策引导、价格监管、规范竞争行为和市场秩序，交流行业信息、掌握行业动向，坚持依法行政和依法监督，严厉打击各种不法行为，保护经营者和消费者的合法权益，为服务业创造公平、健康、有序的市场竞争环境。提倡健康、文明的消费方式，引导城乡居民增加服务消费，营造有利于扩大服务消费的社会氛围。

第三十二章　大连市服务业发展报告

一、“十一五”发展情况

（一）总体发展情况

1. 规模不断扩大

“十一五”期间，大连市贯彻落实振兴东北老工业基地的战略和辽宁沿海经济带开发战略，大力发展先进制造业、高新技术产业和现代服务业，全力推进经济结构调整与优化，促进了经济社会又好又快发展。全市服务业持续快速发展，规模不断扩大，东北亚国际航运中心建设稳步推进，保税港区辐射功能不断延伸。东北亚国际物流中心建设成效显著，区域性金融中心建设快速推进，软件和服务外包等新兴产业发展迅速。

2. 结构逐渐优化

大连围绕先进制造业和高新技术产业发展，大力发展物流、金融、软件和服务外包、科技服务、

文化创意、商务会展等生产性服务业，逐步建立起以生产性服务业为主的现代服务业体系。生产性服务业的企业数量、从业人员、销售收入等都有较大幅度增长，占服务业的比重明显提高。

适应消费需求增长和消费结构升级的趋势，加快发展商贸、旅游等消费性服务业，改造提升传统服务业，使消费性服务业逐步升级，现代化业态和经营方式不断扩大，服务功能进一步增强。

按照科学发展观的要求，加快发展教育、医疗卫生、文化体育、公用事业、社区服务等公共服务业，使公共服务业不断完善，民生服务日益受到重视，服务质量进一步提高。

3. 支撑作用增强

从服务业的贡献看，2010 年服务业增加值达到 2167.5 亿元，按可比价格计算，比 2005 年增长 92.6%，年均增长 14%，占全市 GDP 的 42%；服务业从业人员占社会从业人员的 51%，成为吸纳就业的重要载体；服务业税收占地方税收总额的 70% 左右，大大高于第二产业的水平，成为税收增长的主要源泉。服务业固定资产投资 3010.9 亿元（传统口径），比 2005 年增长 3.6 倍，占 2010 年全市固定资产投资的 59%；服务业实际利用外资 71.6 亿美元，占全市总额的 71.4%。

从服务业的作用看，生产性服务业发展有力地促进了先进制造业和高新技术产业发展；消费性服务业发展充分满足了人们日益增长的物质文化消费需求，提高了居民生活水平和质量；公共服务业发展有效地改善了民生状况，促进了社会和谐。现代服务业发展进一步增强了城市综合服务功能，促进了现代化、国际化城市建设。此外，服务业发展对促进节能减排和环境保护、实现可持续发展也做出了较大贡献。

（二）重点领域发展情况

1. 东北亚重要的国际航运中心建设取得重大进展

30 万吨原油码头、矿石码头和大窑湾集装箱港二、三期工程等一批重点项目相继竣工投产，港口吞吐能力大幅度提高。全市港口拥有生产性泊位 223 个，其中万吨级以上泊位 76 个，港口通过能力达到 2 亿吨，集装箱通过能力 1000 万标箱，已成为石油、粮食、矿石、汽车、客货滚装运输的重要国际枢纽港。大连空港开通 147 条航线，连接国内外 94 个城市，其中与俄、日、韩的航线数量均列全国前三位，基本形成了通往国内主要城市和国际重要城市的航线网。烟大铁路轮渡正式运营，形成了东部陆海铁路大通道。金窑复线电气化铁路通车，东北东部铁路通道、哈大客运专线建设快速推进，依托哈大、沈大等铁路干线，形成了较为完备的疏港铁路运输网络。加快公路交通体系建设，沈大高速公路完成升级改造，丹大高速公路及连接线、大窑湾疏港高速公路、土羊高速公路等相继建成通车，全市高速公路达到 410 公里。同时大连大力支持和发展水运服务企业，积极繁荣水运服务业，平均每年发展 60～80 家国内水运服务企业。

物流集疏运体系不断完善。大连以发展综合运输为导向，努力打造连接海内外，沟通沿海地区，辐射东北腹地的一体化、现代化的物流集疏运体系。沈阳和长春内陆干港投入使用，大连和哈尔滨铁路集装箱中心站、长兴岛铁路、吉林和穆棱内陆干港等项目建设全面推进。截至目前，共完成内陆干港建设投资 15 亿元，货场总面积达到 230 万平方米，具备近 100 万标箱处理能力。以大连、沈阳、哈尔滨 3 个集装箱场站为中心，以东北腹地 7 个二级枢纽为重点、4 个专业场站为延伸，布局合理的内陆干港网络格局正在形成。现已开通运营了大连至东北主要物流节点城市的集装箱班列 6 条、固定循环车组 4 条，成功开行大连至俄罗斯的国际过境班列。2010 年，大连港完成集装箱海铁联运近 30 万标箱，连续多年位居全国沿海港口首位。大连港已与世界 160 多个国家和地区的 300 多个港口有着贸易往来。

2. 东北亚国际物流中心建设成效显著

“十一五”期间，大连市物流基础建设实现了历史性跨越，物流基础设施的不断完善，促进了物流业快速发展。大连保税港区、国际物流园区、香炉礁物流园区、羊头洼铁路轮渡物流园区、空港物流园等一批各具特色的物流中心、相继建成运营，构建了以保税物流为特色、覆盖东北地区的国际物流网络体系。

现代物流企业快速发展。全市现有从事物流业务的企业3500多家，具有一定规模的物流企业800多家。国有物流企业加快资源整合和业务创新，成为物流业发展的主力军。民营物流企业快速发展，市场竞争力不断增强。外资物流企业纷纷进入大连，物流业国际化水平逐渐提高。呈现出投资主体多元、分布领域广泛、经营模式各具特色、中外企业竞相发展的物流产业新格局。大连已成为东北地区功能最齐全，覆盖面最广、最具活力的物流产业集聚区。物流业持续快速增长。2010年，全市物流业增加值达到505亿元。2010年，港口吞吐量不断扩大，货物吞吐量突破3亿吨，机场旅客吞吐量突破千万人次。“十一五”期间港口货物吞吐量年均增长12.9%，集装箱吞吐量年均增长14.4%，机场旅客吞吐量年均增长14.6%。铁路和公路货物周转量也都有较大幅度增长。

高度重视物流信息化建设，不断加大投入力度，努力打造网上港口。建立了大连口岸物流网、辽宁省电子口岸、航运在线、锦程物流网等信息服务平台，提高了物流信息化水平和通关效率。截至目前，大连口岸信息化相关电子报文应用种类达56种，涉及物流、通关服务、贸易金融、电子政务四大领域的电子商务产品，已全面覆盖口岸物流业务流程，物流信息化水准处于全国领先水平。

加强物流人才培养工作深入展开。大连市开展的物流专业技术资格（水平）考试已列入辽宁省专业技术职称系列，初步形成高、中、初级健全的物流专业技术资格体系，先后有400多人取得了物流中高级职称。与之配套的培训工作也相继跟进，按照统筹规划、突出重点、分类实施、全面推进的原则，采取财政资金补助的办法，全市物流从业人员知识与技能提升计划全面启动，已有1000人完成了课程培训。目前大连市23所大专院校中，设立物流专业的院校有15所，年培养物流专业各类人才3000人。大连海事大学还建有物流专业的博士后流动站和物流工程国家重点实验室。很多社会力量办学机构也积极开展了物流培训工作。一支基础扎实、知识面广、适应能力强、综合素质高、富有创新精神和较高技术水平和技能特点的物流从业人员梯次队伍正在逐步形成。

3. 区域性金融中心建设成就显著

“十一五”期间，大连建设区域性金融中心取得显著成就，各项金融指标持续快速增长。截至2010年年末，全市金融资产总量首破万亿大关，达到1.23万亿元。“十一五”期间年均递增21.4%；各项存款余额8887.3亿元，年均递增20.8%，各项贷款余额6812亿元，年均递增21.7%。2010年，实现保费收入151亿元，年均递增21.4%；实现期货成交额41.71万亿元，年均递增54.7%；实现证券交易额8562.67亿元，年均增长63.6%，金融业各项指标继续保持东北地区最好水平。同时，大连市积极争取试点政策，已被国务院批准列入跨境贸易人民币结算第二批试点并在东北地区率先开展试点业务，实现结算额27.37亿元，占全省的73.5%，东北地区的30%；被省政府批准为全省金融改革创新试点城市。

金融市场体系不断完善。2010年，又有韩国友利银行、渤海银行大连分行等7家银行机构、天平保险等4家保险机构以及浙商证券等9家证券期货机构共20家金融机构入驻大连，创年金融机构开业数之最。目前全市拥有各类金融机构227家（其中银行机构57家，证券机构53家，保险机构40家，交易所1家，期货机构77家），另有担保公司116家，内外资投资公司45家，外资金融后台服务机构8家，国际货币基金组织培训机构1家，营业网点3400余个，从业人员7万多人。金融体系不断完善，对外辐射力不断加强。

金融中心实力进一步增强。“十一五”期间，全市新增金融总部1家，全市10家金融总部已开设异地分支机构51家，覆盖全国16个省（直辖市）的23个城市。大连金融机构的数量、种类、业务收入经济效益等均居东北地区第一。在2009年国务院综合开发研究院首次发布的“中国金融中心指数”（CDI、CFCI）排名中，大连市位列环渤海及东北地区首位，是东北地区金融体系最完善、金融机构聚集度最高、金融市场开放度最高、金融生态环境最好的城市，被评定为核心区域金融中心。

“十一五”期间，大连商品交易所开发上市期货新品种4个，交易品种增至8个，已成为全球最大的塑料期货和油脂期货市场，是亚洲第一、世界第二大农产品期货市场，综合实力跻身全球第十。企业上市步伐加快，多层次资本市场持续发展。“十一五”期间，全市新增境内外上市企业23家，占全市42家上市公司总数的54.8%，资本市场直接融资529.87亿元，占全市企业资本市场募集资金总额的76.7%。

4. 软件和服务外包产业发展迅速

“十一五”期间，大连加快向全球软件和服务外包新领军城市迈进。软件园区建设领先全国。大连软件园是国内最大的软件园区，进驻国内外软件企业超过400家。正在建设的旅顺南路软件产业带是国内最大的软件产业集聚区，占地面积150平方公里，规划了大连软件园、河口软件园、天地软件园等各具特色的产业园区，建成后将聚集800家到1000家IT企业，产值600亿元到800亿元，出口超过10亿元，可容纳从业人员20万人。

软件企业不断发展壮大。全市软件和服务外包企业已达1000多家，从业人员10万人。其中，超过6000人的企业1家（东软），超过3000人的企业5家（华信、IBM、海辉、GE、HP），100～1000人的企业70多家。东软、华信和海辉排在国内软件和服务外包出口前三名。

软件产业国际化进程加快。全市已引进外资软件企业400多家，其中世界500强企业有56家在大连开展业务，全球十大服务外包供应商有6家进入大连开展外包业务。大连对日软件和服务外包规模居全国第一。东软和海辉进入全球IT服务百强、亚洲新兴外包十强行列。

软件人才培养逐渐扩大。在22所高校、40所职业中专开设了软件专业，成立了5所软件学院，大连理工大学软件学院、东软信息学院成为全国最大的软件学院，软件专业在校生达5万人。建立了100多所软件人才培训机构，每年可培训上万名软件人才。

软件产业示范作用增强。国家有关部门先后授予大连“中国服务外包基地城市”、“软件产业国际化示范城市”、“软件人才国际培训基地”、“国家软件版权保护示范城市”、“国家高技术服务产业基地和信息化十佳城市”等称号。大连软件产业的发展模式被国内许多城市借鉴和效仿。大连的国际知名度不断提高，被美国IDC公司评为全球离岸交付指数城市世界第五、中国第一。

软件销售收入快速增长。2010年，全市软件销售收入535亿元，比2005年增长4倍多，软件出口18亿美元，比2005年增长近5倍；2009年虽然受到国际金融危机影响，但软件销售收入和出口仍达到400亿元和14亿美元。

科技服务业不断发展壮大。大连科技创新体系建设走在全国前列，目前拥有科技企业孵化器40家，其中国家级孵化器10家、省级孵化器4家，累计孵化科技企业1700多家，累计毕业企业800多家。成立了全市科技孵化产业联盟，建设了7个公共技术服务平台、3个国家级技术转移示范基地，颁布了国内首部促进科技中介服务发展的地方性法规——《大连市促进科技中介服务发展条例》，重点培养了100多家骨干科技中介服务机构。大连市被科技部认定为国家现代服务业产业化基地。

5. 文化创意产业发展成绩显著

“十一五”期间，大连动漫产业发展取得了显著成绩。高新区是全市动漫产业集聚区。高新区发挥政策优势和毗邻日韩等动漫强国的区位优势，依托动漫走廊和动漫孵化器，积极引进和培育动漫企业，先后引进了北京中视鑫潮动画公司、东方嘉纳动画公司、上海阿凡提卡通艺术有限公司、韩国NHN游戏公司、日本百锐图像技术有限公司、美国甲骨文DWP中心等31家国内外知名动漫企业，使入驻动漫企业扩大到132家。部分动漫游戏打入国际市场，被中国游戏产业年会授予“中国游戏产业支持奖”。

6. 会展业持续稳定发展

“十一五”期间，大连加快向区域性国际商务会展中心发展。

会展业法规逐渐完善。市政府颁布《“十一五”期间大连市会展业发展指导目录》，市财政局和贸促会下发《大连市展览业发展资金管理暂行办法》，市统计局发布《大连市展览业统计管理实施办法》，市展览办印发《关于实行品牌展会排期保护的通知》，这些政策法规进一步规范和促进了会展业发展。

品牌展览会走向成熟。培育出具有较高国际知名度的品牌展览会11个：中国大连进出口商品交易会暨国际工业博览会、中国（大连）国际服装纺织品博览会、大连国际汽车展览会、中国国际软件和信息服务交易会、中国国际专利技术与产品交易会、中国大连国际海事展览会、中国国际家具（出口）展览会、东亚国际旅游博览会、中国国际环境保护博览会、中国国际建筑装饰材料（用品）展览会、中国国际木工机械展览会。

国际性会议不断增多。成功举办两届夏季达沃斯—新领军者年会，与世界90多个国家1700多位政要和经济界领袖建立了密切联系。以此为契机，又举办了中国现代渔业发展高峰论坛、汇丰（中国）财富论坛、科技孵化器国际论坛、国际海运（中国）2008年会、第44届世界规划师大会、第十三届国际生物技术大会等国际性会议。

会展业示范作用增强。中国会展业高峰论坛先后授予大连“中国十大最佳会展城市”“中国（宏观管理）最佳会展城市”“中国最具影响力会展城市”“中国最佳会展城市”等奖励和荣誉称号，并把“大连模式”作为经验向全国推广。大连会展业的发展成就被国内许多城市学习和借鉴。

会展业持续稳定增长。2010年，全市共举办各类展会100多个，展览面积110.6万平方米。

7. 商贸业发展实现新突破

“十一五”期间，全市社会消费零售总额累计完成6042亿元，年均增长17.5%。到2010年年末，全市拥有各类商贸业网点达8.75万个，营业面积1921万平方米，年均递增6.7%；人均拥有商业零售面积1.23平方米，年均递增12.8%；商贸服务业从业人员52.5万人，年均递增5%；“十一五”时期全市商贸业新增上万平方米的大型商业设施16个，新增商业面积73.5万平方米。“十一五”时期，大连商贸业整体实力不断增强，商业规模实现新的突破。大商、万达、亿达、东软等15家企业进入全国服务业500强。

建设区域性国际商贸中心取得新成就。“十一五”时期，全市商业不断向国际化、现代化、高端化方向发展，加大对外开放力度，引进了世界五百强绝大多数的商业企业20多家，包括沃尔玛、家乐福、麦德龙、特易购等，实际利用外资16.36亿美元。建设了以时代广场为代表的国际化高端商业项目，引进了路易威登、肖邦、万宝龙、迪奥等近50家世界顶级品牌；迪卡侬、宜家家居等商业项目已经营业，沃尔玛山姆店、奥特莱特等一批新型商业业态落户大连，进一步满足了高端消费者的需求，提升了大连商业的国际化水平。全市共审批外商投资商业企业600多家，投资总额10亿多美元，外资商业企业进入零售、批发、餐饮、采购配送、休闲服务等20多个行业。

继续推进商业街改造建设工作。对市内四区的七七街、延安路、星海新天地、锦华日本文化街、渔人码头、俄罗斯风情街等具有时尚、现代特色的商业街进行了改扩建，现有被政府命名的10条商业特色街。开发区韩国风情一条街、庄河商业步行街、瓦房店旺角美食一条街、甘井子区的欧洲小镇、旅顺口区香海小镇等一批具有时尚特色的商业项目得到发展，全市商业的现代化、国际化色彩更加浓厚。

城乡商品市场体系建设加快推进。市政府下发了《关于进一步加快城乡商品市场体系建设的指导意见》，至2010年，规划建设的10大类20个大型商品交易市场已经取得实质性进展，实现了大连商品市场建设历史性突破。大连市农村商业也步入了快速发展的时期，全面开展了“千村百镇”市场工程，农村现代流通体系初步形成。“十一五”时期，新增农家店、农资店2165个，全市农家店、农资店累计达到2400个，覆盖了全市广大农村，提高了农民生活质量，农家店销售额比加盟前平均增长150%，客流平均增长70%，吸收农民就业2万多人。同时，建立、健全了农家店配送网络，积极推进庄河金玛等物流园区的建设和功能完善，农家店的商品配送率上升到50%以上。加快了中心镇商业建设，11个中心镇商业建设基本完成，引进了大型超市等现代业态，标志着大连市农村中心镇商业建设工作取得实质性进展。积极推进了标准化农产品批发市场建设。对全市涉农县区范围内金州爱民市场、普兰店农副产品批发市场、庄河大世界农贸市场等50余家农产品批发市场进行了标准化改造，改善了市场内外环境，推动了市场基础设施的升级和服务功能的拓展，扩大了农产品流通。实施“双百市场工程”，培育了一批大型农产品批发市场和流通企业，与国际市场接轨，扩大了农产品出口。

全市发展便民商业取得了新成效。“十一五”时期，全市启动了社区菜篮子便利工程，制定了《社区菜篮子便利菜店建设实施方案》，建设了400个便利社区菜店，深受市民的欢迎。积极推进了大众化餐饮发展，研究制定了《关于加快发展大连市大众化餐饮工作的实施意见》，并将发展大众化餐饮纳入到城市社区商业发展规划之中。“十一五”时期，累计在全市发展了150个“早餐工程”网点，推出现代化多功能早餐车10台和5个主食加工配送中心，较好地解决居民吃早餐难的问题；建设了大连市家政服务网络中心，发展社区家政服务联办点50个，培训家政服务人员1万人次，4个社区被评为“全国社区商业示范社区”。创建了30家市级农家休闲餐饮示范点和11个农家休闲餐饮成片发展区，促进了大连市餐饮业和旅游业的发展。

商贸业对拉动消费的作用不断增强。“十一五”期间，全市商贸业累计组织大型系列促销活动上千场次，拉动消费510亿元。举办各类专业性展销会、对接会、推介会150多场次，签订协议金额50亿元。实施了“家电、汽车下乡和以旧换新”活动，累计销售家电下乡产品34.6万台，销售新家电13.4万台，带动家电市场消费13亿元，拉动汽车消费7亿元。

8. 旅游业发展不断壮大

“十一五”期间，大连加快向区域性国际旅游中心发展。

旅游产业不断发展壮大。开发旅游景区、景点、度假村160处；开发国家A级以上旅游景区27个，其中5A级景区1个，4A级景区10个，全国农业旅游示范点15个。截至目前，全市有旅游宾馆（饭店）222家，其中星级宾馆（饭店）168家，四星级以上26家；旅行社362家，其中国际旅行社26家。旅游工作取得显著成果。旅游产业定位和发展目标进一步明确，旅游业对外开放不断扩大，旅游大项目建设取得突破性进展，旅游市场管理得到加强，旅游宣传促销力度加大。

“浪漫之都”旅游品牌知名度不断提高。可为国内外游客提供海滨观光、城市观光、休闲度假、文化旅游、乡村游、海岛游等多种旅游项目和产品。大连被国家旅游局授予“中国最佳旅游城市”称号；旅游经济指标在省内保持领先，在全国保持前10名地位。

旅游业持续快速增长。2010年，全市共接待国内游客3412万人次，旅游业总收入550.1亿元，“十一五”年均递增21.1%。接待境外游客总量、旅游外汇收入、国内旅游收入和旅游业总收入等指标连续多年保持全省第一。

9. 服务业集聚区建设不断加快

“十一五”时期，大连规划建设了一批现代服务业集聚区，其中人民路CBD、星海湾金融商务区、香炉礁物流园区、旅顺南路软件产业带等集聚区建设取得显著成果。据统计，目前全市正在建设的重点服务业集聚区共39个，已进驻各类服务企业5928家，就业人数43万人；固定资产投资386.4亿元，实际利用外资26亿美元；累计上缴税收46.2亿元。按业态区分，商务服务集聚区4个；金融集聚区2个；现代物流集聚区6个；商贸流通集聚区10个；科技服务集聚区2个；信息软件集聚区1个；文化旅游集聚区13个；会展业集聚区1个。截至2009年，全市服务业重点投资项目141个，项目总投资917.3亿元，其中内资717亿元，外资200亿元。

10. 公共服务业发展取得新成就

“十一五”期间，大连贯彻落实科学发展观，坚持以人为本的原则，大力发展面向民生的社会事业，实现了社会保障制度全覆盖，形成了比较完善的公共服务体系。实施积极就业政策，2010年普惠制培训11.9万人，实现城镇就业16.1万人，城镇登记失业率控制在2.7%；加快发展教育事业，各级各类教育协调发展，义务教育全部达标，职业教育发展迅速，高等教育水平提升，形成了比较完善的义务教育、中等教育和职业教育体系；积极推进医疗卫生体制改革，城镇居民基本医疗保险实现市级统筹，新型农村合作医疗参合率达99%，国家基本药物制度全面启动，城乡社区养老服务中心建设三年规划顺利实施，建立、健全了城乡基本公共医疗卫生服务体系；积极发展文化事业，形成了覆盖城乡的公共文化服务体系；实施文化惠民工程，文化产业成为新的经济增长点；加快发展广播电视和体育事业，丰富了城乡居民文化体育生活，从而进一步满足了民生需求，促进了和谐社会建设。

二、主要问题

1. 服务业比重较低、增速较慢

“十一五”期间，大连服务业虽然持续快速发展，但服务业在产业结构中的比重远远落后于北京、上海、广州、深圳等城市，这种状况既不利于促进工业化和城市化，也不利于推进产业结构优化升级。

2010 年，大连服务业增加值占 GDP 的 42%，比“十五”期末的 44.9% 下降了 2.9 个百分点。这表明，过去十年间大连服务业比重一直徘徊在较低水平上，产业结构调整进展缓慢。从国内看，目前北京市服务业比重高达 75%，其他沿海开放城市的服务业比重大多超过 45%，大连服务业比重在 15 个副省级城市之中，排名倒数第 3，服务业发展差距明显。

“十一五”期间，大连服务业增加值年均增长 14%，而第二产业增加值年均增长 19.4%，服务业的发展速度和贡献率长期落后于第二产业，产业结构“二三一”排序持续了许多年。

2. 服务业结构不合理，辐射功能薄弱

从全市服务业结构看，目前传统服务业依然占主导地位，以批发零售、住宿餐饮、交通运输等为主的传统服务业占全市服务业的比重超过 50%，软件信息服务业、科技服务业、商务会展业等新兴服务业的比重较小。

大连市服务业功能欠缺，对周边地区的辐射带动作用薄弱，缺少有影响力的知名品牌企业，销售收入超亿元的服务企业为数不多。

3. 区域服务业发展不平衡，城乡发展不协调

从全市各个区市县看，主城区服务业发展较快，2010 年服务业增加值占 GDP 比重平均为 45%，其中，中山区服务业比重达到 95%，沙河口区服务业比重达到 72%，西岗区服务业比重达到 61%。其他区市县服务业发展较落后，金州新区以及北三市的服务业比重都在 30% 左右。

农村服务业发展滞后是大连服务业的突出问题，2010 年农村社会消费品零售总额只占全市社会消费品零售额的 20%。农村服务业的主体多为传统服务业，基础设施陈旧，服务水平低下，难以满足农村居民的生产和生活需求。

第三十三章　宁波市服务业发展报告

一、“十一五”发展情况

“十一五”时期，宁波市认真贯彻落实科学发展观，按照“两创”总战略，积极实施“六大联动，六大提升”，努力完善推进机制，加大政策扶持力度，不断创新发展模式，大力推动载体平台建设，宁波市服务业发展取得了较好成绩，初步构建起了与长三角城市群重要中心城市、现代化国际港口城市定位相适应的现代服务业体系。

（一）规模总量持续扩大，地位日益提升

2010 年全市服务业企业实现主营业务收入 10136.5 亿元，总量首次超过万亿元，为 2005 年的 2.3 倍，年均增长 18.3%；服务业增加值突破 2000 亿元大关，实现 2059.16 亿元，总量为 2005 年 975.59

亿元两倍多；“十一五”期间增加值年均增速达13.6%，高于同期GDP增幅近1个百分点。服务业实现税收368.53亿元，其中地税229.55亿元；限上服务业法人单位从业人员达到67.1万人，全市限上服务业单位平均工资达到5.8万元；服务业限额以上固定资产投资总额达1406.9亿元，占全社会固定资产投资总额的68.7%，现代物流业、信息服务业、服务外包、商业模式创新、楼宇经济等现代服务业成为投资热门。服务业已经成为全市经济发展的重要支柱、地方财力的重要来源、吸纳和扩大劳动就业的重要途径和拉动投资的重要引擎。

（二）内部结构不断优化，产业特色明显

依托港口优势和产业基础，基本形成了营销贸易、港口物流、现代金融、现代会展为主体的产业优势。现代服务业占服务业增加值比重稳步提升，2010年全市现代服务业占比48.7%左右。进出口贸易优势突出，全市完成进出口额829亿美元，年均增长19.9%，在全国36个省（市）自治区、计划单列市中位居第9位。物流业加快发展，物流业增加值达到506.9亿元，年均增长15.4%，占全市GDP比重达到9.9%。社会消费品零售总额达到1704.5亿元，年均增长17.8%，占GDP中的比重达到33.2%。金融服务业不断创新发展，实现增加值378.4亿元，占服务业增加值比重达到18.4%，初步形成了银行、证券、期货、保险、信托等多种金融机构并存，全国性、区域性、地方性机构协调发展的多元化金融组织体系。会展业、科技服务业、信息服务业、服务外包等新兴服务业发展迅速，日益成为服务业新的增长点和亮点。其中科技服务业增加值达到43.32亿元，信息服务业增加值达到72.15亿元，服务外包产业完成业务总额65.4亿元，其中离岸服务外包业务额2.72亿美元。

（三）平台建设不断加快，主体活力增强

通过重大区块开发、产业基地建设和市场主体培育，宁波市产业集聚成效显著。“中提升”战略十大区块开发已粗具规模并凸显成效，“十一五”期间“中提升”项目已累计完成投资1800多亿元，70多个重大项目先后建成投用，100多个重大项目陆续开工建设。梅山保税港区、和丰创意广场、国际贸易展览中心等现代服务业产业基地建设扎实推进，特色功能优势凸显。国际航运服务中心、国际金融服务中心、第四方物流信息平台等重大项目有序推进，示范引领作用增强。营销贸易、现代物流、金融服务、创意设计等行业形成了一大批行业龙头企业，增强了服务业发展活力。中基外贸、慈溪进出口、银亿集团等贸易企业连续几年上榜中国服务业500强；中国塑料城网上交易平台、宁波神化镍金属交易等大宗商品交易市场发展迅猛，2010年实现交易额1700多亿元。

（四）体制改革不断深化，创新成效显现

“十一五”期间，为促进服务业跨越式发展，市委市政府不断探索和改革创新。在开放合作机制上，宁波列入全省进一步扩大对外开放综合配套改革试点城市；加强与上海航运、金融方面的合作，成为上海国际航运中心的重要组成部分；推进浙江港口联盟建设和与腹地城市的海铁联运发展。在自主创新机制上，宁波成功列入国家创新型试点城市，创新产学研结合机制和组织形态，成立了7家产学研技术创新联盟。在服务业发展模式探索上，积极开展企业二三产业分离试点，到2010年年底已完成分离企业477家；积极推动第四方物流市场建设，宁波因此成为全国物流业发展的先行区和智慧物流的实验区；大力推进金融创新，宁波成为国家金融体制改革试点城市和跨境贸易人民币结算试点城市；成功申报国家服务业综合改革试点城市，为宁波市“十二五”时期服务业跨越式发展奠定了良好的工作基础。

二、采取的主要措施

（一）抓规划引导

研究制定了《宁波市服务业“十二五”发展规划》，明确服务业发展的目标、任务和举措；结合港口物流和开放型服务经济的发展需要，开展第四方物流网上运输市场、服务外包、空港物流等专项规划研究；针对服务业发展领域的新兴业态发展需要，开展城市综合体、大宗商品“三位一体”港航服务体系等课题研究。

（二）抓政策支持

相继制定了《关于进一步加快服务业发展的若干意见》、《宁波市服务业绩效考核办法》等多个政策文件。出台了支持市级现代服务业产业基地建设、推进制造企业分离发展服务业、鼓励引进大型服务业机构、培育企业总部、扶持港海铁联运、发展第四方物流、推进智慧物流及家政服务业建设、加强服务业统计工作等一系列政策措施。

（三）抓载体建设

一是加快推进东部新城、梅山保税港区、湾头休闲旅游区等“中提升”十大功能区的开发建设，更好地发挥功能区建设对服务业发展的支撑、保障作用；二是积极培育服务业产业基地，发挥基地的示范、带动、辐射作用；三是抓好服务业重大项目建设，下达年度重点项目建设计划，做好项目储备，加大推进力度；四是依托城市功能区、服务业产业基地，抓招商、招展、招机构，尽快发挥这些功能区、基地、平台的效益。

（四）抓要素保障

针对电子商务、第四方物流、营销贸易、总部经济等新业态设置了发展专项资金；鼓励民间资金投资发展服务业。支持科技服务业、文化产业、公共文化服务外包、城市综合体、金融、总部经济等方面的试点推进工作；出台了《宁波市鼓励企业引进“海外工程师”实施办法》，利用“毕洽会”“高洽会”等平台，引进高级经营管理人才和复合型人才，积极开展学历教育与职业资格证书“双证书培训”。

（五）抓推进机制

为进一步加强对全市服务业发展的组织领导，2010 年成立了市服务业综合发展办公室，负责全市服务业发展的统筹协调、综合指导、考核督察、评估分析等工作。各县（市）区政府也建立起了相应的组织协调机构，加强工作力量。同时，先后设立了市物流办、会展办、金融办和市物流规划研究院等机构，基本形成了统一领导、上下互动、统分结合、分工负责的工作推进机制。

（六）抓统计监测

整合服务业各部门和行业协会的统计资源，促进服务业各行业统计信息交流，建立起相互衔接、互为补充、信息共享的服务业统计体系。目前全市实施全面调查的单位 7000 家，抽样调查单位 1000 多家，调查服务业个体户 2000 多家，近 10000 家单位全部实行月报制度，上报方式均为网上直报。在此基础上，开展监测分析和考核评价，并不断完善服务业评估体系，全面系统地把握服务业区域和行业发展状况，引导和促进服务业协调发展。

三、主要问题

在服务业发展水平不断提升的同时，宁波市服务业发展还存在不少矛盾和问题，主要表现在：

（一）服务业规模和能级尚待提高

2010 年宁波市服务业增加值占 GDP 比重为 40.2%，“十一五”期间仅提高 0.8 个百分点，位居副省级城市和五个计划单列市末位。物流、金融、信息产业虽然发展快速，但缺乏有效的融合发展机制，产业能级亟待提升。生产性服务业增加值占服务业增加值比重仅为 40.9%，与制造业密切关联的国际商务、专业咨询服务、中介服务等规模仍然较小，科技开发、技术转化等产前服务业发展水平和功能亟待提高。

（二）产业竞争能力不强

目前宁波市服务业企业规模不大，高端服务业不足，产业融合度不强，服务功能不完善，服务业品牌竞争力较弱等问题比较突出，具有较强竞争力的优势服务业大企业、大集团数量还不多，尤其是高端服务业企业尚未形成集聚效应，对接海内外的全面开放格局尚未形成。

（三）高端服务人才支撑不足

宁波现代服务业所需要的人才较为短缺，尤其是适应于产业转型升级发展需求，处于“微笑曲线”两端的研发设计、商务中介、供应链管理、国际金融、大宗商品交易等高端服务业人才严重不足，一定程度上影响了宁波市现代服务业产业化和国际化发展进程。

四、“十二五”发展思路

高举中国特色社会主义伟大旗帜，以邓小平理论和“三个代表”重要思想为指导，深入贯彻落实科学发展观，全面实施“六个加快”战略部署，以科学发展为主题，以提速、提质、提能级为主线，以国家服务业综合改革试点为契机，着力打造“三位一体”港航物流服务体系，加快发展总部经济、电子商务、服务外包等新兴服务业态，全面提升“安民、乐民、健民”的生活服务功能，努力构建结构合理、特色鲜明、支撑有力、竞争力强的现代服务业体系，初步建成服务长三角、联合中西部、对接海内外的生产性服务业中心城市和宜居宜业的现代都市。发展目标是：至 2015 年，全市服务业增加值占生产总值的比重达 45% 以上，生产性服务业增加值占服务业增加值比重达 55%，物流业、金融业增加值分别超 1000 亿元，外贸进出口、国内商品销售额突破 1500 亿美元和 1200 亿元，实现大宗商品交易额 4000 亿元以上。重点工作是：①围绕综合改革试点，积极推进重点产业发展。一是积极推进现代物流、现代金融、国际贸易、现代商贸四大优势生产性服务业平稳较快发展，实现对服务业稳定发展的坚实支撑。二是积极推进商务中介、科技信息、现代会展、文化创意等新兴服务业快速增长、提升占比，成为拉动服务业快速发展的重要动力，力争新兴服务业增长速度均高于服务业增加值增速 2 个百分点。②培育新亮点，积极发展总部经济、大宗商品交易平台、电子商务、服务外包等服务业新业态。③推广品牌及标准化，贯彻落实《关于深入实施标准化战略的若干意见》和《关于实施商标战略促进经济发展的意见》，强化服务业发展质量。④加快载体建设，大力促进集聚集约发展。一是着力推进产业基地建设。二是着力推进服务业重点项目建设。三是着力推进城市综合体建设。⑤抓好主体培育，增强服务业市场竞争力。⑥推进改革创新，探索服务业发展新途径。组织实施《宁波开展国家服务业综合改革试点实施方案》，推进国际贸易展览中心进口消费品交易市场经营模式创新，推进宁波保税区打造宁波国际贸易示范区，鼓励民间资本投资发展服务业，探索工业企业分离发展服务业。⑦健全工作体系，夯实服务业基础工作，包括强化工作机制、完善规划政策体系、强化人才支撑体系。

第三十四章　厦门市服务业发展报告

一、“十一五”发展情况

“十一五”期间，厦门市服务业实现了速度、结构、效益的全面协调发展，服务业总量不断壮大，结构持续优化，支柱服务业地位更加巩固，新兴服务业快速发展，服务业龙头企业稳步壮大，集聚区建设成效明显，服务业整体发展水平显著提升，对国民经济带动作用进一步增强，形成了与工业相互促进、齐头并进的发展态势，为"十二五"更好更快发展奠定了坚实基础。

（一）服务业持续快速发展，在国民经济中地位进一步提高

"十一五"期间，第三产业发展加快，总量规模逐步扩大，2010 年增加值突破 1000 亿元。发展提速，五年年均增长达 16.6%，"十一五"期间服务业增加值年均增速比"十五"期间的 11.9% 提高 4.7 个百分点，比全省平均增幅高 2.8 个百分点；比重提高，"十一五"末服务业增加值占 GDP 比重比"十五"末的 43.0% 增加 6.2 个百分点，达到 49.2%；水平提升，"十一五"期间，厦门市服务业增加值占 GDP 比重在全省九地市中保持第 1 位，在 15 个副省级城市中由 2005 年的第 11 位提升到第 9 位。

（二）服务业结构不断优化，发展进一步趋于协调

"十一五"期间，物流、旅游、金融等支柱服务业作用更加凸显，增加值占 GDP 的比重达到 18.2%。软件和信息服务业、文化创意等服务业进一步壮大，2010 年软件和信息服务业完成销售额 259.36 亿元，逐步成为经济发展的重要增长点。电子商务、营运中心、服务外包等新兴业态发展迅速。

（三）服务业投资规模继续扩大，发展基础进一步夯实

"十一五"期间，第三产业固定资产投资累计完成 3399.65 亿元，年均增长 23.52%。2010 年第三产业完成投资占全社会固定资产投资 78.03%，比 2005 年提高 9.8 个百分点。

（四）服务业综合带动作用不断增强，对经济贡献度进一步提高

2010 年，第三产业拉动 GDP 增长 6.6 个百分点，对经济增长贡献率 36.2%。第三产业完成地方税收 135.17 亿元，占全部地方税收 62.83%，比 2006 年提高 4.3 个百分点，成为税收来源的重要渠道。服务业就业人数达到 107.42 万人，占全社会从业人员 51.78%，比 2005 年提高 11.77 个百分点，成为就业增长的主渠道。

（五）服务业集聚区建设成效显著，规模效应进一步显现

"十一五"期间，厦门服务业产业集聚区建设步伐明显加快，推动建设和建成了一批产业特色明显、规模效应突出的服务业集聚区。建成软件园二期，入驻企业 439 家，2010 年实现营业收入 145.87 亿元。基本建成厦门现代物流园区，海沧保税港区通关验收，火炬（翔安）B 型物流中心正式启用。观音山营运中心基本建成，自建区引进企业 20 余家，启动区入驻企业 200 家，实现税收约 10 亿元。开工建设前场物流园区、新站营运中心、杏林湾营运中心等一批服务业集聚区。

（六）服务业龙头企业发展迅速，骨干带动作用进一步突出

"十一五"期间，厦门市加快培育了一批服务业龙头企业和骨干企业，支撑带动服务业快速发展。建发集团、国贸控股、象屿集团等营业收入超百亿元的服务业综合型龙头企业，厦门航空、路桥集团、夏商集团等营业收入超 50 亿元的服务业骨干企业。24 家服务业企业入选全国服务业企业 500 强。

二、采取的主要措施

市委、市政府高度重视服务业发展工作，先后出台了《关于成立服务业发展领导小组的通知》（厦委办〔2007〕107 号）和《厦门市人民政府关于加快服务业发展的实施意见》（厦府〔2008〕130 号），进一步强化了服务业工作的组织领导，完善了服务业工作机制，明确了服务业发展目标、任务和重点，服务业工作迈上了新台阶。

（一）加强组织领导，建立服务业工作推动机制

1. 强化服务业工作领导机构

2007 年 10 月成立了市长任组长、六位分管副市长任副组长、服务业相关市直部门领导为成员的全市服务业领导小组，下设办公室挂靠市发改委，主要工作是提出全市服务业发展重点领域、发展方

向并研究提出促进服务业发展的政策措施和建议，编制服务业发展规划和年度计划，建立全市服务业发展项目储备库，提出建立全市服务业考核机制、服务业发展引导资金管理办法等，检查相关政策的落实情况和重要工作的开展情况。

2. 建立服务业联席会工作机制

2009年10月建立了由常务副市长主持，16个综合服务部门、11个重点行业主管部门以及各区政府、管委会组成的现代服务业产业群联席工作会议领导小组，下设办公室挂靠市发改委。联席会议实行例会制度。每月召开一次联络员会议，每季度召开一次联席会议，总结服务业发展工作落实情况，通报服务业产业群工作推动情况，研究分析服务业发展存在的主要问题，讨论促进加快服务业发展的政策措施建议等。

3. 创新服务业综合改革机制

高度重视全国服务业综合改革试点工作，成立全市服务业综合改革工作领导小组，将试点工作任务分解到相关部门，建立工作责任制、协调督办机制、目标考核奖惩机制、服务业统计体系、人大和政协监督体系等，着重从两岸服务业合作交流、服务业投资体制、项目网上审批等方面进行体制机制创新。

（二）注重规划引导，启动服务业“十二五”规划编制工作

全市服务业“十二五”规划体系包括一个服务业总体规划、十个服务业重要行业的专项子规划。服务业总体规划已由市政府批转印发（厦府办〔2011〕285号）。各服务业行业专项规划编制工作进展顺利，多数已完成编制上报政府，近期将正式印发。

（三）注重项目支撑，全力抓好服务业项目推进工作

1. 完善健全了服务业重大项目库

一是注重服务业重大项目策划工作。共策划生成144项、总投资5000万元以上的服务业项目入库。二是集中力量协调推进服务业重点项目建设。借助服务业联席会的平台，按月跟踪重点项目投资和进展情况，协调解决项目建设进展问题。三是筛选确定了一批“十二五”重大服务业项目。经初步摸底，确定了九大类、108项、“十二五”期间投资1400亿元以上的服务业重大项目。

2. 建立了服务业项目三级协调督办机制

服务业办定期或不定期地收集推进项目过程中遇到的问题、存在的困难等，筛选后分类进行协调推进：属市重点项目的，由“两办”（市委办、市府办）督办，市重点办专门牵头协调；其他非重点项目由市服务业联席办协调推进，主要采取三级协调机制来推进，即各成员单位先协调，协调不了的提交市联席会协调，联席会协调不了的再提交市领导研究协调。

（四）加大政策扶持，研究出台一整套服务业发展扶持政策

厦门市先后制定出台了市场准入、人才、税收、融资等11项服务业综合性政策文件，针对金融、商贸流通业、会展业、旅游、物流、文化产业、软件信息产业等服务业重点行业和领域，出台了30多项行业性政策文件，基本建立了厦门市服务业发展政策体系。6个行政区分别制定出台了加快服务业发展的具体意见。

（五）积极发挥服务业引导资金作用，培育服务业新兴业态

市发改委、市财政局每年安排1亿元的服务业引导资金，用于扶持服务业发展的重点领域和服务业公共平台项目。2008—2010年，服务业引导资金累计下达9批次，安排服务业项目48个，下达补助资金约1.74亿元，带动社会投资约23亿元，取得较好经济和和社会效益。如：航空港集团的“电子商务平台与物流配送平台一体化项目”逐步实现行政事业单位大宗货物政府集中采购、网上招标，有效地降低采购成本，节约行政办公用品开支；厦门金龙物流配送中心的物流设施和信息平台将逐步成为工业集中区的配套服务设施，带动园区的生产性服务业发展。

（六）加强服务业发展运行分析，完善服务业动态信息制度

坚持每季度一次服务业发展运行分析，分析监测服务业发展情况，跟踪难点和热点问题，提出服务业发展的措施建议。组建服务业信息联络员队伍，加强服务业办与相关部门及各区联系，编辑《厦门服务业发展动态》简报，定期或不定期地发布服务业发展动态信息。

三、“十二五”发展思路

坚持一个指导：即科学发展观为指导；一个总体要求：即时任总书记胡锦涛在厦门视察期间对服务业提出的“发展提速、比重提高、水平提升”的总体要求；两个提升：提升服务业发展水平，提升服务业辐射带动作用；三项任务：做强支柱服务业，培育壮大新兴服务业，提升特色优势服务业；打造三大中心：国际航运物流中心、文化休闲旅游中心、金融商务中心；一个率先：力争到2015年，率先建成海峡西岸最具竞争力和带动力的现代服务业聚集区。发展目标是：做大规模、做优结构、做足特色、做强地位。①做大规模，即服务业总量要迅速做大，服务业增加值增速要高于全市地区生产总值增速，占地区生产总值比重进一步提高，服务业投资规模再上新台阶。②做优结构，即生产性服务业比重要持续提高，支柱服务业地位更加突出，新兴服务业成为重要的经济增长点。③做足特色，即结合厦门资源禀赋和产业优势，加快发展航运物流、对台旅游、高端消费、数字动漫等特色行业，提升发展水平，增强产业竞争力。④做强地位，即加快建设区域性国际航运物流中心、金融商务中心和文化休闲旅游中心，增强中心城市辐射带动能力和综合服务水平。保障措施是：①组织保障。一是强化服务业工作组织领导；二是完善服务业考核推进机制；三是健全协调督办机制；四是建立、健全奖惩机制；五是建立服务业统计体系。②体制创新。一是创新两岸经贸合作交流体制；二是创新服务业投资体制；三是改进行政审批方式；四是推动产学研合作。③政策扶持。一是加大服务业投融资扶持力度；二是完善服务业用地政策；三是落实服务业价格政策；四是加大人才政策扶持力度。④项目带动。一是注重规划生成项目；二是建立项目储备库；三是培育壮大项目载体 。

附件：“十一五”时期印发的政策文件

1.《厦门市人民政府关于加快服务业发展的实施意见》（厦府〔2008〕130号）

2.《厦门市人民政府办公厅关于促进我市服务业又好又快发展的若干实施意见的通知》（厦府办〔2008〕235号）

3.《厦门市人民政府办公厅关于印发厦门市开展服务业综合改革试点工作任务分解及职责分工的通知》（厦府办〔2010〕309号）

第三十五章　青岛市服务业发展报告

服务业经济是国民经济的重要组成部分，服务业的发展水平是衡量现代社会经济发达程度的重要标志，加快发展服务业尤其是现代服务业、提高服务业比重和质量是全面建设小康社会和构建社会主义和谐社会的内在要求。青岛是我国重要的经济中心城市，大力发服务业是促进产业结构优化、建设经济文化强市的重要举措，是转变经济发展方式、调整经济结构的客观要求。

一、"十一五"发展情况

（一）总体发展情况

"十一五"时期，青岛市全面实施"环湾保护、拥湾发展"战略，积极应对国际金融危机，大力发展现代服务业，服务业呈现实力显著增强、结构优化升级、布局日趋合理、环境不断优化的良好发展态势，"十一五"末，青岛市服务业增加值达到2630.6亿元，比"十五"末翻一番多，服务业增加值占GDP比重达到46.4%，比"十五"末提高4.8个百分点，全面完成"十一五"服务业发展规划目标和任务。"十一五"期间取得的主要成就：

1. 发展实力显著增强

"十一五"期间，全市服务业增加值年均增长15.5%，2010年达到2630.6亿元，是2005年的2.35倍，服务业增加值总量在全省各城市中居第1位；在15个副省级城市中居第6位，较2005年前进1位。2006—2010年全市服务业固定资产累计完成投资5400亿元，年均增长30%，高于二产投资增速16.2个百分点，"十一五"末服务业固定资产投资占全社会固定资产投资比重达到56.6%，提高15个百分点；服务业吸引外商投资12.4亿美元，占全市到账外资比重的43.7%。

"十一五"期间，全市服务业对税收和就业的贡献度不断提高。2010年，服务业实现税收308.3亿元，是2005年的3.7倍，占全市税收的41%，比2005年上升2.5个百分点。2010年，服务业实现地税税收194.7亿元，实现城乡就业25.5万人，分别占全市地税收入和城乡就业总量的68.8%和60%左右。

2. 产业结构不断完善

"十一五"期间，服务业增加值在三次产业中的比重逐步提升，由2005年的6.6∶51.8∶41.6调整为2010年的4.9∶48.7∶46.4，服务业占生产总值的比重比2005年提高了4.8个百分点。总体看，青岛经济发展开始进入服务业和制造业双轮驱动的新时期。

（1）现代服务业迅速发展。2010年，以金融、物流、科技、信息、旅游、房地产等为代表的现代服务业增加值占全市服务业增加值的比重达到53.4%，比2006年提高13.4个百分点，传统服务业比重下降。同时，以会展、文化创意、中介服务等为代表的新兴产业增加值占服务业增加值的比重达到22.9%，比2006年提高2.1个百分点。

（2）服务业业态加快创新。总部经济、服务外包等新型业态加快创新发展。2009年青岛在全国35个城市总部经济发展综合排名第9位，2010年在15个副省级城市中排名第6位，2010年在"中国500强企业十大总部所在城市"中列第8位。

3. 服务业载体加快建设

"十一五"期间，规划建设30个市级服务业集聚区，其中市南区软件及动漫游戏产业园等12个发展较为成熟的集聚区，被认定为"青岛市市级服务业集聚区"。2010年全市服务业集聚区增加值已占全市服务业的40%，集聚区建设带动招商引资、产业集聚和提升城市品位效果明显。

（1）重点项目建设成效显现。"十一五"期间，全市累计实施市级服务业重点项目300个，累计完成投资1200亿元。万达城市综合体、青岛国际金融广场等100个投资亿元以上项目的投产运营，完成投资626亿元。重点项目建设促进了服务业投资的快速增长。"十一五"期间，全市服务业固定资产累计完成投资5423亿元，年均增速29.8%，2010年占全社会固定资产投资的比重达到56.5%。

（2）大企业和品牌培育取得成效。据统计，"十一五"期间，全市年营业收入超过10亿元、50亿元和100亿元的服务业大企业分别达到64家、10家和2家，有9家大企业进入全国服务业企业500强。全市培育省级以上服务业著名商标和名牌89个，其中青岛交运"情满旅途"品牌入选全国驰名商标。

4. 服务功能迅速提升

“十一五”期间，全面实施“环湾保护、拥湾发展”战略，科学调整城市空间布局、产业布局和功能区划，编制实施了《青岛市服务业发展布局规划》，实现了服务业与城市发展的功能复合。

（1）重点区域开发取得突破。前湾保税港区（一期）封关运行，前湾港南港区粗具规模，董家口港区建设全面展开，市北中央商务区初步建成，铁路青岛客运北站、胶州湾北部高新区等服务业重点区域开发快速推进。

（2）支撑体系加快完善。海湾大桥、海底隧道、城市快速路三期等工程建成，城市地铁一期开工建设。青荣、青连、海青铁路建设全面启动，中铁联集青岛铁路集装箱中心站建成投入使用。建成三条国际光缆，通信网络覆盖全市，成为国家三网融合试点城市。青岛港与沿黄流域和有关省区的物流海铁联动、关检联动、港区联动迅速发展。

5. 改革创新取得突破

“十一五”期间，青岛服务业在体制改革、机制创新等方面取得进展。2008 年，青岛经济技术开发区被确定为省级综合配套改革试点，开始就港口与开发区联动、完善大通关机制、创新保税港区管理与运行机制、优化政务和服务环境、建立开放型经济安全保障机制等方面进行试验和探索，加快了以开发区为核心的青岛西海岸的国际化进程。

2010 年 8 月，青岛市被确定为国家服务业综合改革试点区域，重点围绕打造区域性服务中心的目标，积极探索、大胆实践，突破体制机制束缚，推动服务业改革创新。重点推进服务业环胶州湾布局发展，建设区域金融中心，探索建设中日韩自由贸易区先行区，建设东北亚国际航运中心和物流中心。

6. 政策环境逐步完善

市委、市政府先后出台了关于加快发展服务业、促进二三产业税收分离、服务业人才培养、重点行业统计、发展绩效考核等意见和办法，以及扶持金融、旅游、物流、文化创意、服务外包、科技信息、总部经济等政策，形成了较为完善的服务业发展政策体系。

先后制定文化、体育和旅游体制改革方案；建立部门和区市联动的定向招商体系。设立市服务业发展引导资金，市服务外包、科技兴贸、文化产业、信息服务、会展等专项资金，全市有关服务业发展专项资金年度规模超过 2 亿元。

（二）重点行业发展情况

“十一五”期间，青岛市根据服务业行业的发展现状和优势条件，提出引导培育金融业、文化创意产业和科技与信息服务业等高端服务业，巩固提高旅游业、现代物流业、商贸流通业和房地产业等支柱服务业，支持发展中介服务业、会展业和总部经济等新兴服务业。到 2010 年，金融、物流、旅游、商贸、房地产等九大服务业支柱产业占服务业增加值的比重已达到 70%，服务业重点行业呈现出快速健康的发展态势。

1. 金融业

“十一五”期间，青岛市金融业实现了持续、健康、快速发展。2010 年，金融业实现增加值 237 亿元，占第三产业增加值 9%，占全市生产总值 4. 2%，增速连年居各行业前列。金融业实现全口径税收 42. 2 亿元，是“十五”末的 5 倍。22 家金融企业进入全市纳税企业百强行列，上缴地方税收 20. 2 亿元，占百强企业纳税总额的 21%。具体呈现以下特点：

（1）产业规模不断壮大。2010 年年末，全市银行业金融机构本外币存款余额为 7895. 5 亿元，贷款余额为 6365. 2 亿元，“十一五”期间年均增长分别为 22. 7% 和 23. 8%；存贷款余额占全国比重分别为 1. 08% 和 1. 25%。2010 年全市证券机构实现证券交易总额 12364. 3 亿元，是“十五”末的 22. 6 倍；全市期货经营机构实现代理成交额 40210. 6 亿元，是“十五”末的 14. 6 倍。2010 年全市保险业实现保费收入 153. 9 亿元，是“十五”末的 3. 1 倍。

（2）服务能力不断提升。银行业务发展成为包含财务顾问、境内外理财等 700 余种产品的服务体系。为努力缓解中小企业贷款难问题，部分银行成立了中小企业信贷专营机构，推出服务中小企业的贷款品种，支农惠农贷款机制初步建成，中小企业、涉农贷款增速连年大幅高于贷款平均增速。

（3）空间布局不断优化。青岛市香港中路一带汇聚了多家金融机构，总部效应突出，服务网点密集，业务种类齐全，初步形成了金融业聚集发展态势。高新区启动建设科技创新金融中心。即墨市积极发展县域金融，获得省级金融生态环境示范县称号。

2. 文化创意产业

“十一五”期间，青岛市先后出台了《关于加快文化产业发展的若干政策》《关于鼓励和扶持动漫创意产业发展的实施意见》等政策措施。建成文化创意产业园区 21 个，总建筑面积 200 余万平方米；建成特色文化街区 18 条，总长度 15 公里；2010 年实现文化创意产业增加值 420 亿元，占生产总值比重达到 7.56%，年均增长率超过 20%。目前，青岛市拥有国家级文化产业示范基地 3 个、国家级文化产业研究中心 1 个、省级文化产业示范基地 8 个，居全省首位。凤凰岛影视传媒产业基地、北京电影学院青岛创意媒体学院、中国国产电影交易中心等一批影视项目相继落成。“帆船之都”“音乐之岛”“影视之城”逐渐成为青岛的文化名片。

3. 科技与信息服务业

“十一五”期间，青岛市科技信息服务业以建设“数字青岛”、服务“数字奥运”为重点，全面实施信息强市战略，信息服务业得到了较快发展并粗具规模，建成了较完善的网络基础设施。2010 年全市信息服务业完成增加值 111.9 亿元，同比增长 16.7%。具体呈现以下特点：

（1）基础设施不断完善。三网融合全面启动，青岛市成功入选国家级三网融合试点城市，电信网络、有线电视网络和宽带互联网已覆盖全市，有线电视双向传输改造基本完成，极大地促进了经济社会发展。

（2）信息资源开发利用初见成效。以国家试点为契机，建成企业基础信息交换平台，初步建成了面向政府应用的地理信息资源共享平台；建设完成了国家示范工程“奥帆赛公众地理信息服务网”。

（3）科技创新综合服务平台建成运行。一批区市中小企业创新服务平台建成并运营；国家重点实验室、国家工程技术研究中心、国家工程实验室、国家企业技术中心对行业和企业创新的支撑作用越来越突出。

4. 旅游业

“十一五”期间，市委、市政府高度重视旅游产业发展，2009 年、2010 年先后下发了有关促进旅游业发展的意见，为旅游产业转型升级、快速发展注入了强劲动力。2010 年接待入境游客 108 万人次、国内游客 4396 万人次，分别比 2005 年增长 61% 和 77%；旅游业完成增加值 203 亿元，增长 18.6%，已经成为青岛市服务业的支柱产业。具体呈现以下特点：

（1）旅游产业规模不断壮大。先后引进美国洲际、喜达屋、凯悦，法国雅高，港中旅等 30 多家国内外旅游名牌企业，引导旅游企业高品质、规模化发展。截至 2010 年年底，全市旅游单位已达 872 家。2006 年以来，国旅、中旅总社（青岛）等 7 家旅行社先后进入全国“百强”，其中港中旅旅行社连续五年进入全国“百强”。

（2）旅游服务功能不断完善。加快实施旅游服务系统建设。建成青岛市旅游信息中心，负责旅游信息的采集与发布等，加大旅游咨询中心、旅游服务热线、旅游标志网络建设。2010 年，青岛市旅游公共服务中心建成投入使用，该系统集旅游信息、咨询、投诉、营销、指挥调度等多种功能于一体，为广大市民和游客提供更加便利的服务。

（3）旅游环境进一步优化。开展了“迎奥运、上水平”“细微化服务”“旅游服务质量年”等一系列活动，旅游服务质量进一步提高。2010 年，青岛市成为全国旅游标准化试点工作的唯一副省级城市；在国家旅游局开展的全国 50 个重点城市游客满意度调查中，青岛市名列前 10 名。

5. 现代物流业

“十一五”期间，青岛市物流业增加值年均增长 16.5%，2010 年青岛市实现物流业增加值 512.93 亿元，同比增长 12.3%，占服务业增加值比重稳居服务业主要行业前列。现代物流业日渐成为青岛市现代服务业龙头产业和支柱产业。以海港物流为突出特色的区域性现代物流枢纽体系日趋完善。主要呈现以下特点：

（1）物流业规模不断扩大。“十一五”期间，青岛市公路货运量年均增长 4.5%，水路货运量年均增长 4%，港口吞吐量年均增长 13.7%，集装箱吞吐量年均增长 13.7%，机场货邮吞吐量年均增长 13%，铁路货运量年均增长 12.7%。2010 年全市完成货运量 26595.3 万吨，港口货物吞吐量 35725 万吨，集装箱吞吐量 1201 万标箱，机场货邮吞吐量 16.37 万吨，铁路货运量 2460 万吨。

（2）物流园区呈现集聚、集约化发展。占地 3000 亩前湾国际物流园、占地 1000 亩的保税港区物流园和占地 960 亩空港物流园已完成与港口、空港对接；为铁路集装箱站配套服务的占地 2700 亩胶州湾物流园以及占地 1800 亩城阳综合物流园、占地 1600 亩楼山物流园正在建设当中。物流园区内落户的一批过亿元大项目相继竣工投产。全市规划建设了主要服务于产业集聚区、商贸集聚区及大宗商品分拨的 12 个物流中心和主要服务于城市生活资料配送的 7 个配送中心。

（3）物流业与产业联动快速发展。制造业方面，海尔、青啤集团相继成立专门物流公司，建立了高效的成品物流控制系统，试点当年，即实现物流成本大幅降低。海信集团等大型制造企业与中远、中外运、中海等第三方物流公司合作，完善了物流链管理。商贸流通业方面，利群、维客、佳世客等商贸流通企业通过成立专门物流公司或者外包部分物流服务等方式实现了高质量物流保障，物流运作水平特别是物流仓库的分拣、装卸、信息化水平等达到国内领先。

（4）物流信息化建设成效显著。目前青岛市物流信息平台由物流市场信息系统和物流管理信息系统组成，以港口、空港和陆路运输信息系统作为扩展依托和运作支持，提供物流发展所需的公共信息环境及信息化条件，为各类物流相关企业之间提供信息交流与合作的信息平台。青岛国际航运交易所有限公司在全国主要城市拥有 20 多家分支机构，为船舶交易、航运经纪、航运物流等提供信息服务，青岛国际航运交易所已渐成北方航运交易中心。

6. 商贸流通业

“十一五”是青岛市改革开放以来商贸流通业发展最好、最快的时期之一。“十一五”期间，商贸流通业增加值由 2005 年年底的 278 亿元增加到 2010 年的 748.62 亿元左右，占全市服务业增加值的比重将由 2006 年的 24.25% 增加到 28.4% 左右，成为青岛市国民经济发展的支柱产业之一。具体呈现以下特点：

（1）商业结构不断升级。现代流通方式快速发展，连锁企业和门店由 2006 年的 100 户、5485 处，发展到 2009 年的 120 多户和 8000 多处，销售额占全市比重由 2006 年 32% 提高到 35%；发展大型物流配送中心 5 处，商品配送额、配送率分别由 2006 年的 40 亿元、47% 提高到 50 亿元、65%。高端引进成效显著，沃尔玛、家乐福等 26 家国际知名零售商和 17 家地区总部落户青岛。

（2）网点布局合理优化。在城市，基本形成了以 5 大市级商业中心、5 个商贸服务业集聚区、5 大市场群（带）和 9 个区级商业中心为核心，30 多条商业街和 106 处大型商业网点为骨干，13 万处各类商业网点、185 处商品市场为基础的商业网络服务体系；在农村，新建和改造标准化农家店 4600 多处，覆盖全市 80% 的乡镇和 35% 的村庄。

（3）电子商务日趋活跃。全市 20 多家大型超市、商场在全国率先实施网上交易和网上支付业务，占总数的 42%；通过典型示范与推介，选择电子商务示范工程，给予政策和项目支持，培育电子商务发展的良好环境，推动企业进行电子商务活动。

7. 房地产业

“十一五”期间，青岛市房地产大力调整住房供应结构，进一步完善多渠道、多层次的住房保障体系，逐步满足不同收入层次居民的住房需求。“十一五”末，基本实现房地产市场供应总量基本平衡、供需结构基本合理、销售价格基本稳定，2010 年房地产业实现增加值 236.59 亿元，增长 4.3%，房地产业已逐步成为青岛市经济社会发展的重要支柱产业和诚信产业。具体呈现以下特点：

（1）投资持续增加。全市近 5 年平均增长率为 23.3%，2010 年年末房地产开发完成投资 602.4 亿元。房屋新开工面积基本稳定，全市近 5 年每年新开工房屋建筑面积基本稳定在 1200 万～1300 万平方米之间。

（2）建设规模和交易量总体呈上升趋势。2010 年，青岛市商品房竣工 1020.5 万平方米，增长 25.3%；全市销售房屋面积 1360.7 万平方米，增长 7.8%。经济适用房施工面积 251.51 万平方米，竣工面积 80.3 万平方米。

8. 中介服务业

“十一五”期间，中介服务业发展速度一直保持在 20% 以上。目前，全市共有各类中介机构 2.66 万户，35 个行业门类。其中法律服务、知识产权服务、职业中介服务、会计服务、运输代理服务、技术检测服务等发展迅速，已逐渐形成集聚发展效应。中介组织已逐渐渗透到各个领域，并向新兴行业拓展，形成了门类齐全、具有一定规模的中介组织体系。

9. 会展业

“十一五”期间，青岛市会展业年均增长速度达到 18.5%，先后荣获“中国最具竞争力会展城市”“中国最具魅力会展城市”“中国十大影响力会展城市”“中国十大品牌会展城市”等称号。培育出一批以“中国（青岛）国际消费电子博览会”等为代表，在国内外具有较大影响力和发展潜力的知名会展品牌。基本建成区域性会展经济中心城市和国内家电电子、海洋科技、纺织服装、农林水产等专业品牌会展的主要举办城市。

二、采取的主要措施

（一）加强组织领导，完善服务业发展机制

1. 创新管理体制

成立青岛市服务业发展工作领导小组，加强对全市服务业发展工作的组织领导；组建青岛市服务业发展局，发挥“综合、协调、指导、服务”职能，促进全市服务业工作开展。明确了市政府分管领导、责任部门、组成单位，以及主要职责、协调事项和工作制度。

2. 加强考核督查

制定了青岛市服务业发展指标体系及考核办法，重点对市有关部门，特别是重点服务业产业牵头部门的绩效考核。按照《青岛市服务业发展指标体系及考核办法（试行）》，对各区市进行工作考核。制定了《市级服务业集聚区认定管理暂行办法》，每年对服务业集聚区、重点项目、重点企业、服务品牌进行评价考核和表彰奖励，促进服务业阶段性目标任务的顺利完成。

3. 健全统计体系

进一步加大了服务业统计工作力度，充实力量，增加投入，完善服务业指标体系和统计方法，及时、准确反映行业发展情况，为政府决策、宏观管理和企业经营提供准确信息。

（二）加强规划引导，优化服务业发展布局

1. 编制完成《青岛市“十一五”服务业发展规划》、《青岛市服务业发展布局规划》

提出了青岛市服务业发展总体框架和预期目标，明确了服务业的发展方向和原则，确定了各区市服务业发展定位：市南、市北和崂山区规划建设成为现代服务业核心区；四方和李沧区结合工业企业搬迁，打造服务业发展新高地；黄岛和城阳区规划建设生产性服务业和高新技术产业核心区；郊区五市围绕新农村建设，建立各具特色的县域服务业体系。同时，规划重点建设 30 个市级服务业集聚区，

初步形成与城市发展战略相协调，适应生产和生活需要的服务业集约化发展新格局。其中《青岛市服务业发展布局规划》是全国副省级城市中首个服务业发展布局规划，具有一定的超前性和示范性。

2. 编制青岛市服务业区域、行业规划

规划覆盖青岛市整个行政区域，包含市、区市、集聚区三级，涵盖金融、旅游、物流等九大产业和总部经济，规划编制全面系统、质量较高，实施力度大，对服务业发展指导推动力强，基本形成全市总体规划（包括布局规划和“十一五”规划）和分行业、分区域、条块结合的服务业产业规划体系。

（三）加强载体建设，提高服务业发展水平

1. 集聚区建设

围绕推进金融、商务、物流、旅游、软件、会展等现代服务业集聚发展，重点规划建设和培育规模较大、集聚度较高、特色鲜明的集聚区，引导形成与城市功能定位相配套，适应生产生活需要的现代服务业集约化发展格局。

2. 重点项目建设

制定了《青岛市服务业重点项目管理办法》，建立了项目定期调度和督查制度，通过加强部门联动，优化服务流程，及时协调解决项目建设中遇到的土地、拆迁、资金等有关问题，切实加快项目进度。

3. 重点企业培育

实施重点企业带动战略，加快培育100家主营业务突出、市场竞争力强的服务业重点企业，带动提升全市服务业整体竞争力。鼓励服务业重点企业进行产品、技术、管理、营销方式创新，加强企业文化建设；支持服务业重点企业加快“走出去”步伐，提高国际化经营水平。

（四）加强对外开放，提升服务业发展内涵

1. 加快对内招商

充分利用老工业搬迁所提供的土地资源，加大国内招商力度，积极引进金融、物流、旅游、科技、中介等领域的服务业企业和单位来青发展。通过服务业“区位招商”，充分发挥服务业集聚区、重点功能区和特色园区的作用，吸引境外大企业、大公司的入驻。

2. 扩大对外开放

认真贯彻落实市委、市政府出台的《关于增创新优势，推动全市对外开放又好又快发展的若干意见》，发挥青岛口岸优势，优化开放环境，明确开放重点，提高开放水平，借鉴和吸收发达国家的先进理念、服务业态、经验技术和管理方式，促进服务业提升质量和水平。

3. 大力发展服务外包产业

制定了《青岛市服务外包产业发展规划（2008—2015年）》和《青岛市促进服务外包产业发展扶持办法》，设立了服务外包发展专项资金，把实施服务贸易品牌战略放到重要位置，通过选择一批有影响、有规模、有前景的服务贸易产品，实施重点突破，扩大服务品牌的带动和集聚效应。

（五）加强人才建设，保障服务业人才需求

1. 大力培养服务业人才

出台实施《现代服务业人才发展规划》，积极落实好高端人才的引进和激励政策，不断提高服务业人才层次。逐步建立服务业研究高地，借助高校和科研机构资源，针对服务业发展需要，扩大服务业高端研究力量和研究水平。通过大专院校、专业培训、企业代训等种方式，推进办学模式改革，鼓励多渠道办学，为服务业发展培养专业人才。

2. 抓好服务业管理人员培训，加快推进培训进度

认真贯彻落实市委、市政府出台的《关于加快引进高层次优秀人才来青创新创业发展的办法》，抓住国际金融危机带来的人才转移的机遇，着力引进一批服务业高端专业人才和领军人才，为青岛市服务业发展提供长远的后劲和动力。

（六）加大政策支持，营造服务业发展环境

1. 推进服务业政策体系建设

研究制定了《关于加快发展服务业的意见》（青发〔2008〕4 号），成为全市服务业工作的纲领性和指导性文件。为落实意见，细化配套措施，又先后制定出台了《青岛市服务业发展部门绩效考核办法》（青政办发〔2008〕21 号）、《青岛市人民政府办公厅关于加快服务业载体建设的意见》（青政办发〔2008〕22 号）和《市级服务业集聚区认定管理暂行办法》（青发改服〔2011〕22 号）等一系列措施意见。金融、现代物流、商贸流通、旅游、文化创意、信息服务、房地产、总部经济、服务外包、中介等产业都编制完成了发展规划；现代物流、旅游、总部经济、文化创意、房地产等产业制订了产业发展意见，逐步形成了促进服务业发展的政策体系。

2. 加大财政对服务业发展的支持力度

设立服务业发展引导资金，服务业引导资金占全市生产总值的比重逐年提高，到 2012 年达到万分之一。2008 年市财政累计安排引导资金 5000 万元，通过奖励、贴息、补助等方式，对发展服务业做出突出贡献的部门、市区、先进集体和个人进行奖励；对规划编制和综合性人才引进、培训等进行补助；对服务业载体建设给予资金支持。

3. 鼓励服务企业争创服务品牌

对创建的国家级服务名牌和驰名商标，一次性奖励 100 万元；对创建的省级服务名牌和著名商标，一次性奖励 20 万元。建立企业诚信档案，定期公布诚信机构和失信机构名单，打造“诚信青岛”。

三、主要问题

“十一五”发展取得巨大成就，但是，青岛服务业规模、速度、比重、效益与发达地区及同类城市相比仍处于较低水平，与国际标准相比差距更大，与国际化城市地位和产业转型升级的要求不相称。主要有以下问题：

（一）总体发展水平不高

2010 年，青岛市服务业增加值占 GDP 的比重提高到了 46.4%，在 5 个计划单列市中排第 3 位，在 15 个副省级城市中仅排第 11 位，虽然高于宁波、大连、长春、沈阳等城市，但低于南方大部分城市，与北京、上海及国际化大城市的差距更大。2010 年，青岛市人均服务产品占有量为 30184 元/人，在副省级城市中列第 8 位，服务密度为 2332 万元/平方公里，在副省级城市中列第 7 位，仅处于中游水平。

（二）高端产业相对滞后

处于生产体系高端的研发、设计、营销等生产性服务业相对落后，航运、金融、信息化功能配置不完善，在市场交易、产品定价、行业管理、总部经济集聚等高端环节竞争力不足。旅游、文化、休闲、体育、医疗保健等高端的生活性服务业及公共服务业发展滞后。

（三）市场机制活力不强

适应市场化的商业运营模式创新和发展缓慢，旅游、科技、文化、会展、广播电视等行业的市场化程度不高；服务业标准化、国际化相对滞后，部分行业缺乏服务标准和规范，与国际标准差距较大，服务贸易规模偏小。部分行业管理体制和准入政策不完善，市场开放程度不高，市场配置资源的能力尚未充分发挥。

（四）支撑体系仍需完善

以轻轨、地铁、快速路网为骨架的城市交通体系与服务业载体、城市综合体、重要服务区域的有

机衔接还需加快完善。体现"三网融合"的现代信息网络，为企业、社会、公众服务的金融、旅游、物流、科技等综合信息服务平台亟待加快建设。与电子商务、城乡市场供应相配套的商品集散中心和标准化物流配送体系需进一步整合提升。

四、"十二五"发展思路

"十二五"期间，围绕服务业跨越发展的战略部署，重点建设区域性金融中心、东北亚国际航运综合枢纽和区域性国际航空枢纽、国际海滨旅游度假中心、区域性科技信息中心。到"十二五"末，青岛市国家服务业综合改革试点任务基本完成，率先建成以服务经济为主的产业体系，基本建成服务山东、辐射沿黄流域、面向东北亚的区域性服务业中心。青岛市服务业增加值达到5700亿元，占GDP的比重提升到57%；人均服务产品占有量达到62000元/人左右，服务密度达到5050万元/平方公里左右；服务业固定资产投资达到4000亿元，年均增长20%左右，占全市固定资产投资的比重提升到60%左右。服务业吸纳城乡新增就业50万人左右，占全部城乡新增就业的70%以上。重点任务是：以调整经济结构、转变经济发展方式为主线，大力推动生产性服务业聚集化、生活性服务业便利化和公共服务业均等化，加快服务业"创新"、"积聚"、"融合"、"开放"。加快构建现代服务产业体系，提升服务功能；加快实施环湾集聚，优化产业布局；加快实施服务业综合改革试点，增强发展活力；加快服务业载体建设，提高发展实力；加强政策支持，优化发展环境。

第三十六章　深圳市服务业发展报告

一、"十一五"发展情况

在党中央、国务院和省委、省政府的正确领导下，在国家发改委的悉心指导和大力支持下，深圳市认真贯彻落实《中华人民共和国国民经济和社会发展第十一个五年规划纲要》中关于服务业的发展要求以及国家加快发展服务业的相关文件精神，坚持以科学发展观为统领，加大力度培育发展服务业。随着以信息技术为代表的深圳高新技术产业的发展，深圳服务业的技术水平不断提升，产业化进程不断加快，初步形成了以高端服务为核心，以生产性服务为重点，以产业集群为依托的现代服务产业体系，为"十二五"时期现代服务业的科学发展奠定了良好基础。

（一）产业规模持续壮大，发展贡献进一步增强

"十一五"时期，深圳服务业增加值大幅提升，由2005年的2298.6亿元增至2010年的5051.7亿元，年均增长13.5%。服务业经济总量在全国大中城市中位居第四。服务业增加值占全市生产总值的比重达到52.7%，比2005年提高了6.3个百分点。服务业实际利用外资额持续增长，由2005年的11.5亿美元增至2010年的26.5亿美元，占全市实际利用外资的比重由38.7%提升至61.7%。服务业从业人员持续增加，由2005年的241.1万人增至2010年的341.7万人，占全社会从业人员的比重由41.8%提升至48.5%。数据显示，服务业已经成为深圳经济增长的主引擎、招商引资的主战场和吸纳就业的主渠道，对全市经济社会发展的贡献进一步增强。

（二）产业结构不断优化，发展水平进一步提升

"十一五"时期，现代服务业成为推动深圳服务业发展的主导力量。2010年，深圳现代服务业实

现增加值3307.5亿元，同比增长9.6%，占服务业增加值比重达到65.5%。全市服务业产业链和价值链进一步向高端攀升，新业态不断涌现。多层次资本市场体系进一步完善，金融业对产业的支撑作用显著增强。供应链管理龙头企业快速成长，带动全市物流服务能力迅速提升。深圳文化产权交易所成功组建，促进文化与资本深度对接，推动文化产业生产要素跨界流动。国家电子商务示范城市加快建设，推动经济发展由实体经济向虚拟经济、信息经济延伸。品牌会展蓬勃发展，文博会、安博会、光博会等12个品牌展会获得国际展览业协会（UFI）认证，位居全国第三。以东部华侨城为代表的大型旅游度假设施不断完善，都市风情、滨海休闲等旅游特色日益突出。服务外包示范效应明显，软件出口连续多年居全国首位。

（三）产业布局日趋完善，要素集聚效应进一步凸显

“十一五”时期，深圳按照差异化空间发展战略，结合本地资源分布和产业特征，加快发展布局合理、层次分明、功能完备、辐射力强的多功能区服务体系，要素流动的集散枢纽功能得到进一步提升。服务业发展的空间载体建设成效明显，全市已规划建设一批包括金融、物流、文化创意、科技服务、软件开发、旅游综合开发等功能特色鲜明、辐射带动性强的产业集聚区。其中，金融产业集群以金融改革创新综合试验区建设为契机，福田、罗湖蔡屋围金融中心区和科技园金融技术创新、深圳金融产业服务基地建设加快推进，为建设以服务创新为核心的区域金融中心提供了重要支撑。物流产业集群以海港和空港为依托，机场、盐田港、平湖、龙华、笋岗—清水河等物流园区发展迅速。文化产业集群涵盖动漫游戏、创意设计、数字出版、工艺美术等多个领域，全市共建成各类文化产业园区、基地40多个。其中，华侨城集团等8家单位被评为国家文化产业示范基地。

（四）区域合作有效开展，发展空间进一步拓展

“十一五”时期，《深圳市综合配套改革总体方案》获得国务院批准并实施，从国家层面赋予深圳四项先行先试权，明确了深圳将与香港功能互补、错位发展，推动形成全球性的物流中心、贸易中心、创新中心和国际文化创意中心。在CEPA框架下，国家先后批准内地部分服务业对香港41项扩大开放政策在广东先行先试，深港两地在金融、物流、文化、贸易、旅游、职业培训以及教育医疗等方面的合作继续深化。国务院正式批复《前海深港现代服务业合作区总体发展规划》，前海深港现代服务业合作区上升为国家区域发展战略重点，将着力打造现代服务业体制机制创新区、现代服务业集聚发展区、香港与内地紧密合作先导区、珠三角地区产业升级引领区，标志着深港两地合作发展服务业取得突破性进展。

（五）重点行业发展迅速

1. 金融业

深圳市金融业持续平稳较快增长，金融业综合实力和竞争力位居全国前列，金融中心城市地位不断巩固。

（1）金融总量快速增长，金融中心影响力显著提升。2010年深圳金融业实现增加值1279.27亿元，居全国第三，比2005年增长了316%，五年年均复合增长率达到33.0%，远高于同期全球和全国知名金融中心城市；金融业增加值占GDP和第三产业增加值的比重分别达到13.5%和25.7%，居全国第一，分别比2005年提高了7.2%和12.5%。2010年年末深圳金融业资产总额达4.24万亿元，居全国第三，比2005年年底增长了322%，五年年均复合增长率达到26.3%。在2011年3月发布的第九期“全球金融中心指数”中，深圳排名全球75个金融中心的第十五名，在全球金融中心体系中确立了较好的地位。在第三期“CDI全国金融中心指数”中排名全国29个中心城市的第三名，全国金融中心地位更加稳固。

（2）金融行业效益大幅提高，各项业务居全国前列。2010年，深圳各类金融机构实现税前利润808.97亿元，比2005年的83亿元增长近10倍，创历史新高。截至2010年年底，深圳银行业资产总

额3.49万亿元，居全国第三；金融机构本外币存款余额和贷款余额分别为2.19万亿元和1.68亿元，居全国第四和第三；深圳证券公司总资产4602亿元，居全国第一；深圳基金管理公司共管理证券投资基金225只，基金份额规模8028亿份，基金资产净值8117亿元，均居全国第二；深圳本地境内上市公司共149家，深圳证券化率240%，居全国第二；保险行业总资产（不含保险总公司）达745亿元，全年保费收入达到361.49亿元，保险密度接近4000元，保险深度3.8%，保费规模居全国第四，保险总部主体数量、总部资产总量和总部保费收入均居全国第三。

（3）金融组织体系日益健全，服务功能不断完善。“十一五”期间引进了金融机构87家，年均引进17.4家。截至2010年年底，全市金融业总部、一级分支机构总数达到230家（法人机构78家），其中证券交易所1家、上海黄金交易所备份交易中心1家、银行业金融机构83家，证券类金融机构78家，保险类金融机构60家，券商直投子公司7家。此外，深圳还有小额贷款公司、专业保险中介法人机构、股权投资基金企业、金融电子结算中心、外汇交易中心、国宝造币厂、融资性担保公司、押钞公司、征信公司等上千家各类金融服务机构。

（4）金融市场交易活跃，规模不断扩大。“十一五”期间，深交所股票基金总成交金额70.68万亿元，占全国近一半市场份额，期间创业板成功启动标志着深圳多层次资本市场建设取得突破性发展。截至2010年年底，深交所上市公司1169家，上市公司市价总值8.64万亿元，投资者累计开户总数9431万户，分别比2005年年底增长了115%、826%和167%。深圳银行间货币市场和债券市场交投活跃，交易规模增长迅猛，其中银行间货币市场（含信用拆借、质押回购、买断回购）五年合计成交55.40万亿元，比“十五”期间增长4.76倍；深圳银行间债券市场（含现券交易、债券远期）五年合计成交47.18万亿元，比“十五”期间增长13.98倍。深圳银行间外汇市场成交总量比“十五”期间增长30.28倍，其中，人民币外汇即期交易量同比增长26.98倍；人民币外汇即期做市商银行的交易量占深圳人民币外汇即期交易总量的90%以上。黄金市场保持全国领先地位，深圳夜市五年累计成交54456吨和14801亿元，分别占上海黄金交易所交易量和交易额的47.86%和32.54%。2009年深圳联合产权交易所成立，在承接原深圳市高新技术交易所和深圳市产权交易中心业务的基础上，在探索非上市股份公司股权交易、文化产权交易和环境排放权交易等方面取得一定的进展。

（5）金融创新成绩卓著，开放合作取得积极进展。金融机构改革重组进展顺利，深圳信用联社成功改制成为农村商业银行、深圳国际信托投资公司引进华润股份有限公司作为战略投资者、中国平安保险（集团）股份有限公司收购深圳市商业银行及深圳发展银行等系列机构重组工作基本完成。积极开展金融组织结构和管理体制创新，中国银行在深圳设立全国首家产品研发中心，中国工商银行深圳市分行成立了业务创新委员会，平安银行成立了科技支行，中国平安保险（集团）公司发展成为以保险、银行、资产管理三类业务为支柱的综合化金融服务集团。金融产品创新实现了从单一化向系列化、综合化的转变，银行产品创新推出了与利率、汇率、股票、外币及银行间货币市场挂钩的产品，证券产品创新推出了新型集合资产管理、专项理财、特色信托产品、新型基金产品以及融资融券、股指期货等新产品，保险产品创新围绕投连险、万能险等进行产品创新，推出了外汇寿险保单、企业年金管理、非车险领域产品、保险单增值服务产品等。金融服务创新向多元化、便利化方向发展，研发创新交易结算系统，如深交所推出多层次资本市场证券交易平台，成为国内首个集多层次、多品种、多市场、多交易模式于一体且能满足多层次不同品种差异化需求的证券交易系统；开发丰富多样的电子化服务系统，为消费者提供更加便利、更有效率的服务通道；创新金融服务合作模式，发挥各自优势、共享客户资源、互补技术条件，协作提供更宽泛的金融服务。深圳保险创新发展试验区建设成效突出，率先推行火灾公众责任险，率先启动商业车险定价机制改革，率先试点商业保险机构投资医疗机构，率先实现香港人民币保险业务跨境结算的突破，在全国产生了较大影响，起到了较好的示范效应。金融创新奖评选活动效果显著，期间有100多个项目获奖，奖金总额超过6000万元，激发了金融创新热情，产生了良好的示范带动效应，推动深圳金融业改革创新发展迈上新台阶。金融开放合作迈出了实质性步伐，跨境人民币业务、港股 ETF、海外指数 LOF 等金融产品开发推广取得有效进展，深港金融合作进一步深化，深澳、深台以及与全球各大金融中心的合作稳步推进。

2. 物流业

深圳毗邻香港，地理位置优越，港口、机场、口岸等基础设施较为完善，全市物流业已逐步形成以国际物流为核心、以区域物流为基础、以城市配送为支撑的良好发展态势。

（1）规模总量稳定增长。“十一五”期间，深圳现代物流业以大物流综合交通管理体制为保障，以海空双港为龙头，以物流园区为载体，以产业集群为依托，经受住了全球金融海啸冲击，实现了持续快速发展。2010 年，全市物流业增加值达到 926 亿元，“十一五”期间年均增长 14.74%，比同期 GDP 增速高出 1.7 个百分点；物流业增加值占 GDP 的比重达到 9.74%，比“十五”期末提高 0.29 个百分点；港口货物吞吐量 22097.69 万吨，年均增长 7.56%；港口集装箱吞吐量 2250.97 万标准箱，年均增长 6.80%；社会货运量 26175 万吨，年均增长 21.69%；机场货邮吞吐量 80.91 万吨，年均增长 11.64%。

（2）服务能力显著提升。“十一五”期间，深圳港航运输、道路运输、航空运输等运输方式获得进一步发展，现代物流服务能力显著提升，初步形成了“计划—采购—制造—交付—回收”一体化供应链服务体系。截至“十一五”期末，深圳已拥有各类物流企业 14000 余家，其中供应链管理企业 300 多家。传统物流服务加速向综合第三方物流和供应链管理服务转变，涌现出了华南城、顺丰、怡亚通、飞马、越海、腾邦等一批以深圳为总部的现代化、规模化、品牌化物流领军企业。深圳现代物流企业“走出去”全球和全国布局的趋势日益明显，根据 487 家样本企业调查中，在国内及海外设立的营业网点近 2 万个。

（3）基础设施明显改善。“十一五”期间，海陆空运输网络进一步完善，物流园区建设进一步加快，物流信息化建设跃上新台阶，深港之间港航资本深度合作。深圳港口集装箱吞吐量连续 8 年位居全球第四，初步形成以深圳港为基本港的华南水运、转运、喂给体系。国际集装箱班轮航线由 154 条增至 230 条，集装箱专用泊位由 23 个增至 44 个，盐田国际集装箱码头三期、蛇口集装箱码头三期、大铲湾港区集装箱码头一期、铜鼓航道一期等港口工程建成投入使用。“七横十三纵”的高快速公路体系加快构建，完成盐排、龙大等一批高速公路建设，厦深铁路建设顺利推进，陆路交通枢纽功能进一步完善。航空货邮吞吐量由 47 万吨增至 81 万吨，通航城市由 77 个增至 106 个，通航航线由 108 条增至 156 条，基地航空公司由 2 家增至 9 家。深圳机场综合实力连续 8 年位居国内机场第四，是世界单跑道最繁忙机场之一。机场 B 型保税物流中心、快件监管中心扩建等货运设施建设完成，国家干线机场地位进一步提升。前海湾保税港区一期工程封关运作，机场、盐田、平湖、龙华、笋岗—清水河等物流园区加快建设。“大通关”平台和电子口岸建设不断深化，电子标签及标准化立体仓库、自动拣选设备等物流技术装备得到逐步推广和应用。

3. 文化业

深圳市大力实施“文化立市”战略，积极推进文化体制改革，加快培育文化市场主体，文化产业整体实力进一步增强。

（1）产值规模持续扩大。深圳市文化产业在国际金融危机冲击下仍逆势上扬，文化产业增加值由 2005 年的 300.47 亿元增长到 2010 年的 637.23 亿元，年均增幅达 16.23%，占全市 GDP 比重由 2005 年的 6.1% 提高到 2010 年的 6.7%。全市形成各类文化产业园区、基地 40 多个，其中 8 个被认定为国家级文化产业示范基地，产业集聚效应明显。

（2）结构体系日趋完善。深圳市已基本形成了以相关层为主体，核心层和外围层为新兴增长点的产业结构体系。全市新闻服务、出版发行和版权服务、广播、电影、电视服务、文化艺术服务等核心层文化产业占全市文化产业增加值约 20%；网络文化服务、文化休闲娱乐服务、其他文化服务等外围层产业增加值占比约 15%；文化用品、设备及相关文化产品的生产和销售等相关层产业增加值占比达65%。

（3）行业发展全国领先。创意设计业优势地位明显，是中国现代平面设计的发源地，工业设计、室内设计占全国较大市场份额，成为国内第一个被联合国教科文组织认定的"设计之都"。动漫游戏业起步早、发展快，文化软件服务、互联网信息服务、数字电视、数字音乐发展势头良好，涌现出腾讯、A8音乐等一批知名领军企业，汇聚了大批文化创意人才。文化旅游引领国内潮流，华侨城集团、华强文化科技集团是中国最具创意和创新能力的知名文化旅游企业。深圳还是中国最大的高端印刷及黄金珠宝生产基地，占据了国内60%以上的市场份额。新闻出版、广播影视、文化会展等行业也都在全国具有重要的影响力。

（4）发展模式特色鲜明。深圳充分发挥高科技城市、金融中心城市和滨海旅游城市特色，深度挖掘、整合、联动相关产业资源，形成了"文化+科技"、"文化+金融"、"文化+旅游"等产业发展新模式。以高新技术创新文化生产方式的"文化+科技"模式，为文化创意产业高端起步、跨越发展奠定了强大的技术保障。以文化产权交易所、文化产业投资基金为主导的"文化+金融"模式，不断创新对文化企业的金融支持方式，构建了文化产权交易、文化产业投融资、文化企业孵化的重要平台。以主题公园、文化创意产业园区和基地为依托的"文化+旅游"模式，有效延伸了文化创意产业链。文化与科技、金融、旅游高度融合，引领深圳市文化产业发展的新方向。腾迅公司、深圳华视传媒、A8音乐集团、华强科技集团等一批以高新技术为依托、数字内容为主体、自主知识产权为核心的新兴文化科技型企业不断发展壮大。中国（深圳）设计之都创意产业园、山水田园、观澜版画原创产业基地、中国丝绸文化产业创意园等一批深圳市"文化+旅游"示范园区快速发展。

4. 商贸流通业

围绕构建华南购物天堂的目标，深圳市致力改善营商环境，加快构建多层次商贸网络，积极拓展消费新业态，商贸流通业的服务水平和辐射力不断增强，在实施扩大内需战略中发挥了重要作用。

（1）市场规模不断扩大。"十一五"期间，全市商贸流通业持续快速发展，市场规模翻番。社会消费品零售总额由2005年的1437.67亿元增加到2010年的3000.76亿元，年均增速16%，较同期GDP高出2.9个百分点。2010年实现商贸业增加值1207.29亿元，占GDP的比重由2005年的11.9%提高到12.7%，在国民经济中的地位不断提升。2010年商贸业（含零售、批发和餐饮业）实现税收943.95亿元，占深圳市税收总额的31.6%，位居各行业首位，对经济的带动效应日益突出。

（2）经营管理水平和商业整体实力显著增强。"十一五"期间，深圳市连锁商业发展迅猛，商业现代化水平迅速提升。截至2010年年底，全市共有连锁商服业网点1.4万个，营业面积近600万平方米，本地营业额逾1600亿元，占社会消费品零售总额的比重超过53%，商业连锁化程度位居全国前列。连锁商业的快速发展，带动深圳市商业经营管理水平和营业效率的提升，全市商业网点的年平均地效由2005年的9383元/平方米提升至2010年的12455元/平方米，增幅高达32.7%。发展培育了一批国内商业领域最具影响力的商业企业，8家深圳连锁企业入选2010年全国连锁百强，天虹、茂业位居全国百货连锁五强之列，全国连锁超市中国有、民营、外资三大所有制的领军企业华润万家、人人乐和沃尔玛，以及全国最大的连锁药店海王药业总部均在深圳。

（3）形成了较为完善的商业布局体系。"十一五"期间，深圳市制定了首个商业网点规划，引导并推动了深圳市商业等级体系和商业空间格局的形成，促进了商业网点的合理有序增长。截至2010年年底，全市商业网点（零售、餐饮和批发）总数达到20.4万个，比2005年增加40.3%，年均增长8.1%；商业网点营业总面积达到2544.3万平方米，年均增长13.5%。初步形成了"市级商业区、区级商业区、社区商业区和特色商业街区"四级八类、分工明确的商业等级体系。在空间布局上，全市已形成"以地铁一号线为商业主轴，沿东部205国道和西部107国道分布的批发商贸带"为核心，各类型商业区呈网状分布的"一轴两带"商业格局。

二、采取的主要措施

（一）抓规划引领，全面推进服务业的可持续发展

把强化规划引领作为促进服务业健康发展的前置条件和基础性工作。组织编制服务业专项规划，现代服务业发展、金融业发展、现代物流业发展、商贸流通业发展、教育发展、文化事业和产业发展、公共卫生体系建设、人才发展、人口发展、体育事业与产业发展、综合交通、信息化建设12个涉及服务业发展的规划被列为"十一五"发展重点专项规划。制定《深圳市现代产业体系总体规划（2009—2015年）》，提出实施高新技术产业与现代服务业"双轮驱动"，统筹部署规划期内现代服务业发展的十大重点领域，为产业政策制定和重大项目建设提供依据。出台《深圳市贯彻实施国家〈物流业调整和振兴规划〉方案（2009—2012年）》，作为深圳市建设全球物流枢纽城市的行动纲领。编制《深圳互联网产业振兴发展规划（2009—2015年）》，积极培育基于互联网的新兴服务业，推进国内领先的互联网产业基地建设。

（二）抓政策配套，加快促进社会资源向服务业的优化配置

近年来，深圳市政府先后制定了《深圳市支持金融业发展若干规定》《关于加快发展深圳现代物流业的若干意见》《深圳市文化产业促进条例》《关于发展深圳会展业的意见》《关于大力发展现代商贸流通业的意见》《关于加快深圳市服务外包发展的若干规定》等系列政策措施，从放宽市场准入、完善投融资体制、加强用地保障、加大财政投入、推进人才培育等多方面加大政策扶持，行业覆盖面较广，配套措施较全，服务业发展的政策环境不断优化。为进一步强化政府扶持力度，提高财政资金的使用绩效，深圳市从2005年开始在政府财政预算中设立产业发展资金科目，对产业资金进行分类核算和管理。各专项资金均制定了相应的资金管理办法，明确支出范围和支付方式，确保资金的专款专用。

（三）抓高端突破，努力提升服务业的发展层级

市政府以2007年一号文件出台《关于加快我市高端服务业发展的若干意见》，将创新金融、现代物流、专门专业、网络信息、服务外包、创意设计、品牌会展和高端旅游列为重点发展的八个领域，积极研究制定高端服务业的认定办法、资金资助计划等配套政策。成立高端服务业工作领导小组，全面协调和推进高端服务产业发展。成功举办博鳌亚洲论坛高端服务业会议，促进多方交流和沟通。出台《关于加快总部经济发展的若干意见》，坚持总部经济发展与产业结构调整相结合，推进高端服务业与总部经济良性互动发展。制定《深圳市现代产业体系总体规划（2009—2015年）》中，提出建设和完善高端服务业功能区，打造高端化的现代产业体系。

（四）抓产业集聚，大力强化服务业的载体建设

建设产业集聚区是深圳市服务业发展的重要载体，也是全市服务业工作的重要抓手。深圳市出台了《关于支持发展产业集聚基地的若干意见》，强力推进服务业人流、物流、资金流、信息流等要素资源在空间上的集聚，进一步完善上下游产业链条，增强产业配套能力，壮大产业集群规模。成立了深圳市产业集聚基地建设领导小组，建立了深圳市产业集聚基地建设联席会议制度，促进服务业集聚区建设与城市综合体建设相结合、与专业市场改造提升相结合，努力探索形成集聚区的工作管理体系。目前全市已建成近百个金融、物流、文化创意、科技服务、软件开发、旅游综合开发等产业园区、基地。

（五）抓项目建设，着力增强服务业的发展后劲

大力实施项目带动战略，强化服务业重大项目的培育落实。"十一五"期间，重点推进现代金融、现代物流、总部经济、商贸旅游等行业重大项目建设。深圳证券交易所营运中心、蔡屋围京基金融中

心、招商证券大厦、平安国际金融中心等现代金融项目，深圳机场物流园区、盐田港现代物流中心等现代物流项目，中海油大厦、海普瑞生物医药总部工程等总部经济项目，东部华侨城、华润中心二期、华南国际工业原料城二期等商贸旅游项目顺利建成或开工建设。出台《深圳市重大产业项目招商引资计划》，对2008—2010年全市53个高端服务业和总部经济重大项目的招商引资进行统筹安排。制定《深圳市重大产业项目招商引资绩效考核办法》，从组织领导、项目推进、活动组织、日常管理等多方面开展综合考评，强化重大项目招商引资绩效。召开项目协调会，实行“半月一协调”、“一月一督办”制度，建立、健全重大项目协调推进机制。为重大项目提供便利直通车服务，实行审批“一条龙”，推进重大项目审批制度改革。

（六）抓区域合作，积极拓展服务业的发展空间

制定《深圳市关于〈珠江三角洲地区改革发展规划纲要（2008—2020年）〉的实施方案》，坚持优势互补、务实互利、开放互动的原则，积极融入泛珠三角区域的产业合作。编制《深莞惠区域协调发展总体规划》，加快构建统一开放的市场体系，促进珠江口东岸地区发展现代服务业的深度合作。把握服务业对港澳扩大开放在广东省先行先试的契机，在《粤港合作框架协议》下，完善跨界基础设施，支持深港金融机构跨境互设分支机构，推动建立港口合作交流机制，启动“前海深港现代服务业合作区”建设，坚持深港合作、高端引领、服务广东、面向全球的战略取向，立足创新制度设计、产业高端引领、民主法治建设、软环境提升，重点发展金融、现代物流、信息服务、科技及专业服务等现代服务业，促进深港两地服务业全方位、多领域、深层次的合作。

三、主要问题

深圳市不断完善产业发展政策，大力推进产业结构优化升级，服务业的发展取得明显成效。但在肯定成绩的同时，还应注意到现阶段深圳市服务业发展仍然存在不足，突出表现在两大方面：

（一）服务业整体结构有待优化，发展水平仍需提升

1. 产业占比与国际化城市差距明显

深圳市服务业增加值占GDP的比重，与纽约、东京、新加坡、我国香港等国际大城市平均水平相比要落后近40个百分点，与北京、上海、广州等国内先进城市相比也要落后10个百分点左右，离国际化城市的标准尚有明显差距。

2. 产业内部结构需进一步调整优化

高端服务业和新兴服务业的比重不高，总部经济起步较晚，发展较慢，国际影响力不足。

3. 产业创新能力亟待提高

新技术、新服务方式在深圳市现代服务业领域的应用和普及程度还不高，科研与综合技术服务、教育培训等知识密集型服务业的发展潜力需进一步发掘，现代服务业的核心技术和自有知识产权的创新能力有待提升。

（二）体制政策障碍依然存在，发展环境仍需完善

1. 行业市场准入限制较多

深圳市服务业资源配置仍不尽合理，还存在诸多准入限制和行业垄断现象，特别是金融、电信、教育、卫生、文化传媒等行业市场准入限制较多，市场投资主体多元化格局尚未真正形成。

2. 信息管理体制相对滞后

银行、工商、税务、海关、公安、司法等部门的信用信息较为分散，未能形成共享平台，全市社会信用体系尚不健全。服务业标准化建设较为滞后，服务业统计指标体系亟待完善。

3. 人力资源配套存在不足

传统服务业从业人员整体素质偏低。会展策划、创意设计、网络技术、服务外包等现代服务业高

端人才较紧缺。人才引进、培训体系较为薄弱。

四、“十二五”发展思路

按照加快转变经济发展方式、推动产业结构优化升级的总体要求，围绕“一区四市”的建设，坚持以市场化优化服务业结构，以法治化改善服务业环境，以国际化强化服务业要素，全面推进现代服务业的规模发展、提升发展、转型发展和集聚发展，基本建成与经济社会发展阶段相匹配、与先进制造业相融合、与特区一体化进程相协调、与国际市场相对接、与居民需求相适应，功能完善、结构优化、布局合理、特色鲜明的现代服务业产业体系。将深圳打造成为服务全国、辐射亚太、具有重要国际影响力的现代服务业中心城市。发展目标是：力争到2015年，全市服务业实现增加值9000亿元，占全市GDP的比重达到60%。现代服务业增加值占全市服务业的比重达到60%。服务业利用外资额占全市实际利用外资总额的比重达到70%左右。服务业从业人员占全社会从业人员的比重达到55%左右。重点任务是：①调整产业结构，着力提升服务业发展能级。一是突出重点产业；二是打造重点载体；三是推进重点项目。②优化发展环境，着力健全服务业保障体系。一是加强协调服务；二是加快体制创新；三是构筑人才高地；四是规范管理机制。③深化区域合作，着力拓展服务业发展空间。一是深化珠三角地区合作；二是推进深港澳战略合作。

第三十七章　新疆生产建设兵团服务业发展报告

“十一五”期间，新疆生产建设兵团（以下简称兵团）坚持以邓小平理论和“三个代表”重要思想为指导，以科学发展观统领服务业工作，按照兵团党委、兵团关于加快服务业发展的决策部署，全面落实国家和兵团“十一五”规划《纲要》服务业发展任务，深入贯彻落实《国务院关于加快发展服务业的若干意见》（国发〔2007〕7号）和《国务院办公厅关于加快发展服务业若干政策措施的实施意见》（国办发〔2008〕11号），服务业实现了平稳持续较快发展。

一、“十一五”发展情况

（一）总体发展情况

“十一五”期间，兵团服务业顺应产业结构加速升级趋势，以服务方式规范化、服务业态多样化、生活服务社区化、生产服务专业化为方向，逐步改造提升传统服务业，加快发展新兴服务业，不断拓展服务业发展领域，为工农业生产和职工群众生活服务的水平得到有效提高，无论是服务业规模总量，还是服务业发展水平及吸纳就业能力，都取得了长足的进步。

服务业增加值从2005年的117.1亿元增加到2010年的229.5亿元，年均增长10.4%，比规划目标低2.1个百分点。2006—2010年，服务业增加值占生产总值比重分别为35%、34%、33%、33%和30%，2010年较2005年下降约5个百分点，比规划目标低8个百分点；服务业对经济增长的贡献份额分别为32.2%、29.5%、30.8%、29.3%和28.6%，2010年较2005年下降10.2个百分点。

“十一五”期间，累计完成服务业投资549.5亿元，年均增长16.2%，占固定资产投资总额的40.8%，是“十五”时期的1.9倍。其中2008年、2009年受益于国家扩大内需政策推动，服务业投资分别实现了36.1%、38.7%的高速增长。其中交通运输、仓储及邮政电信业，房地产业，水利、环境及公共设施管理业投资位居前三，约占投资总额的 80%。

服务业从业人员从 2005 年的 31.2 万人增加到 2010 年的 36.6 万人，年均增长约 2.7%，占全社会就业人员的比重从 2005 年的 31.5% 提高到 2010 年的 34.5%。其中批发和零售业、交通运输、仓储和邮政业、教育业、住宿业和餐饮业从业人员约占 57%。服务业从业人员劳动报酬略高于全社会平均工资，其中金融业、信息传输、计算机服务和软件业、科学研究、技术服务和地质勘查业在岗职工平均工资居于前列，居民服务业和其他服务业、住宿业和餐饮业、水利、环境和公共设施管理业在岗职工平均工资较低。

总体上看，"十一五"服务业指标完成情况距离规划目标存在较大差距，主要是受到以下三方面因素影响。一是外部发展环境的影响。国际金融危机和乌鲁木齐"7·5"事件等外部环境对兵团服务业发展产生了较大的负面影响，外需乏力、内需消费能力不足、社会环境面的不安定因素等，直接冲击服务业的发展，其中旅游业、餐饮及住宿业、对外贸易业、房地产业尤为明显，至今仍未实现全面复苏。2008 年、2009 年、2010 年服务业年均增速与前两年相比出现较大幅度下降，分别为 11%、10.4%、9%。二是经济发展阶段的影响。"十一五"时期，兵团处于以农业经济主导向新型工业化转型的发展阶段，无论是遵循经济发展的普遍规律，还是借鉴发达国家或东部发达省市的发展实践，作为第一、第二产业桥梁纽带的服务业在工业化初期都要经过一个徘徊震荡的发展过程。尤其是兵团服务业发展的整体市场空间较小，产业比较效益相对较低，导致其总量规模虽不断攀升但在三次产业的占比及对经济增长的贡献份额却出现持续下滑。三是发展平台和基础的影响。城镇化和工业化平台是服务业发展的基础，虽然"十一五"末兵团城镇化率达到 50%，但由于兵团城镇规模小、布局分散、人口较少、产业不强，难以为服务业的发展提供有效平台。再加上兵团工业经济尚处在工业化初级阶段，园区建设相对滞后，产业集中度较低，也难以形成服务业联动聚集的平台。

（二）重点行业发展情况

1. 商贸流通业快速发展

消费规模不断扩大，社会消费品零售总额从 2005 年的 93.8 亿元增长到 2010 年的 202.9 亿元，年均增长 16.7%，累计实现社会消费品零售总额 791.3 亿元，是"十五"时期的 2.1 倍。商品销售总额从 2005 年的 369.3 亿元增长到 2010 年的 686 亿元，年均增长 13.2%。现代化流通方式进一步推进，商品流通的信息化、机械化、自动化水平逐步提高，电子计算机、POS 系统等现代信息处理手段在企业经营管理中普遍采用。市场建设进展迅速，建成商品交易市场 135 个和商业网点 5.4 万个，其中 23 个市场年交易量超亿元。重点工程成效显著，"万村千乡市场工程"建设农家店 8320 个，团场和连队覆盖率分别达 98% 和 90%。4 家企业进入"双百市场工程"，21 家企业建设了质量安全可追溯系统、冷链系统、农产品物流配送中心等基础设施项目，农产品直接进超市的比例提高了 15 个百分点，连锁企业零售额占社会消费品零售总额比重提高到 15%。龙头企业发展加快，形成年销售额 10 亿元以上企业 11 家，其中兵团石油公司、农一师供销总公司年销售额达 30 亿元以上。组织开展了保护知识产权、食品药品放心工程、农资打假、打击商业欺诈等 16 个专项整治行动。

2. 对外贸易持续增长

外贸规模持续扩大，进出口总额从 2005 年的 31.1 亿美元增加到 2010 年的 55.9 亿美元，年均增长 12.5%；累计实现进出口总额 281.3 亿美元，是"十五"时期的 3.3 倍，占自治区进出口总额的 38%。进出口商品结构显著优化，累计出口自产品 35 亿美元，年均增长 27.2%，工业制成品出口比例逐年扩大，其中机电产品年均增长 22%、高新技术产品年均增长 45%，资源性商品和关键设备技术进口逐年增加。市场多元化成效显著，与 130 多个国家和地区建立了贸易关系，其中哈萨克斯坦成为兵团最大的贸易伙伴，与西亚、欧洲、东南亚等新兴市场贸易增长较快。外贸经营主体不断壮大，在兵团登记备案的各类外经贸企业从 2005 年的 690 家增加到 2010 年的 1552 家，2010 年进出口额上亿美元的企业 12 家，上千万美元的企业 62 家，形成了以中基实业股份、天业集团、银隆国际、奇台西旅、安佳木业等为代表的集贸、工、农、科为一体，拥有多种产业的综合性外向型群体。

3. **交通运输业得到长足发展**

综合交通运输网络体系建设取得重大突破，累计完成交通运输业投资128.6亿元，年均增长14.5%，2010年公路通车里程达到3.2万公里。公路路网通达深度和公路等级进一步提高，路面质量得到明显改善，城市和小城镇、中心团场全部通二级及以上公路，团场全部通三级及以上公路。通用航空有效完成了为兵团和地方飞播造林、种草、防灾、人工实施降水（雪）等20多项农林航空任务。石河子开发区天业铁路专用线开工建设，石河子通用航空支线机场建设项目前期工作进展顺利。行业运营保持平稳，交通运输系统加强客、货运组织，克服“7·5”事件造成运输需求减弱等不利影响，保持交通运输业平稳增长。全社会道路运输营业收入从2005年的24.5亿元增长到2010年的53.2亿元，年均增长16.5%。累计完成货运量4.6亿吨、货物周转量378.4亿吨公里，年均增长12.6%和19.2%。累计完成客运量4.6亿人次、旅客周转量253.3亿人公里，年均分别增长13.5%和21.4%。2010年全社会民用汽车保有量达到12.5万辆，较“十五”末增长近1倍，年均增长14.8%。行业水平整体提升，形成了以区域中心城市为核心，以师、团客运站为节点，辐射城乡的客运服务网络和以乌北物流中心、喀什、奎屯、库尔勒、石河子物流园为枢纽的货运服务网络。

4. **金融服务业发展迅速**

金融业服务经济社会能力显著增强，总体金融环境良好。2010年，驻疆各银行对兵团贷款余额875.5亿元，比2006年年末增加453.2亿元，增长1.1倍，年均增长20%。农业银行兵团分行积极转变业务增长方式，各项业务综合竞争能力得到有效提升，2010年各项本外币存款余额746.6亿元，比2005年年末增长1.1倍。以五家渠国民村镇银行为代表的金融延伸覆盖工作成效显著。西部牧业、天康生物、北新路桥公司成功上市，资本市场融资模式和管理方式逐步完善，对经济社会发展的带动作用不断增强。保险业积极推进产业整合，由“规模扩张型”向“集约整合型”发展模式转轨，创新和加强了财产、人身、农业保险管理。“十一五”末拥有各级保险分支机构2051个，实现保险业务收入193.4亿元，各类保险赔款支出120.1亿元，增长1.7倍。

5. **信息服务业稳步发展**

信息基础设施日趋完善，以光纤传输为主要特征的综合宽带传输网络基本形成，“连连通电话”工程提前完成，3G网络向连队延伸。2010年，团场住户平均每百户固定电话、移动电话达到83部和147部，城镇居民平均每百户移动电话达到161部。连队网络宽带通达率由2005年的50%提高到90.4%，广播电视综合覆盖率由2005年的94.2%提高到97.1%。信息技术改造传统产业成效显著，高新节水灌溉面积达到1040万亩，大中型企业积极推进研发和设计协同化、生产设备数字化、生产过程智能化和企业管理信息化，社会、城镇和政务信息化进程加快，“数字城市”建设全面启动。兵团和14个师视频会议系统开通运行，10个师建成了协同办公系统，“新疆生产建设兵团”政务门户网站和14个师、30个部门政务网站完成建设。信息产业发展粗具规模，2010年信息产业产值达到24.9亿元。碳化硅晶体、电极箔等基础原材料产业快速发展，节水滴灌自动控制装备、国产采棉机等智能化农机装备稳步推进，自主开发的软件产品市场份额逐步扩大，计算机软件开发、信息系统集成等信息服务业快速发展。

6. **旅游业积极企稳回升**

旅游业受到国际金融危机、甲型H1N1流感疫情、“7·5”突发事件和自然灾害等众多不利因素冲击，发展受到较大程度影响，但总体呈现出积极企稳回升态势。“十一五”期间累计完成旅游投资10亿元，实现旅游总收入66.8亿元。累计接待入境旅游人数72.7万人次、创汇2.7亿美元，较“十五”时期分别增长93.1%和15.2%；接待国内游客2116万人次、实现收入43.8亿元人民币，较“十五”时期分别增长1.4和1.5倍。旅游产业规模不断扩大，截至2010年年底，拥有旅行社97家，旅游星级饭店50家，国家等级旅游景区26家，全国工农业旅游示范点12家；中国优秀旅游城市1个。旅游宣传促销力度加大，围绕“中国屯垦旅游”主体品牌，打造了“五家渠青格达湖郁金香节”和“石河子军垦文化冰雪旅游节”等品牌节庆活动，提高了兵团旅游的知名度和美誉度。旅游人才队伍素质有所提高，全兵团旅游行业岗前培训、上岗培训和轮岗培训基本形成制度，拥有旅游从业人员7.5万，持证导游员2560人。旅游业的稳健发展，带动了批发、零售、餐饮和消费等相关行业的发展，为繁荣兵团经济发挥了重要作用。

7. 房地产业加快发展

累计完成房地产开发投资87.9亿元，五年年均增长22.8%；累计完成房屋施工面积6492.2万平方米，竣工面积3623.4万平方米，比“十五”时期分别增长62.4%和34.6%。随着城镇化和工业化的快速推进，城镇基础设施条件及公共服务条件得到较大改善，房屋需求呈逐年上升趋势。按照全面建设小康社会和构建和谐兵团的要求，各级加快建立、健全以商品房、廉租住房、经济适用住房和团场职工危旧住房改造等为重点的住房建设保障体系，缓解了职工住房紧张的局面，提高了职工的居住水平。房地产业快速发展的同时，极大地带动了建材、装饰材料、家用电器等行业的发展。

8. 社区服务业持续发展

随着石河子市和三个新建城市建设步伐的加快，团场小城镇迅速崛起，在扩大城镇规模、改善城镇基础设施条件、拉动城镇消费、形成新的消费需求的同时，强有力地促进了社区服务业的发展。共建立社区服务中心600余个，社区卫生、家政服务、社区治安、养老托幼、食品配送、修理服务和废旧物品回收等社区服务业得到较快发展。其中新建和改造标准化菜市场40个，新增家政服务网络中心1个，家政培训机构3家，培训2500人。

二、采取的主要措施

（一）加强了组织领导和工作落实

进一步提高发展服务业的主动性和积极性，成立了以兵团副司令员为组长，兵团分管副秘书长、发改委主要领导为副组长，17个部委办局领导为成员的兵团服务业发展领导小组。在发展改革委下设领导小组办公室，设专人具体承办服务业业务。各师和四个城市也成立了服务业领导机构。通过明确分工、有效配合，进一步明确了服务业发展目标和方向，加强了服务业发展的分析研究，推动了服务业发展任务的落实。

（二）强化了政策和制度保障

深入落实《国务院关于加快发展服务业的若干意见》和《国务院办公厅关于加快发展服务业若干政策措施的实施意见》精神，结合兵团实际，制定并实施了《关于加快兵团服务业发展的实施意见》（兵发改规划〔2008〕1644号）。加强政策衔接和落实，制定并实施了《关于进一步扩大对外开放的意见》《关于进一步深化兵团流通体制改革的实施意见》《关于促进兵团“万村千乡”市场工程实施办法》《兵团推动社区商业“双进”工程实施办法》等一批政策措施。通过政策、制度的完善和落实，进一步优化了服务业发展环境，为服务业规范化、科学化发展提供了有力保障。

（三）提升了日常工作水平

加强了服务业运行调控，建立了服务业季度、半年、全年运行情况分析报告制度，及时做好服务业运行情况分析工作，认真研究问题和对策，及时采取措施进行调控。依法加强对服务市场的监管，整顿和规范市场秩序，创造了竞争有序的市场环境。加强了服务业标准化建设，加快了诚信体系建设，营造了规范、公平、有序的市场经营环境。规范操作流程、优化服务质量，大力精简办事程序，为企业、社会服务的效率和质量得到有效提高。

（四）加强了项目和资金管理

严格履行项目建设程序，加强项目实施的全程管理、服务、指导工作，保证了服务业项目的早开工、早建设、早见效。抓住国家扩大内需的契机，进行了较为全面的服务业摸底调查，筛选出条件成熟的工业园区、农业生产综合服务体系、城乡居民综合服务平台、现代化交易平台、商务服务平台等项目初步建立了服务业项目储备库。加大了对服务业投资的监督检查力度，充分发挥纪检、监察、审计、稽查、媒体及社会大众的监督合力，及时发现和整改服务业项目实施和资金使用中出现的问题，保障了服务业项目的顺利实施和服务业资金的使用效益。

（五）发挥了规划引领作用

按照国家、兵团“十一五”规划中关于服务业的部署，结合各师尤其是各行业规划，坚持以规划引导产业、布局、资金和项目，强化了年度计划对服务业目标任务的分解落实。认真组织开展了服务业“十一五”规划中期评估，适时进行了中期调整。通过规划引领，合理调配资源，积极拓宽了服务业发展领域，提高了服务业发展质量。

三、主要问题

（一）服务业发展中存在的问题

1. 服务业占国民经济比重偏低，发展层次不高

横向看，目前发达国家服务业在生产总值中的占比平均已达到65%以上，我国东中部发达省市也基本达到50%以上，西北地区平均达到38%，而兵团只有30%。从纵向看，服务业在总量实现平稳增长的同时，增加值比重从2005年的35%、2006年的36%下降到2010年的30%，其优化产业结构、提高发展质量、扩大劳动就业等功能没有充分得以发挥。

2. 服务业内部结构性矛盾突出，竞争力不强

信息、咨询、科技、金融等服务业产业属性高的现代服务业和新兴服务业占比低，公共服务属性的传统行业占比高。服务业优势行业主要集中在商贸流通、交通运输等传统领域，物流、信息、咨询等现代服务业发展较慢。师一级服务业多局限于商贸流通、农业服务业等传统行业，大多数职工的生活方式、收入水平和消费水平离真正城市化还存在较大差距。服务业为工农业发展提供支撑和服务的能力较弱，存在产业联结不到位、服务不到位、管理不到位等现象。

3. 服务业支撑要素不足，自我发展能力不强

在平台支撑方面，城镇发展较慢，工业园区小而分散，农业人口比重高，难以形成良好的需求平台。在资金支撑方面，服务业发展过于依赖国家投资，自有资金不足，社会投资乏力，兵团本级无财政调控能力，国家服务业投资比例低、规模小，且服务业投资在三次产业投资中的比重偏低，五年平均占比不超过45%，而全国平均达到了57%以上。在人才方面，长期的农业经济模式形成了固有的人才格局，加上自身经济社会发展对人才的吸引力弱，导致兵团服务业人才尤其是金融、信息、科技等现代服务业人才严重匮乏。在消费支撑方面，兵团人均收入水平较低，加上传统的消费习惯，制约着服务业消费市场的扩大。

4. 服务业散、乱、小特点突出，发展不平衡

服务业主要集中在四个城市，各师服务业分布比较分散，而且规模较小。新型服务业、优势服务业发展不突出，缺少具有龙头带动作用的大企业。服务业门类多，但普遍规模偏小，导致运营成本高，抗风险能力弱，总体上对第一、第二产业发展的支撑作用不强。同时，兵团城市间、城市与团场间以及团场与团场间经济发展水平差距较大，资源匹配性较差，经济关联度不高，市区服务业资源相对集中，边境和困难团场的服务业发育却十分不足。

5. 服务业改革滞后，市场化程度较低

在社会化改革方面，兵团事业单位、机关后勤服务社会化改革较为滞后，国有工业企业“主辅分离”发展缓慢，一些市场中介机构仍依附于行政部门，行业垄断程度较高，市场配置资源基础作用发挥不充分，产业竞争力不强。

（二）各行业发展存在的问题

一是商贸流通领域传统的重生产、重投资的流通观念还不同程度地存在，批发零售、住宿餐饮等传统流通业占比过大，现代流通方式推广不快。

二是对外贸易业受国际市场波动影响大，缺乏强有力的扶持政策，龙头企业和影响力大的自主品牌培育较缓慢，对外贸易与经济发展的关联度不高。

三是交通运输业盈利能力不强，完成团场客运网络化目标仍有一定差距，交通设施利用效率有待提高，交通安全形势压力较大。

四是金融业体系不完善，中间业务收入增长缓慢，保险业由粗放到集约的转变仍未完全完成，资本结构欠合理，整体素质有待提高。

五是旅游业资金投入不足，旅游基础设施建设仍然滞后，旅游企业规模小，旅游业综合管理和服务水平较低，旅游产业体系发展缓慢。

六是房地产业对国家政策性住房依赖程度较高，自身市场化运营缺乏竞争力，房地产企业小而散，且受城镇发展、社会安定等因素影响较大。

七是信息业对经济社会发展的引领和服务能力不强，信息产业处于弱势地位，创新性高端企业匮乏，市场竞争力薄弱。

八是社区服务在一定程度上难以满足职工群众对现代生活的要求，且社会化、市场化程度低下。

（三）服务业工作中存在的问题

1. 对服务业的认识仍有待提高

目前兵团产业结构尚处在从农业经济向工业经济转轨过程中，加上服务业在现阶段的产业比较效益还较低，城市和团场地域分割客观上制约了服务业发展，导致广大干部职工在思想认识上对服务业发展的认识不到位。重视农业、工业，轻视服务业，只是把服务业当作非生产部门看待，当作工农业生产的“副产品”，忽视了服务行业的产业属性。在经济社会发展的指标和任务设定上，投资、人才、政策等资源分配上，都不同程度存在忽视服务业发展的倾向。

2. 对服务业的管理仍有待加强

总体上看兵团服务业管理还存在管理职能交叉、机构重叠、权责不清的问题，政策的落实、工作的协调上也有一定难度。在人员上，师一级服务业综合协调部门一般挂靠在发改或者商务部门，平均业务人员连 1 个员额都不到，团一级工作力量就更为薄弱了。服务业的调查研究和市场监测方面，存在调研广度和深度不够、监测不及时、统计体系不健全等问题。

3. 对服务业的调控仍显乏力

在缺乏财税、金融调控手段的同时，兵团为社会主体提供服务业政策支撑、信息服务的工作力度明显不够，服务业现阶段的发展一定程度上还处在自建自营或者社会自发状态，由此导致新兴服务业发展和传统服务业改造提升较慢。

四、“十二五”发展思路

紧紧抓住中央推进新疆和兵团跨越式发展和长治久安战略机遇，围绕推进城镇化、新型工业化和农业现代化建设，将发展服务业作为加快推进产业结构调整、转变经济发展方式的重大战略举措，坚持市场化、产业化、社会化发展方向，加快发展生产性服务业，丰富生活性服务业，整合服务资源，拓展服务领域，增强服务功能，规范服务市场，提高服务业整体水平和对国民经济的贡献度。发展目标是：2015 年，服务业市场化、产业化和社会化步伐明显加快，自我发展的良性机制基本形成。服务领域不断拓宽，内部结构进一步优化，为经济建设和社会发展提供较为全面、快捷、优质的服务，较好满足职工群众日益增长的物质文化生活需求。服务业市场竞争力明显增强，发展水平与全面建设小康社会的要求基本适应。服务业增加值达到420亿元，年均增长13%；服务业从业人员达到37.5万人，占全社会从业人员比重较2010年提高3个百分点；现代服务业和新兴服务业行业产值占服务业增加值比重达到40%以上，服务业对国民经济的贡献度达到30%以上。重点任务是：①大力发展生产性服务业。促进工业与服务业有机融合、互动发展。进一步细化深化专业分工，鼓励生产型企业改造现有业务流程，推进业务外包，增强核心竞争力，加快从生产加工环节向自主研发、品牌营销等服务环节延伸，降低资源消耗，提高产品附加值。一是突出发展现代物流业；二是规范提升商贸流通业；三是稳步发展交通运输业；四是提高金融业发展质量；五是优先发展信息服务业；六是加快会计、法律、咨询等商务服务业发展。②规范提升生活性服务业。规范提升生活性服务业，积极拓展新型服务领域，不断培育服务业新的增长点，充分发挥服务业吸纳就业的巨大潜力，满足职工群众日趋多样化和个性化的服务需求。一是积极发展房地产业；二是培育壮大旅游业；三是大力发展社区服务业。③积极拓展服务业发展领域。加快政事、企事分开步伐，推进社会事业适宜经营领域向产业化经营转变。大力发展教育培训业，鼓励社会力量采取多种方式兴办职业技术教育、学前教育和高等教育等非义务教育。稳步发展传媒、文化旅游、艺术培训等文化产业，培育繁荣的文化市场和优良的文化环境。完善健身娱乐、体育技术培训等体育市场体系，推进全民健身运动。深化卫生体制改革，优化卫生资源配置，全面落实初级卫生保健实施方案，满足职工群众不同层次的医疗卫生需求。工作思路是：①深化改革，加快服务业“三化”进程。一是加快市场化进程，推进服务业资源配置全面向市场配置转变；二是加快产业化进程，推进服务业适宜经营领域向企业转变；三是加快社会化进程，推进自我服务向社会服务转变。②扩大对外开放，提高服务业市场竞争力。③加快城镇化进程，拓展服务业发展空间。④积极发展非公有制经济，增强服务业发展活力。⑤建立多元化投融资体制，努力增加服务业投入。⑥重视人才建设，为服务业发展提供智力支撑。⑦落实国家相关政策，改善服务业发展的政策环境。⑧建立、健全工作机制，提供有力的组织保证。